GOETHES WERKE

Hamburger Ausgabe in 14 Bänden
Herausgegeben von Erich Trunz

Goethes Werke · Hamburger Ausgabe

Band 1
Gedichte und Epen I

Band 2
Gedichte und Epen II

Band 3
Dramatische Dichtungen I

Band 4
Dramatische Dichtungen II

Band 5
Dramatische Dichtungen III

Band 6
Romane und Novellen I

Band 7
Romane und Novellen II

Band 8
Romane und Novellen III

Band 9
Autobiographische Schriften I

Band 10
Autobiographische Schriften II

Band 11
Autobiographische Schriften III

Band 12
Kunst und Literatur

Band 13
Naturwissenschaftliche Schriften I

Band 14
Naturwissenschaftliche Schriften II
Materialien · Register

GOETHES WERKE
BAND IX

AUTOBIOGRAPHISCHE SCHRIFTEN I

Textkritisch durchgesehen
von Lieselotte Blumenthal

Kommentiert
von Erich Trunz

VERLAG C.H.BECK MÜNCHEN

Sonderausgabe
zum 250. Geburtstag Goethes
am 28. 8. 1999

*Die ‚Hamburger Ausgabe' wurde begründet
im Christian Wegner Verlag, Hamburg
Die erste bis sechste Auflage des neunten Bandes
erschien dort in den Jahren 1955 bis 1967*

*Dieser Band ist identisch mit der
12., durchgesehenen Auflage. 1994*

*Verantwortlich für die Abschnitte
‚Schemata und Entwürfe' und ‚Zur Textgestaltung'
ist Lieselotte Blumenthal*

ISBN für die 14bändige Sonderausgabe: 3 406 44186 6

Sonderausgabe. 1998

Druck: C.H.Beck'sche Buchdruckerei, Nördlingen
Gedruckt auf säurefreiem, alterungsbeständigem Papier
(hergestellt aus chlorfrei gebleichtem Zellstoff)
Rikaprint Permanence
von Schoeller & Hoesch, Gernsbach
Printed in Germany

AUTOBIOGRAPHISCHE SCHRIFTEN

ERSTER BAND

AUS MEINEM LEBEN
DICHTUNG UND WAHRHEIT

ERSTER TEIL

Ὁ μὴ δαρεὶς ἄνθρωπος οὐ παιδεύεται.

Als Vorwort zu der gegenwärtigen Arbeit, welche desselben vielleicht mehr als eine andere bedürfen möchte, stehe hier der Brief eines Freundes, durch den ein solches, immer bedenkliches Unternehmen veranlaßt worden.

„Wir haben, teurer Freund, nunmehr die zwölf Teile Ihrer dichterischen Werke beisammen, und finden, indem wir sie durchlesen, manches Bekannte, manches Unbekannte; ja manches Vergessene wird durch diese Sammlung wieder angefrischt. Man kann sich nicht enthalten, diese zwölf Bände, welche in *einem* Format vor uns stehen, als ein Ganzes zu betrachten, und man möchte sich daraus gern ein Bild des Autors und seines Talents entwerfen. Nun ist nicht zu leugnen, daß für die Lebhaftigkeit, womit derselbe seine schriftstellerische Laufbahn begonnen, für die lange Zeit, die seitdem verflossen, ein Dutzend Bändchen zu wenig scheinen müssen. Ebenso kann man sich bei den einzelnen Arbeiten nicht verhehlen, daß meistens besondere Veranlassungen dieselben hervorgebracht, und sowohl äußere bestimmte Gegenstände als innere entschiedene Bildungsstufen daraus hervorscheinen, nicht minder auch gewisse temporäre moralische und ästhetische Maximen und Überzeugungen darin obwalten. Im ganzen aber bleiben diese Produktionen immer unzusammenhängend; ja oft sollte man kaum glauben, daß sie von demselben Schriftsteller entsprungen seien.

Ihre Freunde haben indessen die Nachforschung nicht aufgegeben, und suchen, als näher bekannt mit Ihrer Lebens- und Denkweise, manches Rätsel zu erraten, manches Problem aufzulösen; ja, sie finden, da eine alte Neigung und ein verjährtes Verhältnis ihnen beisteht, selbst in den vorkommenden Schwierigkeiten einigen Reiz. Doch würde uns hie und da eine Nachhülfe nicht unangenehm sein, welche Sie unsern freundschaftlichen Gesinnungen nicht wohl versagen dürfen.

Das erste also, warum wir Sie ersuchen, ist, daß Sie uns Ihre bei der neuen Ausgabe nach gewissen innern Beziehungen geordneten Dichtwerke in einer chronologischen Folge aufführen und sowohl die Lebens- und Gemütszustände, die den Stoff dazu hergegeben, als auch die Beispiele, welche auf Sie gewirkt, nicht weniger die theoretischen Grundsätze, denen Sie gefolgt, in einem gewissen Zusammenhange vertrauen möchten. Widmen Sie diese Bemühung einem engern Kreise, vielleicht entspringt daraus etwas, was auch einem größern angenehm und nützlich werden kann. Der Schriftsteller soll bis in sein höchstes Alter den Vorteil nicht aufgeben, sich mit denen, die eine Neigung zu ihm gefaßt, auch in die Ferne zu unterhalten; und wenn es nicht einem jeden verliehen sein möchte, in gewissen Jahren mit unerwarteten, mächtig wirksamen Erzeugnissen von neuem aufzutreten: so sollte doch gerade zu der Zeit, wo die Erkenntnis vollständiger, das Bewußtsein deutlicher wird, das Geschäft sehr unterhaltend und neubelebend sein, jenes Hervorgebrachte wieder als Stoff zu behandeln und zu einem Letzten zu bearbeiten, welches denen abermals zur Bildung gereiche, die sich früher mit und an dem Künstler gebildet haben."

Dieses so freundlich geäußerte Verlangen erweckte bei mir unmittelbar die Lust, es zu befolgen. Denn wenn wir in früherer Zeit leidenschaftlich unsern eigenen Weg gehen, und, um nicht irre zu werden, die Anforderungen anderer ungeduldig ablehnen, so ist es uns in spätern Tagen höchst erwünscht, wenn irgend eine Teilnahme uns aufregen und zu einer neuen Tätigkeit liebevoll bestimmen mag. Ich unterzog mich daher sogleich der vorläufigen Arbeit, die größeren und kleineren Dichtwerke meiner zwölf Bände auszuzeichnen und den Jahren nach zu ordnen. Ich suchte mir Zeit und Umstände zu vergegenwärtigen, unter welchen ich sie hervorgebracht. Allein das Geschäft ward bald beschwerlicher, weil ausführliche Anzeigen und Erklärungen nötig wurden, um die Lücken zwischen dem bereits Bekanntgemachten auszufüllen. Denn zuvörderst fehlt alles, woran ich mich zuerst geübt, es fehlt manches Angefangene und nicht Vollendete; ja sogar ist die äußere Gestalt manches Vollendeten völlig verschwunden, indem es in der Folge gänzlich umgearbeitet und in eine andere Form gegossen worden. Außer diesem blieb mir auch noch zu gedenken, wie ich mich in Wissenschaften und andern Künsten bemüht, und was ich in solchen fremd scheinenden Fächern, sowohl einzeln als in Verbindung mit Freunden, teils im stillen geübt, teils öffentlich bekannt gemacht.

Alles dieses wünschte ich nach und nach zu Befriedigung meiner Wohlwollenden einzuschalten; allein diese Bemühungen und Betrachtungen führten mich immer weiter: denn indem ich jener sehr wohl überdachten Forderung zu entsprechen wünschte, und mich bemühte, die innern Regungen, die äußern Einflüsse, die theoretisch und praktisch von mir betretenen Stufen der Reihe nach darzustellen: so ward ich aus meinem engen Privatleben in die weite Welt gerückt, die Gestalten von hundert bedeutenden Menschen, welche näher oder entfernter auf mich eingewirkt, traten hervor; ja die ungeheuren Bewegungen des allgemeinen politischen Weltlaufs, die auf mich, wie auf die ganze Masse der Gleichzeitigen, den größten Einfluß gehabt, mußten vorzüglich beachtet werden. Denn dieses scheint die Hauptaufgabe der Biographie zu sein, den Menschen in seinen Zeitverhältnissen darzustellen, und zu zeigen, inwiefern ihm das Ganze widerstrebt, inwiefern es ihn begünstigt, wie er sich eine Welt- und Menschenansicht daraus gebildet, und wie er sie, wenn er Künstler, Dichter, Schriftsteller ist, wieder nach außen abgespiegelt. Hiezu wird aber ein kaum Erreichbares gefordert, daß nämlich das Individuum sich und sein Jahrhundert kenne, sich, inwiefern es unter allen Umständen dasselbe geblieben, das Jahrhundert, als welches sowohl den Willigen als Unwilligen mit sich fortreißt, bestimmt und bildet, dergestalt, daß man wohl sagen kann, ein jeder, nur zehn Jahre früher oder später geboren, dürfte, was seine eigene Bildung und die Wirkung nach außen betrifft, ein ganz anderer geworden sein.

Auf diesem Wege, aus dergleichen Betrachtungen und Versuchen, aus solchen Erinnerungen und Überlegungen entsprang die gegenwärtige Schilderung, und aus diesem Gesichtspunkt ihres Entstehens wird sie am besten genossen, genutzt und am billigsten beurteilt werden können. Was aber sonst noch, besonders über die halb poetische, halb historische Behandlung etwa zu sagen sein möchte, dazu findet sich wohl im Laufe der Erzählung mehrmals Gelegenheit.

ERSTES BUCH

Am 28. August 1749, mittags mit dem Glockenschlage zwölf, kam ich in Frankfurt am Main auf die Welt. Die Konstellation war glücklich; die Sonne stand im Zeichen der Jungfrau, und kulminierte für den Tag; Jupiter und Venus blickten sie freundlich an, Merkur nicht widerwärtig; Saturn und Mars verhielten sich gleichgültig: nur der Mond, der soeben voll ward, übte die Kraft seines Gegenscheins um so mehr, als zugleich seine Planetenstunde eingetreten war. Er widersetzte sich daher meiner Geburt, die nicht eher erfolgen konnte, als bis diese Stunde vorübergegangen.

Diese guten Aspekten, welche mir die Astrologen in der Folgezeit sehr hoch anzurechnen wußten, mögen wohl Ursache an meiner Erhaltung gewesen sein: denn durch Ungeschicklichkeit der Hebamme kam ich für tot auf die Welt, und nur durch vielfache Bemühungen brachte man es dahin, daß ich das Licht erblickte. Dieser Umstand, welcher die Meinigen in große Not versetzt hatte, gereichte jedoch meinen Mitbürgern zum Vorteil, indem mein Großvater, der Schultheiß Johann Wolfgang Textor, daher Anlaß nahm, daß ein Geburtshelfer angestellt, und der Hebammenunterricht eingeführt oder erneuert wurde; welches denn manchem der Nachgebornen mag zugute gekommen sein.

Wenn man sich erinnern will, was uns in der frühsten Zeit der Jugend begegnet ist, so kommt man oft in den Fall, dasjenige, was wir von andern gehört, mit dem zu verwechseln, was wir wirklich aus eigner anschauender Erfahrung besitzen. Ohne also hierüber eine genaue Untersuchung anzustellen, welche ohnehin zu nichts führen kann, bin ich mir bewußt, daß wir in einem alten Hause wohnten, welches eigentlich aus zwei durchgebrochenen Häusern bestand. Eine turmartige Treppe führte zu unzusammenhangenden Zimmern, und die Ungleichheit der Stockwerke war durch Stufen ausgeglichen. Für uns Kinder, eine jüngere Schwester und mich, war die untere weitläuftige Hausflur der liebste Raum, welche neben der Türe ein großes hölzernes Gitterwerk hatte, wodurch man unmittelbar mit der Straße und der freien Luft in Verbindung kam. Einen solchen Vogelbauer, mit dem viele Häuser versehen waren, nannte man ein Geräms. Die Frauen saßen darin, um zu nähen und zu stricken; die Köchin las ihren Salat; die Nachbarinnen besprachen sich von daher miteinander, und die Straßen gewannen dadurch in der guten Jahrszeit ein südliches Ansehen. Man fühlte sich frei, indem man mit dem Öffentlichen vertraut war. So kamen auch durch diese Gerämse die Kinder mit den Nachbarn in Verbindung, und mich gewannen drei gegenüber wohnende Brüder von Ochsenstein, hinterlassene Söhne des verstorbenen Schultheißen, gar lieb, und beschäftigten und neckten sich mit mir auf mancherlei Weise.

Die Meinigen erzählten gern allerlei Eulenspiegeleien, zu denen mich jene sonst ernsten und einsamen Männer angereizt. Ich führe nur einen von diesen Streichen an. Es war eben Topfmarkt gewesen, und man hatte nicht allein die Küche für die nächste Zeit mit solchen Waren versorgt, sondern auch uns Kindern dergleichen Geschirr im kleinen zu spielender Beschäftigung eingekauft. An einem schönen Nachmittag, da alles ruhig im Hause war, trieb ich im Geräms mit meinen Schüsseln und Töpfen mein Wesen, und da weiter nichts dabei herauskommen wollte, warf ich ein Geschirr auf die Straße und freute mich, daß es so lustig zerbrach. Die von Ochsenstein, welche sahen, wie ich mich daran ergetzte, daß ich so gar fröhlich in die Händchen patschte, riefen: „Noch mehr!" Ich säumte nicht, sogleich einen Topf, und auf immer fortwährendes Rufen: „Noch mehr!" nach und nach sämtliche Schüsselchen, Tiegelchen, Kännchen gegen das Pflaster zu schleudern. Meine Nachbarn fuhren fort, ihren Beifall zu bezeigen, und ich war höchlich froh, ihnen Vergnügen zu machen. Mein Vorrat aber war aufgezehrt, und sie riefen immer: „Noch mehr!" Ich eilte daher stracks in die Küche und holte die irdenen Teller, welche nun freilich im Zerbrechen noch ein lustigeres Schauspiel gaben; und so lief ich hin und wider, brachte einen Teller nach dem andern, wie ich sie auf dem Topfbrett der Reihe nach erreichen konnte, und weil sich jene gar nicht zufrieden gaben, so stürzte ich alles, was ich von Geschirr erschleppen konnte, in gleiches Verderben. Nur später erschien jemand, zu hindern und zu wehren. Das Unglück war geschehen, und man hatte für so viel zerbrochene Töpferware wenigstens eine lustige Geschichte, an der sich besonders die schalkischen Urheber bis an ihr Lebensende ergetzten.

Meines Vaters Mutter, bei der wir eigentlich im Hause wohnten, lebte in einem großen Zimmer hinten hinaus, unmittelbar an der Hausflur, und wir pflegten unsere Spiele bis an ihren Sessel, ja, wenn sie krank war, bis an ihr Bett hin auszudehnen. Ich erinnere mich ihrer gleichsam als eines Geistes, als einer schönen, hagern, immer weiß und reinlich gekleideten Frau. Sanft, freundlich, wohlwollend ist sie mir im Gedächtnis geblieben.

Wir hatten die Straße, in welcher unser Haus lag, den Hirschgraben nennen hören; da wir aber weder Graben noch Hirsche sahen, so wollten wir diesen Ausdruck erklärt wissen. Man erzählte sodann, unser Haus stehe auf einem Raum, der sonst außerhalb der Stadt gelegen, und da, wo jetzt die Straße sich befinde, sei ehmals ein Graben gewesen, in welchem eine Anzahl Hirsche unterhalten worden. Man habe diese Tiere hier bewahrt und genährt, weil nach einem alten Herkommen der Senat alle Jahre einen Hirsch öffentlich verspeiset, den man denn für einen solchen Festtag hier im Graben immer zur Hand gehabt, wenn auch auswärts Fürsten und Ritter der Stadt ihre Jagdbefugnis verkümmerten und störten, oder wohl gar Feinde die Stadt eingeschlossen oder belagert hielten. Dies gefiel uns sehr, und wir wünschten, eine solche zahme Wildbahn wäre auch noch bei unsern Zeiten zu sehen gewesen.

Die Hinterseite des Hauses hatte, besonders aus dem oberen Stock, eine sehr angenehme Aussicht über eine beinah unabsehbare Fläche von Nachbarsgärten, die sich bis an die Stadtmauern verbreiteten. Leider aber war, bei Verwandlung der sonst hier befindlichen Gemeindeplätze in Hausgärten, unser Haus und noch einige andere, die gegen die Straßenecke zu lagen, sehr verkürzt worden, indem die Häuser vom Roßmarkt her weitläufige Hintergebäude und große Gärten sich zueigneten, wir aber uns durch eine ziemlich hohe Mauer unsres Hofes von diesen so nah gelegenen Paradiesen ausgeschlossen sahen.

Im zweiten Stock befand sich ein Zimmer, welches man das Gartenzimmer nannte, weil man sich daselbst durch wenige Gewächse vor dem Fenster den Mangel eines Gartens zu ersetzen gesucht hatte. Dort war, wie ich heranwuchs, mein liebster, zwar nicht trauriger, aber doch sehnsüchtiger Aufenthalt. Über jene Gärten hinaus, über Stadtmauern und Wälle sah man in eine schöne fruchtbare Ebene; es ist die, welche sich nach Höchst hinzieht. Dort lernte ich Sommerszeit gewöhnlich meine Lektionen, wartete die Gewitter ab, und konnte mich an der untergehenden Sonne, gegen welche die Fenster gerade gerichtet waren, nicht satt genug sehen. Da ich aber zu gleicher Zeit die Nachbarn in ihren Gärten wandeln und ihre Blumen besorgen, die Kinder spielen, die Gesellschaften sich ergetzen sah, die Kegelkugeln rollen und die Kegel fallen hörte: so erregte dies frühzeitig in mir ein Gefühl der Einsamkeit und einer daraus entspringenden Sehnsucht, das, dem von der Natur in mich gelegten Ernsten und Ahndungsvollen entsprechend, seinen Einfluß gar bald und in der Folge noch deutlicher zeigte.

Die alte, winkelhafte, an vielen Stellen düstere Beschaffenheit des Hauses war übrigens geeignet, Schauer und Furcht in kindlichen Gemütern zu erwecken. Unglücklicherweise hatte man noch die Erziehungsmaxime, den Kindern frühzeitig alle Furcht vor dem Ahndungsvollen und Unsichtbaren zu benehmen und sie an das Schauderhafte zu gewöhnen Wir Kinder sollten daher allein schlafen, und wenn uns dieses unmöglich fiel, und wir uns sacht aus den Betten hervormachten und die Gesellschaft der Bedienten und Mägde suchten, so stellte sich, in umgewandtem Schlafrock und also für uns verkleidet genug, der Vater in den Weg und schreckte uns in unsere Ruhestätte zurück. Die daraus entspringende üble Wirkung denkt sich jedermann. Wie soll derjenige die Furcht los werden, den man zwischen ein doppeltes Furchtbare einklemmt? Meine Mutter, stets heiter und froh, und andern das gleiche gönnend, erfand eine bessere pädagogische Auskunft. Sie wußte ihren Zweck durch Belohnungen zu erreichen. Es war die Zeit der Pfirschen, deren reichlichen Genuß sie uns jeden Morgen versprach, wenn wir nachts die Furcht überwunden hätten. Es gelang, und beide Teile waren zufrieden.

Innerhalb des Hauses zog meinen Blick am meisten eine Reihe römischer Prospekte auf sich, mit welchen der Vater einen Vorsaal ausgeschmückt hatte, gestochen von einigen geschickten Vorgängern des Piranesi, die sich auf Architektur und Perspektive wohl verstanden, und deren Nadel sehr deutlich und schätzbar ist. Hier sah ich täglich die Piazza del Popolo, das Coliseo, den Petersplatz, die Peterskirche von außen und innen, die Engelsburg und so manches andere. Diese Gestalten drückten sich tief bei mir ein, und der sonst sehr lakonische Vater hatte wohl manchmal die Gefälligkeit, eine Beschreibung des Gegenstandes vernehmen zu lassen. Seine Vorliebe für die italienische Sprache und für alles, was sich auf jenes Land bezieht, war sehr ausgesprochen. Eine kleine Marmor- und Naturaliensammlung, die er von dorther mitgebracht, zeigte er uns auch manchmal vor, und einen großen Teil seiner Zeit verwendete er auf seine italienisch verfaßte Reisebeschreibung, deren Abschrift und Redaktion er eigenhändig, heftweise, langsam und genau ausfertigte. Ein alter heiterer italienischer Sprachmeister, Giovinazzi genannt, war ihm daran behülflich. Auch sang der Alte nicht übel, und meine Mutter mußte sich bequemen, ihn und sich selbst mit dem Klaviere täglich zu akkompagnieren; da ich denn das „Solitario bosco ombroso" bald kennen lernte, und auswendig wußte, ehe ich es verstand.

Mein Vater war überhaupt lehrhafter Natur, und bei seiner Entfernung von Geschäften wollte er gern dasjenige, was er wußte und vermochte, auf andre übertragen. So hatte er meine Mutter in den ersten Jahren ihrer Verheiratung zum fleißigen Schreiben angehalten, wie zum Klavierspielen und Singen; wobei sie sich genötigt sah, auch in der italienischen Sprache einige Kenntnis und notdürftige Fertigkeit zu erwerben.

Gewöhnlich hielten wir uns in allen unsern Freistunden zur Großmutter, in deren geräumigem Wohnzimmer wir hinlänglich Platz zu unsern Spielen fanden. Sie wußte uns mit allerlei Kleinigkeiten zu beschäftigen, und mit allerlei guten Bissen zu erquicken. An einem Weihnachtsabende jedoch setzte sie allen ihren Wohltaten die Krone auf, indem sie uns ein Puppenspiel vorstellen ließ, und so in dem alten Hause eine neue Welt erschuf. Dieses unerwartete Schauspiel zog die jungen Gemüter mit Gewalt an sich; besonders auf den Knaben machte es einen sehr starken Eindruck, der in eine große langdauernde Wirkung nachklang.

Die kleine Bühne mit ihrem stummen Personal, die man uns anfangs nur vorgezeigt hatte, nachher aber zu eigner Übung und dramatischer Belebung übergab, mußte uns Kindern um so viel werter sein, als es das letzte Vermächtnis unserer guten Großmutter war, die bald darauf durch zunehmende Krankheit unsern Augen erst entzogen, und dann für immer durch den Tod entrissen wurde. Ihr Abscheiden war für die Familie von desto größerer Bedeutung, als es eine völlige Veränderung in dem Zustande derselben nach sich zog.

Solange die Großmutter lebte, hatte mein Vater sich gehütet, nur das mindeste im Hause zu verändern oder zu erneuern; aber man wußte wohl, daß er sich zu einem Hauptbau vorbereitete, der nunmehr auch sogleich vorgenommen wurde. In Frankfurt, wie in mehrern alten Städten, hatte man bei Aufführung hölzerner Gebäude, um Platz zu gewinnen, sich erlaubt, nicht allein mit dem ersten, sondern auch mit den folgenden Stocken überzubauen; wodurch denn freilich besonders enge Straßen etwas Düsteres und Ängstliches bekamen. Endlich ging ein Gesetz durch, daß, wer ein neues Haus von Grund auf baue, nur mit dem ersten Stock über das Fundament herausrücken dürfe, die übrigen aber senkrecht aufführen müsse. Mein Vater, um den vorspringenden Raum im zweiten Stock auch nicht aufzugeben, wenig bekümmert um äußeres architektonisches Ansehen, und nur um innere gute und bequeme Einrichtung besorgt, bediente sich, wie schon mehrere vor ihm getan, der Ausflucht, die oberen Teile des Hauses zu unterstützen und von unten herauf einen nach dem andern wegzunehmen, und das Neue gleichsam einzuschalten, so daß, wenn zuletzt gewissermaßen nichts von dem Alten übrig blieb, der ganz neue Bau noch immer für eine Reparatur gelten konnte. Da nun also das Einreißen und Aufrichten allmählich geschah, so hatte mein Vater sich vorgenommen, nicht aus dem Hause zu weichen, um desto besser die Aufsicht zu führen und die Anleitung geben zu können: denn aufs Technische des Baues verstand er sich ganz gut; dabei wollte er aber auch seine Familie nicht von sich lassen. Diese neue Epoche war den Kindern sehr überraschend und sonderbar. Die Zimmer, in denen man sie oft enge genug gehalten und mit wenig erfreulichem Lernen und Arbeiten geängstigt, die Gänge, auf denen sie gespielt, die Wände, für deren Reinlichkeit und Erhaltung man sonst so sehr gesorgt, alles das vor der Hacke des Maurers, vor dem Beile des Zimmermanns fallen zu sehen, und zwar von unten herauf, und indessen oben auf unterstützten Balken gleichsam in der Luft zu schweben, und dabei immer noch zu einer gewissen Lektion, zu einer bestimmten Arbeit angehalten zu werden – dieses alles brachte eine Verwirrung in den jungen Köpfen hervor, die sich so leicht nicht wieder ins gleiche setzen ließ. Doch wurde die Unbequemlichkeit von der Jugend weniger empfunden, weil ihr etwas mehr Spielraum als bisher und manche Gelegenheit, sich auf Balken zu schaukeln und auf Brettern zu schwingen, gelassen ward.

Hartnäckig setzte der Vater die erste Zeit seinen Plan durch; doch als zuletzt auch das Dach teilweise abgetragen wurde, und, ohngeachtet alles übergespannten Wachstuches von abgenommenen Tapeten, der Regen bis zu unsern Betten gelangte: so entschloß er sich, obgleich ungern, die Kinder wohlwollenden Freunden, welche sich schon früher dazu erboten hatten, auf eine Zeitlang zu überlassen und sie in eine öffentliche Schule zu schicken.

Dieser Übergang hatte manches Unangenehme: denn indem man die bisher zu Hause abgesondert, reinlich, edel, obgleich streng gehaltenen Kinder unter eine rohe Masse von jungen Geschöpfen hinunterstieß, so hatten sie vom Gemeinen, Schlechten, ja Niederträchtigen ganz unerwartet alles zu leiden, weil sie aller Waffen und aller Fähigkeit ermangelten, sich dagegen zu schützen.

Um diese Zeit war es eigentlich, daß ich meine Vaterstadt zuerst gewahr wurde: wie ich denn nach und nach immer freier und ungehinderter, teils allein, teils mit muntern Gespielen, darin auf und ab wandelte. Um den Eindruck, den diese ernsten und würdigen Umgebungen auf mich machten, einigermaßen mitzuteilen, muß ich hier mit der Schilderung meines Geburtsortes vorgreifen, wie er sich in seinen verschiedenen Teilen allmählich vor mir entwickelte. Am liebsten spazierte ich auf der großen Mainbrücke. Ihre Länge, ihre Festigkeit, ihr gutes Ansehen machte sie zu einem bemerkenswerten Bauwerk; auch ist es aus früherer Zeit beinahe das einzige Denkmal jener Vorsorge, welche die weltliche Obrigkeit ihren Bürgern schuldig ist. Der schöne Fluß auf- und abwärts zog meine Blicke nach sich; und wenn auf dem Brückenkreuz der goldene Hahn im Sonnenschein glänzte, so war es mir immer eine erfreuliche Empfindung. Gewöhnlich ward alsdann durch Sachsenhausen spaziert, und die Überfahrt für einen Kreuzer gar behaglich genossen. Da befand man sich nun wieder diesseits, da schlich man zum Weinmarkte, bewunderte den Mechanismus der Krane, wenn Waren ausgeladen wurden; besonders aber unterhielt uns die Ankunft der Marktschiffe, wo man so mancherlei und mitunter so seltsame Figuren aussteigen sah. Ging es nun in die Stadt herein, so ward jederzeit der Saalhof, der wenigstens an der Stelle stand, wo die Burg Kaiser Karls des Großen und seiner Nachfolger gewesen sein sollte, ehrfurchtsvoll gegrüßt. Man verlor sich in die alte Gewerbstadt, und besonders Markttages gern in dem Gewühl, das sich um die Bartholomäuskirche herum versammelte. Hier hatte sich, von den frühsten Zeiten an, die Menge der Verkäufer und Krämer übereinander gedrängt, und wegen einer solchen Besitznahme konnte nicht leicht in den neuern Zeiten eine geräumige und heitere Anstalt Platz finden. Die Buden des sogenannten Pfarreisen waren uns Kindern sehr bedeutend, und wir trugen manchen Batzen hin, um uns farbige, mit goldenen Tieren bedruckte Bogen anzuschaffen. Nur selten aber mochte man sich über den beschränkten, vollgepfropften und unreinlichen Marktplatz hindrängen. So erinnere ich mich auch, daß ich immer mit Entsetzen vor den daranstoßenden engen und häßlichen Fleischbänken geflohen bin. Der Römerberg war ein desto angenehmerer Spazierplatz. Der Weg nach der neuen Stadt, durch die Neue Kräme, war immer aufheiternd und ergetzlich; nur verdroß es uns, daß nicht neben der Liebfrauenkirche eine Straße nach der Zeile zuging, und wir immer den großen Umweg durch die Hasengasse oder die Katharinenpforte machen mußten. Was aber die Aufmerksamkeit des Kindes am meisten an sich zog, waren die vielen kleinen Städte in der Stadt, die Festungen in der Festung, die ummauerten Klosterbezirke nämlich, und die aus frühern Jahrhunderten noch übrigen mehr oder minder burgartigen Räume: so der Nürnberger Hof, das Kompostell, das Braunfels, das Stammhaus derer von Stallburg, und mehrere in den spätern Zeiten zu Wohnungen und Gewerbsbenutzungen eingerichtete Festen. Nichts architektonisch Erhebendes war damals in Frankfurt zu sehen: alles deutete auf eine längst vergangne, für Stadt und Gegend sehr unruhige Zeit. Pforten und Türme, welche die Grenze der alten Stadt bezeichneten, dann weiterhin abermals Pforten, Türme, Mauern, Brücken, Wälle, Gräben, womit die neue Stadt umschlossen war, alles sprach noch zu deutlich aus, daß die Notwendigkeit, in unruhigen Zeiten dem Gemeinwesen Sicherheit zu verschaffen, diese Anstalten hervorgebracht, daß die Plätze, die Straßen, selbst die neuen, breiter und schöner angelegten, alle nur dem Zufall und der Willkür und keinem regelnden Geiste ihren Ursprung zu danken hatten. Eine gewisse Neigung zum Altertümlichen setzte sich bei dem Knaben fest, welche besonders durch alte Chroniken, Holzschnitte, wie z. B. den Graveschen von der Belagerung von Frankfurt, genährt und begünstigt wurde; wobei noch eine andre Lust, bloß menschliche Zustände in ihrer Mannigfaltigkeit und Natürlichkeit, ohne weitern Anspruch auf Interesse oder Schönheit, zu erfassen, sich hervortat. So war es eine von unsern liebsten Promenaden, die wir uns des Jahrs ein paarmal zu verschaffen suchten, inwendig auf dem Gange der Stadtmauer herzuspazieren. Gärten, Höfe, Hintergebäude ziehen sich bis an den Zwinger heran; man sieht mehreren tausend Menschen in ihre häuslichen, kleinen, abgeschlossenen, verborgenen Zustände. Von dem Putz- und Schaugarten des Reichen zu den Obstgärten des für seinen Nutzen besorgten Bürgers, von da zu Fabriken, Bleichplätzen und ähnlichen Anstalten, ja bis zum Gottesacker selbst – denn eine kleine Welt lag innerhalb des Bezirks der Stadt – ging man an dem mannigfaltigsten, wunderlichsten, mit jedem Schritt sich verändernden Schauspiel vorbei, an dem unsere kindische Neugier sich nicht genug ergetzen konnte. Denn fürwahr, der bekannte hinkende Teufel, als er für seinen Freund die Dächer von Madrid in der Nacht abhob, hat kaum mehr für diesen geleistet, als hier vor uns unter freiem Himmel, bei hellem Sonnenschein, getan war. Die Schlüssel, deren man sich auf diesem Wege bedienen mußte, um durch mancherlei Türme, Treppen und Pförtchen durchzukommen, waren in den Händen der Zeugherren, und wir verfehlten nicht, ihren Subalternen aufs beste zu schmeicheln.

Bedeutender noch und in einem andern Sinne fruchtbarer blieb für uns das Rathaus, der Römer genannt. In seinen untern, gewölbähnlichen Hallen verloren wir uns gar zu gerne. Wir verschafften uns Eintritt in das große, höchst einfache Sessionszimmer des Rates. Bis auf eine gewisse Höhe getäfelt, waren übrigens die Wände so wie die Wölbung weiß, und das Ganze ohne Spur von Malerei oder irgend einem Bildwerk. Nur an der mittelsten Wand in der Höhe las man die kurze Inschrift:

Eines Manns Rede
Ist keines Manns Rede:
Man soll sie billig hören Beede.

Nach der altertümlichsten Art waren für die Glieder dieser Versammlung Bänke ringsumher an der Vertäfelung angebracht und um eine Stufe von dem Boden erhöht. Da begriffen wir leicht, warum die Rangordnung unsres Senats nach Bänken eingeteilt sei. Von der Türe linker Hand bis in die gegenüberstehende Ecke, als auf der ersten Bank, saßen die Schöffen, in der Ecke selbst der Schultheiß, der einzige, der ein kleines Tischchen vor sich hatte; zu seiner Linken bis gegen die Fensterseite saßen nunmehr die Herren der zweiten Bank; an den Fenstern her zog sich die dritte Bank, welche die Handwerker einnahmen; in der Mitte des Saals stand ein Tisch für den Protokollführer.

Waren wir einmal im Römer, so mischten wir uns auch wohl in das Gedränge vor den burgemeisterlichen Audienzen. Aber größeren Reiz hatte alles, was sich auf Wahl und Krönung der Kaiser bezog. Wir wußten uns die Gunst der Schließer zu verschaffen, um die neue, heitre, in Fresko gemalte, sonst durch ein Gitter verschlossene Kaisertreppe hinaufsteigen zu dürfen. Das mit Purpurtapeten und wunderlich verschnörkelten Goldleisten verzierte Wahlzimmer flößte uns Ehrfurcht ein. Die Türstücke, auf welchen kleine Kinder oder Genien, mit dem kaiserlichen Ornat bekleidet, und belastet mit den Reichsinsignien, eine gar wunderliche Figur spielen, betrachteten wir mit großer Aufmerksamkeit, und hofften wohl auch noch einmal eine Krönung mit Augen zu erleben. Aus dem großen Kaisersaale konnte man uns nur mit sehr vieler Mühe wieder herausbringen, wenn es uns einmal geglückt war, hineinzuschlüpfen; und wir hielten denjenigen für unsern wahrsten Freund, der uns bei den Brustbildern der sämtlichen Kaiser, die in einer gewissen Höhe umher gemalt waren, etwas von ihren Taten erzählen mochte.

Von Karl dem Großen vernahmen wir manches Märchenhafte; aber das Historisch-Interessante für uns fing erst mit Rudolf von Habsburg an, der durch seine Mannheit so großen Verwirrungen ein Ende gemacht. Auch Karl der Vierte zog unsre Aufmerksamkeit an sich. Wir hatten schon von der Goldnen Bulle und der Peinlichen Halsgerichtsordnung gehört, auch daß er den Frankfurtern ihre Anhänglichkeit an seinen edlen Gegenkaiser, Günther von Schwarzburg, nicht entgelten ließ. Maximilianen hörten wir als einen Menschen- und Bürgerfreund loben, und daß von ihm prophezeit worden, er werde der letzte Kaiser aus einem deutschen Hause sein; welches denn auch leider eingetroffen, indem nach seinem Tode die Wahl nur zwischen dem König von Spanien, Karl dem Fünften, und dem König von Frankreich, Franz dem Ersten, geschwankt habe. Bedenklich fügte man hinzu, daß nun abermals eine solche Weissagung oder vielmehr Vorbedeutung umgehe: denn es sei augenfällig, daß nur noch Platz für das Bild eines Kaisers übrig bleibe; ein Umstand, der, obgleich zufällig scheinend, die Patriotischgesinnten mit Besorgnis erfülle.

Wenn wir nun so einmal unsern Umgang hielten, verfehlten wir auch nicht, uns nach dem Dom zu begeben und daselbst das Grab jenes braven, von Freund und Feinden geschätzten Günther zu besuchen. Der merkwürdige Stein, der es ehmals bedeckte, ist in dem Chor aufgerichtet. Die gleich daneben befindliche Türe, welche ins Konklave führt, blieb uns lange verschlossen, bis wir endlich durch die obern Behörden auch den Eintritt in diesen so bedeutenden Ort zu erlangen wußten. Allein wir hätten besser getan, ihn durch unsre Einbildungskraft, wie bisher, auszumalen: denn wir fanden diesen in der deutschen Geschichte so merkwürdigen Raum, wo die mächtigsten Fürsten sich zu einer Handlung von solcher Wichtigkeit zu versammlen pflegten, keineswegs würdig ausgeziert, sondern noch obenein mit Balken, Stangen, Gerüsten und anderem solchen Gesperr, das man beiseitesetzen wollte, verunstaltet. Desto mehr ward unsere Einbildungskraft angeregt und das Herz uns erhoben, als wir kurz nachher die Erlaubnis erhielten, beim Vorzeigen der Goldnen Bulle an einige vornehme Fremden auf dem Rathause gegenwärtig zu sein.

Mit vieler Begierde vernahm der Knabe sodann, was ihm die Seinigen so wie ältere Verwandte und Bekannte gern erzählten und wiederholten, die Geschichten der zuletzt kurz auf einander gefolgten Krönungen: denn es war kein Frankfurter von einem gewissen Alter, der nicht diese beiden Ereignisse, und was sie begleitete, für den Gipfel seines Lebens gehalten hätte. So prächtig die Krönung Karls des Siebenten gewesen war, bei welcher besonders der französische Gesandte, mit Kosten und Geschmack, herrliche Feste gegeben, so war doch die Folge für den guten Kaiser desto trauriger, der seine Residenz München nicht behaupten konnte und gewissermaßen die Gastfreiheit seiner Reichsstädter anflehen mußte.

War die Krönung Franz' des Ersten nicht so auffallend prächtig wie jene, so wurde sie doch durch die Gegenwart der Kaiserin Maria Theresia verherrlicht, deren Schönheit ebenso einen großen Eindruck auf die Männer scheint gemacht zu haben, als die ernste würdige Gestalt und die blauen Augen Karls des Siebenten auf die Frauen. Wenigstens wetteiferten beide Geschlechter, dem aufhorchenden Knaben einen höchst vorteilhaften Begriff von jenen beiden Personen beizubringen. Alle diese Beschreibungen und Erzählungen geschahen mit heitrem und beruhigtem Gemüt: denn der Aachner Friede hatte für den Augenblick aller Fehde ein Ende gemacht, und wie von jenen Feierlichkeiten, so sprach man mit Behaglichkeit von den vorübergegangenen Kriegszügen, von der Schlacht bei Dettingen, und was die merkwürdigsten Begebenheiten der verflossenen Jahre mehr sein mochten; und alles Bedeutende und Gefährliche schien, wie es nach einem abgeschlossenen Frieden zu gehen pflegt, sich nur ereignet zu haben, um glücklichen und sorgenfreien Menschen zur Unterhaltung zu dienen.

Hatte man in einer solchen patriotischen Beschränkung kaum ein halbes Jahr hingebracht, so traten schon die Messen wieder ein, welche in den sämtlichen Kinderköpfen jederzeit eine unglaubliche Gärung hervorbrachten. Eine durch Erbauung so vieler Buden innerhalb der Stadt in weniger Zeit entspringende neue Stadt, das Wogen und Treiben, das Abladen und Auspacken der Waren erregte von den ersten Momenten des Bewußtseins an eine unbezwinglich tätige Neugierde und ein unbegrenztes Verlangen nach kindischem Besitz, das der Knabe mit wachsenden Jahren, bald auf diese bald auf jene Weise, wie es die Kräfte seines kleinen Beutels erlauben wollten, zu befriedigen suchte. Zugleich aber bildete sich die Vorstellung von dem, was die Welt alles hervorbringt, was sie bedarf, und was die Bewohner ihrer verschiedenen Teile gegen einander auswechseln.

Diese großen, im Frühjahr und Herbst eintretenden Epochen wurden durch seltsame Feierlichkeiten angekündigt, welche um desto würdiger schienen, als sie die alte Zeit, und was von dorther noch auf uns gekommen, lebhaft vergegenwärtigten. Am Geleitstag war das ganze Volk auf den Beinen, drängte sich nach der Fahrgasse, nach der Brücke, bis über Sachsenhausen hinaus; alle Fenster waren besetzt, ohne daß den Tag über was Besonderes vorging; die Menge schien nur da zu sein, um sich zu drängen, und die Zuschauer, um sich unter einander zu betrachten: denn das, worauf es eigentlich ankam, ereignete sich erst mit sinkender Nacht, und wurde mehr geglaubt als mit Augen gesehen.

In jenen ältern unruhigen Zeiten nämlich, wo ein jeder nach Belieben Unrecht tat, oder nach Lust das Rechte beförderte, wurden die auf die Messen ziehenden Handelsleute von Wegelagerern, edlen und unedlen Geschlechts, willkürlich geplagt und geplackt, so daß Fürsten und andre mächtige Stände die Ihrigen mit gewaffneter Hand bis nach Frankfurt geleiten ließen. Hier wollten nun aber die Reichsstädter sich selbst und ihrem Gebiet nichts vergeben; sie zogen den Ankömmlingen entgegen: da gab es denn manchmal Streitigkeiten, wie weit jene Geleitenden herankommen, oder ob sie wohl gar ihren Einritt in die Stadt nehmen könnten. Weil nun dieses nicht allein bei Handels- und Meßgeschäften stattfand, sondern auch wenn hohe Personen in Kriegs- und Friedenszeiten, vorzüglich aber zu Wahltagen sich heranbegaben, und es auch öfters zu Tätlichkeiten kam, sobald irgend ein Gefolge, das man in der Stadt nicht dulden wollte, sich mit seinem Herrn hereinzudrängen begehrte: so waren zeither darüber manche Verhandlungen gepflogen, es waren viele Rezesse deshalb, obgleich stets mit beiderseitigen Vorbehalten, geschlossen worden, und man gab die Hoffnung nicht auf, den seit Jahrhunderten dauernden Zwist endlich einmal beizulegen, als die ganze Anstalt, weshalb er so lange und oft sehr heftig geführt worden war, beinah für unnütz, wenigstens für überflüssig angesehen werden konnte.

Unterdessen ritt die bürgerliche Kavallerie in mehreren Abteilungen, mit den Oberhäuptern an ihrer Spitze, an jenen Tagen zu verschiedenen Toren hinaus, fand an einer gewissen Stelle einige Reiter oder Husaren der zum Geleit berechtigten Reichsstände, die nebst ihren Anführern wohl empfangen und bewirtet wurden; man zögerte bis gegen Abend, und ritt alsdann, kaum von der wartenden Menge gesehen, zur Stadt herein; da denn mancher bürgerliche Reiter weder sein Pferd noch sich selbst auf dem Pferde zu erhalten vermochte. Zu dem Brückentore kamen die bedeutendsten Züge herein, und deswegen war der Andrang dorthin am stärksten. Ganz zuletzt und mit sinkender Nacht langte der auf gleiche Weise geleitete Nürnberger Postwagen an, und man trug sich mit der Rede, es müsse jederzeit, dem Herkommen gemäß, eine alte Frau darin sitzen; weshalb denn die Straßenjungen bei Ankunft des Wagens in ein gellendes Geschrei auszubrechen pflegten, ob man gleich die im Wagen sitzenden Passagiere keineswegs mehr unterscheiden konnte. Unglaublich und wirklich die Sinne verwirrend war der Drang der Menge, die in diesem Augenblick durch das Brückentor herein dem Wagen nachstürzte; deswegen auch die nächsten Häuser von den Zuschauern am meisten gesucht wurden.

Eine andere, noch viel seltsamere Feierlichkeit, welche am hellen Tage das Publikum aufregte, war das Pfeifergericht. Es erinnerte diese Zeremonie an jene ersten Zeiten, wo bedeutende Handelsstädte sich von den Zöllen, welche mit Handel und Gewerb in gleichem Maße zunahmen, wo nicht zu befreien, doch wenigstens eine Milderung derselben zu erlangen suchten. Der Kaiser, der ihrer bedurfte, erteilte eine solche Freiheit da, wo es von ihm abhing, gewöhnlich aber nur auf ein Jahr, und sie mußte daher jährlich erneuert werden. Dieses geschah durch symbolische Gaben, welche dem kaiserlichen Schultheißen, der auch wohl gelegentlich Oberzöllner sein konnte, vor Eintritt der Bartholomäimesse gebracht wurden, und zwar des Anstandes wegen, wenn er mit den Schöffen zu Gericht saß. Als der Schultheiß späterhin nicht mehr vom Kaiser gesetzt, sondern von der Stadt selbst gewählt wurde, behielt er doch diese Vorrechte, und sowohl die Zollfreiheiten der Städte, als die Zeremonien, womit die Abgeordneten von Worms, Nürnberg und Alt-Bamberg diese uralte Vergünstigung anerkannten, waren bis auf unsere Zeiten gekommen. Den Tag vor Mariä Geburt ward ein öffentlicher Gerichtstag angekündigt. In dem großen Kaisersaale, in einem umschränkten Raume, saßen erhöht die Schöffen, und eine Stufe höher der Schultheiß in ihrer Mitte; die von den Parteien bevollmächtigten Prokuratoren unten zur rechten Seite. Der Aktuarius fängt an, die auf diesen Tag gesparten wichtigen Urteile laut vorzulesen; die Prokuratoren bitten um Abschrift, appellieren, oder was sie sonst zu tun nötig finden.

Auf einmal meldet eine wunderliche Musik gleichsam die Ankunft voriger Jahrhunderte. Es sind drei Pfeifer, deren einer eine alte Schalmei, der andere einen Baß, der dritte einen Pommer oder Hoboe bläst. Sie tragen blaue mit Gold verbrämte Mäntel, auf den Ärmeln die Noten befestigt, und haben das Haupt bedeckt. So waren sie aus ihrem Gasthause, die Gesandten und ihre Begleitung hinterdrein, Punkt zehn ausgezogen, von Einheimischen und Fremden angestaunt, und so treten sie in den Saal. Die Gerichtsverhandlungen halten inne, Pfeifer und Begleitung bleiben vor den Schranken, der Abgesandte tritt hinein und stellt sich dem Schultheißen gegenüber. Die symbolischen Gaben, welche auf das genauste nach dem alten Herkommen gefordert wurden, bestanden gewöhnlich in solchen Waren, womit die darbringende Stadt vorzüglich zu handlen pflegte. Der Pfeffer galt gleichsam für alle Waren, und so brachte auch hier der Abgesandte einen schön gedrechselten hölzernen Pokal mit Pfeffer angefüllt. Über demselben lagen ein Paar Handschuhe, wundersam geschlitzt, mit Seide besteppt und bequastet, als Zeichen einer gestatteten und angenommenen Vergünstigung, dessen sich auch wohl der Kaiser selbst in gewissen Fällen bediente. Daneben sah man ein weißes Stäbchen, welches vormals bei gesetzlichen und gerichtlichen Handlungen nicht leicht fehlen durfte. Es waren noch einige kleine Silbermünzen hinzugefügt, und die Stadt Worms brachte einen alten Filzhut, den sie immer wieder einlöste, so daß derselbe viele Jahre ein Zeuge dieser Zeremonien gewesen.

Nachdem der Gesandte seine Anrede gehalten, das Geschenk abgegeben, von dem Schultheißen die Versicherung fortdauernder Begünstigung empfangen, so entfernte er sich aus dem geschlossenen Kreise, die Pfeifer bliesen, der Zug ging ab, wie er gekommen war, das Gericht verfolgte seine Geschäfte, bis der zweite und endlich der dritte Gesandte eingeführt wurden: denn sie kamen erst einige Zeit nach einander, teils damit das Vergnügen des Publikums länger daure, teils auch weil es immer dieselben altertümlichen Virtuosen waren, welche Nürnberg für sich und seine Mitstädte zu unterhalten und jedes Jahr an Ort und Stelle zu bringen übernommen hatte.

Wir Kinder waren bei diesem Feste besonders interessiert, weil es uns nicht wenig schmeichelte, unsern Großvater an einer so ehrenvollen Stelle zu sehen, und weil wir gewöhnlich noch selbigen Tag ihn ganz bescheiden zu besuchen pflegten, um, wenn die Großmutter den Pfeffer in ihre Gewürzladen geschüttet hätte, einen Becher und Stäbchen, ein Paar Handschuh oder einen alten Räderalbus zu erhaschen. Man konnte sich diese symbolischen, das Altertum gleichsam hervorzaubernden Zeremonien nicht erklären lassen, ohne in vergangene Jahrhunderte wieder zurückgeführt zu werden, ohne sich nach Sitten, Gebräuchen und Gesinnungen unserer Altvordern zu erkundigen, die sich durch wieder auferstandene Pfeifer und Abgeordnete, ja durch handgreifliche und für uns besitzbare Gaben auf eine so wunderliche Weise vergegenwärtigten.

Solchen altehrwürdigen Feierlichkeiten folgte in guter Jahrszeit manches für uns Kinder lustreichere Fest außerhalb der Stadt unter freiem Himmel. An dem rechten Ufer des Mains unterwärts, etwa eine halbe Stunde vom Tor, quillt ein Schwefelbrunnen, sauber eingefaßt und mit uralten Linden umgeben. Nicht weit davon steht der „Hof zu den guten Leuten“, ehmals ein um dieser Quelle willen erbautes Hospital. Auf den Gemeindeweiden umher versammelte man zu einem gewissen Tage des Jahres die Rindviehherden aus der Nachbarschaft, und die Hirten samt ihren Mädchen feierten ein ländliches Fest, mit Tanz und Gesang, mit mancherlei Lust und Ungezogenheit. Auf der andern Seite der Stadt lag ein ähnlicher nur größerer Gemeindeplatz, gleichfalls durch einen Brunnen und durch noch schönere Linden geziert. Dorthin trieb man zu Pfingsten die Schafherden, und zu gleicher Zeit ließ man die armen verbleichten Waisenkinder aus ihren Mauern ins Freie: denn man sollte erst später auf den Gedanken geraten, daß man solche verlassene Kreaturen, die sich einst durch die Welt durchzuhelfen genötigt sind, früh mit der Welt in Verbindung bringen, anstatt sie auf eine traurige Weise zu hegen, sie lieber gleich zum Dienen und Dulden gewöhnen müsse, und alle Ursach habe, sie von Kindesbeinen an sowohl physisch als moralisch zu kräftigen. Die Ammen und Mägde, welche sich selbst immer gern einen Spaziergang bereiten, verfehlten nicht, von den frühsten Zeiten, uns an dergleichen Orte zu tragen und zu führen, so daß diese ländlichen Feste wohl mit zu den ersten Eindrücken gehören, deren ich mich erinnern kann.

Das Haus war indessen fertig geworden, und zwar in ziemlich kurzer Zeit, weil alles wohl überlegt, vorbereitet und für die nötige Geldsumme gesorgt war. Wir fanden uns nun alle wieder versammelt und fühlten uns behaglich: denn ein wohlausgedachter Plan, wenn er ausgeführt dasteht, läßt alles vergessen, was die Mittel, um zu diesem Zweck zu gelangen, Unbequemes mögen gehabt haben. Das Haus war für eine Privatwohnung geräumig genug, durchaus hell und heiter, die Treppe frei, die Vorsäle lustig, und jene Aussicht über die Gärten aus mehrern Fenstern bequem zu genießen. Der innere Ausbau, und was zur Vollendung und Zierde gehört, ward nach und nach vollbracht, und diente zugleich zur Beschäftigung und zur Unterhaltung.

Das erste, was man in Ordnung brachte, war die Büchersammlung des Vaters, von welcher die besten, in Franz- oder Halbfranzband gebundenen Bücher die Wände seines Arbeits- und Studierzimmers schmücken sollten. Er besaß die schönen holländischen Ausgaben der lateinischen Schriftsteller, welche er der äußern Übereinstimmung wegen sämtlich in Quart anzuschaffen suchte; sodann vieles, was sich auf die römischen Antiquitäten und die elegantere Jurisprudenz bezieht. Die vorzüglichsten italienischen Dichter fehlten nicht, und für den Tasso bezeigte er eine große Vorliebe. Die besten neusten Reisebeschreibungen waren auch vorhanden, und er selbst machte sich ein Vergnügen daraus, den Keyßler und Nemeiz zu berichtigen und zu ergänzen.

Nicht weniger hatte er sich mit den nötigsten Hülfsmitteln umgeben, mit Wörterbüchern aus verschiedenen Sprachen, mit Reallexiken, daß man sich also nach Belieben Rats erholen konnte, so wie mit manchem andern, was zum Nutzen und Vergnügen gereicht.

Die andere Hälfte dieser Büchersammlung, in saubern Pergamentbänden mit sehr schön geschriebenen Titeln, ward in einem besondern Mansardzimmer aufgestellt. Das Nachschaffen der neuen Bücher, so wie das Binden und Einreihen derselben, betrieb er mit großer Gelassenheit und Ordnung. Dabei hatten die gelehrten Anzeigen, welche diesem oder jenem Werk besondere Vorzüge beilegten, auf ihn großen Einfluß. Seine Sammlung juristischer Dissertationen vermehrte sich jährlich um einige Bände.

Zunächst aber wurden die Gemälde, die sonst in dem alten Hause zerstreut herumgehangen, nunmehr zusammen an den Wänden eines freundlichen Zimmers neben der Studierstube, alle in schwarzen, mit goldenen Stäbchen verzierten Rahmen, symmetrisch angebracht. Mein Vater hatte den Grundsatz, den er öfters und sogar leidenschaftlich aussprach, daß man die lebenden Meister beschäftigen, und weniger auf die abgeschiedenen wenden solle, bei deren Schätzung sehr viel Vorurteil mit unterlaufe. Er hatte die Vorstellung, daß es mit den Gemälden völlig wie mit den Rheinweinen beschaffen sei, die, wenn ihnen gleich das Alter einen vorzüglichen Wert beilege, dennoch in jedem folgenden Jahre ebenso vortrefflich als in den vergangenen könnten hervorgebracht werden. Nach Verlauf einiger Zeit werde der neue Wein auch ein alter, ebenso kostbar und vielleicht noch schmackhafter. In dieser Meinung bestätigte er sich vorzüglich durch die Bemerkung, daß mehrere alte Bilder hauptsächlich dadurch für die Liebhaber einen großen Wert zu erhalten schienen, weil sie dunkler und bräuner geworden, und der harmonische Ton eines solchen Bildes öfters gerühmt wurde. Mein Vater versicherte dagegen, es sei ihm gar nicht bange, daß die neuen Bilder künftig nicht auch schwarz werden sollten; daß sie aber gerade dadurch gewönnen, wollte er nicht zugestehen.

Nach diesen Grundsätzen beschäftigte er mehrere Jahre

hindurch die sämtlichen Frankfurter Künstler: den Maler Hirt, welcher Eichen- und Buchenwälder und andere sogenannte ländliche Gegenden sehr wohl mit Vieh zu staffieren wußte; desgleichen Trautmann, der sich den Rembrandt zum Muster genommen, und es in eingeschlossenen Lichtern und Widerscheinen, nicht weniger in effektvollen Feuersbrünsten weit gebracht hatte, so daß er einstens aufgefordert wurde, einen Pendant zu einem Rembrandtischen Bilde zu malen; ferner Schütz, der auf dem Wege des Sachtleben die Rheingegenden fleißig bearbeitete; nicht weniger Junckern, der Blumen- und Fruchtstücke, Stilleben und ruhig beschäftigte Personen, nach dem Vorgang der Niederländer, sehr reinlich ausführte. Nun aber ward durch die neue Ordnung, durch einen bequemern Raum, und noch mehr durch die Bekanntschaft eines geschickten Künstlers die Liebhaberei wieder angefrischt und belebt. Dieses war Seekatz, ein Schüler von Brinckmann, darmstädtischer Hofmaler, dessen Talent und Charakter sich in der Folge vor uns umständlicher entwickeln wird.

Man schritt auf diese Weise mit Vollendung der übrigen Zimmer, nach ihren verschiedenen Bestimmungen, weiter. Reinlichkeit und Ordnung herrschten im ganzen; vorzüglich trugen große Spiegelscheiben das Ihrige zu einer vollkommenen Helligkeit bei, die in dem alten Hause aus mehrern Ursachen, zunächst aber auch wegen meist runder Fensterscheiben gefehlt hatte. Der Vater zeigte sich heiter, weil ihm alles gut gelungen war; und wäre der gute Humor nicht manchmal dadurch unterbrochen worden, daß nicht immer der Fleiß und die Genauigkeit der Handwerker seinen Forderungen entsprachen, so hätte man kein glücklicheres Leben denken können, zumal da manches Gute teils in der Familie selbst entsprang, teils ihr von außen zufloß.

Durch ein außerordentliches Weltereignis wurde jedoch die Gemütsruhe des Knaben zum erstenmal im tiefsten erschüttert. Am ersten November 1755 ereignete sich das Erdbeben von Lissabon, und verbreitete über die in Frieden und Ruhe schon eingewohnte Welt einen ungeheuren Schrecken. Eine große prächtige Residenz, zugleich Handels- und Hafenstadt, wird ungewarnt von dem furchtbarsten Unglück betroffen. Die Erde bebt und schwankt, das Meer braust auf, die Schiffe schlagen zusammen, die Häuser stürzen ein, Kirchen und Türme darüber her, der königliche Palast zum Teil wird vom Meere verschlungen, die geborstene Erde scheint Flammen zu speien: denn überall meldet sich Rauch und Brand in den Ruinen. Sechzigtausend Menschen, einen Augenblick zuvor noch ruhig und behaglich, gehen miteinander zugrunde, und der Glücklichste darunter ist der zu nennen, dem keine Empfindung, keine Besinnung über das Unglück mehr gestattet ist. Die Flammen wüten fort, und mit ihnen wütet eine Schar sonst verborgner, oder durch dieses Ereignis in Freiheit gesetzter Verbrecher. Die unglücklichen Übriggebliebenen sind dem Raube, dem Morde, allen Mißhandlungen bloßgestellt; und so behauptet von allen Seiten die Natur ihre schrankenlose Willkür.

Schneller als die Nachrichten hatten schon Andeutungen von diesem Vorfall sich durch große Landstrecken verbreitet; an vielen Orten waren schwächere Erschütterungen zu verspüren, an manchen Quellen, besonders den heilsamen, ein ungewöhnliches Innehalten zu bemerken gewesen: um desto größer war die Wirkung der Nachrichten selbst, welche erst im allgemeinen, dann aber mit schrecklichen Einzelheiten sich rasch verbreiteten. Hierauf ließen es die Gottesfürchtigen nicht an Betrachtungen, die Philosophen nicht an Trostgründen, an Strafpredigten die Geistlichkeit nicht fehlen. So vieles zusammen richtete die Aufmerksamkeit der Welt eine Zeitlang auf diesen Punkt, und die durch fremdes Unglück aufgeregten Gemüter wurden durch Sorgen für sich selbst und die Ihrigen um so mehr geängstigt, als über die weitverbreitete Wirkung dieser Explosion von allen Orten und Enden immer mehrere und umständlichere Nachrichten einliefen. Ja vielleicht hat der Dämon des Schreckens zu keiner Zeit so schnell und so mächtig seine Schauer über die Erde verbreitet.

Der Knabe, der alles dieses wiederholt vernehmen mußte, war nicht wenig betroffen. Gott, der Schöpfer und Erhalter Himmels und der Erden, den ihm die Erklärung des ersten Glaubensartikels so weise und gnädig vorstellte, hatte sich, indem er die Gerechten mit den Ungerechten gleichem Verderben preisgab, keineswegs väterlich bewiesen. Vergebens suchte das junge Gemüt sich gegen diese Eindrücke herzustellen, welches überhaupt um so weniger möglich war, als die Weisen und Schriftgelehrten selbst sich über die Art, wie man ein solches Phänomen anzusehen habe, nicht vereinigen konnten.

Der folgende Sommer gab eine nähere Gelegenheit, den zornigen Gott, von dem das Alte Testament so viel überliefert, unmittelbar kennen zu lernen. Unversehens brach ein Hagelwetter herein und schlug die neuen Spiegelscheiben der gegen Abend gelegenen Hinterseite des Hauses unter Donner und Blitzen auf das gewaltsamste zusammen, beschädigte die neuen Möbeln, verderbte einige schätzbare Bücher und sonst werte Dinge, und war für die Kinder um so fürchterlicher, als das ganz außer sich gesetzte Hausgesinde sie in einen dunklen Gang mit fortriß, und dort auf den Knieen liegend durch schreckliches Geheul und Geschrei die erzürnte Gottheit zu versöhnen glaubte; indessen der Vater, ganz allein gefaßt, die Fensterflügel aufriß und aushob; wodurch er zwar manche Scheiben rettete, aber auch dem auf den Hagel folgenden Regenguß einen desto offnern Weg bereitete, so daß man sich, nach endlicher Erholung, auf den Vorsälen und Treppen von flutendem und rinnendem Wasser umgeben sah.

Solche Vorfälle, wie störend sie auch im ganzen waren, unterbrachen doch nur wenig den Gang und die Folge des Unterrichts, den der Vater selbst uns Kindern zu geben sich einmal vorgenommen. Er hatte seine Jugend auf dem Koburger Gymnasium zugebracht, welches unter den deutschen Lehranstalten eine der ersten Stellen einnahm. Er hatte daselbst einen guten Grund in den Sprachen, und was man sonst zu einer gelehrten Erziehung rechnete, gelegt, nachher in Leipzig sich der Rechtswissenschaft beflissen, und zuletzt in Gießen promoviert. Seine mit Ernst und Fleiß verfaßte Dissertation: „Electa de aditione hereditatis“, wird noch von den Rechtslehrern mit Lob angeführt.

Es ist ein frommer Wunsch aller Väter, das, was ihnen selbst abgegangen, an den Söhnen realisiert zu sehen, so ohngefähr, als wenn man zum zweitenmal lebte und die

Erfahrungen des ersten Lebenslaufes nun erst recht nutzen wollte. Im Gefühl seiner Kenntnisse, in Gewißheit einer treuen Ausdauer, und im Mißtrauen gegen die damaligen Lehrer nahm der Vater sich vor, seine Kinder selbst zu unterrichten, und nur so viel, als es nötig schien, einzelne Stunden durch eigentliche Lehrmeister zu besetzen. Ein pädagogischer Dilettantismus fing sich überhaupt schon zu zeigen an. Die Pedanterie und Trübsinnigkeit der an öffentlichen Schulen angestellten Lehrer mochte wohl die erste Veranlassung dazu geben. Man suchte nach etwas Besserem, und vergaß, wie mangelhaft aller Unterricht sein muß, der nicht durch Leute vom Metier erteilt wird.

Meinem Vater war sein eigner Lebensgang bis dahin ziemlich nach Wunsch gelungen; ich sollte denselben Weg gehen, aber bequemer und weiter. Er schätzte meine angeborenen Gaben um so mehr, als sie ihm mangelten: denn er hatte alles nur durch unsäglichen Fleiß, Anhaltsamkeit und Wiederholung erworben. Er versicherte mir öfters, früher und später, im Ernst und Scherz, daß er mit meinen Anlagen sich ganz anders würde benommen, und nicht so liederlich damit würde gewirtschaftet haben.

Durch schnelles Ergreifen, Verarbeiten und Festhalten entwuchs ich sehr bald dem Unterricht, den mir mein Vater und die übrigen Lehrmeister geben konnten, ohne daß ich doch in irgend etwas begründet gewesen wäre. Die Grammatik mißfiel mir, weil ich sie nur als ein willkürliches Gesetz ansah; die Regeln schienen mir lächerlich, weil sie durch so viele Ausnahmen aufgehoben wurden, die ich alle wieder besonders lernen sollte. Und wäre nicht der gereimte angehende Lateiner gewesen, so hätte es schlimm mit mir ausgesehen; doch diesen trommelte und sang ich mir gern vor. So hatten wir auch eine Geographie in solchen Gedächtnisversen, wo uns die abgeschmacktesten Reime das zu Behaltende am besten einprägten, z. B.:

Oberyssel: viel Morast
Macht das gute Land verhaßt.

Die Sprachformen und Wendungen faßte ich leicht; so auch entwickelte ich mir schnell, was in dem Begriff einer Sache lag. In rhetorischen Dingen, Chrien und dergleichen tat es mir niemand zuvor, ob ich schon wegen Sprachfehler oft hintanstehen mußte. Solche Aufsätze waren es jedoch, die meinem Vater besondre Freude machten, und wegen deren er mich mit manchem für einen Knaben bedeutenden Geldgeschenk belohnte.

Mein Vater lehrte die Schwester in demselben Zimmer Italienisch, wo ich den Cellarius auswendig zu lernen hatte. Indem ich nun mit meinem Pensum bald fertig war und doch still sitzen sollte, horchte ich über das Buch weg und faßte das Italienische, das mir als eine lustige Abweichung des Lateinischen auffiel, sehr behende.

Andere Frühzeitigkeiten in Absicht auf Gedächtnis und Kombination hatte ich mit jenen Kindern gemein, die dadurch einen frühen Ruf erlangt haben. Deshalb konnte mein Vater kaum erwarten, bis ich auf Akademie gehen würde. Sehr bald erklärte er, daß ich in Leipzig, für welches er eine große Vorliebe behalten, gleichfalls Jura studieren, alsdann noch eine andre Universität besuchen und promovieren sollte. Was diese zweite betraf, war es ihm gleichgültig, welche ich wählen würde; nur gegen Göttingen hatte er, ich weiß nicht warum, einige Abneigung, zu meinem Leidwesen: denn ich hatte gerade auf diese viel Zutrauen und große Hoffnungen gesetzt.

Ferner erzählte er mir, daß ich nach Wetzlar und Regensburg, nicht weniger nach Wien und von da nach Italien gehen sollte; ob er gleich wiederholt behauptete, man müsse Paris voraus sehen, weil man aus Italien kommend sich an nichts mehr ergetze.

Dieses Märchen meines künftigen Jugendganges ließ ich mir gern wiederholen, besonders da es in eine Erzählung von Italien und zuletzt in eine Beschreibung von Neapel auslief. Sein sonstiger Ernst und Trockenheit schien sich jederzeit aufzulösen und zu beleben, und so erzeugte sich in uns Kindern der leidenschaftliche Wunsch, auch dieser Paradiese teilhaft zu werden.

Privatstunden, welche sich nach und nach vermehrten, teilte ich mit Nachbarskindern. Dieser gemeinsame Unterricht förderte mich nicht; die Lehrer gingen ihren Schlendrian, und die Unarten, ja manchmal die Bösartigkeiten meiner Gesellen brachten Unruh, Verdruß und Störung in die kärglichen Lehrstunden. Chrestomathien, wodurch die Belehrung heiter und mannigfaltig wird, waren noch nicht bis zu uns gekommen. Der für junge Leute so starre Cornelius Nepos, das allzu leichte, und durch Predigten und Religionsunterricht sogar trivial gewordne Neue Testament, Cellarius und Pasor konnten uns kein Interesse geben; dagegen hatte sich eine gewisse Reim- und Versewut, durch Lesung der damaligen deutschen Dichter, unser bemächtigt. Mich hatte sie schon früher ergriffen, als ich es lustig fand, von der rhetorischen Behandlung der Aufgaben zu der poetischen überzugehen.

Wir Knaben hatten eine sonntägliche Zusammenkunft, wo jeder von ihm selbst verfertigte Verse produzieren sollte. Und hier begegnete mir etwas Wunderbares, was mich sehr lange in Unruh setzte. Meine Gedichte, wie sie auch sein mochten, mußte ich immer für die bessern halten. Allein ich bemerkte bald, daß meine Mitwerber, welche sehr lahme Dinge vorbrachten, in dem gleichen Falle waren und sich nicht weniger dünkten; ja, was mir noch bedenklicher schien, ein guter, obgleich zu solchen Arbeiten völlig unfähiger Knabe, dem ich übrigens gewogen war, der aber seine Reime sich vom Hofmeister machen ließ, hielt diese nicht allein für die allerbesten, sondern war völlig überzeugt, er habe sie selbst gemacht; wie er mir, in dem vertrauteren Verhältnis, worin ich mit ihm stand, jederzeit aufrichtig behauptete. Da ich nun solchen Irrtum und Wahnsinn offenbar vor mir sah, fiel es mir eines Tages aufs Herz, ob ich mich vielleicht selbst in dem Falle befände, ob nicht jene Gedichte wirklich besser seien als die meinigen, und ob ich nicht mit Recht jenen Knaben ebenso toll als sie mir vorkommen möchte? Dieses beunruhigte mich sehr und lange Zeit: denn es war mir durchaus unmöglich, ein äußeres Kennzeichen der Wahrheit zu finden; ja ich stockte sogar in meinen Hervorbringungen, bis mich endlich Leichtsinn und Selbstgefühl und zuletzt eine Probearbeit beruhigten, die uns Lehrer und Eltern, welche auf unsere Scherze aufmerksam geworden, aus dem Stegreif aufgaben, wobei ich gut bestand und allgemeines Lob davontrug.

Man hatte zu der Zeit noch keine Bibliotheken für Kinder veranstaltet. Die Alten hatten selbst noch kindliche Gesinnungen, und fanden es bequem, ihre eigene Bildung der Nachkommenschaft mitzuteilen. Außer dem „Orbis pictus" des Amos Comenius kam uns kein Buch dieser Art in die Hände; aber die große Foliobibel, mit Kupfern von Merian, ward häufig von uns durchblättert; Gottfrieds „Chronik", mit Kupfern desselben Meisters, belehrte uns von den merkwürdigsten Fällen der Weltgeschichte; die „Acerra philologica" tat noch allerlei Fabeln, Mythologien und Seltsamkeiten hinzu; und da ich gar bald die Ovidischen „Verwandlungen" gewahr wurde, und besonders die ersten Bücher fleißig studierte: so war mein junges Gehirn schnell genug mit einer Masse von Bildern und Begebenheiten, von bedeutenden und wunderbaren Gestalten und Ereignissen angefüllt, und ich konnte niemals Langeweile haben, indem ich mich immerfort beschäftigte, diesen Erwerb zu verarbeiten, zu wiederholen, wieder hervorzubringen.

Einen frömmern, sittlichern Effekt als jene mitunter rohen und gefährlichen Altertümlichkeiten machte Fénelons „Telemach", den ich erst nur in der Neukirchischen Übersetzung kennen lernte, und der, auch so unvollkommen überliefert, eine gar süße und wohltätige Wirkung auf mein Gemüt äußerte. Daß „Robinson Crusoe" sich zeitig angeschlossen, liegt wohl in der Natur der Sache; daß die „Insel Felsenburg" nicht gefehlt habe, läßt sich denken. Lord Ansons „Reise um die Welt" verband das Würdige der Wahrheit mit dem Phantasiereichen des Märchens, und indem wir diesen trefflichen Seemann mit den Gedanken begleiteten, wurden wir weit in alle Welt hinausgeführt, und versuchten, ihm mit unsern Fingern auf dem Globus zu folgen. Nun sollte mir auch noch eine reichlichere Ernte bevorstehen, indem ich an eine Masse Schriften geriet, die zwar in ihrer gegenwärtigen Gestalt nicht vortrefflich genannt werden können, deren Inhalt jedoch uns manches Verdienst voriger Zeiten in einer unschuldigen Weise näher bringt.

Der Verlag oder vielmehr die Fabrik jener Bücher, welche in der folgenden Zeit unter dem Titel „Volksschriften", „Volksbücher" bekannt und sogar berühmt geworden, war in Frankfurt selbst, und sie wurden, wegen des großen Abgangs, mit stehenden Lettern auf das schrecklichste Löschpapier fast unleserlich gedruckt. Wir Kinder hatten also das Glück, diese schätzbaren Überreste der Mittelzeit auf einem Tischchen vor der Haustüre eines Büchertrödlers täglich zu finden, und sie uns für ein paar Kreuzer zuzueignen. Der „Eulenspiegel", „Die vier Haimonskinder", „Die schöne Melusine", „Der Kaiser Oktavian", „Die schöne Magelone", „Fortunatus", mit der ganzen Sippschaft bis auf den „Ewigen Juden", alles stand uns zu Diensten, sobald uns gelüstete, nach diesen Werken anstatt nach irgend einer Näscherei zu greifen. Der größte Vorteil dabei war, daß, wenn wir ein solches Heft zerlesen oder sonst beschädigt hatten, es bald wieder angeschafft und aufs neue verschlungen werden konnte.

Wie eine Familienspazierfahrt im Sommer durch ein plötzliches Gewitter auf eine höchst verdrießliche Weise gestört, und ein froher Zustand in den widerwärtigsten verwandelt wird, so fallen auch die Kinderkrankheiten unerwartet in die schönste Jahrszeit des Frühlebens. Mir erging es auch nicht anders. Ich hatte mir eben den „Fortunatus" mit seinem Säckel und Wünschhütlein gekauft, als mich ein Mißbehagen und ein Fieber überfiel, wodurch die Pocken sich ankündigten. Die Einimpfung derselben ward bei uns noch immer für sehr problematisch angesehen, und ob sie gleich populare Schriftsteller schon faßlich und eindringlich empfohlen, so zauderten doch die deutschen Ärzte mit einer Operation, welche der Natur vorzugreifen schien. Spekulierende Engländer kamen daher aufs feste Land und impften, gegen ein ansehnliches Honorar, die Kinder solcher Personen, die sie wohlhabend und frei von Vorurteil fanden. Die Mehrzahl jedoch war noch immer dem alten Unheil ausgesetzt; die Krankheit wütete durch die Familien, tötete und entstellte viele Kinder, und wenige Eltern wagten es, nach einem Mittel zu greifen, dessen wahrscheinliche Hülfe doch schon durch den Erfolg mannigfaltig bestätigt war. Das Übel betraf nun auch unser Haus, und überfiel mich mit ganz besonderer Heftigkeit. Der ganze Körper war mit Blattern übersäet, das Gesicht zugedeckt, und ich lag mehrere

Tage blind und in großen Leiden. Man suchte die möglichste Linderung, und versprach mir goldene Berge, wenn ich mich ruhig verhalten und das Übel nicht durch Reiben und Kratzen vermehren wollte. Ich gewann es über mich; indessen hielt man uns, nach herrschendem Vorurteil, so warm als möglich, und schärfte dadurch nur das Übel. Endlich, nach traurig verflossener Zeit, fiel es mir wie eine Maske vom Gesicht, ohne daß die Blattern eine sichtbare Spur auf der Haut zurückgelassen; aber die Bildung war merklich verändert. Ich selbst war zufrieden, nur wieder das Tageslicht zu sehen, und nach und nach die fleckige Haut zu verlieren; aber andere waren unbarmherzig genug, mich öfters an den vorigen Zustand zu erinnern; besonders eine sehr lebhafte Tante, die früher Abgötterei mit mir getrieben hatte, konnte mich, selbst noch in späteren Jahren, selten ansehen, ohne auszurufen: „Pfui Teufel! Vetter, wie garstig ist Er geworden!" Dann erzählte sie mir umständlich, wie sie sich sonst an mir ergetzt, welches Aufsehen sie erregt, wenn sie mich umhergetragen; und so erfuhr ich frühzeitig, daß uns die Menschen für das Vergnügen, das wir ihnen gewährt haben, sehr oft empfindlich büßen lassen.

Weder von Masern, noch Windblattern, und wie die Quälgeister der Jugend heißen mögen, blieb ich verschont, und jedesmal versicherte man mir, es wäre ein Glück, daß dieses Übel nun für immer vorüber sei; aber leider drohte schon wieder ein andres im Hintergrund und rückte heran. Alle diese Dinge vermehrten meinen Hang zum Nachdenken, und da ich, um das Peinliche der Ungeduld von mir zu entfernen, mich schon öfter im Ausdauern geübt hatte, so schienen mir die Tugenden, welche ich an den Stoikern hatte rühmen hören, höchst nachahmenswert, um so mehr, als durch die christliche Duldungslehre ein Ähnliches empfohlen wurde.

Bei Gelegenheit dieses Familienleidens will ich auch noch eines Bruders gedenken, welcher, um drei Jahr jünger als ich, gleichfalls von jener Ansteckung ergriffen wurde und nicht wenig davon litt. Er war von zarter Natur, still und eigensinnig, und wir hatten niemals ein eigentliches Verhältnis zusammen. Auch überlebte er kaum die Kinderjahre. Unter mehrern nachgebornen Geschwistern, die gleichfalls nicht lange am Leben blieben, erinnere ich mich nur eines sehr schönen und angenehmen Mädchens, die aber auch bald verschwand, da wir denn nach Verlauf einiger Jahre, ich und meine Schwester, uns allein übrig sahen, und nur um so inniger und liebevoller verbanden.

Jene Krankheiten und andere unangenehme Störungen wurden in ihren Folgen doppelt lästig: denn mein Vater, der sich einen gewissen Erziehungs- und Unterrichtskalender gemacht zu haben schien, wollte jedes Versäumnis unmittelbar wieder einbringen, und belegte die Genesenden mit doppelten Lektionen, welche zu leisten mir zwar nicht schwer, aber insofern beschwerlich fiel, als es meine innere Entwicklung, die eine entschiedene Richtung genommen hatte, aufhielt und gewissermaßen zurückdrängte.

Vor diesen didaktischen und pädagogischen Bedrängnissen flüchteten wir gewöhnlich zu den Großeltern. Ihre Wohnung lag auf der Friedberger Gasse und schien ehmals eine Burg gewesen zu sein: denn wenn man herankam, sah man nichts als ein großes Tor mit Zinnen, welches zu beiden Seiten an zwei Nachbarhäuser stieß. Trat man hinein, so gelangte man durch einen schmalen Gang endlich in einen ziemlich breiten Hof, umgeben von ungleichen Gebäuden, welche nunmehr alle zu einer Wohnung vereinigt waren. Gewöhnlich eilten wir sogleich in den Garten, der sich ansehnlich lang und breit hinter den Gebäuden hin erstreckte und sehr gut unterhalten war; die Gänge meistens mit Rebgeländer eingefaßt, ein Teil des Raums den Küchengewächsen, ein andrer den Blumen gewidmet, die vom Frühjahr bis in den Herbst, in reichlicher Abwechslung, die Rabatten so wie die Beete schmückten. Die lange gegen Mittag gerichtete Mauer war zu wohl gezogenen Spalier-Pfirsichbäumen genützt, von denen uns die verbotenen Früchte den Sommer über gar appetitlich entgegenreiften. Doch vermieden wir lieber diese Seite, weil wir unsere Genäschigkeit hier nicht befriedigen durften, und wandten uns zu der entgegengesetzten, wo eine unabsehbare Reihe Johannis- und Stachelbeerbüsche unserer Gierigkeit eine Folge von Ernten bis in den Herbst eröffnete. Nicht weniger war uns ein alter, hoher, weitverbreiteter Maulbeerbaum bedeutend, sowohl wegen seiner Früchte als auch, weil man uns erzählte, daß von seinen Blättern die Seidenwürmer sich ernährten. In diesem friedlichen Revier fand man jeden Abend den Großvater mit behaglicher Geschäftigkeit eigenhändig die feinere Obst- und Blumenzucht besorgend, indes ein Gärtner die gröbere Arbeit verrichtete. Die vielfachen Bemühungen, welche nötig sind, um einen schönen Nelkenflor zu erhalten und zu vermehren, ließ er sich niemals verdrießen. Er selbst band sorgfältig die Zweige der Pfirsichbäume fächerartig an die Spaliere, um einen reichlichen und bequemen Wachstum der Früchte zu befördern. Das Sortieren der Zwiebeln von Tulpen, Hyazinthen und verwandter Gewächse so wie die Sorge für Aufbewahrung derselben überließ er niemanden; und noch erinnere ich mich gern, wie emsig er sich mit dem Okulieren der verschiedenen Rosenarten beschäftigte. Dabei zog er, um sich vor den Dornen zu schützen, jene altertümlichen ledernen Handschuhe an, die ihm beim Pfeifergericht jährlich in Triplo überreicht wurden, woran es ihm deshalb niemals mangelte. So trug er auch immer einen talarähnlichen Schlafrock, und auf dem Haupt eine faltige schwarze Samtmütze, so daß er eine mittlere Person zwischen Alkinous und Laertes hätte vorstellen können.

Alle diese Gartenarbeiten betrieb er ebenso regelmäßig und genau als seine Amtsgeschäfte: denn eh er herunterkam, hatte er immer die Registrande seiner Proponenden für den andern Tag in Ordnung gebracht und die Akten gelesen. Ebenso fuhr er morgens aufs Rathaus, speiste nach seiner Rückkehr, nickte hierauf in seinem Großvaterstuhl, und so ging alles einen Tag wie den andern. Er sprach wenig, zeigte keine Spur von Heftigkeit; ich erinnere mich nicht, ihn zornig gesehen zu haben. Alles, was ihn umgab, war altertümlich. In seiner getäfelten Stube habe ich niemals irgend eine Neuerung wahrgenommen. Seine Bibliothek enthielt außer juristischen Werken nur die ersten Reisebeschreibungen, Seefahrten und Länderentdeckungen. Überhaupt erinnere ich mich keines Zustandes, der so wie dieser das Gefühl eines unverbrüchlichen Friedens und einer ewigen Dauer gegeben hätte.

Was jedoch die Ehrfurcht, die wir für diesen würdigen Greis empfanden, bis zum Höchsten steigerte, war die Überzeugung, daß derselbe die Gabe der Weissagung besitze, besonders in Dingen, die ihn selbst und sein Schicksal betrafen. Zwar ließ er sich gegen niemand als gegen die Großmutter entschieden und umständlich heraus; aber wir alle wußten doch, daß er durch bedeutende Träume von dem, was sich ereignen sollte, unterrichtet werde. So versicherte er z. B. seiner Gattin, zur Zeit als er noch unter die jüngern Ratsherren gehörte, daß er bei der nächsten Vakanz auf der Schöffenbank zu der erledigten Stelle gelangen würde. Und als wirklich bald darauf einer der Schöffen vom Schlage gerührt starb, verordnete er am Tage der Wahl und Kugelung, daß zu Hause im stillen alles zum Empfang der Gäste und Gratulanten solle eingerichtet werden, und die entscheidende goldne Kugel ward wirklich für ihn gezogen. Den einfachen Traum, der ihn hievon belehrt, vertraute er seiner Gattin folgendermaßen: Er habe sich in voller gewöhnlicher Ratsversammlung gesehen, wo alles nach hergebrachter Weise vorgegangen. Auf einmal habe sich der nun verstorbene Schöff von seinem Sitz erhoben, sei herabgestiegen und habe ihm auf eine verbindliche Weise das Kompliment gemacht, er möge den verlassenen Platz einnehmen, und sei darauf zur Türe hinausgegangen.

Etwas Ähnliches begegnete, als der Schultheiß mit Tode abging. Man zaudert in solchem Falle nicht lange mit Besetzung dieser Stelle, weil man immer zu fürchten hat, der Kaiser werde sein altes Recht, einen Schultheißen zu bestellen, irgend einmal wieder hervorrufen. Diesmal ward um Mitternacht eine außerordentliche Sitzung auf den andern Morgen durch den Gerichtsboten angesagt. Weil diesem nun das Licht in der Laterne verlöschen wollte, so erbat er sich ein Stümpfchen, um seinen Weg weiter fortsetzen zu können. „Gebt ihm ein ganzes", sagte der Großvater zu den Frauen, „er hat ja doch die Mühe um meinetwillen." Dieser Äußerung entsprach auch der Erfolg: er wurde wirklich Schultheiß; wobei der Umstand noch besonders merkwürdig war, daß, obgleich sein Repräsentant bei der Kugelung an der dritten und letzten Stelle zu ziehen hatte, die zwei silbernen Kugeln zuerst herauskamen, und also die goldne für ihn auf dem Grunde des Beutels liegen blieb.

Völlig prosaisch, einfach und ohne Spur von Phantastischem oder Wundersamem waren auch die übrigen der uns bekannt gewordenen Träume. Ferner erinnere ich mich, daß ich als Knabe unter seinen Büchern und Schreibkalendern gestört, und darin unter andern auf Gärtnerei bezüglichen Anmerkungen aufgezeichnet gefunden: „Heute nacht kam N. N. zu mir und sagte ..." Name und Offenbarung waren in Chiffern geschrieben. Oder es stand auf gleiche Weise: „Heute nacht sah ich ..." Das übrige war wieder in Chiffern, bis auf die Verbindungs- und andre Worte, aus denen sich nichts abnehmen ließ.

Bemerkenswert bleibt es hiebei, daß Personen, welche sonst keine Spur von Ahndungsvermögen zeigten, in seiner Sphäre für den Augenblick die Fähigkeit erlangten, daß sie von gewissen gleichzeitigen, obwohl in der Entfernung vorgehenden Krankheits- und Todesereignissen durch sinnliche Wahrzeichen eine Vorempfindung hatten. Aber auf keines seiner Kinder und Enkel hat eine solche Gabe fortgeerbt; vielmehr waren sie meistenteils rüstige Personen, lebensfroh und nur aufs Wirkliche gestellt.

Bei dieser Gelegenheit gedenk ich derselben mit Dankbarkeit für vieles Gute, das ich von ihnen in meiner Jugend empfangen. So waren wir z. B. auf gar mannigfaltige Weise beschäftigt und unterhalten, wenn wir die an einen Materialhändler Melber verheiratete zweite Tochter besuchten, deren Wohnung und Laden mitten im lebhaftesten, gedrängtesten Teile der Stadt an dem Markte lag. Hier sahen wir nun dem Gewühl und Gedränge, in welches wir uns scheuten zu verlieren, sehr vergnüglich aus den Fenstern zu; und wenn uns im Laden unter so vielerlei Waren anfänglich nur das Süßholz und die daraus bereiteten braunen gestempelten Zeltlein vorzüglich interessierten, so wurden wir doch allmählich mit der großen Menge von Gegenständen bekannt, welche bei einer solchen Handlung aus und ein fließen. Diese Tante war unter den Geschwistern die lebhafteste. Wenn meine Mutter, in jüngern Jahren, sich in reinlicher Kleidung bei einer zierlichen weiblichen Arbeit oder im

Lesen eines Buches gefiel, so fuhr jene in der Nachbarschaft umher, um sich dort versäumter Kinder anzunehmen, sie zu warten, zu kämmen und herumzutragen, wie sie es denn auch mit mir eine gute Weile so getrieben. Zur Zeit öffentlicher Feierlichkeiten, wie bei Krönungen, war sie nicht zu Hause zu halten. Als kleines Kind schon hatte sie nach dem bei solchen Gelegenheiten ausgeworfenen Gelde gehascht, und man erzählte sich: wie sie einmal eine gute Partie beisammen gehabt und solches vergnüglich in der flachen Hand beschaut, habe ihr einer dagegen geschlagen, wodurch denn die wohlerworbene Beute auf einmal verloren gegangen. Nicht weniger wußte sie sich viel damit, daß sie dem vorbeifahrenden Kaiser Karl dem Siebenten, während eines Augenblicks, da alles Volk schwieg, auf einem Prallsteine stehend, ein heftiges Vivat in die Kutsche gerufen und ihn veranlaßt habe, den Hut vor ihr abzuziehen und für diese kecke Aufmerksamkeit gar gnädig zu danken.

Auch in ihrem Hause war um sie her alles bewegt, lebenslustig und munter, und wir Kinder sind ihr manche frohe Stunde schuldig geworden.

In einem ruhigern, aber auch ihrer Natur angemessenen Zustande befand sich eine zweite Tante, welche mit dem bei der St.-Katharinen-Kirche angestellten Pfarrer Starck verheiratet war. Er lebte seiner Gesinnung und seinem Stande gemäß sehr einsam, und besaß eine schöne Bibliothek. Hier lernte ich zuerst den Homer kennen, und zwar in einer prosaischen Übersetzung, wie sie im siebenten Teil der durch Herrn von Loen besorgten „Neuen Sammlung der merkwürdigsten Reisegeschichten“, unter dem Titel „Homers Beschreibung der Eroberung des Trojanischen Reichs“, zu finden ist, mit Kupfern im französischen Theatersinne geziert. Diese Bilder verdarben mir dermaßen die Einbildungskraft, daß ich lange Zeit die Homerischen Helden mir nur unter diesen Gestalten vergegenwärtigen konnte. Die Begebenheiten selbst gefielen mir unsäglich; nur hatte ich an dem Werke sehr auszusetzen, daß es uns von der Eroberung Trojas keine Nachricht gebe, und so stumpf mit dem Tode Hektors endige. Mein Oheim, gegen den ich diesen Tadel äußerte, verwies mich auf den Virgil, welcher denn meiner Forderung vollkommen Genüge tat.

Es versteht sich von selbst, daß wir Kinder, neben den übrigen Lehrstunden, auch eines fortwährenden und fortschreitenden Religionsunterrichts genossen. Doch war der kirchliche Protestantismus, den man uns überlieferte, eigentlich nur eine Art von trockner Moral: an einen geistreichen Vortrag ward nicht gedacht, und die Lehre konnte weder der Seele noch dem Herzen zusagen. Deswegen ergaben sich gar mancherlei Absonderungen von der gesetzlichen Kirche. Es entstanden die Separatisten, Pietisten, Herrnhuter, die „Stillen im Lande", und wie man sie sonst zu nennen und zu bezeichnen pflegte, die aber alle bloß die Absicht hatten, sich der Gottheit, besonders durch Christum, mehr zu nähern, als es ihnen unter der Form der öffentlichen Religion möglich zu sein schien.

Der Knabe hörte von diesen Meinungen und Gesinnungen unaufhörlich sprechen: denn die Geistlichkeit sowohl als die Laien teilten sich in das Für und Wider. Die mehr oder weniger Abgesonderten waren immer die Minderzahl; aber ihre Sinnesweise zog an durch Originalität, Herzlichkeit, Beharren und Selbständigkeit. Man erzählte von diesen Tugenden und ihren Äußerungen allerlei Geschichten. Besonders ward die Antwort eines frommen Klempnermeisters bekannt, den einer seiner Zunftgenossen durch die Frage zu beschämen gedachte: wer denn eigentlich sein Beichtvater sei? Mit Heiterkeit und Vertrauen auf seine gute Sache erwiderte jener: „Ich habe einen sehr vornehmen; es ist niemand Geringeres als der Beichtvater des Königs David."

Dieses und dergleichen mag wohl Eindruck auf den Knaben gemacht und ihn zu ähnlichen Gesinnungen aufgefordert haben. Genug, er kam auf den Gedanken, sich dem großen Gotte der Natur, dem Schöpfer und Erhalter Himmels und der Erden, dessen frühere Zornäußerungen schon lange über die Schönheit der Welt und das mannigfaltige Gute, das uns darin zuteil wird, vergessen waren, unmittelbar zu nähern; der Weg dazu aber war sehr sonderbar.

Der Knabe hatte sich überhaupt an den ersten Glaubensartikel gehalten. Der Gott, der mit der Natur in unmittelbarer Verbindung stehe, sie als sein Werk anerkenne und liebe, dieser schien ihm der eigentliche Gott, der ja wohl auch mit dem Menschen wie mit allem übrigen in ein genaueres Verhältnis treten könne, und für denselben ebenso wie für die Bewegung der Sterne, für Tages- und Jahrszeiten, für Pflanzen und Tiere Sorge tragen werde. Einige Stellen des Evangeliums besagten dieses ausdrücklich. Eine Gestalt konnte der Knabe diesem Wesen nicht verleihen; er suchte ihn also in seinen Werken auf, und wollte ihm auf gut alttestamentliche Weise einen Altar errichten. Naturprodukte sollten die Welt im Gleichnis vorstellen, über diesen sollte eine Flamme brennen und das zu seinem Schöpfer sich aufsehnende Gemüt des Menschen bedeuten. Nun wurden aus der vorhandnen und zufällig vermehrten Naturaliensammlung die besten Stufen und Exemplare herausgesucht; allein wie solche zu schichten und aufzubauen sein möchten, das war nun die Schwierigkeit. Der Vater hatte einen schönen, rotlackierten, goldgeblümten Musikpult, in Gestalt einer vierseitigen Pyramide mit verschiedenen Abstufungen, den man zu Quartetten sehr bequem fand, ob er gleich in der letzten Zeit nur wenig gebraucht wurde. Dessen bemächtigte sich der Knabe, und baute nun stufenweise die Abgeordneten der Natur übereinander, so daß es recht heiter und zugleich bedeutend genug aussah. Nun sollte bei einem frühen Sonnenaufgang die erste Gottesverehrung angestellt werden; nur war der junge Priester nicht mit sich einig, auf welche Weise er eine Flamme hervorbringen sollte, die doch auch zu gleicher Zeit einen guten Geruch von sich geben müsse. Endlich gelang ihm ein Einfall, beides zu verbinden, indem er Räucherkerzchen besaß, welche, wo nicht flammend, doch glimmend den angenehmsten Geruch verbreiteten. Ja dieses gelinde Verbrennen und Verdampfen schien noch mehr das, was im Gemüt vorgeht, auszudrücken als eine offene Flamme. Die Sonne war schon längst aufgegangen, aber Nachbarhäuser verdeckten den Osten. Endlich erschien sie über den Dächern; sogleich ward ein Brennglas zur Hand genommen, und die in einer schönen Porzellanschale auf dem Gipfel stehenden Räucherkerzen angezündet. Alles gelang nach Wunsch, und die Andacht war vollkommen. Der Altar blieb als eine besondre Zierde des Zimmers, das man ihm im neuen Hause eingeräumt hatte, stehen.

Jedermann sah darin nur eine wohl aufgeputzte Naturaliensammlung; der Knabe hingegen wußte besser, was er verschwieg. Er sehnte sich nach der Wiederholung jener Feierlichkeit. Unglücklicherweise war eben, als die gelegenste Sonne hervorstieg, die Porzellantasse nicht bei der Hand; er stellte die Räucherkerzchen unmittelbar auf die obere Fläche des Musikpultes; sie wurden angezündet, und die Andacht war so groß, daß der Priester nicht merkte, welchen Schaden sein Opfer anrichtete, als bis ihm nicht mehr abzuhelfen war. Die Kerzen hatten sich nämlich in den roten Lack und in die schönen goldnen Blumen auf eine schmähliche Weise eingebrannt und, gleich als wäre ein böser Geist verschwunden, ihre schwarzen unauslöschlichen Fußtapfen zurückgelassen. Hierüber kam der junge Priester in die äußerste Verlegenheit. Zwar wußte er den Schaden durch die größesten Prachtstufen zu bedecken, allein der Mut zu neuen Opfern war ihm vergangen, und fast möchte man diesen Zufall als eine Andeutung und Warnung betrachten, wie gefährlich es überhaupt sei, sich Gott auf dergleichen Wegen nähern zu wollen.

ZWEITES BUCH

Alles bisher Vorgetragene deutet auf jenen glücklichen und gemächlichen Zustand, in welchem sich die Länder während eines langen Friedens befinden. Nirgends aber genießt man eine solche schöne Zeit wohl mit größerem Behagen als in Städten, die nach ihren eigenen Gesetzen leben, die groß genug sind, eine ansehnliche Menge Bürger zu fassen, und wohl gelegen, um sie durch Handel und Wandel zu bereichern. Fremde finden ihren Gewinn, da aus- und einzuziehen, und sind genötigt, Vorteil zu bringen, um Vorteil zu erlangen. Beherrschen solche Städte auch kein weites Gebiet, so können sie desto mehr im Innern Wohlhäbigkeit bewirken, weil ihre Verhältnisse nach außen sie nicht zu kostspieligen Unternehmungen oder Teilnahmen verpflichten.

Auf diese Weise verfloß den Frankfurtern während meiner Kindheit eine Reihe glücklicher Jahre. Aber kaum hatte ich am 28. August 1756 mein siebentes Jahr zurückgelegt, als gleich darauf jener weltbekannte Krieg ausbrach, welcher auf die nächsten sieben Jahre meines Lebens auch großen Einfluß haben sollte. Friedrich der Zweite, König von Preußen, war mit 60000 Mann in Sachsen eingefallen, und statt einer vorgängigen Kriegserklärung folgte ein Manifest, wie man sagte, von ihm selbst verfaßt, welches die Ursachen enthielt, die ihn zu einem solchen ungeheuren Schritt bewogen und berechtigt. Die Welt, die sich nicht nur als Zuschauer, sondern auch als Richter aufgefordert fand, spaltete sich sogleich in zwei Parteien, und unsere Familie war ein Bild des großen Ganzen.

Mein Großvater, der als Schöff von Frankfurt über Franz dem Ersten den Krönungshimmel getragen, und von der Kaiserin eine gewichtige goldene Kette mit ihrem Bildnis erhalten hatte, war mit einigen Schwiegersöhnen und Töchtern auf östreichischer Seite. Mein Vater, von Karl dem Siebenten zum kaiserlichen Rat ernannt, und an dem Schicksale dieses unglücklichen Monarchen gemütlich teilnehmend, neigte sich mit der kleinern Familienhälfte gegen Preußen. Gar bald wurden unsere Zusammenkünfte, die man seit mehrern Jahren Sonntags ununterbrochen fortgesetzt hatte, gestört. Die unter Verschwägerten gewöhnlichen Mißhelligkeiten fanden nun erst eine Form, in der sie sich aussprechen konnten. Man stritt, man überwarf sich, man schwieg, man brach los. Der Großvater, sonst ein heitrer, ruhiger und bequemer Mann, ward ungeduldig. Die Frauen suchten vergebens das Feuer zu tüschen, und nach einigen unangenehmen Szenen blieb mein Vater zuerst aus der Gesellschaft. Nun freuten wir uns ungestört zu Hause der preußischen Siege, welche gewöhnlich durch jene leidenschaftliche Tante mit großem Jubel verkündigt wurden. Alles andere Interesse mußte diesem weichen, und wir brachten den Überrest des Jahres in beständiger Agitation zu. Die Besitznahme von Dresden, die anfängliche Mäßigung des Königs, die zwar langsamen aber sichern Fortschritte, der Sieg bei Lowositz, die Gefangennehmung der Sachsen waren für unsere Partei ebenso viele Triumphe. Alles, was zum Vorteil der Gegner angeführt werden konnte, wurde geleugnet oder verkleinert; und da die entgegengesetzten Familienglieder das gleiche taten, so konnten sie einander nicht auf der Straße begegnen, ohne daß es Händel setzte, wie in „Romeo und Julie".

Und so war ich denn auch preußisch oder, um richtiger zu reden, fritzisch gesinnt: denn was ging uns Preußen an. Es war die Persönlichkeit des großen Königs, die auf alle Gemüter wirkte. Ich freute mich mit dem Vater unserer Siege, schrieb sehr gern die Siegeslieder ab, und fast noch lieber die Spottlieder auf die Gegenpartei, so platt die Reime auch sein mochten.

Als ältester Enkel und Pate hatte ich seit meiner Kindheit jeden Sonntag bei den Großeltern gespeist: es waren meine vergnügtesten Stunden der ganzen Woche. Aber nun wollte mir kein Bissen mehr schmecken: denn ich mußte meinen Helden aufs greulichste verleumden hören. Hier wehte ein anderer Wind, hier klang ein anderer Ton als zu Hause. Die Neigung, ja die Verehrung für meine Großeltern nahm ab. Bei den Eltern durfte ich nichts davon erwähnen; ich unterließ es aus eigenem Gefühl und auch, weil die Mutter mich gewarnt hatte. Dadurch war ich auf mich selbst zurückgewiesen, und wie mir in meinem sechsten Jahre, nach dem Erdbeben von Lissabon, die Güte Gottes einigermaßen verdächtig geworden war, so fing ich nun, wegen Friedrichs des Zweiten, die Gerechtigkeit des Publikums zu bezweifeln an. Mein Gemüt war von Natur zur Ehrerbietung geneigt, und es gehörte eine große Erschütterung dazu, um meinen Glauben an irgend ein Ehrwürdiges wanken zu machen. Leider hatte man uns die guten Sitten, ein anständiges Betragen, nicht um ihrer selbst, sondern um der Leute willen anempfohlen; was die Leute sagen würden, hieß es immer, und ich dachte, die Leute müßten auch rechte Leute sein, würden auch alles und jedes zu schätzen wissen. Nun aber erfuhr ich das Gegenteil. Die größten und augenfälligsten Verdienste wurden geschmäht und angefeindet, die höchsten Taten, wo nicht geleugnet, doch wenigstens entstellt und verkleinert; und ein so schnödes Unrecht geschah dem einzigen, offenbar über alle seine Zeitgenossen erhabenen

Manne, der täglich bewies und dartat, was er vermöge; und dies nicht etwa vom Pöbel, sondern von vorzüglichen Männern, wofür ich doch meinen Großvater und meine Oheime zu halten hatte. Daß es Parteien geben könne, ja daß er selbst zu einer Partei gehörte, davon hatte der Knabe keinen Begriff. Er glaubte um so viel mehr recht zu haben und seine Gesinnung für die bessere erklären zu dürfen, da er und die Gleichgesinnten Marien Theresien, ihre Schönheit und übrigen guten Eigenschaften ja gelten ließen, und dem Kaiser Franz seine Juwelen- und Geldliebhaberei weiter auch nicht verargten; daß Graf Daun manchmal eine Schlafmütze geheißen wurde, glaubten sie verantworten zu können.

Bedenke ich es aber jetzt genauer, so finde ich hier den Keim der Nichtachtung, ja der Verachtung des Publikums, die mir eine ganze Zeit meines Lebens anhing und nur spät durch Einsicht und Bildung ins gleiche gebracht werden konnte. Genug, schon damals war das Gewahrwerden parteiischer Ungerechtigkeit dem Knaben sehr unangenehm, ja schädlich, indem es ihn gewöhnte, sich von geliebten und geschätzten Personen zu entfernen. Die immer auf einander folgenden Kriegstaten und Begebenheiten ließen den Parteien weder Ruhe noch Rast. Wir fanden ein verdrießliches Behagen, jene eingebildeten Übel und willkürlichen Händel immer von frischem wieder zu erregen und zu schärfen, und so fuhren wir fort, uns unter einander zu quälen, bis einige Jahre darauf die Franzosen Frankfurt besetzten und uns wahre Unbequemlichkeit in die Häuser brachten.

Ob nun gleich die meisten sich dieser wichtigen, in der Ferne vorgehenden Ereignisse nur zu einer leidenschaftlichen Unterhaltung bedienten, so waren doch auch andre, welche den Ernst dieser Zeiten wohl einsahen, und befürchteten, daß bei einer Teilnahme Frankreichs der Kriegsschauplatz sich auch in unsern Gegenden auftun könne. Man hielt uns Kinder mehr als bisher zu Hause, und suchte uns auf mancherlei Weise zu beschäftigen und zu unterhalten. Zu solchem Ende hatte man das von der Großmutter hinterlassene Puppenspiel wieder aufgestellt, und zwar dergestalt eingerichtet, daß die Zuschauer in meinem Giebelzimmer sitzen, die spielenden und dirigierenden Personen aber, so wie das Theater selbst vom Proszenium an, in einem Nebenzimmer Platz und Raum fanden. Durch die besondere Vergünstigung, bald diesen bald jenen Knaben als Zuschauer einzulassen, erwarb ich mir anfangs viele Freunde; allein die Unruhe, die in den Kindern steckt, ließ sie nicht lange geduldige Zuschauer bleiben. Sie störten das Spiel, und wir mußten uns ein jüngeres Publikum aussuchen, das noch allenfalls durch Ammen und Mägde in der Ordnung gehalten werden konnte. Wir hatten das ursprüngliche Hauptdrama, worauf die Puppengesellschaft eigentlich eingerichtet war, auswendig gelernt, und führten es anfangs auch ausschließlich auf; allein dies ermüdete uns bald, wir veränderten die Garderobe, die Dekorationen und wagten uns an verschiedene Stücke, die freilich für einen so kleinen Schauplatz zu weitläuftig waren. Ob wir uns nun gleich durch diese Anmaßung dasjenige, was wir wirklich hätten leisten können, verkümmerten und zuletzt gar zerstörten, so hat doch diese kindliche Unterhaltung und Beschäftigung auf sehr mannigfaltige Weise bei mir das Erfindungs- und Darstellungsvermögen, die Einbildungskraft und eine gewisse Technik geübt und befördert, wie es vielleicht auf keinem andern Wege in so kurzer Zeit, in einem so engen Raume, mit so wenigem Aufwand hätte geschehen können.

Ich hatte früh gelernt, mit Zirkel und Lineal umzugehen, indem ich den ganzen Unterricht, den man uns in der Geometrie erteilte, sogleich in das Tätige verwandte, und Pappenarbeiten konnten mich höchlich beschäftigen. Doch blieb ich nicht bei geometrischen Körpern, bei Kästchen und solchen Dingen stehen, sondern ersann mir artige Lusthäuser, welche mit Pilastern, Freitreppen und flachen Dächern ausgeschmückt wurden; wovon jedoch wenig zustande kam.

Weit beharrlicher hingegen war ich, mit Hülfe unsers Bedienten, eines Schneiders von Profession, eine Rüstkammer auszustatten, welche zu unsern Schau- und Trauerspielen dienen sollte, die wir, nachdem wir den Puppen über den Kopf gewachsen waren, selbst aufzuführen Lust hatten. Meine Gespielen verfertigten sich zwar auch solche Rüstungen und hielten sie für ebenso schön und gut als die meinigen;

allein ich hatte es nicht bei den Bedürfnissen einer Person bewenden lassen, sondern konnte mehrere des kleinen Heeres mit allerlei Requisiten ausstatten, und machte mich daher unserm kleinen Kreise immer notwendiger. Daß solche Spiele auf Parteiungen, Gefechte und Schläge hinwiesen, und gewöhnlich auch mit Händeln und Verdruß ein schreckliches Ende nahmen, läßt sich denken. In solchen Fällen hielten gewöhnlich gewisse bestimmte Gespielen an mir, andre auf der Gegenseite, ob es gleich öfter manchen Parteiwechsel gab. Ein einziger Knabe, den ich Pylades nennen will, verließ nur ein einzigmal, von den andern aufgehetzt, meine Partei, konnte es aber kaum eine Minute aushalten, mir feindselig gegenüberzustehen; wir versöhnten uns unter vielen Tränen, und haben eine ganze Weile treulich zusammengehalten.

Diesen so wie andre Wohlwollende konnte ich sehr glücklich machen, wenn ich ihnen Märchen erzählte, und besonders liebten sie, wenn ich in eigner Person sprach, und hatten eine große Freude, daß mir als ihrem Gespielen so wunderliche Dinge könnten begegnet sein, und dabei gar kein Arges, wie ich Zeit und Raum zu solchen Abenteuern finden können, da sie doch ziemlich wußten, wie ich beschäftigt war, und wo ich aus und ein ging. Nicht weniger waren zu solchen Begebenheiten Lokalitäten, wo nicht aus einer andern Welt, doch gewiß aus einer andern Gegend nötig, und alles war doch erst heut oder gestern geschehen. Sie mußten sich daher mehr selbst betrügen, als ich sie zum besten haben konnte. Und wenn ich nicht nach und nach, meinem Naturell gemäß, diese Luftgestalten und Windbeuteleien zu kunstmäßigen Darstellungen hätte verarbeiten lernen, so wären solche aufschneiderische Anfänge gewiß nicht ohne schlimme Folgen für mich geblieben.

Betrachtet man diesen Trieb recht genau, so möchte man in ihm diejenige Anmaßung erkennen, womit der Dichter selbst das Unwahrscheinlichste gebieterisch ausspricht, und von einem jeden fordert, er solle dasjenige für wirklich erkennen, was ihm, dem Erfinder, auf irgend eine Weise als wahr erscheinen konnte.

Was jedoch hier nur im allgemeinen und betrachtungsweise vorgetragen worden, wird vielleicht durch ein Beispiel, durch ein Musterstück angenehmer und anschaulicher werden. Ich füge daher ein solches Märchen bei, welches mir, da ich es meinen Gespielen oft wiederholen mußte, noch ganz wohl vor der Einbildungskraft und im Gedächtnis schwebt.

DER NEUE PARIS,
Knabenmärchen

Mir träumte neulich in der Nacht vor Pfingstsonntag, als stünde ich vor einem Spiegel und beschäftigte mich mit den neuen Sommerkleidern, welche mir die lieben Eltern auf das Fest hatten machen lassen. Der Anzug bestand, wie ihr wißt, in Schuhen von sauberem Leder, mit großen silbernen Schnallen, feinen baumwollnen Strümpfen, schwarzen Unterkleidern von Sarsche, und einem Rock von grünem Berkan mit goldnen Balletten. Die Weste dazu, von Goldstoff, war aus meines Vaters Bräutigamsweste geschnitten. Ich war frisiert und gepudert, die Locken standen mir wie Flügelchen vom Kopfe; aber ich konnte mit dem Anziehen nicht fertig werden, weil ich immer die Kleidungsstücke verwechselte, und weil mir immer das erste vom Leibe fiel, wenn ich das zweite umzunehmen gedachte. In dieser großen Verlegenheit trat ein junger schöner Mann zu mir und begrüßte mich aufs freundlichste. „Ei, seid mir willkommen!" sagte ich, „es ist mir ja gar lieb, daß ich Euch hier sehe." – „Kennt Ihr mich denn?" versetzte jener lächelnd. – „Warum nicht?" war meine gleichfalls lächelnde Antwort. „Ihr seid Merkur, und ich habe Euch oft genug abgebildet gesehen." – „Das bin ich", sagte jener, „und von den Göttern mit einem wichtigen Auftrag an dich gesandt. Siehst du diese drei Äpfel?" – Er reichte seine Hand her und zeigte mir drei Äpfel, die sie kaum fassen konnte, und die ebenso wundersam schön als groß waren, und zwar der eine von roter, der andere von gelber, der dritte von grüner Farbe. Man mußte sie für Edelsteine halten, denen man die Form von Früchten gegeben. Ich wollte darnach greifen; er aber zog zurück und sagte: „Du mußt erst wissen, daß sie nicht für dich sind. Du sollst sie den drei schönsten jungen Leuten von der Stadt geben, welche sodann, jeder nach seinem Lose, Gattinnen finden sollen, wie sie solche nur wünschen können. Nimm, und mach deine Sachen gut!" sagte er scheidend, und gab mir die Äpfel in meine offnen Hände; sie schienen mir noch größer geworden zu sein. Ich hielt sie darauf in die Höhe, gegen das Licht, und fand sie ganz durchsichtig; aber gar bald zogen sie sich aufwärts in die Länge und wurden zu drei schönen, schönen Frauenzimmerchen in mäßiger Puppengröße, deren Kleider von der Farbe der vorherigen Äpfel waren. So gleiteten sie sacht an meinen Fingern hinauf, und als ich nach ihnen haschen wollte, um wenigstens eine festzuhalten, schwebten sie schon weit in der Höhe und Ferne, daß ich nichts als das Nachsehen hatte. Ich stand ganz verwundert und versteinert da, hatte die Hände noch in der Höhe und beguckte meine Finger, als wäre daran etwas zu sehen gewesen. Aber mit einmal erblickte ich auf meinen Fingerspitzen ein allerliebstes Mädchen herumtanzen, kleiner als jene, aber gar niedlich und munter; und weil sie nicht wie die andern fortflog, sondern verweilte, und bald auf diese bald auf jene Fingerspitze tanzend hin und her trat, so sah ich ihr eine Zeitlang verwundert zu. Da sie mir aber gar so wohl gefiel, glaubte ich sie endlich haschen zu können und dachte geschickt genug zuzugreifen; allein in dem Augenblick fühlte ich einen Schlag an den Kopf, so daß ich ganz betäubt niederfiel, und aus dieser Betäubung nicht eher erwachte, als bis es Zeit war mich anzuziehen und in die Kirche zu gehen.

Unter dem Gottesdienst wiederholte ich mir jene Bilder oft genug; auch am großelterlichen Tische, wo ich zu Mittag speiste. Nachmittags wollte ich einige Freunde besuchen, sowohl um mich in meiner neuen Kleidung, den Hut unter dem Arm und den Degen an der Seite, sehen zu lassen, als auch weil ich ihnen Besuche schuldig war. Ich fand niemanden zu Hause, und da ich hörte, daß sie in die Gärten gegangen, so gedachte ich ihnen zu folgen und den Abend vergnügt zuzubringen. Mein Weg führte mich den Zwinger hin, und ich kam in die Gegend, welche mit Recht den Namen „schlimme Mauer" führt: denn es ist dort niemals ganz geheuer. Ich ging nur langsam und dachte an meine drei Göttinnen, besonders aber an die kleine Nymphe, und hielt meine Finger manchmal in die Höhe, in Hoffnung, sie würde so artig sein, wieder darauf zu balancieren. In diesen Gedanken vorwärts gehend erblickte ich, linker Hand, in der Mauer ein Pförtchen, das ich mich nicht erinnerte je gesehen zu haben. Es schien niedrig, aber der Spitzbogen drüber hätte den größten Mann hindurch gelassen. Bogen und Gewände waren aufs zierlichste vom Steinmetz und Bildhauer ausgemeißelt, die Türe selbst aber zog erst recht meine Aufmerksamkeit an sich. Braunes uraltes Holz, nur wenig verziert, war mit breiten, sowohl erhaben als vertieft gearbeiteten Bändern von Erz beschlagen, deren Laubwerk, worin die natürlichsten Vögel saßen, ich nicht genug bewundern konnte. Doch was mir das Merkwürdigste schien, kein Schlüsselloch war zu sehen, keine Klinke, kein Klopfer, und ich vermutete daraus, daß diese Türe nur von innen aufgemacht werde. Ich hatte mich nicht geirrt: denn als ich ihr näher trat, um die Zieraten zu befühlen, tat sie sich hineinwärts auf, und es erschien ein Mann, dessen Kleidung etwas Langes, Weites und Sonderbares hatte. Auch ein ehrwürdiger Bart umwölkte sein Kinn; daher ich ihn für einen Juden zu halten geneigt war. Er aber, eben als wenn er meine Gedanken erraten hätte, machte das Zeichen des heiligen Kreuzes, wodurch er mir zu erkennen gab, daß er ein guter katholischer Christ sei. – „Junger Herr, wie kommt Ihr hieher, und was macht Ihr da?“ sagte er mit freundlicher Stimme und Gebärde. – „Ich bewundre“, versetzte ich, „die Arbeit dieser Pforte: denn ich habe dergleichen noch niemals gesehen; es müßte denn sein auf kleinen Stücken in den Kunstsammlungen der Liebhaber.“ – „Es freut mich“, versetzte er darauf, „daß Ihr solche Arbeit liebt. Inwendig ist die Pforte noch viel schöner: tretet herein, wenn es Euch gefällt.“ Mir war bei der Sache nicht ganz wohl zu Mute. Die wunderliche Kleidung des Pförtners, die Abgelegenheit und ein sonst ich weiß nicht was, das in der Luft zu liegen schien, beklemmte mich. Ich verweilte daher, unter dem Vorwande, die Außenseite noch länger zu betrachten, und blickte dabei verstohlen in den Garten: denn ein Garten war es, der sich vor mir eröffnet hatte. Gleich hinter der Pforte sah ich einen großen beschatteten Platz; alte Linden, regelmäßig von einander abstehend, bedeckten ihn völlig mit ihren dicht in einander greifenden Ästen, so daß die zahlreichsten Gesellschaften in der größten Tageshitze sich darunter hätten erquicken können. Schon war ich auf die Schwelle getreten, und der Alte wußte mich immer um einen Schritt weiter zu locken. Ich widerstand auch eigentlich nicht: denn ich hatte jederzeit gehört, daß ein Prinz oder Sultan in solchem Falle niemals fragen müsse, ob Gefahr vorhanden sei. Hatte ich doch auch meinen Degen an der Seite; und sollte ich mit dem Alten nicht fertig werden, wenn er sich feindlich erweisen wollte? Ich trat also ganz gesichert hinein; der Pförtner drückte die Türe zu, die so leise einschnappte, daß ich es kaum spürte. Nun zeigte er mir die inwendig angebrachte, wirklich noch viel kunstreichere Arbeit, legte sie mir aus, und bewies mir dabei ein besonderes Wohlwollen. Hiedurch nun völlig beruhigt, ließ ich mich in dem belaubten Raume an der Mauer, die sich ins Runde zog, weiter führen, und fand manches an ihr zu bewundern. Nischen, mit Muscheln, Korallen und Metallstufen künstlich ausgeziert, gaben aus Tritonenmäulern reichliches Wasser in marmorne Becken; dazwischen waren Vogelhäuser angebracht und andre Vergitterungen, worin Eichhörnchen herumhüpften, Meerschweinchen hin und wider liefen, und was man nur sonst von artigen Geschöpfen wünschen kann. Die Vögel riefen und sangen uns an, wie wir vorschritten; die Stare besonders schwätzten das närrischste Zeug; der eine rief immer: „Paris, Paris", und der andre: „Narziß, Narziß", so deutlich, als es ein Schulknabe nur aussprechen kann. Der Alte schien mich immer ernsthaft anzusehen, indem die Vögel dieses riefen; ich tat aber nicht, als wenn ich's merkte, und hatte auch wirklich nicht Zeit, auf ihn Acht zu geben: denn ich konnte wohl gewahr werden, daß wir in die Runde gingen, und daß dieser beschattete Raum eigentlich ein großer Kreis sei, der einen andern viel bedeutendern umschließe. Wir waren auch wirklich wieder bis ans Pförtchen gelangt, und es schien, als wenn der Alte mich hinauslassen wolle; allein meine Augen blieben auf ein goldnes Gitter gerichtet, welches die Mitte dieses wunderbaren Gartens zu umzäunen schien, und das ich auf unserm Gange hinlänglich zu beobachten Gelegenheit fand, ob mich der Alte gleich immer an der Mauer und also ziemlich entfernt von der Mitte zu halten wußte. Als er nun eben auf das Pförtchen losging, sagte ich zu ihm, mit einer Verbeugung: „Ihr seid so äußerst gefällig gegen mich gewesen, daß ich wohl noch eine Bitte wagen möchte, ehe ich von Euch scheide. Dürfte ich nicht jenes goldne Gitter näher besehen, das in einem sehr weiten Kreise das Innere des Gartens einzuschließen scheint?" – „Recht gern", versetzte jener; „aber sodann müßt Ihr Euch einigen Bedingungen unterwerfen." – „Worin bestehen sie?" fragte ich hastig. – „Ihr müßt Euren Hut und Degen hier zurücklassen, und dürft mir nicht von der Hand, indem ich Euch begleite." – „Herzlich gern!" erwiderte ich, und legte Hut und Degen auf die erste beste steinerne Bank. Sogleich ergriff er mit seiner Rechten meine Linke, hielt sie fest, und führte mich mit einiger Gewalt gerade vorwärts. Als wir ans Gitter kamen, verwandelte sich meine Verwunderung in Erstaunen: so etwas hatte ich nie gesehen. Auf einem hohen Sockel von Marmor standen unzählige Spieße und Partisanen neben einander gereiht, die durch ihre seltsam verzierten oberen Enden zusammenhingen und einen ganzen Kreis bildeten. Ich schaute durch die Zwischenräume, und sah gleich dahinter ein sanft fließendes Wasser, auf beiden Seiten mit Marmor eingefaßt, das in seinen klaren Tiefen eine große Anzahl von Gold- und Silberfischen sehen ließ, die sich bald sachte bald geschwind, bald einzeln bald zugweise hin und her bewegten. Nun hätte ich aber auch gern über den Kanal gesehen, um zu erfahren, wie es in dem Herzen des Gartens beschaffen sei; allein da fand ich zu meiner großen Betrübnis, daß an der Gegenseite das Wasser mit einem gleichen Gitter eingefaßt war, und zwar so künstlicher Weise, daß auf einen Zwischenraum diesseits gerade ein Spieß oder eine Partisane jenseits paßte, und man also, die übrigen Zieraten mitgerechnet, nicht hindurchsehen konnte, man mochte sich stellen, wie man wollte. Überdies hinderte mich der Alte, der mich noch immer festhielt, daß ich mich nicht frei bewegen konnte. Meine Neugier wuchs indes, nach allem, was ich gesehen, immer mehr, und ich nahm mir ein Herz, den Alten zu fragen, ob man nicht auch hinüber kommen könne. – „Warum nicht?“ versetzte jener; „aber auf neue Bedingungen.“ – Als ich nach diesen fragte, gab er mir zu erkennen, daß ich mich umkleiden müsse. Ich war es sehr zufrieden; er führte mich zurück nach der Mauer in einen kleinen reinlichen Saal, an dessen Wänden mancherlei Kleidungen hingen, die sich sämtlich dem orientalischen Kostüm zu nähern schienen. Ich war geschwind umgekleidet; er streifte meine gepuderten Haare unter ein buntes Netz, nachdem er sie zu meinem Entsetzen gewaltig ausgestäubt hatte. Nun fand ich mich vor einem großen Spiegel in meiner Vermummung gar hübsch, und gefiel mir besser als in meinem steifen Sonntagskleide. Ich machte einige Gebärden und Sprünge, wie ich sie von den Tänzern auf dem Meßtheater gesehen hatte. Unter diesem sah ich in den Spiegel und erblickte zufällig das Bild einer hinter mir befindlichen Nische. Auf ihrem weißen Grunde hingen drei grüne Strickchen, jedes in sich auf eine Weise verschlungen, die mir in der Ferne nicht deutlich werden wollte. Ich kehrte mich daher etwas hastig um, und fragte den Alten nach der Nische so wie nach den Strickchen. Er, ganz gefällig, holte eins herunter und zeigte es mir. Es war eine grünseidene Schnur von mäßiger Stärke, deren beide Enden, durch ein zwiefach durchschnittenes grünes Leder geschlungen, ihr das Ansehn gaben, als sei es ein Werkzeug zu einem eben nicht sehr erwünschten Gebrauch. Die Sache schien mir bedenklich, und ich fragte den Alten nach der Bedeutung. Er antwortete mir ganz gelassen und gütig: es sei dieses für diejenigen, welche das Vertrauen mißbrauchten, das man ihnen hier zu schenken bereit sei. Er hing die Schnur wieder an ihre Stelle und verlangte sogleich, daß ich ihm folgen solle: denn diesmal faßte er mich nicht an, und so ging ich frei neben ihm her.

Meine größte Neugier war nunmehr, wo die Türe, wo die Brücke sein möchte, um durch das Gitter, um über den Kanal zu kommen: denn ich hatte dergleichen bis jetzt noch nicht ausfindig machen können. Ich betrachtete daher die goldene Umzäunung sehr genau, als wir darauf zueilten; allein augenblicklich verging mir das Gesicht: denn unerwartet begannen Spieße, Speere, Hellebarden, Partisanen sich zu rütteln und zu schütteln, und diese seltsame Bewegung endigte damit, daß die sämtlichen Spitzen sich gegen einander senkten, eben als wenn zwei altertümliche, mit Piken bewaffnete Heerhaufen gegen einander losgehen wollten. Die Verwirrung fürs Auge, das Geklirr für die Ohren war kaum zu ertragen, aber unendlich überraschend der Anblick, als sie völlig niedergelassen den Kreis des Kanals bedeckten und die herrlichste Brücke bildeten, die man sich denken kann: denn nun lag das bunteste Gartenparterre vor meinem Blick. Es war in verschlungene Beete geteilt, welche zusammen betrachtet ein Labyrinth von Zieraten bildeten; alle mit grünen Einfassungen von einer niedrigen, wollig wachsenden Pflanze, die ich nie gesehen; alle mit Blumen, jede Abteilung von verschiedener Farbe, die, ebenfalls niedrig und am Boden, den vorgezeichneten Grundriß leicht verfolgen ließen. Dieser köstliche Anblick, den ich in vollem Sonnenschein genoß, fesselte ganz meine Augen; aber ich wußte fast nicht, wo ich den Fuß hinsetzen sollte: denn die schlängelnden Wege waren aufs reinlichste von blauem Sande gezogen, der einen dunklern Himmel, oder einen Himmel im Wasser, an der Erde zu bilden schien; und so ging ich, die Augen auf den Boden gerichtet, eine Zeitlang neben meinem Führer, bis ich zuletzt gewahr ward, daß in der Mitte von diesem Beeten- und Blumenrund ein großer Kreis von Zypressen oder pappelartigen Bäumen stand, durch den man nicht hindurchsehen konnte, weil die untersten Zweige aus der Erde hervorzutreiben schienen. Mein Führer, ohne mich gerade auf den nächsten Weg zu drängen, leitete mich doch unmittelbar nach jener Mitte, und wie war ich überrascht, als ich, in den Kreis der hohen Bäume tretend, die Säulenhalle eines köstlichen Gartengebäudes vor mir sah, das nach den übrigen Seiten hin ähnliche Ansichten und Eingänge zu haben schien. Noch mehr aber als dieses Muster der Baukunst entzückte mich eine himmlische Musik, die aus dem Gebäude hervordrang. Bald glaubte ich eine Laute, bald eine Harfe, bald eine Zither zu hören, und bald noch etwas Klimperndes, das keinem von diesen drei Instrumenten gemäß war. Die Pforte, auf die wir zugingen, eröffnete sich bald nach einer leisen Berührung des Alten; aber wie erstaunt war ich, als die heraustretende Pförtnerin ganz vollkommen dem niedlichen Mädchen glich, das mir im Traume auf den Fingern getanzt hatte. Sie grüßte mich auch auf eine Weise, als wenn wir schon bekannt wären, und bat mich hereinzutreten. Der Alte blieb zurück, und ich ging mit ihr durch einen gewölbten und schön verzierten kurzen Gang nach dem Mittelsaal, dessen herrliche domartige Höhe beim Eintritt meinen Blick auf sich zog und mich in Verwunderung setzte. Doch konnte mein Auge nicht lange dort verweilen, denn es ward durch ein reizenderes Schauspiel herabgelockt. Auf einem Teppich, gerade unter der Mitte der Kuppel, saßen drei Frauenzimmer im Dreieck, in drei verschiedene Farben gekleidet, die eine rot, die andre gelb, die dritte grün; die Sessel waren vergoldet, und der Teppich ein vollkommenes Blumenbeet. In ihren Armen lagen die drei Instrumente, die ich draußen hatte unterscheiden können: denn durch meine Ankunft gestört, hatten sie mit Spielen inne gehalten. – „Seid uns willkommen!" sagte die mittlere, die nämlich, welche mit dem Gesicht nach der Türe saß, im roten Kleide und mit der Harfe. „Setzt Euch zu Alerten und hört zu, wenn Ihr Liebhaber von der Musik seid." Nun sah ich erst, daß unten quervor ein ziemlich langes Bänkchen stand, worauf eine Mandoline lag. Das artige Mädchen nahm sie auf, setzte sich und zog mich an ihre Seite. Jetzt betrachtete ich auch die zweite Dame zu meiner Rechten; sie hatte das gelbe Kleid an, und eine Zither in der Hand; und wenn jene Harfenspielerin ansehnlich von Gestalt, groß von Gesichtszügen, und in ihrem Betragen majestätisch war, so konnte man der Zitherspielerin ein leicht anmutiges heitres Wesen anmerken. Sie war eine schlanke Blondine, da jene dunkelbraunes Haar schmückte. Die Mannigfaltigkeit und Übereinstimmung ihrer Musik konnte mich nicht abhalten, nun auch die dritte Schönheit im grünen Gewande zu betrachten, deren Lautenspiel etwas Rührendes und zugleich Auffallendes für mich hatte. Sie war diejenige, die am meisten auf mich Acht zu geben und ihr Spiel an mich zu richten schien; nur konnte ich aus ihr nicht klug werden: denn sie kam mir bald zärtlich, bald wunderlich, bald offen, bald eigensinnig vor, je nachdem sie die Mienen und ihr Spiel veränderte. Bald schien sie mich rühren, bald mich necken zu wollen. Doch mochte sie sich stellen wie sie wollte, so gewann sie mir wenig ab: denn meine kleine Nachbarin, mit der ich Ellbogen an Ellbogen saß, hatte mich ganz für sich eingenommen; und wenn ich in jenen drei Damen ganz deutlich die Sylphiden meines Traums und die Farben der Äpfel erblickte, so begriff ich wohl, daß ich keine Ursache hätte, sie festzuhalten. Die artige Kleine hätte ich lieber angepackt, wenn mir nur nicht der Schlag, den sie mir im Traume versetzt hatte, gar zu erinnerlich gewesen wäre. Sie hielt sich bisher mit ihrer Mandoline ganz ruhig; als aber ihre Gebieterinnen aufgehört hatten, so befahlen sie ihr, einige lustige Stückchen zum besten zu geben. Kaum hatte sie einige Tanzmelodien gar aufregend abgeklimpert, so sprang sie in die Höhe; ich tat das gleiche. Sie spielte und tanzte; ich ward hingerissen, ihre Schritte zu begleiten, und wir führten eine Art von kleinem Ballett auf, womit die Damen zufrieden zu sein schienen: denn sobald wir geendigt, befahlen sie der Kleinen, mich derweil mit etwas Gutem zu erquicken, bis das Nachtessen herankäme. Ich hatte freilich vergessen, daß außer diesem Paradiese noch etwas anderes in der Welt wäre. Alerte führte mich sogleich in den Gang zurück, durch den ich hereingekommen war. An der Seite hatte sie zwei wohleingerichtete Zimmer; in dem einen, wo sie wohnte, setzte sie mir Orangen, Feigen, Pfirschen und Trauben vor, und ich genoß sowohl die Früchte fremder Länder, als auch die der erst kommenden Monate mit großem Appetit. Zuckerwerk war im Überfluß; auch füllte sie einen Pokal von geschliffnem Kristall mit schäumendem Wein: doch zu trinken bedurfte ich nicht, denn ich hatte mich an den Früchten hinreichend gelabt. – „Nun wollen wir spielen“, sagte sie und führte mich in das andere Zimmer. Hier sah es nun aus wie auf einem Christmarkt; aber so kostbare und feine Sachen hat man niemals in einer Weihnachtsbude gesehen. Da waren alle Arten von Puppen, Puppenkleidern und Puppengerätschaften; Küchen, Wohnstuben und Läden; und einzelne Spielsachen in Unzahl. Sie führte mich an allen Glasschränken herum: denn in solchen waren diese künstlichen Arbeiten aufbewahrt. Die ersten Schränke verschloß sie aber bald wieder und sagte: „Das ist nichts für Euch, ich weiß es wohl. Hier aber", sagte sie, „könnten wir Baumaterialien finden, Mauern und Türme, Häuser, Paläste, Kirchen, um eine große Stadt zusammenzustellen. Das unterhält mich aber nicht; wir wollen zu etwas anderem greifen, das für Euch und mich gleich vergnüglich ist." – Sie brachte darauf einige Kasten hervor, in denen ich kleines Kriegsvolk über einander geschichtet erblickte, von dem ich sogleich bekennen mußte, daß ich niemals so etwas Schönes gesehen hätte. Sie ließ mir die Zeit nicht, das einzelne näher zu betrachten, sondern nahm den einen Kasten unter den Arm, und ich packte den andern auf. „Wir wollen auf die goldne Brücke gehen", sagte sie; „dort spielt sich's am besten mit Soldaten: die Spieße geben gleich die Richtung, wie man die Armeen gegen einander zu stellen hat." Nun waren wir auf dem goldnen schwankenden Boden angelangt; unter mir hörte ich das Wasser rieseln und die Fische plätschern, indem ich niederkniete, meine Linien aufzustellen. Es war alles Reiterei, wie ich nunmehr sah. Sie rühmte sich, die Königin der Amazonen zum Führer ihres weiblichen Heeres zu besitzen; ich dagegen fand den Achill und eine sehr stattliche griechische Reiterei. Die Heere standen gegen einander, und man konnte nichts Schöneres sehen. Es waren nicht etwa flache bleierne Reiter, wie die unsrigen, sondern Mann und Pferd rund und körperlich, und auf das feinste gearbeitet; auch konnte man kaum begreifen, wie sie sich im Gleichgewicht hielten: denn sie standen für sich, ohne ein Fußbrettchen zu haben.

Wir hatten nun jedes mit großer Selbstzufriedenheit unsere Heerhaufen beschaut, als sie mir den Angriff verkündigte. Wir hatten auch Geschütz in unsern Kästen gefunden; es waren nämlich Schachteln voll kleiner wohlpolierter Achatkugeln. Mit diesen sollten wir aus einer gewissen Entfernung gegen einander kämpfen, wobei jedoch ausdrücklich bedungen war, daß nicht stärker geworfen werde, als nötig sei, die Figuren umzustürzen: denn beschädigt sollte keine werden. Wechselseitig ging nun die Kanonade los, und im Anfang wirkte sie zu unser beider Zufriedenheit. Allein als meine Gegnerin bemerkte, daß ich doch besser zielte als sie, und zuletzt den Sieg, der von der Überzahl der Stehngebliebenen abhing, gewinnen möchte, trat sie näher, und ihr mädchenhaftes Werfen hatte denn auch den erwünschten Erfolg. Sie streckte mir eine Menge meiner besten Truppen nieder, und je mehr ich protestierte, desto eifriger warf sie. Dies verdroß mich zuletzt, und ich erklärte, daß ich ein gleiches tun würde. Ich trat auch wirklich nicht allein näher heran, sondern warf im Unmut viel heftiger, da es denn nicht lange währte, als ein paar ihrer kleinen Zentaurinnen in Stücke sprangen. In ihrem Eifer bemerkte sie es nicht gleich; aber ich stand versteinert, als die zerbrochnen Figürchen sich von selbst wieder zusammenfügten, Amazone und Pferd wieder ein Ganzes, auch zugleich völlig lebendig wurden, im Galopp von der goldnen Brücke unter die Linden setzten, und, in Karriere hin und wider rennend, sich endlich gegen die Mauer, ich weiß nicht wie, verloren. Meine schöne Gegnerin war das kaum gewahr worden, als sie in ein lautes Weinen und Jammern ausbrach und rief: daß ich ihr einen unersetzlichen Verlust zugefügt, der weit größer sei, als es sich aussprechen lasse. Ich aber, der ich schon erbost war, freute mich ihr etwas zu Leide zu tun, und warf noch ein paar mir übrig gebliebene Achatkugeln blindlings mit Gewalt unter ihren Heerhaufen. Unglücklicherweise traf ich die Königin, die bisher bei unserm regelmäßigen Spiel ausgenommen gewesen. Sie sprang in Stücken, und ihre nächsten Adjutanten wurden auch zerschmettert; aber schnell stellten sie sich wieder her und nahmen Reißaus wie die ersten, galoppierten sehr lustig unter den Linden herum und verloren sich gegen die Mauer.

Meine Gegnerin schalt und schimpfte; ich aber, nun einmal im Gange, bückte mich, einige Achatkugeln aufzuheben, welche an den goldnen Spießen herumrollten. Mein ergrimmter Wunsch war, ihr ganzes Heer zu vernichten; sie dagegen, nicht faul, sprang auf mich los und gab mir eine Ohrfeige, daß mir der Kopf summte. Ich, der ich immer gehört hatte, auf die Ohrfeige eines Mädchens gehöre ein derber Kuß, faßte sie bei den Ohren und küßte sie zu wiederholten Malen. Sie aber tat einen solchen durchdringenden Schrei, der mich selbst erschreckte; ich ließ sie fahren, und das war mein Glück: denn in dem Augenblick wußte ich nicht, wie mir geschah. Der Boden unter mir fing an zu beben und zu rasseln; ich merkte geschwind, daß sich die Gitter wieder in Bewegung setzten: allein ich hatte nicht Zeit zu überlegen, noch konnte ich Fuß fassen, um zu fliehen. Ich fürchtete jeden Augenblick gespießt zu werden: denn die Partisanen und Lanzen, die sich aufrichteten, zerschlitzten mir schon die Kleider; genug, ich weiß nicht, wie mir geschah, mir verging Hören und Sehen, und ich erholte mich aus meiner Betäubung, von meinem Schrecken am Fuß einer Linde, wider den mich das aufschnellende Gitter geworfen hatte. Mit dem Erwachen erwachte auch meine Bosheit, die sich noch heftig vermehrte, als ich von drüben die Spottworte und das Gelächter meiner Gegnerin vernahm, die an der andern Seite, etwas gelinder als ich, mochte zur Erde gekommen sein. Daher sprang ich auf, und als ich rings um mich das kleine Heer nebst seinem Anführer Achill, welche das auffahrende Gitter mit mir herüber geschnellt hatte, zerstreut sah, ergriff ich den Helden zuerst und warf ihn wider einen Baum. Seine Wiederherstellung und seine Flucht gefielen mir nun doppelt, weil sich die Schadenfreude zu dem artigsten Anblick von der Welt gesellte, und ich war im Begriff, die sämtlichen Griechen ihm nachzuschicken, als auf einmal zischende Wasser von allen Seiten her, aus Steinen und Mauern, aus Boden und Zweigen hervorsprühten, und, wo ich mich hinwendete, kreuzweise auf mich lospeitschten. Mein leichtes Gewand war in kurzer Zeit völlig durchnäßt; zerschlitzt war es schon, und ich säumte nicht, es mir ganz vom Leibe zu reißen. Die Pantoffeln warf ich von mir, und so eine Hülle nach der andern; ja ich fand es endlich bei dem warmen Tage sehr angenehm, ein solches Strahlbad über mich ergehen zu lassen. Ganz nackt schritt ich nun gravitätisch zwischen diesen willkommnen Gewässern einher, und dachte, mich lange so wohl befinden zu können. Mein Zorn verkühlte sich, und ich wünschte nichts mehr als eine Versöhnung mit meiner kleinen Gegnerin. Doch in einem Nu schnappten die Wasser ab, und ich stand nun feucht auf einem durchnäßten Boden. Die Gegenwart des alten Mannes, der unvermutet vor mich trat, war mir keineswegs willkommen; ich hätte gewünscht, mich, wo nicht verbergen, doch wenigstens verhüllen zu können. Die Beschämung, der Frostschauer, das Bestreben, mich einigermaßen zu bedecken, ließen mich eine höchst erbärmliche Figur spielen; der Alte benutzte den Augenblick, um mir die größesten Vorwürfe zu machen. „Was hindert mich", rief er aus, „daß ich nicht eine der grünen Schnuren ergreife und sie, wo nicht Eurem Hals, doch Eurem Rücken anmesse!" Diese Drohung nahm ich höchst übel. „Hütet Euch", rief ich aus, „vor solchen Worten, ja nur vor solchen Gedanken: denn sonst seid Ihr und Eure Gebieterinnen verloren!" – „Wer bist denn du", fragte er trutzig, „daß du so reden darfst?" – „Ein Liebling der Götter", sagte ich, „von dem es abhängt, ob jene Frauenzimmer würdige Gatten finden und ein glückliches Leben führen sollen, oder ob er sie will in ihrem Zauberkloster verschmachten und veralten lassen." – Der Alte trat einige Schritte zurück. „Wer hat dir das offenbart?" fragte er erstaunt und bedenklich. – „Drei Äpfel", sagte ich, „drei Juwelen." – „Und was verlangst du zum Lohn?" rief er aus. – „Vor allen Dingen das kleine Geschöpf", versetzte ich, „die mich in diesen verwünschten Zustand gebracht hat." – Der Alte warf sich vor mir nieder, ohne sich vor der noch feuchten und schlammigen Erde zu scheuen; dann stand er auf, ohne benetzt zu sein, nahm mich freundlich bei der Hand, führte mich in jenen Saal, kleidete mich behend wieder an, und bald war ich wieder sonntägig geputzt und frisiert wie vorher. Der Pförtner sprach kein Wort weiter; aber ehe er mich über die Schwelle ließ, hielt er mich an, und deutete mir auf einige Gegenstände an der Mauer drüben über den Weg, indem er zugleich rückwärts auf das Pförtchen zeigte. Ich verstand ihn wohl; er wollte nämlich, daß ich mir die Gegenstände einprägen möchte, um das Pförtchen desto gewisser wieder zu finden, welches sich unversehens hinter mir zuschloß. Ich merkte mir nun wohl, was mir gegenüber stand. Über eine hohe Mauer ragten die Äste uralter Nußbäume herüber, und bedeckten zum Teil das Gesims, womit sie endigte. Die Zweige reichten bis an eine steinerne Tafel, deren verzierte Einfassung ich wohl erkennen, deren Inschrift ich aber nicht lesen konnte. Sie ruhte auf dem Kragstein einer Nische, in welcher ein künstlich gearbeiteter Brunnen, von Schale zu Schale, Wasser in ein großes Becken goß, das wie einen kleinen Teich bildete und sich in die Erde verlor. Brunnen, Inschrift, Nußbäume, alles stand senkrecht über einander; ich wollte es malen, wie ich es gesehn habe.

Nun läßt sich wohl denken, wie ich diesen Abend und manchen folgenden Tag zubrachte, und wie oft ich mir diese Geschichten, die ich kaum selbst glauben konnte, wiederholte. Sobald mir's nur irgend möglich war, ging ich wieder zur „schlimmen Mauer", um wenigstens jene Merkzeichen im Gedächtnis anzufrischen und das köstliche Pförtchen zu beschauen. Allein zu meinem größten Erstaunen fand ich alles verändert. Nußbäume ragten wohl über die Mauer, aber sie standen nicht unmittelbar neben einander. Eine Tafel war auch eingemauert, aber von den Bäumen weit rechts, ohne Verzierung, und mit einer leserlichen Inschrift. Eine Nische mit einem Brunnen findet sich weit links, der aber jenem, den ich gesehen, durchaus nicht zu vergleichen ist; so daß ich beinahe glauben muß, das zweite Abenteuer sei so gut als das erste ein Traum gewesen: denn von dem Pförtchen findet sich überhaupt gar keine Spur. Das einzige, was mich tröstet, ist die Bemerkung, daß jene drei Gegenstände stets den Ort zu verändern scheinen: denn bei wiederholtem Besuch jener Gegend glaube ich bemerkt zu haben, daß die Nußbäume etwas zusammenrücken, und daß Tafel und Brunnen sich ebenfalls zu nähern scheinen. Wahrscheinlich, wenn alles wieder zusammentrifft, wird auch die Pforte von neuem sichtbar sein, und ich werde mein mögliches tun, das Abenteuer wieder anzuknüpfen. Ob ich euch erzählen kann, was weiter begegnet, oder ob es mir ausdrücklich verboten wird, weiß ich nicht zu sagen.

Dieses Märchen, von dessen Wahrheit meine Gespielen sich leidenschaftlich zu überzeugen trachteten, erhielt großen Beifall. Sie besuchten, jeder allein, ohne es mir oder den andern zu vertrauen, den angedeuteten Ort, fanden die Nußbäume, die Tafel und den Brunnen, aber immer entfernt von einander: wie sie zuletzt bekannten, weil man in jenen Jahren nicht gern ein Geheimnis verschweigen mag. Hier ging aber der Streit erst an. Der eine versicherte: die Gegenstände rückten nicht vom Flecke und blieben immer in gleicher Entfernung unter einander. Der zweite behauptete: sie bewegten sich, aber sie entfernten sich von einander. Mit diesem war der dritte über den ersten Punkt der Bewegung einstimmig, doch schienen ihm Nußbäume, Tafel und Brunnen sich vielmehr zu nähern. Der vierte wollte noch was Merkwürdigeres gesehen haben: die Nußbäume nämlich in der Mitte, die Tafel aber und den Brunnen auf den entgegengesetzten Seiten, als ich angegeben. In Absicht auf die Spur des Pförtchens variierten sie auch. Und so gaben sie mir ein frühes Beispiel, wie die Menschen von einer ganz einfachen und leicht zu erörternden Sache die widersprechendsten Ansichten haben und behaupten können. Als ich die Fortsetzung meines Märchens hartnäckig verweigerte, ward dieser erste Teil öfters wieder begehrt. Ich hütete mich, an den Umständen viel zu verändern, und durch die Gleichförmigkeit meiner Erzählung verwandelte ich in den Gemütern meiner Zuhörer die Fabel in Wahrheit.

Übrigens war ich den Lügen und der Verstellung abgeneigt, und überhaupt keineswegs leichtsinnig; vielmehr zeigte sich der innere Ernst, mit dem ich schon früh mich und die Welt betrachtete, auch in meinem Äußern, und ich ward, oft freundlich, oft auch spöttisch, über eine gewisse Würde berufen, die ich mir herausnahm. Denn ob es mir zwar an guten ausgesuchten Freunden nicht fehlte, so waren wir doch immer die Minderzahl gegen jene, die uns mit rohem Mutwillen anzufechten ein Vergnügen fanden, und uns freilich oft sehr unsanft aus jenen märchenhaften selbstgefälligen Träumen aufweckten, in die wir uns, ich erfindend und meine Gespielen teilnehmend, nur allzugern verloren. Nun wurden wir abermals gewahr, daß man, anstatt sich der

Weichlichkeit und phantastischen Vergnügungen hinzugeben, wohl eher Ursache habe, sich abzuhärten, um die unvermeidlichen Übel entweder zu ertragen, oder ihnen entgegen zu wirken.

Unter die Übungen des Stoizismus, den ich deshalb, so ernstlich als es einem Knaben möglich ist, bei mir ausbildete, gehörten auch die Duldungen körperlicher Leiden. Unsere Lehrer behandelten uns oft sehr unfreundlich und ungeschickt mit Schlägen und Püffen, gegen die wir uns um so mehr verhärteten, als Widersetzlichkeit oder Gegenwirkung aufs höchste verpönt war. Sehr viele Scherze der Jugend beruhen auf einem Wettstreit solcher Ertragungen: zum Beispiel, wenn man mit zwei Fingern oder der ganzen Hand sich wechselsweise bis zur Betäubung der Glieder schlägt, oder die bei gewissen Spielen verschuldeten Schläge mit mehr oder weniger Gesetztheit aushält; wenn man sich beim Ringen und Balgen durch die Kniffe der Halbüberwundenen nicht irre machen läßt; wenn man einen aus Neckerei zugefügten Schmerz unterdrückt, ja selbst das Zwicken und Kitzeln, womit junge Leute so geschäftig gegen einander sind, als etwas Gleichgültiges behandelt. Dadurch setzt man sich in einen großen Vorteil, der uns von andern so geschwind nicht abgewonnen wird.

Da ich jedoch von einem solchen Leidenstrotz gleichsam Profession machte, so wuchsen die Zudringlichkeiten der andern; und wie eine unartige Grausamkeit keine Grenzen kennt, so wußte sie mich doch aus meiner Grenze hinauszutreiben. Ich erzähle einen Fall statt vieler. Der Lehrer war eine Stunde nicht gekommen; solange wir Kinder alle beisammen waren, unterhielten wir uns recht artig; als aber die mir wohlwollenden, nachdem sie lange genug gewartet, hinweggingen, und ich mit drei mißwollenden allein blieb, so dachten diese mich zu quälen, zu beschämen und zu vertreiben. Sie hatten mich einen Augenblick im Zimmer verlassen und kamen mit Ruten zurück, die sie sich aus einem geschwind zerschnittenen Besen verschafft hatten. Ich merkte ihre Absicht, und weil ich das Ende der Stunde nahe glaubte, so setzte ich aus dem Stegreife bei mir fest, mich bis zum Glockenschlage nicht zu wehren. Sie fingen darauf unbarmherzig an, mir die Beine und Waden auf das grausamste zu peitschen. Ich rührte mich nicht, fühlte aber bald, daß ich mich verrechnet hatte, und daß ein solcher Schmerz die Minuten sehr verlängert. Mit der Duldung wuchs meine Wut, und mit dem ersten Stundenschlag fuhr ich dem einen, der sich's am wenigsten versah, mit der Hand in die Nackenhaare und stürzte ihn augenblicklich zu Boden, indem ich mit dem Knie seinen Rücken drückte; den andern, einen Jüngeren und Schwächeren, der mich von hinten anfiel, zog ich bei dem Kopfe durch den Arm und erdrosselte ihn fast, indem ich ihn an mich preßte. Nun war der Letzte noch übrig und nicht der Schwächste, und mir blieb nur die linke Hand zu meiner Verteidigung. Allein ich ergriff ihn beim Kleide, und durch eine geschickte Wendung von meiner Seite, durch eine übereilte von seiner brachte ich ihn nieder und stieß ihn mit dem Gesicht gegen den Boden. Sie ließen es nicht an Beißen, Kratzen und Treten fehlen; aber ich hatte nur meine Rache im Sinn und in den Gliedern. In dem Vorteil, in dem ich mich befand, stieß ich sie wiederholt mit den Köpfen zusammen. Sie erhuben zuletzt ein entsetzliches Zetergeschrei, und wir sahen uns bald von allen Hausgenossen umgeben. Die umhergestreuten Ruten und meine Beine, die ich von den Strümpfen entblößte, zeugten bald für mich. Man behielt sich die Strafe vor und ließ mich aus dem Hause; ich erklärte aber, daß ich künftig bei der geringsten Beleidigung einem oder dem andern die Augen auskratzen, die Ohren abreißen, wo nicht gar ihn erdrosseln würde.

Dieser Vorfall, ob man ihn gleich, wie es in kindischen Dingen zu geschehen pflegt, bald wieder vergaß und sogar belachte, war jedoch Ursache, daß diese gemeinsamen Unterrichtsstunden seltner wurden und zuletzt ganz aufhörten. Ich war also wieder wie vorher mehr ans Haus gebannt, wo ich an meiner Schwester Cornelia, die nur ein Jahr weniger zählte als ich, eine an Annehmlichkeit immer wachsende Gesellschafterin fand.

Ich will jedoch diesen Gegenstand nicht verlassen, ohne noch einige Geschichten zu erzählen, wie mancherlei Unangenehmes mir von meinen Gespielen begegnet: denn das ist ja eben das Lehrreiche solcher sittlichen Mitteilungen, daß der Mensch erfahre, wie es andern ergangen, und was auch er vom Leben zu erwarten habe, und daß er, es mag sich ereignen was will, bedenke, dieses widerfahre ihm als Menschen und nicht als einem besonders Glücklichen oder Unglücklichen. Nützt ein solches Wissen nicht viel, um die Übel zu vermeiden, so ist es doch sehr dienlich, daß wir uns in die Zustände finden, sie ertragen, ja sie überwinden lernen.

Noch eine allgemeine Bemerkung steht hier an der rechten Stelle, daß nämlich bei dem Emporwachsen der Kinder aus den gesitteten Ständen ein sehr großer Widerspruch zum Vorschein kommt, ich meine den, daß sie von Eltern und Lehrern angemahnt und angeleitet werden, sich mäßig, verständig, ja vernünftig zu betragen, niemanden aus Mutwillen oder Übermut ein Leids zuzufügen und alle gehässigen Regungen, die sich an ihnen entwickeln möchten, zu unterdrücken; daß nun aber im Gegenteil, während die jungen Geschöpfe mit einer solchen Übung beschäftigt sind, sie von andern das zu leiden haben, was an ihnen gescholten wird und höchlich verpönt ist. Dadurch kommen die armen Wesen zwischen dem Naturzustande und dem der Zivilisation gar erbärmlich in die Klemme, und werden, je nachdem die Charakter sind, entweder tückisch, oder gewaltsam aufbrausend, wenn sie eine Zeitlang an sich gehalten haben.

Gewalt ist eher mit Gewalt zu vertreiben; aber ein gut gesinntes, zur Liebe und Teilnahme geneigtes Kind weiß dem Hohn und dem bösen Willen wenig entgegenzusetzen. Wenn ich die Tätlichkeiten meiner Gesellen so ziemlich abzuhalten wußte, so war ich doch keineswegs ihren Sticheleien und Mißreden gewachsen, weil in solchen Fällen derjenige, der sich verteidigt, immer verlieren muß. Es wurden also auch Angriffe dieser Art, insofern sie zum Zorn reizten, mit physischen Kräften zurückgewiesen, oder sie regten wundersame Betrachtungen in mir auf, die denn nicht ohne Folgen bleiben konnten. Unter andern Vorzügen mißgönnten mir die Übelwollenden auch, daß ich mir in einem Verhältnis gefiel, welches aus dem Schultheißenamt meines Großvaters für die Familie entsprang: denn indem er als der Erste unter seinesgleichen dastand, hatte dieses doch auch auf die Seinigen nicht geringen Einfluß. Und als ich mir einmal nach gehaltenem Pfeifergerichte etwas darauf einzubilden schien, meinen Großvater in der Mitte des Schöffenrats, eine Stufe höher als die andern, unter dem Bilde des Kaisers gleichsam thronend gesehen zu haben, so sagte einer der Knaben höhnisch: ich sollte doch, wie der Pfau auf seine Füße, so auf meinen Großvater väterlicher Seite hinsehen, welcher Gastgeber zum Weidenhof gewesen und wohl an die Thronen und Kronen keinen Anspruch gemacht hätte. Ich erwiderte darauf, daß ich davon keineswegs beschämt sei, weil gerade darin das Herrliche und Erhebende unserer Vaterstadt bestehe, daß alle Bürger sich einander gleich halten dürften, und daß einem jeden seine Tätigkeit nach seiner Art förderlich und ehrenvoll sein könne. Es sei mir nur leid, daß der gute Mann schon so lange gestorben: denn ich habe mich auch ihn persönlich zu kennen öfters gesehnt, sein Bildnis vielmals betrachtet, ja sein Grab besucht und mich wenigstens bei der Inschrift an dem einfachen Denkmal seines vorübergegangenen Daseins gefreut, dem ich das meine schuldig geworden. Ein anderer Mißwollender, der tückischste von allen, nahm jenen ersten bei Seite und flüsterte ihm etwas in die Ohren, wobei sie mich immer spöttisch ansahen. Schon fing die Galle mir an zu kochen, und ich foderte sie auf, laut zu reden. – „Nun, was ist es denn weiter“, sagte der erste, „wenn du es wissen willst: dieser da meint, du könntest lange herumgehen und suchen, bis du deinen Großvater fändest.“ – Ich drohte nun noch heftiger, wenn sie sich nicht deutlicher erklären würden. Sie brachten darauf ein Märchen vor, das sie ihren Eltern wollten abgelauscht haben: mein Vater sei der Sohn eines vornehmen Mannes, und jener gute Bürger habe sich willig finden lassen, äußerlich Vaterstelle zu vertreten. Sie hatten die Unverschämtheit, allerlei Argumente vorzubringen, z. B. daß unser Vermögen bloß von der Großmutter herrühre, daß die übrigen Seitenverwandten, die sich in Friedberg und sonst aufhielten, gleichfalls ohne Vermögen seien, und was noch andre solche Gründe waren, die ihr Gewicht bloß von der Bosheit hernehmen konnten. Ich hörte ihnen ruhiger zu, als sie erwarteten, denn sie standen schon auf dem Sprung zu entfliehen, wenn ich Miene machte, nach ihren Haaren zu greifen. Aber ich versetzte ganz gelassen: auch dieses könne mir recht sein. Das Leben sei so hübsch, daß man völlig für gleichgültig achten könne, wem man es zu verdanken habe: denn es schriebe sich doch zuletzt von Gott her, vor welchem wir alle gleich wären. So ließen sie, da sie nichts ausrichten konnten, die Sache für diesmal gut sein; man spielte zusammen weiter fort, welches unter Kindern immer ein erprobtes Versöhnungsmittel bleibt.

Mir war jedoch durch diese hämischen Worte eine Art von sittlicher Krankheit eingeimpft, die im stillen fortschlich. Es wollte mir gar nicht mißfallen, der Enkel irgend eines vornehmen Herrn zu sein, wenn es auch nicht auf die gesetzlichste Weise gewesen wäre. Meine Spürkraft ging auf dieser Fährte, meine Einbildungskraft war angeregt und mein Scharfsinn aufgefordert. Ich fing nun an, die Aufgaben jener zu untersuchen, fand und erfand neue Gründe der Wahrscheinlichkeit. Ich hatte von meinem Großvater wenig reden hören, außer daß sein Bildnis mit dem meiner Großmutter in einem Besuchzimmer des alten Hauses gehangen hatte, welche beide, nach Erbauung des neuen, in einer obern Kammer aufbewahrt wurden. Meine Großmutter mußte eine sehr schöne Frau gewesen sein, und von gleichem Alter mit ihrem Manne. Auch erinnerte ich mich, in ihrem Zimmer das Miniaturbild eines schönen Herrn, in Uniform mit Stern und Orden, gesehen zu haben, welches nach ihrem Tode mit vielen andern kleinen Gerätschaften, während des alles umwälzenden Hausbaues, verschwunden war. Solche wie manche andre Dinge baute ich mir in meinem kindischen Kopfe zusammen, und übte frühzeitig genug jenes moderne Dichtertalent, welches durch eine abenteuerliche Verknüpfung der bedeutenden Zustände des menschlichen Lebens sich die Teilnahme der ganzen kultivierten Welt zu verschaffen weiß.

Da ich nun aber einen solchen Fall niemanden zu vertrauen, oder auch nur von ferne nachzufragen mich unterstand, so ließ ich es an einer heimlichen Betriebsamkeit nicht fehlen, um wo möglich der Sache etwas näher zu kommen. Ich hatte nämlich ganz bestimmt behaupten hören, daß die Söhne den Vätern oder Großvätern oft entschieden ähnlich zu sein pflegten. Mehrere unserer Freunde, besonders auch Rat Schneider, unser Hausfreund, hatten Geschäftsverbindungen mit allen Fürsten und Herren der Nachbarschaft, deren, sowohl regierender als nachgeborner, keine geringe Anzahl am Rhein und Main und in dem Raume zwischen beiden ihre Besitzungen hatten, und die aus besonderer Gunst ihre treuen Geschäftsträger zuweilen wohl mit ihren Bildnissen beehrten. Diese, die ich von Jugend auf vielmals an den Wänden gesehen, betrachtete ich nunmehr mit doppelter Aufmerksamkeit, forschend, ob ich nicht eine Ähnlichkeit mit meinem Vater oder gar mit mir entdecken könnte; welches aber zu oft gelang, als daß es mich zu einiger Gewißheit hätte führen können. Denn bald waren es die Augen von diesem, bald die Nase von jenem, die mir auf einige Verwandtschaft zu deuten schienen. So führten mich diese Kennzeichen trüglich genug hin und wider. Und ob ich gleich in der Folge diesen Vorwurf als ein durchaus leeres Märchen betrachten mußte, so blieb mir doch der Eindruck, und ich konnte nicht unterlassen, die sämtlichen Herren, deren Bildnisse mir sehr deutlich in der Phantasie geblieben waren, von Zeit zu Zeit im stillen bei mir zu mustern und zu prüfen. So wahr ist es, daß alles, was den Menschen innerlich in seinem Dünkel bestärkt, seiner heimlichen Eitelkeit schmeichelt, ihm dergestalt höchlich erwünscht ist, daß er nicht weiter fragt, ob es ihm sonst auf irgend eine Weise zur Ehre oder zur Schmach gereichen könne.

Doch anstatt hier ernsthafte, ja rügende Betrachtungen einzumischen, wende ich lieber meinen Blick von jenen schönen Zeiten hinweg: denn wer wäre imstande, von der Fülle der Kindheit würdig zu sprechen! Wir können die kleinen Geschöpfe, die vor uns herumwandeln, nicht anders als mit Vergnügen, ja mit Bewunderung ansehen: denn meist versprechen sie mehr als sie halten, und es scheint, als wenn die Natur unter andern schelmischen Streichen, die sie uns spielt, auch hier sich ganz besonders vorgesetzt, uns zum besten zu haben. Die ersten Organe, die sie Kindern mit auf die Welt gibt, sind dem nächsten unmittelbaren Zustande des Geschöpfs gemäß; es bedient sich derselben kunst- und anspruchslos, auf die geschickteste Weise zu den nächsten Zwecken. Das Kind, an und für sich betrachtet, mit seinesgleichen und in Beziehungen, die seinen Kräften angemessen sind, scheint so verständig, so vernünftig, daß nichts drüber geht, und zugleich so bequem, heiter und gewandt, daß man keine weitre Bildung für dasselbe wünschen möchte. Wüchsen die Kinder in der Art fort, wie sie sich andeuten, so hätten wir lauter Genies. Aber das Wachstum ist nicht bloß Entwicklung; die verschiednen organischen Systeme, die den einen Menschen ausmachen, entspringen auseinander, folgen einander, verwandeln sich ineinander, verdrängen einander, ja zehren einander auf, so daß von manchen Fähigkeiten, von manchen Kraftäußerungen nach einer gewissen Zeit kaum eine Spur mehr zu finden ist. Wenn auch die menschlichen Anlagen im ganzen eine entschiedene Richtung haben, so wird es doch dem größten und erfahrensten Kenner schwer sein, sie mit Zuverlässigkeit voraus zu verkünden; doch kann man hinterdrein wohl bemerken, was auf ein Künftiges hingedeutet hat.

Keineswegs gedenke ich daher in diesen ersten Büchern meine Jugendgeschichten völlig abzuschließen, sondern ich werde vielmehr noch späterhin manchen Faden aufnehmen und fortleiten, der sich unbemerkt durch die ersten Jahre schon hindurchzog. Hier muß ich aber bemerken, welchen stärkeren Einfluß nach und nach die Kriegsbegebenheiten auf unsere Gesinnungen und unsre Lebensweise ausübten.

Der ruhige Bürger steht zu den großen Weltereignissen in einem wunderbaren Verhältnis. Schon aus der Ferne regen sie ihn auf und beunruhigen ihn, und er kann sich, selbst wenn sie ihn nicht berühren, eines Urteils, einer Teilnahme nicht enthalten. Schnell ergreift er eine Partei, nachdem ihn sein Charakter oder äußere Anlässe bestimmen. Rücken so große Schicksale, so bedeutende Veränderungen näher, dann bleibt ihm bei manchen äußern Unbequemlichkeiten noch immer jenes innre Mißbehagen, verdoppelt und schärft das Übel meistenteils und zerstört das noch mögliche

Gute. Dann hat er von Freunden und Feinden wirklich zu leiden, oft mehr von jenen als von diesen, und er weiß weder, wie er seine Neigung, noch wie er seinen Vorteil wahren und erhalten soll.

Das Jahr 1757, das wir noch in völlig bürgerlicher Ruhe verbrachten, wurde dem ungeachtet in großer Gemütsbewegung verlebt. Reicher an Begebenheiten als dieses war vielleicht kein anderes. Die Siege, die Großtaten, die Unglücksfälle, die Wiederherstellungen folgten aufeinander, verschlangen sich und schienen sich aufzuheben; immer aber schwebte die Gestalt Friedrichs, sein Name, sein Ruhm, in kurzem wieder oben. Der Enthusiasmus seiner Verehrer ward immer größer und belebter, der Haß seiner Feinde bitterer, und die Verschiedenheit der Ansichten, welche selbst Familien zerspaltete, trug nicht wenig dazu bei, die ohnehin schon auf mancherlei Weise von einander getrennten Bürger noch mehr zu isolieren. Denn in einer Stadt wie Frankfurt, wo drei Religionen die Einwohner in drei ungleiche Massen teilen, wo nur wenige Männer, selbst von der herrschenden, zum Regiment gelangen können, muß es gar manchen Wohlhabenden und Unterrichteten geben, der sich auf sich zurückzieht und durch Studien und Liebhabereien sich eine eigne und abgeschlossene Existenz bildet. Von solchen wird gegenwärtig und auch künftig die Rede sein müssen, wenn man sich die Eigenheiten eines Frankfurter Bürgers aus jener Zeit vergegenwärtigen soll.

Mein Vater hatte, sobald er von Reisen zurückgekommen, nach seiner eigenen Sinnesart den Gedanken gefaßt, daß er, um sich zum Dienste der Stadt fähig zu machen, eins der subalternen Ämter übernehmen und solches ohne Emolumente führen wolle, wenn man es ihm ohne Ballotage übergäbe. Er glaubte nach seiner Sinnesart, nach dem Begriffe, den er von sich selbst hatte, im Gefühl seines guten Willens, eine solche Auszeichnung zu verdienen, die freilich weder gesetzlich noch herkömmlich war. Daher, als ihm sein Gesuch abgeschlagen wurde, geriet er in Ärger und Mißmut, verschwur, jemals irgend eine Stelle anzunehmen, und um es unmöglich zu machen, verschaffte er sich den Charakter eines Kaiserlichen Rates, den der Schultheiß und die ältesten

Schöffen als einen besondern Ehrentitel tragen. Dadurch hatte er sich zum Gleichen der Obersten gemacht und konnte nicht mehr von unten anfangen. Derselbe Beweggrund führte ihn auch dazu, um die älteste Tochter des Schultheißen zu werben, wodurch er auch auf dieser Seite von dem Rate ausgeschlossen ward. Er gehörte nun unter die Zurückgezogenen, welche niemals unter sich eine Sozietät machen. Sie stehen so isoliert gegen einander wie gegen das Ganze, und um so mehr, als sich in dieser Abgeschiedenheit das Eigentümliche der Charakter immer schroffer ausbildet. Mein Vater mochte sich auf Reisen und in der freien Welt, die er gesehen, von einer elegantern und liberalern Lebensweise einen Begriff gemacht haben, als sie vielleicht unter seinen Mitbürgern gewöhnlich war. Zwar fand er darin Vorgänger und Gesellen.

Der Name von Uffenbach ist bekannt. Ein Schöff von Uffenbach lebte damals in gutem Ansehen. Er war in Italien gewesen, hatte sich besonders auf Musik gelegt, sang einen angenehmen Tenor, und da er eine schöne Sammlung von Musikalien mitgebracht hatte, wurden Konzerte und Oratorien bei ihm aufgeführt. Weil er nun dabei selbst sang und die Musiker begünstigte, so fand man es nicht ganz seiner Würde gemäß, und die eingeladenen Gäste sowohl als die übrigen Landsleute erlaubten sich darüber manche lustige Anmerkung.

Ferner erinnere ich mich eines Barons von Häckel, eines reichen Edelmanns, der, verheiratet aber kinderlos, ein schönes Haus in der Antoniusgasse bewohnte, mit allem Zubehör eines anständigen Lebens ausgestattet. Auch besaß er gute Gemälde, Kupferstiche, Antiken und manches andre, wie es bei Sammlern und Liebhabern zusammenfließt. Von Zeit zu Zeit lud er die Honoratioren zum Mittagessen, und war auf eine eigne achtsame Weise wohltätig, indem er in seinem Hause die Armen kleidete, ihre alten Lumpen aber zurückbehielt, und ihnen nur unter der Bedingung ein wöchentliches Almosen reichte, daß sie in jenen geschenkten Kleidern sich ihm jedesmal sauber und ordentlich vorstellten. Ich erinnere mich seiner nur dunkel als eines freundlichen, wohlgebildeten Mannes; desto deutlicher aber seiner Auktion, der ich vom Anfang bis zu Ende beiwohnte, und teils auf Befehl meines Vaters, teils aus eigenem Antrieb manches erstand, was sich noch unter meinen Sammlungen befindet.

Früher, und von mir kaum noch mit Augen gesehen, machte Johann Michael von Loen in der literarischen Welt so wie in Frankfurt ziemliches Aufsehen. Nicht von Frankfurt gebürtig, hatte er sich daselbst niedergelassen und war mit der Schwester meiner Großmutter Textor, einer gebornen Lindheimer, verheiratet. Bekannt mit der Hof- und Staatswelt, und eines erneuten Adels sich erfreuend, erlangte er dadurch einen Namen, daß er in die verschiedenen Regungen, welche in Kirche und Staat zum Vorschein kamen, einzugreifen den Mut hatte. Er schrieb den „Grafen von Rivera", einen didaktischen Roman, dessen Inhalt aus dem zweiten Titel: „oder der ehrliche Mann am Hofe" ersichtlich ist. Dieses Werk wurde gut aufgenommen, weil es auch von den Höfen, wo sonst nur Klugheit zu Hause ist, Sittlichkeit verlangte; und so brachte ihm seine Arbeit Beifall und Ansehen. Ein zweites Werk sollte dagegen desto gefährlicher für ihn werden. Er schrieb: „Die einzige wahre Religion", ein Buch, das die Absicht hatte, Toleranz, besonders zwischen Lutheranern und Calvinisten, zu befördern. Hierüber kam er mit den Theologen in Streit; besonders schrieb Dr. Benner in Gießen gegen ihn. Von Loen erwiderte; der Streit wurde heftig und persönlich, und die daraus entspringenden Unannehmlichkeiten veranlaßten den Verfasser, die Stelle eines Präsidenten zu Lingen anzunehmen, die ihm Friedrich der Zweite anbot, der in ihm einen aufgeklärten, und den Neuerungen, die in Frankreich schon viel weiter gediehen waren, nicht abgeneigten vorurteilsfreien Mann zu erkennen glaubte. Seine ehemaligen Landsleute, die er mit einigem Verdruß verlassen, behaupteten, daß er dort nicht zufrieden sei, ja nicht zufrieden sein könne, weil sich ein Ort wie Lingen mit Frankfurt keineswegs messen dürfe. Mein Vater zweifelte auch an dem Behagen des Präsidenten, und versicherte, der gute Oheim hätte besser getan, sich mit dem Könige nicht einzulassen, weil es überhaupt gefährlich sei, sich demselben zu nähern, so ein außerordentlicher Herr er auch übrigens sein möge. Denn man habe ja gesehen, wie schmählich der berühmte Voltaire, auf Requisition des preußischen Residenten Freitag, in Frankfurt sei verhaftet worden, da er doch vorher so hoch in Gunsten gestanden und als des Königs Lehrmeister in der französischen Poesie anzusehen gewesen. Es mangelte bei solchen Gelegenheiten nicht an Betrachtungen und Beispielen, um vor Höfen und Herrendienst zu warnen, wovon sich überhaupt ein geborner Frankfurter kaum einen Begriff machen konnte.

Eines vortrefflichen Mannes, Doktor Orth, will ich nur dem Namen nach gedenken, indem ich verdienten Frankfurtern hier nicht sowohl ein Denkmal zu errichten habe, vielmehr derselben nur insofern erwähne, als ihr Ruf oder ihre Persönlichkeit auf mich in den frühsten Jahren einigen Einfluß gehabt. Doktor Orth war ein reicher Mann und gehörte auch unter die, welche niemals teil am Regimente genommen, ob ihn gleich seine Kenntnisse und Einsichten wohl dazu berechtigt hätten. Die deutschen und besonders die frankfurtischen Altertümer sind ihm sehr viel schuldig geworden; er gab die Anmerkungen zu der sogenannten „Frankfurter Reformation" heraus, ein Werk, in welchem die Statuten der Reichsstadt gesammelt sind. Die historischen Kapitel desselben habe ich in meinen Jünglingsjahren fleißig studiert.

Von Ochsenstein, der ältere jener drei Brüder, deren ich oben als unserer Nachbarn gedacht, war, bei seiner eingezogenen Art zu sein, während seines Lebens nicht merkwürdig geworden, desto merkwürdiger aber nach seinem Tode, indem er eine Verordnung hinterließ, daß er morgens früh ganz im stillen und ohne Begleitung und Gefolg, von Handwerksleuten zu Grabe gebracht sein wolle. Es geschah, und diese Handlung erregte in der Stadt, wo man an prunkhafte Leichenbegängnisse gewöhnt war, großes Aufsehn. Alle diejenigen, die bei solchen Gelegenheiten einen herkömmlichen Verdienst hatten, erhuben sich gegen die Neuerung. Allein der wackre Patrizier fand Nachfolger in allen Ständen, und ob man schon dergleichen Begängnisse spottweise Ochsenleichen nannte, so nahmen sie doch zum Besten mancher wenig bemittelten Familien überhand, und die Prunkbegängnisse verloren sich immer mehr. Ich führe diesen Umstand an, weil er eins der frühern Symptome jener Gesinnungen von Demut und Gleichstellung darbietet, die sich in der zweiten Hälfte des vorigen Jahrhunderts von obenherein auf so manche Weise gezeigt haben und in so unerwartete Wirkungen ausgeschlagen sind.

Auch fehlte es nicht an Liebhabern des Altertums. Es fanden sich Gemäldekabinette, Kupferstichsammlungen, besonders aber wurden vaterländische Merkwürdigkeiten mit Eifer gesucht und aufgehoben. Die älteren Verordnungen und Mandate der Reichsstadt, von denen keine Sammlung veranstaltet war, wurden in Druck und Schrift sorgfältig aufgesucht, nach der Zeitfolge geordnet und als ein Schatz vaterländischer Rechte und Herkommen mit Ehrfurcht verwahrt. Auch die Bildnisse von Frankfurtern, die in großer Anzahl existierten, wurden zusammengebracht und machten eine besondre Abteilung der Kabinette.

Solche Männer scheint mein Vater sich überhaupt zum Muster genommen zu haben. Ihm fehlte keine der Eigenschaften, die zu einem rechtlichen und angesehnen Bürger gehören. Auch brachte er, nachdem er sein Haus erbaut, seine Besitzungen von jeder Art in Ordnung. Eine vortreffliche Landkartensammlung der Schenkischen und anderer damals vorzüglicher geographischen Blätter, jene oberwähnten Verordnungen und Mandate, jene Bildnisse, ein Schrank alter Gewehre, ein Schrank merkwürdiger venezianischer Gläser, Becher und Pokale, Naturalien, Elfenbeinarbeiten, Bronzen und hundert andere Dinge wurden gesondert und aufgestellt, und ich verfehlte nicht, bei vorfallenden Auktionen mir jederzeit einige Aufträge zu Vermehrung des Vorhandenen zu erbitten.

Noch einer bedeutenden Familie muß ich gedenken, von der ich seit meiner frühsten Jugend viel Sonderbares vernahm und von einigen ihrer Glieder selbst noch manches Wunderbare erlebte; es war die Senckenbergische. Der Vater, von dem ich wenig zu sagen weiß, war ein wohlhabender Mann. Er hatte drei Söhne, die sich in ihrer Jugend schon durchgängig als Sonderlinge auszeichneten. Dergleichen wird in einer beschränkten Stadt, wo sich niemand weder im Guten noch im Bösen hervortun soll, nicht zum besten aufgenommen. Spottnamen und seltsame, sich lang im Gedächtnis erhaltende Märchen sind meistens die Frucht einer solchen Sonderbarkeit. Der Vater wohnte an der Ecke der Hasengasse, die von dem Zeichen des Hauses, das einen, wo nicht gar drei Hasen vorstellt, den Namen führte. Man nannte daher diese drei Brüder nur die drei Hasen, welchen Spitznamen sie lange Zeit nicht los wurden. Allein, wie große Vorzüge sich oft in der Jugend durch etwas Wunderliches und Unschickliches ankündigen, so geschah es auch hier. Der älteste war der nachher so rühmlich bekannte Reichshofrat von Senckenberg. Der zweite ward in den Magistrat aufgenommen und zeigte vorzügliche Talente, die er aber auf eine rabulistische, ja verruchte Weise, wo nicht zum Schaden seiner Vaterstadt, doch wenigstens seiner Kollegen in der Folge mißbrauchte. Der dritte Bruder, ein Arzt und ein Mann von großer Rechtschaffenheit, der aber wenig und nur in vornehmen Häusern praktizierte, behielt bis in sein höchstes Alter immer ein etwas wunderliches Äußere. Er war immer sehr nett gekleidet, und man sah ihn nie anders auf der Straße als in Schuh und Strümpfen und einer wohlgepuderten Lockenperücke, den Hut unterm Arm. Er ging schnell, doch mit einem seltsamen Schwanken vor sich hin, so daß er bald auf dieser bald auf jener Seite der Straße sich befand, und im Gehen ein Zickzack bildete. Spottvögel sagten: er suche durch diesen abweichenden Schritt den abgeschiedenen Seelen aus dem Wege zu gehen, die ihn in grader Linie wohl verfolgen möchten, und ahme diejenigen nach, die sich vor einem Krokodil fürchten. Doch aller dieser Scherz und manche lustige Nachrede verwandelte sich zuletzt in Ehrfurcht gegen ihn, als er seine ansehnliche Wohnung mit Hof, Garten und allem Zubehör, auf der Eschenheimer Gasse, zu einer medizinischen Stiftung widmete, wo neben der Anlage eines bloß für Frankfurter Bürger bestimmten Hospitals ein botanischer Garten, ein anatomisches Theater, ein chemisches Laboratorium, eine ansehnliche Bibliothek und eine Wohnung für den Direktor eingerichtet ward, auf eine Weise, deren keine Akademie sich hätte schämen dürfen.

Ein andrer vorzüglicher Mann, dessen Persönlichkeit nicht sowohl als seine Wirkung in der Nachbarschaft und seine Schriften einen sehr bedeutenden Einfluß auf mich gehabt haben, war Karl Friedrich von Moser, der seiner Geschäftstätigkeit wegen in unserer Gegend immer genannt wurde. Auch er hatte einen gründlich-sittlichen Charakter, der, weil die Gebrechen der menschlichen Natur ihm wohl manchmal zu schaffen machten, ihn sogar zu den sogenannten Frommen hinzog; und so wollte er, wie von Loen das Hofleben, ebenso das Geschäftsleben einer gewissenhafteren Behandlung entgegenführen. Die große Anzahl der kleinen deutschen Höfe stellte eine Menge von Herren und Dienern dar, wovon die ersten unbedingten Gehorsam verlangten, und die andern meistenteils nur nach ihren Überzeugungen wirken und dienen wollten. Es entstand daher ein ewiger Konflikt und schnelle Veränderungen und Explosionen, weil die Wirkungen des unbedingten Handelns im kleinen viel geschwinder merklich und schädlich werden als im großen. Viele Häuser waren verschuldet und kaiserliche Debitkommissionen ernannt; andre fanden sich langsamer oder geschwinder auf demselben Wege, wobei die Diener entweder gewissenlos Vorteil zogen, oder gewissenhaft sich unangenehm und verhaßt machten. Moser wollte als Staats- und Geschäftsmann wirken; und hier gab sein ererbtes, bis zum Metier ausgebildetes Talent ihm eine entschiedene Ausbeute; aber er wollte auch zugleich als Mensch und Bürger handeln und seiner sittlichen Würde so wenig als möglich vergeben. Sein „Herr und Diener“, sein „Daniel in der Löwengrube“, seine „Reliquien“ schildern durchaus die Lage, in welcher er sich zwar nicht gefoltert, aber doch immer geklemmt fühlte. Sie deuten sämtlich auf eine Ungeduld in einem Zustand, mit dessen Verhältnissen man sich nicht versöhnen und den man doch nicht los werden kann. Bei dieser Art zu denken und zu empfinden mußte er freilich mehrmals andere Dienste suchen, an welchen es ihm seine große Gewandtheit nicht fehlen ließ. Ich erinnere mich seiner als eines angenehmen, beweglichen und dabei zarten Mannes.

Aus der Ferne machte jedoch der Name Klopstock auch schon auf uns eine große Wirkung. Im Anfang wunderte man sich, wie ein so vortrefflicher Mann so wunderlich heißen könne; doch gewöhnte man sich bald daran und dachte nicht mehr an die Bedeutung dieser Silben. In meines Vaters Bibliothek hatte ich bisher nur die früheren, besonders die zu seiner Zeit nach und nach heraufgekommenen und gerühmten Dichter gefunden. Alle diese hatten gereimt, und mein Vater hielt den Reim für poetische Werke unerläßlich. Canitz, Hagedorn, Drollinger, Gellert, Creuz, Haller standen in schönen Franzbänden in einer Reihe. An diese schlossen sich Neukirchs „Telemach", Koppens „Befreites Jerusalem" und andre Übersetzungen. Ich hatte diese sämtlichen Bände von Kindheit auf fleißig durchgelesen und teilweise memoriert, weshalb ich denn zur Unterhaltung der Gesellschaft öfters aufgerufen wurde. Eine verdrießliche Epoche im Gegenteil eröffnete sich für meinen Vater, als durch Klopstocks „Messias" Verse, die ihm keine Verse schienen, ein Gegenstand der öffentlichen Bewunderung wurden. Er selbst hatte sich wohl gehütet, dieses Werk anzuschaffen; aber unser Hausfreund, Rat Schneider, schwärzte es ein und steckte es der Mutter und den Kindern zu.

Auf diesen geschäftstätigen Mann, welcher wenig las, hatte der „Messias" gleich bei seiner Erscheinung einen mächtigen Eindruck gemacht. Diese so natürlich ausgedrückten und doch so schön veredelten frommen Gefühle, diese gefällige Sprache, wenn man sie auch nur für harmonische Prosa gelten ließ, hatten den übrigens trocknen Geschäftsmann so gewonnen, daß er die zehn ersten Gesänge, denn von diesen ist eigentlich die Rede, als das herrlichste Erbauungsbuch betrachtete, und solches alle Jahre einmal in der Karwoche, in welcher er sich von allen Geschäften zu entbinden wußte, für sich im stillen durchlas und sich daran fürs ganze Jahr erquickte. Anfangs dachte er seine Empfindungen seinem alten Freunde mitzuteilen; allein er fand sich sehr bestürzt, als er eine unheilbare Abneigung vor einem Werke von so köstlichem Gehalt, wegen einer, wie es ihm schien, gleichgültigen äußern Form, gewahr werden mußte. Es fehlte, wie sich leicht denken läßt, nicht an Wiederholung des Gesprächs über diesen Gegenstand; aber beide Teile entfernten sich immer weiter von einander, es gab heftige Szenen, und der nachgiebige Mann ließ sich endlich gefallen, von seinem Lieblingswerke zu schweigen, damit er nicht zugleich einen Jugendfreund und eine gute Sonntagssuppe verlöre.

Proselyten zu machen ist der natürlichste Wunsch eines jeden Menschen, und wie sehr fand sich unser Freund im stillen belohnt, als er in der übrigen Familie für seinen Heiligen so offen gesinnte Gemüter entdeckte. Das Exemplar, das er jährlich nur eine Woche brauchte, war uns für die übrige Zeit gewidmet. Die Mutter hielt es heimlich, und wir Geschwister bemächtigten uns desselben, wann wir konnten, um in Freistunden, in irgend einem Winkel verborgen, die auffallendsten Stellen auswendig zu lernen, und besonders die zartesten und heftigsten so geschwind als möglich ins Gedächtnis zu fassen.

Portias Traum rezitierten wir um die Wette, und in das wilde verzweifelnde Gespräch zwischen Satan und Adramelech, welche ins Rote Meer gestürzt worden, hatten wir uns geteilt. Die erste Rolle, als die gewaltsamste, war auf mein Teil gekommen, die andere, um ein wenig kläglicher, übernahm meine Schwester. Die wechselseitigen, zwar gräßlichen aber doch wohlklingenden Verwünschungen flossen nur so vom Munde, und wir ergriffen jede Gelegenheit, uns mit diesen höllischen Redensarten zu begrüßen.

Es war ein Samstagsabend im Winter – der Vater ließ sich immer bei Licht rasieren, um Sonntags früh sich zur Kirche bequemlich anziehen zu können – wir saßen auf einem Schemel hinter dem Ofen und murmelten, während der Barbier einseifte, unsere herkömmlichen Flüche ziemlich leise. Nun hatte aber Adramelech den Satan mit eisernen Händen zu fassen; meine Schwester packte mich gewaltig an, und rezitierte, zwar leise genug, aber doch mit steigender Leidenschaft:

Hilf mir! ich flehe dich an, ich bete, wenn du es forderst,
Ungeheuer, dich an! Verworfner, schwarzer Verbrecher,
Hilf mir! ich leide die Pein des rächenden ewigen Todes! . . .
Vormals konnt' ich mit heißem, mit grimmigem Hasse dich hassen!
Jetzt vermag ich's nicht mehr! Auch dies ist stechender Jammer!

Bisher war alles leidlich gegangen; aber laut, mit fürchterlicher Stimme rief sie die folgenden Worte:

O wie bin ich zermalmt! . .

Der gute Chirurgus erschrak und goß dem Vater das Seifenbecken in die Brust. Da gab es einen großen Aufstand, und eine strenge Untersuchung ward gehalten, besonders in Betracht des Unglücks, das hätte entstehen können, wenn man schon im Rasieren begriffen gewesen wäre. Um allen Verdacht des Mutwillens von uns abzulehnen, bekannten wir uns zu unsern teuflischen Rollen, und das Unglück, das die Hexameter angerichtet hatten, war zu offenbar, als daß man sie nicht aufs neue hätte verrufen und verbannen sollen.

So pflegen Kinder und Volk das Große, das Erhabene in ein Spiel, ja in eine Posse zu verwandeln; und wie sollten sie auch sonst imstande sein, es auszuhalten und zu ertragen!

DRITTES BUCH

Der Neujahrstag ward zu jener Zeit durch den allgemeinen Umlauf von persönlichen Glückwünschungen für die Stadt sehr belebend. Wer sonst nicht leicht aus dem Hause kam, warf sich in seine besten Kleider, um Gönnern und Freunden einen Augenblick freundlich und höflich zu sein. Für uns Kinder war besonders die Festlichkeit in dem Hause des Großvaters an diesem Tage ein höchst erwünschter Genuß. Mit dem frühsten Morgen waren die Enkel schon daselbst versammelt, um die Trommeln, die Hoboen und Klarinetten, die Posaunen und Zinken, wie sie das Militär, die Stadtmusici und wer sonst alles ertönen ließ, zu vernehmen. Die versiegelten und überschriebenen Neujahrsgeschenke wurden von den Kindern unter die geringern Gratulanten ausgeteilt, und wie der Tag wuchs, so vermehrte sich die Anzahl der Honoratioren. Erst erschienen die Vertrauten und Verwandten, dann die untern Staatsbeamten; die Herren vom Rate selbst verfehlten nicht ihren Schultheiß zu begrüßen, und eine auserwählte Anzahl wurde abends in Zimmern bewirtet, welche das ganze Jahr über kaum sich öffneten. Die Torten, Biskuitkuchen, Marzipane, der süße Wein übte den größten Reiz auf die Kinder aus, wozu noch kam, daß der Schultheiß sowie die beiden Burgemeister aus einigen Stiftungen jährlich etwas Silberzeug erhielten, welches denn den Enkeln und Paten nach einer gewissen Abstufung verehrt ward; genug, es fehlte diesem Feste im kleinen an nichts, was die größten zu verherrlichen pflegt.

Der Neujahrstag 1759 kam heran, für uns Kinder erwünscht und vergnüglich wie die vorigen, aber den ältern Personen bedenklich und ahndungsvoll. Die Durchmärsche der Franzosen war man zwar gewohnt, und sie ereigneten sich öfters und häufig, aber doch am häufigsten in den letzten Tagen des vergangenen Jahres. Nach alter reichsstädtischer Sitte posaunte der Türmer des Haupttums, so oft Truppen heranrückten, und an diesem Neujahrstage wollte er gar nicht aufhören, welches ein Zeichen war, daß größere Heereszüge von mehreren Seiten in Bewegung seien. Wirklich zogen sie auch in größeren Massen an diesem Tage durch die Stadt; man lief, sie vorbeipassieren zu sehen. Sonst war man gewohnt, daß sie nur in kleinen Partien durchmarschierten; diese aber vergrößerten sich nach und nach, ohne daß man es verhindern konnte oder wollte. Genug, am 2. Januar, nachdem eine Kolonne durch Sachsenhausen über die Brücke durch die Fahrgasse bis an die Konstablerwache gelangt war, machte sie Halt, überwältigte das kleine, sie durchführende Kommando, nahm Besitz von gedachter Wache, zog die Zeile hinunter, und nach einem geringen Widerstand mußte sich auch die Hauptwache ergeben. Augenblicks waren die friedlichen Straßen in einen Kriegsschauplatz verwandelt. Dort verharrten und biwakierten die Truppen, bis durch regelmäßige Einquartierung für ihr Unterkommen gesorgt wäre.

Diese unerwartete, seit vielen Jahren unerhörte Last drückte die behaglichen Bürger gewaltig, und niemanden konnte sie beschwerlicher sein als dem Vater, der in sein kaum vollendetes Haus fremde militärische Bewohner aufnehmen, ihnen seine wohlaufgeputzten und meist verschlossenen Staatszimmer einräumen, und das, was er so genau zu ordnen und zu regieren pflegte, fremder Willkür preisgeben sollte; er, ohnehin preußisch gesinnt, sollte sich nun von Franzosen in seinen Zimmern belagert sehen: es war das Traurigste, was ihm nach seiner Denkweise begegnen konnte. Wäre es ihm jedoch möglich gewesen, die Sache leichter zu nehmen, da er gut französisch sprach und im Leben sich wohl mit Würde und Anmut betragen konnte, so hätte er sich und uns manche trübe Stunde ersparen mögen; denn man quartierte bei uns den Königslieutenant, der, obgleich Militärperson, doch nur die Zivilvorfälle, die Streitigkeiten zwischen Soldaten und Bürgern, Schuldensachen und Händel zu schlichten hatte. Es war Graf Thoranc, von Grasse in der Provence ohnweit Antibes gebürtig, eine lange, hagre, ernste Gestalt, das Gesicht durch die Blattern sehr entstellt, mit schwarzen feurigen Augen, und von einem würdigen zusammengenommenen Betragen. Gleich sein Eintritt war für den Hausbewohner günstig. Man sprach von den verschiedenen Zimmern, welche teils abgegeben werden, teils der Familie verbleiben sollten, und als der Graf ein Gemäldezimmer erwähnen hörte, so erbat er sich gleich, ob es schon Nacht war, mit Kerzen die Bilder wenigstens flüchtig zu besehen. Er hatte an diesen Dingen eine übergroße Freude, bezeigte sich gegen den ihn begleitenden Vater auf das verbindlichste, und als er vernahm, daß die meisten Künstler noch lebten, sich in Frankfurt und in der Nachbarschaft aufhielten, so versicherte er, daß er nichts mehr wünsche, als sie baldigst kennen zu lernen und sie zu beschäftigen.

Aber auch diese Annäherung von seiten der Kunst vermochte nicht die Gesinnung meines Vaters zu ändern, noch seinen Charakter zu beugen. Er ließ geschehen, was er nicht verhindern konnte, hielt sich aber in unwirksamer Entfernung, und das Außerordentliche, was nun um ihn vorging, war ihm bis auf die geringste Kleinigkeit unerträglich.

Graf Thoranc indessen betrug sich musterhaft. Nicht einmal seine Landkarten wollte er an die Wände genagelt haben, um die neuen Tapeten nicht zu verderben. Seine Leute waren gewandt, still und ordentlich; aber freilich, da den ganzen Tag und einen Teil der Nacht nicht Ruhe bei ihm ward, da ein Klagender dem andern folgte, Arrestanten gebracht und fortgeführt, alle Offiziere und Adjutanten vorgelassen wurden, da der Graf noch überdies täglich offne Tafel hielt: so gab es in dem mäßig großen, nur für eine Familie eingerichteten Hause, das nur eine durch alle Stockwerke unverschlossen durchgehende Treppe hatte, eine Bewegung und ein Gesumme wie in einem Bienenkorbe, obgleich alles sehr gemäßigt, ernsthaft und streng zuging.

Zum Vermittler zwischen einem verdrießlichen, täglich mehr sich hypochondrisch quälenden Hausherrn und einem zwar wohlwollenden, aber sehr ernsten und genauen Militärgast fand sich glücklicherweise ein behaglicher Dolmetscher, ein schöner, wohlbeleibter, heitrer Mann, der Bürger von Frankfurt war und gut französisch sprach, sich in alles zu schicken wußte und mit mancherlei kleinen Unannehmlichkeiten nur seinen Spaß trieb. Durch diesen hatte meine Mutter dem Grafen ihre Lage bei dem Gemütszustande ihres Gatten vorstellen lassen; er hatte die Sache so klüglich ausgemalt, das neue, noch nicht einmal ganz eingerichtete Haus, die natürliche Zurückgezogenheit des Besitzers, die Beschäftigung mit der Erziehung seiner Familie und was sich alles sonst noch sagen ließ, zu bedenken gegeben, so daß der Graf, der an seiner Stelle auf die höchste Gerechtigkeit, Unbestechlichkeit und ehrenvollen Wandel den größten Stolz setzte, auch hier sich als Einquartierter musterhaft zu betragen vornahm, und es wirklich die einigen Jahre seines Dableibens unter mancherlei Umständen unverbrüchlich gehalten hat.

Meine Mutter besaß einige Kenntnis des Italienischen, welche Sprache überhaupt niemanden von der Familie fremd war; sie entschloß sich daher sogleich Französisch zu lernen, zu welchem Zweck der Dolmetscher, dem sie unter diesen stürmischen Ereignissen ein Kind aus der Taufe gehoben hatte, und der nun auch als Gevatter zu dem Hause eine doppelte Neigung spürte, seiner Gevatterin jeden abgemüßigten Augenblick schenkte (denn er wohnte gerade gegenüber) und ihr vor allen Dingen diejenigen Phrasen einlernte, welche sie persönlich dem Grafen vorzutragen habe; welches denn zum besten geriet. Der Graf war geschmeichelt von der Mühe, welche die Hausfrau sich in ihren Jahren gab, und weil er einen heitern geistreichen Zug in seinem Charakter hatte, auch eine gewisse trockne Galanterie gern ausübte, so entstand daraus das beste Verhältnis, und die verbündeten Gevattern konnten erlangen, was sie wollten.

Wäre es, wie schon gesagt, möglich gewesen, den Vater zu erheitern, so hätte dieser veränderte Zustand wenig Drückendes gehabt. Der Graf übte die strengste Uneigennützigkeit; selbst Gaben, die seiner Stelle gebührten, lehnte er ab; das Geringste, was einer Bestechung hätte ähnlich sehen können, wurde mit Zorn, ja mit Strafe weggewiesen; seinen Leuten war aufs strengste befohlen, dem Hausbesitzer nicht die mindesten Unkosten zu machen. Dagegen wurde uns Kindern reichlich vom Nachtische mitgeteilt. Bei dieser Gelegenheit muß ich, um von der Unschuld jener Zeiten einen Begriff zu geben, anführen, daß die Mutter uns eines Tages höchlich betrübte, indem sie das Gefrorene, das man uns von der Tafel sendete, weggoß, weil es ihr unmöglich vorkam, daß der Magen ein wahrhaftes Eis, wenn es auch noch so durchzuckert sei, vertragen könne.

Außer diesen Leckereien, die wir denn doch allmählich ganz gut genießen und vertragen lernten, deuchte es uns Kindern auch noch gar behaglich, von genauen Lehrstunden und strenger Zucht einigermaßen entbunden zu sein. Des Vaters üble Laune nahm zu, er konnte sich nicht in das Unvermeidliche ergeben. Wie sehr quälte er sich, die Mutter und den Gevatter, die Ratsherren, alle seine Freunde, nur um den Grafen los zu werden! Vergebens stellte man ihm vor, daß die Gegenwart eines solchen Mannes im Hause, unter den gegebenen Umständen, eine wahre Wohltat sei, daß ein ewiger Wechsel, es sei nun von Offizieren oder Gemeinen, auf die Umquartierung des Grafen folgen würde. Keins von diesen Argumenten wollte bei ihm greifen. Das Gegenwärtige schien ihm so unerträglich, daß ihn sein Unmut ein Schlimmeres, das folgen könnte, nicht gewahr werden ließ.

Auf diese Weise ward seine Tätigkeit gelähmt, die er sonst hauptsächlich auf uns zu wenden gewohnt war. Das, was er uns aufgab, forderte er nicht mehr mit der sonstigen

Genauigkeit, und wir suchten, wie es nur möglich schien, unsere Neugierde an militärischen und andern öffentlichen Dingen zu befriedigen, nicht allein im Hause, sondern auch auf den Straßen, welches um so leichter anging, da die Tag und Nacht unverschlossene Haustüre von Schildwachen besetzt war, die sich um das Hin- und Widerlaufen unruhiger Kinder nicht bekümmerten.

Die mancherlei Angelegenheiten, die vor dem Richterstuhle des Königslieutenants geschlichtet wurden, hatten dadurch noch einen ganz besondern Reiz, daß er einen eigenen Wert darauf legte, seine Entscheidungen zugleich mit einer witzigen, geistreichen, heitern Wendung zu begleiten. Was er befahl, war streng gerecht; die Art, wie er es ausdrückte, war launig und pikant. Er schien sich den Herzog von Osuna zum Vorbilde genommen zu haben. Es verging kaum ein Tag, daß der Dolmetscher nicht eine oder die andere solche Anekdote uns und der Mutter zur Aufheiterung erzählte. Es hatte dieser muntere Mann eine kleine Sammlung solcher salomonischen Entscheidungen gemacht; ich erinnere mich aber nur des Eindrucks im allgemeinen, ohne im Gedächtnis ein Besonderes wieder zu finden.

Den wunderbaren Charakter des Grafen lernte man nach und nach immer mehr kennen. Dieser Mann war sich selbst seiner Eigenheiten aufs deutlichste bewußt, und weil er gewisse Zeiten haben mochte, wo ihn eine Art von Unmut, Hypochondrie, oder wie man den bösen Dämon nennen soll, überfiel, so zog er sich in solchen Stunden, die sich manchmal zu Tagen verlängerten, in sein Zimmer zurück, sah niemanden als seinen Kammerdiener, und war selbst in dringenden Fällen nicht zu bewegen, daß er Audienz gegeben hätte. Sobald aber der böse Geist von ihm gewichen war, erschien er nach wie vor mild, heiter und tätig. Aus den Reden seines Kammerdieners, Saint-Jean, eines kleinen hagern Mannes von muntrer Gutmütigkeit, konnte man schließen, daß er in frühern Jahren, von solcher Stimmung überwältigt, großes Unglück angerichtet, und sich nun vor ähnlichen Abwegen, bei einer so wichtigen, den Blicken aller Welt ausgesetzten Stelle, zu hüten ernstlich vornehme.

Gleich in den ersten Tagen der Anwesenheit des Grafen

wurden die sämtlichen Frankfurter Maler, als Hirt, Schütz, Trautmann, Nothnagel, Juncker, zu ihm berufen. Sie zeigten ihre fertigen Gemälde vor, und der Graf eignete sich das Verkäufliche zu. Ihm wurde mein hübsches helles Giebelzimmer in der Mansarde eingeräumt und sogleich in ein Kabinett und Atelier umgewandelt: denn er war willens, die sämtlichen Künstler, vor allen aber Seekatz in Darmstadt, dessen Pinsel ihm besonders bei natürlichen und unschuldigen Vorstellungen höchlich gefiel, für eine ganze Zeit in Arbeit zu setzen. Er ließ daher von Grasse, wo sein älterer Bruder ein schönes Gebäude besitzen mochte, die sämtlichen Maße aller Zimmer und Kabinette herbeikommen, überlegte sodann mit den Künstlern die Wandabteilungen, und bestimmte die Größe der hiernach zu verfertigenden ansehnlichen Ölbilder, welche nicht in Rahmen eingefaßt, sondern als Tapetenteile auf die Wand befestigt werden sollten. Hier ging nun die Arbeit eifrig an. Seekatz übernahm ländliche Szenen, worin die Greise und Kinder, unmittelbar nach der Natur gemalt, ganz herrlich glückten; die Jünglinge wollten ihm nicht ebenso geraten, sie waren meist zu hager; und die Frauen mißfielen aus der entgegengesetzten Ursache. Denn da er eine kleine dicke, gute aber unangenehme Person zur Frau hatte, die ihm außer sich selbst nicht wohl ein Modell zuließ, so wollte nichts Gefälliges zustande kommen. Zudem war er genötigt gewesen, über das Maß seiner Figuren hinauszugehen. Seine Bäume hatten Wahrheit, aber ein kleinliches Blätterwerk. Er war ein Schüler von Brinckmann, dessen Pinsel in Staffeleigemälden nicht zu schelten ist.

Schütz, der Landschaftmaler, fand sich vielleicht am besten in die Sache. Die Rheingegenden hatte er ganz in seiner Gewalt, sowie den sonnigen Ton, der sie in der schönen Jahreszeit belebt. Er war nicht ganz ungewohnt, in einem größern Maßstabe zu arbeiten, und auch da ließ er es an Ausführung und Haltung nicht fehlen. Er lieferte sehr heitre Bilder.

Trautmann rembrandtisierte einige Auferweckungswunder des Neuen Testaments, und zündete nebenher Dörfer und Mühlen an. Auch ihm war, wie ich aus den Aufrissen der

Zimmer bemerken konnte, ein eigenes Kabinett zugeteilt worden. Hirt malte einige gute Eichen- und Buchenwälder. Seine Herden waren lobenswert. Juncker, an die Nachahmung der ausführlichsten Niederländer gewöhnt, konnte sich am wenigsten in diesen Tapetenstil finden; jedoch bequemte er sich, für gute Zahlung, mit Blumen und Früchten manche Abteilung zu verzieren.

Da ich alle diese Männer von meiner frühsten Jugend an gekannt, und sie oft in ihren Werkstätten besucht hatte, auch der Graf mich gern um sich leiden mochte, so war ich bei den Aufgaben, Beratschlagungen und Bestellungen wie auch bei den Ablieferungen gegenwärtig, und nahm mir, zumal wenn Skizzen und Entwürfe eingereicht wurden, meine Meinung zu eröffnen gar wohl heraus. Ich hatte mir schon früher bei Gemäldeliebhabern, besonders aber auf Auktionen, denen ich fleißig beiwohnte, den Ruhm erworben, daß ich gleich zu sagen wisse, was irgend ein historisches Bild vorstelle, es sei nun aus der biblischen oder der Profangeschichte oder aus der Mythologie genommen; und wenn ich auch den Sinn der allegorischen Bilder nicht immer traf, so war doch selten jemand gegenwärtig, der es besser verstand als ich. So hatte ich auch öfters die Künstler vermocht, diesen oder jenen Gegenstand vorzustellen, und solcher Vorteile bediente ich mich gegenwärtig mit Lust und Liebe. Ich erinnere mich noch, daß ich einen umständlichen Aufsatz verfertigte, worin ich zwölf Bilder beschrieb, welche die Geschichte Josephs darstellen sollten: einige davon wurden ausgeführt.

Nach diesen für einen Knaben allerdings löblichen Verrichtungen will ich auch einer kleinen Beschämung, die mir innerhalb dieses Künstlerkreises begegnete, Erwähnung tun. Ich war nämlich mit allen Bildern wohl bekannt, welche man nach und nach in jenes Zimmer gebracht hatte. Meine jugendliche Neugierde ließ nichts ungesehen und ununtersucht. Einst fand ich hinter dem Ofen ein schwarzes Kästchen; ich ermangelte nicht, zu forschen, was darin verborgen sei, und ohne mich lange zu besinnen, zog ich den Schieber weg. Das darin enthaltene Gemälde war freilich von der Art, die man den Augen nicht auszustellen pflegt, und ob ich es gleich alsobald wieder zuzuschieben Anstalt machte, so konnte ich doch nicht geschwind genug damit fertig werden. Der Graf trat herein und ertappte mich. – „Wer hat Euch erlaubt, dieses Kästchen zu eröffnen?“ sagte er mit seiner Königslieutenantsmiene. Ich hatte nicht viel darauf zu antworten, und er sprach sogleich die Strafe sehr ernsthaft aus: „Ihr werdet in acht Tagen“, sagte er, „dieses Zimmer nicht betreten.“ – Ich machte eine Verbeugung und ging hinaus. Auch gehorchte ich diesem Gebot aufs pünktlichste, so daß es dem guten Seekatz, der eben in dem Zimmer arbeitete, sehr verdrießlich war: denn er hatte mich gern um sich; und ich trieb aus einer kleinen Tücke den Gehorsam so weit, daß ich Seekatzen seinen Kaffee, den ich ihm gewöhnlich brachte, auf die Schwelle setzte; da er denn von seiner Arbeit aufstehen und ihn holen mußte, welches er so übel empfand, daß er mir fast gram geworden wäre.

Nun aber scheint es nötig, umständlicher anzuzeigen und begreiflich zu machen, wie ich mir in solchen Fällen in der französischen Sprache, die ich doch nicht gelernt, mit mehr oder weniger Bequemlichkeit durchgeholfen. Auch hier kam mir die angeborne Gabe zustatten, daß ich leicht den Schall und Klang einer Sprache, ihre Bewegung, ihren Akzent, den Ton und was sonst von äußern Eigentümlichkeiten, fassen konnte. Aus dem Lateinischen waren mir viele Worte bekannt; das Italienische vermittelte noch mehr, und so horchte ich in kurzer Zeit von Bedienten und Soldaten, Schildwachen und Besuchen so viel heraus, daß ich mich, wo nicht ins Gespräch mischen, doch wenigstens einzelne Fragen und Antworten bestehen konnte. Aber dieses war alles nur wenig gegen den Vorteil, den mir das Theater brachte. Von meinem Großvater hatte ich ein Freibillett erhalten, dessen ich mich, mit Widerwillen meines Vaters, unter dem Beistand meiner Mutter, täglich bediente. Hier saß ich nun im Parterre vor einer fremden Bühne, und paßte um so mehr auf Bewegung, mimischen und Rede-Ausdruck, als ich wenig oder nichts von dem verstand, was da oben gesprochen wurde, und also meine Unterhaltung nur vom Gebärdenspiel und Sprachton nehmen konnte. Von der Komödie verstand ich am wenigsten, weil sie geschwind gesprochen wurde und sich auf Dinge des gemeinen Lebens bezog, deren Ausdrücke mir gar nicht bekannt waren. Die Tragödie kam seltner vor, und der gemessene Schritt, das Taktartige der Alexandriner, das Allgemeine des Ausdrucks machten sie mir in jedem Sinne faßlicher. Es dauerte nicht lange, so nahm ich den Racine, den ich in meines Vaters Bibliothek antraf, zur Hand, und deklamierte mir die Stücke nach theatralischer Art und Weise, wie sie das Organ meines Ohrs und das ihm so genau verwandte Sprachorgan gefaßt hatte, mit großer Lebhaftigkeit, ohne daß ich noch eine ganze Rede im Zusammenhang hätte verstehen können. Ja ich lernte ganze Stellen auswendig und rezitierte sie, wie ein eingelernter Sprachvogel; welches mir um so leichter ward, als ich früher die für ein Kind meist unverständlichen biblischen Stellen auswendig gelernt und sie in dem Ton der protestantischen Prediger zu rezitieren mich gewöhnt hatte. Das versifizierte französische Lustspiel war damals sehr beliebt; die Stücke von Destouches, Marivaux, La Chaussée kamen häufig vor, und ich erinnere mich noch deutlich mancher charakteristischen Figuren. Von den Molièrischen ist mir weniger im Sinn geblieben. Was am meisten Eindruck auf mich machte, war die „Hypermnestra“ von Lemierre, die als ein neues Stück mit Sorgfalt aufgeführt und wiederholt gegeben wurde. Höchst anmutig war der Eindruck, den der „Devin du Village“, „Rose et Colas“, „Annette et Lubin“ auf mich machten. Ich kann mir die bebänderten Buben und Mädchen und ihre Bewegungen noch jetzt zurückrufen. Es dauerte nicht lange, so regte sich der Wunsch bei mir, mich auf dem Theater selbst umzusehen, wozu sich mir so mancherlei Gelegenheit darbot. Denn da ich nicht immer die ganzen Stücke auszuhören Geduld hatte, und manche Zeit in den Korridors, auch wohl bei gelinderer Jahrszeit vor der Türe, mit andern Kindern meines Alters allerlei Spiele trieb, so gesellte sich ein schöner munterer Knabe zu uns, der zum Theater gehörte, und den ich in manchen kleinen Rollen, obwohl nur beiläufig, gesehen hatte. Mit mir konnte er sich am besten verständigen, indem ich mein Französisch bei ihm geltend zu machen wußte; und er knüpfte sich um so mehr an mich, als kein Knabe seines Alters und seiner Nation beim Theater oder sonst in der Nähe war. Wir gingen auch außer der Theaterzeit zusammen, und selbst während der Vorstellungen ließ er mich selten in Ruhe. Er war ein allerliebster kleiner Aufschneider, schwätzte charmant und unaufhörlich, und wußte so viel von seinen Abenteuern, Händeln und andern Sonderbarkeiten zu erzählen, daß er mich außerordentlich unterhielt, und ich von ihm, was Sprache und Mitteilung durch dieselbe betrifft, in vier Wochen mehr lernte, als man sich hätte vorstellen können; so daß niemand wußte, wie ich auf einmal, gleichsam durch Inspiration, zu der fremden Sprache gelangt war.

Gleich in den ersten Tagen unserer Bekanntschaft zog er mich mit sich aufs Theater, und führte mich besonders in die Foyers, wo die Schauspieler und Schauspielerinnen in der Zwischenzeit sich aufhielten und sich an- und auskleideten. Das Lokal war weder günstig noch bequem, indem man das Theater in einen Konzertsaal hineingezwängt hatte, so daß für die Schauspieler hinter der Bühne keine besonderen Abteilungen stattfanden. In einem ziemlich großen Nebenzimmer, das ehedem zu Spielpartien gedient hatte, waren nun beide Geschlechter meist beisammen und schienen sich so wenig unter einander selbst als vor uns Kindern zu scheuen, wenn es beim Anlegen oder Verändern der Kleidungsstücke nicht immer zum anständigsten herging. Mir war dergleichen niemals vorgekommen, und doch fand ich es bald durch Gewohnheit, bei wiederholtem Besuch, ganz natürlich.

Es währte nicht lange, so entspann sich aber für mich ein eignes und besondres Interesse. Der junge Derones, so will ich den Knaben nennen, mit dem ich mein Verhältnis immer fortsetzte, war außer seinen Aufschneidereien ein Knabe von guten Sitten und recht artigem Betragen. Er machte mich mit seiner Schwester bekannt, die ein paar Jahre älter als wir und ein gar angenehmes Mädchen war, gut gewachsen, von einer regelmäßigen Bildung, brauner Farbe, schwarzen Haaren und Augen; ihr ganzes Betragen hatte etwas Stilles, ja Trauriges. Ich suchte ihr auf alle Weise gefällig zu sein; allein ich konnte ihre Aufmerksamkeit nicht auf mich lenken.

Junge Mädchen dünken sich gegen jüngere Knaben sehr weit vorgeschritten, und nehmen, indem sie nach den Jünglingen hinschauen, ein tantenhaftes Betragen gegen den Knaben an, der ihnen seine erste Neigung zuwendet. Mit einem jüngern Bruder hatte ich kein Verhältnis.

Manchmal, wenn die Mutter auf den Proben oder in Gesellschaft war, fanden wir uns in ihrer Wohnung zusammen, um zu spielen oder uns zu unterhalten. Ich ging niemals hin, ohne der Schönen eine Blume, eine Frucht oder sonst etwas zu überreichen, welches sie zwar jederzeit mit sehr guter Art annahm und auf das höflichste dankte; allein ich sah ihren traurigen Blick sich niemals erheitern, und fand keine Spur, daß sie sonst auf mich geachtet hätte. Endlich glaubte ich ihr Geheimnis zu entdecken. Der Knabe zeigte mir hinter dem Bette seiner Mutter, das mit eleganten seidnen Vorhängen aufgeputzt war, ein Pastellbild, das Porträt eines schönen Mannes, und bemerkte zugleich mit schlauer Miene: das sei eigentlich nicht der Papa, aber ebensogut wie der Papa; und indem er diesen Mann rühmte, und nach seiner Art umständlich und prahlerisch manches erzählte, so glaubte ich herauszufinden, daß die Tochter wohl dem Vater, die beiden andern Kinder aber dem Hausfreund angehören mochten. Ich erklärte mir nun ihr trauriges Ansehen und hatte sie nur um desto lieber.

Die Neigung zu diesem Mädchen half mir die Schwindeleien des Bruders übertragen, der nicht immer in seinen Grenzen blieb. Ich hatte oft die weitläuftigen Erzählungen seiner Großtaten auszuhalten, wie er sich schon öfter geschlagen, ohne jedoch dem andern schaden zu wollen: es sei alles bloß der Ehre wegen geschehen. Stets habe er gewußt, seinen Widersacher zu entwaffnen, und ihm alsdann verziehen; ja er verstehe sich aufs Ligieren so gut, daß er einst selbst in große Verlegenheit geraten, als er den Degen seines Gegners auf einen hohen Baum geschleudert, so daß man ihn nicht leicht wieder habhaft werden können.

Was mir meine Besuche auf dem Theater sehr erleichterte, war, daß mir mein Freibillett, als aus den Händen des Schultheißen, den Weg zu allen Plätzen eröffnete, und also auch zu den Sitzen im Proszenium. Dieses war nach französischer Art sehr tief und an beiden Seiten mit Sitzen eingefaßt, die, durch eine niedrige Barriere beschränkt, sich in mehreren Reihen hinter einander aufbauten, und zwar dergestalt, daß die ersten Sitze nur wenig über die Bühne erhoben waren. Das Ganze galt für einen besondern Ehrenplatz; nur Offiziere bedienten sich gewöhnlich desselben, obgleich die Nähe der Schauspieler, ich will nicht sagen jede Illusion, sondern gewissermaßen jedes Gefallen aufhob. Sogar jenen Gebrauch oder Mißbrauch, über den sich Voltaire so sehr beschwert, habe ich noch erlebt und mit Augen gesehen. Wenn bei sehr vollem Hause, und etwa zur Zeit von Durchmärschen, angesehene Offiziere nach jenem Ehrenplatz strebten, der aber gewöhnlich schon besetzt war, so stellte man noch einige Reihen Bänke und Stühle ins Proszenium auf die Bühne selbst, und es blieb den Helden und Heldinnen nichts übrig, als in einem sehr mäßigen Raume zwischen den Uniformen und Orden ihre Geheimnisse zu enthüllen. Ich habe die „Hypermnestra“ selbst unter solchen Umständen aufführen sehen.

Der Vorhang fiel nicht zwischen den Akten; und ich erwähne noch eines seltsamen Gebrauchs, den ich sehr auffallend finden mußte, da mir als einem guten deutschen Knaben das Kunstwidrige daran ganz unerträglich war. Das Theater nämlich ward als das größte Heiligtum betrachtet, und eine vorfallende Störung auf demselben hätte als das größte Verbrechen gegen die Majestät des Publikums sogleich müssen gerügt werden. Zwei Grenadiere, das Gewehr beim Fuß, standen daher in allen Lustspielen ganz öffentlich zu beiden Seiten des hintersten Vorhangs, und waren Zeugen von allem, was im Innersten der Familie vorging. Da, wie gesagt, zwischen den Akten der Vorhang nicht niedergelassen wurde, so lösten, bei einfallender Musik, zwei andere dergestalt ab, daß sie aus den Kulissen ganz strack vor jene hintraten, welche sich dann ebenso gemessentlich zurückzogen. Wenn nun eine solche Anstalt recht dazu geeignet war, alles, was man beim Theater Illusion nennt, aufzuheben, so fällt es um so mehr auf, da dieses zu einer Zeit geschah, wo nach Diderots Grundsätzen und Beispielen die natürlichste Natürlichkeit auf der Bühne gefordert, und eine vollkommene Täuschung als das eigentliche Ziel der theatralischen Kunst angegeben wurde. Von einer solchen militärischen Polizeianstalt war jedoch die Tragödie entbunden, und die Helden des Altertums hatten das Recht, sich selbst zu bewachen; die gedachten Grenadiere standen indes nahe genug hinter den Kulissen.

So will ich denn auch noch anführen, daß ich Diderots „Hausvater" und die „Philosophen" von Palissot gesehen habe, und mich im letztern Stück der Figur des Philosophen, der auf allen vieren geht und in ein rohes Salathaupt beißt, noch wohl erinnre.

Alle diese theatralische Mannigfaltigkeit konnte jedoch uns Kinder nicht immer im Schauspielhause festhalten. Wir spielten bei schönem Wetter vor demselben und in der Nähe, und begingen allerlei Torheiten, welche besonders an Sonn- und Festtagen keineswegs zu unsrem Äußeren paßten: denn ich und meinesgleichen erschienen alsdann, angezogen wie man mich in jenem Märchen gesehen, den Hut unterm Arm, mit einem kleinen Degen, dessen Bügel mit einer großen seidenen Bandschleife geziert war. Einst, als wir eine ganze Zeit unser Wesen getrieben und Derones sich unter uns gemischt hatte, fiel es diesem ein, mir zu beteuern, ich hätte ihn beleidigt und müsse ihm Satisfaktion geben. Ich begriff zwar nicht, was ihm Anlaß geben konnte, ließ mir aber seine Ausforderung gefallen und wollte ziehen. Er versicherte mir aber, es sei in solchen Fällen gebräuchlich, daß man an einsame Örter gehe, um die Sache desto bequemer ausmachen zu können. Wir verfügten uns deshalb hinter einige Scheunen, und stellten uns in gehörige Positur. Der Zweikampf erfolgte auf eine etwas theatralische Weise, die Klingen klirrten, und die Stöße gingen nebenaus; doch im Feuer der Aktion blieb er mit der Spitze seines Degens an der Bandschleife meines Bügels hangen. Sie ward durchbohrt, und er versicherte mir, daß er nun die vollkommenste Satisfaktion habe, umarmte mich sodann, gleichfalls recht theatralisch, und wir gingen in das nächste Kaffeehaus, um uns mit einem Glase Mandelmilch von unserer Gemütsbewegung zu erholen und den alten Freundschaftsbund nur desto fester zu schließen.

Ein andres Abenteuer, das mir auch im Schauspielhause, obgleich später, begegnet, will ich bei dieser Gelegenheit erzählen. Ich saß nämlich mit einem meiner Gespielen ganz ruhig im Parterre, und wir sahen mit Vergnügen einem Solotanze zu, den ein hübscher Knabe, ungefähr von unserm Alter, der Sohn eines durchreisenden französischen Tanzmeisters, mit vieler Gewandtheit und Anmut aufführte. Nach Art der Tänzer war er mit einem knappen Wämschen von roter Seide bekleidet, welches, in einen kurzen Reifrock ausgehend, gleich den Lauferschürzen, bis über die Knie schwebte. Wir hatten diesem angehenden Künstler mit dem ganzen Publikum unsern Beifall gezollt, als mir, ich weiß nicht wie, einfiel, eine moralische Reflexion zu machen. Ich sagte zu meinem Begleiter: „Wie schön war dieser Knabe geputzt und wie gut nahm er sich aus; wer weiß, in was für einem zerrissenen Jäckchen er heute nacht schlafen mag!" – Alles war schon aufgestanden, nur ließ uns die Menge noch nicht vorwärts. Eine Frau, die neben mir gesessen hatte und nun hart an mir stand, war zufälligerweise die Mutter dieses jungen Künstlers, die sich durch meine Reflexion sehr beleidigt fühlte. Zu meinem Unglück konnte sie Deutsch genug, um mich verstanden zu haben, und sprach es gerade so viel, als nötig war, um schelten zu können. Sie machte mich gewaltig herunter: Wer ich denn sei, meinte sie, daß ich Ursache hätte, an der Familie und an der Wohlhabenheit dieses jungen Menschen zu zweifeln. Auf alle Fälle dürfe sie ihn für so gut halten als mich, und seine Talente könnten ihm wohl ein Glück bereiten, wovon ich mir nicht würde träumen lassen. Diese Strafpredigt hielt sie mir im Gedränge und machte die Umstehenden aufmerksam, welche wunder dachten, was ich für eine Unart müßte begangen haben. Da ich mich weder entschuldigen, noch von ihr entfernen konnte, so war ich wirklich verlegen, und als sie einen Augenblick inne hielt, sagte ich, ohne etwas dabei zu denken: „Nun, wozu der Lärm? heute rot, morgen tot!" – Auf diese Worte schien die Frau zu verstummen. Sie sah mich an und entfernte sich von mir, sobald es nur einigermaßen möglich war. Ich dachte nicht weiter an meine Worte. Nur einige Zeit hernach fielen sie mir auf, als der Knabe, anstatt sich nochmals sehen zu lassen, krank ward, und zwar sehr gefährlich. Ob er gestorben ist, weiß ich nicht zu sagen.

Dergleichen Vordeutungen durch ein unzeitig, ja unschicklich ausgesprochenes Wort standen bei den Alten schon in Ansehen, und es bleibt höchst merkwürdig, daß die Formen des Glaubens und Aberglaubens bei allen Völkern und zu allen Zeiten immer dieselben geblieben sind.

Nun fehlte es von dem ersten Tage der Besitznehmung unserer Stadt, zumal Kindern und jungen Leuten, nicht an immerwährender Zerstreuung. Theater und Bälle, Paraden und Durchmärsche zogen unsere Aufmerksamkeit hin und her. Die letztern besonders nahmen immer zu, und das Soldatenleben schien uns ganz lustig und vergnüglich.

Der Aufenthalt des Königslieutenants in unserm Hause verschaffte uns den Vorteil, alle bedeutenden Personen der französischen Armee nach und nach zu sehen, und besonders die Ersten, deren Name schon durch den Ruf zu uns gekommen war, in der Nähe zu betrachten. So sahen wir von Treppen und Podesten, gleichsam wie von Galerien, sehr bequem die Generalität bei uns vorübergehn. Vor allen erinnere ich mich des Prinzen Soubise als eines schönen leutseligen Herrn; am deutlichsten aber des Marschalls von Broglio als eines jüngern, nicht großen aber wohlgebauten, lebhaften, geistreich um sich blickenden, behenden Mannes.

Er kam mehrmals zum Königslieutenant, und man merkte wohl, daß von wichtigen Dingen die Rede war. Wir hatten uns im ersten Vierteljahr der Einquartierung kaum in diesen neuen Zustand gefunden, als schon die Nachricht sich dunkel verbreitete: die Alliierten seien im Anmarsch, und Herzog Ferdinand von Braunschweig komme, die Franzosen vom Main zu vertreiben. Man hatte von diesen, die sich keines besondern Kriegsglückes rühmen konnten, nicht die größte Vorstellung, und seit der Schlacht von Roßbach glaubte man sie verachten zu dürfen; auf den Herzog Ferdinand setzte man das größte Vertrauen, und alle preußisch Gesinnten erwarteten mit Sehnsucht ihre Befreiung von der bisherigen Last. Mein Vater war etwas heiterer, meine Mutter in Sorgen. Sie war klug genug einzusehen, daß ein gegenwärtiges geringes Übel leicht mit einem großen

Ungemach vertauscht werden könne: denn es zeigte sich nur allzu deutlich, daß man dem Herzog nicht entgegengehen, sondern einen Angriff in der Nähe der Stadt abwarten werde. Eine Niederlage der Franzosen, eine Flucht, eine Verteidigung der Stadt, wäre es auch nur, um den Rückzug zu decken und um die Brücke zu behalten, ein Bombardement, eine Plünderung, alles stellte sich der erregten Einbildungskraft dar, und machte beiden Parteien Sorge. Meine Mutter, welche alles, nur nicht die Sorge ertragen konnte, ließ durch den Dolmetscher ihre Furcht bei dem Grafen anbringen; worauf sie die in solchen Fällen gebräuchliche Antwort erhielt: sie solle ganz ruhig sein, es sei nichts zu befürchten, sich übrigens still halten und mit niemand von der Sache sprechen.

Mehrere Truppen zogen durch die Stadt; man erfuhr, daß sie bei Bergen Halt machten. Das Kommen und Gehen, das Reiten und Laufen vermehrte sich immer, und unser Haus war Tag und Nacht in Aufruhr. In dieser Zeit habe ich den Marschall Broglio gesehen, immer heiter, ein wie das andere Mal an Gebärden und Betragen völlig gleich, und es hat mich auch nachher gefreut, den Mann, dessen Gestalt einen so guten und dauerhaften Eindruck gemacht hatte, in der Geschichte rühmlich erwähnt zu finden.

So kam denn endlich, nach einer unruhigen Karwoche, 1759 der Karfreitag heran. Eine große Stille verkündigte den nahen Sturm. Uns Kindern war verboten, aus dem Hause zu gehen; der Vater hatte keine Ruhe und ging aus. Die Schlacht begann; ich stieg auf den obersten Boden, wo ich zwar die Gegend zu sehen verhindert war, aber den Donner der Kanonen und das Massenfeuer des kleinen Gewehrs recht gut vernehmen konnte. Nach einigen Stunden sahen wir die ersten Zeichen der Schlacht an einer Reihe Wagen, auf welchen Verwundete in mancherlei traurigen Verstümmelungen und Gebärden sachte bei uns vorbeigefahren wurden, um in das zum Lazarett umgewandelte Liebfrauenkloster gebracht zu werden. Sogleich regte sich die Barmherzigkeit der Bürger. Bier, Wein, Brot, Geld ward denjenigen hingereicht, die noch etwas empfangen konnten. Als man aber einige Zeit darauf blessierte und gefangne

Deutsche unter diesem Zug gewahr wurde, fand das Mitleid keine Grenze, und es schien, als wollte jeder sich von allem entblößen, was er nur Bewegliches besaß, um seinen bedrängten Landsleuten beizustehen.

Die Gefangenen waren jedoch Anzeichen einer für die Alliierten unglücklichen Schlacht. Mein Vater, in seiner Parteilichkeit ganz sicher, daß diese gewinnen würden, hatte die leidenschaftliche Verwegenheit, den gehofften Siegern entgegen zu gehen, ohne zu bedenken, daß die geschlagene Partei erst über ihn wegfliehen müßte. Erst begab er sich in seinen Garten, vor dem Friedberger Tore, wo er alles einsam und ruhig fand; dann wagte er sich auf die Bornheimer Heide, wo er aber bald verschiedene zerstreute Nachzügler und Troßknechte ansichtig ward, die sich den Spaß machten, nach den Grenzsteinen zu schießen, so daß dem neugierigen Wandrer das abprallende Blei um den Kopf sauste. Er hielt es deshalb doch für geratner, zurückzugehen, und erfuhr, bei einiger Nachfrage, was ihm schon der Schall des Feuerns hätte klar machen sollen, daß alles für die Franzosen gut stehe und an kein Weichen zu denken sei. Nach Hause gekommen, voll Unmut, geriet er beim Erblicken der verwundeten und gefangenen Landsleute ganz aus der gewöhnlichen Fassung. Auch er ließ den Vorbeiziehenden mancherlei Spende reichen; aber nur die Deutschen sollten sie erhalten, welches nicht immer möglich war, weil das Schicksal Freunde und Feinde zusammen aufgepackt hatte.

Die Mutter und wir Kinder, die wir schon früher auf des Grafen Wort gebaut und deshalb einen ziemlich beruhigten Tag hingebracht hatten, waren höchlich erfreut, und die Mutter doppelt getröstet, da sie des Morgens, als sie das Orakel ihres „Schatzkästleins" durch einen Nadelstich befragt, eine für die Gegenwart sowohl als für die Zukunft sehr tröstliche Antwort erhalten hatte. Wir wünschten unserm Vater gleichen Glauben und gleiche Gesinnung, wir schmeichelten ihm, was wir konnten, wir baten ihn, etwas Speise zu sich zu nehmen, die er den ganzen Tag entbehrt hatte; er verweigerte unsre Liebkosungen und jeden Genuß, und begab sich auf sein Zimmer. Unsre Freude ward indessen nicht gestört; die Sache war entschieden; der Königslieutenant, der diesen Tag gegen seine Gewohnheit zu Pferde gewesen, kehrte endlich zurück, seine Gegenwart zu Hause war nötiger als je. Wir sprangen ihm entgegen, küßten seine Hände und bezeigten ihm unsre Freude. Es schien ihm sehr zu gefallen. „Wohl!" sagte er freundlicher als sonst, „ich bin auch um euertwillen vergnügt, liebe Kinder!" Er befahl sogleich, uns Zuckerwerk, süßen Wein, überhaupt das Beste zu reichen, und ging auf sein Zimmer, schon von einer großen Masse Dringender und Bittender umgeben.

Wir hielten nun eine köstliche Kollation, bedauerten den guten Vater, der nicht teil daran nehmen mochte, und drangen in die Mutter, ihn herbeizurufen; sie aber, klüger als wir, wußte wohl, wie unerfreulich ihm solche Gaben sein würden. Indessen hatte sie etwas Abendbrot zurecht gemacht und hätte ihm gern eine Portion auf das Zimmer geschickt; aber eine solche Unordnung litt er nie, auch nicht in den äußersten Fällen; und nachdem man die süßen Gaben bei Seite geschafft, suchte man ihn zu bereden, herab in das gewöhnliche Speisezimmer zu kommen. Endlich ließ er sich bewegen, ungern, und wir ahndeten nicht, welches Unheil wir ihm und uns bereiteten. Die Treppe lief frei durchs ganze Haus an allen Vorsälen vorbei. Der Vater mußte, indem er herabstieg, unmittelbar an des Grafen Zimmer vorübergehn. Sein Vorsaal stand so voller Leute, daß der Graf sich entschloß, um mehrers auf einmal abzutun, herauszutreten; und dies geschah leider in dem Augenblick, als der Vater herabkam. Der Graf ging ihm heiter entgegen, begrüßte ihn und sagte: „Ihr werdet uns und Euch Glück wünschen, daß diese gefährliche Sache so glücklich abgelaufen ist." – „Keineswegs!" versetzte mein Vater, mit Ingrimm; „ich wollte, sie hätten Euch zum Teufel gejagt, und wenn ich hätte mitfahren sollen." – Der Graf hielt einen Augenblick inne, dann aber fuhr er mit Wut auf: „Dieses sollt Ihr büßen!" rief er; „Ihr sollt nicht umsonst der gerechten Sache und mir eine solche Beleidigung zugefügt haben!"

Der Vater war indes gelassen heruntergestiegen, setzte sich zu uns, schien heitrer als bisher, und fing an zu essen. Wir freuten uns darüber, und wußten nicht, auf welche bedenkliche Weise er sich den Stein vom Herzen gewälzt hatte. Kurz darauf wurde die Mutter herausgerufen, und wir hatten große Lust, dem Vater auszuplaudern, was uns der Graf für Süßigkeiten verehrt habe. Die Mutter kam nicht zurück. Endlich trat der Dolmetscher herein. Auf seinen Wink schickte man uns zu Bette; es war schon spät, und wir gehorchten gern. Nach einer ruhig durchschlafenen Nacht erfuhren wir die gewaltsame Bewegung, die gestern abend das Haus erschüttert hatte. Der Königslieutenant hatte sogleich befohlen, den Vater auf die Wache zu führen. Die Subalternen wußten wohl, daß ihm niemals zu widersprechen war; doch hatten sie sich manchmal Dank verdient, wenn sie mit der Ausführung zauderten. Diese Gesinnung wußte der Gevatter Dolmetsch, den die Geistesgegenwart niemals verließ, aufs lebhafteste bei ihnen rege zu machen. Der Tumult war ohnehin so groß, daß eine Zögerung sich von selbst versteckte und entschuldigte. Er hatte meine Mutter herausgerufen, und ihr den Adjutanten gleichsam in die Hände gegeben, daß sie durch Bitten und Vorstellungen nur einigen Aufschub erlangen möchte. Er selbst eilte schnell hinauf zum Grafen, der sich bei der großen Beherrschung seiner selbst sogleich ins innre Zimmer zurückgezogen hatte, und das dringendste Geschäft lieber einen Augenblick stocken ließ, als daß er den einmal in ihm erregten bösen Mut an einem Unschuldigen gekühlt und eine seiner Würde nachteilige Entscheidung gegeben hätte.

Die Anrede des Dolmetschers an den Grafen, die Führung des ganzen Gesprächs hat uns der dicke Gevatter, der sich auf den glücklichen Erfolg nicht wenig zugute tat, oft genug wiederholt, so daß ich sie aus dem Gedächtnis wohl noch aufzeichnen kann.

Der Dolmetsch hatte gewagt, das Kabinett zu eröffnen und hineinzutreten, eine Handlung, die höchst verpönt war. „Was wollt Ihr?“ rief ihm der Graf zornig entgegen. „Hinaus mit Euch! Hier hat niemand das Recht hereinzutreten als Saint-Jean.“

„So haltet mich einen Augenblick für Saint-Jean“, versetzte der Dolmetsch.

„Dazu gehört eine gute Einbildungskraft. Seiner zwei machen noch nicht einen wie Ihr seid. Entfernt Euch!“

„Herr Graf, Ihr habt eine große Gabe vom Himmel empfangen und an die appelliere ich.“

„Ihr denkt mir zu schmeicheln! Glaubt nicht, daß es Euch gelingen werde.“

„Ihr habt die große Gabe, Herr Graf, auch in Augenblicken der Leidenschaft, in Augenblicken des Zorns die Gesinnungen anderer anzuhören.“

„Wohl, wohl! Von Gesinnungen ist eben die Rede, die ich zu lange angehört habe. Ich weiß nur zu gut, daß man uns hier nicht liebt, daß uns diese Bürger scheel ansehn.“

„Nicht alle!“

„Sehr viele! Was! diese Städter, Reichsstädter wollen sie sein? Ihren Kaiser haben sie wählen und krönen sehen, und wenn dieser, ungerecht angegriffen, seine Länder zu verlieren und einem Usurpator zu unterliegen Gefahr läuft, wenn er glücklicherweise getreue Alliierte findet, die ihr Geld, ihr Blut zu seinem Vorteil verwenden, so wollen sie die geringe Last nicht tragen, die zu ihrem Teil sie trifft, daß der Reichsfeind gedemütigt werde.“

„Freilich kennt Ihr diese Gesinnungen schon lange, und habt sie als ein weiser Mann geduldet; auch ist es nur die geringere Zahl. Wenige, verblendet durch die glänzenden Eigenschaften des Feindes, den Ihr ja selbst als einen außerordentlichen Mann schätzt, wenige nur, Ihr wißt es!“

„Jawohl! zu lange habe ich es gewußt und geduldet, sonst hätte dieser sich nicht unterstanden, mir in den bedeutendsten Augenblicken solche Beleidigungen ins Gesicht zu sagen. Es mögen sein so viel ihrer wollen, sie sollen in diesem ihrem kühnen Repräsentanten gestraft werden, und sich merken, was sie zu erwarten haben.“

„Nur Aufschub, Herr Graf!“

„In gewissen Dingen kann man nicht zu geschwind verfahren.“

„Nur einen kurzen Aufschub!“

„Nachbar! Ihr denkt mich zu einem falschen Schritt zu verleiten; es soll Euch nicht gelingen.“

„Weder verleiten will ich Euch zu einem falschen Schritt, noch von einem falschen zurückhalten; Euer Entschluß ist gerecht: er geziemt dem Franzosen, dem Königslieutenant; aber bedenkt, daß Ihr auch Graf Thoranc seid."

„Der hat hier nicht mitzusprechen."

„Man sollte den braven Mann doch auch hören."

„Nun, was würde er denn sagen?"

„‚Herr Königslieutenant!' würde er sagen, ‚Ihr habt so lange mit so viel dunklen, unwilligen, ungeschickten Menschen Geduld gehabt, wenn sie es Euch nur nicht gar zu arg machten. Dieser hat's freilich sehr arg gemacht; aber gewinnt es über Euch, Herr Königslieutenant! und jedermann wird Euch deswegen loben und preisen.'"

„Ihr wißt, daß ich Eure Possen manchmal leiden kann, aber mißbraucht nicht mein Wohlwollen. Diese Menschen, sind sie denn ganz verblendet? Hätten wir die Schlacht verloren, in diesem Augenblick, was würde ihr Schicksal sein? Wir schlagen uns bis vor die Tore, wir sperren die Stadt, wir halten, wir verteidigen uns, um unsere Retirade über die Brücke zu decken. Glaubt Ihr, daß der Feind die Hände in den Schoß gelegt hätte? Er wirft Granaten und was er bei der Hand hat, und sie zünden, wo sie können. Dieser Hausbesitzer da, was will er? In diesen Zimmern hier platzte jetzt wohl eine Feuerkugel und eine andere folgte hinterdrein; in diesen Zimmern, deren vermaledeite Pekingtapeten ich geschont, mich geniert habe, meine Landkarten nicht aufzunageln! Den ganzen Tag hätten sie auf den Knien liegen sollen."

„Wie viele haben das getan!"

„Sie hätten sollen den Segen für uns erflehen; den Generalen und Offizieren mit Ehren- und Freudenzeichen, den ermatteten Gemeinen mit Erquickung entgegengehen. Anstatt dessen verdirbt mir der Gift dieses Parteigeistes die schönsten, glücklichsten, durch so viel Sorgen und Anstrengungen erworbenen Augenblicke meines Lebens!"

„Es ist ein Parteigeist; aber Ihr werdet ihn durch die Bestrafung dieses Mannes nur vermehren. Die mit ihm Gleichgesinnten werden Euch als einen Tyrannen, als einen Barbaren ausschreien; sie werden ihn als einen Märtyrer betrachten, der für die gute Sache gelitten hat; und selbst die anders Gesinnten, die jetzt seine Gegner sind, werden in ihm nur den Mitbürger sehen, werden ihn bedauern und, indem sie Euch recht geben, dennoch finden, daß Ihr zu hart verfahren seid."

„Ich habe Euch schon zu lange angehört; macht, daß Ihr fortkommt!"

„So hört nur noch dieses! Bedenkt, daß es das Unerhörteste ist, was diesem Manne, was dieser Familie begegnen könnte. Ihr hattet nicht Ursache, von dem guten Willen des Hausherrn erbaut zu sein; aber die Hausfrau ist allen Euren Wünschen zuvorgekommen, und die Kinder haben Euch als ihren Oheim betrachtet. Mit diesem einzigen Schlag werdet Ihr den Frieden und das Glück dieser Wohnung auf ewig zerstören. Ja, ich kann wohl sagen, eine Bombe, die ins Haus gefallen wäre, würde nicht größere Verwüstungen darin angerichtet haben. Ich habe Euch so oft über Eure Fassung bewundert, Herr Graf; gebt mir diesmal Gelegenheit, Euch anzubeten. Ein Krieger ist ehrwürdig, der sich selbst in Feindes Haus als einen Gastfreund betrachtet; hier ist kein Feind, nur ein Verirrter. Gewinnt es über Euch, und es wird Euch zu ewigem Ruhme gereichen!"

„Das müßte wunderlich zugehen", versetzte der Graf mit einem Lächeln.

„Nur ganz natürlich", erwiderte der Dolmetscher. „Ich habe die Frau, die Kinder nicht zu Euren Füßen geschickt: denn ich weiß, daß Euch solche Szenen verdrießlich sind; aber ich will Euch die Frau, die Kinder schildern, wie sie Euch danken; ich will sie Euch schildern, wie sie sich zeitlebens von dem Tage der Schlacht bei Bergen und von Eurer Großmut an diesem Tage unterhalten, wie sie es Kindern und Kindeskindern erzählen, und auch Fremden ihr Interesse für Euch einzuflößen wissen: eine Handlung dieser Art kann nicht untergehen!"

„Ihr trefft meine schwache Seite nicht, Dolmetscher. An den Nachruhm pfleg' ich nicht zu denken, der ist für andere, nicht für mich; aber im Augenblick recht zu tun, meine Pflicht nicht zu versäumen, meiner Ehre nichts zu vergeben, das ist meine Sorge. Wir haben schon zu viel Worte gemacht; jetzt geht hin – und laßt Euch von den Undankbaren danken, die ich verschone!"

Der Dolmetsch, durch diesen unerwartet glücklichen Ausgang überrascht und bewegt, konnte sich der Tränen nicht enthalten, und wollte dem Grafen die Hände küssen; der Graf wies ihn ab und sagte streng und ernst: „Ihr wißt, daß ich dergleichen nicht leiden kann!" Und mit diesen Worten trat er auf den Vorsaal, um die andringenden Geschäfte zu besorgen, und das Begehren so vieler wartenden Menschen zu vernehmen. So ward die Sache beigelegt, und wir feierten den andern Morgen, bei den Überbleibseln der gestrigen Zuckergeschenke, das Vorübergehen eines Übels, dessen Androhen wir glücklich verschlafen hatten.

Ob der Dolmetsch wirklich so weise gesprochen, oder ob er sich die Szene nur so ausgemalt, wie man es wohl nach einer guten und glücklichen Handlung zu tun pflegt, will ich nicht entscheiden; wenigstens hat er bei Wiedererzählung derselben niemals variiert. Genug, dieser Tag dünkte ihm, so wie der sorgenvollste, so auch der glorreichste seines Lebens.

Wie sehr übrigens der Graf alles falsche Zeremoniell abgelehnt, keinen Titel, der ihm nicht gebührte, jemals angenommen, und wie er in seinen heitern Stunden immer geistreich gewesen, davon soll eine kleine Begebenheit ein Zeugnis ablegen.

Ein vornehmer Mann, der aber auch unter die abstrusen einsamen Frankfurter gehörte, glaubte sich über seine Einquartierung beklagen zu müssen. Er kam persönlich, und der Dolmetsch bot ihm seine Dienste an; jener aber meinte derselben nicht zu bedürfen. Er trat vor den Grafen mit einer anständigen Verbeugung und sagte: „Exzellenz!" Der Graf gab ihm die Verbeugung zurück, so wie die Exzellenz. Betroffen von dieser Ehrenbezeigung, nicht anders glaubend, als der Titel sei zu gering, bückte er sich tiefer, und sagte: „Monseigneur!" – „Mein Herr", sagte der Graf ganz ernsthaft, „wir wollen nicht weiter gehen, denn sonst könnten wir es leicht bis zur Majestät bringen." – Der andere war äußerst verlegen und wußte kein Wort zu sagen. Der Dolmetsch, in einiger Entfernung stehend und von der ganzen Sache unterrichtet, war boshaft genug, sich nicht zu rühren; der Graf aber, mit großer Heiterkeit, fuhr fort: „Zum

Beispiel, mein Herr, wie heißen Sie?" – „Spangenberg", versetzte jener – „Und ich", sagte der Graf, „heiße Thoranc. Spangenberg, was wollt Ihr von Thoranc? und nun setzen wir uns, die Sache soll gleich abgetan sein."

Und so wurde die Sache auch gleich zu großer Zufriedenheit desjenigen abgetan, den ich hier Spangenberg genannt habe, und die Geschichte noch an selbigem Abend von dem schadenfrohen Dolmetsch in unserm Familienkreise nicht nur erzählt, sondern mit allen Umständen und Gebärden aufgeführt.

Nach solchen Verwirrungen, Unruhen und Bedrängnissen fand sich gar bald die vorige Sicherheit und der Leichtsinn wieder, mit welchem besonders die Jugend von Tag zu Tag lebt, wenn es nur einigermaßen angehen will. Meine Leidenschaft zu dem französischen Theater wuchs mit jeder Vorstellung; ich versäumte keinen Abend, ob ich gleich jedesmal, wenn ich nach dem Schauspiel mich zur speisenden Familie an den Tisch setzte und mich gar oft nur mit einigen Resten begnügte, die steten Vorwürfe des Vaters zu dulden hatte: das Theater sei zu gar nichts nütze, und könne zu gar nichts führen. Ich rief in solchem Falle gewöhnlich alle und jede Argumente hervor, welche den Verteidigern des Schauspiels zur Hand sind, wenn sie in eine gleiche Not wie die meinige geraten. Das Laster im Glück, die Tugend im Unglück wurden zuletzt durch die poetische Gerechtigkeit wieder ins Gleichgewicht gebracht. Die schönen Beispiele von bestraften Vergehungen, „Miß Sara Sampson" und der „Kaufmann von London", wurden sehr lebhaft von mir hervorgehoben; aber ich zog dagegen öfters den kürzern, wenn die „Schelmstreiche Scapins" und dergleichen auf dem Zettel standen, und ich mir das Behagen mußte vorwerfen lassen, das man über die Betrügereien ränkevoller Knechte und über den guten Erfolg der Torheiten ausgelassener Jünglinge im Publikum empfinde. Beide Parteien überzeugten einander nicht; doch wurde mein Vater sehr bald mit der Bühne ausgesöhnt, als er sah, daß ich mit unglaublicher Schnelligkeit in der französischen Sprache zunahm.

Die Menschen sind nun einmal so, daß jeder, was er tun

sieht, lieber selbst vornähme, er habe nun Geschick dazu oder nicht. Ich hatte nun bald den ganzen Kursus der französischen Bühne durchgemacht; mehrere Stücke kamen schon zum zweiten- und drittenmal; von der würdigsten Tragödie bis zum leichtfertigsten Nachspiel war mir alles vor Augen und Geist vorbeigegangen; und wie ich als Kind den Terenz nachzuahmen wagte, so verfehlte ich nunmehr nicht als Knabe, bei einem viel lebhafter dringenden Anlaß, auch die französischen Formen nach meinem Vermögen und Unvermögen zu wiederholen. Es wurden damals einige halb mythologische, halb allegorische Stücke im Geschmack des Piron gegeben; sie hatten etwas von der Parodie und gefielen sehr. Diese Vorstellungen zogen mich besonders an: die goldnen Flügelchen eines heitern Merkur, der Donnerkeil des verkappten Jupiter, eine galante Danae, oder wie eine von Göttern besuchte Schöne heißen mochte, wenn es nicht gar eine Schäferin oder Jägerin war, zu der sie sich herunterließen. Und da mir dergleichen Elemente aus Ovids „Verwandlungen" und Pomeys „Pantheon mythicum" sehr häufig im Kopfe herumsummten, so hatte ich bald ein solches Stückchen in meiner Phantasie zusammengestellt, wovon ich nur so viel zu sagen weiß, daß die Szene ländlich war, daß es aber doch darin weder an Königstöchtern, noch Prinzen, noch Göttern fehlte. Der Merkur besonders war mir dabei so lebhaft im Sinne, daß ich noch schwören wollte, ich hätte ihn mit Augen gesehen.

Eine von mir selbst sehr reinlich gefertigte Abschrift legte ich meinem Freund Derones vor, welcher sie mit ganz besonderem Anstand und einer wahrhaften Gönnermiene aufnahm, das Manuskript flüchtig durchsah, mir einige Sprachfehler nachwies, einige Reden zu lang fand, und zuletzt versprach, das Werk bei gehöriger Muße näher zu betrachten und zu beurteilen. Auf meine bescheidene Frage, ob das Stück wohl aufgeführt werden könne, versicherte er mir, daß es gar nicht unmöglich sei. Sehr vieles komme beim Theater auf Gunst an, und er beschütze mich von ganzem Herzen; nur müsse man die Sache geheim halten: denn er habe selbst einmal mit einem von ihm verfertigten Stück die Direktion überrascht, und es wäre gewiß aufgeführt worden, wenn man nicht zu früh entdeckt hätte, daß er der Verfasser sei. Ich versprach ihm alles mögliche Stillschweigen, und sah schon im Geist den Titel meiner Piece an den Ecken der Straßen und Plätze mit großen Buchstaben angeschlagen.

So leichtsinnig übrigens der Freund war, so schien ihm doch die Gelegenheit, den Meister zu spielen, allzu erwünscht. Er las das Stück mit Aufmerksamkeit durch, und indem er sich mit mir hinsetzte, um einige Kleinigkeiten zu ändern, kehrte er im Laufe der Unterhaltung das ganze Stück um und um, so daß auch kein Stein auf dem andern blieb. Er strich aus, setzte zu, nahm eine Person weg, substituierte eine andere, genug, er verfuhr mit der tollsten Willkür von der Welt, daß mir die Haare zu Berge standen. Mein Vorurteil, daß er es doch verstehen müsse, ließ ihn gewähren: denn er hatte mir schon öfter von den drei Einheiten des Aristoteles, von der Regelmäßigkeit der französischen Bühne, von der Wahrscheinlichkeit, von der Harmonie der Verse und allem, was daran hängt, so viel vorerzählt, daß ich ihn nicht nur für unterrichtet, sondern auch für begründet halten mußte. Er schalt auf die Engländer und verachtete die Deutschen; genug, er trug mir die ganze dramaturgische Litanei vor, die ich in meinem Leben so oft mußte wiederholen hören.

Ich nahm, wie der Knabe in der Fabel, meine zerfetzte Geburt mit nach Hause, und suchte sie wieder herzustellen, aber vergebens. Weil ich sie jedoch nicht ganz aufgeben wollte, so ließ ich aus meinem ersten Manuskript, nach wenigen Veränderungen, eine saubere Abschrift durch unsern Schreibenden anfertigen, die ich denn meinem Vater überreichte und dadurch so viel erlangte, daß er mich nach vollendetem Schauspiel meine Abendkost eine Zeitlang ruhig verzehren ließ.

Dieser mißlungene Versuch hatte mich nachdenklich gemacht, und ich wollte nunmehr diese Theorien, diese Gesetze, auf die sich jedermann berief, und die mir besonders durch die Unart meines anmaßlichen Meisters verdächtig geworden waren, unmittelbar an den Quellen kennen lernen, welches mir zwar nicht schwer, doch mühsam wurde. Ich las zunächst Corneilles „Abhandlung über die drei Einheiten“ und ersah wohl daraus, wie man es haben wollte; warum man es aber so verlangte, ward mir keineswegs deutlich, und, was das Schlimmste war, ich geriet sogleich in noch größere Verwirrung, indem ich mich mit den Händeln über den „Cid“ bekannt machte und die Vorreden las, in welchen Corneille und Racine sich gegen Kritiker und Publikum zu verteidigen genötigt sind. Hier sah ich wenigstens auf das deutlichste, daß kein Mensch wußte, was er wollte; daß ein Stück wie „Cid“, das die herrlichste Wirkung hervorgebracht, auf Befehl eines allmächtigen Kardinals absolut sollte für schlecht erklärt werden; daß Racine, der Abgott der zu meiner Zeit lebenden Franzosen, der nun auch mein Abgott geworden war (denn ich hatte ihn näher kennen lernen, als Schöff von Olenschlager durch uns Kinder den „Britannicus“ aufführen ließ, worin mir die Rolle des Nero zuteil ward), daß Racine, sage ich, auch zu seiner Zeit weder mit Liebhabern noch Kunstrichtern fertig werden können. Durch alles dieses ward ich verworrener als jemals, und nachdem ich mich lange mit diesem Hin- und Herreden, mit dieser theoretischen Salbaderei des vorigen Jahrhunderts gequält hatte, schüttete ich das Kind mit dem Bade aus, und warf den ganzen Plunder desto entschiedener von mir, je mehr ich zu bemerken glaubte, daß die Autoren selbst, welche vortreffliche Sachen hervorbrachten, wenn sie darüber zu reden anfingen, wenn sie den Grund ihres Handelns angaben, wenn sie sich verteidigen, entschuldigen, beschönigen wollten, doch auch nicht immer den rechten Fleck zu treffen wußten. Ich eilte daher wieder zu dem lebendig Vorhandenen, besuchte das Schauspiel weit eifriger, las gewissenhafter und ununterbrochner, so daß ich in dieser Zeit Racine und Molière ganz, und von Corneille einen großen Teil durchzuarbeiten die Anhaltsamkeit hatte.

Der Königslieutenant wohnte noch immer in unserm Hause. Er hatte sein Betragen in nichts geändert, besonders gegen uns; allein es war merklich, und der Gevatter Dolmetsch wußte es uns noch deutlicher zu machen, daß er sein Amt nicht mehr mit der Heiterkeit, nicht mehr mit dem Eifer verwaltete wie anfangs, obgleich immer mit derselben

Rechtschaffenheit und Treue. Sein Wesen und Betragen, das eher einen Spanier als einen Franzosen ankündigte, seine Launen, die doch mitunter Einfluß auf ein Geschäft hatten, seine Unbiegsamkeit gegen die Umstände, seine Reizbarkeit gegen alles, was seine Person oder Charakter berührte, dieses zusammen mochte ihn doch zuweilen mit seinen Vorgesetzten in Konflikt bringen. Hiezu kam noch, daß er in einem Duell, welches sich im Schauspiel entsponnen hatte, verwundet wurde, und man dem Königslieutenant übel nahm, daß er selbst eine verpönte Handlung als oberster Polizeimeister begangen. Alles dieses mochte, wie gesagt, dazu beitragen, daß er in sich gezogner lebte und hier und da vielleicht weniger energisch verfuhr.

Indessen war nun schon eine ansehnliche Partie der bestellten Gemälde abgeliefert. Graf Thoranc brachte seine Freistunden mit der Betrachtung derselben zu, indem er sie in gedachtem Giebelzimmer, Bahne für Bahne, breiter und schmäler, neben einander und, weil es an Platz mangelte, sogar über einander nageln, wieder abnehmen und aufrollen ließ. Immer wurden die Arbeiten aufs neue untersucht, man erfreute sich wiederholt an den Stellen, die man für die gelungensten hielt; aber es fehlte auch nicht an Wünschen, dieses oder jenes anders geleistet zu sehen.

Hieraus entsprang eine neue und ganz wundersame Operation. Da nämlich der eine Maler Figuren, der andere die Mittelgründe und Fernen, der dritte die Bäume, der vierte die Blumen am besten arbeitete, so kam der Graf auf den Gedanken, ob man nicht diese Talente in den Bildern vereinigen, und auf diesem Wege vollkommene Werke hervorbringen könne. Der Anfang ward sogleich damit gemacht, daß man z. B. in eine fertige Landschaft noch schöne Herden hineinmalen ließ. Weil nun aber nicht immer der gehörige Platz dazu da war, es auch dem Tiermaler auf ein paar Schafe mehr oder weniger nicht ankam, so war endlich die weiteste Landschaft zu enge. Nun hatte der Menschenmaler auch noch die Hirten und einige Wandrer hineinzubringen; diese nahmen sich wiederum einander gleichsam die Luft, und man war verwundert, wie sie nicht sämtlich in der freiesten Gegend erstickten. Man konnte niemals voraussehen, was aus der Sache werden würde, und wenn sie fertig war, befriedigte sie nicht. Die Maler wurden verdrießlich. Bei den ersten Bestellungen hatten sie gewonnen, bei diesen Nacharbeiten verloren sie, obgleich der Graf auch diese sehr großmütig bezahlte. Und da die von mehrern auf einem Bilde durch einander gearbeiteten Teile, bei aller Mühe, keinen guten Effekt hervorbrachten, so glaubte zuletzt ein jeder, daß seine Arbeit durch die Arbeiten der andern verdorben und vernichtet worden; daher wenig fehlte, die Künstler hätten sich hierüber entzweit und wären in unversöhnliche Feindschaft geraten. Dergleichen Veränderungen oder vielmehr Zutaten wurden in gedachtem Atelier, wo ich mit den Künstlern ganz allein blieb, ausgefertiget; und es unterhielt mich, aus den Studien, besonders der Tiere, dieses und jenes Einzelne, diese oder jene Gruppe auszusuchen, und sie für die Nähe oder die Ferne in Vorschlag zu bringen; worin man mir denn manchmal aus Überzeugung oder Geneigtheit zu willfahren pflegte.

Die Teilnehmenden an diesem Geschäft wurden also höchst mutlos, besonders Seekatz, ein sehr hypochondrischer und in sich gezogner Mann, der zwar unter Freunden durch eine unvergleichlich heitre Laune sich als den besten Gesellschafter bewies, aber, wenn er arbeitete, allein, in sich gekehrt und völlig frei wirken wollte. Dieser sollte nun, wenn er schwere Aufgaben gelöst, sie mit dem größten Fleiß und der wärmsten Liebe, deren er immer fähig war, vollendet hatte, zu wiederholten Malen von Darmstadt nach Frankfurt reisen, um entweder an seinen eigenen Bildern etwas zu verändern, oder fremde zu staffieren, oder gar unter seinem Beistand durch einen Dritten seine Bilder ins Buntscheckige arbeiten zu lassen. Sein Mißmut nahm zu, sein Widerstand entschied sich, und es brauchte großer Bemühungen von unserer Seite, um diesen Gevatter – denn auch er war's geworden – nach des Grafen Wünschen zu lenken. Ich erinnere mich noch, daß, als schon die Kasten bereit standen, um die sämtlichen Bilder in der Ordnung einzupacken, in welcher sie an dem Ort ihrer Bestimmung der Tapezierer ohne weiteres aufheften konnte, daß, sage ich, nur eine kleine doch unumgängliche Nacharbeit erfordert wurde, Seekatz aber nicht zu bewegen war herüberzukommen. Er hatte freilich noch zu guter Letzt das Beste getan, was er vermochte, indem er die vier Elemente in Kindern und Knaben, nach dem Leben, in Türstücken dargestellt, und nicht allein auf die Figuren, sondern auch auf die Beiwerke den größten Fleiß gewendet hatte. Diese waren abgeliefert, bezahlt, und er glaubte auf immer aus der Sache geschieden zu sein; nun aber sollte er wieder herüber, um einige Bilder, deren Maße etwas zu klein genommen worden, mit wenigen Pinselzügen zu erweitern. Ein anderer, glaubte er, könne das auch tun; er hatte sich schon zu neuer Arbeit eingerichtet; kurz, er wollte nicht kommen. Die Absendung war vor der Türe, trocknen sollte es auch noch, jeder Verzug war mißlich; der Graf, in Verzweiflung, wollte ihn militärisch abholen lassen. Wir alle wünschten die Bilder endlich fort zu sehen, und fanden zuletzt keine Auskunft, als daß der Gevatter Dolmetsch sich in einen Wagen setzte und den Widerspenstigen mit Frau und Kind herüberholte, der dann von dem Grafen freundlich empfangen, wohl gepflegt, und zuletzt reichlich beschenkt entlassen wurde.

Nach den fortgeschafften Bildern zeigte sich ein großer Friede im Hause. Das Giebelzimmer im Mansard wurde gereinigt und mir übergeben, und mein Vater, wie er die Kasten fortschaffen sah, konnte sich des Wunsches nicht erwehren, den Grafen hinterdrein zu schicken. Denn wie sehr die Neigung des Grafen auch mit der seinigen übereinstimmte; wie sehr es den Vater freuen mußte, seinen Grundsatz, für lebende Meister zu sorgen, durch einen Reicheren so fruchtbar befolgt zu sehen; wie sehr es ihn schmeicheln konnte, daß seine Sammlung Anlaß gegeben, einer Anzahl braver Künstler in bedrängter Zeit einen so ansehnlichen Erwerb zu verschaffen: so fühlte er doch eine solche Abneigung gegen den Fremden, der in sein Haus eingedrungen, daß ihm an dessen Handlungen nichts recht dünken konnte. Man solle Künstler beschäftigen, aber nicht zu Tapetenmalern erniedrigen; man solle mit dem, was sie nach ihrer Überzeugung und Fähigkeit geleistet, wenn es einem auch nicht durchgängig behage, zufrieden sein und nicht immer daran markten und mäkeln: genug, es gab, ungeachtet des

Grafen eigner liberaler Bemühung, ein für allemal kein Verhältnis. Mein Vater besuchte jenes Zimmer bloß, wenn sich der Graf bei Tafel befand, und ich erinnere mich nur ein einziges Mal, als Seekatz sich selbst übertroffen hatte und das Verlangen, diese Bilder zu sehen, das ganze Haus herbeitrieb, daß mein Vater und der Graf zusammentreffend an diesen Kunstwerken ein gemeinsames Gefallen bezeigten, das sie an einander selbst nicht finden konnten.

Kaum hatten also die Kisten und Kasten das Haus geräumt, als der früher eingeleitete aber unterbrochne Betrieb, den Grafen zu entfernen, wieder angeknüpft wurde. Man suchte durch Vorstellungen die Gerechtigkeit, die Billigkeit durch Bitten, durch Einfluß die Neigung zu gewinnen, und brachte es endlich dahin, daß die Quartierherren den Beschluß faßten: es solle der Graf umlogiert, und unser Haus, in Betracht der seit einigen Jahren unausgesetzt Tag und Nacht getragnen Last, künftig mit Einquartierung verschont werden. Damit sich aber hierzu ein scheinbarer Vorwand finde, so solle man in eben den ersten Stock, den bisher der Königslieutenant besetzt gehabt, Mietleute einnehmen und dadurch eine neue Bequartierung gleichsam unmöglich machen. Der Graf, der nach der Trennung von seinen geliebten Gemälden kein besonderes Interesse mehr am Hause fand, auch ohnehin bald abgerufen und versetzt zu werden hoffte, ließ es sich ohne Widerrede gefallen, eine andere gute Wohnung zu beziehen, und schied von uns in Frieden und gutem Willen. Auch verließ er bald darauf die Stadt und erhielt stufenweise noch verschiedene Chargen, doch, wie man hörte, nicht zu seiner Zufriedenheit. Er hatte indes das Vergnügen, jene so emsig von ihm besorgten Gemälde in dem Schlosse seines Bruders glücklich angebracht zu sehen; schrieb einige Male, sendete Maße und ließ von den mehr genannten Künstlern verschiedenes nacharbeiten. Endlich vernahmen wir nichts weiter von ihm, außer daß man uns nach mehreren Jahren versichern wollte, er sei in Westindien, auf einer der französischen Kolonien, als Gouverneur gestorben.

VIERTES BUCH

So viel Unbequemlichkeit uns auch die französische Einquartierung mochte verursacht haben, so waren wir sie doch zu gewohnt geworden, als daß wir sie nicht hätten vermissen, daß uns Kindern das Haus nicht hätte tot scheinen sollen. Auch war es uns nicht bestimmt, wieder zur völligen Familieneinheit zu gelangen. Neue Mietleute waren schon besprochen, und nach einigem Kehren und Scheuern, Hobeln und Bohnen, Malen und Anstreichen war das Haus völlig wieder hergestellt. Der Kanzleidirektor Moritz mit den Seinigen, sehr werte Freunde meiner Eltern, zogen ein. Dieser, kein geborner Frankfurter, aber ein tüchtiger Jurist und Geschäftsmann, besorgte die Rechtsangelegenheiten mehrerer kleinen Fürsten, Grafen und Herren. Ich habe ihn niemals anders als heiter und gefällig und über seinen Akten emsig gesehen. Frau und Kinder, sanft, still und wohlwollend, vermehrten zwar nicht die Geselligkeit in unserm Hause: denn sie blieben für sich; aber es war eine Stille, ein Friede zurückgekehrt, den wir lange Zeit nicht genossen hatten. Ich bewohnte nun wieder mein Mansardzimmer, in welchem die Gespenster der vielen Gemälde mir zuweilen vorschwebten, die ich denn durch Arbeiten und Studien zu verscheuchen suchte.

Der Legationsrat Moritz, ein Bruder des Kanzleidirektors, kam von jetzt an auch öfters in unser Haus. Er war schon mehr Weltmann, von einer ansehnlichen Gestalt und dabei von bequem gefälligem Betragen. Auch er besorgte die Angelegenheiten verschiedener Standespersonen, und kam mit meinem Vater, bei Anlaß von Konkursen und kaiserlichen Kommissionen, mehrmals in Berührung. Beide hielten viel auf einander, und standen gemeiniglich auf der Seite der Kreditoren, mußten aber zu ihrem Verdruß gewöhnlich erfahren, daß die Mehrheit der bei solcher Gelegenheit Abgeordneten für die Seite der Debitoren gewonnen zu werden pflegt. Der Legationsrat teilte seine Kenntnisse gern mit, war ein Freund der Mathematik, und weil diese in seinem gegenwärtigen Lebensgange gar nicht vorkam, so machte er sich ein Vergnügen daraus, mir in diesen Kenntnissen weiter zu helfen. Dadurch ward ich in den Stand gesetzt, meine architektonischen Risse genauer als bisher auszuarbeiten, und den Unterricht eines Zeichenmeisters, der uns jetzt auch täglich eine Stunde beschäftigte, besser zu nutzen.

Dieser gute alte Mann war freilich nur ein Halbkünstler. Wir mußten Striche machen und sie zusammensetzen, woraus denn Augen und Nasen, Lippen und Ohren, ja zuletzt ganze Gesichter und Köpfe entstehen sollten; allein es war dabei weder an natürliche noch künstliche Form gedacht. Wir wurden eine Zeitlang mit diesem Qui pro Quo der menschlichen Gestalt gequält, und man glaubte uns zuletzt sehr weit gebracht zu haben, als wir die sogenannten Affekten von Lebrun zur Nachzeichnung erhielten. Aber auch diese Zerrbilder förderten uns nicht. Nun schwankten wir zu den Landschaften, zum Baumschlag und zu allen den Dingen, die im gewöhnlichen Unterricht ohne Folge und ohne Methode geübt werden. Zuletzt fielen wir auf die genaue Nachahmung und auf die Sauberkeit der Striche, ohne uns weiter um den Wert des Originals oder dessen Geschmack zu bekümmern.

In diesem Bestreben ging uns der Vater auf eine musterhafte Weise vor. Er hatte nie gezeichnet, wollte nun aber, da seine Kinder diese Kunst trieben, nicht zurückbleiben, sondern ihnen, selbst in seinem Alter, ein Beispiel geben, wie sie in ihrer Jugend verfahren sollten. Er kopierte also einige Köpfe des Piazzetta, nach dessen bekannten Blättern in klein Oktav, mit englischem Bleistift auf das feinste holländische Papier. Er beobachtete dabei nicht allein die größte Reinlichkeit im Umriß, sondern ahmte auch die Schraffierung des Kupferstichs aufs genauste nach, mit einer leichten Hand, nur allzu leise, da er denn, weil er die Härte vermeiden wollte, keine Haltung in seine Blätter brachte. Doch waren sie durchaus zart und gleichförmig. Sein anhaltender unermüdlicher Fleiß ging so weit, daß er die ganze ansehnliche Sammlung nach allen ihren Nummern durchzeichnete, indessen wir Kinder von einem Kopf zum andern sprangen und uns nur die auswählten, die uns gefielen.

Um diese Zeit ward auch der schon längst in Beratung

gezogne Vorsatz, uns in der Musik unterrichten zu lassen, ausgeführt; und zwar verdient der letzte Anstoß dazu wohl einige Erwähnung. Daß wir das Klavier lernen sollten, war ausgemacht; allein über die Wahl des Meisters war man immer streitig gewesen. Endlich komme ich einmal zufälligerweise in das Zimmer eines meiner Gesellen, der eben Klavierstunde nimmt, und finde den Lehrer als einen ganz allerliebsten Mann. Für jeden Finger der rechten und linken Hand hat er einen Spitznamen, womit er ihn aufs lustigste bezeichnet, wenn er gebraucht werden soll. Die schwarzen und weißen Tasten werden gleichfalls bildlich benannt, ja die Töne selbst erscheinen unter figürlichen Namen. Eine solche bunte Gesellschaft arbeitet nun ganz vergnüglich durcheinander. Applikatur und Takt scheinen ganz leicht und anschaulich zu werden, und indem der Schüler zu dem besten Humor aufgeregt wird, geht auch alles zum schönsten vonstatten.

Kaum war ich nach Hause gekommen, als ich den Eltern anlag, nunmehr Ernst zu machen und uns diesen unvergleichlichen Mann zum Klaviermeister zu geben. Man nahm noch einigen Anstand, man erkundigte sich; man hörte zwar nichts Übles von dem Lehrer, aber auch nichts sonderlich Gutes. Ich hatte indessen meiner Schwester alle die lustigen Benennungen erzählt, wir konnten den Unterricht kaum erwarten, und setzten es durch, daß der Mann angenommen wurde.

Das Notenlesen ging zuerst an, und als dabei kein Spaß vorkommen wollte, trösteten wir uns mit der Hoffnung, daß, wenn es erst ans Klavier gehen würde, wenn es an die Finger käme, das scherzhafte Wesen seinen Anfang nehmen würde. Allein weder Tastatur noch Fingersetzung schien zu einigem Gleichnis Gelegenheit zu geben. So trocken wie die Noten, mit ihren Strichen auf und zwischen den fünf Linien, blieben auch die schwarzen und weißen Claves, und weder von einem Däumerling noch Deuterling noch Goldfinger war mehr eine Silbe zu hören; und das Gesicht verzog der Mann so wenig beim trocknen Unterricht, als er es vorher beim trocknen Spaß verzogen hatte. Meine Schwester machte mir die bittersten Vorwürfe, daß ich sie getäuscht habe, und glaubte wirklich, es sei nur Erfindung von mir gewesen. Ich war aber selbst betäubt und lernte wenig, ob der Mann gleich ordentlich genug zu Werke ging: denn ich wartete immer noch, die frühern Späße sollten zum Vorschein kommen, und vertröstete meine Schwester von einem Tage zum andern. Aber sie blieben aus, und ich hätte mir dieses Rätsel niemals erklären können, wenn es mir nicht gleichfalls ein Zufall aufgelöst hätte.

Einer meiner Gespielen trat herein, mitten in der Stunde, und auf einmal eröffneten sich die sämtlichen Röhren des humoristischen Springbrunnens; die Däumerlinge und Deuterlinge, die Krabler und Zabler, wie er die Finger zu bezeichnen pflegte, die Fakchen und Gakchen, wie er z. B. die Noten f und g, die Fiekchen und Giekchen, wie er fis und gis benannte, waren auf einmal wieder vorhanden und machten die wundersamsten Männerchen. Mein junger Freund kam nicht aus dem Lachen, und freute sich, daß man auf eine so lustige Weise so viel lernen könne. Er schwur, daß er seinen Eltern keine Ruhe lassen würde, bis sie ihm einen solchen vortrefflichen Mann zum Lehrer gegeben.

Und so war mir, nach den Grundsätzen einer neuern Erziehungslehre, der Weg zu zwei Künsten früh genug eröffnet, bloß auf gut Glück, ohne Überzeugung, daß ein angebornes Talent mich darin weiter fördern könne. Zeichnen müsse jedermann lernen, behauptete mein Vater, und verehrte deshalb besonders Kaiser Maximilian, welcher dieses ausdrücklich solle befohlen haben. Auch hielt er mich ernstlicher dazu an als zur Musik, welche er dagegen meiner Schwester vorzüglich empfahl, ja dieselbe außer ihren Lehrstunden eine ziemliche Zeit des Tages am Klaviere festhielt.

Je mehr ich aber auf diese Weise zu treiben veranlaßt wurde, desto mehr wollte ich treiben, und selbst die Freistunden wurden zu allerlei wunderlichen Beschäftigungen verwendet. Schon seit meinen frühsten Zeiten fühlte ich einen Untersuchungstrieb gegen natürliche Dinge. Man legt es manchmal als eine Anlage zur Grausamkeit aus, daß Kinder solche Gegenstände, mit denen sie eine Zeitlang gespielt, die sie bald so, bald so gehandhabt, endlich zerstücken, zerreißen und zerfetzen. Doch pflegt sich auch die

Neugierde, das Verlangen, zu erfahren wie solche Dinge zusammenhängen, wie sie inwendig aussehen, auf diese Weise an den Tag zu legen. Ich erinnere mich, daß ich als Kind Blumen zerpflückt, um zu sehen, wie die Blätter in den Kelch, oder auch Vögel berupft, um zu beobachten, wie die Federn in die Flügel eingefügt waren. Ist doch Kindern dieses nicht zu verdenken, da ja selbst Naturforscher öfter durch Trennen und Sondern als durch Vereinigen und Verknüpfen, mehr durch Töten als durch Beleben sich zu unterrichten glauben.

Ein bewaffneter Magnetstein, sehr zierlich in Scharlachtuch eingenäht, mußte auch eines Tages die Wirkung einer solchen Forschungslust erfahren. Denn diese geheime Anziehungskraft, die er nicht allein gegen das ihm angepaßte Eisenstäbchen ausübte, sondern die noch überdies von der Art war, daß sie sich verstärken und täglich ein größres Gewicht tragen konnte, diese geheimnisvolle Tugend hatte mich dergestalt zur Bewunderung hingerissen, daß ich mir lange Zeit bloß im Anstaunen ihrer Wirkung gefiel. Zuletzt aber glaubte ich doch einige nähere Aufschlüsse zu erlangen, wenn ich die äußere Hülle wegtrennte. Dies geschah, ohne daß ich dadurch klüger geworden wäre: denn die nackte Armatur belehrte mich nicht weiter. Auch diese nahm ich herab und behielt nun den bloßen Stein in Händen, mit dem ich durch Feilspäne und Nähnadeln mancherlei Versuche zu machen nicht ermüdete, aus denen jedoch mein jugendlicher Geist, außer einer mannigfaltigen Erfahrung, keinen weiteren Vorteil zog. Ich wußte die ganze Vorrichtung nicht wieder zusammenzubringen, die Teile zerstreuten sich, und ich verlor das eminente Phänomen zugleich mit dem Apparat.

Nicht glücklicher ging es mir mit der Zusammensetzung einer Elektrisiermaschine. Ein Hausfreund, dessen Jugend in die Zeit gefallen war, in welcher die Elektrizität alle Geister beschäftigte, erzählte uns öfter, wie er als Knabe eine solche Maschine zu besitzen gewünscht, wie er sich die Hauptbedingungen abgesehen, und mit Hülfe eines alten Spinnrades und einiger Arzneigläser ziemliche Wirkungen hervorgebracht. Da er dieses gern und oft wiederholte, und uns dabei von der Elektrizität überhaupt unterrichtete, so fanden wir Kinder die Sache sehr plausibel, und quälten uns mit einem alten Spinnrade und einigen Arzneigläsern lange Zeit herum, ohne auch nur die mindeste Wirkung hervorbringen zu können. Wir hielten demungeachtet am Glauben fest, und waren sehr vergnügt, als zur Meßzeit, unter andern Raritäten, Zauber- und Taschenspielerkünsten, auch eine Elektrisiermaschine ihre Kunststücke machte, welche, so wie die magnetischen, für jene Zeit schon sehr vervielfältigt waren.

Das Mißtrauen gegen den öffentlichen Unterricht vermehrte sich von Tage zu Tage. Man sah sich nach Hauslehrern um, und weil einzelne Familien den Aufwand nicht bestreiten konnten, so traten mehrere zusammen, um eine solche Absicht zu erreichen. Allein die Kinder vertrugen sich selten; der junge Mann hatte nicht Autorität genug, und nach oft wiederholtem Verdruß gab es nur gehässige Trennungen. Kein Wunder daher, daß man auf andere Anstalten dachte, welche sowohl beständiger als vorteilhafter sein sollten.

Auf den Gedanken, Pensionen zu errichten, war man durch die Notwendigkeit gekommen, welche jedermann empfand, daß die französische Sprache lebendig gelehrt und überliefert werden müsse. Mein Vater hatte einen jungen Menschen erzogen, der bei ihm Bedienter, Kammerdiener, Sekretär, genug, nach und nach alles in allem gewesen war. Dieser, namens Pfeil, sprach gut Französisch und verstand es gründlich. Nachdem er sich verheiratet hatte und seine Gönner für ihn auf einen Zustand denken mußten, so fielen sie auf den Gedanken, ihn eine Pension errichten zu lassen, die sich nach und nach zu einer kleinen Schulanstalt erweiterte, in der man alles Notwendige, ja zuletzt sogar Lateinisch und Griechisch lehrte. Die weitverbreiteten Konnexionen von Frankfurt gaben Gelegenheit, daß junge Franzosen und Engländer, um Deutsch zu lernen und sonst sich auszubilden, dieser Anstalt anvertraut wurden. Pfeil, der ein Mann in seinen besten Jahren, von der wundersamsten Energie und Tätigkeit war, stand dem Ganzen sehr lobenswürdig vor, und weil er nie genug beschäftigt sein konnte, so warf er sich bei Gelegenheit, da er seinen Schülern Musikmeister halten mußte, selbst in die Musik, und betrieb das Klavierspielen mit solchem Eifer, daß er, der niemals vorher eine Taste angerührt hatte, sehr bald recht fertig und brav spielte. Er schien die Maxime meines Vaters angenommen zu haben, daß junge Leute nichts mehr aufmuntern und anregen könne, als wenn man selbst schon in gewissen Jahren sich wieder zum Schüler erklärte, und in einem Alter, worin man sehr schwer neue Fertigkeiten erlangt, dennoch durch Eifer und Anhaltsamkeit Jüngern, von der Natur mehr Begünstigten, den Rang abzulaufen suche.

Durch diese Neigung zum Klavierspielen ward Pfeil auf die Instrumente selbst geführt, und indem er sich die besten zu verschaffen hoffte, kam er in Verhältnisse mit Friederici in Gera, dessen Instrumente weit und breit berühmt waren. Er nahm eine Anzahl davon in Kommission, und hatte nun die Freude, nicht nur etwa einen Flügel, sondern mehrere in seiner Wohnung aufgestellt zu sehen, sich darauf zu üben und hören zu lassen.

Auch in unser Haus brachte die Lebendigkeit dieses Mannes einen größern Musikbetrieb. Mein Vater blieb mit ihm, bis auf die strittigen Punkte, in einem dauernden guten Verhältnisse. Auch für uns ward ein großer Friedericischer Flügel angeschafft, den ich, bei meinem Klavier verweilend, wenig berührte, der aber meiner Schwester zu desto größerer Qual gedieh, weil sie, um das neue Instrument gehörig zu ehren, täglich noch einige Zeit mehr auf ihre Übungen zu wenden hatte; wobei mein Vater als Aufseher, Pfeil aber als Musterbild und antreibender Hausfreund abwechselnd zur Seite standen.

Eine besondere Liebhaberei meines Vaters machte uns Kindern viel Unbequemlichkeit. Es war nämlich die Seidenzucht, von deren Vorteil, wenn sie allgemeiner verbreitet würde, er einen großen Begriff hatte. Einige Bekanntschaften in Hanau, wo man die Zucht der Würmer sehr sorgfältig betrieb, gaben ihm die nächste Veranlassung. Von dorther wurden ihm zu rechter Zeit die Eier gesendet; und sobald die Maulbeerbäume genugsames Laub zeigten, ließ man sie ausschlüpfen, und wartete der kaum sichtbaren Geschöpfe mit großer Sorgfalt. In einem Mansardzimmer waren Tische und Gestelle mit Brettern aufgeschlagen, um ihnen mehr Raum und Unterhalt zu bereiten: denn sie wuchsen schnell, und waren nach der letzten Häutung so heißhungrig, daß man kaum Blätter genug herbeischaffen konnte, sie zu nähren; ja sie mußten Tag und Nacht gefüttert werden, weil eben alles darauf ankommt, daß sie der Nahrung ja nicht zu einer Zeit ermangeln, wo die große und wundersame Veränderung in ihnen vorgehen soll. War die Witterung günstig, so konnte man freilich dieses Geschäft als eine lustige Unterhaltung ansehen; trat aber Kälte ein, daß die Maulbeerbäume litten, so machte es große Not. Noch unangenehmer aber war es, wenn in der letzten Epoche Regen einfiel: denn diese Geschöpfe können die Feuchtigkeit gar nicht vertragen; und so mußten die benetzten Blätter sorgfältig abgewischt und getrocknet werden, welches denn doch nicht immer so genau geschehen konnte, und aus dieser oder vielleicht auch einer andern Ursache kamen mancherlei Krankheiten unter die Herde, wodurch die armen Kreaturen zu Tausenden hingerafft wurden. Die daraus entstehende Fäulnis erregte einen wirklich pestartigen Geruch, und da man die toten und kranken wegschaffen und von den gesunden absondern mußte, um nur einige zu retten, so war es in der Tat ein äußerst beschwerliches und widerliches Geschäft, das uns Kindern manche böse Stunde verursachte.

Nachdem wir nun eines Jahrs die schönsten Frühlings- und Sommerwochen mit Wartung der Seidenwürmer hingebracht, mußten wir dem Vater in einem andern Geschäft beistehen, das, obgleich einfacher, uns dennoch nicht weniger beschwerlich ward. Die römischen Prospekte nämlich, welche in dem alten Hause, in schwarze Stäbe oben und unten eingefaßt, an den Wänden mehrere Jahre gehangen hatten, waren durch Licht, Staub und Rauch sehr vergilbt, und durch die Fliegen nicht wenig unscheinbar geworden. War nun eine solche Unreinlichkeit in dem neuen Hause nicht zulässig, so hatten diese Bilder für meinen Vater auch durch seine längere Entferntheit von den vorgestellten Gegenden an Wert gewonnen. Denn im Anfange dienen uns dergleichen Abbildungen, die erst kurz vorher empfangenen Eindrücke aufzufrischen und zu beleben. Sie scheinen uns gering gegen diese und meistens nur ein trauriges Surrogat. Verlischt hingegen das Andenken der Urgestalten immer mehr und mehr, so treten die Nachbildungen unvermerkt an ihre Stelle, sie werden uns so teuer, als es jene waren, und was wir anfangs mißgeachtet, erwirbt sich nunmehr unsre Schätzung und Neigung. So geht es mit allen Abbildungen, besonders auch mit Porträten. Nicht leicht ist jemand mit dem Konterfei eines Gegenwärtigen zufrieden, und wie erwünscht ist uns jeder Schattenriß eines Abwesenden oder gar Abgeschiedenen.

Genug, in diesem Gefühl seiner bisherigen Verschwendung wollte mein Vater jene Kupferstiche so viel wie möglich wieder hergestellt wissen. Daß dieses durch Bleichen möglich sei, war bekannt; und diese bei großen Blättern immer bedenkliche Operation wurde unter ziemlich ungünstigen Lokalumständen vorgenommen. Denn die großen Bretter, worauf die angerauchten Kupfer befeuchtet und der Sonne ausgestellt wurden, standen vor Mansardfenstern in den Dachrinnen an das Dach gelehnt, und waren daher manchen Unfällen ausgesetzt. Dabei war die Hauptsache, daß das Papier niemals austrocknen durfte, sondern immer feucht gehalten werden mußte. Diese Obliegenheit hatte ich und meine Schwester, wobei uns denn wegen der Langenweile und Ungeduld, wegen der Aufmerksamkeit, die uns keine Zerstreuung zuließ, ein sonst so sehr erwünschter Müßiggang zur höchsten Qual gereichte. Die Sache ward gleichwohl durchgesetzt, und der Buchbinder, der jedes Blatt auf starkes Papier aufzog, tat sein Bestes, die hier und da durch unsre Fahrlässigkeit zerrissenen Ränder auszugleichen und herzustellen. Die sämtlichen Blätter wurden in einen Band zusammengefaßt und waren für diesmal gerettet.

Damit es uns Kindern aber ja nicht an dem Allerlei des Lebens und Lernens fehlen möchte, so mußte sich gerade um diese Zeit ein englischer Sprachmeister melden, welcher sich anheischig machte, innerhalb vier Wochen einen jeden, der nicht ganz roh in Sprachen sei, die englische zu lehren und ihn so weit zu bringen, daß er sich mit einigem Fleiß weiter helfen könne. Er nahm ein mäßiges Honorar; die

Anzahl der Schüler in einer Stunde war ihm gleichgültig. Mein Vater entschloß sich auf der Stelle, den Versuch zu machen, und nahm mit mir und meiner Schwester bei dem expediten Meister Lektion. Die Stunden wurden treulich gehalten, am Repetieren fehlte es auch nicht; man ließ die vier Wochen über eher einige andere Übungen liegen; der Lehrer schied von uns und wir von ihm mit Zufriedenheit. Da er sich länger in der Stadt aufhielt und viele Kunden fand, so kam er von Zeit zu Zeit nachzusehen und nachzuhelfen, dankbar, daß wir unter die ersten gehörten, welche Zutrauen zu ihm gehabt, und stolz, uns den übrigen als Muster anführen zu können.

In Gefolg von diesem hegte mein Vater eine neue Sorgfalt, daß auch das Englische hübsch in der Reihe der übrigen Sprachbeschäftigungen bliebe. Nun bekenne ich, daß es mir immer lästiger wurde, bald aus dieser bald aus jener Grammatik oder Beispielsammlung, bald aus diesem oder jenem Autor den Anlaß zu meinen Arbeiten zu nehmen, und so meinen Anteil an den Gegenständen zugleich mit den Stunden zu verzetteln. Ich kam daher auf den Gedanken, alles mit einmal abzutun, und erfand einen Roman von sechs bis sieben Geschwistern, die, von einander entfernt und in der Welt zerstreut, sich wechselseitig Nachricht von ihren Zuständen und Empfindungen mitteilen. Der älteste Bruder gibt in gutem Deutsch Bericht von allerlei Gegenständen und Ereignissen seiner Reise. Die Schwester, in einem frauenzimmerlichen Stil, mit lauter Punkten und in kurzen Sätzen, ungefähr wie nachher „Siegwart" geschrieben wurde, erwidert bald ihm, bald den andern Geschwistern, was sie teils von häuslichen Verhältnissen, teils von Herzensangelegenheiten zu erzählen hat. Ein Bruder studiert Theologie und schreibt ein sehr förmliches Latein, dem er manchmal ein griechisches Postskript hinzufügt. Einem folgenden, in Hamburg als Handlungsdiener angestellt, ward natürlich die englische Korrespondenz zuteil, so wie einem jüngern, der sich in Marseille aufhielt, die französische. Zum Italienischen fand sich ein Musikus auf seinem ersten Ausflug in die Welt, und der jüngste, eine Art von naseweisem Nestquackelchen, hatte, da ihm die übrigen Sprachen abgeschnitten waren, sich aufs Judendeutsch gelegt, und brachte durch seine schrecklichen Chiffern die übrigen in Verzweiflung und die Eltern über den guten Einfall zum Lachen.

Für diese wunderliche Form suchte ich mir einigen Gehalt, indem ich die Geographie der Gegenden, wo meine Geschöpfe sich aufhielten, studierte, und zu jenen trockenen Lokalitäten allerlei Menschlichkeiten hinzu erfand, die mit dem Charakter der Personen und ihrer Beschäftigung einige Verwandtschaft hatten. Auf diese Weise wurden meine Exerzitienbücher viel voluminöser; der Vater war zufriedener, und ich ward eher gewahr, was mir an eigenem Vorrat und an Fertigkeiten abging.

Wie nun dergleichen Dinge, wenn sie einmal im Gange sind, kein Ende und keine Grenzen haben, so ging es auch hier: denn indem ich mir das barocke Judendeutsch zuzueignen und es ebenso gut zu schreiben suchte, als ich es lesen konnte, fand ich bald, daß mir die Kenntnis des Hebräischen fehlte, wovon sich das moderne verdorbene und verzerrte allein ableiten und mit einiger Sicherheit behandeln ließ. Ich eröffnete daher meinem Vater die Notwendigkeit, Hebräisch zu lernen, und betrieb sehr lebhaft seine Einwilligung: denn ich hatte noch einen höhern Zweck. Überall hörte ich sagen, daß zum Verständnis des Alten Testaments so wie des Neuen die Grundsprachen nötig wären. Das letzte las ich ganz bequem, weil die sogenannten Evangelien und Episteln, damit es ja auch Sonntags nicht an Übung fehle, nach der Kirche rezitiert, übersetzt und einigermaßen erklärt werden mußten. Ebenso dachte ich es nun auch mit dem Alten Testamente zu halten, das mir wegen seiner Eigentümlichkeit ganz besonders von jeher zugesagt hatte.

Mein Vater, der nicht gern etwas halb tat, beschloß, den Rektor unseres Gymnasiums, Doktor Albrecht, um Privatstunden zu ersuchen, die er mir wöchentlich so lange geben sollte, bis ich von einer so einfachen Sprache das Nötigste gefaßt hätte; denn er hoffte, sie werde, wo nicht so schnell, doch wenigstens in doppelter Zeit als die englische sich abtun lassen.

Der Rektor Albrecht war eine der originalsten Figuren

von der Welt, klein, nicht dick aber breit, unförmlich ohne verwachsen zu sein, kurz ein Äsop mit Chorrock und Perükke. Sein über-siebzigjähriges Gesicht war durchaus zu einem sarkastischen Lächeln verzogen, wobei seine Augen immer groß blieben und, obgleich rot, doch immer leuchtend und geistreich waren. Er wohnte in dem alten Kloster zu den Barfüßern, dem Sitz des Gymnasiums. Ich hatte schon als Kind, meine Eltern begleitend, ihn manchmal besucht, und die langen dunklen Gänge, die in Visitenzimmer verwandelten Kapellen, das unterbrochne treppen- und winkelhafte Lokal mit schaurigem Behagen durchstrichen. Ohne mir unbequem zu sein, examinierte er mich, so oft er mich sah, und lobte und ermunterte mich. Eines Tages, bei der Translokation nach öffentlichem Examen, sah er mich als einen auswärtigen Zuschauer, während er die silbernen praemia virtutis et diligentiae austeilte, nicht weit von seinem Katheder stehen. Ich mochte gar sehnlich nach dem Beutelchen blicken, aus welchem er die Schaumünzen hervorzog; er winkte mir, trat eine Stufe herunter und reichte mir einen solchen Silberling. Meine Freude war groß, obgleich andre diese einem Nicht-Schulknaben gewährte Gabe außer aller Ordnung fanden. Allein daran war dem guten Alten wenig gelegen, der überhaupt den Sonderling und zwar in einer auffallenden Weise spielte. Er hatte als Schulmann einen sehr guten Ruf und verstand sein Handwerk, ob ihm gleich das Alter solches auszuüben nicht mehr ganz gestattete. Aber beinahe noch mehr als durch eigene Gebrechlichkeit fühlte er sich durch äußere Umstände gehindert, und wie ich schon früher wußte, war er weder mit dem Konsistorium, noch den Scholarchen, noch den Geistlichen, noch auch den Lehrern zufrieden. Seinem Naturell, das sich zum Aufpassen auf Fehler und Mängel und zur Satire hinneigte, ließ er sowohl in Programmen als in öffentlichen Reden freien Lauf, und wie Lucian fast der einzige Schriftsteller war, den er las und schätzte, so würzte er alles, was er sagte und schrieb, mit beizenden Ingredienzien.

Glücklicherweise für diejenigen, mit welchen er unzufrieden war, ging er niemals direkt zu Werke, sondern schraubte nur mit Bezügen, Anspielungen, klassischen

Stellen und biblischen Sprüchen auf die Mängel hin, die er zu rügen gedachte. Dabei war sein mündlicher Vortrag (er las seine Reden jederzeit ab) unangenehm, unverständlich, und über alles dieses manchmal durch einen Husten, öfters aber durch ein hohles bauchschütterndes Lachen unterbrochen, womit er die beißenden Stellen anzukündigen und zu begleiten pflegte. Diesen seltsamen Mann fand ich mild und willig, als ich anfing, meine Stunden bei ihm zu nehmen. Ich ging nun täglich abends um 6 Uhr zu ihm, und fühlte immer ein heimliches Behagen, wenn sich die Klingeltüre hinter mir schloß, und ich nun den langen düsteren Klostergang durchzuwandeln hatte. Wir saßen in seiner Bibliothek an einem mit Wachstuch beschlagenen Tische; ein sehr durchlesener Lucian kam nie von seiner Seite.

Ohngeachtet alles Wohlwollens gelangte ich doch nicht ohne Einstand zur Sache: denn mein Lehrer konnte gewisse spöttische Anmerkungen, und was es denn mit dem Hebräischen eigentlich solle, nicht unterdrücken. Ich verschwieg ihm die Absicht auf das Judendeutsch, und sprach von besserem Verständnis des Grundtextes. Darauf lächelte er und meinte, ich solle schon zufrieden sein, wenn ich nur lesen lernte. Dies verdroß mich im stillen, und ich nahm alle meine Aufmerksamkeit zusammen, als es an die Buchstaben kam. Ich fand ein Alphabet, das ungefähr dem griechischen zur Seite ging, dessen Gestalten faßlich, dessen Benennungen mir zum größten Teil nicht fremd waren. Ich hatte dies alles sehr bald begriffen und behalten, und dachte, es sollte nun ans Lesen gehen. Daß dieses von der rechten zur linken Seite geschehe, war mir wohl bewußt. Nun aber trat auf einmal ein neues Heer von kleinen Buchstäbchen und Zeichen hervor, von Punkten und Strichelchen aller Art, welche eigentlich die Vokale vorstellen sollten, worüber ich mich um so mehr verwunderte, als sich in dem größern Alphabete offenbar Vokale befanden, und die übrigen nur unter fremden Benennungen verborgen zu sein schienen. Auch ward gelehrt, daß die jüdische Nation, solange sie geblüht, wirklich sich mit jenen ersten Zeichen begnügt und keine andere Art zu schreiben und zu lesen gekannt habe. Ich wäre nun gar zu gern auf diesem altertümlichen, wie mir schien bequemeren Wege gegangen; allein mein Alter erklärte etwas streng: man müsse nach der Grammatik verfahren, wie sie einmal beliebt und verfaßt worden. Das Lesen ohne diese Punkte und Striche sei eine sehr schwere Aufgabe, und könne nur von Gelehrten und den Geübtesten geleistet werden. Ich mußte mich also bequemen, auch diese kleinen Merkzeichen kennen zu lernen; aber die Sache ward mir immer verworrner. Nun sollten einige der ersten größern Urzeichen an ihrer Stelle gar nichts gelten, damit ihre kleinen Nachgebornen doch ja nicht umsonst dastehen möchten. Dann sollten sie einmal wieder einen leisen Hauch, dann einen mehr oder weniger harten Kehllaut andeuten, bald gar nur als Stütze und Widerlage dienen. Zuletzt aber, wenn man sich alles wohl gemerkt zu haben glaubte, wurden einige der großen sowohl als der kleinen Personnagen in den Ruhestand versetzt, so daß das Auge immer sehr viel und die Lippe sehr wenig zu tun hatte.

Indem ich nun dasjenige, was mir dem Inhalt nach schon bekannt war, in einem fremden kauderwelschen Idiom herstottern sollte, wobei mir denn ein gewisses Näseln und Gurgeln als ein Unerreichbares nicht wenig empfohlen wurde, so kam ich gewissermaßen von der Sache ganz ab, und amüsierte mich auf eine kindische Weise an den seltsamen Namen dieser gehäuften Zeichen. Da waren Kaiser, Könige und Herzoge, die, als Akzente hie und da dominierend, mich nicht wenig unterhielten. Aber auch diese schalen Späße verloren bald ihren Reiz. Doch wurde ich dadurch schadlos gehalten, daß mir beim Lesen, Übersetzen, Wiederholen, Auswendiglernen der Inhalt des Buchs um so lebhafter entgegentrat, und dieser war es eigentlich, über welchen ich von meinem alten Herrn Aufklärung verlangte. Denn schon vorher waren mir die Widersprüche der Überlieferung mit dem Wirklichen und Möglichen sehr auffallend gewesen, und ich hatte meine Hauslehrer durch die Sonne, die zu Gibeon, und den Mond, der im Tal Ajalon still stand, in manche Not versetzt; gewisser anderer Unwahrscheinlichkeiten und Inkongruenzen nicht zu gedenken. Alles dergleichen ward nun aufgeregt, indem ich mich, um von dem

Hebräischen Meister zu werden, mit dem Alten Testament ausschließlich beschäftigte, und solches nicht mehr in Luthers Übersetzung, sondern in der wörtlichen beigedruckten Version des Sebastian Schmid, den mir mein Vater sogleich angeschafft hatte, durchstudierte. Hier fingen unsere Stunden leider an, was die Sprachübungen betrifft, lückenhaft zu werden. Lesen, Exponieren, Grammatik, Aufschreiben und Hersagen von Wörtern dauerte selten eine völlige halbe Stunde: denn ich fing sogleich an, auf den Sinn der Sache loszugehen, und, ob wir gleich noch in dem ersten Buche Mosis befangen waren, mancherlei Dinge zur Sprache zu bringen, welche mir aus den spätern Büchern im Sinne lagen. Anfangs suchte der gute Alte mich von solchen Abschweifungen zurückzuführen, zuletzt aber schien es ihn selbst zu unterhalten. Er kam nach seiner Art nicht aus dem Husten und Lachen, und wiewohl er sich sehr hütete, mir eine Auskunft zu geben, die ihn hätte kompromittieren können, so ließ meine Zudringlichkeit doch nicht nach; ja da mir mehr daran gelegen war, meine Zweifel vorzubringen als die Auflösung derselben zu erfahren, so wurde ich immer lebhafter und kühner, wozu er mich durch sein Betragen zu berechtigen schien. Übrigens konnte ich nichts aus ihm bringen, als daß er ein über das andre Mal mit seinem bauchschütternden Lachen ausrief: „Er närrischer Kerl! Er närrischer Junge!"

Indessen mochte ihm meine die Bibel nach allen Seiten durchkreuzende, kindische Lebhaftigkeit doch ziemlich ernsthaft und einiger Nachhülfe wert geschienen haben. Er verwies mich daher nach einiger Zeit auf das große englische Bibelwerk, welches in seiner Bibliothek bereitstand, und in welchem die Auslegung schwerer und bedenklicher Stellen auf eine verständige und kluge Weise unternommen war. Die Übersetzung hatte durch die großen Bemühungen deutscher Gottesgelehrten Vorzüge vor dem Original erhalten. Die verschiedenen Meinungen waren angeführt, und zuletzt eine Art von Vermittelung versucht, wobei die Würde des Buchs, der Grund der Religion und der Menschenverstand einigermaßen neben einander bestehen konnten. So oft ich nun gegen Ende der Stunde mit hergebrachten

Fragen und Zweifeln auftrat, so oft deutete er auf das Repositorium; ich holte mir den Band, er ließ mich lesen, blätterte in seinem Lucian, und wenn ich über das Buch meine Anmerkungen machte, war sein gewöhnliches Lachen alles, wodurch er meinen Scharfsinn erwiderte. In den langen Sommertagen ließ er mich sitzen, solange ich lesen konnte, manchmal allein; nur dauerte es eine Weile, bis er mir erlaubte, einen Band nach dem andern mit nach Hause zu nehmen.

Der Mensch mag sich wenden wohin er will, er mag unternehmen was es auch sei, stets wird er auf jenen Weg wieder zurückkehren, den ihm die Natur einmal vorgezeichnet hat. So erging es auch mir im gegenwärtigen Falle. Die Bemühungen um die Sprache, um den Inhalt der Heiligen Schriften selbst endigten zuletzt damit, daß von jenem schönen und viel gepriesenen Lande, seiner Umgebung und Nachbarschaft, sowie von den Völkern und Ereignissen, welche jenen Fleck der Erde durch Jahrtausende hindurch verherrlichten, eine lebhaftere Vorstellung in meiner Einbildungskraft hervorging.

Dieser kleine Raum sollte den Ursprung und das Wachstum des Menschengeschlechts sehen; von dorther sollten die ersten und einzigsten Nachrichten der Urgeschichte zu uns gelangen, und ein solches Lokal sollte zugleich so einfach und faßlich, als mannigfaltig und zu den wundersamsten Wanderungen und Ansiedelungen geeignet vor unserer Einbildungskraft liegen. Hier zwischen vier benannten Flüssen war aus der ganzen zu bewohnenden Erde ein kleiner, höchst anmutiger Raum dem jugendlichen Menschen ausgesondert. Hier sollte er seine ersten Fähigkeiten entwickeln, und hier sollte ihn zugleich das Los treffen, das seiner ganzen Nachkommenschaft beschieden war, seine Ruhe zu verlieren, indem er nach Erkenntnis strebte. Das Paradies war verscherzt; die Menschen mehrten und verschlimmerten sich; die an die Unarten dieses Geschlechts noch nicht gewohnten Elohim wurden ungeduldig und vernichteten es von Grund aus. Nur wenige wurden aus der allgemeinen Überschwemmung gerettet; und kaum hatte sich diese greuliche Flut verlaufen, als der bekannte vaterländische Boden schon wieder vor den Blicken der dankbaren Geretteten lag. Zwei Flüsse von vieren, Euphrat und Tigris, flossen noch in ihren Betten. Der Name des ersten blieb; den andern schien sein Lauf zu bezeichnen. Genauere Spuren des Paradieses wären nach einer so großen Umwälzung nicht zu fordern gewesen. Das erneute Menschengeschlecht ging von hier zum zweitenmal aus; es fand Gelegenheit, sich auf alle Arten zu nähren und zu beschäftigen, am meisten aber große Herden zahmer Geschöpfe um sich zu versammeln und mit ihnen nach allen Seiten hinzuziehen.

Diese Lebensweise sowie die Vermehrung der Stämme nötigte die Völker bald, sich von einander zu entfernen. Sie konnten sich sogleich nicht entschließen, ihre Verwandten und Freunde für immer fahren zu lassen; sie kamen auf den Gedanken, einen hohen Turm zu bauen, der ihnen aus weiter Ferne den Weg wieder zurück weisen sollte. Aber dieser Versuch mißlang wie jenes erste Bestreben. Sie sollten nicht zugleich glücklich und klug, zahlreich und einig sein. Die Elohim verwirrten sie, der Bau unterblieb, die Menschen zerstreuten sich; die Welt war bevölkert, aber entzweit.

Unser Blick, unser Anteil bleibt aber noch immer an diese Gegenden geheftet. Endlich geht abermals ein Stammvater von hier aus, der so glücklich ist, seinen Nachkommen einen entschiedenen Charakter aufzuprägen, und sie dadurch für ewige Zeiten zu einer großen, und bei allem Glücks- und Ortswechsel zusammenhaltenden Nation zu vereinigen.

Vom Euphrat aus, nicht ohne göttlichen Fingerzeig, wandert Abraham gegen Westen. Die Wüste setzt seinem Zug kein entschiedenes Hindernis entgegen; er gelangt an den Jordan, zieht über den Fluß und verbreitet sich in den schönen mittägigen Gegenden von Palästina. Dieses Land war schon früher in Besitz genommen und ziemlich bewohnt. Berge, nicht allzu hoch aber steinig und unfruchtbar, waren von vielen bewässerten, dem Anbau günstigen Tälern durchschnitten. Städte, Flecken, einzelne Ansiedelungen lagen zerstreut auf der Fläche, auf Abhängen des großen Tals, dessen Wasser sich im Jordan sammlen. So bewohnt, so bebaut war das Land, aber die Welt noch groß genug, und die Menschen nicht auf den Grad sorgfältig, bedürfnisvoll und tätig, um sich gleich aller ihrer Umgebungen zu bemächtigen. Zwischen jenen Besitzungen erstreckten sich große Räume, in welchen weidende Züge sich bequem hin und her bewegen konnten. In solchen Räumen hält sich Abraham auf, sein Bruder Lot ist bei ihm; aber sie können nicht lange an solchen Orten verbleiben. Eben jene Verfassung des Landes, dessen Bevölkerung bald zu- bald abnimmt und dessen Erzeugnisse sich niemals mit dem Bedürfnis im Gleichgewicht erhalten, bringt unversehens eine Hungersnot hervor, und der Eingewanderte leidet mit dem Einheimischen, dem er durch seine zufällige Gegenwart die eigne Nahrung verkümmert hat. Die beiden chaldäischen Brüder ziehen nach Ägypten, und so ist uns der Schauplatz vorgezeichnet, auf dem einige tausend Jahre die bedeutendsten Begebenheiten der Welt vorgehen sollten. Vom Tigris zum Euphrat, vom Euphrat zum Nil sehen wir die Erde bevölkert, und in diesem Raume einen bekannten, den Göttern geliebten, uns schon wert gewordnen Mann mit Herden und Gütern hin und wider ziehen und sie in kurzer Zeit aufs reichlichste vermehren. Die Brüder kommen zurück; allein gewitzigt durch die ausgestandene Not, fassen sie den Entschluß, sich von einander zu trennen. Beide verweilen zwar im mittägigen Kanaan; aber indem Abraham zu Hebron gegen den Hain Mamre bleibt, zieht sich Lot nach dem Tale Siddim, das, wenn unsere Einbildungskraft kühn genug ist, dem Jordan einen unterirdischen Ausfluß zu geben, um an der Stelle des gegenwärtigen Asphaltsees einen trocknen Boden zu gewinnen, uns als ein zweites Paradies erscheinen kann und muß; um so mehr, weil die Bewohner und Umwohner desselben, als Weichlinge und Frevler berüchtigt, uns dadurch auf ein bequemes und üppiges Leben schließen lassen. Lot wohnt unter ihnen, jedoch abgesondert.

Aber Hebron und der Hain Mamre erscheinen uns als die wichtige Stätte, wo der Herr mit Abraham spricht und ihm alles Land verheißt, so weit sein Blick nur in vier Weltgegenden reichen mag. Aus diesen stillen Bezirken, von diesen Hirtenvölkern, die mit den Himmlischen umgehen dürfen, sie als Gäste bewirten und manche Zwiesprache mit ihnen halten, werden wir genötigt den Blick abermals gegen Osten zu wenden, und an die Verfassung der Nebenwelt zu denken, die im ganzen wohl der einzelnen Verfassung von Kanaan gleichen mochte.

Familien halten zusammen; sie vereinigen sich, und die Lebensart der Stämme wird durch das Lokal bestimmt, das sie sich zugeeignet haben oder zueignen. Auf den Gebirgen, die ihr Wasser nach dem Tigris hinuntersenden, finden wir kriegerische Völker, die schon sehr frühe auf jene Welteroberer und Weltbeherrscher hindeuten, und in einem für jene Zeiten ungeheuren Feldzug uns ein Vorspiel künftiger Großtaten geben. Kedor Laomor, König von Elam, wirkt schon mächtig auf Verbündete. Er herrscht lange Zeit: denn schon zwölf Jahre vor Abrahams Ankunft in Kanaan hatte er bis an den Jordan die Völker zinsbar gemacht. Sie waren endlich abgefallen, und die Verbündeten rüsten sich zum Kriege. Wir finden sie unvermutet auf einem Wege, auf dem wahrscheinlich auch Abraham nach Kanaan gelangte. Die Völker an der linken und untern Seite des Jordan werden bezwungen. Kedor Laomor richtet seinen Zug südwärts nach den Völkern der Wüste, sodann sich nordwärts wendend schlägt er die Amalekiter, und als er auch die Amoriter überwunden, gelangt er nach Kanaan, überfällt die Könige des Tals Siddim, schlägt und zerstreut sie, und zieht mit großer Beute den Jordan aufwärts, um seinen Siegerzug bis gegen den Libanon auszudehnen.

Unter den Gefangenen, Beraubten, mit ihrer Habe Fortgeschleppten befindet sich auch Lot, der das Schicksal des Landes teilt, worin er als Gast sich befindet. Abraham vernimmt es, und hier sehen wir sogleich den Erzvater als Krieger und Helden. Er rafft seine Knechte zusammen, teilt sie in Haufen, fällt auf den beschwerlichen Beutetroß, verwirrt die Sieghaften, die im Rücken keinen Feind mehr vermuten konnten, und bringt seinen Bruder und dessen Habe nebst manchem von der Habe der überwundenen Könige zurück. Durch diesen kurzen Kriegszug nimmt Abraham gleichsam von dem Lande Besitz. Den Einwohnern erscheint er als Beschützer, als Retter, und durch seine

Uneigennützigkeit als König. Dankbar empfangen ihn die Könige des Tals, segnend Melchisedek der König und Priester.

Nun werden die Weissagungen einer unendlichen Nachkommenschaft erneut, ja sie gehen immer mehr ins Weite. Vom Wasser des Euphrat bis zum Fluß Ägyptens werden ihm die sämtlichen Landstrecken versprochen; aber noch sieht es mit seinen unmittelbaren Leibeserben mißlich aus. Er ist achtzig Jahr alt und hat keinen Sohn. Sara, weniger den Göttern vertrauend als er, wird ungeduldig: sie will nach orientalischer Sitte durch ihre Magd einen Nachkommen haben. Aber kaum ist Hagar dem Hausherrn vertraut, kaum ist Hoffnung zu einem Sohne, so zeigt sich der Zwiespalt im Hause. Die Frau begegnet ihrer eignen Beschützten übel genug, und Hagar flieht, um bei andern Horden einen bessern Zustand zu finden. Nicht ohne höheren Wink kehrt sie zurück, und Ismael wird geboren.

Abraham ist nun neunundneunzig Jahr alt, und die Verheißungen einer zahlreichen Nachkommenschaft werden noch immer wiederholt, so daß am Ende beide Gatten sie lächerlich finden. Und doch wird Sara zuletzt guter Hoffnung und bringt einen Sohn, dem der Name Isaak zuteil wird.

Auf gesetzmäßiger Fortpflanzung des Menschengeschlechts ruht größtenteils die Geschichte. Die bedeutendsten Weltbegebenheiten ist man bis in die Geheimnisse der Familien zu verfolgen genötigt; und so geben uns auch die Ehen der Erzväter zu eignen Betrachtungen Anlaß. Es ist, als ob die Gottheiten, welche das Schicksal der Menschen zu leiten beliebten, die ehelichen Ereignisse jeder Art hier gleichsam im Vorbilde hätten darstellen wollen. Abraham, so lange Jahre mit einer schönen, von vielen umworbenen Frau in kinderloser Ehe, findet sich in seinem hundertsten als Gatte zweier Frauen, als Vater zweier Söhne, und in diesem Augenblick ist sein Hausfriede gestört. Zwei Frauen neben einander sowie zwei Söhne von zwei Müttern gegen einander über vertragen sich unmöglich. Derjenige Teil, der durch Gesetze, Herkommen und Meinung weniger begünstigt ist, muß weichen. Abraham muß die Neigung zu

Hagar, zu Ismael aufopfern; beide werden entlassen und Hagar genötigt, den Weg, den sie auf einer freiwilligen Flucht eingeschlagen, nunmehr wider Willen anzutreten, anfangs, wie es scheint, zu des Kindes und ihrem Untergang; aber der Engel des Herrn, der sie früher zurückgewiesen, rettet sie auch diesmal, damit Ismael auch zu einem großen Volk werde, und die unwahrscheinlichste aller Verheißungen selbst über ihre Grenzen hinaus in Erfüllung gehe.

Zwei Eltern in Jahren und ein einziger spätgeborner Sohn: hier sollte man doch endlich eine häusliche Ruhe, ein irdisches Glück erwarten! Keineswegs. Die Himmlischen bereiten dem Erzvater noch die schwerste Prüfung. Doch von dieser können wir nicht reden, ohne vorher noch mancherlei Betrachtungen anzustellen.

Sollte eine natürliche allgemeine Religion entspringen, und sich eine besondere geoffenbarte daraus entwickeln, so waren die Länder, in denen bisher unsere Einbildungskraft verweilt, die Lebensweise, die Menschenart wohl am geschicktesten dazu; wenigstens finden wir nicht, daß in der ganzen Welt sich etwas ähnlich Günstiges und Heitres hervorgetan hätte. Schon zur natürlichen Religion, wenn wir annehmen, daß sie früher in dem menschlichen Gemüte entsprungen, gehört viel Zartheit der Gesinnung: denn sie ruht auf der Überzeugung einer allgemeinen Vorsehung, welche die Weltordnung im ganzen leite. Eine besondre Religion, eine von den Göttern diesem oder jenem Volk geoffenbarte, führt den Glauben an eine besondre Vorsehung mit sich, die das göttliche Wesen gewissen begünstigten Menschen, Familien, Stämmen und Völkern zusagt. Diese scheint sich schwer aus dem Innern des Menschen zu entwickeln. Sie verlangt Überlieferung, Herkommen, Bürgschaft aus uralter Zeit.

Schön ist es daher, daß die israelitische Überlieferung gleich die ersten Männer, welche dieser besondern Vorsehung vertrauen, als Glaubenshelden darstellt, welche von jenem hohen Wesen, dem sie sich abhängig erkennen, alle und jede Gebote ebenso blindlings befolgen, als sie, ohne zu zweifeln, die späten Erfüllungen seiner Verheißungen abzuwarten nicht ermüden.

So wie eine besondere geoffenbarte Religion den Begriff zum Grunde legt, daß einer mehr von den Göttern begünstigt sein könne als der andre, so entspringt sie auch vorzüglich aus der Absonderung der Zustände. Nahe verwandt schienen sich die ersten Menschen, aber ihre Beschäftigungen trennten sie bald. Der Jäger war der freieste von allen; aus ihm entwickelte sich der Krieger und der Herrscher. Der Teil, der den Acker baute, sich der Erde verschrieb, Wohnungen und Scheuern aufführte, um das Erworbene zu erhalten, konnte sich schon etwas dünken, weil sein Zustand Dauer und Sicherheit versprach. Dem Hirten an seiner Stelle schien der ungemessenste Zustand sowie ein grenzenloser Besitz zuteil geworden. Die Vermehrung der Herden ging ins Unendliche, und der Raum, der sie ernähren sollte, erweiterte sich nach allen Seiten. Diese drei Stände scheinen sich gleich anfangs mit Verdruß und Verachtung angesehn zu haben; und wie der Hirte dem Städter ein Greuel war, so sonderte er auch sich wieder von diesem ab. Die Jäger verlieren sich aus unsern Augen in die Gebirge, und kommen nur als Eroberer wieder zum Vorschein.

Zum Hirtenstande gehörten die Erzväter. Ihre Lebensweise auf dem Meere der Wüsten und Weiden gab ihren Gesinnungen Breite und Freiheit, das Gewölbe des Himmels, unter dem sie wohnten, mit allen seinen nächtlichen Sternen ihren Gefühlen Erhabenheit, und sie bedurften mehr als der tätige gewandte Jäger, mehr als der sichre sorgfältige hausbewohnende Ackersmann des unerschütterlichen Glaubens, daß ein Gott ihnen zur Seite ziehe, daß er sie besuche, an ihnen Anteil nehme, sie führe und rette.

Zu noch einer andern Betrachtung werden wir genötigt, indem wir zur Geschichtsfolge übergehen. So menschlich, schön und heiter auch die Religion der Erzväter erscheint, so gehen doch Züge von Wildheit und Grausamkeit hindurch, aus welcher der Mensch herankommen, oder worein er wieder versinken kann.

Daß der Haß sich durch das Blut, durch den Tod des überwundenen Feindes versöhne, ist natürlich; daß man auf dem Schlachtfelde zwischen den Reihen der Getöteten einen Frieden schloß, läßt sich wohl denken; daß man ebenso durch geschlachtete Tiere ein Bündnis zu befestigen glaubte, fließt aus dem Vorhergehenden; auch daß man die Götter, die man doch immer als Partei, als Widersacher oder als Beistand, ansah, durch Getötetes herbeiziehen, sie versöhnen, sie gewinnen könne, über diese Vorstellung hat man sich gleichfalls nicht zu verwundern. Bleiben wir aber bei den Opfern stehen, und betrachten die Art, wie sie in jener Urzeit dargebracht wurden, so finden wir einen seltsamen, für uns ganz widerlichen Gebrauch, der wahrscheinlich auch aus dem Kriege hergenommen, diesen nämlich: die geopferten Tiere jeder Art, und wenn ihrer noch so viel gewidmet wurden, mußten in zwei Hälften zerhauen, an zwei Seiten gelegt werden, und in der Straße dazwischen befanden sich diejenigen, die mit der Gottheit einen Bund schließen wollten.

Wunderbar und ahndungsvoll geht durch jene schöne Welt noch ein anderer schrecklicher Zug, daß alles, was geweiht, was verlobt war, sterben mußte: wahrscheinlich auch ein auf den Frieden übertragener Kriegsgebrauch. Den Bewohnern einer Stadt, die sich gewaltsam wehrt, wird mit einem solchen Gelübde gedroht; sie geht über, durch Sturm oder sonst; man läßt nichts am Leben, Männer keineswegs, und manchmal teilen auch Frauen, Kinder, ja das Vieh ein gleiches Schicksal. Übereilter und abergläubischer Weise werden, bestimmter oder unbestimmter, dergleichen Opfer den Göttern versprochen; und so kommen die, welche man schonen möchte, ja sogar die Nächsten, die eigenen Kinder, in den Fall, als Sühnopfer eines solchen Wahnsinns zu bluten.

In dem sanften, wahrhaft urväterlichen Charakter Abrahams konnte eine so barbarische Anbetungsweise nicht entspringen; aber die Götter, welche manchmal, um uns zu versuchen, jene Eigenschaften hervorzukehren scheinen, die der Mensch ihnen anzudichten geneigt ist, befehlen ihm das Ungeheure. Er soll seinen Sohn opfern, als Pfand des neuen Bundes, und, wenn es nach dem Hergebrachten geht, ihn nicht etwa nur schlachten und verbrennen, sondern ihn in zwei Stücke teilen, und zwischen seinen rauchenden Eingeweiden sich von den gütigen Göttern eine neue Verheißung erwarten. Ohne Zaudern und blindlings schickt Abraham sich an, den Befehl zu vollziehen: den Göttern ist der Wille hinreichend. Nun sind Abrahams Prüfungen vorüber: denn weiter konnten sie nicht gesteigert werden. Aber Sara stirbt, und dies gibt Gelegenheit, daß Abraham von dem Lande Kanaan vorbildlich Besitz nimmt. Er bedarf eines Grabes, und dies ist das erstemal, daß er sich nach einem Eigentum auf dieser Erde umsieht. Eine zweifache Höhle gegen den Hain Mamre mag er sich schon früher ausgesucht haben. Diese kauft er mit dem daran stoßenden Acker, und die Form Rechtens, die er dabei beobachtet, zeigt, wie wichtig ihm dieser Besitz ist. Er war es auch, mehr als er sich vielleicht selbst denken konnte: denn er, seine Söhne und Enkel sollten daselbst ruhen, und der nächste Anspruch auf das ganze Land, sowie die immerwährende Neigung seiner Nachkommenschaft, sich hier zu versammeln, dadurch am eigentlichsten begründet werden.

Von nun an gehen die mannigfaltigen Familienszenen abwechselnd vor sich. Noch immer hält sich Abraham streng abgesondert von den Einwohnern, und wenn Ismael, der Sohn einer Ägypterin, auch eine Tochter dieses Landes geheiratet hat, so soll nun Isaak sich mit einer Blutsfreundin, einer Ebenbürtigen, vermählen.

Abraham sendet seinen Knecht nach Mesopotamien zu den Verwandten, die er dort zurückgelassen. Der kluge Eleasar kommt unerkannt an, und um die rechte Braut nach Hause zu bringen, prüft er die Dienstfertigkeit der Mädchen am Brunnen. Er verlangt zu trinken für sich, und ungebeten tränkt Rebekka auch seine Kamele. Er beschenkt sie, er freiet um sie, die ihm nicht versagt wird. So führt er sie in das Haus seines Herrn, und sie wird Isaak angetraut. Auch hier muß die Nachkommenschaft lange Zeit erwartet werden. Erst nach einigen Prüfungsjahren wird Rebekka gesegnet, und derselbe Zwiespalt, der in Abrahams Doppelehe von zwei Müttern entstand, entspringt hier von einer. Zwei Knaben von entgegengesetztem Sinne balgen sich schon unter dem Herzen der Mutter. Sie treten ans Licht: der ältere lebhaft und mächtig, der jüngere zart und klug; jener wird des Vaters, dieser der Mutter Liebling. Der

Streit um den Vorrang, der schon bei der Geburt beginnt, setzt sich immer fort. Esau ist ruhig und gleichgültig über die Erstgeburt, die ihm das Schicksal zugeteilt; Jakob vergißt nicht, daß ihn sein Bruder zurückgedrängt. Aufmerksam auf jede Gelegenheit, den erwünschten Vorteil zu gewinnen, handelt er seinem Bruder das Recht der Erstgeburt ab, und bevorteilt ihn um des Vaters Segen. Esau ergrimmt und schwört dem Bruder den Tod, Jakob entflieht, um in dem Lande seiner Vorfahren sein Glück zu versuchen.

Nun, zum erstenmal in einer so edlen Familie, erscheint ein Glied, das kein Bedenken trägt, durch Klugheit und List die Vorteile zu erlangen, welche Natur und Zustände ihm versagten. Es ist oft genug bemerkt und ausgesprochen worden, daß die Heiligen Schriften uns jene Erzväter und andere von Gott begünstigte Männer keineswegs als Tugendbilder aufstellen wollen. Auch sie sind Menschen von den verschiedensten Charaktern, mit mancherlei Mängeln und Gebrechen; aber eine Haupteigenschaft darf solchen Männern nach dem Herzen Gottes nicht fehlen: es ist der unerschütterliche Glaube, daß Gott sich ihrer und der Ihrigen besonders annehme.

Die allgemeine, die natürliche Religion bedarf eigentlich keines Glaubens: denn die Überzeugung, daß ein großes, hervorbringendes, ordnendes und leitendes Wesen sich gleichsam hinter der Natur verberge, um sich uns faßlich zu machen, eine solche Überzeugung dringt sich einem jeden auf; ja wenn er auch den Faden derselben, der ihn durchs Leben führt, manchmal fahren ließe, so wird er ihn doch gleich und überall wieder aufnehmen können. Ganz anders verhält sich's mit der besondern Religion, die uns verkündigt, daß jenes große Wesen sich eines Einzelnen, eines Stammes, eines Volkes, einer Landschaft entschieden und vorzüglich annehme. Diese Religion ist auf den Glauben gegründet, der unerschütterlich sein muß, wenn er nicht sogleich von Grund aus zerstört werden soll. Jeder Zweifel gegen eine solche Religion ist ihr tödlich. Zur Überzeugung kann man zurückkehren, aber nicht zum Glauben. Daher die unendlichen Prüfungen, das Zaudern der Erfüllung so wiederholter Verheißungen, wodurch die Glaubensfähigkeit jener Ahnherren ins hellste Licht gesetzt wird.

Auch in diesem Glauben tritt Jakob seinen Zug an, und wenn er durch List und Betrug unsere Neigung nicht erworben hat, so gewinnt er sie durch die dauernde und unverbrüchliche Liebe zu Rahel, um die er selbst aus dem Stegreife wirbt, wie Eleasar für seinen Vater um Rebekka geworben hatte. In ihm sollte sich die Verheißung eines unermeßlichen Volkes zuerst vollkommen entfalten; er sollte viele Söhne um sich sehen, aber auch durch sie und ihre Mütter manches Herzeleid erleben.

Sieben Jahre dient er um die Geliebte, ohne Ungeduld und ohne Wanken. Sein Schwiegervater, ihm gleich an List, gesinnt wie er, um jedes Mittel zum Zweck für rechtmäßig zu halten, betriegt ihn, vergilt ihm, was er an seinem Bruder getan: Jakob findet eine Gattin, die er nicht liebt, in seinen Armen. Zwar, um ihn zu besänftigen, gibt Laban nach kurzer Zeit ihm die geliebte dazu, aber unter der Bedingung sieben neuer Dienstjahre; und so entspringt nun Verdruß aus Verdruß. Die nicht geliebte Gattin ist fruchtbar, die geliebte bringt keine Kinder; diese will wie Sara durch eine Magd Mutter werden, jene mißgönnt ihr auch diesen Vorteil. Auch sie führt ihrem Gatten eine Magd zu, und nun ist der gute Erzvater der geplagteste Mann von der Welt: vier Frauen, Kinder von dreien, und keins von der geliebten! Endlich wird auch diese beglückt, und Joseph kommt zur Welt, ein Spätling der leidenschaftlichsten Liebe. Jakobs vierzehn Dienstjahre sind um; aber Laban will in ihm den ersten, treusten Knecht nicht entbehren. Sie schließen neue Bedingungen und teilen sich in die Herden. Laban behält die von weißer Farbe, als die der Mehrzahl; die scheckigen, gleichsam nur den Ausschuß, läßt sich Jakob gefallen. Dieser weiß aber auch hier seinen Vorteil zu wahren, und wie er durch ein schlechtes Gericht die Erstgeburt und durch eine Vermummung den väterlichen Segen gewonnen, so versteht er nun durch Kunst und Sympathie den besten und größten Teil der Herde sich zuzueignen, und wird auch von dieser Seite der wahrhaft würdige Stammvater des Volks Israel und ein Musterbild für seine Nachkommen. Laban und die

Seinigen bemerken, wo nicht das Kunststück, doch den Erfolg. Es gibt Verdruß; Jakob flieht mit allen den Seinigen, mit aller Habe, und entkommt dem nachsetzenden Laban teils durch Glück, teils durch List. Nun soll ihm Rahel noch einen Sohn schenken; sie stirbt aber in der Geburt: der Schmerzensohn Benjamin überlebt sie, aber noch größern Schmerz soll der Altvater bei dem anscheinenden Verlust seines Sohnes Joseph empfinden.

Vielleicht möchte jemand fragen, warum ich diese allgemein bekannten, so oft wiederholten und ausgelegten Geschichten hier abermals umständlich vortrage. Diesem dürfte zur Antwort dienen, daß ich auf keine andere Weise darzustellen wüßte, wie ich bei meinem zerstreuten Leben, bei meinem zerstückelten Lernen dennoch meinen Geist, meine Gefühle auf einen Punkt zu einer stillen Wirkung versammelte; weil ich auf keine andere Weise den Frieden zu schildern vermöchte, der mich umgab, wenn es auch draußen noch so wild und wunderlich herging. Wenn eine stets geschäftige Einbildungskraft, wovon jenes Märchen ein Zeugnis ablegen mag, mich bald da- bald dorthin führte, wenn das Gemisch von Fabel und Geschichte, Mythologie und Religion mich zu verwirren drohte, so flüchtete ich gern nach jenen morgenländischen Gegenden, ich versenkte mich in die ersten Bücher Mosis und fand mich dort unter den ausgebreiteten Hirtenstämmen zugleich in der größten Einsamkeit und in der größten Gesellschaft.

Diese Familienauftritte, ehe sie sich in eine Geschichte des israelitischen Volks verlieren sollten, lassen uns nun zum Schluß noch eine Gestalt sehen, an der sich besonders die Jugend mit Hoffnungen und Einbildungen gar artig schmeicheln kann: Joseph, das Kind der leidenschaftlichsten ehelichen Liebe. Ruhig erscheint er uns und klar, und prophezeit sich selbst die Vorzüge, die ihn über seine Familie erheben sollten. Durch seine Geschwister ins Unglück gestoßen, bleibt er standhaft und rechtlich in der Sklaverei, widersteht den gefährlichsten Versuchungen, rettet sich durch Weissagung, und wird zu hohen Ehren nach Verdienst erhoben. Erst zeigt er sich einem großen Königreiche, sodann den Seinigen hülfreich und nützlich. Er gleicht seinem Urvater Abraham an Ruhe und Großheit, seinem Großvater Isaak an Stille und Ergebenheit. Den von seinem Vater ihm angestammten Gewerbsinn übt er im großen: es sind nicht mehr Herden, die man einem Schwiegervater, die man für sich selbst gewinnt, es sind Völker mit allen ihren Besitzungen, die man für einen König einzuhandeln versteht. Höchst anmutig ist diese natürliche Erzählung, nur erscheint sie zu kurz, und man fühlt sich berufen, sie ins einzelne auszumalen.

Ein solches Ausmalen biblischer, nur im Umriß angegebener Charaktere und Begebenheiten war den Deutschen nicht mehr fremd. Die Personen des Alten und Neuen Testaments hatten durch Klopstock ein zartes und gefühlvolles Wesen gewonnen, das dem Knaben sowie vielen seiner Zeitgenossen höchlich zusagte. Von den Bodmerischen Arbeiten dieser Art kam wenig oder nichts zu ihm; aber „Daniel in der Löwengrube", von Moser, machte große Wirkung auf das junge Gemüt. Hier gelangt ein wohldenkender Geschäfts- und Hofmann durch mancherlei Trübsale zu hohen Ehren, und seine Frömmigkeit, durch die man ihn zu verderben drohte, ward früher und später sein Schild und seine Waffe. Die Geschichte Josephs zu bearbeiten war mir lange schon wünschenswert gewesen; allein ich konnte mit der Form nicht zurecht kommen, besonders da mir keine Versart geläufig war, die zu einer solchen Arbeit gepaßt hätte. Aber nun fand ich eine prosaische Behandlung sehr bequem und legte mich mit aller Gewalt auf die Bearbeitung. Nun suchte ich die Charaktere zu sondern und auszumalen, und durch Einschaltung von Inzidenzien und Episoden die alte einfache Geschichte zu einem neuen und selbständigen Werke zu machen. Ich bedachte nicht, was freilich die Jugend nicht bedenken kann, daß hiezu ein Gehalt nötig sei, und daß dieser uns nur durch das Gewahrwerden der Erfahrung selbst entspringen könne. Genug, ich vergegenwärtigte mir alle Begebenheiten bis ins kleinste Detail, und erzählte sie mir der Reihe nach auf das genauste.

Was mir diese Arbeit sehr erleichterte, war ein Umstand, der dieses Werk und überhaupt meine Autorschaft höchst voluminos zu machen drohte. Ein junger Mann von vielen Fähigkeiten, der aber durch Anstrengung und Dünkel blödsinnig geworden war, wohnte als Mündel in meines Vaters Hause, lebte ruhig mit der Familie und war sehr still und in sich gekehrt, und, wenn man ihn auf seine gewohnte Weise verfahren ließ, zufrieden und gefällig. Dieser hatte seine akademischen Hefte mit großer Sorgfalt geschrieben, und sich eine flüchtige leserliche Hand erworben. Er beschäftigte sich am liebsten mit Schreiben, und sah es gern, wenn man ihm etwas zu kopieren gab; noch lieber aber, wenn man ihm diktierte, weil er sich alsdann in seine glücklichen akademischen Jahre versetzt fühlte. Meinem Vater, der keine expedite Hand schrieb, und dessen deutsche Schrift klein und zittrig war, konnte nichts erwünschter sein, und er pflegte daher, bei Besorgung eigner sowohl als fremder Geschäfte, diesem jungen Manne gewöhnlich einige Stunden des Tags zu diktieren. Ich fand es nicht minder bequem, in der Zwischenzeit alles, was mir flüchtig durch den Kopf ging, von einer fremden Hand auf dem Papier fixiert zu sehen, und meine Erfindungs- und Nachahmungsgabe wuchs mit der Leichtigkeit des Auffassens und Aufbewahrens.

Ein so großes Werk als jenes biblische prosaisch-epische Gedicht hatte ich noch nicht unternommen. Es war eben eine ziemlich ruhige Zeit, und nichts rief meine Einbildungskraft aus Palästina und Ägypten zurück. So quoll mein Manuskript täglich um so mehr auf, als das Gedicht streckenweise, wie ich es mir selbst gleichsam in die Luft erzählte, auf dem Papier stand, und nur wenige Blätter von Zeit zu Zeit umgeschrieben zu werden brauchten.

Als das Werk fertig war, denn es kam zu meiner eignen Verwunderung wirklich zustande, bedachte ich, daß von den vorigen Jahren mancherlei Gedichte vorhanden seien, die mir auch jetzt nicht verwerflich schienen, welche, in ein Format mit „Joseph“ zusammengeschrieben, einen ganz artigen Quartband ausmachen würden, dem man den Titel „Vermischte Gedichte“ geben könnte; welches mir sehr wohl gefiel, weil ich dadurch im stillen bekannte und berühmte Autoren nachzuahmen Gelegenheit fand. Ich hatte eine gute Anzahl sogenannter anakreontischer Gedichte verfertigt, die mir wegen der Bequemlichkeit des Silbenmaßes und der Leichtigkeit des Inhalts sehr wohl von der Hand gingen. Allein diese durfte ich nicht wohl aufnehmen, weil sie keine Reime hatten, und ich doch vor allem meinem Vater etwas Angenehmes zu erzeigen wünschte. Desto mehr schienen mir geistliche Oden hier am Platz, dergleichen ich zur Nachahmung des „Jüngsten Gerichts" von Elias Schlegel sehr eifrig versucht hatte. Eine zur Feier der Höllenfahrt Christi geschriebene erhielt von meinen Eltern und Freunden viel Beifall, und sie hatte das Glück, mir selbst noch einige Jahre zu gefallen. Die sogenannten Texte der sonntägigen Kirchenmusiken, welche jedesmal gedruckt zu haben waren, studierte ich fleißig. Sie waren freilich sehr schwach, und ich durfte wohl glauben, daß die meinigen, deren ich mehrere nach der vorgeschriebenen Art verfertigt hatte, ebensogut verdienten komponiert und zur Erbauung der Gemeinde vorgetragen zu werden. Diese und mehrere dergleichen hatte ich seit länger als einem Jahre mit eigener Hand abgeschrieben, weil ich durch diese Privatübung von den Vorschriften des Schreibemeisters entbunden wurde. Nunmehr aber ward alles redigiert und in gute Ordnung gestellt, und es bedurfte keines großen Zuredens, um solche von jenem schreibelustigen jungen Manne reinlich abgeschrieben zu sehen. Ich eilte damit zum Buchbinder, und als ich gar bald den saubern Band meinem Vater überreichte, munterte er mich mit besonderm Wohlgefallen auf, alle Jahre einen solchen Quartanten zu liefern; welches er mit desto größerer Überzeugung tat, als ich das alles nur in sogenannten Nebenstunden geleistet hatte.

Noch ein anderer Umstand vermehrte den Hang zu diesen theologischen oder vielmehr biblischen Studien. Der Senior des Ministeriums, Johann Philipp Fresenius, ein sanfter Mann, von schönem gefälligen Ansehen, welcher von seiner Gemeinde, ja von der ganzen Stadt als ein exemplarischer Geistlicher und guter Kanzelredner verehrt ward, der aber, weil er gegen die Herrnhuter aufgetreten, bei den abgesonderten Frommen nicht im besten Ruf stand, vor der Menge hingegen sich durch die Bekehrung eines bis zum

Tode blessierten freigeistischen Generals berühmt und gleichsam heilig gemacht hatte, dieser starb, und sein Nachfolger Plitt, ein großer, schöner, würdiger Mann, der jedoch vom Katheder (er war Professor in Marburg gewesen) mehr die Gabe zu lehren als zu erbauen mitgebracht hatte, kündigte sogleich eine Art von Religionskursus an, dem er seine Predigten in einem gewissen methodischen Zusammenhang widmen wolle. Schon früher, da ich doch einmal in die Kirche gehen mußte, hatte ich mir die Einteilung gemerkt, und konnte dann und wann mit ziemlich vollständiger Rezitation einer Predigt großtun. Da nun über den neuen Senior manches für und wider in der Gemeine gesprochen wurde, und viele kein sonderliches Zutrauen in seine angekündigten didaktischen Predigten setzen wollten, so nahm ich mir vor, sorgfältiger nachzuschreiben, welches mir um so eher gelang, als ich auf einem zum Hören sehr bequemen, übrigens aber verborgenen Sitz schon geringere Versuche gemacht hatte. Ich war höchst aufmerksam und behend; in dem Augenblick, daß er Amen sagte, eilte ich aus der Kirche und wendete ein paar Stunden daran, das, was ich auf dem Papier und im Gedächtnis fixiert hatte, eilig zu diktieren, so daß ich die geschriebene Predigt noch vor Tische überreichen konnte. Mein Vater war sehr glorios über dieses Gelingen, und der gute Hausfreund, der eben zu Tische kam, mußte die Freude teilen. Dieser war mir ohnehin höchst günstig, weil ich mir seinen „Messias" so zu eigen gemacht hatte, daß ich ihm, bei meinen öftern Besuchen, um Siegelabdrücke für meine Wappensammlung zu holen, große Stellen davon vortragen konnte, so daß ihm die Tränen in den Augen standen.

Den nächsten Sonntag setzte ich die Arbeit mit gleichem Eifer fort, und weil mich der Mechanismus derselben sogar unterhielt, so dachte ich nicht nach über das, was ich schrieb und aufbewahrte. Das erste Vierteljahr mochten sich diese Bemühungen ziemlich gleich bleiben; als ich aber zuletzt, nach meinem Dünkel, weder besondere Aufklärung über die Bibel selbst, noch eine freiere Ansicht des Dogmas zu finden glaubte, so schien mir die kleine Eitelkeit, die dabei befriedigt wurde, zu teuer erkauft, als daß ich mit gleichem Eifer das Geschäft hätte fortsetzen sollen. Die erst so blätterreichen Kanzelreden wurden immer magerer, und ich hätte zuletzt diese Bemühung ganz abgebrochen, wenn nicht mein Vater, der ein Freund der Vollständigkeit war, mich durch gute Worte und Versprechungen dahin gebracht, daß ich bis auf den letzten Sonntag Trinitatis aushielt, obgleich am Schlusse kaum etwas mehr als der Text, die Proposition und die Einteilung auf kleine Blätter verzeichnet wurden.

Was das Vollbringen betrifft, darin hatte mein Vater eine besondere Hartnäckigkeit. Was einmal unternommen ward, sollte ausgeführt werden, und wenn auch inzwischen das Unbequeme, Langweilige, Verdrießliche, ja Unnütze des Begonnenen sich deutlich offenbarte. Es schien, als wenn ihm das Vollbringen der einzige Zweck, das Beharren die einzige Tugend deuchte. Hatten wir in langen Winterabenden im Familienkreise ein Buch angefangen vorzulesen, so mußten wir es auch durchbringen, wenn wir gleich sämtlich dabei verzweifelten und er mitunter selbst der erste war, der zu gähnen anfing. Ich erinnere mich noch eines solchen Winters, wo wir Bowers „Geschichte der Päpste“ so durchzuarbeiten hatten. Es war ein fürchterlicher Zustand, indem wenig oder nichts, was in jenen kirchlichen Verhältnissen vorkommt, Kinder und junge Leute ansprechen kann. Indessen ist mir bei aller Unachtsamkeit und allem Widerwillen doch von jener Vorlesung so viel geblieben, daß ich in späteren Zeiten manches daran zu knüpfen imstande war.

Bei allen diesen fremdartigen Beschäftigungen und Arbeiten, die so schnell auf einander folgten, daß man sich kaum besinnen konnte, ob sie zulässig und nützlich wären, verlor mein Vater seinen Hauptzweck nicht aus den Augen. Er suchte mein Gedächtnis, meine Gabe etwas zu fassen und zu kombinieren, auf juristische Gegenstände zu lenken, und gab mir daher ein kleines Buch, in Gestalt eines Katechismus, von Hoppe, nach Form und Inhalt der „Institutionen“ gearbeitet, in die Hände. Ich lernte Fragen und Antworten bald auswendig, und konnte so gut den Katecheten als den Katechumenen vorstellen; und wie bei dem damaligen Religionsunterricht eine der Hauptübungen war, daß man auf das behendeste in der Bibel aufschlagen lernte, so wurde auch hier eine gleiche Bekanntschaft mit dem „Corpus Juris“ für nötig befunden, worin ich auch bald auf das vollkommenste bewandert war. Mein Vater wollte weiter gehen, und der „Kleine Struve“ ward vorgenommen; aber hier ging es nicht so rasch. Die Form des Buches war für den Anfänger nicht so günstig, daß er sich selbst hätte aushelfen können, und meines Vaters Art zu dozieren nicht so liberal, daß sie mich angesprochen hätte.

Nicht allein durch die kriegerischen Zustände, in denen wir uns seit einigen Jahren befanden, sondern auch durch das bürgerliche Leben selbst, durch Lesen von Geschichten und Romanen war es uns nur allzu deutlich, daß es sehr viele Fälle gebe, in welchen die Gesetze schweigen und dem einzelnen nicht zu Hülfe kommen, der dann sehen mag, wie er sich aus der Sache zieht. Wir waren nun herangewachsen, und dem Schlendriane nach sollten wir auch neben andern Dingen fechten und reiten lernen, um uns gelegentlich unserer Haut zu wehren, und zu Pferde kein schülerhaftes Ansehn zu haben. Was den ersten Punkt betrifft, so war uns eine solche Übung sehr angenehm: denn wir hatten uns schon längst Haurapiere von Haselstöcken, mit Körben von Weiden sauber geflochten, um die Hand zu schützen, zu verschaffen gewußt. Nun durften wir uns wirklich stählerne Klingen zulegen, und das Gerassel, was wir damit machten, war sehr lebhaft.

Zwei Fechtmeister befanden sich in der Stadt: ein älterer ernster Deutscher, der auf die strenge und tüchtige Weise zu Werke ging, und ein Franzose, der seinen Vorteil durch Avancieren und Retirieren, durch leichte flüchtige Stöße, welche stets mit einigen Ausrufungen begleitet waren, zu erreichen suchte. Die Meinungen, welche Art die beste sei, waren geteilt. Der kleinen Gesellschaft, mit welcher ich Stunde nehmen sollte, gab man den Franzosen, und wir gewöhnten uns bald, vorwärts und rückwärts zu gehen, auszufallen und uns zurückzuziehen, und dabei immer in die herkömmlichen Schreilaute auszubrechen. Mehrere von unsern Bekannten aber hatten sich zu dem deutschen Fechtmeister gewendet, und übten gerade das Gegenteil. Diese verschiedenen Arten, eine so wichtige Übung zu behandeln, die Überzeugung eines jeden, daß sein Meister der bessere sei, brachte wirklich eine Spaltung unter die jungen Leute, die ungefähr von einem Alter waren, und es fehlte wenig, so hätten die Fechtschulen ganz ernstliche Gefechte veranlaßt. Denn fast ward ebensosehr mit Worten gestritten als mit der Klinge gefochten, und um zuletzt der Sache ein Ende zu machen, ward ein Wettkampf zwischen beiden Meistern veranstaltet, dessen Erfolg ich nicht umständlich zu beschreiben brauche. Der Deutsche stand in seiner Positur wie eine Mauer, paßte auf seinen Vorteil, und wußte mit Battieren und Ligieren seinen Gegner ein über das andre Mal zu entwaffnen. Dieser behauptete, das sei nicht Raison, und fuhr mit seiner Beweglichkeit fort, den andern in Atem zu setzen. Auch brachte er dem Deutschen wohl einige Stöße bei, die ihn aber selbst, wenn es Ernst gewesen wäre, in die andre Welt geschickt hätten.

Im ganzen ward nichts entschieden noch gebessert, nur wendeten sich einige zu dem Landsmann, worunter ich auch gehörte. Allein ich hatte schon zu viel von dem ersten Meister angenommen, daher eine ziemliche Zeit darüber hinging, bis der neue mir es wieder abgewöhnen konnte, der überhaupt mit uns Renegaten weniger als mit seinen Urschülern zufrieden war.

Mit dem Reiten ging es mir noch schlimmer. Zufälligerweise schickte man mich im Herbst auf die Bahn, so daß ich in der kühlen und feuchten Jahreszeit meinen Anfang machte. Die pedantische Behandlung dieser schönen Kunst war mir höchlich zuwider. Zum ersten und letzten war immer vom Schließen die Rede, und es konnte einem doch niemand sagen, worin denn eigentlich der Schluß bestehe, worauf doch alles ankommen solle: denn man fuhr ohne Steigbügel auf dem Pferde hin und her. Übrigens schien der Unterricht nur auf Prellerei und Beschämung der Scholaren angelegt. Vergaß man die Kinnkette ein- oder auszuhängen, ließ man die Gerte fallen oder wohl gar den Hut, jedes Versäumnis, jedes Unglück mußte mit Geld gebüßt werden, und man ward noch obenein ausgelacht. Dies gab mir den allerschlimmsten Humor, besonders da ich den Übungsort selbst ganz unerträglich fand. Der garstige, große, entweder feuchte oder staubige Raum, die Kälte, der Modergeruch, alles zusammen war mir im höchsten Grade zuwider; und da der Stallmeister den andern, weil sie ihn vielleicht durch Frühstücke und sonstige Gaben, vielleicht auch durch ihre Geschicklichkeit bestachen, immer die besten Pferde, mir aber die schlechtesten zu reiten gab, mich auch wohl warten ließ, und mich, wie es schien, hintansetzte, so brachte ich die allerverdrießlichsten Stunden über einem Geschäft hin, das eigentlich das lustigste von der Welt sein sollte. Ja der Eindruck von jener Zeit, von jenen Zuständen ist mir so lebhaft geblieben, daß, ob ich gleich nachher leidenschaftlich und verwegen zu reiten gewohnt war, auch Tage und Wochen lang kaum vom Pferde kam, daß ich bedeckte Reitbahnen sorgfältig vermied, und höchstens nur wenig Augenblicke darin verweilte. Es kommt übrigens der Fall oft genug vor, daß, wenn die Anfänge einer abgeschlossenen Kunst uns überliefert werden sollen, dieses auf eine peinliche und abschreckende Art geschieht. Die Überzeugung, wie lästig und schädlich dieses sei, hat in spätern Zeiten die Erziehungsmaxime aufgestellt, daß alles der Jugend auf eine leichte, lustige und bequeme Art beigebracht werden müsse; woraus denn aber auch wieder andere Übel und Nachteile entsprungen sind.

Mit der Annäherung des Frühlings ward es bei uns auch wieder ruhiger, und wenn ich mir früher das Anschauen der Stadt, ihrer geistlichen und weltlichen, öffentlichen und Privatgebäude zu verschaffen suchte, und besonders an dem damals noch vorherrschenden Altertümlichen das größte Vergnügen fand, so war ich nachher bemüht, durch die Lersnersche „Chronik“ und durch andre unter meines Vaters Frankofurtensien befindliche Bücher und Hefte, die Personen vergangner Zeiten mir zu vergegenwärtigen; welches mir denn auch durch große Aufmerksamkeit auf das Besondere der Zeiten und Sitten und bedeutender Individualitäten ganz gut zu gelingen schien.

Unter den altertümlichen Resten war mir, von Kindheit an, der auf dem Brückenturm aufgesteckte Schädel eines Staatsverbrechers merkwürdig gewesen, der von dreien oder vieren, wie die leeren eisernen Spitzen auswiesen, seit 1616 sich durch alle Unbilden der Zeit und Witterung erhalten hatte. So oft man von Sachsenhausen nach Frankfurt zurückkehrte, hatte man den Turm vor sich, und der Schädel fiel ins Auge. Ich ließ mir als Knabe schon gern die Geschichte dieser Aufrührer, des Fettmilch und seiner Genossen, erzählen, wie sie mit dem Stadtregiment unzufrieden gewesen, sich gegen dasselbe empört, Meuterei angesponnen, die Judenstadt geplündert und gräßliche Händel erregt, zuletzt aber gefangen und von kaiserlichen Abgeordneten zum Tode verurteilt worden. Späterhin lag mir daran, die nähern Umstände zu erfahren und, was es denn für Leute gewesen, zu vernehmen. Als ich nun aus einem alten, gleichzeitigen, mit Holzschnitten versehenen Buche erfuhr, daß zwar diese Menschen zum Tode verurteilt, aber zugleich auch viele Ratsherrn abgesetzt worden, weil mancherlei Unordnung und sehr viel Unverantwortliches im Schwange gewesen; da ich nun die nähern Umstände vernahm, wie alles hergegangen: so bedauerte ich die unglücklichen Menschen, welche man wohl als Opfer, die einer künftigen bessern Verfassung gebracht worden, ansehen dürfe; denn von jener Zeit schrieb sich die Einrichtung her, nach welcher sowohl das altadlige Haus Limpurg, das aus einem Klub entsprungene Haus Frauenstein, ferner Juristen, Kaufleute und Handwerker an einem Regimente teilnehmen sollten, das, durch eine auf venezianische Weise verwickelte Ballotage ergänzt, von bürgerlichen Kollegien eingeschränkt, das Rechte zu tun berufen war, ohne zu dem Unrechten sonderliche Freiheit zu behalten.

Zu den ahnungsvollen Dingen, die den Knaben und auch wohl den Jüngling bedrängten, gehörte besonders der Zustand der Judenstadt, eigentlich die Judengasse genannt, weil sie kaum aus etwas mehr als einer einzigen Straße besteht, welche in frühen Zeiten zwischen Stadtmauer und Graben wie in einen Zwinger mochte eingeklemmt worden sein. Die Enge, der Schmutz, das Gewimmel, der Akzent einer unerfreulichen Sprache, alles zusammen machte den unangenehmsten Eindruck, wenn man auch nur am Tore vorbeigehend hineinsah. Es dauerte lange, bis ich allein mich hineinwagte, und ich kehrte nicht leicht wieder dahin zurück, wenn ich einmal den Zudringlichkeiten so vieler, etwas zu schachern unermüdet fordernder oder anbietender Menschen entgangen war. Dabei schwebten die alten Märchen von Grausamkeit der Juden gegen die Christenkinder, die wir in Gottfrieds „Chronik" gräßlich abgebildet gesehen, düster vor dem jungen Gemüt. Und ob man gleich in der neuern Zeit besser von ihnen dachte, so zeugte doch das große Spott- und Schandgemälde, welches unter dem Brückenturm an einer Bogenwand, zu ihrem Unglimpf, noch ziemlich zu sehen war, außerordentlich gegen sie: denn es war nicht etwa durch einen Privatmutwillen, sondern aus öffentlicher Anstalt verfertigt worden.

Indessen blieben sie doch das auserwählte Volk Gottes, und gingen, wie es nun mochte gekommen sein, zum Andenken der ältesten Zeiten umher. Außerdem waren sie ja auch Menschen, tätig, gefällig, und selbst dem Eigensinn, womit sie an ihren Gebräuchen hingen, konnte man seine Achtung nicht versagen. Überdies waren die Mädchen hübsch, und mochten es wohl leiden, wenn ein Christenknabe, ihnen am Sabbat auf dem Fischerfelde begegnend, sich freundlich und aufmerksam bewies. Äußerst neugierig war ich daher, ihre Zeremonien kennen zu lernen. Ich ließ nicht ab, bis ich ihre Schule öfters besucht, einer Beschneidung, einer Hochzeit beigewohnt und von dem Lauberhüttenfest mir ein Bild gemacht hatte. Überall war ich wohl aufgenommen, gut bewirtet und zur Wiederkehr eingeladen: denn es waren Personen von Einfluß, die mich entweder hinführten oder empfahlen.

So wurde ich denn als ein junger Bewohner einer großen Stadt von einem Gegenstand zum andern hin und wider geworfen, und es fehlte mitten in der bürgerlichen Ruhe und Sicherheit nicht an gräßlichen Auftritten. Bald weckte ein näherer oder entfernter Brand uns aus unserm häuslichen Frieden, bald setzte ein entdecktes großes Verbrechen, dessen Untersuchung und Bestrafung die Stadt auf viele Wochen in Unruhe. Wir mußten Zeugen von verschiedenen Exekutionen sein, und es ist wohl wert zu gedenken, daß ich auch bei Verbrennung eines Buchs gegenwärtig gewesen bin. Es war der Verlag eines französischen komischen

Romans, der zwar den Staat, aber nicht Religion und Sitten schonte. Es hatte wirklich etwas Fürchterliches, eine Strafe an einem leblosen Wesen ausgeübt zu sehen. Die Ballen platzten im Feuer, und wurden durch Ofengabeln aus einander geschürt und mit den Flammen mehr in Berührung gebracht. Es dauerte nicht lange, so flogen die angebrannten Blätter in der Luft herum, und die Menge haschte begierig darnach. Auch ruhten wir nicht, bis wir ein Exemplar auftrieben, und es waren nicht wenige, die sich das verbotne Vergnügen gleichfalls zu verschaffen wußten. Ja, wenn es dem Autor um Publizität zu tun war, so hätte er selbst nicht besser dafür sorgen können.

Jedoch auch friedlichere Anlässe führten mich in der Stadt hin und wider. Mein Vater hatte mich früh gewöhnt, kleine Geschäfte für ihn zu besorgen. Besonders trug er mir auf, die Handwerker, die er in Arbeit setzte, zu mahnen, da sie ihn gewöhnlich länger als billig aufhielten, weil er alles genau wollte gearbeitet haben und zuletzt bei prompter Bezahlung die Preise zu mäßigen pflegte. Ich gelangte dadurch fast in alle Werkstätten, und da es mir angeboren war, mich in die Zustände anderer zu finden, eine jede besondere Art des menschlichen Daseins zu fühlen und mit Gefallen daran teilzunehmen, so brachte ich manche vergnügliche Stunde durch Anlaß solcher Aufträge zu, lernte eines jeden Verfahrungsart kennen, und was die unerläßlichen Bedingungen dieser und jener Lebensweise für Freude, für Leid, Beschwerliches und Günstiges mit sich führen. Ich näherte mich dadurch dieser tätigen, das Untere und Obere verbindenden Klasse. Denn wenn an der einen Seite diejenigen stehen, die sich mit den einfachen und rohen Erzeugnissen beschäftigen, an der andern solche, die schon etwas Verarbeitetes genießen wollen, so vermittelt der Gewerker durch Sinn und Hand, daß jene beide etwas von einander empfangen und jeder nach seiner Art seiner Wünsche teilhaft werden kann. Das Familienwesen eines jeden Handwerks, das Gestalt und Farbe von der Beschäftigung erhielt, war gleichfalls der Gegenstand meiner stillen Aufmerksamkeit, und so entwickelte, so bestärkte sich in mir das Gefühl der Gleichheit, wo nicht aller Menschen, doch aller menschlichen Zustände, indem mir das nackte Dasein als die Hauptbedingung, das übrige alles aber als gleichgültig und zufällig erschien.

Da mein Vater sich nicht leicht eine Ausgabe erlaubte, die durch einen augenblicklichen Genuß sogleich wäre aufgezehrt worden, wie ich mich denn kaum erinnre, daß wir zusammen spazieren gefahren, und auf einem Lustorte etwas verzehrt hätten: so war er dagegen nicht karg mit Anschaffung solcher Dinge, die bei innerm Wert auch einen guten äußern Schein haben. Niemand konnte den Frieden mehr wünschen als er, ob er gleich in der letzten Zeit vom Kriege nicht die mindeste Beschwerlichkeit empfand. In diesen Gesinnungen hatte er meiner Mutter eine goldne mit Diamanten besetzte Dose versprochen, welche sie erhalten sollte, sobald der Friede publiziert würde. In Hoffnung dieses glücklichen Ereignisses arbeitete man schon einige Jahre an diesem Geschenk. Die Dose selbst, von ziemlicher Größe, ward in Hanau verfertigt: denn mit den dortigen Goldarbeitern sowie mit den Vorstehern der Seidenanstalt stand mein Vater in gutem Vernehmen. Mehrere Zeichnungen wurden dazu verfertigt; den Deckel zierte ein Blumenkorb, über welchem eine Taube mit dem Ölzweig schwebte. Der Raum für die Juwelen war gelassen, die teils an der Taube, teils an den Blumen, teils auch an der Stelle, wo man die Dose zu öffnen pflegt, angebracht werden sollten. Der Juwelier, dem die völlige Ausführung nebst den dazu nötigen Steinen übergeben ward, hieß Lautensack und war ein geschickter muntrer Mann, der, wie mehrere geistreiche Künstler, selten das Notwendige, gewöhnlich aber das Willkürliche tat, was ihm Vergnügen machte. Die Juwelen, in der Figur, wie sie auf dem Dosendeckel angebracht werden sollten, waren zwar bald auf schwarzes Wachs gesetzt und nahmen sich ganz gut aus; allein sie wollten sich von da gar nicht ablösen, um aufs Gold zu gelangen. Im Anfange ließ mein Vater die Sache noch so anstehen; als aber die Hoffnung zum Frieden immer lebhafter wurde, als man zuletzt schon die Bedingungen, besonders die Erhebung des Erzherzogs Joseph zum Römischen König, genauer wissen wollte, so ward mein Vater immer ungeduldiger, und ich mußte wöchentlich ein paarmal, ja zuletzt fast täglich den saumseligen Künstler besuchen. Durch mein unablässiges Quälen und Zureden rückte die Arbeit, wiewohl langsam genug, vorwärts: denn weil sie von der Art war, daß man sie bald vornehmen, bald wieder aus den Händen legen konnte, so fand sich immer etwas, wodurch sie verdrängt und bei Seite geschoben wurde.

Die Hauptursache dieses Benehmens indes war eine Arbeit, die der Künstler für eigene Rechnung unternommen hatte. Jedermann wußte, daß Kaiser Franz eine große Neigung zu Juwelen, besonders auch zu farbigen Steinen hege. Lautensack hatte eine ansehnliche Summe, und, wie sich später fand, größer als sein Vermögen, auf dergleichen Edelsteine verwandt, und daraus einen Blumenstrauß zu bilden angefangen, in welchem jeder Stein nach seiner Form und Farbe günstig hervortreten und das Ganze ein Kunststück geben sollte, wert, in dem Schatzgewölbe eines Kaisers aufbewahrt zu stehen. Er hatte nach seiner zerstreuten Art mehrere Jahre daran gearbeitet, und eilte nun, weil man nach dem bald zu hoffenden Frieden die Ankunft des Kaisers zur Krönung seines Sohns in Frankfurt erwartete, es vollständig zu machen und endlich zusammenzubringen. Meine Lust, dergleichen Gegenstände kennen zu lernen, benutzte er sehr gewandt, um mich als einen Mahnboten zu zerstreuen und von meinem Vorsatz abzulenken. Er suchte mir die Kenntnis dieser Steine beizubringen, machte mich auf ihre Eigenschaften, ihren Wert aufmerksam, so daß ich sein ganzes Bouquet zuletzt auswendig wußte, und es ebenso gut wie er einem Kunden hätte anpreisend vordemonstrieren können. Es ist mir noch jetzt gegenwärtig, und ich habe wohl kostbarere, aber nicht anmutigere Schau- und Prachtstücke dieser Art gesehen. Außerdem besaß er noch eine hübsche Kupfersammlung und andere Kunstwerke, über die er sich gern unterhielt, und ich brachte viele Stunden nicht ohne Nutzen bei ihm zu. Endlich, als wirklich der Kongreß zu Hubertsburg schon festgesetzt war, tat er aus Liebe zu mir ein übriges, und die Taube zusamt den Blumen gelangte am Friedensfeste wirklich in die Hände meiner Mutter.

Manchen ähnlichen Auftrag erhielt ich denn auch, um

bei den Malern bestellte Bilder zu betreiben. Mein Vater hatte bei sich den Begriff festgesetzt, und wenig Menschen waren davon frei, daß ein Bild auf Holz gemalt einen großen Vorzug vor einem andern habe, das nur auf Leinwand aufgetragen sei. Gute eichene Bretter von jeder Form zu besitzen, war deswegen meines Vaters große Sorgfalt, indem er wohl wußte, daß die leichtsinnigern Künstler sich gerade in dieser wichtigen Sache auf den Tischer verließen. Die ältesten Bohlen wurden aufgesucht, der Tischer mußte mit Leimen, Hobeln und Zurichten derselben aufs genauste zu Werke gehen, und dann blieben sie Jahre lang in einem obern Zimmer verwahrt, wo sie genugsam austrocknen konnten. Ein solches köstliches Brett ward dem Maler Junkker anvertraut, der einen verzierten Blumentopf mit den bedeutendsten Blumen nach der Natur in seiner künstlichen und zierlichen Weise darauf darstellen sollte. Es war gerade im Frühling, und ich versäumte nicht, ihm wöchentlich einigemal die schönsten Blumen zu bringen, die mir unter die Hand kamen; welche er denn auch sogleich einschaltete, und das Ganze nach und nach aus diesen Elementen auf das treulichste und fleißigste zusammenbildete. Gelegentlich hatte ich auch wohl einmal eine Maus gefangen, die ich ihm brachte, und die er als ein gar so zierliches Tier nachzubilden Lust hatte, auch sie wirklich aufs genauste vorstellte, wie sie am Fuße des Blumentopfes eine Kornähre benascht. Mehr dergleichen unschuldige Naturgegenstände, als Schmetterlinge und Käfer, wurden herbeigeschafft und dargestellt, so daß zuletzt, was Nachahmung und Ausführung betraf, ein höchst schätzbares Bild beisammen war.

Ich wunderte mich daher nicht wenig, als der gute Mann mir eines Tages, da die Arbeit bald abgeliefert werden sollte, umständlich eröffnete, wie ihm das Bild nicht mehr gefalle, indem es wohl im einzelnen ganz gut geraten, im ganzen aber nicht gut komponiert sei, weil es so nach und nach entstanden, und er im Anfange das Versehen begangen, sich nicht wenigstens einen allgemeinen Plan für Licht und Schatten sowie für Farben zu entwerfen, nach welchem man die einzelnen Blumen hätte einordnen können. Er ging mit mir das während eines halben Jahrs vor meinen Augen entstandene und mir teilweise gefällige Bild umständlich durch, und wußte mich zu meiner Betrübnis vollkommen zu überzeugen. Auch hielt er die nachgebildete Maus für einen Mißgriff: „denn", sagte er, „solche Tiere haben für viele Menschen etwas Schauderhaftes, und man sollte sie da nicht anbringen, wo man Gefallen erregen will." Ich hatte nun, wie es demjenigen zu gehen pflegt, der sich von einem Vorurteile geheilt sieht und sich viel klüger dünkt als er vorher gewesen, eine wahre Verachtung gegen dies Kunstwerk, und stimmte dem Künstler völlig bei, als er eine andere Tafel von gleicher Größe verfertigen ließ, worauf er, nach dem Geschmack, den er besaß, ein besser geformtes Gefäß und einen kunstreicher geordneten Blumenstrauß anbrachte, auch die lebendigen kleinen Beiwesen zierlich und erfreulich sowohl zu wählen als zu verteilen wußte. Auch diese Tafel malte er mit der größten Sorgfalt, doch freilich nur nach jener schon abgebildeten oder aus dem Gedächtnis, das ihm aber bei einer sehr langen und emsigen Praxis gar wohl zu Hülfe kam. Beide Gemälde waren nun fertig, und wir hatten eine entschiedene Freude an dem letzten, das wirklich kunstreicher und mehr in die Augen fiel. Der Vater ward anstatt mit einem mit zwei Stücken überrascht und ihm die Wahl gelassen. Er billigte unsere Meinung und die Gründe derselben, besonders auch den guten Willen und die Tätigkeit; entschied sich aber, nachdem er beide Bilder einige Tage betrachtet, für das erste, ohne über diese Wahl weiter viele Worte zu machen. Der Künstler, ärgerlich, nahm sein zweites, wohlgemeintes Bild zurück, und konnte sich gegen mich der Bemerkung nicht enthalten, daß die gute eichne Tafel, worauf das erste gemalt stehe, zum Entschluß des Vaters gewiß das Ihrige beigetragen habe.

Da ich hier wieder der Malerei gedenke, so tritt in meiner Erinnerung eine große Anstalt hervor, in der ich viele Zeit zubrachte, weil sie und deren Vorsteher mich besonders an sich zog. Es war die große Wachstuchfabrik, welche der Maler Nothnagel errichtet hatte: ein geschickter Künstler, der aber sowohl durch sein Talent als durch seine Denkweise mehr zum Fabrikwesen als zur Kunst hinneigte. In einem sehr großen Raume von Höfen und Gärten wurden alle Arten von Wachstuch gefertigt, von dem rohsten an, das mit der Spatel aufgetragen wird und das man zu Rüstwagen und ähnlichem Gebrauch benutzte, durch die Tapeten hindurch, welche mit Formen abgedruckt wurden, bis zu den feineren und feinsten, auf welchen bald chinesische und phantastische, bald natürliche Blumen abgebildet, bald Figuren, bald Landschaften durch den Pinsel geschickter Arbeiter dargestellt wurden. Diese Mannigfaltigkeit, die ins Unendliche ging, ergetzte mich sehr. Die Beschäftigung so vieler Menschen von der gemeinsten Arbeit bis zu solchen, denen man einen gewissen Kunstwert kaum versagen konnte, war für mich höchst anziehend. Ich machte Bekanntschaft mit dieser Menge in vielen Zimmern hinter einander arbeitenden jüngern und älteren Männern, und legte auch wohl selbst mitunter Hand an. Der Vertrieb dieser Ware ging außerordentlich stark. Wer damals baute oder ein Gebäude möblierte, wollte für seine Lebenszeit versorgt sein, und diese Wachstuchtapeten waren allerdings unverwüstlich. Nothnagel selbst hatte genug mit Leitung des Ganzen zu tun, und saß in seinem Comptoir, umgeben von Faktoren und Handlungsdienern. Die Zeit, die ihm übrig blieb, beschäftigte er sich mit seiner Kunstsammlung, die vorzüglich aus Kupferstichen bestand, mit denen er, sowie mit Gemälden, die er besaß, auch wohl gelegentlich Handel trieb. Zugleich hatte er das Radieren lieb gewonnen; er ätzte verschiedene Blätter und setzte diesen Kunstzweig bis in seine spätesten Jahre fort.

Da seine Wohnung nahe am Eschenheimer Tore lag, so führte mich, wenn ich ihn besucht hatte, mein Weg gewöhnlich zur Stadt hinaus und zu den Grundstücken, welche mein Vater vor den Toren besaß. Das eine war ein großer Baumgarten, dessen Boden als Wiese benutzt wurde, und worin mein Vater das Nachpflanzen der Bäume, und was sonst zur Erhaltung diente, sorgfältig beobachtete, obgleich das Grundstück verpachtet war. Noch mehr Beschäftigung gab ihm ein sehr gut unterhaltener Weinberg vor dem Friedberger Tore, woselbst zwischen den Reihen der Weinstöcke Spargelreihen mit großer Sorgfalt gepflanzt und gewartet wurden. Es verging in der guten Jahrszeit fast kein

Tag, daß nicht mein Vater sich hinausbegab, da wir ihn denn meist begleiten durften, und so von den ersten Erzeugnissen des Frühlings bis zu den letzten des Herbstes Genuß und Freude hatten. Wir lernten nun auch mit den Gartengeschäften umgehen, die, weil sie sich jährlich wiederholten, uns endlich ganz bekannt und geläufig wurden. Nach mancherlei Früchten des Sommers und Herbstes war aber doch zuletzt die Weinlese das Lustigste und am meisten Erwünschte; ja es ist keine Frage, daß, wie der Wein selbst den Orten und Gegenden, wo er wächst und getrunken wird, einen freiern Charakter gibt, so auch diese Tage der Weinlese, indem sie den Sommer schließen und zugleich den Winter eröffnen, eine unglaubliche Heiterkeit verbreiten. Lust und Jubel erstreckt sich über eine ganze Gegend. Des Tages hört man von allen Ecken und Enden Jauchzen und Schießen, und des Nachts verkünden bald da bald dort Raketen und Leuchtkugeln, daß man noch überall wach und munter diese Feier gern so lange als möglich ausdehnen möchte. Die nachherigen Bemühungen beim Keltern und während der Gärung im Keller gaben uns auch zu Hause eine heitere Beschäftigung, und so kamen wir gewöhnlich in den Winter hinein, ohne es recht gewahr zu werden.

Dieser ländlichen Besitzungen erfreuten wir uns im Frühling 1763 um so mehr, als uns der 15. Februar dieses Jahrs, durch den Abschluß des Hubertsburger Friedens, zum festlichen Tage geworden, unter dessen glücklichen Folgen der größte Teil meines Lebens verfließen sollte. Ehe ich jedoch weiter schreite, halte ich es für meine Schuldigkeit, einiger Männer zu gedenken, welche einen bedeutenden Einfluß auf meine Jugend ausgeübt.

Von Olenschlager, Mitglied des Hauses Frauenstein, Schöff und Schwiegersohn des oben erwähnten Doktor Orth, ein schöner, behaglicher, sanguinischer Mann. Er hätte in seiner burgemeisterlichen Festtracht gar wohl den angesehensten französischen Prälaten vorstellen können. Nach seinen akademischen Studien hatte er sich in Hof- und Staatsgeschäften umgetan, und seine Reisen auch zu diesen Zwecken eingeleitet. Er hielt mich besonders wert und sprach oft mit mir von den Dingen, die ihn vorzüglich interessierten. Ich war um ihn, als er eben seine „Erläuterung der Güldnen Bulle“ schrieb; da er mir denn den Wert und die Würde dieses Dokuments sehr deutlich herauszusetzen wußte. Auch dadurch wurde meine Einbildungskraft in jene wilden und unruhigen Zeiten zurückgeführt, daß ich nicht unterlassen konnte, dasjenige, was er mir geschichtlich erzählte, gleichsam als gegenwärtig, mit Ausmalung der Charakter und Umstände und manchmal sogar mimisch darzustellen; woran er denn große Freude hatte, und durch seinen Beifall mich zur Wiederholung aufregte.

Ich hatte von Kindheit auf die wunderliche Gewohnheit, immer die Anfänge der Bücher und Abteilungen eines Werks auswendig zu lernen, zuerst der fünf Bücher Mosis, sodann der „Äneide“ und der „Metamorphosen“. So machte ich es nun auch mit der Goldenen Bulle, und reizte meinen Gönner oft zum Lächeln, wenn ich ganz ernsthaft unversehens ausrief: „Omne regnum in se divisum desolabitur: nam principes ejus facti sunt socii furum.“ Der kluge Mann schüttelte lächelnd den Kopf und sagte bedenklich: „Was müssen das für Zeiten gewesen sein, in welchen der Kaiser auf einer großen Reichsversammlung seinen Fürsten dergleichen Worte ins Gesicht publizieren ließ.“

Von Olenschlager hatte viel Anmut im Umgang. Man sah wenig Gesellschaft bei ihm, aber zu einer geistreichen Unterhaltung war er sehr geneigt, und er veranlaßte uns junge Leute, von Zeit zu Zeit ein Schauspiel aufzuführen: denn man hielt dafür, daß eine solche Übung der Jugend besonders nützlich sei. Wir gaben den „Kanut“ von Schlegel, worin mir die Rolle des Königs, meiner Schwester die Estrithe, und Ulfo dem jüngern Sohn des Hauses zugeteilt wurde. Sodann wagten wir uns an den „Britannicus“, denn wir sollten nebst dem Schauspielertalent auch die Sprache zur Übung bringen. Ich erhielt den Nero, meine Schwester die Agrippine, und der jüngere Sohn den Britannicus. Wir wurden mehr gelobt, als wir verdienten, und glaubten es noch besser gemacht zu haben, als wie wir gelobt wurden. So stand ich mit dieser Familie in dem besten Verhältnis, und bin ihr manches Vergnügen und eine schnellere Entwicklung schuldig geworden.

Von Reineck, aus einem altadligen Hause, tüchtig, rechtschaffen, aber starrsinnig, ein hagrer schwarzbrauner Mann, den ich niemals lächeln gesehen. Ihm begegnete das Unglück, daß seine einzige Tochter durch einen Hausfreund entführt wurde. Er verfolgte seinen Schwiegersohn mit dem heftigsten Prozeß, und weil die Gerichte, in ihrer Förmlichkeit, seiner Rachsucht weder schnell noch stark genug willfahren wollten, überwarf er sich mit diesen, und es entstanden Händel aus Händeln, Prozesse aus Prozessen. Er zog sich ganz in sein Haus und einen daranstoßenden Garten zurück, lebte in einer weitläufigen aber traurigen Unterstube, in die seit vielen Jahren kein Pinsel eines Tünchers, vielleicht kaum der Kehrbesen einer Magd gekommen war. Mich konnte er gar gern leiden, und hatte mir seinen jüngern Sohn besonders empfohlen. Seine ältesten Freunde, die sich nach ihm zu richten wußten, seine Geschäftsleute, seine Sachwalter sah er manchmal bei Tische, und unterließ dann niemals, auch mich einzuladen. Man aß sehr gut bei ihm und trank noch besser. Den Gästen erregte jedoch ein großer, aus vielen Ritzen rauchender Ofen die ärgste Pein. Einer der Vertrautesten wagte einmal, dies zu bemerken, indem er den Hausherrn fragte: ob er denn so eine Unbequemlichkeit den ganzen Winter aushalten könne. Er antwortete darauf, als ein zweiter Timon und Heautontimorumenos: „Wollte Gott, dies wäre das größte Übel von denen, die mich plagen!“ Nur spät ließ er sich bereden, Tochter und Enkel wiederzusehen. Der Schwiegersohn durfte ihm nicht wieder vor Augen.

Auf diesen so braven als unglücklichen Mann wirkte meine Gegenwart sehr günstig: denn indem er sich gern mit mir unterhielt, und mich besonders von Welt- und Staatsverhältnissen belehrte, schien er selbst sich erleichtert und erheitert zu fühlen. Die wenigen alten Freunde, die sich noch um ihn versammelten, gebrauchten mich daher oft, wenn sie seinen verdrießlichen Sinn zu mildern und ihn zu irgend einer Zerstreuung zu bereden wünschten. Wirklich fuhr er nunmehr manchmal mit uns aus, und besah sich die Gegend wieder, auf die er so viele Jahre keinen Blick geworfen hatte. Er gedachte der alten Besitzer, erzählte von ihren Charaktern und Begebenheiten, wo er sich denn immer streng, aber doch öfters heiter und geistreich erwies. Wir suchten ihn nun auch wieder unter andere Menschen zu bringen, welches uns aber beinah übel geraten wäre.

Von gleichem, wenn nicht noch von höherem Alter als er war ein Herr von Malapart, ein reicher Mann, der ein sehr schönes Haus am Roßmarkt besaß und gute Einkünfte von Salinen zog. Auch er lebte sehr abgesondert; doch war er Sommers viel in seinem Garten vor dem Bockenheimer Tore, wo er einen sehr schönen Nelkenflor wartete und pflegte.

Von Reineck war auch ein Nelkenfreund; die Zeit des Flors war da, und es geschahen einige Anregungen, ob man sich nicht wechselseitig besuchen wollte. Wir leiteten die Sache ein und trieben es so lange, bis endlich von Reineck sich entschloß, mit uns einen Sonntagnachmittag hinauszufahren. Die Begrüßung der beiden alten Herren war sehr lakonisch, ja bloß pantomimisch, und man ging mit wahrhaft diplomatischem Schritt an den langen Nelkengerüsten hin und her. Der Flor war wirklich außerordentlich schön, und die besondern Formen und Farben der verschiedenen Blumen, die Vorzüge der einen vor der andern und ihre Seltenheit machten denn doch zuletzt eine Art von Gespräch aus, welches ganz freundlich zu werden schien; worüber wir andern uns um so mehr freuten, als wir in einer benachbarten Laube den kostbarsten alten Rheinwein in geschliffenen Flaschen, schönes Obst und andre gute Dinge aufgetischt sahen. Leider aber sollten wir sie nicht genießen. Denn unglücklicherweise sah von Reineck eine sehr schöne Nelke vor sich, die aber den Kopf etwas niedersenkte; er griff daher sehr zierlich mit dem Zeige- und Mittelfinger vom Stengel herauf gegen den Kelch und hob die Blume von hinten in die Höhe, so daß er sie wohl betrachten konnte. Aber auch diese zarte Berührung verdroß den Besitzer. Von Malapart erinnerte, zwar höflich aber doch steif genug und eher etwas selbstgefällig, an das oculis non manibus. Von Reineck hatte die Blume schon losgelassen, fing aber auf jenes Wort gleich Feuer und sagte, mit seiner gewöhnlichen Trockenheit und Ernst: es sei einem Kenner und Liebhaber wohl gemäß, eine Blume auf die Weise zu berühren und zu betrachten; worauf er denn jenen Gest wiederholte und sie noch einmal zwischen die Finger nahm. Die beiderseitigen Hausfreunde – denn auch von Malapart hatte einen bei sich – waren nun in der größten Verlegenheit. Sie ließen einen Hasen nach dem andern laufen (dies war unsre sprüchwörtliche Redensart, wenn ein Gespräch sollte unterbrochen und auf einen andern Gegenstand gelenkt werden); allein es wollte nichts verfangen: die alten Herren waren ganz stumm geworden, und wir fürchteten jeden Augenblick, von Reineck möchte jenen Akt wiederholen; da wäre es denn um uns alle geschehn gewesen. Die beiden Hausfreunde hielten ihre Herren auseinander, indem sie selbige bald da bald dort beschäftigten, und das klügste war, daß wir endlich aufzubrechen Anstalt machten; und so mußten wir leider den reizenden Kredenztisch ungenossen mit dem Rücken ansehen.

Hofrat Hüsgen, nicht von Frankfurt gebürtig, reformierter Religion und deswegen keiner öffentlichen Stelle noch auch der Advokatur fähig, die er jedoch, weil man ihm als vortrefflichem Juristen viel Vertrauen schenkte, unter fremder Signatur ganz gelassen sowohl in Frankfurt als bei den Reichsgerichten zu führen wußte, war wohl schon sechzig Jahr alt, als ich mit seinem Sohne Schreibstunde hatte und dadurch ins Haus kam. Seine Gestalt war groß, lang ohne hager, breit ohne beleibt zu sein. Sein Gesicht, nicht allein von den Blattern entstellt, sondern auch des einen Auges beraubt, sah man die erste Zeit nur mit Apprehension. Er trug auf einem kahlen Haupte immer eine ganz weiße Glockenmütze, oben mit einem Bande gebunden. Seine Schlafröcke von Kalmank oder Damast waren durchaus sehr sauber. Er bewohnte eine gar heitre Zimmerflucht auf gleicher Erde an der Allee, und die Reinlichkeit seiner Umgebung entsprach dieser Heiterkeit. Die größte Ordnung seiner Papiere, Bücher, Landkarten machte einen angenehmen Eindruck. Sein Sohn, Heinrich Sebastian, der sich durch verschiedene Schriften im Kunstfach bekannt gemacht, versprach in seiner Jugend wenig. Gutmütig aber täppisch, nicht roh aber doch geradezu und ohne besondre Neigung sich zu unterrichten, suchte er lieber die Gegenwart der Vaters zu vermeiden, indem er von der Mutter alles, was er wünschte, erhalten konnte. Ich hingegen näherte mich dem Alten immer mehr, je mehr ich ihn kennen lernte. Da er sich nur bedeutender Rechtsfälle annahm, so hatte er Zeit genug, sich auf andre Weise zu beschäftigen und zu unterhalten. Ich hatte nicht lange um ihn gelebt und seine Lehren vernommen, als ich wohl merken konnte, daß er mit Gott und der Welt in Opposition stehe. Eins seiner Lieblingsbücher war Agrippa „De vanitate scientiarum", das er mir besonders empfahl, und mein junges Gehirn dadurch eine Zeitlang in ziemliche Verwirrung setzte. Ich war im Behagen der Jugend zu einer Art von Optimismus geneigt, und hatte mich mit Gott oder den Göttern ziemlich wieder ausgesöhnt: denn durch eine Reihe von Jahren war ich zu der Erfahrung gekommen, daß es gegen das Böse manches Gleichgewicht gebe, daß man sich von den Übeln wohl wieder herstelle, und daß man sich aus Gefahren rette und nicht immer den Hals breche. Auch was die Menschen taten und trieben, sah ich läßlich an, und fand manches Lobenswürdige, womit mein alter Herr keineswegs zufrieden sein wollte. Ja, als er einmal mir die Welt ziemlich von ihrer fratzenhaften Seite geschildert hatte, merkte ich ihm an, daß er noch mit einem bedeutenden Trumpfe zu schließen gedenke. Er drückte, wie in solchen Fällen seine Art war, das blinde linke Auge stark zu, blickte mit dem andern scharf hervor und sagte mit einer näselnden Stimme: „Auch in Gott entdeck ich Fehler."

Mein timonischer Mentor war auch Mathematiker; aber seine praktische Natur trieb ihn zur Mechanik, ob er gleich nicht selbst arbeitete. Eine, für damalige Zeiten wenigstens, wundersame Uhr, welche neben den Stunden und Tagen auch die Bewegungen von Sonne und Mond anzeigte, ließ er nach seiner Angabe verfertigen. Sonntags früh um zehn zog er sie jedesmal selbst auf, welches er um so gewisser tun konnte, als er niemals in die Kirche ging. Gesellschaft oder Gäste habe ich nie bei ihm gesehen. Angezogen und aus dem Hause gehend erinnere ich mir ihn in zehn Jahren kaum zweimal.

Die verschiedenen Unterhaltungen mit diesen Männern waren nicht unbedeutend, und jeder wirkte auf mich nach seiner Weise. Für einen jeden hatte ich so viel, oft noch mehr Aufmerksamkeit als die eigenen Kinder, und jeder suchte an mir, als an einem geliebten Sohne, sein Wohlgefallen zu vermehren, indem er an mir sein moralisches Ebenbild herzustellen trachtete. Olenschlager wollte mich zum Hofmann, Reineck zum diplomatischen Geschäftsmann bilden; beide, besonders letzterer, suchten mir Poesie und Schriftstellerei zu verleiden. Hüsgen wollte mich zum Timon seiner Art, dabei aber zum tüchtigen Rechtsgelehrten haben: ein notwendiges Handwerk, wie er meinte, damit man sich und das Seinige gegen das Lumpenpack von Menschen regelmäßig verteidigen, einem Unterdrückten beistehen, und allenfalls einem Schelmen etwas am Zeuge flicken könne; letzteres jedoch sei weder besonders tunlich noch ratsam.

Hielt ich mich gern an der Seite jener Männer, um ihren Rat, ihren Fingerzeig zu benutzen, so forderten jüngere, an Alter mir nur wenig vorausgeschrittene, mich auf zum unmittelbaren Nacheifern. Ich nenne hier vor allen andern die Gebrüder Schlosser, und Griesbach. Da ich jedoch mit diesen in der Folge in genauere Verbindung trat, welche viele Jahre ununterbrochen dauerte, so sage ich gegenwärtig nur so viel, daß sie uns damals als ausgezeichnet in Sprachen und andern die akademische Laufbahn eröffnenden Studien gepriesen und zum Muster aufgestellt wurden, und daß jedermann die gewisse Erwartung hegte, sie würden einst im Staat und in der Kirche etwas Ungemeines leisten.

Was mich betrifft, so hatte ich auch wohl im Sinne, etwas Außerordentliches hervorzubringen; worin es aber bestehen könne, wollte mir nicht deutlich werden. Wie man jedoch eher an den Lohn denkt, den man erhalten möchte, als an das Verdienst, das man sich erwerben sollte, so leugne ich nicht, daß, wenn ich an ein wünschenswertes Glück dachte, dieses mir am reizendsten in der Gestalt des Lorbeerkranzes erschien, der den Dichter zu zieren geflochten ist.

FÜNFTES BUCH

Für alle Vögel gibt es Lockspeisen, und jeder Mensch wird auf seine eigene Art geleitet und verleitet. Natur, Erziehung, Umgebung, Gewohnheit hielten mich von allem Rohen abgesondert, und ob ich gleich mit den untern Volksklassen, besonders den Handwerkern, öfters in Berührung kam, so entstand doch daraus kein näheres Verhältnis. Etwas Ungewöhnliches, vielleicht Gefährliches zu unternehmen, hatte ich zwar Verwegenheit genug, und fühlte mich wohl manchmal dazu aufgelegt; allein es mangelte mir die Handhabe, es anzugreifen und zu fassen.

Indessen wurde ich auf eine völlig unerwartete Weise in Verhältnisse verwickelt, die mich ganz nahe an große Gefahr, und wenigstens für eine Zeitlang in Verlegenheit und Not brachten. Mein früheres gutes Verhältnis zu jenem Knaben, den ich oben Pylades genannt, hatte sich bis ins Jünglingsalter fortgesetzt. Zwar sahen wir uns seltener, weil unsre Eltern nicht zum besten mit einander standen; wo wir uns aber trafen, sprang immer sogleich der alte freundschaftliche Jubel hervor. Einst begegneten wir uns in den Alleen, die zwischen dem innern und äußern Sankt-Gallen-Tor einen sehr angenehmen Spaziergang darboten. Wir hatten uns kaum begrüßt, als er zu mir sagte: „Es geht mir mit deinen Versen noch immer wie sonst. Diejenigen, die du mir neulich mitteiltest, habe ich einigen lustigen Gesellen vorgelesen, und keiner will glauben, daß du sie gemacht habest.“ – „Laß es gut sein“, versetzte ich; „wir wollen sie machen, uns daran ergötzen, und die andern mögen davon denken und sagen, was sie wollen.“

„Da kommt eben der Ungläubige!“ sagte mein Freund. – „Wir wollen nicht davon reden“, war meine Antwort. „Was hilft's, man bekehrt sie doch nicht.“ – „Mit nichten“, sagte der Freund; „ich kann es ihm nicht so hingehen lassen.“

Nach einer kurzen gleichgültigen Unterhaltung konnte es der für mich nur allzu wohlgesinnte junge Gesell nicht lassen, und sagte mit einiger Empfindlichkeit gegen jenen: „Hier ist nun der Freund, der die hübschen Verse gemacht hat, und die ihr ihm nicht zutrauen wollt.“ – „Er wird es gewiß nicht übel nehmen", versetzte jener; „denn es ist ja eine Ehre, die wir ihm erweisen, wenn wir glauben, daß weit mehr Gelehrsamkeit dazu gehöre, solche Verse zu machen, als er bei seiner Jugend besitzen kann." – Ich erwiderte etwas Gleichgültiges; mein Freund aber fuhr fort: „Es wird nicht viel Mühe kosten, euch zu überzeugen. Gebt ihm irgend ein Thema auf, und er macht euch ein Gedicht aus dem Stegreif." – Ich ließ es mir gefallen, wir wurden einig, und der dritte fragte mich: ob ich mich wohl getraue, einen recht artigen Liebesbrief in Versen aufzusetzen, den ein verschämtes junges Mädchen an einen Jüngling schriebe, um ihre Neigung zu offenbaren. – „Nichts ist leichter als das", versetzte ich, „wenn wir nur ein Schreibzeug hätten." – Jener brachte seinen Taschenkalender hervor, worin sich weiße Blätter in Menge befanden, und ich setzte mich auf eine Bank, zu schreiben. Sie gingen indes auf und ab und ließen mich nicht aus den Augen. Sogleich faßte ich die Situation in den Sinn und dachte mir, wie artig es sein müßte, wenn irgend ein hübsches Kind mir wirklich gewogen wäre und es mir in Prosa oder in Versen entdecken wollte. Ich begann daher ohne Anstand meine Erklärung, und führte sie in einem zwischen dem Knittelvers und Madrigal schwebenden Silbenmaße mit möglichster Naivetät in kurzer Zeit dergestalt aus, daß, als ich dies Gedichtchen den beiden vorlas, der Zweifler in Verwunderung und mein Freund in Entzücken versetzt wurde. Jenem konnte ich auf sein Verlangen das Gedicht um so weniger verweigern, als es in seinen Kalender geschrieben war, und ich das Dokument meiner Fähigkeiten gern in seinen Händen sah. Er schied unter vielen Versicherungen von Bewunderung und Neigung, und wünschte nichts mehr, als uns öfter zu begegnen, und wir machten aus, bald zusammen aufs Land zu gehen.

Unsere Partie kam zustande, zu der sich noch mehrere junge Leute von jenem Schlage gesellten. Es waren Menschen aus dem mittlern, ja, wenn man will, aus dem niedern Stande, denen es an Kopf nicht fehlte, und die auch, weil sie durch die Schule gelaufen, manche Kenntnis und eine gewisse Bildung hatten. In einer großen reichen Stadt gibt es vielerlei Erwerbzweige. Sie halfen sich durch, indem sie für die Advokaten schrieben, Kinder der geringern Klasse durch Hausunterricht etwas weiter brachten, als es in Trivialschulen zu geschehen pflegt. Mit erwachsenern Kindern, welche konfirmiert werden sollten, repetierten sie den Religionsunterricht, liefen dann wieder den Mäklern oder Kaufleuten einige Wege, und taten sich abends, besonders aber an Sonn- und Feiertagen, auf eine frugale Weise etwas zugute.

Indem sie nun unterwegs meine Liebesepistel auf das beste herausstrichen, gestanden sie mir, daß sie einen sehr lustigen Gebrauch davon gemacht hätten: sie sei nämlich mit verstellter Hand abgeschrieben, und mit einigen nähern Beziehungen einem eingebildeten jungen Manne zugeschoben worden, der nun in der festen Überzeugung stehe, ein Frauenzimmer, dem er von fern den Hof gemacht, sei in ihn aufs äußerste verliebt, und suche Gelegenheit, ihm näher bekannt zu werden. Sie vertrauten mir dabei, er wünsche nichts mehr, als ihr auch in Versen antworten zu können; aber weder bei ihm noch bei ihnen finde sich Geschick dazu, weshalb sie mich inständig bäten, die gewünschte Antwort selbst zu verfassen.

Mystifikationen sind und bleiben eine Unterhaltung für müßige, mehr oder weniger geistreiche Menschen. Eine läßliche Bosheit, eine selbstgefällige Schadenfreude sind ein Genuß für diejenigen, die sich weder mit sich selbst beschäftigen, noch nach außen heilsam wirken können. Kein Alter ist ganz frei von einem solchen Kitzel. Wir hatten uns in unsern Knabenjahren einander oft angeführt; viele Spiele beruhen auf solchen Mystifikationen und Attrappen; der gegenwärtige Scherz schien mir nicht weiter zu gehen: ich willigte ein; sie teilten mir manches Besondere mit, was der Brief enthalten sollte, und wir brachten ihn schon fertig mit nach Hause.

Kurze Zeit darauf wurde ich durch meinen Freund dringend eingeladen, an einem Abendfeste jener Gesellschaft teilzunehmen. Der Liebhaber wolle es diesmal ausstatten, und verlange dabei ausdrücklich, dem Freunde zu danken, der sich so vortrefflich als poetischer Sekretär erwiesen.

Wir kamen spät genug zusammen, die Mahlzeit war die frugalste, der Wein trinkbar; und was die Unterhaltung betraf, so drehte sie sich fast gänzlich um die Verhöhnung des gegenwärtigen, freilich nicht sehr aufgeweckten Menschen, der nach wiederholter Lesung des Briefes nicht weit davon war zu glauben, er habe ihn selbst geschrieben.

Meine natürliche Gutmütigkeit ließ mich an einer solchen boshaften Verstellung wenig Freude finden, und die Wiederholung desselben Themas ekelte mich bald an. Gewiß, ich brachte einen verdrießlichen Abend hin, wenn nicht eine unerwartete Erscheinung mich wieder belebt hätte. Bei unserer Ankunft stand bereits der Tisch reinlich und ordentlich gedeckt, hinreichender Wein aufgestellt; wir setzten uns und blieben allein, ohne Bedienung nötig zu haben. Als es aber doch zuletzt an Wein gebrach, rief einer nach der Magd; allein statt derselben trat ein Mädchen herein, von ungemeiner und, wenn man sie in ihrer Umgebung sah, von unglaublicher Schönheit. – „Was verlangt ihr?" sagte sie, nachdem sie auf eine freundliche Weise guten Abend geboten; „die Magd ist krank und zu Bette. Kann ich euch dienen?" – „Es fehlt an Wein", sagte der eine. „Wenn du uns ein paar Flaschen holtest, so wäre es sehr hübsch." – „Tu es, Gretchen", sagte der andre; „es ist ja nur ein Katzensprung." – „Warum nicht!" versetzte sie, nahm ein paar leere Flaschen vom Tisch und eilte fort. Ihre Gestalt war von der Rückseite fast noch zierlicher. Das Häubchen saß so nett auf dem kleinen Kopfe, den ein schlanker Hals gar anmutig mit Nacken und Schultern verband. Alles an ihr schien auserlesen, und man konnte der ganzen Gestalt um so ruhiger folgen, als die Aufmerksamkeit nicht mehr durch die stillen treuen Augen und den lieblichen Mund allein angezogen und gefesselt wurde. Ich machte den Gesellen Vorwürfe, daß sie das Kind in der Nacht allein ausschickten; sie lachten mich aus, und ich war bald getröstet, als sie schon wiederkam: denn der Schenkwirt wohnte nur über die Straße. – „Setze dich dafür auch zu uns", sagte der eine. Sie tat es, aber leider kam sie nicht neben mich. Sie trank ein Glas auf unsre Gesundheit und entfernte sich bald, indem sie uns riet, nicht gar lange beisammen zu bleiben und überhaupt nicht so laut zu werden: denn die Mutter wolle sich eben zu Bette legen. Es war nicht ihre Mutter, sondern die unserer Wirte.

Die Gestalt dieses Mädchens verfolgte mich von dem Augenblick an auf allen Wegen und Stegen: es war der erste bleibende Eindruck, den ein weibliches Wesen auf mich gemacht hatte; und da ich einen Vorwand, sie im Hause zu sehen, weder finden konnte noch suchen mochte, ging ich ihr zu Liebe in die Kirche und hatte bald ausgespürt, wo sie saß; und so konnte ich während des langen protestantischen Gottesdienstes mich wohl satt an ihr sehen. Beim Herausgehen getraute ich mich nicht sie anzureden, noch weniger sie zu begleiten, und war schon selig, wenn sie mich bemerkt und gegen einen Gruß genickt zu haben schien. Doch ich sollte das Glück, mich ihr zu nähern, nicht lange entbehren. Man hatte jenen Liebenden, dessen poetischer Sekretär ich geworden war, glauben gemacht, der in seinem Namen geschriebene Brief sei wirklich an das Frauenzimmer abgegeben worden, und zugleich seine Erwartung aufs äußerste gespannt, daß nun bald eine Antwort darauf erfolgen müsse. Auch diese sollte ich schreiben, und die schalkische Gesellschaft ließ mich durch Pylades aufs inständigste ersuchen, allen meinen Witz aufzubieten und alle meine Kunst zu verwenden, daß dieses Stück recht zierlich und vollkommen werde.

In Hoffnung, meine Schöne wiederzusehen, machte ich mich sogleich ans Werk, und dachte mir nun alles, was mir höchst wohlgefällig sein würde, wenn Gretchen es mir schriebe. Ich glaubte alles so aus ihrer Gestalt, ihrem Wesen, ihrer Art, ihrem Sinn heraus geschrieben zu haben, daß ich mich des Wunsches nicht enthalten konnte, es möchte wirklich so sein, und mich in Entzücken verlor, nur zu denken, daß etwas Ähnliches von ihr an mich könnte gerichtet werden. So mystifizierte ich mich selbst, indem ich meinte, einen andern zum besten zu haben, und es sollte mir daraus noch manche Freude und manches Ungemach entspringen. Als ich abermals gemahnt wurde, war ich fertig, versprach zu kommen und fehlte nicht zur bestimmten Stunde. Es war nur einer von den jungen Leuten zu Hause; Gretchen saß am Fenster und spann; die Mutter ging ab und zu. Der junge Mensch verlangte, daß ich's ihm vorlesen sollte; ich tat es, und las nicht ohne Rührung, indem ich über das Blatt weg nach dem schönen Kinde hinschielte, und da ich eine gewisse Unruhe ihres Wesens, eine leichte Röte ihrer Wangen zu bemerken glaubte, drückte ich nur besser und lebhafter aus, was ich von ihr zu vernehmen wünschte. Der Vetter, der mich oft durch Lobeserhebungen unterbrochen hatte, ersuchte mich zuletzt um einige Abänderungen. Sie betrafen einige Stellen, die freilich mehr auf Gretchens Zustand, als auf den jenes Frauenzimmers paßten, das von gutem Hause, wohlhabend, in der Stadt bekannt und angesehen war. Nachdem der junge Mann mir die gewünschten Änderungen artikuliert und ein Schreibzeug herbeigeholt hatte, sich aber wegen eines Geschäfts auf kurze Zeit beurlaubte, blieb ich auf der Wandbank hinter dem großen Tisch sitzen, und probierte die zu machenden Veränderungen auf der großen, fast den ganzen Tisch einnehmenden Schieferplatte, mit einem Griffel, der stets im Fenster lag, weil man auf dieser Steinfläche oft rechnete, sich mancherlei notierte, ja die Gehenden und Kommenden sich sogar Notizen dadurch mitteilten.

Ich hatte eine Zeitlang verschiedenes geschrieben und wieder ausgelöscht, als ich ungeduldig ausrief: „Es will nicht gehen!" – „Desto besser!" sagte das liebe Mädchen, mit einem gesetzten Tone; „ich wünschte, es ginge gar nicht. Sie sollten sich mit solchen Händeln nicht befassen." – Sie stand vom Spinnrocken auf, und zu mir an den Tisch tretend, hielt sie mir mit viel Verstand und Freundlichkeit eine Strafpredigt. „Die Sache scheint ein unschuldiger Scherz; es ist ein Scherz, aber nicht unschuldig. Ich habe schon mehrere Fälle erlebt, wo unsere jungen Leute wegen eines solchen Frevels in große Verlegenheit kamen." – „Was soll ich aber tun?" versetzte ich; „der Brief ist geschrieben, und sie verlassen sich drauf, daß ich ihn umändern werde." – „Glauben Sie mir", versetzte sie, „und ändern ihn nicht um; ja, nehmen Sie ihn zurück, stecken Sie ihn ein, gehen Sie fort und suchen die Sache durch Ihren Freund ins gleiche zu bringen. Ich will auch ein Wörtchen mit drein reden: denn, sehen Sie, so ein armes Mädchen als ich bin, und abhängig von diesen Verwandten, die zwar nichts Böses tun, aber doch oft um der Lust und des Gewinns willen manches Wagehalsige vornehmen, ich habe widerstanden und den ersten Brief nicht abgeschrieben, wie man von mir verlangte; sie haben ihn mit verstellter Hand kopiert, und so mögen sie auch, wenn es nicht anders ist, mit diesem tun. Und Sie, ein junger Mann aus gutem Hause, wohlhabend, unabhängig, warum wollen Sie sich zum Werkzeug in einer Sache gebrauchen lassen, aus der gewiß nichts Gutes und vielleicht manches Unangenehme für Sie entspringen kann?" – Ich war glücklich, sie in einer Folge reden zu hören: denn sonst gab sie nur wenige Worte in das Gespräch. Meine Neigung wuchs unglaublich, ich war nicht Herr von mir selbst, und erwiderte: „Ich bin so unabhängig nicht, als Sie glauben, und was hilft mir wohlhabend zu sein, da mir das Köstlichste fehlt, was ich wünschen dürfte."

Sie hatte mein Konzept der poetischen Epistel vor sich hingezogen und las es halb laut, gar hold und anmutig. „Das ist recht hübsch", sagte sie, indem sie bei einer Art naiver Pointe inne hielt; „nur schade, daß es nicht zu einem bessern, zu einem wahren Gebrauch bestimmt ist." – „Das wäre freilich sehr wünschenswert", rief ich aus; „wie glücklich müßte der sein, der von einem Mädchen, das er unendlich liebt, eine solche Versicherung ihrer Neigung erhielte!" – „Es gehört freilich viel dazu", versetzte sie, „und doch wird manches möglich." – „Zum Beispiel", fuhr ich fort, „wenn jemand, der Sie kennt, schätzt, verehrt und anbetet, Ihnen ein solches Blatt vorlegte, und Sie recht dringend, recht herzlich und freundlich bäte, was würden Sie tun?" – Ich schob ihr das Blatt näher hin, das sie schon wieder mir zugeschoben hatte. Sie lächelte, besann sich einen Augenblick, nahm die Feder und unterschrieb. Ich kannte mich nicht vor Entzücken, sprang auf und wollte sie umarmen. – „Nicht küssen!" sagte sie; „das ist so was Gemeines; aber lieben, wenn's möglich ist." Ich hatte das Blatt zu mir genommen und eingesteckt. „Niemand soll es erhalten", sagte ich, „und die Sache ist abgetan! Sie haben mich gerettet." – „Nun vollenden Sie die Rettung", rief sie aus, „und eilen fort, ehe die andern kommen, und Sie in Pein und Verlegenheit geraten.“ Ich konnte mich nicht von ihr losreißen; sie aber bat mich so freundlich, indem sie mit beiden Händen meine Rechte nahm und liebevoll drückte. Die Tränen waren mir nicht weit: ich glaubte ihre Augen feucht zu sehen; ich drückte mein Gesicht auf ihre Hände und eilte fort. In meinem Leben hatte ich mich nicht in einer solchen Verwirrung befunden.

Die ersten Liebesneigungen einer unverdorbenen Jugend nehmen durchaus eine geistige Wendung. Die Natur scheint zu wollen, daß ein Geschlecht in dem andern das Gute und Schöne sinnlich gewahr werde. Und so war auch mir durch den Anblick dieses Mädchens, durch meine Neigung zu ihr eine neue Welt des Schönen und Vortrefflichen aufgegangen. Ich las meine poetische Epistel hundertmal durch, beschaute die Unterschrift, küßte sie, drückte sie an mein Herz und freute mich dieses liebenswürdigen Bekenntnisses. Je mehr sich aber mein Entzücken steigerte, desto weher tat es mir, sie nicht unmittelbar besuchen, sie nicht wieder sehen und sprechen zu können: denn ich fürchtete die Vorwürfe der Vettern und ihre Zudringlichkeit. Den guten Pylades, der die Sache vermitteln konnte, wußte ich nicht anzutreffen. Ich machte mich daher den nächsten Sonntag auf nach Niederrad, wohin jene Gesellen gewöhnlich zu gehen pflegten, und fand sie auch wirklich. Sehr verwundert war ich jedoch, da sie mir, anstatt verdrießlich und fremd zu tun, mit frohem Gesicht entgegenkamen. Der Jüngste besonders war sehr freundlich, nahm mich bei der Hand und sagte: „Ihr habt uns neulich einen schelmischen Streich gespielt, und wir waren auf Euch recht böse; doch hat uns Euer Entweichen und das Entwenden der poetischen Epistel auf einen guten Gedanken gebracht, der uns vielleicht sonst niemals aufgegangen wäre. Zur Versöhnung möget Ihr uns heute bewirten, und dabei sollt Ihr erfahren, was es denn ist, worauf wir uns etwas einbilden, und was Euch gewiß auch Freude machen wird.“ Diese Anrede setzte mich in nicht geringe Verlegenheit: denn ich hatte ungefähr so viel Geld bei mir, um mir selbst und einem Freunde etwas zugute zu tun; aber eine Gesellschaft, und besonders eine solche, die nicht immer zur rechten Zeit ihre Grenzen fand, zu gastieren, war ich keineswegs eingerichtet; ja dieser Antrag verwunderte mich um so mehr, als sie sonst durchaus sehr ehrenvoll darauf hielten, daß jeder nur seine Zeche bezahlte. Sie lächelten über meine Verlegenheit, und der Jüngere fuhr fort: „Laßt uns erst in der Laube sitzen, und dann sollt Ihr das Weitre erfahren.“ Wir saßen, und er sagte: „Als Ihr die Liebesepistel neulich mitgenommen hattet, sprachen wir die ganze Sache noch einmal durch und machten die Betrachtung, daß wir so ganz umsonst, andern zum Verdruß und uns zur Gefahr, aus bloßer leidiger Schadenfreude, Euer Talent mißbrauchen, da wir es doch zu unser aller Vorteil benutzen könnten. Seht, ich habe hier eine Bestellung auf ein Hochzeitgedicht, sowie auf ein Leichenkarmen. Das zweite muß gleich fertig sein, das erste hat noch acht Tage Zeit. Mögt Ihr sie machen, welches Euch ein leichtes ist, so traktiert Ihr uns zweimal, und wir bleiben auf lange Zeit Eure Schuldner.“ – Dieser Vorschlag gefiel mir von allen Seiten: denn ich hatte schon von Jugend auf die Gelegenheitsgedichte, deren damals in jeder Woche mehrere zirkulierten, ja besonders bei ansehnlichen Verheiratungen dutzendweise zum Vorschein kamen, mit einem gewissen Neid betrachtet, weil ich solche Dinge ebenso gut, ja noch besser zu machen glaubte. Nun ward mir die Gelegenheit angeboten, mich zu zeigen, und besonders, mich gedruckt zu sehen. Ich erwies mich nicht abgeneigt. Man machte mich mit den Personalien, mit den Verhältnissen der Familie bekannt; ich ging etwas abseits, machte meinen Entwurf und führte einige Strophen aus. Da ich mich jedoch wieder zur Gesellschaft begab und der Wein nicht geschont wurde, so fing das Gedicht an zu stocken, und ich konnte es diesen Abend nicht abliefern. „Es hat noch bis morgen abend Zeit“, sagten sie, „und wir wollen Euch nur gestehen, das Honorar, welches wir für das Leichenkarmen erhalten, reicht hin, uns morgen noch einen lustigen Abend zu verschaffen. Kommt zu uns: denn es ist billig, daß Gretchen auch mit genieße, die uns eigentlich auf diesen Einfall gebracht hat.“ – Meine Freude war unsäglich. Auf dem Heimwege hatte ich nur die noch fehlenden Strophen im Sinne, schrieb das Ganze noch vor Schlafengehn nieder und den andern Morgen sehr sauber ins Reine. Der Tag ward mir unendlich lang, und kaum war es dunkel geworden, so fand ich mich wieder in der kleinen engen Wohnung neben dem allerliebsten Mädchen.

Die jungen Leute, mit denen ich auf diese Weise immer in nähere Verbindung kam, waren nicht eigentlich gemeine, aber doch gewöhnliche Menschen. Ihre Tätigkeit war lobenswürdig, und ich hörte ihnen mit Vergnügen zu, wenn sie von den vielfachen Mitteln und Wegen sprachen, wie man sich etwas erwerben könne; auch erzählten sie am liebsten von gegenwärtig sehr reichen Leuten, die mit nichts angefangen. Andere hätten als arme Handlungsdiener sich ihren Patronen notwendig gemacht, und wären endlich zu ihren Schwiegersöhnen erhoben worden; noch andre hätten einen kleinen Kram mit Schwefelfaden und dergleichen so erweitert und veredelt, daß sie nun als reiche Kauf- und Handelsmänner erschienen. Besonders sollte jungen Leuten, die gut auf den Beinen wären, das Beiläufer- und Mäklerhandwerk und die Übernahme von allerlei Aufträgen und Besorgungen für unbehülfliche Wohlhabende durchaus ernährend und einträglich sein. Wir alle hörten das gern, und jeder dünkte sich etwas, wenn er sich in dem Augenblick vorstellte, daß in ihm selbst so viel vorhanden sei, nicht nur um in der Welt fortzukommen, sondern sogar ein außerordentliches Glück zu machen. Niemand jedoch schien dies Gespräch ernstlicher zu führen als Pylades, der zuletzt gestand, daß er ein Mädchen außerordentlich liebe und sich wirklich mit ihr versprochen habe. Die Vermögensumstände seiner Eltern litten nicht, daß er auf Akademien gehe; er habe sich aber einer schönen Handschrift, des Rechnens und der neuern Sprachen befleißigt, und wolle nun, in Hoffnung auf jenes häusliche Glück, sein möglichstes versuchen. Die Vettern lobten ihn deshalb, ob sie gleich das frühzeitige Versprechen an ein Mädchen nicht billigen wollten, und setzten hinzu, sie müßten ihn zwar für einen braven und guten Jungen anerkennen, hielten ihn aber weder für tätig noch für unternehmend genug, etwas Außerordentliches zu leisten. Indem er nun, zu seiner Rechtfertigung, umständlich auseinandersetzte, was er sich zu leisten getraue und wie er es anzufangen gedenke, so wurden die übrigen auch angereizt, und jeder fing nun an zu erzählen, was er schon vermöge, tue, treibe, welchen Weg er zurückgelegt und was er zunächst vor sich sehe. Die Reihe kam zuletzt an mich. Ich sollte nun auch meine Lebensweise und Aussichten darstellen, und indem ich mich besann, sagte Pylades: „Das einzige behalte ich mir vor, damit wir nicht gar zu kurz kommen, daß er die äußern Vorteile seiner Lage nicht mit in Anrechnung bringe. Er mag uns lieber ein Märchen erzählen, wie er es anfangen würde, wenn er in diesem Augenblick, so wie wir, ganz auf sich selbst gestellt wäre."

Gretchen, die bis diesen Augenblick fortgesponnen hatte, stand auf und setzte sich wie gewöhnlich ans Ende des Tisches. Wir hatten schon einige Flaschen geleert, und ich fing mit dem besten Humor meine hypothetische Lebensgeschichte zu erzählen an. „Zuvörderst also empfehle ich mich euch", sagte ich, „daß ihr mir die Kundschaft erhaltet, welche mir zuzuweisen ihr den Anfang gemacht habt. Wenn ihr mir nach und nach den Verdienst der sämtlichen Gelegenheitsgedichte zuwendet, und wir ihn nicht bloß verschmausen, so will ich schon zu etwas kommen. Alsdann müßt ihr mir nicht übel nehmen, wenn ich auch in euer Handwerk pfusche." Worauf ich ihnen denn vorerzählte, was ich mir aus ihren Beschäftigungen gemerkt hatte, und zu welchen ich mich allenfalls fähig hielt. Ein jeder hatte vorher sein Verdienst zu Gelde angeschlagen, und ich ersuchte sie, mir auch zu Fertigung meines Etats behülflich zu sein. Gretchen hatte alles Bisherige sehr aufmerksam mit angehört, und zwar in der Stellung, die sie sehr gut kleidete, sie mochte nun zuhören oder sprechen. Sie faßte mit beiden Händen ihre über einander geschlagenen Arme und legte sie auf den Rand des Tisches. So konnte sie lange sitzen, ohne etwas anders als den Kopf zu bewegen, welches niemals ohne Anlaß oder Bedeutung geschah. Sie hatte manchmal ein Wörtchen mit eingesprochen und über dieses und jenes, wenn wir in unsern Einrichtungen stockten, nachgeholfen; dann war sie aber wieder still und ruhig wie gewöhnlich. Ich ließ sie nicht aus den Augen, und daß ich meinen Plan nicht ohne Bezug auf sie gedacht und ausgesprochen, kann man sich leicht denken, und die Neigung zu ihr gab dem, was ich sagte, einen Anschein von Wahrheit und Möglichkeit, daß ich mich selbst einen Augenblick täuschte, mich so abgesondert und hülflos dachte, wie mein Märchen mich voraussetzte, und mich dabei in der Aussicht, sie zu besitzen, höchst glücklich fühlte. Pylades hatte seine Konfession mit der Heirat geendigt, und bei uns andern war nun auch die Frage, ob wir es in unsern Planen so weit gebracht hätten. „Ich zweifle ganz und gar nicht daran", sagte ich; „denn eigentlich ist einem jeden von uns eine Frau nötig, um das im Hause zu bewahren und uns im ganzen genießen zu lassen, was wir von außen auf eine so wunderliche Weise zusammenstoppeln." Ich machte die Schilderung von einer Gattin, wie ich sie wünschte, und es müßte seltsam zugegangen sein, wenn sie nicht Gretchens vollkommnes Ebenbild gewesen wäre.

Das Leichenkarmen war verzehrt, das Hochzeitgedicht stand nun auch wohltätig in der Nähe; ich überwand alle Furcht und Sorge und wußte, weil ich viel Bekannte hatte, meine eigentlichen Abendunterhaltungen vor den Meinigen zu verbergen. Das liebe Mädchen zu sehen und neben ihr zu sein, war nun bald eine unerläßliche Bedingung meines Wesens. Jene hatten sich ebenso an mich gewöhnt, und wir waren fast täglich zusammen, als wenn es nicht anders sein könnte. Pylades hatte indessen seine Schöne auch in das Haus gebracht, und dieses Paar verlebte manchen Abend mit uns. Sie als Brautleute, obgleich noch sehr im Keime, verbargen doch nicht ihre Zärtlichkeit; Gretchens Betragen gegen mich war nur geschickt, mich in Entfernung zu halten. Sie gab niemanden die Hand, auch nicht mir; sie litt keine Berührung: nur setzte sie sich manchmal neben mich, besonders wenn ich schrieb oder vorlas, und dann legte sie mir vertraulich den Arm auf die Schulter, sah mir ins Buch oder aufs Blatt; wollte ich mir aber eine ähnliche Freiheit gegen sie herausnehmen, so wich sie und kam so bald nicht wieder. Doch wiederholte sie oft diese Stellung, so wie alle ihre Gesten und Bewegungen sehr einförmig waren, aber immer gleich gehörig, schön und reizend. Allein jene

Vertraulichkeit habe ich sie gegen niemanden weiter ausüben sehen.

Eine der unschuldigsten und zugleich unterhaltendsten Lustpartien, die ich mit verschiedenen Gesellschaften junger Leute unternahm, war, daß wir uns in das Höchster Marktschiff setzten, die darin eingepackten seltsamen Passagiere beobachteten und uns bald mit diesem bald mit jenem, wie uns Lust oder Mutwille trieb, scherzhaft und neckend einließen. Zu Höchst stiegen wir aus, wo zu gleicher Zeit das Marktschiff von Mainz eintraf. In einem Gasthofe fand man eine gut besetzte Tafel, wo die Besseren der Auf- und Abfahrenden mit einander speisten und alsdann jeder seine Fahrt weiter fortsetzte: denn beide Schiffe gingen wieder zurück. Wir fuhren dann jedesmal nach eingenommenem Mittagsessen hinauf nach Frankfurt und hatten in sehr großer Gesellschaft die wohlfeilste Wasserfahrt gemacht, die nur möglich war. Einmal hatte ich auch mit Gretchens Vettern diesen Zug unternommen, als am Tisch in Höchst sich ein junger Mann zu uns gesellte, der etwas älter als wir sein mochte. Jene kannten ihn, und er ließ sich mir vorstellen. Er hatte in seinem Wesen etwas sehr Gefälliges, ohne sonst ausgezeichnet zu sein. Von Mainz heraufgekommen, fuhr er nun mit uns nach Frankfurt zurück, und unterhielt sich mit mir von allerlei Dingen, welche das innere Stadtwesen, die Ämter und Stellen betrafen, worin er mir ganz wohl unterrichtet schien. Als wir uns trennten, empfahl er sich mir und fügte hinzu: er wünsche, daß ich gut von ihm denken möge, weil er sich gelegentlich meiner Empfehlung zu erfreuen hoffe. Ich wußte nicht, was er damit sagen wollte, aber die Vettern klärten mich nach einigen Tagen auf; sie sprachen Gutes von ihm und ersuchten mich um ein Vorwort bei meinem Großvater, da jetzt eben eine mittlere Stelle offen sei, zu welcher dieser Freund gern gelangen möchte. Ich entschuldigte mich anfangs, weil ich mich niemals in dergleichen Dinge gemischt hatte; allein sie setzten mir so lange zu, bis ich mich es zu tun entschloß. Hatte ich doch schon manchmal bemerkt, daß bei solchen Ämtervergebungen, welche leider oft als Gnadensachen betrachtet werden, die Vorsprache der Großmutter oder einer

Tante nicht ohne Wirkung gewesen. Ich war so weit herangewachsen, um mir auch einigen Einfluß anzumaßen. Deshalb überwand ich, meinen Freunden zu Lieb, welche sich auf alle Weise für eine solche Gefälligkeit verbunden erklärten, die Schüchternheit eines Enkels, und übernahm es, ein Bittschreiben, das mir eingehändigt wurde, zu überreichen.

Eines Sonntags nach Tische, als der Großvater in seinem Garten beschäftigt war, um so mehr, als der Herbst herannahte und ich ihm allenthalben behülflich zu sein suchte, rückte ich nach einigem Zögern mit meinem Anliegen und dem Bittschreiben hervor. Er sah es an und fragte mich, ob ich den jungen Menschen kenne. Ich erzählte ihm im allgemeinen, was zu sagen war, und er ließ es dabei bewenden. „Wenn er Verdienst und sonst ein gutes Zeugnis hat, so will ich ihm um seinet- und deinetwillen günstig sein." Mehr sagte er nicht, und ich erfuhr lange nichts von der Sache.

Seit einiger Zeit hatte ich bemerkt, daß Gretchen nicht mehr spann, und sich dagegen mit Nähen beschäftigte und zwar mit sehr feiner Arbeit, welches mich um so mehr wunderte, da die Tage schon abgenommen hatten und der Winter herankam. Ich dachte darüber nicht weiter nach, nur beunruhigte es mich, daß ich sie einigemal des Morgens nicht wie sonst zu Hause fand, und ohne Zudringlichkeit nicht erfahren konnte, wo sie hingegangen sei. Doch sollte ich eines Tages sehr wunderlich überrascht werden. Meine Schwester, die sich zu einem Balle vorbereitete, bat mich, ihr bei einer Galanteriehändlerin sogenannte italienische Blumen zu holen. Sie wurden in Klöstern gemacht, waren klein und niedlich. Myrten besonders, Zwergröslein und dergleichen fielen gar schön und natürlich aus. Ich tat ihr die Liebe und ging in den Laden, in welchem ich schon öfter mit ihr gewesen war. Kaum war ich hineingetreten und hatte die Eigentümerin begrüßt, als ich im Fenster ein Frauenzimmer sitzen sah, das mir unter einem Spitzenhäubchen gar jung und hübsch, und unter einer seidnen Mantille sehr wohlgebaut schien. Ich konnte leicht an ihr eine Gehülfin erkennen, denn sie war beschäftigt, Band und Federn auf ein Hütchen zu stecken. Die Putzhändlerin zeigte mir den langen Kasten mit einzelnen mannigfaltigen Blumen vor; ich besah sie, und blickte, indem ich wählte, wieder nach dem Frauenzimmerchen im Fenster: aber wie groß war mein Erstaunen, als ich eine unglaubliche Ähnlichkeit mit Gretchen gewahr wurde, ja zuletzt mich überzeugen mußte, es sei Gretchen selbst. Auch blieb mir kein Zweifel übrig, als sie mir mit den Augen winkte und ein Zeichen gab, daß ich unsre Bekanntschaft nicht verraten sollte. Nun brachte ich mit Wählen und Verwerfen die Putzhändlerin in Verzweiflung, mehr als ein Frauenzimmer selbst hätte tun können. Ich hatte wirklich keine Wahl, denn ich war aufs äußerste verwirrt, und zugleich liebte ich mein Zaudern, weil es mich in der Nähe des Kindes hielt, dessen Maske mich verdroß, und das mir doch in dieser Maske reizender vorkam als jemals. Endlich mochte die Putzhändlerin alle Geduld verlieren, und suchte mir eigenhändig einen ganzen Pappenkasten voll Blumen aus, den ich meiner Schwester vorstellen und sie selbst sollte wählen lassen. So wurde ich zum Laden gleichsam hinausgetrieben, indem sie den Kasten durch ihr Mädchen vorausschickte.

Kaum war ich zu Hause angekommen, als mein Vater mich berufen ließ und mir die Eröffnung tat, es sei nun ganz gewiß, daß der Erzherzog Joseph zum Römischen König gewählt und gekrönt werden solle. Ein so höchst bedeutendes Ereignis müsse man nicht unvorbereitet erwarten, und etwa nur gaffend und staunend an sich vorbeigehen lassen. Er wolle daher die Wahl- und Krönungsdiarien der beiden letzten Krönungen mit mir durchgehen, nicht weniger die letzten Wahlkapitulationen, um alsdann zu bemerken, was für neue Bedingungen man im gegenwärtigen Falle hinzufügen werde. Die Diarien wurden aufgeschlagen, und wir beschäftigten uns den ganzen Tag damit bis tief in die Nacht, indessen mir das hübsche Mädchen, bald in ihrem alten Hauskleide, bald in ihrem neuen Kostüm, immer zwischen den höchsten Gegenständen des Heiligen Römischen Reichs hin und wider schwebte. Für diesen Abend war es unmöglich, sie zu sehen, und ich durchwachte eine sehr unruhige Nacht. Das gestrige Studium wurde den andern Tag eifrig fortgesetzt, und nur gegen Abend machte ich es möglich, meine Schöne zu besuchen, die ich wieder in ihrem gewöhnlichen Hauskleide fand. Sie lächelte, indem sie mich ansah, aber ich getraute mich nicht, vor den andern etwas zu erwähnen. Als die ganze Gesellschaft wieder ruhig zusammensaß, fing sie an und sagte: „Es ist unbillig, daß ihr unserm Freunde nicht vertrauet, was in diesen Tagen von uns beschlossen worden." Sie fuhr darauf fort zu erzählen, daß nach unsrer neulichen Unterhaltung, wo die Rede war, wie ein jeder sich in der Welt wolle geltend machen, auch unter ihnen zur Sprache gekommen, auf welche Art ein weibliches Wesen seine Talente und Arbeiten steigern und seine Zeit vorteilhaft anwenden könne. Darauf habe der Vetter vorgeschlagen, sie solle es bei einer Putzmacherin versuchen, die jetzt eben eine Gehülfin brauche. Man sei mit der Frau einig geworden, sie gehe täglich so viele Stunden hin, werde gut gelohnt; nur müsse sie dort, um des Anstands willen, sich zu einem gewissen Anputz bequemen, den sie aber jederzeit zurücklasse, weil er zu ihrem übrigen Leben und Wesen sich gar nicht schicken wolle. Durch diese Erklärung war ich zwar beruhigt, nur wollte es mir nicht recht gefallen, das hübsche Kind in einem öffentlichen Laden und an einem Orte zu wissen, wo die galante Welt gelegentlich ihren Sammelplatz hatte. Doch ließ ich mir nichts merken, und suchte meine eifersüchtige Sorge im stillen bei mir zu verarbeiten. Hierzu gönnte mir der jüngere Vetter nicht lange Zeit, der alsbald wieder mit dem Auftrag zu einem Gelegenheitsgedicht hervortrat, mir die Personalien erzählte und sogleich verlangte, daß ich mich zur Erfindung und Disposition des Gedichtes anschicken möchte. Er hatte schon einigemal über die Behandlung einer solchen Aufgabe mit mir gesprochen, und, wie ich in solchen Fällen sehr redselig war, gar leicht von mir erlangt, daß ich ihm, was an diesen Dingen rhetorisch ist, umständlich auslegte, ihm einen Begriff von der Sache gab und meine eigenen und fremden Arbeiten dieser Art als Beispiele benutzte. Der junge Mensch war ein guter Kopf, obgleich ohne Spur von poetischer Ader, und nun ging er so sehr ins einzelne und wollte von allem Rechenschaft haben, daß ich mit der

Bemerkung laut ward: „Sieht es doch aus, als wolltet Ihr mir ins Handwerk greifen und mir die Kundschaft entziehen.“ – „Ich will es nicht leugnen“, sagte jener lächelnd, „denn ich tue Euch dadurch keinen Schaden. Wie lange wird’s währen, so geht Ihr auf die Akademie, und bis dahin laßt mich noch immer etwas bei Euch profitieren.“ – „Herzlich gern“, versetzte ich, und munterte ihn auf, selbst eine Disposition zu machen, ein Silbenmaß nach dem Charakter des Gegenstandes zu wählen, und was etwa sonst noch nötig scheinen mochte. Er ging mit Ernst an die Sache; aber es wollte nicht glücken. Ich mußte zuletzt immer daran so viel umschreiben, daß ich es leichter und besser von vornherein selbst geleistet hätte. Dieses Lehren und Lernen jedoch, dieses Mitteilen, diese Wechselarbeit gab uns eine gute Unterhaltung; Gretchen nahm teil daran und hatte manchen artigen Einfall, so daß wir alle vergnügt, ja, man darf sagen glücklich waren. Sie arbeitete des Tags bei der Putzmacherin; abends kamen wir gewöhnlich zusammen, und unsre Zufriedenheit ward selbst dadurch nicht gestört, daß es mit den Bestellungen zu Gelegenheitsgedichten endlich nicht recht mehr fortwollte. Schmerzlich jedoch empfanden wir es, daß uns eins einmal mit Protest zurückkam, weil es dem Besteller nicht gefiel. Indes trösteten wir uns, weil wir es gerade für unsere beste Arbeit hielten, und jenen für einen schlechten Kenner erklären durften. Der Vetter, der ein für allemal etwas lernen wollte, veranlaßte nunmehr fingierte Aufgaben, bei deren Auflösung wir uns zwar noch immer gut genug unterhielten, aber freilich, da sie nichts einbrachten, unsre kleinen Gelage viel mäßiger einrichten mußten.

Mit jenem großen staatsrechtlichen Gegenstande, der Wahl und Krönung eines Römischen Königs, wollte es nun immer mehr Ernst werden. Der anfänglich auf Augsburg im Oktober 1763 ausgeschriebene kurfürstliche Kollegialtag ward nun nach Frankfurt verlegt, und sowohl zu Ende dieses Jahrs als zu Anfang des folgenden regten sich die Vorbereitungen, welche dieses wichtige Geschäft einleiten sollten. Den Anfang machte ein von uns noch nie gesehener Aufzug. Eine unserer Kanzleipersonen zu Pferde, von vier gleichfalls berittnen Trompetern begleitet und von einer

Fußwache umgeben, verlas mit lauter und vernehmlicher Stimme an allen Ecken der Stadt ein weitläuftiges Edikt, das uns von dem Bevorstehenden benachrichtigte, und den Bürgern ein geziemendes und den Umständen angemessenes Betragen einschärfte. Bei Rat wurden große Überlegungen gepflogen, und es dauerte nicht lange, so zeigte sich der Reichsquartiermeister vom Erbmarschall abgesendet, um die Wohnungen der Gesandten und ihres Gefolges nach altem Herkommen anzuordnen und zu bezeichnen. Unser Haus lag im kurpfälzischen Sprengel, und wir hatten uns einer neuen, obgleich erfreulichern Einquartierung zu versehen. Der mittlere Stock, welchen ehmals Graf Thoranc inne gehabt, wurde einem kurpfälzischen Kavalier eingeräumt, und da Baron von Königsthal, nürnbergischer Geschäftsträger, den oberen Stock eingenommen hatte, so waren wir noch mehr als zur Zeit der Franzosen zusammengedrängt. Dieses diente mir zu einem neuen Vorwand, außer dem Hause zu sein und die meiste Zeit des Tages auf der Straße zuzubringen, um das, was öffentlich zu sehen war, ins Auge zu fassen.

Nachdem uns die vorhergegangene Veränderung und Einrichtung der Zimmer auf dem Rathause sehenswert geschienen, nachdem die Ankunft der Gesandten eines nach dem andern und ihre erste solenne Gesamtauffahrt den 6. Februar stattgefunden, so bewunderten wir nachher die Ankunft der kaiserlichen Kommissarien und deren Auffahrt, ebenfalls auf den Römer, welche mit großem Pomp geschah. Die würdige Persönlichkeit des Fürsten von Liechtenstein machte einen guten Eindruck; doch wollten Kenner behaupten, die prächtigen Livreen seien schon einmal bei einer andern Gelegenheit gebraucht worden, und auch diese Wahl und Krönung werde schwerlich an Glanz jener von Karl dem Siebenten gleichkommen. Wir Jüngern ließen uns das gefallen, was wir vor Augen hatten, uns deuchte alles sehr gut und manches setzte uns in Erstaunen.

Der Wahlkonvent war endlich auf den 3. März anberaumt. Nun kam die Stadt durch neue Förmlichkeiten in Bewegung, und die wechselseitigen Zeremoniellbesuche der Gesandten hielten uns immer auf den Beinen. Auch mußten wir genau aufpassen, weil wir nicht nur gaffen, sondern alles wohl bemerken sollten, um zu Hause gehörig Rechenschaft zu geben, ja manchen kleinen Aufsatz auszufertigen, worüber sich mein Vater und Herr von Königsthal, teils zu unserer Übung teils zu eigner Notiz, beredet hatten. Und wirklich gereichte mir dies zu besondrem Vorteil, indem ich über das Äußerliche so ziemlich ein lebendiges Wahl- und Krönungsdiarium vorstellen konnte.

Die Persönlichkeiten der Abgeordneten, welche auf mich einen bleibenden Eindruck gemacht haben, waren zunächst die des kurmainzischen ersten Botschafters, Barons von Erthal, nachmaligen Kurfürsten. Ohne irgend etwas Auffallendes in der Gestalt zu haben, wollte er mir in seinem schwarzen, mit Spitzen besetzten Talar immer gar wohl gefallen. Der zweite Botschafter, Baron von Groschlag, war ein wohlgebauter, im Äußern bequem aber höchst anständig sich betragender Weltmann. Er machte überhaupt einen sehr behaglichen Eindruck. Fürst Esterhazy, der böhmische Gesandte, war nicht groß aber wohlgebaut, lebhaft und zugleich vornehm anständig, ohne Stolz und Kälte. Ich hatte eine besondre Neigung zu ihm, weil er mich an den Marschall von Broglio erinnerte. Doch verschwand gewissermaßen die Gestalt und Würde dieser trefflichen Personen über dem Vorurteil, das man für den brandenburgischen Gesandten, Baron von Plotho, gefaßt hatte. Dieser Mann, der durch eine gewisse Spärlichkeit, sowohl in eigner Kleidung als in Livreen und Equipagen, sich auszeichnete, war vom Siebenjährigen Kriege her als diplomatischer Held berühmt, hatte zu Regensburg den Notarius Aprill, der ihm die gegen seinen König ergangene Achtserklärung von einigen Zeugen begleitet zu insinuieren gedachte, mit der lakonischen Gegenrede: „Was! Er insinuieren?“ die Treppe hinunter geworfen oder werfen lassen. Das erste glaubten wir, weil es uns besser gefiel, und wir es auch dem kleinen gedrungnen, mit schwarzen Feueraugen hin und wider blickenden Manne gar wohl zutrauten. Aller Augen waren auf ihn gerichtet, besonders wo er ausstieg. Es entstand jederzeit eine Art von frohem Zischeln, und wenig fehlte, daß man ihm applaudiert, Vivat oder Bravo zugerufen hätte.

So hoch stand der König, und alles, was ihm mit Leib und Seele ergeben war, in der Gunst der Menge, unter der sich außer den Frankfurtern schon Deutsche aus allen Gegenden befanden.

Einerseits hatte ich an diesen Dingen manche Lust: weil alles, was vorging, es mochte sein von welcher Art es wollte, doch immer eine gewisse Deutung verbarg, irgend ein innres Verhältnis anzeigte, und solche symbolische Zeremonien das durch so viele Pergamente, Papiere und Bücher beinah verschüttete Deutsche Reich wieder für einen Augenblick lebendig darstellten; andrerseits aber konnte ich mir ein geheimes Mißfallen nicht verbergen, wenn ich nun zu Hause die innern Verhandlungen zum Behuf meines Vaters abschreiben und dabei bemerken mußte, daß hier mehrere Gewalten einander gegenüber standen, die sich das Gleichgewicht hielten, und nur insofern einig waren, als sie den neuen Regenten noch mehr als den alten zu beschränken gedachten; daß jedermann sich nur insofern seines Einflusses freute, als er seine Privilegien zu erhalten und zu erweitern, und seine Unabhängigkeit mehr zu sichern hoffte. Ja man war diesmal noch aufmerksamer als sonst, weil man sich vor Joseph dem Zweiten, vor seiner Heftigkeit und seinen vermutlichen Planen zu fürchten anfing.

Bei meinem Großvater und den übrigen Ratsverwandten, deren Häuser ich zu besuchen pflegte, war es auch keine gute Zeit: denn sie hatten so viel mit Einholen der vornehmen Gäste, mit Bekomplimentieren, mit Überreichung von Geschenken zu tun. Nicht weniger hatte der Magistrat im ganzen wie im einzelnen sich immer zu wehren, zu widerstehn und zu protestieren, weil bei solchen Gelegenheiten ihm jedermann etwas abzwacken oder aufbürden will, und ihm wenige von denen, die er anspricht, beistehn oder zu Hülfe kommen. Genug, mir trat alles nunmehr lebhaft vor Augen, was ich in der Lersnerschen „Chronik“ von ähnlichen Vorfällen bei ähnlichen Gelegenheiten, mit Bewunderung der Geduld und Ausdauer jener guten Ratsmänner, gelesen hatte.

Mancher Verdruß entspringt auch daher, daß sich die Stadt nach und nach mit nötigen und unnötigen Personen anfüllt. Vergebens werden die Höfe von seiten der Stadt an die Vorschriften der freilich veralteten Goldnen Bulle erinnert. Nicht allein die zum Geschäft Verordneten und ihre Begleiter, sondern manche Standes- und andre Personen, die aus Neugier oder zu Privatzwecken herankommen, stehen unter Protektion, und die Frage: wer eigentlich einquartiert wird und wer selbst sich eine Wohnung mieten soll? ist nicht immer sogleich entschieden. Das Getümmel wächst, und selbst diejenigen, die nichts dabei zu leisten oder zu verantworten haben, fangen an, sich unbehaglich zu fühlen.

Selbst wir jungen Leute, die wir das alles wohl mit ansehen konnten, fanden doch immer nicht genug Befriedigung für unsere Augen, für unsre Einbildungskraft. Die spanischen Mantelkleider, die großen Federhüte der Gesandten und hie und da noch einiges andere gaben wohl ein echt altertümliches Ansehen; manches dagegen war wieder so halb neu oder ganz modern, daß überall nur ein buntes unbefriedigendes, öfter sogar geschmackloses Wesen hervortrat. Sehr glücklich machte es uns daher, zu vernehmen, daß wegen der Herreise des Kaisers und des künftigen Königs große Anstalten gemacht wurden, daß die kurfürstlichen Kollegialhandlungen, bei welchen die letzte Wahlkapitulation zum Grunde lag, eifrig vorwärts gingen, und daß der Wahltag auf den 27. März festgesetzt sei. Nun ward an die Herbeischaffung der Reichsinsignien von Nürnberg und Aachen gedacht, und man erwartete zunächst den Einzug des Kurfürsten von Mainz, während mit seiner Gesandtschaft die Irrungen wegen der Quartiere immer fortdauerten.

Indessen betrieb ich meine Kanzelistenarbeit zu Hause sehr lebhaft, und wurde dabei freilich mancherlei kleinliche Monita gewahr, die von vielen Seiten einliefen, und bei der neuen Kapitulation berücksichtigt werden sollten. Jeder Stand wollte in diesem Dokument seine Gerechtsame gewahrt und sein Ansehen vermehrt wissen. Gar viele solcher Bemerkungen und Wünsche wurden jedoch bei Seite geschoben; vieles blieb, wie es gewesen war: gleichwohl erhielten die Monenten die bündigsten Versicherungen, daß ihnen jene Übergehung keineswegs zum Präjudiz gereichen solle.

Sehr vielen und beschwerlichen Geschäften mußte sich indessen das Reichsmarschallamt unterziehen: die Masse der Fremden wuchs, es wurde immer schwieriger, sie unterzubringen. Über die Grenzen der verschiedenen kurfürstlichen Bezirke war man nicht einig. Der Magistrat wollte von den Bürgern die Lasten abhalten, zu denen sie nicht verpflichtet schienen, und so gab es, bei Tag und bei Nacht, stündlich Beschwerden, Rekurse, Streit und Mißhelligkeiten.

Der Einzug des Kurfürsten von Mainz erfolgte den 21. März. Hier fing nun das Kanonieren an, mit dem wir auf lange Zeit mehrmals betäubt werden sollten. Wichtig in der Reihe der Zeremonien war diese Festlichkeit: denn alle die Männer, die wir bisher auftreten sahen, waren, so hoch sie auch standen, doch immer nur Untergeordnete; hier aber erschien ein Souverän, ein selbständiger Fürst, der Erste nach dem Kaiser, von einem großen, seiner würdigen Gefolge eingeführt und begleitet. Von dem Pompe dieses Einzugs würde ich hier manches zu erzählen haben, wenn ich nicht später wieder darauf zurückzukommen gedächte, und zwar bei einer Gelegenheit, die niemand leicht erraten sollte.

An demselben Tage nämlich kam Lavater, auf seinem Rückwege von Berlin nach Hause begriffen, durch Frankfurt, und sah diese Feierlichkeit mit an. Ob nun gleich solche weltliche Äußerlichkeiten für ihn nicht den mindesten Wert hatten, so mochte doch dieser Zug mit seiner Pracht und allem Beiwesen deutlich in seine sehr lebhafte Einbildungskraft sich eingedrückt haben: denn nach mehreren Jahren, als mir dieser vorzügliche, aber eigene Mann eine poetische Paraphrase, ich glaube der Offenbarung Sankt Johannis, mitteilte, fand ich den Einzug des Antichrist Schritt vor Schritt, Gestalt vor Gestalt, Umstand vor Umstand dem Einzug des Kurfürsten von Mainz in Frankfurt nachgebildet, dergestalt, daß sogar die Quasten an den Köpfen der Isabellpferde nicht fehlten. Es wird sich mehr davon sagen lassen, wenn ich zur Epoche jener wunderlichen Dichtungsart gelange, durch welche man die alt- und neutestamentlichen Mythen dem Anschauen und Gefühl näher zu bringen glaubte, wenn man sie völlig ins Moderne travestierte, und ihnen aus dem gegenwärtigen Leben, es sei nun gemeiner oder vornehmer, ein Gewand umhinge. Wie diese Behandlungsart sich nach und nach beliebt gemacht, davon muß gleichfalls künftig die Rede sein; doch bemerke ich hier so viel, daß sie weiter als durch Lavater und seine Nacheiferer wohl nicht getrieben worden, indem einer derselben die heiligen drei Könige, wie sie zu Bethlehem einreiten, so modern schilderte, daß die Fürsten und Herren, welche Lavatern zu besuchen pflegten, persönlich darin nicht zu verkennen waren.

Wir lassen also für diesmal den Kurfürsten Emmerich Joseph sozusagen inkognito im Kompostell eintreffen, und wenden uns zu Gretchen, die ich, eben als die Volksmenge sich verlief, von Pylades und seiner Schönen begleitet (denn diese drei schienen nun unzertrennlich zu sein) im Getümmel erblickte. Wir hatten uns kaum erreicht und begrüßt, als schon ausgemacht war, daß wir diesen Abend zusammen zubringen wollten, und ich fand mich bei Zeiten ein. Die gewöhnliche Gesellschaft war beisammen, und jedes hatte etwas zu erzählen, zu sagen, zu bemerken; wie denn dem einen dies, dem andern jenes am meisten aufgefallen war. „Eure Reden", sagte Gretchen zuletzt, „machen mich fast noch verworrner als die Begebenheiten dieser Tage selbst. Was ich gesehen, kann ich nicht zusammenreimen, und möchte von manchem gar zu gern wissen, wie es sich verhält." Ich versetzte, daß es mir ein leichtes sei, ihr diesen Dienst zu erzeigen. Sie solle nur sagen, wofür sie sich eigentlich interessiere. Dies tat sie, und indem ich ihr einiges erklären wollte, fand sich's, daß es besser wäre, in der Ordnung zu verfahren. Ich verglich nicht unschicklich diese Feierlichkeiten und Funktionen mit einem Schauspiel, wo der Vorhang nach Belieben heruntergelassen würde, indessen die Schauspieler fortspielten, dann werde er wieder aufgezogen und der Zuschauer könne an jenen Verhandlungen einigermaßen wieder teilnehmen. Weil ich nun sehr redselig war, wenn man mich gewähren ließ, so erzählte ich alles von Anfang an bis auf den heutigen Tag, in der besten Ordnung, und versäumte nicht, um meinen Vortrag anschaulicher zu machen, mich des vorhandenen Griffels und der großen Schieferplatte zu bedienen. Nur durch einige

Fragen und Rechthabereien der andern wenig gestört, brachte ich meinen Vortrag zu allgemeiner Zufriedenheit ans Ende, indem mich Gretchen durch ihre fortgesetzte Aufmerksamkeit höchlich ermuntert hatte. Sie dankte mir zuletzt und beneidete, nach ihrem Ausdruck, alle diejenigen, die von den Sachen dieser Welt unterrichtet seien und wüßten, wie dieses und jenes zugehe und was es zu bedeuten habe. Sie wünschte sich ein Knabe zu sein, und wußte mit vieler Freundlichkeit anzuerkennen, daß sie mir schon manche Belehrung schuldig geworden. „Wenn ich ein Knabe wäre", sagte sie, „so wollten wir auf Universitäten zusammen etwas Rechtes lernen." Das Gespräch ward in der Art fortgeführt, sie setzte sich bestimmt vor, Unterricht im Französischen zu nehmen, dessen Unerläßlichkeit sie im Laden der Putzhändlerin wohl gewahr worden. Ich fragte sie, warum sie nicht mehr dorthin gehe: denn in der letzten Zeit, da ich des Abends nicht viel abkommen konnte, war ich manchmal bei Tage, ihr zu Gefallen, am Laden vorbeigegangen, um sie nur einen Augenblick zu sehen. Sie erklärte mir, daß sie in dieser unruhigen Zeit sich dort nicht hätte aussetzen wollen. Befände sich die Stadt wieder in ihrem vorigen Zustande, so denke sie auch wieder hinzugehen.

Nun war von dem nächst bevorstehenden Wahltag die Rede. Was und wie es vorgehe, wußte ich weitläuftig zu erzählen, und meine Demonstration durch umständliche Zeichnungen auf der Tafel zu unterstützen; wie ich denn den Raum des Konklave mit seinen Altären, Thronen, Sesseln und Sitzen vollkommen gegenwärtig hatte. – Wir schieden zu rechter Zeit und mit sonderlichem Wohlbehagen.

Denn einem jungen Paare, das von der Natur einigermaßen harmonisch gebildet ist, kann nichts zu einer schönern Vereinigung gereichen, als wenn das Mädchen lehrbegierig und der Jüngling lehrhaft ist. Es entsteht daraus ein so gründliches als angenehmes Verhältnis. Sie erblickt in ihm den Schöpfer ihres geistigen Daseins, und er in ihr ein Geschöpf, das nicht der Natur, dem Zufall, oder einem einseitigen Wollen, sondern einem beiderseitigen Willen seine Vollendung verdankt; und diese Wechselwirkung ist so süß, daß wir uns nicht wundern dürfen, wenn seit dem alten und neuen Abälard, aus einem solchen Zusammentreffen zweier Wesen, die gewaltsamsten Leidenschaften und so viel Glück als Unglück entsprungen sind.

Gleich den nächsten Tag war große Bewegung in der Stadt, wegen der Visiten und Gegenvisiten, welche nunmehr mit dem größten Zeremoniell abgestattet wurden. Was mich aber als einen Frankfurter Bürger besonders interessierte und zu vielen Betrachtungen veranlaßte, war die Ablegung des Sicherheitseides, den der Rat, das Militär, die Bürgerschaft, nicht etwa durch Repräsentanten, sondern persönlich und in Masse, leisteten: erst auf dem großen Römersaale der Magistrat und die Stabsoffiziere, dann auf dem großen Platze, dem Römerberg, die sämtliche Bürgerschaft nach ihren verschiedenen Graden, Abstufungen und Quartieren, und zuletzt das übrige Militär. Hier konnte man das ganze Gemeinwesen mit einem Blick überschauen, versammelt zu dem ehrenvollen Zweck, dem Haupt und den Gliedern des Reichs Sicherheit, und bei dem bevorstehenden großen Werke unverbrüchliche Ruhe anzugeloben. Nun waren auch Kurtrier und Kurköln in Person angekommen. Am Vorabend des Wahltags werden alle Fremden aus der Stadt gewiesen, die Tore sind geschlossen, die Juden in ihrer Gasse eingesperrt, und der Frankfurter Bürger dünkt sich nicht wenig, daß er allein Zeuge einer so großen Feierlichkeit bleiben darf.

Bisher war alles noch ziemlich modern hergegangen: die höchsten und hohen Personen bewegten sich nur in Kutschen hin und wider; nun aber sollten wir sie, nach uralter Weise, zu Pferde sehen. Der Zulauf und das Gedränge war außerordentlich. Ich wußte mich in dem Römer, den ich, wie eine Maus den heimischen Kornboden, genau kannte, so lange herumzuschmiegen, bis ich an den Haupteingang gelangte, vor welchem die Kurfürsten und Gesandten, die zuerst in Prachtkutschen herangefahren und sich oben versammelt hatten, nunmehr zu Pferde steigen sollten. Die stattlichsten, wohlzugerittenen Rosse waren mit reich gestickten Waldrappen überhangen und auf alle Weise geschmückt. Kurfürst Emmerich Joseph, ein schöner behaglicher Mann, nahm sich zu Pferde gut aus. Der beiden andern erinnere ich mich weniger, als nur überhaupt, daß uns diese roten mit Hermelin ausgeschlagenen Fürstenmäntel, die wir sonst nur auf Gemälden zu sehen gewohnt waren, unter freiem Himmel sehr romantisch vorkamen. Auch die Botschafter der abwesenden weltlichen Kurfürsten in ihren goldstoffnen, mit Gold überstickten, mit goldnen Spitzentressen reich besetzten spanischen Kleidern taten unsern Augen wohl; besonders wehten die großen Federn von den altertümlich aufgekrempten Hüten aufs prächtigste. Was mir aber gar nicht dabei gefallen wollte, waren die kurzen modernen Beinkleider, die weißseidenen Strümpfe und modischen Schuhe. Wir hätten Halbstiefelchen, so golden als man gewollt, Sandalen oder dergleichen gewünscht, um nur ein etwas konsequenteres Kostüm zu erblicken.

Im Betragen unterschied sich auch hier der Gesandte von Plotho wieder vor allen andern. Er zeigte sich lebhaft und munter, und schien vor der ganzen Zeremonie nicht sonderlichen Respekt zu haben. Denn als sein Vordermann, ein ältlicher Herr, sich nicht sogleich aufs Pferd schwingen konnte, und er deshalb eine Weile an dem großen Eingang warten mußte, enthielt er sich des Lachens nicht, bis sein Pferd auch vorgeführt wurde, auf welches er sich denn sehr behend hinaufschwang und von uns abermals als ein würdiger Abgesandter Friedrichs des Zweiten bewundert wurde.

Nun war für uns der Vorhang wieder gefallen. Ich hatte mich zwar in die Kirche zu drängen gesucht; allein es fand sich auch dort mehr Unbequemlichkeit als Lust. Die Wählenden hatten sich ins Allerheiligste zurückgezogen, in welchem weitläuftige Zeremonien die Stelle einer bedächtigen Wahlüberlegung vertraten. Nach langem Harren, Drängen und Wogen vernahm denn zuletzt das Volk den Namen Josephs des Zweiten, der zum Römischen König ausgerufen wurde.

Der Zudrang der Fremden in die Stadt ward nun immer stärker. Alles fuhr und ging in Galakleidern, so daß man zuletzt nur die ganz goldenen Anzüge bemerkenswert fand. Kaiser und König waren schon in Heusenstamm, einem gräflich Schönbornischen Schlosse, angelangt und wurden dort herkömmlich begrüßt und willkommen geheißen; die Stadt aber feierte diese wichtige Epoche durch geistliche Feste sämtlicher Religionen, durch Hochämter und Predigten, und von weltlicher Seite, zu Begleitung des Tedeum, durch unablässiges Kanonieren.

Hätte man alle diese öffentlichen Feierlichkeiten von Anfang bis hieher als ein überlegtes Kunstwerk angesehen, so würde man nicht viel daran auszusetzen gefunden haben. Alles war gut vorbereitet; sachte fingen die öffentlichen Auftritte an und wurden immer bedeutender; die Menschen wuchsen an Zahl, die Personen an Würde, ihre Umgebungen wie sie selbst an Pracht, und so stieg es mit jedem Tage, so daß zuletzt auch ein vorbereitetes gefaßtes Auge in Verwirrung geriet.

Der Einzug des Kurfürsten von Mainz, welchen ausführlicher zu beschreiben wir abgelehnt, war prächtig und imposant genug, um in der Einbildungskraft eines vorzüglichen Mannes die Ankunft eines großen geweissagten Weltherrschers zu bedeuten. Auch wir waren dadurch nicht wenig geblendet worden. Nun aber spannte sich unsere Erwartung aufs höchste, als es hieß, der Kaiser und der künftige König näherten sich der Stadt. In einiger Entfernung von Sachsenhausen war ein Zelt errichtet, in welchem der ganze Magistrat sich aufhielt, um dem Oberhaupte des Reichs die gehörige Verehrung zu bezeigen und die Stadtschlüssel anzubieten. Weiter hinaus, auf einer schönen geräumigen Ebene, stand ein anderes, ein Prachtgezelt, wohin sich die sämtlichen Kurfürsten und Wahlbotschafter zum Empfang der Majestäten verfügten, indessen ihr Gefolge sich den ganzen Weg entlang erstreckte, um nach und nach, wie die Reihe an sie käme, sich wieder gegen die Stadt in Bewegung zu setzen und gehörig in den Zug einzutreten. Nunmehr fuhr der Kaiser bei dem Zelt an, betrat solches, und nach ehrfurchtsvollem Empfange beurlaubten sich die Kurfürsten und Gesandten, um ordnungsgemäß dem höchsten Herrscher den Weg zu bahnen.

Wir andern, die wir in der Stadt geblieben, um diese Pracht innerhalb der Mauern und Straßen noch mehr zu bewundern, als es auf freiem Felde hätte geschehen können, wir waren durch das von der Bürgerschaft in den Gassen aufgestellte Spalier, durch den Zudrang des Volks, durch mancherlei dabei vorkommende Späße und Unschicklichkeiten einstweilen gar wohl unterhalten, bis uns das Geläute der Glocken und der Kanonendonner die unmittelbare Nähe des Herrschers ankündigten. Was einem Frankfurter besonders wohltun mußte, war, daß bei dieser Gelegenheit, bei der Gegenwart so vieler Souveräne und ihrer Repräsentanten, die Reichsstadt Frankfurt auch als ein kleiner Souverän erschien: denn ihr Stallmeister eröffnete den Zug, Reitpferde mit Wappendecken, worauf der weiße Adler im roten Felde sich gar gut ausnahm, folgten ihm, Bediente und Offizianten, Pauker und Trompeter, Deputierte des Rats, von Ratsbedienten in der Stadtlivree zu Fuße begleitet. Hieran schlossen sich die drei Kompanien der Bürgerkavallerie, sehr wohl beritten, dieselbigen, die wir von Jugend auf bei Einholung des Geleits und andern öffentlichen Gelegenheiten gekannt hatten. Wir erfreuten uns an dem Mitgefühl dieser Ehre und an dem Hunderttausendteilchen einer Souveränität, welche gegenwärtig in ihrem vollen Glanz erschien. Die verschiedenen Gefolge des Reichserbmarschalls und der von den sechs weltlichen Kurfürsten abgeordneten Wahlgesandten zogen sodann schrittweise daher. Keins derselben bestand aus weniger denn zwanzig Bedienten und zwei Staatswagen; bei einigen aus einer noch größern Anzahl. Das Gefolge der geistlichen Kurfürsten war nun immer im Steigen; die Bedienten und Hausoffizianten schienen unzählig, Kurköln und Kurtrier hatten über zwanzig Staatswagen, Kurmainz allein ebenso viel. Die Dienerschaft zu Pferde und zu Fuß war durchaus aufs prächtigste gekleidet, die Herren in den Equipagen, geistliche und weltliche, hatten es auch nicht fehlen lassen, reich und ehrwürdig angetan und geschmückt mit allen Ordenszeichen, zu erscheinen. Das Gefolg der kaiserlichen Majestät übertraf nunmehr, wie billig, die übrigen. Die Bereiter, die Handpferde, die Reitzeuge, Schabracken und Decken zogen aller Augen auf sich, und sechzehn sechsspännige Galawägen der kaiserlichen Kammerherren,

Geheimenräte, des Oberkämmerers, Oberhofmeisters, Oberstallmeisters beschlossen mit großem Prunk diese Abteilung des Zugs, welche, ungeachtet ihrer Pracht und Ausdehnung, doch nur der Vortrab sein sollte.

Nun aber konzentrierte sich die Reihe, indem sich Würde und Pracht steigerten, immer mehr. Denn unter einer ausgewählten Begleitung eigener Hausdienerschaft, die meisten zu Fuß, wenige zu Pferde, erschienen die Wahlbotschafter sowie die Kurfürsten in Person, nach aufsteigender Ordnung, jeder in einem prächtigen Staatswagen. Unmittelbar hinter Kurmainz kündigten zehn kaiserliche Laufer, einundvierzig Lakaien und acht Heiducken die Majestäten selbst an. Der prächtigste Staatswagen, auch im Rücken mit einem ganzen Spiegelglas versehen, mit Malerei, Lackierung, Schnitzwerk und Vergoldung ausgeziert, mit rotem gestickten Samt obenher und inwendig bezogen, ließ uns ganz bequem Kaiser und König, die längst erwünschten Häupter, in aller ihrer Herrlichkeit betrachten. Man hatte den Zug einen weiten Umweg geführt, teils aus Notwendigkeit, damit er sich nur entfalten könne, teils um ihn der großen Menge Menschen sichtbar zu machen. Er war durch Sachsenhausen, über die Brücke, die Fahrgasse, sodann die Zeile hinunter gegangen, und wendete sich nach der innern Stadt durch die Katharinenpforte, ein ehmaliges Tor und seit Erweiterung der Stadt ein offner Durchgang. Hier hatte man glücklich bedacht, daß die äußere Herrlichkeit der Welt, seit einer Reihe von Jahren, sich immer mehr in die Höhe und Breite ausgedehnt. Man hatte gemessen und gefunden, daß durch diesen Torweg, durch welchen so mancher Fürst und Kaiser aus- und eingezogen, der jetzige kaiserliche Staatswagen, ohne mit seinem Schnitzwerk und andern Äußerlichkeiten anzustoßen, nicht hindurchkommen könne. Man beratschlagte, und zu Vermeidung eines unbequemen Umwegs entschloß man sich, das Pflaster aufzuheben, und eine sanfte Ab- und Auffahrt zu veranstalten. In eben dem Sinne hatte man auch alle Wetterdächer der Läden und Buden in den Straßen ausgehoben, damit weder die Krone, noch der Adler, noch die Genien Anstoß und Schaden nehmen möchten.

So sehr wir auch, als dieses kostbare Gefäß mit so kostbarem Inhalt sich uns näherte, auf die hohen Personen unsere Augen gerichtet hatten, so konnten wir doch nicht umhin, unsern Blick auf die herrlichen Pferde, das Geschirr und dessen Posamentschmuck zu wenden; besonders aber fielen uns die wunderlichen, beide auf den Pferden sitzenden Kutscher und Vorreiter auf. Sie sahen wie aus einer andern Nation, ja wie aus einer andern Welt, in langen schwarz- und gelbsamtnen Röcken und Kappen mit großen Federbüschen, nach kaiserlicher Hofsitte. Nun drängte sich so viel zusammen, daß man wenig mehr unterscheiden konnte. Die Schweizergarde zu beiden Seiten des Wagens, der Erbmarschall, das sächsische Schwert aufwärts in der rechten Hand haltend, die Feldmarschälle als Anführer der kaiserlichen Garden hinter dem Wagen reitend, die kaiserlichen Edelknaben in Masse und endlich die Hatschiergarde selbst, in schwarzsamtnen Flügelröcken, alle Nähte reich mit Gold galoniert, darunter rote Leibröcke und lederfarbne Kamisole, gleichfalls reich mit Gold besetzt. Man kam vor lauter Sehen, Deuten und Hinweisen gar nicht zu sich selbst, so daß die nicht minder prächtig gekleideten Leibgarden der Kurfürsten kaum beachtet wurden; ja wir hätten uns vielleicht von den Fenstern zurückgezogen, wenn wir nicht noch unsern Magistrat, der in funfzehn zweispännigen Kutschen den Zug beschloß, und besonders in der letzten den Ratsschreiber mit den Stadtschlüsseln auf rotsamtenem Kissen hätten in Augenschein nehmen wollen. Daß unsere Stadtgrenadierkompanie das Ende deckte, deuchte uns auch ehrenvoll genug, und wir fühlten uns als Deutsche und als Frankfurter von diesem Ehrentag doppelt und höchlich erbaut.

Wir hatten in einem Hause Platz genommen, wo der Aufzug, wenn er aus dem Dom zurückkam, ebenfalls wieder an uns vorbei mußte. Des Gottesdienstes, der Musik, der Zeremonien und Feierlichkeiten, der Anreden und Antworten, der Vorträge und Vorlesungen waren in Kirche, Chor und Konklave so viel, bis es zur Beschwörung der Wahlkapitulation kam, daß wir Zeit genug hatten, eine vortreffliche Kollation einzunehmen, und auf die Gesundheit des alten und jungen Herrschers manche Flasche zu leeren. Das Gespräch verlor sich indes, wie es bei solchen Gelegenheiten zu gehen pflegt, in die vergangene Zeit, und es fehlte nicht an bejahrten Personen, welche jener vor der gegenwärtigen den Vorzug gaben, wenigstens in Absicht auf ein gewisses menschliches Interesse und einer leidenschaftlichen Teilnahme, welche dabei vorgewaltet. Bei Franz' des Ersten Krönung war noch nicht alles so ausgemacht, wie gegenwärtig; der Friede war noch nicht abgeschlossen, Frankreich, Kurbrandenburg und Kurpfalz widersetzten sich der Wahl; die Truppen des künftigen Kaisers standen bei Heidelberg, wo er sein Hauptquartier hatte, und fast wären die von Aachen heraufkommenden Reichsinsignien von den Pfälzern weggenommen worden. Indessen unterhandelte man doch, und nahm von beiden Seiten die Sache nicht aufs strengste. Maria Theresia selbst, obgleich in gesegneten Umständen, kommt, um die endlich durchgesetzte Krönung ihres Gemahls in Person zu sehen. Sie traf in Aschaffenburg ein und bestieg eine Jacht, um sich nach Frankfurt zu begeben. Franz, von Heidelberg aus, denkt seiner Gemahlin zu begegnen, allein er kommt zu spät, sie ist schon abgefahren. Ungekannt wirft er sich in einen kleinen Nachen, eilt ihr nach, erreicht ihr Schiff, und das liebende Paar erfreut sich dieser überraschenden Zusammenkunft. Das Märchen davon verbreitet sich sogleich, und alle Welt nimmt teil an diesem zärtlichen, mit Kindern reich gesegneten Ehepaar, das seit seiner Verbindung so unzertrennlich gewesen, daß sie schon einmal auf einer Reise von Wien nach Florenz zusammen an der venezianischen Grenze Quarantäne halten müssen. Maria Theresia wird in der Stadt mit Jubel bewillkommt, sie betritt den Gasthof „Zum Römischen Kaiser", indessen auf der Bornheimer Heide das große Zelt, zum Empfang ihres Gemahls, errichtet ist. Dort findet sich von den geistlichen Kurfürsten nur Mainz allein, von den Abgeordneten der weltlichen nur Sachsen, Böhmen und Hannover. Der Einzug beginnt, und was ihm an Vollständigkeit und Pracht abgehen mag, ersetzt reichlich die Gegenwart einer schönen Frau. Sie steht auf dem Balkon des wohlgelegnen Hauses und begrüßt mit Vivatruf und

Händeklatschen ihren Gemahl: das Volk stimmt ein, zum größten Enthusiasmus aufgeregt. Da die Großen nun auch einmal Menschen sind, so denkt sie der Bürger, wenn er sie lieben will, als seinesgleichen, und das kann er am füglichsten, wenn er sie als liebende Gatten, als zärtliche Eltern, als anhängliche Geschwister, als treue Freunde sich vorstellen darf. Man hatte damals alles Gute gewünscht und prophezeit, und heute sah man es erfüllt an dem erstgebornen Sohne, dem jedermann wegen seiner schönen Jünglingsgestalt geneigt war, und auf den die Welt, bei den hohen Eigenschaften, die er ankündigte, die größten Hoffnungen setzte.

Wir hatten uns ganz in die Vergangenheit und Zukunft verloren, als einige hereintretende Freunde uns wieder in die Gegenwart zurückriefen. Sie waren von denen, die den Wert einer Neuigkeit einsehen, und sich deswegen beeilen, sie zuerst zu verkündigen. Sie wußten auch einen schönen menschlichen Zug dieser hohen Personen zu erzählen, die wir soeben in dem größten Prunk vorbeiziehen gesehn. Es war nämlich verabredet worden, daß unterwegs, zwischen Heusenstamm und jenem großen Gezelte, Kaiser und König den Landgrafen von Darmstadt im Wald antreffen sollten. Dieser alte, dem Grabe sich nähernde Fürst wollte noch einmal den Herrn sehen, dem er in früherer Zeit sich gewidmet. Beide mochten sich jenes Tages erinnern, als der Landgraf das Dekret der Kurfürsten, das Franzen zum Kaiser erwählte, nach Heidelberg überbrachte, und die erhaltenen kostbaren Geschenke mit Beteuerung einer unverbrüchlichen Anhänglichkeit erwiderte. Diese hohen Personen standen in einem Tannicht, und der Landgraf, vor Alter schwach, hielt sich an eine Fichte, um das Gespräch noch länger fortsetzen zu können, das von beiden Teilen nicht ohne Rührung geschah. Der Platz ward nachher auf eine unschuldige Weise bezeichnet, und wir jungen Leute sind einigemal hingewandert.

So hatten wir mehrere Stunden mit Erinnerung des Alten, mit Erwägung des Neuen hingebracht, als der Zug abermals, jedoch abgekürzt und gedrängter, vor unsern Augen vorbeiwogte; und wir konnten das einzelne näher beobachten, bemerken und uns für die Zukunft einprägen.

Von dem Augenblick an war die Stadt in ununterbrochener Bewegung: denn bis alle und jede, denen es zukommt und von denen es gefordert wird, den höchsten Häuptern ihre Aufwartung gemacht und sich einzeln denselben dargestellt hatten, war des Hin- und Widerziehens kein Ende, und man konnte den Hofstaat eines jeden der hohen Gegenwärtigen ganz bequem im einzelnen wiederholen.

Nun kamen auch die Reichsinsignien heran. Damit es aber auch hier nicht an hergebrachten Händeln fehlen möge, so mußten sie auf freiem Felde den halben Tag bis in die späte Nacht zubringen, wegen einer Territorial- und Geleitsstreitigkeit zwischen Kurmainz und der Stadt. Die letzte gab nach, die Mainzischen geleiteten die Insignien bis an den Schlagbaum, und somit war die Sache für diesmal abgetan.

In diesen Tagen kam ich nicht zu mir selbst. Zu Hause gab es zu schreiben und zu kopieren; sehen wollte und sollte man alles, und so ging der März zu Ende, dessen zweite Hälfte für uns so festreich gewesen war. Von dem, was zuletzt vorgegangen und was am Krönungstag zu erwarten sei, hatte ich Gretchen eine treuliche und ausführliche Belehrung versprochen. Der große Tag nahte heran; ich hatte mehr im Sinne, wie ich es ihr sagen wollte, als was eigentlich zu sagen sei; ich verarbeitete alles, was mir unter die Augen und unter die Kanzleifeder kam, nur geschwind zu diesem nächsten und einzigen Gebrauch. Endlich erreichte ich noch eines Abends ziemlich spät ihre Wohnung, und tat mir schon im voraus nicht wenig darauf zugute, wie mein diesmaliger Vortrag noch viel besser als der erste, unvorbereitete gelingen sollte. Allein gar oft bringt uns selbst, und andern durch uns, ein augenblicklicher Anlaß mehr Freude, als der entschiedenste Vorsatz nicht gewähren kann. Zwar fand ich ziemlich dieselbe Gesellschaft, allein es waren einige Unbekannte darunter. Sie setzten sich hin zu spielen; nur Gretchen und der jüngere Vetter hielten sich zu mir und der Schiefertafel. Das liebe Mädchen äußerte gar anmutig ihr Behagen, daß sie, als eine Fremde, am Wahltage für eine Bürgerin gegolten habe, und ihr dieses einzige Schauspiel zuteil geworden sei. Sie dankte mir aufs verbindlichste, daß ich für sie zu sorgen gewußt, und ihr zeither durch Pylades allerlei Einlässe mittels Billette, Anweisungen, Freunde und Vorsprache zu verschaffen die Aufmerksamkeit gehabt.

Von den Reichskleinodien hörte sie gern erzählen. Ich versprach ihr, daß wir diese wo möglich zusammen sehen wollten. Sie machte einige scherzhafte Anmerkungen, als sie erfuhr, daß man Gewänder und Krone dem jungen König anprobiert habe. Ich wußte, wo sie den Feierlichkeiten des Krönungstages zusehen würde, und machte sie aufmerksam auf alles, was bevorstand und was besonders von ihrem Platze genau beobachtet werden konnte.

So vergaßen wir an die Zeit zu denken; es war schon über Mitternacht geworden, und ich fand, daß ich unglücklicherweise den Hausschlüssel nicht bei mir hatte. Ohne das größte Aufsehen zu erregen, konnte ich nicht ins Haus. Ich teilte ihr meine Verlegenheit mit. „Am Ende“, sagte sie, „ist es das beste, die Gesellschaft bleibt beisammen.“ Die Vettern und jene Fremden hatten schon den Gedanken gehabt, weil man nicht wußte, wo man diese für die Nacht unterbringen sollte. Die Sache war bald entschieden; Gretchen ging, um Kaffee zu kochen, nachdem sie, weil die Lichter auszubrennen drohten, eine große messingene Familienlampe mit Docht und Öl versehen und angezündet hereingebracht hatte.

Der Kaffee diente für einige Stunden zur Ermunterung; nach und nach aber ermattete das Spiel, das Gespräch ging aus; die Mutter schlief im großen Sessel; die Fremden, von der Reise müde, nickten da und dort, Pylades und seine Schöne saßen in einer Ecke. Sie hatte ihren Kopf auf seine Schulter gelegt und schlief; auch er wachte nicht lange. Der jüngere Vetter, gegen uns über am Schiefertische sitzend, hatte seine Arme vor sich über einander geschlagen und schlief mit aufliegendem Gesichte. Ich saß in der Fensterecke hinter dem Tische und Gretchen neben mir. Wir unterhielten uns leise; aber endlich übermannte auch sie der Schlaf, sie lehnte ihr Köpfchen an meine Schulter und war gleich eingeschlummert. So saß ich nun allein, wachend, in der wunderlichsten Lage, in der auch mich der freundliche Bruder des Todes zu beruhigen wußte. Ich schlief ein, und als ich wieder erwachte, war es schon heller Tag. Gretchen stand vor dem Spiegel und rückte ihr Häubchen zurechte; sie war liebenswürdiger als je, und drückte mir, als ich schied, gar herzlich die Hände. Ich schlich durch einen Umweg nach unserm Hause: denn an der Seite, nach dem kleinen Hirschgraben zu, hatte sich mein Vater in der Mauer ein kleines Guckfenster, nicht ohne Widerspruch des Nachbarn, angelegt. Diese Seite vermieden wir, wenn wir nach Hause kommend von ihm nicht bemerkt sein wollten. Meine Mutter, deren Vermittelung uns immer zugute kam, hatte meine Abwesenheit des Morgens beim Tee durch ein frühzeitiges Ausgehen meiner zu beschönigen gesucht, und ich empfand also von dieser unschuldigen Nacht keine unangenehmen Folgen.

Überhaupt und im ganzen genommen machte diese unendlich mannigfaltige Welt, die mich umgab, auf mich nur sehr einfachen Eindruck. Ich hatte kein Interesse, als das Äußere der Gegenstände genau zu bemerken, kein Geschäft, als das mir mein Vater und Herr von Königsthal auftrugen, wodurch ich freilich den innern Gang der Dinge gewahr ward. Ich hatte keine Neigung als zu Gretchen, und keine andre Absicht, als nur alles recht gut zu sehen und zu fassen, um es mit ihr wiederholen und ihr erklären zu können. Ja, ich beschrieb oft, indem ein solcher Zug vorbeiging, diesen Zug halb laut vor mir selbst, um mich alles einzelnen zu versichern, und dieser Aufmerksamkeit und Genauigkeit wegen von meiner Schönen gelobt zu werden; und nur als eine Zugabe betrachtete ich den Beifall und die Anerkennung der anderen.

Zwar ward ich manchen hohen und vornehmen Personen vorgestellt; aber teils hatte niemand Zeit, sich um andere zu bekümmern, und teils wissen auch Ältere nicht gleich, wie sie sich mit einem jungen Menschen unterhalten und ihn prüfen sollen. Ich von meiner Seite war auch nicht sonderlich geschickt, mich den Leuten bequem darzustellen. Gewöhnlich erwarb ich ihre Gunst, aber nicht ihren Beifall. Was mich beschäftigte, war mir vollkommen gegenwärtig; aber ich fragte nicht, ob es auch andern gemäß sein könne. Ich war meist zu lebhaft oder zu still, und schien entweder zudringlich oder stöckig, je nachdem die Menschen mich anzogen oder abstießen; und so wurde ich zwar für hoffnungsvoll gehalten, aber dabei für wunderlich erklärt.

Der Krönungstag brach endlich an, den 3. April 1764; das Wetter war günstig und alle Menschen in Bewegung. Man hatte mir, nebst mehrern Verwandten und Freunden, in dem Römer selbst, in einer der obern Etagen, einen guten Platz angewiesen, wo wir das Ganze vollkommen übersehen konnten. Mit dem frühsten begaben wir uns an Ort und Stelle, und beschauten nunmehr von oben, wie in der Vogelperspektive, die Anstalten, die wir tags vorher in näheren Augenschein genommen hatten. Da war der neuerrichtete Springbrunnen mit zwei großen Kufen rechts und links, in welche der Doppeladler auf dem Ständer weißen Wein hüben und roten Wein drüben aus seinen zwei Schnäbeln ausgießen sollte. Aufgeschüttet zu einem Haufen lag dort der Haber, hier stand die große Bretterhütte, in der man schon einige Tage den ganzen fetten Ochsen an einem ungeheuren Spieße bei Kohlenfeuer braten und schmoren sah. Alle Zugänge, die vom Römer aus dahin, und von andern Straßen nach dem Römer führen, waren zu beiden Seiten durch Schranken und Wachen gesichert. Der große Platz füllte sich nach und nach, und das Wogen und Drängen ward immer stärker und bewegter, weil die Menge wo möglich immer nach der Gegend hinstrebte, wo ein neuer Auftritt erschien und etwas Besonderes angekündigt wurde.

Bei alledem herrschte eine ziemliche Stille, und als die Sturmglocke geläutet wurde, schien das ganze Volk von Schauer und Erstaunen ergriffen. Was nun zuerst die Aufmerksamkeit aller, die von oben herab den Platz übersehen konnten, erregte, war der Zug, in welchem die Herren von Aachen und Nürnberg die Reichskleinodien nach dem Dome brachten. Diese hatten als Schutzheiligtümer den ersten Platz im Wagen eingenommen, und die Deputierten saßen vor ihnen in anständiger Verehrung auf dem Rücksitz. Nunmehr begeben sich die drei Kurfürsten in den Dom. Nach Überreichung der Insignien an Kurmainz werden Krone und Schwert sogleich nach dem kaiserlichen Quartier gebracht. Die weiteren Anstalten und mancherlei Zeremoniell beschäftigen mittlerweile die Hauptpersonen sowie die

Zuschauer in der Kirche, wie wir andern Unterrichteten uns wohl denken konnten.

Vor unsern Augen fuhren indessen die Gesandten auf den Römer, aus welchem der Baldachin von Unteroffizieren in das kaiserliche Quartier getragen wird. Sogleich besteigt der Erbmarschall Graf von Pappenheim sein Pferd; ein sehr schöner schlankgebildeter Herr, den die spanische Tracht, das reiche Wams, der goldne Mantel, der hohe Federhut und die gestrählten fliegenden Haare sehr wohl kleideten. Er setzt sich in Bewegung, und unter dem Geläute aller Glocken folgen ihm zu Pferde die Gesandten nach dem kaiserlichen Quartier in noch größerer Pracht als am Wahltage. Dort hätte man auch sein mögen, wie man sich an diesem Tage durchaus zu vervielfältigen wünschte. Wir erzählten einander indessen, was dort vorgehe. „Nun zieht der Kaiser seinen Hausornat an", sagten wir, „eine neue Bekleidung nach dem Muster der alten Karolingischen verfertigt. Die Erbämter erhalten die Reichsinsignien und setzen sich damit zu Pferde. Der Kaiser im Ornat, der Römische König im spanischen Habit besteigen gleichfalls ihre Rosse, und indem dieses geschieht, hat sie uns der vorausgeschrittene unendliche Zug bereits angemeldet."

Das Auge war schon ermüdet durch die Menge der reichgekleideten Dienerschaft und der übrigen Behörden, durch den stattlich einherwandelnden Adel; und als nunmehr die Wahlbotschafter, die Erbämter und zuletzt unter dem reichgestickten, von zwölf Schöffen und Ratsherrn getragenen Baldachin der Kaiser in romantischer Kleidung, zur Linken, etwas hinter ihm, sein Sohn in spanischer Tracht, langsam auf prächtig geschmückten Pferden einherschwebten, war das Auge nicht mehr sich selbst genug. Man hätte gewünscht, durch eine Zauberformel die Erscheinung nur einen Augenblick zu fesseln; aber die Herrlichkeit zog unaufhaltsam vorbei, und den kaum verlassenen Raum erfüllte sogleich wieder das hereinwogende Volk.

Nun aber entstand ein neues Gedränge: denn es mußte ein anderer Zugang, von dem Markte her, nach der Römertüre eröffnet und ein Bretterweg aufgebrückt werden, welchen der aus dem Dom zurückkehrende Zug beschreiten sollte.

Was in dem Dome vorgegangen, die unendlichen Zeremonien, welche die Salbung, die Krönung, den Ritterschlag vorbereiten und begleiten, alles dieses ließen wir uns in der Folge gar gern von denen erzählen, die manches andere aufgeopfert hatten, um in der Kirche gegenwärtig zu sein.

Wir andern verzehrten mittlerweile auf unsern Plätzen eine frugale Mahlzeit: denn wir mußten an dem festlichsten Tage, den wir erlebten, mit kalter Küche vorlieb nehmen. Dagegen aber war der beste und älteste Wein aus allen Familienkellern herangebracht worden, so daß wir von dieser Seite wenigstens dies altertümliche Fest altertümlich feierten.

Auf dem Platze war jetzt das Sehenswürdigste die fertig gewordene und mit rot, gelb und weißem Tuch überlegte Brücke, und wir sollten den Kaiser, den wir zuerst im Wagen, dann zu Pferde sitzend angestaunt, nun auch zu Fuße wandelnd bewundern; und sonderbar genug, auf das letzte freuten wir uns am meisten; denn uns deuchte diese Weise sich darzustellen so wie die natürlichste, so auch die würdigste.

Ältere Personen, welche der Krönung Franz' des Ersten beigewohnt, erzählten: Maria Theresia, über die Maßen schön, habe jener Feierlichkeit an einem Balkonfenster des Hauses Frauenstein, gleich neben dem Römer, zugesehen. Als nun ihr Gemahl in der seltsamen Verkleidung aus dem Dome zurückgekommen, und sich ihr sozusagen als ein Gespenst Karls des Großen dargestellt, habe er wie zum Scherz beide Hände erhoben und ihr den Reichsapfel, den Szepter und die wundersamen Handschuh hingewiesen, worüber sie in ein unendliches Lachen ausgebrochen; welches dem ganzen zuschauenden Volke zur größten Freude und Erbauung gedient, indem es darin das gute und natürliche Ehgattenverhältnis des allerhöchsten Paares der Christenheit mit Augen zu sehen gewürdiget worden. Als aber die Kaiserin, ihren Gemahl zu begrüßen, das Schnupftuch geschwungen und ihm selbst ein lautes Vivat zugerufen, sei der Enthusiasmus und der Jubel des Volks aufs höchste gestiegen, so daß das Freudengeschrei gar kein Ende finden können.

Nun verkündigte der Glockenschall und nun die Vordersten des langen Zuges, welche über die bunte Brücke ganz sachte einherschritten, daß alles getan sei. Die Aufmerksamkeit war größer denn je, der Zug deutlicher als vorher, besonders für uns, da er jetzt gerade nach uns zuging. Wir sahen ihn sowie den ganzen volkserfüllten Platz beinah im Grundriß. Nur zu sehr drängte sich am Ende die Pracht: denn die Gesandten, die Erbämter, Kaiser und König unter dem Baldachin, die drei geistlichen Kurfürsten, die sich anschlossen, die schwarz gekleideten Schöffen und Ratsherren, der goldgestickte Himmel, alles schien nur eine Masse zu sein, die, nur von einem Willen bewegt, prächtig harmonisch, und soeben unter dem Geläute der Glocken aus dem Tempel tretend, als ein Heiliges uns entgegenstrahlte. Eine politisch-religiose Feierlichkeit hat einen unendlichen Reiz. Wir sehen die irdische Majestät vor Augen, umgeben von allen Symbolen ihrer Macht; aber indem sie sich vor der himmlischen beugt, bringt sie uns die Gemeinschaft beider vor die Sinne. Denn auch der einzelne vermag seine Verwandtschaft mit der Gottheit nur dadurch zu betätigen, daß er sich unterwirft und anbetet.

Der von dem Markt her ertönende Jubel verbreitete sich nun auch über den großen Platz, und ein ungestümes Vivat erscholl aus tausend und aber tausend Kehlen, und gewiß auch aus den Herzen. Denn dieses große Fest sollte ja das Pfand eines dauerhaften Friedens werden, der auch wirklich lange Jahre hindurch Deutschland beglückte.

Mehrere Tage vorher war durch öffentlichen Ausruf bekannt gemacht, daß weder die Brücke noch der Adler über dem Brunnen preisgegeben, und also nicht vom Volke wie sonst angetastet werden solle. Es geschah dies, um manches bei solchen Anstürmen unvermeidliche Unglück zu verhüten. Allein um doch einigermaßen dem Genius des Pöbels zu opfern, gingen eigens bestellte Personen hinter dem Zuge her, lösten das Tuch von der Brücke, wickelten es bahnenweise zusammen und warfen es in die Luft. Hiedurch entstand nun zwar kein Unglück, aber ein lächerliches Unheil: denn das Tuch entrollte sich in der Luft und bedeckte, wie es niederfiel, eine größere oder geringere Anzahl Menschen.

Diejenigen nun, welche die Enden faßten und solche an sich zogen, rissen alle die Mittleren zu Boden, umhüllten und ängstigten sie so lange, bis sie sich durchgerissen oder durchgeschnitten, und jeder nach seiner Weise einen Zipfel dieses durch die Fußtritte der Majestäten geheiligten Gewebes davongetragen hatte.

Dieser wilden Belustigung sah ich nicht lange zu, sondern eilte von meinem hohen Standorte durch allerlei Treppchen und Gänge hinunter an die große Römerstiege, wo die aus der Ferne angestaunte so vornehme als herrliche Masse heraufwallen sollte. Das Gedräng war nicht groß, weil die Zugänge des Rathauses wohl besetzt waren, und ich kam glücklich unmittelbar oben an das eiserne Geländer. Nun stiegen die Hauptpersonen an mir vorüber, indem das Gefolge in den untern Gewölbgängen zurückblieb, und ich konnte sie auf der dreimal gebrochnen Treppe von allen Seiten und zuletzt ganz in der Nähe betrachten.

Endlich kamen auch die beiden Majestäten herauf. Vater und Sohn waren wie Menächmen überein gekleidet. Des Kaisers Hausornat von purpurfarbner Seide, mit Perlen und Steinen reich geziert, sowie Krone, Szepter und Reichsapfel fielen wohl in die Augen: denn alles war neu daran, und die Nachahmung des Altertums geschmackvoll. So bewegte er sich auch in seinem Anzuge ganz bequem, und sein treuherzig würdiges Gesicht gab zugleich den Kaiser und den Vater zu erkennen. Der junge König hingegen schleppte sich in den ungeheuren Gewandstücken mit den Kleinodien Karls des Großen, wie in einer Verkleidung, einher, so daß er selbst, von Zeit zu Zeit seinen Vater ansehend, sich des Lächelns nicht enthalten konnte. Die Krone, welche man sehr hatte füttern müssen, stand wie ein übergreifendes Dach vom Kopf ab. Die Dalmatika, die Stola, so gut sie auch angepaßt und eingenäht worden, gewährte doch keineswegs ein vorteilhaftes Aussehen. Szepter und Reichsapfel setzten in Verwunderung; aber man konnte sich nicht leugnen, daß man lieber eine mächtige, dem Anzuge gewachsene Gestalt, um der günstigern Wirkung willen, damit bekleidet und ausgeschmückt gesehen hätte.

Kaum waren die Pforten des großen Saales hinter diesen

Gestalten wieder geschlossen, so eilte ich auf meinen vorigen Platz, der, von andern bereits eingenommen, nur mit einiger Not mir wieder zuteil wurde.

Es war eben die rechte Zeit, daß ich von meinem Fenster wieder Besitz nahm: denn das Merkwürdigste, was öffentlich zu erblicken war, sollte eben vorgehen. Alles Volk hatte sich gegen den Römer zu gewendet, und ein abermaliges Vivatschreien gab uns zu erkennen, daß Kaiser und König an dem Balkonfenster des großen Saales in ihrem Ornate sich dem Volke zeigten. Aber sie sollten nicht allein zum Schauspiel dienen, sondern vor ihren Augen sollte ein seltsames Schauspiel vorgehen. Vor allen schwang sich nun der schöne schlanke Erbmarschall auf sein Roß; er hatte das Schwert abgelegt, in seiner Rechten hielt er ein silbernes gehenkeltes Gemäß, und ein Streichblech in der Linken. So ritt er in den Schranken auf den großen Haferhaufen zu, sprengte hinein, schöpfte das Gefäß übervoll, strich es ab und trug es mit großem Anstande wieder zurück. Der kaiserliche Marstall war nunmehr versorgt. Der Erbkämmerer ritt sodann gleichfalls auf jene Gegend zu und brachte ein Handbecken nebst Gießfaß und Handquehle zurück. Unterhaltender aber für die Zuschauer war der Erbtruchseß, der ein Stück von dem gebratnen Ochsen zu holen kam. Auch er ritt mit einer silbernen Schüssel durch die Schranken bis zu der großen Bretterküche, und kam bald mit verdecktem Gericht wieder hervor, um seinen Weg nach dem Römer zu nehmen. Die Reihe traf nun den Erbschenken, der zu dem Springbrunnen ritt und Wein holte. So war nun auch die kaiserliche Tafel bestellt, und aller Augen warteten auf den Erbschatzmeister, der das Geld auswerfen sollte. Auch er bestieg ein schönes Roß, dem zu beiden Seiten des Sattels anstatt der Pistolenhalftern ein paar prächtige mit dem kurpfälzischen Wappen gestickte Beutel befestigt hingen. Kaum hatte er sich in Bewegung gesetzt, als er in diese Taschen griff und rechts und links Gold- und Silbermünzen freigebig ausstreute, welche jedesmal in der Luft als ein metallner Regen gar lustig glänzten. Tausend Hände zappelten augenblicklich in der Höhe, um die Gaben aufzufangen; kaum aber waren die Münzen niedergefallen, so wühlte die Masse in sich selbst gegen den Boden und rang gewaltig um die Stücke, welche zur Erde mochten gekommen sein. Da nun diese Bewegung von beiden Seiten sich immer wiederholte, wie der Geber vorwärts ritt, so war es für die Zuschauer ein sehr belustigender Anblick. Zum Schlusse ging es am allerlebhaftesten her, als er die Beutel selbst auswarf, und ein jeder noch diesen höchsten Preis zu erhaschen trachtete.

Die Majestäten hatten sich vom Balkon zurückgezogen, und nun sollte dem Pöbel abermals ein Opfer gebracht werden, der in solchen Fällen lieber die Gaben rauben als sie gelassen und dankbar empfangen will. In rohern und derberen Zeiten herrschte der Gebrauch, den Hafer, gleich nachdem der Erbmarschall das Teil weggenommen, den Springbrunnen, nachdem der Erbschenk, die Küche, nachdem der Erbtruchseß sein Amt verrichtet, auf der Stelle preiszugeben. Diesmal aber hielt man, um alles Unglück zu verhüten, so viel es sich tun ließ, Ordnung und Maß. Doch fielen die alten schadenfrohen Späße wieder vor, daß, wenn einer einen Sack Hafer aufgepackt hatte, der andre ihm ein Loch hineinschnitt, und was dergleichen Artigkeiten mehr waren. Um den gebratnen Ochsen aber wurde diesmal wie sonst ein ernsterer Kampf geführt. Man konnte sich denselben nur in Masse streitig machen. Zwei Innungen, die Metzger und Weinschröter, hatten sich hergebrachtermaßen wieder so postiert, daß einer von beiden dieser ungeheure Braten zuteil werden mußte. Die Metzger glaubten das größte Recht an einen Ochsen zu haben, den sie unzerstückt in die Küche geliefert; die Weinschröter dagegen machten Anspruch, weil die Küche in der Nähe ihres zunftmäßigen Aufenthalts erbaut war, und weil sie das letztemal obgesiegt hatten; wie denn aus dem vergitterten Giebelfenster ihres Zunft- und Versammlungshauses die Hörner jenes erbeuteten Stiers als Siegeszeichen hervorstarrend zu sehen waren. Beide zahlreichen Innungen hatten sehr kräftige und tüchtige Mitglieder; wer aber diesmal den Sieg davongetragen, ist mir nicht mehr erinnerlich.

Wie nun aber eine Feierlichkeit dieser Art mit etwas Gefährlichem und Schreckhaften schließen soll, so war es wirklich ein fürchterlicher Augenblick, als die bretterne

Küche selbst preisgemacht wurde. Das Dach derselben wimmelte sogleich von Menschen, ohne daß man wußte, wie sie hinaufgekommen; die Bretter wurden losgerissen und heruntergestürzt, so daß man, besonders in der Ferne, denken mußte, ein jedes werde ein paar der Zudringenden totschlagen. In einem Nu war die Hütte abgedeckt, und einzelne Menschen hingen an Sparren und Balken, um auch diese aus den Fugen zu reißen; ja manche schwebten noch oben herum, als schon unten die Pfosten abgesägt waren, das Gerippe hin und wider schwankte und jähen Einsturz drohte. Zarte Personen wandten die Augen hinweg, und jedermann erwartete sich ein großes Unglück; allein man hörte nicht einmal von irgend einer Beschädigung, und alles war, obgleich heftig und gewaltsam, doch glücklich vorübergegangen.

Jedermann wußte nun, daß Kaiser und König aus dem Kabinett, wohin sie vom Balkon abgetreten, sich wieder hervorbegeben und in dem großen Römersaale speisen würden. Man hatte die Anstalten dazu Tages vorher bewundern können, und mein sehnlichster Wunsch war, heute wo möglich nur einen Blick hinein zu tun. Ich begab mich daher auf gewohnten Pfaden wieder an die große Treppe, welcher die Türe des Saales gerade gegenüber steht. Hier staunte ich nun die vornehmen Personen an, welche sich heute als Diener des Reichsoberhauptes bekannten. Vierundvierzig Grafen, die Speisen aus der Küche herantragend, zogen an mir vorbei, alle prächtig gekleidet, so daß der Kontrast ihres Anstandes mit der Handlung für einen Knaben wohl sinnverwirrend sein konnte. Das Gedränge war nicht groß, doch wegen des kleinen Raums merklich genug. Die Saaltüre war bewacht, indes gingen die Befugten häufig aus und ein. Ich erblickte einen pfälzischen Hausoffizianten, den ich anredete, ob er mich nicht mit hineinbringen könne. Er besann sich nicht lange, gab mir eins der silbernen Gefäße, die er eben trug, welches er um so eher konnte, als ich sauber gekleidet war; und so gelangte ich denn in das Heiligtum. Das pfälzische Büffet stand links, unmittelbar an der Türe, und mit einigen Schritten befand ich mich auf der Erhöhung desselben hinter den Schranken.

Am andern Ende des Saals, unmittelbar an den Fenstern, saßen auf Thronstufen erhöht, unter Baldachinen, Kaiser und König in ihren Ornaten; Krone und Szepter aber lagen auf goldnen Kissen rückwärts in einiger Entfernung. Die drei geistlichen Kurfürsten hatten, ihre Büffette hinter sich, auf einzelnen Estraden Platz genommen: Kurmainz den Majestäten gegenüber, Kurtrier zur Rechten und Kurköln zur Linken. Dieser obere Teil des Saals war würdig und erfreulich anzusehen, und erregte die Bemerkung, daß die Geistlichkeit sich so lange als möglich mit dem Herrscher halten mag. Dagegen ließen die zwar prächtig aufgeputzten aber herrenleeren Büffette und Tische der sämtlichen weltlichen Kurfürsten an das Mißverhältnis denken, welches zwischen ihnen und dem Reichsoberhaupt durch Jahrhunderte allmählich entstanden war. Die Gesandten derselben hatten sich schon entfernt, um in einem Seitenzimmer zu speisen; und wenn dadurch der größte Teil des Saales ein gespensterhaftes Ansehn bekam, daß so viele unsichtbare Gäste auf das prächtigste bedient wurden, so war eine große unbesetzte Tafel in der Mitte noch trüber anzusehen: denn hier standen auch so viele Couverte leer, weil alle die, welche allenfalls ein Recht hatten sich daran zu setzen, anstandshalber, um an dem größten Ehrentage ihrer Ehre nichts zu vergeben, ausblieben, wenn sie sich auch dermalen in der Stadt befanden.

Viele Betrachtungen anzustellen erlaubten mir weder meine Jahre noch das Gedräng der Gegenwart. Ich bemühte mich, alles möglichst ins Auge zu fassen, und wie der Nachtisch aufgetragen wurde, da die Gesandten, um ihren Hof zu machen, wieder hereintraten, suchte ich das Freie, und wußte mich bei guten Freunden in der Nachbarschaft nach dem heutigen Halbfasten wieder zu erquicken und zu den Illuminationen des Abends vorzubereiten.

Diesen glänzenden Abend gedachte ich auf eine gemütliche Weise zu feiern: denn ich hatte mit Gretchen, mit Pylades und der Seinigen abgeredet, daß wir uns zur nächtigen Stunde irgendwo treffen wollten. Schon leuchtete die Stadt an allen Ecken und Enden, als ich meine Geliebten antraf. Ich reichte Gretchen den Arm, wir zogen von einem Quartier zum andern, und befanden uns zusammen sehr glücklich. Die Vettern waren anfangs auch bei der Gesellschaft, verloren sich aber nachher unter der Masse des Volks. Vor den Häusern einiger Gesandten, wo man prächtige Illuminationen angebracht hatte (die kurpfälzische zeichnete sich vorzüglich aus), war es so hell, wie es am Tage nur sein kann. Um nicht erkannt zu werden, hatte ich mich einigermaßen vermummt, und Gretchen fand es nicht übel. Wir bewunderten die verschiedenen glänzenden Darstellungen und die feenmäßigen Flammengebäude, womit immer ein Gesandter den andern zu überbieten gedacht hatte. Die Anstalt des Fürsten Esterhazy jedoch übertraf alle die übrigen. Unsere kleine Gesellschaft war von der Erfindung und Ausführung entzückt, und wir wollten eben das einzelne recht genießen, als uns die Vettern wieder begegneten und von der herrlichen Erleuchtung sprachen, womit der brandenburgische Gesandte sein Quartier ausgeschmückt habe. Wir ließen uns nicht verdrießen, den weiten Weg von dem Roßmarkte bis zum Saalhof zu machen, fanden aber, daß man uns auf eine frevle Weise zum besten gehabt hatte.

Der Saalhof ist nach dem Main zu ein regelmäßiges und ansehnliches Gebäude, dessen nach der Stadt gerichteter Teil aber uralt, unregelmäßig und unscheinbar. Kleine, weder in Form noch Größe übereinstimmende, noch auf eine Linie, noch in gleicher Entfernung gesetzte Fenster, unsymmetrisch angebrachte Tore und Türen, ein meist in Kramläden verwandeltes Untergeschoß bilden eine verworrene Außenseite, die von niemand jemals betrachtet wird. Hier war man nun der zufälligen, unregelmäßigen, unzusammenhängenden Architektur gefolgt, und hatte jedes Fenster, jede Türe, jede Öffnung für sich mit Lampen umgeben, wie man es allenfalls bei einem wohlgebauten Hause tun kann, wodurch aber hier die schlechteste und mißgebildetste aller Fassaden ganz unglaublich in das hellste Licht gesetzt wurde. Hatte man sich nun hieran wie etwa an den Späßen des Pagliasso ergetzt, obgleich nicht ohne Bedenklichkeiten, weil jedermann etwas Vorsätzliches darin erkennen mußte; wie man denn schon vorher über das sonstige äußre Benehmen des übrigens sehr geschätzten Plotho glossiert, und, da man ihm nun einmal gewogen war, auch den Schalk in ihm bewundert hatte, der sich über alles Zeremoniell wie sein König hinauszusetzen pflege: so ging man doch lieber in das Esterhazysche Feenreich wieder zurück.

Dieser hohe Botschafter hatte, diesen Tag zu ehren, sein ungünstig gelegenes Quartier ganz übergangen, und dafür die große Lindenesplanade am Roßmarkt vorn mit einem farbig erleuchteten Portal, im Hintergrund aber mit einem wohl noch prächtigern Prospekte verzieren lassen. Die ganze Einfassung bezeichneten Lampen. Zwischen den Bäumen standen Lichtpyramiden und Kugeln auf durchscheinenden Piedestalen; von einem Baum zum andern zogen sich leuchtende Girlanden, an welchen Hängeleuchter schwebten. An mehreren Orten verteilte man Brot und Würste unter das Volk und ließ es an Wein nicht fehlen.

Hier gingen wir nun zu vieren an einander geschlossen höchst behaglich auf und ab, und ich an Gretchens Seite deuchte mir wirklich in jenen glücklichen Gefilden Elysiums zu wandeln, wo man die kristallnen Gefäße vom Baume bricht, die sich mit dem gewünschten Wein sogleich füllen, und wo man Früchte schüttelt, die sich in jede beliebige Speise verwandeln. Ein solches Bedürfnis fühlten wir denn zuletzt auch, und geleitet von Pylades fanden wir ein ganz artig eingerichtetes Speisehaus; und da wir keine Gäste weiter antrafen, indem alles auf den Straßen umherzog, ließen wir es uns um so wohler sein, und verbrachten den größten Teil der Nacht im Gefühl von Freundschaft, Liebe und Neigung auf das heiterste und glücklichste. Als ich Gretchen bis an ihre Türe begleitet hatte, küßte sie mich auf die Stirn. Es war das erste und letzte Mal, daß sie mir diese Gunst erwies: denn leider sollte ich sie nicht wiedersehen.

Den andern Morgen lag ich noch im Bette, als meine Mutter verstört und ängstlich hereintrat. Man konnte es ihr gar leicht ansehen, wenn sie sich irgend bedrängt fühlte. – „Steh auf", sagte sie, „und mache dich auf etwas Unangenehmes gefaßt. Es ist herausgekommen, daß du sehr schlechte Gesellschaft besuchst und dich in die gefährlichsten und schlimmsten Händel verwickelt hast. Der Vater ist außer sich, und wir haben nur so viel von ihm erlangt, daß er die Sache durch einen Dritten untersuchen will. Bleib auf deinem Zimmer und erwarte, was bevorsteht. Der Rat Schneider wird zu dir kommen; er hat sowohl vom Vater als von der Obrigkeit den Auftrag: denn die Sache ist schon anhängig und kann eine sehr böse Wendung nehmen."

Ich sah wohl, daß man die Sache viel schlimmer nahm, als sie war; doch fühlte ich mich nicht wenig beunruhigt, wenn auch nur das eigentliche Verhältnis entdeckt werden sollte. Der alte messianische Freund trat endlich herein, die Tränen standen ihm in den Augen; er faßte mich beim Arm und sagte: „Es tut mir herzlich leid, daß ich in solcher Angelegenheit zu Ihnen komme. Ich hätte nicht gedacht, daß Sie sich so weit verirren könnten. Aber was tut nicht schlechte Gesellschaft und böses Beispiel; und so kann ein junger unerfahrner Mensch Schritt vor Schritt bis zum Verbrechen geführt werden." – „Ich bin mir keines Verbrechens bewußt", versetzte ich darauf, „so wenig, als schlechte Gesellschaft besucht zu haben." – „Es ist jetzt nicht von einer Verteidigung die Rede", fiel er mir ins Wort, „sondern von einer Untersuchung, und Ihrerseits von einem aufrichtigen Bekenntnis." – „Was verlangen Sie zu wissen?" sagte ich dagegen. Er setzte sich und zog ein Blatt hervor und fing zu fragen an: „Haben Sie nicht den N. N. Ihrem Großvater als einen Klienten zu einer *** Stelle empfohlen?" Ich antwortete: „Ja." – „Wo haben Sie ihn kennen gelernt?" – „Auf Spaziergängen." – „In welcher Gesellschaft?" – Ich stutzte: denn ich wollte nicht gern meine Freunde verraten. – „Das Verschweigen wird nichts helfen", fuhr er fort, „denn es ist alles schon genugsam bekannt." – „Was ist denn bekannt?" sagte ich. – „Daß Ihnen dieser Mensch durch andere seinesgleichen ist vorgeführt worden, und zwar durch ***." Hier nannte er die Namen von drei Personen, die ich niemals gesehen noch gekannt hatte; welches ich dem Fragenden denn auch sogleich erklärte. – „Sie wollen", fuhr jener fort, „diese Menschen nicht kennen, und haben doch mit ihnen öftre Zusammenkünfte gehabt!" – „Auch nicht die geringste", versetzte ich; „denn wie gesagt, außer dem ersten kenne ich keinen und habe auch den niemals in einem Hause gesehen.“ – „Sind Sie nicht oft in der *** Straße gewesen?“ – „Niemals“, versetzte ich. Dies war nicht ganz der Wahrheit gemäß. Ich hatte Pylades einmal zu seiner Geliebten begleitet, die in der Straße wohnte; wir waren aber zur Hintertüre hereingegangen und im Gartenhause geblieben. Daher glaubte ich mir die Ausflucht erlauben zu können, in der Straße selbst nicht gewesen zu sein.

Der gute Mann tat noch mehr Fragen, die ich alle verneinen konnte: denn es war mir von alledem, was er zu wissen verlangte, nichts bekannt. Endlich schien er verdrießlich zu werden und sagte: „Sie belohnen mein Vertrauen und meinen guten Willen sehr schlecht; ich komme, um Sie zu retten. Sie können nicht leugnen, daß Sie für diese Leute selbst oder für ihre Mitschuldigen Briefe verfaßt, Aufsätze gemacht und so zu ihren schlechten Streichen behülflich gewesen. Ich komme, um Sie zu retten: denn es ist von nichts Geringerem als nachgemachten Handschriften, falschen Testamenten, untergeschobnen Schuldscheinen und ähnlichen Dingen die Rede. Ich komme nicht allein als Hausfreund; ich komme im Namen und auf Befehl der Obrigkeit, die in Betracht Ihrer Familie und Ihrer Jugend Sie und einige andre Jünglinge verschonen will, die gleich Ihnen ins Netz gelockt worden.“ – Es war mir auffallend, daß unter den Personen, die er nannte, sich gerade die nicht befanden, mit denen ich Umgang gepflogen. Die Verhältnisse trafen nicht zusammen, aber sie berührten sich, und ich konnte noch immer hoffen, meine jungen Freunde zu schonen. Allein der wackre Mann ward immer dringender. Ich konnte nicht leugnen, daß ich manche Nächte spät nach Hause gekommen war, daß ich mir einen Hausschlüssel zu verschaffen gewußt, daß ich mit Personen von geringem Stand und verdächtigem Aussehen an Lustorten mehr als einmal bemerkt worden, daß Mädchen mit in die Sache verwickelt seien; genug, alles schien entdeckt bis auf die Namen. Dies gab mir Mut, standhaft im Schweigen zu sein. – „Lassen Sie mich“, sagte der brave Freund, „nicht von Ihnen weggehen. Die Sache leidet keinen Aufschub; unmittelbar nach mir wird ein andrer kommen, der Ihnen nicht so viel Spielraum läßt. Verschlimmern Sie die ohnehin böse Sache nicht durch Ihre Hartnäckigkeit."

Nun stellte ich mir die guten Vettern, und Gretchen besonders, recht lebhaft vor; ich sah sie gefangen, verhört, bestraft, geschmäht, und mir fuhr wie ein Blitz durch die Seele, daß die Vettern denn doch, ob sie gleich gegen mich alle Rechtlichkeit beobachtet, sich in so böse Händel konnten eingelassen haben, wenigstens der älteste, der mir niemals recht gefallen wollte, der immer später nach Hause kam und wenig Heiters zu erzählen wußte. Noch immer hielt ich mein Bekenntnis zurück. – „Ich bin mir", sagte ich, „persönlich nichts Böses bewußt, und kann von der Seite ganz ruhig sein; aber es wäre nicht unmöglich, daß diejenigen, mit denen ich umgegangen bin, sich einer verwegnen oder gesetzwidrigen Handlung schuldig gemacht hätten. Man mag sie suchen, man mag sie finden, sie überführen und bestrafen, ich habe mir bisher nichts vorzuwerfen, und will auch gegen die nichts verschulden, die sich freundlich und gut gegen mich benommen haben." – Er ließ mich nicht ausreden, sondern rief mit einiger Bewegung: „Ja, man wird sie finden. In drei Häusern kamen diese Bösewichter zusammen." (Er nannte die Straßen, er bezeichnete die Häuser, und zum Unglück befand sich auch das darunter, wohin ich zu gehen pflegte.) „Das erste Nest ist schon ausgehoben", fuhr er fort, „und in diesem Augenblick werden es die beiden andern. In wenig Stunden wird alles im klaren sein. Entziehen Sie sich, durch ein redliches Bekenntnis, einer gerichtlichen Untersuchung, einer Konfrontation und wie die garstigen Dinge alle heißen." – Das Haus war genannt und bezeichnet. Nun hielt ich alles Schweigen für unnütz; ja, bei der Unschuld unsrer Zusammenkünfte konnte ich hoffen, jenen noch mehr als mir nützlich zu sein. – „Setzen Sie sich", rief ich aus, und holte ihn von der Türe zurück; „ich will Ihnen alles erzählen, und zugleich mir und Ihnen das Herz erleichtern: nur das eine bitte ich, von nun an keine Zweifel in meine Wahrhaftigkeit."

Ich erzählte nun dem Freunde den ganzen Hergang der Sache, anfangs ruhig und gefaßt; doch je mehr ich mir die Personen, Gegenstände, Begebenheiten ins Gedächtnis rief und vergegenwärtigte, und so manche unschuldige Freude, so manchen heitern Genuß gleichsam vor einem Kriminalgericht deponieren sollte, desto mehr wuchs die schmerzlichste Empfindung, so daß ich zuletzt in Tränen ausbrach und mich einer unbändigen Leidenschaft überließ. Der Hausfreund, welcher hoffte, daß eben jetzt das rechte Geheimnis auf dem Wege sein möchte sich zu offenbaren (denn er hielt meinen Schmerz für ein Symptom, daß ich im Begriff stehe, mit Widerwillen ein Ungeheures zu bekennen), suchte mich, da ihm an der Entdeckung alles gelegen war, aufs beste zu beruhigen; welches ihm zwar nur zum Teil gelang, aber doch insofern, daß ich meine Geschichte notdürftig auserzählen konnte. Er war, obgleich zufrieden über die Unschuld der Vorgänge, doch noch einigermaßen zweifelhaft, und erließ neue Fragen an mich, die mich abermals aufregten und in Schmerz und Wut versetzten. Ich versicherte endlich, daß ich nichts weiter zu sagen habe, und wohl wisse, daß ich nichts zu fürchten brauche: denn ich sei unschuldig, von gutem Hause und wohl empfohlen; aber jene könnten ebenso unschuldig sein, ohne daß man sie dafür anerkenne oder sonst begünstige. Ich erklärte zugleich, daß, wenn man jene nicht wie mich schonen, ihren Torheiten nachsehen und ihre Fehler verzeihen wolle, wenn ihnen nur im mindesten hart und ungerecht geschehe, so würde ich mir ein Leids antun, und daran solle mich niemand hindern. Auch hierüber suchte mich der Freund zu beruhigen; aber ich traute ihm nicht, und war, als er mich zuletzt verließ, in der entsetzlichsten Lage. Ich machte mir nun doch Vorwürfe, die Sache erzählt und alle die Verhältnisse ans Licht gebracht zu haben. Ich sah voraus, daß man die kindlichen Handlungen, die jugendlichen Neigungen und Vertraulichkeiten ganz anders auslegen würde, und daß ich vielleicht den guten Pylades mit in diesen Handel verwickeln und sehr unglücklich machen könnte. Alle diese Vorstellungen drängten sich lebhaft hinter einander vor meiner Seele, schärften und spornten meinen Schmerz, so daß ich mir vor Jammer nicht zu helfen wußte, mich die Länge lang auf die Erde warf, und den Fußboden mit meinen Tränen benetzte.

Ich weiß nicht, wie lange ich mochte gelegen haben, als meine Schwester hereintrat, über meine Gebärde erschrak und alles mögliche tat, mich aufzurichten. Sie erzählte mir, daß eine Magistratsperson unten beim Vater die Rückkunft des Hausfreundes erwartet, und nachdem sie sich eine Zeitlang eingeschlossen gehalten, seien die beiden Herren weggegangen, und hätten unter einander sehr zufrieden, ja mit Lachen geredet, und sie glaube die Worte verstanden zu haben: es ist recht gut, die Sache hat nichts zu bedeuten. – „Freilich", fuhr ich auf, „hat die Sache nichts zu bedeuten, für mich, für uns: denn ich habe nichts verbrochen, und wenn ich es hätte, so würde man mir durchzuhelfen wissen; aber jene, jene", rief ich aus, „wer wird ihnen beistehn!" – Meine Schwester suchte mich umständlich mit dem Argumente zu trösten, daß, wenn man die Vornehmeren retten wolle, man auch über die Fehler der Geringern einen Schleier werfen müsse. Das alles half nichts. Sie war kaum weggegangen, als ich mich wieder meinem Schmerz überließ, und sowohl die Bilder meiner Neigung und Leidenschaft als auch des gegenwärtigen und möglichen Unglücks immer wechselsweise hervorrief. Ich erzählte mir Märchen auf Märchen, sah nur Unglück auf Unglück, und ließ es besonders daran nicht fehlen, Gretchen und mich recht elend zu machen.

Der Hausfreund hatte mir geboten, auf meinem Zimmer zu bleiben und mit niemand mein Geschäft zu pflegen, außer den Unsrigen. Es war mir ganz recht, denn ich befand mich am liebsten allein. Meine Mutter und Schwester besuchten mich von Zeit zu Zeit, und ermangelten nicht, mir mit allerlei gutem Trost auf das kräftigste beizustehen; ja, sie kamen sogar schon den zweiten Tag, im Namen des nun besser unterrichteten Vaters mir eine völlige Amnestie anzubieten, die ich zwar dankbar annahm, allein den Antrag, daß ich mit ihm ausgehen und die Reichsinsignien, welche man nunmehr den Neugierigen vorzeigte, beschauen sollte, hartnäckig ablehnte, und versicherte, daß ich weder von der Welt, noch von dem Römischen Reiche etwas weiter wissen wolle, bis mir bekannt geworden, wie jener verdrießliche Handel, der für mich weiter keine Folgen haben würde, für meine armen Bekannten ausgegangen. Sie wußten hierüber selbst nichts zu sagen und ließen mich allein. Doch machte man die folgenden Tage noch einige Versuche, mich aus dem Hause und zur Teilnahme an den öffentlichen Feierlichkeiten zu bewegen. Vergebens! weder der große Galatag, noch was bei Gelegenheit so vieler Standeserhöhungen vorfiel, noch die öffentliche Tafel des Kaisers und Königs, nichts konnte mich rühren. Der Kurfürst von der Pfalz mochte kommen, um den beiden Majestäten aufzuwarten, diese mochten die Kurfürsten besuchen, man mochte zur letzten kurfürstlichen Sitzung zusammenfahren, um die rückständigen Punkte zu erledigen und den Kurverein zu erneuern, nichts konnte mich aus meiner leidenschaftlichen Einsamkeit hervorrufen. Ich ließ am Dankfeste die Glocken läuten, den Kaiser sich in die Kapuzinerkirche begeben, die Kurfürsten und den Kaiser abreisen, ohne deshalb einen Schritt von meinem Zimmer zu tun. Das letzte Kanonieren, so unmäßig es auch sein mochte, regte mich nicht auf, und wie der Pulverdampf sich verzog und der Schall verhallte, war auch alle diese Herrlichkeit vor meiner Seele weggeschwunden.

Ich empfand nun keine Zufriedenheit, als im Wiederkäuen meines Elends und in der tausendfachen imaginären Vervielfältigung desselben. Meine ganze Erfindungsgabe, meine Poesie und Rhetorik hatten sich auf diesen kranken Fleck geworfen, und drohten, gerade durch diese Lebensgewalt, Leib und Seele in eine unheilbare Krankheit zu verwickeln. In diesem traurigen Zustande kam mir nichts mehr wünschenswert, nichts begehrenswert mehr vor. Zwar ergriff mich manchmal ein unendliches Verlangen zu wissen, wie es meinen armen Freunden und Geliebten ergehe, was sich bei näherer Untersuchung ergeben, inwiefern sie mit in jene Verbrechen verwickelt oder unschuldig möchten erfunden sein. Auch dies malte ich mir auf das mannigfaltigste umständlich aus, und ließ es nicht fehlen, sie für unschuldig und recht unglücklich zu halten. Bald wünschte ich mich von dieser Ungewißheit befreit zu sehen, und schrieb heftig drohende Briefe an den Hausfreund, daß er mir den weitern Gang der Sache nicht vorenthalten solle. Bald zerriß ich sie wieder, aus Furcht, mein Unglück recht deutlich zu erfahren und des phantastischen Trostes zu entbehren, mit dem ich mich bis jetzt wechselsweise gequält und aufgerichtet hatte.

So verbrachte ich Tag und Nacht in großer Unruhe, in Rasen und Ermattung, so daß ich mich zuletzt glücklich fühlte, als eine körperliche Krankheit mit ziemlicher Heftigkeit eintrat, wobei man den Arzt zu Hülfe rufen und darauf denken mußte, mich auf alle Weise zu beruhigen. Man glaubte es im allgemeinen tun zu können, indem man mir heilig versicherte, daß alle in jene Schuld mehr oder weniger Verwickelten mit der größten Schonung behandelt worden, daß meine nächsten Freunde, so gut wie ganz schuldlos, mit einem leichten Verweise entlassen worden, und daß Gretchen sich aus der Stadt entfernt habe und wieder in ihre Heimat gezogen sei. Mit dem letztern zauderte man am längsten, und ich nahm es auch nicht zum besten auf: denn ich konnte darin keine freiwillige Abreise, sondern nur eine schmähliche Verbannung entdecken. Mein körperlicher und geistiger Zustand verbesserte sich dadurch nicht: die Not ging nun erst recht an, und ich hatte Zeit genug, mir den seltsamsten Roman von traurigen Ereignissen und einer unvermeidlich tragischen Katastrophe selbstquälerisch auszumalen.

ZWEITER TEIL

Was man in der Jugend wünscht,
hat man im Alter die Fülle.

SECHSTES BUCH

So trieb es mich wechselsweise, meine Genesung zu befördern und zu verhindern, und ein gewisser heimlicher Ärger gesellte sich noch zu meinen übrigen Empfindungen: denn ich bemerkte wohl, daß man mich beobachtete, daß man mir nicht leicht etwas Versiegeltes zustellte, ohne darauf achtzuhaben, was es für Wirkungen hervorbringe, ob ich es geheim hielt oder ob ich es offen hinlegte, und was dergleichen mehr war. Ich vermutete daher, daß Pylades, ein Vetter, oder wohl gar Gretchen selbst den Versuch möchte gemacht haben mir zu schreiben, um Nachricht zu geben oder zu erhalten. Ich war nun erst recht verdrießlich neben meiner Bekümmernis, und hatte wieder neue Gelegenheit, meine Vermutungen zu üben und mich in die seltsamsten Verknüpfungen zu verirren.

Es dauerte nicht lange, so gab man mir noch einen besondern Aufseher. Glücklicherweise war es ein Mann, den ich liebte und schätzte: er hatte eine Hofmeisterstelle in einem befreundeten Hause bekleidet, sein bisheriger Zögling war allein auf die Akademie gegangen. Er besuchte mich öfters in meiner traurigen Lage, und man fand zuletzt nichts natürlicher, als ihm ein Zimmer neben dem meinigen einzuräumen: da er mich denn beschäftigen, beruhigen und, wie ich wohl merken konnte, im Auge behalten sollte. Weil ich ihn jedoch von Herzen schätzte und ihm auch früher gar manches, nur nicht die Neigung zu Gretchen, vertraut hatte, so beschloß ich um so mehr, ganz offen und gerade gegen ihn zu sein, als es mir unerträglich war, mit jemand täglich zu leben und auf einem unsicheren gespannten Fuß mit ihm zu stehen. Ich säumte daher nicht lange, sprach ihm von der Sache, erquickte mich in Erzählung und Wiederholung der kleinsten Umstände meines vergangenen Glücks, und erreichte dadurch so viel, daß er, als ein verständiger Mann, einsah, es sei besser, mich mit dem Ausgang der Geschichte bekannt zu machen, und zwar im einzelnen und besonderen, damit ich klar über das Ganze würde und man mir mit Ernst und Eifer zureden könne, daß ich mich fassen, das Vergangene hinter mich werfen und ein neues Leben anfangen müsse. Zuerst vertraute er mir, wer die anderen jungen Leute von Stande gewesen, die sich anfangs zu verwegenen Mystifikationen, dann zu possenhaften Polizeiverbrechen, ferner zu lustigen Geldschneidereien und anderen solchen verfänglichen Dingen hatten verleiten lassen. Es war dadurch wirklich eine kleine Verschwörung entstanden, zu der sich gewissenlose Menschen gesellten, durch Verfälschung von Papieren, Nachbildung von Unterschriften manches Strafwürdige begingen und noch Strafwürdigeres vorbereiteten. Die Vettern, nach denen ich zuletzt ungeduldig fragte, waren ganz unschuldig, nur im allgemeinsten mit jenen andern bekannt, keineswegs aber vereinigt befunden worden. Mein Klient, durch dessen Empfehlung an den Großvater man mir eigentlich auf die Spur gekommen, war einer der Schlimmsten, und bewarb sich um jenes Amt hauptsächlich, um gewisse Bubenstücke unternehmen oder bedecken zu können. Nach allem diesem konnte ich mich zuletzt nicht halten und fragte, was aus Gretchen geworden sei, zu der ich ein für allemal die größte Neigung bekannte. Mein Freund schüttelte den Kopf und lächelte: „Beruhigen Sie sich", versetzte er, „dieses Mädchen ist sehr wohl bestanden und hat ein herrliches Zeugnis davon getragen. Man konnte nichts als Gutes und Liebes an ihr finden, die Herren Examinatoren selbst wurden ihr gewogen, und haben ihr die Entfernung aus der Stadt, die sie wünschte, nicht versagen können. Auch das, was sie in Rücksicht auf Sie, mein Freund, bekannt hat, macht ihr Ehre; ich habe ihre Aussage in den geheimen Akten selbst gelesen und ihre Unterschrift gesehen." „Die Unterschrift!" rief ich aus, „die mich so glücklich und so unglücklich macht. Was hat sie denn bekannt? was hat sie unterschrieben?" Der Freund zauderte zu antworten; aber die Heiterkeit seines Gesichts zeigte mir an, daß er nichts Gefährliches verberge. „Wenn Sie's denn wissen wollen", versetzte er endlich, „als von Ihnen und Ihrem Umgang mit ihr die Rede war, sagte sie ganz freimütig: ‚Ich kann es nicht leugnen, daß ich ihn oft und gern gesehen habe; aber ich habe ihn immer als ein Kind betrachtet und meine Neigung zu ihm war wahrhaft schwesterlich. In manchen Fällen habe ich ihn gut beraten, und anstatt ihn zu einer zweideutigen Handlung aufzuregen, habe ich ihn verhindert, an mutwilligen Streichen teilzunehmen, die ihm hätten Verdruß bringen können.'"

Der Freund fuhr noch weiter fort, Gretchen als eine Hofmeisterin reden zu lassen; ich hörte ihm aber schon lange nicht mehr zu: denn daß sie mich für ein Kind zu den Akten erklärt, nahm ich ganz entsetzlich übel, und glaubte mich auf einmal von aller Leidenschaft für sie geheilt; ja, ich versicherte hastig meinen Freund, daß nun alles abgetan sei! Auch sprach ich nicht mehr von ihr, nannte ihren Namen nicht mehr; doch konnte ich die böse Gewohnheit nicht lassen, an sie zu denken, mir ihre Gestalt, ihr Wesen, ihr Betragen zu vergegenwärtigen, das mir denn nun freilich jetzt in einem ganz anderen Lichte erschien. Ich fand es unerträglich, daß ein Mädchen, höchstens ein paar Jahre älter als ich, mich für ein Kind halten sollte, der ich doch für einen ganz gescheuten und geschickten Jungen zu gelten glaubte. Nun kam mir ihr kaltes abstoßendes Wesen, das mich sonst so angereizt hatte, ganz widerlich vor; die Familiaritäten, die sie sich gegen mich erlaubte, mir aber zu erwidern nicht gestattete, waren mir ganz verhaßt. Das alles wäre jedoch noch gut gewesen, wenn ich sie nicht wegen des Unterschreibens jener poetischen Liebesepistel, wodurch sie mir denn doch eine förmliche Neigung erklärte, für eine verschmitzte und selbstsüchtige Kokette zu halten berechtigt gewesen wäre. Auch maskiert zur Putzmacherin kam sie mir nicht mehr so unschuldig vor, und ich kehrte diese ärgerlichen Betrachtungen so lange bei mir hin und wider, bis ich ihr alle liebenswürdigen Eigenschaften sämtlich abgestreift hatte. Dem Verstande nach war ich überzeugt und glaubte sie verwerfen zu müssen; nur ihr Bild strafte mich Lügen, so oft es mir wieder vorschwebte, welches freilich noch oft genug geschah.

Indessen war denn doch dieser Pfeil mit seinen Widerhaken aus dem Herzen gerissen, und es fragte sich, wie man der inneren jugendlichen Heilkraft zu Hülfe käme? Ich ermannte mich wirklich, und das erste, was sogleich abgetan wurde, war das Weinen und Rasen, welches ich nun für höchst kindisch ansah. Ein großer Schritt zur Besserung! Denn ich hatte, oft halbe Nächte durch, mich mit dem größten Ungestüm diesen Schmerzen überlassen, so daß es durch Tränen und Schluchzen zuletzt dahin kam, daß ich kaum mehr schlingen konnte und der Genuß von Speise und Trank mir schmerzlich ward, auch die so nah verwandte Brust zu leiden schien. Der Verdruß, den ich über jene Entdeckung immerfort empfand, ließ mich jede Weichheit verbannen; ich fand es schrecklich, daß ich um eines Mädchens willen Schlaf und Ruhe und Gesundheit aufgeopfert hatte, die sich darin gefiel, mich als einen Säugling zu betrachten und sich höchst ammenhaft weise gegen mich zu dünken.

Diese kränkenden Vorstellungen waren, wie ich mich leicht überzeugte, nur durch Tätigkeit zu verbannen; aber was sollte ich ergreifen? Ich hatte in gar vielen Dingen freilich manches nachzuholen, und mich in mehr als einem Sinne auf die Akademie vorzubereiten, die ich nun beziehen sollte; aber nichts wollte mir schmecken noch gelingen. Gar manches erschien mir bekannt und trivial; zu mehrerer Begründung fand ich weder eigne Kraft noch äußere Gelegenheit, und ließ mich daher durch die Liebhaberei meines braven Stubennachbarn zu einem Studium bewegen, das mir ganz neu und fremd war und für lange Zeit ein weites Feld von Kenntnissen und Betrachtungen darbot. Mein Freund fing nämlich an, mich mit den philosophischen Geheimnissen bekannt zu machen. Er hatte unter Daries in Jena studiert und als ein sehr wohlgeordneter Kopf den Zusammenhang jener Lehre scharf gefaßt, und so suchte er sie auch mir beizubringen. Aber leider wollten diese Dinge in meinem Gehirn auf eine solche Weise nicht zusammenhängen. Ich tat Fragen, die er später zu beantworten, ich machte Forderungen, die er künftig zu befriedigen versprach. Unsere wichtigste Differenz war jedoch diese, daß ich behauptete, eine abgesonderte Philosophie sei nicht nötig, indem sie schon in der Religion und Poesie vollkommen enthalten sei. Dieses wollte er nun keinesweges gelten lassen, sondern suchte mir vielmehr zu beweisen, daß erst diese durch jene begründet werden müßten; welches ich hartnäckig leugnete, und im Fortgange unserer Unterhaltung bei jedem Schritt Argumente für meine Meinung fand. Denn da in der Poesie ein gewisser Glaube an das Unmögliche, in der Religion ein ebensolcher Glaube an das Unergründliche stattfinden muß, so schienen mir die Philosophen in einer sehr üblen Lage zu sein, die auf ihrem Felde beides beweisen und erklären wollten; wie sich denn auch aus der Geschichte der Philosophie sehr geschwind dartun ließ, daß immer einer einen andern Grund suchte als der andre, und der Skeptiker zuletzt alles für grund- und bodenlos ansprach.

Eben diese Geschichte der Philosophie jedoch, die mein Freund mit mir zu treiben sich genötigt sah, weil ich dem dogmatischen Vortrag gar nichts abgewinnen konnte, unterhielt mich sehr, aber nur in dem Sinne, daß mir eine Lehre, eine Meinung so gut wie die andre vorkam, insofern ich nämlich in dieselbe einzudringen fähig war. An den ältesten Männern und Schulen gefiel mir am besten, daß Poesie, Religion und Philosophie ganz in e i n s zusammenfielen, und ich behauptete jene meine erste Meinung nur um desto lebhafter, als mir das Buch Hiob, das Hohe Lied und die Sprüchwörter Salomonis ebenso gut als die Orphischen und Hesiodischen Gesänge dafür ein gültiges Zeugnis abzulegen schienen. Mein Freund hatte den Kleinen Brucker zum Grunde seines Vortrags gelegt, und je weiter wir vorwärts kamen, je weniger wußte ich daraus zu machen. Was die ersten griechischen Philosophen wollten, konnte mir nicht deutlich werden. Sokrates galt mir für einen trefflichen weisen Mann, der wohl, im Leben und Tod, sich mit Christo vergleichen lasse. Seine Schüler hingegen schienen mir große Ähnlichkeit mit den Aposteln zu haben, die sich nach des Meisters Tode sogleich entzweiten und offenbar jeder nur eine beschränkte Sinnesart für das Rechte erkannte. Weder die Schärfe des Aristoteles, noch die Fülle des Plato fruchteten bei mir im mindesten. Zu den Stoikern hingegen hatte ich schon früher einige Neigung gefaßt, und schaffte nun den Epiktet herbei, den ich mit vieler Teilnahme studierte. Mein Freund ließ mich ungern in dieser Einseitigkeit hingehen, von der er mich nicht abzuziehen vermochte: denn ohngeachtet seiner mannigfaltigen Studien wußte er doch die Hauptfrage nicht ins Enge zu bringen. Er hätte mir nur sagen dürfen, daß es im Leben bloß aufs Tun ankomme, das Genießen und Leiden finde sich von selbst. Indessen darf man die Jugend nur gewähren lassen; nicht sehr lange haftet sie an falschen Maximen; das Leben reißt oder lockt sie bald davon wieder los.

Die Jahrszeit war schön geworden, wir gingen oft zusammen ins Freie und besuchten die Lustörter, die in großer Anzahl um die Stadt umherliegen. Aber gerade hier konnte es mir am wenigsten wohl sein: denn ich sah noch die Gespenster der Vettern überall, und fürchtete, bald da bald dort einen hervortreten zu sehen. Auch waren mir die gleichgültigsten Blicke der Menschen beschwerlich. Ich hatte jene bewußtlose Glückseligkeit verloren, unbekannt und unbescholten umherzugehen und in dem größten Gewühle an keinen Beobachter zu denken. Jetzt fing der hypochondrische Dünkel an mich zu quälen, als erregte ich die Aufmerksamkeit der Leute, als wären ihre Blicke auf mein Wesen gerichtet, es festzuhalten, zu untersuchen und zu tadeln.

Ich zog daher meinen Freund in die Wälder, und indem ich die einförmigen Fichten floh, sucht' ich jene schönen belaubten Haine, die sich zwar nicht weit und breit in der Gegend erstrecken, aber doch immer von solchem Umfange sind, daß ein armes verwundetes Herz sich darin verbergen kann. In der größten Tiefe des Waldes hatte ich mir einen ernsten Platz ausgesucht, wo die ältesten Eichen und Buchen einen herrlich großen beschatteten Raum bildeten. Etwas abhängig war der Boden und machte das Verdienst der alten Stämme nur desto bemerkbarer. Rings an diesen freien Kreis schlossen sich die dichtesten Gebüsche, aus denen bemooste Felsen mächtig und würdig hervorblickten und einem wasserreichen Bach einen raschen Fall verschafften.

Kaum hatte ich meinen Freund, der sich lieber in freier Landschaft am Strom unter Menschen befand, hierher genötiget, als er mich scherzend versicherte, ich erweise mich wie ein wahrer Deutscher. Umständlich erzählte er mir aus dem Tacitus, wie sich unsere Urväter an den Gefühlen begnügt, welche uns die Natur in solchen Einsamkeiten mit ungekünstelter Bauart so herrlich vorbereitet. Er hatte mir nicht lange davon erzählt, als ich ausrief: „O! warum liegt dieser köstliche Platz nicht in tiefer Wildnis, warum dürfen wir nicht einen Zaun umher führen, ihn und uns zu heiligen und von der Welt abzusondern! Gewiß, es ist keine schönere Gottesverehrung als die, zu der man kein Bild bedarf, die bloß aus dem Wechselgespräch mit der Natur in unserem Busen entspringt!" – Was ich damals fühlte, ist mir noch gegenwärtig; was ich sagte, wüßte ich nicht wieder zu finden. So viel ist aber gewiß, daß die unbestimmten, sich weit ausdehnenden Gefühle der Jugend und ungebildeter Völker allein zum Erhabenen geeignet sind, das, wenn es durch äußere Dinge in uns erregt werden soll, formlos, oder zu unfaßlichen Formen gebildet, uns mit einer Größe umgeben muß, der wir nicht gewachsen sind.

Eine solche Stimmung der Seele empfinden mehr oder weniger alle Menschen, sowie sie dieses edle Bedürfnis auf mancherlei Weise zu befriedigen suchen. Aber wie das Erhabene von Dämmerung und Nacht, wo sich die Gestalten vereinigen, gar leicht erzeugt wird, so wird es dagegen vom Tage verscheucht, der alles sondert und trennt, und so muß es auch durch jede wachsende Bildung vernichtet werden, wenn es nicht glücklich genug ist, sich zu dem Schönen zu flüchten und sich innig mit ihm zu vereinigen, wodurch denn beide gleich unsterblich und unverwüstlich sind.

Die kurzen Augenblicke solcher Genüsse verkürzte mir noch mein denkender Freund; aber ganz umsonst versuchte ich, wenn ich heraus an die Welt trat, in der lichten und mageren Umgebung ein solches Gefühl bei mir wieder zu erregen: ja, kaum die Erinnerung davon vermochte ich zu erhalten. Mein Herz war jedoch zu verwöhnt, als daß es sich hätte beruhigen können: es hatte geliebt, der Gegenstand war ihm entrissen; es hatte gelebt, und das Leben war ihm verkümmert. Ein Freund, der es zu deutlich merken läßt, daß er an euch zu bilden gedenkt, erregt kein Behagen; indessen eine Frau, die euch bildet, indem sie euch zu verwöhnen scheint, wie ein himmlisches freudebringendes Wesen angebetet wird. Aber jene Gestalt, an der sich der Begriff des Schönen mir hervortat, war in die Ferne weggeschwunden; sie besuchte mich oft unter den Schatten meiner Eichen, aber ich konnte sie nicht festhalten, und ich fühlte einen gewaltigen Trieb, etwas Ähnliches in der Weite zu suchen.

Ich hatte meinen Freund und Aufseher unvermerkt gewöhnt, ja genötigt, mich allein zu lassen; denn selbst in meinem heiligen Walde taten mir jene unbestimmten riesenhaften Gefühle nicht genug. Das Auge war vor allen anderen das Organ, womit ich die Welt faßte. Ich hatte von Kindheit auf zwischen Malern gelebt, und mich gewöhnt, die Gegenstände wie sie in Bezug auf die Kunst anzusehen. Jetzt, da ich mir selbst und der Einsamkeit überlassen war, trat diese Gabe, halb natürlich, halb erworben, hervor; wo ich hinsah, erblickte ich ein Bild, und was mir auffiel, was mich erfreute, wollte ich festhalten, und ich fing an, auf die ungeschickteste Weise nach der Natur zu zeichnen. Es fehlte mir hierzu nichts weniger als alles; doch blieb ich hartnäckig daran, ohne irgend ein technisches Mittel, das Herrlichste nachbilden zu wollen, was sich meinen Augen darstellte. Ich gewann freilich dadurch eine große Aufmerksamkeit auf die Gegenstände, aber ich faßte sie nur im ganzen, insofern sie Wirkung taten; und so wenig mich die Natur zu einem deskriptiven Dichter bestimmt hatte, ebenso wenig wollte sie mir die Fähigkeit eines Zeichners fürs einzelne verleihen. Da jedoch nur dies allein die Art war, die mir übrig blieb, mich zu äußern, so hing ich mit ebenso viel Hartnäckigkeit, ja mit Trübsinn daran, daß ich immer eifriger meine Arbeiten fortsetzte, je weniger ich etwas dabei herauskommen sah.

Leugnen will ich jedoch nicht, daß sich eine gewisse Schelmerei mit einmischte: denn ich hatte bemerkt, daß, wenn ich einen halbbeschatteten alten Stamm, an dessen mächtig gekrümmte Wurzeln sich wohlbeleuchtete Farrenkräuter anschmiegten, von blinkenden Graslichtern begleitet, mir zu einem qualreichen Studium ausgesucht hatte, mein Freund, der aus Erfahrung wußte, daß unter einer Stunde da nicht loszukommen sei, sich gewöhnlich entschloß, mit einem Buche ein anderes gefälliges Plätzchen zu suchen. Nun störte mich nichts, meiner Liebhaberei nachzuhängen, die um desto emsiger war, als mir meine Blätter dadurch lieb wurden, daß ich mich gewöhnte, an ihnen nicht sowohl das zu sehen, was darauf stand, als dasjenige, was ich zu jeder Zeit und Stunde dabei gedacht hatte. So können uns Kräuter und Blumen der gemeinsten Art ein liebes Tagebuch bilden, weil nichts, was die Erinnerung eines glücklichen Moments zurückruft, unbedeutend sein kann; und noch jetzt würde es mir schwer fallen, manches dergleichen, was mir aus verschiedenen Epochen übrig geblieben, als wertlos zu vertilgen, weil es mich unmittelbar in jene Zeiten versetzt, deren ich mich zwar mit Wehmut, doch nicht ungern erinnere.

Wenn aber solche Blätter irgend ein Interesse an und für sich haben könnten, so wären sie diesen Vorzug der Teilnahme und Aufmerksamkeit meines Vaters schuldig. Dieser, durch meinen Aufseher benachrichtiget, daß ich mich nach und nach in meinen Zustand finde und besonders mich leidenschaftlich auf das Zeichnen nach der Natur gewendet habe, war damit gar wohl zufrieden, teils weil er selbst sehr viel auf Zeichnung und Malerei hielt, teils weil Gevatter Seekatz ihm einigemal gesagt hatte, es sei schade, daß ich nicht zum Maler bestimmt sei. Allein hier kamen die Eigenheiten des Vaters und Sohns wieder zum Konflikt: denn es war mir fast unmöglich, bei meinen Zeichnungen ein gutes, weißes, völlig reines Papier zu gebrauchen; graue veraltete, ja schon von einer Seite beschriebene Blätter reizten mich am meisten, eben als wenn meine Unfähigkeit sich vor dem Prüfstein eines weißen Grundes gefürchtet hätte. So war auch keine Zeichnung ganz ausgefüllt; und wie hätte ich denn ein Ganzes leisten sollen, das ich wohl mit Augen sah, aber nicht begriff, und wie ein Einzelnes, das ich zwar kannte, aber dem zu folgen ich weder Fertigkeit noch Geduld hatte. Wirklich war auch in diesem Punkte die Pädagogik meines

Vaters zu bewundern. Er fragte wohlwollend nach meinen Versuchen, und zog Linien um jede unvollkommene Skizze: er wollte mich dadurch zur Vollständigkeit und Ausführlichkeit nötigen; die unregelmäßigen Blätter schnitt er zurechte, und machte damit den Anfang zu einer Sammlung, in der er sich dereinst der Fortschritte seines Sohnes freuen wollte. Es war ihm daher keineswegs unangenehm, wenn mich mein wildes unstetes Wesen in der Gegend umhertrieb, vielmehr zeigte er sich zufrieden, wenn ich nur irgend ein Heft zurückbrachte, an dem er seine Geduld üben und seine Hoffnungen einigermaßen stärken konnte.

Man sorgte nicht mehr, daß ich in meine früheren Neigungen und Verhältnisse zurückfallen könnte, man ließ mir nach und nach vollkommene Freiheit. Durch zufällige Anregung, sowie in zufälliger Gesellschaft stellte ich manche Wanderungen nach dem Gebirge an, das von Kindheit auf so fern und ernsthaft vor mir gestanden hatte. So besuchten wir Homburg, Kronberg, bestiegen den Feldberg, von dem uns die weite Aussicht immer mehr in die Ferne lockte. Da blieb denn Königstein nicht unbesucht; Wiesbaden, Schwalbach mit seinen Umgebungen beschäftigten uns mehrere Tage; wir gelangten an den Rhein, den wir, von den Höhen herab, weither schlängeln gesehen. Mainz setzte uns in Verwunderung, doch konnte es den jugendlichen Sinn nicht fesseln, der ins Freie ging; wir erheiterten uns an der Lage von Biebrich, und nahmen zufrieden und froh unseren Rückweg.

Diese ganze Tour, von der sich mein Vater manches Blatt versprach, wäre beinahe ohne Frucht gewesen: denn welcher Sinn, welches Talent, welche Übung gehört nicht dazu, eine weite und breite Landschaft als Bild zu begreifen! Unmerklich wieder zog es mich jedoch ins Enge, wo ich einige Ausbeute fand: denn ich traf kein verfallenes Schloß, kein Gemäuer, das auf die Vorzeit hindeutete, daß ich es nicht für einen würdigen Gegenstand gehalten und so gut als möglich nachgebildet hätte. Selbst den Drusenstein auf dem Walle zu Mainz zeichnete ich mit einiger Gefahr und mit Unstatten, die ein jeder erleben muß, der sich von Reisen einige bildliche Erinnerungen mit nach Hause nehmen will.

Leider hatte ich abermals nur das schlechteste Konzeptpapier mitgenommen, und mehrere Gegenstände unschicklich auf ein Blatt gehäuft; aber mein väterlicher Lehrer ließ sich dadurch nicht irre machen; er schnitt die Blätter auseinander, ließ das Zusammenpassende durch den Buchbinder aufziehen, faßte die einzelnen Blätter in Linien und nötigte mich dadurch wirklich, die Umrisse verschiedener Berge bis an den Rand zu ziehen und den Vordergrund mit einigen Kräutern und Steinen auszufüllen.

Konnten seine treuen Bemühungen auch mein Talent nicht steigern, so hatte doch dieser Zug seiner Ordnungsliebe einen geheimen Einfluß auf mich, der sich späterhin auf mehr als eine Weise lebendig erwies.

Von solchen halb lebenslustigen, halb künstlerischen Streifpartien, welche sich in kurzer Zeit vollbringen und öfters wiederholen ließen, ward ich jedoch wieder nach Hause gezogen, und zwar durch einen Magneten, der von jeher stark auf mich wirkte; es war meine Schwester. Sie, nur ein Jahr jünger als ich, hatte mein ganzes bewußtes Leben mit mir herangelebt und sich dadurch mit mir aufs innigste verbunden. Zu diesen natürlichen Anlässen gesellte sich noch ein aus unserer häuslichen Lage hervorgehender Drang; ein zwar liebevoller und wohlgesinnter, aber ernster Vater, der, weil er innerlich ein sehr zartes Gemüt hegte, äußerlich mit unglaublicher Konsequenz eine eherne Strenge vorbildete, damit er zu dem Zwecke gelangen möge, seinen Kindern die beste Erziehung zu geben, sein wohlgegründetes Haus zu erbauen, zu ordnen und zu erhalten; dagegen eine Mutter fast noch Kind, welche erst mit und in ihren beiden Ältesten zum Bewußtsein heranwuchs; diese drei, wie sie die Welt mit gesundem Blicke gewahr wurden, lebensfähig und nach gegenwärtigem Genuß verlangend. Ein solcher in der Familie schwebender Widerstreit vermehrte sich mit den Jahren. Der Vater verfolgte seine Absicht unerschüttert und ununterbrochen; Mutter und Kinder konnten ihre Gefühle, ihre Anforderungen, ihre Wünsche nicht aufgeben.

Unter diesen Umständen war es natürlich, daß Bruder und Schwester sich fest aneinander schlossen und sich zur Mutter hielten, um die im ganzen versagten Freuden wenigstens zu erhaschen. Da aber die Stunden der Eingezogenheit und Mühe sehr lang und weit waren gegen die Augenblicke der Erholung und des Vergnügens, besonders für meine Schwester, die das Haus niemals auf so lange Zeit als ich verlassen konnte, so ward ihr Bedürfnis, sich mit mir zu unterhalten, noch durch die Sehnsucht geschärft, mit der sie mich in die Ferne begleitete.

Und so wie in den ersten Jahren Spiel und Lernen, Wachstum und Bildung den Geschwistern völlig gemein war, so daß sie sich wohl für Zwillinge halten konnten, so blieb auch unter ihnen diese Gemeinschaft, dieses Vertrauen bei Entwickelung physischer und moralischer Kräfte. Jenes Interesse der Jugend, jenes Erstaunen beim Erwachen sinnlicher Triebe, die sich in geistige Formen, geistiger Bedürfnisse, die sich in sinnliche Gestalten einkleiden, alle Betrachtungen darüber, die uns eher verdüstern als aufklären, wie ein Nebel das Tal, woraus er sich emporheben will, zudeckt und nicht erhellt, manche Irrungen und Verirrungen, die daraus entspringen, teilten und bestanden die Geschwister Hand in Hand, und wurden über ihre seltsamen Zustände um desto weniger aufgeklärt, als die heilige Scheu der nahen Verwandtschaft sie, indem sie sich einander mehr nähern, ins Klare treten wollten, nur immer gewaltiger auseinander hielt.

Ungern spreche ich dies im allgemeinen aus, was ich vor Jahren darzustellen unternahm, ohne daß ich es hätte ausführen können. Da ich dieses geliebte unbegreifliche Wesen nur zu bald verlor, fühlte ich genugsamen Anlaß, mir ihren Wert zu vergegenwärtigen, und so entstand bei mir der Begriff eines dichterischen Ganzen, in welchem es möglich gewesen wäre, ihre Individualität darzustellen: allein es ließ sich dazu keine andere Form denken als die der Richardsonschen Romane. Nur durch das genauste Detail, durch unendliche Einzelnheiten, die lebendig alle den Charakter des Ganzen tragen und, indem sie aus einer wundersamen Tiefe hervorspringen, eine Ahndung von dieser Tiefe geben; nur auf solche Weise hätte es einigermaßen gelingen können, eine Vorstellung dieser merkwürdigen Persönlichkeit mitzuteilen: denn die Quelle kann nur gedacht werden, insofern sie fließt. Aber von diesem schönen und frommen Vorsatz zog mich, wie von so vielen anderen, der Tumult der Welt zurück, und nun bleibt mir nichts übrig, als den Schatten jenes seligen Geistes nur, wie durch Hülfe eines magischen Spiegels, auf einen Augenblick heranzurufen.

Sie war groß, wohl und zart gebaut und hatte etwas Natürlich-Würdiges in ihrem Betragen, das in eine angenehme Weichheit verschmolz. Die Züge ihres Gesichts, weder bedeutend noch schön, sprachen von einem Wesen, das weder mit sich einig war, noch werden konnte. Ihre Augen waren nicht die schönsten, die ich jemals sah, aber die tiefsten, hinter denen man am meisten erwartete, und, wenn sie irgend eine Neigung, eine Liebe ausdrückten, einen Glanz hatten ohnegleichen; und doch war dieser Ausdruck eigentlich nicht zärtlich, wie der, der aus dem Herzen kommt und zugleich etwas Sehnsüchtiges und Verlangendes mit sich führt; dieser Ausdruck kam aus der Seele, er war voll und reich, er schien nur geben zu wollen, nicht des Empfangens zu bedürfen.

Was ihr Gesicht aber ganz eigentlich entstellte, so daß sie manchmal wirklich häßlich aussehen konnte, war die Mode jener Zeit, welche nicht allein die Stirn entblößte, sondern auch alles tat, um sie scheinbar oder wirklich, zufällig oder vorsätzlich zu vergrößern. Da sie nun die weiblichste reingewölbteste Stirn hatte und dabei ein Paar starke schwarze Augenbrauen und vorliegende Augen, so entstand aus diesen Verhältnissen ein Kontrast, der einen jeden Fremden für den ersten Augenblick, wo nicht abstieß, doch wenigstens nicht anzog. Sie empfand es früh, und dies Gefühl ward immer peinlicher, je mehr sie in die Jahre trat, wo beide Geschlechter eine unschuldige Freude empfinden, sich wechselseitig angenehm zu werden.

Niemanden kann seine eigne Gestalt zuwider sein, der Häßlichste wie der Schönste hat das Recht, sich seiner Gegenwart zu freuen; und da das Wohlwollen verschönt, und sich jedermann mit Wohlwollen im Spiegel besieht, so kann man behaupten, daß jeder sich auch mit Wohlgefallen erblicken müsse, selbst wenn er sich dagegen sträuben wollte. Meine Schwester hatte jedoch eine so entschiedene Anlage zum Verstand, daß sie hier unmöglich blind und albern sein konnte; sie wußte vielmehr vielleicht deutlicher als billig, daß sie hinter ihren Gespielinnen an äußerer Schönheit sehr weit zurückstehe, ohne zu ihrem Troste zu fühlen, daß sie ihnen an inneren Vorzügen unendlich überlegen sei.

Kann ein Frauenzimmer für den Mangel von Schönheit entschädigt werden, so war sie es reichlich durch das unbegrenzte Vertrauen, die Achtung und Liebe, welche sämtliche Freundinnen zu ihr trugen; sie mochten älter oder jünger sein, alle hegten die gleichen Empfindungen. Eine sehr angenehme Gesellschaft hatte sich um sie versammelt, es fehlte nicht an jungen Männern, die sich einzuschleichen wußten, fast jedes Mädchen fand einen Freund; nur sie war ohne Hälfte geblieben. Freilich, wenn ihr Äußeres einigermaßen abstoßend war, so wirkte das Innere, das hindurchblickte, mehr ablehnend als anziehend: denn die Gegenwart einer jeden Würde weist den andern auf sich selbst zurück. Sie fühlte es lebhaft, sie verbarg mir's nicht, und ihre Neigung wendete sich desto kräftiger zu mir. Der Fall war eigen genug. So wie Vertraute, denen man ein Liebesverständnis offenbart, durch aufrichtige Teilnahme wirklich Mitliebende werden, ja zu Rivalen heranwachsen und die Neigung zuletzt wohl auf sich selbst hinziehen, so war es mit uns Geschwistern: denn indem mein Verhältnis zu Gretchen zerriß, tröstete mich meine Schwester um desto ernstlicher, als sie heimlich die Zufriedenheit empfand, eine Nebenbuhlerin losgeworden zu sein; und so mußte auch ich mit einer stillen Halbschadenfreude empfinden, wenn sie mir Gerechtigkeit widerfahren ließ, daß ich der einzige sei, der sie wahrhaft liebe, sie kenne und sie verehre. Wenn sich nun bei mir von Zeit zu Zeit der Schmerz über Gretchens Verlust erneuerte und ich aus dem Stegreife zu weinen, zu klagen und mich ungebärdig zu stellen anfing, so erregte meine Verzweifelung über das Verlorene bei ihr eine gleichfalls verzweifelnde Ungeduld über das Niebesessene, Mißlungene und Vorübergestrichene solcher jugendlichen Neigungen, daß wir uns beide grenzenlos unglücklich hielten, und um so mehr, als in diesem seltsamen Falle die Vertrauenden sich nicht in Liebende umwandeln durften.

Glücklicherweise mischte sich jedoch der wunderliche Liebesgott, der ohne Not so viel Unheil anrichtet, hier einmal wohltätig mit ein, um uns aus aller Verlegenheit zu ziehen. Mit einem jungen Engländer, der sich in der Pfeilischen Pension bildete, hatte ich viel Verkehr. Er konnte von seiner Sprache gute Rechenschaft geben, ich übte sie mit ihm und erfuhr dabei manches von seinem Lande und Volke. Er ging lange genug bei uns aus und ein, ohne daß ich eine Neigung zu meiner Schwester an ihm bemerkte, doch mochte er sie im stillen bis zur Leidenschaft genährt haben: denn endlich erklärte sich's unversehens und auf einmal. Sie kannte ihn, sie schätzte ihn, und er verdiente es. Sie war oft bei unseren englischen Unterhaltungen die Dritte gewesen, wir hatten aus seinem Munde uns beide die Wunderlichkeiten der englischen Aussprache anzueignen gesucht, und uns dadurch nicht nur das Besondere ihres Tones und Klanges, sondern sogar das Besonderste der persönlichen Eigenheiten unseres Lehrers angewöhnt, so daß es zuletzt seltsam genug klang, wenn wir zusammen wie aus *einem* Munde zu reden schienen. Seine Bemühung, von uns auf gleiche Weise so viel vom Deutschen zu lernen, wollte nicht gelingen, und ich glaube bemerkt zu haben, daß auch jener kleine Liebeshandel, sowohl schriftlich als mündlich, in englischer Sprache durchgeführt wurde. Beide junge Personen schickten sich recht gut für einander: er war groß und wohlgebaut, wie sie, nur noch schlanker; sein Gesicht, klein und eng beisammen, hätte wirklich hübsch sein können, wäre es durch die Blattern nicht allzusehr entstellt gewesen; sein Betragen war ruhig, bestimmt, man durfte es wohl manchmal trocken und kalt nennen; aber sein Herz war voll Güte und Liebe, seine Seele voll Edelmut und seine Neigungen so dauernd als entschieden und gelassen. Nun zeichnete sich dieses ernste Paar, das sich erst neuerlich zusammengefunden hatte, unter den anderen ganz eigen aus, die, schon mehr mit einander bekannt, von leichteren Charakteren, sorglos wegen der Zukunft, sich in jenen Verhältnissen leichtsinnig herumtrieben, die gewöhnlich nur als ein fruchtloses Vorspiel künftiger ernsterer Verbindungen vorübergehen, und sehr selten eine dauernde Folge auf das Leben bewirken.

Die gute Jahrszeit, die schöne Gegend blieb für eine so muntere Gesellschaft nicht unbenutzt; Wasserfahrten stellte man häufig an, weil diese die geselligsten von allen Lustpartien sind. Wir mochten uns jedoch zu Wasser oder zu Lande bewegen, so zeigten sich gleich die einzelnen anziehenden Kräfte; jedes Paar schloß sich zusammen, und für einige Männer, die nicht versagt waren, worunter ich auch gehörte, blieb entweder gar keine weibliche Unterhaltung, oder eine solche, die man an einem lustigen Tage nicht würde gewählt haben. Ein Freund, der sich in gleichem Falle befand, und dem es an einer Hälfte hauptsächlich deswegen ermangeln mochte, weil es ihm, bei dem besten Humor, an Zärtlichkeit, und bei viel Verstand an jener Aufmerksamkeit fehlte, ohne welche sich Verbindungen solcher Art nicht denken lassen; dieser, nachdem er öfters seinen Zustand launig und geistreich beklagt, versprach, bei der nächsten Versammlung einen Vorschlag zu tun, wodurch ihm und dem Ganzen geholfen werden sollte. Auch verfehlte er nicht, sein Versprechen zu erfüllen: denn als wir, nach einer glänzenden Wasserfahrt und einem sehr anmutigen Spaziergang, zwischen schattigen Hügeln gelagert im Gras, oder sitzend auf bemoosten Felsen und Baumwurzeln, heiter und froh ein ländliches Mahl verzehrt hatten und uns der Freund alle heiter und guter Dinge sah, gebot er mit schalkhafter Würde einen Halbkreis sitzend zu schließen, vor den er hintrat und folgendermaßen emphatisch zu perorieren anfing:

„Höchst werte Freunde und Freundinnen, Gepaarte und Ungepaarte! – Schon aus dieser Anrede erhellet, wie nötig es sei, daß ein Bußprediger auftrete und der Gesellschaft das Gewissen schärfe. Ein Teil meiner edlen Freunde ist gepaart, und mag sich dabei ganz wohl befinden, ein anderer ungepaart, der befindet sich höchst schlecht, wie ich aus eigner Erfahrung versichern kann; und wenn nun gleich die lieben Gepaarten hier die Mehrzahl ausmachen, so gebe ich ihnen doch zu bedenken, ob es nicht eben gesellige Pflicht sei, für alle zu sorgen? Warum vereinigen wir uns zahlreich, als um an einander wechselseitig teilzunehmen? und wie kann das geschehen, wenn sich in unserem Kreise wieder so viele kleine Absonderungen bemerken lassen? Weit entfernt bin ich, etwas gegen so schöne Verhältnisse meinen, oder nur daran rühren zu wollen; aber alles hat seine Zeit! ein schönes großes Wort, woran freilich niemand denkt, wenn ihm für Zeitvertreib hinreichend gesorgt ist."

Er fuhr darauf immer lebhafter und lustiger fort, die geselligen Tugenden den zärtlichen Empfindungen gegenüberzustellen. „Diese", sagte er, „können uns niemals fehlen, wir tragen sie immer bei uns, und jeder wird darin leicht ohne Übung ein Meister; aber jene müssen wir aufsuchen, wir müssen uns um sie bemühen, und wir mögen darin, so viel wir wollen, fortschreiten, so lernt man sie doch niemals ganz aus." – Nun ging er ins Besondere. Mancher mochte sich getroffen fühlen, und man konnte nicht unterlassen, sich unter einander anzusehen; doch hatte der Freund das Privilegium, daß man ihm nichts übel nahm, und so konnte er ungestört fortfahren.

„Die Mängel aufdecken ist nicht genug; ja, man hat unrecht solches zu tun, wenn man nicht zugleich das Mittel zu dem besseren Zustande anzugeben weiß. Ich will euch, meine Freunde, daher nicht etwa, wie ein Karwochenprediger, zur Buße und Besserung im allgemeinen ermahnen, vielmehr wünsche ich sämtlichen liebenswürdigen Paaren das längste und dauerhafteste Glück, und um hiezu selbst auf das sicherste beizutragen, tue ich den Vorschlag, für unsere geselligen Stunden diese kleinen allerliebsten Absonderungen zu trennen und aufzuheben. Ich habe", fuhr er fort, „schon für die Ausführung gesorgt, wenn ich Beifall finden sollte. Hier ist ein Beutel, in dem die Namen der Herren befindlich sind; ziehen Sie nun, meine Schönen, und lassen Sie sich's gefallen, denjenigen auf acht Tage als Diener zu begünstigen, den Ihnen das Los zuweist. Dies gilt nur innerhalb unseres Kreises; sobald er aufgehoben ist, sind auch diese Verbindungen aufgehoben, und wer Sie nach Hause führen soll, mag das Herz entscheiden."

Ein großer Teil der Gesellschaft war über diese Anrede und die Art, wie er sie vortrug, froh geworden und schien den Einfall zu billigen; einige Paare jedoch sahen vor sich hin, als glaubten sie dabei nicht ihre Rechnung zu finden: deshalb rief er mit launiger Heftigkeit:

„Fürwahr! es überrascht mich, daß nicht jemand aufspringt, und, obgleich noch andere zaudern, meinen Vorschlag anpreist, dessen Vorteile auseinandersetzt, und mir erspart, mein eigner Lobredner zu sein. Ich bin der Älteste unter Ihnen; das mir Gott verzeihe. Schon habe ich eine Glatze, daran ist mein großes Nachdenken schuld" –

Hier nahm er den Hut ab –

„aber ich würde sie mit Freuden und Ehren zur Schau stellen, wenn meine eignen Überlegungen, die mir die Haut austrocknen und mich des schönsten Schmucks berauben, nur auch mir und anderen einigermaßen förderlich sein könnten. Wir sind jung, meine Freunde, das ist schön; wir werden älter werden, das ist dumm; wir nehmen uns untereinander wenig übel, das ist hübsch und der Jahreszeit gemäß. Aber bald, meine Freunde, werden die Tage kommen, wo wir uns selbst manches übel zu nehmen haben: da mag denn jeder sehen, wie er mit sich zurechte kommt; aber zugleich werden uns andre manches übel nehmen, und zwar wo wir es gar nicht begreifen; darauf müssen wir uns vorbereiten, und dieses soll nunmehr geschehen."

Er hatte die ganze Rede, besonders aber die letzte Stelle, mit Ton und Gebärden eines Kapuziners vorgetragen: denn da er katholisch war, so mochte er genugsame Gelegenheit gehabt haben, die Redekunst dieser Väter zu studieren. Nun schien er außer Atem, trocknete sein jung-kahles Haupt, das ihm wirklich das Ansehen eines Pfaffen gab, und setzte durch diese Possen die leichtgesinnte Sozietät in so gute Laune, daß jedermann begierig war, ihn weiter zu hören. Allein anstatt fortzufahren, zog er den Beutel und wendete sich zur nächsten Dame: „Es kommt auf einen Versuch an!" rief er aus, „das Werk wird den Meister loben. Wenn es in acht Tagen nicht gefällt, so geben wir es auf und es mag bei dem alten bleiben."

Halb willig, halb genötigt zogen die Damen ihre Röllchen, und gar leicht bemerkte man, daß bei dieser geringen Handlung mancherlei Leidenschaften im Spiel waren. Glücklicherweise traf sich's, daß die Heitergesinnten getrennt wurden, die Ernsteren zusammenblieben; und so behielt auch meine Schwester ihren Engländer, welches sie beiderseits dem Gott der Liebe und des Glücks sehr gut aufnahmen. Die neuen Zufallspaare wurden sogleich von dem Antistes zusammengegeben, auf ihre Gesundheit getrunken und allen um so mehr Freude gewünscht, als ihre Dauer nur kurz sein sollte. Gewiß aber war dies der heiterste Moment, den unsere Gesellschaft seit langer Zeit genossen. Die jungen Männer, denen kein Frauenzimmer zuteil geworden, erhielten nunmehr das Amt, diese Woche über für Geist, Seele und Leib zu sorgen, wie sich unser Redner ausdrückte, besonders aber, meinte er, für die Seele, weil die beiden anderen sich schon eher selbst zu helfen wüßten.

Die Vorsteher, die sich gleich Ehre machen wollten, brachten ganz artige neue Spiele schnell in Gang, bereiteten in einiger Ferne eine Abendkost, auf die man nicht gerechnet hatte, illuminierten bei unserer nächtlichen Rückkehr die Jacht, ob es gleich, bei dem hellen Mondschein, nicht nötig gewesen wäre; sie entschuldigten sich aber damit, daß es der neuen geselligen Einrichtung ganz gemäß sei, die zärtlichen Blicke des himmlischen Mondes durch irdische Lichter zu überscheinen. In dem Augenblick, als wir ans Land stiegen, rief unser Solon: „Ite, missa est!“ Ein jeder führte die ihm durchs Los zugefallene Dame noch aus dem Schiffe und übergab sie alsdann ihrer eigentlichen Hälfte, wogegen er sich wieder die seinige eintauschte.

Bei der nächsten Zusammenkunft ward diese wöchentliche Einrichtung für den Sommer festgesetzt und die Verlosung abermals vorgenommen. Es war keine Frage, daß durch diesen Scherz eine neue und unerwartete Wendung in die Gesellschaft kam, und ein jeder angeregt ward, was ihm von Geist und Anmut beiwohnte, an den Tag zu bringen und seiner augenblicklichen Schönen auf das verbindlichste den Hof zu machen, indem er sich wohl zutraute, wenigstens für eine Woche genugsamen Vorrat zu Gefälligkeiten zu haben.

Man hatte sich kaum eingerichtet, als man unserem Redner, statt ihm zu danken, den Vorwurf machte, er habe das Beste seiner Rede, den Schluß, für sich behalten. Er versicherte darauf, das Beste einer Rede sei die Überredung, und wer nicht zu überreden gedenke, müsse gar nicht reden:

denn mit der Überzeugung sei es eine mißliche Sache. Als man ihm demohngeachtet keine Ruhe ließ, begann er sogleich eine Kapuzinade, fratzenhafter als je, vielleicht gerade darum, weil er die ernsthaftesten Dinge zu sagen gedachte. Er führte nämlich mit Sprüchen aus der Bibel, die nicht zur Sache paßten, mit Gleichnissen, die nicht trafen, mit Anspielungen, die nichts erläuterten, den Satz aus, daß, wer seine Leidenschaften, Neigungen, Wünsche, Vorsätze, Plane nicht zu verbergen wisse, in der Welt zu nichts komme, sondern aller Orten und Enden gestört und zum besten gehabt werde; vorzüglich aber, wenn man in der Liebe glücklich sein wolle, habe man sich des tiefsten Geheimnisses zu befleißigen.

Dieser Gedanke schlang sich durch das Ganze durch, ohne daß eigentlich ein Wort davon wäre gesprochen worden. Will man sich einen Begriff von diesem seltsamen Menschen machen, so bedenke man, daß er, mit viel Anlage geboren, seine Talente und besonders seinen Scharfsinn in Jesuiterschulen ausgebildet und eine große Welt- und Menschenkenntnis, aber nur von der schlimmen Seite, zusammengewonnen hatte. Er war etwa zweiundzwanzig Jahr alt, und hätte mich gern zum Proselyten seiner Menschenverachtung gemacht; aber es wollte nicht bei mir greifen, denn ich hatte noch immer große Lust, gut zu sein und andere gut zu finden. Indessen bin ich durch ihn auf vieles aufmerksam geworden.

Das Personal einer jeden heiteren Gesellschaft vollständig zu machen, gehört notwendig ein Akteur, welcher Freude daran hat, wenn die übrigen, um so manchen gleichgültigen Moment zu beleben, die Pfeile des Witzes gegen ihn richten mögen. Ist er nicht bloß ein ausgestopfter Sarazene, wie derjenige, an dem bei Lustkämpfen die Ritter ihre Lanzen übten, sondern versteht er selbst zu scharmutzieren, zu necken und aufzufordern, leicht zu verwunden und sich zurückzuziehen, und, indem er sich preiszugeben scheint, anderen eins zu versetzen, so kann nicht wohl etwas Anmutigeres gefunden werden. Einen solchen besaßen wir an unserem Freund Horn, dessen Name schon zu allerlei Scherzen Anlaß gab und der, wegen seiner kleinen Gestalt, immer nur Hörnchen genannt wurde. Er war wirklich der Kleinste in der Gesellschaft, von derben, aber gefälligen Formen; eine Stumpfnase, ein etwas aufgeworfener Mund, kleine funkelnde Augen bildeten ein schwarzbraunes Gesicht, das immer zum Lachen aufzufordern schien. Sein kleiner gedrungener Schädel war mit krausen schwarzen Haaren reich besetzt, sein Bart frühzeitig blau, den er gar zu gern hätte wachsen lassen, um als komische Maske die Gesellschaft immer im Lachen zu erhalten. Übrigens war er nett und behend, behauptete aber krumme Beine zu haben, welches man ihm zugab, weil er es gern so wollte, worüber denn mancher Scherz entstand: denn weil er als ein sehr guter Tänzer gesucht wurde, so rechnete er es unter die Eigenheiten des Frauenzimmers, daß sie die krummen Beine immer auf dem Plane sehen wollten. Seine Heiterkeit war unverwüstlich und seine Gegenwart bei jeder Zusammenkunft unentbehrlich. Wir beide schlossen uns um so enger an einander, als er mir auf die Akademie folgen sollte; und er verdient wohl, daß ich seiner in allen Ehren gedenke, da er viele Jahre mit unendlicher Liebe, Treue und Geduld an mir gehalten hat.

Durch meine Leichtigkeit, zu reimen und gemeinen Gegenständen eine poetische Seite abzugewinnen, hatte er sich gleichfalls zu solchen Arbeiten verführen lassen. Unsere kleinen geselligen Reisen, Lustpartien und die dabei vorkommenden Zufälligkeiten stutzten wir poetisch auf, und so entstand durch die Schilderung einer Begebenheit immer eine neue Begebenheit. Weil aber gewöhnlich dergleichen gesellige Scherze auf Verspottung hinauslaufen, und Freund Horn mit seinen burlesken Darstellungen nicht immer in den gehörigen Grenzen blieb, so gab es manchmal Verdruß, der aber bald wieder gemildert und getilgt werden konnte.

So versuchte er sich auch in einer Dichtungsart, welche sehr an der Tagesordnung war, im komischen Heldengedicht. Popes „Lockenraub“ hatte viele Nachahmungen erweckt; Zachariä kultivierte diese Dichtart auf deutschem Grund und Boden, und jedermann gefiel sie, weil der gewöhnliche Gegenstand derselben irgend ein täppischer Mensch war, den die Genien zum besten hatten, indem sie den besseren begünstigten.

Es ist nicht wunderbar, aber es erregt doch Verwunderung, wenn man bei Betrachtung einer Literatur, besonders der deutschen, beobachtet, wie eine ganze Nation von einem einmal gegebenen und in einer gewissen Form mit Glück behandelten Gegenstand nicht wieder loskommen kann, sondern ihn auf alle Weise wiederholt haben will; da denn zuletzt, unter den angehäuften Nachahmungen, das Original selbst verdeckt und erstickt wird.

Das Heldengedicht meines Freundes war ein Beleg zu dieser Bemerkung. Bei einer großen Schlittenfahrt wird einem täppischen Menschen ein Frauenzimmer zuteil, das ihn nicht mag; ihm begegnet neckisch genug ein Unglück nach dem andern, das bei einer solchen Gelegenheit sich ereignen kann, bis er zuletzt, als er sich das Schlittenrecht erbittet, von der Pritsche fällt, wobei ihm denn, wie natürlich, die Geister ein Bein gestellt haben. Die Schöne ergreift die Zügel und fährt allein nach Hause; ein begünstigter Freund empfängt sie und triumphiert über den anmaßlichen Nebenbuhler. Übrigens war es sehr artig ausgedacht, wie ihn die vier verschiedenen Geister nach und nach beschädigen, bis ihn endlich die Gnomen gar aus dem Sattel heben. Das Gedicht, in Alexandrinern geschrieben, auf eine wahre Geschichte gegründet, ergetzte unser kleines Publikum gar sehr, und man war überzeugt, daß es sich mit der „Walpurgisnacht“ von Löwen oder dem „Renommisten“ von Zachariä gar wohl messen könne.

Indem nun unsere geselligen Freuden nur einen Abend und die Vorbereitungen dazu wenige Stunden erforderten, so hatte ich Zeit genug zu lesen und, wie ich glaubte, zu studieren. Meinem Vater zu Liebe repetierte ich fleißig den Kleinen Hoppe, und konnte mich vorwärts und rückwärts darin examinieren lassen, wodurch ich mir denn den Hauptinhalt der „Institutionen“ vollkommen zu eigen machte. Allein unruhige Wißbegierde trieb mich weiter, ich geriet in die Geschichte der alten Literatur und von da in einen Enzyklopädismus, indem ich Gesners „Isagoge“ und Morhofs „Polyhistor“ durchlief, und mir dadurch einen allgemeinen Begriff erwarb, wie manches Wunderliche in Lehr und Leben schon mochte vorgekommen sein. Durch diesen anhaltenden und hastigen, Tag und Nacht fortgesetzten Fleiß verwirrte ich mich eher, als ich mich bildete; ich verlor mich aber in ein noch größeres Labyrinth, als ich Baylen in meines Vaters Bibliothek fand und mich in denselben vertiefte.

Eine Hauptüberzeugung aber, die sich immer in mir erneuerte, war die Wichtigkeit der alten Sprachen: denn so viel drängte sich mir aus dem literarischen Wirrwarr immer wieder entgegen, daß in ihnen alle Muster der Redekünste und zugleich alles andere Würdige, was die Welt jemals besessen, aufbewahrt sei. Das Hebräische sowie die biblischen Studien waren in den Hintergrund getreten, das Griechische gleichfalls, da meine Kenntnisse desselben sich nicht über das Neue Testament hinaus erstreckten. Desto ernstlicher hielt ich mich ans Lateinische, dessen Musterwerke uns näher liegen und das uns, nebst so herrlichen Originalproduktionen, auch den übrigen Erwerb aller Zeiten in Übersetzungen und Werken der größten Gelehrten darbietet. Ich las daher viel in dieser Sprache mit großer Leichtigkeit, und durfte glauben die Autoren zu verstehen, weil mir am buchstäblichen Sinne nichts abging. Ja, es verdroß mich gar sehr, als ich vernahm, Grotius habe übermütig geäußert, er lese den Terenz anders als die Knaben. Glückliche Beschränkung der Jugend! ja der Menschen überhaupt, daß sie sich in jedem Augenblicke ihres Daseins für vollendet halten können, und weder nach Wahrem noch Falschem, weder nach Hohem noch Tiefem fragen, sondern bloß nach dem, was ihnen gemäß ist.

So hatte ich denn das Lateinische gelernt wie das Deutsche, das Französische, das Englische, nur aus dem Gebrauch, ohne Regel und ohne Begriff. Wer den damaligen Zustand des Schulunterrichts kennt, wird nicht seltsam finden, daß ich die Grammatik übersprang, sowie die Redekunst: mir schien alles natürlich zuzugehen, ich behielt die Worte, ihre Bildungen und Umbildungen in Ohr und Sinn, und bediente mich der Sprache mit Leichtigkeit zum Schreiben und Schwätzen.

Michael, die Zeit, da ich die Akademie besuchen sollte, rückte heran, und mein Inneres ward ebenso sehr vom Leben als von der Lehre bewegt. Eine Abneigung gegen meine Vaterstadt ward mir immer deutlicher. Durch Gretchens Entfernung war der Knaben- und Jünglingspflanze das Herz ausgebrochen; sie brauchte Zeit, um an den Seiten wieder auszuschlagen und den ersten Schaden durch neues Wachstum zu überwinden. Meine Wanderungen durch die Straßen hatten aufgehört, ich ging nur, wie andere, die notwendigen Wege. Nach Gretchens Viertel kam ich nie wieder, nicht einmal in die Gegend; und wie mir meine alten Mauern und Türme nach und nach verleideten, so mißfiel mir auch die Verfassung der Stadt, alles, was mir sonst so ehrwürdig vorkam, erschien mir in verschobenen Bildern. Als Enkel des Schultheißen waren mir die heimlichen Gebrechen einer solchen Republik nicht unbekannt geblieben, um so weniger, als Kinder ein ganz eignes Erstaunen fühlen und zu emsigen Untersuchungen angereizt werden, sobald ihnen etwas, das sie bisher unbedingt verehrt, einigermaßen verdächtig wird. Der vergebliche Verdruß rechtschaffener Männer im Widerstreit mit solchen, die von Parteien zu gewinnen, wohl gar zu bestechen sind, war mir nur zu deutlich geworden, ich haßte jede Ungerechtigkeit über die Maßen: denn die Kinder sind alle moralische Rigoristen. Mein Vater, in die Angelegenheiten der Stadt nur als Privatmann verflochten, äußerte sich im Verdruß über manches Mißlungene sehr lebhaft. Und sah ich ihn nicht, nach so viel Studien, Bemühungen, Reisen und mannigfaltiger Bildung, endlich zwischen seinen Brandmauern ein einsames Leben führen, wie ich mir es nicht wünschen konnte? Dies zusammen lag als eine entsetzliche Last auf meinem Gemüte, von der ich mich nur zu befreien wußte, indem ich mir einen ganz anderen Lebensplan, als den mir vorgeschriebenen, zu ersinnen trachtete. Ich warf in Gedanken die juristischen Studien weg und widmete mich allein den Sprachen, den Altertümern, der Geschichte und allem, was daraus hervorquillt.

Zwar machte mir jederzeit die poetische Nachbildung dessen, was ich an mir selbst, an anderen und an der Natur gewahr geworden, das größte Vergnügen. Ich tat es mit immer wachsender Leichtigkeit, weil es aus Instinkt geschah und keine Kritik mich irre gemacht hatte; und wenn ich auch meinen Produktionen nicht recht traute, so konnte ich sie wohl als fehlerhaft, aber nicht als ganz verwerflich ansehen. Ward mir dieses oder jenes daran getadelt, so blieb es doch im stillen meine Überzeugung, daß es nach und nach immer besser werden müßte, und daß ich wohl einmal neben Hagedorn, Gellert und anderen solchen Männern mit Ehre dürfte genannt werden. Aber eine solche Bestimmung allein schien mir allzu leer und unzulänglich; ich wollte mich mit Ernst zu jenen gründlichen Studien bekennen, und, indem ich, bei einer vollständigeren Ansicht des Altertums, in meinen eigenen Werken rascher vorzuschreiten dachte, mich zu einer akademischen Lehrstelle fähig machen, welche mir das Wünschenswerteste schien für einen jungen Mann, der sich selbst auszubilden und zur Bildung anderer beizutragen gedachte.

Bei diesen Gesinnungen hatte ich immer Göttingen im Auge. Auf Männern wie Heyne, Michaelis und so manchem anderen ruhte mein ganzes Vertrauen; mein sehnlichster Wunsch war, zu ihren Füßen zu sitzen und auf ihre Lehren zu merken. Aber mein Vater blieb unbeweglich. Was auch einige Hausfreunde, die meiner Meinung waren, auf ihn zu wirken suchten: er bestand darauf, daß ich nach Leipzig gehen müsse. Nun hielt ich den Entschluß, daß ich, gegen seine Gesinnungen und Willen, eine eigne Studien- und Lebensweise ergreifen wollte, erst recht für Notwehr. Die Hartnäckigkeit meines Vaters, der, ohne es zu wissen, sich meinen Planen entgegensetzte, bestärkte mich in meiner Impietät, daß ich mir gar kein Gewissen daraus machte, ihm Stunden lang zuzuhören, wenn er mir den Kursus der Studien und des Lebens, wie ich ihn auf Akademien und in der Welt zu durchlaufen hätte, vorerzählte und wiederholte.

Da mir alle Hoffnung nach Göttingen abgeschnitten war, wendete ich nun meinen Blick nach Leipzig. Dort erschien mir Ernesti als ein helles Licht, auch Morus erregte schon viel Vertrauen. Ich ersann mir im stillen einen Gegenkursus, oder vielmehr ich baute ein Luftschloß auf einen ziemlich soliden Grund; und es schien mir sogar romantisch ehrenvoll, sich seine eigne Lebensbahn vorzuzeichnen, die mir um so weniger phantastisch vorkam, als Griesbach auf dem ähnlichen Wege schon große Fortschritte gemacht hatte und deshalb von jedermann gerühmt wurde. Die heimliche Freude eines Gefangenen, wenn er seine Ketten abgelöst und die Kerkergitter bald durchgefeilt hat, kann nicht größer sein, als die meine war, indem ich die Tage schwinden und den Oktober herannahen sah. Die unfreundliche Jahreszeit, die bösen Wege, von denen jedermann zu erzählen wußte, schreckten mich nicht. Der Gedanke, an einem fremden Orte zu Winterszeit Einstand geben zu müssen, machte mich nicht trübe; genug, ich sah nur meine gegenwärtigen Verhältnisse düster, und stellte mir die übrige unbekannte Welt licht und heiter vor. So bildete ich mir meine Träume, denen ich ausschließlich nachhing, und versprach mir in der Ferne nichts als Glück und Zufriedenheit.

So sehr ich auch gegen jedermann von diesen meinen Vorsätzen ein Geheimnis machte, so konnte ich sie doch meiner Schwester nicht verbergen, die, nachdem sie anfangs darüber sehr erschrocken war, sich zuletzt beruhigte, als ich ihr versprach sie nachzuholen, damit sie sich meines erworbenen glänzenden Zustandes mit mir erfreuen und an meinem Wohlbehagen teilnehmen könnte.

Michael kam endlich, sehnlich erwartet, heran, da ich denn mit dem Buchhändler Fleischer und dessen Gattin, einer geborenen Triller, welche ihren Vater in Wittenberg besuchen wollte, mit Vergnügen abfuhr, und die werte Stadt, die mich geboren und erzogen, gleichgültig hinter mir ließ, als wenn ich sie nie wieder betreten wollte.

So lösen sich in gewissen Epochen Kinder von Eltern, Diener von Herren, Begünstigte von Gönnern los, und ein solcher Versuch, sich auf seine Füße zu stellen, sich unabhängig zu machen, für sein eigen Selbst zu leben, er gelinge oder nicht, ist immer dem Willen der Natur gemäß.

Wir waren zur Allerheiligenpforte hinausgefahren und hatten bald Hanau hinter uns, da ich denn zu Gegenden gelangte, die durch ihre Neuheit meine Aufmerksamkeit erregten, wenn sie auch in der jetzigen Jahrszeit wenig Erfreuliches darboten. Ein anhaltender Regen hatte die Wege äußerst verdorben, welche überhaupt noch nicht in den guten Stand gesetzt waren, in welchem wir sie nachmals finden; und unsere Reise war daher weder angenehm noch glücklich. Doch verdankte ich dieser feuchten Witterung den Anblick eines Naturphänomens, das wohl höchst selten sein mag; denn ich habe nichts Ähnliches jemals wieder gesehen, noch auch von anderen, daß sie es gewahrt hätten, vernommen. Wir fuhren nämlich zwischen Hanau und Gelnhausen bei Nachtzeit eine Anhöhe hinauf, und wollten, ob es gleich finster war, doch lieber zu Fuße gehen, als uns der Gefahr und Beschwerlichkeit dieser Wegstrecke aussetzen. Auf einmal sah ich an der rechten Seite des Wegs, in einer Tiefe, eine Art von wundersam erleuchtetem Amphitheater. Es blinkten nämlich in einem trichterförmigen Raume unzählige Lichtchen stufenweise über einander, und leuchteten so lebhaft, daß das Auge davon geblendet wurde. Was aber den Blick noch mehr verwirrte, war, daß sie nicht etwa still saßen, sondern hin und wider hüpften, sowohl von oben nach unten, als umgekehrt und nach allen Seiten. Die meisten jedoch blieben ruhig und flimmerten fort. Nur höchst ungern ließ ich mich von diesem Schauspiel abrufen, das ich genauer zu beobachten gewünscht hätte. Auf Befragen wollte der Postillon zwar von einer solchen Erscheinung nichts wissen, sagte aber, daß in der Nähe sich ein alter Steinbruch befinde, dessen mittlere Vertiefung mit Wasser angefüllt sei. Ob dieses nun ein Pandämonium von Irrlichtern oder eine Gesellschaft von leuchtenden Geschöpfen gewesen, will ich nicht entscheiden.

Durch Thüringen wurden die Wege noch schlimmer, und leider blieb unser Wagen in der Gegend von Auerstädt bei einbrechender Nacht stecken. Wir waren von allen Menschen entfernt, und taten das mögliche, uns los zu arbeiten. Ich ermangelte nicht, mich mit Eifer anzustrengen, und mochte mir dadurch die Bänder der Brust übermäßig ausgedehnt haben; denn ich empfand bald nachher einen Schmerz, der verschwand und wiederkehrte und erst nach vielen Jahren mich völlig verließ.

Doch sollte ich noch in derselbigen Nacht, als wenn sie recht zu abwechselnden Schicksalen bestimmt gewesen wäre, nach einem unerwartet glücklichen Ereignis einen neckischen Verdruß empfinden. Wir trafen nämlich in Auerstädt ein vornehmes Ehepaar, das, durch ähnliche Schicksale verspätet, eben auch erst angekommen war; einen ansehnlichen würdigen Mann in den besten Jahren mit einer sehr schönen Gemahlin. Zuvorkommend veranlaßten sie uns, in ihrer Gesellschaft zu speisen, und ich fand mich sehr glücklich, als die treffliche Dame ein freundliches Wort an mich wenden wollte. Als ich aber hinausgesandt ward, die gehoffte Suppe zu beschleunigen, überfiel mich, der ich freilich des Wachens und der Reisebeschwerden nicht gewohnt war, eine so unüberwindliche Schlafsucht, daß ich ganz eigentlich im Gehen schlief, mit dem Hut auf dem Kopfe wieder in das Zimmer trat, mich, ohne zu bemerken, daß die anderen ihr Tischgebet verrichteten, bewußtlos gelassen gleichfalls hinter den Stuhl stellte, und mir nicht träumen ließ, daß ich durch mein Betragen ihre Andacht auf eine sehr lustige Weise zu stören gekommen sei. Madame Fleischer, der es weder an Geist und Witz, noch an Zunge fehlte, ersuchte die Fremden, noch ehe man sich setzte, sie möchten nicht auffallend finden, was sie hier mit Augen sähen; der junge Reisegefährte habe große Anlage zum Quäker, welche Gott und den König nicht besser zu verehren glaubten, als mit bedecktem Haupte. Die schöne Dame, die sich des Lachens nicht enthalten konnte, ward dadurch nur noch schöner, und ich hätte alles in der Welt darum gegeben, nicht Ursache an einer Heiterkeit gewesen zu sein, die ihr so fürtrefflich zu Gesicht stand. Ich hatte jedoch den Hut kaum beiseitegebracht, als die Personen, nach ihrer Weltsitte, den Scherz sogleich fallen ließen, und durch den besten Wein aus ihrem Flaschenkeller Schlaf, Mißmut und das Andenken an alle vergangenen Übel völlig auslöschten.

Als ich in Leipzig ankam, war es gerade Meßzeit, woraus mir ein besonderes Vergnügen entsprang: denn ich sah hier die Fortsetzung eines vaterländischen Zustandes vor mir, bekannte Waren und Verkäufer, nur an anderen Plätzen und in einer anderen Folge. Ich durchstrich den Markt und die Buden mit vielem Anteil; besonders aber zogen meine Aufmerksamkeit an sich, in ihren seltsamen Kleidern, jene Bewohner der östlichen Gegenden, die Polen und Russen, vor allen aber die Griechen, deren ansehnlichen

Gestalten und würdigen Kleidungen ich gar oft zu Gefallen ging.

Diese lebhafte Bewegung war jedoch bald vorüber, und nun trat mir die Stadt selbst mit ihren schönen, hohen und unter einander gleichen Gebäuden entgegen. Sie machte einen sehr guten Eindruck auf mich, und es ist nicht zu leugnen, daß sie überhaupt, besonders aber in stillen Momenten der Sonn- und Feiertage, etwas Imposantes hat, so wie denn auch im Mondschein die Straßen, halb beschattet, halb erleuchtet, mich oft zu nächtlichen Promenaden einluden.

Indessen genügte mir gegen das, was ich bisher gewohnt war, dieser neue Zustand keineswegs. Leipzig ruft dem Beschauer keine altertümliche Zeit zurück; es ist eine neue, kurz vergangene, von Handelstätigkeit, Wohlhabenheit, Reichtum zeugende Epoche, die sich uns in diesen Denkmalen ankündet. Jedoch ganz nach meinem Sinn waren die mir ungeheuer scheinenden Gebäude, die, nach zwei Straßen ihr Gesicht wendend, in großen, himmelhoch umbauten Hofräumen eine bürgerliche Welt umfassend, großen Burgen, ja Halbstädten ähnlich sind. In einem dieser seltsamen Räume quartierte ich mich ein, und zwar in der „Feuerkugel" zwischen dem Alten und Neuen Neumarkt. Ein paar artige Zimmer, die in den Hof sahen, der wegen des Durchgangs nicht unbelebt war, bewohnte der Buchhändler Fleischer während der Messe, und ich für die übrige Zeit um einen leidlichen Preis. Als Stubennachbarn fand ich einen Theologen, der in seinem Fache gründlich unterrichtet, wohldenkend, aber arm war, und, was ihm große Sorge für die Zukunft machte, sehr an den Augen litt. Er hatte sich dieses Übel durch übermäßiges Lesen bis in die tiefste Dämmerung, ja sogar, um das wenige Öl zu ersparen, bei Mondschein zugezogen. Unsere alte Wirtin erzeigte sich wohltätig gegen ihn, gegen mich jederzeit freundlich, und gegen beide sorgsam.

Nun eilte ich mit meinem Empfehlungsschreiben zu Hofrat Böhme, der, ein Zögling von Mascov, nunmehr sein Nachfolger, Geschichte und Staatsrecht lehrte. Ein kleiner, untersetzter, lebhafter Mann empfing mich freundlich genug und stellte mich seiner Gattin vor. Beide, sowie die übrigen Personen, denen ich aufwartete, gaben mir die beste Hoffnung wegen meines künftigen Aufenthaltes; doch ließ ich mich anfangs gegen niemand merken, was ich im Schilde führte, ob ich gleich den schicklichen Moment kaum erwarten konnte, wo ich mich von der Jurisprudenz frei und dem Studium der Alten verbunden erklären wollte. Vorsichtig wartete ich ab, bis Fleischers wieder abgereist waren, damit mein Vorsatz nicht allzu geschwind den Meinigen verraten würde. Sodann aber ging ich ohne Anstand zu Hofrat Böhmen, dem ich vor allen die Sache glaubte vertrauen zu müssen, und erklärte ihm, mit vieler Konsequenz und Parrhesie, meine Absicht. Allein ich fand keineswegs eine gute Aufnahme meines Vortrags. Als Historiker und Staatsrechtler hatte er einen erklärten Haß gegen alles, was nach schönen Wissenschaften schmeckte. Unglücklicherweise stand er mit denen, welche sie kultivierten, nicht im besten Vernehmen, und Gellerten besonders, für den ich, ungeschickt genug, viel Zutrauen geäußert hatte, konnte er nun gar nicht leiden. Jenen Männern also einen treuen Zuhörer zuzuweisen, sich selbst aber einen zu entziehen, und noch dazu unter solchen Umständen, schien ihm ganz und gar unzulässig. Er hielt mir daher aus dem Stegreif eine gewaltige Strafpredigt, worin er beteuerte, daß er ohne Erlaubnis meiner Eltern einen solchen Schritt nicht zugeben könne, wenn er ihn auch, wie hier der Fall nicht sei, selbst billigte. Er verunglimpfte darauf leidenschaftlich Philologie und Sprachstudien, noch mehr aber die poetischen Übungen, die ich freilich im Hintergrunde hatte durchblicken lassen. Er schloß zuletzt, daß, wenn ich ja dem Studium der Alten mich nähern wolle, solches viel besser auf dem Wege der Jurisprudenz geschehen könne. Er brachte mir so manchen eleganten Juristen, Everhard Otto und Heineccius, ins Gedächtnis, versprach mir von den römischen Altertümern und der Rechtsgeschichte goldne Berge, und zeigte mir sonnenklar, daß ich hier nicht einmal einen Umweg mache, wenn ich auch späterhin noch jenen Vorsatz, nach reiferer Überlegung und mit Zustimmung meiner Eltern, auszuführen gedächte. Er ersuchte mich freundlich, die Sache nochmals zu überlegen und ihm meine Gesinnungen bald zu eröffnen, weil es nötig sei, wegen bevorstehenden Anfangs der Kollegien, sich zunächst zu entschließen.

Es war noch ganz artig von ihm, nicht auf der Stelle in mich zu dringen. Seine Argumente und das Gewicht, womit er sie vortrug, hatten meine biegsame Jugend schon überzeugt, und ich sah nun erst die Schwierigkeiten und Bedenklichkeiten einer Sache, die ich mir im stillen so tulich ausgebildet hatte. Frau Hofrat Böhme ließ mich kurz darauf zu sich einladen. Ich fand sie allein. Sie war nicht mehr jung und sehr kränklich, unendlich sanft und zart, und machte gegen ihren Mann, dessen Gutmütigkeit sogar polterte, einen entschiedenen Kontrast. Sie brachte mich auf das von ihrem Manne neulich geführte Gespräch, und stellte mir die Sache nochmals so freundlich, liebevoll und verständig im ganzen Umfange vor, daß ich mich nicht enthalten konnte nachzugeben; die wenigen Reservationen, auf denen ich bestand, wurden von jener Seite denn auch bewilligt.

Der Gemahl regulierte darauf meine Stunden: da sollte ich denn Philosophie, Rechtsgeschichte und Institutionen und noch einiges andere hören. Ich ließ mir das gefallen; doch setzte ich durch, Gellerts Literargeschichte über Stockhausen und außerdem sein Praktikum zu frequentieren.

Die Verehrung und Liebe, welche Gellert von allen jungen Leuten genoß, war außerordentlich. Ich hatte ihn schon besucht und war freundlich von ihm aufgenommen worden. Nicht groß von Gestalt, zierlich aber nicht hager, sanfte, eher traurige Augen, eine sehr schöne Stirn, eine nicht übertriebene Habichtsnase, ein feiner Mund, ein gefälliges Oval des Gesichts: alles machte seine Gegenwart angenehm und wünschenswert. Es kostete einige Mühe, zu ihm zu gelangen. Seine zwei Famuli schienen Priester, die ein Heiligtum bewahren, wozu nicht jedem, noch zu jeder Zeit, der Zutritt erlaubt ist; und eine solche Vorsicht war wohl notwendig: denn er würde seinen ganzen Tag aufgeopfert haben, wenn er alle die Menschen, die sich ihm vertraulich zu nähern gedachten, hätte aufnehmen und befriedigen wollen.

Meine Kollegia besuchte ich anfangs emsig und treulich; die Philosophie wollte mich jedoch keineswegs aufklären. In der Logik kam es mir wunderlich vor, daß ich diejenigen

Geistesoperationen, die ich von Jugend auf mit der größten Bequemlichkeit verrichtete, so aus einander zerren, vereinzelnen und gleichsam zerstören sollte, um den rechten Gebrauch derselben einzusehen. Von dem Dinge, von der Welt, von Gott glaubte ich ungefähr so viel zu wissen als der Lehrer selbst, und es schien mir an mehr als einer Stelle gewaltig zu hapern. Doch ging alles noch in ziemlicher Folge bis gegen Fastnacht, wo in der Nähe des Professor Winckler auf dem Thomasplan, gerade um die Stunde, die köstlichsten Kräpfel heiß aus der Pfanne kamen, welche uns denn dergestalt verspäteten, daß unsere Hefte locker wurden, und das Ende derselben gegen das Frühjahr mit dem Schnee zugleich verschmolz und sich verlor.

Mit den juristischen Kollegien ward es bald ebenso schlimm: denn ich wußte gerade schon so viel, als uns der Lehrer zu überliefern für gut fand. Mein erst hartnäckiger Fleiß im Nachschreiben wurde nach und nach gelähmt, indem ich es höchst langweilig fand, dasjenige nochmals aufzuzeichnen, was ich bei meinem Vater, teils fragend, teils antwortend, oft genug wiederholt hatte, um es für immer im Gedächtnis zu behalten. Der Schaden, den man anrichtet, wenn man junge Leute auf Schulen in manchen Dingen zu weit führt, hat sich späterhin noch mehr ergeben, da man den Sprachübungen und der Begründung in dem, was eigentliche Vorkenntnisse sind, Zeit und Aufmerksamkeit abbrach, um sie an sogenannte Realitäten zu wenden, welche mehr zerstreuen als bilden, wenn sie nicht methodisch und vollständig überliefert werden.

Noch ein anderes Übel, wodurch Studierende sehr bedrängt sind, erwähne ich hier beiläufig. Professoren, so gut wie andere in Ämtern angestellte Männer, können nicht alle von einem Alter sein; da aber die jüngeren eigentlich nur lehren, um zu lernen, und noch dazu, wenn sie gute Köpfe sind, dem Zeitalter voreilen, so erwerben sie ihre Bildung durchaus auf Unkosten der Zuhörer, weil diese nicht in dem unterrichtet werden, was sie eigentlich brauchen, sondern in dem, was der Lehrer für sich zu bearbeiten nötig findet. Unter den ältesten Professoren dagegen sind manche schon lange Zeit stationär; sie überliefern im ganzen nur fixe

Ansichten, und, was das einzelne betrifft, vieles, was die Zeit schon als unnütz und falsch verurteilt hat. Durch beides entsteht ein trauriger Konflikt, zwischen welchem junge Geister hin und her gezerrt werden, und welcher kaum durch die Lehrer des mittleren Alters, die, obschon genugsam unterrichtet und gebildet, doch immer noch ein tätiges Streben zum Wissen und Nachdenken bei sich empfinden, ins gleiche gebracht werden kann.

Wie ich nun auf diesem Wege viel mehreres kennen als zurechte legen lernte, wodurch sich ein immer wachsendes Mißbehagen in mir hervordrang, so hatte ich auch vom Leben manche kleine Unannehmlichkeiten; wie man denn, wenn man den Ort verändert und in neue Verhältnisse tritt, immer Einstand geben muß. Das erste, was die Frauen an mir tadelten, bezog sich auf die Kleidung; denn ich war vom Hause freilich etwas wunderlich equipiert auf die Akademie gelangt.

Mein Vater, dem nichts so sehr verhaßt war, als wenn etwas vergeblich geschah, wenn jemand seine Zeit nicht zu brauchen wußte, oder sie zu benutzen keine Gelegenheit fand, trieb seine Ökonomie mit Zeit und Kräften so weit, daß ihm nichts mehr Vergnügen machte, als zwei Fliegen mit einer Klappe zu schlagen. Er hatte deswegen niemals einen Bedienten, der nicht im Hause zu noch etwas nützlich gewesen wäre. Da er nun von jeher alles mit eigener Hand schrieb und später die Bequemlichkeit hatte, jenem jungen Hausgenossen in die Feder zu diktieren, so fand er am vorteilhaftesten, Schneider zu Bedienten zu haben, welche die Stunden gut anwenden mußten, indem sie nicht allein ihre Livreien, sondern auch die Kleider für Vater und Kinder zu fertigen, nicht weniger alles Flickwerk zu besorgen hatten. Mein Vater war selbst um die besten Tücher und Zeuge bemüht, indem er auf den Messen von auswärtigen Handelsherren feine Ware bezog und sie in seinen Vorrat legte; wie ich mich denn noch recht wohl erinnere, daß er die Herrn von Loewenich von Aachen jederzeit besuchte, und mich von meiner frühesten Jugend an mit diesen und anderen vorzüglichen Handelsherren bekannt machte.

Für die Tüchtigkeit des Zeugs war also gesorgt und genugsamer Vorrat verschiedener Sorten Tücher, Sarschen, Göttinger Zeug, nicht weniger das nötige Unterfutter vorhanden, so daß wir, dem Stoff nach, uns wohl hätten dürfen sehen lassen; aber die Form verdarb meist alles: denn wenn ein solcher Hausschneider allenfalls ein guter Geselle gewesen wäre, um einen meisterhaft zugeschnittenen Rock wohl zu nähen und zu fertigen, so sollte er nun auch das Kleid selbst zuschneiden, und dieses geriet nicht immer zum besten. Hiezu kam noch, daß mein Vater alles, was zu seinem Anzuge gehörte, sehr gut und reinlich hielt und viele Jahre mehr bewahrte als benutzte, daher eine Vorliebe für gewissen alten Zuschnitt und Verzierungen trug, wodurch unser Putz mitunter ein wunderliches Ansehen bekam.

Auf eben diesem Wege hatte man auch meine Garderobe, die ich mit auf die Akademie nahm, zustande gebracht; sie war recht vollständig und ansehnlich und sogar ein Tressenkleid darunter. Ich, diese Art von Aufzug schon gewohnt, hielt mich für geputzt genug; allein es währte nicht lange, so überzeugten mich meine Freundinnen, erst durch leichte Neckereien, dann durch vernünftige Vorstellungen, daß ich wie aus einer fremden Welt hereingeschneit aussehe. So viel Verdruß ich auch hierüber empfand, sah ich doch anfangs nicht, wie ich mir helfen sollte. Als aber Herr von Masuren, der so beliebte poetische Dorfjunker, einst auf dem Theater in einer ähnlichen Kleidung auftrat, und mehr wegen seiner äußeren als inneren Abgeschmacktheit herzlich belacht wurde, faßte ich Mut und wagte, meine sämtliche Garderobe gegen eine neumodische, dem Ort gemäße auf einmal umzutauschen, wodurch sie aber freilich sehr zusammenschrumpfte.

Nach dieser überstandenen Prüfung sollte abermals eine neue eintreten, welche mir weit unangenehmer auffiel, weil sie eine Sache betraf, die man nicht so leicht ablegt und umtauscht.

Ich war nämlich in dem oberdeutschen Dialekt geboren und erzogen, und obgleich mein Vater sich stets einer gewissen Reinheit der Sprache befliß und uns Kinder auf das, was man wirklich Mängel jenes Idioms nennen kann, von Jugend an aufmerksam gemacht und zu einem besseren

Sprechen vorbereitet hatte, so blieben mir doch gar manche tiefer liegende Eigenheiten, die ich, weil sie mir ihrer Naivetät wegen gefielen, mit Behagen hervorhob, und mir dadurch von meinen neuen Mitbürgern jedesmal einen strengen Verweis zuzog. Der Oberdeutsche nämlich, und vielleicht vorzüglich derjenige, welcher dem Rhein und Main anwohnt (denn große Flüsse haben, wie das Meeresufer, immer etwas Belebendes), drückt sich viel in Gleichnissen und Anspielungen aus, und bei einer inneren menschenverständigen Tüchtigkeit bedient er sich sprüchwörtlicher Redensarten. In beiden Fällen ist er öfters derb, doch, wenn man auf den Zweck des Ausdruckes sieht, immer gehörig; nur mag freilich manchmal etwas mit unterlaufen, was gegen ein zarteres Ohr sich anstößig erweist.

Jede Provinz liebt ihren Dialekt: denn er ist doch eigentlich das Element, in welchem die Seele ihren Atem schöpft. Mit welchem Eigensinn aber die meißnische Mundart die übrigen zu beherrschen, ja eine Zeitlang auszuschließen gewußt hat, ist jedermann bekannt. Wir haben viele Jahre unter diesem pedantischen Regimente gelitten, und nur durch vielfachen Widerstreit haben sich die sämtlichen Provinzen in ihre alten Rechte wieder eingesetzt. Was ein junger lebhafter Mensch unter diesem beständigen Hofmeistern ausgestanden habe, wird derjenige leicht ermessen, der bedenkt, daß nun mit der Aussprache, in deren Veränderung man sich endlich wohl ergäbe, zugleich Denkweise, Einbildungskraft, Gefühl, vaterländischer Charakter sollten aufgeopfert werden. Und diese unerträgliche Forderung wurde von gebildeten Männern und Frauen gemacht, deren Überzeugung ich mir nicht zueignen konnte, deren Unrecht ich zu empfinden glaubte, ohne mir es deutlich machen zu können. Mir sollten die Anspielungen auf biblische Kernstellen untersagt sein, sowie die Benutzung treuherziger Chronikenausdrücke. Ich sollte vergessen, daß ich den Geiler von Kaisersberg gelesen hatte, und des Gebrauchs der Sprüchwörter entbehren, die doch, statt vieles Hin- und Herfackelns, den Nagel gleich auf den Kopf treffen; alles dies, das ich mir mit jugendlicher Heftigkeit angeeignet, sollte ich missen, ich fühlte mich in meinem

Innersten paralysiert und wußte kaum mehr, wie ich mich über die gemeinsten Dinge zu äußern hatte. Daneben hörte ich, man solle reden wie man schreibt, und schreiben wie man spricht; da mir Reden und Schreiben ein für allemal zweierlei Dinge schienen, von denen jedes wohl seine eignen Rechte behaupten möchte. Und hatte ich doch auch im Meißner Dialekt manches zu hören, was sich auf dem Papier nicht sonderlich würde ausgenommen haben.

Jedermann, der hier vernimmt, welchen Einfluß auf einen jungen Studierenden gebildete Männer und Frauen, Gelehrte und sonst in einer feinen Sozietät sich gefallende Personen so entschieden ausüben, würde, wenn es auch nicht ausgesprochen wäre, sich sogleich überzeugt halten, daß wir uns in Leipzig befinden. Jede der deutschen Akademien hat eine besondere Gestalt: denn weil in unserem Vaterlande keine allgemeine Bildung durchdringen kann, so beharrt jeder Ort auf seiner Art und Weise und treibt seine charakteristischen Eigenheiten bis aufs letzte; eben dieses gilt von den Akademien. In Jena und Halle war die Roheit aufs höchste gestiegen, körperliche Stärke, Fechtergewandtheit, die wildeste Selbsthülfe war dort an der Tagesordnung; und ein solcher Zustand kann sich nur durch den gemeinsten Saus und Braus erhalten und fortpflanzen. Das Verhältnis der Studierenden zu den Einwohnern jener Städte, so verschieden es auch sein mochte, kam doch darin überein, daß der wilde Fremdling keine Achtung vor dem Bürger hatte und sich als ein eignes, zu aller Freiheit und Frechheit privilegiertes Wesen ansah. Dagegen konnte in Leipzig ein Student kaum anders als galant sein, sobald er mit reichen, wohl und genau gesitteten Einwohnern in einigem Bezug stehen wollte.

Alle Galanterie freilich, wenn sie nicht als Blüte einer großen und weiten Lebensweise hervortritt, muß beschränkt, stationär und aus gewissen Gesichtspunkten vielleicht albern erscheinen; und so glaubten jene wilden Jäger von der Saale über die zahmen Schäfer an der Pleiße ein großes Übergewicht zu haben. Zachariäs „Renommist“ wird immer ein schätzbares Dokument bleiben, woraus die damalige Lebens- und Sinnesart anschaulich hervortritt; wie überhaupt seine

Gedichte jedem willkommen sein müssen, der sich einen Begriff von dem zwar schwachen, aber wegen seiner Unschuld und Kindlichkeit liebenswürdigen Zustande des damaligen geselligen Lebens und Wesens machen will.

Alle Sitten, die aus einem gegebenen Verhältnis eines gemeinen Wesens entspringen, sind unverwüstlich, und zu meiner Zeit erinnerte noch manches an Zachariäs Heldengedicht. Ein einziger unserer akademischen Mitbürger hielt sich für reich und unabhängig genug, der öffentlichen Meinung ein Schnippchen zu schlagen. Er trank Schwägerschaft mit allen Lohnkutschern, die er, als wären's die Herren, sich in die Wagen setzen ließ und selbst vom Bocke fuhr, sie einmal umzuwerfen für einen großen Spaß hielt, die zerbrochenen Halbchaisen, sowie die zufälligen Beulen zu vergüten wußte, übrigens aber niemanden beleidigte, sondern nur das Publikum in Masse zu verhöhnen schien. Einst bemächtigte er und ein Spießgesell sich, am schönsten Promenadentage, der Esel des Thomasmüllers; sie ritten wohl gekleidet, in Schuhen und Strümpfen mit dem größten Ernst um die Stadt, angestaunt von allen Spaziergängern, von denen das Glacis wimmelte. Als ihm einige Wohldenkende hierüber Vorstellungen taten, versicherte er ganz unbefangen, er habe nur sehen wollen, wie sich der Herr Christus in einem ähnlichen Falle möchte ausgenommen haben. Nachahmer fand er jedoch keinen und wenig Gesellen.

Denn der Studierende von einigem Vermögen und Ansehen hatte alle Ursache, sich gegen den Handelsstand ergeben zu erweisen, und sich um so mehr schicklicher äußerer Formen zu befleißigen, als die Kolonie ein Musterbild französischer Sitten darstellte. Die Professoren, wohlhabend durch eignes Vermögen und gute Pfründen, waren von ihren Schülern nicht abhängig, und der Landeskinder mehrere, auf den Fürstenschulen oder sonstigen Gymnasien gebildet und Beförderung hoffend, wagten es nicht, sich von der herkömmlichen Sitte loszusagen. Die Nähe von Dresden, die Aufmerksamkeit von daher, die wahre Frömmigkeit der Oberaufseher des Studienwesens konnte nicht ohne sittlichen, ja religiösen Einfluß bleiben.

Mir war diese Lebensart im Anfange nicht zuwider; meine Empfehlungsbriefe hatten mich in gute Häuser eingeführt, deren verwandte Zirkel mich gleichfalls wohl aufnahmen. Da ich aber bald empfinden mußte, daß die Gesellschaft gar manches an mir auszusetzen hatte, und ich, nachdem ich mich ihrem Sinne gemäß gekleidet, ihr nun auch nach dem Munde reden sollte, und dabei doch deutlich sehen konnte, daß mir dagegen von alledem wenig geleistet wurde, was ich mir von Unterricht und Sinnesförderung bei meinem akademischen Aufenthalt versprochen hatte, so fing ich an lässig zu werden und die geselligen Pflichten der Besuche und sonstigen Attentionen zu versäumen, und ich wäre noch früher aus allen solchen Verhältnissen herausgetreten, hätte mich nicht an Hofrat Böhmen Scheu und Achtung und an seine Gattin Zutrauen und Neigung festgeknüpft. Der Gemahl hatte leider nicht die glückliche Gabe, mit jungen Leuten umzugehen, sich ihr Vertrauen zu erwerben und sie für den Augenblick nach Bedürfnis zu leiten. Ich fand niemals Gewinn davon, wenn ich ihn besuchte; seine Gattin dagegen zeigte ein aufrichtiges Interesse an mir. Ihre Kränklichkeit hielt sie stets zu Hause. Sie lud mich manchen Abend zu sich und wußte mich, der ich zwar gesittet war, aber doch eigentlich, was man Lebensart nennt, nicht besaß, in manchen kleinen Äußerlichkeiten zurecht zu führen und zu verbessern. Nur eine einzige Freundin brachte die Abende bei ihr zu; diese war aber schon herrischer und schulmeisterlicher, deswegen sie mir äußerst mißfiel und ich ihr zum Trutz öfters jene Unarten wieder annahm, welche mir die andere schon abgewöhnt hatte. Sie übten unterdessen noch immer Geduld genug an mir, lehrten mich Piquet, L'hombre und was andere dergleichen Spiele sind, deren Kenntnis und Ausübung in der Gesellschaft für unerläßlich gehalten wird.

Worauf aber Madame Böhme den größten Einfluß bei mir hatte, war auf meinen Geschmack, freilich auf eine negative Weise, worin sie jedoch mit den Kritikern vollkommen übereintraf. Das Gottschedische Gewässer hatte die deutsche Welt mit einer wahren Sündflut überschwemmt, welche sogar über die höchsten Berge hinaufzusteigen drohte.

Bis sich eine solche Flut wieder verläuft, bis der Schlamm austrocknet, dazu gehört viele Zeit, und da es der nachäffenden Poeten in jeder Epoche eine Unzahl gibt, so brachte die Nachahmung des Seichten, Wäßrigen einen solchen Wust hervor, von dem gegenwärtig kaum ein Begriff mehr geblieben ist. Das Schlechte schlecht zu finden, war daher der größte Spaß, ja der Triumph damaliger Kritiker. Wer nur einigen Menschenverstand besaß, oberflächlich mit den Alten, etwas näher mit den Neueren bekannt war, glaubte sich schon mit einem Maßstabe versehen, den er überall anlegen könne. Madame Böhme war eine gebildete Frau, welcher das Unbedeutende, Schwache und Gemeine widerstand; sie war noch überdies Gattin eines Mannes, der mit der Poesie überhaupt in Unfrieden lebte und dasjenige nicht gelten ließ, was sie allenfalls noch gebilligt hätte. Nun hörte sie mir zwar einige Zeit mit Geduld zu, wenn ich ihr Verse oder Prose von namhaften, schon in gutem Ansehen stehenden Dichtern zu rezitieren mir herausnahm: denn ich behielt nach wie vor alles auswendig, was mir nur einigermaßen gefallen mochte; allein ihre Nachgiebigkeit war nicht von langer Dauer. Das erste, was sie mir ganz entsetzlich heruntermachte, waren die „Poeten nach der Mode“ von Weiße, welche soeben mit großem Beifall öfters wiederholt wurden, und mich ganz besonders ergetzt hatten. Besah ich nun freilich die Sache näher, so konnte ich ihr nicht unrecht geben. Auch einigemal hatte ich gewagt, ihr etwas von meinen eigenen Gedichten, jedoch anonym vorzutragen, denen es denn nicht besser ging als der übrigen Gesellschaft. Und so waren mir in kurzer Zeit die schönen bunten Wiesen in den Gründen des deutschen Parnasses, wo ich so gern lustwandelte, unbarmherzig niedergemäht und ich sogar genötigt, das trocknende Heu selbst mit umzuwenden und dasjenige als tot zu verspotten, was mir kurz vorher eine so lebendige Freude gemacht hatte.

Diesen ihren Lehren kam, ohne es zu wissen, der Professor Morus zu Hülfe, ein ungemein sanfter und freundlicher Mann, den ich an dem Tische des Hofrats Ludwig kennen lernte und der mich sehr gefällig aufnahm, wenn ich mir die Freiheit ausbat, ihn zu besuchen. Indem ich mich nun bei ihm um das Altertum erkundigte, so verbarg ich ihm nicht, was mich unter den Neuern ergetzte; da er denn mit mehr Ruhe als Madame Böhme, was aber noch schlimmer war, mit mehr Gründlichkeit über solche Dinge sprach und mir, anfangs zum größten Verdruß, nachher aber doch zum Erstaunen und zuletzt zur Erbauung die Augen öffnete.

Hiezu kamen noch die Jeremiaden, mit denen uns Gellert in seinem Praktikum von der Poesie abzumahnen pflegte. Er wünschte nur prosaische Aufsätze und beurteilte auch diese immer zuerst. Die Verse behandelte er nur als eine traurige Zugabe, und, was das Schlimmste war, selbst meine Prose fand wenig Gnade vor seinen Augen: denn ich pflegte, nach meiner alten Weise, immer einen kleinen Roman zum Grunde zu legen, den ich in Briefen auszuführen liebte. Die Gegenstände waren leidenschaftlich, der Stil ging über die gewöhnliche Prose hinaus, und der Inhalt mochte freilich nicht sehr für eine tiefe Menschenkenntnis des Verfassers zeugen; und so war ich denn von unserem Lehrer sehr wenig begünstigt, ob er gleich meine Arbeiten, so gut als die der andern, genau durchsah, mit roter Tinte korrigierte und hie und da eine sittliche Anmerkung hinzufügte. Mehrere Blätter dieser Art, welche ich lange Zeit mit Vergnügen bewahrte, sind leider endlich im Lauf der Jahre aus meinen Papieren verschwunden.

Wenn ältere Personen recht pädagogisch verfahren wollten, so sollten sie einem jungen Manne etwas, was ihm Freude macht, es sei von welcher Art es wolle, weder verbieten noch verleiden, wenn sie nicht zu gleicher Zeit ihm etwas anderes dafür einzusetzen hätten oder unterzuschieben wüßten. Jedermann protestierte gegen meine Liebhabereien und Neigungen, und das, was man mir dagegen anpries, lag teils so weit von mir ab, daß ich seine Vorzüge nicht erkennen konnte, oder es stand mir so nah, daß ich es eben nicht für besser hielt als das Gescholtene. Ich kam darüber durchaus in Verwirrung, und hatte mir aus einer Vorlesung Ernestis über Ciceros „Orator“ das Beste versprochen; ich lernte wohl auch etwas in diesem Kollegium, jedoch über das, woran mir eigentlich gelegen war, wurde ich nicht aufgeklärt. Ich forderte einen Maßstab des Urteils, und glaubte gewahr zu werden, daß ihn gar niemand besitze: denn keiner war mit dem andern einig, selbst wenn sie Beispiele vorbrachten; und wo sollten wir ein Urteil hernehmen, wenn man einem Manne wie Wieland so manches Tadelhafte in seinen liebenswürdigen, uns Jüngere völlig einnehmenden Schriften aufzuzählen wußte.

In solcher vielfachen Zerstreuung, ja Zerstückelung meines Wesens und meiner Studien traf sich's, daß ich bei Hofrat Ludwig den Mittagstisch hatte. Er war Medikus, Botaniker, und die Gesellschaft bestand, außer Morus, in lauter angehenden oder der Vollendung näheren Ärzten. Ich hörte nun in diesen Stunden gar kein ander Gespräch als von Medizin oder Naturhistorie, und meine Einbildungskraft wurde in ein ganz ander Feld hinübergezogen. Die Namen Haller, Linné, Buffon hörte ich mit großer Verehrung nennen; und wenn auch manchmal wegen Irrtümer, in die sie gefallen sein sollten, ein Streit entstand, so kam doch zuletzt, dem anerkannten Übermaß ihrer Verdienste zu Ehren, alles wieder ins gleiche. Die Gegenstände waren unterhaltend und bedeutend, und spannten meine Aufmerksamkeit. Viele Benennungen und eine weitläuftige Terminologie wurden mir nach und nach bekannt, die ich um so lieber auffaßte, weil ich mich fürchtete einen Reim niederzuschreiben, wenn er sich mir auch noch so freiwillig darbot, oder ein Gedicht zu lesen, indem mir bange war, es möchte mir gegenwärtig gefallen und ich müsse es denn doch, wie so manches andere, vielleicht nächstens für schlecht erklären.

Diese Geschmacks- und Urteilsungewißheit beunruhigte mich täglich mehr, so daß ich zuletzt in Verzweiflung geriet. Ich hatte von meinen Jugendarbeiten, was ich für das Beste hielt, mitgenommen, teils weil ich mir denn doch einige Ehre dadurch zu verschaffen hoffte, teils um meine Fortschritte desto sicherer prüfen zu können; aber ich befand mich in dem schlimmen Falle, in den man gesetzt ist, wenn eine vollkommene Sinnesänderung verlangt wird, eine Entsagung alles dessen, was man bisher geliebt und für gut befunden hat. Nach einiger Zeit und nach manchem Kampfe warf ich jedoch eine so große Verachtung auf meine begonnenen und geendigten Arbeiten, daß ich eines Tags

Poesie und Prose, Plane, Skizzen und Entwürfe sämtlich zugleich auf dem Küchenherd verbrannte, und durch den das ganze Haus erfüllenden Rauchqualm unsre gute alte Wirtin in nicht geringe Furcht und Angst versetzte.

SIEBENTES BUCH

Über den Zustand der deutschen Literatur jener Zeit ist so vieles und Ausreichendes geschrieben worden, daß wohl jedermann, der einigen Anteil hieran nimmt, vollkommen unterrichtet sein kann; wie denn auch das Urteil darüber wohl ziemlich übereinstimmen dürfte; und was ich gegenwärtig stück- und sprungweise davon zu sagen gedenke, ist nicht sowohl wie sie an und für sich beschaffen sein mochte, als vielmehr wie sie sich zu mir verhielt. Ich will deshalb zuerst von solchen Dingen sprechen, durch welche das Publikum besonders aufgeregt wird, von den beiden Erbfeinden alles behaglichen Lebens und aller heiteren, selbstgenügsamen, lebendigen Dichtkunst: von der Satire und der Kritik.

In ruhigen Zeiten will jeder nach seiner Weise leben, der Bürger sein Gewerb, sein Geschäft treiben und sich nachher vergnügen: so mag auch der Schriftsteller gern etwas verfassen, seine Arbeiten bekannt machen, und wo nicht Lohn doch Lob dafür hoffen, weil er glaubt, etwas Gutes und Nützliches getan zu haben. In dieser Ruhe wird der Bürger durch den Satiriker, der Autor durch den Kritiker gestört, und so die friedliche Gesellschaft in eine unangenehme Bewegung gesetzt.

Die literarische Epoche, in der ich geboren bin, entwickelte sich aus der vorhergehenden durch Widerspruch. Deutschland, so lange von auswärtigen Völkern überschwemmt, von andern Nationen durchdrungen, in gelehrten und diplomatischen Verhandlungen an fremde Sprachen gewiesen, konnte seine eigne unmöglich ausbilden. Es drangen sich ihr, zu so manchen neuen Begriffen, auch unzählige fremde Worte nötiger und unnötiger Weise mit auf, und auch für schon bekannte Gegenstände ward man veranlaßt sich ausländischer Ausdrücke und Wendungen zu bedienen. Der Deutsche, seit beinahe zwei Jahrhunderten in einem unglücklichen tumultuarischen Zustande verwildert, begab sich bei den Franzosen in die Schule, um lebensartig zu werden, und bei den Römern, um sich würdig auszudrükken. Dies sollte aber auch in der Muttersprache geschehen; da denn die unmittelbare Anwendung jener Idiome und deren Halbverdeutschung sowohl den Welt- als Geschäftsstil lächerlich machte. Überdies faßte man die Gleichnisreden der südlichen Sprachen unmäßig auf und bediente sich derselben höchst übertrieben. Ebenso zog man den vornehmen Anstand der fürstengleichen römischen Bürger auf deutsche kleinstädtische Gelehrtenverhältnisse herüber, und war eben nirgends, am wenigsten bei sich zu Hause.

Wie aber schon in dieser Epoche genialische Werke entsprangen, so regte sich auch hier der deutsche Frei- und Frohsinn. Dieser, begleitet von einem aufrichtigen Ernste, drang darauf, daß rein und natürlich, ohne Einmischung fremder Worte, und wie es der gemeine verständliche Sinn gab, geschrieben würde. Durch diese löblichen Bemühungen ward jedoch der vaterländischen breiten Plattheit Tür und Tor geöffnet, ja der Damm durchstochen, durch welchen das große Gewässer zunächst eindringen sollte. Indessen hielt ein steifer Pedantismus in allen vier Fakultäten lange stand, bis er sich endlich viel später aus einer in die andere flüchtete.

Gute Köpfe, freiaufblickende Naturkinder hatten daher zwei Gegenstände, an denen sie sich üben, gegen die sie wirken und, da die Sache von keiner großen Bedeutung war, ihren Mutwillen auslassen konnten; diese waren eine durch fremde Worte, Wortbildungen und Wendungen verunzierte Sprache, und sodann die Wertlosigkeit solcher Schriften, die sich von jenem Fehler frei zu erhalten besorgt waren; wobei niemanden einfiel, daß, indem man ein Übel bekämpfte, das andere zu Hülfe gerufen ward.

Liscow, ein junger kühner Mensch, wagte zuerst, einen seichten, albernen Schriftsteller persönlich anzufallen, dessen ungeschicktes Benehmen ihm bald Gelegenheit gab, heftiger zu verfahren. Er griff sodann weiter um sich und richtete seinen Spott immer gegen bestimmte Personen und Gegenstände, die er verachtete und verächtlich zu machen suchte, ja mit leidenschaftlichem Haß verfolgte. Allein seine Laufbahn war kurz; er starb gar bald, verschollen als ein unruhiger, unregelmäßiger Jüngling. In dem, was er getan, ob er gleich wenig geleistet, mochte seinen Landsleuten das Talent, der Charakter schätzenswert vorkommen: wie denn die Deutschen immer gegen frühabgeschiedene, Gutes versprechende Talente eine besondere Frömmigkeit bewiesen haben; genug, uns ward Liscow sehr früh als ein vorzüglicher Satiriker, der sogar den Rang vor dem allgemein beliebten Rabener verlangen könnte, gepriesen und anempfohlen. Hierbei sahen wir uns freilich nicht gefördert: denn wir konnten in seinen Schriften weiter nichts erkennen, als daß er das Alberne albern gefunden habe, welches uns eine ganz natürliche Sache schien.

Rabener, wohl erzogen, unter gutem Schulunterricht aufgewachsen, von heiterer und keineswegs leidenschaftlicher oder gehässiger Natur, ergriff die allgemeine Satire. Sein Tadel der sogenannten Laster und Torheiten entspringt aus reinen Ansichten des ruhigen Menschenverstandes und aus einem bestimmten sittlichen Begriff, wie die Welt sein sollte. Die Rüge der Fehler und Mängel ist harmlos und heiter; und damit selbst die geringe Kühnheit seiner Schriften entschuldigt werde, so wird vorausgesetzt, daß die Besserung der Toren durchs Lächerliche kein fruchtloses Unternehmen sei.

Rabeners Persönlichkeit wird nicht leicht wieder erscheinen. Als tüchtiger genauer Geschäftsmann tut er seine Pflicht, und erwirbt sich dadurch die gute Meinung seiner Mitbürger und das Vertrauen seiner Oberen; nebenher überläßt er sich zur Erholung einer heiteren Nichtachtung alles dessen, was ihn zunächst umgibt. Pedantische Gelehrte, eitle Jünglinge, jede Art von Beschränktheit und Dünkel bescherzt er mehr, als daß er sie bespottete, und selbst sein Spott drückt keine Verachtung aus. Ebenso spaßt er über seinen eignen Zustand, über sein Unglück, sein Leben und seinen Tod.

Die Art, wie dieser Schriftsteller seine Gegenstände

behandelt, hat wenig Ästhetisches. In den äußeren Formen ist er zwar mannigfaltig genug, aber durchaus bedient er sich der direkten Ironie zu viel, daß er nämlich das Tadelnswürdige lobt und das Lobenswürdige tadelt, welches rednerische Mittel nur höchst selten angewendet werden sollte: denn auf die Dauer fällt es einsichtigen Menschen verdrießlich, die schwachen macht es irre, und behagt freilich der großen Mittelklasse, welche, ohne besondern Geistesaufwand, sich klüger dünken kann als andere. Was er aber und wie er es auch vorbringt, zeugt von seiner Rechtlichkeit, Heiterkeit und Gleichmütigkeit, wodurch wir uns immer eingenommen fühlen; der unbegrenzte Beifall seiner Zeit war eine Folge solcher sittlichen Vorzüge.

Daß man zu seinen allgemeinen Schilderungen Musterbilder suchte und fand, war natürlich; daß einzelne sich über ihn beschwerten, folgte daraus; seine allzulangen Verteidigungen, daß seine Satire keine persönliche sei, zeugen von dem Verdruß, den man ihm erregt hat. Einige seiner Briefe setzen ihm als Menschen und Schriftsteller den Kranz auf. Das vertrauliche Schreiben, worin er die Dresdner Belagerung schildert, wie er sein Haus, seine Habseligkeiten, seine Schriften und Perücken verliert, ohne auch im mindesten seinen Gleichmut erschüttert, seine Heiterkeit getrübt zu sehen, ist höchst schätzenswert, ob ihm gleich seine Zeit- und Stadtgenossen diese glückliche Gemütsart nicht verzeihen konnten. Der Brief, wo er von der Abnahme seiner Kräfte, von seinem nahen Tode spricht, ist äußerst respektabel, und Rabener verdient, von allen heiteren, verständigen, in die irdischen Ereignisse froh ergebenen Menschen als Heiliger verehrt zu werden.

Ungern reiße ich mich von ihm los, nur das bemerke ich noch: seine Satire bezieht sich durchaus auf den Mittelstand; er läßt hie und da vermerken, daß er die höheren auch wohl kenne, es aber nicht für rätlich halte, sie zu berühren. Man kann sagen, daß er keinen Nachfolger gehabt, daß sich niemand gefunden, der sich ihm gleich oder ähnlich hätte halten dürfen.

Nun zur Kritik! und zwar vorerst zu den theoretischen Versuchen. Wir holen nicht zu weit aus, wenn wir sagen, daß damals das Ideelle sich aus der Welt in die Religion geflüchtet hatte, ja sogar in der Sittenlehre kaum zum Vorschein kam; von einem höchsten Prinzip der Kunst hatte niemand eine Ahndung. Man gab uns Gottscheds „Kritische Dichtkunst" in die Hände; sie war brauchbar und belehrend genug: denn sie überlieferte von allen Dichtungsarten eine historische Kenntnis, sowie vom Rhythmus und den verschiedenen Bewegungen desselben; das poetische Genie ward vorausgesetzt! Übrigens aber sollte der Dichter Kenntnisse haben, ja gelehrt sein, er sollte Geschmack besitzen, und was dergleichen mehr war. Man wies uns zuletzt auf Horazens „Dichtkunst"; wir staunten einzelne Goldsprüche dieses unschätzbaren Werks mit Ehrfurcht an, wußten aber nicht im geringsten, was wir mit dem Ganzen machen, noch wie wir es nutzen sollten.

Die Schweizer traten auf als Gottscheds Antagonisten; sie mußten doch also etwas anderes tun, etwas Besseres leisten wollen: so hörten wir denn auch, daß sie wirklich vorzüglicher seien. Breitingers „Kritische Dichtkunst" ward vorgenommen. Hier gelangten wir nun in ein weiteres Feld, eigentlich aber nur in einen größeren Irrgarten, der desto ermüdender war, als ein tüchtiger Mann, dem wir vertrauten, uns darin herumtrieb. Eine kurze Übersicht rechtfertige diese Worte.

Für die Dichtkunst an und für sich hatte man keinen Grundsatz finden können; sie war zu geistig und flüchtig. Die Malerei, eine Kunst, die man mit den Augen festhalten, der man mit den äußeren Sinnen Schritt vor Schritt nachgehen konnte, schien zu solchem Ende günstiger; Engländer und Franzosen hatten schon über die bildende Kunst theoretisiert, und man glaubte nun durch ein Gleichnis von daher die Poesie zu begründen. Jene stellte Bilder vor die Augen, diese vor die Phantasie; die poetischen Bilder also waren das erste, was in Betrachtung gezogen wurde. Man fing von den Gleichnissen an, Beschreibungen folgten, und was nur immer den äußeren Sinnen darstellbar gewesen wäre, kam zur Sprache.

Bilder also! Wo sollte man nun aber diese Bilder anders hernehmen als aus der Natur? Der Maler ahmte die Natur offenbar nach; warum der Dichter nicht auch? Aber die Natur, wie sie vor uns liegt, kann doch nicht nachgeahmt werden: sie enthält so vieles Unbedeutende, Unwürdige, man muß also wählen; was bestimmt aber die Wahl? man muß das Bedeutende aufsuchen; was ist aber bedeutend?

Hierauf zu antworten mögen sich die Schweizer lange bedacht haben: denn sie kommen auf einen zwar wunderlichen, doch artigen, ja lustigen Einfall, indem sie sagen, am bedeutendsten sei immer das Neue; und nachdem sie dies eine Weile überlegt haben, so finden sie, das Wunderbare sei immer neuer als alles andere.

Nun hatten sie die poetischen Erfordernisse ziemlich beisammen; allein es kam noch zu bedenken, daß ein Wunderbares auch leer sein könne und ohne Bezug auf den Menschen. Ein solcher notwendig geforderter Bezug müsse aber moralisch sein, woraus denn offenbar die Besserung des Menschen folge, und so habe ein Gedicht das letzte Ziel erreicht, wenn es, außer allem anderen Geleisteten, noch nützlich werde. Nach diesen sämtlichen Erfordernissen wollte man nun die verschiedenen Dichtungsarten prüfen, und diejenige, welche die Natur nachahmte, sodann wunderbar und zugleich auch von sittlichem Zweck und Nutzen sei, sollte für die erste und oberste gelten. Und nach vieler Überlegung ward endlich dieser große Vorrang, mit höchster Überzeugung, der Äsopischen Fabel zugeschrieben.

So wunderlich uns jetzt eine solche Ableitung vorkommen mag, so hatte sie doch auf die besten Köpfe den entschiedensten Einfluß. Daß Gellert und nachher Lichtwer sich diesem Fache widmeten, daß selbst Lessing darin zu arbeiten versuchte, daß so viele andere ihr Talent dahin wendeten, spricht für das Zutrauen, welches sich diese Gattung erworben hatte. Theorie und Praxis wirken immer auf einander; aus den Werken kann man sehen, wie es die Menschen meinen, und aus den Meinungen voraussagen, was sie tun werden.

Doch wir dürfen unsere Schweizertheorie nicht verlassen, ohne daß ihr von uns auch Gerechtigkeit widerfahre. Bodmer, so viel er sich auch bemüht, ist theoretisch und praktisch zeitlebens ein Kind geblieben. Breitinger war ein tüchtiger, gelehrter, einsichtsvoller Mann, dem, als er sich recht umsah, die sämtlichen Erfordernisse einer Dichtung nicht entgingen, ja, es läßt sich nachweisen, daß er die Mängel seiner Methode dunkel fühlen mochte. Merkwürdig ist z. B. seine Frage: ob ein gewisses beschreibendes Gedicht von König auf das Lustlager Augusts des Zweiten wirklich ein Gedicht sei? so wie die Beantwortung derselben guten Sinn zeigt. Zu seiner völligen Rechtfertigung aber mag dienen, daß er, von einem falschen Punkte ausgehend, nach beinahe schon durchlaufenem Kreise, doch noch auf die Hauptsache stößt, und die Darstellung der Sitten, Charaktere, Leidenschaften, kurz, des inneren Menschen, auf den die Dichtkunst doch wohl vorzüglich angewiesen ist, am Ende seines Buchs gleichsam als Zugabe anzuraten sich genötigt findet.

In welche Verwirrung junge Geister durch solche ausgerenkte Maximen, halb verstandene Gesetze und zersplitterte Lehren sich versetzt fühlten, läßt sich wohl denken. Man hielt sich an Beispiele, und war auch da nicht gebessert; die ausländischen standen zu weit ab, so sehr wie die alten, und aus den besten inländischen blickte jedesmal eine entschiedene Individualität hervor, deren Tugenden man sich nicht anmaßen konnte, und in deren Fehler zu fallen man fürchten mußte. Für den, der etwas Produktives in sich fühlte, war es ein verzweiflungsvoller Zustand.

Betrachtet man genau, was der deutschen Poesie fehlte, so war es ein Gehalt, und zwar ein nationeller; an Talenten war niemals Mangel. Hier gedenken wir nur Günthers, der ein Poet im vollen Sinne des Worts genannt werden darf. Ein entschiedenes Talent, begabt mit Sinnlichkeit, Einbildungskraft, Gedächtnis, Gabe des Fassens und Vergegenwärtigens, fruchtbar im höchsten Grade, rhythmisch bequem, geistreich, witzig und dabei vielfach unterrichtet; genug, er besaß alles, was dazu gehört, im Leben ein zweites Leben durch Poesie hervorzubringen, und zwar in dem gemeinen wirklichen Leben. Wir bewundern seine große Leichtigkeit, in Gelegenheitsgedichten alle Zustände durchs Gefühl zu erhöhen und mit passenden Gesinnungen, Bildern, historischen und fabelhaften Überlieferungen zu schmücken. Das Rohe und Wilde daran gehört seiner Zeit, seiner Lebensweise und besonders seinem Charakter, oder, wenn man will, seiner Charakterlosigkeit. Er wußte sich nicht zu zähmen, und so zerrann ihm sein Leben wie sein Dichten.

Durch ein unfertiges Betragen hatte sich Günther das Glück verscherzt, an dem Hofe Augusts des Zweiten angestellt zu werden, wo man, zu allem übrigen Prunk, sich auch nach einem Hofpoeten umsah, der den Festlichkeiten Schwung und Zierde geben und eine vorübergehende Pracht verewigen könnte. Von König war gesitteter und glücklicher, er bekleidete diese Stelle mit Würde und Beifall.

In allen souveränen Staaten kommt der Gehalt für die Dichtkunst von oben herunter, und vielleicht war das Lustlager bei Mühlberg der erste würdige, wo nicht nationelle, doch provinzielle Gegenstand, der vor einem Dichter auftrat. Zwei Könige, die sich in Gegenwart eines großen Heers begrüßen, ihr sämtlicher Hof- und Kriegsstaat um sie her, wohlgehaltene Truppen, ein Scheinkrieg, Feste aller Art; Beschäftigung genug für den äußeren Sinn und überfließender Stoff für schildernde und beschreibende Poesie.

Freilich hatte dieser Gegenstand einen inneren Mangel; eben daß es nur Prunk und Schein war, aus dem keine Tat hervortreten konnte. Niemand, außer den Ersten, machte sich bemerkbar, und wenn es ja geschehen wäre, durfte der Dichter den einen nicht hervorheben, um andere nicht zu verletzen. Er mußte den Hof- und Staatskalender zu Rate ziehen, und die Zeichnung der Personen lief daher ziemlich trocken ab; ja schon die Zeitgenossen machten ihm den Vorwurf, er habe die Pferde besser geschildert als die Menschen. Sollte dies aber nicht gerade zu seinem Lobe gereichen, daß er seine Kunst gleich da bewies, wo sich ein Gegenstand für dieselbe darbot? Auch scheint die Hauptschwierigkeit sich ihm bald offenbart zu haben: denn das Gedicht hat sich nicht über den ersten Gesang hinaus erstreckt.

Unter solchen Studien und Betrachtungen überraschte mich ein unvermutetes Ereignis und vereitelte das löbliche

Vorhaben, unsere neuere Literatur von vorne herein kennen zu lernen. Mein Landsmann Johann Georg Schlosser hatte, nachdem er seine akademischen Jahre mit Fleiß und Anstrengung zugebracht, sich zwar in Frankfurt am Main auf den gewöhnlichen Weg der Advokatur begeben; allein sein strebender und das Allgemeine suchender Geist konnte sich aus mancherlei Ursachen in diese Verhältnisse nicht finden. Er nahm eine Stelle als Geheimsekretär bei dem Herzog Ludwig von Württemberg, der sich in Treptow aufhielt, ohne Bedenken an: denn der Fürst war unter denjenigen Großen genannt, die auf eine edle und selbständige Weise sich, die Ihrigen und das Ganze aufzuklären, zu bessern und zu höheren Zwecken zu vereinigen gedachten. Dieser Fürst Ludwig ist es, welcher, um sich wegen der Kinderzucht Rats zu erholen, an Rousseau geschrieben hatte, dessen bekannte Antwort mit der bedenklichen Phrase anfängt: „Si j'avois le malheur d'être né prince." –

Den Geschäften des Fürsten nicht allein, sondern auch der Erziehung seiner Kinder sollte nun Schlosser, wo nicht vorstehen, doch mit Rat und Tat willig zu Handen sein. Dieser junge, edle, den besten Willen hegende Mann, der sich einer vollkommenen Reinigkeit der Sitten befliß, hätte durch eine gewisse trockene Strenge die Menschen leicht von sich entfernt, wenn nicht eine schöne und seltene literarische Bildung, seine Sprachkenntnisse, seine Fertigkeit, sich schriftlich, sowohl in Versen als in Prosa, auszudrücken, jedermann angezogen und das Leben mit ihm erleichtert hätte. Daß dieser durch Leipzig kommen würde, war mir angekündigt, und ich erwartete ihn mit Sehnsucht. Er kam und trat in einem kleinen Gast- oder Weinhause ab, das im Brühl lag und dessen Wirt Schönkopf hieß. Dieser hatte eine Frankfurterin zur Frau, und ob er gleich die übrige Zeit des Jahres wenig Personen bewirtete, und in das kleine Haus keine Gäste aufnehmen konnte, so war er doch Messenzeits von vielen Frankfurtern besucht, welche dort zu speisen und im Notfall auch wohl Quartier zu nehmen pflegten. Dorthin eilte ich, um Schlossern aufzusuchen, als er mir seine Ankunft melden ließ. Ich erinnerte mich kaum, ihn früher gesehen zu haben, und fand einen jungen wohlgebauten

Mann, mit einem runden zusammengefaßten Gesicht, ohne daß die Züge deshalb stumpf gewesen wären. Die Form seiner gerundeten Stirn, zwischen schwarzen Augenbrauen und Locken, deutete auf Ernst, Strenge und vielleicht Eigensinn. Er war gewissermaßen das Gegenteil von mir, und eben dies begründete wohl unsere dauerhafte Freundschaft. Ich hatte die größte Achtung für seine Talente, um so mehr, als ich gar wohl bemerkte, daß er mir in der Sicherheit dessen, was er tat und leistete, durchaus überlegen war. Die Achtung und das Zutrauen, das ich ihm bewies, bestätigten seine Neigung, und vermehrten die Nachsicht, die er mit meinem lebhaften, fahrigen und immer regsamen Wesen, im Gegensatz mit dem seinigen, haben mußte. Er studierte die Engländer fleißig, Pope war, wo nicht sein Muster, doch sein Augenmerk, und er hatte, im Widerstreit mit dem „Versuch über den Menschen“ jenes Schriftstellers, ein Gedicht in gleicher Form und Silbenmaß geschrieben, welches der christlichen Religion über jenen Deismus den Triumph verschaffen sollte. Aus dem großen Vorrat von Papieren, die er bei sich führte, ließ er mir sodann poetische und prosaische Aufsätze in allen Sprachen sehen, die, indem sie mich zur Nachahmung aufriefen, mich abermals unendlich beunruhigten. Doch wußte ich mir durch Tätigkeit sogleich zu helfen. Ich schrieb an ihn gerichtete deutsche, französische, englische, italienische Gedichte, wozu ich den Stoff aus unseren Unterhaltungen nahm, welche durchaus bedeutend und unterrichtend waren.

Schlosser wollte nicht Leipzig verlassen, ohne die Männer, welche Namen hatten, von Angesicht zu Angesicht gesehen zu haben. Ich führte ihn gern zu denen mir bekannten; die von mir noch nicht besuchten lernte ich auf diese Weise ehrenvoll kennen, weil er als ein unterrichteter, schon charakterisierter Mann mit Auszeichnung empfangen wurde und den Aufwand des Gesprächs recht gut zu bestreiten wußte. Unsern Besuch bei Gottsched darf ich nicht übergehen, indem die Sinnes- und Sittenweise dieses Mannes daraus hervortritt. Er wohnte sehr anständig in dem ersten Stock des „Goldenen Bären“, wo ihm der ältere Breitkopf, wegen des großen Vorteils, den die Gottschedischen

Schriften, Übersetzungen und sonstigen Assistenzen der Handlung gebracht, eine lebenslängliche Wohnung zugesagt hatte.

Wir ließen uns melden. Der Bediente führte uns in ein großes Zimmer, indem er sagte, der Herr werde gleich kommen. Ob wir nun eine Gebärde, die er machte, nicht recht verstanden, wüßte ich nicht zu sagen; genug, wir glaubten, er habe uns in das anstoßende Zimmer gewiesen. Wir traten hinein zu einer sonderbaren Szene: denn in dem Augenblick trat Gottsched, der große, breite, riesenhafte Mann, in einem gründamastnen, mit rotem Taft gefütterten Schlafrock zur entgegengesetzten Türe herein; aber sein ungeheures Haupt war kahl und ohne Bedeckung. Dafür sollte jedoch sogleich gesorgt sein: denn der Bediente sprang mit einer großen Allongeperücke auf der Hand (die Locken fielen bis an den Ellenbogen) zu einer Seitentüre herein und reichte den Hauptschmuck seinem Herrn mit erschrockner Gebärde. Gottsched, ohne den mindesten Verdruß zu äußern, hob mit der linken Hand die Perücke von dem Arme des Dieners, und indem er sie sehr geschickt auf den Kopf schwang, gab er mit seiner rechten Tatze dem armen Menschen eine Ohrfeige, so daß dieser, wie es im Lustspiel zu geschehen pflegt, sich zur Türe hinaus wirbelte, worauf der ansehnliche Altvater uns ganz gravitätisch zu sitzen nötigte und einen ziemlich langen Diskurs mit gutem Anstand durchführte.

Solange Schlosser in Leipzig blieb, speiste ich täglich mit ihm, und lernte eine sehr angenehme Tischgesellschaft kennen. Einige Livländer und der Sohn des Oberhofpredigers Hermann in Dresden, nachheriger Burgemeister zu Leipzig, und ihre Hofmeister, Hofrat Pfeil, Verfasser des „Grafen von P.", eines Pendants zu Gellerts „Schwedischer Gräfin", Zachariä, ein Bruder des Dichters, und Krebel, Redakteur geographischer und genealogischer Handbücher, waren gesittete, heitre und freundliche Menschen. Zachariä der stillste; Pfeil ein feiner, beinahe etwas Diplomatisches an sich habender Mann, doch ohne Ziererei und mit großer Gutmütigkeit; Krebel ein wahrer Falstaff, groß, wohlbeleibt, blond, vorliegende, heitere, himmelhelle Augen, immer froh und guter Dinge. Diese Personen begegneten mir sämtlich, teils wegen Schlossers, teils auch wegen meiner eignen offenen Gutmütigkeit und Zutätigkeit, auf das allerartigste, und es brauchte kein großes Zureden, künftig mit ihnen den Tisch zu teilen. Ich blieb wirklich nach Schlossers Abreise bei ihnen, gab den Ludwigischen Tisch auf, und befand mich in dieser geschlossenen Gesellschaft um so wohler, als mir die Tochter vom Hause, ein gar hübsches nettes Mädchen, sehr wohl gefiel, und mir Gelegenheit ward, freundliche Blicke zu wechseln, ein Behagen, das ich seit dem Unfall mit Gretchen weder gesucht noch zufällig gefunden hatte. Die Stunden des Mittagsessens brachte ich mit meinen Freunden heiter und nützlich zu. Krebel hatte mich wirklich lieb und wußte mich mit Maßen zu necken und anzuregen; Pfeil hingegen bewies mir eine ernste Neigung, indem er mein Urteil über manches zu leiten und zu bestimmen suchte.

Bei diesem Umgange wurde ich durch Gespräche, durch Beispiele und durch eignes Nachdenken gewahr, daß der erste Schritt, um aus der wäßrigen, weitschweifigen, nullen Epoche sich herauszuretten, nur durch Bestimmtheit, Präzision und Kürze getan werden könne. Bei dem bisherigen Stil konnte man das Gemeine nicht vom Besseren unterscheiden, weil alles unter einander ins Flache gezogen wird. Schon hatten Schriftsteller diesem breiten Unheil zu entgehen gesucht, und es gelang ihnen mehr oder weniger. Haller und Ramler waren von Natur zum Gedrängten geneigt; Lessing und Wieland sind durch Reflexion dazu geführt worden. Der erste wurde nach und nach ganz epigrammatisch in seinen Gedichten, knapp in der „Minna“, lakonisch in „Emilia Galotti“, später kehrte er erst zu einer heiteren Naivetät zurück, die ihn so wohl kleidet im „Nathan“. Wieland, der noch im „Agathon“, „Don Sylvio“, den „Komischen Erzählungen“ mitunter prolix gewesen war, wird in „Musarion“ und „Idris“ auf eine wundersame Weise gefaßt und genau, mit großer Anmut. Klopstock, in den ersten Gesängen der „Messiade“, ist nicht ohne Weitschweifigkeit; in den Oden und anderen kleinen Gedichten erscheint er gedrängt, so auch in seinen Tragödien. Durch seinen Wettstreit mit den Alten, besonders dem Tacitus, sieht er sich immer mehr ins Enge genötigt, wodurch er zuletzt unverständlich und ungenießbar wird. Gerstenberg, ein schönes aber bizarres Talent, nimmt sich auch zusammen, sein Verdienst wird geschätzt, macht aber im ganzen wenig Freude. Gleim, weitschweifig, behaglich von Natur, wird kaum einmal konzis in den Kriegsliedern. Ramler ist eigentlich mehr Kritiker als Poet. Er fängt an, was Deutsche im Lyrischen geleistet, zu sammeln. Nun findet er, daß ihm kaum ein Gedicht völlig genug tut; er muß auslassen, redigieren, verändern, damit die Dinge nur einige Gestalt bekommen. Hierdurch macht er sich fast so viel Feinde, als es Dichter und Liebhaber gibt; da sich jeder eigentlich nur an seinen Mängeln wiedererkennt, und das Publikum sich eher für ein fehlerhaftes Individuelle interessiert als für das, was nach einer allgemeinen Geschmacksregel hervorgebracht oder verbessert wird. Die Rhythmik lag damals noch in der Wiege, und niemand wußte ein Mittel, ihre Kindheit zu verkürzen. Die poetische Prosa nahm überhand. Geßner und Klopstock erregten manche Nachahmer; andere wieder forderten doch ein Silbenmaß und übersetzten diese Prose in faßliche Rhythmen. Aber auch diese machten es niemand zu Dank: denn sie mußten auslassen und zusetzen, und das prosaische Original galt immer für das Bessere. Je mehr aber bei allem diesem das Gedrungene gesucht wird, desto mehr wird Beurteilung möglich, weil das Bedeutende, enger zusammengebracht, endlich eine sichere Vergleichung zuläßt. Es ergab sich auch zugleich, daß mehrere Arten von wahrhaft poetischen Formen entstanden: denn indem man von einem jeden Gegenstande, den man nachbilden wollte, nur das Notwendige darzustellen suchte, so mußte man einem jeden Gerechtigkeit widerfahren lassen, und auf diese Weise, ob es gleich niemand mit Bewußtsein tat, vermannigfaltigten sich die Darstellungsweisen, unter welchen es freilich auch fratzenhafte gab, und mancher Versuch unglücklich ablief.

Ganz ohne Frage besaß Wieland unter allen das schönste Naturell. Er hatte sich früh in jenen ideellen Regionen ausgebildet, wo die Jugend so gern verweilt; da ihm aber diese durch das, was man Erfahrung nennt, durch Begegnisse an

Welt und Weibern verleidet wurden, so warf er sich auf die Seite des Wirklichen, und gefiel sich und andern im Widerstreit beider Welten, wo sich zwischen Scherz und Ernst, im leichten Gefecht, sein Talent am allerschönsten zeigte. Wie manche seiner glänzenden Produktionen fallen in die Zeit meiner akademischen Jahre. „Musarion“ wirkte am meisten auf mich, und ich kann mich noch des Ortes und der Stelle erinnern, wo ich den ersten Aushängebogen zu Gesicht bekam, welchen mir Oeser mitteilte. Hier war es, wo ich das Antike lebendig und neu wieder zu sehen glaubte. Alles, was in Wielands Genie plastisch ist, zeigte sich hier aufs vollkommenste, und da jener zur unglücklichen Nüchternheit verdammte Phanias-Timon sich zuletzt wieder mit seinem Mädchen und der Welt versöhnt, so mag man die menschenfeindliche Epoche wohl auch mit ihm durchleben. Übrigens gab man diesen Werken sehr gern einen heiteren Widerwillen gegen erhöhte Gesinnungen zu, welche, bei leicht verfehlter Anwendung aufs Leben, öfters der Schwärmerei verdächtig werden. Man verzieh dem Autor, wenn er das, was man für wahr und ehrwürdig hielt, mit Spott verfolgte, um so eher, als er dadurch zu erkennen gab, daß es ihm selbst immerfort zu schaffen mache.

Wie kümmerlich die Kritik solchen Arbeiten damals entgegen kam, läßt sich aus den ersten Bänden der „Allgemeinen deutschen Bibliothek“ ersehen. Der „Komischen Erzählungen“ geschieht ehrenvolle Erwähnung; aber hier ist keine Spur von Einsicht in den Charakter der Dichtart selbst. Der Rezensent hatte seinen Geschmack, wie damals alle, an Beispielen gebildet. Hier ist nicht bedacht, daß man vor allen Dingen bei Beurteilung solcher parodistischen Werke den originalen, edlen, schönen Gegenstand vor Augen haben müsse, um zu sehen, ob der Parodist ihm wirklich eine schwache und komische Seite abgewonnen, ob er ihm etwas geborgt, oder, unter dem Schein einer solchen Nachahmung, vielleicht gar selbst eine treffliche Erfindung geliefert? Von allem dem ahndet man nichts, sondern die Gedichte werden stellenweis gelobt und getadelt. Der Rezensent hat, wie er selbst gesteht, so viel, was ihm gefallen, angestrichen, daß er nicht einmal im Druck alles anführen kann. Kommt man nun gar der höchst verdienstlichen Übersetzung Shakespeares mit dem Ausruf entgegen: „Von Rechts wegen sollte man einen Mann wie Shakespeare gar nicht übersetzt haben", so begreift sich ohne weiteres, wie unendlich weit die „Allgemeine deutsche Bibliothek" in Sachen des Geschmacks zurück war, und daß junge Leute, von wahrem Gefühl belebt, sich nach anderen Leitsternen umzusehen hatten.

Den Stoff, der auf diese Weise mehr oder weniger die Form bestimmte, suchten die Deutschen überall auf. Sie hatten wenig oder keine Nationalgegenstände behandelt. Schlegels „Herrmann" deutete nur darauf hin. Die idyllische Tendenz verbreitete sich unendlich. Das Charakterlose der Geßnerschen, bei großer Anmut und kindlicher Herzlichkeit, machte jeden glauben, daß er etwas Ähnliches vermöge. Ebenso bloß aus dem Allgemeinmenschlichen gegriffen waren jene Gedichte, die ein Fremdnationelles darstellen sollten, z. B. die „Jüdischen Schäfergedichte", überhaupt die patriarchalischen und was sich sonst auf das Alte Testament bezog. Bodmers „Noachide" war ein vollkommenes Symbol der um den deutschen Parnaß angeschwollenen Wasserflut, die sich nur langsam verlief. Das Anakreontische Gegängel ließ gleichfalls unzählige mittelmäßige Köpfe im Breiten herumschwanken. Die Präzision des Horaz nötigte die Deutschen, doch nur langsam, sich ihm gleichzustellen. Komische Heldengedichte, meist nach dem Vorbild von Popes „Lockenraub", dienten auch nicht, eine bessere Zeit herbeizuführen.

Noch muß ich hier eines Wahnes gedenken, der so ernsthaft wirkte, als er lächerlich sein muß, wenn man ihn näher beleuchtet. Die Deutschen hatten nunmehr genugsam historische Kenntnis von allen Dichtarten, worinne sich die verschiedenen Nationen ausgezeichnet hatten. Von Gottsched war schon dieses Fächerwerk, welches eigentlich den inneren Begriff von Poesie zu Grunde richtet, in seiner „Kritischen Dichtkunst" ziemlich vollständig zusammengezimmert und zugleich nachgewiesen, daß auch schon deutsche Dichter mit vortrefflichen Werken alle Rubriken auszufüllen gewußt. Und so ging es denn immer fort. Jedes Jahr wurde die

Kollektion ansehnlicher, aber auch jedes Jahr vertrieb eine Arbeit die andere aus dem Lokat, in dem sie bisher geglänzt hatte. Wir besaßen nunmehr, wo nicht Homere, doch Virgile und Miltone, wo nicht einen Pindar, doch einen Horaz; an Theokriten war kein Mangel; und so wiegte man sich mit Vergleichungen nach außen, indem die Masse poetischer Werke immer wuchs, damit auch endlich eine Vergleichung nach innen stattfinden konnte.

Stand es nun mit den Sachen des Geschmacks auf einem sehr schwankenden Fuße, so konnte man jener Epoche auf keine Weise streitig machen, daß innerhalb des protestantischen Teils von Deutschland und der Schweiz sich dasjenige gar lebhaft zu regen anfing, was man Menschenverstand zu nennen pflegt. Die Schulphilosophie, welche jederzeit das Verdienst hat, alles dasjenige, wornach der Mensch nur fragen kann, nach angenommenen Grundsätzen, in einer beliebten Ordnung, unter bestimmten Rubriken vorzutragen, hatte sich durch das oft Dunkle und Unnützscheinende ihres Inhalts, durch unzeitige Anwendung einer an sich respektabeln Methode und durch die allzu große Verbreitung über so viele Gegenstände der Menge fremd, ungenießbar und endlich entbehrlich gemacht. Mancher gelangte zur Überzeugung, daß ihm wohl die Natur so viel guten und geraden Sinn zur Ausstattung gegönnt habe, als er ungefähr bedürfe, sich von den Gegenständen einen so deutlichen Begriff zu machen, daß er mit ihnen fertig werden, und zu seinem und anderer Nutzen damit gebaren könne, ohne gerade sich um das Allgemeinste mühsam zu bekümmern und zu forschen, wie doch die entferntesten Dinge, die uns nicht sonderlich berühren, wohl zusammenhangen möchten? Man machte den Versuch, man tat die Augen auf, sah gerade vor sich hin, war aufmerksam, fleißig, tätig, und glaubte, wenn man in seinem Kreis richtig urteile und handle, sich auch wohl herausnehmen zu dürfen, über anderes, was entfernter lag, mitzusprechen.

Nach einer solchen Vorstellung war nun jeder berechtiget, nicht allein zu philosophieren, sondern sich auch nach und nach für einen Philosophen zu halten. Die Philosophie war also ein mehr oder weniger gesunder und geübter Menschenverstand, der es wagte, ins Allgemeine zu gehen und über innere und äußere Erfahrungen abzusprechen. Ein heller Scharfsinn und eine besondere Mäßigkeit, indem man durchaus die Mittelstraße und Billigkeit gegen alle Meinungen für das Rechte hielt, verschaffte solchen Schriften und mündlichen Äußerungen Ansehen und Zutrauen, und so fanden sich zuletzt Philosophen in allen Fakultäten, ja in allen Ständen und Hantierungen.

Auf diesem Wege mußten die Theologen sich zu der sogenannten natürlichen Religion hinneigen, und wenn zur Sprache kam, inwiefern das Licht der Natur uns in der Erkenntnis Gottes, der Verbesserung und Veredlung unserer selbst zu fördern hinreichend sei, so wagte man gewöhnlich sich zu dessen Gunsten ohne viel Bedenken zu entscheiden. Aus jenem Mäßigkeitsprinzip gab man sodann sämtlichen positiven Religionen gleiche Rechte, wodurch denn eine mit der andern gleichgültig und unsicher wurde. Übrigens ließ man denn doch aber alles bestehen, und weil die Bibel so voller Gehalt ist, daß sie mehr als jedes andere Buch Stoff zum Nachdenken und Gelegenheit zu Betrachtungen über die menschlichen Dinge darbietet, so konnte sie durchaus nach wie vor bei allen Kanzelreden und sonstigen religiosen Verhandlungen zum Grunde gelegt werden.

Allein diesem Werke stand, so wie den sämtlichen Profanskribenten, noch ein eigenes Schicksal bevor, welches im Laufe der Zeit nicht abzuwenden war. Man hatte nämlich bisher auf Treu und Glauben angenommen, daß dieses Buch der Bücher in e i n e m Geiste verfaßt, ja daß es von dem göttlichen Geiste eingehaucht und gleichsam diktiert sei. Doch waren schon längst von Gläubigen und Ungläubigen die Ungleichheiten der verschiedenen Teile desselben bald gerügt, bald verteidigt worden. Engländer, Franzosen, Deutsche hatten die Bibel mit mehr oder weniger Heftigkeit, Scharfsinn, Frechheit, Mutwillen angegriffen, und ebenso war sie wieder von ernsthaften, wohldenkenden Menschen einer jeden Nation in Schutz genommen worden. Ich für meine Person hatte sie lieb und wert: denn fast ihr allein war ich meine sittliche Bildung schuldig, und die Begebenheiten, die Lehren, die Symbole, die Gleichnisse, alles hatte sich tief bei mir eingedrückt und war auf eine oder die andere Weise wirksam gewesen. Mir mißfielen daher die ungerechten, spöttlichen und verdrehenden Angriffe; doch war man damals schon so weit, daß man teils als einen Hauptverteidigungsgrund vieler Stellen sehr willig annahm, Gott habe sich nach der Denkweise und Fassungskraft der Menschen gerichtet, ja, die vom Geiste Getriebenen hätten doch deswegen nicht ihren Charakter, ihre Individualität verleugnen können, und Amos als Kuhhirte führe nicht die Sprache Jesaias, welcher ein Prinz solle gewesen sein.

Aus solchen Gesinnungen und Überzeugungen entwickelte sich, besonders bei immer wachsenden Sprachkenntnissen, gar natürlich jene Art des Studiums, daß man die orientalischen Lokalitäten, Nationalitäten, Naturprodukte und Erscheinungen genauer zu studieren und sich auf diese Weise jene alte Zeit zu vergegenwärtigen suchte. Michaelis legte die ganze Gewalt seines Talents und seiner Kenntnisse auf diese Seite. Reisebeschreibungen wurden ein kräftiges Hülfsmittel zu Erklärung der Heiligen Schriften, und neuere Reisende, mit vielen Fragen ausgerüstet, sollten durch Beantwortung derselben für die Propheten und Apostel zeugen.

Indessen aber man von allen Seiten bemüht war, die Heiligen Schriften zu einem natürlichen Anschauen heranzuführen, und die eigentliche Denk- und Vorstellungsweise derselben allgemeiner faßlich zu machen, damit durch diese historisch-kritische Ansicht mancher Einwurf beseitigt, manches Anstößige getilgt und jede schale Spötterei unwirksam gemacht würde: so trat in einigen Männern gerade die entgegengesetzte Sinnesart hervor, indem solche die dunkelsten, geheimnisvollsten Schriften zum Gegenstand ihrer Betrachtungen wählten, und solche aus sich selbst durch Konjekturen, Rechnungen und andere geistreiche und seltsame Kombinationen zwar nicht aufhellen, aber doch bekräftigen und, insofern sie Weissagungen enthielten, durch den Erfolg begründen und dadurch einen Glauben an das Nächstzuerwartende rechtfertigen wollten.

Der ehrwürdige Bengel hatte seinen Bemühungen um die Offenbarung Johannis dadurch einen entschiedenen Eingang verschafft, daß er als ein verständiger, rechtschaffener, gottesfürchtiger, als ein Mann ohne Tadel bekannt war. Tiefe Gemüter sind genötigt, in der Vergangenheit so wie in der Zukunft zu leben. Das gewöhnliche Treiben der Welt kann ihnen von keiner Bedeutung sein, wenn sie nicht, in dem Verlauf der Zeiten bis zur Gegenwart, enthüllte Prophezeiungen, und in der nächsten wie in der fernsten Zukunft verhüllte Weissagungen verehren. Hierdurch entspringt ein Zusammenhang, der in der Geschichte vermißt wird, die uns nur ein zufälliges Hin- und Widerschwanken in einem notwendig geschlossenen Kreise zu überliefern scheint. Doktor Crusius gehörte zu denen, welchen der prophetische Teil der Heiligen Schriften am meisten zusagte, indem er die zwei entgegengesetzten Eigenschaften des menschlichen Wesens zugleich in Tätigkeit setzt, das Gemüt und den Scharfsinn. Dieser Lehre hatten sich viele Jünglinge gewidmet, und bildeten schon eine ansehnliche Masse, die um desto mehr in die Augen fiel, als Ernesti mit den Seinigen das Dunkel, in welchem jene sich gefielen, nicht aufzuhellen, sondern völlig zu vertreiben drohte. Daraus entstanden Händel, Haß und Verfolgung und manches Unannehmliche. Ich hielt mich zur klaren Partei und suchte mir ihre Grundsätze und Vorteile zuzueignen, ob ich mir gleich zu ahnden erlaubte, daß durch diese höchst löbliche, verständige Auslegungsweise zuletzt der poetische Gehalt jener Schriften mit dem prophetischen verloren gehen müsse.

Näher aber lag denen, welche sich mit deutscher Literatur und schönen Wissenschaften abgaben, die Bemühung solcher Männer, die, wie Jerusalem, Zollikofer, Spalding, in Predigten und Abhandlungen, durch einen guten und reinen Stil, der Religion und der ihr so nah verwandten Sittenlehre, auch bei Personen von einem gewissen Sinn und Geschmack, Beifall und Anhänglichkeit zu erwerben suchten. Eine gefällige Schreibart fing an, durchaus nötig zu werden, und weil eine solche vor allen Dingen faßlich sein muß, so standen von vielen Seiten Schriftsteller auf, welche von ihren Studien, ihrem Metier klar, deutlich, eindringlich, und sowohl für die Kenner als für die Menge zu schreiben unternahmen.

Nach dem Vorgange eines Ausländers, Tissot, fingen nunmehr auch die Ärzte mit Eifer an, auf die allgemeine Bildung zu wirken. Sehr großen Einfluß hatten Haller, Unzer, Zimmermann, und was man im einzelnen gegen sie, besonders gegen den letzten, auch sagen mag, sie waren zu ihrer Zeit sehr wirksam. Und davon sollte in der Geschichte, vorzüglich aber in der Biographie, die Rede sein: denn nicht insofern der Mensch etwas zurückläßt, sondern insofern er wirkt und genießt und andere zu wirken und zu genießen anregt, bleibt er von Bedeutung.

Die Rechtsgelehrten, von Jugend auf gewöhnt an einen abstrusen Stil, welcher sich in allen Expeditionen, von der Kanzelei des unmittelbaren Ritters bis auf den Reichstag zu Regensburg, auf die barockste Weise erhielt, konnten sich nicht leicht zu einer gewissen Freiheit erheben, um so weniger, als die Gegenstände, welche sie zu behandeln hatten, mit der äußeren Form und folglich auch mit dem Stil aufs genaueste zusammenhingen. Doch hatte der jüngere von Moser sich schon als ein freier und eigentümlicher Schriftsteller bewiesen und Pütter durch die Klarheit seines Vortrags auch Klarheit in seinen Gegenstand und den Stil gebracht, womit er behandelt werden sollte. Alles, was aus seiner Schule hervorging, zeichnete sich dadurch aus. Und nun fanden die Philosophen selbst sich genötigt, um popular zu sein, auch deutlich und faßlich zu schreiben. Mendelssohn, Garve traten auf und erregten allgemeine Teilnahme und Bewunderung.

Mit der Bildung der deutschen Sprache und des Stils in jedem Fache wuchs auch die Urteilsfähigkeit, und wir bewundern in jener Zeit Rezensionen von Werken über religiose und sittliche Gegenstände, sowie über ärztliche; wenn wir dagegen bemerken, daß die Beurteilungen von Gedichten und was sich sonst auf schöne Literatur beziehen mag, wo nicht erbärmlich, doch wenigstens sehr schwach befunden werden. Dieses gilt sogar von den „Literaturbriefen“ und von der „Allgemeinen deutschen Bibliothek“, wie von der „Bibliothek der schönen Wissenschaften“, wovon man gar leicht bedeutende Beispiele anführen könnte.

Dieses alles mochte jedoch so bunt durch einander gehen,

als es wollte, so blieb einem jeden, der etwas aus sich zu produzieren gedachte, der nicht seinen Vorgängern die Worte und Phrasen nur aus dem Munde nehmen wollte, nichts weiter übrig, als sich früh und spät nach einem Stoffe umzusehen, den er zu benutzen gedächte. Auch hier wurden wir sehr in der Irre herumgeführt. Man trug sich mit einem Worte von Kleist, das wir oft genug hören mußten. Er hatte nämlich gegen diejenigen, welche ihn wegen seiner öftern einsamen Spaziergänge beriefen, scherzhaft, geistreich und wahrhaft geantwortet: er sei dabei nicht müßig, er gehe auf die Bilderjagd. Einem Edelmann und Soldaten ziemte dies Gleichnis wohl, der sich dadurch Männern seines Standes gegenüberstellte, die mit der Flinte im Arm auf die Hasen- und Hühnerjagd, so oft sich nur Gelegenheit zeigte, auszugehen nicht versäumten. Wir finden daher in Kleistens Gedichten von solchen einzelnen, glücklich aufgehaschten, obgleich nicht immer glücklich verarbeiteten Bildern gar manches, was uns freundlich an die Natur erinnert. Nun aber ermahnte man uns auch ganz ernstlich, auf die Bilderjagd auszugehen, die uns denn doch zuletzt nicht ganz ohne Frucht ließ, obgleich Apels Garten, die Kuchengärten, das Rosental, Gohlis, Raschwitz und Connewitz das wunderlichste Revier sein mochte, um poetisches Wildbret darin aufzusuchen. Und doch ward ich aus jenem Anlaß öfters bewogen, meinen Spaziergang einsam anzustellen, und weil weder von schönen, noch erhabenen Gegenständen dem Beschauer viel entgegentrat, und in dem wirklich herrlichen Rosentale zur besten Jahrszeit die Mücken keinen zarten Gedanken aufkommen ließen: so ward ich, bei unermüdet fortgesetzter Bemühung, auf das Kleinleben der Natur (ich möchte dieses Wort nach der Analogie von Stilleben gebrauchen) höchst aufmerksam, und weil die zierlichen Begebenheiten, die man in diesem Kreise gewahr wird, an und für sich wenig vorstellen, so gewöhnte ich mich, in ihnen eine Bedeutung zu sehen, die sich bald gegen die symbolische, bald gegen die allegorische Seite hinneigte, je nachdem Anschauung, Gefühl oder Reflexion das Übergewicht behielt. Ein Ereignis, statt vieler, gedenke ich zu erzählen.

Ich war, nach Menschenweise, in meinen Namen verliebt

und schrieb ihn, wie junge und ungebildete Leute zu tun pflegen, überall an. Einst hatte ich ihn auch sehr schön und genau in die glatte Rinde eines Lindenbaums von mäßigem Alter geschnitten. Den Herbst darauf, als meine Neigung zu Annetten in ihrer besten Blüte war, gab ich mir die Mühe, den ihrigen oben darüber zu schneiden. Indessen hatte ich gegen Ende des Winters, als ein launischer Liebender, manche Gelegenheit vom Zaune gebrochen, um sie zu quälen und ihr Verdruß zu machen: Frühjahrs besuchte ich zufällig die Stelle, und der Saft, der mächtig in die Bäume trat, war durch die Einschnitte, die ihren Namen bezeichneten, und die noch nicht verharscht waren, hervorgequollen und benetzte mit unschuldigen Pflanzentränen die schon hart gewordenen Züge des meinigen. Sie also hier über mich weinen zu sehen, der ich oft ihre Tränen durch meine Unarten hervorgerufen hatte, setzte mich in Bestürzung. In Erinnerung meines Unrechts und ihrer Liebe kamen mir selbst die Tränen in die Augen, ich eilte, ihr alles doppelt und dreifach abzubitten, verwandelte dies Ereignis in eine Idylle, die ich niemals ohne Neigung lesen und ohne Rührung anderen vortragen konnte.

Indem ich nun, als ein Schäfer an der Pleiße, mich in solche zarte Gegenstände kindlich genug vertiefte, und immer nur solche wählte, die ich geschwind in meinen Busen zurückführen konnte, so war für deutsche Dichter von einer größeren und wichtigeren Seite her längst gesorgt gewesen.

Der erste wahre und höhere eigentliche Lebensgehalt kam durch Friedrich den Großen und die Taten des Siebenjährigen Kriegs in die deutsche Poesie. Jede Nationaldichtung muß schal sein oder schal werden, die nicht auf dem Menschlich-Ersten ruht, auf den Ereignissen der Völker und ihrer Hirten, wenn beide für einen Mann stehn. Könige sind darzustellen in Krieg und Gefahr, wo sie eben dadurch als die Ersten erscheinen, weil sie das Schicksal des Allerletzten bestimmen und teilen, und dadurch viel interessanter werden als die Götter selbst, die, wenn sie Schicksale bestimmt haben, sich der Teilnahme derselben entziehen. In diesem Sinne muß jede Nation, wenn sie für irgend etwas gelten will, eine Epopöe besitzen, wozu nicht gerade die Form des epischen Gedichts nötig ist.

Die „Kriegslieder", von Gleim angestimmt, behaupten deswegen einen so hohen Rang unter den deutschen Gedichten, weil sie mit und in der Tat entsprungen sind, und noch überdies, weil an ihnen die glückliche Form, als hätte sie ein Mitstreitender in den höchsten Augenblicken hervorgebracht, uns die vollkommenste Wirksamkeit empfinden läßt.

Ramler singt auf eine andere, höchst würdige Weise die Taten seines Königs. Alle seine Gedichte sind gehaltvoll, beschäftigen uns mit großen, herzerhebenden Gegenständen und behaupten schon dadurch einen unzerstörlichen Wert.

Denn der innere Gehalt des bearbeiteten Gegenstandes ist der Anfang und das Ende der Kunst. Man wird zwar nicht leugnen, daß das Genie, das ausgebildete Kunsttalent, durch Behandlung aus allem alles machen und den widerspenstigsten Stoff bezwingen könne. Genau besehen, entsteht aber alsdann immer mehr ein Kunststück als ein Kunstwerk, welches auf einem würdigen Gegenstande ruhen soll, damit uns zuletzt die Behandlung, durch Geschick, Mühe und Fleiß, die Würde des Stoffes nur desto glücklicher und herrlicher entgegenbringe.

Die Preußen und mit ihnen das protestantische Deutschland gewannen also für ihre Literatur einen Schatz, welcher der Gegenpartei fehlte und dessen Mangel sie durch keine nachherige Bemühung hat ersetzen können. An dem großen Begriff, den die preußischen Schriftsteller von ihrem König hegen durften, bauten sie sich erst heran, und um desto eifriger, als derjenige, in dessen Namen sie alles taten, ein für allemal nichts von ihnen wissen wollte. Schon früher war durch die französische Kolonie, nachher durch die Vorliebe des Königs für die Bildung dieser Nation und für ihre Finanzanstalten eine Masse französischer Kultur nach Preußen gekommen, welche den Deutschen höchst förderlich ward, indem sie dadurch zu Widerspruch und Widerstreben aufgefordert wurden; ebenso war die Abneigung Friedrichs gegen das Deutsche für die Bildung des Literarwesens ein Glück. Man tat alles, um sich von dem König bemerken zu machen, nicht etwa, um von ihm geachtet, sondern nur beachtet zu werden; aber man tat's auf deutsche Weise, nach innerer Überzeugung, man tat, was man für recht erkannte, und wünschte und wollte, daß der König dieses deutsche Rechte anerkennen und schätzen solle. Dies geschah nicht und konnte nicht geschehen: denn wie kann man von einem König, der geistig leben und genießen will, verlangen, daß er seine Jahre verliere, um das, was er für barbarisch hält, nur allzu spät entwickelt und genießbar zu sehen? In Handwerks- und Fabriksachen mochte er wohl sich, besonders aber seinem Volke, statt fremder vortrefflicher Waren, sehr mäßige Surrogate aufnötigen; aber hier geht alles geschwinder zur Vollkommenheit, und es braucht kein Menschenleben, um solche Dinge zur Reife zu bringen.

Eines Werks aber, der wahrsten Ausgeburt des Siebenjährigen Krieges, von vollkommenem norddeutschem Nationalgehalt, muß ich hier vor allen ehrenvoll erwähnen; es ist die erste aus dem bedeutenden Leben gegriffene Theaterproduktion, von spezifisch temporärem Gehalt, die deswegen auch eine nie zu berechnende Wirkung tat: „Minna von Barnhelm". Lessing, der, im Gegensatze von Klopstock und Gleim, die persönliche Würde gern wegwarf, weil er sich zutraute, sie jeden Augenblick wieder ergreifen und aufnehmen zu können, gefiel sich in einem zerstreuten Wirtshaus- und Weltleben, da er gegen sein mächtig arbeitendes Innere stets ein gewaltiges Gegengewicht brauchte, und so hatte er sich auch in das Gefolge des Generals Tauentzien begeben. Man erkennt leicht, wie genanntes Stück zwischen Krieg und Frieden, Haß und Neigung erzeugt ist. Diese Produktion war es, die den Blick in eine höhere, bedeutendere Welt aus der literarischen und bürgerlichen, in welcher sich die Dichtkunst bisher bewegt hatte, glücklich eröffnete.

Die gehässige Spannung, in welcher Preußen und Sachsen sich während dieses Kriegs gegen einander befanden, konnte durch die Beendigung desselben nicht aufgehoben werden. Der Sachse fühlte nun erst recht schmerzlich die Wunden, die ihm der überstolz gewordene Preuße geschlagen hatte. Durch den politischen Frieden konnte der Friede zwischen den Gemütern nicht sogleich hergestellt werden. Dieses aber sollte gedachtes Schauspiel im Bilde bewirken. Die Anmut und Liebenswürdigkeit der Sächsinnen überwindet den Wert, die Würde, den Starrsinn der Preußen, und sowohl an den Hauptpersonen als den Subalternen wird eine glückliche Vereinigung bizarrer und widerstrebender Elemente kunstgemäß dargestellt.

Habe ich durch diese kursorischen und desultorischen Bemerkungen über deutsche Literatur meine Leser in einige Verwirrung gesetzt, so ist es mir geglückt, eine Vorstellung von jenem chaotischen Zustande zu geben, in welchem sich mein armes Gehirn befand, als, im Konflikt zweier für das literarische Vaterland so bedeutender Epochen, so viel Neues auf mich eindrängte, ehe ich mich mit dem Alten hatte abfinden können, so viel Altes sein Recht noch über mich gelten machte, da ich schon Ursache zu haben glaubte, ihm völlig entsagen zu dürfen. Welchen Weg ich einschlug, mich aus dieser Not, wenn auch nur Schritt vor Schritt, zu retten, will ich gegenwärtig möglichst zu überliefern suchen.

Die weitschweifige Periode, in welche meine Jugend gefallen war, hatte ich treufleißig, in Gesellschaft so vieler würdigen Männer, durchgearbeitet. Die mehreren Quartbände Manuskript, die ich meinem Vater zurückließ, konnten zum genugsamen Zeugnisse dienen, und welche Masse von Versuchen, Entwürfen, bis zur Hälfte ausgeführten Vorsätzen war mehr aus Mißmut als aus Überzeugung in Rauch aufgegangen! Nun lernte ich durch Unterredung überhaupt, durch Lehre, durch so manche widerstreitende Meinung, besonders aber durch meinen Tischgenossen, den Hofrat Pfeil, das Bedeutende des Stoffs und das Konzise der Behandlung mehr und mehr schätzen, ohne mir jedoch klar machen zu können, wo jenes zu suchen und wie dieses zu erreichen sei. Denn bei der großen Beschränktheit meines Zustandes, bei der Gleichgültigkeit der Gesellen, dem Zurückhalten der Lehrer, der Abgesondertheit gebildeter Einwohner, bei ganz unbedeutenden Naturgegenständen war ich genötigt, alles in mir selbst zu suchen. Verlangte ich nun zu meinen Gedichten eine wahre Unterlage, Empfindung oder Reflexion, so mußte ich in meinen Busen greifen;

forderte ich zu poetischer Darstellung eine unmittelbare Anschauung des Gegenstandes, der Begebenheit, so durfte ich nicht aus dem Kreise heraustreten, der mich zu berühren, mir ein Interesse einzuflößen geeignet war. In diesem Sinne schrieb ich zuerst gewisse kleine Gedichte in Liederform oder freierem Silbenmaß; sie entspringen aus Reflexion, handeln vom Vergangenen und nehmen meist eine epigrammatische Wendung.

Und so begann diejenige Richtung, von der ich mein ganzes Leben über nicht abweichen konnte, nämlich dasjenige, was mich erfreute oder quälte, oder sonst beschäftigte, in ein Bild, ein Gedicht zu verwandeln und darüber mit mir selbst abzuschließen, um sowohl meine Begriffe von den äußeren Dingen zu berichtigen, als mich im Innern deshalb zu beruhigen. Die Gabe hierzu war wohl niemand nötiger als mir, den seine Natur immerfort aus einem Extreme in das andere warf. Alles, was daher von mir bekannt geworden, sind nur Bruchstücke einer großen Konfession, welche vollständig zu machen dieses Büchlein ein gewagter Versuch ist.

Meine frühere Neigung zu Gretchen hatte ich nun auf ein Ännchen übergetragen, von der ich nicht mehr zu sagen wüßte, als daß sie jung, hübsch, munter, liebevoll und so angenehm war, daß sie wohl verdiente, in dem Schrein des Herzens eine Zeitlang als eine kleine Heilige aufgestellt zu werden, um ihr jede Verehrung zu widmen, welche zu erteilen oft mehr Behagen erregt als zu empfangen. Ich sah sie täglich ohne Hindernisse, sie half die Speisen bereiten, die ich genoß, sie brachte mir wenigstens abends den Wein, den ich trank, und schon unsere mittägige abgeschlossene Tischgesellschaft war Bürge, daß das kleine, von wenig Gästen außer der Messe besuchte Haus seinen guten Ruf wohl verdiente. Es fand sich zu mancherlei Unterhaltung Gelegenheit und Lust. Da sie sich aber aus dem Hause wenig entfernen konnte noch durfte, so wurde denn doch der Zeitvertreib etwas mager. Wir sangen die Lieder von Zachariä, spielten den „Herzog Michel“ von Krüger, wobei ein zusammengeknüpftes Schnupftuch die Stelle der Nachtigall vertreten mußte, und so ging es eine Zeitlang noch ganz leidlich. Weil aber dergleichen Verhältnisse, je unschuldiger sie sind, desto weniger Mannigfaltigkeit auf die Dauer gewähren, so ward ich von jener bösen Sucht befallen, die uns verleitet, aus der Quälerei der Geliebten eine Unterhaltung zu schaffen und die Ergebenheit eines Mädchens mit willkürlichen und tyrannischen Grillen zu beherrschen. Die böse Laune über das Mißlingen meiner poetischen Versuche, über die anscheinende Unmöglichkeit, hierüber ins klare zu kommen, und über alles, was mich hie und da sonst kneipen mochte, glaubte ich an ihr auslassen zu dürfen, weil sie mich wirklich von Herzen liebte und, was sie nur immer konnte, mir zu Gefallen tat. Durch ungegründete und abgeschmackte Eifersüchteleien verdarb ich mir und ihr die schönsten Tage. Sie ertrug es eine Zeitlang mit unglaublicher Geduld, die ich grausam genug war aufs Äußerste zu treiben. Allein zu meiner Beschämung und Verzweiflung mußte ich endlich bemerken, daß sich ihr Gemüt von mir entfernt habe, und daß ich nun wohl zu den Tollheiten berechtigt sein möchte, die ich mir ohne Not und Ursache erlaubt hatte. Es gab auch schreckliche Szenen unter uns, bei welchen ich nichts gewann; und nun fühlte ich erst, daß ich sie wirklich liebte und daß ich sie nicht entbehren könne. Meine Leidenschaft wuchs und nahm alle Formen an, deren sie unter solchen Umständen fähig ist; ja zuletzt trat ich in die bisherige Rolle des Mädchens. Alles mögliche suchte ich hervor, um ihr gefällig zu sein, ihr sogar durch andere Freude zu verschaffen: denn ich konnte mir die Hoffnung, sie wieder zu gewinnen, nicht versagen. Allein es war zu spät! ich hatte sie wirklich verloren, und die Tollheit, mit der ich meinen Fehler an mir selbst rächte, indem ich auf mancherlei unsinnige Weise in meine physische Natur stürmte, um der sittlichen etwas zu Leide zu tun, hat sehr viel zu den körperlichen Übeln beigetragen, unter denen ich einige der besten Jahre meines Lebens verlor; ja, ich wäre vielleicht an diesem Verlust völlig zugrunde gegangen, hätte sich nicht hier das poetische Talent mit seinen Heilkräften besonders hülfreich erwiesen.

Schon früher hatte ich in manchen Intervallen meine Unart deutlich genug wahrgenommen. Das arme Kind dauerte mich wirklich, wenn ich sie so ganz ohne Not von mir verletzt sah. Ich stellte mir ihre Lage, die meinige und dagegen den zufriedenen Zustand eines anderen Paares aus unserer Gesellschaft so oft und so umständlich vor, daß ich endlich nicht lassen konnte, diese Situation, zu einer quälenden und belehrenden Buße, dramatisch zu behandeln. Daraus entsprang die älteste meiner überbliebenen dramatischen Arbeiten, das kleine Stück „Die Laune des Verliebten", an dessen unschuldigem Wesen man zugleich den Drang einer siedenden Leidenschaft gewahr wird.

Allein mich hatte eine tiefe, bedeutende, drangvolle Welt schon früher angesprochen. Bei meiner Geschichte mit Gretchen und an den Folgen derselben hatte ich zeitig in die seltsamen Irrgänge geblickt, mit welchen die bürgerliche Sozietät unterminiert ist. Religion, Sitte, Gesetz, Stand, Verhältnisse, Gewohnheit, alles beherrscht nur die Oberfläche des städtischen Daseins. Die von herrlichen Häusern eingefaßten Straßen werden reinlich gehalten, und jedermann beträgt sich daselbst anständig genug; aber im Innern sieht es öfters um desto wüster aus, und ein glattes Äußere übertüncht, als ein schwacher Bewurf, manches morsche Gemäuer, das über Nacht zusammenstürzt, und eine desto schrecklichere Wirkung hervorbringt, als es mitten in den friedlichen Zustand hereinbricht. Wie viele Familien hatte ich nicht schon näher und ferner durch Banqueroute, Ehescheidungen, verführte Töchter, Morde, Hausdiebstähle, Vergiftungen entweder ins Verderben stürzen, oder auf dem Rande kümmerlich erhalten sehen, und hatte, so jung ich war, in solchen Fällen zu Rettung und Hülfe öfters die Hand geboten: denn da meine Offenheit Zutrauen erweckte, meine Verschwiegenheit erprobt war, meine Tätigkeit keine Opfer scheute und in den gefährlichsten Fällen am liebsten wirken mochte: so fand ich oft genug Gelegenheit, zu vermitteln, zu vertuschen, den Wetterstrahl abzuleiten, und was sonst nur alles geleistet werden kann; wobei es nicht fehlen konnte, daß ich sowohl an mir selbst, als durch andere zu manchen kränkenden und demütigenden Erfahrungen gelangen mußte. Um mir Luft zu verschaffen, entwarf ich mehrere Schauspiele und schrieb die Expositionen von den meisten. Da aber die Verwicklungen jederzeit ängstlich werden mußten, und fast alle diese Stücke mit einem tragischen Ende drohten, ließ ich eins nach dem anderen fallen. Die „Mitschuldigen" sind das einzige fertig gewordene, dessen heiteres und burleskes Wesen auf dem düsteren Familiengrunde als von etwas Bänglichem begleitet erscheint, so daß es bei der Vorstellung im ganzen ängstiget, wenn es im einzelnen ergetzt. Die hart ausgesprochenen widergesetzlichen Handlungen verletzen das ästhetische und moralische Gefühl, und deswegen konnte das Stück auf dem deutschen Theater keinen Eingang gewinnen, obgleich die Nachahmungen desselben, welche sich fern von jenen Klippen gehalten, mit Beifall aufgenommen worden.

Beide genannte Stücke jedoch sind, ohne daß ich mir dessen bewußt gewesen wäre, in einem höheren Gesichtspunkt geschrieben. Sie deuten auf eine vorsichtige Duldung bei moralischer Zurechnung, und sprechen in etwas herben und derben Zügen jenes höchst christliche Wort spielend aus: Wer sich ohne Sünde fühlt, der hebe den ersten Stein auf.

Über diesen Ernst, der meine ersten Stücke verdüsterte, beging ich den Fehler, sehr günstige Motive zu versäumen, welche ganz entschieden in meiner Natur lagen. Es entwickelte sich nämlich unter jenen ernsten, für einen jungen Menschen fürchterlichen Erfahrungen in mir ein verwegner Humor, der sich dem Augenblick überlegen fühlt, nicht allein keine Gefahr scheut, sondern sie vielmehr mutwillig herbeilockt. Der Grund davon lag in dem Übermute, in welchem sich das kräftige Alter so sehr gefällt, und der, wenn er sich possenhaft äußert, sowohl im Augenblick als in der Erinnerung viel Vergnügen macht. Diese Dinge sind so gewöhnlich, daß sie in dem Wörterbuche unserer jungen akademischen Freunde Suiten genannt werden, und daß man, wegen der nahen Verwandtschaft, ebenso gut Suiten reißen sagt als Possen reißen.

Solche humoristische Kühnheiten, mit Geist und Sinn auf das Theater gebracht, sind von der größten Wirkung. Sie unterscheiden sich von der Intrige dadurch, daß sie momentan sind, und daß ihr Zweck, wenn sie ja einen haben sollten, nicht in der Ferne liegen darf. Beaumarchais hat ihren ganzen Wert gefaßt, und die Wirkungen seiner Figaros entspringen vorzüglich daher. Wenn nun solche gutmütige Schalks- und Halbschelmenstreiche zu edlen Zwecken, mit persönlicher Gefahr ausgeübt werden, so sind die daraus entspringenden Situationen, ästhetisch und moralisch betrachtet, für das Theater von dem größten Wert; wie denn z. B. die Oper „Der Wasserträger" vielleicht das glücklichste Sujet behandelt, das wir je auf dem Theater gesehen haben.

Um die unendliche Langeweile des täglichen Lebens zu erheitern, übte ich unzählige solcher Streiche, teils ganz vergeblich, teils zu Zwecken meiner Freunde, denen ich gern gefällig war. Für mich selbst wüßte ich nicht, daß ich ein einzig Mal hiebei absichtlich gehandelt hätte, auch kam ich niemals darauf, ein Unterfangen dieser Art als einen Gegenstand für die Kunst zu betrachten; hätte ich aber solche Stoffe, die mir so nahe zur Hand lagen, ergriffen und ausgebildet, so wären meine ersten Arbeiten heiterer und brauchbarer gewesen. Einiges, was hierher gehört, kommt zwar später bei mir vor, aber einzeln und absichtlos.

Denn da uns das Herz immer näher liegt als der Geist, und uns dann zu schaffen macht, wenn dieser sich wohl zu helfen weiß, so waren mir die Angelegenheiten des Herzens immer als die wichtigsten erschienen. Ich ermüdete nicht, über Flüchtigkeit der Neigungen, Wandelbarkeit des menschlichen Wesens, sittliche Sinnlichkeit und über alle das Hohe und Tiefe nachzudenken, dessen Verknüpfung in unserer Natur als das Rätsel des Menschenlebens betrachtet werden kann. Auch hier suchte ich das, was mich quälte, in einem Lied, einem Epigramm, in irgend einem Reim loszuwerden, die, weil sie sich auf die eigensten Gefühle und auf die besondersten Umstände bezogen, kaum jemand anderes interessieren konnten als mich selbst.

Meine äußeren Verhältnisse hatten sich indessen nach Verlauf weniger Zeit gar sehr verändert. Madame Böhme war nach einer langen und traurigen Krankheit endlich gestorben; sie hatte mich zuletzt nicht mehr vor sich gelassen. Ihr Mann konnte nicht sonderlich mit mir zufrieden sein; ich schien ihm nicht fleißig genug und zu leichtsinnig. Besonders nahm er es mir sehr übel, als ihm verraten wurde, daß ich im deutschen Staatsrechte, anstatt gehörig nachzuschreiben, die darin aufgeführten Personen, als den Kammerrichter, die Präsidenten und Beisitzer, mit seltsamen Perücken an dem Rand meines Heftes abgebildet und durch diese Possen meine aufmerksamen Nachbarn zerstreut und zum Lachen gebracht hatte. Er lebte nach dem Verlust seiner Frau noch eingezogner als vorher, und ich vermied ihn zuletzt, um seinen Vorwürfen auszuweichen. Besonders aber war es ein Unglück, daß Gellert sich nicht der Gewalt bedienen wollte, die er über uns hätte ausüben können. Freilich hatte er nicht Zeit, den Beichtvater zu machen, und sich nach der Sinnesart und den Gebrechen eines jeden zu erkundigen; daher nahm er die Sache sehr im ganzen und glaubte uns mit den kirchlichen Anstalten zu bezwingen; deswegen er gewöhnlich, wenn er uns einmal vor sich ließ, mit gesenktem Köpfchen und der weinerlich angenehmen Stimme zu fragen pflegte, ob wir denn auch fleißig in die Kirche gingen, wer unser Beichtvater sei und ob wir das heilige Abendmahl genössen? Wenn wir nun bei diesem Examen schlecht bestanden, so wurden wir mit Wehklagen entlassen; wir waren mehr verdrießlich als erbaut, konnten aber doch nicht umhin, den Mann herzlich lieb zu haben.

Bei dieser Gelegenheit kann ich nicht unterlassen, aus meiner früheren Jugend etwas nachzuholen, um anschaulich zu machen, wie die großen Angelegenheiten der kirchlichen Religion mit Folge und Zusammenhang behandelt werden müssen, wenn sie sich fruchtbar, wie man von ihr erwartet, beweisen soll. Der protestantische Gottesdienst hat zu wenig Fülle und Konsequenz, als daß er die Gemeine zusammen halten könnte; daher geschieht es leicht, daß Glieder sich von ihr absondern und entweder kleine Gemeinen bilden, oder, ohne kirchlichen Zusammenhang, neben einander geruhig ihr bürgerliches Wesen treiben. So klagte man schon vor geraumer Zeit, die Kirchengänger verminderten sich von Jahr zu Jahr und in eben dem Verhältnis die Personen, welche den Genuß des Nachtmahls verlangten. Was beides, besonders aber das letztere betrifft, liegt die Ursache sehr nah; doch wer wagt sie auszusprechen? Wir wollen es versuchen.

In sittlichen und religiosen Dingen, ebensowohl als in physischen und bürgerlichen, mag der Mensch nicht gern etwas aus dem Stegreife tun; eine Folge, woraus Gewohnheit entspringt, ist ihm nötig; das, was er lieben und leisten soll, kann er sich nicht einzeln, nicht abgerissen denken, und um etwas gern zu wiederholen, muß es ihm nicht fremd geworden sein. Fehlt es dem protestantischen Kultus im ganzen an Fülle, so untersuche man das einzelne, und man wird finden, der Protestant hat zu wenig Sakramente, ja er hat nur eins, bei dem er sich tätig erweist, das Abendmahl: denn die Taufe sieht er nur an anderen vollbringen, und es wird ihm nicht wohl dabei. Die Sakramente sind das Höchste der Religion, das sinnliche Symbol einer außerordentlichen göttlichen Gunst und Gnade. In dem Abendmahle sollen die irdischen Lippen ein göttliches Wesen verkörpert empfangen und unter der Form irdischer Nahrung einer himmlischen teilhaftig werden. Dieser Sinn ist in allen christlichen Kirchen ebenderselbe, es werde nun das Sakrament mit mehr oder weniger Ergebung in das Geheimnis, mit mehr oder weniger Akkommodation an das, was verständlich ist, genossen; immer bleibt es eine heilige, große Handlung, welche sich in der Wirklichkeit an die Stelle des Möglichen oder Unmöglichen, an die Stelle desjenigen setzt, was der Mensch weder erlangen noch entbehren kann. Ein solches Sakrament dürfte aber nicht allein stehen; kein Christ kann es mit wahrer Freude, wozu es gegeben ist, genießen, wenn nicht der symbolische oder sakramentliche Sinn in ihm genährt ist. Er muß gewohnt sein, die innere Religion des Herzens und die der äußeren Kirche als vollkommen eins anzusehen, als das große allgemeine Sakrament, das sich wieder in so viel andere zergliedert und diesen Teilen seine Heiligkeit, Unzerstörlichkeit und Ewigkeit mitteilt.

Hier reicht ein jugendliches Paar sich einander die Hände, nicht zum vorübergehenden Gruß oder zum Tanze; der Priester spricht seinen Segen darüber aus, und das Band ist unauflöslich. Es währt nicht lange, so bringen diese Gatten ein Ebenbild an die Schwelle des Altars; es wird mit heiligem Wasser gereinigt und der Kirche dergestalt einverleibt, daß es diese Wohltat nur durch den ungeheuersten Abfall verscherzen kann. Das Kind übt sich im Leben an den irdischen Dingen selbst heran, in himmlischen muß es unterrichtet werden. Zeigt sich bei der Prüfung, daß dies vollständig geschehen sei, so wird es nunmehr als wirklicher Bürger, als wahrhafter und freiwilliger Bekenner in den Schoß der Kirche aufgenommen, nicht ohne äußere Zeichen der Wichtigkeit dieser Handlung. Nun ist er erst entschieden ein Christ, nun kennt er erst die Vorteile, jedoch auch die Pflichten. Aber inzwischen ist ihm als Menschen manches Wunderliche begegnet, durch Lehren und Strafen ist ihm aufgegangen, wie bedenklich es mit seinem Innern aussehe, und immerfort wird noch von Lehren und von Übertretungen die Rede sein; aber die Strafe soll nicht mehr stattfinden. Hier ist ihm nun in der unendlichen Verworrenheit, in die er sich, bei dem Widerstreit natürlicher und religioser Forderungen, verwickeln muß, ein herrliches Auskunftsmittel gegeben, seine Taten und Untaten, seine Gebrechen und seine Zweifel einem würdigen, eigens dazu bestellten Manne zu vertrauen, der ihn zu beruhigen, zu warnen, zu stärken, durch gleichfalls symbolische Strafen zu züchtigen und ihn zuletzt, durch ein völliges Auslöschen seiner Schuld, zu beseligen und ihm rein und abgewaschen die Tafel seiner Menschheit wieder zu übergeben weiß. So, durch mehrere sakramentliche Handlungen, welche sich wieder, bei genauerer Ansicht, in sakramentliche kleinere Züge verzweigen, vorbereitet und rein beruhigt, knieet er hin, die Hostie zu empfangen; und daß ja das Geheimnis dieses hohen Akts noch gesteigert werde, sieht er den Kelch nur in der Ferne, es ist kein gemeines Essen und Trinken, was befriedigt, es ist eine Himmelsspeise, die nach himmlischem Tranke durstig macht.

Jedoch glaube der Jüngling nicht, daß es damit abgetan sei; selbst der Mann glaube es nicht! Denn wohl in irdischen Verhältnissen gewöhnen wir uns zuletzt, auf uns selber zu stehen, und auch da wollen nicht immer Kenntnisse, Verstand und Charakter hinreichen; in himmlischen Dingen dagegen lernen wir nie aus. Das höhere Gefühl in uns, das sich oft selbst nicht einmal recht zu Hause findet, wird noch überdies von so viel Äußerem bedrängt, daß unser eignes

Vermögen wohl schwerlich alles darreicht, was zu Rat, Trost und Hülfe nötig wäre. Dazu aber verordnet findet sich nun auch jenes Heilmittel für das ganze Leben, und stets harrt ein einsichtiger, frommer Mann, um Irrende zurecht zu weisen und Gequälte zu erledigen.

Und was nun durch das ganze Leben so erprobt worden, soll an der Pforte des Todes alle seine Heilkräfte zehnfach tätig erweisen. Nach einer von Jugend auf eingeleiteten, zutraulichen Gewohnheit nimmt der Hinfällige jene symbolischen, deutsamen Versicherungen mit Inbrunst an, und ihm wird da, wo jede irdische Garantie verschwindet, durch eine himmlische für alle Ewigkeit ein seliges Dasein zugesichert. Er fühlt sich entschieden überzeugt, daß weder ein feindseliges Element, noch ein mißwollender Geist ihn hindern könne, sich mit einem verklärten Leibe zu umgeben, um in unmittelbaren Verhältnissen zur Gottheit an den unermeßlichen Seligkeiten teilzunehmen, die von ihr ausfließen.

Zum Schlusse werden sodann, damit der ganze Mensch geheiligt sei, auch die Füße gesalbt und gesegnet. Sie sollen, selbst bei möglicher Genesung, einen Widerwillen empfinden, diesen irdischen, harten, undurchdringlichen Boden zu berühren. Ihnen soll eine wundersame Schnellkraft mitgeteilt werden, wodurch sie den Erdschollen, der sie bisher anzog, unter sich abstoßen. Und so ist durch einen glänzenden Zirkel gleichwürdig heiliger Handlungen, deren Schönheit von uns nur kurz angedeutet worden, Wiege und Grab, sie mögen zufällig noch so weit aus einander gerückt liegen, in einem stetigen Kreise verbunden.

Aber alle diese geistigen Wunder entsprießen nicht, wie andere Früchte, dem natürlichen Boden, da können sie weder gesäet noch gepflanzt noch gepflegt werden. Aus einer anderen Region muß man sie herüberflehen, welches nicht jedem, noch zu jeder Zeit gelingen würde. Hier entgegnet uns nun das höchste dieser Symbole aus alter frommer Überlieferung. Wir hören, daß ein Mensch vor dem andern von oben begünstigt, gesegnet und geheiligt werden könne. Damit aber dies ja nicht als Naturgabe erscheine, so muß diese große, mit einer schweren Pflicht verbundene Gunst von einem Berechtigten auf den anderen übergetragen, und das größte Gut, was ein Mensch erlangen kann, ohne daß er jedoch dessen Besitz von sich selbst weder erringen, noch ergreifen könne, durch geistige Erbschaft auf Erden erhalten und verewigt werden. Ja, in der Weihe des Priesters ist alles zusammengefaßt, was nötig ist, um diejenigen heiligen Handlungen wirksam zu begehen, wodurch die Menge begünstigt wird, ohne daß sie irgend eine andere Tätigkeit dabei nötig hätte, als die des Glaubens und des unbedingten Zutrauens. Und so tritt der Priester in der Reihe seiner Vorfahren und Nachfolger, in dem Kreise seiner Mitgesalbten, den höchsten Segnenden darstellend, um so herrlicher auf, als es nicht er ist, den wir verehren, sondern sein Amt, nicht sein Wink, vor dem wir die Kniee beugen, sondern der Segen, den er erteilt, und der um desto heiliger, unmittelbarer vom Himmel zu kommen scheint, weil ihn das irdische Werkzeug nicht einmal durch sündhaftes, ja lasterhaftes Wesen schwächen oder gar entkräften könnte.

Wie ist nicht dieser wahrhaft geistige Zusammenhang im Protestantismus zersplittert! indem ein Teil gedachter Symbole für apokryphisch und nur wenige für kanonisch erklärt werden, und wie will man uns durch das Gleichgültige der einen zu der hohen Würde der anderen vorbereiten?

Ich ward zu meiner Zeit bei einem guten, alten, schwachen Geistlichen, der aber seit vielen Jahren der Beichtvater des Hauses gewesen, in den Religionsunterricht gegeben. Den Katechismus, eine Paraphrase desselben, die Heilsordnung wußte ich an den Fingern herzuerzählen, von den kräftig beweisenden biblischen Sprüchen fehlte mir keiner; aber von alledem erntete ich keine Frucht; denn als man mir versicherte, daß der brave alte Mann seine Hauptprüfung nach einer alten Formel einrichte, so verlor ich alle Lust und Liebe zur Sache, ließ mich die letzten acht Tage in allerlei Zerstreuungen ein, legte die von einem älteren Freund erborgten, dem Geistlichen abgewonnenen Blätter in meinen Hut und las gemüt- und sinnlos alles dasjenige her, was ich mit Gemüt und Überzeugung wohl zu äußern gewußt hätte.

Aber ich fand meinen guten Willen und mein Aufstreben in diesem wichtigen Falle durch trocknen, geistlosen

Schlendrian noch schlimmer paralysiert, als ich mich nunmehr dem Beichtstuhle nahen sollte. Ich war mir wohl mancher Gebrechen, aber doch keiner großen Fehler bewußt, und gerade das Bewußtsein verringerte sie, weil es mich auf die moralische Kraft wies, die in mir lag und die mit Vorsatz und Beharrlichkeit doch wohl zuletzt über den alten Adam Herr werden sollte. Wir waren belehrt, daß wir eben darum viel besser als die Katholiken seien, weil wir im Beichtstuhl nichts Besonderes zu bekennen brauchten, ja, daß es auch nicht einmal schicklich wäre, selbst wenn wir es tun wollten. Dieses letzte war mir gar nicht recht: denn ich hatte die seltsamsten religiösen Zweifel, die ich gern bei einer solchen Gelegenheit berichtiget hätte. Da nun dieses nicht sein sollte, so verfaßte ich mir eine Beichte, die, indem sie meine Zustände wohl ausdrückte, einem verständigen Manne dasjenige im allgemeinen bekennen sollte, was mir im einzelnen zu sagen verboten war. Aber als ich in das alte Barfüßerchor hineintrat, mich den wunderlichen vergitterten Schränken näherte, in welchen die geistlichen Herren sich zu diesem Akte einzufinden pflegten, als mir der Glöckner die Türe eröffnete und ich mich nun gegen meinen geistlichen Großvater in dem engen Raume eingesperrt sah, und er mich mit seiner schwachen, näselnden Stimme willkommen hieß, erlosch auf einmal alles Licht meines Geistes und Herzens, die wohl memorierte Beichtrede wollte mir nicht über die Lippen, ich schlug in der Verlegenheit das Buch auf, das ich in Händen hatte, und las daraus die erste beste kurze Formel, die so allgemein war, daß ein jeder sie ganz geruhig hätte aussprechen können. Ich empfing die Absolution und entfernte mich weder warm noch kalt, ging den andern Tag mit meinen Eltern zu dem Tische des Herrn, und betrug mich ein paar Tage, wie es sich nach einer so heiligen Handlung wohl ziemte.

In der Folge trat jedoch bei mir das Übel hervor, welches aus unserer durch mancherlei Dogmen komplizierten, auf Bibelsprüche, die mehrere Auslegungen zulassen, gegründeten Religion bedenkliche Menschen dergestalt anfällt, daß es hypochondrische Zustände nach sich zieht und diese, bis zu ihrem höchsten Gipfel, zu fixen Ideen steigert. Ich habe mehrere Menschen gekannt, die, bei einer ganz verständigen Sinnes- und Lebensweise, sich von dem Gedanken an die Sünde in den heiligen Geist und von der Angst, solche begangen zu haben, nicht losmachen konnten. Ein gleiches Unheil drohte mir in der Materie von dem Abendmahl. Es hatte nämlich schon sehr früh der Spruch, daß einer, der das Sakrament unwürdig genieße, sich selbst das Gericht esse und trinke, einen ungeheueren Eindruck auf mich gemacht. Alles Furchtbare, was ich in den Geschichten der Mittelzeit von Gottesurteilen, den seltsamsten Prüfungen durch glühendes Eisen, flammendes Feuer, schwellendes Wasser gelesen hatte, selbst was uns die Bibel von der Quelle erzählt, die dem Unschuldigen wohl bekommt, den Schuldigen aufbläht und bersten macht, das alles stellte sich meiner Einbildungskraft dar und vereinigte sich zu dem höchsten Furchtbaren, indem falsche Zusage, Heuchelei, Meineid, Gotteslästerung, alles bei der heiligsten Handlung auf dem Unwürdigen zu lasten schien, welches um so schrecklicher war, als ja niemand sich für würdig erklären durfte, und man die Vergebung der Sünden, wodurch zuletzt alles ausgeglichen werden sollte, doch auf so manche Weise bedingt fand, daß man nicht sicher war, sie sich mit Freiheit zueignen zu dürfen.

Dieser düstre Skrupel quälte mich dergestalt, und die Auskunft, die man mir als hinreichend vorstellen wollte, schien mir so kahl und schwach, daß jenes Schreckbild nur an furchtbarem Ansehen dadurch gewann und ich mich, sobald ich Leipzig erreicht hatte, von der kirchlichen Verbindung ganz und gar loszuwinden suchte. Wie drückend mußten mir daher Gellerts Anmahnungen werden! den ich, bei seiner ohnehin lakonischen Behandlungsart, womit er unsere Zudringlichkeit abzulehnen genötigt war, mit solchen wunderlichen Fragen nicht belästigen wollte, um so weniger, als ich mich derselben in heiteren Stunden selbst schämte, und zuletzt diese seltsame Gewissensangst mit Kirche und Altar völlig hinter mir ließ.

Gellert hatte sich nach seinem frommen Gemüt eine Moral aufgesetzt, welche er von Zeit zu Zeit öffentlich ablas, und sich dadurch gegen das Publikum auf eine ehrenvolle

Weise seiner Pflicht entledigte. Gellerts Schriften waren so lange Zeit schon das Fundament der deutschen sittlichen Kultur, und jedermann wünschte sehnlich, jenes Werk gedruckt zu sehen, und da dieses nur nach des guten Mannes Tode geschehen sollte, so hielt man sich sehr glücklich, es bei seinem Leben von ihm selbst vortragen zu hören. Das philosophische Auditorium war in solchen Stunden gedrängt voll, und die schöne Seele, der reine Wille, die Teilnahme des edlen Mannes an unserem Wohl, seine Ermahnungen, Warnungen und Bitten, in einem etwas hohlen und traurigen Tone vorgebracht, machten wohl einen augenblicklichen Eindruck; allein er hielt nicht lange nach, um so weniger, als sich doch manche Spötter fanden, welche diese weiche und, wie sie glaubten, entnervende Manier uns verdächtig zu machen wußten. Ich erinnere mich eines durchreisenden Franzosen, der sich nach den Maximen und Gesinnungen des Mannes erkundigte, welcher einen so ungeheueren Zulauf hatte. Als wir ihm den nötigen Bericht gegeben, schüttelte er den Kopf und sagte lächelnd: „Laissez le faire, il nous forme des dupes."

Und so wußte denn auch die gute Gesellschaft, die nicht leicht etwas Würdiges in ihrer Nähe dulden kann, den sittlichen Einfluß, welchen Gellert auf uns haben mochte, gelegentlich zu verkümmern. Bald wurde es ihm übel genommen, daß er die vornehmen und reichen Dänen, die ihm besonders empfohlen waren, besser als die übrigen Studierenden unterrichte, und eine ausgezeichnete Sorge für sie trage; bald wurde es ihm als Eigennutz und Nepotismus angerechnet, daß er eben für diese jungen Männer einen Mittagstisch bei seinem Bruder einrichten lassen. Dieser, ein großer, ansehnlicher, derber, kurz gebundener, etwas roher Mann, sollte Fechtmeister gewesen sein und, bei allzu großer Nachsicht seines Bruders, die edlen Tischgenossen manchmal hart und rauh behandeln; daher glaubte man nun wieder sich dieser jungen Leute annehmen zu müssen, und zerrte so den guten Namen des trefflichen Gellert dergestalt hin und wider, daß wir zuletzt, um nicht irre an ihm zu werden, gleichgültig gegen ihn wurden und uns nicht mehr vor ihm sehen ließen; doch grüßten wir ihn immer auf das beste, wenn er auf seinem zahmen Schimmel einhergeritten kam. Dieses Pferd hatte ihm der Kurfürst geschenkt, um ihn zu einer seiner Gesundheit so nötigen Bewegung zu verbinden; eine Auszeichnung, die ihm nicht leicht zu verzeihen war.

Und so rückte nach und nach der Zeitpunkt heran, wo mir alle Autorität verschwinden und ich selbst an den größten und besten Individuen, die ich gekannt oder mir gedacht hatte, zweifeln, ja verzweifeln sollte.

Friedrich der Zweite stand noch immer über allen vorzüglichen Männern des Jahrhunderts in meinen Gedanken, und es mußte mir daher sehr befremdend vorkommen, daß ich ihn so wenig vor den Einwohnern von Leipzig als sonst in meinem großväterlichen Hause loben durfte. Sie hatten freilich die Hand des Krieges schwer gefühlt, und es war ihnen deshalb nicht zu verargen, daß sie von demjenigen, der ihn begonnen und fortgesetzt, nicht das Beste dachten. Sie wollten ihn daher wohl für einen vorzüglichen, aber keineswegs für einen großen Mann gelten lassen. Es sei keine Kunst, sagten sie, mit großen Mitteln einiges zu leisten; und wenn man weder Länder, noch Geld, noch Blut schone, so könne man zuletzt schon seinen Vorsatz ausführen. Friedrich habe sich in keinem seiner Plane und in nichts, was er sich eigentlich vorgenommen, groß bewiesen. So lange es von ihm abgehangen, habe er nur immer Fehler gemacht, und das Außerordentliche sei nur alsdann zum Vorschein gekommen, wenn er genötigt gewesen, eben diese Fehler wieder gutzumachen; und bloß daher sei er zu dem großen Rufe gelangt, weil jeder Mensch sich dieselbige Gabe wünsche, die Fehler, die man häufig begeht, auf eine geschickte Weise wieder ins gleiche zu bringen. Man dürfe den Siebenjährigen Krieg nur Schritt vor Schritt durchgehen, so werde man finden, daß der König seine treffliche Armee ganz unnützer Weise aufgeopfert und selbst schuld daran gewesen, daß diese verderbliche Fehde sich so sehr in die Länge gezogen. Ein wahrhaft großer Mann und Heerführer wäre mit seinen Feinden viel geschwinder fertig geworden. Sie hatten, um diese Gesinnungen zu behaupten, ein unendliches Detail anzuführen, welches ich nicht zu leugnen wußte, und nach und nach die unbedingte Verehrung erkalten fühlte, die ich diesem merkwürdigen Fürsten von Jugend auf gewidmet hatte.

Wie mich nun die Einwohner von Leipzig um das angenehme Gefühl brachten, einen großen Mann zu verehren, so verminderte ein neuer Freund, den ich zu der Zeit gewann, gar sehr die Achtung, welche ich für meine gegenwärtigen Mitbürger hegte. Dieser Freund war einer der wunderlichsten Käuze, die es auf der Welt geben kann. Er hieß Behrisch und befand sich als Hofmeister bei dem jungen Grafen Lindenau. Schon sein Äußeres war sonderbar genug. Hager und wohlgebaut, weit in den Dreißigen, eine sehr große Nase und überhaupt markierte Züge; eine Haartour, die man wohl eine Perücke hätte nennen können, trug er vom Morgen bis in die Nacht, kleidete sich sehr nett und ging niemals aus, als den Degen an der Seite und den Hut unter dem Arm. Er war einer von den Menschen, die eine ganz besondere Gabe haben, die Zeit zu verderben, oder vielmehr, die aus nichts etwas zu machen wissen, um sie zu vertreiben. Alles, was er tat, mußte mit Langsamkeit und einem gewissen Anstand geschehen, den man affektiert hätte nennen können, wenn Behrisch nicht schon von Natur etwas Affektiertes in seiner Art gehabt hätte. Er ähnelte einem alten Franzosen, auch sprach und schrieb er sehr gut und leicht französisch. Seine größte Lust war, sich ernsthaft mit possenhaften Dingen zu beschäftigen, und irgend einen albernen Einfall bis ins Unendliche zu verfolgen. So trug er sich beständig grau, und weil die verschiedenen Teile seines Anzugs von verschiedenen Zeugen und also auch Schattierungen waren, so konnte er tagelang darauf sinnen, wie er sich noch ein Grau mehr auf den Leib schaffen wollte, und war glücklich, wenn ihm das gelang und er uns beschämen konnte, die wir daran gezweifelt oder es für unmöglich erklärt hatten. Alsdann hielt er uns lange Strafpredigten über unseren Mangel an Erfindungskraft und über unsern Unglauben an seine Talente.

Übrigens hatte er gute Studien, war besonders in den neueren Sprachen und ihren Literaturen bewandert und schrieb eine vortreffliche Hand. Mir war er sehr gewogen, und ich, der ich immer gewohnt und geneigt war, mit älteren Personen umzugehen, attachierte mich bald an ihn. Mein Umgang diente auch ihm zur besonderen Unterhaltung, indem er Vergnügen daran fand, meine Unruhe und Ungeduld zu zähmen, womit ich ihm dagegen auch genug zu schaffen machte. In der Dichtkunst hatte er dasjenige, was man Geschmack nannte, ein gewisses allgemeines Urteil über das Gute und Schlechte, das Mittelmäßige und Zulässige; doch war sein Urteil mehr tadelnd, und er zerstörte noch den wenigen Glauben, den ich an gleichzeitige Schriftsteller bei mir hegte, durch lieblose Anmerkungen, die er über die Schriften und Gedichte dieses und jenes mit Witz und Laune vorzubringen wußte. Meine eigenen Sachen nahm er mit Nachsicht auf und ließ mich gewähren; nur unter der Bedingung, daß ich nichts sollte drucken lassen. Er versprach mir dagegen, daß er diejenigen Stücke, die er für gut hielt, selbst abschreiben und in einem schönen Bande mir verehren wolle. Dieses Unternehmen gab nun Gelegenheit zu dem größtmöglichsten Zeitverderb. Denn eh er das rechte Papier finden, ehe er mit sich über das Format einig werden konnte, ehe er die Breite des Randes und die innere Form der Schrift bestimmt hatte, ehe die Rabenfedern herbeigeschafft, geschnitten und Tusche eingerieben war, vergingen ganze Wochen, ohne daß auch das mindeste geschehen wäre. Mit eben solchen Umständen begab er sich denn jedesmal ans Schreiben, und brachte wirklich nach und nach ein allerliebstes Manuskript zusammen. Die Titel der Gedichte waren Fraktur, die Verse selbst von einer stehenden sächsischen Handschrift, an dem Ende eines jeden Gedichtes eine analoge Vignette, die er entweder irgendwo ausgewählt oder auch wohl selbst erfunden hatte, wobei er die Schraffuren der Holzschnitte und Druckerstöcke, die man bei solcher Gelegenheit braucht, gar zierlich nachzuahmen wußte. Mir diese Dinge, indem er fortrückte, vorzuzeigen, mir das Glück auf eine komisch-pathetische Weise vorzurühmen, daß ich mich in so vortrefflicher Handschrift verewigt sah, und zwar auf eine Art, die keine Druckerpresse zu erreichen imstande sei, gab abermals Veranlassung, die schönsten Stunden durchzubringen.

Indessen war sein Umgang wegen der schönen Kenntnisse, die er besaß, doch immer im stillen lehrreich, und, weil er mein unruhiges, heftiges Wesen zu dämpfen wußte, auch im sittlichen Sinne für mich ganz heilsam. Auch hatte er einen ganz besonderen Widerwillen gegen alles Rohe, und seine Späße waren durchaus barock, ohne jemals ins Derbe oder Triviale zu fallen. Gegen seine Landsleute erlaubte er sich eine fratzenhafte Abneigung, und schilderte, was sie auch vornehmen mochten, mit lustigen Zügen. Besonders war er unerschöpflich, einzelne Menschen komisch darzustellen; wie er denn an dem Äußeren eines jeden etwas auszusetzen fand. So konnte er sich, wenn wir zusammen am Fenster lagen, stundenlang beschäftigen, die Vorübergehenden zu rezensieren und, wenn er genugsam an ihnen getadelt, genau und umständlich anzuzeigen, wie sie sich eigentlich hätten kleiden sollen, wie sie gehen, wie sie sich betragen müßten, um als ordentliche Leute zu erscheinen. Dergleichen Vorschläge liefen meistenteils auf etwas Ungehöriges und Abgeschmacktes hinaus, so daß man nicht sowohl lachte über das, wie der Mensch aussah, sondern darüber, wie er allenfalls hätte aussehen können, wenn er verrückt genug gewesen wäre, sich zu verbilden. In allen solchen Dingen ging er ganz unbarmherzig zu Werk, ohne daß er nur im mindesten boshaft gewesen wäre. Dagegen wußten wir ihn von unserer Seite zu quälen, wenn wir versicherten, daß man ihn nach seinem Äußeren, wo nicht für einen französischen Tanzmeister, doch wenigstens für den akademischen Sprachmeister ansehen müsse. Dieser Vorwurf war denn gewöhnlich das Signal zu stundenlangen Abhandlungen, worin er den himmelweiten Unterschied herauszusetzen pflegte, der zwischen ihm und einem alten Franzosen obwalte. Hierbei bürdete er uns gewöhnlich allerlei ungeschickte Vorschläge auf, die wir ihm zu Veränderung und Modifizierung seiner Garderobe hätten tun können.

Die Richtung meines Dichtens, das ich nur um desto eifriger trieb, als die Abschrift schöner und sorgfältiger vorrückte, neigte sich nunmehr gänzlich zum Natürlichen, zum Wahren; und wenn die Gegenstände auch nicht immer bedeutend sein konnten, so suchte ich sie doch immer rein und scharf auszudrücken, um so mehr, als mein Freund mir öfters zu bedenken gab, was das heißen wolle, einen Vers mit der Rabenfeder und Tusche auf holländisch Papier schreiben, was dazu für Zeit, Talent und Anstrengung gehöre, die man an nichts Leeres und Überflüssiges verschwenden dürfe. Dabei pflegte er gewöhnlich ein fertiges Heft aufzuschlagen und umständlich auseinander zu setzen, was an dieser oder jener Stelle nicht stehen dürfe, und uns glücklich zu preisen, daß es wirklich nicht da stehe. Er sprach hierauf mit großer Verachtung von der Buchdruckerei, agierte den Setzer, spottete über dessen Gebärden, über das eilige Hin- und Widergreifen, und leitete aus diesem Manœuvre alles Unglück der Literatur her. Dagegen erhob er den Anstand und die edle Stellung eines Schreibenden, und setzte sich sogleich hin, um sie uns vorzuzeigen, wobei er uns denn freilich ausschalt, daß wir uns nicht nach seinem Beispiel und Muster ebenso am Schreibtisch betrügen. Nun kam er wieder auf den Kontrast mit dem Setzer zurück, kehrte einen angefangenen Brief das Oberste zu unterst, und zeigte, wie unanständig es sei, etwa von unten nach oben oder von der Rechten zur Linken zu schreiben, und was dergleichen Dinge mehr waren, womit man ganze Bände anfüllen könnte.

Mit solchen unschädlichen Torheiten vergeudeten wir die schöne Zeit, wobei keinem eingefallen wäre, daß aus unserem Kreis zufällig etwas ausgehen würde, welches allgemeine Sensation erregen und uns nicht in den besten Leumund bringen sollte.

Gellert mochte wenig Freude an seinem Praktikum haben, und wenn er allenfalls Lust empfand, einige Anleitung im prosaischen und poetischen Stil zu geben, so tat er es privatissime nur wenigen, unter die wir uns nicht zählen durften. Die Lücke, die sich dadurch in dem öffentlichen Unterricht ergab, gedachte Professor Clodius auszufüllen, der sich im Literarischen, Kritischen und Poetischen einigen Ruf erworben hatte und als ein junger, munterer, zutätiger Mann sowohl bei der Akademie als in der Stadt viel Freunde fand. An die nunmehr von ihm übernommene Stunde wies uns Gellert selbst, und was die Hauptsache betraf, so merkten wir wenig Unterschied. Auch er kritisierte nur das einzelne, korrigierte gleichfalls mit roter Tinte, und man befand sich in Gesellschaft von lauter Fehlern, ohne eine Aussicht zu haben, worin das Rechte zu suchen sei? Ich hatte ihm einige von meinen kleinen Arbeiten gebracht, die er nicht übel behandelte. Allein gerade zu jener Zeit schrieb man mir von Hause, daß ich auf die Hochzeit meines Oheims notwendig ein Gedicht liefern müsse. Ich fühlte mich so weit von jener leichten und leichtfertigen Periode entfernt, in welcher mir ein Ähnliches Freude gemacht hätte, und da ich der Lage selbst nichts abgewinnen konnte, so dachte ich meine Arbeit mit äußerlichem Schmuck auf das beste herauszustutzen. Ich versammelte daher den ganzen Olymp, um über die Heirat eines Frankfurter Rechtsgelehrten zu ratschlagen; und zwar ernsthaft genug, wie es sich zum Feste eines solchen Ehrenmanns wohl schickte. Venus und Themis hatten sich um seinetwillen überworfen; doch ein schelmischer Streich, den Amor der letzteren spielte, ließ jene den Prozeß gewinnen, und die Götter entschieden für die Heirat.

Die Arbeit mißfiel mir keineswegs. Ich erhielt von Hause darüber ein schönes Belobungsschreiben, bemühte mich mit einer nochmaligen guten Abschrift und hoffte meinem Lehrer doch auch einigen Beifall abzunötigen. Allein hier hatte ich's schlecht getroffen. Er nahm die Sache streng, und indem er das Parodistische, was denn doch in dem Einfall lag, gar nicht beachtete, so erklärte er den großen Aufwand von göttlichen Mitteln zu einem so geringen menschlichen Zweck für äußerst tadelnswert, verwies den Gebrauch und Mißbrauch solcher mythologischen Figuren als eine falsche, aus pedantischen Zeiten sich herschreibende Gewohnheit, fand den Ausdruck bald zu hoch, bald zu niedrig, und hatte zwar im einzelnen der roten Tinte nicht geschont, versicherte jedoch, daß er noch zu wenig getan habe.

Solche Stücke wurden zwar anonym vorgelesen und rezensiert; allein man paßte einander auf, und es blieb kein Geheimnis, daß diese verunglückte Götterversammlung mein Werk gewesen sei. Da mir jedoch seine Kritik, wenn ich seinen Standpunkt annahm, ganz richtig zu sein schien, und jene Gottheiten, näher besehen, freilich nur hohle Scheingestalten waren, so verwünschte ich den gesamten Olymp, warf das ganze mythische Pantheon weg, und seit jener Zeit sind Amor und Luna die einzigen Gottheiten, die in meinen kleinen Gedichten allenfalls auftreten.

Unter den Personen, welche sich Behrisch zu Zielscheiben seines Witzes erlesen hatte, stand gerade Clodius obenan; auch war es nicht schwer, ihm eine komische Seite abzugewinnen. Als eine kleine, etwas starke, gedrängte Figur war er in seinen Bewegungen heftig, etwas fahrig in seinen Äußerungen und unstet in seinem Betragen. Durch alles dies unterschied er sich von seinen Mitbürgern, die ihn jedoch, wegen seiner guten Eigenschaften und der schönen Hoffnungen, die er gab, recht gern gelten ließen.

Man übertrug ihm gewöhnlich die Gedichte, welche sich bei feierlichen Gelegenheiten notwendig machten. Er folgte in der sogenannten Ode der Art, deren sich Ramler bediente, den sie aber auch ganz allein kleidete. Clodius aber hatte sich als Nachahmer besonders die fremden Worte gemerkt, wodurch jene Ramlerschen Gedichte mit einem majestätischen Pompe auftreten, der, weil er der Größe seines Gegenstandes und der übrigen poetischen Behandlung gemäß ist, auf Ohr, Gemüt und Einbildungskraft eine sehr gute Wirkung tut. Bei Clodius hingegen erschienen diese Ausdrücke fremdartig, indem seine Poesie übrigens nicht geeignet war, den Geist auf irgend eine Weise zu erheben.

Solche Gedichte mußten wir nun oft schön gedruckt und höchlich gelobt vor uns sehen, und wir fanden es höchst anstößig, daß er, der uns die heidnischen Götter verkümmert hatte, sich nun eine andere Leiter auf den Parnaß aus griechischen und römischen Wortsprossen zusammenzimmern wollte. Diese oft wiederkehrenden Ausdrücke prägten sich fest in unser Gedächtnis, und zu lustiger Stunde, da wir in den Kohlgärten den trefflichsten Kuchen verzehrten, fiel mir auf einmal ein, jene Kraft- und Machtworte in ein Gedicht an den Kuchenbäcker Hendel zu versammeln. Gedacht, getan! Und so stehe es denn auch hier, wie es an eine Wand des Hauses mit Bleistift angeschrieben wurde.

O Hendel, dessen Ruhm vom Süd zum Norden reicht,
Vernimm den Päan, der zu deinen Ohren steigt!
Du bäckst, was Gallier und Briten emsig suchen,
Mit schöpfrischem Genie, originelle Kuchen.
Des Kaffees Ozean, der sich vor dir ergießt,
Ist süßer als der Saft, der vom Hymettus fließt.
Dein Haus, ein Monument, wie wir den Künsten lohnen,
Umhangen mit Trophän, erzählt den Nationen:
Auch ohne Diadem fand Hendel hier sein Glück,
Und raubte dem Kothurn gar manch Achtgroschenstück.
Glänzt deine Urn dereinst in majestät'schem Pompe,
Dann weint der Patriot an deiner Katakombe.
Doch leb! dein Torus sei von edler Brut ein Nest,
Steh hoch wie der Olymp, wie der Parnassus fest!
Kein Phalanx Griechenlands mit römischen Ballisten
Vermög Germanien und Hendeln zu verwüsten.
Dein Wohl ist unser Stolz, dein Leiden unser Schmerz,
Und Hendels Tempel ist der Musensöhne Herz.

Dieses Gedicht stand lange Zeit unter so vielen anderen, welche die Wände jener Zimmer verunzierten, ohne bemerkt zu werden, und wir, die wir uns genugsam daran ergetzt hatten, vergaßen es ganz und gar über anderen Dingen. Geraume Zeit hernach trat Clodius mit seinem „Medon" hervor, dessen Weisheit, Großmut und Tugend wir unendlich lächerlich fanden, so sehr auch die erste Vorstellung des Stücks beklatscht wurde. Ich machte gleich abends, als wir zusammen in unser Weinhaus kamen, einen Prolog in Knittelversen, wo Arlekin mit zwei großen Säcken auftritt, sie an beide Seiten des Proszeniums stellt und nach verschiedenen vorläufigen Späßen den Zuschauern vertraut, daß in den beiden Säcken moralisch-ästhetischer Sand befindlich sei, den ihnen die Schauspieler sehr häufig in die Augen werfen würden. Der eine sei nämlich mit Wohltaten gefüllt, die nichts kosteten, und der andere mit prächtig ausgedrückten Gesinnungen, die nichts hinter sich hätten. Er entfernte sich ungern und kam einigemal wieder, ermahnte die Zuschauer ernstlich, sich an seine Warnung zu kehren und die Augen zuzumachen, erinnerte sie, wie er immer ihr Freund gewesen und es gut mit ihnen gemeint, und was dergleichen Dinge mehr waren. Dieser

Prolog wurde auf der Stelle von Freund Horn im Zimmer gespielt, doch blieb der Spaß ganz unter uns, es ward nicht einmal eine Abschrift genommen und das Papier verlor sich bald. Horn jedoch, der den Arlekin ganz artig vorgestellt hatte, ließ sich's einfallen, mein Gedicht an Hendel um mehrere Verse zu erweitern und es zunächst auf den „Medon" zu beziehen. Er las es uns vor, und wir konnten keine Freude daran haben, weil wir die Zusätze nicht eben geistreich fanden, und das erste, in einem ganz anderen Sinn geschriebene Gedicht uns entstellt vorkam. Der Freund, unzufrieden über unsere Gleichgültigkeit, ja unseren Tadel, mochte es anderen vorgezeigt haben, die es neu und lustig fanden. Nun machte man Abschriften davon, denen der Ruf des Clodiusischen „Medons" sogleich eine schnelle Publizität verschaffte. Allgemeine Mißbilligung erfolgte hierauf, und die Urheber (man hatte bald erfahren, daß es aus unserer Clique hervorgegangen war) wurden höchlich getadelt: denn seit Cronegks und Rosts Angriffen auf Gottsched war dergleichen nicht wieder vorgekommen. Wir hatten uns ohnehin früher schon zurückgezogen, und nun befanden wir uns gar im Falle der Schuhus gegen die übrigen Vögel. Auch in Dresden mochte man die Sache nicht gut finden, und sie hatte für uns, wo nicht unangenehme, doch ernste Folgen. Der Graf Lindenau war schon eine Zeitlang mit dem Hofmeister seines Sohnes nicht ganz zufrieden. Denn obgleich der junge Mann keineswegs vernachlässigt wurde und Behrisch sich entweder in dem Zimmer des jungen Grafen oder wenigstens daneben hielt, wenn die Lehrmeister ihre täglichen Stunden gaben, die Kollegia mit ihm sehr ordentlich frequentierte, bei Tage nicht ohne ihn ausging, auch denselben auf allen Spaziergängen begleitete; so waren wir andern doch auch immer in Apels Hause zu finden und zogen mit, wenn man lustwandelte; das machte schon einiges Aufsehen. Behrisch gewöhnte sich auch an uns, gab zuletzt meistenteils abends gegen neun Uhr seinen Zögling in die Hände des Kammerdieners und suchte uns im Weinhause auf, wohin er jedoch niemals anders als in Schuhen und Strümpfen, den Degen an der Seite und gewöhnlich den Hut unterm Arm zu kommen pflegte. Die Späße und Torheiten, die er insgemein angab, gingen ins Unendliche. So hatte z. B. einer unserer Freunde die Gewohnheit, Punkt zehne wegzugehen, weil er mit einem hübschen Kinde in Verbindung stand, mit welchem er sich nur um diese Zeit unterhalten konnte. Wir vermißten ihn ungern, und Behrisch nahm sich eines Abends, wo wir sehr vergnügt zusammen waren, im stillen vor, ihn diesmal nicht wegzulassen. Mit dem Schlage zehn stand jener auf und empfahl sich. Behrisch rief ihn an und bat, einen Augenblick zu warten, weil er gleich mitgehen wolle. Nun begann er auf die anmutigste Weise erst nach seinem Degen zu suchen, der doch ganz vor den Augen stand, und gebärdete sich beim Anschnallen desselben so ungeschickt, daß er damit niemals zustande kommen konnte. Er machte es auch anfangs so natürlich, daß niemand ein Arges dabei hatte. Als er aber, um das Thema zu variieren, zuletzt weiter ging, daß der Degen bald auf die rechte Seite, bald zwischen die Beine kam, so entstand ein allgemeines Gelächter, in das der Forteilende, welcher gleichfalls ein lustiger Geselle war, mit einstimmte, und Behrisch so lange gewähren ließ, bis die Schäferstunde vorüber war, da denn nun erst eine gemeinsame Lust und vergnügliche Unterhaltung bis tief in die Nacht erfolgte.

Unglücklicherweise hatte Behrisch, und wir durch ihn, noch einen gewissen anderen Hang zu einigen Mädchen, welche besser waren als ihr Ruf; wodurch denn aber unser Ruf nicht gefördert werden konnte. Man hatte uns manchmal in ihrem Garten gesehen, und wir lenkten auch wohl unsern Spaziergang dahin, wenn der junge Graf dabei war. Dieses alles mochte zusammen aufgespart und dem Vater zuletzt berichtet worden sein: genug, er suchte auf eine glimpfliche Weise den Hofmeister los zu werden, dem es jedoch zum Glück gereichte. Sein gutes Äußere, seine Kenntnisse und Talente, seine Rechtschaffenheit, an der niemand etwas auszusetzen wußte, hatten ihm die Neigung und Achtung vorzüglicher Personen erworben, auf deren Empfehlung er zu dem Erbprinzen von Dessau als Erzieher berufen wurde, und an dem Hofe eines in jeder Rücksicht trefflichen Fürsten ein solides Glück fand.

Der Verlust eines Freundes, wie Behrisch, war für mich von der größten Bedeutung. Er hatte mich verzogen, indem er mich bildete, und seine Gegenwart war nötig, wenn das einigermaßen für die Sozietät Frucht bringen sollte, was er an mich zu wenden für gut gefunden hatte. Er wußte mich zu allerlei Artigem und Schicklichem zu bewegen, was gerade am Platz war, und meine geselligen Talente herauszusetzen. Weil ich aber in solchen Dingen keine Selbständigkeit erworben hatte, so fiel ich gleich, da ich wieder allein war, in mein wirriges, störrisches Wesen zurück, welches immer zunahm, je unzufriedener ich über meine Umgebung war, indem ich mir einbildete, daß sie nicht mit mir zufrieden sei. Mit der willkürlichsten Laune nahm ich übel auf, was ich mir hätte zum Vorteil rechnen können, entfernte manchen dadurch, mit dem ich bisher in leidlichem Verhältnis gestanden hatte, und mußte bei mancherlei Widerwärtigkeiten, die ich mir und anderen, es sei nun im Tun oder Unterlassen, im Zuviel oder Zuwenig, zugezogen hatte, von Wohlwollenden die Bemerkung hören, daß es mir an Erfahrung fehle. Das gleiche sagte mir wohl irgend ein Gutdenkender, der meine Produktionen sah, besonders wenn sie sich auf die Außenwelt bezogen. Ich beobachtete diese, so gut ich konnte, fand aber daran wenig Erbauliches, und mußte noch immer genug von dem Meinigen hinzutun, um sie nur erträglich zu finden. Auch meinem Freunde Behrisch hatte ich manchmal zugesetzt, er solle mir deutlich machen, was Erfahrung sei? Weil er aber voller Torheiten steckte, so vertröstete er mich von einem Tage zum anderen und eröffnete mir zuletzt, nach großen Vorbereitungen: die wahre Erfahrung sei ganz eigentlich, wenn man erfahre, wie ein Erfahrner die Erfahrung erfahrend erfahren müsse. Wenn wir ihn nun hierüber äußerst ausschalten und zur Rede setzten, so versicherte er, hinter diesen Worten stecke ein großes Geheimnis, das wir alsdenn erst begreifen würden, wenn wir erfahren hätten, – und immer so weiter: denn es kostete ihm nichts, Viertelstunden lang so fortzusprechen; da denn das Erfahren immer erfahrner und zuletzt zur wahrhaften Erfahrung werden würde. Wollten wir über solche Possen verzweifeln, so beteuerte er, daß er diese Art, sich deutlich und eindrücklich zu machen, von den neusten und größten Schriftstellern gelernt, welche uns aufmerksam gemacht, wie man eine ruhige Ruhe ruhen und wie die Stille im Stillen immer stiller werden könnte.

Zufälligerweise rühmte man in guter Gesellschaft einen Offizier, der sich unter uns auf Urlaub befand, als einen vorzüglich wohldenkenden und erfahrnen Mann, der den Siebenjährigen Krieg mitgefochten und sich ein allgemeines Zutrauen erworben habe. Es fiel nicht schwer, mich ihm zu nähern, und wir spazierten öfters miteinander. Der Begriff von Erfahrung war beinah fix in meinem Gehirne geworden, und das Bedürfnis, mir ihn klar zu machen, leidenschaftlich. Offenmütig wie ich war, entdeckte ich ihm die Unruhe, in der ich mich befand. Er lächelte und war freundlich genug, mir, im Gefolg meiner Fragen, etwas von seinem Leben und von der nächsten Welt überhaupt zu erzählen, wobei freilich zuletzt wenig Besseres herauskam, als daß die Erfahrung uns überzeuge, daß unsere besten Gedanken, Wünsche und Vorsätze unerreichbar seien, und daß man denjenigen, welcher dergleichen Grillen hege und sie mit Lebhaftigkeit äußere, vornehmlich für einen unerfahrnen Menschen halte.

Da er jedoch ein wackerer, tüchtiger Mann war, so versicherte er mir, er habe diese Grillen selbst noch nicht ganz aufgegeben, und befinde sich bei dem wenigen Glaube, Liebe und Hoffnung, was ihm übrig geblieben, noch ganz leidlich. Er mußte mir darauf vieles vom Krieg erzählen, von der Lebensweise im Feld, von Scharmützeln und Schlachten, besonders insofern er Anteil daran genommen; da denn diese ungeheueren Ereignisse, indem sie auf ein einzelnes Individuum bezogen wurden, ein gar wunderliches Ansehen gewannen. Ich bewog ihn alsdann zu einer offenen Erzählung der kurz vorher bestandenen Hofverhältnisse, welche ganz märchenhaft zu sein schienen. Ich hörte von der körperlichen Stärke Augusts des Zweiten, den vielen Kindern desselben und seinem ungeheueren Aufwand, sodann von des Nachfolgers Kunst- und Sammlungslust, vom Grafen Brühl und dessen grenzenloser Prunkliebe, deren einzelnes beinahe abgeschmackt erschien, von so viel Festen und Prachtergetzungen, welche sämtlich durch den Einfall Friedrichs in Sachsen abgeschnitten worden. Nun lagen die königlichen Schlösser zerstört, die Brühlschen Herrlichkeiten vernichtet, und es war von allem nur ein sehr beschädigtes herrliches Land übrig geblieben.

Als er mich über jenen unsinnigen Genuß des Glücks verwundert, und sodann über das erfolgte Unglück betrübt sah, und mich bedeutete, wie man von einem erfahrnen Manne geradezu verlange, daß er über keins von beiden erstaunen, noch daran einen zu lebhaften Anteil nehmen solle; so fühlte ich große Lust, in meiner bisherigen Unerfahrenheit noch eine Weile zu verharren, worin er mich denn bestärkte und recht angelegentlich bat, ich möchte mich, bis auf weiteres, immer an die angenehmen Erfahrungen halten und die unangenehmen so viel als möglich abzulehnen suchen, wenn sie sich mir aufdringen sollten. Einst aber, als wieder im allgemeinen die Rede von Erfahrung war, und ich ihm jene possenhaften Phrasen des Freundes Behrisch erzählte, schüttelte er lächelnd den Kopf und sagte: „Da sieht man, wie es mit Worten geht, die nur einmal ausgesprochen sind! Diese da klingen so neckisch, ja so albern, daß es fast unmöglich scheinen dürfte, einen vernünftigen Sinn hineinzulegen; und doch ließe sich vielleicht ein Versuch machen."

Und als ich in ihn drang, versetzte er mit seiner verständig heiteren Weise: „Wenn Sie mir erlauben, indem ich Ihren Freund kommentiere und suppliere, in seiner Art fortzufahren, so dünkt mich, er habe sagen wollen, daß die Erfahrung nichts anderes sei, als daß man erfährt, was man nicht zu erfahren wünscht, worauf es wenigstens in dieser Welt meistens hinausläuft."

ACHTES BUCH

Ein anderer Mann, obgleich in jedem Betracht von Behrisch unendlich verschieden, konnte doch in einem gewissen Sinne mit ihm verglichen werden; ich meine Oesern, welcher auch unter diejenigen Menschen gehörte, die ihr Leben in einer bequemen Geschäftigkeit hinträumen. Seine Freunde selbst bekannten im stillen, daß er, bei einem sehr schönen Naturell, seine jungen Jahre nicht in genugsamer Tätigkeit verwendet, deswegen er auch nie dahin gelangt sei, die Kunst mit vollkommener Technik auszuüben. Doch schien ein gewisser Fleiß seinem Alter vorbehalten zu sein, und es fehlte ihm die vielen Jahre, die ich ihn kannte, niemals an Erfindung noch Arbeitsamkeit. Er hatte mich gleich den ersten Augenblick sehr an sich gezogen; schon seine Wohnung, wundersam und ahndungsvoll, war für mich höchst reizend. In dem alten Schlosse Pleißenburg ging man rechts in der Ecke eine erneute heitre Wendeltreppe hinauf. Die Säle der Zeichenakademie, deren Direktor er war, fand man sodann links, hell und geräumig; aber zu ihm selbst gelangte man nur durch einen engen dunklen Gang, an dessen Ende man erst den Eintritt zu seinen Zimmern suchte, zwischen deren Reihe und einem weitläuftigen Kornboden man soeben hergegangen war. Das erste Gemach war mit Bildern geschmückt aus der späteren italienischen Schule, von Meistern, deren Anmut er höchlich zu preisen pflegte. Da ich Privatstunden mit einigen Edelleuten bei ihm genommen hatte, so war uns erlaubt, hier zu zeichnen, und wir gelangten auch manchmal in sein daranstoßendes inneres Kabinett, welches zugleich seine wenigen Bücher, Kunst- und Naturaliensammlungen, und was ihn sonst zunächst interessieren mochte, enthielt. Alles war mit Geschmack, einfach und dergestalt geordnet, daß der kleine Raum sehr vieles umfaßte. Die Möbeln, Schränke, Portefeuilles elegant ohne Ziererei oder Überfluß. So war auch das erste, was er uns empfahl und worauf er immer wieder zurückkam, die Einfalt in allem, was Kunst und Handwerk vereint hervorzubringen berufen sind. Als ein abgesagter Feind des Schnörkel- und Muschelwesens und des ganzen barocken Geschmacks zeigte er uns dergleichen in Kupfer gestochne und gezeichnete alte Muster im Gegensatz mit besseren Verzierungen und einfacheren Formen der Möbel sowohl als anderer Zimmerumgebungen, und weil alles um ihn her mit diesen Maximen übereinstimmte, so machten die Worte und Lehren auf uns einen guten und dauernden Eindruck. Auch außerdem hatte er Gelegenheit, uns seine Gesinnungen praktisch sehen zu lassen, indem er sowohl bei Privat- als Regimentspersonen in gutem Ansehen stand und bei neuen Bauten und Veränderungen um Rat gefragt wurde. Überhaupt schien er geneigter zu sein, etwas gelegentlich, zu einem gewissen Zweck und Gebrauch zu verfertigen, als daß er für sich bestehende Dinge, welche eine größere Vollendung verlangen, unternommen und ausgearbeitet hätte: deshalb er auch immer bereit und zur Hand war, wenn die Buchhändler größere und kleinere Kupfer zu irgend einem Werk verlangten; wie denn die Vignetten zu Winckelmanns ersten Schriften von ihm radiert sind. Oft aber machte er nur sehr skizzenhafte Zeichnungen, in welche sich Geyser ganz gut zu schicken verstand. Seine Figuren hatten durchaus etwas Allgemeines, um nicht zu sagen Ideelles. Seine Frauen waren angenehm und gefällig, seine Kinder naiv genug; nur mit den Männern wollte es nicht fort, die, bei seiner zwar geistreichen, aber doch immer nebulistischen und zugleich abbrevierenden Manier, meistenteils das Ansehn von Lazzaroni erhielten. Da er seine Kompositionen überhaupt weniger auf Form als auf Licht, Schatten und Massen berechnete, so nahmen sie sich im ganzen gut aus; wie denn alles, was er tat und hervorbrachte, von einer eignen Grazie begleitet war. Weil er nun dabei eine eingewurzelte Neigung zum Bedeutenden, Allegorischen, einen Nebengedanken Erregenden nicht bezwingen konnte noch wollte; so gaben seine Werke immer etwas zu sinnen und wurden vollständig durch einen Begriff, da sie es der Kunst und der Ausführung nach nicht sein konnten. Diese Richtung, welche immer gefährlich ist, führte ihn manchmal bis an die Grenze des guten Geschmacks, wo nicht gar darüber hinaus. Seine Absichten suchte er oft durch die wunderlichsten Einfälle und durch grillenhafte Scherze zu erreichen; ja, seinen besten Arbeiten ist stets ein humoristischer Anstrich verliehen. War das Publikum mit solchen Dingen nicht immer zufrieden, so rächte er sich durch eine neue, noch wunderlichere Schnurre. So stellte er später in dem Vorzimmer des großen Konzertsaales eine ideale Frauenfigur seiner Art vor, die eine Lichtschere nach einer Kerze hinbewegte, und er freute sich außerordentlich, wenn er veranlassen konnte, daß man über die Frage stritt, ob diese seltsame Muse das Licht zu putzen oder auszulöschen gedenke? wo er denn allerlei neckische Beigedanken schelmisch hervorblicken ließ.

Doch machte die Erbauung des neuen Theaters zu meiner Zeit das größte Aufsehen, in welchem sein Vorhang, da er noch ganz neu war, gewiß eine außerordentlich liebliche Wirkung tat. Oeser hatte die Musen aus den Wolken, auf denen sie bei solchen Gelegenheiten gewöhnlich schweben, auf die Erde versetzt. Einen Vorhof zum Tempel des Ruhms schmückten die Statuen des Sophokles und Aristophanes, um welche sich alle neuere Schauspieldichter versammelten. Hier nun waren die Göttinnen der Künste gleichfalls gegenwärtig und alles würdig und schön. Nun aber kommt das Wunderliche! Durch die freie Mitte sah man das Portal des fernstehenden Tempels, und ein Mann in leichter Jacke ging zwischen beiden obgedachten Gruppen, ohne sich um sie zu bekümmern, hindurch, gerade auf den Tempel los; man sah ihn daher im Rücken, er war nicht besonders ausgezeichnet. Dieser nun sollte Shakespearen bedeuten, der ohne Vorgänger und Nachfolger, ohne sich um die Muster zu bekümmern, auf seine eigne Hand der Unsterblichkeit entgegengehe. Auf dem großen Boden über dem neuen Theater ward dieses Werk vollbracht. Wir versammelten uns dort oft um ihn, und ich habe ihm daselbst die Aushängebogen von „Musarion“ vorgelesen.

Was mich betraf, so rückte ich in Ausübung der Kunst keineswegs weiter. Seine Lehre wirkte auf unsern Geist und unsern Geschmack; aber seine eigne Zeichnung war zu unbestimmt, als daß sie mich, der ich an den Gegenständen der Kunst und Natur auch nur hindämmerte, hätte zu einer strengen und entschiedenen Ausübung anleiten sollen. Von den Gesichtern und Körpern selbst überlieferte er uns mehr die Ansichten als die Formen, mehr die Gebärden als die Proportionen. Er gab uns die Begriffe von den Gestalten, und verlangte, wir sollten sie in uns lebendig werden lassen. Das wäre denn auch schön und recht gewesen, wenn er nicht bloß Anfänger vor sich gehabt hätte. Konnte man ihm daher ein vorzügliches Talent zum Unterricht wohl absprechen; so mußte man dagegen bekennen, daß er sehr gescheit und weltklug sei, und daß eine glückliche Gewandtheit des Geistes ihn, in einem höhern Sinne, recht eigentlich zum Lehrer qualifiziere. Die Mängel, an denen jeder litt, sah er recht gut ein; er verschmähte jedoch, sie direkt zu rügen, und deutete vielmehr Lob und Tadel indirekt sehr lakonisch an. Nun mußte man über die Sache denken und kam in der Einsicht schnell um vieles weiter. So hatte ich z. B. auf blaues Papier einen Blumenstrauß, nach einer vorhandenen Vorschrift, mit schwarzer und weißer Kreide sehr sorgfältig ausgeführt, und teils mit Wischen, teils mit Schraffieren das kleine Bild hervorzuheben gesucht. Nachdem ich mich lange dergestalt bemüht, trat er einstens hinter mich und sagte: „Mehr Papier!“, worauf er sich sogleich entfernte. Mein Nachbar und ich zerbrachen uns den Kopf, was das heißen könne: denn mein Bouquet hatte auf einem großen halben Bogen Raum genug um sich her. Nachdem wir lange nachgedacht, glaubten wir endlich seinen Sinn zu treffen, wenn wir bemerkten, daß ich durch das Ineinanderarbeiten des Schwarzen und Weißen den blauen Grund ganz zugedeckt, die Mitteltinte zerstört und wirklich eine unangenehme Zeichnung mit großem Fleiß hervorgebracht hatte. Übrigens ermangelte er nicht, uns von der Perspektive, von Licht und Schatten zwar genugsam, doch immer nur so zu unterrichten, daß wir uns anzustrengen und zu quälen hatten, um eine Anwendung der überlieferten Grundsätze zu treffen. Wahrscheinlich war seine Absicht, an uns, die wir doch nicht Künstler werden sollten, nur die Einsicht und den Geschmack zu bilden, und uns mit den Erfordernissen eines Kunstwerkes bekannt zu machen, ohne gerade zu verlangen, daß wir es hervorbringen sollten. Da nun der Fleiß ohnehin meine Sache nicht war: denn es machte mir nichts Vergnügen, als was mich anflog, so wurde ich nach und nach, wo nicht lässig, doch mißmutig, und weil die Kenntnis bequemer ist als das Tun, so ließ ich mir gefallen, wohin er uns nach seiner Weise zu führen gedachte.

Zu jener Zeit war „Das Leben der Maler“ von d'Argenville ins Deutsche übersetzt; ich erhielt es ganz frisch und studierte es emsig genug. Dies schien Oesern zu gefallen, und er verschaffte uns Gelegenheit, aus den großen Leipziger Sammlungen manches Portefeuille zu sehen, und leitete uns dadurch zur Geschichte der Kunst ein. Aber auch diese Übungen brachten bei mir eine andere Wirkung hervor, als er im Sinn haben mochte. Die mancherlei Gegenstände, welche ich von den Künstlern behandelt sah, erweckten das poetische Talent in mir, und wie man ja wohl ein Kupfer zu einem Gedicht macht, so machte ich nun Gedichte zu den Kupfern und Zeichnungen, indem ich mir die darauf vorgestellten Personen in ihrem vorhergehenden und nachfolgenden Zustande zu vergegenwärtigen, bald auch ein kleines Lied, das ihnen wohl geziemt hätte, zu dichten wußte, und so mich gewöhnte, die Künste in Verbindung mit einander zu betrachten. Ja selbst die Fehlgriffe, die ich tat, daß meine Gedichte manchmal beschreibend wurden, waren mir in der Folge, als ich zu mehrerer Besinnung kam, nützlich, indem sie mich auf den Unterschied der Künste aufmerksam machten. Von solchen kleinen Dingen standen mehrere in der Sammlung, welche Behrisch veranstaltet hatte; es ist aber nichts davon übrig geblieben.

Das Kunst- und Geschmackselement, worin Oeser lebte, und auf welchem man selbst, insofern man ihn fleißig besuchte, getragen wurde, ward auch dadurch immer würdiger und erfreulicher, daß er sich gern abgeschiedener oder abwesender Männer erinnerte, mit denen er in Verhältnis gestanden hatte, oder solches noch immer forterhielt; wie er denn, wenn er jemanden einmal seine Achtung geschenkt, unveränderlich in dem Betragen gegen denselben blieb, und sich immer gleich geneigt erwies.

Nachdem wir unter den Franzosen vorzüglich Caylus hatten rühmen hören, machte er uns auch mit deutschen, in diesem Fache tätigen Männern bekannt. So erfuhren wir, daß Professor Christ als Liebhaber, Sammler, Kenner, Mitarbeiter der Kunst schöne Dienste geleistet, und seine Gelehrsamkeit zu wahrer Förderung derselben angewendet habe. Heinecken dagegen durfte nicht wohl genannt werden, teils weil er sich mit den allzu kindlichen Anfängen der deutschen Kunst, welche Oeser wenig schätzte, gar zu emsig abgab, teils weil er einmal mit Winckelmann unsäuberlich verfahren war, welches ihm denn niemals verziehen werden konnte. Auf Lipperts Bemühungen jedoch ward unsere Aufmerksamkeit kräftig hingeleitet, indem unser Lehrer das Verdienst derselben genugsam herauszusetzen wußte. Denn obgleich, sagte er, die Statuen und größeren Bildwerke Grund und Gipfel aller Kunstkenntnis blieben, so seien sie doch sowohl im Original als Abguß selten zu sehen, dahingegen durch Lippert eine kleine Welt von Gemmen bekannt werde, in welcher der Alten faßlicheres Verdienst, glückliche Erfindung, zweckmäßige Zusammenstellung, geschmackvolle Behandlung, auffallender und begreiflicher werde, auch bei so großer Menge die Vergleichung eher möglich sei. Indem wir uns nun damit, so viel als erlaubt war, beschäftigten, so wurde auf das hohe Kunstleben Winckelmanns in Italien hingedeutet, und wir nahmen dessen erste Schriften mit Andacht in die Hände: denn Oeser hatte eine leidenschaftliche Verehrung für ihn, die er uns gar leicht einzuflößen vermochte. Das Problematische jener kleinen Aufsätze, die sich noch dazu durch Ironie selbst verwirren und sich auf ganz spezielle Meinungen und Ereignisse beziehen, vermochten wir zwar nicht zu entziffern; allein weil Oeser viel Einfluß darauf gehabt, und er das Evangelium des Schönen, mehr noch des Geschmackvollen und Angenehmen, auch uns unablässig überlieferte, so fanden wir den Sinn im allgemeinen wieder und dünkten uns bei solchen Auslegungen um desto sicherer zu gehen, als wir es für kein geringes Glück achteten, aus derselben Quelle zu schöpfen, aus der Winckelmann seinen ersten Durst gestillt hatte.

Einer Stadt kann kein größeres Glück begegnen, als wenn mehrere im Guten und Rechten gleichgesinnte, schon gebildete Männer daselbst neben einander wohnen. Diesen Vorzug hatte Leipzig und genoß ihn um so friedlicher, als sich noch nicht so manche Entzweiungen des Urteils hervorgetan hatten. Huber, Kupferstichsammler und wohlgeübter Kenner, hatte noch außerdem das dankbar anerkannte Verdienst, daß er den Wert der deutschen Literatur auch den Franzosen bekannt zu machen gedachte; Kreuchauff, Liebhaber mit geübtem Blick, der, als Freund der ganzen Kunstsozietät, alle Sammlungen für die seinigen ansehen konnte; Winkler, der die einsichtsvolle Freude, die er an seinen Schätzen hegte, sehr gern mit anderen teilte; mancher andere, der sich anschloß: alle lebten und wirkten nur in einem Sinne, und ich wüßte mich nicht zu erinnern, so oft ich auch, wenn sie Kunstwerke durchsahen, beiwohnen durfte, daß jemals ein Zwiespalt entstanden wäre: immer kam, billiger Weise, die Schule in Betracht, aus welcher der Künstler hervorgegangen, die Zeit, in der er gelebt, das besondere Talent, das ihm die Natur verliehen, und der Grad, auf welchen er es in der Ausführung gebracht. Da war keine Vorliebe weder für geistliche noch für weltliche Gegenstände, für ländliche oder für städtische, lebendige oder leblose; die Frage war immer nach dem Kunstgemäßen.

Ob sich nun gleich diese Liebhaber und Sammler, nach ihrer Lage, Sinnesart, Vermögen und Gelegenheit, mehr gegen die niederländische Schule richteten, so ward doch, indem man sein Auge an den unendlichen Verdiensten der nordwestlichen Künstler übte, ein sehnsuchtsvoll verehrender Blick nach Südosten immer offen gehalten.

Und so mußte die Universität, wo ich die Zwecke meiner Familie, ja meine eignen versäumte, mich in demjenigen begründen, worin ich die größte Zufriedenheit meines Lebens finden sollte; auch ist mir der Eindruck jener Lokalitäten, in welchen ich so bedeutende Anregungen empfangen, immer höchst lieb und wert geblieben. Die alte Pleißenburg, die Zimmer der Akademie, vor allen aber Oesers Wohnung, nicht weniger die Winklersche und Richtersche Sammlungen habe ich noch immer lebhaft gegenwärtig.

Ein junger Mann jedoch, der, indem sich ältere unter einander von schon bekannten Dingen unterhalten, nur beiläufig unterrichtet wird, und welchem das schwerste Geschäft, das alles zurecht zu legen, dabei überlassen bleibt, muß sich in einer sehr peinlichen Lage befinden. Ich sah mich daher mit anderen sehnsuchtsvoll nach einer neuen Erleuchtung um, die uns denn auch durch einen Mann kommen sollte, dem wir schon so viel schuldig waren.

Auf zweierlei Weise kann der Geist höchlich erfreut werden, durch Anschauung und Begriff. Aber jenes erfordert einen würdigen Gegenstand, der nicht immer bereit, und eine verhältnismäßige Bildung, zu der man nicht gerade gelangt ist. Der Begriff hingegen will nur Empfänglichkeit, er bringt den Inhalt mit, und ist selbst das Werkzeug der Bildung. Daher war uns jener Lichtstrahl höchst willkommen, den der vortrefflichste Denker durch düstre Wolken auf uns herableitete. Man muß Jüngling sein, um sich zu vergegenwärtigen, welche Wirkung Lessings „Laokoon“ auf uns ausübte, indem dieses Werk uns aus der Region eines kümmerlichen Anschauens in die freien Gefilde des Gedankens hinriß. Das so lange mißverstandene ut pictura poesis war auf einmal beseitigt, der Unterschied der bildenden und Redekünste klar, die Gipfel beider erschienen nun getrennt, wie nah ihre Basen auch zusammenstoßen mochten. Der bildende Künstler sollte sich innerhalb der Grenze des Schönen halten, wenn dem redenden, der die Bedeutung jeder Art nicht entbehren kann, auch darüber hinauszuschweifen vergönnt wäre. Jener arbeitet für den äußeren Sinn, der nur durch das Schöne befriedigt wird, dieser für die Einbildungskraft, die sich wohl mit dem Häßlichen noch abfinden mag. Wie vor einem Blitz erleuchteten sich uns alle Folgen dieses herrlichen Gedankens, alle bisherige anleitende und urteilende Kritik ward, wie ein abgetragener Rock, weggeworfen, wir hielten uns von allem Übel erlöst, und glaubten mit einigem Mitleid auf das sonst so herrliche sechzehnte Jahrhundert herabblicken zu dürfen, wo man in deutschen Bildwerken und Gedichten das Leben nur unter der Form eines schellenbehangenen Narren, den Tod unter der Unform eines klappernden Gerippes, sowie die notwendigen und zufälligen Übel der Welt unter dem Bilde des fratzenhaften Teufels zu vergegenwärtigen wußte.

Am meisten entzückte uns die Schönheit jenes Gedankens, daß die Alten den Tod als den Bruder des Schlafs anerkannt, und beide, wie es Menächmen geziemt, zum Verwechseln gleich gebildet. Hier konnten wir nun erst den Triumph des Schönen höchlich feiern, und das Häßliche jeder Art, da es doch einmal aus der Welt nicht zu vertreiben ist, im Reiche der Kunst nur in den niedrigen Kreis des Lächerlichen verweisen.

Die Herrlichkeit solcher Haupt- und Grundbegriffe erscheint nur dem Gemüt, auf welches sie ihre unendliche Wirksamkeit ausüben, erscheint nur der Zeit, in welcher sie ersehnt, im rechten Augenblick hervortreten. Da beschäftigen sich die, welchen mit solcher Nahrung gedient ist, liebevoll ganze Epochen ihres Lebens damit und erfreuen sich eines überschwenglichen Wachstums, indessen es nicht an Menschen fehlt, die sich auf der Stelle einer solchen Wirkung widersetzen, und nicht an andern, die in der Folge an dem hohen Sinne markten und mäkeln.

Wie sich aber Begriff und Anschauung wechselsweise fordern, so konnte ich diese neuen Gedanken nicht lange verarbeiten, ohne daß ein unendliches Verlangen bei mir entstanden wäre, doch einmal bedeutende Kunstwerke in größerer Masse zu erblicken. Ich entschied mich daher, Dresden ohne Aufenthalt zu besuchen. An der nötigen Barschaft fehlte es mir nicht; aber es waren andere Schwierigkeiten zu überwinden, die ich durch mein grillenhaftes Wesen noch ohne Not vermehrte: denn ich hielt meinen Vorsatz vor jedermann geheim, weil ich die dortigen Kunstschätze ganz nach eigner Art zu betrachten wünschte und, wie ich meinte, mich von niemand wollte irre machen lassen. Außer diesem ward durch noch eine andre Wunderlichkeit eine so einfache Sache verwickelter.

Wir haben angeborne und anerzogene Schwächen, und es möchte noch die Frage sein, welche von beiden uns am meisten zu schaffen geben. So gern ich mich mit jeder Art von Zuständen bekannt machte und dazu manchen Anlaß gehabt hatte, war mir doch von meinem Vater eine äußerste Abneigung gegen alle Gasthöfe eingeflößt worden. Auf seinen Reisen durch Italien, Frankreich und Deutschland hatte sich diese Gesinnung fest bei ihm eingewurzelt. Ob er gleich selten in Bildern sprach, und dieselben nur, wenn er sehr heiter war, zu Hülfe rief; so pflegte er doch manchmal zu wiederholen: in dem Tore eines Gasthofs glaube er immer ein großes Spinnengewebe ausgespannt zu sehen, so künstlich, daß die Insekten zwar hineinwärts, aber selbst die privilegierten Wespen nicht ungerupft heraus fliegen könnten. Es schien ihm etwas Erschreckliches, dafür, daß man seinen Gewohnheiten und allem, was einem lieb im Leben wäre, entsagte und nach der Weise des Wirts und der Kellner lebte, noch übermäßig bezahlen zu müssen. Er pries die Hospitalität alter Zeiten, und so ungern er sonst auch etwas Ungewohntes im Hause duldete, so übte er doch Gastfreundschaft, besonders an Künstlern und Virtuosen; wie denn Gevatter Seekatz immer sein Quartier bei uns behielt, und Abel, der letzte Musiker, welcher die Gambe mit Glück und Beifall behandelte, wohl aufgenommen und bewirtet wurde. Wie hätte ich mich nun mit solchen Jugendeindrücken, die bisher durch nichts ausgelöscht worden, entschließen können, in einer fremden Stadt einen Gasthof zu betreten? Nichts wäre leichter gewesen, als bei guten Freunden ein Quartier zu finden; Hofrat Krebel, Assessor Hermann und andere hatten mir schon oft davon gesprochen: allein auch diesen sollte meine Reise ein Geheimnis bleiben, und ich geriet auf den wunderlichsten Einfall. Mein Stubennachbar, der fleißige Theolog, dem seine Augen leider immer mehr ablegten, hatte einen Verwandten in Dresden, einen Schuster, mit dem er von Zeit zu Zeit Briefe wechselte. Dieser Mann war mir wegen seiner Äußerungen schon längst höchst merkwürdig geworden, und die Ankunft eines seiner Briefe ward von uns immer festlich gefeiert. Die Art, womit er die Klagen seines die Blindheit befürchtenden Vetters erwiderte, war ganz eigen: denn er bemühte sich nicht um Trostgründe, welche immer schwer zu finden sind; aber die heitere Art, womit er sein eignes enges, armes, mühseliges Leben betrachtete, der Scherz, den er selbst den Übeln und Unbequemlichkeiten abgewann, die unverwüstliche Überzeugung, daß das Leben an und für sich ein Gut sei, teilte sich demjenigen mit, der den Brief las, und versetzte ihn, wenigstens für Augenblicke, in eine gleiche Stimmung. Enthusiastisch wie ich war, hatte ich diesen Mann öfters verbindlich grüßen lassen, seine glückliche

Naturgabe gerühmt und den Wunsch, ihn kennen zu lernen, geäußert. Dieses alles vorausgesetzt, schien mir nichts natürlicher, als ihn aufzusuchen, mich mit ihm zu unterhalten, ja bei ihm zu wohnen und ihn recht genau kennen zu lernen. Mein guter Kandidat gab mir, nach einigem Widerstreben, einen mühsam geschriebenen Brief mit, und ich fuhr, meine Matrikel in der Tasche, mit der gelben Kutsche sehnsuchtsvoll nach Dresden.

Ich suchte nach meinem Schuster und fand ihn bald in der Vorstadt. Auf seinem Schemel sitzend empfing er mich freundlich und sagte lächelnd, nachdem er den Brief gelesen: „Ich sehe hieraus, junger Herr, daß Ihr ein wunderlicher Christ seid." „Wie das, Meister?" versetzte ich. „Wunderlich ist nicht übel gemeint", fuhr er fort, „man nennt jemand so, der sich nicht gleich ist, und ich nenne Sie einen wunderlichen Christen, weil Sie sich in einem Stück als den Nachfolger des Herrn bekennen, in dem anderen aber nicht." Auf meine Bitte, mich aufzuklären, sagte er weiter: „Es scheint, daß Ihre Absicht ist, eine fröhliche Botschaft den Armen und Niedrigen zu verkündigen; das ist schön, und diese Nachahmung des Herrn ist löblich; Sie sollten aber dabei bedenken, daß er lieber bei wohlhabenden und reichen Leuten zu Tische saß, wo es gut herging, und daß er selbst den Wohlgeruch des Balsams nicht verschmähte, wovon Sie wohl bei mir das Gegenteil finden könnten."

Dieser lustige Anfang setzte mich gleich in guten Humor, und wir neckten einander eine ziemliche Weile herum. Die Frau stand bedenklich, wie sie einen solchen Gast unterbringen und bewirten solle? Auch hierüber hatte er sehr artige Einfälle, die sich nicht allein auf die Bibel, sondern auch auf Gottfrieds „Chronik" bezogen, und als wir einig waren, daß ich bleiben solle, so gab ich meinen Beutel, wie er war, der Wirtin zum Aufheben und ersuchte sie, wenn etwas nötig sei, sich daraus zu versehen. Da er es ablehnen wollte und mit einiger Schalkheit zu verstehen gab, daß er nicht so abgebrannt sei, als es aussehen möchte, so entwaffnete ich ihn dadurch, daß ich sagte: und wenn es auch nur wäre, um das Wasser in Wein zu verwandeln, so würde wohl, da heutzutage keine Wunder mehr geschehen, ein solches probates Hausmittel nicht am unrechten Orte sein. Die Wirtin schien mein Reden und Handeln immer weniger seltsam zu finden, wir hatten uns bald in einander geschickt und brachten einen sehr heiteren Abend zu. Er blieb sich immer gleich, weil alles aus einer Quelle floß. Sein Eigentum war ein tüchtiger Menschenverstand, der auf einem heiteren Gemüt ruhte und sich in der gleichmäßigen hergebrachten Tätigkeit gefiel. Daß er unablässig arbeitete, war sein Erstes und Notwendigstes, daß er alles übrige als zufällig ansah, dies bewahrte sein Behagen; und ich mußte ihn vor vielen andern in die Klasse derjenigen rechnen, welche praktische Philosophen, bewußtlose Weltweisen genannt wurden.

Die Stunde, wo die Galerie eröffnet werden sollte, mit Ungeduld erwartet, erschien. Ich trat in dieses Heiligtum, und meine Verwunderung überstieg jeden Begriff, den ich mir gemacht hatte. Dieser in sich selbst wiederkehrende Saal, in welchem Pracht und Reinlichkeit bei der größten Stille herrschten, die blendenden Rahmen, alle der Zeit noch näher, in der sie verguldet wurden, der gebohnte Fußboden, die mehr von Schauenden betretenen als von Arbeitenden benutzten Räume gaben ein Gefühl von Feierlichkeit, einzig in seiner Art, das um so mehr der Empfindung ähnelte, womit man ein Gotteshaus betritt, als der Schmuck so manches Tempels, der Gegenstand so mancher Anbetung hier abermals, nur zu heiligen Kunstzwecken aufgestellt erschien. Ich ließ mir die kursorische Demonstration meines Führers gar wohl gefallen, nur erbat ich mir, in der äußeren Galerie bleiben zu dürfen. Hier fand ich mich, zu meinem Behagen, wirklich zu Hause. Schon hatte ich Werke mehrerer Künstler gesehn, andere kannte ich durch Kupferstiche, andere dem Namen nach; ich verhehlte es nicht und flößte meinem Führer dadurch einiges Vertrauen ein, ja ihn ergetzte das Entzücken, das ich bei Stücken äußerte, wo der Pinsel über die Natur den Sieg davontrug: denn solche Dinge waren es vorzüglich, die mich an sich zogen, wo die Vergleichung mit der bekannten Natur den Wert der Kunst notwendig erhöhen mußte.

Als ich bei meinem Schuster wieder eintrat, um das Mittagsmahl zu genießen, trauete ich meinen Augen kaum: denn ich glaubte ein Bild von Ostade vor mir zu sehen, so vollkommen, daß man es nur auf die Galerie hätte hängen dürfen. Stellung der Gegenstände, Licht, Schatten, bräunlicher Teint des Ganzen, magische Haltung, alles, was man in jenen Bildern bewundert, sah ich hier in der Wirklichkeit. Es war das erstemal, daß ich auf einen so hohen Grad die Gabe gewahr wurde, die ich nachher mit mehrerem Bewußtsein übte, die Natur nämlich mit den Augen dieses oder jenes Künstlers zu sehen, dessen Werken ich soeben eine besondere Aufmerksamkeit gewidmet hatte. Diese Fähigkeit hat mir viel Genuß gewährt, aber auch die Begierde vermehrt, der Ausübung eines Talents, das mir die Natur versagt zu haben schien, von Zeit zu Zeit eifrig nachzuhängen.

Ich besuchte die Galerie zu allen vergönnten Stunden, und fuhr fort, mein Entzücken über manche köstliche Werke vorlaut auszusprechen. Ich vereitelte dadurch meinen löblichen Vorsatz, unbekannt und unbemerkt zu bleiben; und da sich bisher nur ein Unteraufseher mit mir abgegeben hatte, nahm nun auch der Galerieinspektor, Rat Riedel, von mir Notiz und machte mich auf gar manches aufmerksam, welches vorzüglich in meiner Sphäre zu liegen schien. Ich fand diesen trefflichen Mann damals ebenso tätig und gefällig, als ich ihn nachher mehrere Jahre hindurch gesehen und wie er sich noch heute erweist. Sein Bild hat sich mir mit jenen Kunstschätzen so in eins verwoben, daß ich beide niemals gesondert erblicke, ja sein Andenken hat mich nach Italien begleitet, wo mir seine Gegenwart in manchen großen und reichen Sammlungen sehr wünschenswert gewesen wäre.

Da man auch mit Fremden und Unbekannten solche Werke nicht stumm und ohne wechselseitige Teilnahme betrachten kann, ihr Anblick vielmehr am ersten geeignet ist, die Gemüter gegen einander zu eröffnen; so kam ich auch daselbst mit einem jungen Manne ins Gespräch, der sich in Dresden aufzuhalten und einer Legation anzugehören schien. Er lud mich ein, abends in einen Gasthof zu kommen, wo sich eine muntere Gesellschaft versammle, und wo man, indem jeder eine mäßige Zeche bezahle, einige ganz vergnügte Stunden zubringen könne.

Ich fand mich ein, ohne die Gesellschaft anzutreffen, und der Kellner setzte mich einigermaßen in Verwunderung, als er mir von dem Herrn, der mich bestellt, ein Kompliment ausrichtete, wodurch dieser eine Entschuldigung, daß er etwas später kommen werde, an mich gelangen ließ, mit dem Zusatze, ich sollte mich an nichts stoßen, was vorgehe, auch werde ich nichts weiter als meine eigne Zeche zu bezahlen haben. Ich wußte nicht, was ich aus diesen Worten machen sollte, aber die Spinneweben meines Vaters fielen mir ein, und ich faßte mich, um zu erwarten, was da kommen möchte. Die Gesellschaft versammelte sich, mein Bekannter stellte mich vor, und ich durfte nicht lange aufmerken, so fand ich, daß es auf Mystifikation eines jungen Menschen hinausgehe, der als ein Neuling sich durch ein vorlautes, anmaßliches Wesen auszeichnete: ich nahm mich daher gar sehr in acht, daß man nicht etwa Lust finden möchte, mich zu seinem Gefährten auszuersehen. Bei Tische ward jene Absicht jedermann deutlicher, nur nicht ihm. Man zechte immer stärker, und als man zuletzt seiner Geliebten zu Ehren gleichfalls ein Vivat angestimmt; so schwur jeder hoch und teuer, aus diesen Gläsern dürfe nun weiter kein Trunk geschehen; man warf sie hinter sich, und dies war das Signal zu weit größeren Torheiten. Endlich entzog ich mich ganz sachte, und der Kellner, indem er mir eine sehr billige Zeche abforderte, ersuchte mich wiederzukommen, da es nicht alle Abende so bunt hergehe. Ich hatte weit in mein Quartier, und es war nah an Mitternacht, als ich es erreichte. Die Türen fand ich unverschlossen, alles war zu Bette, und eine Lampe erleuchtete den enghäuslichen Zustand, wo denn mein immer mehr geübtes Auge sogleich das schönste Bild von Schalcken erblickte, von dem ich mich nicht losmachen konnte, so daß es mir allen Schlaf vertrieb.

Die wenigen Tage meines Aufenthalts in Dresden waren allein der Gemäldegalerie gewidmet. Die Antiken standen noch in den Pavillons des Großen Gartens, ich lehnte ab sie zu sehen, sowie alles übrige, was Dresden Köstliches enthielt; nur zu voll von der Überzeugung, daß in und an der Gemäldesammlung selbst mir noch vieles verborgen bleiben müsse. So nahm ich den Wert der italienischen Meister mehr auf Treu und Glauben an, als daß ich mir eine Einsicht in denselben hätte anmaßen können. Was ich nicht als Natur ansehen, an die Stelle der Natur setzen, mit einem bekannten Gegenstand vergleichen konnte, war auf mich nicht wirksam. Der materielle Eindruck ist es, der den Anfang selbst zu jeder höheren Liebhaberei macht.

Mit meinem Schuster vertrug ich mich ganz gut. Er war geistreich und mannigfaltig genug, und wir überboten uns manchmal an neckischen Einfällen; jedoch ein Mensch, der sich glücklich preist und von andern verlangt, daß sie das gleiche tun sollen, versetzt uns in ein Mißbehagen, ja die Wiederholung solcher Gesinnungen macht uns Langeweile. Ich fand mich wohl beschäftigt, unterhalten, aufgeregt, aber keineswegs glücklich, und die Schuhe nach seinem Leisten wollten mir nicht passen. Wir schieden jedoch als die besten Freunde, und auch meine Wirtin war beim Abschiede nicht unzufrieden mit mir.

So sollte mir denn auch, noch kurz vor meiner Abreise, etwas sehr Angenehmes begegnen. Durch die Vermittlung jenes jungen Mannes, der sich wieder bei mir in einigen Kredit zu setzen wünschte, ward ich dem Direktor von Hagedorn vorgestellt, der mir seine Sammlung mit großer Güte vorwies, und sich an dem Enthusiasmus des jungen Kunstfreundes höchlich ergetzte. Er war, wie es einem Kenner geziemt, in die Bilder, die er besaß, ganz eigentlich verliebt, und fand daher selten an anderen eine Teilnahme, wie er sie wünschte. Besonders machte es ihm Freude, daß mir ein Bild von Swanevelt ganz übermäßig gefiel, daß ich dasselbe in jedem einzelnen Teile zu preisen und zu erheben nicht müde ward: denn gerade Landschaften, die mich an den schönen heiteren Himmel, unter welchem ich herangewachsen, wieder erinnerten, die Pflanzenfülle jener Gegenden, und was sonst für Gunst ein wärmeres Klima den Menschen gewährt, rührten mich in der Nachbildung am meisten, indem sie eine sehnsüchtige Erinnerung in mir aufregten.

Diese köstlichen, Geist und Sinn zur wahren Kunst vorbereitenden Erfahrungen wurden jedoch durch einen der traurigsten Anblicke unterbrochen und gedämpft, durch den zerstörten und verödeten Zustand so mancher Straße Dresdens, durch die ich meinen Weg nahm. Die Mohrenstraße im Schutt, sowie die Kreuzkirche mit ihrem geborstenen Turm drückten sich mir tief ein und stehen noch wie ein dunkler Fleck in meiner Einbildungskraft. Von der Kuppel der Frauenkirche sah ich diese leidigen Trümmer zwischen die schöne städtische Ordnung hineingesät; da rühmte mir der Küster die Kunst des Baumeisters, welcher Kirche und Kuppel auf einen so unerwünschten Fall schon eingerichtet und bombenfest erbaut hatte. Der gute Sakristan deutete mir alsdann auf Ruinen nach allen Seiten und sagte bedenklich lakonisch: „Das hat der Feind getan!"

So kehrte ich nun zuletzt, obgleich ungern, nach Leipzig zurück, und fand meine Freunde, die solche Abschweifungen von mir nicht gewohnt waren, in großer Verwunderung, beschäftigt mit allerlei Konjekturen, was meine geheimnisvolle Reise wohl habe bedeuten sollen. Wenn ich ihnen darauf meine Geschichte ganz ordentlich erzählte, erklärten sie mir solche für ein Märchen und suchten scharfsinnig hinter das Rätsel zu kommen, das ich unter der Schusterherberge zu verhüllen mutwillig genug sei.

Hätten sie mir aber ins Herz sehen können, so würden sie keinen Mutwillen darin entdeckt haben: denn die Wahrheit jenes alten Worts, Zuwachs an Kenntnis ist Zuwachs an Unruhe, hatte mich mit ganzer Gewalt getroffen, und je mehr ich mich anstrengte, dasjenige, was ich gesehn, zu ordnen und mir zuzueignen, je weniger gelang es mir; ich mußte mir zuletzt ein stilles Nachwirken gefallen lassen. Das gewöhnliche Leben ergriff mich wieder, und ich fühlte mich zuletzt ganz behaglich, wenn ein freundschaftlicher Umgang, Zunahme an Kenntnissen, die mir gemäß waren, und eine gewisse Übung der Hand mich auf eine weniger bedeutende, aber meinen Kräften mehr proportionierte Weise beschäftigten.

Eine sehr angenehme und für mich heilsame Verbindung, zu der ich gelangte, war die mit dem Breitkopfischen Hause.

Bernhard Christoph Breitkopf, der eigentliche Stifter der Familie, der als ein armer Buchdruckergesell nach Leipzig gekommen war, lebte noch und bewohnte den „Goldenen Bären“, ein ansehnliches Gebäude auf dem Neuen Neumarkt, mit Gottsched als Hausgenossen. Der Sohn, Johann Gottlob Immanuel, war auch schon längst verheiratet und Vater mehrerer Kinder. Einen Teil ihres ansehnlichen Vermögens glaubten sie nicht besser anwenden zu können, als indem sie ein großes neues Haus, „Zum silbernen Bären“, dem ersten gegenüber errichteten, welches höher und weitläuftiger als das Stammhaus selbst angelegt ward. Gerade zu der Zeit des Baues ward ich mit der Familie bekannt. Der älteste Sohn mochte einige Jahre mehr haben als ich, ein wohlgestalteter junger Mann, der Musik ergeben und geübt, sowohl den Flügel als die Violine fertig zu behandeln. Der zweite, eine treue gute Seele, gleichfalls musikalisch, belebte nicht weniger als der älteste die Konzerte, die öfters veranstaltet wurden. Sie waren mir beide, so wie auch Eltern und Schwestern, gewogen; ich ging ihnen beim Auf- und Ausbau, beim Möblieren und Einziehen zur Hand, und begriff dadurch manches, was sich auf ein solches Geschäft bezieht; auch hatte ich Gelegenheit, die Oeserischen Lehren angewendet zu sehn. In dem neuen Hause, das ich also entstehen sah, war ich oft zum Besuch. Wir trieben manches gemeinschaftlich, und der Älteste komponierte einige meiner Lieder, die, gedruckt, seinen Namen, aber nicht den meinigen führten und wenig bekannt geworden sind. Ich habe die besseren ausgezogen und zwischen meine übrigen kleinen Poesien eingeschaltet. Der Vater hatte den Notendruck erfunden oder vervollkommnet. Von einer schönen Bibliothek, die sich meistens auf den Ursprung der Buchdruckerei und ihr Wachstum bezog, erlaubte er mir den Gebrauch, wodurch ich mir in diesem Fache einige Kenntnis erwarb. Ingleichen fand ich daselbst gute Kupferwerke, die das Altertum darstellten, und setzte meine Studien auch von dieser Seite fort, welche dadurch noch mehr gefördert wurden, daß eine ansehnliche Schwefelsammlung beim Umziehen in Unordnung geraten war. Ich brachte sie, so gut ich konnte, wieder zurechte und war genötigt, dabei mich im

Lippert und anderen umzusehen. Einen Arzt, Doktor Reichel, gleichfalls einen Hausgenossen, konsultierte ich von Zeit zu Zeit, da ich mich, wo nicht krank, doch unmustern fühlte, und so führten wir zusammen ein stilles anmutiges Leben.

Nun sollte ich in diesem Hause noch eine andere Art von Verbindung eingehen. Es zog nämlich in die Mansarde der Kupferstecher Stock. Er war aus Nürnberg gebürtig, ein sehr fleißiger und in seinen Arbeiten genauer und ordentlicher Mann. Auch er stach, wie Geyser, nach Oeserischen Zeichnungen größere und kleinere Platten, die zu Romanen und Gedichten immer mehr in Schwung kamen. Er radierte sehr sauber, so daß die Arbeit aus dem Ätzwasser beinahe vollendet herauskam, und mit dem Grabstichel, den er sehr gut führte, nur weniges nachzuhelfen blieb. Er machte einen genauen Überschlag, wie lange ihn eine Platte beschäftigen würde, und nichts war vermögend, ihn von seiner Arbeit abzurufen, wenn er nicht sein täglich vorgesetztes Pensum vollbracht hatte. So saß er an einem breiten Arbeitstisch am großen Giebelfenster, in einer sehr ordentlichen und reinlichen Stube, wo ihm Frau und zwei Töchter häusliche Gesellschaft leisteten. Von diesen letzten ist die eine glücklich verheiratet und die andere eine vorzügliche Künstlerin; sie sind lebenslänglich meine Freundinnen geblieben. Ich teilte nun meine Zeit zwischen den obern und untern Stockwerken und attachierte mich sehr an den Mann, der bei seinem anhaltenden Fleiße einen herrlichen Humor besaß und die Gutmütigkeit selbst war.

Mich reizte die reinliche Technik dieser Kunstart, und ich gesellte mich zu ihm, um auch etwas dergleichen zu verfertigen. Meine Neigung hatte sich wieder auf die Landschaft gelenkt, die mir bei einsamen Spaziergängen unterhaltend, an sich erreichbar und in den Kunstwerken faßlicher erschien als die menschliche Figur, die mich abschreckte. Ich radierte daher unter seiner Anleitung verschiedene Landschaften nach Thiele und andern, die, obgleich von einer ungeübten Hand verfertigt, doch einigen Effekt machten und gut aufgenommen wurden. Das Grundieren der Platten, das Weißanstreichen derselben, das Radieren selbst und zuletzt das Ätzen gab mannigfaltige Beschäftigung, und ich war bald dahin gelangt, daß ich meinem Meister in manchen Dingen beistehen konnte. Mir fehlte nicht die beim Ätzen nötige Aufmerksamkeit, und selten daß mir etwas mißlang; aber ich hatte nicht Vorsicht genug, mich gegen die schädlichen Dünste zu verwahren, die sich bei solcher Gelegenheit zu entwickeln pflegen, und sie mögen wohl zu den Übeln beigetragen haben, die mich nachher eine Zeitlang quälten. Zwischen solchen Arbeiten wurde auch manchmal, damit ja alles versucht würde, in Holz geschnitten. Ich verfertigte verschiedene kleine Druckerstöcke, nach französischen Mustern, und manches davon ward brauchbar gefunden.

Man lasse mich hier noch einiger Männer gedenken, welche sich in Leipzig aufhielten, oder daselbst auf kurze Zeit verweilten. Kreissteuereinnehmer Weiße, in seinen besten Jahren, heiter, freundlich und zuvorkommend, ward von uns geliebt und geschätzt. Zwar wollten wir seine Theaterstücke nicht durchaus für musterhaft gelten lassen, ließen uns aber doch davon hinreißen, und seine Opern, durch Hillern auf eine leichte Weise belebt, machten uns viel Vergnügen. Schiebeler, von Hamburg, betrat dieselbe Bahn, und dessen „Lisuart und Dariolette“ ward von uns gleichfalls begünstigt. Eschenburg, ein schöner junger Mann, nur um weniges älter als wir, zeichnete sich unter den Studierenden vorteilhaft aus. Zachariä ließ sich's einige Wochen bei uns gefallen und speiste, durch seinen Bruder eingeleitet, mit uns an einem Tische. Wir schätzten es, wie billig, für eine Ehre, wechselsweise durch ein paar außerordentliche Gerichte, reichlicheren Nachtisch und ausgesuchteren Wein unserm Gast zu willfahren, der, als ein großer, wohlgestalteter, behaglicher Mann, seine Neigung zu einer guten Tafel nicht verhehlte. Lessing traf zu einer Zeit ein, wo wir, ich weiß nicht was, im Kopf hatten: es beliebte uns, ihm nirgends zu Gefallen zu gehen, ja die Orte, wo er hinkam, zu vermeiden, wahrscheinlich weil wir uns zu gut dünkten, von ferne zu stehen, und keinen Anspruch machen konnten, in ein näheres Verhältnis mit ihm zu gelangen. Diese augenblickliche Albernheit, die aber bei einer anmaßlichen und grillenhaften Jugend nichts Seltenes ist, bestrafte sich freilich in der Folge, indem ich diesen so vorzüglichen und von mir aufs höchste geschätzten Mann niemals mit Augen gesehen.

Bei allen Bemühungen jedoch, welche sich auf Kunst und Altertum bezogen, hatte jeder stets Winckelmann vor Augen, dessen Tüchtigkeit im Vaterlande mit Enthusiasmus anerkannt wurde. Wir lasen fleißig seine Schriften, und suchten uns die Umstände bekannt zu machen, unter welchen er die ersten geschrieben hatte. Wir fanden darin manche Ansichten, die sich von Oesern herzuschreiben schienen, ja sogar Scherz und Grillen nach seiner Art, und ließen nicht nach, bis wir uns einen ungefähren Begriff von der Gelegenheit gemacht hatten, bei welcher diese merkwürdigen und doch mitunter so rätselhaften Schriften entstanden waren; ob wir es gleich dabei nicht sehr genau nahmen: denn die Jugend will lieber angeregt als unterrichtet sein, und es war nicht das letztemal, daß ich eine bedeutende Bildungsstufe sibyllinischen Blättern verdanken sollte.

Es war damals in der Literatur eine schöne Zeit, wo vorzüglichen Menschen noch mit Achtung begegnet wurde, obgleich die Klotzischen Händel und Lessings Kontroversen schon darauf hindeuteten, daß diese Epoche sich bald schließen werde. Winckelmann genoß einer solchen allgemeinen, unangetasteten Verehrung, und man weiß, wie empfindlich er war gegen irgend etwas Öffentliches, das seiner wohl gefühlten Würde nicht gemäß schien. Alle Zeitschriften stimmten zu seinem Ruhme überein, die besseren Reisenden kamen belehrt und entzückt von ihm zurück, und die neuen Ansichten, die er gab, verbreiteten sich über Wissenschaft und Leben. Der Fürst von Dessau hatte sich zu einer gleichen Achtung emporgeschwungen. Jung, wohl- und edeldenkend, hatte er sich auf seinen Reisen und sonst recht wünschenswert erwiesen. Winckelmann war im höchsten Grade von ihm entzückt und belegte ihn, wo er seiner gedachte, mit den schönsten Beinamen. Die Anlage eines damals einzigen Parks, der Geschmack zur Baukunst, welchen von Erdmannsdorff durch seine Tätigkeit unterstützte, alles sprach zu Gunsten eines Fürsten, der, indem er durch sein Beispiel den übrigen vorleuchtete, Dienern und Untertanen ein goldnes Zeitalter versprach. Nun vernahmen wir jungen Leute mit Jubel, daß Winckelmann aus Italien zurückkehren, seinen fürstlichen Freund besuchen, unterwegs bei Oesern eintreten und also auch in unsern Gesichtskreis kommen würde. Wir machten keinen Anspruch, mit ihm zu reden; aber wir hofften, ihn zu sehen, und weil man in solchen Jahren einen jeden Anlaß gern in eine Lustpartie verwandelt, so hatten wir schon Ritt und Fahrt nach Dessau verabredet, wo wir in einer schönen, durch Kunst verherrlichten Gegend, in einem wohl administrierten und zugleich äußerlich geschmückten Lande, bald da bald dort aufzupassen dachten, um die über uns so weit erhabenen Männer mit eigenen Augen umherwandeln zu sehen. Oeser war selbst ganz exaltiert, wenn er daran nur dachte, und wie ein Donnerschlag bei klarem Himmel fiel die Nachricht von Winckelmanns Tode zwischen uns nieder. Ich erinnere mich noch der Stelle, wo ich sie zuerst vernahm; es war in dem Hofe der Pleißenburg, nicht weit von der kleinen Pforte, durch die man zu Oeser hinaufzusteigen pflegte. Es kam mir ein Mitschüler entgegen, sagte mir, daß Oeser nicht zu sprechen sei, und die Ursache warum. Dieser ungeheuere Vorfall tat eine ungeheuere Wirkung; es war ein allgemeines Jammern und Wehklagen, und sein frühzeitiger Tod schärfte die Aufmerksamkeit auf den Wert seines Lebens. Ja vielleicht wäre die Wirkung seiner Tätigkeit, wenn er sie auch bis in ein höheres Alter fortgesetzt hätte, nicht so groß gewesen, als sie jetzt werden mußte, da er, wie mehrere außerordentliche Menschen, auch noch durch ein seltsames und widerwärtiges Ende vom Schicksal ausgezeichnet worden.

Indem ich nun aber Winckelmanns Abscheiden grenzenlos beklagte, so dachte ich nicht, daß ich mich bald in dem Falle befinden würde, für mein eignes Leben besorgt zu sein: denn unter allem diesen hatten meine körperlichen Zustände nicht die beste Wendung genommen. Schon von Hause hatte ich einen gewissen hypochondrischen Zug mitgebracht, der sich in dem neuen sitzenden und schleichenden Leben eher verstärkte als verschwächte. Der Schmerz auf der Brust, den ich seit dem Auerstädter Unfall von Zeit zu Zeit empfand und der, nach einem Sturz mit dem Pferde, merklich gewachsen war, machte mich mißmutig. Durch eine unglückliche Diät verdarb ich mir die Kräfte der Verdauung; das schwere Merseburger Bier verdüsterte mein Gehirn, der Kaffee, der mir eine ganz eigne triste Stimmung gab, besonders mit Milch nach Tische genossen, paralysierte meine Eingeweide und schien ihre Funktionen völlig aufzuheben, so daß ich deshalb große Beängstigungen empfand, ohne jedoch den Entschluß zu einer vernünftigeren Lebensart fassen zu können. Meine Natur, von hinlänglichen Kräften der Jugend unterstützt, schwankte zwischen den Extremen von ausgelassener Lustigkeit und melancholischem Unbehagen. Ferner war damals die Epoche des Kaltbadens eingetreten, welches unbedingt empfohlen ward. Man sollte auf hartem Lager schlafen, nur leicht zugedeckt, wodurch denn alle gewohnte Ausdünstung unterdrückt wurde. Diese und andere Torheiten, in Gefolg von mißverstandenen Anregungen Rousseaus, würden uns, wie man versprach, der Natur näher führen und uns aus dem Verderbnisse der Sitten retten. Alles Obige nun, ohne Unterscheidung, mit unvernünftigem Wechsel angewendet, empfanden mehrere als das Schädlichste, und ich verhetzte meinen glücklichen Organismus dergestalt, daß die darin enthaltenen besondern Systeme zuletzt in eine Verschwörung und Revolution ausbrechen mußten, um das Ganze zu retten.

Eines Nachts wachte ich mit einem heftigen Blutsturz auf, und hatte noch so viel Kraft und Besinnung, meinen Stubennachbar zu wecken. Doktor Reichel wurde gerufen, der mir aufs freundlichste hülfreich ward, und so schwankte ich mehrere Tage zwischen Leben und Tod, und selbst die Freude an einer erfolgenden Besserung wurde dadurch vergällt, daß sich, bei jener Eruption, zugleich ein Geschwulst an der linken Seite des Halses gebildet hatte, den man jetzt erst, nach vorübergegangner Gefahr, zu bemerken Zeit fand. Genesung ist jedoch immer angenehm und erfreulich, wenn sie auch langsam und kümmerlich vonstatten geht, und da bei mir sich die Natur geholfen, so schien ich auch nunmehr ein anderer Mensch geworden zu sein: denn ich hatte eine größere Heiterkeit des Geistes gewonnen, als ich mir lange nicht gekannt, ich war froh, mein Inneres frei zu fühlen, wenn mich gleich äußerlich ein langwieriges Leiden bedrohte.

Was mich aber in dieser Zeit besonders aufrichtete, war, zu sehen, wieviel vorzügliche Männer mir unverdient ihre Neigung zugewendet hatten. Unverdient, sage ich: denn es war keiner darunter, dem ich nicht, durch widerliche Launen, beschwerlich gewesen wäre, keiner, den ich nicht durch krankhaften Widersinn mehr als einmal verletzt, ja den ich nicht, im Gefühl meines eignen Unrechts, eine Zeitlang störrisch gemieden hätte. Dies alles war vergessen, sie behandelten mich aufs liebreichste und suchten mich teils auf meinem Zimmer, teils sobald ich es verlassen konnte, zu unterhalten und zu zerstreuen. Sie fuhren mit mir aus, bewirteten mich auf ihren Landhäusern, und ich schien mich bald zu erholen.

Unter diesen Freunden nenne ich wohl zuvörderst den damaligen Ratsherrn, nachherigen Burgemeister von Leipzig, Doktor Hermann. Er war unter denen Tischgenossen, die ich durch Schlosser kennen lernte, derjenige, zu dem sich ein immer gleiches und dauerndes Verhältnis bewährte. Man konnte ihn wohl zu den fleißigsten der akademischen Mitbürger rechnen. Er besuchte seine Kollegien auf das regelmäßigste, und sein Privatfleiß blieb sich immer gleich. Schritt vor Schritt, ohne die mindeste Abweichung, sah ich ihn den Doktorgrad erreichen, dann sich zur Assessur emporheben, ohne daß ihm hiebei etwas mühsam geschienen, daß er im mindesten etwas übereilt oder verspätet hätte. Die Sanftheit seines Charakters zog mich an, seine lehrreiche Unterhaltung hielt mich fest; ja ich glaube wirklich, daß ich mich an seinem geregelten Fleiß vorzüglich deswegen erfreute, weil ich mir von einem Verdienste, dessen ich mich keineswegs rühmen konnte, durch Anerkennung und Hochschätzung, wenigstens einen Teil zuzueignen meinte.

Ebenso regelmäßig als in seinen Geschäften war er in Ausübung seiner Talente und im Genuß seiner Vergnügungen. Er spielte den Flügel mit großer Fertigkeit, zeichnete mit Gefühl nach der Natur, und regte mich an, das gleiche zu tun; da ich denn in seiner Art auf grau Papier mit schwarzer und weißer Kreide gar manches Weidicht der Pleiße und manchen lieblichen Winkel dieser stillen Wasser nachzubilden und dabei immer sehnsüchtig meinen Grillen nachzuhängen pflegte. Er wußte mein mitunter komisches Wesen durch heitere Scherze zu erwidern, und ich erinnere mich mancher vergnügten Stunde, die wir zusammen zubrachten, wenn er mich mit scherzhafter Feierlichkeit zu einem Abendessen unter vier Augen einlud, wo wir mit eignem Anstand, bei angezündeten Wachslichtern, einen sogenannten Ratshasen, der ihm als Deputat seiner Stelle in die Küche gelaufen war, verzehrten, und mit gar manchen Späßen, in Behrischens Manier, das Essen zu würzen und den Geist des Weines zu erhöhen beliebten. Daß dieser treffliche und noch jetzt in seinem ansehnlichen Amte immerfort wirksame Mann mir bei meinem zwar geahndeten, aber in seiner ganzen Größe nicht vorausgesehenen Übel den treulichsten Beistand leistete, mir jede freie Stunde schenkte, und durch Erinnerung an frühere Heiterkeiten den trüben Augenblick zu erhellen wußte, erkenne ich noch immer mit dem aufrichtigsten Dank, und freue mich, nach so langer Zeit ihn öffentlich abstatten zu können.

Außer diesem werten Freunde nahm sich Gröning von Bremen besonders meiner an. Ich hatte erst kurz vorher seine Bekanntschaft gemacht, und sein Wohlwollen gegen mich ward ich erst bei dem Unfalle gewahr; ich fühlte den Wert dieser Gunst um so lebhafter, als niemand leicht eine nähere Verbindung mit Leidenden sucht. Er sparte nichts, um mich zu ergetzen, mich aus dem Nachsinnen über meinen Zustand herauszuziehen und mir Genesung und gesunde Tätigkeit in der nächsten Zeit vorzuzeigen und zu versprechen. Wie oft habe ich mich gefreut, in dem Fortgange des Lebens zu hören, wie sich dieser vorzügliche Mann, in den wichtigsten Geschäften, seiner Vaterstadt nützlich und heilbringend erwiesen.

Hier war es auch, wo Freund Horn seine Liebe und Aufmerksamkeit ununterbrochen wirken ließ. Das ganze Breitkopfische Haus, die Stockische Familie, manche andere behandelten mich als einen nahen Verwandten; und so wurde mir durch das Wohlwollen so vieler freundlicher Menschen das Gefühl meines Zustandes auf das zarteste gelindert.

Umständlicher muß ich jedoch hier eines Mannes erwähnen, den ich erst in dieser Zeit kennen lernte und dessen lehrreicher Umgang mich über die traurige Lage, in der ich mich befand, dergestalt verblendete, daß ich sie wirklich vergaß. Es war Langer, nachheriger Bibliothekar in Wolfenbüttel. Vorzüglich gelehrt und unterrichtet, freute er sich an meinem Heißhunger nach Kenntnissen, der sich nun bei der krankhaften Reizbarkeit völlig fieberhaft äußerte. Er suchte mich durch deutliche Übersichten zu beruhigen, und ich bin seinem, obwohl kurzen Umgange sehr viel schuldig geworden, indem er mich auf mancherlei Weise zu leiten verstand und mich aufmerksam machte, wohin ich mich gerade gegenwärtig zu richten hätte. Ich fand mich diesem bedeutenden Manne um so mehr verpflichtet, als mein Umgang ihn einiger Gefahr aussetzte: denn als er nach Behrischen die Hofmeisterstelle bei dem jungen Grafen Lindenau erhielt, machte der Vater dem neuen Mentor ausdrücklich zur Bedingung, keinen Umgang mit mir zu pflegen. Neugierig, ein so gefährliches Subjekt kennen zu lernen, wußte er mich mehrmals am dritten Orte zu sehen. Ich gewann bald seine Neigung, und er, klüger als Behrisch, holte mich bei Nachtszeit ab, wir gingen zusammen spazieren, unterhielten uns von interessanten Dingen, und ich begleitete ihn endlich bis an die Türe seiner Geliebten: denn auch dieser äußerlich streng scheinende, ernste, wissenschaftliche Mann war nicht frei von den Netzen eines sehr liebenswürdigen Frauenzimmers geblieben.

Die deutsche Literatur und mit ihr meine eignen poetischen Unternehmungen waren mir schon seit einiger Zeit fremd geworden, und ich wendete mich wieder, wie es bei einem solchen autodidaktischen Kreisgange zu erfolgen pflegt, gegen die geliebten Alten, die noch immer, wie ferne blaue Berge, deutlich in ihren Umrissen und Massen, aber unkenntlich in ihren Teilen und inneren Beziehungen, den Horizont meiner geistigen Wünsche begrenzten. Ich machte einen Tausch mit Langer, wobei ich zugleich den Glaukus und Diomedes spielte; ich überließ ihm ganze Körbe deutscher Dichter und Kritiker und erhielt dagegen eine Anzahl griechischer Autoren, deren Benutzung mich, selbst bei dem langsamsten Genesen, erquicken sollte.

Das Vertrauen, welches neue Freunde sich einander schenken, pflegt sich stufenweise zu entwickeln. Gemeinsame Beschäftigungen und Liebhabereien sind das erste, worin sich eine wechselseitige Übereinstimmung hervortut; sodann pflegt die Mitteilung sich über vergangene und gegenwärtige Leidenschaften, besonders über Liebesabenteuer zu erstrecken; es ist aber noch ein Tieferes, das sich aufschließt, wenn das Verhältnis sich vollenden will, es sind die religiosen Gesinnungen, die Angelegenheiten des Herzens, die auf das Unvergängliche Bezug haben, und welche sowohl den Grund einer Freundschaft befestigen als ihren Gipfel zieren.

Die christliche Religion schwankte zwischen ihrem eignen Historisch-Positiven und einem reinen Deismus, der, auf Sittlichkeit gegründet, wiederum die Moral begründen sollte. Die Verschiedenheit der Charaktere und Denkweisen zeigte sich hier in unendlichen Abstufungen, besonders da noch ein Hauptunterschied mit einwirkte, indem die Frage entstand, wieviel Anteil die Vernunft, wieviel die Empfindung an solchen Überzeugungen haben könne und dürfe. Die lebhaftesten und geistreichsten Männer erwiesen sich in diesem Falle als Schmetterlinge, welche ganz uneingedenk ihres Raupenstandes die Puppenhülle wegwerfen, in der sie zu ihrer organischen Vollkommenheit gediehen sind. Andere, treuer und bescheidner gesinnt, konnte man den Blumen vergleichen, die, ob sie sich gleich zur schönsten Blüte entfalten, sich doch von der Wurzel, von dem Mutterstamme nicht losreißen, ja vielmehr durch diesen Familienzusammenhang die gewünschte Frucht erst zur Reife bringen. Von dieser letztern Art war Langer; denn obgleich Gelehrter und vorzüglicher Bücherkenner, so mochte er doch der Bibel vor anderen überlieferten Schriften einen besondern Vorzug gönnen und sie als ein Dokument ansehen, woraus wir allein unsern sittlichen und geistigen Stammbaum dartun könnten. Er gehörte unter diejenigen, denen ein unmittelbares

Verhältnis zu dem großen Weltgotte nicht in den Sinn will; ihm war daher eine Vermittelung notwendig, deren Analogon er überall in irdischen und himmlischen Dingen zu finden glaubte. Sein Vortrag, angenehm und konsequent, fand bei einem jungen Menschen leicht Gehör, der, durch eine verdrießliche Krankheit von irdischen Dingen abgesondert, die Lebhaftigkeit seines Geistes gegen die himmlischen zu wenden höchst erwünscht fand. Bibelfest wie ich war, kam es bloß auf den Glauben an, das, was ich menschlicher Weise zeither geschätzt, nunmehr für göttlich zu erklären, welches mir um so leichter fiel, da ich die erste Bekanntschaft mit diesem Buche als einem göttlichen gemacht hatte. Einem Duldenden, zart, ja schwächlich Fühlenden war daher das Evangelium willkommen, und wenn auch Langer bei seinem Glauben zugleich ein sehr verständiger Mann war und fest darauf hielt, daß man die Empfindung nicht solle vorherrschen, sich nicht zur Schwärmerei solle verleiten lassen; so hätte ich doch nicht recht gewußt, mich ohne Gefühl und Enthusiasmus mit dem Neuen Testament zu beschäftigen.

Mit solchen Unterhaltungen verbrachten wir manche Zeit, und er gewann mich als einen getreuen und wohl vorbereiteten Proselyten dergestalt lieb, daß er manche seiner Schönen zugedachte Stunde mir aufzuopfern nicht anstand, ja sogar Gefahr lief, verraten und, wie Behrisch, von seinem Patron übel angesehen zu werden. Ich erwiderte seine Neigung auf das dankbarste, und wenn dasjenige, was er für mich tat, zu jeder Zeit wäre schätzenswert gewesen, so mußte es mir in meiner gegenwärtigen Lage höchst verehrlich sein.

Da nun aber gewöhnlich, wenn unser Seelenkonzent am geistigsten gestimmt ist, die rohen, kreischenden Töne des Weltwesens am gewaltigsten und ungestümsten einfallen, und der in geheim immer fortwaltende Kontrast, auf einmal hervortretend, nur desto empfindlicher wirkt, so sollte ich auch nicht aus der peripatetischen Schule meines Langers entlassen werden, ohne vorher noch ein, für Leipzig wenigstens, seltsames Ereignis erlebt zu haben, einen Tumult nämlich, den die Studierenden erregten, und zwar aus folgendem Anlasse. Mit den Stadtsoldaten hatten sich junge Leute veruneinigt, es war nicht ohne Tätlichkeiten abgelaufen. Mehrere Studierende verbanden sich, die zugefügten Beleidigungen zu rächen. Die Soldaten widerstanden hartnäckig, und der Vorteil war nicht auf der Seite der sehr unzufriedenen akademischen Bürger. Nun ward erzählt, es hätten angesehene Personen wegen tapferen Widerstands die Obsiegenden gelobt und belohnt, und hierdurch ward nun das jugendliche Ehr- und Rachgefühl mächtig aufgefordert. Man erzählte sich öffentlich, daß den nächsten Abend Fenster eingeworfen werden sollten, und einige Freunde, welche mir die Nachricht brachten, daß es wirklich geschehe, mußten mich hinführen, da Jugend und Menge wohl immer durch Gefahr und Tumult angezogen wird. Es begann wirklich ein seltsames Schauspiel. Die übrigens freie Straße war an der einen Seite von Menschen besetzt, welche ganz ruhig, ohne Lärm und Bewegung, abwarteten, was geschehen solle. Auf der leeren Bahn gingen etwa ein Dutzend junge Leute einzeln hin und wider, in anscheinender größter Gelassenheit; sobald sie aber gegen das bezeichnete Haus kamen, so warfen sie im Vorbeigehn Steine nach den Fenstern, und dies zu wiederholten Malen hin und wider kehrend, solange die Scheiben noch klirren wollten. Ebenso ruhig, wie dieses vorging, verlief sich auch endlich alles, und die Sache hatte keine weiteren Folgen.

Mit einem so gellenden Nachklange akademischer Großtaten fuhr ich im September 1768 von Leipzig ab, in dem bequemen Wagen eines Hauderers und in Gesellschaft einiger mir bekannten zuverlässigen Personen. In der Gegend von Auerstädt gedachte ich jenes früheren Unfalls; aber ich konnte nicht ahnden, was viele Jahre nachher mich von dorther mit größerer Gefahr bedrohen würde, ebenso wenig, als in Gotha, wo wir uns das Schloß zeigen ließen, ich, in dem großen mit Stukkaturbildern verzierten Saale, denken durfte, daß mir an eben der Stelle so viel Gnädiges und Liebes widerfahren sollte.

Je mehr ich mich nun meiner Vaterstadt näherte, desto mehr rief ich mir, bedenklicher Weise, zurück, in welchen Zuständen, Aussichten, Hoffnungen ich von Hause weggegangen, und es war ein sehr niederschlagendes Gefühl, daß ich nunmehr gleichsam als ein Schiffbrüchiger zurückkehrte. Da ich mir jedoch nicht sonderlich viel vorzuwerfen hatte, so wußte ich mich ziemlich zu beruhigen; indessen war der Willkommen nicht ohne Bewegung. Die große Lebhaftigkeit meiner Natur, durch Krankheit gereizt und erhöht, verursachte eine leidenschaftliche Szene. Ich mochte übler aussehen, als ich selbst wußte: denn ich hatte lange keinen Spiegel zu Rat gezogen; und wer wird sich denn nicht selbst gewohnt! Genug, man kam stillschweigend überein, mancherlei Mitteilungen erst nach und nach zu bewirken und vor allen Dingen sowohl körperlich als geistig einige Beruhigung eintreten zu lassen.

Meine Schwester gesellte sich gleich zu mir, und wie vorläufig aus ihren Briefen, so konnte ich nunmehr umständlicher und genauer die Verhältnisse und die Lage der Familie vernehmen. Mein Vater hatte nach meiner Abreise seine ganze didaktische Liebhaberei der Schwester zugewendet, und ihr bei einem völlig geschlossenen, durch den Frieden gesicherten und selbst von Mietleuten geräumten Hause fast alle Mittel abgeschnitten, sich auswärts einigermaßen umzutun und zu erholen. Das Französische, Italienische, Englische mußte sie abwechselnd treiben und bearbeiten, wobei er sie einen großen Teil des Tags sich an dem Klaviere zu üben nötigte. Das Schreiben durfte auch nicht versäumt werden, und ich hatte wohl schon früher gemerkt, daß er ihre Korrespondenz mit mir dirigiert und seine Lehren durch ihre Feder mir hatte zukommen lassen. Meine Schwester war und blieb ein indefinibels Wesen, das sonderbarste Gemisch von Strenge und Weichheit, von Eigensinn und Nachgiebigkeit, welche Eigenschaften bald vereint, bald durch Willen und Neigung vereinzelt wirkten. So hatte sie auf eine Weise, die mir fürchterlich erschien, ihre Härte gegen den Vater gewendet, dem sie nicht verzieh, daß er ihr diese drei Jahre lang so manche unschuldige Freude verhindert oder vergällt, und von dessen guten und trefflichen Eigenschaften sie auch ganz und gar keine anerkennen wollte. Sie tat alles, was er befahl oder anordnete, aber auf die unlieblichste Weise von der Welt. Sie tat es in hergebrachter Ordnung, aber auch nichts drüber und nichts drunter. Aus Liebe oder Gefälligkeit bequemte sie sich zu nichts, so daß dies eins der ersten Dinge war, über die sich die Mutter in einem geheimen Gespräch mit mir beklagte. Da nun aber meine Schwester so liebebedürftig war, als irgend ein menschliches Wesen; so wendete sie nun ihre Neigung ganz auf mich. Ihre Sorge für meine Pflege und Unterhaltung verschlang alle ihre Zeit; ihre Gespielinnen, die von ihr beherrscht wurden, ohne daß sie daran dachte, mußten gleichfalls allerlei aussinnen, um mir gefällig und trostreich zu sein. Sie war erfinderisch, mich zu erheitern, und entwickelte sogar einige Keime von possenhaftem Humor, den ich an ihr nie gekannt hatte, und der ihr sehr gut ließ. Es entspann sich bald unter uns eine Koteriesprache, wodurch wir vor allen Menschen reden konnten, ohne daß sie uns verstanden, und sie bediente sich dieses Rotwelsches öfters mit vieler Keckheit in Gegenwart der Eltern.

Persönlich war mein Vater in ziemlicher Behaglichkeit. Er befand sich wohl, brachte einen großen Teil des Tags mit dem Unterrichte meiner Schwester zu, schrieb an seiner Reisebeschreibung, und stimmte seine Laute länger, als er darauf spielte. Er verhehlte dabei, so gut er konnte, den Verdruß, anstatt eines rüstigen, tätigen Sohns, der nun promovieren und jene vorgeschriebene Lebensbahn durchlaufen sollte, einen Kränkling zu finden, der noch mehr an der Seele als am Körper zu leiden schien. Er verbarg nicht seinen Wunsch, daß man sich mit der Kur expedieren möge; besonders aber mußte man sich mit hypochondrischen Äußerungen in seiner Gegenwart in acht nehmen, weil er alsdann heftig und bitter werden konnte.

Meine Mutter, von Natur sehr lebhaft und heiter, brachte unter diesen Umständen sehr langweilige Tage zu. Die kleine Haushaltung war bald besorgt. Das Gemüt der guten, innerlich niemals unbeschäftigten Frau wollte auch einiges Interesse finden, und das nächste begegnete ihr in der Religion, das sie um so lieber ergriff, als ihre vorzüglichsten Freundinnen gebildete und herzliche Gottesverehrerinnen waren. Unter diesen stand Fräulein von Klettenberg obenan. Es ist dieselbe, aus deren Unterhaltungen und Briefen die

„Bekenntnisse der schönen Seele" entstanden sind, die man in „Wilhelm Meister" eingeschaltet findet. Sie war zart gebaut, von mittlerer Größe; ein herzliches natürliches Betragen war durch Welt- und Hofart noch gefälliger geworden. Ihr sehr netter Anzug erinnerte an die Kleidung Herrnhutischer Frauen. Heiterkeit und Gemütsruhe verließen sie niemals. Sie betrachtete ihre Krankheit als einen notwendigen Bestandteil ihres vorübergehenden irdischen Seins; sie litt mit der größten Geduld, und in schmerzlosen Intervallen war sie lebhaft und gesprächig. Ihre liebste, ja vielleicht einzige Unterhaltung waren die sittlichen Erfahrungen, die der Mensch, der sich beobachtet, an sich selbst machen kann; woran sich denn die religiosen Gesinnungen anschlossen, die auf eine sehr anmutige, ja geniale Weise bei ihr als natürlich und übernatürlich in Betracht kamen. Mehr bedarf es kaum, um jene ausführliche, in ihre Seele verfaßte Schilderung den Freunden solcher Darstellungen wieder ins Gedächtnis zu rufen. Bei dem ganz eignen Gange, den sie von Jugend auf genommen hatte, und bei dem vornehmeren Stande, in dem sie geboren und erzogen war, bei der Lebhaftigkeit und Eigenheit ihres Geistes vertrug sie sich nicht zum besten mit den übrigen Frauen, welche den gleichen Weg zum Heil eingeschlagen hatten. Frau Griesbach, die vorzüglichste, schien zu streng, zu trocken, zu gelehrt; sie wußte, dachte, umfaßte mehr als die andern, die sich mit der Entwickelung ihres Gefühls begnügten, und war ihnen daher lästig, weil nicht jede einen so großen Apparat auf dem Wege zur Seligkeit mit sich führen konnte noch wollte. Dafür aber wurden denn die meisten freilich etwas eintönig, indem sie sich an eine gewisse Terminologie hielten, die man mit jener der späteren Empfindsamen wohl verglichen hätte. Fräulein von Klettenberg führte ihren Weg zwischen beiden Extremen durch, und schien sich mit einiger Selbstgefälligkeit in dem Bilde des Grafen Zinzendorf zu spiegeln, dessen Gesinnungen und Wirkungen Zeugnis einer höheren Geburt und eines vornehmeren Standes ablegten. Nun fand sie an mir, was sie bedurfte, ein junges, lebhaftes, auch nach einem unbekannten Heile strebendes Wesen, das, ob es sich gleich nicht für außerordentlich sündhaft halten konnte, sich doch in keinem behaglichen Zustand befand, und weder an Leib noch Seele ganz gesund war. Sie freute sich an dem, was mir die Natur gegeben, sowie an manchem, was ich mir erworben hatte. Und wenn sie mir viele Vorzüge zugestand, so war es keineswegs demütigend für sie: denn erstlich gedachte sie nicht mit einer Mannsperson zu wetteifern, und zweitens glaubte sie, in Absicht auf religiose Bildung sehr viel vor mir voraus zu haben. Meine Unruhe, meine Ungeduld, mein Streben, mein Suchen, Forschen, Sinnen und Schwanken legte sie auf ihre Weise aus, und verhehlte mir ihre Überzeugung nicht, sondern versicherte mir unbewunden, das alles komme daher, weil ich keinen versöhnten Gott habe. Nun hatte ich von Jugend auf geglaubt, mit meinem Gott ganz gut zu stehen, ja, ich bildete mir, nach mancherlei Erfahrungen, wohl ein, daß er gegen mich sogar im Rest stehen könne, und ich war kühn genug zu glauben, daß ich ihm einiges zu verzeihen hätte. Dieser Dünkel gründete sich auf meinen unendlich guten Willen, dem er, wie mir schien, besser hätte zu Hülfe kommen sollen. Es läßt sich denken, wie oft ich und meine Freundin hierüber in Streit gerieten, der sich doch immer auf die freundlichste Weise und manchmal, wie meine Unterhaltung mit dem alten Rektor, damit endigte: daß ich ein närrischer Bursche sei, dem man manches nachsehen müsse.

Da ich mit der Geschwulst am Halse sehr geplagt war, indem Arzt und Chirurgus diese Exkreszenz erst vertreiben, hernach, wie sie sagten, zeitigen wollten, und sie zuletzt aufzuschneiden für gut befanden; so hatte ich eine geraume Zeit mehr an Unbequemlichkeit als an Schmerzen zu leiden, obgleich gegen das Ende der Heilung das immer fortdauernde Betupfen mit Höllenstein und andern ätzenden Dingen höchst verdrießliche Aussichten auf jeden neuen Tag geben mußte. Arzt und Chirurgus gehörten auch unter die abgesonderten Frommen, obgleich beide von höchst verschiedenem Naturell waren. Der Chirurgus, ein schlanker wohlgebildeter Mann von leichter und geschickter Hand, der, leider etwas hektisch, seinen Zustand mit wahrhaft christlicher Geduld ertrug, und sich in seinem Berufe durch sein Übel nicht irre machen ließ. Der Arzt, ein unerklärlicher, schlau blickender, freundlich sprechender, übrigens abstruser Mann, der sich in dem frommen Kreise ein ganz besonderes Zutrauen erworben hatte. Tätig und aufmerksam war er den Kranken tröstlich; mehr aber als durch alles erweiterte er seine Kundschaft durch die Gabe, einige geheimnisvolle selbstbereitete Arzneien im Hintergrunde zu zeigen, von denen niemand sprechen durfte, weil bei uns den Ärzten die eigene Dispensation streng verboten war. Mit gewissen Pulvern, die irgend ein Digestiv sein mochten, tat er nicht so geheim; aber von jenem wichtigen Salze, das nur in den größten Gefahren angewendet werden durfte, war nur unter den Gläubigen die Rede, ob es gleich noch niemand gesehen, oder die Wirkung davon gespürt hatte. Um den Glauben an die Möglichkeit eines solchen Universalmittels zu erregen und zu stärken, hatte der Arzt seinen Patienten, wo er nur einige Empfänglichkeit fand, gewisse mystische chemisch-alchemische Bücher empfohlen, und zu verstehen gegeben, daß man durch eignes Studium derselben gar wohl dahin gelangen könne, jenes Kleinod sich selbst zu erwerben; welches um so notwendiger sei, als die Bereitung sich sowohl aus physischen als besonders aus moralischen Gründen nicht wohl überliefern lasse, ja daß man, um jenes große Werk einzusehen, hervorzubringen und zu benutzen, die Geheimnisse der Natur im Zusammenhang kennen müsse, weil es nichts Einzelnes sondern etwas Universelles sei, und auch wohl gar unter verschiedenen Formen und Gestalten hervorgebracht werden könne. Meine Freundin hatte auf diese lockenden Worte gehorcht. Das Heil des Körpers war zu nahe mit dem Heil der Seele verwandt; und könnte je eine größere Wohltat, eine größere Barmherzigkeit auch an andern ausgeübt werden, als wenn man sich ein Mittel zu eigen machte, wodurch so manches Leiden gestillt, so manche Gefahr abgelehnt werden könnte? Sie hatte schon insgeheim Wellings „Opus mago-cabbalisticum" studiert, wobei sie jedoch, weil der Autor das Licht, was er mitteilt, sogleich wieder selbst verfinstert und aufhebt, sich nach einem Freunde umsah, der ihr in diesem Wechsel von Licht und Finsternis Gesellschaft leistete. Es bedurfte nur einer geringen Anregung, um auch mir diese Krankheit zu inokulieren. Ich schaffte das Werk an, das, wie alle Schriften dieser Art, seinen Stammbaum in gerader Linie bis zur neuplatonischen Schule verfolgen konnte. Meine vorzüglichste Bemühung an diesem Buche war, die dunklen Hinweisungen, wo der Verfasser von einer Stelle auf die andere deutet und dadurch das, was er verbirgt, zu enthüllen verspricht, aufs genauste zu bemerken und am Rande die Seitenzahlen solcher sich einander aufklären sollenden Stellen zu bezeichnen. Aber auch so blieb das Buch noch dunkel und unverständlich genug; außer daß man sich zuletzt in eine gewisse Terminologie hineinstudierte, und, indem man mit derselben nach eignem Belieben gebarte, etwas, wo nicht zu verstehen, doch wenigstens zu sagen glaubte. Gedachtes Werk erwähnt seiner Vorgänger mit vielen Ehren, und wir wurden daher angeregt, jene Quellen selbst aufzusuchen. Wir wendeten uns nun an die Werke des Theophrastus Paracelsus und Basilius Valentinus; nicht weniger an Helmont, Starkey und andere, deren mehr oder weniger auf Natur und Einbildung beruhende Lehren und Vorschriften wir einzusehen und zu befolgen suchten. Mir wollte besonders die „Aurea Catena Homeri“ gefallen, wodurch die Natur, wenn auch vielleicht auf phantastische Weise, in einer schönen Verknüpfung dargestellt wird; und so verwendeten wir teils einzeln, teils zusammen viele Zeit an diese Seltsamkeiten, und brachten die Abende eines langen Winters, während dessen ich die Stube hüten mußte, sehr vergnügt zu, indem wir zu dreien, meine Mutter mit eingeschlossen, uns an diesen Geheimnissen mehr ergetzten, als die Offenbarung derselben hätte tun können.

Mir war indes noch eine sehr harte Prüfung vorbereitet: denn eine gestörte und, man dürfte wohl sagen, für gewisse Momente vernichtete Verdauung brachte solche Symptome hervor, daß ich unter großen Beängstigungen das Leben zu verlieren glaubte und keine angewandten Mittel weiter etwas fruchten wollten. In diesen letzten Nöten zwang meine bedrängte Mutter mit dem größten Ungestüm den verlegnen Arzt, mit seiner Universalmedizin hervorzurücken; nach langem Widerstande eilte er tief in der Nacht nach Hause und kam mit einem Gläschen kristallisierten trocknen Salzes zurück, welches in Wasser aufgelöst von dem Patienten verschluckt wurde und einen entschieden alkalischen Geschmack hatte. Das Salz war kaum genommen, so zeigte sich eine Erleichterung des Zustandes, und von dem Augenblick an nahm die Krankheit eine Wendung, die stufenweise zur Besserung führte. Ich darf nicht sagen, wie sehr dieses den Glauben an unsern Arzt und den Fleiß, uns eines solchen Schatzes teilhaftig zu machen, stärkte und erhöhte.

Meine Freundin, welche eltern- und geschwisterlos in einem großen wohlgelegnen Hause wohnte, hatte schon früher angefangen, sich einen kleinen Windofen, Kolben und Retorten von mäßiger Größe anzuschaffen, und operierte nach Wellingischen Fingerzeigen und nach bedeutenden Winken des Arztes und Meisters, besonders auf Eisen, in welchem die heilsamsten Kräfte verborgen sein sollten, wenn man es aufzuschließen wisse, und weil in allen uns bekannten Schriften das Luftsalz, welches herbeigezogen werden mußte, eine große Rolle spielte; so wurden zu diesen Operationen Alkalien erfordert, welche, indem sie an der Luft zerfließen, sich mit jenen überirdischen Dingen verbinden und zuletzt ein geheimnisvolles treffliches Mittelsalz per se hervorbringen sollten.

Kaum war ich einigermaßen wiederhergestellt und konnte mich, durch eine bessere Jahrszeit begünstigt, wieder in meinem alten Giebelzimmer aufhalten; so fing auch ich an, mir einen kleinen Apparat zuzulegen; ein Windöfchen mit einem Sandbade war zubereitet, ich lernte sehr geschwind mit einer brennenden Lunte die Glaskolben in Schalen verwandeln, in welchen die verschiedenen Mischungen abgeraucht werden sollten. Nun wurden sonderbare Ingredienzien des Makrokosmus und Mikrokosmus auf eine geheimnisvolle wunderliche Weise behandelt, und vor allem suchte man Mittelsalze auf eine unerhörte Art hervorzubringen. Was mich aber eine ganze Weile am meisten beschäftigte, war der sogenannte Liquor silicum (Kieselsaft), welcher entsteht, wenn man reine Quarzkiesel mit einem gehörigen Anteil Alkali schmilzt, woraus ein durchsichtiges Glas entspringt, welches an der Luft zerschmilzt und eine schöne klare Flüssigkeit darstellt. Wer dieses einmal selbst verfertigt und mit Augen gesehen hat, der wird diejenigen nicht tadeln, welche an eine jungfräuliche Erde und an die Möglichkeit glauben, auf und durch dieselbe weiter zu wirken. Diesen Kieselsaft zu bereiten hatte ich eine besondere Fertigkeit erlangt; die schönen weißen Kiesel, welche sich im Main finden, gaben dazu ein vollkommenes Material; und an dem übrigen sowie an Fleiß ließ ich es nicht fehlen: nur ermüdete ich doch zuletzt, indem ich bemerken mußte, daß das Kieselhafte keineswegs mit dem Salze so innig vereint sei, wie ich philosophischerweise geglaubt hatte: denn es schied sich gar leicht wieder aus, und die schönste mineralische Flüssigkeit, die mir einigemal zu meiner größten Verwunderung in Form einer animalischen Gallert erschienen war, ließ doch immer ein Pulver fallen, das ich für den feinsten Kieselstaub ansprechen mußte, der aber keineswegs irgend etwas Produktives in seiner Natur spüren ließ, woran man hätte hoffen können, diese jungfräuliche Erde in den Mutterstand übergehen zu sehen.

So wunderlich und unzusammenhängend auch diese Operationen waren, so lernte ich doch dabei mancherlei. Ich gab genau auf alle Kristallisationen acht, welche sich zeigen mochten, und ward mit den äußern Formen mancher natürlichen Dinge bekannt, und indem mir wohl bewußt war, daß man in der neueren Zeit die chemischen Gegenstände methodischer aufgeführt; so wollte ich mir im allgemeinen davon einen Begriff machen, ob ich gleich als Halbadept vor den Apothekern und allen denjenigen, die mit dem gemeinen Feuer operierten, sehr wenig Respekt hatte. Indessen zog mich doch das chemische Kompendium des Boerhaave gewaltig an, und verleitete mich, mehrere Schriften dieses Mannes zu lesen, wodurch ich denn, da ohnehin meine langwierige Krankheit mich dem Ärztlichen näher gebracht hatte, eine Anleitung fand, auch die „Aphorismen" dieses trefflichen Mannes zu studieren, die ich mir gern in den Sinn und ins Gedächtnis einprägen mochte.

Eine andere, etwas menschlichere und bei weitem für die augenblickliche Bildung nützlichere Beschäftigung war, daß ich die Briefe durchsah, welche ich von Leipzig aus nach

Hause geschrieben hatte. Nichts gibt uns mehr Aufschluß über uns selbst, als wenn wir das, was vor einigen Jahren von uns ausgegangen ist, wieder vor uns sehen, so daß wir uns selbst nunmehr als Gegenstand betrachten können. Allein freilich war ich damals noch zu jung und die Epoche noch zu nahe, welche durch diese Papiere dargestellt ward. Überhaupt, da man in jungen Jahren einen gewissen selbstgefälligen Dünkel nicht leicht ablegt; so äußert sich dieser besonders darin, daß man sich im kurz Vorhergegangenen verachtet: denn indem man freilich von Stufe zu Stufe gewahr wird, daß dasjenige, was man an sich sowie an andern für gut und vortrefflich achtet, nicht Stich hält; so glaubt man über diese Verlegenheit am besten hinauszukommen, wenn man das selbst wegwirft, was man nicht retten kann. So ging es auch mir. Denn wie ich in Leipzig nach und nach meine kindlichen Bemühungen geringschätzen lernte, so kam mir nun meine akademische Laufbahn gleichfalls geringschätzig vor, und ich sah nicht ein, daß sie eben darum vielen Wert für mich haben müßte, weil sie mich auf eine höhere Stufe der Betrachtung und Einsicht gehoben. Der Vater hatte meine Briefe sowohl an ihn als an meine Schwester sorgfältig gesammelt und geheftet; ja er hatte sie sogar mit Aufmerksamkeit korrigiert und sowohl Schreib- als Sprachfehler verbessert.

Was mir zuerst an diesen Briefen auffiel, war das Äußere; ich erschrak vor einer unglaublichen Vernachlässigung der Handschrift, die sich vom Oktober 1765 bis in die Hälfte des folgenden Januars erstreckte. Dann erschien aber auf einmal in der Hälfte des Märzes eine ganz gefaßte, geordnete Hand, wie ich sie sonst bei Preisbewerbungen anzuwenden pflegte. Meine Verwunderung darüber löste sich in Dank gegen den guten Gellert auf, welcher, wie ich mich nun wohl erinnerte, uns bei den Aufsätzen, die wir ihm einreichten, mit seinem herzlichen Tone zur heiligen Pflicht machte, unsere Hand so sehr, ja mehr als unsern Stil zu üben. Dieses wiederholte er so oft, als ihm eine kritzliche, nachlässige Schrift zu Gesicht kam; wobei er mehrmals äußerte, daß er sehr gern die schöne Handschrift seiner Schüler zum Hauptzweck seines Unterrichts machen möchte, um so mehr, weil er oft genug bemerkt habe, daß eine gute Hand einen guten Stil nach sich ziehe.

Sonst konnte ich auch bemerken, daß die französischen und englischen Stellen meiner Briefe, obgleich nicht fehlerlos, doch mit Leichtigkeit und Freiheit geschrieben waren. Diese Sprachen hatte ich auch in meiner Korrespondenz mit Georg Schlosser, der sich noch immer in Treptow befand, zu üben fortgefahren, und war mit ihm in beständigem Zusammenhang geblieben, wodurch ich denn von manchen weltlichen Zuständen (denn immer ging es ihm nicht ganz so, wie er gehofft hatte) unterrichtet wurde und zu seiner ernsten, edlen Denkweise immer mehr Zutrauen faßte.

Eine andre Betrachtung, die mir beim Durchsehen jener Briefe nicht entgehen konnte, war, daß der gute Vater mit der besten Absicht mir einen besondern Schaden zugefügt und mich zu der wunderlichen Lebensart veranlaßt hatte, in die ich zuletzt geraten war. Er hatte mich nämlich wiederholt vom Kartenspiel abgemahnt; allein Frau Hofrat Böhme, solange sie lebte, wußte mich nach ihrer Weise zu bestimmen, indem sie die Abmahnung meines Vaters nur von dem Mißbrauch erklärte. Da ich nun auch die Vorteile davon in der Sozietät einsah, so ließ ich mich gern durch sie regieren. Ich hatte wohl den Spielsinn, aber nicht den Spielgeist; ich lernte alle Spiele leicht und geschwind, aber niemals konnte ich die gehörige Aufmerksamkeit einen ganzen Abend zusammenhalten. Wenn ich also recht gut anfing, so verfehlte ich's doch immer am Ende und machte mich und andre verlieren; wodurch ich denn jederzeit verdrießlich entweder zur Abendtafel oder aus der Gesellschaft ging. Kaum war Madame Böhme verschieden, die mich ohnedem während ihrer langwierigen Krankheit nicht mehr zum Spiel angehalten hatte; so gewann die Lehre meines Vaters Kraft; ich entschuldigte mich erst von den Partien, und weil man nun nichts mehr mit mir anzufangen wußte, so ward ich mir noch mehr als andern lästig, schlug die Einladungen aus, die denn sparsamer erfolgten und zuletzt ganz aufhörten. Das Spiel, das jungen Leuten, besonders denen, die einen praktischen Sinn haben und sich in der Welt umtun wollen, sehr zu empfehlen ist, konnte freilich bei mir niemals zur Liebhaberei werden, weil ich nicht weiter kam, ich mochte spielen, so lange ich wollte. Hätte mir jemand einen allgemeinen Blick darüber gegeben und mich bemerken lassen, wie hier gewisse Zeichen und mehr oder weniger Zufall eine Art von Stoff bilden, woran sich Urteilskraft und Tätigkeit üben können; hätte man mich mehrere Spiele auf einmal einsehen lassen, so hätte ich mich wohl eher damit befreunden können. Bei alledem war ich durch jene Betrachtungen in der Epoche, von welcher ich hier spreche, zu der Überzeugung gekommen, daß man die gesellschaftlichen Spiele nicht meiden, sondern sich eher nach einer Gewandtheit in denselben bestreben müsse. Die Zeit ist unendlich lang und ein jeder Tag ein Gefäß, in das sich sehr viel eingießen läßt, wenn man es wirklich ausfüllen will.

So vielfach war ich in meiner Einsamkeit beschäftigt, um so mehr, als die verschiedenen Geister der mancherlei Liebhabereien, denen ich mich nach und nach gewidmet, Gelegenheit hatten, wieder hervorzutreten. So kam es auch wieder ans Zeichnen, und da ich immer unmittelbar an der Natur oder vielmehr am Wirklichen arbeiten wollte; so bildete ich mein Zimmer nach, mit seinen Möbeln, die Personen, die sich darin befanden, und wenn mich das nicht mehr unterhielt, stellte ich allerlei Stadtgeschichten dar, die man sich eben erzählte, und woran man Interesse fand. Das alles war nicht ohne Charakter und nicht ohne einen gewissen Geschmack, aber leider fehlte den Figuren die Proportion und das eigentliche Mark, so wie denn auch die Ausführung höchst nebulistisch war. Mein Vater, dem diese Dinge Vergnügen zu machen fortfuhren, wollte sie deutlicher haben; auch sollte alles fertig und abgeschlossen sein. Er ließ sie daher aufziehen und mit Linien einfassen; ja der Maler Morgenstern, sein Hauskünstler – es ist derselbe, der sich später durch Kirchenprospekte bekannt, ja berühmt gemacht –, mußte die perspektivischen Linien der Zimmer und Räume hineinziehen, die sich denn freilich ziemlich grell gegen die nebulistisch angedeuteten Figuren verhielten. Er glaubte mich dadurch immer mehr zur Bestimmtheit zu nötigen, und um ihm gefällig zu sein, zeichnete ich mancherlei

Stilleben, wo ich, indem das Wirkliche als Muster vor mir stand, deutlicher und entschiedener arbeiten konnte. Endlich fiel mir auch wieder einmal das Radieren ein. Ich hatte mir eine ziemlich interessante Landschaft komponiert, und fühlte mich sehr glücklich, als ich meine alten von Stock überlieferten Rezepte vorsuchen, und mich jener vergnüglichen Zeiten bei der Arbeit erinnern konnte. Ich ätzte die Platte bald und ließ mir Probeabdrücke machen. Unglücklicherweise war die Komposition ohne Licht und Schatten, und ich quälte mich nun, beides hineinzubringen; weil es mir aber nicht ganz deutlich war, worauf es ankam, so konnte ich nicht fertig werden. Ich befand mich zu der Zeit nach meiner Art ganz wohl; allein in diesen Tagen befiel mich ein Übel, das mich noch nie gequält hatte. Die Kehle nämlich war mir ganz wund geworden, und besonders das, was man den Zapfen nennt, sehr entzündet; ich konnte nur mit großen Schmerzen etwas schlingen, und die Ärzte wußten nicht, was sie daraus machen sollten. Man quälte mich mit Gurgeln und Pinseln, und konnte mich von dieser Not nicht befreien. Endlich ward ich wie durch eine Eingebung gewahr, daß ich bei dem Ätzen nicht vorsichtig genug gewesen, und daß ich, indem ich es öfters und leidenschaftlich wiederholt, mir dieses Übel zugezogen und solches immer wieder erneuert und vermehrt. Den Ärzten war die Sache plausibel und gar bald gewiß, indem ich das Radieren und Ätzen um so mehr unterließ, als der Versuch keineswegs gut ausgefallen war, und ich eher Ursache hatte, meine Arbeit zu verbergen als vorzuzeigen, worüber ich mich um so leichter tröstete, als ich mich von dem beschwerlichen Übel sehr bald befreit sah. Dabei konnte ich mich doch der Betrachtung nicht enthalten, daß wohl die ähnlichen Beschäftigungen in Leipzig manches möchten zu jenen Übeln beigetragen haben, an denen ich so viel gelitten hatte. Freilich ist es eine langweilige und mitunter traurige Sache, zu sehr auf uns selbst und was uns schadet und nutzt, achtzuhaben; allein es ist keine Frage, daß bei der wunderlichen Idiosynkrasie der menschlichen Natur von der einen, und bei der unendlichen Verschiedenheit der Lebensart und Genüsse von der andern Seite es noch ein Wunder ist, daß das menschliche Geschlecht sich nicht schon lange aufgerieben hat. Es scheint die menschliche Natur eine eigne Art von Zähigkeit und Vielseitigkeit zu besitzen, da sie alles, was an sie herankommt oder was sie in sich aufnimmt, überwindet, und, wenn sie sich es nicht assimilieren kann, wenigstens gleichgültig macht. Freilich muß sie bei einem großen Exzeß trotz alles Widerstandes den Elementen nachgeben, wie uns so viele endemische Krankheiten und die Wirkungen des Branntweins überzeugen. Könnten wir, ohne ängstlich zu werden, auf uns achtgeben, was in unserem komplizierten bürgerlichen und geselligen Leben auf uns günstig oder ungünstig wirkt, und möchten wir das, was uns als Genuß freilich behaglich ist, um der üblen Folgen willen unterlassen; so würden wir gar manche Unbequemlichkeit, die uns bei sonst gesunden Konstitutionen oft mehr als eine Krankheit selbst quält, leicht zu entfernen wissen. Leider ist es im Diätetischen wie im Moralischen: wir können einen Fehler nicht eher einsehen, als bis wir ihn los sind; wobei denn nichts gewonnen wird, weil der nächste Fehler dem vorhergehenden nicht ähnlich sieht und also unter derselben Form nicht erkannt werden kann.

Beim Durchlesen jener Briefe, die von Leipzig aus an meine Schwester geschrieben waren, konnte mir unter andern auch diese Bemerkung nicht entgehen, daß ich mich sogleich bei dem ersten akademischen Unterricht für sehr klug und weise gehalten, indem ich mich, sobald ich etwas gelernt, dem Professor substituierte und daher auch auf der Stelle didaktisch ward. Mir war es lustig genug zu sehen, wie ich dasjenige, was Gellert uns im Kollegium überliefert oder geraten, sogleich wieder gegen meine Schwester gewendet, ohne einzusehen, daß sowohl im Leben als im Lesen etwas dem Jüngling gemäß sein könne, ohne sich für ein Frauenzimmer zu schicken; und wir scherzten gemeinschaftlich über diese Nachäfferei. Auch waren mir die Gedichte, die ich in Leipzig verfaßt hatte, schon zu gering, und sie schienen mir kalt, trocken und in Absicht dessen, was die Zustände des menschlichen Herzens oder Geistes ausdrücken sollte, allzu oberflächlich. Dieses bewog mich, als ich nun abermals das väterliche Haus verlassen und auf eine zweite Akademie ziehen sollte, wieder ein großes Haupt-Autodafé über meine Arbeiten zu verhängen. Mehrere angefangene Stücke, deren einige bis zum dritten oder vierten Akt, andere aber nur bis zu vollendeter Exposition gelangt waren, nebst vielen andern Gedichten, Briefen und Papieren wurden dem Feuer übergeben, und kaum blieb etwas verschont außer dem Manuskript von Behrisch, „Die Laune des Verliebten" und „Die Mitschuldigen", an welchem letzteren ich immerfort mit besonderer Liebe besserte, und, da das Stück schon fertig war, die Exposition nochmals durcharbeitete, um sie zugleich bewegter und klarer zu machen. Lessing hatte in den zwei ersten Akten der „Minna" ein unerreichbares Muster aufgestellt, wie ein Drama zu exponieren sei, und es war mir nichts angelegner, als in seinen Sinn und seine Absichten einzudringen.

Umständlich genug ist zwar schon die Erzählung von dem, was mich in diesen Tagen berührt, aufgeregt und beschäftigt; allein ich muß demohngeachtet wieder zu jenem Interesse zurückkehren, das mir die übersinnlichen Dinge eingeflößt hatten, von denen ich ein für allemal, insofern es möglich wäre, mir einen Begriff zu bilden unternahm.

Einen großen Einfluß erfuhr ich dabei von einem wichtigen Buche, das mir in die Hände geriet, es war Arnolds „Kirchen- und Ketzergeschichte". Dieser Mann ist nicht ein bloß reflektierender Historiker, sondern zugleich fromm und fühlend. Seine Gesinnungen stimmten sehr zu den meinigen, und was mich an seinem Werk besonders ergetzte, war, daß ich von manchen Ketzern, die man mir bisher als toll oder gottlos vorgestellt hatte, einen vorteilhaftern Begriff erhielt. Der Geist des Widerspruchs und die Lust zum Paradoxen steckt in uns allen. Ich studierte fleißig die verschiedenen Meinungen, und da ich oft genug hatte sagen hören, jeder Mensch habe am Ende doch seine eigene Religion, so kam mir nichts natürlicher vor, als daß ich mir auch meine eigene bilden könne, und dieses tat ich mit vieler Behaglichkeit. Der neue Platonismus lag zum Grunde; das Hermetische, Mystische, Kabbalistische gab auch seinen Beitrag her, und so erbaute ich mir eine Welt, die seltsam genug aussah.

Ich mochte mir wohl eine Gottheit vorstellen, die sich von Ewigkeit her selbst produziert; da sich aber Produktion nicht ohne Mannigfaltigkeit denken läßt, so mußte sie sich notwendig sogleich als ein Zweites erscheinen, welches wir unter dem Namen des Sohns anerkennen; diese beiden mußten nun den Akt des Hervorbringens fortsetzen, und erschienen sich selbst wieder im Dritten, welches nun ebenso bestehend lebendig und ewig als das Ganze war. Hiermit war jedoch der Kreis der Gottheit geschlossen, und es wäre ihnen selbst nicht möglich gewesen, abermals ein ihnen völlig Gleiches hervorzubringen. Da jedoch der Produktionstrieb immer fortging, so erschufen sie ein Viertes, das aber schon in sich einen Widerspruch hegte, indem es, wie sie, unbedingt und doch zugleich in ihnen enthalten und durch sie begrenzt sein sollte. Dieses war nun Luzifer, welchem von nun an die ganze Schöpfungskraft übertragen war, und von dem alles übrige Sein ausgehen sollte. Er bewies sogleich seine unendliche Tätigkeit, indem er die sämtlichen Engel erschuf, alle wieder nach seinem Gleichnis, unbedingt, aber in ihm enthalten und durch ihn begrenzt. Umgeben von einer solchen Glorie vergaß er seines höhern Ursprungs und glaubte ihn in sich selbst zu finden, und aus diesem ersten Undank entsprang alles, was uns nicht mit dem Sinne und den Absichten der Gottheit übereinzustimmen scheint. Je mehr er sich nun in sich selbst konzentrierte, je unwohler mußte es ihm werden, sowie allen den Geistern, denen er die süße Erhebung zu ihrem Ursprung verkümmerte. Und so ereignete sich das, was uns unter der Form des Abfalls der Engel bezeichnet wird. Ein Teil derselben konzentrierte sich mit Luzifer, der andere wendete sich wieder gegen seinen Ursprung. Aus dieser Konzentration der ganzen Schöpfung, denn sie war von Luzifer ausgegangen und mußte ihm folgen, entsprang nun alles das, was wir unter der Gestalt der Materie gewahr werden, was wir uns als schwer, fest und finster vorstellen, welches aber, indem es, wenn auch nicht unmittelbar, doch durch Filiation vom göttlichen Wesen herstammt, ebenso unbedingt mächtig und ewig ist als der Vater und die Groß-eltern. Da nun das ganze Unheil, wenn wir es so nennen dürfen, bloß durch die einseitige Richtung Luzifers entstand; so fehlte freilich dieser Schöpfung die bessere Hälfte: denn alles, was durch Konzentration gewonnen wird, besaß sie, aber es fehlte ihr alles, was durch Expansion allein bewirkt werden kann; und so hätte die sämtliche Schöpfung durch immerwährende Konzentration sich selbst aufreiben, sich mit ihrem Vater Luzifer vernichten und alle ihre Ansprüche an eine gleiche Ewigkeit mit der Gottheit verlieren können. Diesem Zustand sahen die Elohim eine Weile zu, und sie hatten die Wahl, jene Äonen abzuwarten, in welchen das Feld wieder rein geworden und ihnen Raum zu einer neuen Schöpfung geblieben wäre, oder ob sie in das Gegenwärtige eingreifen und dem Mangel nach ihrer Unendlichkeit zu Hülfe kommen wollten. Sie erwählten nun das letztere, und supplierten durch ihren bloßen Willen in einem Augenblick den ganzen Mangel, den der Erfolg von Luzifers Beginnen an sich trug. Sie gaben dem unendlichen Sein die Fähigkeit, sich auszudehnen, sich gegen sie zu bewegen; der eigentliche Puls des Lebens war wieder hergestellt, und Luzifer selbst konnte sich dieser Einwirkung nicht entziehen. Dieses ist die Epoche, wo dasjenige hervortrat, was wir als Licht kennen, und wo dasjenige begann, was wir mit dem Worte Schöpfung zu bezeichnen pflegen. So sehr sich auch nun diese durch die immer fortwirkende Lebenskraft der Elohim stufenweise vermannigfaltigte; so fehlte es doch noch an einem Wesen, welches die ursprüngliche Verbindung mit der Gottheit wieder herzustellen geschickt wäre, und so wurde der Mensch hervorgebracht, der in allem der Gottheit ähnlich, ja gleich sein sollte, sich aber freilich dadurch abermals in dem Falle Luzifers befand, zugleich unbedingt und beschränkt zu sein, und da dieser Widerspruch durch alle Kategorien des Daseins sich an ihm manifestieren und ein vollkommenes Bewußtsein sowie ein entschiedener Wille seine Zustände begleiten sollte; so war vorauszusehen, daß er zugleich das Vollkommenste und Unvollkommenste, das glücklichste und unglücklichste Geschöpf werden müsse. Es währte nicht lange, so spielte er auch völlig die Rolle des Luzifer. Die Absonderung vom Wohltäter ist der eigentliche Undank, und so ward jener

Abfall zum zweitenmal eminent, obgleich die ganze Schöpfung nichts ist und nichts war, als ein Abfallen und Zurückkehren zum Ursprünglichen.

Man sieht leicht, wie hier die Erlösung nicht allein von Ewigkeit her beschlossen, sondern als ewig notwendig gedacht wird, ja daß sie durch die ganze Zeit des Werdens und Seins sich immer wieder erneuern muß. Nichts ist in diesem Sinne natürlicher, als daß die Gottheit selbst die Gestalt des Menschen annimmt, die sie sich zu einer Hülle schon vorbereitet hatte, und daß sie die Schicksale desselben auf kurze Zeit teilt, um durch diese Verähnlichung das Erfreuliche zu erhöhen und das Schmerzliche zu mildern. Die Geschichte aller Religionen und Philosophien lehrt uns, daß diese große, den Menschen unentbehrliche Wahrheit von verschiedenen Nationen in verschiedenen Zeiten auf mancherlei Weise, ja in seltsamen Fabeln und Bildern der Beschränktheit gemäß überliefert worden; genug, wenn nur anerkannt wird, daß wir uns in einem Zustande befinden, der, wenn er uns auch niederzuziehen und zu drücken scheint, dennoch Gelegenheit gibt, ja zur Pflicht macht, uns zu erheben und die Absichten der Gottheit dadurch zu erfüllen, daß wir, indem wir von einer Seite uns zu verselbsten genötiget sind, von der andern in regelmäßigen Pulsen uns zu entselbstigen nicht versäumen.

NEUNTES BUCH

„Das Herz wird ferner öfters zum Vorteil verschiedener, besonders geselliger und feiner Tugenden gerührt und die zarteren Empfindungen werden in ihm erregt und entwickelt werden. Besonders werden sich viele Züge eindrücken, welche dem jungen Leser eine Einsicht in den verborgenern Winkel des menschlichen Herzens und seiner Leidenschaften geben, eine Kenntnis, die mehr als alles Latein und Griechisch wert ist, und von welcher Ovid ein gar vortrefflicher Meister war. Aber dies ist es noch nicht, warum man eigentlich der Jugend die alten Dichter, und also auch den Ovid, in die Hände gibt. Wir haben von dem gütigen Schöpfer eine Menge Seelenkräfte, welchen man ihre gehörige Kultur, und zwar in den ersten Jahren gleich, zu geben nicht verabsäumen muß, und die man doch weder mit Logik noch Metaphysik, Latein oder Griechisch kultivieren kann: wir haben eine Einbildungskraft, der wir, wofern sie sich nicht der ersten besten Vorstellungen selbst bemächtigen soll, die schicklichsten und schönsten Bilder vorlegen und dadurch das Gemüt gewöhnen und üben müssen, das Schöne überall und in der Natur selbst, unter seinen bestimmten, wahren und auch in den feineren Zügen zu erkennen und zu lieben. Wir haben eine Menge Begriffe und allgemeine Kenntnisse nötig, sowohl für die Wissenschaften als für das tägliche Leben, die sich in keinem Kompendio erlernen lassen. Unsere Empfindungen, Neigungen, Leidenschaften sollen mit Vorteil entwickelt und gereinigt werden."

Diese bedeutende Stelle, welche sich in der „Allgemeinen deutschen Bibliothek" vorfand, war nicht die einzige in ihrer Art. Von gar vielen Seiten her offenbarten sich ähnliche Grundsätze und gleiche Gesinnungen. Sie machten auf uns rege Jünglinge sehr großen Eindruck, der um desto entschiedener wirkte, als er durch Wielands Beispiel noch verstärkt wurde: denn die Werke seiner zweiten, glänzenden Epoche bewiesen klärlich, daß er sich nach solchen Maximen gebildet hatte. Und was konnten wir mehr verlangen? Die Philosophie mit ihren abstrusen Forderungen war beseitigt, die alten Sprachen, deren Erlernung mit so viel Mühseligkeit verknüpft ist, sah man in den Hintergrund gerückt, die Kompendien, über deren Zulänglichkeit uns Hamlet schon ein bedenkliches Wort ins Ohr geraunt hatte, wurden immer verdächtiger, man wies uns auf die Betrachtung eines bewegten Lebens hin, das wir so gerne führten, und auf die Kenntnis der Leidenschaften, die wir in unserem Busen teils empfanden, teils ahndeten, und die, wenn man sie sonst gescholten hatte, uns nunmehr als etwas Wichtiges und Würdiges vorkommen mußten, weil sie der Hauptgegenstand unserer Studien sein sollten, und die Kenntnis derselben als das vorzüglichste Bildungsmittel unserer Geisteskräfte angerühmt ward. Überdies war eine solche Denkweise meiner eignen Überzeugung, ja meinem poetischen Tun und Treiben ganz angemessen. Ich fügte mich daher ohne Widerstreben, nachdem ich so manchen guten Vorsatz vereitelt, so manche redliche Hoffnung verschwinden sehn, in die Absicht meines Vaters, mich nach Straßburg zu schicken, wo man mir ein heiteres lustiges Leben versprach, indessen ich meine Studien weiter fortsetzen und am Ende promovieren sollte.

Im Frühjahr fühlte ich meine Gesundheit, noch mehr aber meinen jugendlichen Mut wieder hergestellt, und sehnte mich abermals aus meinem väterlichen Hause, obgleich aus ganz andern Ursachen als das erstemal: denn es waren mir diese hübschen Zimmer und Räume, wo ich so viel gelitten hatte, unerfreulich geworden, und mit dem Vater selbst konnte sich kein angenehmes Verhältnis anknüpfen; ich konnte ihm nicht ganz verzeihen, daß er, bei den Rezidiven meiner Krankheit und bei dem langsamen Genesen, mehr Ungeduld als billig sehen lassen, ja daß er, anstatt durch Nachsicht mich zu trösten, sich oft auf eine grausame Weise über das, was in keines Menschen Hand lag, geäußert, als wenn es nur vom Willen abhinge. Aber auch er ward auf mancherlei Weise durch mich verletzt und beleidigt.

Denn junge Leute bringen von Akademien allgemeine Begriffe zurück, welches zwar ganz recht und gut ist; allein weil sie sich darin sehr weise dünken, so legen sie solche als Maßstab an die vorkommenden Gegenstände, welche denn meistens dabei verlieren müssen. So hatte ich von der Baukunst, der Einrichtung und Verzierung der Häuser eine allgemeine Vorstellung gewonnen, und wendete diese nun unvorsichtig im Gespräch auf unser eigen Haus an. Mein Vater hatte die ganze Einrichtung ersonnen und den Bau mit großer Standhaftigkeit durchgeführt, und es ließ sich auch, insofern es eine Wohnung für ihn und seine Familie ausschließlich sein sollte, nichts dagegen einwenden; auch waren in diesem Sinne sehr viele Häuser von Frankfurt gebaut. Die Treppe ging frei hinauf und berührte große Vorsäle, die selbst recht gut hätten Zimmer sein können; wie wir denn auch die gute Jahreszeit immer daselbst zubrachten. Allein dieses anmutige heitere Dasein einer einzelnen Familie, diese Kommunikation von oben bis unten ward zur größten Unbequemlichkeit, sobald mehrere Partien das Haus bewohnten, wie wir bei Gelegenheit der französischen Einquartierung nur zu sehr erfahren hatten. Denn jene ängstliche Szene mit dem Königslieutenant wäre nicht vorgefallen, ja mein Vater hätte weniger von allen Unannehmlichkeiten empfunden, wenn unsere Treppe, nach der Leipziger Art, an die Seite gedrängt, und jedem Stockwerk eine abgeschlossene Türe zugeteilt gewesen wäre. Diese Bauart rühmte ich einst höchlich und setzte ihre Vorteile heraus, zeigte dem Vater die Möglichkeit, auch seine Treppe zu verlegen, worüber er in einen unglaublichen Zorn geriet, der um so heftiger war, als ich kurz vorher einige schnörkelhafte Spiegelrahmen getadelt und gewisse chinesische Tapeten verworfen hatte. Es gab eine Szene, welche, zwar wieder getuscht und ausgeglichen, doch meine Reise nach dem schönen Elsaß beschleunigte, die ich denn auch, auf der neu eingerichteten bequemen Diligence, ohne Aufenthalt und in kurzer Zeit vollbrachte.

Ich war im Wirtshaus „Zum Geist" abgestiegen und eilte sogleich, das sehnlichste Verlangen zu befriedigen und mich dem Münster zu nähern, welcher durch Mitreisende mir schon lange gezeigt und eine ganze Strecke her im Auge geblieben war. Als ich nun erst durch die schmale Gasse diesen Koloß gewahrte, sodann aber auf dem freilich sehr engen Platz allzu nah vor ihm stand, machte derselbe auf mich einen Eindruck ganz eigner Art, den ich aber, auf der Stelle zu entwickeln unfähig, für diesmal nur dunkel mit mir nahm, indem ich das Gebäude eilig bestieg, um nicht den schönen Augenblick einer hohen und heitern Sonne zu versäumen, welche mir das weite reiche Land auf einmal offenbaren sollte.

Und so sah ich denn von der Plattform die schöne Gegend vor mir, in welcher ich eine Zeitlang wohnen und hausen durfte: die ansehnliche Stadt, die weitumherliegenden, mit herrlichen dichten Bäumen besetzten und durchflochtenen Auen, diesen auffallenden Reichtum der Vegetation, der, dem Laufe des Rheins folgend, die Ufer, Inseln und Werder bezeichnet. Nicht weniger mit mannigfaltigem Grün geschmückt ist der von Süden herab sich ziehende flache

Grund, welchen die Iller bewässert; selbst westwärts, nach dem Gebirge zu, finden sich manche Niederungen, die einen ebenso reizenden Anblick von Wald und Wiesenwuchs gewähren, so wie der nördliche mehr hügelige Teil von unendlichen kleinen Bächen durchschnitten ist, die überall ein schnelles Wachstum begünstigen. Denkt man sich nun zwischen diesen üppig ausgestreckten Matten, zwischen diesen fröhlich ausgesäeten Hainen alles zum Fruchtbau schickliche Land trefflich bearbeitet, grünend und reifend, und die besten und reichsten Stellen desselben durch Dörfer und Meierhöfe bezeichnet, und eine solche große und unübersehliche, wie ein neues Paradies für den Menschen recht vorbereitete Fläche näher und ferner von teils angebauten, teils waldbewachsenen Bergen begrenzt; so wird man das Entzücken begreifen, mit dem ich mein Schicksal segnete, das mir für einige Zeit einen so schönen Wohnplatz bestimmt hatte.

Ein solcher frischer Anblick in ein neues Land, in welchem wir uns eine Zeitlang aufhalten sollen, hat noch das Eigne, so Angenehme als Ahndungsvolle, daß das Ganze wie eine unbeschriebene Tafel vor uns liegt. Noch sind keine Leiden und Freuden, die sich auf uns beziehen, darauf verzeichnet; diese heitre, bunte, belebte Fläche ist noch stumm für uns; das Auge haftet nur an den Gegenständen, insofern sie an und für sich bedeutend sind, und noch haben weder Neigung noch Leidenschaft diese oder jene Stelle besonders herauszuheben; aber eine Ahndung dessen, was kommen wird, beunruhigt schon das junge Herz, und ein unbefriedigtes Bedürfnis fordert im stillen dasjenige, was kommen soll und mag, und welches auf alle Fälle, es sei nun Wohl oder Weh, unmerklich den Charakter der Gegend, in der wir uns befinden, annehmen wird.

Herabgestiegen von der Höhe, verweilte ich noch eine Zeitlang vor dem Angesicht des ehrwürdigen Gebäudes; aber was ich mir weder das erstemal noch in der nächsten Zeit ganz deutlich machen konnte, war, daß ich dieses Wunderwerk als ein Ungeheures gewahrte, das mich hätte erschrecken müssen, wenn es mir nicht zugleich als ein Geregeltes faßlich und als ein Ausgearbeitetes sogar angenehm vorgekommen wäre. Ich beschäftigte mich doch keineswegs, diesem Widerspruch nachzudenken, sondern ließ ein so erstaunliches Denkmal durch seine Gegenwart ruhig auf mich fortwirken.

Ich bezog ein kleines, aber wohlgelegenes und anmutiges Quartier an der Sommerseite des Fischmarkts, einer schönen langen Straße, wo immerwährende Bewegung jedem unbeschäftigten Augenblick zu Hülfe kam. Dann gab ich meine Empfehlungsschreiben ab, und fand unter meinen Gönnern einen Handelsmann, der mit seiner Familie jenen frommen, mir genugsam bekannten Gesinnungen ergeben war, ob er sich gleich, was den äußeren Gottesdienst betrifft, nicht von der Kirche getrennt hatte. Er war dabei ein verständiger Mann und keineswegs kopfhängerisch in seinem Tun und Lassen. Die Tischgesellschaft, die man mir und der man mich empfahl, war sehr angenehm und unterhaltend. Ein paar alte Jungfrauen hatten diese Pension schon lange mit Ordnung und gutem Erfolg geführt; es konnten ungefähr zehen Personen sein, ältere und jüngere. Von diesen letztern ist mir am gegenwärtigsten einer, genannt Meyer, von Lindau gebürtig. Man hätte ihn, seiner Gestalt und seinem Gesicht nach, für den schönsten Menschen halten können, wenn er nicht zugleich etwas Schlottriges in seinem ganzen Wesen gehabt hätte. Ebenso wurden seine herrlichen Naturgaben durch einen unglaublichen Leichtsinn, und sein köstliches Gemüt durch eine unbändige Liederlichkeit verunstaltet. Er hatte ein mehr rundes als ovales, offnes, frohes Gesicht; die Werkzeuge der Sinne, Augen, Nase, Mund, Ohren, konnte man reich nennen, sie zeugten von einer entschiedenen Fülle, ohne übertrieben groß zu sein. Der Mund besonders war allerliebst durch übergeschlagene Lippen, und seiner ganzen Physiognomie gab es einen eigenen Ausdruck, daß er ein Rätzel war, d. h. daß seine Augenbrauen über der Nase zusammenstießen, welches bei einem schönen Gesichte immer einen angenehmen Ausdruck von Sinnlichkeit hervorbringt. Durch Jovialität, Aufrichtigkeit und Gutmütigkeit machte er sich bei allen Menschen beliebt; sein Gedächtnis war unglaublich, die Aufmerksamkeit in den Kollegien kostete ihm nichts; er behielt alles, was er hörte, und war geistreich genug, an allem einiges Interesse zu finden, und um so leichter, da er Medizin studierte. Alle Eindrücke blieben ihm lebhaft, und sein Mutwille in Wiederholung der Kollegien und Nachäffen der Professoren ging manchmal so weit, daß, wenn er drei verschiedene Stunden des Morgens gehört hatte, er mittags bei Tische paragraphenweis, ja manchmal noch abgebrochener, die Professoren mit einander abwechseln ließ: welche buntscheckige Vorlesung uns oft unterhielt, oft aber auch beschwerlich fiel.

Die übrigen waren mehr oder weniger feine, gesetzte, ernsthafte Leute. Ein pensionierter Ludwigsritter befand sich unter denselben; doch waren Studierende die Überzahl, alle wirklich gut und wohlgesinnt, nur mußten sie ihr gewöhnliches Weindeputat nicht überschreiten. Daß dieses nicht leicht geschah, war die Sorge unseres Präsidenten, eines Doktor Salzmann. Schon in den Sechzigen, unverheuratet, hatte er diesen Mittagstisch seit vielen Jahren besucht und in Ordnung und Ansehen erhalten. Er besaß ein schönes Vermögen; in seinem Äußeren hielt er sich knapp und nett, ja er gehörte zu denen, die immer in Schuh und Strümpfen und den Hut unter dem Arm gehen. Den Hut aufzusetzen, war bei ihm eine außerordentliche Handlung. Einen Regenschirm führte er gewöhnlich mit sich, wohl eingedenk, daß die schönsten Sommertage oft Gewitter und Streifschauer über das Land bringen.

Mit diesem Manne beredete ich meinen Vorsatz, mich hier in Straßburg der Rechtswissenschaft ferner zu befleißigen, um baldmöglichst promovieren zu können. Da er von allem genau unterrichtet war, so befragte ich ihn über die Kollegia, die ich zu hören hätte, und was er allenfalls von der Sache denke? Darauf erwiderte er mir, daß es sich in Straßburg nicht etwa wie auf deutschen Akademien verhalte, wo man wohl Juristen im weiten und gelehrten Sinne zu bilden suche. Hier sei alles, dem Verhältnis gegen Frankreich gemäß, eigentlich auf das Praktische gerichtet und nach dem Sinne der Franzosen eingeleitet, welche gern bei dem Gegebnen verharren. Gewisse allgemeine Grundsätze, gewisse Vorkenntnisse suche man einem jeden beizubringen, man fasse sich so kurz wie möglich und überliefere nur das Notwendigste. Er machte mich darauf mit einem Manne bekannt, zu dem man, als Repetenten, ein großes Vertrauen hegte; welches dieser sich auch bei mir sehr bald zu erwerben wußte. Ich fing an, mit ihm zur Einleitung über Gegenstände der Rechtswissenschaft zu sprechen, und er wunderte sich nicht wenig über mein Schwadronieren: denn mehr, als ich in meiner bisherigen Darstellung aufzuführen Gelegenheit nahm, hatte ich bei meinem Aufenthalte in Leipzig an Einsicht in die Rechtserfordernisse gewonnen, obgleich mein ganzer Erwerb nur als ein allgemeiner enzyklopädischer Überblick, und nicht als eigentliche bestimmte Kenntnis gelten konnte. Das akademische Leben, wenn wir uns auch bei demselben des eigentlichen Fleißes nicht zu rühmen haben, gewährt doch in jeder Art von Ausbildung unendliche Vorteile, weil wir stets von Menschen umgeben sind, welche die Wissenschaft besitzen oder suchen, so daß wir aus einer solchen Atmosphäre, wenn auch unbewußt, immer einige Nahrung ziehen.

Mein Repetent, nachdem er mit meinem Umhervagieren im Diskurse einige Zeit Geduld gehabt, machte mir zuletzt begreiflich, daß ich vor allen Dingen meine nächste Absicht im Auge behalten müsse, die nämlich, mich examinieren zu lassen, zu promovieren und alsdann allenfalls in die Praxis überzugehen. „Um bei dem ersten stehen zu bleiben", sagte er, „so wird die Sache keineswegs im Weiten gesucht. Es wird nicht nachgefragt, wie und wo ein Gesetz entsprungen, was die innere oder äußere Veranlassung dazu gegeben; man untersucht nicht, wie es sich durch Zeit und Gewohnheit abgeändert, so wenig als inwiefern es sich durch falsche Auslegung oder verkehrten Gerichtsbrauch vielleicht gar umgewendet. In solchen Forschungen bringen gelehrte Männer ganz eigens ihr Leben zu; wir aber fragen nach dem, was gegenwärtig besteht, dies prägen wir unserm Gedächtnis fest ein, daß es uns stets gegenwärtig sei, wenn wir uns dessen zu Nutz und Schutz unsrer Klienten bedienen wollen. So statten wir unsre jungen Leute fürs nächste Leben aus, und das Weitere findet sich nach Verhältnis ihrer Talente und ihrer Tätigkeit." Er übergab mir hierauf seine Hefte, welche in Fragen und Antworten geschrieben waren und woraus ich mich sogleich ziemlich konnte examinieren lassen, weil Hoppes kleiner juristischer Katechismus mir noch vollkommen im Gedächtnis stand; das übrige supplierte ich mit einigem Fleiße und qualifizierte mich, wider meinen Willen, auf die leichteste Art zum Kandidaten.

Da mir aber auf diesem Wege jede eigne Tätigkeit in dem Studium abgeschnitten ward: denn ich hatte für nichts Positives einen Sinn, sondern wollte alles, wo nicht verständig, doch historisch erklärt haben; so fand ich für meine Kräfte einen größern Spielraum, den ich auf die wunderlichste Weise benutzte, indem ich einem Interesse nachgab, das mir zufällig von außen gebracht wurde.

Die meisten meiner Tischgenossen waren Mediziner. Diese sind, wie bekannt, die einzigen Studierenden, die sich von ihrer Wissenschaft, ihrem Metier, auch außer den Lehrstunden mit Lebhaftigkeit unterhalten. Es liegt dieses in der Natur der Sache. Die Gegenstände ihrer Bemühungen sind die sinnlichsten und zugleich die höchsten, die einfachsten und die kompliziertesten. Die Medizin beschäftigt den ganzen Menschen, weil sie sich mit dem ganzen Menschen beschäftigt. Alles, was der Jüngling lernt, deutet sogleich auf eine wichtige, zwar gefährliche, aber doch in manchem Sinn belohnende Praxis. Er wirft sich daher mit Leidenschaft auf das, was zu erkennen und zu tun ist, teils weil es ihn an sich interessiert, teils weil es ihm die frohe Aussicht von Selbständigkeit und Wohlhaben eröffnet.

Bei Tische also hörte ich nichts anderes als medizinische Gespräche, eben wie vormals in der Pension des Hofrats Ludwig. Auf Spaziergängen und bei Lustpartien kam auch nicht viel anderes zur Sprache: denn meine Tischgesellen, als gute Kumpane, waren mir auch Gesellen für die übrige Zeit geworden, und an sie schlossen sich jedesmal Gleichgesinnte und Gleiches Studierende von allen Seiten an. Die medizinische Fakultät glänzte überhaupt vor den übrigen, sowohl in Absicht auf die Berühmtheit der Lehrer als die Frequenz der Lernenden, und so zog mich der Strom dahin, um so leichter, als ich von allen diesen Dingen gerade so viel Kenntnis hatte, daß meine Wissenslust bald vermehrt und angefeuert werden konnte. Beim Eintritt des zweiten Semesters besuchte ich daher Chemie bei Spielmann, Anatomie bei Lobstein, und nahm mir vor, recht fleißig zu sein, weil ich bei unserer Sozietät, durch meine wunderlichen Vor- oder vielmehr Überkenntnisse, schon einiges Ansehen und Zutrauen erworben hatte.

Doch es war an dieser Zerstreuung und Zerstückelung meiner Studien nicht genug, sie sollten abermals bedeutend gestört werden: denn eine merkwürdige Staatsbegebenheit setzte alles in Bewegung und verschaffte uns eine ziemliche Reihe Feiertage. Marie Antoinette, Erzherzogin von Österreich, Königin von Frankreich, sollte auf ihrem Wege nach Paris über Straßburg gehen. Die Feierlichkeiten, durch welche das Volk aufmerksam gemacht wird, daß es Große in der Welt gibt, wurden emsig und häufig vorbereitet, und mir besonders war dabei das Gebäude merkwürdig, das zu ihrem Empfang und zur Übergabe in die Hände der Abgesandten ihres Gemahls auf einer Rheininsel zwischen den beiden Brücken aufgerichtet stand. Es war nur wenig über den Boden erhoben, hatte in der Mitte einen großen Saal, an beiden Seiten kleinere, dann folgten andere Zimmer, die sich noch etwas hinterwärts erstreckten; genug, es hätte, dauerhafter gebaut, gar wohl für ein Lusthaus hoher Personen gelten können. Was mich aber daran besonders interessierte, und weswegen ich manches Büsel (ein kleines damals kurrentes Silberstück) nicht schonte, um mir von dem Pförtner einen wiederholten Eintritt zu verschaffen, waren die gewirkten Tapeten, mit denen man das Ganze inwendig ausgeschlagen hatte. Hier sah ich zum erstenmal ein Exemplar jener nach Raffaels Kartonen gewirkten Teppiche, und dieser Anblick war für mich von ganz entschiedener Wirkung, indem ich das Rechte und Vollkommene, obgleich nur nachgebildet, in Masse kennen lernte. Ich ging und kam und kam und ging, und konnte mich nicht satt sehen; ja ein vergebliches Streben quälte mich, weil ich das, was mich so außerordentlich ansprach, auch gern begriffen hätte. Höchst erfreulich und erquicklich fand ich diese Nebensäle, desto schrecklicher aber den Hauptsaal. Diesen hatte man mit viel größern, glänzendern, reichern und von gedrängten Zieraten umgebenen Hautelissen behängt, die nach Gemälden neuerer Franzosen gewirkt waren.

Nun hätte ich mich wohl auch mit dieser Manier befreundet, weil meine Empfindung wie mein Urteil nicht leicht etwas völlig ausschloß; aber äußerst empörte mich der Gegenstand. Diese Bilder enthielten die Geschichte von Iason, Medea und Kreusa, und also ein Beispiel der unglücklichsten Heirat. Zur Linken des Throns sah man die mit dem grausamsten Tode ringende Braut, umgeben von jammervollen Teilnehmenden; zur Rechten entsetzte sich der Vater über die ermordeten Kinder zu seinen Füßen; während die Furie auf dem Drachenwagen in die Luft zog. Und damit ja dem Grausamen und Abscheulichen nicht auch ein Abgeschmacktes fehle, so ringelte sich, hinter dem roten Samt des goldgestickten Thronrückens, rechter Hand der weiße Schweif jenes Zauberstiers hervor, inzwischen die feuerspeiende Bestie selbst und der sie bekämpfende Iason von jener kostbaren Draperie gänzlich bedeckt waren.

Hier nun wurden alle Maximen, welche ich in Oesers Schule mir zu eigen gemacht, in meinem Busen rege. Daß man Christum und die Apostel in die Seitensäle eines Hochzeitgebäudes gebracht, war schon ohne Wahl und Einsicht geschehen, und ohne Zweifel hatte das Maß der Zimmer den königlichen Teppichverwahrer geleitet; allein das verzieh ich gern, weil es mir zu so großem Vorteil gereichte: nun aber ein Mißgriff wie der im großen Saale brachte mich ganz aus der Fassung, und ich forderte, lebhaft und heftig, meine Gefährten zu Zeugen auf eines solchen Verbrechens gegen Geschmack und Gefühl. – „Was!“ rief ich aus, ohne mich um die Umstehenden zu bekümmern; „ist es erlaubt, einer jungen Königin das Beispiel der gräßlichsten Hochzeit, die vielleicht jemals vollzogen worden, bei dem ersten Schritt in ihr Land so unbesonnen vors Auge zu bringen! Gibt es denn unter den französischen Architekten, Dekorateuren, Tapezierern gar keinen Menschen, der begreift, daß Bilder etwas vorstellen, daß Bilder auf Sinn und Gefühl wirken, daß sie Eindrücke machen, daß sie Ahndungen erregen! Ist es doch nicht anders, als hätte man dieser schönen und, wie man hört, lebenslustigen Dame das abscheulichste Gespenst bis an die Grenze entgegengeschickt.“ Ich weiß nicht, was ich noch alles weiter sagte, genug, meine Gefährten suchten mich zu beschwichtigen und aus dem Hause zu schaffen, damit es nicht Verdruß setzen möchte. Alsdann versicherten sie mir, es wäre nicht jedermanns Sache, Bedeutung in den Bildern zu suchen; ihnen wenigstens wäre nichts dabei eingefallen, und auf dergleichen Grillen würde die ganze Population Straßburgs und der Gegend, wie sie auch herbeiströmen sollte, so wenig als die Königin selbst mit ihrem Hofe jemals geraten.

Der schönen und vornehmen, so heitren als imposanten Miene dieser jungen Dame erinnere ich mich noch recht wohl. Sie schien in ihrem Glaswagen, uns allen vollkommen sichtbar, mit ihren Begleiterinnen in vertraulicher Unterhaltung über die Menge, die ihrem Zug entgegenströmte, zu scherzen. Abends zogen wir durch die Straßen, um die verschiedenen illuminierten Gebäude, besonders aber den brennenden Gipfel des Münsters zu sehen, an dem wir, sowohl in der Nähe als in der Ferne, unsere Augen nicht genugsam weiden konnten.

Die Königin verfolgte ihren Weg; das Landvolk verlief sich, und die Stadt war bald ruhig wie vorher. Vor Ankunft der Königin hatte man die ganz vernünftige Anordnung gemacht, daß sich keine mißgestalteten Personen, keine Krüppel und ekelhafte Kranke auf ihrem Wege zeigen sollten. Man scherzte hierüber, und ich machte ein kleines französisches Gedicht, worin ich die Ankunft Christi, welcher besonders der Kranken und Lahmen wegen auf der Welt zu wandeln schien, und die Ankunft der Königin, welche diese Unglücklichen verscheuchte, in Vergleichung brachte. Meine Freunde ließen es passieren; ein Franzose hingegen, der mit uns lebte, kritisierte sehr unbarmherzig Sprache und Versmaß, obgleich, wie es schien, nur allzu gründlich, und ich erinnere mich nicht, nachher je wieder ein französisches Gedicht gemacht zu haben.

Kaum erscholl aus der Hauptstadt die Nachricht von der glücklichen Ankunft der Königin, als eine Schreckenspost ihr folgte: bei dem festlichen Feuerwerke sei, durch ein

Polizeiversehen, in einer von Baumaterialien versperrten Straße eine Unzahl Menschen mit Pferden und Wagen zu Grunde gegangen, und die Stadt bei diesen Hochzeitfeierlichkeiten in Trauer und Leid versetzt worden. Die Größe des Unglücks suchte man sowohl dem jungen königlichen Paare als der Welt zu verbergen, indem man die umgekommenen Personen heimlich begrub, so daß viele Familien nur durch das völlige Außenbleiben der Ihrigen überzeugt wurden, daß auch diese von dem schrecklichen Ereignis mit hingerafft seien. Daß mir lebhaft bei dieser Gelegenheit jene gräßlichen Bilder des Hauptsaales wieder vor die Seele traten, brauche ich kaum zu erwähnen: denn jedem ist bekannt, wie mächtig gewisse sittliche Eindrücke sind, wenn sie sich an sinnlichen gleichsam verkörpern.

Diese Begebenheit sollte jedoch auch die Meinigen durch eine Posse, die ich mir erlaubte, in Angst und Not versetzen. Unter uns jungen Leuten, die wir in Leipzig zusammen waren, hatte sich auch nachher ein gewisser Kitzel erhalten, einander etwas aufzubinden und wechselsweise zu mystifizieren. In solchem frevelhaften Mutwillen schrieb ich an einen Freund in Frankfurt (es war derselbe, der mein Gedicht an den Kuchenbäcker Hendel amplifiziert auf „Medon" angewendet und dessen allgemeine Verbreitung verursacht hatte) einen Brief von Versailles aus datiert, worin ich ihm meine glückliche Ankunft daselbst, meine Teilnahme an den Feierlichkeiten, und was dergleichen mehr war, vermeldete, ihm zugleich aber das strengste Stillschweigen gebot. Dabei muß ich noch bemerken, daß unsere kleine Leipziger Sozietät von jenem Streich an, der uns so manchen Verdruß gemacht, sich angewöhnt hatte, ihn von Zeit zu Zeit mit Mystifikationen zu verfolgen, und das um so mehr, da er der drolligste Mensch von der Welt war, und niemals liebenswürdiger, als wenn er den Irrtum entdeckte, in den man ihn vorsätzlich hineingeführt hatte. Kurz darauf, als ich diesen Brief geschrieben, machte ich eine kleine Reise und blieb wohl vierzehn Tage aus. Indessen war die Nachricht jenes Unglücks nach Frankfurt gekommen; mein Freund glaubte mich in Paris, und seine Neigung ließ ihn besorgen, ich sei in jenes Unglück mit verwickelt. Er erkundigte sich bei meinen Eltern und andern Personen, an die ich zu schreiben pflegte, ob keine Briefe angekommen, und weil eben jene Reise mich verhinderte, dergleichen abzulassen, so fehlten sie überall. Er ging in großer Angst umher und vertraute es zuletzt unsern nächsten Freunden, die sich nun in gleicher Sorge befanden. Glücklicherweise gelangte diese Vermutung nicht eher zu meinen Eltern, als bis ein Brief angekommen war, der meine Rückkehr nach Straßburg meldete. Meine jungen Freunde waren zufrieden, mich lebendig zu wissen, blieben aber völlig überzeugt, daß ich in der Zwischenzeit in Paris gewesen. Die herzlichen Nachrichten von den Sorgen, die sie um meinetwillen gehabt, rührten mich dermaßen, daß ich dergleichen Possen auf ewig verschwor, mir aber doch leider in der Folge manchmal etwas Ähnliches habe zu Schulden kommen lassen. Das wirkliche Leben verliert oft dergestalt seinen Glanz, daß man es manchmal mit dem Firnis der Fiktion wieder auffrischen muß.

Jener gewaltige Hof- und Prachtstrom war nunmehr vorübergeronnen und hatte mir keine andre Sehnsucht zurückgelassen, als nach jenen Raffaelschen Teppichen, welche ich gern jeden Tag und Stunde betrachtet, verehrt, ja angebetet hätte. Glücklicherweise gelang es meinen leidenschaftlichen Bemühungen, mehrere Personen von Bedeutung dafür zu interessieren, so daß sie erst so spät als möglich abgenommen und eingepackt wurden. Wir überließen uns nunmehr wieder unserm stillen gemächlichen Universitäts- und Gesellschaftsgang, und bei dem letzten blieb Aktuarius Salzmann, unser Tischpräsident, der allgemeine Pädagog. Sein Verstand, seine Nachgiebigkeit, seine Würde, die er bei allem Scherz und selbst manchmal bei kleinen Ausschweifungen, die er uns erlaubte, immer zu erhalten wußte, machten ihn der ganzen Gesellschaft lieb und wert, und ich wüßte nur wenige Fälle, wo er sein ernstliches Mißfallen bezeigt, oder mit Autorität zwischen kleine Händel und Streitigkeiten eingetreten wäre. Unter allen jedoch war ich derjenige, der sich am meisten an ihn anschloß, und er nicht weniger geneigt, sich mit mir zu unterhalten, weil er mich mannigfaltiger gebildet fand als die übrigen und nicht so einseitig im Urteil. Auch richtete ich mich im Äußern nach ihm, damit er mich für seinen Gesellen und Genossen öffentlich ohne Verlegenheit erklären konnte: denn ob er gleich nur eine Stelle bekleidete, die von geringem Einfluß zu sein scheint, so versah er sie doch auf eine Weise, die ihm zur größten Ehre gereichte. Er war Aktuarius beim Pupillenkollegium und hatte freilich daselbst, wie der perpetuierliche Sekretär einer Akademie, eigentlich das Heft in Händen. Indem er nun dieses Geschäft viele Jahre lang auf das genauste besorgte, so gab es keine Familie von der ersten bis zu der letzten, die ihm nicht Dank schuldig gewesen wäre; wie denn beinahe in der ganzen Staatsverwaltung kaum jemand mehr Segen oder Fluch ernten kann als einer, der für die Waisen sorgt, oder ihr Hab und Gut vergeudet, oder vergeuden läßt.

Die Straßburger sind leidenschaftliche Spaziergänger, und sie haben wohl recht, es zu sein. Man mag seine Schritte hinwenden, wohin man will, so findet man teils natürliche, teils in alten und neuern Zeiten künstlich angelegte Lustörter, einen wie den andern besucht und von einem heitern lustigen Völkchen genossen. Was aber hier den Anblick einer großen Masse Spazierender noch erfreulicher machte als an andern Orten, war die verschiedene Tracht des weiblichen Geschlechts. Die Mittelklasse der Bürgermädchen behielt noch die aufgewundenen, mit einer großen Nadel festgesteckten Zöpfe bei; nicht weniger eine gewisse knappe Kleidungsart, woran jede Schleppe ein Mißstand gewesen wäre; und was das Angenehme war, diese Tracht schnitt sich nicht mit den Ständen scharf ab: denn es gab noch einige wohlhabende vornehme Häuser, welche den Töchtern sich von diesem Kostüm zu entfernen nicht erlauben wollten. Die übrigen gingen französisch, und diese Partie machte jedes Jahr einige Proselyten. Salzmann hatte viel Bekanntschaften und überall Zutritt; eine große Annehmlichkeit für seinen Begleitenden, besonders im Sommer, weil man überall in Gärten nah und fern gute Aufnahme, gute Gesellschaft und Erfrischung fand, auch zugleich mehr als eine Einladung zu diesem oder jenem frohen Tage erhielt. In einem solchen Falle traf ich Gelegenheit, mich einer Familie, die ich erst zum zweiten Male besuchte, sehr schnell zu empfehlen. Wir waren eingeladen und stellten uns zur bestimmten Zeit ein. Die Gesellschaft war nicht groß, einige spielten und einige spazierten wie gewöhnlich. Späterhin, als es zu Tische gehen sollte, sah ich die Wirtin und ihre Schwester lebhaft und wie in einer besondern Verlegenheit mit einander sprechen. Ich begegnete ihnen eben und sagte: „Zwar habe ich kein Recht, meine Frauenzimmer, in Ihre Geheimnisse einzudringen; vielleicht bin ich aber imstande, einen guten Rat zu geben, oder wohl gar zu dienen." Sie eröffneten mir hierauf ihre peinliche Lage: daß sie nämlich zwölf Personen zu Tische gebeten, und in diesem Augenblick sei ein Verwandter von der Reise zurückgekommen, der nun als der Dreizehnte, wo nicht sich selbst, doch gewiß einigen der Gäste ein fatales Memento mori werden würde. – „Der Sache ist sehr leicht abzuhelfen", versetzte ich; „Sie erlauben mir, daß ich mich entferne und mir die Entschädigung vorbehalte." Da es Personen von Ansehen und guter Lebensart waren, so wollten sie es keinesweges zugeben, sondern schickten in der Nachbarschaft umher, um den Vierzehnten aufzufinden. Ich ließ es geschehen, doch da ich den Bedienten unverrichteter Sache zur Gartentüre hereinkommen sah, entwischte ich, und brachte meinen Abend vergnügt unter den alten Linden der Wanzenau hin. Daß mir diese Entsagung reichlich vergolten worden, war wohl eine natürliche Folge.

Eine gewisse allgemeine Geselligkeit läßt sich ohne das Kartenspiel nicht mehr denken. Salzmann erneuerte die guten Lehren der Madame Böhme, und ich war um so folgsamer, als ich wirklich eingesehen hatte, daß man sich durch diese kleine Aufopferung, wenn es ja eine sein sollte, manches Vergnügen, ja sogar eine größere Freiheit in der Sozietät verschaffen könne, als man sonst genießen würde. Das alte eingeschlafene Piquet wurde daher hervorgesucht; ich lernte Whist, richtete mir nach Anleitung meines Mentors einen Spielbeutel ein, welcher unter allen Umständen unantastbar sein sollte; und nun fand ich Gelegenheit, mit meinem Freunde die meisten Abende in den besten Zirkeln zuzubringen, wo man mir meistens wohlwollte, und manche kleine Unregelmäßigkeit verzieh, auf die mich jedoch der

Freund, wiewohl milde genug, aufmerksam zu machen pflegte.

Damit ich aber dabei symbolisch erführe, wie sehr man sich auch im Äußern in die Gesellschaft zu schicken und nach ihr zu richten hat, so ward ich zu etwas genötigt, welches mir das Unangenehmste von der Welt schien. Ich hatte zwar sehr schöne Haare, aber mein Straßburger Friseur versicherte mir sogleich, daß sie viel zu tief nach hinten hin verschnitten seien und daß es ihm unmöglich werde, daraus eine Frisur zu bilden, in welcher ich mich produzieren dürfe, weil nur wenig kurze und gekrauste Vorderhaare statuiert würden, alles übrige vom Scheitel an in den Zopf oder Haarbeutel gebunden werden müsse. Hierbei bleibe nun nichts übrig, als mir eine Haartour gefallen zu lassen, bis der natürliche Wachstum sich wieder nach den Erfordernissen der Zeit hergestellt habe. Er versprach mir, daß niemand diesen unschuldigen Betrug, gegen den ich mich erst sehr ernstlich wehrte, jemals bemerken solle, wenn ich mich sogleich dazu entschließen könnte. Er hielt Wort und ich galt immer für den bestfrisierten und bestbehaarten jungen Mann. Da ich aber vom frühen Morgen an so aufgestutzt und gepudert bleiben und mich zugleich in acht nehmen mußte, nicht durch Erhitzung und heftige Bewegung den falschen Schmuck zu verraten; so trug dieser Zwang wirklich viel bei, daß ich mich eine Zeitlang ruhiger und gesitteter benahm, mir angewöhnte, mit dem Hut unterm Arm und folglich auch in Schuh und Strümpfen zu gehen; doch durfte ich nicht versäumen, feinlederne Unterstrümpfe zu tragen, um mich gegen die Rheinschnaken zu sichern, welche sich an schönen Sommerabenden über die Auen und Gärten zu verbreiten pflegen. War mir nun unter diesen Umständen eine heftige körperliche Bewegung versagt, so entfalteten sich unsere geselligen Gespräche immer lebhafter und leidenschaftlicher, ja, sie waren die interessantesten, die ich bis dahin jemals geführt hatte.

Bei meiner Art zu empfinden und zu denken kostete es mich gar nichts, einen jeden gelten zu lassen für das, was er war, ja sogar für das, was er gelten wollte, und so machte die Offenheit eines frischen jugendlichen Mutes, der sich fast zum erstenmal in seiner vollen Blüte hervortat, mir sehr viele Freunde und Anhänger. Unsere Tischgesellschaft vermehrte sich wohl auf zwanzig Personen, und weil unser Salzmann bei seiner hergebrachten Methode beharrte; so blieb alles im alten Gange, ja die Unterhaltung ward beinahe schicklicher, indem sich ein jeder vor mehreren in acht zu nehmen hatte. Unter den neuen Ankömmlingen befand sich ein Mann, der mich besonders interessierte; er hieß Jung, und ist derselbe, der nachher unter dem Namen Stilling zuerst bekannt geworden. Seine Gestalt, ungeachtet einer veralteten Kleidungsart, hatte, bei einer gewissen Derbheit, etwas Zartes. Eine Haarbeutelperücke entstellte nicht sein bedeutendes und gefälliges Gesicht. Seine Stimme war sanft, ohne weich und schwach zu sein, ja sie wurde wohltönend und stark, sobald er in Eifer geriet, welches sehr leicht geschah. Wenn man ihn näher kennen lernte, so fand man an ihm einen gesunden Menschenverstand, der auf dem Gemüt ruhte, und sich deswegen von Neigungen und Leidenschaften bestimmen ließ, und aus eben diesem Gemüt entsprang ein Enthusiasmus für das Gute, Wahre, Rechte in möglichster Reinheit. Denn der Lebensgang dieses Mannes war sehr einfach gewesen und doch gedrängt an Begebenheiten und mannigfaltiger Tätigkeit. Das Element seiner Energie war ein unverwüstlicher Glaube an Gott und an eine unmittelbar von daher fließende Hülfe, die sich in einer ununterbrochenen Vorsorge und in einer unfehlbaren Rettung aus aller Not, von jedem Übel augenscheinlich bestätige. Jung hatte dergleichen Erfahrungen in seinem Leben so viele gemacht, sie hatten sich selbst in der neuern Zeit, in Straßburg, öfters wiederholt, so daß er mit der größten Freudigkeit ein zwar mäßiges aber doch sorgloses Leben führte und seinen Studien aufs ernstlichste oblag, wiewohl er auf kein sicheres Auskommen von einem Vierteljahre zum andern rechnen konnte. In seiner Jugend, auf dem Wege Kohlenbrenner zu werden, ergriff er das Schneiderhandwerk, und nachdem er sich nebenher von höheren Dingen selbst belehrt, so trieb ihn sein lehrlustiger Sinn zu einer Schulmeisterstelle. Dieser Versuch mißlang, und er kehrte zum Handwerk zurück, von dem er jedoch zu wiederholten Malen, weil jedermann für ihn leicht Zutrauen und Neigung faßte, abgerufen ward, um abermals eine Stelle als Hauslehrer zu übernehmen. Seine innerlichste und eigentlichste Bildung aber hatte er jener ausgebreiteten Menschenart zu danken, welche auf ihre eigne Hand ihr Heil suchten, und, indem sie sich durch Lesung der Schrift und wohlgemeinter Bücher, durch wechselseitiges Ermahnen und Bekennen zu erbauen trachteten, dadurch einen Grad von Kultur erhielten, der Bewunderung erregen mußte. Denn indem das Interesse, das sie stets begleitete und das sie in Gesellschaft unterhielt, auf dem einfachsten Grunde der Sittlichkeit, des Wohlwollens und Wohltuns ruhte, auch die Abweichungen, welche bei Menschen von so beschränkten Zuständen vorkommen können, von geringer Bedeutung sind, und daher ihr Gewissen meistens rein und ihr Geist gewöhnlich heiter blieb: so entstand keine künstliche, sondern eine wahrhaft natürliche Kultur, die noch darin vor andern den Vorzug hatte, daß sie allen Altern und Ständen gemäß und ihrer Natur nach allgemein gesellig war; deshalb auch diese Personen, in ihrem Kreise, wirklich beredt und fähig waren, über alle Herzensangelegenheiten, die zartesten und tüchtigsten, sich gehörig und gefällig auszudrücken. In demselben Falle nun war der gute Jung. Unter wenigen, wenn auch nicht gerade Gleichgesinnten, doch solchen, die sich seiner Denkweise nicht abgeneigt erklärten, fand man ihn nicht allein redselig, sondern beredt; besonders erzählte er seine Lebensgeschichte auf das anmutigste, und wußte dem Zuhörer alle Zustände deutlich und lebendig zu vergegenwärtigen. Ich trieb ihn, solche aufzuschreiben, und er versprach's. Weil er aber in seiner Art sich zu äußern einem Nachtwandler glich, den man nicht anrufen darf, wenn er nicht von seiner Höhe herabfallen, einem sanften Strom, dem man nichts entgegenstellen darf, wenn er nicht brausen soll; so mußte er sich in größerer Gesellschaft oft unbehaglich fühlen. Sein Glaube duldete keinen Zweifel und seine Überzeugung keinen Spott. Und wenn er in freundlicher Mitteilung unerschöpflich war; so stockte gleich alles bei ihm, wenn er Widerspruch erlitt. Ich half ihm in solchen

Fällen gewöhnlich über, wofür er mich mit aufrichtiger Neigung belohnte. Da mir seine Sinnesweise nichts Fremdes war und ich dieselbe vielmehr an meinen besten Freunden und Freundinnen schon genau hatte kennen lernen, sie mir auch in ihrer Natürlichkeit und Naivetät überhaupt wohl zusagte; so konnte er sich mit mir durchaus am besten finden. Die Richtung seines Geistes war mir angenehm, und seinen Wunderglauben, der ihm so wohl zustatten kam, ließ ich unangetastet. Auch Salzmann betrug sich schonend gegen ihn; schonend, sage ich, weil Salzmann, seinem Charakter, Wesen, Alter und Zuständen nach, auf der Seite der vernünftigen, oder vielmehr verständigen Christen stehen und halten mußte, deren Religion eigentlich auf der Rechtschaffenheit des Charakters und auf einer männlichen Selbständigkeit beruhte, und die sich daher nicht gern mit Empfindungen, die sie leicht ins Trübe, und Schwärmerei, die sie bald ins Dunkle hätte führen können, abgaben und vermengten. Auch diese Klasse war respektabel und zahlreich; alle ehrliche tüchtige Leute verstanden sich und waren von gleicher Überzeugung sowie von gleichem Lebensgang.

Lerse, ebenmäßig unser Tischgeselle, gehörte auch zu dieser Zahl; ein vollkommen rechtlicher und bei beschränkten Glücksgütern mäßiger und genauer junger Mann. Seine Lebens- und Haushaltungsweise war die knappste, die ich unter Studierenden je kannte. Er trug sich am saubersten von uns allen, und doch erschien er immer in denselben Kleidern; aber er behandelte auch seine Garderobe mit der größten Sorgfalt, er hielt seine Umgebung reinlich, und so verlangte er auch nach seinem Beispiel alles im gemeinen Leben. Es begegnete ihm nicht, daß er sich irgendwo angelehnt oder seinen Ellbogen auf den Tisch gestemmt hätte; niemals vergaß er, seine Serviette zu zeichnen, und der Magd geriet es immer zum Unheil, wenn die Stühle nicht höchst sauber gefunden wurden. Bei allem diesen hatte er nichts Steifes in seinem Äußeren. Er sprach treuherzig, bestimmt und trocken lebhaft, wobei ein leichter ironischer Scherz ihn gar wohl kleidete. An Gestalt war er gut gebildet, schlank und von ziemlicher Größe, sein Gesicht pockennarbig und unscheinbar, seine kleinen blauen Augen heiter und durchdringend. Wenn er uns nun von so mancher Seite zu hofmeistern Ursache hatte, so ließen wir ihn auch noch außerdem für unsern Fechtmeister gelten: denn er führte ein sehr gutes Rapier, und es schien ihm Spaß zu machen, bei dieser Gelegenheit alle Pedanterie dieses Metiers an uns auszuüben. Auch profitierten wir bei ihm wirklich und mußten ihm dankbar sein für manche gesellige Stunde, die er uns in guter Bewegung und Übung verbringen hieß.

Durch alle diese Eigenschaften qualifizierte sich nun Lerse völlig zu der Stelle eines Schieds- und Kampfrichters bei allen kleinen und größern Händeln, die in unserm Kreise, wiewohl selten, vorfielen, und welche Salzmann auf seine väterliche Art nicht beschwichtigen konnte. Ohne die äußeren Formen, welche auf Akademien so viel Unheil anrichten, stellten wir eine durch Umstände und guten Willen geschlossene Gesellschaft vor, die wohl mancher andere zufällig berühren, aber sich nicht in dieselbe eindrängen konnte. Bei Beurteilung nun innerer Verdrießlichkeiten zeigte Lerse stets die größte Unparteilichkeit, und wußte, wenn der Handel nicht mehr mit Worten und Erklärungen ausgemacht werden konnte, die zu erwartende Genugtuung auf ehrenvolle Weise ins Unschädliche zu leiten. Hiezu war wirklich kein Mensch geschickter als er; auch pflegte er oft zu sagen, da ihn der Himmel weder zu einem Kriegs- noch Liebeshelden bestimmt habe, so wolle er sich, im Romanen- und Fechtersinn, mit der Rolle des Sekundanten begnügen. Da er sich nun durchaus gleich blieb und als ein rechtes Muster einer guten und beständigen Sinnesart angesehen werden konnte; so prägte sich der Begriff von ihm so tief als liebenswürdig bei mir ein, und als ich den „Götz von Berlichingen" schrieb, fühlte ich mich veranlaßt, unserer Freundschaft ein Denkmal zu setzen und der wackern Figur, die sich auf so eine würdige Art zu subordinieren weiß, den Namen Franz Lerse zu geben.

Indes er nun mit seiner fortgesetzten humoristischen Trockenheit uns immer zu erinnern wußte, was man sich und andern schuldig sei, und wie man sich einzurichten habe, um mit den Menschen so lange als möglich in Frieden zu leben, und sich deshalb gegen sie in einige Positur zu setzen; so hatte ich innerlich und äußerlich mit ganz andern Verhältnissen und Gegnern zu kämpfen, indem ich mit mir selbst, mit den Gegenständen, ja mit den Elementen im Streit lag. Ich befand mich in einem Gesundheitszustand, der mich bei allem, was ich unternehmen wollte und sollte, hinreichend förderte; nur war mir noch eine gewisse Reizbarkeit übrig geblieben, die mich nicht immer im Gleichgewicht ließ. Ein starker Schall war mir zuwider, krankhafte Gegenstände erregten mir Ekel und Abscheu. Besonders aber ängstigte mich ein Schwindel, der mich jedesmal befiel, wenn ich von einer Höhe herunterblickte. Allen diesen Mängeln suchte ich abzuhelfen, und zwar, weil ich keine Zeit verlieren wollte, auf eine etwas heftige Weise. Abends beim Zapfenstreich ging ich neben der Menge Trommeln her, deren gewaltsame Wirbel und Schläge das Herz im Busen hätten zersprengen mögen. Ich erstieg ganz allein den höchsten Gipfel des Münsterturms, und saß in dem sogenannten Hals, unter dem Knopf oder der Krone, wie man's nennt, wohl eine Viertelstunde lang, bis ich es wagte, wieder heraus in die freie Luft zu treten, wo man auf einer Platte, die kaum eine Elle ins Gevierte haben wird, ohne sich sonderlich anhalten zu können, stehend das unendliche Land vor sich sieht, indessen die nächsten Umgebungen und Zieraten die Kirche und alles, worauf und worüber man steht, verbergen. Es ist völlig, als wenn man sich auf einer Montgolfiere in die Luft erhoben sähe. Dergleichen Angst und Qual wiederholte ich so oft, bis der Eindruck mir ganz gleichgültig ward, und ich habe nachher bei Bergreisen und geologischen Studien, bei großen Bauten, wo ich mit den Zimmerleuten um die Wette über die freiliegenden Balken und über die Gesimse des Gebäudes herlief, ja in Rom, wo man eben dergleichen Wagstücke ausüben muß, um bedeutende Kunstwerke näher zu sehen, von jenen Vorübungen großen Vorteil gezogen. Die Anatomie war mir auch deshalb doppelt wert, weil sie mich den widerwärtigsten Anblick ertragen lehrte, indem sie meine Wißbegierde befriedigte. Und so besuchte ich auch das Klinikum des ältern Doktor Ehrmann, sowie die Lektionen der Entbindungskunst seines Sohns, in der doppelten Absicht, alle Zustände kennen zu lernen und mich von aller Apprehension gegen widerwärtige Dinge zu befreien. Ich habe es auch wirklich darin so weit gebracht, daß nichts dergleichen mich jemals aus der Fassung setzen konnte. Aber nicht allein gegen diese sinnlichen Eindrücke, sondern auch gegen die Anfechtungen der Einbildungskraft suchte ich mich zu stählen. Die ahndungs- und schauervollen Eindrücke der Finsternis, der Kirchhöfe, einsamer Örter, nächtlicher Kirchen und Kapellen und was hiemit verwandt sein mag, wußte ich mir ebenfalls gleichgültig zu machen; und auch darin brachte ich es so weit, daß mir Tag und Nacht und jedes Lokal völlig gleich war, ja daß, als in später Zeit mich die Lust ankam, wieder einmal in solcher Umgebung die angenehmen Schauer der Jugend zu fühlen, ich diese in mir kaum durch die seltsamsten und fürchterlichsten Bilder, die ich hervorrief, wieder einigermaßen erzwingen konnte.

Dieser Bemühung, mich von dem Drang und Druck des Allzuernsten und Mächtigen zu befreien, was in mir fortwaltete, und mir bald als Kraft bald als Schwäche erschien, kam durchaus jene freie, gesellige, bewegliche Lebensart zu Hülfe, welche mich immer mehr anzog, an die ich mich gewöhnte, und zuletzt derselben mit voller Freiheit genießen lernte. Es ist in der Welt nicht schwer zu bemerken, daß sich der Mensch am freisten und am völligsten von seinen Gebrechen los und ledig fühlt, wenn er sich die Mängel anderer vergegenwärtigt und sich darüber mit behaglichem Tadel verbreitet. Es ist schon eine ziemlich angenehme Empfindung, uns durch Mißbilligung und Mißreden über unsersgleichen hinauszusetzen, weswegen auch hierin die gute Gesellschaft, sie bestehe aus wenigen oder mehrern, sich am liebsten ergeht. Nichts aber gleicht der behaglichen Selbstgefälligkeit, wenn wir uns zu Richtern der Obern und Vorgesetzten, der Fürsten und Staatsmänner erheben, öffentliche Anstalten ungeschickt und zweckwidrig finden, nur die möglichen und wirklichen Hindernisse beachten, und weder die Größe der Intention noch die Mitwirkung anerkennen, die bei jedem Unternehmen von Zeit und Umständen zu erwarten ist.

Wer sich der Lage des französischen Reichs erinnert und sie aus späteren Schriften genau und umständlich kennt, wird sich leicht vergegenwärtigen, wie man damals in dem elsassischen Halbfrankreich über König und Minister, über Hof und Günstlinge sprach. Für meine Lust, mich zu unterrichten, waren es neue, und für Naseweisheit und jugendlichen Dünkel sehr willkommne Gegenstände; ich merkte mir alles genau, schrieb fleißig auf, und sehe jetzt an dem wenigen Übriggebliebenen, daß solche Nachrichten, wenngleich nur aus Fabeln und unzuverlässigen allgemeinen Gerüchten im Augenblick aufgefaßt, doch immer in der Folge einen gewissen Wert haben, weil sie dazu dienen, das endlich bekanntgewordene Geheime mit dem damals schon Aufgedeckten und Öffentlichen, das von Zeitgenossen richtig oder falsch Geurteilte mit den Überzeugungen der Nachwelt zusammenzuhalten und zu vergleichen.

Auffallend und uns Pflastertretern täglich vor Augen war das Projekt zu Verschönerung der Stadt, dessen Ausführung von den Rissen und Planen auf die seltsamste Weise in die Wirklichkeit überzugehen anfing. Intendant Gayot hatte sich vorgenommen, die winkligen und ungleichen Gassen Straßburgs umzuschaffen und eine wohl nach der Schnur geregelte, ansehnliche, schöne Stadt zu gründen. Blondel, ein Pariser Baumeister, zeichnete darauf einen Vorschlag, durch welchen hundertundvierzig Hausbesitzer an Raum gewannen, achtzig verloren und die übrigen in ihrem vorigen Zustande blieben. Dieser genehmigte, aber nicht auf einmal in Ausführung zu bringende Plan sollte nun durch die Zeit seiner Vollständigkeit entgegen wachsen, indessen die Stadt, wunderlich genug, zwischen Form und Unform schwankte. Sollte z. B. eine eingebogene Straßenseite gerad werden, so rückte der erste Baulustige auf die bestimmte Linie vor; vielleicht sein nächster Nachbar, vielleicht aber auch der dritte, vierte Besitzer von da, durch welche Vorsprünge die ungeschicktesten Vertiefungen als Vorhöfe der hinterliegenden Häuser zurückblieben. Gewalt wollte man nicht brauchen, aber ohne Nötigung wäre man gar nicht vorwärts gekommen, deswegen durfte niemand an seinem einmal verurteilten Hause etwas bessern oder herstellen, was sich auf die Straße bezog. Alle die seltsamen zufälligen Unschicklichkeiten gaben uns wandelnden Müßiggängern den willkommensten Anlaß, unsern Spott zu üben, Vorschläge zu Beschleunigung der Vollendung nach Behrischens Art zu tun, und die Möglichkeit derselben immer zu bezweifeln, ob uns gleich manches neu entstehende schöne Gebäude hätte auf andere Gedanken bringen sollen. Inwieweit jener Vorsatz durch die lange Zeit begünstigt worden, wüßte ich nicht zu sagen.

Ein anderer Gegenstand, wovon sich die protestantischen Straßburger gern unterhielten, war die Vertreibung der Jesuiten. Diese Väter hatten, sobald als die Stadt den Franzosen zuteil geworden, sich gleichfalls eingefunden und um ein Domizilium nachgesucht. Bald breiteten sie sich aber aus und bauten ein herrliches Kollegium, das an den Münster dergestalt anstößt, daß das Hinterteil der Kirche ein Dritteil seiner Face bedeckt. Es sollte ein völliges Viereck werden und in der Mitte einen Garten haben; drei Seiten davon waren fertig geworden. Es ist von Steinen, solid, wie alle Gebäude dieser Väter. Daß die Protestanten von ihnen gedrängt, wo nicht bedrängt wurden, lag in dem Plane der Gesellschaft, welche die alte Religion in ihrem ganzen Umfange wieder herzustellen sich zur Pflicht machte. Ihr Fall erregte daher die größte Zufriedenheit des Gegenteils, und man sah nicht ohne Behagen, wie sie ihre Weine verkauften, ihre Bücher wegschafften und das Gebäude einem andern, vielleicht weniger tätigen Orden bestimmt ward. Wie froh sind die Menschen, wenn sie einen Widersacher, ja nur einen Hüter los sind, und die Herde bedenkt nicht, daß da, wo der Rüde fehlt, sie den Wölfen ausgesetzt ist.

Weil denn nun auch jede Stadt ihre Tragödie haben muß, wovor sich Kinder und Kindeskinder entsetzen, so ward in Straßburg oft des unglücklichen Prätors Klinglin gedacht, der, nachdem er die höchste Stufe irdischer Glückseligkeit erstiegen, Stadt und Land fast unumschränkt beherrscht und alles genossen, was Vermögen, Rang und Einfluß nur gewähren können, endlich die Hofgunst verloren habe, und wegen alles dessen, was man ihm bisher nachgesehen, zur Verantwortung gezogen worden, ja sogar in den Kerker gebracht, wo er, über siebenzig Jahre alt, eines zweideutigen Todes verblichen.

Diese und andere Geschichten wußte jener Ludwigsritter, unser Tischgenosse, mit Leidenschaft und Lebhaftigkeit zu erzählen, deswegen ich auch gern auf Spaziergängen mich zu ihm gesellte, anders als die übrigen, die solchen Einladungen auswichen und mich mit ihm allein ließen. Da ich mich bei neuen Bekanntschaften meistenteils eine Zeitlang gehen ließ, ohne viel über sie, noch über die Wirkung zu denken, die sie auf mich ausübten, so merkte ich erst nach und nach, daß seine Erzählungen und Urteile mich mehr beunruhigten und verwirrten als unterrichteten und aufklärten. Ich wußte niemals, woran ich mit ihm war, obgleich das Rätsel sich leicht hätte entziffern lassen. Er gehörte zu den vielen, denen das Leben keine Resultate gibt, und die sich daher im einzelnen, vor wie nach, abmühen. Unglücklicherweise hatte er dabei eine entschiedne Lust, ja Leidenschaft zum Nachdenken, ohne zum Denken geschickt zu sein, und in solchen Menschen setzt sich leicht ein gewisser Begriff fest, den man als eine Gemütskrankheit ansehen kann. Auf eine solche fixe Ansicht kam auch er immer wieder zurück, und ward dadurch auf die Dauer höchst lästig. Er pflegte sich nämlich bitter über die Abnahme seines Gedächtnisses zu beklagen, besonders was die nächsten Ereignisse betraf, und behauptete, nach einer eignen Schlußfolge, alle Tugend komme von dem guten Gedächtnis her, alle Laster hingegen aus der Vergessenheit. Die Lehre wußte er mit vielem Scharfsinn durchzusetzen; wie sich denn alles behaupten läßt, wenn man sich erlaubt, die Worte ganz unbestimmt, bald in weiterem, bald engerm, in einem näher oder ferner verwandten Sinne zu gebrauchen und anzuwenden.

Die ersten Male unterhielt es wohl ihn zu hören, ja seine Suade setzte in Verwunderung. Man glaubte vor einem rednerischen Sophisten zu stehen, der, zu Scherz und Übung, den seltsamsten Dingen einen Schein zu verleihen weiß. Leider stumpfte sich dieser erste Eindruck nur allzu bald ab: denn am Ende jedes Gesprächs kam der Mann wieder auf dasselbe Thema, ich mochte mich auch anstellen, wie ich wollte. Er war bei älteren Begebenheiten nicht festzuhalten, ob sie ihn gleich selbst interessierten, ob er sie schon mit den kleinsten Umständen gegenwärtig hatte. Vielmehr ward er öfters, durch einen geringen Umstand, mitten aus einer weltgeschichtlichen Erzählung herausgerissen und auf seinen feindseligen Lieblingsgedanken hingestoßen.

Einer unserer nachmittägigen Spaziergänge war hierin besonders unglücklich; die Geschichte desselben stehe hier statt ähnlicher Fälle, welche den Leser ermüden, wo nicht gar betrüben könnten.

Auf dem Wege durch die Stadt begegnete uns eine bejahrte Bettlerin, die ihn, durch Bitten und Andringen, in seiner Erzählung störte. – „Pack dich, alte Hexe!" sagte er, und ging vorüber. Sie rief ihm den bekannten Spruch hinterdrein, nur etwas verändert, da sie wohl bemerkte, daß der unfreundliche Mann selbst alt sei: „Wenn Ihr nicht alt werden wolltet, so hättet Ihr Euch in der Jugend sollen hängen lassen!" Er kehrte sich heftig herum, und ich fürchtete einen Auftritt. – „Hängen lassen!" rief er, „mich hängen lassen! Nein, das wäre nicht gegangen, dazu war ich ein zu braver Kerl; aber mich hängen, mich selbst aufhängen, das ist wahr, das hätte ich tun sollen; einen Schuß Pulver sollt' ich an mich wenden, um nicht zu erleben, daß ich keinen mehr wert bin." Die Frau stand wie versteinert, er aber fuhr fort: „Du hast eine große Wahrheit gesagt, Hexenmutter! und weil man dich noch nicht ersäuft oder verbrannt hat, so sollst du für dein Sprüchlein belohnt werden." Er reichte ihr ein Büsel, das man nicht leicht an einen Bettler zu wenden pflegte.

Wir waren über die erste Rheinbrücke gekommen und gingen nach dem Wirtshause, wo wir einzukehren gedachten, und ich suchte ihn auf das vorige Gespräch zurückzuführen, als unerwartet auf dem angenehmen Fußpfad ein sehr hübsches Mädchen uns entgegen kam, vor uns stehen blieb, sich artig verneigte und ausrief: „Ei, ei, Herr Hauptmann, wohin?" und was man sonst bei solcher Gelegenheit zu sagen pflegt. – „Mademoiselle", versetzte er, etwas verlegen, „ich weiß nicht . . ." „Wie?" sagte sie, mit anmutiger Verwunderung, „vergessen Sie Ihre Freunde so bald?" Das

Wort Vergessen machte ihn verdrießlich, er schüttelte den Kopf und erwiderte mürrisch genug: „Wahrhaftig, Mademoiselle, ich wüßte nicht!" – Nun versetzte sie mit einigem Humor, doch sehr gemäßigt: „Nehmen Sie sich in acht, Herr Hauptmann, ich dürfte Sie ein andermal auch verkennen!" Und so eilte sie an uns vorbei, stark zuschreitend, ohne sich umzusehen. Auf einmal schlug sich mein Weggesell mit den beiden Fäusten heftig vor den Kopf: „O ich Esel!" rief er aus; „ich alter Esel! da seht Ihr's nun, ob ich recht habe oder nicht." Und nun erging er sich auf eine sehr heftige Weise in seinem gewohnten Reden und Meinen, in welchem ihn dieser Fall nur noch mehr bestärkte. Ich kann und mag nicht wiederholen, was er für eine philippische Rede wider sich selbst hielt. Zuletzt wendete er sich zu mir und sagte: „Ich rufe Euch zum Zeugen an! Erinnert Ihr Euch jener Krämerin, an der Ecke, die weder jung noch hübsch ist? Jedesmal grüße ich sie, wenn wir vorbeigehen, und rede manchmal ein paar freundliche Worte mit ihr; und doch sind schon dreißig Jahre vorbei, daß sie mir günstig war. Nun aber, nicht vier Wochen, schwör' ich, sind's, da erzeigte sich dieses Mädchen gegen mich gefälliger als billig, und nun will ich sie nicht kennen und beleidige sie für ihre Artigkeit! Sage ich es nicht immer, Undank ist das größte Laster, und kein Mensch wäre undankbar, wenn er nicht vergeßlich wäre!"

Wir traten ins Wirtshaus, und nur die zechende, schwärmende Menge in den Vorsälen hemmte die Invektiven, die er gegen sich und seine Altersgenossen ausstieß. Er war still, und ich hoffte ihn begütigt, als wir in ein oberes Zimmer traten, wo wir einen jungen Mann allein auf und ab gehend fanden, den der Hauptmann mit Namen begrüßte. Es war mir angenehm, ihn kennen zu lernen: denn der alte Gesell hatte mir viel Gutes von ihm gesagt und mir erzählt, daß dieser, beim Kriegsbureau angestellt, ihm schon manchmal, wenn die Pensionen gestockt, uneigennützig sehr gute Dienste geleistet habe. Ich war froh, daß das Gespräch sich ins Allgemeine lenkte, und wir tranken eine Flasche Wein, indem wir es fortsetzten. Hier entwickelte sich aber zum Unglück ein anderer Fehler, den mein Ritter mit starrsinnigen Menschen gemein hatte. Denn wie er im ganzen von jenem fixen Begriff nicht loskommen konnte, ebensosehr hielt er an einem augenblicklichen unangenehmen Eindruck fest, und ließ seine Empfindungen dabei ohne Mäßigung abschnurren. Der letzte Verdruß über sich selbst war noch nicht verklungen, und nun trat abermals etwas Neues hinzu, freilich von ganz anderer Art. Er hatte nämlich nicht lange die Augen hin und her gewandt, so bemerkte er auf dem Tische eine doppelte Portion Kaffee und zwei Tassen; daneben mochte er auch, er, der selbst ein feiner Zeisig war, irgend sonst eine Andeutung aufgespürt haben, daß dieser junge Mann sich nicht eben immer so allein befunden. Und kaum war die Vermutung in ihm aufgestiegen und zur Wahrscheinlichkeit geworden, das hübsche Mädchen habe einen Besuch hier abgestattet; so gesellte sich zu jenem ersten Verdruß noch die wunderlichste Eifersucht, um ihn vollends zu verwirren.

Ehe ich nun irgend etwas ahnden konnte, denn ich hatte mich bisher ganz harmlos mit dem jungen Mann unterhalten, so fing der Hauptmann mit einem unangenehmen Ton, den ich an ihm wohl kannte, zu sticheln an, auf das Tassenpaar und auf dieses und jenes. Der Jüngere, betroffen, suchte heiter und verständig auszuweichen, wie es unter Menschen von Lebensart die Gewohnheit ist; allein der Alte fuhr fort schonungslos unartig zu sein, daß dem andern nichts übrig blieb, als Hut und Stock zu ergreifen und beim Abschiede eine ziemlich unzweideutige Ausforderung zurückzulassen. Nun brach die Furie des Hauptmanns und um desto heftiger los, als er in der Zwischenzeit noch eine Flasche Wein beinahe ganz allein ausgetrunken hatte. Er schlug mit der Faust auf den Tisch und rief mehr als einmal: „Den schlag' ich tot." Es war aber eigentlich so bös nicht gemeint, denn er gebrauchte diese Phrase mehrmals, wenn ihm jemand widerstand oder sonst mißfiel. Ebenso unerwartet verschlimmerte sich die Sache auf dem Rückweg: denn ich hatte die Unvorsichtigkeit, ihm seinen Undank gegen den jungen Mann vorzuhalten und ihn zu erinnern, wie sehr er mir die zuvorkommende Dienstfertigkeit dieses Angestellten gerühmt habe. Nein! solche Wut eines Menschen gegen sich selbst ist mir nie wieder vorgekommen; es war die leidenschaftlichste Schlußrede zu jenen Anfängen, wozu das hübsche Mädchen Anlaß gegeben hatte. Hier sah ich Reue und Buße bis zur Karikatur getrieben, und, wie alle Leidenschaft das Genie ersetzt, wirklich genialisch. Denn er nahm die sämtlichen Vorfallenheiten unserer Nachmittagswanderung wieder auf, benutzte sie rednerisch zur Selbstscheltung, ließ zuletzt die Hexe nochmals gegen sich auftreten, und verwirrte sich dergestalt, daß ich fürchten mußte, er werde sich in den Rhein stürzen. Wäre ich sicher gewesen, ihn, wie Mentor seinen Telemach, schnell wieder aufzufischen, so mochte er springen, und ich hätte ihn für diesmal abgekühlt nach Hause gebracht.

Ich vertraute sogleich die Sache Lersen, und wir gingen des andern Morgens zu dem jungen Manne, den mein Freund, mit seiner Trockenheit, zum Lachen brachte. Wir wurden eins, ein ungefähres Zusammentreffen einzuleiten, wo eine Ausgleichung vor sich gehen sollte. Das Lustigste dabei war, daß der Hauptmann auch diesmal seine Unart verschlafen hatte, und zur Begütigung des jungen Mannes, dem auch an keinen Händeln gelegen war, sich bereit finden ließ. Alles war an einem Morgen abgetan, und da die Begebenheit nicht ganz verschwiegen blieb, so entging ich nicht den Scherzen meiner Freunde, die mir aus eigner Erfahrung hätten voraussagen können, wie lästig mir gelegentlich die Freundschaft des Hauptmanns werden dürfte.

Indem ich nun aber darauf sinne, was wohl zunächst weiter mitzuteilen wäre, so kommt mir, durch ein seltsames Spiel der Erinnerung, das ehrwürdige Münstergebäude wieder in die Gedanken, dem ich gerade in jenen Tagen eine besondere Aufmerksamkeit widmete und welches überhaupt in der Stadt sowohl als auf dem Lande sich den Augen beständig darbietet.

Je mehr ich die Fassade desselben betrachtete, desto mehr bestärkte und entwickelte sich jener erste Eindruck, daß hier das Erhabene mit dem Gefälligen in Bund getreten sei. Soll das Ungeheuere, wenn es uns als Masse entgegentritt, nicht erschrecken, soll es nicht verwirren, wenn wir sein Einzelnes zu erforschen suchen: so muß es eine unnatürliche, scheinbar unmögliche Verbindung eingehen, es muß sich das Angenehme zugesellen. Da uns nun aber allein möglich wird, den Eindruck des Münsters auszusprechen, wenn wir uns jene beiden unverträglichen Eigenschaften vereinigt denken; so sehen wir schon hieraus, in welchem hohen Wert wir dieses alte Denkmal zu halten haben, und beginnen mit Ernst eine Darstellung, wie so widersprechende Elemente sich friedlich durchdringen und verbinden konnten.

Vor allem widmen wir unsere Betrachtungen, ohne noch an die Türme zu denken, allein der Fassade, die als ein aufrecht gestelltes längliches Viereck unsern Augen mächtig entgegnet. Nähern wir uns derselben in der Dämmerung, bei Mondschein, bei sternheller Nacht, wo die Teile mehr oder weniger undeutlich werden und zuletzt verschwinden; so sehen wir nur eine kolossale Wand, deren Höhe zur Breite ein wohltätiges Verhältnis hat. Betrachten wir sie bei Tage und abstrahieren durch Kraft unseres Geistes vom Einzelnen; so erkennen wir die Vorderseite eines Gebäudes, welche dessen innere Räume nicht allein zuschließt, sondern auch manches Danebenliegende verdeckt. Die Öffnungen dieser ungeheueren Fläche deuten auf innere Bedürfnisse, und nach diesen können wir sie sogleich in neun Felder abteilen. Die große Mitteltüre, die auf das Schiff der Kirche gerichtet ist, fällt uns zuerst in die Augen. Zu beiden Seiten derselben liegen zwei kleinere, den Kreuzgängen angehörig. Über der Haupttüre trifft unser Blick auf das radförmige Fenster, das in die Kirche und deren Gewölbe ein ahndungsvolles Licht verbreiten soll. An den Seiten zeigen sich zwei große senkrechte, länglich-viereckte Öffnungen, welche mit der mittelsten bedeutend kontrastieren und darauf hindeuten, daß sie zu der Base emporstrebender Türme gehören. In dem dritten Stockwerke reihen sich drei Öffnungen an einander, welche zu Glockenstühlen und sonstigen kirchlichen Bedürfnissen bestimmt sind. Zu oberst sieht man das Ganze durch die Balustrade der Galerie, anstatt eines Gesimses, horizontal abgeschlossen. Jene beschriebenen neun Räume werden durch vier vom Boden aufstrebende Pfeiler gestützt, eingefaßt und in drei große perpendikulare Abteilungen getrennt.

Wie man nun der ganzen Masse ein schönes Verhältnis der Höhe zur Breite nicht absprechen kann, so erhält sie auch durch diese Pfeiler, durch die schlanken Einteilungen dazwischen, im einzelnen etwas gleichmäßig Leichtes.

Verharren wir aber bei unserer Abstraktion und denken uns diese ungeheuere Wand ohne Zieraten mit festen Strebepfeilern, in derselben die nötigen Öffnungen, aber auch nur insofern sie das Bedürfnis fordert; gestehn wir auch diesen Hauptabteilungen gute Verhältnisse zu: so wird das Ganze zwar ernst und würdig, aber doch immer noch lästig unerfreulich und als zierdelos unkünstlich erscheinen. Denn ein Kunstwerk, dessen Ganzes in großen, einfachen, harmonischen Teilen begriffen wird, macht wohl einen edlen und würdigen Eindruck, aber der eigentliche Genuß, den das Gefallen erzeugt, kann nur bei Übereinstimmung aller entwickelten Einzelheiten stattfinden.

Hierin aber gerade befriedigt uns das Gebäude, das wir betrachten, im höchsten Grade: denn wir sehen alle und jede Zieraten jedem Teil, den sie schmücken, völlig angemessen, sie sind ihm untergeordnet, sie scheinen aus ihm entsprungen. Eine solche Mannigfaltigkeit gibt immer ein großes Behagen, indem sie sich aus dem Gehörigen herleitet und deshalb zugleich das Gefühl der Einheit erregt, und nur in solchem Falle wird die Ausführung als Gipfel der Kunst gepriesen.

Durch solche Mittel sollte nun eine feste Mauer, eine undurchdringliche Wand, die sich noch dazu als Base zweier himmelhohen Türme anzukündigen hatte, dem Auge zwar als auf sich selbst ruhend, in sich selbst bestehend, aber auch dabei leicht und zierlich erscheinen, und, obgleich tausendfach durchbrochen, den Begriff von unerschütterlicher Festigkeit geben.

Dieses Rätsel ist auf das glücklichste gelöst. Die Öffnungen der Mauer, die soliden Stellen derselben, die Pfeiler, jedes hat seinen besonderen Charakter, der aus der eignen Bestimmung hervortritt; dieser kommuniziert sich stufenweis den Unterabteilungen, daher alles im gemäßen Sinne verziert ist, das Große wie das Kleine sich an der rechten Stelle befindet, leicht gefaßt werden kann, und so das Angenehme im Ungeheueren sich darstellt. Ich erinnere nur an die perspektivisch in die Mauerdicke sich einsenkenden, bis ins Unendliche an ihren Pfeilern und Spitzbogen verzierten Türen, an das Fenster und dessen aus der runden Form entspringende Kunstrose, an das Profil ihrer Stäbe, sowie an die schlanken Rohrsäulen der perpendikularen Abteilungen. Man vergegenwärtige sich die stufenweis zurücktretenden Pfeiler, von schlanken, gleichfalls in die Höhe strebenden, zum Schutz der Heiligenbilder baldachinartig bestimmten, leichtsäuligen Spitzgebäudchen begleitet, und wie zuletzt jede Rippe, jeder Knopf als Blumenknauf und Blattreihe, oder als irgend ein anderes im Steinsinn umgeformtes Naturgebilde erscheint. Man vergleiche das Gebäude, wo nicht selbst, doch Abbildungen des Ganzen und des Einzelnen, zu Beurteilung und Belebung meiner Aussage. Sie könnte manchem übertrieben scheinen: denn ich selbst, zwar im ersten Anblicke zur Neigung gegen dieses Werk hingerissen, brauchte doch lange Zeit, mich mit seinem Wert innig bekannt zu machen.

Unter Tadlern der gotischen Baukunst aufgewachsen, nährte ich meine Abneigung gegen die vielfach überladenen, verworrenen Zieraten, die durch ihre Willkürlichkeit einen religios düsteren Charakter höchst widerwärtig machten; ich bestärkte mich in diesem Unwillen, da mir nur geistlose Werke dieser Art, an denen man weder gute Verhältnisse, noch eine reine Konsequenz gewahr wird, vors Gesicht gekommen waren. Hier aber glaubte ich eine neue Offenbarung zu erblicken, indem mir jenes Tadelnswerte keineswegs erschien, sondern vielmehr das Gegenteil davon sich aufdrang.

Wie ich nun aber immer länger sah und überlegte, glaubte ich über das Vorgesagte noch größere Verdienste zu entdecken. Herausgefunden war das richtige Verhältnis der größeren Abteilungen, die so sinnige als reiche Verzierung bis ins kleinste; nun aber erkannte ich noch die Verknüpfung dieser mannigfaltigen Zieraten unter einander, die Hinleitung von einem Hauptteile zum andern, die Verschränkung zwar gleichartiger, aber doch an Gestalt höchst abwechselnder Einzelnheiten, vom Heiligen bis zum Ungeheuer, vom Blatt bis zum Zacken. Je mehr ich untersuchte, desto mehr geriet ich in Erstaunen; je mehr ich mich mit Messen und Zeichnen unterhielt und abmüdete, desto mehr wuchs meine Anhänglichkeit, so daß ich viele Zeit darauf verwendete, teils das Vorhandene zu studieren, teils das Fehlende, Unvollendete, besonders der Türme, in Gedanken und auf dem Blatte wiederherzustellen.

Da ich nun an alter deutscher Stätte dieses Gebäude gegründet und in echter deutscher Zeit so weit gediehen fand, auch der Name des Meisters auf dem bescheidenen Grabstein gleichfalls vaterländischen Klanges und Ursprungs war; so wagte ich, die bisher verrufene Benennung gotische Bauart, aufgefordert durch den Wert dieses Kunstwerks, abzuändern und sie als deutsche Baukunst unserer Nation zu vindizieren, sodann aber verfehlte ich nicht, erst mündlich, und hernach in einem kleinen Aufsatz, D. M. Ervini a Steinbach gewidmet, meine patriotischen Gesinnungen an den Tag zu legen.

Gelangt meine biographische Erzählung zu der Epoche, in welcher gedachter Bogen im Druck erschien, den Herder sodann in sein Heft „Von deutscher Art und Kunst" aufnahm, so wird noch manches über diesen wichtigen Gegenstand zur Sprache kommen. Ehe ich mich aber diesmal von demselben abwende, so will ich die Gelegenheit benutzen, um das dem gegenwärtigen Bande vorgesetzte Motto bei denjenigen zu rechtfertigen, welche einigen Zweifel daran hegen sollten. Ich weiß zwar recht gut, daß gegen das brave und hoffnungsreiche altdeutsche Wort: „Was einer in der Jugend wünscht, hat er im Alter genug!" manche umgekehrte Erfahrung anzuführen, manches daran zu deuteln sein möchte; aber auch viel Günstiges spricht dafür, und ich erkläre, was ich dabei denke.

Unsere Wünsche sind Vorgefühle der Fähigkeiten, die in uns liegen, Vorboten desjenigen, was wir zu leisten imstande sein werden. Was wir können und möchten, stellt sich unserer Einbildungskraft außer uns und in der Zukunft dar; wir fühlen eine Sehnsucht nach dem, was wir schon im stillen besitzen. So verwandelt ein leidenschaftliches Vorausergreifen das wahrhaft Mögliche in ein erträumtes Wirkliche. Liegt nun eine solche Richtung entschieden in unserer Natur, so wird mit jedem Schritt unserer Entwickelung ein Teil des ersten Wunsches erfüllt, bei günstigen Umständen auf dem geraden Wege, bei ungünstigen auf einem Umwege, von dem wir immer wieder nach jenem einlenken. So sieht man Menschen durch Beharrlichkeit zu irdischen Gütern gelangen, sie umgeben sich mit Reichtum, Glanz und äußerer Ehre. Andere streben noch sicherer nach geistigen Vorteilen, erwerben sich eine klare Übersicht der Dinge, eine Beruhigung des Gemüts und eine Sicherheit für die Gegenwart und Zukunft.

Nun gibt es aber eine dritte Richtung, die aus beiden gemischt ist und deren Erfolg am sichersten gelingen muß. Wenn nämlich die Jugend des Menschen in eine prägnante Zeit trifft, wo das Hervorbringen das Zerstören überwiegt, und in ihm das Vorgefühl bei Zeiten erwacht, was eine solche Epoche fordre und verspreche; so wird er, durch äußere Anlässe zu tätiger Teilnahme gedrängt, bald dabald dorthin greifen, und der Wunsch, nach vielen Seiten wirksam zu sein, wird in ihm lebendig werden. Nun gesellen sich aber zur menschlichen Beschränktheit noch so viele zufällige Hindernisse, daß hier ein Begonnenes liegen bleibt, dort ein Ergriffenes aus der Hand fällt, und ein Wunsch nach dem andern sich verzettelt. Waren aber diese Wünsche aus einem reinen Herzen entsprungen, dem Bedürfnis der Zeit gemäß; so darf man ruhig rechts und links liegen und fallen lassen, und kann versichert sein, daß nicht allein dieses wieder aufgefunden und aufgehoben werden muß, sondern daß auch noch gar manches Verwandte, das man nie berührt, ja woran man nie gedacht hat, zum Vorschein kommen werde. Sehen wir nun während unseres Lebensganges dasjenige von andern geleistet, wozu wir selbst früher einen Beruf fühlten, ihn aber, mit manchen andern, aufgeben mußten; dann tritt das schöne Gefühl ein, daß die Menschheit zusammen erst der wahre Mensch ist, und daß der Einzelne nur froh und glücklich sein kann, wenn er den Mut hat, sich im Ganzen zu fühlen.

Diese Betrachtung ist hier recht am Platze; denn wenn ich die Neigung bedenke, die mich zu jenen alten Bauwerken hinzog, wenn ich die Zeit berechne, die ich allein dem Straßburger Münster gewidmet, die Aufmerksamkeit, mit der ich späterhin den Dom zu Köln und den zu Freiburg betrachtet und den Wert dieser Gebäude immer mehr empfunden; so könnte ich mich tadeln, daß ich sie nachher ganz aus den Augen verloren, ja, durch eine entwickeltere Kunst angezogen, völlig im Hintergrunde gelassen. Sehe ich nun aber in der neusten Zeit die Aufmerksamkeit wieder auf jene Gegenstände hingelenkt, Neigung, ja Leidenschaft gegen sie hervortreten und blühen, sehe ich tüchtige junge Leute, von ihr ergriffen, Kräfte, Zeit, Sorgfalt, Vermögen diesen Denkmalen einer vergangenen Welt rücksichtslos widmen; so werde ich mit Vergnügen erinnert, daß das, was ich sonst wollte und wünschte, einen Wert hatte. Mit Zufriedenheit sehe ich, wie man nicht allein das von unsern Vorvordern Geleistete zu schätzen weiß, sondern wie man sogar aus vorhandenen unausgeführten Anfängen, wenigstens im Bilde, die erste Absicht darzustellen sucht, um uns dadurch mit dem Gedanken, welcher doch das Erste und Letzte alles Vornehmens bleibt, bekannt zu machen, und eine verworren scheinende Vergangenheit mit besonnenem Ernst aufzuklären und zu beleben strebt. Vorzüglich belobe ich hier den wackern Sulpiz Boisserée, der unermüdet beschäftigt ist, in einem prächtigen Kupferwerke, den Kölnischen Dom aufzustellen als Musterbild jener ungeheuren Konzeptionen, deren Sinn babylonisch in den Himmel strebte, und die zu den irdischen Mitteln dergestalt außer Verhältnis waren, daß sie notwendig in der Ausführung stocken mußten. Haben wir bisher gestaunt, daß solche Bauwerke nur so weit gediehen, so werden wir mit der größten Bewunderung erfahren, was eigentlich zu leisten die Absicht war.

Möchten doch literarisch-artistische Unternehmungen dieser Art durch alle, welche Kraft, Vermögen und Einfluß haben, gebührend befördert werden, damit uns die große und riesenmäßige Gesinnung unserer Vorfahren zur Anschauung gelange und wir uns einen Begriff machen können von dem, was sie wollen durften. Die hieraus entspringende Einsicht wird nicht unfruchtbar bleiben und das Urteil sich endlich einmal mit Gerechtigkeit an jenen Werken zu üben imstande sein. Ja, dieses wird auf das gründlichste geschehen, wenn unser tätiger junger Freund, außer der dem Kölnischen Dome gewidmeten Monographie, die Geschichte der Baukunst unserer Mittelzeit bis ins einzelne verfolgt. Wird ferner an den Tag gefördert, was irgend über werkmäßige Ausübung dieser Kunst zu erfahren ist, wird sie durch Vergleichung mit der griechisch-römischen und der orientalisch-ägyptischen in allen Grundzügen dargestellt; so kann in diesem Fache wenig zu tun übrig bleiben. Ich aber werde, wenn die Resultate solcher vaterländischen Bemühungen öffentlich vorliegen, so wie jetzt bei freundlichen Privatmitteilungen, mit wahrer Zufriedenheit jenes Wort im besten Sinne wiederholen können: „Was man in der Jugend wünscht, hat man im Alter genug."

Kann man aber bei solchen Wirkungen, welche Jahrhunderten angehören, sich auf die Zeit verlassen und die Gelegenheit erharren; so gibt es dagegen andere Dinge, die in der Jugend, frisch, wie reife Früchte, weggenossen werden müssen. Es sei mir erlaubt, mit dieser raschen Wendung, des Tanzes zu erwähnen, an den das Ohr, so wie das Auge an den Münster, jeden Tag, jede Stunde in Straßburg, im Elsaß erinnert wird. Von früher Jugend an hatte mir und meiner Schwester der Vater selbst im Tanzen Unterricht gegeben, welches einen so ernsthaften Mann wunderlich genug hätte kleiden sollen; allein er ließ sich auch dabei nicht aus der Fassung bringen, unterwies uns auf das bestimmteste in den Positionen und Schritten, und als er uns weit genug gebracht hatte, um eine Menuett zu tanzen, so blies er auf einer Flûte-douce uns etwas Faßliches im Dreivierteltakt vor, und wir bewegten uns darnach, so gut wir konnten. Auf dem französischen Theater hatte ich gleichfalls von Jugend auf, wo nicht Ballette, doch Solos und Pas-de-deux gesehn und mir davon mancherlei wunderliche Bewegungen der Füße und allerlei Sprünge gemerkt. Wenn wir nun der Menuett genug hatten, so ersuchte ich den Vater um andere Tanzmusiken, dergleichen die Notenbücher in ihren Giguen und Murkis reichlich darboten, und ich erfand mir sogleich die Schritte und übrigen Bewegungen dazu, indem der Takt meinen Gliedern ganz gemäß und mit denselben geboren war. Dies belustigte meinen Vater bis auf einen gewissen Grad, ja er machte sich und uns manchmal den Spaß, die Affen auf diese Weise tanzen zu lassen. Nach meinem Unfall mit Gretchen und während meines ganzen Aufenthalts in Leipzig kam ich nicht wieder auf den Plan; vielmehr weiß ich noch, daß, als man mich auf einem Balle zu einer Menuett nötigte, Takt und Bewegung aus meinen Gliedern gewichen schien, und ich mich weder der Schritte noch der Figuren mehr erinnerte; so daß ich mit Schimpf und Schanden bestanden wäre, wenn nicht der größere Teil der Zuschauer behauptet hätte, mein ungeschicktes Betragen sei bloßer Eigensinn, in der Absicht, den Frauenzimmern alle Lust zu benehmen, mich wider Willen aufzufordern und in ihre Reihen zu ziehen.

Während meines Aufenthalts in Frankfurt war ich von solchen Freuden ganz abgeschnitten; aber in Straßburg regte sich bald, mit der übrigen Lebenslust, die Taktfähigkeit meiner Glieder. An Sonn- und Werkeltagen schlenderte man keinen Lustort vorbei, ohne daselbst einen fröhlichen Haufen zum Tanze versammelt, und zwar meistens im Kreise drehend zu finden. Ingleichen waren auf den Landhäusern Privatbälle, und man sprach schon von den brillanten Redouten des zukommenden Winters. Hier wäre ich nun freilich nicht an meinem Platz und der Gesellschaft unnütz gewesen; da riet mir ein Freund, der sehr gut walzte, mich erst in minder guten Gesellschaften zu üben, damit ich hernach in der besten etwas gelten könnte. Er brachte mich zu einem Tanzmeister, der für geschickt bekannt war; dieser versprach mir, wenn ich nur einigermaßen die ersten Anfangsgründe wiederholt und mir zu eigen gemacht hätte, mich dann weiter zu leiten. Er war eine von den trockenen, gewandten französischen Naturen, und nahm mich freundlich auf. Ich zahlte ihm den Monat voraus, und erhielt zwölf Billette, gegen die er mir gewisse Stunden Unterricht zusagte. Der Mann war streng, genau, aber nicht pedantisch; und da ich schon einige Vorübung hatte, so machte ich es ihm bald zu Danke und erhielt seinen Beifall.

Den Unterricht dieses Lehrers erleichterte jedoch ein Umstand gar sehr: er hatte nämlich zwei Töchter, beide hübsch und noch unter zwanzig Jahren. Von Jugend auf in dieser Kunst unterrichtet, zeigten sie sich darin sehr gewandt und hätten als Moitié auch dem ungeschicktesten Scholaren bald zu einiger Bildung verhelfen können. Sie waren beide sehr artig, sprachen nur französisch, und ich nahm mich von meiner Seite zusammen, um vor ihnen nicht linkisch und lächerlich zu erscheinen. Ich hatte das Glück, daß auch sie mich lobten, immer willig waren, nach der kleinen Geige des Vaters eine Menuett zu tanzen, ja sogar, was ihnen freilich beschwerlicher ward, mir nach und nach das Walzen und Drehen einzulernen. Übrigens schien der Vater nicht viele Kunden zu haben, und sie führten ein einsames Leben. Deshalb ersuchten sie mich manchmal nach der Stunde, bei ihnen zu bleiben und die Zeit ein wenig zu verschwätzen; das ich denn auch ganz gerne tat, um so mehr, als die jüngere mir wohl gefiel und sie sich überhaupt sehr anständig betrugen. Ich las manchmal aus einem Roman etwas vor, und sie taten das gleiche. Die ältere, die so hübsch, vielleicht noch hübscher war als die zweite, mir aber nicht so gut wie diese zusagte, betrug sich durchaus gegen mich verbindlicher und in allem gefälliger. Sie war in der Stunde immer bei der Hand und zog sie manchmal in die Länge; daher ich mich einigemal verpflichtet glaubte, dem Vater zwei Billette anzubieten, die er jedoch nicht annahm. Die jüngere hingegen, ob sie gleich nicht unfreundlich gegen mich tat, war doch eher still für sich, und ließ sich durch den Vater herbeirufen, um die ältere abzulösen.

Die Ursache davon ward mir eines Abends deutlich. Denn als ich mit der ältesten, nach vollendetem Tanz, in das Wohnzimmer gehen wollte, hielt sie mich zurück und sagte: „Bleiben wir noch ein wenig hier; denn ich will es Ihnen nur gestehen, meine Schwester hat eine Kartenschlägerin bei sich, die ihr offenbaren soll, wie es mit einem auswärtigen Freund beschaffen ist, an dem ihr ganzes Herz hängt, auf den sie alle ihre Hoffnung gesetzt hat. Das meinige ist frei“, fuhr sie fort, „und ich werde mich gewöhnen müssen, es verschmäht zu sehen.“ Ich sagte ihr darauf einige Artigkeiten, indem ich versetzte, daß sie sich, wie es damit stehe, am ersten überzeugen könne, wenn sie die weise Frau gleichfalls befragte; ich wolle es auch tun, denn ich hätte schon längst so etwas zu erfahren gewünscht, woran mir bisher der Glaube gefehlt habe. Sie tadelte mich deshalb und beteuerte, daß nichts in der Welt sichrer sei, als die Aussprüche dieses Orakels, nur müsse man es nicht aus Scherz und Frevel, sondern nur in wahren Anliegenheiten befragen. Ich nötigte sie jedoch zuletzt, mit mir in jenes Zimmer zu gehen, sobald sie sich versichert hatte, daß die Funktion vorbei sei. Wir fanden die Schwester sehr aufgeräumt, und auch gegen mich war sie zutulicher als sonst, scherzhaft und beinahe geistreich: denn da sie eines abwesenden Freundes sicher geworden zu sein schien, so mochte sie es für unverfänglich halten, mit einem gegenwärtigen Freund ihrer Schwester, denn dafür hielt sie mich, ein wenig artig zu tun.

Der Alten wurde nun geschmeichelt und ihr gute Bezahlung zugesagt, wenn sie der älteren Schwester und auch mir das Wahrhafte sagen wollte. Mit den gewöhnlichen Vorbereitungen und Zeremonien legte sie nun ihren Kram aus, und zwar, um der Schönen zuerst zu weissagen. Sie betrachtete die Lage der Karten sorgfältig, schien aber zu stocken und wollte mit der Sprache nicht heraus. – „Ich sehe schon", sagte die jüngere, die mit der Auslegung einer solchen magischen Tafel schon näher bekannt war, „Ihr zaudert und wollt meiner Schwester nichts Unangenehmes eröffnen; aber das ist eine verwünschte Karte!" Die ältere wurde blaß, doch faßte sie sich und sagte: „So sprecht nur; es wird ja den Kopf nicht kosten!" Die Alte, nach einem tiefen Seufzer, zeigte ihr nun an, daß sie liebe, daß sie nicht geliebt werde, daß eine andere Person dazwischen stehe, und was dergleichen Dinge mehr waren. Man sah dem guten Mädchen die Verlegenheit an. Die Alte glaubte die Sache wieder etwas zu verbessern, indem sie auf Briefe und Geld Hoffnung machte. – „Briefe", sagte das schöne Kind, „erwarte ich nicht, und Geld mag ich nicht. Wenn es wahr ist, wie Ihr sagt, daß ich liebe, so verdiene ich ein Herz, das mich wieder liebt." – „Wir wollen sehen, ob es nicht besser wird", versetzte die Alte, indem sie die Karten mischte und zum zweitenmal auflegte; allein es war vor unser aller Augen nur noch schlimmer geworden. Die Schöne stand nicht allein einsamer, sondern auch mit mancherlei Verdruß umgeben; der Freund war etwas weiter und die Zwischenfiguren näher gerückt. Die Alte wollte zum drittenmal auslegen, in Hoffnung einer bessern Ansicht; allein das schöne Kind hielt sich nicht länger, sie brach in unbändiges Weinen aus, ihr holder Busen bewegte sich auf eine gewaltsame Weise, sie wandte sich um und rannte zum Zimmer hinaus. Ich wußte nicht, was ich tun sollte. Die Neigung hielt mich bei der Gegenwärtigen, das Mitleid trieb mich zu jener; meine Lage war peinlich genug. – „Trösten Sie Lucinden", sagte die jüngere, „gehen Sie ihr nach." Ich zauderte; wie durfte ich sie trösten, ohne sie wenigstens einer Art von Neigung zu versichern, und konnte ich das wohl in einem solchen Augenblick auf eine kalte mäßige Weise! – „Lassen Sie uns zusammen gehn", sagte ich zu Emilien. – „Ich weiß nicht, ob ihr meine Gegenwart wohl tun wird", versetzte diese. Doch gingen wir, fanden aber die Tür verriegelt. Lucinde antwortete nicht, wir mochten pochen, rufen, bitten wie wir wollten. – „Wir müssen sie gewähren lassen", sagte Emilie, „sie will nun nicht anders!" Und wenn ich mir freilich ihr Wesen von unserer ersten Bekanntschaft an erinnerte, so hatte sie immer etwas Heftiges und Ungleiches, und ihre Neigung zu mir zeigte sie am meisten dadurch, daß sie ihre Unart nicht an mir bewies. Was wollte ich tun! Ich bezahlte die Alte reichlich für das Unheil, das sie gestiftet hatte, und wollte gehen, als Emilie sagte: „Ich bedinge mir, daß die Karte nun auch auf Sie geschlagen werde." Die Alte war bereit. – „Lassen Sie mich nicht dabei sein!" rief ich, und eilte die Treppe hinunter.

Den andern Tag hatte ich nicht Mut hinzugehen. Den dritten ließ mir Emilie durch einen Knaben, der mir schon manche Botschaft von den Schwestern gebracht und Blumen und Früchte dagegen an sie getragen hatte, in aller Frühe sagen, ich möchte heute ja nicht fehlen. Ich kam zur gewöhnlichen Stunde und fand den Vater allein, der an meinen Tritten und Schritten, an meinem Gehen und Kommen, an meinem Tragen und Behaben noch manches ausbesserte und übrigens mit mir zufrieden schien. Die jüngste kam gegen das Ende der Stunde und tanzte mit mir eine sehr graziöse Menuett, in der sie sich außerordentlich angenehm bewegte, und der Vater versicherte, nicht leicht ein hübscheres und gewandteres Paar auf seinem Plane gesehen zu haben. Nach der Stunde ging ich wie gewöhnlich ins Wohnzimmer; der Vater ließ uns allein, ich vermißte Lucinden. – „Sie liegt im Bette", sagte Emilie, „und ich sehe es gern: haben Sie deshalb keine Sorge. Ihre Seelenkrankheit lindert sich am ersten, wenn sie sich körperlich für krank hält; sterben mag sie nicht gern, und so tut sie alsdann, was wir wollen. Wir haben gewisse Hausmittel, die sie zu sich nimmt und ausruht; und so legen sich nach und nach die tobenden Wellen. Sie ist gar zu gut und liebenswürdig bei so einer eingebildeten Krankheit, und da sie sich im Grunde recht wohl befindet und nur von Leidenschaft angegriffen ist, so sinnt sie sich allerhand romanenhafte Todesarten aus, vor denen sie sich auf eine angenehme Weise fürchtet, wie Kinder, denen man von Gespenstern erzählt. So hat sie mir gestern abend noch mit großer Heftigkeit erklärt, daß sie diesmal gewiß sterben würde, und man sollte den undankbaren falschen Freund, der ihr erst so schön getan und sie nun so übel behandle, nur dann wieder zu ihr führen, wenn sie wirklich ganz nahe am Tode sei: sie wolle ihm recht bittre Vorwürfe machen und auch sogleich den Geist aufgeben." – „Ich weiß mich nicht schuldig!" rief ich aus, „daß ich irgend eine Neigung zu ihr geäußert. Ich kenne jemand, der mir dieses Zeugnis am besten erteilen kann." Emilie lächelte und versetzte: „Ich verstehe Sie, und wenn wir nicht klug und entschlossen sind, so kommen wir alle zusammen in eine üble Lage. Was werden Sie sagen, wenn ich Sie ersuche, Ihre Stunden nicht weiter fortzusetzen? Sie haben von dem letzten Monat allenfalls noch vier Billette, und mein Vater äußerte schon, daß er es unverantwortlich finde, Ihnen noch länger Geld abzunehmen: es müßte denn sein, daß Sie sich der Tanzkunst auf eine ernstlichere Weise widmen wollten; was ein junger Mann in der Welt brauchte, besäßen Sie nun." – „Und diesen Rat, Ihr Haus zu meiden, geben Sie mir, Emilie?" versetzte ich. – „Eben ich", sagte sie, „aber nicht aus mir selbst. Hören Sie nur. Als Sie vorgestern wegeilten, ließ ich die Karte auf Sie schlagen, und derselbe Ausspruch wiederholte sich dreimal und immer stärker. Sie waren umgeben von allerlei Gutem und Vergnüglichem, von Freunden und großen Herren, an Geld fehlte es auch nicht. Die Frauen hielten sich in einiger Entfernung. Meine arme Schwester besonders stand immer am weitesten; eine andere rückte Ihnen immer näher, kam aber nie an Ihre Seite: denn es stellte sich ein Dritter dazwischen. Ich will Ihnen nur gestehen, daß ich mich unter der zweiten Dame gedacht hatte, und nach diesem Bekenntnisse werden Sie meinen wohlmeinenden Rat am besten begreifen. Einem entfernten Freund habe ich mein Herz und meine Hand zugesagt, und bis jetzt liebt' ich ihn über alles; doch es wäre möglich, daß Ihre Gegenwart mir bedeutender würde als bisher, und was würden Sie für einen Stand zwischen zwei Schwestern haben, davon Sie die eine durch Neigung und die andere durch Kälte unglücklich gemacht hätten, und alle diese Qual um nichts und auf kurze Zeit. Denn wenn wir nicht schon wüßten, wer Sie sind und was Sie zu hoffen haben, so hätte mir es die Karte aufs deutlichste vor Augen gestellt. Leben Sie wohl", sagte sie, und reichte mir die Hand. Ich zauderte. – „Nun", sagte sie, indem sie mich gegen die Türe führte, „damit es wirklich das letztemal sei, daß wir uns sprechen, so nehmen Sie, was ich Ihnen sonst versagen würde." Sie fiel mir um den Hals und küßte mich aufs zärtlichste. Ich umfaßte sie und drückte sie an mich.

In diesem Augenblicke flog die Seitentür auf, und die Schwester sprang in einem leichten aber anständigen Nachtkleide hervor und rief: „Du sollst nicht allein von ihm Abschied nehmen!" Emilie ließ mich fahren, und Lucinde ergriff mich, schloß sich fest an mein Herz, drückte ihre schwarzen Locken an meine Wangen und blieb eine Zeitlang in dieser Lage. Und so fand ich mich denn in der Klemme zwischen beiden Schwestern, wie mir's Emilie einen Augenblick vorher geweissagt hatte. Lucinde ließ mich los und sah mir ernst ins Gesicht. Ich wollte ihre Hand ergreifen und ihr etwas Freundliches sagen; allein sie wandte sich weg, ging mit starken Schritten einigemal im Zimmer auf und ab und warf sich dann in die Ecke des Sofas. Emilie trat zu ihr, ward aber sogleich weggewiesen, und hier entstand eine Szene, die mir noch in der Erinnerung peinlich ist, und die, ob sie gleich in der Wirklichkeit nichts Theatralisches hatte, sondern einer lebhaften jungen Französin ganz angemessen war, dennoch nur von einer guten empfindenden Schauspielerin auf dem Theater würdig wiederholt werden könnte.

Lucinde überhäufte ihre Schwester mit tausend Vorwürfen. „Es ist nicht das erste Herz", rief sie aus, „das sich zu mir neigt, und das du mir entwendest. War es doch mit dem Abwesenden ebenso, der sich zuletzt unter meinen Augen mit dir verlobte. Ich mußte es ansehen, ich ertrug's; ich weiß aber, wie viele tausend Tränen es mich gekostet hat. Diesen hast du mir nun auch weggefangen, ohne jenen fahren zu lassen, und wie viele verstehst du nicht auf einmal zu halten. Ich bin offen und gutmütig, und jedermann glaubt, mich bald zu kennen und mich vernachlässigen zu dürfen; du bist versteckt und still, und die Leute glauben wunder was hinter dir verborgen sei. Aber es ist nichts dahinter als ein kaltes, selbstisches Herz, das sich alles aufzuopfern weiß; das aber kennt niemand so leicht, weil es tief in deiner Brust verborgen liegt, so wenig als mein warmes treues Herz, das ich offen trage, wie mein Gesicht."

Emilie schwieg und hatte sich neben ihre Schwester gesetzt, die sich im Reden immer mehr erhitzte, und sich über gewisse besondere Dinge herausließ, die mir zu wissen eigentlich nicht frommte. Emilie dagegen, die ihre Schwester zu begütigen suchte, gab mir hinterwärts ein Zeichen, daß ich mich entfernen sollte; aber wie Eifersucht und Argwohn mit tausend Augen sehen, so schien auch Lucinde es bemerkt zu haben. Sie sprang auf und ging auf mich los, aber nicht mit Heftigkeit. Sie stand vor mir und schien auf etwas zu sinnen. Drauf sagte sie: „Ich weiß, daß ich Sie verloren habe; ich mache keine weitern Ansprüche auf Sie. Aber du sollst ihn auch nicht haben, Schwester!" Sie faßte mich mit diesen Worten ganz eigentlich beim Kopf, indem sie mir mit beiden Händen in die Locken fuhr, mein Gesicht an das ihre drückte und mich zu wiederholten Malen auf den Mund küßte. „Nun“, rief sie aus, „fürchte meine Verwünschung. Unglück über Unglück für immer und immer auf diejenige, die zum ersten Male nach mir diese Lippen küßt! Wage es nun wieder mit ihm anzubinden; ich weiß, der Himmel erhört mich diesmal. Und Sie, mein Herr, eilen Sie nun, eilen Sie, was Sie können!“

Ich flog die Treppe hinunter mit dem festen Vorsatze, das Haus nie wieder zu betreten.

ZEHNTES BUCH

Die deutschen Dichter, da sie nicht mehr als Gildeglieder für einen Mann standen, genossen in der bürgerlichen Welt nicht der mindesten Vorteile. Sie hatten weder Halt, Stand noch Ansehn, als insofern sonst ein Verhältnis ihnen günstig war, und es kam daher bloß auf den Zufall an, ob das Talent zu Ehren oder Schanden geboren sein sollte. Ein armer Erdensohn, im Gefühl von Geist und Fähigkeiten, mußte sich kümmerlich ins Leben hineinschleppen und die Gabe, die er allenfalls von den Musen erhalten hatte, von dem augenblicklichen Bedürfnis gedrängt, vergeuden. Das Gelegenheitsgedicht, die erste und echteste aller Dichtarten, ward verächtlich auf einen Grad, daß die Nation noch jetzt nicht zu einem Begriff des hohen Wertes desselben gelangen kann, und ein Poet, wenn er nicht gar den Weg Günthers einschlug, erschien in der Welt auf die traurigste Weise subordiniert, als Spaßmacher und Schmarutzer, so daß er sowohl auf dem Theater als auf der Lebensbühne eine Figur vorstellte, der man nach Belieben mitspielen konnte.

Gesellte sich hingegen die Muse zu Männern von Ansehen, so erhielten diese dadurch einen Glanz, der auf die Geberin zurückfiel. Lebensgewandte Edelleute, wie Hagedorn, stattliche Bürger, wie Brockes, entschiedene Gelehrte, wie Haller, erschienen unter den Ersten der Nation, den Vornehmsten und Geschätztesten gleich. Besonders wurden auch solche Personen verehrt, die, neben jenem angenehmen Talente, sich noch als emsige, treue Geschäftsmänner auszeichneten. Deshalb erfreuten sich Uz, Rabener, Weiße einer Achtung ganz eigner Art, weil man die heterogensten, selten mit einander verbundenen Eigenschaften hier vereint zu schätzen hatte.

Nun sollte aber die Zeit kommen, wo das Dichtergenie sich selbst gewahr würde, sich seine eignen Verhältnisse selbst schüfe und den Grund zu einer unabhängigen Würde zu legen verstünde. Alles traf in Klopstock zusammen, um eine solche Epoche zu begründen. Er war, von der sinnlichen wie von der sittlichen Seite betrachtet, ein reiner Jüngling. Ernst und gründlich erzogen, legt er, von Jugend an, einen großen Wert auf sich selbst und auf alles, was er tut, und indem er die Schritte seines Lebens bedächtig vorausmißt, wendet er sich, im Vorgefühl der ganzen Kraft seines Innern, gegen den höchsten denkbaren Gegenstand. Der Messias, ein Name, der unendliche Eigenschaften bezeichnet, sollte durch ihn aufs neue verherrlicht werden. Der Erlöser sollte der Held sein, den er, durch irdische Gemeinheit und Leiden, zu den höchsten himmlischen Triumphen zu begleiten gedachte. Alles, was Göttliches, Englisches, Menschliches in der jungen Seele lag, ward hier in Anspruch genommen. Er, an der Bibel erzogen und durch ihre Kraft genährt, lebt nun mit Erzvätern, Propheten und Vorläufern als Gegenwärtigen; doch alle sind seit Jahrhunderten nur dazu berufen, einen lichten Kreis um den einen zu ziehn, dessen Erniedrigung sie mit Staunen beschauen, und an dessen Verherrlichung sie glorreich teilnehmen sollen. Denn endlich, nach trüben und schrecklichen Stunden, wird der ewige Richter sein Antlitz entwölken, seinen Sohn und Mitgott wieder anerkennen, und dieser wird ihm dagegen die abgewendeten Menschen, ja sogar einen abgefallenen Geist wieder zuführen. Die lebendigen Himmel jauchzen in tausend Engelstimmen um den Thron, und ein Liebesglanz übergießt das Weltall, das seinen Blick kurz vorher auf eine greuliche Opferstätte gesammelt hielt. Der himmlische Friede, welchen Klopstock bei Konzeption und Ausführung dieses Gedichtes empfunden, teilt sich noch jetzt einem jeden mit, der die ersten zehn Gesänge liest, ohne die Forderungen bei sich laut werden zu lassen, auf die eine fortrückende Bildung nicht gerne Verzicht tut.

Die Würde des Gegenstands erhöhte dem Dichter das Gefühl eigner Persönlichkeit. Daß er selbst dereinst zu diesen Chören eintreten, daß der Gottmensch ihn auszeichnen, ihm von Angesicht zu Angesicht den Dank für seine Bemühungen abtragen würde, den ihm schon hier jedes gefühlvolle, fromme Herz, durch manche reine Zähre, lieblich genug entrichtet hatte: dies waren so unschuldige kindliche Gesinnungen und Hoffnungen, als sie nur ein wohlgeschaffenes Gemüt haben und hegen kann. So erwarb nun Klopstock das völlige Recht, sich als eine geheiligte Person anzusehn, und so befliß er sich auch in seinem Tun der aufmerksamsten Reinigkeit. Noch in spätem Alter beunruhigte es ihn ungemein, daß er seine erste Liebe einem Frauenzimmer zugewendet hatte, die ihn, da sie einen andern heiratete, in Ungewißheit ließ, ob sie ihn wirklich geliebt habe, ob sie seiner wert gewesen sei. Die Gesinnungen, die ihn mit Meta verbanden, diese innige ruhige Neigung, der kurze heilige Ehestand, des überbliebenen Gatten Abneigung vor einer zweiten Verbindung, alles ist von der Art, um sich desselben einst im Kreise der Seligen wohl wieder erinnern zu dürfen.

Dieses ehrenhafte Verfahren gegen sich selbst ward noch dadurch erhöht, daß er in dem wohlgesinnten Dänemark in dem Hause eines großen und, auch menschlich betrachtet, fürtrefflichen Staatsmanns eine Zeitlang wohl aufgenommen war. Hier, in einem höheren Kreise, der zwar in sich abgeschlossen, aber auch zugleich der äußeren Sitte, der Aufmerksamkeit gegen die Welt gewidmet war, entschied sich seine Richtung noch mehr. Ein gefaßtes Betragen, eine abgemessene Rede, ein Lakonismus, selbst wenn er offen und entscheidend sprach, gaben ihm durch sein ganzes Leben ein gewisses diplomatisches, ministerielles Ansehn, das mit jenen zarten Naturgesinnungen im Widerstreit zu liegen schien, obgleich beide aus einer Quelle entsprangen. Von allem diesen geben seine ersten Werke ein reines Ab- und Vorbild, und sie mußten daher einen unglaublichen Einfluß gewinnen. Daß er jedoch persönlich andere Strebende im Leben und Dichten gefördert, ist kaum als eine seiner entschiedenen Eigenschaften zur Sprache gekommen.

Aber eben ein solches Fördernis junger Leute im literarischen Tun und Treiben, eine Lust, hoffnungsvolle, vom Glück nicht begünstigte Menschen vorwärts zu bringen und ihnen den Weg zu erleichtern, hat einen deutschen Mann verherrlicht, der, in Absicht auf Würde, die er sich selbst gab, wohl als der Zweite, in Absicht aber auf lebendige Wirkung als der Erste genannt werden darf. Niemanden wird entgehen, daß hier Gleim gemeint sei. Im Besitz einer zwar dunkeln, aber einträglichen Stelle, wohnhaft an einem wohlgelegenen, nicht allzu großen, durch militärische, bürgerliche, literarische Betriebsamkeit belebten Orte, von wo die Einkünfte einer großen und reichen Stiftung ausgingen, nicht ohne daß ein Teil derselben zum Vorteil des Platzes zurückblieb, fühlte er einen lebhaften produktiven Trieb in sich, der jedoch bei aller Stärke ihm nicht ganz genügte, deswegen er sich einem andern, vielleicht mächtigern Triebe hingab, dem nämlich, andere etwas hervorbringen zu machen. Beide Tätigkeiten flochten sich während seines ganzen langen Lebens unablässig durch einander. Er hätte ebensowohl des Atemholens entbehrt als des Dichtens und Schenkens, und indem er bedürftigen Talenten aller Art über frühere oder spätere Verlegenheiten hinaus und dadurch wirklich der Literatur zu Ehren half, gewann er sich so viele Freunde, Schuldner und Abhängige, daß man ihm seine breite Poesie gerne gelten ließ, weil man ihm für die reichlichen Wohltaten nichts zu erwidern vermochte als Duldung seiner Gedichte.

Jener hohe Begriff nun, den sich beide Männer von ihrem Wert bilden durften, und wodurch andere veranlaßt wurden, sich auch für etwas zu halten, hat im öffentlichen und geheimen sehr große und schöne Wirkungen hervorgebracht. Allein dieses Bewußtsein, so ehrwürdig es ist, führte für sie selbst, für ihre Umgebungen, ihre Zeit ein eignes Übel herbei. Darf man beide Männer, nach ihren geistigen Wirkungen, unbedenklich groß nennen, so blieben sie gegen die Welt doch nur klein, und gegen ein bewegteres Leben betrachtet, waren ihre äußeren Verhältnisse nichtig. Der Tag ist lang und die Nacht dazu; man kann nicht immer dichten, tun oder geben; ihre Zeit konnte nicht ausgefüllt werden, wie die der Weltleute, Vornehmen und Reichen; sie legten daher auf ihre besondern engen Zustände einen zu hohen Wert, in ihr tägliches Tun und Treiben eine Wichtigkeit, die sie sich nur unter einander zugestehn mochten; sie freuten sich mehr als billig ihrer Scherze, die, wenn sie den Augenblick anmutig machten, doch in der Folge keineswegs für bedeutend gelten konnten. Sie empfingen von andern Lob und Ehre, wie sie verdienten, sie gaben solche zurück, wohl mit Maß, aber doch immer zu reichlich, und eben weil sie fühlten, daß ihre Neigung viel wert sei, so gefielen sie sich, dieselbe wiederholt auszudrükken, und schonten hierbei weder Papier noch Tinte. So entstanden jene Briefwechsel, über deren Gehaltsmangel die neuere Welt sich verwundert, der man nicht verargen kann, wenn sie kaum die Möglichkeit einsieht, wie vorzügliche Menschen sich an einer solchen Wechselnichtigkeit ergetzen konnten, wenn sie den Wunsch laut werden läßt, dergleichen Blätter möchten ungedruckt geblieben sein. Allein man lasse jene wenigen Bände doch immer neben viel andern auf dem Bücherbrette stehen, wenn man sich daran belehrt hat, daß der vorzüglichste Mensch auch nur vom Tage lebt und nur kümmerlichen Unterhalt genießt, wenn er sich zu sehr auf sich selbst zurückwirft und in die Fülle der äußeren Welt zu greifen versäumt, wo er allein Nahrung für sein Wachstum und zugleich einen Maßstab desselben finden kann.

Die Tätigkeit jener Männer stand in ihrer schönsten Blüte, als wir jungen Leute uns auch in unserem Kreise zu regen anfingen, und ich war so ziemlich auf dem Wege, mit jüngeren Freunden, wo nicht auch mit älteren Personen, in ein solches wechselseitiges Schönetun, Geltenlassen, Heben und Tragen zu geraten. In meiner Sphäre konnte das, was ich hervorbrachte, immer für gut gehalten werden. Frauenzimmer, Freunde, Gönner werden nicht schlecht finden, was man ihnen zu Liebe unternimmt und dichtet; aus solchen Verbindlichkeiten entspringt zuletzt der Ausdruck eines leeren Behagens an einander, in dessen Phrasen sich ein Charakter leicht verliert, wenn er nicht von Zeit zu Zeit zu höherer Tüchtigkeit gestählt wird.

Und so hatte ich von Glück zu sagen, daß, durch eine unerwartete Bekanntschaft, alles, was in mir von Selbstgefälligkeit, Bespiegelungslust, Eitelkeit, Stolz und Hochmut ruhen oder wirken mochte, einer sehr harten Prüfung ausgesetzt ward, die in ihrer Art einzig, der Zeit keineswegs gemäß, und nur desto eindringender und empfindlicher war.

Denn das bedeutendste Ereignis, was die wichtigsten Folgen für mich haben sollte, war die Bekanntschaft und die daran sich knüpfende nähere Verbindung mit Herder. Er hatte den Prinzen von Holstein-Eutin, der sich in traurigen Gemütszuständen befand, auf Reisen begleitet und war mit ihm bis Straßburg gekommen. Unsere Sozietät, sobald sie seine Gegenwart vernahm, trug ein großes Verlangen sich ihm zu nähern, und mir begegnete dies Glück zuerst ganz unvermutet und zufällig. Ich war nämlich in den Gasthof „Zum Geist" gegangen, ich weiß nicht welchen bedeutenden Fremden aufzusuchen. Gleich unten an der Treppe fand ich einen Mann, der eben auch hinaufzusteigen im Begriff war, und den ich für einen Geistlichen halten konnte. Sein gepudertes Haar war in eine runde Locke aufgesteckt, das schwarze Kleid bezeichnete ihn gleichfalls, mehr noch aber ein langer, schwarzer, seidner Mantel, dessen Ende er zusammengenommen und in die Tasche gesteckt hatte. Dieses einigermaßen auffallende, aber doch im ganzen galante und gefällige Wesen, wovon ich schon hatte sprechen hören, ließ mich keineswegs zweifeln, daß er der berühmte Ankömmling sei, und meine Anrede mußte ihn sogleich überzeugen, daß ich ihn kenne. Er fragte nach meinem Namen, der ihm von keiner Bedeutung sein konnte; allein meine Offenheit schien ihm zu gefallen, indem er sie mit großer Freundlichkeit erwiderte, und, als wir die Treppe hinaufstiegen, sich sogleich zu einer lebhaften Mitteilung bereit finden ließ. Es ist mir entfallen, wen wir damals besuchten; genug, beim Scheiden bat ich mir die Erlaubnis aus, ihn bei sich zu sehen, die er mir denn auch freundlich genug erteilte. Ich versäumte nicht, mich dieser Vergünstigung wiederholt zu bedienen, und ward immer mehr von ihm angezogen. Er hatte etwas Weiches in seinem Betragen, das sehr schicklich und anständig war, ohne daß es eigentlich adrett gewesen wäre. Ein rundes Gesicht, eine bedeutende Stirn, eine etwas stumpfe Nase, einen etwas aufgeworfenen, aber höchst individuell angenehmen, liebenswürdigen Mund. Unter schwarzen Augenbrauen ein Paar kohlschwarze Augen, die ihre Wirkung nicht verfehlten, obgleich das eine rot und entzündet zu sein pflegte. Durch mannigfaltige Fragen suchte er sich mit mir und meinem Zustande bekannt zu machen, und seine Anziehungskraft wirkte immer stärker auf mich. Ich war überhaupt sehr zutraulicher Natur, und vor ihm besonders hatte ich gar kein Geheimnis. Es währte jedoch nicht lange, als der abstoßende Puls seines Wesens eintrat und mich in nicht geringes Mißbehagen versetzte. Ich erzählte ihm mancherlei von meinen Jugendbeschäftigungen und Liebhabereien, unter andern von einer Siegelsammlung, die ich hauptsächlich durch des korrespondenzreichen Hausfreundes Teilnahme zusammengebracht. Ich hatte sie nach dem Staatskalender eingerichtet, und war bei dieser Gelegenheit mit sämtlichen Potentaten, größern und geringern Mächten und Gewalten, bis auf den Adel herunter wohl bekannt geworden, und meinem Gedächtnis waren diese heraldischen Zeichen gar oft, und vorzüglich bei der Krönungsfeierlichkeit, zustatten gekommen. Ich sprach von diesen Dingen mit einiger Behaglichkeit; allein er war anderer Meinung, verwarf nicht allein dieses ganze Interesse, sondern wußte es mir auch lächerlich zu machen, ja beinahe zu verleiden.

Von diesem seinem Widersprechungsgeiste sollte ich noch gar manches ausstehen: denn er entschloß sich, teils weil er sich vom Prinzen abzusondern gedachte, teils eines Augenübels wegen, in Straßburg zu verweilen. Dieses Übel ist eins der beschwerlichsten und unangenehmsten, und um desto lästiger, als es nur durch eine schmerzliche, höchst verdrießliche und unsichere Operation geheilt werden kann. Das Tränensäckchen nämlich ist nach unten zu verschlossen, so daß die darin enthaltene Feuchtigkeit nicht nach der Nase hin und um so weniger abfließen kann, als auch dem benachbarten Knochen die Öffnung fehlt, wodurch diese Sekretion naturgemäß erfolgen sollte. Der Boden des Säckchens muß daher aufgeschnitten und der Knochen durchbohrt werden; da denn ein Pferdehaar durch den Tränenpunkt, ferner durch das eröffnete Säckchen und durch den damit in Verbindung gesetzten neuen Kanal gezogen und täglich hin und wider bewegt wird, um die Kommunikation zwischen beiden Teilen herzustellen, welches alles nicht getan noch erreicht werden kann, wenn nicht erst in jener Gegend äußerlich ein Einschnitt gemacht worden.

Herder war nun, vom Prinzen getrennt, in ein eignes Quartier gezogen, der Entschluß war gefaßt, sich durch Lobstein operieren zu lassen. Hier kamen mir jene Übungen gut zustatten, durch die ich meine Empfindlichkeit abzustumpfen versucht hatte; ich konnte der Operation beiwohnen und einem so werten Manne auf mancherlei Weise dienstlich und behülflich sein. Hier fand ich nun alle Ursache, seine große Standhaftigkeit und Geduld zu bewundern: denn weder bei den vielfachen chirurgischen Verwundungen, noch bei dem oftmals wiederholten schmerzlichen Verbande bewies er sich im mindesten verdrießlich, und er schien derjenige von uns zu sein, der am wenigsten litt; aber in der Zwischenzeit hatten wir freilich den Wechsel seiner Laune vielfach zu ertragen. Ich sage wir: denn es war außer mir ein behaglicher Russe, namens Pegelow, meistens um ihn. Dieser war ein früherer Bekannter von Herder in Riga gewesen, und suchte sich, obgleich kein Jüngling mehr, noch in der Chirurgie unter Lobsteins Anleitung zu vervollkommnen. Herder konnte allerliebst einnehmend und geistreich sein, aber ebenso leicht eine verdrießliche Seite hervorkehren. Dieses Anziehen und Abstoßen haben zwar alle Menschen ihrer Natur nach, einige mehr, einige weniger, einige in langsamern, andere in schnelleren Pulsen; wenige können ihre Eigenheiten hierin wirklich bezwingen, viele zum Schein. Was Herdern betrifft, so schrieb sich das Übergewicht seines widersprechenden, bittern, bissigen Humors gewiß von seinem Übel und den daraus entspringenden Leiden her. Dieser Fall kommt im Leben öfters vor, und man beachtet nicht genug die moralische Wirkung krankhafter Zustände, und beurteilt daher manche Charaktere sehr ungerecht, weil man alle Menschen für gesund nimmt und von ihnen verlangt, daß sie sich auch in solcher Maße betragen sollen.

Die ganze Zeit dieser Kur besuchte ich Herdern morgens und abends; ich blieb auch wohl ganze Tage bei ihm und gewöhnte mich in kurzem um so mehr an sein Schelten und Tadeln, als ich seine schönen und großen Eigenschaften, seine ausgebreiteten Kenntnisse, seine tiefen Einsichten täglich mehr schätzen lernte. Die Einwirkung dieses gutmütigen Polterers war groß und bedeutend. Er hatte fünf Jahre mehr als ich, welches in jüngeren Tagen schon einen großen Unterschied macht; und da ich ihn für das anerkannte, was er war, da ich dasjenige zu schätzen suchte, was er schon geleistet hatte, so mußte er eine große Superiorität über mich gewinnen. Aber behaglich war der Zustand nicht: denn ältere Personen, mit denen ich bisher umgegangen, hatten mich mit Schonung zu bilden gesucht, vielleicht auch durch Nachgiebigkeit verzogen; von Herdern aber konnte man niemals eine Billigung erwarten, man mochte sich anstellen wie man wollte. Indem nun also auf der einen Seite meine große Neigung und Verehrung für ihn, und auf der andern das Mißbehagen, das er in mir erweckte, beständig mit einander im Streit lagen; so entstand ein Zwiespalt in mir, der erste in seiner Art, den ich in meinem Leben empfunden hatte. Da seine Gespräche jederzeit bedeutend waren, er mochte fragen, antworten oder sich sonst auf eine Weise mitteilen; so mußte er mich zu neuen Ansichten täglich, ja stündlich befördern. In Leipzig hatte ich mir eher ein enges und abgezirkeltes Wesen angewöhnt, und meine allgemeinen Kenntnisse der deutschen Literatur konnten durch meinen Frankfurter Zustand nicht erweitert werden; ja mich hatten jene mystisch-religiösen chemischen Beschäftigungen in dunkle Regionen geführt, und was seit einigen Jahren in der weiten literarischen Welt vorgegangen, war mir meistens fremd geblieben. Nun wurde ich auf einmal durch Herder mit allem neuen Streben und mit allen den Richtungen bekannt, welche dasselbe zu nehmen schien. Er selbst hatte sich schon genugsam berühmt gemacht, und durch seine „Fragmente“, die „Kritischen Wälder“ und anderes unmittelbar an die Seite der vorzüglichsten Männer gesetzt, welche seit längerer Zeit die Augen des Vaterlands auf sich zogen. Was in einem solchen Geiste für eine

Bewegung, was in einer solchen Natur für eine Gärung müsse gewesen sein, läßt sich weder fassen noch darstellen. Groß aber war gewiß das eingehüllte Streben, wie man leicht eingestehn wird, wenn man bedenkt, wie viele Jahre nachher, und was er alles gewirkt und geleistet hat.

Wir hatten nicht lange auf diese Weise zusammengelebt, als er mir vertraute, daß er sich um den Preis, welcher auf die beste Schrift über den Ursprung der Sprachen von Berlin ausgesetzt war, mit zu bewerben gedenke. Seine Arbeit war schon ihrer Vollendung nahe, und wie er eine sehr reinliche Hand schrieb, so konnte er mir bald ein lesbares Manuskript heftweise mitteilen. Ich hatte über solche Gegenstände niemals nachgedacht, ich war noch zu sehr in der Mitte der Dinge befangen, als daß ich hätte an Anfang und Ende denken sollen. Auch schien mir die Frage einigermaßen müßig: denn wenn Gott den Menschen als Menschen erschaffen hatte, so war ihm ja so gut die Sprache als der aufrechte Gang anerschaffen; so gut er gleich merken mußte, daß er gehen und greifen könne, so gut mußte er auch gewahr werden, daß er mit der Kehle zu singen, und diese Töne durch Zunge, Gaumen und Lippen noch auf verschiedene Weise zu modifizieren vermöge. War der Mensch göttlichen Ursprungs, so war es ja auch die Sprache selbst, und war der Mensch, in dem Umkreis der Natur betrachtet, ein natürliches Wesen, so war die Sprache gleichfalls natürlich. Diese beiden Dinge konnte ich wie Seel' und Leib niemals auseinander bringen. Süßmilch, bei einem kruden Realismus doch etwas phantastisch gesinnt, hatte sich für den göttlichen Ursprung entschieden, das heißt, daß Gott den Schulmeister bei den ersten Menschen gespielt habe. Herders Abhandlung ging darauf hinaus, zu zeigen, wie der Mensch als Mensch wohl aus eignen Kräften zu einer Sprache gelangen könne und müsse. Ich las die Abhandlung mit großem Vergnügen und zu meiner besondern Kräftigung; allein ich stand nicht hoch genug, weder im Wissen noch im Denken, um ein Urteil darüber zu begründen. Ich bezeigte dem Verfasser daher meinen Beifall, indem ich nur wenige Bemerkungen, die aus meiner Sinnesweise herflossen, hinzufügte. Eins aber wurde wie das andre aufgenommen;

man wurde gescholten und getadelt, man mochte nun bedingt oder unbedingt zustimmen. Der dicke Chirurgus hatte weniger Geduld als ich; er lehnte die Mitteilung dieser Preisschrift humoristisch ab, und versicherte, daß er gar nicht eingerichtet sei, über so abstrakte Materien zu denken. Er drang vielmehr aufs L'hombre, welches wir gewöhnlich abends zusammen spielten.

Bei einer so verdrießlichen und schmerzhaften Kur verlor unser Herder nicht an seiner Lebhaftigkeit; sie ward aber immer weniger wohltätig. Er konnte nicht ein Billett schreiben, um etwas zu verlangen, das nicht mit irgend einer Verhöhnung gewürzt gewesen wäre. So schrieb er mir zum Beispiel einmal:

Wenn des Brutus Briefe dir sind in Ciceros Briefen,
Dir, den die Tröster der Schulen von wohlgehobelten Brettern,
Prachtgerüstete, trösten, doch mehr von außen als innen,
Der von Göttern du stammst, von Goten oder vom Kote,
Goethe, sende mir sie.

Es war freilich nicht fein, daß er sich mit meinem Namen diesen Spaß erlaubte: denn der Eigenname eines Menschen ist nicht etwa wie ein Mantel, der bloß um ihn her hängt und an dem man allenfalls noch zupfen und zerren kann, sondern ein vollkommen passendes Kleid, ja wie die Haut selbst ihm über und über angewachsen, an der man nicht schaben und schinden darf, ohne ihn selbst zu verletzen.

Der erste Vorwurf hingegen war gegründeter. Ich hatte nämlich die von Langern eingetauschten Autoren, und dazu noch verschiedene schöne Ausgaben aus meines Vaters Sammlung, mit nach Straßburg genommen und sie auf einem reinlichen Bücherbrett aufgestellt, mit dem besten Willen, sie zu benutzen. Wie sollte aber die Zeit zureichen, die ich in hunderterlei Tätigkeiten zersplitterte. Herder, der auf Bücher höchst aufmerksam war, weil er deren jeden Augenblick bedurfte, gewahrte beim ersten Besuch meine schöne Sammlung, aber auch bald, daß ich mich derselben gar nicht bediente; deswegen er, als der größte Feind alles Scheins und aller Ostentation, bei Gelegenheit mich damit aufzuziehen pflegte.

Noch ein anderes Spottgedicht fällt mir ein, das er mir abends nachsendete, als ich ihm von der Dresdner Galerie viel erzählt hatte. Freilich war ich in den höhern Sinn der italienischen Schule nicht eingedrungen, aber Dominico Feti, ein trefflicher Künstler, wiewohl Humorist und also nicht vom ersten Range, hatte mich sehr angesprochen. Geistliche Gegenstände mußten gemalt werden. Er hielt sich an die neutestamentlichen Parabeln und stellte sie gern dar, mit viel Eigenheit, Geschmack und guter Laune. Er führte sie dadurch ganz ans gemeine Leben heran, und die so geistreichen als naiven Einzelheiten seiner Kompositionen, durch einen freien Pinsel empfohlen, hatten sich mir lebendig eingedrückt. Über diesen meinen kindlichen Kunstenthusiasmus spottete Herder folgendergestalt:

Aus Sympathie
Behagt mir besonders ein Meister,
Dominico Feti heißt er.
Der parodiert die biblische Parabel
So hübsch zu einer Narrenfabel,
Aus Sympathie. – Du närrische Parabel!

Dergleichen mehr oder weniger heitre oder abstruse, muntre oder bittre Späße könnte ich noch manche anführen. Sie verdrossen mich nicht, waren mir aber unbequem. Da ich jedoch alles, was zu meiner Bildung beitrug, höchlich zu schätzen wußte, und ich ja mehrmals frühere Meinungen und Neigungen aufgegeben hatte; so fand ich mich gar bald darein und suchte nur, so viel mir auf meinem damaligen Standpunkt möglich war, gerechten Tadel von ungerechten Invektiven zu unterscheiden. Und so war denn auch kein Tag, der nicht auf das fruchtbarste lehrreich für mich gewesen wäre.

Ich ward mit der Poesie von einer ganz andern Seite, in einem andern Sinne bekannt als bisher, und zwar in einem solchen, der mir sehr zusagte. Die hebräische Dichtkunst, welche er nach seinem Vorgänger Lowth geistreich behandelte, die Volkspoesie, deren Überlieferungen im Elsaß aufzusuchen er uns antrieb, die ältesten Urkunden als Poesie gaben das Zeugnis, daß die Dichtkunst überhaupt eine Welt- und Völkergabe sei, nicht ein Privaterbteil einiger feinen gebildeten Männer. Ich verschlang das alles, und je heftiger ich im Empfangen, desto freigebiger war er im Geben, und wir brachten die interessantesten Stunden zusammen zu. Meine übrigen angefangenen Naturstudien suchte ich fortzusetzen, und da man immer Zeit genug hat, wenn man sie gut anwenden will; so gelang mir mitunter das Doppelte und Dreifache. Was die Fülle dieser wenigen Wochen betrifft, welche wir zusammen lebten, kann ich wohl sagen, daß alles, was Herder nachher allmählich ausgeführt hat, im Keim angedeutet ward, und daß ich dadurch in die glückliche Lage geriet, alles, was ich bisher gedacht, gelernt, mir zugeeignet hatte, zu komplettieren, an ein Höheres anzuknüpfen, zu erweitern. Wäre Herder methodischer gewesen, so hätte ich auch für eine dauerhafte Richtung meiner Bildung die köstlichste Anleitung gefunden; aber er war mehr geneigt zu prüfen und anzuregen, als zu führen und zu leiten. So machte er mich zuerst mit Hamanns Schriften bekannt, auf die er einen sehr großen Wert setzte. Anstatt mich aber über dieselben zu belehren und mir den Hang und Gang dieses außerordentlichen Geistes begreiflich zu machen; so diente es ihm gewöhnlich nur zur Belustigung, wenn ich mich, um zu dem Verständnis solcher sibyllischen Blätter zu gelangen, freilich wunderlich genug gebärdete. Indessen fühlte ich wohl, daß mir in Hamanns Schriften etwas zusagte, dem ich mich überließ, ohne zu wissen, woher es komme und wohin es führe.

Nachdem die Kur länger als billig gedauert, Lobstein in seiner Behandlung zu schwanken und sich zu wiederholen anfing, so daß die Sache kein Ende nehmen wollte, auch Pegelow mir schon heimlich anvertraut hatte, daß wohl schwerlich ein guter Ausgang zu hoffen sei; so trübte sich das ganze Verhältnis: Herder ward ungeduldig und mißmutig, es wollte ihm nicht gelingen, seine Tätigkeit wie bisher fortzusetzen, und er mußte sich um so mehr einschränken, als man die Schuld des mißratenen chirurgischen Unternehmens auf Herders allzu große geistige Anstrengung und seinen ununterbrochenen lebhaften, ja lustigen Umgang mit uns zu schieben anfing. Genug, nach so viel Qual und Leiden wollte die künstliche Tränenrinne sich nicht bilden und die beabsichtigte Kommunikation nicht zustande kommen. Man sah sich genötigt, damit das Übel nicht ärger würde, die Wunde zugehn zu lassen. Wenn man nun bei der Operation Herders Standhaftigkeit unter solchen Schmerzen bewundern mußte, so hatte seine melancholische, ja grimmige Resignation in den Gedanken, zeitlebens einen solchen Makel tragen zu müssen, etwas wahrhaft Erhabenes, wodurch er sich die Verehrung derer, die ihn schauten und liebten, für immer zu eigen machte. Dieses Übel, das ein so bedeutendes Angesicht entstellte, mußte ihm um so ärgerlicher sein, als er ein vorzügliches Frauenzimmer in Darmstadt kennen gelernt und sich ihre Neigung erworben hatte. Hauptsächlich in diesem Sinne mochte er sich jener Kur unterwerfen, um bei der Rückreise freier, fröhlicher, wohlgebildeter vor seine Halbverlobte zu treten, und sich gewisser und unverbrüchlicher mit ihr zu verbinden. Er eilte jedoch, sobald als möglich von Straßburg wegzukommen, und weil sein bisheriger Aufenthalt so kostbar als unangenehm gewesen, erborgte ich eine Summe Geldes für ihn, die er auf einen bestimmten Termin zu erstatten versprach. Die Zeit verstrich, ohne daß das Geld ankam. Mein Gläubiger mahnte mich zwar nicht, aber ich war doch mehrere Wochen in Verlegenheit. Endlich kam Brief und Geld, und auch hier verleugnete er sich nicht: denn anstatt eines Dankes, einer Entschuldigung enthielt sein Schreiben lauter spöttliche Dinge in Knittelversen, die einen andern irre, oder gar abwendig gemacht hätten; mich aber rührte das nicht weiter, da ich von seinem Wert einen so großen und mächtigen Begriff gefaßt hatte, der alles Widerwärtige verschlang, was ihm hätte schaden können.

Man soll jedoch von eignen und fremden Fehlern niemals, am wenigsten öffentlich reden, wenn man nicht dadurch etwas Nützliches zu bewirken denkt; deshalb will ich hier gewisse zudringende Bemerkungen einschalten.

Dank und Undank gehören zu denen in der moralischen Welt jeden Augenblick hervortretenden Ereignissen, worüber die Menschen sich unter einander niemals beruhigen können. Ich pflege einen Unterschied zu machen zwischen Nichtdankbarkeit, Undank und Widerwillen gegen den Dank.

Jene erste ist dem Menschen angeboren, ja anerschaffen: denn sie entspringt aus einer glücklichen, leichtsinnigen Vergessenheit des Widerwärtigen wie des Erfreulichen, wodurch ganz allein die Fortsetzung des Lebens möglich wird. Der Mensch bedarf so unendlich vieler äußeren Vor- und Mitwirkungen zu einem leidlichen Dasein, daß, wenn er der Sonne und der Erde, Gott und der Natur, Vorvordern und Eltern, Freunden und Gesellen immer den gebührenden Dank abtragen wollte, ihm weder Zeit noch Gefühl übrig bliebe, um neue Wohltaten zu empfangen und zu genießen. Läßt nun freilich der natürliche Mensch jenen Leichtsinn in und über sich walten, so nimmt eine kalte Gleichgültigkeit immer mehr überhand, und man sieht den Wohltäter zuletzt als einen Fremden an, zu dessen Schaden man allenfalls, wenn es uns nützlich wäre, auch etwas unternehmen dürfte. Dies allein kann eigentlich Undank genannt werden, der aus der Roheit entspringt, worin die ungebildete Natur sich am Ende notwendig verlieren muß. Widerwille gegen das Danken jedoch, Erwiderung einer Wohltat durch unmutiges und verdrießliches Wesen ist sehr selten und kommt nur bei vorzüglichen Menschen vor: solchen, die mit großen Anlagen und dem Vorgefühl derselben, in einem niederen Stande oder in einer hülflosen Lage geboren, sich von Jugend auf Schritt vor Schritt durchdrängen und von allen Orten her Hülfe und Beistand annehmen müssen, die ihnen denn manchmal durch Plumpheit der Wohltäter vergällt und widerwärtig werden, indem das, was sie empfangen, irdisch und das, was sie dagegen leisten, höherer Art ist, so daß eine eigentliche Kompensation nicht gedacht werden kann. Lessing hat bei dem schönen Bewußtsein, das ihm, in seiner besten Lebenszeit, über irdische Dinge zuteil ward, sich hierüber einmal derb aber heiter ausgesprochen. Herder hingegen vergällte sich und andern immerfort die schönsten Tage, da er jenen Unmut, der ihn in der Jugend notwendig ergriffen hatte, in der Folgezeit durch Geisteskraft nicht zu mäßigen wußte.

Diese Forderung kann man gar wohl an sich machen: denn der Bildungsfähigkeit eines Menschen kommt das Licht der Natur, welches immer tätig ist, ihn über seine

Zustände aufzuklären, auch hier gar freundlich zustatten; und überhaupt sollte man in manchen sittlichen Bildungsfällen die Mängel nicht zu schwer nehmen, und sich nicht nach allzu ernsten weitliegenden Mitteln umsehen, da sich gewisse Fehler sehr leicht, ja spielend abtun lassen. So können wir zum Beispiel die Dankbarkeit in uns durch bloße Gewohnheit erregen, lebendig erhalten, ja zum Bedürfnis machen.

In einem biographischen Versuch ziemt es wohl, von sich selbst zu reden. Ich bin von Natur so wenig dankbar als irgend ein Mensch, und beim Vergessen empfangenes Guten konnte das heftige Gefühl eines augenblicklichen Mißverhältnisses mich sehr leicht zum Undank verleiten.

Diesem zu begegnen, gewöhnte ich mich zuvörderst, bei allem, was ich besitze, mich gern zu erinnern, wie ich dazu gelangt, von wem ich es erhalten, es sei durch Geschenk, Tausch oder Kauf, oder auf irgend eine andre Art. Ich habe mich gewöhnt, beim Vorzeigen meiner Sammlungen der Personen zu gedenken, durch deren Vermittelung ich das einzelne erhielt, ja der Gelegenheit, dem Zufall, der entferntesten Veranlassung und Mitwirkung, wodurch mir Dinge geworden, die mir lieb und wert sind, Gerechtigkeit widerfahren zu lassen. Das, was uns umgibt, erhält dadurch ein Leben, wir sehen es in geistiger, liebevoller, genetischer Verknüpfung, und durch das Vergegenwärtigen vergangener Zustände wird das augenblickliche Dasein erhöht und bereichert, die Urheber der Gaben steigen wiederholt vor der Einbildungskraft hervor, man verknüpft mit ihrem Bilde eine angenehme Erinnerung, macht sich den Undank unmöglich und ein gelegentliches Erwidern leicht und wünschenswert. Zugleich wird man auf die Betrachtung desjenigen geführt, was nicht sinnlicher Besitz ist, und man rekapituliert gar gern, woher sich unsere höheren Güter schreiben und datieren.

Ehe ich nun von jenem für mich so bedeutenden und folgereichen Verhältnisse zu Herdern den Blick hinwegwende, finde ich noch einiges nachzubringen. Es war nichts natürlicher, als daß ich nach und nach in Mitteilung dessen, was bisher zu meiner Bildung beigetragen, besonders aber solcher Dinge, die mich noch in dem Augenblicke ernstlich beschäftigten, gegen Herdern immer karger und karger ward. Er hatte mir den Spaß an so manchem, was ich früher geliebt, verdorben und mich besonders wegen der Freude, die ich an Ovids „Metamorphosen“ gehabt, aufs strengste getadelt. Ich mochte meinen Liebling in Schutz nehmen wie ich wollte, ich mochte sagen, daß für eine jugendliche Phantasie nichts erfreulicher sein könne, als in jenen heitern und herrlichen Gegenden mit Göttern und Halbgöttern zu verweilen und ein Zeuge ihres Tuns und ihrer Leidenschaften zu sein; ich mochte jenes oben erwähnte Gutachten eines ernsthaften Mannes umständlich beibringen und solches durch meine eigne Erfahrung bekräftigen: das alles sollte nicht gelten, es sollte sich keine eigentliche unmittelbare Wahrheit in diesen Gedichten finden; hier sei weder Griechenland noch Italien, weder eine Urwelt noch eine gebildete, alles vielmehr sei Nachahmung des schon Dagewesenen und eine manierierte Darstellung, wie sie sich nur von einem Überkultivierten erwarten lasse. Und wenn ich denn zuletzt behaupten wollte: was ein vorzügliches Individuum hervorbringe, sei doch auch Natur, und unter allen Völkern, frühern und spätern, sei doch immer nur der Dichter Dichter gewesen; so wurde mir dies nun gar nicht gut gehalten, und ich mußte manches deswegen ausstehen, ja mein Ovid war mir beinah dadurch verleidet: denn es ist keine Neigung, keine Gewohnheit so stark, daß sie gegen die Mißreden vorzüglicher Menschen, in die man Vertrauen setzt, auf die Länge sich erhalten könnte. Immer bleibt etwas hängen, und wenn man nicht unbedingt lieben darf, sieht es mit der Liebe schon mißlich aus.

Am sorgfältigsten verbarg ich ihm das Interesse an gewissen Gegenständen, die sich bei mir eingewurzelt hatten und sich nach und nach zu poetischen Gestalten ausbilden wollten. Es war Götz von Berlichingen und Faust. Die Lebensbeschreibung des erstern hatte mich im Innersten ergriffen. Die Gestalt eines rohen, wohlmeinenden Selbsthelfers in wilder anarchischer Zeit erregte meinen tiefsten Anteil. Die bedeutende Puppenspielfabel des andern klang und summte gar vieltönig in mir wider. Auch ich hatte mich in allem Wissen umhergetrieben und war früh genug auf die Eitelkeit desselben hingewiesen worden. Ich hatte es auch im Leben auf allerlei Weise versucht, und war immer unbefriedigter und gequälter zurückgekommen. Nun trug ich diese Dinge, sowie manche andre, mit mir herum und ergetzte mich daran in einsamen Stunden, ohne jedoch etwas davon aufzuschreiben. Am meisten aber verbarg ich vor Herdern meine mystisch-kabbalistische Chemie und was sich darauf bezog, ob ich mich gleich noch sehr gern heimlich beschäftigte, sie konsequenter auszubilden, als man sie mir überliefert hatte. Von poetischen Arbeiten glaube ich ihm „Die Mitschuldigen" vorgelegt zu haben, doch erinnere ich mich nicht, daß mir irgend eine Zurechtweisung oder Aufmunterung von seiner Seite hierüber zuteil geworden wäre. Aber bei diesem allen blieb er, der er war; was von ihm ausging, wirkte, wenn auch nicht erfreulich, doch bedeutend; ja seine Handschrift sogar übte auf mich eine magische Gewalt aus. Ich erinnere mich nicht, daß ich eins seiner Blätter, ja nur ein Couvert von seiner Hand, zerrissen oder verschleudert hätte; dennoch ist mir, bei den so mannigfaltigen Ort- und Zeitwechseln, kein Dokument jener wunderbaren, ahndungsvollen und glücklichen Tage übrig geblieben.

Daß übrigens Herders Anziehungskraft sich so gut auf andre als auf mich wirksam erwies, würde ich kaum erwähnen, hätte ich nicht zu bemerken, daß sie sich besonders auf Jung, genannt Stilling, erstreckt habe. Das treue redliche Streben dieses Mannes mußte jeden, der nur irgend Gemüt hatte, höchlich interessieren, und seine Empfänglichkeit jeden, der etwas mitzuteilen imstande war, zur Offenheit reizen. Auch betrug sich Herder gegen ihn nachsichtiger als gegen uns andre: denn seine Gegenwirkung schien jederzeit mit der Wirkung, die auf ihn geschah, im Verhältnis zu stehn. Jungs Umschränktheit war von so viel gutem Willen, sein Vordringen von so viel Sanftheit und Ernst begleitet, daß ein Verständiger gewiß nicht hart gegen ihn sein, und ein Wohlwollender ihn nicht verhöhnen noch zum besten haben konnte. Auch war Jung durch Herdern dergestalt exaltiert, daß er sich in allem seinen Tun gestärkt und gefördert fühlte, ja seine Neigung gegen mich schien in eben diesem Maße abzunehmen; doch blieben wir immer gute Gesellen, wir trugen einander vor wie nach und erzeigten uns wechselseitig die freundlichsten Dienste.

Entfernen wir uns jedoch nunmehr von der freundschaftlichen Krankenstube und von den allgemeinen Betrachtungen, welche eher auf Krankheit als auf Gesundheit des Geistes deuten; begeben wir uns in die freie Luft, auf den hohen und breiten Altan des Münsters, als wäre die Zeit noch da, wo wir junge Gesellen uns öfters dorthin auf den Abend beschieden, um mit gefüllten Römern die scheidende Sonne zu begrüßen. Hier verlor sich alles Gespräch in die Betrachtung der Gegend, alsdann wurde die Schärfe der Augen geprüft, und jeder bestrebte sich, die entferntesten Gegenstände gewahr zu werden, ja deutlich zu unterscheiden. Gute Fernröhre wurden zu Hülfe genommen, und ein Freund nach dem andern bezeichnete genau die Stelle, die ihm die liebste und werteste geworden; und schon fehlte es auch mir nicht an einem solchen Plätzchen, das, ob es gleich nicht bedeutend in der Landschaft hervortrat, mich doch mehr als alles andere mit einem lieblichen Zauber an sich zog. Bei solchen Gelegenheiten ward nun durch Erzählung die Einbildungskraft angeregt und manche kleine Reise verabredet, ja oft aus dem Stegreife unternommen, von denen ich nur eine statt vieler umständlich erzählen will, da sie in manchem Sinne für mich folgereich gewesen.

Mit zwei werten Freunden und Tischgenossen, Engelbach und Weyland, beide aus dem untern Elsaß gebürtig, begab ich mich zu Pferde nach Zabern, wo uns, bei schönem Wetter, der kleine freundliche Ort gar anmutig anlachte. Der Anblick des bischöflichen Schlosses erregte unsere Bewunderung; eines neuen Stalles Weitläuftigkeit, Größe und Pracht zeugten von dem übrigen Wohlbehagen des Besitzers. Die Herrlichkeit der Treppe überraschte uns, die Zimmer und Säle betraten wir mit Ehrfurcht, nur kontrastierte die Person des Kardinals, ein kleiner zusammengefallener Mann, den wir speisen sahen. Der Blick in den Garten ist herrlich, und ein Kanal, drei Viertelstunden lang, schnurgerade auf die Mitte des Schlosses gerichtet, gibt einen hohen Begriff von dem Sinn und den Kräften der vorigen Besitzer. Wir spazierten daran hin und wider und genossen mancher Partien dieses schön gelegenen Ganzen, zu Ende der herrlichen Elsasser Ebene, am Fuße der Vogesen.

Nachdem wir uns nun an diesem geistlichen Vorposten einer königlichen Macht erfreut, und es uns in seiner Region wohl sein lassen, gelangten wir früh den andern Morgen zu einem öffentlichen Werk, das höchst würdig den Eingang in ein mächtiges Königreich eröffnet. Von der aufgehenden Sonne beschienen, erhob sich vor uns die berühmte Zaberner Steige, ein Werk von unüberdenklicher Arbeit. Schlangenweis, über die fürchterlichsten Felsen aufgemauert, führt eine Chaussee, für drei Wagen neben einander breit genug, so leise bergauf, daß man es kaum empfindet. Die Härte und Glätte des Wegs, die geplatteten Erhöhungen an beiden Seiten für die Fußgänger, die steinernen Rinnen zum Ableiten der Bergwasser, alles ist so reinlich als künstlich und dauerhaft hergerichtet, daß es einen genügenden Anblick gewährt. So gelangt man allmählich nach Pfalzburg, einer neueren Festung. Sie liegt auf einem mäßigen Hügel; die Werke sind elegant auf schwärzlichen Felsen von gleichem Gestein erbaut, die mit Kalk weiß ausgestrichenen Fugen bezeichnen genau die Größe der Quadern und geben von der reinlichen Arbeit ein auffallendes Zeugnis. Den Ort selbst fanden wir, wie sich's für eine Festung geziemt, regelmäßig, von Steinen gebaut, die Kirche geschmackvoll. Als wir durch die Straßen wandelten – es war Sonntags früh um neun –, hörten wir Musik; man walzte schon im Wirtshause nach Herzenslust, und da sich die Einwohner durch die große Teurung, ja durch die drohende Hungersnot in ihrem Vergnügen nicht irre machen ließen, so ward auch unser jugendlicher Frohsinn keineswegs getrübt, als uns der Bäcker einiges Brot auf die Reise versagte und uns in den Gasthof verwies, wo wir es allenfalls an Ort und Stelle verzehren dürften.

Sehr gern ritten wir nun wieder die Steige hinab, um dieses architektonische Wunder zum zweiten Male anzustaunen, und uns der erquickenden Aussicht über das Elsaß nochmals zu erfreuen. Wir gelangten bald nach Buchsweiler, wo uns Freund Weyland eine gute Aufnahme vorbereitet hatte. Dem frischen jugendlichen Sinne ist der Zustand einer kleinen Stadt sehr gemäß; die Familienverhältnisse sind näher und fühlbarer, das Hauswesen, das zwischen läßlicher Amtsbeschäftigung, städtischem Gewerb, Feld- und Gartenbau mit mäßiger Tätigkeit sich hin und wider bewegt, lädt uns ein zu freundlicher Teilnahme, die Geselligkeit ist notwendig, und der Fremde befindet sich in den beschränkten Kreisen sehr angenehm, wenn ihn nicht etwa die Mißhelligkeiten der Einwohner, die an solchen Orten fühlbarer sind, irgendwo berühren. Dieses Städtchen war der Hauptplatz der Grafschaft Hanau-Lichtenberg, dem Landgrafen von Darmstadt unter französischer Hoheit gehörig. Eine daselbst angestellte Regierung und Kammer machten den Ort zum bedeutenden Mittelpunkt eines sehr schönen und wünschenswerten fürstlichen Besitzes. Wir vergaßen leicht die ungleichen Straßen, die unregelmäßige Bauart des Orts, wenn wir heraustraten, um das alte Schloß und die an einem Hügel vortrefflich angelegten Gärten zu beschauen. Mancherlei Lustwäldchen, eine zahme und wilde Fasanerie und die Reste mancher ähnlichen Anstalten zeigten, wie angenehm diese kleine Residenz ehemals müsse gewesen sein.

Doch alle diese Betrachtungen übertraf der Anblick, wenn man von dem nahgelegenen Bastberg die völlig paradiesische Gegend überschaute. Diese Höhe, ganz aus verschiedenen Muscheln zusammengehäuft, machte mich zum ersten Male auf solche Dokumente der Vorwelt aufmerksam; ich hatte sie noch niemals in so großer Masse beisammen gesehn. Doch wendete sich der schaulustige Blick bald ausschließlich in die Gegend. Man steht auf dem letzten Vorgebirge nach dem Lande zu; gegen Norden liegt eine fruchtbare, mit kleinen Wäldchen durchzogene Fläche, von einem ernsten Gebirge begrenzt, das sich gegen Abend nach Zabern hin erstreckt, wo man den bischöflichen Palast und die eine Stunde davon liegende Abtei St. Johann deutlich erkennen mag. Von da verfolgt das Auge die immer mehr schwindende Bergkette der Vogesen bis nach Süden hin. Wendet man sich gegen Nordost, so sieht man das Schloß Lichtenberg auf einem Felsen, und gegen Südost hat das Auge die unendliche Fläche des Elsasses zu durchforschen, die sich in immer mehr abduftenden Landschaftsgründen dem Gesicht entzieht, bis zuletzt die schwäbischen Gebirge schattenweis in den Horizont verfließen.

Schon bei meinen wenigen Wanderungen durch die Welt hatte ich bemerkt, wie bedeutend es sei, sich auf Reisen nach dem Laufe der Wasser zu erkundigen, ja bei dem kleinsten Bache zu fragen, wohin er denn eigentlich laufe. Man erlangt dadurch eine Übersicht von jeder Flußregion, in der man eben befangen ist, einen Begriff von den Höhen und Tiefen, die auf einander Bezug haben, und windet sich am sichersten an diesen Leitfäden, welche sowohl dem Anschauen als dem Gedächtnis zu Hülfe kommen, aus geologischem und politischem Ländergewirre. In dieser Betrachtung nahm ich feierlichen Abschied von dem teuren Elsaß, da wir uns den andern Morgen nach Lothringen zu wenden gedachten.

Der Abend ging hin in vertraulichen Gesprächen, wo man sich über eine unerfreuliche Gegenwart durch Erinnerung an eine bessere Vergangenheit zu erheitern suchte. Vor allem andern war hier, wie im ganzen Ländchen, der Name des letzten Grafen Reinhard von Hanau in Segen, dessen großer Verstand und Tüchtigkeit in allem seinen Tun und Lassen hervortrat, und von dessen Dasein noch manches schöne Denkmal übrig geblieben war. Solche Männer haben den Vorzug, doppelte Wohltäter zu sein, einmal für die Gegenwart, die sie beglücken, und sodann für die Zukunft, deren Gefühl und Mut sie nähren und aufrecht erhalten.

Als wir nun uns nordwestwärts in das Gebirg wendeten und bei Lützelstein, einem alten Bergschloß in einer sehr hügelvollen Gegend, vorbeizogen, und in die Region der Saar und Mosel hinabstiegen, fing der Himmel an sich zu trüben, als wollte er uns den Zustand des rauheren Westreiches noch fühlbarer machen. Das Tal der Saar, wo wir zuerst Bockenheim, einen kleinen Ort, antrafen, und gegenüber Neusaarwerden, gut gebaut, mit einem Lustschloß, erblickten, ist zu beiden Seiten von Bergen begleitet, die traurig heißen könnten, wenn nicht an ihrem Fuß eine unendliche Folge von Wiesen und Matten, die Hohnau genannt, sich bis Saaralben und weiter hin unübersehlich erstreckte. Große Gebäude eines ehmaligen Gestütes der Herzoge von Lothringen ziehen hier den Blick an; sie dienen gegenwärtig, zu solchen Zwecken freilich sehr wohl gelegen, als Meierei. Wir gelangten über Saargemünd nach Saarbrück, und diese kleine Residenz war ein lichter Punkt im einem so felsig waldigen Lande. Die Stadt, klein und hüglig, aber durch den letzten Fürsten wohl ausgeziert, macht sogleich einen angenehmen Eindruck, weil die Häuser alle grauweiß angestrichen sind und die verschiedene Höhe derselben einen mannigfaltigen Anblick gewährt. Mitten auf einem schönen mit ansehnlichen Gebäuden umgebenen Platze steht die lutherische Kirche, in einem kleinen, aber dem Ganzen entsprechenden Maßstabe. Die Vorderseite des Schlosses liegt mit der Stadt auf ebenem Boden, die Hinterseite dagegen am Abhange eines steilen Felsens. Diesen hat man nicht allein terrassenweis abgearbeitet, um bequem in das Tal zu gelangen, sondern man hat sich auch unten einen länglich-viereckten Gartenplatz, durch Verdrängung des Flusses an der einen und durch Abschroten des Felsens an der andern Seite, verschafft, worauf denn dieser ganze Raum erst mit Erde ausgefüllt und bepflanzt worden. Die Zeit dieser Unternehmung fiel in die Epoche, da man bei Gartenanlagen den Architekten zu Rate zog, wie man gegenwärtig das Auge des Landschaftsmalers zu Hülfe nimmt. Die ganze Einrichtung des Schlosses, das Kostbare und Angenehme, das Reiche und Zierliche deuteten auf einen lebenslustigen Besitzer, wie der verstorbene Fürst gewesen war; der gegenwärtige befand sich nicht am Orte. Präsident von Günderode empfing uns aufs verbindlichste und bewirtete uns drei Tage besser, als wir es erwarten durften. Ich benutzte die mancherlei Bekanntschaften, zu denen wir gelangten, um mich vielseitig zu unterrichten. Das genußreiche Leben des vorigen Fürsten gab Stoff genug zur Unterhaltung, nicht weniger die mannigfaltigen Anstalten, die er getroffen, um Vorteile, die ihm die Natur seines Landes darbot, zu benutzen. Hier wurde ich nun eigentlich in das Interesse der Berggegenden eingeweiht, und die Lust zu ökonomischen und technischen Betrachtungen, welche mich einen großen Teil meines Lebens beschäftigt haben, zuerst erregt. Wir hörten von den reichen Dudweiler Steinkohlengruben, von Eisen- und Alaunwerken, ja sogar von einem brennenden Berge, und rüsteten uns, diese Wunder in der Nähe zu beschauen.

Nun zogen wir durch waldige Gebirge, die demjenigen, der aus einem herrlichen fruchtbaren Lande kommt, wüst und traurig erscheinen müssen, und die nur durch den innern Gehalt ihres Schoßes uns anziehen können. Kurz hinter einander wurden wir mit einem einfachen und einem komplizierten Maschinenwerke bekannt, mit einer Sensenschmiede und einem Drahtzug. Wenn man sich an jener schon erfreut, daß sie sich an die Stelle gemeiner Hände setzt, so kann man diesen nicht genug bewundern, indem er in einem höheren organischen Sinne wirkt, von dem Verstand und Bewußtsein kaum zu trennen sind. In der Alaunhütte erkundigten wir uns genau nach der Gewinnung und Reinigung dieses so nötigen Materials, und als wir große Haufen eines weißen, fetten, lockeren, erdigen Wesens bemerkten und dessen Nutzen erforschten, antworteten die Arbeiter lächelnd, es sei der Schaum, der sich beim Alaunsieden obenauf werfe, und den Herr Stauf sammeln lasse, weil er denselben gleichfalls hoffe zu Gute zu machen. – „Lebt Herr Stauf noch?“ rief mein Begleiter verwundert aus. Man bejahte es und versicherte, daß wir, nach unserm Reiseplan, nicht weit von seiner einsamen Wohnung vorbeikommen würden.

Unser Weg ging nunmehr an den Rinnen hinauf, in welchen das Alaunwasser heruntergeleitet wird, und an dem vornehmsten Stollen vorbei, den sie die Landgrube nennen, woraus die berühmten Dudweiler Steinkohlen gezogen werden. Sie haben, wenn sie trocken sind, die blaue Farbe eines dunkel angelaufenen Stahls, und die schönste Irisfolge spielt bei jeder Bewegung über die Oberfläche hin. Die finsteren Stollenschlünde zogen uns jedoch um so weniger an, als der Gehalt derselben reichlich um uns her ausgeschüttet lag. Nun gelangten wir zu offnen Gruben, in welchen die gerösteten

Alaunschiefer ausgelaugt werden, und bald darauf überraschte uns, obgleich vorbereitet, ein seltsames Begegnis. Wir traten in eine Klamme und fanden uns in der Region des brennenden Berges. Ein starker Schwefelgeruch umzog uns; die eine Seite der Hohle war nahezu glühend, mit rötlichem, weißgebrannten Stein bedeckt; ein dicker Dampf stieg aus den Klunsen hervor, und man fühlte die Hitze des Bodens auch durch die starken Sohlen. Ein so zufälliges Ereignis, denn man weiß nicht, wie diese Strecke sich entzündete, gewährt der Alaunfabrikation den großen Vorteil, daß die Schiefer, woraus die Oberfläche des Berges besteht, vollkommen geröstet daliegen und nur kurz und gut ausgelaugt werden dürfen. Die ganze Klamme war entstanden, daß man nach und nach die kalzinierten Schiefer abgeräumt und verbraucht hatte. Wir kletterten aus dieser Tiefe hervor und waren auf dem Gipfel des Berges. Ein anmutiger Buchenwald umgab den Platz, der auf die Hohle folgte und sich ihr zu beiden Seiten verbreitete. Mehrere Bäume standen schon verdorrt, andere welkten in der Nähe von andern, die, noch ganz frisch, jene Glut nicht ahndeten, welche sich auch ihren Wurzeln bedrohend näherte.

Auf dem Platze dampften verschiedene Öffnungen, andere hatten schon ausgeraucht, und so glomm dieses Feuer bereits zehen Jahre durch alte verbrochene Stollen und Schächte, mit welchen der Berg unterminiert ist. Es mag sich auch auf Klüften durch frische Kohlenlager durchziehn: denn einige hundert Schritte weiter in den Wald gedachte man bedeutende Merkmale von ergiebigen Steinkohlen zu verfolgen; man war aber nicht weit gelangt, als ein starker Dampf den Arbeitern entgegendrang und sie vertrieb. Die Öffnung ward wieder zugeworfen; allein wir fanden die Stelle noch rauchend, als wir daran vorbei den Weg zur Residenz unseres einsiedlerischen Chemikers verfolgten. Sie liegt zwischen Bergen und Wäldern; die Täler nehmen daselbst sehr mannigfaltige und angenehme Krümmungen, rings umher ist der Boden schwarz und kohlenartig, die Lager gehen häufig zu Tage aus. Ein Kohlenphilosoph – Philosophus per ignem, wie man sonst sagte – hätte sich wohl nicht schicklicher ansiedeln können.

Wir traten vor ein kleines, zur Wohnung nicht übel dienliches Haus und fanden Herrn Stauf, der meinen Freund sogleich erkannte und mit Klagen über die neue Regierung empfing. Freilich konnten wir aus seinen Reden vermerken, daß das Alaunwerk, sowie manche andre wohlgemeinte Anstalt, wegen äußerer, vielleicht auch innerer Umstände die Unkosten nicht trage, und was dergleichen mehr war. Er gehörte unter die Chemiker jener Zeit, die, bei einem innigen Gefühl dessen, was mit Naturprodukten alles zu leisten wäre, sich in einer abstrusen Betrachtung von Kleinigkeiten und Nebensachen gefielen, und, bei unzulänglichen Kenntnissen, nicht fertig genug dasjenige zu leisten verstanden, woraus eigentlich ökonomischer und merkantilischer Vorteil zu ziehn ist. So lag der Nutzen, den er sich von jenem Schaum versprach, sehr im weiten; so zeigte er nichts als einen Kuchen Salmiak, den ihm der brennende Berg geliefert hatte.

Bereitwillig und froh, seine Klagen einem menschlichen Ohre mitzuteilen, schleppte sich das hagere abgelebte Männchen in e i n e m Schuh und e i n e m Pantoffel, mit herabhängenden, vergebens wiederholt von ihm heraufgezogenen Strümpfen, den Berg hinauf, wo die Harzhütte steht, die er selbst errichtet hat und nun mit großem Leidwesen verfallen sieht. Hier fand sich eine zusammenhangende Ofenreihe, wo Steinkohlen abgeschwefelt und zum Gebrauch bei Eisenwerken tauglich gemacht werden sollten; allein zu gleicher Zeit wollte man Öl und Harz auch zu Gute machen, ja sogar den Ruß nicht missen, und so unterlag den vielfachen Absichten alles zusammen. Bei Lebzeiten des vorigen Fürsten trieb man das Geschäft aus Liebhaberei, auf Hoffnung; jetzt fragte man nach dem unmittelbaren Nutzen, der nicht nachzuweisen war.

Nachdem wir unsern Adepten seiner Einsamkeit überlassen, eilten wir – denn es war schon spät geworden – der Friedrichsthaler Glashütte zu, wo wir eine der wichtigsten und wunderbarsten Werktätigkeiten des menschlichen Kunstgeschickes im Vorübergehen kennen lernten.

Doch fast mehr als diese bedeutenden Erfahrungen interessierten uns junge Bursche einige lustige Abenteuer, und bei einbrechender Finsternis, ohnweit Neukirch, ein überraschendes Feuerwerk. Denn wie vor einigen Nächten, an den Ufern der Saar, leuchtende Wolken Johanniswürmer zwischen Fels und Busch um uns schwebten, so spielten uns nun die funkenwerfenden Essen ihr lustiges Feuerwerk entgegen. Wir betraten bei tiefer Nacht die im Talgrunde liegenden Schmelzhütten, und vergnügten uns an dem seltsamen Halbdunkel dieser Bretterhöhlen, die nur durch des glühenden Ofens geringe Öffnung kümmerlich erleuchtet werden. Das Geräusch des Wassers und der von ihm getriebenen Blasbälge, das fürchterliche Sausen und Pfeifen des Windstroms, der, in das geschmolzene Erz wütend, die Ohren betäubt und die Sinne verwirrt, trieb uns endlich hinweg, um in Neukirch einzukehren, das an dem Berg hinaufgebaut ist.

Aber ungeachtet aller Mannigfaltigkeit und Unruhe des Tags konnte ich hier noch keine Rast finden. Ich überließ meinen Freund einem glücklichen Schlafe und suchte das höher gelegene Jagdschloß. Es blickt weit über Berg und Wälder hin, deren Umrisse nur an dem heitern Nachthimmel zu erkennen, deren Seiten und Tiefen aber meinem Blick undurchdringlich waren. So leer als einsam stand das wohlerhaltene Gebäude; kein Kastellan, kein Jäger war zu finden. Ich saß vor den großen Glastüren auf den Stufen, die um die ganze Terrasse hergehn. Hier, mitten im Gebirg, über einer waldbewachsenen finsteren Erde, die gegen den heitern Horizont einer Sommernacht nur noch finsterer erschien, das brennende Sterngewölbe über mir, saß ich an der verlassenen Stätte lange mit mir selbst und glaubte niemals eine solche Einsamkeit empfunden zu haben. Wie lieblich überraschte mich daher aus der Ferne der Ton von ein paar Waldhörnern, der auf einmal wie ein Balsamduft die ruhige Atmosphäre belebte. Da erwachte in mir das Bild eines holden Wesens, das vor den bunten Gestalten dieser Reisetage in den Hintergrund gewichen war, es enthüllte sich immer mehr und mehr, und trieb mich von meinem Platze nach der Herberge, wo ich Anstalten traf, mit dem frühsten abzureisen.

Der Rückweg wurde nicht benutzt wie der Herweg. So

eilten wir durch Zweibrücken, das, als eine schöne und merkwürdige Residenz, wohl auch unsere Aufmerksamkeit verdient hätte. Wir warfen einen Blick auf das große, einfache Schloß, auf die weitläuftigen, regelmäßig mit Lindenstämmen bepflanzten, zum Dressieren der Parforcepferde wohleingerichteten Esplanaden, auf die großen Ställe, auf die Bürgerhäuser, welche der Fürst baute, um sie ausspielen zu lassen. Alles dieses, sowie Kleidung und Betragen der Einwohner, besonders der Frauen und Mädchen, deutete auf ein Verhältnis in die Ferne, und machte den Bezug auf Paris anschaulich, dem alles Überrheinische seit geraumer Zeit sich nicht entziehen konnte. Wir besuchten auch den vor der Stadt liegenden herzoglichen Keller, der weitläuftig ist, mit großen und künstlichen Fässern versehen. Wir zogen weiter und fanden das Land zuletzt wie im Saarbrückischen. Zwischen wilden und rauhen Bergen wenig Dörfer; man verlernt hier, sich nach Getreide umzusehn. Den Hornbach zur Seite stiegen wir nach Bitsch, das an dem bedeutenden Platze liegt, wo die Gewässer sich scheiden, und ein Teil in die Saar, ein Teil dem Rheine zufällt; diese letztern sollten uns bald nach sich ziehn. Doch konnten wir dem Städtchen Bitsch, das sich sehr malerisch um einen Berg herumschlingt, und der oben liegenden Festung unsere Aufmerksamkeit nicht versagen. Diese ist teils auf Felsen gebaut, teils in Felsen gehauen. Die unterirdischen Räume sind besonders merkwürdig; hier ist nicht allein hinreichender Platz zum Aufenthalt einer Menge Menschen und Vieh, sondern man trifft sogar große Gewölbe zum Exerzieren, eine Mühle, eine Kapelle und was man unter der Erde sonst fordern könnte, wenn die Oberfläche beunruhigt würde.

Den hinabstürzenden Bächen folgten wir nunmehr durchs Bärental. Die dicken Wälder auf beiden Höhen sind unbenutzt. Hier faulen Stämme zu Tausenden über einander, und junge Sprößlinge keimen in Unzahl auf halbvermoderten Vorfahren. Hier kam uns durch Gespräche einiger Fußbegleiter der Name von Dietrich wieder in die Ohren, den wir schon öfter in diesen Waldgegenden ehrenvoll hatten aussprechen hören. Die Tätigkeit und Gewandtheit dieses Mannes, sein Reichtum, die Benutzung und Anwendung desselben, alles erschien im Gleichgewicht; er konnte sich mit Recht des Erworbenen erfreuen, das er vermehrte, und das Verdiente genießen, das er sicherte. Je mehr ich die Welt sah, je mehr erfreute ich mich, außer den allgemein berühmten Namen, auch besonders an denen, die in einzelnen Gegenden mit Achtung und Liebe genannt wurden; und so erfuhr ich auch hier bei einiger Nachfrage gar leicht, daß von Dietrich früher als andre sich der Gebirgsschätze, des Eisens, der Kohlen und des Holzes, mit gutem Erfolg zu bedienen gewußt und sich zu einem immer wachsenden Wohlhaben herangearbeitet habe.

Niederbronn, wohin wir gelangten, war ein neues Zeugnis hiervon. Er hatte diesen kleinen Ort den Grafen von Leiningen und andern Teilbesitzern abgekauft, um in der Gegend bedeutende Eisenwerke einzurichten.

Hier in diesen von den Römern schon angelegten Bädern umspülte mich der Geist des Altertums, dessen ehrwürdige Trümmer in Resten von Basreliefs und Inschriften, Säulenknäufen und -schäften mir aus Bauerhöfen, zwischen wirtschaftlichem Wust und Geräte, gar wundersam entgegenleuchteten.

So verehrte ich auch, als wir die nahe gelegene Wasenburg bestiegen, an der großen Felsmasse, die den Grund der einen Seite ausmacht, eine gut erhaltene Inschrift, die dem Merkur ein dankbares Gelübd abstattet. Die Burg selbst liegt auf dem letzten Berge von Bitsch her gegen das Land zu. Es sind die Ruinen eines deutschen, auf römische Reste gebauten Schlosses. Von dem Turm übersah man abermals das ganze Elsaß, und des Münsters deutliche Spitze bezeichnete die Lage von Straßburg. Zunächst jedoch verbreitete sich der große Hagenauer Forst, und die Türme dieser Stadt ragten dahinter ganz deutlich hervor. Dorthin wurde ich gezogen. Wir ritten durch Reichshofen, wo von Dietrich ein bedeutendes Schloß erbauen ließ, und nachdem wir, von den Hügeln bei Niedermodern, den angenehmen Lauf des Moderflüßchens am Hagenauer Wald her betrachtet hatten, ließ ich meinen Freund bei einer lächerlichen Steinkohlengrubenvisitation, die zu Dudweiler freilich etwas ernsthafter würde gewesen sein, und ritt durch

Hagenau, auf Richtwegen, welche mir die Neigung schon andeutete, nach dem geliebten Sesenheim.

Denn jene sämtlichen Aussichten in eine wilde Gebirgsgegend und sodann wieder in ein heiteres, fruchtbares, fröhliches Land konnten meinen innern Blick nicht fesseln, der auf einen liebenswürdigen anziehenden Gegenstand gerichtet war. Auch diesmal erschien mir der Herweg reizender als der Hinweg, weil er mich wieder in die Nähe eines Frauenzimmers brachte, der ich von Herzen ergeben war und welche so viel Achtung als Liebe verdiente. Mir sei jedoch, ehe ich meine Freunde zu ihrer ländlichen Wohnung führe, vergönnt, eines Umstandes zu erwähnen, der sehr viel beitrug, meine Neigung und die Zufriedenheit, welche sie mir gewährte, zu beleben und zu erhöhen.

Wie sehr ich in der neuern Literatur zurück sein mußte, läßt sich aus der Lebensart schließen, die ich in Frankfurt geführt, aus den Studien, denen ich mich gewidmet hatte, und mein Aufenthalt in Straßburg konnte mich darin nicht fördern. Nun kam Herder und brachte neben seinen großen Kenntnissen noch manche Hülfsmittel und überdies auch neuere Schriften mit. Unter diesen kündigte er uns den „Landpriester von Wakefield" als ein fürtreffliches Werk an, von dem er uns die deutsche Übersetzung durch selbsteigne Vorlesung bekannt machen wolle.

Seine Art zu lesen war ganz eigen; wer ihn predigen gehört hat, wird sich davon einen Begriff machen können. Er trug alles, und so auch diesen Roman, ernst und schlicht vor; völlig entfernt von aller dramatisch-mimischen Darstellung, vermied er sogar jene Mannigfaltigkeit, die bei einem epischen Vortrag nicht allein erlaubt ist, sondern wohl gefordert wird: eine geringe Abwechselung des Tons, wenn verschiedene Personen sprechen, wodurch das, was eine jede sagt, herausgehoben und der Handelnde von dem Erzählenden abgesondert wird. Ohne monoton zu sein, ließ Herder alles in e i n e m Ton hinter einander folgen, eben als wenn nichts gegenwärtig, sondern alles nur historisch wäre, als wenn die Schatten dieser poetischen Wesen nicht lebhaft vor ihm wirkten, sondern nur sanft vorübergleiteten. Doch hatte diese Art des Vortrags, aus seinem Munde, einen unendlichen Reiz: denn weil er alles aufs tiefste empfand, und die Mannigfaltigkeit eines solchen Werks hochzuschätzen wußte, so trat das ganze Verdienst einer Produktion rein und um so deutlicher hervor, als man nicht durch scharf ausgesprochene Einzelnheiten gestört und aus der Empfindung gerissen wurde, welche das Ganze gewähren sollte.

Ein protestantischer Landgeistlicher ist vielleicht der schönste Gegenstand einer modernen Idylle; er erscheint, wie Melchisedek, als Priester und König in einer Person. An den unschuldigsten Zustand, der sich auf Erden denken läßt, an den des Ackermanns, ist er meistens durch gleiche Beschäftigung, sowie durch gleiche Familienverhältnisse geknüpft; er ist Vater, Hausherr, Landmann und so vollkommen ein Glied der Gemeine. Auf diesem reinen, schönen, irdischen Grunde ruht sein höherer Beruf; ihm ist übergeben, die Menschen ins Leben zu führen, für ihre geistige Erziehung zu sorgen, sie bei allen Hauptepochen ihres Daseins zu segnen, sie zu belehren, zu kräftigen, zu trösten, und, wenn der Trost für die Gegenwart nicht ausreicht, die Hoffnung einer glücklicheren Zukunft heranzurufen und zu verbürgen. Denke man sich einen solchen Mann, mit rein menschlichen Gesinnungen, stark genug, um unter keinen Umständen davon zu weichen, und schon dadurch über die Menge erhaben, von der man Reinheit und Festigkeit nicht erwarten kann; gebe man ihm die zu seinem Amte nötigen Kenntnisse, sowie eine heitere, gleiche Tätigkeit, welche sogar leidenschaftlich ist, indem sie keinen Augenblick versäumt, das Gute zu wirken – und man wird ihn wohl ausgestattet haben. Zugleich aber füge man die nötige Beschränktheit hinzu, daß er nicht allein in einem kleinen Kreise verharren, sondern auch allenfalls in einen kleineren übergehen möge; man verleihe ihm Gutmütigkeit, Versöhnlichkeit, Standhaftigkeit und was sonst noch aus einem entschiedenen Charakter Löbliches hervorspringt, und über dies alles eine heitere Nachgiebigkeit und lächelnde Duldung eigner und fremder Fehler: so hat man das Bild unseres trefflichen Wakefield so ziemlich beisammen.

Die Darstellung dieses Charakters auf seinem Lebensgange durch Freuden und Leiden, das immer wachsende

Interesse der Fabel, durch Verbindung des ganz Natürlichen mit dem Sonderbaren und Seltsamen, macht diesen Roman zu einem der besten, die je geschrieben worden; der noch überdies den großen Vorzug hat, daß er ganz sittlich, ja im reinen Sinne christlich ist, die Belohnung des guten Willens, des Beharrens bei dem Rechten darstellt, das unbedingte Zutrauen auf Gott bestätigt und den endlichen Triumph des Guten über das Böse beglaubigt, und dies alles ohne eine Spur von Frömmelei oder Pedantismus. Vor beiden hatte den Verfasser der hohe Sinn bewahrt, der sich hier durchgängig als Ironie zeigt, wodurch dieses Werkchen uns ebenso weise als liebenswürdig entgegenkommen muß. Der Verfasser, Doktor Goldsmith, hat ohne Frage große Einsicht in die moralische Welt, in ihren Wert und in ihre Gebrechen; aber zugleich mag er nur dankbar anerkennen, daß er ein Engländer ist, und die Vorteile, die ihm sein Land, seine Nation darbietet, hoch anrechnen. Die Familie, mit deren Schilderung er sich beschäftigt, steht auf einer der letzten Stufen des bürgerlichen Behagens, und doch kommt sie mit dem Höchsten in Berührung; ihr enger Kreis, der sich noch mehr verengt, greift, durch den natürlichen und bürgerlichen Lauf der Dinge, in die große Welt mit ein; auf der reichen bewegten Woge des englischen Lebens schwimmt dieser kleine Kahn, und in Wohl und Weh hat er Schaden oder Hülfe von der ungeheueren Flotte zu erwarten, die um ihn hersegelt.

Ich kann voraussetzen, daß meine Leser dieses Werk kennen und im Gedächtnis haben; wer es zuerst hier nennen hört, sowie der, welcher aufgeregt wird, es wieder zu lesen, beide werden mir danken. Für jene bemerke ich nur im Vorübergehn, daß des Landgeistlichen Hausfrau von der tätigen, guten Art ist, die es sich und den Ihrigen an nichts fehlen läßt, aber auch dafür auf sich und die Ihrigen etwas einbildisch ist. Zwei Töchter, Olivie, schön und mehr nach außen, Sophie, reizend und mehr nach innen gesinnt; einen fleißigen, dem Vater nacheifernden etwas herben Sohn, Moses, will ich zu nennen nicht unterlassen.

Wenn Herder bei seiner Vorlesung eines Fehlers beschuldigt werden konnte, so war es der Ungeduld; er wartete nicht ab, bis der Zuhörer einen gewissen Teil des Verlaufs vernommen und gefaßt hätte, um richtig dabei empfinden und gehörig denken zu können: voreilig wollte er sogleich Wirkungen sehen, und doch war er auch mit diesen unzufrieden, wenn sie hervortraten. Er tadelte das Übermaß von Gefühl, das bei mir von Schritt zu Schritt mehr überfloß. Ich empfand als Mensch, als junger Mensch; mir war alles lebendig, wahr, gegenwärtig. Er, der bloß Gehalt und Form beachtete, sah freilich wohl, daß ich vom Stoff überwältigt ward, und das wollte er nicht gelten lassen. Pegelows Reflexionen zunächst, die nicht von den feinsten waren, wurden noch übler aufgenommen; besonders aber erzürnte er sich über unsern Mangel an Scharfsinn, daß wir die Kontraste, deren sich der Verfasser oft bedient, nicht voraussahen, uns davon rühren und hinreißen ließen, ohne den öfters wiederkehrenden Kunstgriff zu merken. Daß wir aber gleich zu Anfang, wo Burchell, indem er bei einer Erzählung aus der dritten Person in die erste übergeht, sich zu verraten im Begriff ist, daß wir nicht gleich eingesehn oder wenigstens gemutmaßt hatten, daß er der Lord, von dem er spricht, selbst sei, verzieh er uns nicht, und als wir zuletzt, bei Entdeckung und Verwandlung des armen kümmerlichen Wanderers in einen reichen, mächtigen Herrn, uns kindlich freuten, rief er erst jene Stelle zurück, die wir nach der Absicht des Autors überhört hatten, und hielt über unsern Stumpfsinn eine gewaltige Strafpredigt. Man sieht hieraus, daß er das Werk bloß als Kunstprodukt ansah und von uns das gleiche verlangte, die wir noch in jenen Zuständen wandelten, wo es wohl erlaubt ist, Kunstwerke wie Naturerzeugnisse auf sich wirken zu lassen.

Ich ließ mich durch Herders Invektiven keineswegs irre machen; wie denn junge Leute das Glück oder Unglück haben, daß, wenn einmal etwas auf sie gewirkt hat, diese Wirkung in ihnen selbst verarbeitet werden muß, woraus denn manches Gute, sowie manches Unheil entsteht. Gedachtes Werk hatte bei mir einen großen Eindruck zurückgelassen, von dem ich mir selbst nicht Rechenschaft geben konnte; eigentlich fühlte ich mich aber in Übereinstimmung mit jener ironischen Gesinnung, die sich über die Gegenstände, über Glück und Unglück, Gutes und Böses, Tod und Leben erhebt, und so zum Besitz einer wahrhaft poetischen Welt gelangt. Freilich konnte dieses nur später bei mir zum Bewußtsein kommen, genug, es machte mir für den Augenblick viel zu schaffen; keineswegs aber hätte ich erwartet, alsobald aus dieser fingierten Welt in eine ähnliche wirkliche versetzt zu werden.

Mein Tischgenosse Weyland, der sein stilles fleißiges Leben dadurch erheiterte, daß er, aus dem Elsaß gebürtig, bei Freunden und Verwandten in der Gegend von Zeit zu Zeit einsprach, leistete mir auf meinen kleinen Exkursionen manchen Dienst, indem er mich in verschiedenen Ortschaften und Familien teils persönlich, teils durch Empfehlungen einführte. Dieser hatte mir öfters von einem Landgeistlichen gesprochen, der nahe bei Drusenheim, sechs Stunden von Straßburg, im Besitz einer guten Pfarre mit einer verständigen Frau und ein paar liebenswürdigen Töchtern lebe. Die Gastfreiheit und Anmut dieses Hauses ward immer dabei höchlich gerühmt. So viel bedurfte es kaum, um einen jungen Ritter anzureizen, der sich schon angewöhnt hatte, alle abzumüßigenden Tage und Stunden zu Pferde und in freier Luft zuzubringen. Also entschlossen wir uns auch zu dieser Partie, wobei mir mein Freund versprechen mußte, daß er bei der Einführung weder Gutes noch Böses von mir sagen, überhaupt aber mich gleichgültig behandeln wolle, sogar erlauben, wo nicht schlecht, doch etwas ärmlich und nachlässig gekleidet zu erscheinen. Er willigte darein und versprach sich selbst einigen Spaß davon.

Es ist eine verzeihliche Grille bedeutender Menschen, gelegentlich einmal äußere Vorzüge ins Verborgene zu stellen, um den eignen innern menschlichen Gehalt desto reiner wirken zu lassen; deswegen hat das Inkognito der Fürsten und die daraus entspringenden Abenteuer immer etwas höchst Angenehmes: es erscheinen verkleidete Gottheiten, die alles Gute, was man ihrer Persönlichkeit erweist, doppelt hoch anrechnen dürfen und im Fall sind, das Unerfreuliche entweder leicht zu nehmen oder ihm ausweichen zu können. Daß Jupiter bei Philemon und Baucis, Heinrich der Vierte, nach einer Jagdpartie, unter seinen Bauern sich in ihrem Inkognito wohlgefallen, ist ganz der Natur gemäß, und man mag es gern; daß aber ein junger Mensch ohne Bedeutung und Namen sich einfallen läßt, aus dem Inkognito einiges Vergnügen zu ziehen, möchte mancher für einen unverzeihlichen Hochmut auslegen. Da aber hier die Rede nicht ist von Gesinnungen und Handlungen, inwiefern sie lobens- oder tadelnswürdig, sondern wiefern sie sich offenbaren und ereignen können; so wollen wir für diesmal, unserer Unterhaltung zu Liebe, dem Jüngling seinen Dünkel verzeihen, um so mehr, als ich hier anführen muß, daß von Jugend auf in mir eine Lust mich zu verkleiden selbst durch den ernsten Vater erregt worden.

Auch diesmal hatte ich mich, teils durch eigne ältere, teils durch einige geborgte Kleidungsstücke und durch die Art, die Haare zu kämmen, wo nicht entstellt, doch wenigstens so wunderlich zugestutzt, daß mein Freund unterwegs sich des Lachens nicht erwehren konnte, besonders wenn ich Haltung und Gebärde solcher Figuren, wenn sie zu Pferde sitzen, und die man lateinische Reiter nennt, vollkommen nachzuahmen wußte. Die schöne Chaussee, das herrlichste Wetter und die Nähe des Rheins gaben uns den besten Humor. In Drusenheim hielten wir einen Augenblick an, er, um sich nett zu machen, und ich, um mir meine Rolle zurückzurufen, aus der ich gelegentlich zu fallen fürchtete. Die Gegend hier hat den Charakter des ganz freien ebenen Elsasses. Wir ritten einen anmutigen Fußpfad über Wiesen, gelangten bald nach Sesenheim, ließen unsere Pferde im Wirtshause und gingen gelassen nach dem Pfarrhofe. – „Laß dich", sagte Weyland, indem er mir das Haus von weitem zeigte, „nicht irren, daß es einem alten und schlechten Bauerhause ähnlich sieht; inwendig ist es desto jünger." – Wir traten in den Hof; das Ganze gefiel mir wohl: denn es hatte gerade das, was man malerisch nennt, und was mich in der niederländischen Kunst so zauberisch angesprochen hatte. Jene Wirkung war gewaltig sichtbar, welche die Zeit über alles Menschenwerk ausübt. Haus und Scheune und Stall befanden sich in dem Zustande des Verfalls gerade auf dem Punkte, wo man unschlüssig, zwischen Erhalten und

Neuaufrichten zweifelhaft, das eine unterläßt, ohne zu dem andern gelangen zu können.

Alles war still und menschenleer, wie im Dorfe so im Hofe. Wir fanden den Vater, einen kleinen, in sich gekehrten aber doch freundlichen Mann, ganz allein: denn die Familie war auf dem Felde. Er hieß uns willkommen, bot uns eine Erfrischung an, die wir ablehnten. Mein Freund eilte die Frauenzimmer aufzusuchen, und ich blieb mit unserem Wirt allein. – „Sie wundern sich vielleicht“, sagte er, „daß Sie mich in einem reichen Dorfe und bei einer einträglichen Stelle so schlecht quartiert finden; das kommt aber“, fuhr er fort, „von der Unentschlossenheit. Schon lange ist mir's von der Gemeine, ja von den oberen Stellen zugesagt, daß das Haus neu aufgerichtet werden soll; mehrere Risse sind schon gemacht, geprüft, verändert, keiner ganz verworfen und keiner ausgeführt worden. Es hat so viele Jahre gedauert, daß ich mich vor Ungeduld kaum zu fassen weiß.“ – Ich erwiderte ihm, was ich für schicklich hielt, um seine Hoffnung zu nähren und ihn aufzumuntern, daß er die Sache stärker betreiben möchte. Er fuhr darauf fort, mit Vertrauen die Personen zu schildern, von denen solche Sachen abhingen, und obgleich er kein sonderlicher Charakterzeichner war, so konnte ich doch recht gut begreifen, wie das ganze Geschäft stocken mußte. Die Zutraulichkeit des Mannes hatte was Eignes; er sprach zu mir, als wenn er mich zehen Jahre gekannt hätte, ohne daß irgend etwas in seinem Blick gewesen wäre, woraus ich einige Aufmerksamkeit auf mich hätte mutmaßen können. Endlich trat mein Freund mit der Mutter herein. Diese schien mich mit ganz andern Augen anzusehn. Ihr Gesicht war regelmäßig und der Ausdruck desselben verständig; sie mußte in ihrer Jugend schön gewesen sein. Ihre Gestalt war lang und hager, doch nicht mehr, als solchen Jahren geziemt; sie hatte vom Rücken her noch ein ganz jugendliches, angenehmes Ansehen. Die älteste Tochter kam darauf lebhaft hereingestürmt; sie fragte nach Friedriken, so wie die andern beiden auch nach ihr gefragt hatten. Der Vater versicherte, sie nicht gesehen zu haben, seitdem alle drei fortgegangen. Die Tochter fuhr wieder zur Türe hinaus, um die Schwester zu suchen; die Mutter brachte uns einige Erfrischungen, und Weyland setzte mit den beiden Gatten das Gespräch fort, das sich auf lauter bewußte Personen und Verhältnisse bezog, wie es zu geschehn pflegt, wenn Bekannte nach einiger Zeit zusammenkommen, von den Gliedern eines großen Zirkels Erkundigung einziehn und sich wechselsweise berichten. Ich hörte zu und erfuhr nunmehr, wie viel ich mir von diesem Kreise zu versprechen hatte.

Die älteste Tochter kam wieder hastig in die Stube, unruhig, ihre Schwester nicht gefunden zu haben. Man war besorgt um sie und schalt auf diese oder jene böse Gewohnheit; nur der Vater sagte ganz ruhig: „Laßt sie immer gehn, sie kommt schon wieder!" In diesem Augenblick trat sie wirklich in die Türe; und da ging fürwahr an diesem ländlichen Himmel ein allerliebster Stern auf. Beide Töchter trugen sich noch deutsch, wie man es zu nennen pflegte, und diese fast verdrängte Nationaltracht kleidete Friedriken besonders gut. Ein kurzes weißes rundes Röckchen mit einer Falbel, nicht länger, als daß die nettsten Füßchen bis an die Knöchel sichtbar blieben; ein knappes weißes Mieder und eine schwarze Taffetschürze – so stand sie auf der Grenze zwischen Bäuerin und Städterin. Schlank und leicht, als wenn sie nichts an sich zu tragen hätte, schritt sie, und beinahe schien für die gewaltigen blonden Zöpfe des niedlichen Köpfchens der Hals zu zart. Aus heiteren blauen Augen blickte sie sehr deutlich umher, und das artige Stumpfnäschen forschte so frei in die Luft, als wenn es in der Welt keine Sorge geben könnte; der Strohhut hing ihr am Arm, und so hatte ich das Vergnügen, sie beim ersten Blick auf einmal in ihrer ganzen Anmut und Lieblichkeit zu sehn und zu erkennen.

Ich fing nun an, meine Rolle mit Mäßigung zu spielen, halb beschämt, so gute Menschen zum besten zu haben, die zu beobachten es mir nicht an Zeit fehlte: denn die Mädchen setzten jenes Gespräch fort und zwar mit Leidenschaft und Laune. Sämtliche Nachbarn und Verwandte wurden abermals vorgeführt, und es erschien meiner Einbildungskraft ein solcher Schwarm von Onkeln und Tanten, Vettern, Basen, Kommenden, Gehenden, Gevattern und

Gästen, daß ich in der belebtesten Welt zu hausen glaubte. Alle Familienglieder hatten einige Worte mit mir gesprochen, die Mutter betrachtete mich jedesmal, so oft sie kam oder ging, aber Friedrike ließ sich zuerst mit mir in ein Gespräch ein, und indem ich umherliegende Noten aufnahm und durchsah, fragte sie, ob ich auch spiele? Als ich es bejahte, ersuchte sie mich, etwas vorzutragen; aber der Vater ließ mich nicht dazu kommen: denn er behauptete, es sei schicklich, dem Gaste zuerst mit irgend einem Musikstück oder einem Liede zu dienen.

Sie spielten verschiedenes mit einiger Fertigkeit, in der Art, wie man es auf dem Lande zu hören pflegt, und zwar auf einem Klavier, das der Schulmeister schon längst hätte stimmen sollen, wenn er Zeit gehabt hätte. Nun sollte sie auch ein Lied singen, ein gewisses zärtlich-trauriges; das gelang ihr nun gar nicht. Sie stand auf und sagte lächelnd, oder vielmehr mit dem auf ihrem Gesicht immerfort ruhenden Zuge von heiterer Freude: „Wenn ich schlecht singe, so kann ich die Schuld nicht auf das Klavier und den Schulmeister werfen; lassen Sie uns aber nur hinauskommen, dann sollen Sie meine Elsasser- und Schweizerliedchen hören, die klingen schon besser.“

Beim Abendessen beschäftigte mich eine Vorstellung, die mich schon früher überfallen hatte, dergestalt, daß ich nachdenklich und stumm wurde, obgleich die Lebhaftigkeit der älteren Schwester und die Anmut der jüngern mich oft genug aus meinen Betrachtungen schüttelten. Meine Verwunderung war über allen Ausdruck, mich so ganz leibhaftig in der Wakefieldschen Familie zu finden. Der Vater konnte freilich nicht mit jenem trefflichen Manne verglichen werden; allein wo gäbe es auch seinesgleichen! Dagegen stellte sich alle Würde, welche jenem Ehegatten eigen ist, hier in der Gattin dar. Man konnte sie nicht ansehen, ohne sie zugleich zu ehren und zu scheuen. Man bemerkte bei ihr die Folgen einer guten Erziehung; ihr Betragen war ruhig, frei, heiter und einladend.

Hatte die ältere Tochter nicht die gerühmte Schönheit Oliviens, so war sie doch wohlgebaut, lebhaft und eher heftig; sie zeigte sich überall tätig und ging der Mutter in allem an

Handen. Friedriken an die Stelle von Primrosens Sophie zu setzen, war nicht schwer: denn von jener ist wenig gesagt, man gibt nur zu, daß sie liebenswürdig sei; diese war es wirklich. Wie nun dasselbe Geschäft, derselbe Zustand überall, wo er vorkommen mag, ähnliche, wo nicht gleiche Wirkungen hervorbringt; so kam auch hier manches zur Sprache, es geschah gar manches, was in der Wakefieldschen Familie sich auch schon ereignet hatte. Als nun aber gar zuletzt ein längst angekündigter und von dem Vater mit Ungeduld erwarteter jüngerer Sohn ins Zimmer sprang und sich dreust zu uns setzte, indem er von den Gästen wenig Notiz nahm, so enthielt ich mich kaum auszurufen: „Moses, bist du auch da!"

Die Unterhaltung bei Tische erweiterte die Ansicht jenes Land- und Familienkreises, indem von mancherlei lustigen Begebenheiten, die bald da bald dort vorgefallen, die Rede war. Friedrike, die neben mir saß, nahm daher Gelegenheit, mir verschiedene Ortschaften zu beschreiben, die es wohl zu besuchen der Mühe wert sei. Da immer ein Geschichtchen das andere hervorruft, so konnte ich nun auch mich desto besser in das Gespräch mischen und ähnliche Begebenheiten erzählen, und weil hiebei ein guter Landwein keineswegs geschont wurde, so stand ich in Gefahr, aus meiner Rolle zu fallen, weshalb der vorsichtigere Freund den schönen Mondschein zum Vorwand nahm und auf einen Spaziergang antrug, welcher denn auch sogleich beliebt wurde. Er bot der Ältesten den Arm, ich der Jüngsten, und so zogen wir durch die weiten Fluren, mehr den Himmel über uns zum Gegenstand habend, als die Erde, die sich neben uns in der Breite verlor. Friedrikens Reden jedoch hatten nichts Mondscheinhaftes; durch die Klarheit, womit sie sprach, machte sie die Nacht zum Tage, und es war nichts darin, was eine Empfindung angedeutet oder erweckt hätte, nur bezogen sich ihre Äußerungen mehr als bisher auf mich, indem sie sowohl ihren Zustand als die Gegend und ihre Bekannten mir von der Seite vorstellte, wiefern ich sie würde kennen lernen: denn sie hoffe, setzte sie hinzu, daß ich keine Ausnahme machen und sie wieder besuchen würde, wie jeder Fremde gern getan, der einmal bei ihnen eingekehrt sei.

Es war mir sehr angenehm, stillschweigend der Schilderung zuzuhören, die sie von der kleinen Welt machte, in der sie sich bewegte, und von denen Menschen, die sie besonders schätzte. Sie brachte mir dadurch einen klaren und zugleich so liebenswürdigen Begriff von ihrem Zustande bei, der sehr wunderlich auf mich wirkte: denn ich empfand auf einmal einen tiefen Verdruß, nicht früher mit ihr gelebt zu haben, und zugleich ein recht peinliches, neidisches Gefühl gegen alle, welche das Glück gehabt hatten, sie bisher zu umgeben. Ich paßte sogleich, als wenn ich ein Recht dazu gehabt hätte, genau auf alle ihre Schilderungen von Männern, sie mochten unter den Namen von Nachbarn, Vettern oder Gevattern auftreten, und lenkte bald da- bald dorthin meine Vermutung; allein wie hätte ich etwas entdecken sollen in der völligen Unbekanntschaft aller Verhältnisse. Sie wurde zuletzt immer redseliger und ich immer stiller. Es hörte sich ihr gar so gut zu, und da ich nur ihre Stimme vernahm, ihre Gesichtsbildung aber sowie die übrige Welt in Dämmerung schwebte, so war es mir, als ob ich in ihr Herz sähe, das ich höchst rein finden mußte, da es sich in so unbefangener Geschwätzigkeit vor mir eröffnete.

Als mein Gefährte mit mir in das für uns zubereitete Gastzimmer gelangte, brach er sogleich mit Selbstgefälligkeit in behaglichen Scherz aus und tat sich viel darauf zugute, mich mit der Ähnlichkeit der Primrosischen Familie so sehr überrascht zu haben. Ich stimmte mit ein, indem ich mich dankbar erwies. – „Fürwahr!“ rief er aus, „das Märchen ist ganz beisammen. Diese Familie vergleicht sich jener sehr gut, und der verkappte Herr da mag sich die Ehre antun, für Herrn Burchell gelten zu wollen; ferner, weil wir im gemeinen Leben die Bösewichter nicht so nötig haben als in Romanen, so will ich für diesmal die Rolle des Neffen übernehmen, und mich besser aufführen als er.“ Ich verließ jedoch sogleich dieses Gespräch, so angenehm es mir auch sein mochte, und fragte ihn vor allen Dingen auf sein Gewissen, ob er mich wirklich nicht verraten habe. Er beteuerte „Nein!“ und ich durfte ihm glauben. Sie hätten sich vielmehr, sagte er, nach dem lustigen Tischgesellen erkundigt, der in Straßburg mit ihm in einer Pension speise und von dem man ihnen allerlei verkehrtes Zeug erzählt habe. Ich schritt nun zu andern Fragen: ob sie geliebt habe? ob sie liebe? ob sie versprochen sei? Er verneinte das alles. – „Fürwahr!" versetzte ich, „eine solche Heiterkeit von Natur aus ist mir unbegreiflich. Hätte sie geliebt und verloren und sich wieder gefaßt, oder wäre sie Braut, in beiden Fällen wollte ich es gelten lassen."

So schwatzten wir zusammen tief in die Nacht, und ich war schon wieder munter, als es tagte. Das Verlangen, sie wieder zu sehen, schien unüberwindlich; allein indem ich mich anzog, erschrak ich über die verwünschte Garderobe, die ich mir so freventlich ausgesucht hatte. Je weiter ich kam, meine Kleidungsstücke anzulegen, desto niederträchtiger erschien ich mir: denn alles war ja auf diesen Effekt berechnet. Mit meinen Haaren wäre ich allenfalls noch fertig geworden; aber wie ich mich zuletzt in den geborgten, abgetragenen grauen Rock einzwängte und die kurzen Ärmel mir das abgeschmackteste Ansehen gaben, fiel ich desto entschiedener in Verzweiflung, als ich mich in einem kleinen Spiegel nur teilweise betrachten konnte; da denn immer ein Teil lächerlicher aussah als der andre.

Über dieser Toilette war mein Freund aufgewacht und blickte, mit der Zufriedenheit eines guten Gewissens und im Gefühl einer freudigen Hoffnung für den Tag, aus der gestopften seidenen Decke. Ich hatte schon seine hübschen Kleider, wie sie über den Stuhl hingen, längst beneidet, und wäre er von meiner Taille gewesen, ich hätte sie ihm vor den Augen weggetragen, mich draußen umgezogen und ihm meine verwünschte Hülle, in den Garten eilend, zurückgelassen; er hätte guten Humor genug gehabt, sich in meine Kleider zu stecken, und das Märchen wäre bei frühem Morgen zu einem lustigen Ende gelangt. Daran war aber nun gar nicht zu denken, so wenig als wie an irgend eine schickliche Vermittelung. In der Figur, in der mich mein Freund für einen zwar fleißigen und geschickten aber armen Studiosen der Theologie ausgeben konnte, wieder vor Friedriken hinzutreten, die gestern abend an mein verkleidetes Selbst so freundlich gesprochen hatte, das war mir ganz unmöglich. Ärgerlich und sinnend stand ich da und bot all mein Erfindungsvermögen auf; allein es verließ mich. Als nun aber gar der behaglich Ausgestreckte, nachdem er mich eine Weile fixiert hatte, auf einmal in ein lautes Lachen ausbrach und ausrief: „Nein! es ist wahr, du siehst ganz verwünscht aus!", versetzte ich heftig: „Und ich weiß, was ich tue, leb wohl und entschuldige mich!" – „Bist du toll!" rief er, indem er aus dem Bette sprang und mich aufhalten wollte. Ich war aber schon zur Türe hinaus, die Treppe hinunter, aus Haus und Hof, nach der Schenke; im Nu war mein Pferd gesattelt, und ich eilte in rasendem Unmut galoppierend nach Drusenheim, den Ort hindurch und immer weiter.

Da ich mich nun in Sicherheit glaubte, ritt ich langsamer und fühlte nun erst, wie unendlich ungern ich mich entfernte. Ich ergab mich aber in mein Schicksal, vergegenwärtigte mir den Spaziergang von gestern abend mit der größten Ruhe und nährte die stille Hoffnung, s i e bald wieder zu sehn. Doch verwandelte sich dieses stille Gefühl bald wieder in Ungeduld, und nun beschloß ich, schnell in die Stadt zu reiten, mich umzuziehen, ein gutes frisches Pferd zu nehmen; da ich denn wohl allenfalls, wie mir die Leidenschaft vorspiegelte, noch vor Tische, oder, wie es wahrscheinlicher war, zum Nachtische oder gegen Abend gewiß wieder eintreffen und meine Vergebung erbitten konnte.

Eben wollte ich meinem Pferde die Sporen geben, um diesen Vorsatz auszuführen, als mir ein anderer und, wie mich deuchte, sehr glücklicher Gedanke durch den Geist fuhr. Schon gestern hatte ich im Gasthofe zu Drusenheim einen sehr sauber gekleideten Wirtssohn bemerkt, der auch heute früh, mit ländlichen Anordnungen beschäftigt, mich aus seinem Hofe begrüßte. Er war von meiner Gestalt und hatte mich flüchtig an mich selbst erinnert. Gedacht, getan! Mein Pferd war kaum umgewendet, so befand ich mich in Drusenheim; ich brachte es in den Stall und machte dem Burschen kurz und gut den Vorschlag: er solle mir seine Kleider borgen, weil ich in Sesenheim etwas Lustiges vorhabe. Da brauchte ich nicht auszureden; er nahm den Vorschlag mit Freuden an und lobte mich, daß ich den Mamsells einen Spaß machen wolle; sie wären so brav und gut, besonders Mamsell Rikchen, und auch die Eltern sähen gerne, daß es immer lustig und vergnügt zuginge. Er betrachtete mich aufmerksam, und da er mich nach meinem Aufzug für einen armen Schlucker halten mochte, so sagte er: „Wenn Sie sich insinuieren wollen, so ist das der rechte Weg.“ Wir waren indessen schon weit in unserer Umkleidung gekommen, und eigentlich sollte er mir seine Festtagskleider gegen die meinigen nicht anvertrauen; doch er war treuherzig und hatte ja mein Pferd im Stalle. Ich stand bald und recht schmuck da, warf mich in die Brust, und mein Freund schien sein Ebenbild mit Behaglichkeit zu betrachten. – „Topp, Herr Bruder!“ sagte er, indem er mir die Hand hinreichte, in die ich wacker einschlug, „komme Er meinem Mädel nicht zu nah, sie möchte sich vergreifen.“

Meine Haare, die nunmehr wieder ihren völligen Wuchs hatten, konnte ich ohngefähr wie die seinigen scheiteln, und da ich ihn wiederholt betrachtete, so fand ich's lustig, seine dichteren Augenbrauen mit einem gebrannten Korkstöpsel mäßig nachzuahmen und sie in der Mitte näher zusammenzuziehen, um mich bei meinem rätselhaften Vornehmen auch äußerlich zum Rätzel zu bilden. „Habt Ihr nun“, sagte ich, als er mir den bebänderten Hut reichte, „nicht irgend etwas in der Pfarre auszurichten, daß ich mich auf eine natürliche Weise dort anmelden könnte?“ – „Gut!“ versetzte er, „aber da müssen Sie noch zwei Stunden warten. Bei uns ist eine Wöchnerin; ich will mich erbieten, den Kuchen der Frau Pfarrin zu bringen, den mögen Sie dann hinübertragen. Hoffart muß Not leiden, und der Spaß denn auch.“ – Ich entschloß mich zu warten, aber diese zwei Stunden wurden mir unendlich lang, und ich verging vor Ungeduld, als die dritte verfloß, ehe der Kuchen aus dem Ofen kam. Ich empfing ihn endlich ganz warm, und eilte, bei dem schönsten Sonnenschein, mit meinem Kreditiv davon, noch eine Strecke von meinem Ebenbild begleitet, welches gegen Abend nachzukommen und mir meine Kleider zu bringen versprach, die ich aber lebhaft ablehnte und mir vorbehielt, ihm die seinigen wieder zuzustellen.

Ich war nicht weit mit meiner Gabe gesprungen, die ich

in einer sauberen zusammengeknüpften Serviette trug, als ich in der Ferne meinen Freund mit den beiden Frauenzimmern mir entgegen kommen sah. Mein Herz war beklommen, wie sich's eigentlich unter dieser Jacke nicht ziemte. Ich blieb stehen, holte Atem und suchte zu überlegen, was ich beginnen solle; und nun bemerkte ich erst, daß das Terrain mir sehr zustatten kam: denn sie gingen auf der andern Seite des Baches, der, sowie die Wiesenstreifen, durch die er hinlief, zwei Fußpfade ziemlich auseinander hielt. Als sie gegen mir über waren, rief Friedrike, die mich schon lange gewahrt hatte: „George, was bringst du?" Ich war klug genug, das Gesicht mit dem Hute, den ich abnahm, zu bedecken, indem ich die beladene Serviette hoch in die Höhe hielt. – „Ein Kindtaufkuchen!" rief sie dagegen; „wie geht's der Schwester?" – „Guet", sagte ich, indem ich, wo nicht elsassisch, doch fremd zu reden suchte. – „Trag ihn nach Hause!" sagte die Älteste, „und wenn du die Mutter nicht findest, gib ihn der Magd; aber wart auf uns, wir kommen bald wieder, hörst du!" – Ich eilte meinen Pfad hin, im Frohgefühl der besten Hoffnung, daß alles gut ablaufen müsse, da der Anfang glücklich war, und hatte bald die Pfarrwohnung erreicht. Ich fand niemand weder im Haus noch in der Küche; den Herrn, den ich beschäftigt in der Studierstube vermuten konnte, wollte ich nicht aufregen, ich setzte mich deshalb auf die Bank vor der Türe, den Kuchen neben mich und drückte den Hut ins Gesicht.

Ich erinnere mich nicht leicht einer angenehmern Empfindung. Hier an dieser Schwelle wieder zu sitzen, über die ich vor kurzem in Verzweiflung hinausgestolpert war; sie schon wieder gesehn, ihre liebe Stimme schon wieder gehört zu haben, kurz nachdem mein Unmut mir eine lange Trennung vorgespiegelt hatte; jeden Augenblick sie selbst und eine Entdeckung zu erwarten, vor der mir das Herz klopfte, und doch, in diesem zweideutigen Falle, eine Entdeckung ohne Beschämung; dann, gleich zum Eintritt einen so lustigen Streich, als keiner derjenigen, die gestern belacht worden waren! Liebe und Not sind doch die besten Meister, hier wirkten sie zusammen, und der Lehrling war ihrer nicht unwert geblieben.

Die Magd kam aber aus der Scheune getreten. – „Nun! sind die Kuchen geraten?“ rief sie mich an; „wie geht's der Schwester?“ – „Alles guet“, sagte ich und deutete auf den Kuchen, ohne aufzusehen. Sie faßte die Serviette und murrte: „Nun, was hast du heute wieder? hat Bärbchen wieder einmal einen andern angesehn? Laß es uns nicht entgelten! Das wird eine saubere Ehe werden, wenn's so fortgeht.“ Da sie ziemlich laut sprach, kam der Pfarrer ans Fenster und fragte, was es gebe? Sie bedeutete ihn; ich stand auf und kehrte mich nach ihm zu, doch hielt ich den Hut wieder übers Gesicht. Als er etwas Freundliches gesprochen und mich zu bleiben geheißen hatte, ging ich nach dem Garten und wollte eben hineintreten, als die Pfarrin, die zum Hoftore hereinkam, mich anrief. Da mir die Sonne gerade ins Gesicht schien, so bediente ich mich abermals des Vorteils, den mir der Hut gewährte, grüßte sie mit einem Scharrfuß, sie aber ging in das Haus, nachdem sie mir zugesprochen hatte, ich möchte nicht weggehen, ohne etwas genossen zu haben. Ich ging nunmehr in dem Garten auf und ab; alles hatte bisher den besten Erfolg gehabt, doch holte ich tief Atem, wenn ich dachte, daß die jungen Leute nun bald herankommen würden. Aber unvermutet trat die Mutter zu mir und wollte eben eine Frage an mich tun, als sie mir ins Gesicht sah, das ich nicht mehr verbergen konnte, und ihr das Wort im Munde stockte. – „Ich suchte Georgen“, sagte sie nach einer Pause, „und wen finde ich! Sind Sie es, junger Herr? wie viel Gestalten haben Sie denn?“ – „Im Ernst nur e i n e“, versetzte ich, „zum Scherz, so viel Sie wollen.“ – „Den will ich nicht verderben“, lächelte sie; „gehen Sie hinten zum Garten hinaus und auf der Wiese hin, bis es Mittag schlägt, dann kehren Sie zurück, und ich will den Spaß schon eingeleitet haben.“ Ich tat's; allein da ich aus den Hecken der Dorfgärten heraus war und die Wiesen hingehen wollte, kamen gerade einige Landleute den Fußpfad her, die mich in Verlegenheit setzten. Ich lenkte deshalb nach einem Wäldchen, das ganz nah eine Erderhöhung bekrönte, um mich darin bis zur bestimmten Zeit zu verbergen. Doch wie wunderlich ward mir zu Mute, als ich hineintrat: denn es zeigte sich mir ein reinlicher Platz mit

Bänken, von deren jeder man eine hübsche Aussicht in die Gegend gewann. Hier war das Dorf und der Kirchturm, hier Drusenheim und dahinter die waldigen Rheininseln, gegenüber die Vogesischen Gebirge und zuletzt der Straßburger Münster. Diese verschiedenen himmelhellen Gemälde waren durch buschige Rahmen eingefaßt, so daß man nichts Erfreulicheres und Angenehmeres sehen konnte. Ich setzte mich auf eine der Bänke und bemerkte an dem stärksten Baum ein kleines längliches Brett mit der Inschrift: Friedrikens Ruhe. Es fiel mir nicht ein, daß ich gekommen sein könnte, diese Ruhe zu stören: denn eine aufkeimende Leidenschaft hat das Schöne, daß, wie sie sich ihres Ursprungs unbewußt ist, sie auch keinen Gedanken eines Endes haben und, wie sie sich froh und heiter fühlt, nicht ahnden kann, daß sie wohl auch Unheil stiften dürfte.

Kaum hatte ich Zeit gehabt mich umzusehn, und verlor mich eben in süße Träumereien, als ich jemand kommen hörte; es war Friedrike selbst. – „George, was machst du hier?“ rief sie von weitem. – „Nicht George!“ rief ich, indem ich ihr entgegenlief; „aber einer, der tausendmal um Verzeihung bittet.“ Sie betrachtete mich mit Erstaunen, nahm sich aber gleich zusammen und sagte nach einem tieferen Atemholen: „Garstiger Mensch, wie erschrecken Sie mich!“ – „Die erste Maske hat mich in die zweite getrieben“, rief ich aus; „jene wäre unverzeihlich gewesen, wenn ich nur einigermaßen gewußt hätte, zu wem ich ging, diese vergeben Sie gewiß: denn es ist die Gestalt von Menschen, denen Sie so freundlich begegnen.“ – Ihre bläßlichen Wangen hatten sich mit dem schönsten Rosenrote gefärbt. – „Schlimmer sollen Sie's wenigstens nicht haben als George! Aber lassen Sie uns sitzen! Ich gestehe es, der Schreck ist mir in die Glieder gefahren.“ – Ich setzte mich zu ihr, äußerst bewegt. – „Wir wissen alles bis heute früh durch Ihren Freund“, sagte sie, „nun erzählen Sie mir das Weitere.“ Ich ließ mir das nicht zweimal sagen, sondern beschrieb ihr meinen Abscheu vor der gestrigen Figur, mein Fortstürmen aus dem Hause so komisch, daß sie herzlich und anmutig lachte; dann ließ ich das übrige folgen, mit aller Bescheidenheit zwar, doch leidenschaftlich genug, daß es gar wohl für eine Liebeserklärung in historischer Form hätte gelten können. Das Vergnügen, sie wieder zu finden, feierte ich zuletzt mit einem Kusse auf ihre Hand, die sie in den meinigen ließ. Hatte sie bei dem gestrigen Mondscheingang die Unkosten des Gesprächs übernommen, so erstattete ich die Schuld nun reichlich von meiner Seite. Das Vergnügen, sie wiederzusehen und ihr alles sagen zu können, was ich gestern zurückhielt, war so groß, daß ich in meiner Redseligkeit nicht bemerkte, wie sie selbst nachdenkend und schweigend war. Sie holte einigemal tief Atem, und ich bat sie aber- und abermal um Verzeihung wegen des Schrecks, den ich ihr verursacht hatte. Wie lange wir mögen gesessen haben, weiß ich nicht; aber auf einmal hörten wir „Rikchen! Rikchen!“ rufen. Es war die Stimme der Schwester. – „Das wird eine schöne Geschichte geben“, sagte das liebe Mädchen, zu ihrer völligen Heiterkeit wiederhergestellt. „Sie kommt an meiner Seite her“, fügte sie hinzu, indem sie sich vorbog, mich halb zu verbergen: „Wenden Sie sich weg, damit man Sie nicht gleich erkennt.“ Die Schwester trat in den Platz, aber nicht allein, Weyland ging mit ihr, und beide, da sie uns erblickten, blieben wie versteinert.

Wenn wir auf einmal aus einem ruhigen Dache eine Flamme gewaltsam ausbrechen sähen, oder einem Ungeheuer begegneten, dessen Mißgestalt zugleich empörend und fürchterlich wäre, so würden wir von keinem so grimmigen Entsetzen befallen werden als dasjenige ist, das uns ergreift, wenn wir etwas unerwartet mit Augen sehen, das wir moralisch unmöglich glaubten. – „Was heißt das?“ rief jene mit der Hastigkeit eines Erschrockenen; „was ist das? du mit Georgen! Hand in Hand! Wie begreif' ich das?“ – „Liebe Schwester“, versetzte Friedrike ganz bedenklich, „der arme Mensch, er bittet mir was ab, er hat dir auch was abzubitten, du mußt ihm aber zum voraus verzeihen.“ – „Ich verstehe nicht, ich begreife nicht“, sagte die Schwester, indem sie den Kopf schüttelte und Weylanden ansah, der, nach seiner stillen Art, ganz ruhig dastand und die Szene ohne irgend eine Äußerung betrachtete. Friedrike stand auf und zog mich nach sich. „Nicht gezaudert!“ rief sie, „Pardon gebeten und gegeben!“ „Nun ja!“ sagte ich, indem ich der ältesten ziemlich nahe trat; „Pardon habe ich vonnöten!" Sie fuhr zurück, tat einen lauten Schrei und wurde rot über und über; dann warf sie sich aufs Gras, lachte überlaut und wollte sich gar nicht zufrieden geben. Weyland lächelte behaglich und rief: „Du bist ein exzellenter Junge!" Dann schüttelte er meine Hand in der seinigen. Gewöhnlich war er mit Liebkosungen nicht freigebig, aber sein Händedruck hatte etwas Herzliches und Belebendes; doch war er auch mit diesem sparsam.

Nach einiger Erholung und Sammlung traten wir unsern Rückweg nach dem Dorfe an. Unterwegs erfuhr ich, wie dieses wunderbare Zusammentreffen veranlaßt worden. Friedrike hatte sich von dem Spaziergange zuletzt abgesondert, um auf ihrem Plätzchen noch einen Augenblick vor Tische zu ruhen, und als jene beiden nach Hause gekommen, hatte die Mutter sie abgeschickt, Friedriken eiligst zu holen, weil das Mittagsessen bereit sei.

Die Schwester zeigte den ausgelassensten Humor, und als sie erfuhr, daß die Mutter das Geheimnis schon entdeckt habe, rief sie aus: „Nun ist noch übrig, daß Vater, Bruder, Knecht und Magd gleichfalls angeführt werden." Als wir uns an dem Gartenzaun befanden, mußte Friedrike mit dem Freund voraus nach dem Hause gehen. Die Magd war im Hausgarten beschäftigt, und Olivie (so mag auch hier die ältere Schwester heißen) rief ihr zu: „Warte, ich habe dir was zu sagen!" Mich ließ sie an der Hecke stehen und ging zu dem Mädchen. Ich sah, daß sie sehr ernsthaft sprachen. Olivie bildete ihr ein, George habe sich mit Bärben überworfen und schiene Lust zu haben, sie zu heiraten. Das gefiel der Dirne nicht übel; nun ward ich gerufen und sollte das Gesagte bekräftigen. Das hübsche derbe Kind senkte die Augen nieder und blieb so, bis ich ganz nahe vor ihr stand. Als sie aber auf einmal das fremde Gesicht erblickte, tat auch sie einen lauten Schrei und lief davon. Olivie hieß mich ihr nachlaufen und sie festhalten, daß sie nicht ins Haus geriet und Lärm machte; sie aber wolle selbst hingehen und sehen, wie es mit dem Vater stehe. Unterwegs traf Olivie auf den Knecht, welcher der Magd gut war; ich hatte indessen das Mädchen ereilt und hielt sie fest. – „Denk einmal!

welch ein Glück", rief Olivie, „mit Bärben ist's aus, und George heiratet Liesen." – „Das habe ich lange gedacht", sagte der gute Kerl, und blieb verdrießlich stehen.

Ich hatte dem Mädchen begreiflich gemacht, daß es nur darauf ankomme, den Papa anzuführen. Wir gingen auf den Burschen los, der sich umkehrte und sich zu entfernen suchte; aber Liese holte ihn herbei, und auch er machte, indem er enttäuscht ward, die wunderlichsten Gebärden. Wir gingen zusammen nach dem Hause. Der Tisch war gedeckt und der Vater schon im Zimmer. Olivie, die mich hinter sich hielt, trat an die Schwelle und sagte: „Vater, es ist dir doch recht, daß George heute mit uns ißt? Du mußt ihm aber erlauben, daß er den Hut aufbehält." – „Meinetwegen!" sagte der Alte, „aber warum so was Ungewöhnliches? Hat er sich beschädigt?" Sie zog mich vor, wie ich stand und den Hut aufhatte. „Nein!" sagte sie, indem sie mich in die Stube führte, „aber er hat eine Vogelhecke darunter, die möchten hervorfliegen und einen verteufelten Spuk machen: denn es sind lauter lose Vögel." Der Vater ließ sich den Scherz gefallen, ohne daß er recht wußte, was es heißen sollte. In dem Augenblick nahm sie mir den Hut ab, machte einen Scharrfuß und verlangte von mir das gleiche. Der Alte sah mich an, erkannte mich, kam aber nicht aus seiner priesterlichen Fassung. „Ei ei! Herr Kandidat!" rief er aus, indem er einen drohenden Finger aufhob, „Sie haben geschwind umgesattelt, und ich verliere über Nacht einen Gehülfen, der mir erst gestern so treulich zusagte, manchmal die Wochenkanzel für mich zu besteigen." Darauf lachte er von Herzen, hieß mich willkommen, und wir setzten uns zu Tische. Moses kam um vieles später; denn er hatte sich, als der verzogene Jüngste, angewöhnt, die Mittagsglocke zu verhören. Außerdem gab er wenig acht auf die Gesellschaft, auch kaum, wenn er widersprach. Man hatte mich, um ihn sicherer zu machen, nicht zwischen die Schwestern, sondern an das Ende des Tisches gesetzt, wo George manchmal zu sitzen pflegte. Als er, mir im Rücken, zur Tür hereingekommen war, schlug er mir derb auf die Achsel und sagte: „George, gesegnete Mahlzeit!" – „Schönen Dank, Junker!" erwiderte ich. – Die fremde Stimme, das fremde Gesicht erschreckten ihn. – „Was sagst du?" rief Olivie, „sieht er seinem Bruder nicht recht ähnlich?" – „Jawohl, von hinten", versetzte Moses, der sich gleich wieder zu fassen wußte, „wie allen Leuten." Er sah mich gar nicht wieder an und beschäftigte sich bloß, die Gerichte, die er nachzuholen hatte, eifrig hinunterzuschlingen. Dann beliebte es ihm auch, gelegentlich aufzustehen und sich in Hof und Garten etwas zu schaffen zu machen. Zum Nachtische trat der wahrhafte George herein und belebte die ganze Szene noch mehr. Man wollte ihn wegen seiner Eifersucht aufziehen und nicht billigen, daß er sich an mir einen Rival geschaffen hätte; allein er war bescheiden und gewandt genug und mischte auf eine halb dusselige Weise sich, seine Braut, sein Ebenbild und die Mamsells dergestalt durcheinander, daß man zuletzt nicht mehr wußte, von wem die Rede war, und daß man ihn das Glas Wein und ein Stück von seinem eignen Kuchen in Ruhe gar zu gern verzehren ließ.

Nach Tische war die Rede, daß man spazieren gehen wolle; welches doch in meinen Bauerkleidern nicht wohl anging. Die Frauenzimmer aber hatten schon heute früh, als sie erfuhren, wer so übereilt fortgelaufen war, sich erinnert, daß eine schöne Pekesche eines Vettern im Schrank hänge, mit der er, bei seinem Hiersein, auf die Jagd zu gehen pflege. Allein ich lehnte es ab, äußerlich zwar mit allerlei Späßen, aber innerlich mit dem eitlen Gefühl, daß ich den guten Eindruck, den ich als Bauer gemacht, nicht wieder durch den Vetter zerstören wolle. Der Vater hatte sich entfernt, sein Mittagsschläfchen zu halten, die Mutter war in der Haushaltung beschäftigt wie immer. Der Freund aber tat den Vorschlag, ich solle etwas erzählen, worein ich sogleich willigte. Wir begaben uns in eine geräumige Laube, und ich trug ein Märchen vor, das ich hernach unter dem Titel „Die neue Melusine" aufgeschrieben habe. Es verhält sich zum „Neuen Paris" wie ungefähr der Jüngling zum Knaben, und ich würde es hier einrücken, wenn ich nicht der ländlichen Wirklichkeit und Einfalt, die uns hier gefällig umgibt, durch wunderliche Spiele der Phantasie zu schaden fürchtete. Genug, mir gelang, was den Erfinder und Erzähler solcher Produktionen belohnt, die Neugierde zu erregen, die Aufmerksamkeit zu fesseln, zu voreiliger Auflösung undurchdringlicher Rätsel zu reizen, die Erwartungen zu täuschen, durch das Seltsamere, das an die Stelle des Seltsamen tritt, zu verwirren, Mitleid und Furcht zu erregen, besorgt zu machen, zu rühren und endlich durch Umwendung eines scheinbaren Ernstes in geistreichen und heitern Scherz das Gemüt zu befriedigen, der Einbildungskraft Stoff zu neuen Bildern und dem Verstande zu fernerm Nachdenken zu hinterlassen.

Sollte jemand künftig dieses Märchen gedruckt lesen und zweifeln, ob es eine solche Wirkung habe hervorbringen können; so bedenke derselbe, daß der Mensch eigentlich nur berufen ist, in der Gegenwart zu wirken. Schreiben ist ein Mißbrauch der Sprache, stille für sich lesen ein trauriges Surrogat der Rede. Der Mensch wirkt alles, was er vermag, auf den Menschen durch seine Persönlichkeit, die Jugend am stärksten auf die Jugend, und hier entspringen auch die reinsten Wirkungen. Diese sind es, welche die Welt beleben und weder moralisch noch physisch aussterben lassen. Mir war von meinem Vater eine gewisse lehrhafte Redseligkeit angeerbt; von meiner Mutter die Gabe, alles, was die Einbildungskraft hervorbringen, fassen kann, heiter und kräftig darzustellen, bekannte Märchen aufzufrischen, andere zu erfinden und zu erzählen, ja im Erzählen zu erfinden. Durch jene väterliche Mitgift wurde ich der Gesellschaft mehrenteils unbequem: denn wer mag gern die Meinungen und Gesinnungen des andern hören, besonders eines Jünglings, dessen Urteil, bei lückenhafter Erfahrung, immer unzulänglich erscheint. Meine Mutter hingegen hatte mich zur gesellschaftlichen Unterhaltung eigentlich recht ausgestattet. Das leerste Märchen hat für die Einbildungskraft schon einen hohen Reiz, und der geringste Gehalt wird vom Verstande dankbar aufgenommen.

Durch solche Darstellungen, die mich gar nichts kosteten, machte ich mich bei Kindern beliebt, erregte und ergetzte die Jugend und zog die Aufmerksamkeit älterer Personen auf mich. Nur mußte ich in der Sozietät, wie sie gewöhnlich ist, solche Übungen gar bald einstellen, und ich habe nur zu sehr an Lebensgenuß und freier Geistesförderung dadurch verloren; doch begleiteten mich jene beiden elterlichen Gaben durchs ganze Leben, mit einer dritten verbunden, mit dem Bedürfnis, mich figürlich und gleichnisweise auszudrücken. In Rücksicht dieser Eigenschaften, welche der so einsichtige als geistreiche Doktor Gall, nach seiner Lehre, an mir anerkannte, beteuerte derselbe, ich sei eigentlich zum Volksredner geboren. Über diese Eröffnung erschrak ich nicht wenig: denn hätte sie wirklich Grund, so wäre, da sich bei meiner Nation nichts zu reden fand, alles übrige, was ich vornehmen konnte, leider ein verfehlter Beruf gewesen.

DRITTER TEIL

Es ist dafür gesorgt, daß die Bäume
nicht in den Himmel wachsen.

EILFTES BUCH

Nachdem ich in jener Laube zu Sesenheim meine Erzählung vollendet, in welcher das Gemeine mit dem Unmöglichen anmutig genug wechselte, sah ich meine Hörerinnen, die sich schon bisher ganz eigen teilnehmend erwiesen hatten, von meiner seltsamen Darstellung aufs äußerste verzaubert. Sie baten mich inständig, ihnen das Märchen aufzuschreiben, damit sie es öfters unter sich und vorlesend mit andern wiederholen könnten. Ich versprach es um so lieber, als ich dadurch einen Vorwand zu Wiederholung des Besuchs und Gelegenheit zu näherer Verbindung mir zu gewinnen hoffte. Die Gesellschaft trennte sich einen Augenblick, und alle mochten fühlen, daß, nach einem so lebhaft vollbrachten Tag, der Abend einigermaßen matt werden könnte. Von dieser Sorge befreite mich mein Freund, der sich für uns die Erlaubnis erbat, sogleich Abschied nehmen zu dürfen, weil er, als ein fleißiger und in seinen Studien folgerechter akademischer Bürger, diese Nacht in Drusenheim zuzubringen und morgen zeitig in Straßburg zu sein wünsche.

Unser Nachtquartier erreichten wir beide schweigend; ich, weil ich einen Widerhaken im Herzen fühlte, der mich zurückzog, er, weil er etwas anderes im Sinne hatte, das er mir, als wir angelangt waren, sogleich mitteilte. – „Es ist doch wunderlich", fing er an, „daß du gerade auf dieses Märchen verfallen bist. Hast du nicht bemerkt, daß es einen ganz besondern Eindruck machte?" – „Freilich", versetzte ich darauf; „wie hätte ich nicht bemerken sollen, daß die

Ältere bei einigen Stellen, mehr als billig, lachte, die Jüngere den Kopf schüttelte, daß ihr euch bedeutend ansaht, und daß du selbst beinah aus deiner Fassung gekommen wärest. Ich leugne nicht, es hätte mich fast irre gemacht: denn es fuhr mir durch den Kopf, daß es vielleicht unschicklich sei, den guten Kindern solche Fratzen zu erzählen, die ihnen besser unbekannt blieben, und ihnen von den Männern so schlechte Begriffe zu geben, als sie von der Figur des Abenteurers sich notwendig bilden müssen." – „Keineswegs!" versetzte jener; „du errätst es nicht, und wie solltest du's erraten? Die guten Kinder sind mit solchen Dingen gar nicht so unbekannt, als du glaubst: denn die große Gesellschaft um sie her gibt ihnen zu manchem Nachdenken Anlaß, und so ist überrhein gerade ein solches Ehepaar, wie du es, nur übertrieben und märchenhaft, schilderst. Er gerade so groß, derb und plump, sie niedlich und zierlich genug, daß er sie wohl auf der Hand tragen könnte. Ihr übriges Verhältnis, ihre Geschichte paßt ebenfalls so genau zu deiner Erzählung, daß die Mädchen mich ernstlich fragten, ob du die Personen kenntest und sie schalkhaft dargestellt hättest? Ich versicherte ‚nein!' und du wirst wohl tun, das Märchen ungeschrieben zu lassen. Durch Zögern und Vorwände wollen wir schon eine Entschuldigung finden."

Ich verwunderte mich sehr: denn ich hatte weder an ein diesrheinisches noch an ein überrheinisches Paar gedacht, ja ich hätte gar nicht anzugeben gewußt, wie ich auf den Einfall gekommen. In Gedanken mochte ich mich gern mit solchen Späßen, ohne weitere Beziehung, beschäftigen, und so, glaubte ich, sollte es auch andern sein, wenn ich sie erzählte.

Als ich in der Stadt wieder an meine Geschäfte kam, fühlte ich die Beschwerlichkeit derselben mehr als sonst: denn der zur Tätigkeit geborene Mensch übernimmt sich in Planen und überladet sich mit Arbeiten. Das gelingt denn auch ganz gut, bis irgend ein physisches oder moralisches Hindernis dazutritt, um das Unverhältnismäßige der Kräfte zu dem Unternehmen ins klare zu bringen.

Das Juristische trieb ich mit so viel Fleiß, als nötig war, um die Promotion mit einigen Ehren zu absolvieren; das

Medizinische reizte mich, weil es mir die Natur nach allen Seiten, wo nicht aufschloß, doch gewahr werden ließ, und ich war daran durch Umgang und Gewohnheit gebunden; der Gesellschaft mußte ich auch einige Zeit und Aufmerksamkeit widmen: denn in manchen Familien war mir mehreres zu Lieb und zu Ehren geschehn. Aber alles dies wäre zu tragen und fortzuführen gewesen, hätte nicht das, was Herder mir auferlegt, unendlich auf mir gelastet. Er hatte den Vorhang zerrissen, der mir die Armut der deutschen Literatur bedeckte; er hatte mir so manches Vorurteil mit Grausamkeit zerstört; an dem vaterländischen Himmel blieben nur wenige bedeutende Sterne, indem er die übrigen alle nur als vorüberfahrende Schnuppen behandelte; ja, was ich von mir selbst hoffen und wähnen konnte, hatte er mir dermaßen verkümmert, daß ich an meinen eignen Fähigkeiten zu verzweifeln anfing. Zu gleicher Zeit jedoch riß er mich fort auf den herrlichen breiten Weg, den er selbst zu durchwandern geneigt war, machte mich aufmerksam auf seine Lieblingsschriftsteller, unter denen Swift und Hamann obenan standen, und schüttelte mich kräftiger auf, als er mich gebeugt hatte. Zu dieser vielfachen Verwirrung nunmehr eine angehende Leidenschaft, die, indem sie mich zu verschlingen drohte, zwar von jenen Zuständen mich abziehn, aber wohl schwerlich darüber erheben konnte. Dazu kam noch ein körperliches Übel, daß mir nämlich nach Tische die Kehle wie zugeschnürt war; welches ich erst später sehr leicht los wurde, als ich einem roten Wein, den wir in der Pension gewöhnlich und sehr gern tranken, entsagte. Diese unerträgliche Unbequemlichkeit hatte mich auch in Sesenheim verlassen, so daß ich mich dort doppelt vergnügt befand; als ich aber zu meiner städtischen Diät zurückkehrte, stellte sie sich zu meinem großen Verdruß sogleich wieder ein. Alles dies machte mich nachdenklich und mürrisch, und mein Äußeres mochte mit dem Innern übereinstimmen.

Verdrießlicher als jemals, weil eben nach Tische jenes Übel sich heftig eingefunden hatte, wohnte ich dem Klinikum bei. Die große Heiterkeit und Behaglichkeit, womit der verehrte Lehrer uns von Bett zu Bett führte, die genaue

Bemerkung bedeutender Symptome, die Beurteilung des Gangs der Krankheit überhaupt, die schöne hippokratische Verfahrungsart, wodurch sich, ohne Theorie, aus einer eignen Erfahrung, die Gestalten des Wissens heraufgaben, die Schlußreden, mit denen er gewöhnlich seine Stunden zu krönen pflegte, das alles zog mich zu ihm und machte mir ein fremdes Fach, in das ich nur wie durch eine Ritze hineinsah, um desto reizender und lieber. Mein Abscheu gegen die Kranken nahm immer mehr ab, je mehr ich diese Zustände in Begriffe verwandeln lernte, durch welche die Heilung, die Wiederherstellung menschlicher Gestalt und Wesens als möglich erschien. Er mochte mich wohl, als einen seltsamen jungen Menschen, besonders ins Auge gefaßt und mir die wunderliche Anomalie, die mich zu seinen Stunden hinführte, verziehn haben. Diesmal schloß er seinen Vortrag nicht, wie sonst, mit einer Lehre, die sich auf irgend eine beobachtete Krankheit bezogen hätte, sondern sagte mit Heiterkeit: „Meine Herren! wir sehen einige Ferien vor uns. Benutzen Sie dieselben, sich aufzumuntern; die Studien wollen nicht allein ernst und fleißig, sie wollen auch heiter und mit Geistesfreiheit behandelt werden. Geben Sie Ihrem Körper Bewegung, durchwandern Sie zu Fuß und zu Pferde das schöne Land; der Einheimische wird sich an dem Gewohnten erfreuen, und dem Fremden wird es neue Eindrücke geben und eine angenehme Erinnerung zurücklassen."

Es waren unser eigentlich nur zwei, an welche diese Ermahnung gerichtet sein konnte; möge dem andern dieses Rezept ebenso eingeleuchtet haben als mir! Ich glaubte eine Stimme vom Himmel zu hören, und eilte was ich konnte, ein Pferd zu bestellen und mich sauber herauszuputzen. Ich schickte nach Weyland, er war nicht zu finden. Dies hielt meinen Entschluß nicht auf, aber leider verzogen sich die Anstalten, und ich kam nicht so früh weg, als ich gehofft hatte. So stark ich auch ritt, überfiel mich doch die Nacht. Der Weg war nicht zu verfehlen, und der Mond beleuchtete mein leidenschaftliches Unternehmen. Die Nacht war windig und schauerlich, ich sprengte zu, um nicht bis morgen früh auf ihren Anblick warten zu müssen.

Es war schon spät, als ich in Sesenheim mein Pferd einstellte. Der Wirt, auf meine Frage, ob wohl in der Pfarre noch Licht sei, versicherte mich, die Frauenzimmer seien eben erst nach Hause gegangen; er glaube gehört zu haben, daß sie noch einen Fremden erwarteten. Das war mir nicht recht; denn ich hätte gewünscht, der einzige zu sein. Ich eilte nach, um wenigstens, so spät noch, als der erste zu erscheinen. Ich fand die beiden Schwestern vor der Türe sitzend; sie schienen nicht sehr verwundert, aber ich war es, als Friedrike Olivien ins Ohr sagte, so jedoch, daß ich's hörte: „Hab ich's nicht gesagt? da ist er!" Sie führten mich ins Zimmer, und ich fand eine kleine Kollation aufgestellt. Die Mutter begrüßte mich als einen alten Bekannten; wie mich aber die Ältere bei Licht besah, brach sie in ein lautes Gelächter aus: denn sie konnte wenig an sich halten.

Nach diesem ersten etwas wunderlichen Empfang ward sogleich die Unterredung frei und heiter, und was mir diesen Abend verborgen blieb, erfuhr ich den andern Morgen. Friedrike hatte vorausgesagt, daß ich kommen würde; und wer fühlt nicht einiges Behagen beim Eintreffen einer Ahndung, selbst einer traurigen? Alle Vorgefühle, wenn sie durch das Ereignis bestätigt werden, geben dem Menschen einen höheren Begriff von sich selbst, es sei nun, daß er sich so zart fühlend glauben kann, um einen Bezug in der Ferne zu tasten, oder so scharfsinnig, um notwendige aber doch ungewisse Verknüpfungen gewahr zu werden. – Oliviens Lachen blieb auch kein Geheimnis; sie gestand, daß es ihr sehr lustig vorgekommen, mich diesmal geputzt und wohl ausstaffiert zu sehn; Friedrike hingegen fand es vorteilhaft, eine solche Erscheinung mir nicht als Eitelkeit auszulegen, vielmehr den Wunsch, ihr zu gefallen, darin zu erblicken.

Früh bei Zeiten rief mich Friedrike zum Spazierengehn; Mutter und Schwester waren beschäftigt, alles zum Empfang mehrerer Gäste vorzubereiten. Ich genoß an der Seite des lieben Mädchens der herrlichen Sonntagsfrühe auf dem Lande, wie sie uns der unschätzbare Hebel vergegenwärtigt hat. Sie schilderte mir die erwartete Gesellschaft und bat mich, ihr beizustehn, daß alle Vergnügungen wo möglich gemeinsam und in einer gewissen Ordnung möchten genossen werden. „Gewöhnlich", sagte sie, „zerstreut man sich einzeln, Scherz und Spiel wird nur obenhin gekostet, so daß zuletzt für den einen Teil nichts übrig bleibt, als die Karten zu ergreifen, und für den andern, im Tanze sich auszurasen."

Wir entwarfen demnach unsern Plan, was vor und nach Tische geschehn sollte, machten einander wechselseitig mit neuen geselligen Spielen bekannt, waren einig und vergnügt, als uns die Glocke nach der Kirche rief, wo ich denn, an ihrer Seite, eine etwas trockene Predigt des Vaters nicht zu lang fand.

Zeitverkürzend ist immer die Nähe der Geliebten, doch verging mir diese Stunde auch unter besonderem Nachdenken. Ich wiederholte mir die Vorzüge, die sie soeben aufs freiste vor mir entwickelte: besonnene Heiterkeit, Naivetät mit Bewußtsein, Frohsinn mit Voraussehn; Eigenschaften, die unverträglich scheinen, die sich aber bei ihr zusammenfanden und ihr Äußeres gar hold bezeichneten. Nun hatte ich aber auch ernstere Betrachtungen über mich selbst anzustellen, die einer freien Heiterkeit eher Eintrag taten.

Seitdem jenes leidenschaftliche Mädchen meine Lippen verwünscht und geheiligt (denn jede Weihe enthält ja beides), hatte ich mich, abergläubisch genug, in acht genommen, irgend ein Mädchen zu küssen, weil ich solches auf eine unerhörte geistige Weise zu beschädigen fürchtete. Ich überwand daher jede Lüsternheit, durch die sich der Jüngling gedrungen fühlt, diese viel oder wenig sagende Gunst einem reizenden Mädchen abzugewinnen. Aber selbst in der sittigsten Gesellschaft erwartete mich eine lästige Prüfung. Eben jene mehr oder minder geistreichen sogenannten kleinen Spiele, durch welche ein munterer jugendlicher Kreis gesammelt und vereinigt wird, sind großenteils auf Pfänder gegründet, bei deren Einforderung die Küsse keinen unbedeutenden Lösewert haben. Ich hatte mir nun ein für allemal vorgenommen, nicht zu küssen, und wie uns irgend ein Mangel oder Hindernis zu Tätigkeiten aufregt, zu denen man sich sonst nicht hingeneigt hätte, so bot ich alles auf, was an mir von Talent und Humor war, mich durchzuwinden und dabei vor der Gesellschaft und für die Gesellschaft eher zu gewinnen als zu verlieren. Wenn zu Einlösung eines Pfandes ein Vers verlangt werden sollte, so richtete man die Forderung meist an mich. Nun war ich immer vorbereitet und wußte bei solcher Gelegenheit etwas zum Lobe der Wirtin, oder eines Frauenzimmers, die sich am artigsten gegen mich erwiesen hatte, vorzubringen. Traf es sich, daß mir allenfalls ein Kuß auferlegt wurde, so suchte ich mich mit einer Wendung herauszuziehn, mit der man gleichfalls zufrieden war; und da ich Zeit gehabt hatte, vorher darüber nachzudenken, so fehlte es mir nicht an mannigfaltigen Zierlichkeiten; doch gelangen die aus dem Stegreife immer am besten.

Als wir nach Hause kamen, schwirrten die von mehreren Seiten angekommenen Gäste schon lustig durch einander, bis Friedrike sie sammelte und zu einem Spaziergang nach jenem schönen Platze lud und führte. Dort fand man eine reichliche Kollation und wollte mit geselligen Spielen die Stunde des Mittagessens erwarten. Hier wußte ich, in Einstimmung mit Friedriken, ob sie gleich mein Geheimnis nicht ahndete, Spiele ohne Pfänder, und Pfänderlösungen ohne Küsse zu bereiten und durchzuführen.

Meine Kunstfertigkeit und Gewandtheit war um so nötiger, als die mir sonst ganz fremde Gesellschaft geschwind ein Verhältnis zwischen mir und dem lieben Mädchen mochte geahndet haben, und sich nun schalkhaft alle Mühe gab, mir dasjenige aufzudringen, was ich heimlich zu vermeiden suchte. Denn bemerkt man in solchen Zirkeln eine angehende Neigung junger Personen, so sucht man sie verlegen zu machen oder näher zusammenzubringen, ebenso wie man in der Folge, wenn sich eine Leidenschaft erklärt hat, bemüht ist, sie wieder auseinander zu ziehen; wie es denn dem geselligen Menschen ganz gleichgültig ist, ob er nutzt oder schadet, wenn er nur unterhalten wird.

Ich konnte mit einiger Aufmerksamkeit an diesem Morgen Friedrikens ganzes Wesen gewahr werden, dergestalt, daß sie mir für die ganze Zeit immer dieselbe blieb. Schon die freundlichen, vorzüglich an sie gerichteten Grüße der Bauern gaben zu verstehn, daß sie ihnen wohltätig sei und ihr Behagen errege. Zu Hause stand die Ältere der Mutter bei; alles, was körperliche Anstrengung erforderte, ward nicht von Friedriken verlangt, man schonte sie, wie man sagte, ihrer Brust wegen.

Es gibt Frauenspersonen, die uns im Zimmer besonders wohl gefallen, andere, die sich besser im Freien ausnehmen; Friedrike gehörte zu den letztern. Ihr Wesen, ihre Gestalt trat niemals reizender hervor, als wenn sie sich auf einem erhöhten Fußpfad hinbewegte; die Anmut ihres Betragens schien mit der beblümten Erde, und die unverwüstliche Heiterkeit ihres Antlitzes mit dem blauen Himmel zu wetteifern. Diesen erquicklichen Äther, der sie umgab, brachte sie auch mit nach Hause, und es ließ sich bald bemerken, daß sie Verwirrungen auszugleichen und die Eindrücke kleiner unangenehmer Zufälligkeiten leicht wegzulöschen verstand.

Die reinste Freude, die man an einer geliebten Person finden kann, ist die, zu sehen, daß sie andere erfreut. Friedrikens Betragen in der Gesellschaft war allgemein wohltätig. Auf Spaziergängen schwebte sie, ein belebender Geist, hin und wider, und wußte die Lücken auszufüllen, welche hier und da entstehn mochten. Die Leichtigkeit ihrer Bewegungen haben wir schon gerühmt, und am allerzierlichsten war sie, wenn sie lief. So wie das Reh seine Bestimmung ganz zu erfüllen scheint, wenn es leicht über die keimenden Saaten wegfliegt, so schien auch sie ihre Art und Weise am deutlichsten auszudrücken, wenn sie, etwas Vergessenes zu holen, etwas Verlorenes zu suchen, ein entferntes Paar herbeizurufen, etwas Notwendiges zu bestellen, über Rain und Matten leichten Laufes hineilte. Dabei kam sie niemals außer Atem, und blieb völlig im Gleichgewicht; daher mußte die allzu große Sorge der Eltern für ihre Brust manchem übertrieben scheinen.

Der Vater, der uns manchmal durch Wiesen und Felder begleitete, war öfters nicht günstig gepaart. Ich gesellte mich deshalb zu ihm, und er verfehlte nicht, sein Lieblingsthema wieder anzustimmen und mich von dem vorgeschlagenen Bau des Pfarrhauses umständlich zu unterhalten. Er beklagte sich besonders, daß er die sorgfältig gefertigten

Risse nicht wieder erhalten könne, um darüber nachzudenken und eine und die andere Verbesserung zu überlegen. Ich erwiderte darauf, es sei leicht, sie zu ersetzen, und erbot mich zur Fertigung eines Grundrisses, auf welchen doch vorerst alles ankomme. Er war es wohl zufrieden, und bei der nötigen Ausmessung sollte der Schulmeister an Hand gehen, welchen aufzuregen er denn auch sogleich forteilte, damit ja der Fuß- und Zollstab morgen früh bereit wäre.

Als er hinweggegangen war, sagte Friedrike: „Sie sind recht gut, die schwache Seite des lieben Vaters zu hegen, und nicht, wie die andern, die dieses Gespräch schon überdrüssig sind, ihn zu meiden oder davon abzubrechen. Freilich muß ich Ihnen bekennen, daß wir übrigen den Bau nicht wünschen; er würde der Gemeine zu hoch zu stehn kommen und uns auch. Neues Haus, neues Hausgeräte! Unsern Gästen würde es bei uns nicht wohler sein, sie sind nun einmal das alte Gebäude gewohnt. Hier können wir sie reichlich bewirten, dort fänden wir uns in einem weitern Raume beengt. So steht die Sache; aber unterlassen Sie nicht, gefällig zu sein, ich danke es Ihnen von Herzen."

Ein anderes Frauenzimmer, das sich zu uns gesellte, fragte nach einigen Romanen, ob Friedrike solche gelesen habe. Sie verneinte es; denn sie hatte überhaupt wenig gelesen; sie war in einem heitern sittlichen Lebensgenuß aufgewachsen und demgemäß gebildet. Ich hatte den „Wakefield" auf der Zunge, allein ich wagte nicht, ihr ihn anzubieten; die Ähnlichkeit der Zustände war zu auffallend und zu bedeutend. – „Ich lese sehr gern Romane", sagte sie; „man findet darin so hübsche Leute, denen man wohl ähnlich sehen möchte."

Die Ausmessung des Hauses geschah des andern Morgens. Sie ging ziemlich langsam vonstatten, da ich in solchen Künsten so wenig gewandt war als der Schulmeister. Endlich kam ein leidlicher Entwurf zustande. Der Vater sagte mir seine Absicht und war nicht unzufrieden, als ich Urlaub nahm, um den Riß in der Stadt mit mehr Bequemlichkeit zu verfertigen. Friedrike entließ mich froh; sie war von meiner Neigung überzeugt, wie ich von der ihrigen, und die sechs Stunden schienen keine Entfernung mehr. Es war so leicht, mit der Diligence nach Drusenheim zu fahren und sich durch dieses Fuhrwerk, sowie durch ordentliche und außerordentliche Boten, in Verbindung zu erhalten, wobei George den Spediteur machen sollte.

In der Stadt angelangt, beschäftigte ich mich in den frühesten Stunden – denn an langen Schlaf war nicht mehr zu denken – mit dem Risse, den ich so sauber als möglich zeichnete. Indessen hatte ich ihr Bücher geschickt und ein kurzes freundliches Wort dazu geschrieben. Ich erhielt sogleich Antwort und erfreute mich ihrer leichten, hübschen, herzlichen Hand. Ebenso war Inhalt und Stil natürlich, gut, liebevoll, von innen heraus, und so wurde der angenehme Eindruck, den sie auf mich gemacht, immer erhalten und erneuert. Ich wiederholte mir die Vorzüge ihres holden Wesens nur gar zu gern, und nährte die Hoffnung, sie bald und auf längere Zeit wiederzusehn.

Es bedurfte nun nicht mehr eines Zurufs von seiten des braven Lehrers; er hatte mich durch jene Worte zur rechten Zeit so aus dem Grunde kuriert, daß ich ihn und seine Kranken nicht leicht wiederzusehen Lust hatte. Der Briefwechsel mit Friedriken wurde lebhafter. Sie lud mich ein zu einem Feste, wozu auch überrheinische Freunde kommen würden; ich sollte mich auf längere Zeit einrichten. Ich tat es, indem ich einen tüchtigen Mantelsack auf die Diligence packte; und in wenig Stunden befand ich mich in ihrer Nähe. Ich traf eine große und lustige Gesellschaft, nahm den Vater beiseite, überreichte ihm den Riß, über den er große Freude bezeigte; ich besprach mit ihm, was ich bei der Ausarbeitung gedacht hatte; er war außer sich vor Vergnügen, besonders lobte er die Reinlichkeit der Zeichnung: die hatte ich von Jugend auf geübt und mir diesmal auf dem schönsten Papier noch besondere Mühe gegeben. Allein dieses Vergnügen wurde unserm guten Wirte gar bald verkümmert, da er, gegen meinen Rat, in der Freude seines Herzens, den Riß der Gesellschaft vorlegte. Weit entfernt, daran die erwünschte Teilnahme zu äußern, achteten die einen diese köstliche Arbeit gar nicht; andere, die etwas von der Sache zu verstehn glaubten, machten es noch schlimmer: sie tadelten den Entwurf als nicht kunstgerecht, und als der

Alte einen Augenblick nicht aufmerkte, handhabten sie diese saubern Blätter als Brouillons, und einer zog mit harten Bleistiftstrichen seine Verbesserungsvorschläge dergestalt derb über das zarte Papier, daß an Wiederherstellung der ersten Reinheit nicht zu denken war.

Den höchst verdrießlichen Mann, dem sein Vergnügen so schmählich vereitelt worden, vermochte ich kaum zu trösten, so sehr ich ihm auch versicherte, daß ich sie selbst nur für Entwürfe gehalten, worüber wir sprechen und neue Zeichnungen darauf bauen wollten. Er ging dem allen ungeachtet höchst verdrießlich weg, und Friedrike dankte mir für die Aufmerksamkeit gegen den Vater ebensosehr als für die Geduld bei der Unart der Mitgäste.

Ich aber kannte keinen Schmerz noch Verdruß in ihrer Nähe. Die Gesellschaft bestand aus jungen, ziemlich lärmenden Freunden, die ein alter Herr noch zu überbieten trachtete und noch wunderlicheres Zeug angab, als sie ausübten. Man hatte schon beim Frühstück den Wein nicht gespart; bei einem sehr wohl besetzten Mittagstische ließ man sich's an keinem Genuß ermangeln, und allen schmeckte es, nach der angreifenden Leibesübung, bei ziemlicher Wärme, um so besser, und wenn der alte Amtmann des Guten ein wenig zu viel getan hatte, so war die Jugend nicht weit hinter ihm zurückgeblieben.

Ich war grenzenlos glücklich an Friedrikens Seite; gesprächig, lustig, geistreich, vorlaut, und doch durch Gefühl, Achtung und Anhänglichkeit gemäßigt. Sie in gleichem Falle, offen, heiter, teilnehmend und mitteilend. Wir schienen allein für die Gesellschaft zu leben und lebten bloß wechselseitig für uns.

Nach Tische suchte man den Schatten, gesellschaftliche Spiele wurden vorgenommen, und Pfänderspiele kamen an die Reihe. Bei Lösung der Pfänder ging alles jeder Art ins Übertriebene: Gebärden, die man verlangte, Handlungen, die man ausüben, Aufgaben, die man lösen sollte, alles zeigte von einer verwegenen Lust, die keine Grenzen kennt. Ich selbst steigerte diese wilden Scherze durch manchen Schwank, Friedrike glänzte durch manchen neckischen Einfall; sie erschien mir lieblicher als je; alle hypochondrischen abergläubischen Grillen waren mir verschwunden, und als sich die Gelegenheit gab, meine so zärtlich Geliebte recht herzlich zu küssen, versäumte ich's nicht, und noch weniger versagte ich mir die Wiederholung dieser Freude.

Die Hoffnung der Gesellschaft auf Musik wurde endlich befriedigt, sie ließ sich hören und alles eilte zum Tanz. Die Allemanden, das Walzen und Drehen war Anfang, Mittel und Ende. Alle waren zu diesem Nationaltanz aufgewachsen; auch ich machte meinen geheimen Lehrmeisterinnen Ehre genug, und Friedrike, welche tanzte wie sie ging, sprang und lief, war sehr erfreut, an mir einen geübten Partner zu finden. Wir hielten meist zusammen, mußten aber bald Schicht machen, weil man ihr von allen Seiten zuredete, nicht weiter fortzurasen. Wir entschädigten uns durch einen einsamen Spaziergang Hand in Hand, und an jenem stillen Platze durch die herzlichste Umarmung und die treulichste Versicherung, daß wir uns von Grund aus liebten.

Ältere Personen, die vom Spiel aufgestanden waren, zogen uns mit sich fort. Bei der Abendkollation kam man ebenso wenig zu sich selbst; es ward bis tief in die Nacht getanzt, und an Gesundheiten sowie an andern Aufmunterungen zum Trinken fehlte es so wenig als am Mittag.

Ich hatte kaum einige Stunden sehr tief geschlafen, als ein erhitztes und in Aufruhr gebrachtes Blut mich aufweckte. In solchen Stunden und Lagen ist es, wo die Sorge, die Reue den wehrlos hingestreckten Menschen zu überfallen pflegen. Meine Einbildungskraft stellte mir zugleich die lebhaftesten Bilder dar; ich sehe Lucinden, wie sie, nach dem heftigen Kusse, leidenschaftlich von mir zurücktritt, mit glühender Wange, mit funkelnden Augen jene Verwünschung ausspricht, wodurch nur ihre Schwester bedroht werden soll, und wodurch sie unwissend fremde Schuldlose bedroht. Ich sehe Friedriken gegen ihr über stehn, erstarrt vor dem Anblick, bleich und die Folgen jener Verwünschung fühlend, von der sie nichts weiß. Ich finde mich in der Mitte, so wenig imstande die geistigen Wirkungen jenes Abenteuers abzulehnen, als jenen Unglück weissagenden Kuß zu vermeiden. Die zarte Gesundheit Friedrikens schien den gedrohten Unfall zu beschleunigen, und nun kam mir ihre

Liebe zu mir recht unselig vor; ich wünschte über alle Berge zu sein.

Was aber noch Schmerzlicheres für mich im Hintergrunde lag, will ich nicht verhehlen. Ein gewisser Dünkel unterhielt bei mir jenen Aberglauben; meine Lippen – geweiht oder verwünscht – kamen mir bedeutender vor als sonst, und mit nicht geringer Selbstgefälligkeit war ich mir meines enthaltsamen Betragens bewußt, indem ich mir manche unschuldige Freude versagte, teils um jenen magischen Vorzug zu bewahren, teils um ein harmloses Wesen nicht zu verletzen, wenn ich ihn aufgäbe.

Nunmehr aber war alles verloren und unwiederbringlich; ich war in einen gemeinen Zustand zurückgekehrt, ich glaubte das liebste Wesen verletzt, ihr unwiederbringlich geschadet zu haben; und so war jene Verwünschung, anstatt daß ich sie hätte los werden sollen, von meinen Lippen in mein eignes Herz zurückgeschlagen.

Das alles raste zusammen in meinem durch Liebe und Leidenschaft, Wein und Tanz aufgeregten Blute, verwirrte mein Denken, peinigte mein Gefühl, so daß ich, besonders im Gegensatz mit den gestrigen behaglichen Freuden, mich in einer Verzweiflung fühlte, die ohne Grenzen schien. Glücklicherweise blickte durch eine Spalte im Laden das Tagslicht mich an, und alle Mächte der Nacht überwindend, stellte mich die hervortretende Sonne wieder auf meine Füße; ich war bald im Freien und schnell erquickt, wo nicht hergestellt.

Der Aberglaube, sowie manches andre Wähnen, verliert sehr leicht an seiner Gewalt, wenn er, statt unserer Eitelkeit zu schmeicheln, ihr in den Weg tritt, und diesem zarten Wesen eine böse Stunde machen will; wir sehen alsdann recht gut, daß wir ihn loswerden können, sobald wir wollen; wir entsagen ihm um so leichter, je mehr alles, was wir ihm entziehn, zu unserm Vorteil gereicht. Der Anblick Friedrikens, das Gefühl ihrer Liebe, die Heiterkeit der Umgebung, alles machte mir Vorwürfe, daß ich in der Mitte der glücklichsten Tage so traurige Nachtvögel bei mir beherbergen mögen; ich glaubte sie auf ewig verscheucht zu haben. Des lieben Mädchens immer mehr annäherndes zutrauliches Betragen machte mich durch und durch froh, und ich fand mich recht glücklich, daß sie mir diesmal beim Abschied öffentlich, wie andern Freunden und Verwandten, einen Kuß gab.

In der Stadt erwarteten mich gar manche Geschäfte und Zerstreuungen, aus denen ich mich oft, durch einen jetzt regelmäßig eingeleiteten Briefwechsel mit meiner Geliebten, zu ihr sammelte. Auch in Briefen blieb sie immer dieselbe; sie mochte etwas Neues erzählen, oder auf bekannte Begebenheiten anspielen, leicht schildern, vorübergehend reflektieren, immer war es, als wenn sie auch mit der Feder gehend, kommend, laufend, springend so leicht aufträte als sicher. Auch ich schrieb sehr gern an sie: denn die Vergegenwärtigung ihrer Vorzüge vermehrte meine Neigung auch in der Abwesenheit, so daß diese Unterhaltung einer persönlichen wenig nachgab, ja in der Folge mir sogar angenehmer, teurer wurde.

Denn jener Aberglaube hatte völlig weichen müssen. Er gründete sich zwar auf Eindrücke früherer Jahre, allein der Geist des Tags, das Rasche der Jugend, der Umgang mit kalten, verständigen Männern, alles war ihm ungünstig, so daß sich nicht leicht jemand in meiner ganzen Umgebung gefunden hätte, dem nicht ein Bekenntnis meiner Grille vollkommen lächerlich gewesen wäre. Allein das Schlimmste war, daß jener Wahn, indem er floh, eine wahre Betrachtung über den Zustand zurückließ, in welchem sich immer junge Leute befinden, deren frühzeitige Neigungen sich keinen dauerhaften Erfolg versprechen dürfen. So wenig war mir geholfen, den Irrtum los zu sein, daß Verstand und Überlegung mir nur noch schlimmer in diesem Falle mitspielten. Meine Leidenschaft wuchs, je mehr ich den Wert des trefflichen Mädchens kennen lernte, und die Zeit rückte heran, da ich so viel Liebes und Gutes, vielleicht auf immer, verlieren sollte.

Wir hatten eine Zeitlang zusammen still und anmutig fortgelebt, als Freund Weyland die Schalkheit beging, den „Landpriester von Wakefield“ nach Sesenheim mitzubringen und mir ihn, da vom Vorlesen die Rede war, unvermutet zu überreichen, als hätte es weiter gar nichts zu sagen. Ich wußte mich zu fassen und las so heiter und freimütig, als ich nur konnte. Auch die Gesichter meiner Zuhörer erheiterten sich sogleich, und es schien ihnen gar nicht unangenehm, abermals zu einer Vergleichung genötigt zu sein. Hatten sie zu Raymond und Melusine komische Gegenbilder gefunden, so erblickten sie hier sich selbst in einem Spiegel, der keineswegs verhäßlichte. Man gestand sich's nicht ausdrücklich, aber man verleugnete es nicht, daß man sich unter Geistes- und Gefühlsverwandten bewege.

Alle Menschen guter Art empfinden bei zunehmender Bildung, daß sie auf der Welt eine doppelte Rolle zu spielen haben, eine wirkliche und eine ideelle, und in diesem Gefühl ist der Grund alles Edlen aufzusuchen. Was uns für eine wirkliche zugeteilt sei, erfahren wir nur allzu deutlich; was die zweite betrifft, darüber können wir selten ins klare kommen. Der Mensch mag seine höhere Bestimmung auf Erden oder im Himmel, in der Gegenwart oder in der Zukunft suchen, so bleibt er deshalb doch innerlich einem ewigen Schwanken, von außen einer immer störenden Einwirkung ausgesetzt, bis er ein für allemal den Entschluß faßt, zu erklären, das Rechte sei das, was ihm gemäß ist.

Unter die läßlichsten Versuche, sich etwas Höheres anzubilden, sich einem Höheren gleich zu stellen, gehört wohl der jugendliche Trieb, sich mit Romanenfiguren zu vergleichen. Er ist höchst unschuldig, und, was man auch dagegen eifern mag, höchst unschädlich. Er unterhält uns in Zeiten, wo wir vor Langerweile umkommen oder zu leidenschaftlicher Unterhaltung greifen müßten.

Wie oft wiederholt man nicht die Litanei vom Schaden der Romane, und was ist es denn für ein Unglück, wenn ein artiges Mädchen, ein hübscher junger Mann sich an die Stelle der Person setzt, der es besser und schlechter geht als ihm selbst? Ist denn das bürgerliche Leben so viel wert, oder verschlingen die Bedürfnisse des Tags den Menschen so ganz, daß er jede schöne Forderung von sich ablehnen soll?

So sind als kleine Nebenzweige der romantisch-poetischen Fiktionen die historisch-poetischen Taufnamen, die sich an die Stelle der heiligen, nicht selten zum Ärgernis der taufenden Geistlichen, in die deutsche Kirche eingedrungen, ohne Zweifel anzusehn. Auch dieser Trieb, sein Kind durch einen wohlklingenden Namen, wenn er auch sonst nichts weiter hinter sich hätte, zu adeln, ist löblich, und diese Verknüpfung einer eingebildeten Welt mit der wirklichen verbreitet sogar über das ganze Leben der Person einen anmutigen Schimmer. Ein schönes Kind, welches wir mit Wohlgefallen Berta nennen, würden wir zu beleidigen glauben, wenn wir es Urselblandine nennen sollten. Gewiß, einem gebildeten Menschen, geschweige denn einem Liebhaber, würde ein solcher Name auf den Lippen stocken. Der kalt und einseitig urteilenden Welt ist nicht zu verargen, wenn sie alles, was phantastisch hervortritt, für lächerlich und verwerflich achtet; der denkende Kenner der Menschheit aber muß es nach seinem Werte zu würdigen wissen.

Für den Zustand der Liebenden an dem schönen Ufer des Rheins war diese Vergleichung, zu der sie ein Schalk genötigt hatte, von den anmutigsten Folgen. Man denkt nicht über sich, wenn man sich im Spiegel betrachtet, aber man fühlt sich und läßt sich gelten. So ist es auch mit jenen moralischen Nachbildern, an denen man seine Sitten und Neigungen, seine Gewohnheiten und Eigenheiten, wie im Schattenriß, erkennt und mit brüderlicher Innigkeit zu fassen und zu umarmen strebt.

Die Gewohnheit, zusammen zu sein, befestigte sich immer mehr; man wußte nicht anders, als daß ich diesem Kreis angehöre. Man ließ es geschehn und gehn, ohne gerade zu fragen, was daraus werden sollte. Und welche Eltern finden sich nicht genötigt, Töchter und Söhne in so schwebenden Zuständen eine Weile hinwalten zu lassen, bis sich etwas zufällig fürs Leben bestätigt, besser, als es ein lange angelegter Plan hätte hervorbringen können.

Man glaubte sowohl auf Friedrikens Gesinnungen als auch auf meine Rechtlichkeit, für die man, wegen jenes wunderlichen Enthaltens selbst von unschuldigen Liebkosungen, ein günstiges Vorurteil gefaßt hatte, völlig vertrauen zu können. Man ließ uns unbeobachtet, wie es überhaupt dort und damals Sitte war, und es hing von uns ab, in kleinerer oder größerer Gesellschaft, die Gegend zu durchstreifen und die Freunde der Nachbarschaft zu besuchen. Diesseits und jenseits des Rheins, in Hagenau, Fort Louis, Philippsburg, der Ortenau, fand ich die Personen zerstreut, die ich in Sesenheim vereinigt gesehn, jeden bei sich, als freundlichen Wirt, gastfrei und so gern Küche und Keller als Gärten und Weinberge, ja die ganze Gegend aufschließend. Die Rheininseln waren denn auch öfters ein Ziel unserer Wasserfahrten. Dort brachten wir ohne Barmherzigkeit die kühlen Bewohner des klaren Rheines in den Kessel, auf den Rost, in das siedende Fett, und hätten uns hier, in den traulichen Fischerhütten, vielleicht mehr als billig angesiedelt, hätten uns nicht die entsetzlichen Rheinschnaken nach einigen Stunden wieder weggetrieben. Über diese unerträgliche Störung einer der schönsten Lustpartien, wo sonst alles glückte, wo die Neigung der Liebenden mit dem guten Erfolge des Unternehmens nur zu wachsen schien, brach ich wirklich, als wir zu früh, ungeschickt und ungelegen nach Hause kamen, in Gegenwart des guten geistlichen Vaters, in gotteslästerliche Reden aus und versicherte, daß diese Schnaken allein mich von dem Gedanken abbringen könnten, als habe ein guter und weiser Gott die Welt erschaffen. Der alte fromme Herr rief mich dagegen ernstlich zur Ordnung und verständigte mich, daß diese Mücken und anderes Ungeziefer erst nach dem Falle unserer ersten Eltern entstanden, oder, wenn deren im Paradiese gewesen, daselbst nur angenehm gesummet und nicht gestochen hätten. Ich fühlte mich zwar sogleich besänftigt: denn ein Zorniger ist wohl zu begütigen, wenn es uns glückt, ihn zum Lächeln zu bringen; ich versicherte jedoch, es habe des Engels mit dem flammenden Schwerte gar nicht bedurft, um das sündige Ehepaar aus dem Garten zu treiben; er müsse mir vielmehr erlauben, mir vorzustellen, daß dies durch große Schnaken des Tigris und Euphrat geschehn sei. Und so hatte ich ihn wieder zum Lachen gebracht; denn der gute Mann verstand Spaß, oder ließ ihn wenigstens vorübergehn.

Ernsthafter jedoch und herzerhebender war der Genuß der Tags- und Jahreszeiten in diesem herrlichen Lande. Man durfte sich nur der Gegenwart hingeben, um diese

Klarheit des reinen Himmels, diesen Glanz der reichen Erde, diese lauen Abende, diese warmen Nächte an der Seite der Geliebten oder in ihrer Nähe zu genießen. Monate lang beglückten uns reine ätherische Morgen, wo der Himmel sich in seiner ganzen Pracht wies, indem er die Erde mit überflüssigem Tau getränkt hatte; und damit dieses Schauspiel nicht zu einfach werde, türmten sich oft Wolken über die entfernten Berge, bald in dieser, bald in jener Gegend. Sie standen Tage, ja Wochen lang, ohne den reinen Himmel zu trüben, und selbst die vorübergehenden Gewitter erquickten das Land und verherrlichten das Grün, das schon wieder im Sonnenschein glänzte, ehe es noch abtrocknen konnte. Der doppelte Regenbogen, zweifarbige Säume eines dunkelgrauen, beinah schwarzen himmlischen Bandstreifens waren herrlicher, farbiger, entschiedener, aber auch flüchtiger, als ich sie irgend beobachtet.

Unter diesen Umgebungen trat unversehens die Lust zu dichten, die ich lange nicht gefühlt hatte, wieder hervor. Ich legte für Friedriken manche Lieder bekannten Melodien unter. Sie hätten ein artiges Bändchen gegeben; wenige davon sind übrig geblieben, man wird sie leicht aus meinen übrigen herausfinden.

Da ich meiner wunderlichen Studien und übrigen Verhältnisse wegen doch öfters nach der Stadt zurückzukehren genötigt war, so entsprang dadurch für unsere Neigung ein neues Leben, das uns vor allem Unangenehmen bewahrte, was an solche kleine Liebeshändel als verdrießliche Folge sich gewöhnlich zu schließen pflegt. Entfernt von mir arbeitete sie für mich, und dachte auf irgend eine neue Unterhaltung, wenn ich zurückkäme; entfernt von ihr beschäftigte ich mich für sie, um durch eine neue Gabe, einen neuen Einfall ihr wieder neu zu sein. Gemalte Bänder waren damals eben erst Mode geworden; ich malte ihr gleich ein paar Stücke und sendete sie mit einem kleinen Gedicht voraus, da ich diesmal länger, als ich gedacht, ausbleiben mußte. Um auch die dem Vater getane Zusage eines neuen und ausgearbeiteten Baurisses noch über Versprechen zu halten, beredete ich einen jungen Bauverständigen, statt meiner zu arbeiten. Dieser hatte so viel Lust an der Aufgabe als Gefälligkeit gegen mich, und ward noch mehr durch die Hoffnung eines guten Empfangs in einer so angenehmen Familie belebt. Er verfertigte Grundriß, Aufriß und Durchschnitt des Hauses; Hof und Garten war nicht vergessen; auch ein detaillierter, aber sehr mäßiger Anschlag war hinzugefügt, um die Möglichkeit der Ausführung eines weitläuftigen und kostspieligen Unternehmens als leicht und tulich vorzuspiegeln.

Diese Zeugnisse unserer freundschaftlichen Bemühungen verschafften uns den liebreichsten Empfang; und da der Vater sah, daß wir den besten Willen hatten, ihm zu dienen, so trat er mit noch einem Wunsche hervor; es war der, seine zwar hübsche aber einfarbige Chaise mit Blumen und Zieraten staffiert zu sehn. Wir ließen uns bereitwillig finden. Farben, Pinsel und sonstige Bedürfnisse wurden von den Krämern und Apothekern der nächsten Städte herbeigeholt. Damit es aber auch an einem Wakefieldschen Mißlingen nicht fehlen möchte, so bemerkten wir nur erst, als alles auf das fleißigste und bunteste gemalt war, daß wir einen falschen Firnis genommen hatten, der nicht trocknen wollte: Sonnenschein und Zugluft, reines und feuchtes Wetter, nichts wollte fruchten. Man mußte sich indessen eines alten Rumpelkastens bedienen, und es blieb uns nichts übrig, als die Verzierung mit mehr Mühe wieder abzureiben, als wir sie aufgemalt hatten. Die Unlust bei dieser Arbeit vergrößerte sich noch, als uns die Mädchen ums Himmelswillen baten, langsam und vorsichtig zu verfahren, um den Grund zu schonen; welcher denn doch, nach dieser Operation, zu seinem ursprünglichen Glanze nicht wieder zurückzubringen war.

Durch solche unangenehme kleine Zwischenfälligkeiten wurden wir jedoch so wenig als Doktor Primrose und seine liebenswürdige Familie in unserm heitern Leben gestört: denn es begegnete manches unerwartete Glück sowohl uns als auch Freunden und Nachbarn; Hochzeiten und Kindtaufen, Richtung eines Gebäudes, Erbschaft, Lotteriegewinn wurden wechselseitig verkündigt und mitgenossen. Wir trugen alle Freude, wie ein Gemeingut, zusammen und wußten sie durch Geist und Liebe zu steigern. Es war nicht das erste und letzte Mal, daß ich mich in Familien, in geselligen Kreisen befand, gerade im Augenblick ihrer höchsten Blüte, und wenn ich mir schmeicheln darf, etwas zu dem Glanz solcher Epochen beigetragen zu haben, so muß ich mir dagegen vorwerfen, daß solche Zeiten uns eben deshalb schneller vorübergeeilt und früher verschwunden.

Nun sollte aber unsere Liebe noch eine sonderbare Prüfung ausstehn. Ich will es Prüfung nennen, obgleich dies nicht das rechte Wort ist. Die ländliche Familie, der ich befreundet war, hatte verwandte Häuser in der Stadt, von gutem Ansehn und Ruf und in behaglichen Vermögensumständen. Die jungen Städter waren öfters in Sesenheim. Die ältern Personen, Mütter und Tanten, weniger beweglich, hörten so mancherlei von dem dortigen Leben, von der wachsenden Anmut der Töchter, selbst von meinem Einfluß, daß sie mich erst wollten kennen lernen, und, nachdem ich sie öfters besucht und auch bei ihnen wohl empfangen war, uns auch alle einmal beisammen zu sehen verlangten, zumal als sie jenen auch eine freundliche Gegenaufnahme schuldig zu sein glaubten.

Lange ward hierüber hin und her gehandelt. Die Mutter konnte sich schwer von der Haushaltung trennen, Olivie hatte einen Abscheu vor der Stadt, in die sie nicht paßte, Friedrike keine Neigung dahin; und so verzögerte sich die Sache, bis sie endlich dadurch entschieden ward, daß es mir unmöglich fiel, innerhalb vierzehn Tagen aufs Land zu kommen, da man sich denn lieber in der Stadt und mit einigem Zwange als gar nicht sehen wollte. Und so fand ich nun meine Freundinnen, die ich nur auf ländlicher Szene zu sehen gewohnt war, deren Bild mir nur auf einem Hintergrunde von schwankenden Baumzweigen, beweglichen Bächen, nickenden Blumenwiesen und einem meilenweit freien Horizonte bisher erschien – ich sah sie nun zum ersten Mal in städtischen, zwar weiten Zimmern, aber doch in der Enge, in Bezug auf Tapeten, Spiegel, Standuhren und Porzellanpuppen.

Das Verhältnis zu dem, was man liebt, ist so entschieden, daß die Umgebung wenig sagen will; aber daß es die gehörige, natürliche, gewohnte Umgebung sei, dies verlangt das Gemüt. Bei meinem lebhaften Gefühl für alles Gegenwärtige konnte ich mich nicht gleich in den Widerspruch des Augenblicks finden. Das anständige, ruhig-edle Betragen der Mutter paßte vollkommen in diesen Kreis, sie unterschied sich nicht von den übrigen Frauen; Olivie dagegen bewies sich ungeduldig, wie ein Fisch auf dem Strande. Wie sie mich sonst in dem Garten anrief oder auf dem Felde bei Seite winkte, wenn sie mir etwas Besonderes zu sagen hatte, so tat sie auch hier, indem sie mich in eine Fenstertiefe zog; sie tat es mit Verlegenheit und ungeschickt, weil sie fühlte, daß es nicht paßte, und es doch tat. Sie hatte mir das Unwichtigste von der Welt zu sagen, nichts als was ich schon wußte: daß es ihr entsetzlich weh sei, daß sie sich an den Rhein, über den Rhein, ja in die Türkei wünsche. Friedrike hingegen war in dieser Lage höchst merkwürdig. Eigentlich genommen paßte sie auch nicht hinein; aber dies zeugte für ihren Charakter, daß sie, anstatt sich in diesen Zustand zu finden, unbewußt den Zustand nach sich modelte. Wie sie auf dem Lande mit der Gesellschaft gebarte, so tat sie es auch hier. Jeden Augenblick wußte sie zu beleben. Ohne zu beunruhigen, setzte sie alles in Bewegung und beruhigte gerade dadurch die Gesellschaft, die eigentlich nur von der Langenweile beunruhigt wird. Sie erfüllte damit vollkommen den Wunsch der städtischen Tanten, welche ja auch einmal, von ihrem Kanapee aus, Zeugen jener ländlichen Spiele und Unterhaltungen sein wollten. War dieses zur Genüge geschehn, so wurde die Garderobe, der Schmuck, und was die städtischen, französisch gekleideten Nichten besonders auszeichnete, betrachtet und ohne Neid bewundert. Auch mit mir machte Friedrike sich's leicht, indem sie mich behandelte wie immer. Sie schien mir keinen andern Vorzug zu geben, als den, daß sie ihr Begehren, ihre Wünsche eher an mich als an einen andern richtete und mich dadurch als ihren Diener anerkannte.

Diese Dienerschaft nahm sie einen der folgenden Tage mit Zuversicht in Anspruch, als sie mir vertraute, die Damen wünschten mich lesen zu hören. Die Töchter des Hauses hatten viel davon erzählt: denn in Sesenheim las ich, was und wann man's verlangte. Ich war sogleich bereit, nur bat ich um Ruhe und Aufmerksamkeit auf mehrere Stunden. Dies ging man ein, und ich las an einem Abend den ganzen „Hamlet“ ununterbrochen, in den Sinn des Stücks eindringend, wie ich es nur vermochte, mit Lebhaftigkeit und Leidenschaft mich ausdrückend, wie es der Jugend gegeben ist. Ich erntete großen Beifall. Friedrike hatte von Zeit zu Zeit tief geatmet und ihre Wangen eine fliegende Röte überzogen. Diese beiden Symptome eines bewegten zärtlichen Herzens, bei scheinbarer Heiterkeit und Ruhe von außen, waren mir nicht unbekannt und der einzige Lohn, nach dem ich strebte. Sie sammelte den Dank, daß sie mich veranlaßt hatte, mit Freuden ein, und versagte sich, nach ihrer zierlichen Weise, den kleinen Stolz nicht, in mir und durch mich geglänzt zu haben.

Dieser Stadtbesuch sollte nicht lange dauern, aber die Abreise verzögerte sich. Friedrike tat das Ihrige zur geselligen Unterhaltung, ich ließ es auch nicht fehlen; aber die reichen Hülfsquellen, die auf dem Lande so ergiebig sind, versiegten bald in der Stadt, und der Zustand ward um so peinlicher, als die Ältere nach und nach ganz aus der Fassung kam. Die beiden Schwestern waren die einzigen in der Gesellschaft, welche sich deutsch trugen. Friedrike hatte sich niemals anders gedacht und glaubte überall so recht zu sein, sie verglich sich nicht; aber Olivien war es ganz unerträglich, so mägdehaft ausgezeichnet in dieser vornehm erscheinenden Gesellschaft einherzugehn. Auf dem Lande bemerkte sie kaum die städtische Tracht an andern, sie verlangte sie nicht; in der Stadt konnte sie die ländliche nicht ertragen. Dies alles zu dem übrigen Geschicke städtischer Frauenzimmer, zu den hundert Kleinigkeiten einer ganz entgegengesetzten Umgebung wühlte einige Tage so in dem leidenschaftlichen Busen, daß ich alle schmeichelnde Aufmerksamkeit auf sie zu wenden hatte, um sie, nach dem Wunsche Friedrikens, zu begütigen. Ich fürchtete eine leidenschaftliche Szene. Ich sah den Augenblick, da sie sich mir zu Füßen werfen und mich bei allem Heiligen beschwören werde, sie aus diesem Zustande zu retten. Sie war himmlisch gut, wenn sie sich nach ihrer Weise behaben konnte, aber ein solcher Zwang setzte sie gleich in Mißbehagen und konnte sie zuletzt bis zur Verzweiflung treiben. Nun suchte ich zu beschleunigen, was die Mutter mit Olivien wünschte und was Friedriken nicht zuwider war. Diese im Gegensatze mit ihrer Schwester zu loben, enthielt ich mich nicht; ich sagte ihr, wie sehr ich mich freue, sie unverändert und auch in diesen Umgebungen so frei wie den Vogel auf den Zweigen zu finden. Sie war artig genug zu erwidern, daß ich ja da sei, sie wolle weder hinaus noch herein, wenn ich bei ihr wäre.

Endlich sah ich sie abfahren, und es fiel mir wie ein Stein vom Herzen: denn meine Empfindung hatte den Zustand von Friedriken und Olivien geteilt; ich war zwar nicht leidenschaftlich geängstigt wie diese, aber ich fühlte mich doch keineswegs wie jene behaglich.

Da ich eigentlich nach Straßburg gegangen war, um zu promovieren, so gehörte es freilich unter die Unregelmäßigkeiten meines Lebens, daß ich ein solches Hauptgeschäft als eine Nebensache betrachtete. Die Sorge wegen des Examens hatte ich mir auf eine sehr leichte Weise beiseitegeschafft; es war nun aber auch an die Disputation zu denken: denn von Frankfurt abreisend hatte ich meinem Vater versprochen und mir selbst fest vorgesetzt, eine solche zu schreiben. Es ist der Fehler derjenigen, die manches, ja viel vermögen, daß sie sich alles zutrauen, und die Jugend muß sogar in diesem Falle sein, damit nur etwas aus ihr werde. Eine Übersicht der Rechtswissenschaft und ihres ganzen Fachwerks hatte ich mir so ziemlich verschafft, einzelne rechtliche Gegenstände interessierten mich hinlänglich, und ich glaubte, da ich mir den braven Leyser zum Vorbild genommen hatte, mit meinem kleinen Menschenverstand ziemlich durchzukommen. Es zeigten sich große Bewegungen in der Jurisprudenz; es sollte mehr nach Billigkeit geurteilt werden; alle Gewohnheitsrechte sah man täglich gefährdet, und besonders dem Kriminalwesen stand eine große Veränderung bevor. Was mich selbst betraf, so fühlte ich wohl, daß mir zur Ausfüllung jener Rechtstopik, die ich mir gemacht hatte, unendlich vieles fehle; das eigentliche Wissen ging mir ab, und keine innere Richtung drängte mich zu diesen Gegenständen. Auch mangelte der Anstoß von außen, ja mich hatte eine ganz andere Fakultät mit fortgerissen. Überhaupt, wenn ich Interesse finden sollte, so mußte ich einer Sache irgend etwas abgewinnen, ich mußte etwas an ihr gewahr werden, das mir fruchtbar schien und Aussichten gab. So hatte ich mir einige Materien wohl gemerkt, auch sogar darauf gesammelt, und nahm auch meine Kollektaneen vor, überlegte das, was ich behaupten, das Schema, wonach ich die einzelnen Elemente ordnen wollte, nochmals, und arbeitete so eine Zeitlang; allein ich war klug genug, bald zu sehen, daß ich nicht fortkommen könne und daß, um eine besondere Materie abzuhandeln, auch ein besonderer und lang anhaltender Fleiß erforderlich sei, ja daß man nicht einmal ein solches Besondere mit Glück vollführen werde, wenn man nicht im Ganzen, wo nicht Meister, doch wenigstens Altgeselle sei.

Die Freunde, denen ich meine Verlegenheit mitteilte, fanden mich lächerlich, weil man über Theses ebenso gut, ja noch besser als über einen Traktat disputieren könne; in Straßburg sei das gar nicht ungewöhnlich. Ich ließ mich zu einem solchen Ausweg sehr geneigt finden, allein mein Vater, dem ich deshalb schrieb, verlangte ein ordentliches Werk, das ich, wie er meinte, sehr wohl ausfertigen könnte, wenn ich nur wollte, und mir die gehörige Zeit dazu nähme. Ich war nun genötigt, mich auf irgend ein Allgemeines zu werfen, und etwas zu wählen, was mir geläufig wäre. Die Kirchengeschichte war mir fast noch bekannter als die Weltgeschichte, und mich hatte von jeher der Konflikt, in welchem sich die Kirche, der öffentlich anerkannte Gottesdienst, nach zwei Seiten hin befindet und immer befinden wird, höchlich interessiert. Denn einmal liegt sie in ewigem Streit mit dem Staat, über den sie sich erheben, und sodann mit den einzelnen, die sie alle zu sich versammeln will. Der Staat von seiner Seite will ihr die Oberherrschaft nicht zugestehn, und die einzelnen widersetzen sich ihrem Zwangsrechte. Der Staat will alles zu öffentlichen, allgemeinen Zwecken, der einzelne zu häuslichen, herzlichen, gemütlichen. Ich war von Kindheit auf Zeuge solcher Bewegungen gewesen, wo die Geistlichkeit es bald mit ihren Oberen, bald mit der Gemeine verdarb. Ich hatte mir daher in meinem jugendlichen Sinne festgesetzt, daß der Staat, der Gesetzgeber, das Recht habe, einen Kultus zu bestimmen, nach welchem die Geistlichkeit lehren und sich benehmen solle, die Laien hingegen sich äußerlich und öffentlich genau zu richten hätten; übrigens sollte die Frage nicht sein, was jeder bei sich denke, fühle oder sinne. Dadurch glaubte ich alle Kollisionen auf einmal gehoben zu haben. Ich wählte deshalb zu meiner Disputation die erste Hälfte dieses Themas: daß nämlich der Gesetzgeber nicht allein berechtigt, sondern verpflichtet sei, einen gewissen Kultus festzusetzen, von welchem weder die Geistlichkeit noch die Laien sich lossagen dürften. Ich führte dieses Thema teils historisch, teils räsonierend aus, indem ich zeigte, daß alle öffentlichen Religionen durch Heerführer, Könige und mächtige Männer eingeführt worden, ja daß dieses sogar der Fall mit der christlichen sei. Das Beispiel des Protestantismus lag ja ganz nahe. Ich ging bei dieser Arbeit um so kühner zu Werke, als ich sie eigentlich nur meinen Vater zu befriedigen schrieb, und nichts sehnlicher wünschte und hoffte, als daß sie die Zensur nicht passieren möchte. Ich hatte noch von Behrisch her eine unüberwindliche Abneigung, etwas von mir gedruckt zu sehn, und mein Umgang mit Herdern hatte mir meine Unzulänglichkeit nur allzu deutlich aufgedeckt, ja ein gewisses Mißtrauen gegen mich selbst war dadurch völlig zur Reife gekommen.

Da ich diese Arbeit fast ganz aus mir selbst schöpfte, und das Latein geläufig sprach und schrieb, so verfloß mir die Zeit, die ich auf die Abhandlung verwendete, sehr angenehm. Die Sache hatte wenigstens einigen Grund; die Darstellung war, rednerisch genommen, nicht übel, das Ganze hatte eine ziemliche Rundung. Sobald ich damit zu Rande war, ging ich sie mit einem guten Lateiner durch, der, ob er gleich meinen Stil im ganzen nicht verbessern konnte, doch alle auffallenden Mängel mit leichter Hand vertilgte, so daß etwas zustande kam, das sich aufzeigen ließ. Eine reinliche Abschrift wurde meinem Vater sogleich zugeschickt, welcher zwar nicht billigte, daß keiner von den früher vorgenommenen Gegenständen ausgeführt worden sei, jedoch mit der Kühnheit des Unternehmens als ein völlig protestantisch Gesinnter wohl zufrieden war. Mein Seltsames wurde geduldet, meine Anstrengung gelobt, und er versprach sich von der Bekanntmachung dieses Werkchens eine vorzügliche Wirkung.

Ich überreichte nun meine Hefte der Fakultät, und diese betrug sich glücklicherweise so klug als artig. Der Dekan, ein lebhafter gescheiter Mann, fing mit vielen Lobeserhebungen meiner Arbeit an, ging dann zum Bedenklichen derselben über, welches er nach und nach in ein Gefährliches zu verwandeln wußte und damit schloß, daß es nicht rätlich sein möchte, diese Arbeit als akademische Dissertation bekannt zu machen. Der Aspirant habe sich der Fakultät als einen denkenden jungen Mann gezeigt, von dem sie das Beste hoffen dürfe; sie wolle mich gern, um die Sache nicht aufzuhalten, über Theses disputieren lassen. Ich könne ja in der Folge meine Abhandlung, wie sie vorliege oder weiter ausgearbeitet, lateinisch oder in einer andern Sprache herausgeben; dies würde mir, als einem Privatmann und Protestanten, überall leicht werden, und ich hätte mich des Beifalls um desto reiner und allgemeiner alsdann zu erfreuen. Kaum verbarg ich dem guten Manne, welchen Stein mir sein Zureden vom Herzen wälzte; bei jedem neuen Argument, das er vorbrachte, um mich durch seine Weigerung nicht zu betrüben oder zu erzürnen, ward es mir immer leichter im Gemüt, und ihm zuletzt auch, als ich ganz unerwartet seinen Gründen nichts entgegensetzte, sie vielmehr höchst einleuchtend fand und versprach, mich in allem nach seinem Rat und nach seiner Anleitung zu benehmen. Ich setzte mich nun wieder mit meinem Repetenten zusammen. Theses wurden ausgewählt und gedruckt, und die Disputation ging, unter Opposition meiner Tischgenossen, mit großer Lustigkeit, ja Leichtfertigkeit vorüber; da mir denn meine alte Übung, im „Corpus juris“ aufzuschlagen, gar sehr zustatten kam, und ich für einen wohlunterrichteten Menschen gelten konnte. Ein guter herkömmlicher Schmaus beschloß die Feierlichkeit.

Mein Vater war indessen sehr unzufrieden, daß dieses Werkchen nicht als Disputation ordentlich gedruckt worden war, weil er gehofft hatte, ich sollte bei meinem Einzuge in

Frankfurt Ehre damit einlegen. Er wollte es daher besonders herausgegeben wissen; ich stellte ihm aber vor, daß die Materie, die nur skizziert sei, künftig weiter ausgeführt werden müßte. Er hob zu diesem Zwecke das Manuskript sorgfältig auf, und ich habe es nach mehreren Jahren noch unter seinen Papieren gesehn.

Meine Promotion war am 6. August 1771 geschehn; den Tag darauf starb Schöpflin im fünfundsiebenzigsten Jahre. Auch ohne nähere Berührung hatte derselbe bedeutend auf mich eingewirkt: denn vorzügliche mitlebende Männer sind den größeren Sternen zu vergleichen, nach denen, solange sie nur über dem Horizont stehen, unser Auge sich wendet, und sich gestärkt und gebildet fühlt, wenn es ihm vergönnt ist, solche Vollkommenheiten in sich aufzunehmen. Die freigebige Natur hatte Schöpflinen ein vorteilhaftes Äußere verliehn, schlanke Gestalt, freundliche Augen, redseligen Mund, eine durchaus angenehme Gegenwart. Auch Geistesgaben erteilte sie ihrem Liebling nicht kärglich, und sein Glück war, ohne daß er sich mühsam angestrengt hätte, die Folge angeborner und ruhig ausgebildeter Verdienste. Er gehörte zu den glücklichen Menschen, welche Vergangenheit und Gegenwart zu vereinigen geneigt sind, die dem Lebensinteresse das historische Wissen anzuknüpfen verstehn. Im Badenschen geboren, in Basel und Straßburg erzogen, gehörte er dem paradiesischen Rheintal ganz eigentlich an, als einem ausgebreiteten wohlgelegenen Vaterlande. Auf historische und antiquarische Gegenstände hingewiesen, ergriff er sie munter durch eine glückliche Vorstellungskraft, und erhielt sie sich durch das bequemste Gedächtnis. Lern- und lehrbegierig wie er war, ging er einen gleich vorschreitenden Studien- und Lebensgang. Nun emergiert und eminiert er bald ohne Unterbrechung irgend einer Art; er verbreitet sich mit Leichtigkeit in der literarischen und bürgerlichen Welt: denn historische Kenntnisse reichen überall hin, und Leutseligkeit schließt sich überall an. Er reist durch Deutschland, Holland, Frankreich, Italien; kommt in Berührung mit allen Gelehrten seiner Zeit; er unterhält die Fürsten, und nur, wenn durch seine lebhafte Redseligkeit die Stunden der Tafel, der

Audienz verlängert werden, ist er den Hofleuten lästig. Dagegen erwirbt er sich das Vertrauen der Staatsmänner, arbeitet für sie die gründlichsten Deduktionen und findet so überall einen Schauplatz für seine Talente. Man wünscht ihn an gar manchem Orte festzuhalten; allein er beharrt bei seiner Treue für Straßburg und den französischen Hof. Seine unverrückte deutsche Redlichkeit wird auch dort anerkannt, man schützt ihn sogar gegen den mächtigen Prätor Klinglin, der ihn heimlich anfeindet. Gesellig und gesprächig von Natur, verbreitet er sich, wie im Wissen und Geschäften, so auch im Umgange, und man begriffe kaum, wo er alle Zeit hergenommen, wüßten wir nicht, daß eine Abneigung gegen die Frauen ihn durch sein ganzes Leben begleitet, wodurch er so manche Tage und Stunden gewann, welche von frauenhaft Gesinnten glücklich vergeudet werden.

Übrigens gehört er auch als Autor dem gemeinen Wesen und als Redner der Menge. Seine Programme, seine Reden und Anreden sind dem besondern Tag, der eintretenden Feierlichkeit gewidmet, ja sein großes Werk „Alsatia illustrata“ gehört dem Leben an, indem er die Vergangenheit wieder hervorruft, verblichene Gestalten auffrischt, den behauenen, den gebildeten Stein wieder belebt, erloschene, zerstückte Inschriften zum zweitenmal vor die Augen, vor den Sinn des Lesers bringt. Auf solche Weise erfüllt seine Tätigkeit das Elsaß und die Nachbarschaft; in Baden und der Pfalz behält er bis ins höchste Alter einen ununterbrochenen Einfluß; in Mannheim stiftet er die Akademie der Wissenschaften und erhält sich als Präsident derselben bis an seinen Tod.

Genähert habe ich mich diesem vorzüglichen Manne niemals als in einer Nacht, da wir ihm ein Fackelständchen brachten. Den mit Linden überwölbten Hof des alten Stiftgebäudes erfüllten unsere Pechfeuer mehr mit Rauch, als daß sie ihn erleuchtet hätten. Nach geendigtem Musikgeräusch kam er herab und trat unter uns; und hier war er recht an seinem Platze. Der schlank und wohl gewachsene heitere Greis stand mit leichtem freien Wesen würdig vor uns und hielt uns wert genug, eine wohlgedachte Rede, ohne Spur von Zwang und Pedantismus, väterlich liebevoll auszusprechen, so daß wir uns in dem Augenblick etwas dünkten, da er uns wie die Könige und Fürsten behandelte, die er öffentlich anzureden so oft berufen war. Wir ließen unsere Zufriedenheit überlaut vernehmen, Trompeten- und Paukenschall erklang wiederholt, und die allerliebste, hoffnungsvolle akademische Plebs verlor sich mit innigem Behagen nach Hause.

Seine Schüler und Studienverwandten, Koch und Oberlin, fanden zu mir schon ein näheres Verhältnis. Meine Liebhaberei zu altertümlichen Resten war leidenschaftlich. Sie ließen mich das Museum wiederholt betrachten, welches die Belege zu seinem großen Werke über Elsaß vielfach enthielt. Eben dieses Werk hatte ich erst nach jener Reise, wo ich noch Altertümer an Ort und Stelle gefunden, näher kennen gelernt, und nunmehr vollkommen gefördert, konnte ich mir, bei größern und kleinern Exkursionen, das Rheintal als römische Besitzung vergegenwärtigen und gar manchen Traum der Vorzeit mir wachend ausmalen.

Kaum hatte ich mir hierin einigermaßen aufgeholfen, als mich Oberlin zu den Denkmalen der Mittelzeit hinwies und mit den daher noch übrigen Ruinen und Resten, Siegeln und Dokumenten bekannt machte, ja eine Neigung zu den sogenannten Minnesingern und Heldendichtern einzuflößen suchte. Diesem wackeren Manne, sowie Herrn Koch, bin ich viel schuldig geworden, und wenn es ihrem Willen und Wunsche nach gegangen wäre, so hätte ich ihnen das Glück meines Lebens verdanken müssen. Damit verhielt es sich aber folgendergestalt.

Schöpflin, der sich in der höheren Sphäre des Staatsrechts zeitlebens bewegt hatte und den großen Einfluß wohl kannte, welchen solche und verwandte Studien bei Höfen und in Kabinetten einem fähigen Kopfe zu verschaffen geeignet sind, fühlte eine unüberwindliche, ja ungerechte Abneigung gegen den Zustand des Zivilisten, und hatte die gleiche Gesinnung den Seinigen eingeflößt. Obgenannte beide Männer, Freunde von Salzmann, hatten auf eine liebreiche Weise von mir Kenntnis genommen. Das leidenschaftliche Ergreifen äußerer Gegenstände, die Darstellungsart, womit ich die Vorzüge derselben herauszuheben und ihnen ein besonderes Interesse zu verleihen wußte, schätzten sie höher als ich selbst. Meine geringe, ich kann wohl sagen notdürftige Beschäftigung mit dem Zivilrechte war ihnen nicht unbemerkt geblieben; sie kannten mich genug, um zu wissen, wie leicht ich bestimmbar sei; aus meiner Lust zum akademischen Leben hatte ich auch kein Geheimnis gemacht, und sie dachten mich daher für Geschichte, Staatsrecht, Redekunst, erst nur im Vorübergehn, dann aber entschiedener, zu erwerben. Straßburg selbst bot Vorteile genug. Eine Aussicht auf die deutsche Kanzlei in Versailles, der Vorgang von Schöpflin, dessen Verdienst mir freilich unerreichbar schien, sollte zwar nicht zur Nachahmung, doch zur Nacheiferung reizen und vielleicht dadurch ein ähnliches Talent zur Ausbildung gelangen, welches sowohl dem, der sich dessen rühmen dürfte, ersprießlich, als andern, die es für sich zu gebrauchen dächten, nützlich sein könnte. Diese meine Gönner, und Salzmann mit ihnen, legten auf mein Gedächtnis und auf meine Fähigkeit, den Sinn der Sprachen zu fassen, einen großen Wert, und suchten hauptsächlich dadurch ihre Absichten und Vorschläge zu motivieren.

Wie nun aus allem diesem nichts geworden, und wie es gekommen, daß ich wieder von der französischen Seite auf die deutsche herübergetreten, gedenk ich hier zu entwickeln. Man erlaube mir, wie bisher, zum Übergange einige allgemeine Betrachtungen.

Es sind wenig Biographien, welche einen reinen, ruhigen, steten Fortschritt des Individuums darstellen können. Unser Leben ist, wie das Ganze, in dem wir enthalten sind, auf eine unbegreifliche Weise aus Freiheit und Notwendigkeit zusammengesetzt. Unser Wollen ist ein Vorausverkünden dessen, was wir unter allen Umständen tun werden. Diese Umstände aber ergreifen uns auf ihre eigne Weise. Das W a s liegt in uns, das W i e hängt selten von uns ab, nach dem W a r u m dürfen wir nicht fragen, und deshalb verweist man uns mit Recht aufs Q u i a.

Die französische Sprache war mir von Jugend auf lieb; ich hatte sie in einem bewegteren Leben, und ein bewegteres

Leben durch sie kennen gelernt. Sie war mir ohne Grammatik und Unterricht, durch Umgang und Übung, wie eine zweite Muttersprache zu eigen geworden. Nun wünschte ich mich derselben mit größerer Leichtigkeit zu bedienen, und zog deswegen Straßburg zum abermaligen akademischen Aufenthalt andern hohen Schulen vor; aber leider sollte ich dort gerade das Umgekehrte von meinen Hoffnungen erfahren, und von dieser Sprache, diesen Sitten eher ab- als ihnen zugewendet werden.

Die Franzosen, welche sich überhaupt eines guten Betragens befleißigen, sind gegen Fremde, die ihre Sprache zu reden anfangen, nachsichtig, sie werden niemanden über irgend einen Fehler auslachen, oder ihn deshalb ohne Umschweif tadeln. Da sie jedoch nicht wohl ertragen mögen, daß in ihrer Sprache gesündigt wird, so haben sie die Art, eben dasselbe, was man gesagt hat, mit einer anderen Wendung zu wiederholen und gleichsam höflich zu bekräftigen, sich dabei aber des eigentlichen Ausdrucks, den man hätte gebrauchen sollen, zu bedienen, und auf diese Weise den Verständigen und Aufmerksamen auf das Rechte und Gehörige zu führen.

So sehr man nun, wenn es einem Ernst ist, wenn man Selbstverleugnung genug hat, sich für einen Schüler zu geben, hiebei gewinnt und gefördert wird, so fühlt man sich doch immer einigermaßen gedemütiget, und, da man doch auch um der Sache willen redet, oft allzusehr unterbrochen, ja abgelenkt, und man läßt ungeduldig das Gespräch fallen. Dies begegnete besonders mir vor andern, indem ich immer etwas Interessantes zu sagen glaubte, dagegen aber auch etwas Bedeutendes vernehmen, und nicht immer bloß auf den Ausdruck zurückgewiesen sein wollte; ein Fall, der bei mir öfter eintrat, weil mein Französisch viel buntscheckiger war als das irgend eines andern Fremden. Von Bedienten, Kammerdienern und Schildwachen, jungen und alten Schauspielern, theatralischen Liebhabern, Bauern und Helden hatte ich mir die Redensarten, sowie die Akzentuationen gemerkt, und dieses babylonische Idiom sollte sich durch ein wunderliches Ingrediens noch mehr verwirren, indem ich den französischen reformierten Geistlichen gern zuhörte und ihre Kirchen um so lieber besuchte, als ein sonntägiger Spaziergang nach Bockenheim dadurch nicht allein erlaubt, sondern geboten war. Aber auch hiermit sollte es noch nicht genug sein: denn als ich in den Jünglingsjahren immer mehr auf die Deutschheit des sechzehnten Jahrhunderts gewiesen ward, so schloß ich gar bald auch die Franzosen jener herrlichen Epoche in diese Neigung mit ein. Montaigne, Amyot, Rabelais, Marot waren meine Freunde, und erregten in mir Anteil und Bewunderung. Alle diese verschiedenen Elemente bewegten sich nun in meiner Rede chaotisch durch einander, so daß für den Zuhörer die Intention über dem wunderlichen Ausdruck meist verloren ging, ja daß ein gebildeter Franzose mich nicht mehr höflich zurechtweisen, sondern geradezu tadeln und schulmeistern mußte. Abermals ging es mir also hier wie vordem in Leipzig, nur daß ich mich diesmal nicht auf das Recht meiner Vatergegend, so gut als andere Provinzen idiotisch zu sprechen, zurückziehn konnte, sondern hier, auf fremdem Grund und Boden, mich einmal hergebrachten Gesetzen fügen sollte.

Vielleicht hätten wir uns auch wohl hierein ergeben, wenn uns nicht ein böser Genius in die Ohren geraunt hätte, alle Bemühungen eines Fremden, Französisch zu reden, würden immer ohne Erfolg bleiben: denn ein geübtes Ohr höre den Deutschen, den Italiener, den Engländer unter seiner französischen Maske gar wohl heraus; geduldet werde man, aber keineswegs in den Schoß der einzig sprachseligen Kirche aufgenommen.

Nur wenige Ausnahmen gab man zu. Man nannte uns einen Herrn von Grimm, aber selbst Schöpflin sollte den Gipfel nicht erreicht haben. Sie ließen gelten, daß er früh die Notwendigkeit, sich vollkommen französisch auszudrücken, wohl eingesehn; sie billigten seine Neigung, sich jedermann mitzuteilen, besonders aber die Großen und Vornehmen zu unterhalten; lobten sogar, daß er, auf dem Schauplatz, wo er stand, die Landessprache zu der seinigen zu machen und sich möglichst zum französischen Gesellschafter und Redner auszubilden gesucht. Was hilft ihm aber das Verleugnen seiner Muttersprache, das Bemühen um eine fremde? Niemand kann er es recht machen. In der Gesellschaft will man ihn eitel finden: als wenn sich jemand ohne Selbstgefühl und Selbstgefälligkeit andern mitteilen möchte und könnte! Sodann versichern die feinen Welt- und Sprachkenner, er disseriere und dialogiere mehr, als daß er eigentlich konversiere. Jenes ward als Erb- und Grundfehler der Deutschen, dieses als die Kardinaltugend der Franzosen allgemein anerkannt. Als öffentlichem Redner geht es ihm nicht besser. Läßt er eine wohl ausgearbeitete Rede an den König oder die Fürsten drucken, so passen die Jesuiten auf, die ihm, als einem Protestanten, gram sind, und zeigen das Unfranzösische seiner Wendungen.

Anstatt uns nun hieran zu trösten und, als grünes Holz, dasjenige zu ertragen, was dem dürren auflag, so ärgerte uns dagegen diese pedantische Ungerechtigkeit; wir verzweifeln und überzeugen uns vielmehr an diesem auffallenden Beispiele, daß die Bemühung vergebens sei, den Franzosen durch die Sache genug zu tun, da sie an die äußern Bedingungen, unter welchen alles erscheinen soll, allzu genau gebunden sind. Wir fassen daher den umgekehrten Entschluß, die französische Sprache gänzlich abzulehnen und uns mehr als bisher mit Gewalt und Ernst der Muttersprache zu widmen.

Auch hiezu fanden wir im Leben Gelegenheit und Teilnahme. Elsaß war noch nicht lange genug mit Frankreich verbunden, als daß nicht noch bei alt und jung eine liebevolle Anhänglichkeit an alte Verfassung, Sitte, Sprache, Tracht sollte übrig geblieben sein. Wenn der Überwundene die Hälfte seines Daseins notgedrungen verliert, so rechnet er sich's zur Schmach, die andere Hälfte freiwillig aufzugeben. Er hält daher an allem fest, was ihm die vergangene gute Zeit zurückrufen und die Hoffnung der Wiederkehr einer glücklichen Epoche nähren kann. Gar manche Einwohner von Straßburg bildeten zwar abgesonderte, aber doch dem Sinne nach verbundene kleine Kreise, welche durch die vielen Untertanen deutscher Fürsten, die unter französischer Hoheit ansehnliche Strecken Landes besaßen, stets vermehrt und rekrutiert wurden: denn Väter und Söhne hielten sich Studierens oder Geschäfts wegen länger oder kürzer in Straßburg auf.

An unserm Tische ward gleichfalls nichts wie Deutsch gesprochen. Salzmann drückte sich im Französischen mit vieler Leichtigkeit und Eleganz aus, war aber unstreitig dem Streben und der Tat nach ein vollkommener Deutscher; Lersen hätte man als Muster eines deutschen Jünglings aufstellen können; Meyer von Lindau schlenderte lieber auf gut deutsch, als daß er sich auf gut französisch hätte zusammennehmen sollen, und wenn unter den übrigen auch mancher zu gallischer Sprache und Sitte hinneigte, so ließen sie doch, solange sie bei uns waren, den allgemeinen Ton auch über sich schalten und walten.

Von der Sprache wendeten wir uns zu den Staatsverhältnissen. Zwar wußten wir von unserer Reichsverfassung nicht viel Löbliches zu sagen; wir gaben zu, daß sie aus lauter gesetzlichen Mißbräuchen bestehe, erhuben uns aber um desto höher über die französische gegenwärtige Verfassung, die sich in lauter gesetzlosen Mißbräuchen verwirre, deren Regierung ihre Energie nur am falschen Orte sehen lasse, und gestatten müsse, daß eine gänzliche Veränderung der Dinge schon in schwarzen Aussichten öffentlich prophezeit werde.

Blickten wir hingegen nach Norden, so leuchtete uns von dort Friedrich, der Polarstern, her, um den sich Deutschland, Europa, ja die Welt zu drehen schien. Sein Übergewicht in allem offenbarte sich am stärksten, als in der französischen Armee das preußische Exerzitium und sogar der preußische Stock eingeführt werden sollte. Wir verziehen ihm übrigens seine Vorliebe für eine fremde Sprache, da wir ja die Genugtuung empfanden, daß ihm seine französischen Poeten, Philosophen und Literatoren Verdruß zu machen fortfuhren und wiederholt erklärten, er sei nur als Eindringling anzusehn und zu behandeln.

Was uns aber von den Franzosen gewaltiger als alles andere entfernte, war die wiederholte unhöfliche Behauptung, daß es den Deutschen überhaupt, sowie dem nach französischer Kultur strebenden Könige, an Geschmack fehle. Über diese Redensart, die, wie ein Refrain, sich an jedes Urteil anschloß, suchten wir uns durch Nichtachtung zu beruhigen; aufklären darüber konnten wir uns aber um so weniger, als man uns versichern wollte, schon Ménage habe gesagt, die französischen Schriftsteller besäßen alles, nur nicht Geschmack; so wie wir denn auch aus dem jetzt lebenden Paris zu erfahren hatten, daß die neusten Autoren sämtlich des Geschmacks ermangelten, und Voltaire selbst diesem höchsten Tadel nicht ganz entgehen könne. Schon früher und wiederholt auf die Natur gewiesen, wollten wir daher nichts gelten lassen als Wahrheit und Aufrichtigkeit des Gefühls, und den raschen derben Ausdruck desselben.

Freundschaft, Liebe, Brüderschaft,
Trägt die sich nicht von selber vor?

war Losung und Feldgeschrei, woran sich die Glieder unserer kleinen akademischen Horde zu erkennen und zu erquicken pflegten. Diese Maxime lag zum Grunde allen unsern geselligen Gelagen, bei welchen uns denn freilich manchen Abend Vetter Michel in seiner wohlbekannten Deutschheit zu besuchen nicht verfehlte.

Will man in dem bisher Erzählten nur äußere zufällige Anlässe und persönliche Eigenheiten finden, so hatte die französische Literatur an sich selbst gewisse Eigenschaften, welche den strebenden Jüngling mehr abstoßen als anziehn mußten. Sie war nämlich b e j a h r t und v o r n e h m, und durch beides kann die nach Lebensgenuß und Freiheit umschauende Jugend nicht ergetzt werden.

Seit dem sechzehnten Jahrhundert hatte man den Gang der französischen Literatur niemals völlig unterbrochen gesehn, ja die innern politischen und religiosen Unruhen sowohl als die äußeren Kriege beschleunigten ihre Fortschritte; schon vor hundert Jahren aber, so hörte man allgemein behaupten, solle sie in ihrer vollen Blüte gestanden haben. Durch günstige Umstände sei auf einmal eine reichliche Ernte gereift und glücklich eingebracht worden, dergestalt, daß die größten Talente des achtzehnten Jahrhunderts sich nur bescheidentlich mit einer Nachlese begnügen müssen.

Indessen war aber doch auch gar manches veraltet, das Lustspiel am ersten, welches immer wieder aufgefrischt werden mußte, um sich, zwar minder vollkommen, aber doch mit neuem Interesse, dem Leben und den Sitten anzuschmiegen. Der Tragödien waren viele vom Theater verschwunden, und Voltaire ließ die jetzt dargebotene bedeutende Gelegenheit nicht aus den Händen, Corneilles Werke herauszugeben, um zu zeigen, wie mangelhaft sein Vorgänger gewesen sei, den er, der allgemeinen Stimme nach, nicht erreicht haben sollte.

Und eben dieser Voltaire, das Wunder seiner Zeit, war nun selbst bejahrt wie die Literatur, die er beinah ein Jahrhundert hindurch belebt und beherrscht hatte. Neben ihm existierten und vegetierten noch, in mehr oder weniger tätigem und glücklichem Alter, viele Literatoren, die nach und nach verschwanden. Der Einfluß der Sozietät auf die Schriftsteller nahm immer mehr überhand: denn die beste Gesellschaft, bestehend aus Personen von Geburt, Rang und Vermögen, wählte zu einer ihrer Hauptunterhaltungen die Literatur, und diese ward dadurch ganz gesellschaftlich und vornehm. Standespersonen und Literatoren bildeten sich wechselsweise, und mußten sich wechselsweise verbilden: denn alles Vornehme ist eigentlich ablehnend, und ablehnend ward auch die französische Kritik, verneinend, herunterziehend, mißredend. Die höhere Klasse bediente sich solcher Urteile gegen die Schriftsteller, die Schriftsteller, mit etwas weniger Anstand, verfuhren so unter einander, ja gegen ihre Gönner. Konnte man dem Publikum nicht imponieren, so suchte man es zu überraschen, oder durch Demut zu gewinnen; und so entsprang, abgesehen davon, was Kirche und Staat im Innersten bewegte, eine solche literarische Gärung, daß Voltaire selbst seiner vollen Tätigkeit, seines ganzen Übergewichts bedurfte, um sich über dem Strome der allgemeinen Nichtachtung empor zu halten. Schon hieß er laut ein altes eigenwilliges Kind; seine unermüdet fortgesetzten Bemühungen betrachtete man als eitles Bestreben eines abgelebten Alters; gewisse Grundsätze, auf denen er seine ganze Lebenszeit bestanden, deren Ausbreitung er seine Tage gewidmet, wollte man nicht mehr schätzen und ehren; ja seinen Gott, durch dessen Bekenntnis er sich von allem atheistischen Wesen loszusagen fortfuhr, ließ man ihm nicht mehr gelten; und so mußte er selbst, der

Altvater und Patriarch, gerade wie sein jüngster Mitbewerber, auf den Augenblick merken, nach neuer Gunst haschen, seinen Freunden zu viel Gutes, seinen Feinden zu viel Übles erzeigen, und, unter dem Schein eines leidenschaftlich wahrheitsliebenden Strebens, unwahr und falsch handeln. War es denn wohl der Mühe wert, ein so tätiges großes Leben geführt zu haben, wenn es abhängiger enden sollte, als es angefangen hatte? Wie unerträglich ein solcher Zustand sei, entging seinem hohen Geiste, seiner zarten Reizbarkeit nicht; er machte sich manchmal sprung- und stoßweise Luft, ließ seiner Laune den Zügel schießen und hieb mit ein paar Fechterstreichen über die Schnur, wobei sich meist Freunde und Feinde unwillig gebärdeten: denn jedermann glaubte ihn zu übersehn, obschon niemand es ihm gleich tun konnte. Ein Publikum, das immer nur die Urteile alter Männer hört, wird gar zu leicht altklug, und nichts ist unzulänglicher als ein reifes Urteil, von einem unreifen Geiste aufgenommen.

Uns Jünglingen, denen, bei einer deutschen Natur- und Wahrheitsliebe, als beste Führerin im Leben und Lernen, die Redlichkeit gegen uns selbst und andere immer vor Augen schwebte, ward die parteiische Unredlichkeit Voltaires und die Verbildung so vieler würdigen Gegenstände immer mehr zum Verdruß, und wir bestärkten uns täglich in der Abneigung gegen ihn. Er hatte die Religion und die heiligen Bücher, worauf sie gegründet ist, um den sogenannten Pfaffen zu schaden, niemals genug herabsetzen können und mir dadurch manche unangenehme Empfindung erregt. Da ich nun aber gar vernahm, daß er, um die Überlieferung einer Sündflut zu entkräften, alle versteinte Muscheln leugnete, und solche nur für Naturspiele gelten ließ, so verlor er gänzlich mein Vertrauen: denn der Augenschein hatte mir auf dem Bastberge deutlich genug gezeigt, daß ich mich auf altem abgetrockneten Meeresgrund, unter den Exuvien seiner Ureinwohner befinde. Ja! diese Berge waren einstmals von Wellen bedeckt; ob vor oder während der Sündflut, das konnte mich nicht rühren, genug, das Rheintal war ein ungeheuerer See, eine unübersehliche Bucht gewesen; das konnte man mir nicht ausreden. Ich gedachte vielmehr in Kenntnis der Länder und Gebirge vorzuschreiten, es möchte sich daraus ergeben, was da wollte.

Bejahrt also und vornehm war an sich selbst und durch Voltairen die französische Literatur. Lasset uns diesem merkwürdigen Manne noch einige Betrachtung widmen!

Auf tätiges und geselliges Leben, auf Politik, auf Erwerb im großen, auf das Verhältnis zu den Herren der Erde und Benutzung dieses Verhältnisses, damit er selbst zu den Herren der Erde gehöre, dahin war von Jugend auf Voltaires Wunsch und Bemühung gewendet. Nicht leicht hat sich jemand so abhängig gemacht, um unabhängig zu sein. Auch gelang es ihm, die Geister zu unterjochen; die Nation fiel ihm zu. Vergebens entwickelten seine Gegner mäßige Talente und einen ungeheueren Haß; nichts gereichte zu seinem Schaden. Den Hof zwar konnte er nie mit sich versöhnen, aber dafür waren ihm fremde Könige zinsbar. Katharina und Friedrich die Großen, Gustav von Schweden, Christian von Dänemark, Poniatowski von Polen, Heinrich von Preußen, Karl von Braunschweig bekannten sich als seine Vasallen; sogar Päpste glaubten ihn durch einige Nachgiebigkeit kirren zu müssen. Daß Joseph der Zweite sich von ihm abhielt, gereichte diesem Fürsten nicht einmal zum Ruhme: denn es hätte ihm und seinen Unternehmungen nicht geschadet, wenn er, bei so schönem Verstande, bei so herrlichen Gesinnungen, etwas geistreicher, ein besserer Schätzer des Geistes gewesen wäre.

Das, was ich hier gedrängt und in einigem Zusammenhange vortrage, tönte zu jener Zeit, als Ruf des Augenblicks, als ewig zwiespältiger Mißklang, unzusammenhängend und unbelehrend in unseren Ohren. Immer hörte man nur das Lob der Vorfahren. Man forderte etwas Gutes, Neues; aber immer das Neuste wollte man nicht. Kaum hatte auf dem längst erstarrten Theater ein Patriot nationalfranzösische, herzerhebende Gegenstände dargestellt, kaum hatte „Die Belagerung von Calais" sich einen enthusiastischen Beifall gewonnen, so sollte schon dieses Stück, mitsamt seinen vaterländischen Gesellen, hohl und in jedem Sinne verwerflich sein. Die Sittenschilderungen des Destouches, an denen ich mich als Knabe so oft ergetzt, hieß man schwach, der Name dieses Ehrenmannes war verschollen, und wie viel andere Schriftsteller müßte ich nicht nennen, um derentwillen ich den Vorwurf, als urteile ich wie ein Provinzler, habe erdulden müssen, wenn ich gegen jemand, der mit dem neusten literarischen Strome dahinfuhr, irgend einen Anteil an solchen Männern und ihren Werken gezeigt hatte.

So wurden wir andern deutschen Gesellen denn immer verdrießlicher. Nach unsern Gesinnungen, nach unserer Natureigenheit liebten wir die Eindrücke der Gegenstände festzuhalten, sie nur langsam zu verarbeiten, und, wenn es ja sein sollte, sie so spät als möglich fahren zu lassen. Wir waren überzeugt, durch treues Aufmerken, durch fortgesetzte Beschäftigung lasse sich allen Dingen etwas abgewinnen, und man müsse durch beharrlichen Eifer doch endlich auf einen Punkt gelangen, wo sich mit dem Urteil zugleich der Grund desselben aussprechen lasse. Auch verkannten wir nicht, daß die große und herrliche französische Welt uns manchen Vorteil und Gewinn darbiete: denn Rousseau hatte uns wahrhaft zugesagt. Betrachten wir aber sein Leben und sein Schicksal, so war er doch genötigt, den größten Lohn für alles, was er geleistet, darin zu finden, daß er unerkannt und vergessen in Paris leben durfte.

Wenn wir von den Enzyklopädisten reden hörten, oder einen Band ihres ungeheuren Werks aufschlugen, so war es uns zu Mute, als wenn man zwischen den unzähligen bewegten Spulen und Weberstühlen einer großen Fabrik hingeht, und vor lauter Schnarren und Rasseln, vor allem Aug und Sinne verwirrenden Mechanismus, vor lauter Unbegreiflichkeit einer auf das mannigfaltigste in einander greifenden Anstalt, in Betrachtung dessen, was alles dazu gehört, um ein Stück Tuch zu fertigen, sich den eignen Rock selbst verleidet fühlt, den man auf dem Leibe trägt.

Diderot war nahe genug mit uns verwandt; wie er denn in alle dem, weshalb ihn die Franzosen tadeln, ein wahrer Deutscher ist. Aber auch sein Standpunkt war schon zu hoch, sein Gesichtskreis zu weit, als daß wir uns hätten zu ihm stellen und an seine Seite setzen können. Seine Naturkinder jedoch, die er mit großer rednerischer Kunst herauszuheben und zu adeln wußte, behagten uns gar sehr, seine wackeren Wilddiebe und Schleichhändler entzückten uns, und dieses Gesindel hat in der Folge auf dem deutschen Parnaß nur allzu sehr gewuchert. So war er es denn auch, der, wie Rousseau, von dem geselligen Leben einen Ekelbegriff verbreitete, eine stille Einleitung zu jenen ungeheueren Weltveränderungen, in welchen alles Bestehende unterzugehen schien.

Uns ziemt jedoch, diese Betrachtungen noch an die Seite zu lehnen und zu bemerken, was genannte beide Männer auf Kunst gewirkt. Auch hier wiesen sie, auch von ihr drängten sie uns zur Natur.

Die höchste Aufgabe einer jeden Kunst ist, durch den Schein die Täuschung einer höheren Wirklichkeit zu geben. Ein falsches Bestreben aber ist, den Schein so lange zu verwirklichen, bis endlich nur ein gemeines Wirkliche übrig bleibt.

Als ein ideelles Lokal hatte die Bühne, durch Anwendung der perspektivischen Gesetze auf hinter einander gestellten Kulissen, den höchsten Vorteil erlangt, und nun wollte man diesen Gewinn mutwillig aufgeben, die Seiten des Theaters zuschließen und wirkliche Stubenwände formieren. Mit einem solchen Bühnenlokal sollte denn auch das Stück selbst, die Art zu spielen der Akteurs, kurz, alles zusammentreffen, und ein ganz neues Theater dadurch entspringen.

Die französischen Schauspieler hatten im Lustspiel den Gipfel des Kunstwahren erreicht. Der Aufenthalt in Paris, die Beobachtung des Äußern der Hofleute, die Verbindung der Akteurs und Aktricen durch Liebeshändel mit den höheren Ständen, alles trug dazu bei, die höchste Gewandtheit und Schicklichkeit des geselligen Lebens gleichfalls auf die Bühne zu verpflanzen, und hieran hatten die Naturfreunde wenig auszusetzen; doch glaubten sie einen großen Vorschritt zu tun, wenn sie ernsthafte und tragische Gegenstände, deren das bürgerliche Leben auch nicht ermangelt, zu ihren Stücken erwählten, sich der Prosa gleichfalls zu höherem Ausdruck bedienten, und so die unnatürlichen Verse zugleich mit der unnatürlichen Deklamation und Gestikulation allmählich verbannten.

Höchst merkwürdig ist es und nicht so allgemein beachtet, daß zu dieser Zeit selbst der alten strengen, rhythmischen, kunstreichen Tragödie mit einer Revolution gedroht ward, die nur durch große Talente und die Macht des Herkommens abgelenkt werden konnte.

Es stellte sich nämlich dem Schauspieler Lecain, der seine Helden mit besondrem theatralischen Anstand, mit Erhebung und Kraft spielte, und sich vom Natürlichen und Gewöhnlichen entfernt hielt, ein Mann gegenüber, mit Namen Aufresne, der aller Unnatur den Krieg erklärte und in seinem tragischen Spiel die höchste Wahrheit auszudrücken suchte. Dieses Verfahren mochte zu dem des übrigen Pariser Theaterpersonals nicht passen. Er stand allein, jene hielten sich an einander geschlossen, und er, hartnäckig genug auf seinem Sinne bestehend, verließ lieber Paris und kam durch Straßburg. Dort sahen wir ihn die Rolle des August im „Cinna“, des Mithridat und andere dergleichen mit der wahrsten natürlichsten Würde spielen. Als ein schöner großer Mann trat er auf, mehr schlank als stark, nicht eigentlich von imposantem, aber von edlem gefälligem Wesen. Sein Spiel war überlegt und ruhig, ohne kalt zu sein, und kräftig genug, wo es erfordert wurde. Er war ein sehr geübter Künstler, und von den wenigen, die das Künstliche ganz in die Natur und die Natur ganz in die Kunst zu verwandeln wissen. Diese sind es eigentlich, deren mißverstandene Vorzüge die Lehre von der falschen Natürlichkeit jederzeit veranlassen.

Und so will ich denn auch noch eines kleinen, aber merkwürdig Epoche machenden Werks gedenken: es ist Rousseaus „Pygmalion“. Viel könnte man darüber sagen: denn diese wunderliche Produktion schwankt gleichfalls zwischen Natur und Kunst, mit dem falschen Bestreben, diese in jene aufzulösen. Wir sehen einen Künstler, der das Vollkommenste geleistet hat, und doch nicht Befriedigung darin findet, seine Idee außer sich, kunstgemäß dargestellt und ihr ein höheres Leben verliehen zu haben; nein! sie soll auch in das irdische Leben zu ihm herabgezogen werden. Er will das Höchste, was Geist und Tat hervorgebracht, durch den gemeinsten Akt der Sinnlichkeit zerstören.

Alles dieses und manches andere, recht und töricht, wahr und halbwahr, das auf uns einwirkte, trug noch mehr bei, die Begriffe zu verwirren; wir trieben uns auf mancherlei Abwegen und Umwegen herum, und so ward von vielen Seiten auch jene deutsche literarische Revolution vorbereitet, von der wir Zeugen waren, und wozu wir, bewußt und unbewußt, willig oder unwillig, unaufhaltsam mitwirkten.

Auf philosophische Weise erleuchtet und gefördert zu werden, hatten wir keinen Trieb noch Hang, über religiose Gegenstände glaubten wir uns selbst aufgeklärt zu haben, und so war der heftige Streit französischer Philosophen mit dem Pfafftum uns ziemlich gleichgültig. Verbotene, zum Feuer verdammte Bücher, welche damals großen Lärmen machten, übten keine Wirkung auf uns. Ich gedenke statt aller des „Système de la nature“, das wir aus Neugier in die Hand nahmen. Wir begriffen nicht, wie ein solches Buch gefährlich sein könnte. Es kam uns so grau, so cimmerisch, so totenhaft vor, daß wir Mühe hatten, seine Gegenwart auszuhalten, daß wir davor wie vor einem Gespenste schauderten. Der Verfasser glaubt sein Buch ganz eigens zu empfehlen, wenn er in der Vorrede versichert, daß er, als ein abgelebter Greis, soeben in die Grube steigend, der Mit- und Nachwelt die Wahrheit verkünden wolle.

Wir lachten ihn aus: denn wir glaubten bemerkt zu haben, daß von alten Leuten eigentlich an der Welt nichts geschätzt werde, was liebenswürdig und gut an ihr ist. „Alte Kirchen haben dunkle Gläser! – Wie Kirschen und Beeren schmekken, muß man Kinder und Sperlinge fragen!“ dies waren unsere Lust- und Leibworte; und so schien uns jenes Buch, als die rechte Quintessenz der Greisenheit, unschmackhaft, ja abgeschmackt. Alles sollte notwendig sein und deswegen kein Gott. Könnte es denn aber nicht auch notwendig einen Gott geben? fragten wir. Dabei gestanden wir freilich, daß wir uns den Notwendigkeiten der Tage und Nächte, der Jahreszeiten, der klimatischen Einflüsse, der physischen und animalischen Zustände nicht wohl entziehn könnten; doch fühlten wir etwas in uns, das als vollkommene Willkür erschien, und wieder etwas, das sich mit dieser Willkür ins Gleichgewicht zu setzen suchte.

Die Hoffnung, immer vernünftiger zu werden, uns von den äußeren Dingen, ja von uns selbst immer unabhängiger zu machen, konnten wir nicht aufgeben. Das Wort Freiheit klingt so schön, daß man es nicht entbehren könnte, und wenn es einen Irrtum bezeichnete.

Keiner von uns hatte das Buch hinausgelesen: denn wir fanden uns in der Erwartung getäuscht, in der wir es aufgeschlagen hatten. System der Natur ward angekündigt, und wir hofften also wirklich etwas von der Natur, unserer Abgöttin, zu erfahren. Physik und Chemie, Himmels- und Erdbeschreibung, Naturgeschichte und Anatomie und so manches andere hatte nun seit Jahren und bis auf den letzten Tag uns immer auf die geschmückte große Welt hingewiesen, und wir hätten gern von Sonnen und Sternen, von Planeten und Monden, von Bergen, Tälern, Flüssen und Meeren und von allem, was darin lebt und webt, das Nähere sowie das Allgemeinere erfahren. Daß hierbei wohl manches vorkommen müßte, was dem gemeinen Menschen als schädlich, der Geistlichkeit als gefährlich, dem Staat als unzuläßlich erscheinen möchte, daran hatten wir keinen Zweifel, und wir hofften, dieses Büchlein sollte nicht unwürdig die Feuerprobe bestanden haben. Allein wie hohl und leer ward uns in dieser tristen atheistischen Halbnacht zu Mute, in welcher die Erde mit allen ihren Gebilden, der Himmel mit allen seinen Gestirnen verschwand. Eine Materie sollte sein von Ewigkeit, und von Ewigkeit her bewegt, und sollte nun mit dieser Bewegung rechts und links und nach allen Seiten, ohne weiteres, die unendlichen Phänomene des Daseins hervorbringen. Dies alles wären wir sogar zufrieden gewesen, wenn der Verfasser wirklich aus seiner bewegten Materie die Welt vor unseren Augen aufgebaut hätte. Aber er mochte von der Natur so wenig wissen als wir: denn indem er einige allgemeine Begriffe hingepfahlt, verläßt er sie sogleich, um dasjenige, was höher als die Natur, oder als höhere Natur in der Natur erscheint, zur materiellen, schweren, zwar bewegten aber doch richtungs- und gestaltlosen Natur zu verwandeln, und glaubt dadurch recht viel gewonnen zu haben.

Wenn uns jedoch dieses Buch einigen Schaden gebracht

hat, so war es der, daß wir aller Philosophie, besonders aber der Metaphysik, recht herzlich gram wurden und blieben, dagegen aber aufs lebendige Wissen, Erfahren, Tun und Dichten uns nur desto lebhafter und leidenschaftlicher hinwarfen.

So waren wir denn an der Grenze von Frankreich alles französischen Wesens auf einmal bar und ledig. Ihre Lebensweise fanden wir zu bestimmt und zu vornehm, ihre Dichtung kalt, ihre Kritik vernichtend, ihre Philosophie abstrus und doch unzulänglich, so daß wir auf dem Punkte standen, uns der rohen Natur wenigstens versuchsweise hinzugeben, wenn uns nicht ein anderer Einfluß schon seit langer Zeit zu höheren, freieren und ebenso wahren als dichterischen Weltansichten und Geistesgenüssen vorbereitet und uns erst heimlich und mäßig, dann aber immer offenbarer und gewaltiger beherrscht hätte.

Ich brauche kaum zu sagen, daß hier Shakespeare gemeint sei, und nachdem ich dieses ausgesprochen, bedarf es keiner weitern Ausführung. Shakespeare ist von den Deutschen mehr als von allen anderen Nationen, ja vielleicht mehr als von seiner eignen erkannt. Wir haben ihm alle Gerechtigkeit, Billigkeit und Schonung, die wir uns unter einander selbst versagen, reichlich zugewendet; vorzügliche Männer beschäftigten sich, seine Geistesgaben im günstigsten Lichte zu zeigen, und ich habe jederzeit, was man zu seiner Ehre, zu seinen Gunsten, ja ihn zu entschuldigen gesagt, gern unterschrieben. Die Einwirkung dieses außerordentlichen Geistes auf mich ist früher dargestellt, und über seine Arbeiten einiges versucht worden, welches Zustimmung gefunden hat; und so mag es hier an dieser allgemeinen Erklärung genug sein, bis ich eine Nachlese von Betrachtungen über so große Verdienste, die ich an dieser Stelle einzuschalten in Versuchung geriet, Freunden, die mich hören mögen, mitzuteilen im Falle bin.

Gegenwärtig will ich nur die Art, wie ich mit ihm bekannt geworden, näher anzeigen. Es geschah ziemlich früh, in Leipzig, durch Dodds „Beauties of Shakespeare". Was man auch gegen solche Sammlungen sagen kann, welche die Autoren zerstückelt mitteilen, sie bringen doch manche gute Wirkung hervor. Sind wir doch nicht immer so gefaßt und so geistreich, daß wir ein ganzes Werk nach seinem Wert in uns aufzunehmen vermöchten. Streichen wir nicht in einem Buche Stellen an, die sich unmittelbar auf uns beziehen? Junge Leute besonders, denen es an durchgreifender Bildung fehlt, werden von glänzenden Stellen gar löblich aufgeregt, und so erinnere ich mich noch als einer der schönsten Epochen meines Lebens derjenigen, welche gedachtes Werk bei mir bezeichnete. Jene herrlichen Eigenheiten, die großen Sprüche, die treffenden Schilderungen, die humoristischen Züge, alles traf mich einzeln und gewaltig.

Nun erschien Wielands Übersetzung. Sie ward verschlungen, Freunden und Bekannten mitgeteilt und empfohlen. Wir Deutsche hatten den Vorteil, daß mehrere bedeutende Werke fremder Nationen auf eine leichte und heitere Weise zuerst herübergebracht wurden. Shakespeare prosaisch übersetzt, erst durch Wieland, dann durch Eschenburg, konnte als eine allgemein verständliche und jedem Leser gemäße Lektüre sich schnell verbreiten, und große Wirkung hervorbringen. Ich ehre den Rhythmus wie den Reim, wodurch Poesie erst zur Poesie wird, aber das eigentlich tief und gründlich Wirksame, das wahrhaft Ausbildende und Fördernde ist dasjenige, was vom Dichter übrig bleibt, wenn er in Prose übersetzt wird. Dann bleibt der reine vollkommene Gehalt, den uns ein blendendes Äußere oft, wenn er fehlt, vorzuspiegeln weiß, und, wenn er gegenwärtig ist, verdeckt. Ich halte daher zum Anfang jugendlicher Bildung prosaische Übersetzungen für vorteilhafter als die poetischen; denn es läßt sich bemerken, daß Knaben, denen ja doch alles zum Scherze dienen muß, sich am Schall der Worte, am Fall der Silben ergetzen, und durch eine Art von parodistischem Mutwillen den tiefen Gehalt des edelsten Werks zerstören. Deshalb gebe ich zu bedenken, ob nicht zunächst eine prosaische Übersetzung des Homer zu unternehmen wäre; aber freilich müßte sie der Stufe würdig sein, auf der sich die deutsche Literatur gegenwärtig befindet. Ich überlasse dies und das Vorgesagte unsern würdigen Pädagogen zur Betrachtung, denen ausgebreitete Erfahrung hierüber am besten zu Gebote steht. Nur will ich noch, zu

Gunsten meines Vorschlags, an Luthers Bibelübersetzung erinnern: denn daß dieser treffliche Mann ein in dem verschiedensten Stile verfaßtes Werk und dessen dichterischen, geschichtlichen, gebietenden, lehrenden Ton uns in der Muttersprache wie aus einem Gusse überlieferte, hat die Religion mehr gefördert, als wenn er die Eigentümlichkeiten des Originals im einzelnen hätte nachbilden wollen. Vergebens hat man nachher sich mit dem Buche Hiob, den Psalmen und andern Gesängen bemüht, sie uns in ihrer poetischen Form genießbar zu machen. Für die Menge, auf die gewirkt werden soll, bleibt eine schlichte Übertragung immer die beste. Jene kritischen Übersetzungen, die mit dem Original wetteifern, dienen eigentlich nur zur Unterhaltung der Gelehrten untereinander.

Und so wirkte in unserer Straßburger Sozietät Shakespeare, übersetzt und im Original, stückweise und im ganzen, stellen- und auszugsweise, dergestalt, daß, wie man bibelfeste Männer hat, wir uns nach und nach in Shakespeare befestigten, die Tugenden und Mängel seiner Zeit, mit denen er uns bekannt macht, in unseren Gesprächen nachbildeten, an seinen Quibbles die größte Freude hatten, und durch Übersetzung derselben, ja durch originalen Mutwillen mit ihm wetteiferten. Hiezu trug nicht wenig bei, daß ich ihn vor allen mit großem Enthusiasmus ergriffen hatte. Ein freudiges Bekennen, daß etwas Höheres über mir schwebe, war ansteckend für meine Freunde, die sich alle dieser Sinnesart hingaben. Wir leugneten die Möglichkeit nicht, solche Verdienste näher zu erkennen, sie zu begreifen, mit Einsicht zu beurteilen; aber dies behielten wir uns für spätere Epochen vor: gegenwärtig wollten wir nur freudig teilnehmen, lebendig nachbilden, und, bei so großem Genuß, an dem Manne, der ihn uns gab, nicht forschen und mäkeln, vielmehr tat es uns wohl, ihn unbedingt zu verehren.

Will jemand unmittelbar erfahren, was damals in dieser lebendigen Gesellschaft gedacht, gesprochen und verhandelt worden, der lese den Aufsatz Herders über Shakespeare, in dem Hefte „Von deutscher Art und Kunst“; ferner Lenzens „Anmerkungen übers Theater“, denen eine Übersetzung von „Love's labour's lost“ hinzugefügt war. Herder dringt in das Tiefere von Shakespeares Wesen und stellt es herrlich dar; Lenz beträgt sich mehr bilderstürmerisch gegen die Herkömmlichkeit des Theaters, und will denn eben all und überall nach Shakespearescher Weise gehandelt haben. Da ich diesen so talentvollen als seltsamen Menschen hier zu erwähnen veranlaßt werde, so ist wohl der Ort, versuchsweise einiges über ihn zu sagen. Ich lernte ihn erst gegen das Ende meines Straßburger Aufenthalts kennen. Wir sahen uns selten; seine Gesellschaft war nicht die meine, aber wir suchten doch Gelegenheit uns zu treffen, und teilten uns einander gern mit, weil wir, als gleichzeitige Jünglinge, ähnliche Gesinnungen hegten. Klein, aber nett von Gestalt, ein allerliebstes Köpfchen, dessen zierlicher Form niedliche etwas abgestumpfte Züge vollkommen entsprachen; blaue Augen, blonde Haare, kurz, ein Persönchen, wie mir unter nordischen Jünglingen von Zeit zu Zeit eins begegnet ist; einen sanften, gleichsam vorsichtigen Schritt, eine angenehme, nicht ganz fließende Sprache, und ein Betragen, das, zwischen Zurückhaltung und Schüchternheit sich bewegend, einem jungen Manne gar wohl anstand. Kleinere Gedichte, besonders seine eignen, las er sehr gut vor, und schrieb eine fließende Hand. Für seine Sinnesart wüßte ich nur das englische Wort whimsical, welches, wie das Wörterbuch ausweist, gar manche Seltsamkeiten in einem Begriff zusammenfaßt. Niemand war vielleicht eben deswegen fähiger als er, die Ausschweifungen und Auswüchse des Shakespeareschen Genies zu empfinden und nachzubilden. Die obengedachte Übersetzung gibt ein Zeugnis hievon. Er behandelt seinen Autor mit großer Freiheit, ist nichts weniger als knapp und treu, aber er weiß sich die Rüstung oder vielmehr die Possenjacke seines Vorgängers so gut anzupassen, sich seinen Gebärden so humoristisch gleichzustellen, daß er demjenigen, den solche Dinge anmuteten, gewiß Beifall abgewann.

Die Absurditäten der Clowns machten besonders unsere ganze Glückseligkeit, und wir priesen Lenzen als einen begünstigten Menschen, da ihm jenes Epitaphium des von der Prinzessin geschossenen Wildes folgendermaßen gelungen war:

Die schöne Prinzessin schoß und traf
Eines jungen Hirschleins Leben;
Es fiel dahin in schweren Schlaf,
Und wird ein Brätlein geben.
Der Jagdhund boll! – Ein L zu Hirsch,
So wird es denn ein Hirschel;
Doch setzt ein römisch L zu Hirsch,
So macht es funfzig Hirschel.
Ich mache hundert Hirsche draus,
Schreib' Hirschell mit zwei LLen.

Die Neigung zum Absurden, die sich frei und unbewunden bei der Jugend zu Tage zeigt, nachher aber immer mehr in die Tiefe zurücktritt, ohne sich deshalb gänzlich zu verlieren, war bei uns in voller Blüte, und wir suchten auch durch Originalspäße unsern großen Meister zu feiern. Wir waren sehr glorios, wenn wir der Gesellschaft etwas der Art vorlegen konnten, welches einigermaßen gebilligt wurde, wie z. B. folgendes auf einen Rittmeister, der auf einem wilden Pferde zu Schaden gekommen war:

Ein Ritter wohnt in diesem Haus,
Ein Meister auch daneben;
Macht man davon einen Blumenstrauß,
So wird's einen Rittmeister geben.
Ist er nun Meister von dem Ritt,
Führt er mit Recht den Namen;
Doch nimmt der Ritt den Meister mit,
Weh ihm und seinem Samen!

Über solche Dinge ward sehr ernsthaft gestritten, ob sie des Clowns würdig oder nicht, und ob sie aus der wahrhaften reinen Narrenquelle geflossen, oder ob etwa Sinn und Verstand sich auf eine ungehörige und unzulässige Weise mit eingemischt hätten. Überhaupt aber konnten sich diese seltsamen Gesinnungen um so heftiger verbreiten, und um so mehrere waren im Falle daran teilzunehmen, als Lessing, der das große Vertrauen besaß, in seiner „Dramaturgie" eigentlich das erste Signal dazu gegeben hatte.

In so gestimmter und aufgeregter Gesellschaft gelang

mir manche angenehme Fahrt nach dem oberen Elsaß, woher ich aber eben deshalb keine sonderliche Belehrung zurückbrachte. Die vielen kleinen Verse, die uns bei jeder Gelegenheit entquollen, und die wohl eine muntere Reisebeschreibung ausstatten konnten, sind verloren gegangen. In dem Kreuzgange der Abtei Molsheim bewunderten wir die farbigen Scheibengemälde; in der fruchtbaren Gegend zwischen Kolmar und Schlettstadt ertönten possierliche Hymnen an Ceres, indem der Verbrauch so vieler Früchte umständlich auseinander gesetzt und angepriesen, auch die wichtige Streitfrage über den freien oder beschränkten Handel derselben sehr lustig genommen wurde. In Ensisheim sahen wir den ungeheuren Aerolithen in der Kirche aufgehangen, und spotteten, der Zweifelsucht jener Zeit gemäß, über die Leichtgläubigkeit der Menschen, nicht vorahndend, daß dergleichen luftgeborene Wesen, wo nicht auf unsern eignen Acker herabfallen, doch wenigstens in unsern Kabinetten sollten verwahrt werden.

Einer mit hundert, ja tausend Gläubigen auf den Ottilienberg begangenen Wallfahrt denk ich noch immer gern. Hier, wo das Grundgemäuer eines römischen Kastells noch übrig, sollte sich in Ruinen und Steinritzen eine schöne Grafentochter, aus frommer Neigung, aufgehalten haben. Unfern der Kapelle, wo sich die Wanderer erbauen, zeigt man ihren Brunnen und erzählt gar manches Anmutige. Das Bild, das ich mir von ihr machte, und ihr Name prägte sich tief bei mir ein. Beide trug ich lange mit mir herum, bis ich endlich eine meiner zwar spätern, aber darum nicht minder geliebten Töchter damit ausstattete, die von frommen und reinen Herzen so günstig aufgenommen wurde.

Auch auf dieser Höhe wiederholt sich dem Auge das herrliche Elsaß, immer dasselbe und immer neu; ebenso wie man im Amphitheater, man nehme Platz wo man wolle, das ganze Volk übersieht, nur seine Nachbarn am deutlichsten, so ist es auch hier mit Büschen, Felsen, Hügeln, Wäldern, Feldern, Wiesen und Ortschaften in der Nähe und in der Ferne. Am Horizont wollte man uns sogar Basel zeigen; daß wir es gesehen, will ich nicht beschwören, aber das entfernte Blau der Schweizergebirge übte auch hier sein Recht über uns aus, indem es uns zu sich forderte, und, da wir nicht diesem Triebe folgen konnten, ein schmerzliches Gefühl zurückließ.

Solchen Zerstreuungen und Heiterkeiten gab ich mich um so lieber und zwar bis zur Trunkenheit hin, als mich mein leidenschaftliches Verhältnis zu Friedriken nunmehr zu ängstigen anfing. Eine solche jugendliche, aufs Geratewohl gehegte Neigung ist der nächtlich geworfenen Bombe zu vergleichen, die in einer sanften, glänzenden Linie aufsteigt, sich unter die Sterne mischt, ja einen Augenblick unter ihnen zu verweilen scheint, alsdann aber abwärts zwar wieder dieselbe Bahn, nur umgekehrt, bezeichnet, und zuletzt da, wo sie ihren Lauf geendet, Verderben hinbringt. Friedrike blieb sich immer gleich; sie schien nicht zu denken noch denken zu wollen, daß dieses Verhältnis sich so bald endigen könne. Olivie hingegen, die mich zwar auch ungern vermißte, aber doch nicht so viel als jene verlor, war voraussehender oder offener. Sie sprach manchmal mit mir über meinen vermutlichen Abschied und suchte über sich selbst und ihre Schwester sich zu trösten. Ein Mädchen, das einem Manne entsagt, dem sie ihre Gewogenheit nicht verleugnet, ist lange nicht in der peinlichen Lage, in der sich ein Jüngling befindet, der mit Erklärungen ebenso weit gegen ein Frauenzimmer herausgegangen ist. Er spielt immer eine leidige Figur: denn von ihm, als einem werdenden Manne, erwartet man schon eine gewisse Übersicht seines Zustandes, und ein entschiedener Leichtsinn will ihn nicht kleiden. Die Ursachen eines Mädchens, das sich zurückzieht, scheinen immer gültig, die des Mannes niemals.

Allein wie soll eine schmeichelnde Leidenschaft uns voraussehn lassen, wohin sie uns führen kann? Denn auch selbst alsdann, wenn wir schon ganz verständig auf sie Verzicht getan, können wir sie noch nicht loslassen; wir ergetzen uns an der lieblichen Gewohnheit, und sollte es auch auf eine veränderte Weise sein. So ging es auch mir. Wenngleich die Gegenwart Friedrikens mich ängstigte, so wußte ich doch nichts Angenehmeres, als abwesend an sie zu denken und mich mit ihr zu unterhalten. Ich kam seltner hinaus, aber unsere Briefe wechselten desto lebhafter. Sie wußte mir ihre Zustände mit Heiterkeit, ihre Gefühle mit Anmut zu vergegenwärtigen, so wie ich mir ihre Verdienste mit Gunst und Leidenschaft vor die Seele rief. Die Abwesenheit machte mich frei, und meine ganze Zuneigung blühte erst recht auf durch die Unterhaltung in der Ferne. Ich konnte mich in solchen Augenblicken ganz eigentlich über die Zukunft verblenden; zerstreut war ich genug durch das Fortrollen der Zeit und dringender Geschäfte. Ich hatte bisher möglich gemacht, das Mannigfaltigste zu leisten, durch immer lebhafte Teilnahme am Gegenwärtigen und Augenblicklichen; allein gegen das Ende drängte sich alles gar gewaltsam über einander, wie es immer zu gehn pflegt, wenn man sich von einem Orte loslösen soll.

Noch ein Zwischenereignis nahm mir die letzten Tage weg. Ich befand mich nämlich in ansehnlicher Gesellschaft auf einem Landhause, von wo man die Vorderseite des Münsters und den darüber emporsteigenden Turm gar herrlich sehn konnte. „Es ist schade", sagte jemand, „daß das Ganze nicht fertig geworden und daß wir nur den einen Turm haben." Ich versetzte dagegen: „Es ist mir ebenso leid, diesen einen Turm nicht ganz ausgeführt zu sehn; denn die vier Schnecken setzen viel zu stumpf ab, es hätten darauf noch vier leichte Turmspitzen gesollt, sowie eine höhere auf die Mitte, wo das plumpe Kreuz steht."

Als ich diese Behauptung mit gewöhnlicher Lebhaftigkeit aussprach, redete mich ein kleiner muntrer Mann an und fragte: „Wer hat Ihnen das gesagt?" – „Der Turm selbst", versetzte ich. „Ich habe ihn so lange und aufmerksam betrachtet, und ihm so viel Neigung erwiesen, daß er sich zuletzt entschloß, mir dieses offenbare Geheimnis zu gestehn." – „Er hat Sie nicht mit Unwahrheit berichtet", versetzte jener; „ich kann es am besten wissen, denn ich bin der Schaffner, der über die Baulichkeiten gesetzt ist. Wir haben in unserem Archiv noch die Originalrisse, welche dasselbe besagen, und die ich Ihnen zeigen kann." – Wegen meiner nahen Abreise drang ich auf Beschleunigung dieser Gefälligkeit. Er ließ mich die unschätzbaren Rollen sehn; ich zeichnete geschwind die in der Ausführung fehlenden Spitzen durch ölgetränktes Papier und bedauerte, nicht früher von diesem Schatz unterrichtet gewesen zu sein. Aber so sollte es mir immer ergehn, daß ich durch Anschauen und Betrachten der Dinge erst mühsam zu einem Begriff gelangen mußte, der mir vielleicht nicht so auffallend und fruchtbar gewesen wäre, wenn man mir ihn überliefert hätte.

In solchem Drang und Verwirrung konnte ich doch nicht unterlassen, Friedriken noch einmal zu sehn. Es waren peinliche Tage, deren Erinnerung mir nicht geblieben ist. Als ich ihr die Hand noch vom Pferde reichte, standen ihr die Tränen in den Augen, und mir war sehr übel zu Mute. Nun ritt ich auf dem Fußpfade gegen Drusenheim, und da überfiel mich eine der sonderbarsten Ahndungen. Ich sah nämlich, nicht mit den Augen des Leibes, sondern des Geistes, mich mir selbst, denselben Weg, zu Pferde wieder entgegen kommen, und zwar in einem Kleide, wie ich es nie getragen: es war hechtgrau mit etwas Gold. Sobald ich mich aus diesem Traum aufschüttelte, war die Gestalt ganz hinweg. Sonderbar ist es jedoch, daß ich nach acht Jahren, in dem Kleide, das mir geträumt hatte, und das ich nicht aus Wahl, sondern aus Zufall gerade trug, mich auf demselben Wege fand, um Friedriken noch einmal zu besuchen. Es mag sich übrigens mit diesen Dingen wie es will verhalten, das wunderliche Trugbild gab mir in jenen Augenblicken des Scheidens einige Beruhigung. Der Schmerz, das herrliche Elsaß, mit allem, was ich darin erworben, auf immer zu verlassen, war gemildert, und ich fand mich, dem Taumel des Lebewohls endlich entflohn, auf einer friedlichen und erheiternden Reise so ziemlich wieder.

In Mannheim angelangt, eilte ich mit größter Begierde, den Antikensaal zu sehn, von dem man viel Rühmens machte. Schon in Leipzig, bei Gelegenheit der Winckelmannschen und Lessingschen Schriften, hatte ich viel von diesen bedeutenden Kunstwerken reden hören, desto weniger aber gesehn: denn außer Laokoon, dem Vater, und dem Faun mit den Krotalen befanden sich keine Abgüsse auf der Akademie; und was uns Oeser bei Gelegenheit dieser Bildnisse zu sagen beliebte, war freilich rätselhaft genug. Wie will man aber auch Anfängern von dem Ende der Kunst einen Begriff geben?

Direktor Verschaffelts Empfang war freundlich. Zu dem Saale führte mich einer seiner Gesellen, der, nachdem er mir aufgeschlossen, mich meinen Neigungen und Betrachtungen überließ. Hier stand ich nun, den wundersamsten Eindrücken ausgesetzt, in einem geräumigen, viereckten, bei außerordentlicher Höhe fast kubischen Saal, in einem durch Fenster unter dem Gesims von oben wohl erleuchteten Raum: die herrlichsten Statuen des Altertums nicht allein an den Wänden gereiht, sondern auch innerhalb der ganzen Fläche durch einander aufgestellt; ein Wald von Statuen, durch den man sich durchwinden, eine große ideale Volksgesellschaft, zwischen der man sich durchdrängen mußte. Alle diese herrlichen Gebilde konnten durch Auf- und Zuziehn der Vorhänge in das vorteilhafteste Licht gestellt werden; überdies waren sie auf ihren Postamenten beweglich und nach Belieben zu wenden und zu drehen.

Nachdem ich die erste Wirkung dieser unwiderstehlichen Masse eine Zeitlang geduldet hatte, wendete ich mich zu denen Gestalten, die mich am meisten anzogen, und wer kann leugnen, daß Apoll von Belvedere, durch seine mäßige Kolossalgröße, den schlanken Bau, die freie Bewegung, den siegenden Blick, auch über unsere Empfindung vor allen andern den Sieg davon trage? Sodann wendete ich mich zu Laokoon, den ich hier zuerst mit seinen Söhnen in Verbindung sah. Ich vergegenwärtigte mir so gut als möglich das, was über ihn verhandelt und gestritten worden war, und suchte mir einen Gesichtspunkt; allein ich ward bald dabald dorthin gezogen. Der sterbende Fechter hielt mich lange fest, besonders aber hatte ich der Gruppe von Kastor und Pollux, diesen kostbaren, obgleich problematischen Resten, die seligsten Augenblicke zu danken. Ich wußte noch nicht, wie unmöglich es sei, sich von einem genießenden Anschaun sogleich Rechenschaft zu geben. Ich zwang mich zu reflektieren, und so wenig es mir gelingen wollte, zu irgend einer Art von Klarheit zu gelangen, so fühlte ich doch, daß jedes einzelne dieser großen versammelten Masse faßlich, ein jeder Gegenstand natürlich und in sich selbst bedeutend sei.

Auf Laokoon jedoch war meine größte Aufmerksamkeit gerichtet, und ich entschied mir die berühmte Frage, warum er nicht schreie, dadurch, daß ich mir aussprach, er könne nicht schreien. Alle Handlungen und Bewegungen der drei Figuren gingen mir aus der ersten Konzeption der Gruppe hervor. Die ganze so gewaltsame als kunstreiche Stellung des Hauptkörpers war aus zwei Anlässen zusammengesetzt, aus dem Streben gegen die Schlangen, und aus dem Fliehn vor dem augenblicklichen Biß. Um diesen Schmerz zu mildern, mußte der Unterleib eingezogen und das Schreien unmöglich gemacht werden. So entschied ich mich auch, daß der jüngere Sohn nicht gebissen sei, und wie ich mir sonst noch das Kunstreiche dieser Gruppe auszulegen suchte. Ich schrieb hierüber einen Brief an Oesern, der aber nicht sonderlich auf meine Auslegung achtete, sondern nur meinen guten Willen mit einer allgemeinen Aufmunterung erwiderte. Ich aber war glücklich genug, jenen Gedanken festzuhalten und bei mir mehrere Jahre ruhen zu lassen, bis er sich zuletzt an meine sämtlichen Erfahrungen und Überzeugungen anschloß, in welchem Sinne ich ihn sodann bei Herausgabe der „Propyläen“ mitteilte.

Nach eifriger Betrachtung so vieler erhabenen plastischen Werke sollte es mir auch an einem Vorschmack antiker Architektur nicht fehlen. Ich fand den Abguß eines Kapitells der Rotonde, und ich leugne nicht, daß beim Anblick jener so ungeheuren als eleganten Akanthblätter mein Glaube an die nordische Baukunst etwas zu wanken anfing.

Dieses große und bei mir durchs ganze Leben wirksame frühzeitige Schauen war dennoch für die nächste Zeit von geringen Folgen. Wie gern hätte ich mit dieser Darstellung ein Buch angefangen, anstatt daß ich's damit ende: denn kaum war die Türe des herrlichen Saals hinter mir zugeschlossen, so wünschte ich mich selbst wieder zu finden, ja ich suchte jene Gestalten eher, als lästig, aus meiner Einbildungskraft zu entfernen, und nur erst durch einen großen Umweg sollte ich in diesen Kreis zurückgeführt werden. Indessen ist die stille Fruchtbarkeit solcher Eindrücke ganz unschätzbar, die man genießend, ohne zersplitterndes Urteil in sich aufnimmt. Die Jugend ist dieses höchsten Glücks fähig, wenn sie nicht kritisch sein will, sondern das Vortreffliche und Gute, ohne Untersuchung und Sonderung, auf sich wirken läßt.

ZWÖLFTES BUCH

Der Wanderer war nun endlich gesünder und froher nach Hause gelangt als das erstemal, aber in seinem ganzen Wesen zeigte sich doch etwas Überspanntes, welches nicht völlig auf geistige Gesundheit deutete. Gleich zu Anfang brachte ich meine Mutter in den Fall, daß sie zwischen meines Vaters rechtlichem Ordnungsgeist und meiner vielfachen Exzentrizität die Vorfälle in ein gewisses Mittel zu richten und zu schlichten beschäftigt sein mußte. In Mainz hatte mir ein harfespielender Knabe so wohl gefallen, daß ich ihn, weil die Messe gerade vor der Türe war, nach Frankfurt einlud, ihm Wohnung zu geben und ihn zu befördern versprach. In diesem Ereignis trat wieder einmal diejenige Eigenheit hervor, die mich in meinem Leben so viel gekostet hat, daß ich nämlich gern sehe, wenn jüngere Wesen sich um mich versammeln und an mich anknüpfen, wodurch ich denn freilich zuletzt mit ihrem Schicksal belastet werde. Eine unangenehme Erfahrung nach der andern konnte mich von dem angebornen Trieb nicht zurückbringen, der noch gegenwärtig, bei der deutlichsten Überzeugung, von Zeit zu Zeit mich irre zu führen droht. Meine Mutter, klärer als ich, sah wohl voraus, wie sonderbar es meinem Vater vorkommen müßte, wenn ein musikalischer Meßläufer von einem so ansehnlichen Hause her zu Gasthöfen und Schenken ginge, sein Brot zu verdienen; daher sorgte sie in der Nachbarschaft für Herberge und Kost desselben; ich empfahl ihn meinen Freunden, und so befand sich das Kind nicht übel. Nach mehreren Jahren sah ich ihn wieder, wo er größer und tölpischer geworden war, ohne in seiner Kunst viel zugenommen zu haben. Die wackere Frau, mit dem ersten Probestück des Ausgleichens und Vertuschens wohl zufrieden, dachte nicht, daß sie diese Kunst in der nächsten Zeit durchaus nötig haben würde. Der Vater, in seinen verjährten Liebhabereien und Beschäftigungen ein zufriedenes Leben führend, war behaglich, wie einer, der trotz allen Hindernissen und Verspätungen seine Plane durchsetzt. Ich hatte nun promoviert, der erste Schritt zu dem fernern bürgerlichen, stufenweisen Lebensgange war getan. Meine Disputation hatte seinen Beifall, ihn beschäftigte die nähere Betrachtung derselben und manche Vorbereitung zu einer künftigen Herausgabe. Während meines Aufenthalts im Elsaß hatte ich viel kleine Gedichte, Aufsätze, Reisebemerkungen und manches fliegende Blatt geschrieben. Diese zu rubrizieren, zu ordnen, die Vollendung zu verlangen unterhielt ihn, und so war er froh in der Erwartung, daß meine bisher unüberwundene Abneigung, etwas dieser Dinge gedruckt zu sehn, sich nächstens verlieren werde. Die Schwester hatte einen Kreis von verständigen und liebenswürdigen Frauenzimmern um sich versammelt. Ohne herrisch zu sein, herrschte sie über alle, indem ihr Verstand gar manches übersehn und ihr guter Wille vieles ausgleichen konnte, sie auch überdies in dem Fall war, eher die Vertraute als die Rivalin zu spielen. Von ältern Freunden und Bekannten fand ich an Horn den unveränderlich treuen Freund und heiteren Gesellschafter; mit Riese ward ich auch vertraut, der meinen Scharfsinn zu üben und zu prüfen nicht verfehlte, indem er, durch anhaltenden Widerspruch, einem dogmatischen Enthusiasmus, in welchen ich nur gar zu gern verfiel, Zweifel und Verneinung entgegensetzte. Andere traten nach und nach zu diesem Kreis, deren ich künftig gedenke; jedoch standen unter den Personen, die mir den neuen Aufenthalt in meiner Vaterstadt angenehm und fruchtbar machten, die Gebrüder Schlosser allerdings obenan. Der ältere, Hieronymus, ein gründlicher und eleganter Rechtsgelehrter, hatte als Sachwalter ein allgemeines Vertrauen. Unter seinen Büchern und Akten, in Zimmern, wo die größte Ordnung herrschte, war sein liebster Aufenthalt; dort hab ich ihn niemals anders als heiter und teilnehmend gefunden. Auch in größerer Gesellschaft erwies er sich angenehm und unterhaltend: denn sein Geist war, durch eine ausgebreitete Lektüre, mit allem Schönen der Vorwelt geziert. Er verschmähte nicht, bei Gelegenheit, durch geistreiche lateinische Gedichte die geselligen Freuden zu vermehren; wie ich denn noch verschiedene scherzhafte Distichen von ihm besitze, die er unter einige von mir gezeichnete Porträte seltsamer, allgemein bekannter Frankfurter Karikaturen geschrieben hatte. Öfters beriet ich mich mit ihm über meinen einzuleitenden Lebens- und Geschäftsgang, und hätten mich nicht hundertfältige Neigungen, Leidenschaften und Zerstreuungen von diesem Wege fortgerissen, er würde mir der sicherste Führer geworden sein.

Näher an Alter stand mir sein Bruder Georg, der sich von Treptow, aus den Diensten des Herzogs Eugen von Würtemberg, wieder zurückgezogen hatte. An Weltkenntnis, an praktischem Geschick vorgeschritten, war er in seiner Übersicht der deutschen und auswärtigen Literatur auch nicht zurückgeblieben. Er schrieb, wie vormals, gern in allen Sprachen, regte mich aber dadurch nicht weiter an, da ich, mich dem Deutschen ausschließlich widmend, die übrigen nur insoweit kultivierte, daß ich die besten Autoren im Original einigermaßen zu lesen imstande war. Seine Rechtschaffenheit zeigte sich immer als dieselbe, ja die Bekanntschaft mit der Welt mochte ihn veranlaßt haben, strenger, sogar starrer auf seinen wohlmeinenden Gesinnungen zu beharren.

Durch diese beiden Freunde ward ich denn auch gar bald mit Merck bekannt, dem ich durch Herdern, von Straßburg aus, nicht ungünstig angekündigt war. Dieser eigne Mann, der auf mein Leben den größten Einfluß gehabt, war von Geburt ein Darmstädter. Von seiner früheren Bildung wüßte ich wenig zu sagen. Nach vollendeten Studien führte er einen Jüngling nach der Schweiz, wo er eine Zeitlang blieb, und beweibt zurückkam. Als ich ihn kennen lernte, war er Kriegszahlmeister in Darmstadt. Mit Verstand und Geist geboren, hatte er sich sehr schöne Kenntnisse, besonders der neueren Literaturen, erworben, und sich in der Welt- und Menschengeschichte nach allen Zeiten und Gegenden umgesehn. Treffend und scharf zu urteilen war ihm gegeben. Man schätzte ihn als einen wackern entschlossenen Geschäftsmann und fertigen Rechner. Mit Leichtigkeit trat er überall ein, als ein sehr angenehmer

Gesellschafter für die, denen er sich durch beißende Züge nicht furchtbar gemacht hatte. Er war lang und hager von Gestalt, eine hervordringende spitze Nase zeichnete sich aus, hellblaue, vielleicht graue Augen gaben seinem Blick, der aufmerkend hin und wider ging, etwas Tigerartiges. Lavaters „Physiognomik" hat uns sein Profil aufbewahrt. In seinem Charakter lag ein wunderbares Mißverhältnis: von Natur ein braver, edler, zuverlässiger Mann, hatte er sich gegen die Welt erbittert, und ließ diesen grillenkranken Zug dergestalt in sich walten, daß er eine unüberwindliche Neigung fühlte, vorsätzlich ein Schalk, ja ein Schelm zu sein. Verständig, ruhig, gut in einem Augenblick, konnte es ihm in dem andern einfallen, wie die Schnecke ihre Hörner hervorstreckt, irgend etwas zu tun, was einen andern kränkte, verletzte, ja was ihm schädlich ward. Doch wie man gern mit etwas Gefährlichem umgeht, wenn man selber davor sicher zu sein glaubt, so hatte ich eine desto größere Neigung, mit ihm zu leben und seiner guten Eigenschaften zu genießen, da ein zuversichtliches Gefühl mich ahnden ließ, daß er seine schlimme Seite nicht gegen mich kehren werde. Wie er sich nun, durch diesen sittlich unruhigen Geist, durch dieses Bedürfnis, die Menschen hämisch und tückisch zu behandeln, von einer Seite das gesellige Leben verdarb, so widersprach eine andere Unruhe, die er auch recht sorgfältig in sich nährte, seinem innern Behagen. Er fühlte nämlich einen gewissen dilettantischen Produktionstrieb, dem er um so mehr nachhing, als er sich in Prosa und Versen leicht und glücklich ausdrückte, und unter den schönen Geistern jener Zeit eine Rolle zu spielen gar wohl wagen durfte. Ich besitze selbst noch poetische Episteln von ungemeiner Kühnheit, Derbheit und Swiftischer Galle, die sich durch originelle Ansichten der Personen und Sachen höchlich auszeichnen, aber zugleich mit so verletzender Kraft geschrieben sind, daß ich sie nicht einmal gegenwärtig publizieren möchte, sondern sie entweder vertilgen, oder als auffallende Dokumente des geheimen Zwiespalts in unserer Literatur der Nachwelt aufbewahren muß. Daß er jedoch bei allen seinen Arbeiten verneinend und zerstörend zu Werke ging, war ihm selbst unangenehm, und er sprach es oft aus, er beneide mich um meine unschuldige Darstellungslust, welche aus der Freude an dem Vorbild und dem Nachgebildeten entspringe.

Übrigens hätte ihm sein literarischer Dilettantismus eher Nutzen als Schaden gebracht, wenn er nicht den unwiderstehlichen Trieb gefühlt hätte, auch im technischen und merkantilischen Fach aufzutreten. Denn wenn er einmal seine Fähigkeiten zu verwünschen anfing, und außer sich war, die Ansprüche an ein ausübendes Talent nicht genialisch genug befriedigen zu können, so ließ er bald die bildende, bald die Dichtkunst fahren und sann auf fabrikmäßige kaufmännische Unternehmungen, welche Geld einbringen sollten, indem sie ihm Spaß machten.

In Darmstadt befand sich übrigens eine Gesellschaft von sehr gebildeten Männern. Geheimerat von Hesse, Minister des Landgrafen, Professor Petersen, Rektor Wenck und andere waren die Einheimischen, zu deren Wert sich manche fremde Benachbarte und viele Durchreisende abwechselnd gesellten. Die Geheimerätin von Hesse und ihre Schwester, Demoiselle Flachsland, waren Frauenzimmer von seltenen Verdiensten und Anlagen, die letztre, Herders Braut, doppelt interessant durch ihre Eigenschaften und ihre Neigung zu einem so vortrefflichen Manne.

Wie sehr dieser Kreis mich belebte und förderte, wäre nicht auszusprechen. Man hörte gern die Vorlesung meiner gefertigten oder angefangenen Arbeiten, man munterte mich auf, wenn ich offen und umständlich erzählte, was ich eben vorhatte, und schalt mich, wenn ich bei jedem neuen Anlaß das Früherbegonnene zurücksetzte. „Faust“ war schon vorgeruckt, „Götz von Berlichingen“ baute sich nach und nach in meinem Geiste zusammen, das Studium des funfzehnten und sechzehnten Jahrhunderts beschäftigte mich, und jenes Münstergebäude hatte einen sehr ernsten Eindruck in mir zurückgelassen, der als Hintergrund zu solchen Dichtungen gar wohl dastehn konnte.

Was ich über jene Baukunst gedacht und gewähnt hatte, schrieb ich zusammen. Das erste, worauf ich drang, war, daß man sie d e u t s c h und nicht g o t i s c h nennen, nicht für ausländisch, sondern für vaterländisch halten solle; das zweite, daß man sie nicht mit der Baukunst der Griechen und Römer vergleichen dürfe, weil sie aus einem ganz anderen Prinzip entsprungen sei. Wenn jene, unter einem glücklicheren Himmel, ihr Dach auf Säulen ruhen ließen, so entstand ja schon an und für sich eine durchbrochene Wand. Wir aber, die wir uns durchaus gegen die Witterung schützen, und mit Mauern überall umgeben müssen, haben den Genius zu verehren, der Mittel fand, massiven Wänden Mannigfaltigkeit zu geben, sie dem Scheine nach zu durchbrechen und das Auge würdig und erfreulich auf der großen Fläche zu beschäftigen. Dasselbe galt von den Türmen, welche nicht, wie die Kuppeln, nach innen einen Himmel bilden, sondern außen gen Himmel streben, und das Dasein des Heiligtums, das sich an ihre Base gelagert, weit umher den Ländern verkünden sollten. Das Innere dieser würdigen Gebäude wagte ich nur durch poetisches Anschauen und durch fromme Stimmung zu berühren.

Hätte ich diese Ansichten, denen ich ihren Wert nicht absprechen will, klar und deutlich, in vernehmlichem Stil abzufassen beliebt, so hätte der Druckbogen „Von deutscher Baukunst, D. M. Ervini a Steinbach“ schon damals, als ich ihn herausgab, mehr Wirkung getan und die vaterländischen Freunde der Kunst früher aufmerksam gemacht; so aber verhüllte ich, durch Hamanns und Herders Beispiel verführt, diese ganz einfachen Gedanken und Betrachtungen in eine Staubwolke von seltsamen Worten und Phrasen, und verfinsterte das Licht, das mir aufgegangen war, für mich und andere. Demungeachtet wurden diese Blätter gut aufgenommen und in dem Herderschen Heft „Von deutscher Art und Kunst“ nochmals abgedruckt.

Wenn ich mich nun, teils aus Neigung, teils zu dichterischen und andern Zwecken, mit vaterländischen Altertümern sehr gern beschäftigte und sie mir zu vergegenwärtigen suchte; so ward ich durch die biblischen Studien und durch religiöse Anklänge von Zeit zu Zeit wieder abgelenkt, da ja Luthers Leben und Taten, die in dem sechzehnten Jahrhundert so herrlich hervorglänzen, mich immer wieder zu den Heiligen Schriften und zu Betrachtung religiöser Gefühle und Meinungen hinleiten mußten. Die Bibel als ein zusammengetragenes, nach und nach entstandenes, zu verschiedenen Zeiten überarbeitetes Werk anzusehn, schmeichelte meinem kleinen Dünkel, indem diese Vorstellungsart noch keineswegs herrschend, viel weniger in dem Kreis aufgenommen war, in welchem ich lebte. Was den Hauptsinn betraf, hielt ich mich an Luthers Ausdruck, im einzelnen ging ich wohl zur Schmidischen wörtlichen Übersetzung, und suchte mein weniges Hebräisch dabei so gut als möglich zu benutzen. Daß in der Bibel sich Widersprüche finden, wird jetzt niemand in Abrede sein. Diese suchte man dadurch auszugleichen, daß man die deutlichste Stelle zum Grunde legte, und die widersprechende, weniger klare jener anzuähnlichen bemüht war. Ich dagegen wollte durch Prüfung herausfinden, welche Stelle den Sinn der Sache am meisten ausspräche; an diese hielt ich mich und verwarf die anderen als untergeschoben.

Denn schon damals hatte sich bei mir eine Grundmeinung festgesetzt, ohne daß ich zu sagen wüßte, ob sie mir eingeflößt, ob sie bei mir angeregt worden, oder ob sie aus eignem Nachdenken entsprungen sei. Es war nämlich die: bei allem, was uns überliefert, besonders aber schriftlich überliefert werde, komme es auf den Grund, auf das Innere, den Sinn, die Richtung des Werks an; hier liege das Ursprüngliche, Göttliche, Wirksame, Unantastbare, Unverwüstliche, und keine Zeit, keine äußere Einwirkung noch Bedingung könne diesem innern Urwesen etwas anhaben, wenigstens nicht mehr als die Krankheit des Körpers einer wohlgebildeten Seele. So sei nun Sprache, Dialekt, Eigentümlichkeit, Stil und zuletzt die Schrift als Körper eines jeden geistigen Werks anzusehn; dieser, zwar nah genug mit dem Innern verwandt, sei jedoch der Verschlimmerung, dem Verderbnis ausgesetzt: wie denn überhaupt keine Überlieferung ihrer Natur nach ganz rein gegeben und, wenn sie auch rein gegeben würde, in der Folge jederzeit vollkommen verständlich sein könnte, jenes wegen Unzulänglichkeit der Organe, durch welche überliefert wird, dieses wegen des Unterschieds der Zeiten, der Orte, besonders aber wegen der Verschiedenheit menschlicher Fähigkeiten und Denkweisen; weshalb denn ja auch die Ausleger sich niemals vergleichen werden.

Das Innere, Eigentliche einer Schrift, die uns besonders zusagt, zu erforschen, sei daher eines jeden Sache, und dabei vor allen Dingen zu erwägen, wie sie sich zu unserm eignen Innern verhalte, und inwiefern durch jene Lebenskraft die unsrige erregt und befruchtet werde; alles Äußere hingegen, was auf uns unwirksam, oder einem Zweifel unterworfen sei, habe man der Kritik zu überlassen, welche, wenn sie auch imstande sein sollte, das Ganze zu zerstückeln und zu zersplittern, dennoch niemals dahin gelangen würde, uns den eigentlichen Grund, an dem wir festhalten, zu rauben, ja uns nicht einen Augenblick an der einmal gefaßten Zuversicht irre zu machen.

Diese aus Glauben und Schauen entsprungene Überzeugung, welche in allen Fällen, die wir für die wichtigsten erkennen, anwendbar und stärkend ist, liegt zum Grunde meinem sittlichen sowohl als literarischen Lebensbau, und ist als ein wohl angelegtes und reichlich wucherndes Kapital anzusehn, ob wir gleich in einzelnen Fällen zu fehlerhafter Anwendung verleitet werden können. Durch diesen Begriff ward mir denn die Bibel erst recht zugänglich. Ich hatte sie, wie bei dem Religionsunterricht der Protestanten geschieht, mehrmals durchlaufen, ja, mich mit derselben sprungweise, von vorn nach hinten und umgekehrt, bekannt gemacht. Die derbe Natürlichkeit des Alten Testaments und die zarte Naivetät des Neuen hatte mich im einzelnen angezogen; als ein Ganzes wollte sie mir zwar niemals recht entgegentreten, aber die verschiedenen Charakter der verschiedenen Bücher machten mich nun nicht mehr irre: ich wußte mir ihre Bedeutung der Reihe nach treulich zu vergegenwärtigen und hatte überhaupt zu viel Gemüt an dieses Buch verwandt, als daß ich es jemals wieder hätte entbehren sollen. Eben von dieser gemütlichen Seite war ich gegen alle Spöttereien geschützt, weil ich deren Unredlichkeit sogleich einsah. Ich verabscheute sie nicht nur, sondern ich konnte darüber in Wut geraten, und ich erinnere mich noch genau, daß ich in kindlich fanatischem Eifer Voltairen, wenn ich ihn hätte habhaft werden können, wegen seines „Sauls" gar wohl erdrosselt hätte. Jede Art von redlicher Forschung dagegen sagte mir höchlich zu, die Aufklärungen über des

Orients Lokalität und Kostüm, welche immer mehr Licht verbreiteten, nahm ich mit Freuden auf, und fuhr fort, allen meinen Scharfsinn an den so werten Überlieferungen zu üben.

Man weiß, wie ich schon früher mich in den Zustand der Urwelt, die uns das erste Buch Mosis schildert, einzuweihen suchte. Weil ich nun schrittweise und ordentlich zu verfahren dachte, so griff ich, nach einer langen Unterbrechung, das zweite Buch an. Allein welch ein Unterschied! Gerade wie die kindliche Fülle aus meinem Leben verschwunden war, so fand ich auch das zweite Buch von dem ersten durch eine ungeheure Kluft getrennt. Das völlige Vergessen vergangener Zeit spricht sich schon aus in den wenigen bedeutenden Worten: „Da kam ein neuer König auf in Ägypten, der wußte nichts von Joseph." Aber auch das Volk, wie die Sterne des Himmels unzählbar, hatte beinah den Ahnherrn vergessen, dem Jehovah gerade dieses nunmehr erfüllte Versprechen unter dem Sternenhimmel getan hatte. Ich arbeitete mich mit unsäglicher Mühe, mit unzulänglichen Hülfsmitteln und Kräften durch die fünf Bücher und geriet dabei auf die wunderlichsten Einfälle. Ich glaubte gefunden zu haben, daß nicht unsere Zehn Gebote auf den Tafeln gestanden, daß die Israeliten keine vierzig Jahre, sondern nur kurze Zeit durch die Wüste gewandert, und ebenso bildete ich mir ein, über den Charakter Mosis ganz neue Aufschlüsse geben zu können.

Auch das Neue Testament war vor meinen Untersuchungen nicht sicher; ich verschonte es nicht mit meiner Sonderungslust, aber aus Liebe und Neigung stimmte ich doch in jenes heilsame Wort mit ein: „Die Evangelisten mögen sich widersprechen, wenn sich nur das Evangelium nicht widerspricht." – Auch in dieser Region glaubte ich allerhand Entdeckungen zu machen. Jene Gabe der Sprachen, am Pfingstfeste in Glanz und Klarheit erteilt, deutete ich mir auf eine etwas abstruse Weise, nicht geeignet, sich viele Teilnehmer zu verschaffen.

In eine der Hauptlehren des Luthertums, welche die Brüdergemeine noch geschärft hatte, das Sündhafte im Menschen als vorwaltend anzusehn, versuchte ich mich zu schicken, obgleich nicht mit sonderlichem Glück. Doch hatte ich mir die Terminologie dieser Lehre so ziemlich zu eigen gemacht, und bediente mich derselben in einem Briefe, den ich unter der Maske eines Landgeistlichen an einen neuen Amtsbruder zu erlassen beliebte. Das Hauptthema desselbigen Schreibens war jedoch die Losung der damaligen Zeit, sie hieß Toleranz, und galt unter den besseren Köpfen und Geistern.

Solche Dinge, die nach und nach entstanden, ließ ich, um mich an dem Publikum zu versuchen, im folgenden Jahre auf meine Kosten drucken, verschenkte sie, oder gab sie der Eichenbergischen Buchhandlung, um sie so gut als möglich zu verhöken, ohne daß mir dadurch einiger Vorteil zugewachsen wäre. Hier und da gedenkt eine Rezension derselben, bald günstig, bald ungünstig, doch gleich waren sie verschollen. Mein Vater bewahrte sie sorgfältig in seinem Archiv, sonst würde ich kein Exemplar davon besitzen. Ich werde sie, sowie einiges Ungedruckte der Art, was ich noch vorgefunden, der neuen Ausgabe meiner Werke hinzufügen.

Da ich mich nun sowohl zu dem sibyllinischen Stil solcher Blätter als zu der Herausgabe derselben eigentlich durch Hamann hatte verleiten lassen, so scheint mir hier eine schickliche Stelle, dieses würdigen einflußreichen Mannes zu gedenken, der uns damals ein ebenso großes Geheimnis war, als er es immer dem Vaterlande geblieben ist. Seine „Sokratischen Denkwürdigkeiten" erregten Aufsehen, und waren solchen Personen besonders lieb, die sich mit dem blendenden Zeitgeiste nicht vertragen konnten. Man ahndete hier einen tiefdenkenden gründlichen Mann, der, mit der offenbaren Welt und Literatur genau bekannt, doch auch noch etwas Geheimes, Unerforschliches gelten ließ, und sich darüber auf eine ganz eigne Weise aussprach. Von denen, die damals die Literatur des Tags beherrschten, ward er freilich für einen abstrusen Schwärmer gehalten, eine aufstrebende Jugend aber ließ sich wohl von ihm anziehn. Sogar die Stillen im Lande, wie sie halb im Scherz, halb im Ernst genannt wurden, jene frommen Seelen, welche, ohne sich zu irgend einer Gesellschaft zu bekennen, eine unsichtbare Kirche bildeten, wendeten ihm ihre Aufmerksamkeit zu, und meiner Klettenberg, nicht weniger ihrem Freunde Moser war der „Magus aus Norden" eine willkommene Erscheinung. Man setzte sich um so mehr mit ihm in Verhältnis, als man erfahren hatte, daß er, von knappen häuslichen Umständen gepeinigt, sich dennoch diese schöne und hohe Sinnesweise zu erhalten verstand. Bei dem großen Einflusse des Präsidenten von Moser wäre es leicht gewesen, einem so genügsamen Manne ein leidliches und bequemes Dasein zu verschaffen. Die Sache war auch eingeleitet, ja man hatte sich so weit schon verständigt und genähert, daß Hamann die weite Reise von Königsberg nach Darmstadt unternahm. Als aber der Präsident zufällig abwesend war, kehrte jener wunderliche Mann, aus welchem Anlaß weiß man nicht, sogleich wieder zurück; man blieb jedoch in einem freundlichen Briefverhältnis. Ich besitze noch zwei Schreiben des Königsbergers an seinen Gönner, die von der wundersamen Großheit und Innigkeit ihres Verfassers Zeugnis ablegen.

Aber ein so gutes Verständnis sollte nicht lange dauern. Diese frommen Menschen hatten sich jenen auch nach ihrer Weise fromm gedacht, sie hatten ihn als den Magus aus Norden mit Ehrfurcht behandelt, und glaubten, daß er sich auch so fort in ehrwürdigem Betragen darstellen würde. Allein er hatte schon durch die „Wolken, ein Nachspiel Sokratischer Denkwürdigkeiten" einigen Anstoß gegeben, und da er nun gar die „Kreuzzüge des Philologen" herausgab, auf deren Titelblatt nicht allein das Ziegenprofil eines gehörnten Pans zu sehen war, sondern auch auf einer der ersten Seiten ein großer, in Holz geschnittener Hahn, taktgebend jungen Hähnchen, die mit Noten in den Krallen vor ihm da standen, sich höchst lächerlich zeigte, wodurch gewisse Kirchenmusiken, die der Verfasser nicht billigen mochte, scherzhaft durchgezogen werden sollten: so entstand unter den Wohl- und Zartgesinnten ein Mißbehagen, welches man dem Verfasser merken ließ, der denn auch, dadurch nicht erbaut, einer engeren Vereinigung sich entzog. Unsere Aufmerksamkeit auf diesen Mann hielt jedoch Herder immer lebendig, der, mit seiner Braut und uns in Korrespondenz bleibend, alles, was von jenem merkwürdigen Geiste nur ausging, sogleich mitteilte. Darunter gehörten denn auch seine Rezensionen und Anzeigen, eingerückt in die „Königsberger Zeitung", die alle einen höchst sonderbaren Charakter trugen. Ich besitze eine meist vollständige Sammlung seiner Schriften und einen sehr bedeutenden handschriftlichen Aufsatz über Herders Preisschrift, den Ursprung der Sprache betreffend, worin er dieses Herdersche Probestück, auf die eigenste Art, mit wunderlichen Schlaglichtern beleuchtet.

Ich gebe die Hoffnung nicht auf, eine Herausgabe der Hamannschen Werke entweder selbst zu besorgen, oder wenigstens zu befördern, und alsdann, wenn diese wichtigen Dokumente wieder vor den Augen des Publikums liegen, möchte es Zeit sein, über den Verfasser, dessen Natur und Wesen das Nähere zu besprechen; inzwischen will ich noch einiges hier schon beibringen, um so mehr, als noch vorzügliche Männer leben, die ihm auch ihre Neigung geschenkt, und deren Beistimmung oder Zurechtweisung mir sehr willkommen sein würde. Das Prinzip, auf welches die sämtlichen Äußerungen Hamanns sich zurückführen lassen, ist dieses: „Alles, was der Mensch zu leisten unternimmt, es werde nun durch Tat oder Wort oder sonst hervorgebracht, muß aus sämtlichen vereinigten Kräften entspringen; alles Vereinzelte ist verwerflich." Eine herrliche Maxime! aber schwer zu befolgen. Von Leben und Kunst mag sie freilich gelten; bei jeder Überlieferung durchs Wort hingegen, die nicht gerade poetisch ist, findet sich eine große Schwierigkeit: denn das Wort muß sich ablösen, es muß sich vereinzeln, um etwas zu sagen, zu bedeuten. Der Mensch, indem er spricht, muß für den Augenblick einseitig werden; es gibt keine Mitteilung, keine Lehre ohne Sonderung. Da nun aber Hamann ein für allemal dieser Trennung widerstrebte, und, wie er in einer Einheit empfand, imaginierte, dachte, so auch sprechen wollte, und das gleiche von andern verlangte; so trat er mit seinem eignen Stil und mit allem, was die andern hervorbringen konnten, in Widerstreit. Um das Unmögliche zu leisten, greift er daher nach allen Elementen; die tiefsten geheimsten Anschauungen, wo sich Natur und Geist im Verborgenen begegnen, erleuchtende

Verstandesblitze, die aus einem solchen Zusammentreffen hervorstrahlen, bedeutende Bilder, die in diesen Regionen schweben, andringende Sprüche der heiligen und Profanskribenten, und was sich sonst noch humoristisch hinzufügen mag, alles dieses bildet die wunderbare Gesamtheit seines Stils, seiner Mitteilungen. Kann man sich nun in der Tiefe nicht zu ihm gesellen, auf den Höhen nicht mit ihm wandeln, der Gestalten, die ihm vorschweben, sich nicht bemächtigen, aus einer unendlich ausgebreiteten Literatur nicht gerade den Sinn einer nur angedeuteten Stelle herausfinden; so wird es um uns nur trüber und dunkler, je mehr wir ihn studieren, und diese Finsternis wird mit den Jahren immer zunehmen, weil seine Anspielungen auf bestimmte, im Leben und in der Literatur augenblicklich herrschende Eigenheiten vorzüglich gerichtet waren. Unter meiner Sammlung befinden sich einige seiner gedruckten Bogen, wo er an dem Rande eigenhändig die Stellen zitiert hat, auf die sich seine Andeutungen beziehn. Schlägt man sie auf, so gibt es abermals ein zweideutiges Doppellicht, das uns höchst angenehm erscheint, nur muß man durchaus auf das Verzicht tun, was man gewöhnlich Verstehen nennt. Solche Blätter verdienen auch deswegen sibyllinisch genannt zu werden, weil man sie nicht an und für sich betrachten kann, sondern auf Gelegenheit warten muß, wo man etwa zu ihren Orakeln seine Zuflucht nähme. Jedesmal, wenn man sie aufschlägt, glaubt man etwas Neues zu finden, weil der einer jeden Stelle inwohnende Sinn uns auf eine vielfache Weise berührt und aufregt.

Persönlich habe ich ihn nie gesehn, auch kein unmittelbares Verhältnis zu ihm durch Briefe gehabt. Mir scheint er in Lebens- und Freundschaftsverhältnissen höchst klar gewesen zu sein und die Bezüge der Menschen untereinander und auf ihn sehr richtig gefühlt zu haben. Alle Briefe, die ich von ihm sah, waren vortrefflich und viel deutlicher als seine Schriften, weil hier der Bezug auf Zeit und Umstände sowie auf persönliche Verhältnisse klarer hervortrat. Soviel glaubte ich jedoch durchaus zu ersehn, daß er, die Überlegenheit seiner Geistesgaben aufs naivste fühlend, sich jederzeit für etwas weiser und klüger gehalten als seine

Korrespondenten, denen er mehr ironisch als herzlich begegnete. Gälte dies auch nur von einzelnen Fällen, so war es für mich doch die Mehrzahl, und Ursache, daß ich mich ihm zu nähern niemals Verlangen trug.

Zwischen Herder und uns waltete dagegen ein gemütlich literarischer Verkehr höchst lebhaft fort, nur schade, daß er sich niemals ruhig und rein erhalten konnte. Aber Herder unterließ sein Necken und Schelten nicht; Mercken brauchte man nicht viel zu reizen, der mich denn auch zur Ungeduld aufzuregen wußte. Weil nun Herder unter allen Schriftstellern und Menschen Swiften am meisten zu ehren schien, so hieß er unter uns gleichfalls der Dechant, und dieses gab abermals zu mancherlei Irrungen und Verdrießlichkeiten Anlaß.

Demungeachtet freuten wir uns höchlich, als wir vernahmen, daß er in Bückeburg sollte angestellt werden, welches ihm doppelt Ehre brachte: denn sein neuer Patron hatte den höchsten Ruf als ein einsichtiger, tapferer, obwohl sonderbarer Mann gewonnen. Thomas Abbt war in diesen Diensten bekannt und berühmt geworden, dem Verstorbenen klagte das Vaterland nach und freute sich an dem Denkmal, das ihm sein Gönner gestiftet. Nun sollte Herder an der Stelle des zu früh Verblichenen alle diejenigen Hoffnungen erfüllen, welche sein Vorgänger so würdig erregt hatte.

Die Epoche, worin dieses geschah, gab einer solchen Anstellung doppelten Glanz und Wert; denn mehrere deutsche Fürsten folgten schon dem Beispiel des Grafen von der Lippe, daß sie nicht bloß gelehrte und eigentlich geschäftsfähige, sondern auch geistreiche und vielversprechende Männer in ihre Dienste aufnahmen. Es hieß: Klopstock sei von dem Markgrafen Karl von Baden berufen worden, nicht zu eigentlichem Geschäftsdienst, sondern um, durch seine Gegenwart, Anmut und Nutzen der höheren Gesellschaft mitzuteilen. So wie nun hierdurch das Ansehn auch dieses vortrefflichen Fürsten wuchs, der allem Nützlichen und Schönen seine Aufmerksamkeit schenkte, so mußte die Verehrung für Klopstock gleichfalls nicht wenig zunehmen. Lieb und wert war alles, was von ihm ausging; sorgfältig schrieben wir die Oden ab und die Elegien, wie sie ein jeder habhaft werden konnte. Höchst vergnügt waren wir daher, als die große Landgräfin Karoline von Hessen-Darmstadt eine Sammlung derselben veranstaltete, und eins der wenigen Exemplare in unsere Hände kam, das uns instand setzte, die eignen handschriftlichen Sammlungen zu vervollzähligen. Daher sind uns jene ersten Lesarten lange Zeit die liebsten geblieben, ja wir haben uns noch oft an Gedichten, die der Verfasser nachher verworfen, erquickt und erfreut. So wahr ist, daß das aus einer schönen Seele hervordringende Leben nur um desto freier wirkt, je weniger es durch Kritik in das Kunstfach herübergezogen erscheint.

Klopstock hatte sich und andern talentvollen Männern, durch seinen Charakter und sein Betragen, Ansehn und Würde zu verschaffen gewußt; nun sollten sie ihm aber auch wo möglich die Sicherung und Verbesserung ihres häuslichen Bestandes verdanken. Der Buchhandel nämlich bezog sich in früherer Zeit mehr auf bedeutende, wissenschaftliche Fakultätswerke, auf stehende Verlagsartikel, welche mäßig honoriert wurden. Die Produktion von poetischen Schriften aber wurde als etwas Heiliges angesehn, und man hielt es beinah für Simonie, ein Honorar zu nehmen oder zu steigern. Autoren und Verleger standen in dem wunderlichsten Wechselverhältnis. Beide erschienen, wie man es nehmen wollte, als Patrone und als Klienten. Jene, die, neben ihrem Talent, gewöhnlich als höchst sittliche Menschen vom Publikum betrachtet und verehrt wurden, hatten einen geistigen Rang und fühlten sich durch das Glück der Arbeit belohnt; diese begnügten sich gern mit der zweiten Stelle und genossen eines ansehnlichen Vorteils: nun aber setzte die Wohlhabenheit den reichen Buchhändler wieder über den armen Poeten, und so stand alles in dem schönsten Gleichgewicht. Wechselseitige Großmut und Dankbarkeit war nicht selten: Breitkopf und Gottsched blieben lebenslang Hausgenossen; Knickerei und Niederträchtigkeit, besonders der Nachdrucker, waren noch nicht im Schwange.

Demungeachtet war unter den deutschen Autoren eine allgemeine Bewegung entstanden. Sie verglichen ihren eignen, sehr mäßigen, wo nicht ärmlichen Zustand mit dem

Reichtum der angesehenen Buchhändler, sie betrachteten, wie groß der Ruhm eines Gellert, eines Rabener sei, und in welcher häuslichen Enge ein allgemein beliebter deutscher Schriftsteller sich behelfen müsse, wenn er sich nicht durch sonst irgend einen Erwerb das Leben erleichterte. Auch die mittleren und geringern Geister fühlten ein lebhaftes Verlangen, ihre Lage verbessert zu sehn, sich von Verlegern unabhängig zu machen.

Nun trat Klopstock hervor und bot seine „Gelehrtenrepublik“ auf Subskription an. Obgleich die spätern Gesänge des „Messias“, teils ihres Inhalts, teils der Behandlung wegen, nicht die Wirkung tun konnten wie die frühern, die, selbst rein und unschuldig, in eine reine und unschuldige Zeit kamen; so blieb doch die Achtung gegen den Dichter immer gleich, der sich, durch die Herausgabe seiner Oden, die Herzen, Geister und Gemüter vieler Menschen zugewendet hatte. Viele wohldenkende Männer, darunter mehrere von großem Einfluß, erboten sich, Vorausbezahlung anzunehmen, die auf einen Louisdor gesetzt war, weil es hieß, daß man nicht sowohl das Buch bezahlen, als den Verfasser, bei dieser Gelegenheit, für seine Verdienste um das Vaterland belohnen sollte. Hier drängte sich nun jedermann hinzu, selbst Jünglinge und Mädchen, die nicht viel aufzuwenden hatten, eröffneten ihre Sparbüchsen; Männer und Frauen, der obere, der mittlere Stand trugen zu dieser heiligen Spende bei, und es kamen vielleicht tausend Pränumeranten zusammen. Die Erwartung war aufs höchste gespannt, das Zutrauen so groß als möglich.

Hiernach mußte das Werk, bei seiner Erscheinung, den seltsamsten Erfolg von der Welt haben; zwar immer von bedeutendem Wert, aber nichts weniger als allgemein ansprechend. Wie Klopstock über Poesie und Literatur dachte, war in Form einer alten deutschen Druidenrepublik dargestellt, seine Maximen über das Echte und Falsche in lakonischen Kernsprüchen angedeutet, wobei jedoch manches Lehrreiche der seltsamen Form aufgeopfert wurde. Für Schriftsteller und Literatoren war und ist das Buch unschätzbar, konnte aber auch nur in diesem Kreise wirksam und nützlich sein. Wer selbst gedacht hatte, folgte dem

Denker, wer das Echte zu suchen und zu schätzen wußte, fand sich durch den gründlichen braven Mann belehrt; aber der Liebhaber, der Leser ward nicht aufgeklärt, ihm blieb das Buch versiegelt, und doch hatte man es in alle Hände gegeben, und indem jedermann ein vollkommen brauchbares Werk erwartete, erhielten die meisten ein solches, dem sie auch nicht den mindesten Geschmack abgewinnen konnten. Die Bestürzung war allgemein, die Achtung gegen den Mann aber so groß, daß kein Murren, kaum ein leises Murmeln entstand. Die junge schöne Welt verschmerzte den Verlust und verschenkte nun scherzend die teuer erworbenen Exemplare. Ich erhielt selbst mehrere von guten Freundinnen, deren keines aber mir geblieben ist.

Diese dem Autor gelungene, dem Publikum aber mißlungene Unternehmung hatte die böse Folge, daß nun so bald nicht mehr an Subskription und Pränumeration zu denken war; doch hatte sich jener Wunsch zu allgemein verbreitet, als daß der Versuch nicht hätte erneuert werden sollen. Dieses nun im großen und ganzen zu tun, erbot sich die Dessauische Verlagshandlung. Hier sollten Gelehrte und Verleger, in geschlossenem Bund, des zu hoffenden Vorteils beide verhältnismäßig genießen. Das so lange peinlich empfundene Bedürfnis erweckte hier abermals ein großes Zutrauen, das sich aber nicht lange erhalten konnte, und leider schieden die Teilhaber nach kurzen Bemühungen mit wechselseitigem Schaden auseinander.

Eine rasche Mitteilung war jedoch unter den Literaturfreunden schon eingeleitet; die Musenalmanache verbanden alle jungen Dichter, die Journale den Dichter mit den übrigen Schriftstellern. Meine Lust am Hervorbringen war grenzenlos; gegen mein Hervorgebrachtes verhielt ich mich gleichgültig; nur wenn ich es mir und andern in geselligem Kreise froh wieder vergegenwärtigte, erneute sich die Neigung daran. Auch nahmen viele gern an meinen größern und kleinern Arbeiten teil, weil ich einen jeden, der sich nur einigermaßen zum Hervorbringen geneigt und geschickt fühlte, etwas in seiner eignen Art unabhängig zu leisten, dringend nötigte, und von allen gleichfalls wieder zu neuem Dichten und Schreiben aufgefordert wurde. Dieses wechselseitige, bis zur Ausschweifung gehende Hetzen und Treiben gab jedem nach seiner Art einen fröhlichen Einfluß, und aus diesem Quirlen und Schaffen, aus diesem Leben und Lebenlassen, aus diesem Nehmen und Geben, welches mit freier Brust, ohne irgend einen theoretischen Leitstern, von so viel Jünglingen, nach eines jeden angebornem Charakter, ohne Rücksichten getrieben wurde, entsprang jene berühmte, berufene und verrufene Literarepoche, in welcher eine Masse junger genialer Männer, mit aller Mutigkeit und aller Anmaßung, wie sie nur einer solchen Jahreszeit eigen sein mag, hervorbrachen, durch Anwendung ihrer Kräfte manche Freude, manches Gute, durch den Mißbrauch derselben manchen Verdruß und manches Übel stifteten; und gerade die aus dieser Quelle entspringenden Wirkungen und Gegenwirkungen sind das Hauptthema dieses Bandes.

Woran sollen aber junge Leute das höchste Interesse finden, wie sollen sie unter ihresgleichen Interesse erregen, wenn die Liebe sie nicht beseelt, und wenn nicht Herzensangelegenheiten, von welcher Art sie auch sein mögen, in ihnen lebendig sind? Ich hatte im stillen eine verlorene Liebe zu beklagen; dies machte mich mild und nachgiebig, und der Gesellschaft angenehmer als in glänzenden Zeiten, wo mich nichts an einen Mangel oder einen Fehltritt erinnerte, und ich ganz ungebunden vor mich hinstürmte.

Die Antwort Friedrikens auf einen schriftlichen Abschied zerriß mir das Herz. Es war dieselbe Hand, derselbe Sinn, dasselbe Gefühl, die sich zu mir, die sich an mir herangebildet hatten. Ich fühlte nun erst den Verlust, den sie erlitt, und sah keine Möglichkeit ihn zu ersetzen, ja nur ihn zu lindern. Sie war mir ganz gegenwärtig; stets empfand ich, daß sie mir fehlte, und, was das Schlimmste war, ich konnte mir mein eignes Unglück nicht verzeihen. Gretchen hatte man mir genommen, Annette mich verlassen, hier war ich zum erstenmal schuldig; ich hatte das schönste Herz in seinem Tiefsten verwundet, und so war die Epoche einer düsteren Reue, bei dem Mangel einer gewohnten erquicklichen Liebe, höchst peinlich, ja unerträglich. Aber der Mensch will leben; daher nahm ich aufrichtigen Teil an andern, ich suchte ihre Verlegenheiten zu entwirren, und, was sich trennen wollte, zu verbinden, damit es ihnen nicht ergehen möchte wie mir. Man pflegte mich daher den Vertrauten zu nennen, auch, wegen meines Umherschweifens in der Gegend, den Wanderer. Dieser Beruhigung für mein Gemüt, die mir nur unter freiem Himmel, in Tälern, auf Höhen, in Gefilden und Wäldern zuteil ward, kam die Lage von Frankfurt zustatten, das zwischen Darmstadt und Homburg mitten inne lag, zwei angenehmen Orten, die durch Verwandtschaft beider Höfe in gutem Verhältnis standen. Ich gewöhnte mich, auf der Straße zu leben, und wie ein Bote zwischen dem Gebirg und dem flachen Lande hin und her zu wandern. Oft ging ich allein oder in Gesellschaft durch meine Vaterstadt, als wenn sie mich nichts anginge, speiste in einem der großen Gasthöfe in der Fahrgasse und zog nach Tische meines Wegs weiter fort. Mehr als jemals war ich gegen offene Welt und freie Natur gerichtet. Unterwegs sang ich mir seltsame Hymnen und Dithyramben, wovon noch eine, unter dem Titel „Wanderers Sturmlied", übrig ist. Ich sang diesen Halbunsinn leidenschaftlich vor mich hin, da mich ein schreckliches Wetter unterweges traf, dem ich entgegen gehn mußte.

Mein Herz war ungerührt und unbeschäftigt: ich vermied gewissenhaft alles nähere Verhältnis zu Frauenzimmern, und so blieb mir verborgen, daß mich Unaufmerksamen und Unwissenden ein liebevoller Genius heimlich umschwebe. Eine zarte liebenswürdige Frau hegte im stillen eine Neigung zu mir, die ich nicht gewahrte, und mich eben deswegen in ihrer wohltätigen Gesellschaft desto heiterer und anmutiger zeigte. Erst mehrere Jahre nachher, ja erst nach ihrem Tode, erfuhr ich das geheime himmlische Lieben, auf eine Weise, die mich erschüttern mußte; aber ich war schuldlos und konnte ein schuldloses Wesen rein und redlich betrauern, und um so schöner, als die Entdeckung gerade in eine Epoche fiel, wo ich, ganz ohne Leidenschaft, mir und meinen geistigen Neigungen zu leben das Glück hatte.

Aber zu der Zeit, als der Schmerz über Friedrikens Lage mich beängstigte, suchte ich, nach meiner alten Art, abermals Hülfe bei der Dichtkunst. Ich setzte die hergebrachte poetische Beichte wieder fort, um durch diese selbstquälerische Büßung einer innern Absolution würdig zu werden. Die beiden Marien in „Götz von Berlichingen“ und „Clavigo“, und die beiden schlechten Figuren, die ihre Liebhaber spielen, möchten wohl Resultate solcher reuigen Betrachtungen gewesen sein.

Wie man aber Verletzungen und Krankheiten in der Jugend rasch überwindet, weil ein gesundes System des organischen Lebens für ein krankes einstehen und ihm Zeit lassen kann, auch wieder zu gesunden, so traten körperliche Übungen glücklicherweise, bei mancher günstigen Gelegenheit, gar vorteilhaft hervor, und ich ward zu frischem Ermannen, zu neuen Lebensfreuden und Genüssen vielfältig aufgeregt. Das Reiten verdrängte nach und nach jene schlendernden, melancholischen, beschwerlichen und doch langsamen und zwecklosen Fußwanderungen; man kam schneller, lustiger und bequemer zum Zweck. Die jüngern Gesellen führten das Fechten wieder ein; besonders aber tat sich, bei eintretendem Winter, eine neue Welt vor uns auf, indem ich mich zum Schlittschuhfahren, welches ich nie versucht hatte, rasch entschloß, und es in kurzer Zeit, durch Übung, Nachdenken und Beharrlichkeit, so weit brachte als nötig ist, um eine frohe und belebte Eisbahn mitzugenießen, ohne sich gerade auszeichnen zu wollen.

Diese neue frohe Tätigkeit waren wir denn auch Klopstocken schuldig, seinem Enthusiasmus für diese glückliche Bewegung, den Privatnachrichten bestätigten, wenn seine Oden davon ein unverwerfliches Zeugnis ablegen. Ich erinnere mich ganz genau, daß, an einem heiteren Frostmorgen, ich aus dem Bette springend mir jene Stellen zurief:

Schon von dem Gefühle der Gesundheit froh,
Hab' ich, weit hinab, weiß an dem Gestade gemacht
Den bedeckenden Kristall.

Wie erhellt des Winters werdender Tag
Sanft den See! Glänzenden Reif, Sternen gleich,
Streute die Nacht über ihn aus!

Mein zaudernder und schwankender Entschluß war sogleich bestimmt, und ich flog stracklings dem Orte zu, wo ein so alter Anfänger mit einiger Schicklichkeit seine ersten Übungen anstellen konnte. Und fürwahr! diese Kraftäußerung verdiente wohl von Klopstock empfohlen zu werden, die uns mit der frischesten Kindheit in Berührung setzt, den Jüngling seiner Gelenkheit ganz zu genießen aufruft, und ein stockendes Alter abzuwehren geeignet ist. Auch hingen wir dieser Lust unmäßig nach. Einen herrlichen Sonnentag so auf dem Eise zu verbringen, genügte uns nicht; wir setzten unsere Bewegung bis spät in die Nacht fort. Denn wie andere Anstrengungen den Leib ermüden, so verleiht ihm diese eine immer neue Schwungkraft. Der über den nächtlichen, weiten, zu Eisfeldern überfrorenen Wiesen aus den Wolken hervortretende Vollmond, die unserm Lauf entgegensäuselnde Nachtluft, des bei abnehmendem Wasser sich senkenden Eises ernsthafter Donner, unserer eigenen Bewegungen sonderbarer Nachhall vergegenwärtigten uns Ossiansche Szenen ganz vollkommen. Bald dieser bald jener Freund ließ in deklamatorischem Halbgesange eine Klopstockische Ode ertönen, und wenn wir uns im Dämmerlichte zusammenfanden, erscholl das ungeheuchelte Lob des Stifters unserer Freuden.

Und sollte der unsterblich nicht sein,
  Der Gesundheit uns und Freuden erfand,
    Die das Roß mutig im Lauf niemals gab,
      Welche der Ball selber nicht hat?

Solchen Dank verdient sich ein Mann, der irgend ein irdisches Tun durch geistige Anregung zu veredeln und würdig zu verbreiten weiß!

Und so wie talentreiche Kinder, deren Geistesgaben schon früh wundersam ausgebildet sind, sich, wenn sie nur dürfen, den einfachsten Knabenspielen wieder zuwenden, vergaßen wir nur allzu leicht unseren Beruf zu ernsteren Dingen; doch regte gerade diese oft einsame Bewegung, dieses gemächliche Schweben im Unbestimmten, gar manche meiner innern Bedürfnisse wieder auf, die eine Zeitlang geschlafen hatten, und ich bin solchen Stunden die schnellere Ausbildung älterer Vorsätze schuldig geworden.

Die dunkleren Jahrhunderte der deutschen Geschichte

hatten von jeher meine Wißbegierde und Einbildungskraft beschäftigt. Der Gedanke, den Götz von Berlichingen in seiner Zeitumgebung zu dramatisieren, war mir höchlich lieb und wert. Ich las die Hauptschriftsteller fleißig; dem Werke „De pace publica" von Datt widmete ich alle Aufmerksamkeit; ich hatte es emsig durchstudiert, und mir jene seltsamen Einzelnheiten möglichst veranschaulicht. Diese zu sittlichen und poetischen Absichten hin gerichteten Bemühungen konnte ich auch nach einer anderen Seite brauchen, und da ich nunmehr Wetzlar besuchen sollte, war ich geschichtlich vorbereitet genug: denn das Kammergericht war doch auch in Gefolge des Landfriedens entstanden, und die Geschichte desselben konnte für einen bedeutenden Leitfaden durch die verworrenen deutschen Ereignisse gelten. Gibt doch die Beschaffenheit der Gerichte und der Heere die genauste Einsicht in die Beschaffenheit irgend eines Reichs. Die Finanzen selbst, deren Einfluß man für so wichtig hält, kommen viel weniger in Betracht: denn wenn es dem Ganzen fehlt, so darf man dem Einzelnen nur abnehmen, was er mühsam zusammengescharrt und -gehalten hat, und so ist der Staat immer reich genug.

Was mir in Wetzlar begegnete, ist von keiner großen Bedeutung, aber es kann ein höheres Interesse einflößen, wenn man eine flüchtige Geschichte des Kammergerichts nicht verschmähen will, um sich den ungünstigen Augenblick zu vergegenwärtigen, in welchem ich daselbst anlangte.

Die Herren der Erde sind es vorzüglich dadurch, daß sie, wie im Kriege die Tapfersten und Entschlossensten, so im Frieden die Weisesten und Gerechtesten um sich versammeln können. Auch zu dem Hofstaat eines deutschen Kaisers gehörte ein solches Gericht, das ihn, bei seinen Zügen durch das Reich, immer begleitete. Aber weder diese Sorgfalt noch das Schwabenrecht, welches im südlichen Deutschland, das Sachsenrecht, welches im nördlichen galt, weder die zu Aufrechthaltung derselben bestellten Richter, noch die Austräge der Ebenbürtigen, weder die Schiedsrichter, durch Vertrag anerkannt, noch gütliche Vergleiche, durch die Geistlichen gestiftet, nichts konnte den aufgereizten ritterlichen Fehdegeist stillen, der bei den Deutschen durch innern Zwist, durch fremde Feldzüge, besonders aber durch die Kreuzfahrten, ja durch Gerichtsgebräuche selbst aufgeregt, genährt und zur Sitte geworden. Dem Kaiser sowie den mächtigern Ständen waren die Plackereien höchst verdrießlich, wodurch die Kleinen einander selbst, und, wenn sie sich verbanden, auch den Größern lästig wurden. Gelähmt war alle Kraft nach außen, wie die Ordnung nach innen gestört; überdies lastete noch das Femgericht auf einem großen Teile des Vaterlands, von dessen Schrecknissen man sich einen Begriff machen kann, wenn man denkt, daß es in eine geheime Polizei ausartete, die sogar zuletzt in die Hände von Privatleuten gelangte.

Diesen Unbilden einigermaßen zu steuern, ward vieles umsonst versucht, bis endlich die Stände ein Gericht aus eignen Mitteln dringend in Vorschlag brachten. Dieser, so wohlgemeint er auch sein mochte, deutete doch immer auf Erweiterung der ständischen Befugnisse, auf eine Beschränkung der kaiserlichen Macht. Unter Friedrich dem Dritten verzögert sich die Sache; sein Sohn Maximilian, von außen gedrängt, gibt nach. Er bestellt den Oberrichter, die Stände senden die Beisitzer. Es sollten ihrer vierundzwanzig sein, anfangs begnügt man sich mit zwölfen.

Ein allgemeiner Fehler, dessen sich die Menschen bei ihren Unternehmungen schuldig machen, war auch der erste und ewige Grundmangel des Kammergerichts: zu einem großen Zwecke wurden unzulängliche Mittel angewendet. Die Zahl der Assessoren war zu klein; wie sollte von ihnen die schwere und weitläuftige Aufgabe gelöst werden! Allein wer sollte auf eine hinlängliche Einrichtung dringen? Der Kaiser konnte eine Anstalt nicht begünstigen, die mehr wider als für ihn zu wirken schien; weit größere Ursache hatte er, sein eignes Gericht, seinen eignen Hofrat auszubilden. Betrachtet man dagegen das Interesse der Stände, so konnte es ihnen eigentlich nur um Stillung des Bluts zu tun sein, ob die Wunde geheilt würde, lag ihnen nicht so nah; und nun noch gar ein neuer Kostenaufwand! Man mochte sich's nicht ganz deutlich gemacht haben, daß durch diese Anstalt jeder Fürst seine Dienerschaft vermehre, freilich zu einem entschiedenen Zwecke, aber wer gibt gern

Geld fürs Notwendige? Jedermann wäre zufrieden, wenn er das Nützliche um Gottes willen haben könnte.

Anfangs sollten die Beisitzer von Sporteln leben, dann erfolgte eine mäßige Bewilligung der Stände; beides war kümmerlich. Aber dem großen und auffallenden Bedürfnis abzuhelfen, fanden sich willige, tüchtige, arbeitsame Männer, und das Gericht ward eingesetzt. Ob man einsah, daß hier nur von Linderung, nicht von Heilung des Übels die Rede sei, oder ob man sich, wie in ähnlichen Fällen, mit der Hoffnung schmeichelte, mit wenigem vieles zu leisten, ist nicht zu entscheiden; genug, das Gericht diente mehr zum Vorwande, die Unruhstifter zu bestrafen, als daß es gründlich dem Unrecht vorgebeugt hätte. Allein es ist kaum beisammen, so erwächst ihm eine Kraft aus sich selbst, es fühlt die Höhe, auf die es gestellt ist, es erkennt seine große politische Wichtigkeit. Nun sucht es sich durch auffallende Tätigkeit ein entschiedneres Ansehn zu erwerben; frisch arbeiten sie weg alles, was kurz abgetan werden kann und muß, was über den Augenblick entscheidet, oder was sonst leicht beurteilt werden kann, und so erscheinen sie im ganzen Reiche wirksam und würdig. Die Sachen von schwererem Gehalt hingegen, die eigentlichen Rechtshändel, blieben im Rückstand, und es war kein Unglück. Dem Staate liegt nur daran, daß der Besitz gewiß und sicher sei; ob man mit Recht besitze, kann ihn weniger kümmern. Deswegen erwuchs aus der nach und nach aufschwellenden ungeheuren Anzahl von verspäteten Prozessen dem Reiche kein Schade. Gegen Leute, die Gewalt brauchten, war ja vorgesehn, und mit diesen konnte man fertig werden; die übrigen, die rechtlich um den Besitz stritten, sie lebten, genossen oder darbten, wie sie konnten; sie starben, verdarben, verglichen sich; das alles war aber nur Heil oder Unheil einzelner Familien, das Reich ward nach und nach beruhigt. Denn dem Kammergericht war ein gesetzliches Faustrecht gegen die Ungehorsamen in die Hände gegeben; hätte man den Bannstrahl schleudern können, dieser wäre wirksamer gewesen.

Jetzo aber, bei der bald vermehrten, bald verminderten Anzahl der Assessoren, bei manchen Unterbrechungen, bei

Verlegung des Gerichts von einem Ort an den andern, mußten diese Reste, diese Akten ins Unendliche anwachsen. Nun flüchtete man in Kriegsnot einen Teil des Archivs von Speyer nach Aschaffenburg, einen Teil nach Worms, der dritte fiel in die Hände der Franzosen, welche ein Staatsarchiv erobert zu haben glaubten, und hernach geneigt gewesen wären, sich dieses Papierwusts zu entledigen, wenn nur jemand die Fuhren hätte daran wenden wollen.

Bei den westfälischen Friedensunterhandlungen sahen die versammelten tüchtigen Männer wohl ein, was für ein Hebel erfordert werde, um jene sisyphische Last vom Platze zu bewegen. Nun sollten funfzig Assessoren angestellt werden, diese Zahl ist aber nie erreicht worden: man begnügte sich abermals mit der Hälfte, weil der Aufwand zu groß schien; allein hätten die Interessenten sämtlich ihren Vorteil bei der Sache gesehn, so wäre das Ganze gar wohl zu leisten gewesen. Um fünfundzwanzig Beisitzer zu besolden, waren ohngefähr einhunderttausend Gulden nötig; wie leicht hätte Deutschland das Doppelte herbeigeschafft. Der Vorschlag, das Kammergericht mit eingezogenen geistlichen Gütern auszustatten, konnte nicht durchgehn: denn wie sollten sich beide Religionsteile zu dieser Aufopferung verstehn? Die Katholiken wollten nicht noch mehr verlieren, und die Protestanten das Gewonnene jeder zu innern Zwecken verwenden. Die Spaltung des Reichs in zwei Religionsparteien hatte auch hier, in mehrerem Betracht, den schlimmsten Einfluß. Nun verminderte sich der Anteil der Stände an diesem ihrem Gericht immer mehr: die mächtigern suchten sich von dem Verbande loszulösen; Freibriefe, vor keinem obern Gerichtshofe belangt zu werden, wurden immer lebhafter gesucht; die größeren blieben mit den Zahlungen zurück, und die kleineren, die sich in der Matrikel ohnehin bevorteilt glaubten, säumten, solange sie konnten.

Wie schwer war es daher, den zahltägigen Bedarf zu den Besoldungen aufzubringen. Hieraus entsprang ein neues Geschäft, ein neuer Zeitverlust für das Kammergericht; früher hatten die jährlichen sogenannten Visitationen dafür gesorgt. Fürsten in Person, oder ihre Räte, begaben sich nur auf Wochen oder Monate an den Ort des Gerichts, untersuchten die Kassen, erforschten die Reste und übernahmen das Geschäft, sie beizutreiben. Zugleich, wenn etwas in dem Rechts- und Gerichtsgange stocken, irgend ein Mißbrauch einschleichen wollte, waren sie befugt, dem abzuhelfen. Gebrechen der Anstalt sollten sie entdecken und heben, aber persönliche Verbrechen der Glieder zu untersuchen und zu bestrafen, ward erst später ein Teil ihrer Pflicht. Weil aber Prozessierende den Lebenshauch ihrer Hoffnungen immer noch einen Augenblick verlängern wollen, und deshalb immer höhere Instanzen suchen und hervorrufen; so wurden diese Visitatoren auch ein Revisionsgericht, vor dem man erst in bestimmten, offenbaren Fällen Wiederherstellung, zuletzt aber in allen Aufschub und Verewigung des Zwists zu finden hoffte: wozu denn auch die Berufung an den Reichstag, und das Bestreben beider Religionsparteien, sich einander, wo nicht aufzuwiegen, doch im Gleichgewicht zu erhalten, das Ihrige beitrugen.

Denkt man sich aber, was dieses Gericht ohne solche Hindernisse, ohne so störende und zerstörende Bedingungen, hätte sein können; so kann man es sich nicht merkwürdig und wichtig genug ausbilden. Wäre es gleich anfangs mit einer hinreichenden Anzahl von Männern besetzt gewesen, hätte man diesen einen zulänglichen Unterhalt gesichert; unübersehbar wäre bei der Tüchtigkeit deutscher Männer der ungeheure Einfluß geworden, zu dem diese Gesellschaft hätte gelangen können. Den Ehrentitel Amphiktyonen, den man ihnen nur rednerisch zuteilte, würden sie wirklich verdient haben; ja sie konnten sich zu einer Zwischenmacht erheben, beides, dem Oberhaupt und den Gliedern ehrwürdig.

Aber weit entfernt von so großen Wirkungen, schleppte das Gericht, außer etwa eine kurze Zeit unter Karl dem Fünften und vor dem Dreißigjährigen Kriege, sich nur kümmerlich hin. Man begreift oft nicht, wie sich nur Männer finden konnten zu diesem undankbaren und traurigen Geschäft. Aber was der Mensch täglich treibt, läßt er sich, wenn er Geschick dazu hat, gefallen, sollte er auch nicht gerade sehen, daß etwas dabei herauskomme. Der Deutsche besonders ist von einer solchen ausharrenden Sinnesart, und so haben sich drei Jahrhunderte hindurch die würdigsten Männer mit diesen Arbeiten und Gegenständen beschäftigt. Eine charakteristische Galerie solcher Bilder würde noch jetzt Anteil erregen und Mut einflößen.

Denn gerade in solchen anarchischen Zeiten tritt der tüchtige Mann am festesten auf, und der das Gute will, findet sich recht an seinem Platze. So stand z. B. das Direktorium Fürstenbergs noch immer in gesegnetem Andenken, und mit dem Tode dieses vortrefflichen Manns beginnt die Epoche vieler verderblichen Mißbräuche.

Aber alle diese späteren und früheren Gebrechen entsprangen aus der ersten, einzigen Quelle: aus der geringen Personenzahl. Verordnet war, daß die Beisitzer in einer entschiedenen Folge und nach bestimmter Ordnung vortragen sollten. Ein jeder konnte wissen, wann die Reihe ihn treffen werde, und welchen seiner ihm obliegenden Prozesse; er konnte darauf hinarbeiten, er konnte sich vorbereiten. Nun häuften sich aber die unseligen Reste; man mußte sich entschließen, wichtigere Rechtshändel auszuheben und außer der Reihe vorzutragen. Die Beurteilung der Wichtigkeit einer Sache vor der andern ist, bei dem Zudrang von bedeutenden Fällen, schwer, und die Auswahl läßt schon Gunst zu; aber nun trat noch ein anderer bedenklicher Fall ein. Der Referent quälte sich und das Gericht mit einem schweren verwickelten Handel, und zuletzt fand sich niemand, der das Urteil einlösen wollte. Die Parteien hatten sich verglichen, auseinander gesetzt, waren gestorben, hatten den Sinn geändert. Daher beschloß man, nur diejenigen Gegenstände vorzunehmen, welche erinnert wurden. Man wollte von der fortdauernden Beharrlichkeit der Parteien überzeugt sein, und hiedurch ward den größten Gebrechen die Einleitung gegeben: denn wer seine Sache empfiehlt, muß sie doch jemand empfehlen, und wem empföhle man sie besser als dem, der sie unter Händen hat. Diesen, ordnungsgemäß, geheim zu halten ward unmöglich: denn bei so viel mitwissenden Subalternen, wie sollte derselbe verborgen bleiben? Bittet man um Beschleunigung, so darf man ja wohl auch um Gunst bitten: denn eben daß man seine Sache betreibt, zeigt ja an, daß man sie für gerecht hält. Geradezu wird man es vielleicht nicht tun, gewiß aber am ersten durch Untergeordnete; diese müssen gewonnen werden, und so ist die Einleitung zu allen Intrigen und Bestechungen gegeben.

Kaiser Joseph, nach eignem Antriebe und in Nachahmung Friedrichs, richtete zuerst seine Aufmerksamkeit auf die Waffen und die Justiz. Er faßte das Kammergericht ins Auge; herkömmliche Ungerechtigkeiten, eingeführte Mißbräuche waren ihm nicht unbekannt geblieben. Auch hier sollte aufgeregt, gerüttelt und getan sein. Ohne zu fragen, ob es sein kaiserlicher Vorteil sei, ohne die Möglichkeit eines glücklichen Erfolgs vorauszusehn, brachte er die Visitation in Vorschlag, und übereilte ihre Eröffnung. Seit hundertundsechsundsechzig Jahren hatte man keine ordentliche Visitation zustande gebracht; ein ungeheurer Wust von Akten lag aufgeschwollen und wuchs jährlich, da die siebzehn Assessoren nicht einmal imstande waren, das Laufende wegzuarbeiten. Zwanzigtausend Prozesse hatten sich aufgehäuft, jährlich konnten sechzig abgetan werden, und das Doppelte kam hinzu. Auch auf die Visitatoren wartete keine geringe Anzahl von Revisionen, man wollte ihrer funfzigtausend zählen. Überdies hinderte so mancher Mißbrauch den Gerichtsgang; als das Bedenklichste aber von allem erschienen im Hintergrunde die persönlichen Verbrechen einiger Assessoren.

Als ich nach Wetzlar gehn sollte, war die Visitation schon einige Jahre im Gange, die Beschuldigten suspendiert, die Untersuchung weit vorgerückt; und weil nun die Kenner und Meister des deutschen Staatsrechts diese Gelegenheit nicht vorbeilassen durften, ihre Einsichten zu zeigen und sie dem gemeinen Besten zu widmen, so waren mehrere gründliche wohlgesinnte Schriften erschienen, aus denen sich, wer nur einige Vorkenntnisse besaß, gründlich unterrichten konnte. Ging man bei dieser Gelegenheit in die Reichsverfassung und die von derselben handelnden Schriften zurück, so war es auffallend, wie der monstrose Zustand dieses durchaus kranken Körpers, der nur durch ein Wunder am Leben erhalten ward, gerade den Gelehrten am meisten zusagte. Denn der ehrwürdige deutsche Fleiß, der mehr auf Sammlung und Entwickelung von Einzelnheiten als auf Resultate losging, fand hier einen unversiegbaren Anlaß zu immer neuer Beschäftigung, und man mochte nun das Reich dem Kaiser, die kleinern den größern Ständen, die Katholiken den Protestanten entgegensetzen, immer gab es, nach dem verschiedenen Interesse, notwendig verschiedene Meinungen, und immer Gelegenheit zu neuen Kämpfen und Gegenreden.

Da ich mir alle diese ältern und neuern Zustände möglichst vergegenwärtigt hatte, konnte ich mir von meinem Wetzlarschen Aufenthalt unmöglich viel Freude versprechen. Die Aussicht war nicht reizend, in einer zwar wohl gelegenen, aber kleinen und übel gebauten Stadt eine doppelte Welt zu finden: erst die einheimische alte hergebrachte, dann eine fremde neue, jene scharf zu prüfen beauftragt, ein richtendes und ein gerichtetes Gericht; manchen Bewohner in Furcht und Sorge, er möchte auch noch mit in die verhängte Untersuchung gezogen werden; angesehene, so lange für würdig geltende Personen der schändlichsten Missetaten überwiesen und zu schimpflicher Bestrafung bezeichnet: das alles zusammen machte das traurigste Bild und konnte nicht anreizen, tiefer in ein Geschäft einzugehen, das, an sich selbst verwickelt, nun gar durch Untaten so verworren erschien.

Daß mir, außer dem deutschen Zivil- und Staatsrechte, hier nichts Wissenschaftliches sonderlich begegnen, daß ich aller poetischen Mitteilung entbehren würde, glaubte ich vorauszusehn, als mich, nach einigem Zögern, die Lust meinen Zustand zu verändern, mehr als der Trieb nach Kenntnissen, in diese Gegend hinführte. Allein wie verwundert war ich, als mir, anstatt einer sauertöpfischen Gesellschaft, ein drittes akademisches Leben entgegensprang. An einer großen Wirtstafel traf ich beinah sämtliche Gesandtschaftsuntergeordnete, junge muntere Leute, beisammen; sie nahmen mich freundlich auf, und es blieb mir schon den ersten Tag kein Geheimnis, daß sie ihr mittägiges Beisammensein durch eine romantische Fiktion erheitert hatten. Sie stellten nämlich, mit Geist und Munterkeit, eine Rittertafel vor. Obenan saß der Heermeister, zur Seite desselben der Kanzler, sodann die wichtigsten Staatsbeamten; nun folgten die Ritter, nach ihrer Anciennetät; Fremde hingegen, die zusprachen, mußten mit den untersten Plätzen vorlieb nehmen, und für sie war das Gespräch meist unverständlich, weil sich in der Gesellschaft die Sprache, außer den Ritterausdrücken, noch mit manchen Anspielungen bereichert hatte. Einem jeden war ein Rittername zugelegt, mit einem Beiworte. Mich nannten sie Götz von Berlichingen, den Redlichen. Jenen verdiente ich mir durch meine Aufmerksamkeit für den biedern deutschen Altvater, und diesen durch die aufrichtige Neigung und Ergebenheit gegen die vorzüglichen Männer, die ich kennen lernte. Dem Grafen von Kielmannsegg bin ich bei diesem Aufenthalt vielen Dank schuldig geworden. Er war der Ernsteste von allen, höchst tüchtig und zuverlässig. Von Goué, ein schwer zu entziffernder und zu beschreibender Mann, eine derbe, breite, hannövrische Figur, still in sich gekehrt. Es fehlte ihm nicht an Talenten mancher Art. Man hegte von ihm die Vermutung, daß er ein natürlicher Sohn sei; auch liebte er ein gewisses geheimnisvolles Wesen, und verbarg seine eigensten Wünsche und Vorsätze unter mancherlei Seltsamkeiten, wie er denn die eigentliche Seele des wunderlichen Ritterbundes war, ohne daß er nach der Stelle des Heermeisters gestrebt hätte. Vielmehr ließ er, da gerade zu der Zeit dies Haupt der Ritterschaft abging, einen andern wählen und übte durch diesen seinen Einfluß. So wußte er auch manche kleine Zufälligkeiten dahin zu lenken, daß sie bedeutend erschienen und in fabelhaften Formen durchgeführt werden konnten. Bei diesem allen aber konnte man keinen ernsten Zweck bemerken; es war ihm bloß zu tun, die Langeweile, die er und seine Kollegen bei dem verzögerten Geschäft empfinden mußten, zu erheitern, und den leeren Raum, wäre es auch nur mit Spinnegewebe, auszufüllen. Übrigens wurde dieses fabelhafte Fratzenspiel mit äußerlichem großen Ernst betrieben, ohne daß jemand lächerlich finden durfte, wenn eine gewisse Mühle als Schloß, der Müller als Burgherr behandelt wurde, wenn man „Die vier Haimonskinder“ für ein kanonisches Buch erklärte und Abschnitte daraus, bei Zeremonien, mit Ehrfurcht vorlas. Der

Ritterschlag selbst geschah mit hergebrachten, von mehreren Ritterorden entlehnten Symbolen. Ein Hauptanlaß zum Scherze war ferner der, daß man das Offenbare als ein Geheimnis behandelte; man trieb die Sache öffentlich, und es sollte nicht davon gesprochen werden. Die Liste der sämtlichen Ritter ward gedruckt, mit so viel Anstand als ein Reichstagskalender; und wenn Familien darüber zu spotten und die ganze Sache für absurd und lächerlich zu erklären wagten, so ward, zu ihrer Bestrafung, so lange intrigiert, bis man einen ernsthaften Ehemann, oder nahen Verwandten, beizutreten und den Ritterschlag anzunehmen bewogen hatte; da denn über den Verdruß der Angehörigen eine herrliche Schadenfreude entstand.

In dieses Ritterwesen verschlang sich noch ein seltsamer Orden, welcher philosophisch und mystisch sein sollte, und keinen eigentlichen Namen hatte. Der erste Grad hieß der Übergang, der zweite des Übergangs Übergang, der dritte des Übergangs Übergang zum Übergang, und der vierte des Übergangs Übergang zu des Übergangs Übergang. Den hohen Sinn dieser Stufenfolge auszulegen, war nun die Pflicht der Eingeweihten, und dieses geschah nach Maßgabe eines gedruckten Büchleins, in welchem jene seltsamen Worte auf eine noch seltsamere Weise erklärt, oder vielmehr amplifiziert waren. Die Beschäftigung mit diesen Dingen war der erwünschteste Zeitverderb. Behrischens Torheit und Lenzens Verkehrtheit schienen sich hier vereinigt zu haben; nur wiederhole ich, daß auch nicht eine Spur von Zweck hinter diesen Hüllen zu finden war.

Ob ich nun gleich zu solchen Possen sehr gern beiriet, auch zuerst die Perikopen aus den „Vier Haimonskindern" in Ordnung brachte, und Vorschläge tat, wie sie bei Festen und Feierlichkeiten vorgelesen werden sollten, auch selbst sie mit großer Emphase vorzutragen verstand; so hatte ich mich doch schon früher an solchen Dingen müde getrieben, und als ich daher meine Frankfurter und Darmstädter Umgebung vermißte, war es mir höchst lieb, Gottern gefunden zu haben, der sich mit aufrichtiger Neigung an mich schloß, und dem ich ein herzliches Wohlwollen erwiderte. Sein Sinn war zart, klar und heiter, sein Talent geübt und geregelt; er befleißigte sich der französischen Eleganz und freute sich des Teils der englischen Literatur, der sich mit sittlichen und angenehmen Gegenständen beschäftigt. Wir brachten viele vergnügte Stunden zusammen zu, in denen wir uns wechselseitig unsere Kenntnisse, Vorsätze und Neigungen mitteilten. Er regte mich zu manchen kleinen Arbeiten an, zumal da er, mit den Göttingern in Verhältnis stehend, für Boies Almanach auch von meinen Gedichten etwas verlangte.

Dadurch kam ich mit jenen in einige Berührung, die sich, jung und talentvoll, zusammenhielten, und nachher so viel und mannigfaltig wirkten. Die beiden Grafen Stolberg, Bürger, Voß, Hölty und andere waren im Glauben und Geiste um Klopstock versammelt, dessen Wirkung sich nach allen Seiten hin erstreckte. In einem solchen, sich immer mehr erweiternden deutschen Dichterkreise entwickelte sich zugleich, mit so mannigfaltigen poetischen Verdiensten, auch noch ein anderer Sinn, dem ich keinen ganz eigentlichen Namen zu geben wüßte. Man könnte ihn das Bedürfnis der Unabhängigkeit nennen, welches immer im Frieden entspringt, und gerade da, wo man eigentlich nicht abhängig ist. Im Kriege erträgt man die rohe Gewalt so gut man kann, man fühlt sich wohl physisch und ökonomisch verletzt, aber nicht moralisch; der Zwang beschämt niemanden, und es ist kein schimpflicher Dienst, der Zeit zu dienen; man gewöhnt sich, von Feind und Freund zu leiden, man hat Wünsche und keine Gesinnungen. Im Frieden hingegen tut sich der Freiheitssinn der Menschen immer mehr hervor, und je freier man ist, desto freier will man sein. Man will nichts über sich dulden: wir wollen nicht beengt sein, niemand soll beengt sein, und dies zarte ja kranke Gefühl erscheint in schönen Seelen unter der Form der Gerechtigkeit. Dieser Geist und Sinn zeigte sich damals überall, und gerade da nur wenige bedrückt waren, wollte man auch diese von zufälligem Druck befrein, und so entstand eine gewisse sittliche Befehdung, Einmischung der einzelnen ins Regiment, die, mit löblichen Anfängen, zu unabsehbar unglücklichen Folgen hinführte.

Voltaire hat durch den Schutz, den er der Familie Calas

angedeihen ließ, großes Aufsehn erregt und sich ehrwürdig gemacht. Für Deutschland fast noch auffallender und wichtiger war das Unternehmen Lavaters gegen den Landvogt gewesen. Der ästhetische Sinn, mit dem jugendlichen Mut verbunden, strebte vorwärts, und da man noch vor kurzem studierte, um zu Ämtern zu gelangen, so fing man nun an den Aufseher der Beamten zu machen, und die Zeit war nah, wo der Theater- und Romanendichter seine Bösewichter am liebsten unter Ministern und Amtleuten aufsuchte. Hieraus entstand eine halb eingebildete, halb wirkliche Welt von Wirkung und Gegenwirkung, in der wir späterhin die heftigsten Angebereien und Verhetzungen erlebt haben, welche sich die Verfasser von Zeitschriften und Tagblättern, mit einer Art von Wut, unter dem Schein der Gerechtigkeit erlaubten, und um so unwiderstehlicher dabei zu Werke gingen, als sie das Publikum glauben machten, vor ihm sei der wahre Gerichtshof: töricht! da kein Publikum eine exekutive Gewalt hat, und in dem zerstückten Deutschland die öffentliche Meinung niemanden nutzte oder schadete.

Unter uns jungen Leuten ließ sich zwar nichts von jener Art spüren, welche tadelnswert gewesen wäre; aber eine gewisse ähnliche Vorstellung hatte sich unsrer bemächtigt, die, aus Poesie, Sittlichkeit und einem edlen Bestreben zusammengeflossen, zwar unschädlich aber doch fruchtlos war.

Durch die „Hermannsschlacht" und die Zueignung derselben an Joseph den Zweiten hatte Klopstock eine wunderbare Anregung gegeben. Die Deutschen, die sich vom Druck der Römer befreiten, waren herrlich und mächtig dargestellt, und dieses Bild gar wohl geeignet, das Selbstgefühl der Nation zu erwecken. Weil aber im Frieden der Patriotismus eigentlich nur darin besteht, daß jeder vor seiner Türe kehre, seines Amts warte, auch seine Lektion lerne, damit es wohl im Hause stehe; so fand das von Klopstock erregte Vaterlandsgefühl keinen Gegenstand, an dem es sich hätte üben können. Friedrich hatte die Ehre eines Teils der Deutschen gegen eine verbundene Welt gerettet, und es war jedem Gliede der Nation erlaubt, durch Beifall und Verehrung dieses großen Fürsten, teil an seinem Siege zu nehmen; aber wo denn nun hin mit jenem erregten kriegerischen Trotzgefühl? welche Richtung sollte es nehmen, und welche Wirkung hervorbringen? Zuerst war es bloß poetische Form, und die nachher so oft gescholtenen, ja lächerlich gefundenen Bardenlieder häuften sich durch diesen Trieb, durch diesen Anstoß. Keine äußeren Feinde waren zu bekämpfen; nun bildete man sich Tyrannen, und dazu mußten die Fürsten und ihre Diener ihre Gestalten erst im allgemeinen, sodann nach und nach im besondern hergeben; und hier schloß sich die Poesie an jene oben gerügte Einmischung in die Rechtspflege mit Heftigkeit an, und es ist merkwürdig, Gedichte aus jener Zeit zu sehn, die ganz in einem Sinne geschrieben sind, wodurch alles Obere, es sei nun monarchisch oder aristokratisch, aufgehoben wird.

Was mich betraf, so fuhr ich fort, die Dichtkunst zum Ausdruck meiner Gefühle und Grillen zu benutzen. Kleine Gedichte, wie „Der Wanderer", fallen in diese Zeit; sie wurden in den „Göttinger Musenalmanach" aufgenommen. Was aber von jener Sucht in mich eingedrungen sein mochte, davon strebte ich mich kurz nachher im „Götz von Berlichingen" zu befrein, indem ich schilderte, wie in wüsten Zeiten der wohldenkende brave Mann allenfalls an die Stelle des Gesetzes und der ausübenden Gewalt zu treten sich entschließt, aber in Verzweiflung ist, wenn er dem anerkannten verehrten Oberhaupt zweideutig, ja abtrünnig erscheint.

Durch Klopstocks Oden war denn auch in die deutsche Dichtkunst nicht sowohl die nordische Mythologie, als vielmehr die Nomenklatur ihrer Gottheiten eingeleitet; und ob ich gleich mich sonst gern alles dessen bediente, was mir gereicht ward; so konnte ich es doch nicht von mir gewinnen, mich derselben zu bedienen, und zwar aus folgenden Ursachen. Ich hatte die Fabeln der „Edda" schon längst aus der Vorrede zu Mallets „Dänischer Geschichte" kennen gelernt, und mich derselben sogleich bemächtigt; sie gehörten unter diejenigen Märchen, die ich, von einer Gesellschaft aufgefordert, am liebsten erzählte. Herder gab mir den Resenius in die Hände, und machte mich mit den Heldensagen mehr bekannt. Aber alle diese Dinge, wie wert ich sie hielt, konnte ich nicht in den Kreis meines Dichtungsvermögens aufnehmen; wie herrlich sie mir auch die Einbildungskraft anregten, entzogen sie sich doch ganz dem sinnlichen Anschaun, indessen die Mythologie der Griechen, durch die größten Künstler der Welt in sichtliche, leicht einzubildende Gestalten verwandelt, noch vor unsern Augen in Menge dastand. Götter ließ ich überhaupt nicht viel auftreten, weil sie mir noch außerhalb der Natur, die ich nachzubilden verstand, ihren Wohnsitz hatten. Was hätte mich nun gar bewegen sollen, Wodan für Jupiter, und Thor für Mars zu setzen, und, statt der südlichen genau umschriebenen Figuren, Nebelbilder, ja bloße Wortklänge in meine Dichtungen einzuführen? Von einer Seite schlossen sie sich vielmehr an die Ossianschen gleichfalls formlosen Helden, nur derber und riesenhafter an, von der andern lenkte ich sie nach dem heiteren Märchen hin: denn der humoristische Zug, der durch die ganze nordische Mythe durchgeht, war mir höchst lieb und bemerkenswert. Sie schien mir die einzige, welche durchaus mit sich selbst scherzt, einer wunderlichen Dynastie von Göttern abenteuerliche Riesen, Zauberer und Ungeheuer entgegensetzt, die nur beschäftigt sind, die höchsten Personen während ihres Regiments zu irren, zum besten zu haben, und hinterdrein mit einem schmählichen unvermeidlichen Untergang zu bedrohen.

Ein ähnliches, wo nicht gleiches Interesse gewannen mir die indischen Fabeln ab, die ich aus Dappers Reisen zuerst kennen lernte, und gleichfalls mit großer Lust in meinen Märchenvorrat hineinzog. Der Altar des Ram gelang mir vorzüglich im Nacherzählen, und ungeachtet der großen Mannigfaltigkeit der Personen dieses Märchens blieb doch der Affe Hannemann der Liebling meines Publikums. Aber auch diese unförmlichen und überförmlichen Ungeheuer konnten mich nicht eigentlich poetisch befriedigen; sie lagen zu weit von dem Wahren ab, nach welchem mein Sinn unablässig hinstrebte.

Doch gegen alle diese kunstwidrigen Gespenster sollte mein Sinn für das Schöne durch die herrlichste Kraft geschützt werden. Glücklich ist immer die Epoche einer Literatur, wenn große Werke der Vergangenheit wieder einmal auftauen und an die Tagesordnung kommen, weil sie alsdann eine vollkommen frische Wirkung hervorbringen. Auch das Homerische Licht ging uns neu wieder auf, und zwar recht im Sinne der Zeit, die ein solches Erscheinen höchst begünstigte: denn das beständige Hinweisen auf Natur bewirkte zuletzt, daß man auch die Werke der Alten von dieser Seite betrachten lernte. Was mehrere Reisende zu Aufklärung der Heiligen Schriften getan, leisteten andere für den Homer. Durch Guys ward man eingeleitet, Wood gab der Sache den Schwung. Eine Göttinger Rezension des anfangs sehr seltenen Originals machte uns mit der Absicht bekannt, und belehrte uns, wie weit sie ausgeführt worden. Wir sahen nun nicht mehr in jenen Gedichten ein angespanntes und aufgedunsenes Heldenwesen, sondern die abgespiegelte Wahrheit einer uralten Gegenwart, und suchten uns dieselbe möglichst heranzuziehen. Zwar wollte uns zu gleicher Zeit nicht völlig in den Sinn, wenn behauptet wurde, daß, um die Homerischen Naturen recht zu verstehn, man sich mit den wilden Völkern und ihren Sitten bekannt machen müsse, wie sie uns die Reisebeschreiber der neuen Welten schildern: denn es ließ sich doch nicht leugnen, daß sowohl Europäer als Asiaten in den Homerischen Gedichten schon auf einem hohen Grade der Kultur dargestellt worden, vielleicht auf einem höhern, als die Zeiten des Trojanischen Kriegs mochten genossen haben. Aber jene Maxime war doch mit dem herrschenden Naturbekenntnis übereinstimmend, und insofern mochten wir sie gelten lassen.

Bei allen diesen Beschäftigungen, die sich auf Menschenkunde im höheren Sinne, sowie auf Dichtkunst im nächsten und lieblichsten bezogen, mußte ich doch jeden Tag erfahren, daß ich mich in Wetzlar aufhielt. Das Gespräch über den Zustand des Visitationsgeschäftes und seiner immer wachsenden Hindernisse, die Entdeckung neuer Gebrechen klang stündlich durch. Hier war nun abermals das Heilige Römische Reich versammelt, nicht bloß zu äußerlichen Feierlichkeiten, sondern zu einem ins Allertiefste greifenden Geschäfte. Aber auch hier mußte mir jener halbleere Speisesaal am Krönungstage einfallen, wo die geladenen Gäste außen blieben, weil sie zu vornehm waren. Hier hatten sie sich zwar eingefunden, aber man mußte noch schlimmere

Symptome gewahr werden. Der Unzusammenhalt des Ganzen, das Widerspiel der Teile kamen fortwährend zum Vorschein, und es war kein Geheimnis geblieben, daß Fürsten untereinander sich die Absicht vertraulich mitgeteilt hatten: man müsse sehn, ob man nicht, bei dieser Gelegenheit, dem Oberhaupt etwas abgewinnen könne?

Welchen üblen Eindruck das kleine Detail aller Anekdoten von Nachlässigkeiten und Versäumnissen, Ungerechtigkeiten und Bestechungen auf einen jungen Menschen machen mußte, der das Gute wollte und sein Inneres in diesem Sinne bearbeitete, wird jeder Redliche mitfühlen. Wo soll unter solchen Umständen Ehrfurcht vor dem Gesetz und dem Richter entspringen? Aber hätte man auch auf die Wirkungen der Visitation das größte Zutrauen gesetzt, hätte man glauben können, daß sie völlig ihre hohe Bestimmung erfüllen werde; für einen frohen vorwärts schreitenden Jüngling war doch hier kein Heil zu finden. Die Förmlichkeiten dieses Prozesses an sich gingen alle auf ein Verschleifen; wollte man einigermaßen wirken und etwas bedeuten, so mußte man nur immer demjenigen dienen, der unrecht hatte, stets dem Beklagten, und in der Fechtkunst der verdrehenden und ausweichenden Streiche recht gewandt sein.

Ich verlor mich daher einmal über das andre, da mir, in dieser Zerstreuung, keine ästhetische Arbeiten gelingen wollten, in ästhetische Spekulationen; wie denn alles Theoretisieren auf Mangel oder Stockung von Produktionskraft hindeutet. Früher mit Mercken, nunmehr manchmal mit Gottern, machte ich den Versuch, Maximen auszufinden, wonach man beim Hervorbringen zu Werke gehn könnte. Aber weder mir noch ihnen wollte es gelingen. Merck war Zweifler und Eklektiker, Gotter hielt sich an solche Beispiele, die ihm am meisten zusagten. Die Sulzersche Theorie war angekündigt, mehr für den Liebhaber als für den Künstler. In diesem Gesichtskreise werden vor allem sittliche Wirkungen gefordert, und hier entsteht sogleich ein Zwiespalt zwischen der hervorbringenden und benutzenden Klasse; denn ein gutes Kunstwerk kann und wird zwar moralische Folgen haben, aber moralische Zwecke vom Künstler fordern, heißt ihm sein Handwerk verderben.

Was die Alten über diese wichtigen Gegenstände gesagt, hatte ich seit einigen Jahren fleißig, wo nicht in einer Folge studiert, doch sprungweise gelesen. Aristoteles, Cicero, Quintilian, Longin, keiner blieb unbeachtet, aber das half mir nichts: denn alle diese Männer setzten eine Erfahrung voraus, die mir abging. Sie führten mich in eine an Kunstwerken unendlich reiche Welt, sie entwickelten die Verdienste vortrefflicher Dichter und Redner, von deren meisten uns nur die Namen übrig geblieben sind, und überzeugten mich nur allzu lebhaft, daß erst eine große Fülle von Gegenständen vor uns liegen müsse, ehe man darüber denken könne, daß man erst selbst etwas leisten, ja daß man fehlen müsse, um seine eignen Fähigkeiten und die der andern kennen zu lernen. Meine Bekanntschaft mit so vielem Guten jener alten Zeiten war doch immer nur schul- und buchmäßig und keineswegs lebendig, da es doch, besonders bei den gerühmtesten Rednern, auffiel, daß sie sich durchaus im Leben gebildet hatten, und daß man von den Eigenschaften ihres Kunstcharakters niemals sprechen konnte, ohne ihren persönlichen Gemütscharakter zugleich mitzuerwähnen. Bei Dichtern schien dies weniger der Fall; überall aber trat Natur und Kunst nur durch Leben in Berührung, und so blieb das Resultat von allem meinen Sinnen und Trachten jener alte Vorsatz, die innere und äußere Natur zu erforschen, und in liebevoller Nachahmung sie eben selbst walten zu lassen.

Zu diesen Wirkungen, welche weder Tag noch Nacht in mir ruhten, lagen zwei große, ja ungeheure Stoffe vor mir, deren Reichtum ich nur einigermaßen zu schätzen brauchte, um etwas Bedeutendes hervorzubringen. Es war die ältere Epoche, in welche das Leben Götzens von Berlichingen fällt, und die neuere, deren unglückliche Blüte im „Werther“ geschildert ist.

Von der historischen Vorbereitung zu der ersten Arbeit habe ich bereits gesprochen; die ethischen Anlässe zu der zweiten sollen gegenwärtig eingeleitet werden.

Jener Vorsatz, meine innere Natur nach ihren Eigenheiten gewähren, und die äußere nach ihren Eigenschaften auf mich einfließen zu lassen, trieb mich an das wunderliche

Element, in welchem „Werther" ersonnen und geschrieben ist. Ich suchte mich innerlich von allem Fremden zu entbinden, das Äußere liebevoll zu betrachten, und alle Wesen, vom menschlichen an, so tief hinab, als sie nur faßlich sein möchten, jedes in seiner Art auf mich wirken zu lassen. Dadurch entstand eine wundersame Verwandtschaft mit den einzelnen Gegenständen der Natur, und ein inniges Anklingen, ein Mitstimmen ins Ganze, so daß ein jeder Wechsel, es sei der Ortschaften und Gegenden, oder der Tags- und Jahreszeiten, oder was sonst sich ereignen konnte, mich aufs innigste berührte. Der malerische Blick gesellte sich zu dem dichterischen, die schöne ländliche, durch den freundlichen Fluß belebte Landschaft vermehrte meine Neigung zur Einsamkeit und begünstigte meine stillen nach allen Seiten hin sich ausbreitenden Betrachtungen.

Aber seitdem ich jenen Familienkreis zu Sesenheim und nun wieder meinen Freundeszirkel zu Frankfurt und Darmstadt verlassen, war mir eine Leere im Busen geblieben, die ich auszufüllen nicht vermochte; ich befand mich daher in einer Lage, wo uns die Neigung, sobald sie nur einigermaßen verhüllt auftritt, unversehens überschleichen und alle guten Vorsätze vereiteln kann.

Und indem nun der Verfasser zu dieser Stufe seines Unternehmens gelangt, fühlt er sich zum erstenmal bei der Arbeit leicht ums Herz: denn von nun an wird dieses Buch erst, was es eigentlich sein soll. Es hat sich nicht als selbständig angekündigt; es ist vielmehr bestimmt, die Lücken eines Autorlebens auszufüllen, manches Bruchstück zu ergänzen und das Andenken verlorner und verschollener Wagnisse zu erhalten. Was aber schon getan ist, soll und kann nicht wiederholt werden; auch würde der Dichter jetzt die verdüsterten Seelenkräfte vergebens aufrufen, umsonst von ihnen fordern, daß sie jene lieblichen Verhältnisse wieder vergegenwärtigen möchten, welche ihm den Aufenthalt im Lahntale so hoch verschönten. Glücklicherweise hatte der Genius schon früher dafür gesorgt und ihn angetrieben, in vermögender Jugendzeit das nächst Vergangene festzuhalten, zu schildern und kühn genug zur günstigen Stunde öffentlich aufzustellen. Daß hier das Büchlein „Werther" gemeint sei, bedarf wohl keiner nähern Bezeichnung; von den darin aufgeführten Personen aber, sowie von den dargestellten Gesinnungen, wird nach und nach einiges zu eröffnen sein.

Unter den jungen Männern, welche, der Gesandtschaft zugegeben, sich zu ihrem künftigen Dienstlauf vorüben sollten, fand sich einer, den wir kurz und gut den Bräutigam zu nennen pflegten. Er zeichnete sich aus durch ein ruhiges gleiches Betragen, Klarheit der Ansichten, Bestimmtheit im Handeln und Reden. Seine heitere Tätigkeit, sein anhaltender Fleiß empfahl ihn dergestalt den Vorgesetzten, daß man ihm eine baldige Anstellung versprach. Hiedurch berechtigt, unternahm er, sich mit einem Frauenzimmer zu verloben, das seiner Gemütsart und seinen Wünschen völlig zusagte. Nach dem Tode ihrer Mutter hatte sie sich als Haupt einer zahlreichen jüngeren Familie höchst tätig erwiesen und den Vater in seinem Witwerstand allein aufrecht erhalten, so daß ein künftiger Gatte von ihr das gleiche für sich und seine Nachkommenschaft hoffen und ein entschiedenes häusliches Glück erwarten konnte. Ein jeder gestand, auch ohne diese Lebenszwecke eigennützig für sich im Auge zu haben, daß sie ein wünschenswertes Frauenzimmer sei. Sie gehörte zu denen, die, wenn sie nicht heftige Leidenschaften einflößen, doch ein allgemeines Gefallen zu erregen geschaffen sind. Eine leicht aufgebaute, nett gebildete Gestalt, eine reine gesunde Natur und die daraus entspringende frohe Lebenstätigkeit, eine unbefangene Behandlung des täglich Notwendigen, das alles war ihr zusammen gegeben. In der Betrachtung solcher Eigenschaften ward auch mir immer wohl, und ich gesellte mich gern zu denen, die sie besaßen; und wenn ich nicht immer Gelegenheit fand, ihnen wirkliche Dienste zu leisten, so teilte ich mit ihnen lieber als mit andern den Genuß jener unschuldigen Freuden, die der Jugend immer zur Hand sind und ohne große Bemühung und Aufwand ergriffen werden. Da es nun ferner ausgemacht ist, daß die Frauen sich nur für einander putzen und unter einander den Putz zu steigern unermüdet sind; so waren mir diejenigen die liebsten, welche mit einfacher Reinlichkeit dem Freunde, dem Bräutigam die stille Versicherung geben, daß es eigentlich nur für ihn geschehen, und daß ohne viel Umstände und Aufwand ein ganzes Leben so fortgeführt werden könne.

Solche Personen sind nicht allzu sehr mit sich selbst beschäftigt; sie haben Zeit, die Außenwelt zu betrachten, und Gelassenheit genug, sich nach ihr zu richten, sich ihr gleichzustellen; sie werden klug und verständig ohne Anstrengung, und bedürfen zu ihrer Bildung wenig Bücher. So war die Braut. Der Bräutigam, bei seiner durchaus rechtlichen und zutraulichen Sinnesart, machte jeden, den er schätzte, bald mit ihr bekannt, und sah gern, weil er den größten Teil des Tages den Geschäften eifrig oblag, wenn seine Verlobte, nach vollbrachten häuslichen Bemühungen, sich sonst unterhielt und sich gesellig auf Spaziergängen und Landpartien mit Freunden und Freundinnen ergetzte. Lotte – denn so wird sie denn doch wohl heißen – war anspruchslos in doppeltem Sinne: erst ihrer Natur nach, die mehr auf ein allgemeines Wohlwollen als auf besondere Neigungen gerichtet war, und dann hatte sie sich ja für einen Mann bestimmt, der, ihrer wert, sein Schicksal an das ihrige fürs Leben zu knüpfen sich bereit erklären mochte. Die heiterste Luft wehte in ihrer Umgebung. Ja, wenn es schon ein angenehmer Anblick ist, zu sehen, daß Eltern ihren Kindern eine ununterbrochene Sorgfalt widmen, so hat es noch etwas Schöneres, wenn Geschwister Geschwistern das gleiche leisten. Dort glauben wir mehr Naturtrieb und bürgerliches Herkommen, hier mehr Wahl und freies Gemüt zu erblicken.

Der neue Ankömmling, völlig frei von allen Banden, sorglos in der Gegenwart eines Mädchens, das, schon versagt, den gefälligsten Dienst nicht als Bewerbung auslegen und sich desto eher daran erfreuen konnte, ließ sich ruhig gehen, war aber bald dergestalt eingesponnen und gefesselt, und zugleich von dem jungen Paare so zutraulich und freundlich behandelt, daß er sich selbst nicht mehr kannte. Müßig und träumerisch, weil ihm keine Gegenwart genügte, fand er das, was ihm abging, in einer Freundin, die, indem sie fürs ganze Jahr lebte, nur für den Augenblick zu leben schien. Sie mochte ihn gern zu ihrem Begleiter; er konnte bald ihre Nähe nicht missen, denn sie vermittelte ihm die Alltagswelt, und so waren sie, bei einer ausgedehnten Wirtschaft, auf dem Acker und den Wiesen, auf dem Krautland wie im Garten, bald unzertrennliche Gefährten. Erlaubten es dem Bräutigam seine Geschäfte, so war er an seinem Teil dabei; sie hatten sich alle drei an einander gewöhnt, ohne es zu wollen, und wußten nicht, wie sie dazu kamen, sich nicht entbehren zu können. So lebten sie, den herrlichen Sommer hin, eine echt deutsche Idylle, wozu das fruchtbare Land die Prosa, und eine reine Neigung die Poesie hergab. Durch reife Kornfelder wandernd erquickten sie sich am taureichen Morgen; das Lied der Lerche, der Schlag der Wachtel waren ergetzliche Töne; heiße Stunden folgten, ungeheure Gewitter brachen herein, man schloß sich nur desto mehr an einander, und mancher kleine Familienverdruß war leicht ausgelöscht durch fortdauernde Liebe. Und so nahm ein gemeiner Tag den andern auf, und alle schienen Festtage zu sein; der ganze Kalender hätte müssen rot gedruckt werden. Verstehen wird mich, wer sich erinnert, was von dem glücklich-unglücklichen Freunde der Neuen Heloise geweissagt worden: „Und zu den Füßen seiner Geliebten sitzend, wird er Hanf brechen, und er wird wünschen Hanf zu brechen, heute, morgen und übermorgen, ja sein ganzes Leben."

Nur wenig, aber gerade so viel als nötig sein mag, kann ich nunmehr von einem jungen Manne sagen, dessen Name in der Folgezeit nur allzu oft genannt worden. Es war Jerusalem, der Sohn des frei und zart denkenden Gottesgelehrten. Auch er war bei einer Gesandtschaft angestellt: seine Gestalt gefällig, mittlerer Größe, wohlgebaut; ein mehr rundes als längliches Gesicht; weiche ruhige Züge und was sonst noch einem hübschen blonden Jüngling zukommen mag; blaue Augen sodann, mehr anziehend als sprechend zu nennen. Seine Kleidung war die unter den Niederdeutschen, in Nachahmung der Engländer, hergebrachte: blauer Frack, ledergelbe Weste und Unterkleider, und Stiefeln mit braunen Stolpen. Der Verfasser hat ihn nie besucht, auch nicht bei sich gesehen; manchmal traf er ihn bei Freunden. Die Äußerungen des jungen Mannes waren mäßig, aber wohlwollend. Er nahm an den verschiedensten

Produktionen teil; besonders liebte er solche Zeichnungen und Skizzen, in welchen man einsamen Gegenden ihren stillen Charakter abgewonnen hatte. Er teilte bei solchen Gelegenheiten Geßnersche Radierungen mit, und munterte die Liebhaber auf, darnach zu studieren. An allem jenen Ritterwesen und Mummenspiel nahm er wenig oder keinen Anteil, lebte sich und seinen Gesinnungen. Man sprach von einer entschiedenen Leidenschaft zu der Gattin eines Freundes. Öffentlich sah man sie nie miteinander. Überhaupt wußte man wenig von ihm zu sagen, außer daß er sich mit der englischen Literatur beschäftige. Als der Sohn eines wohlhabenden Mannes brauchte er sich weder ängstlich Geschäften zu widmen, noch um baldige Anstellung dringend zu bewerben.

Jene Geßnerschen Radierungen vermehrten die Lust und den Anteil an ländlichen Gegenständen, und ein kleines Gedicht, welches wir in unsern engern Kreis mit Leidenschaft aufnahmen, ließ uns von nun an nichts anders mehr beachten. Das „Deserted village" von Goldsmith mußte jedermann auf jener Bildungsstufe, in jenem Gesinnungskreise höchlich zusagen. Nicht als lebendig oder wirksam, sondern als ein vergangenes, verschwundenes Dasein ward alles das geschildert, was man so gern mit Augen sah, was man liebte, schätzte, in der Gegenwart leidenschaftlich aufsuchte, um jugendlich munter teil daran zu nehmen. Fest- und Feiertage auf dem Lande, Kirchweihen und Jahrmärkte, dabei unter der Dorflinde erst die ernste Versammlung der Ältesten, verdrängt von der heftigern Tanzlust der Jüngern, und wohl gar die Teilnahme gebildeter Stände. Wie schicklich erschienen diese Vergnügungen, gemäßigt durch einen braven Landgeistlichen, der auch dasjenige, was allenfalls übergriff, was zu Händeln und Zwist Anlaß geben konnte, gleich zu schlichten und abzutun verstand. Auch hier fanden wir unsern ehrlichen Wakefield wieder, in seinem wohlbekannten Kreise, aber nicht mehr wie er leibte und lebte, sondern als Schatten, zurückgerufen durch des elegischen Dichters leise Klagetöne. Schon der Gedanke dieser Darstellung ist einer der glücklichsten, sobald einmal der Vorsatz gefaßt ist, ein unschuldiges

Vergangene mit anmutiger Trauer wieder heranzufordern. Und wie gelungen ist in jedem Sinne dem Engländer dieses gemütliche Vorhaben! Ich teilte den Enthusiasmus für dieses allerliebste Gedicht mit Gottern, dem die von uns beiden unternommene Übersetzung besser als mir geglückt ist: denn ich hatte allzu ängstlich die zarte Bedeutsamkeit des Originals in unserer Sprache nachzubilden getrachtet, und war daher wohl mit einzelnen Stellen, nicht aber mit dem Ganzen übereingekommen.

Ruht nun, wie man sagt, in der Sehnsucht das größte Glück, und darf die wahre Sehnsucht nur auf ein Unerreichbares gerichtet sein; so traf wohl alles zusammen, um den Jüngling, den wir gegenwärtig auf seinen Irrgängen begleiten, zum glücklichsten Sterblichen zu machen. Die Neigung zu einer versagten Braut, das Bestreben, Meisterstücke fremder Literatur der unsrigen zu erwerben und anzueignen, die Bemühung, Naturgegenstände nicht nur mit Worten, sondern auch mit Griffel und Pinsel, ohne eigentliche Technik, nachzuahmen: jedes einzeln wäre schon hinreichend gewesen, das Herz zu schwellen und die Brust zu beklemmen. Damit aber der so süß Leidende aus diesen Zuständen gerissen und ihm zu neuer Unruhe neue Verhältnisse bereitet würden, so ergab sich folgendes.

In Gießen befand sich Höpfner, Professor der Rechte. Er war als tüchtig in seinem Fach, als denkender und wackerer Mann, von Mercken und Schlossern anerkannt und höchlich geehrt. Schon längst hatte ich seine Bekanntschaft gewünscht, und nun, als jene beiden Freunde bei ihm einen Besuch abzustatten gedachten, um über literarische Gegenstände zu unterhandeln, ward beliebt, daß ich, bei dieser Gelegenheit, mich gleichfalls nach Gießen begeben sollte. Weil wir aber, wie es in dem Übermut froher und friedlicher Zeiten zu geschehn pflegt, nicht leicht etwas auf geradem Wege vollbringen konnten, sondern, wie wahrhafte Kinder, auch dem Notwendigen irgend einen Scherz abzugewinnen suchten; so sollte ich, als der Unbekannte, in fremder Gestalt erscheinen, und meiner Lust, verkleidet aufzutreten, hier abermals Genüge tun. An einem heiteren Morgen, vor Sonnenaufgang, schritt ich daher von Wetzlar an der Lahn hin, das liebliche Tal hinauf; solche Wanderungen machten wieder mein größtes Glück. Ich erfand, verknüpfte, arbeitete durch, und war in der Stille mit mir selbst heiter und froh; ich legte mir zurecht, was die ewig widersprechende Welt mir ungeschickt und verworren aufgedrungen hatte. Am Ziele meines Weges angelangt, suchte ich Höpfners Wohnung und pochte an seine Studierstube. Als er mir „Herein!" gerufen hatte, trat ich bescheidentlich vor ihn, als ein Studierender, der von Akademien sich nach Hause verfügen und unterwegs die würdigsten Männer wollte kennen lernen. Auf seine Fragen nach meinen näheren Verhältnissen war ich vorbereitet; ich erzählte ein glaubliches prosaisches Märchen, womit er zufrieden schien, und als ich mich hierauf für einen Juristen angab, bestand ich nicht übel: denn ich kannte sein Verdienst in diesem Fach und wußte, daß er sich eben mit dem Naturrecht beschäftigte. Doch stockte das Gespräch einigemal, und es schien, als wenn er einem Stammbuch oder meiner Beurlaubung entgegensähe. Ich wußte jedoch immer zu zaudern, indem ich Schlossern gewiß erwartete, dessen Pünktlichkeit mir bekannt war. Dieser kam auch wirklich, ward von seinem Freund bewillkommnet, und nahm, als er mich von der Seite angesehn, wenig Notiz von mir. Höpfner aber zog mich ins Gespräch und zeigte sich durchaus als einen humanen wohlwollenden Mann. Endlich empfahl ich mich und eilte nach dem Wirtshause, wo ich mit Mercken einige flüchtige Worte wechselte und das Weitere verabredete.

Die Freunde hatten sich vorgenommen, Höpfnern zu Tische zu bitten und zugleich jenen Christian Heinrich Schmid, der in dem deutschen Literarwesen zwar eine sehr untergeordnete, aber doch eine Rolle spielte. Auf diesen war der Handel eigentlich angelegt, und er sollte für manches, was er gesündigt hatte, auf eine lustige Weise bestraft werden. Als die Gäste sich in dem Speisesaale versammelt hatten, ließ ich durch den Kellner fragen, ob die Herren mir erlauben wollten mitzuspeisen? Schlosser, dem ein gewisser Ernst gar wohl zu Gesicht stand, widersetzte sich, weil sie ihre freundschaftliche Unterhaltung nicht durch einen Dritten wollten gestört wissen. Auf das Andringen des Kellners aber und die Fürsprache Höpfners, der versicherte, daß ich ein leidlicher Mensch sei, wurde ich eingelassen, und betrug mich zu Anfang der Tafel bescheiden und verschämt. Schlosser und Merck taten sich keinen Zwang an, und ergingen sich über manches so offen, als wenn kein Fremder dabei wäre. Die wichtigsten literarischen Angelegenheiten sowie die bedeutendsten Männer kamen zur Sprache. Ich erwies mich nun etwas kühner, und ließ mich nicht stören, wenn Schlosser mir manchmal ernstlich, Merck spöttisch etwas abgab; doch richtete ich auf Schmiden alle meine Pfeile, die seine mir wohlbekannten Blößen scharf und sicher trafen.

Ich hatte mich bei meinem Nößel Tischwein mäßig verhalten; die Herren aber ließen sich besseren reichen, und ermangelten nicht, auch mir davon mitzuteilen. Nachdem viele Angelegenheiten des Tags durchgesprochen waren, zog sich die Unterhaltung ins Allgemeine, und man behandelte die Frage, die, solange es Schriftsteller gibt, sich immer wiederholen wird, ob nämlich die Literatur im Auf- oder Absteigen, im Vor- oder Rückschritt begriffen sei? Diese Frage, worüber sich besonders Alte und Junge, Angehende und Abtretende selten vergleichen, sprach man mit Heiterkeit durch, ohne daß man gerade die Absicht gehabt hätte, sich darüber entschieden zu verständigen. Zuletzt nahm ich das Wort und sagte: „Die Literaturen, scheint es mir, haben Jahrszeiten, die, miteinander abwechselnd, wie in der Natur, gewisse Phänomene hervorbringen, und sich der Reihe nach wiederholen. Ich glaube daher nicht, daß man irgend eine Epoche einer Literatur im ganzen loben oder tadeln könne; besonders sehe ich nicht gerne, wenn man gewisse Talente, die von der Zeit hervorgerufen werden, so hoch erhebt und rühmt, andere dagegen schilt und niederdrückt. Die Kehle der Nachtigall wird durch das Frühjahr aufgeregt, zugleich aber auch die Gurgel des Kuckucks. Die Schmetterlinge, die dem Auge so wohl tun, und die Mücken, welche dem Gefühl so verdrießlich fallen, werden durch eben die Sonnenwärme hervorgerufen; beherzigte man dies, so würde man dieselbigen Klagen nicht alle zehn Jahre wieder erneuert hören, und die vergebliche

Mühe, dieses und jenes Mißfällige auszurotten, würde nicht so oft verschwendet werden." Die Gesellschaft sah mich mit Verwunderung an, woher mir so viele Weisheit und so viele Toleranz käme? Ich aber fuhr ganz gelassen fort, die literarischen Erscheinungen mit Naturprodukten zu vergleichen, und ich weiß nicht, wie ich sogar auf die Mollusken kam, und allerlei Wunderliches von ihnen herauszusetzen wußte. Ich sagte, es seien dies Geschöpfe, denen man zwar eine Art von Körper, ja sogar eine gewisse Gestalt nicht ableugnen könne; da sie aber keine Knochen hätten, so wüßte man doch nichts Rechts mit ihnen anzufangen, und sie seien nichts Besseres als ein lebendiger Schleim; jedoch müsse das Meer auch solche Bewohner haben. Da ich das Gleichnis über die Gebühr fortsetzte, um den gegenwärtigen Schmid und diese Art der charakterlosen Literatoren zu bezeichnen, so ließ man mich bemerken, daß ein zu weit ausgedehntes Gleichnis zuletzt gar nichts mehr sei. – „So will ich auf die Erde zurückkehren!" versetzte ich, „und vom Efeu sprechen. Wie jene keine Knochen, so hat dieser keinen Stamm, mag aber gern überall, wo er sich anschmiegt, die Hauptrolle spielen. An alte Mauern gehört er hin, an denen ohnehin nichts mehr zu verderben ist, von neuen Gebäuden entfernt man ihn billig; die Bäume saugt er aus, und am allerunerträglichsten ist er mir, wenn er an einem Pfahl hinaufklettert und versichert, hier sei ein lebendiger Stamm, weil er ihn umlaubt habe."

Ungeachtet man mir abermals die Dunkelheit und Unanwendbarkeit meiner Gleichnisse vorwarf, ward ich immer lebhafter gegen alle parasitische Kreaturen, und machte, soweit meine damaligen Naturkenntnisse reichten, meine Sachen noch ziemlich artig. Ich sang zuletzt ein Vivat allen selbständigen Männern, ein Pereat den Andringlingen, ergriff nach Tische Höpfners Hand, schüttelte sie derb, erklärte ihn für den bravsten Mann von der Welt, und umarmte ihn sowie die andern zuletzt recht herzlich. Der wackere neue Freund glaubte wirklich zu träumen, bis endlich Schlosser und Merck das Rätsel auflösten und der entdeckte Scherz eine allgemeine Heiterkeit verbreitete, in welche Schmid selbst mit einstimmte, der durch Anerkennung seiner wirklichen Verdienste, und durch unsere Teilnahme an seinen Liebhabereien, wieder begütigt wurde.

Diese geistreiche Einleitung konnte nicht anders als den literarischen Kongreß beleben und begünstigen, auf den es eigentlich angesehn war. Merck, bald ästhetisch, bald literarisch, bald kaufmännisch tätig, hatte den wohldenkenden, unterrichteten, in so vielen Fächern kenntnisreichen Schlosser angeregt, die „Frankfurter Gelehrten Anzeigen" in diesem Jahr herauszugeben. Sie hatten sich Höpfnern und andere Akademiker in Gießen, in Darmstadt einen verdienten Schulmann, den Rektor Wenck, und sonst manchen wakkeren Mann zugesellt. Jeder hatte in seinem Fach historische und theoretische Kenntnisse genug, und der Zeitsinn ließ diese Männer nach einem Sinne wirken. Die zwei ersten Jahrgänge dieser Zeitung (denn nachher kam sie in andere Hände) geben ein wundersames Zeugnis, wie ausgebreitet die Einsicht, wie rein die Übersicht, wie redlich der Wille der Mitarbeiter gewesen. Das Humane und Weltbürgerliche wird befördert; wackere und mit Recht berühmte Männer werden gegen Zudringlichkeit aller Art geschützt; man nimmt sich ihrer an gegen Feinde, besonders auch gegen Schüler, die das Überlieferte nun zum Schaden ihrer Lehrer mißbrauchen. Am interessantesten sind beinah die Rezensionen über andere Zeitschriften, die Berliner „Bibliothek", den „Deutschen Merkur"; wo man die Gewandtheit in so vielen Fächern, die Einsicht sowie die Billigkeit mit Recht bewundert.

Was mich betrifft, so sahen sie wohl ein, daß mir nicht mehr als alles zum eigentlichen Rezensenten fehle. Mein historisches Wissen hing nicht zusammen, die Geschichte der Welt, der Wissenschaften, der Literatur hatte mich nur epochenweis, die Gegenstände selbst aber nur teil- und massenweis angezogen. Die Möglichkeit, mir die Dinge auch außer ihrem Zusammenhange lebendig zu machen und zu vergegenwärtigen, setzte mich in den Fall, in einem Jahrhundert, in einer Abteilung der Wissenschaft völlig zu Hause zu sein, ohne daß ich weder von dem Vorhergehenden noch von dem Nachfolgenden irgend unterrichtet gewesen wäre. Ebenso war ein gewisser theoretisch-praktischer Sinn in mir aufgegangen, daß ich von den Dingen, mehr wie sie sein sollten als wie sie waren, Rechenschaft geben konnte, ohne eigentlichen philosophischen Zusammenhang, aber sprungweise treffend. Hiezu kam eine sehr leichte Fassungskraft und ein freundliches Aufnehmen der Meinungen anderer, wenn sie nur nicht mit meinen Überzeugungen in geradem Widerspruch standen.

Jener literarische Verein ward überdies durch eine lebhafte Korrespondenz und, bei der Nähe der Ortschaften, durch öftere persönliche Unterhandlungen begünstigt. Wer das Buch zuerst gelesen hatte, der referierte, manchmal fand sich ein Korreferent; die Angelegenheit ward besprochen, an verwandte angeknüpft, und hatte sich zuletzt ein gewisses Resultat ergeben, so übernahm einer die Redaktion. Dadurch sind mehrere Rezensionen so tüchtig als lebhaft, so angenehm als befriedigend. Mir fiel sehr oft die Rolle des Protokollführers zu; meine Freunde erlaubten mir, auch innerhalb ihrer Arbeiten zu scherzen, und sodann bei Gegenständen, denen ich mich gewachsen fühlte, die mir besonders am Herzen lagen, selbständig aufzutreten. Vergebens würde ich unternehmen, darstellend oder betrachtend, den eigentlichen Geist und Sinn jener Tage wieder hervorzurufen, wenn nicht die beiden Jahrgänge gedachter Zeitung mir die entschiedensten Dokumente selbst anböten. Auszüge von Stellen, an denen ich mich wieder erkenne, mögen mit ähnlichen Aufsätzen künftig am schicklichen Ort erscheinen.

Bei einem so lebhaften Austausch von Kenntnissen, Meinungen, Überzeugungen lernte ich Höpfnern sehr bald näher kennen und gewann ihn lieb. Sobald wir allein waren, sprach ich mit ihm über Gegenstände seines Fachs, welches ja auch mein Fach sein sollte, und fand eine sehr natürlich zusammenhängende Aufklärung und Belehrung. Ich war mir damals noch nicht deutlich bewußt, daß ich wohl aus Büchern und im Gespräch, nicht aber durch den zusammenhängenden Kathedervortrag etwas lernen konnte. Das Buch erlaubte mir, bei einer Stelle zu verweilen, ja rückwärts zu sehen, welches der mündliche Vortrag und der Lehrer nicht gestatten konnte. Manchmal ergriff mich zu Anfang der

Stunde ein Gedanke, dem ich nachhing, darüber das Folgende verlor und ganz aus dem Zusammenhang geriet. Und so war es mir auch in den juristischen Kollegien ergangen, weshalb ich gar manchen Anlaß nehmen konnte, mich mit Höpfnern zu besprechen, der denn sehr gern in meine Zweifel und Bedenken einging, auch manche Lücke ausglich, so daß in mir der Wunsch entstand, in Gießen bei ihm zu verweilen, um mich an ihm zu unterrichten, ohne mich doch von meinen wetzlarischen Neigungen allzu weit zu entfernen. Gegen diesen meinen Wunsch arbeiteten die beiden Freunde erst unwissend, sodann wissentlich: denn beide eilten nicht allein selbst von hier wegzukommen, sondern beide hatten sogar ein Interesse, mich aus dieser Gegend wegzubringen.

Schlosser entdeckte mir, daß er erst in ein freundschaftliches, dann in ein näheres Verhältnis zu meiner Schwester gekommen sei, und daß er sich nach einer baldigen Anstellung umsehe, um sich mit ihr zu verbinden. Diese Erklärung machte mich einigermaßen betroffen, ob ich sie gleich in meiner Schwester Briefen schon längst hätte finden sollen; aber wir gehen leicht über das hinweg, was die gute Meinung, die wir von uns selbst hegen, verletzen könnte, und ich bemerkte nun erst, daß ich wirklich auf meine Schwester eifersüchtig sei: eine Empfindung, die ich mir um so weniger verbarg, als seit meiner Rückkehr von Straßburg unser Verhältnis noch viel inniger geworden war. Wieviel Zeit hatten wir nicht gebraucht, um uns wechselseitig die kleinen Herzensangelegenheiten, Liebes- und andere Händel mitzuteilen, die in der Zwischenzeit vorgefallen waren! und hatte sich nicht auch im Felde der Einbildungskraft vor mir eine neue Welt aufgetan, in die ich sie doch auch einführen mußte? Meine eignen kleinen Machwerke, eine weit ausgebreitete Weltpoesie mußten ihr nach und nach bekannt werden. So übersetzte ich ihr aus dem Stegreife solche Homerische Stellen, an denen sie zunächst Anteil nehmen konnte. Die Clarkesche wörtliche Übersetzung las ich deutsch, so gut es gehen wollte, herunter, mein Vortrag verwandelte sich gewöhnlich in metrische Wendungen und Endungen, und die Lebhaftigkeit, womit ich die Bilder gefaßt hatte, die Gewalt, womit ich sie aussprach, hoben alle Hindernisse einer verschränkten Wortstellung; dem, was ich geistreich hingab, folgte sie mit dem Geiste. Manche Stunden des Tags unterhielten wir uns auf diese Weise; versammelte sich hingegen ihre Gesellschaft, so wurden der Wolf Fenris und der Affe Hannemann einstimmig hervorgerufen, und wie oft habe ich nicht die berühmte Geschichte, wie Thor und seine Begleiter von den zauberischen Riesen geäfft werden, umständlich wiederholen müssen! Daher ist mir auch von allen diesen Dichtungen ein so angenehmer Eindruck geblieben, daß sie noch immer unter das Werteste gehören, was meine Einbildungskraft sich hervorrufen mag. In mein Verhältnis zu den Darmstädtern hatte ich meine Schwester auch hineingezogen, und sogar meine Wanderungen und Entfernungen mußten unser Band fester knüpfen, da ich mich von allem, was mir begegnete, brieflich mit ihr unterhielt, ihr jedes kleine Gedicht, wenn es auch nur ein Ausrufungszeichen gewesen wäre, sogleich mitteilte, und ihr zunächst alle Briefe, die ich erhielt, und alle Antworten, die ich darauf erteilte, sehen ließ. Alle diese lebhafte Regung hatte seit meiner Abreise von Frankfurt gestockt, mein Aufenthalt zu Wetzlar war zu einer solchen Unterhaltung nicht ausgiebig genug, und dann mochte die Neigung zu Lotten den Aufmerksamkeiten gegen meine Schwester Eintrag tun; genug, sie fühlte sich allein, vielleicht vernachlässigt, und gab um so eher den redlichen Bemühungen eines Ehrenmanns Gehör, welcher, ernst und verschlossen, zuverlässig und schätzenswert, ihr seine Neigung, mit der er sonst sehr kargte, leidenschaftlich zugewendet hatte. Ich mußte mich nun wohl darein ergeben, und meinem Freunde sein Glück gönnen, indem ich mir jedoch heimlich mit Selbstvertrauen zu sagen nicht unterließ, daß, wenn der Bruder nicht abwesend gewesen wäre, es mit dem Freunde so weit nicht hätte gedeihen können.

Meinem Freund und vermutlichen Schwager war nun freilich sehr daran gelegen, daß ich nach Hause zurückkehrte, weil durch meine Vermittelung ein freierer Umgang möglich ward, dessen das Gefühl dieses von zärtlicher Neigung unvermutet getroffenen Mannes äußerst zu bedürfen schien. Er nahm daher, als er sich bald entfernte, von mir das Versprechen, daß ich ihm zunächst folgen wollte.

Von Mercken, der eben freie Zeit hatte, hoffte ich nun, daß er seinen Aufenthalt in Gießen verlängern würde, damit ich einige Stunden des Tags mit meinem guten Höpfner zubringen könnte, indessen der Freund seine Zeit an die „Frankfurter Gelehrten Anzeigen" wendete; allein er war nicht zu bewegen, und wie meinen Schwager die Liebe, so trieb diesen der Haß von der Universität hinweg. Denn wie es angeborene Antipathien gibt, so wie gewisse Menschen die Katzen nicht leiden können, andern dieses oder jenes in der Seele zuwider ist, so war Merck ein Todfeind aller akademischen Bürger, die nun freilich zu jener Zeit in Gießen sich in der tiefsten Roheit gefielen. Mir waren sie ganz recht: ich hätte sie wohl auch als Masken in eins meiner Fastnachtsspiele brauchen können; aber ihm verdarb ihr Anblick bei Tage, und des Nachts ihr Gebrüll jede Art von gutem Humor. Er hatte die schönste Zeit seiner jungen Tage in der französischen Schweiz zugebracht und nachher den erfreulichen Umgang von Hof-, Welt- und Geschäftsleuten und gebildeten Literatoren genossen; mehrere Militärpersonen, in denen ein Streben nach Geisteskultur rege geworden, suchten ihn auf, und so bewegte er sein Leben in einem sehr gebildeten Zirkel. Daß ihn daher jenes Unwesen ärgerte, war nicht zu verwundern; allein seine Abneigung gegen die Studiosen war wirklich leidenschaftlicher, als es einem gesetzten Mann geziemte, wiewohl er mich durch seine geistreichen Schilderungen ihres ungeheuerlichen Aussehns und Betragens sehr oft zum Lachen brachte. Höpfners Einladungen und mein Zureden halfen nichts, ich mußte baldmöglichst mit ihm nach Wetzlar wandern.

Kaum konnte ich erwarten, bis ich ihn bei Lotten eingeführt; allein seine Gegenwart in diesem Kreise geriet mir nicht zum Gedeihen: denn wie Mephistopheles, er mag hintreten wohin er will, wohl schwerlich Segen mitbringt; so machte er mir, durch seine Gleichgültigkeit gegen diese geliebte Person, wenn er mich auch nicht zum Wanken brachte, doch wenigstens keine Freude. Ich konnte es wohl voraussehen, wenn ich mich erinnert hätte, daß gerade solche schlanke zierliche Personen, die eine lebendige Heiterkeit um sich her verbreiten, ohne weitere Ansprüche zu machen, ihm nicht sonderlich gefielen. Er zog sehr schnell die junonische Gestalt einer ihrer Freundinnen vor, und da es ihm an Zeit gebrach, ein näheres Verhältnis anzuknüpfen; so schalt er mich recht bitter aus, daß ich mich nicht um diese prächtige Gestalt bemüht, um so mehr, da sie frei, ohne irgend ein Verhältnis sich befinde. Ich verstehe eben meinen Vorteil nicht, meinte er, und er sehe höchst ungern auch hier meine besondere Liebhaberei, die Zeit zu verderben.

Wenn es gefährlich ist, einen Freund mit den Vorzügen seiner Geliebten bekannt zu machen, weil er sie wohl auch reizend und begehrenswürdig finden möchte; so ist die umgekehrte Gefahr nicht geringer, daß er uns durch seine Abstimmung irre machen kann. Dieses war zwar hier der Fall nicht: denn ich hatte mir das Bild ihrer Liebenswürdigkeit tief genug eingedruckt, als daß es so leicht auszulöschen gewesen wäre; aber seine Gegenwart, sein Zureden beschleunigte doch den Entschluß, den Ort zu verlassen. Er stellte mir eine Rheinreise, die er eben mit Frau und Sohn zu machen im Begriff sei, so reizend vor, und erregte die Sehnsucht, diejenigen Gegenstände endlich mit Augen zu sehn, von denen ich so oft mit Neid hatte erzählen hören. Nun, als er sich entfernt hatte, trennte ich mich von Charlotten zwar mit reinerem Gewissen als von Friedriken, aber doch nicht ohne Schmerz. Auch dieses Verhältnis war durch Gewohnheit und Nachsicht leidenschaftlicher als billig von meiner Seite geworden; sie dagegen und ihr Bräutigam hielten sich mit Heiterkeit in einem Maße, das nicht schöner und liebenswürdiger sein konnte, und die eben hieraus entspringende Sicherheit ließ mich jede Gefahr vergessen. Indessen konnte ich mir nicht verbergen, daß diesem Abenteuer sein Ende bevorstehe: denn von der zunächst erwarteten Beförderung des jungen Mannes hing die Verbindung mit dem liebenswürdigen Mädchen ab; und da der Mensch, wenn er einigermaßen resolut ist, auch das Notwendige selbst zu wollen übernimmt, so faßte ich den Entschluß, mich freiwillig zu entfernen, ehe ich durch das Unerträgliche vertrieben würde.

DREIZEHNTES BUCH

Mit Merck war verabredet, daß wir uns zur schönen Jahrszeit in Koblenz bei Frau von La Roche treffen wollten. Ich hatte mein Gepäck nach Frankfurt, und was ich unterwegs brauchen könnte, durch eine Gelegenheit die Lahn hinunter gesendet, und wanderte nun diesen schönen, durch seine Krümmungen lieblichen, in seinen Ufern so mannigfaltigen Fluß hinunter, dem Entschluß nach frei, dem Gefühle nach befangen, in einem Zustande, in welchem uns die Gegenwart der stummlebendigen Natur so wohltätig ist. Mein Auge, geübt, die malerischen und übermalerischen Schönheiten der Landschaft zu entdecken, schwelgte in Betrachtung der Nähen und Fernen, der bebuschten Felsen, der sonnigen Wipfel, der feuchten Gründe, der thronenden Schlösser und der aus der Ferne lockenden blauen Bergreihen.

Ich wanderte auf dem rechten Ufer des Flusses, der in einiger Tiefe und Entfernung unter mir, von reichem Weidengebüsch zum Teil verdeckt, im Sonnenlicht hingleitete. Da stieg in mir der alte Wunsch wieder auf, solche Gegenstände würdig nachahmen zu können. Zufällig hatte ich ein schönes Taschenmesser in der linken Hand, und in dem Augenblicke trat aus dem tiefen Grunde der Seele gleichsam befehlshaberisch hervor: ich sollte dies Messer ungesäumt in den Fluß schleudern. Sähe ich es hineinfallen, so würde mein künstlerischer Wunsch erfüllt werden; würde aber das Eintauchen des Messers durch die überhängenden Weidenbüsche verdeckt, so sollte ich Wunsch und Bemühung fahren lassen. So schnell, als diese Grille in mir aufstieg, war sie auch ausgeführt. Denn ohne auf die Brauchbarkeit des Messers zu sehn, das gar manche Gerätschaften in sich vereinigte, schleuderte ich es mit der Linken, wie ich es hielt, gewaltsam nach dem Flusse hin. Aber auch hier mußte ich die trügliche Zweideutigkeit der Orakel, über die man sich im Altertum so bitter beklagt, erfahren. Des Messers Eintauchen in den Fluß ward mir durch die letzten Weidenzweige verborgen, aber das dem Sturz entgegenwirkende Wasser sprang wie eine starke Fontäne in die Höhe, und war mir vollkommen sichtbar. Ich legte diese Erscheinung nicht zu meinen Gunsten aus, und der durch sie in mir erregte Zweifel war in der Folge schuld, daß ich diese Übungen unterbrochner und fahrlässiger anstellte, und dadurch selbst Anlaß gab, daß die Deutung des Orakels sich erfüllte. Wenigstens war mir für den Augenblick die Außenwelt verleidet, ich ergab mich meinen Einbildungen und Empfindungen, und ließ die wohlgelegenen Schlösser und Ortschaften Weilburg, Limburg, Diez und Nassau nach und nach hinter mir, meistens allein, nur manchmal auf kurze Zeit mich zu einem andern gesellend.

Nach einer so angenehmen Wanderung von einigen Tagen gelangte ich nach Ems, wo ich einige Male des sanften Bades genoß, und sodann auf einem Kahne den Fluß hinabwärts fuhr. Da eröffnete sich mir der alte Rhein, die schöne Lage von Oberlahnstein entzückte mich; über alles aber herrlich und majestätisch erschien das Schloß Ehrenbreitstein, welches in seiner Kraft und Macht, vollkommen gerüstet, dastand. In höchst lieblichem Kontrast lag an seinem Fuß das wohlgebaute Örtchen, Thal genannt, wo ich mich leicht zu der Wohnung des Geheimenrats von La Roche finden konnte. Angekündigt von Merck, ward ich von dieser edlen Familie sehr freundlich empfangen, und geschwind als ein Glied derselben betrachtet. Mit der Mutter verband mich mein belletristisches und sentimentales Streben, mit dem Vater ein heiterer Weltsinn, und mit den Töchtern meine Jugend.

Das Haus, ganz am Ende des Tals, wenig erhöht über dem Fluß gelegen, hatte die freie Aussicht den Strom hinabwärts. Die Zimmer waren hoch und geräumig, und die Wände galerieartig mit aneinanderstoßenden Gemälden behangen. Jedes Fenster, nach allen Seiten hin, machte den Rahmen zu einem natürlichen Bilde, das durch den Glanz einer milden Sonne sehr lebhaft hervortrat; ich glaubte nie so heitere Morgen und so herrliche Abende gesehn zu haben.

Nicht lange war ich allein der Gast im Hause. Zu dem Kongreß, der hier teils im artistischen, teils im empfindsamen Sinne gehalten werden sollte, war auch Leuchsenring beschieden, der von Düsseldorf heraufkam. Dieser Mann, von schönen Kenntnissen in der neuern Literatur, hatte sich auf verschiedenen Reisen, besonders aber bei einem Aufenthalte in der Schweiz, viele Bekanntschaften und, da er angenehm und einschmeichelnd war, viele Gunst erworben. Er führte mehrere Schatullen bei sich, welche den vertrauten Briefwechsel mit mehreren Freunden enthielten: denn es war überhaupt eine so allgemeine Offenherzigkeit unter den Menschen, daß man mit keinem einzelnen sprechen, oder an ihn schreiben konnte, ohne es zugleich als an mehrere gerichtet zu betrachten. Man spähte sein eigen Herz aus und das Herz der andern, und bei der Gleichgültigkeit der Regierungen gegen eine solche Mitteilung, bei der durchgreifenden Schnelligkeit der Taxisschen Posten, der Sicherheit des Siegels, dem leidlichen Porto griff dieser sittliche und literarische Verkehr bald weiter um sich.

Solche Korrespondenzen, besonders mit bedeutenden Personen, wurden sorgfältig gesammelt und alsdann, bei freundschaftlichen Zusammenkünften, auszugsweise vorgelesen; und so ward man, da politische Diskurse wenig Interesse hatten, mit der Breite der moralischen Welt ziemlich bekannt.

Leuchsenrings Schatullen enthielten in diesem Sinne manche Schätze. Die Briefe einer Julie Bondeli wurden sehr hoch geachtet; sie war, als Frauenzimmer von Sinn und Verdienst und als Rousseaus Freundin, berühmt. Wer mit diesem außerordentlichen Manne nur irgend in Verhältnis gestanden hatte, genoß teil an der Glorie, die von ihm ausging, und in seinem Namen war eine stille Gemeinde weit und breit ausgesäet.

Ich wohnte diesen Vorlesungen gerne bei, indem ich dadurch in eine unbekannte Welt versetzt wurde, und das Innere mancher kurz vergangenen Begebenheit kennen lernte. Freilich war nicht alles gehaltreich; und Herr von La Roche, ein heiterer Welt- und Geschäftsmann, der sich, obgleich Katholik, schon in Schriften über das Mönch- und Pfafftum lustig gemacht hatte, glaubte auch hier eine Verbrüderung zu sehen, wo mancher einzelne ohne Wert sich durch Verbindung mit bedeutenden Menschen aufstutze, wobei am Ende wohl er, aber nicht jene gefördert würden. Meistens entzog sich dieser wackere Mann der Gesellschaft, wenn die Schatullen eröffnet wurden. Hörte er auch wohl einmal einige Briefe mit an, so konnte man eine schalkhafte Bemerkung erwarten. Unter andern sagte er einstens, er überzeuge sich bei dieser Korrespondenz noch mehr von dem, was er immer geglaubt habe, daß Frauenzimmer alles Siegellack sparen könnten, sie sollten nur ihre Briefe mit Stecknadeln zustecken und dürften versichert sein, daß sie uneröffnet an Ort und Stelle kämen. Auf gleiche Weise pflegte er mit allem, was außer dem Lebens- und Tätigkeitskreise lag, zu scherzen und folgte hierin der Sinnesart seines Herrn und Meisters, des Grafen Stadion, kurmainzischen Ministers, welcher gewiß nicht geeignet war, den Welt- und Kaltsinn des Knaben durch Ehrfurcht vor irgend einem Ahndungsvollen ins Gleichgewicht zu setzen.

Eine Anekdote von dem großen praktischen Sinne des Grafen hingegen möge hier Platz finden. Als er den verwaisten La Roche lieb gewann und zu seinem Zögling erkor, forderte er von dem Knaben gleich die Dienste eines Sekretärs. Er gab ihm Briefe zu beantworten, Depeschen auszuarbeiten, die denn auch von ihm mundiert, öfter chiffriert, gesiegelt und überschrieben werden mußten. Dieses dauerte mehrere Jahre. Als der Knabe zum Jüngling herangereift war und dasjenige wirklich leistete, was er sich bisher nur eingebildet hatte, führte ihn der Graf an einen großen Schreibtisch, in welchem sämtliche Briefe und Pakete, unerbrochen, als Exerzitien der erstern Zeit, aufbewahrt lagen.

Eine andere Übung, die der Graf seinem Zögling zumutete, wird nicht so allgemeinen Beifall finden. La Roche nämlich hatte sich üben müssen, die Hand seines Herrn und Meisters aufs genauste nachzuahmen, um ihn dadurch der Qual des Selbstschreibens zu überheben. Allein nicht nur in Geschäften sollte dieses Talent genutzt werden, auch in Liebeshändeln hatte der junge Mann die Stelle seines Lehrers zu vertreten. Der Graf war leidenschaftlich einer hohen und geistreichen Dame verbunden. Wenn er in deren Gesellschaft bis tief in die Nacht verweilte, saß indessen sein

Sekretär zu Hause und schmiedete die heißesten Liebesbriefe; darunter wählte der Graf und sendete noch gleich zur Nachtzeit das Blatt an seine Geliebte, welche sich denn doch wohl daran von dem unverwüstlichen Feuer ihres leidenschaftlichen Anbeters überzeugen mußte. Dergleichen frühe Erfahrungen mochten denn freilich dem Jüngling nicht den besten Begriff von schriftlichen Liebesunterhaltungen gegeben haben.

Ein unversöhnlicher Haß gegen das Pfafftum hatte sich bei diesem Manne, der zwei geistlichen Kurfürsten diente, festgesetzt, wahrscheinlich entsprungen aus der Betrachtung des rohen, geschmacklosen, geistverderblichen Fratzenwesens, welches die Mönche in Deutschland an manchen Orten zu treiben pflegten, und dadurch eine jede Art von Bildung hinderten und zerstörten. Seine „Briefe über das Mönchswesen" machten großes Aufsehen; sie wurden von allen Protestanten und von vielen Katholiken mit großem Beifall aufgenommen.

Wenn sich aber Herr von La Roche gegen alles, was man Empfindung nennen könnte, auflehnte, und wenn er selbst den Schein derselben entschieden von sich abhielt, so verhehlte er doch nicht eine väterlich zarte Neigung zu seiner ältesten Tochter, welche freilich nicht anders als liebenswürdig war: eher klein als groß von Gestalt, niedlich gebaut; eine freie anmutige Bildung, die schwärzesten Augen und eine Gesichtsfarbe, die nicht reiner und blühender gedacht werden konnte. Auch sie liebte ihren Vater und neigte sich zu seinen Gesinnungen. Ihm, als tätigem Geschäftsmann, war die meiste Zeit durch Berufsarbeiten weggenommen, und weil die einkehrenden Gäste eigentlich durch seine Frau und nicht durch ihn angezogen wurden, so konnte ihm die Gesellschaft wenig Freude geben. Bei Tische war er heiter, unterhaltend, und suchte wenigstens seine Tafel von der empfindsamen Würze frei zu halten.

Wer die Gesinnungen und die Denkweise der Frau von La Roche kennt – und sie ist durch ein langes Leben und viele Schriften einem jeden Deutschen ehrwürdig bekannt geworden –, der möchte vielleicht vermuten, daß hieraus ein häusliches Mißverhältnis hätte entstehn müssen. Aber keineswegs! Sie war die wunderbarste Frau, und ich wüßte ihr keine andre zu vergleichen. Schlank und zart gebaut, eher groß als klein, hatte sie bis in ihre höheren Jahre eine gewisse Eleganz der Gestalt sowohl als des Betragens zu erhalten gewußt, die zwischen dem Benehmen einer Edeldame und einer würdigen bürgerlichen Frau gar anmutig schwebte. Im Anzuge war sie sich mehrere Jahre gleich geblieben. Ein nettes Flügelhäubchen stand dem kleinen Kopfe und dem feinen Gesichte gar wohl, und die braune oder graue Kleidung gab ihrer Gegenwart Ruhe und Würde. Sie sprach gut und wußte dem, was sie sagte, durch Empfindung immer Bedeutung zu geben. Ihr Betragen war gegen jedermann vollkommen gleich. Allein durch dieses alles ist noch nicht das Eigenste ihres Wesens ausgesprochen; es zu bezeichnen ist schwer. Sie schien an allem teilzunehmen, aber im Grunde wirkte nichts auf sie. Sie war mild gegen alles und konnte alles dulden, ohne zu leiden; den Scherz ihres Mannes, die Zärtlichkeit ihrer Freunde, die Anmut ihrer Kinder, alles erwiderte sie auf gleiche Weise, und so blieb sie immer sie selbst, ohne daß ihr in der Welt durch Gutes und Böses, oder in der Literatur durch Vortreffliches und Schwaches wäre beizukommen gewesen. Dieser Sinnesart verdankt sie ihre Selbständigkeit bis in ein hohes Alter, bei manchen traurigen, ja kümmerlichen Schicksalen. Doch um nicht ungerecht zu sein, muß ich erwähnen, daß ihre beiden Söhne, damals Kinder von blendender Schönheit, ihr manchmal einen Ausdruck ablockten, der sich von demjenigen unterschied, dessen sie sich zum täglichen Gebrauch bediente.

So lebte ich in einer neuen wundersam angenehmen Umgebung eine Zeitlang fort, bis Merck mit seiner Familie herankam. Hier entstanden sogleich neue Wahlverwandtschaften: denn indem die beiden Frauen sich einander näherten, hatte Merck mit Herrn von La Roche als Welt- und Geschäftskenner, als unterrichtet und gereist, nähere Berührung. Der Knabe gesellte sich zu den Knaben, und die Töchter fielen mir zu, von denen die älteste mich gar bald besonders anzog. Es ist eine sehr angenehme Empfindung, wenn sich eine neue Leidenschaft in uns zu regen anfängt, ehe die alte noch ganz verklungen ist. So sieht man bei untergehender Sonne gern auf der entgegengesetzten Seite den Mond aufgehn und erfreut sich an dem Doppelglanze der beiden Himmelslichter.

Nun fehlte es nicht an reicher Unterhaltung in und außer dem Hause. Man durchstrich die Gegend; Ehrenbreitstein diesseits, die Kartause jenseits wurden bestiegen. Die Stadt, die Moselbrücke, die Fähre, die uns über den Rhein brachte, alles gewährte das mannigfachste Vergnügen. Noch nicht erbaut war das neue Schloß; man führte uns an den Platz, wo es stehn sollte, man ließ uns die vorschlägigen Risse davon sehen.

In diesem heiterern Zustande entwickelte sich jedoch innerlich der Stoff der Unverträglichkeit, der in gebildeten wie in ungebildeten Gesellschaften gewöhnlich seine unfreundlichen Wirkungen zeigt. Merck, zugleich kalt und unruhig, hatte nicht lange jene Briefwechsel mit angehört, als er über die Dinge, von denen die Rede war, sowie über die Personen und ihre Verhältnisse gar manchen schalkhaften Einfall laut werden ließ, mir aber im stillen die wunderlichsten Dinge eröffnete, die eigentlich darunter verborgen sein sollten. Von politischen Geheimnissen war zwar keineswegs die Rede, auch nicht von irgend etwas, das einen gewissen Zusammenhang gehabt hätte; er machte mich nur auf Menschen aufmerksam, die, ohne sonderliche Talente, mit einem gewissen Geschick sich persönlichen Einfluß zu verschaffen wissen, und durch die Bekanntschaft mit vielen aus sich selbst etwas zu bilden suchen; und von dieser Zeit an hatte ich Gelegenheit, dergleichen mehr zu bemerken. Da solche Personen gewöhnlich den Ort verändern, und als Reisende bald hier bald da eintreffen, so kommt ihnen die Gunst der Neuheit zugute, die man ihnen nicht beneiden noch verkümmern sollte: denn es ist dieses eine herkömmliche Sache, die jeder Reisende zu seinem Vorteil, jeder Bleibende zu seinem Nachteil öfters erfahren hat.

Dem sei nun wie ihm wolle, genug, wir nährten von jener Zeit an eine gewisse unruhige, ja neidische Aufmerksamkeit auf dergleichen Leute, die auf ihre eigne Hand hin und wider zogen, sich in jeder Stadt vor Anker legten, und wenigstens in einigen Familien Einfluß zu gewinnen suchten.

Einen zarten und weichen dieser Zunftgenossen habe ich im „Pater Brey“, einen andern, tüchtigern und derbern, in einem künftig mitzuteilenden Fastnachtsspiele, das den Titel führt: „Satyros, oder der vergötterte Waldteufel“, wo nicht mit Billigkeit, doch wenigstens mit gutem Humor dargestellt.

Indessen wirkten die wunderlichen Elemente unserer kleinen Gesellschaft noch so ganz leidlich auf einander; wir waren teils durch eigne Sitte und Lebensart gebändigt, teils aber auch durch jene besondere Weise der Hausfrau gemildert, welche, von dem, was um sie vorging, nur leicht berührt, sich immer gewissen ideellen Vorstellungen hingab, und, indem sie solche freundlich und wohlwollend zu äußern verstand, alles Scharfe, was in der Gesellschaft hervortreten mochte, zu mildern und das Unebne auszugleichen wußte.

Merck hatte noch eben zur rechten Zeit zum Aufbruch geblasen, so daß die Gesellschaft in dem besten Verhältnis aus einander ging. Ich fuhr mit ihm und den Seinigen auf einer nach Mainz rückkehrenden Jacht den Rhein aufwärts, und obschon dieses an sich sehr langsam ging, so ersuchten wir noch überdies den Schiffer, sich ja nicht zu übereilen. So genossen wir mit Muße der unendlich mannigfaltigen Gegenstände, die, bei dem herrlichsten Wetter, jede Stunde an Schönheit zuzunehmen und sowohl an Größe als an Gefälligkeit immer neu zu wechseln scheinen; und ich wünsche nur, indem ich die Namen Rheinfels und St. Goar, Bacharach, Bingen, Elfeld und Biebrich ausspreche, daß jeder meiner Leser im Stande sei, sich diese Gegenden in der Erinnerung hervorzurufen.

Wir hatten fleißig gezeichnet, und uns wenigstens dadurch die tausendfältige Abwechselung jenes herrlichen Ufers fester eingedruckt; aber auch unser Verhältnis verinnigte sich durch dieses längere Zusammensein, durch die vertrauliche Mitteilung über so mancherlei Dinge, dergestalt, daß Merck einen großen Einfluß über mich gewann, und ich ihm als ein guter Gesell zu einem behaglichen Dasein unentbehrlich ward. Mein durch die Natur geschärfter Blick warf sich wieder auf die Kunstbeschauung, wozu mir die schönen Frankfurter Sammlungen an Gemälden und

Kupferstichen die beste Gelegenheit gaben, und ich bin der Neigung der Herren Ettling, Ehrenreich, besonders aber dem braven Nothnagel sehr viel schuldig geworden. Die Natur in der Kunst zu sehen, ward bei mir zu einer Leidenschaft, die in ihren höchsten Augenblicken andern, selbst passionierten Liebhabern, fast wie Wahnsinn erscheinen mußte; und wie konnte eine solche Neigung besser gehegt werden, als durch eine fortdauernde Betrachtung der trefflichen Werke der Niederländer. Damit ich mich aber auch mit diesen Dingen werktätig bekannt machen möchte, räumte mir Nothnagel ein Kabinett ein, wo ich alles fand, was zur Ölmalerei nötig war, und ich malte einige einfache Stilleben nach dem Wirklichen, auf deren einem ein Messerstiel von Schildpatt, mit Silber eingelegt, meinen Meister, der mich erst vor einer Stunde besucht hatte, dergestalt überraschte, daß er behauptete, es müsse während der Zeit einer von seinen untergeordneten Künstlern bei mir gewesen sein.

Hätte ich geduldig fortgefahren, mich an solchen Gegenständen zu üben, ihnen Licht und Schatten und die Eigenheiten ihrer Oberfläche abzugewinnen, ich hätte mir eine gewisse Praxis bilden und zum Höheren den Weg bahnen können; so aber verfolgte mich der Fehler aller Dilettanten, mit dem Schwersten anzufangen, ja sogar das Unmögliche leisten zu wollen, und ich verwickelte mich bald in größere Unternehmungen, in denen ich stecken blieb, sowohl weil sie weit über meine technischen Fähigkeiten hinauslagen, als weil ich die liebevolle Aufmerksamkeit und den gelassenen Fleiß, durch den auch schon der Anfänger etwas leistet, nicht immer rein und wirksam erhalten konnte.

Auch wurde ich zu gleicher Zeit abermals in eine höhere Sphäre gerissen, indem ich einige schöne Gipsabgüsse antiker Köpfe anzuschaffen Gelegenheit fand. Die Italiener nämlich, welche die Messen beziehn, brachten manchmal dergleichen gute Exemplare mit, und verkauften sie auch wohl, nachdem sie eine Form darüber genommen. Auf diesem Wege stellte ich mir ein kleines Museum auf, indem ich die Köpfe des Laokoon, seiner Söhne, der Niobe Töchter allmählich zusammenbrachte, nicht weniger die Nachbildungen der bedeutendsten Werke des Altertums im kleinen aus der Verlassenschaft eines Kunstfreundes ankaufte, und so mir jenen großen Eindruck, den ich in Mannheim gewonnen hatte, möglichst wieder zu beleben suchte.

Indem ich nun alles, was von Talent, Liebhaberei oder sonst irgendeiner Neigung in mir leben mochte, auszubilden, zu nähren und zu unterhalten suchte, verwendete ich eine gute Zeit des Tages, nach dem Wunsch meines Vaters, auf die Advokatur, zu deren Ausübung ich zufälligerweise die beste Gelegenheit fand. Nach dem Tode des Großvaters war mein Oheim Textor in den Rat gekommen, und übergab mir die kleineren Sachen, denen ich gewachsen war; welches die Gebrüder Schlosser auch taten. Ich machte mich mit den Akten bekannt, mein Vater las sie ebenfalls mit vielem Vergnügen, da er sich, durch Veranlassung des Sohns, wieder in einer Tätigkeit sah, die er lange entbehrt hatte. Wir besprachen uns darüber, und mit großer Leichtigkeit machte ich alsdann die nötigen Aufsätze. Wir hatten einen trefflichen Kopisten zur Hand, auf den man sich zugleich wegen aller Kanzleiförmlichkeiten verlassen konnte; und so war mir dieses Geschäft eine um so angenehmere Unterhaltung, als es mich dem Vater näher brachte, der, mit meinem Benehmen in diesem Punkte völlig zufrieden, allem übrigen, was ich trieb, gerne nachsah, in der sehnlichen Erwartung, daß ich nun bald auch schriftstellerischen Ruhm einernten würde.

Weil nun in jeder Zeitepoche alles zusammenhängt, indem die herrschenden Meinungen und Gesinnungen sich auf die vielfachste Weise verzweigen, so befolgte man in der Rechtslehre nunmehr auch nach und nach alle diejenigen Maximen, nach welchen man Religion und Moral behandelte. Unter den Sachwaltern als den Jüngern, sodann unter den Richtern als den Ältern verbreitete sich der Humanismus, und alles wetteiferte, auch in rechtlichen Verhältnissen höchst menschlich zu sein. Gefängnisse wurden gebessert, Verbrechen entschuldigt, Strafen gelindert, die Legitimationen erleichtert, Scheidungen von Mißheiraten befördert, und einer unserer vorzüglichen Sachwalter erwarb sich den höchsten Ruhm, als er einem Scharfrichtersohne den Eingang in das Kollegium der Ärzte zu erfechten wußte. Vergebens widersetzten sich Gilden und Körperschaften; ein Damm nach dem andern ward durchbrochen. Die Duldsamkeit der Religionsparteien gegen einander ward nicht bloß gelehrt, sondern ausgeübt, und mit einem noch größern Einflusse ward die bürgerliche Verfassung bedroht, als man Duldsamkeit gegen die Juden, mit Verstand, Scharfsinn und Kraft, der gutmütigen Zeit anzuempfehlen bemüht war. Diese neuen Gegenstände rechtlicher Behandlung, welche außerhalb des Gesetzes und des Herkommens lagen und nur an billige Beurteilung, an gemütliche Teilnahme Anspruch machten, forderten zugleich einen natürlicheren und lebhafteren Stil. Hier war uns, den Jüngsten, ein heiteres Feld eröffnet, in welchem wir uns mit Lust herumtummelten, und ich erinnere mich noch gar wohl, daß ein Reichshofratsagent mir, in einem solchen Falle, ein sehr artiges Belobungsschreiben zusendete. Die französischen Plaidoyers dienten uns zu Mustern und zur Anregung.

Und somit waren wir auf dem Wege, bessere Redner als Juristen zu werden, worauf mich der solide Georg Schlosser einstmals tadelnd aufmerksam machte. Ich hatte ihm erzählt, daß ich meiner Partei eine mit vieler Energie zu ihren Gunsten abgefaßte Streitschrift vorgelesen, worüber sie mir große Zufriedenheit bezeigt. Hierauf erwiderte er mir: „Du hast dich in diesem Fall mehr als Schriftsteller, denn als Advokat bewiesen. Man muß niemals fragen, wie eine solche Schrift dem Klienten, sondern wie sie dem Richter gefallen könne."

Wie nun aber niemand noch so ernste und dringende Geschäfte haben mag, denen er seinen Tag widmet, daß er nicht demungeachtet abends so viel Zeit fände, das Schauspiel zu besuchen; so ging es auch mir, der ich, in Ermangelung einer vorzüglichen Bühne, über das deutsche Theater zu denken nicht aufhörte, um zu erforschen, wie man auf demselben allenfalls tätig mitwirken könnte. Der Zustand desselben in der zweiten Hälfte des vorigen Jahrhunderts ist bekannt genug, und jedermann, der sich davon zu unterrichten verlangt, findet überall bereite Hülfsmittel. Ich denke deswegen hier nur einige allgemeine Bemerkungen einzuschalten.

Das Glück der Bühne beruhte mehr auf der Persönlichkeit der Schauspieler als auf dem Werte der Stücke. Dies war besonders bei halb oder ganz extemporierten Stücken der Fall, wo alles auf den Humor und das Talent der komischen Schauspieler ankam. Der Stoff solcher Stücke muß aus dem gemeinsten Leben genommen sein, den Sitten des Volks gemäß, vor welchem man spielt. Aus dieser unmittelbaren Anwendbarkeit entspringt der große Beifall, dessen sie sich jederzeit zu erfreuen haben. Diese waren immer im südlichen Deutschland zu Hause, wo man sie bis auf den heutigen Tag beibehält, und nur von Zeit zu Zeit dem Charakter der possenhaften Masken einige Veränderung zu geben durch den Personenwechsel genötigt ist. Doch nahm das deutsche Theater, dem ernsten Charakter der Nation gemäß, sehr bald eine Wendung nach dem Sittlichen, welche durch eine äußere Veranlassung noch mehr beschleunigt ward. Unter den strengen Christen entstand nämlich die Frage, ob das Theater zu den sündlichen und auf alle Fälle zu vermeidenden Dingen gehöre, oder zu den gleichgültigen, welche dem Guten gut, und nur dem Bösen bös werden könnten. Strenge Eiferer verneinten das letztere, und hielten fest darüber, daß kein Geistlicher je ins Theater gehen solle. Nun konnte die Gegenrede nicht mit Nachdruck geführt werden, als wenn man das Theater nicht allein für unschädlich, sondern sogar für nützlich angab. Um nützlich zu sein, mußte es sittlich sein, und dazu bildete es sich im nördlichen Deutschland um so mehr aus, als durch einen gewissen Halbgeschmack die lustige Person vertrieben ward, und, obgleich geistreiche Köpfe für sie einsprachen, dennoch weichen mußte, da sie sich bereits von der Derbheit des deutschen Hanswursts gegen die Niedlichkeit und Zierlichkeit der italienischen und französischen Harlekine gewendet hatte. Selbst Scapin und Crispin verschwanden nach und nach; den letztern habe ich zum letztenmal von Koch, in seinem hohen Alter, spielen sehn.

Schon die Richardsonschen Romane hatten die bürgerliche Welt auf eine zartere Sittlichkeit aufmerksam gemacht. Die strengen und unausbleiblichen Folgen eines weiblichen Fehltritts waren in der „Clarisse“ auf eine grausame Weise zergliedert. Lessings „Miß Sara Sampson" behandelte dasselbe Thema. Nun ließ „Der Kaufmann von London" einen verführten Jüngling in der schrecklichsten Lage sehen. Die französischen Dramen hatten denselben Zweck, verfuhren aber mäßiger und wußten durch Vermittelung am Ende zu gefallen. Diderots „Hausvater", „Der ehrliche Verbrecher", „Der Essighändler", „Der Philosoph ohne es zu wissen", „Eugenie" und mehr dergleichen Werke waren dem ehrbaren Bürger- und Familiensinn gemäß, der immer mehr obzuwalten anfing. Bei uns gingen „Der dankbare Sohn", „Der Deserteur aus Kindesliebe" und ihre Sippschaft denselben Weg. „Der Minister", „Clementine" und die übrigen Geblerischen Stücke, „Der deutsche Hausvater" von Gemmingen, alle brachten den Wert des mittleren, ja des unteren Standes zu einer gemütlichen Anschauung, und entzückten das große Publikum. Ekhof durch seine edle Persönlichkeit, die dem Schauspielerstand eine gewisse Würde mitteilte, deren er bisher entbehrte, hob die ersten Figuren solcher Stücke ungemein, indem der Ausdruck von Rechtlichkeit ihm, als einem rechtlichen Manne, vollkommen gelang.

Indem nun das deutsche Theater sich völlig zur Verweichlichung hinneigte, stand Schröder als Schriftsteller und Schauspieler auf, und bearbeitete, durch die Verbindung Hamburgs mit England veranlaßt, englische Lustspiele. Er konnte dabei den Stoff derselben nur im allgemeinsten brauchen: denn die Originale sind meistens formlos, und wenn sie auch gut und planmäßig anfangen, so verlieren sie sich doch zuletzt ins Weite. Es scheint ihren Verfassern nur darum zu tun, die wunderlichsten Szenen anzubringen, und wer an ein gehaltenes Kunstwerk gewöhnt ist, sieht sich zuletzt ungern ins Grenzenlose getrieben. Überdies geht ein wildes und unsittliches, gemein-wüstes Wesen bis zum Unerträglichen so entschieden durch, daß es schwer sein möchte, dem Plan und den Charaktern alle ihre Unarten zu benehmen. Sie sind eine derbe und dabei gefährliche Speise, die bloß einer großen und halbverdorbenen Volksmasse zu einer gewissen Zeit genießbar und verdaulich gewesen sein mag. Schröder hat an diesen Dingen mehr getan, als man gewöhnlich weiß; er hat sie von Grund aus verändert, dem deutschen Sinne angeähnlicht, und sie möglichst gemildert. Es bleibt ihnen aber immer ein herber Kern, weil der Scherz gar oft auf Mißhandlung von Personen beruht, sie mögen es verdienen oder nicht. In diesen Darstellungen, welche sich gleichfalls auf dem Theater verbreiteten, lag also ein heimliches Gegengewicht jener allzu zarten Sittlichkeit, und die Wirkung beider Arten gegen einander hinderte glücklicherweise die Eintönigkeit, in die man sonst verfallen wäre.

Der Deutsche, gut- und großmütig von Natur, will niemand gemißhandelt wissen. Weil aber kein Mensch, wenn er auch noch so gut denkt, sicher ist, daß man ihm nicht etwas gegen seine Neigung unterschiebe, auch das Lustspiel überhaupt immer etwas Schadenfreude bei dem Zuschauer voraussetzt oder erweckt, wenn es behagen soll; so geriet man, auf einem natürlichen Wege, zu einem bisher für unnatürlich gehaltenen Benehmen: dieses war, die höheren Stände herabzusetzen und sie mehr oder weniger anzutasten. Die prosaische und poetische Satire hatte sich bisher immer gehütet, Hof und Adel zu berühren. Rabener enthielt sich nach jener Seite hin alles Spottes, und blieb in einem niederen Kreise. Zachariä beschäftigt sich viel mit Landedelleuten, stellt ihre Liebhabereien und Eigenheiten komisch dar, aber ohne Mißachtung. Thümmels „Wilhelmine", eine kleine geistreiche Komposition, so angenehm als kühn, erwarb sich großen Beifall, vielleicht auch mit deswegen, weil der Verfasser, ein Edelmann und Hofgenosse, die eigne Klasse nicht eben schonend behandelte. Den entschiedensten Schritt jedoch tat Lessing in der „Emilia Galotti", wo die Leidenschaften und ränkevollen Verhältnisse der höheren Regionen schneidend und bitter geschildert sind. Alle diese Dinge sagten dem aufgeregten Zeitsinne vollkommen zu, und Menschen von weniger Geist und Talent glaubten das gleiche, ja noch mehr tun zu dürfen; wie denn Großmann in sechs unappetitlichen „Schüsseln" alle Leckerspeisen seiner Pöbelküche dem schadenfrohen Publikum auftischte. Ein redlicher Mann, Hofrat Reinhard, machte bei dieser unerfreulichen Tafel den Haushofmeister, zu Trost und Erbauung sämtlicher Gäste. Von dieser Zeit an wählte man die theatralischen Bösewichter immer aus den höheren Ständen; doch mußte die Person Kammerjunker oder wenigstens Geheimsekretär sein, um sich einer solchen Auszeichnung würdig zu machen. Zu den allergottlosesten Schaubildern aber erkor man die obersten Chargen und Stellen des Hof- und Zivil-etats im Adreßkalender, in welcher vornehmen Gesellschaft denn doch noch die Justitiarien, als Bösewichter der ersten Instanz, ihren Platz fanden.

Doch indem ich schon fürchten muß, über die Zeit hinausgegriffen zu haben, von der hier die Rede sein kann, kehre ich auf mich selbst zurück, um des Dranges zu erwähnen, den ich empfand, mich in freien Stunden mit den einmal ausgesonnenen theatralischen Planen zu beschäftigen.

Durch die fortdauernde Teilnahme an Shakespeares Werken hatte ich mir den Geist so ausgeweitet, daß mir der enge Bühnenraum und die kurze einer Vorstellung zugemessene Zeit keineswegs hinlänglich schienen, um etwas Bedeutendes vorzutragen. Das Leben des biedern Götz von Berlichingen, von ihm selbst geschrieben, trieb mich in die historische Behandlungsart, und meine Einbildungskraft dehnte sich dergestalt aus, daß auch meine dramatische Form alle Theatergrenzen überschritt, und sich den lebendigen Ereignissen mehr und mehr zu nähern suchte. Ich hatte mich davon, so wie ich vorwärts ging, mit meiner Schwester umständlich unterhalten, die an solchen Dingen mit Geist und Gemüt teilnahm, und ich erneuerte diese Unterhaltung so oft, ohne nur irgend zum Werke zu schreiten, daß sie zuletzt ungeduldig und wohlwollend dringend bat, mich nur nicht immer mit Worten in die Luft zu ergehn, sondern endlich einmal das, was mir so gegenwärtig wäre, auf das Papier festzubringen. Durch diesen Antrieb bestimmt, fing ich eines Morgens zu schreiben an, ohne daß ich einen Entwurf oder Plan vorher aufgesetzt hätte. Ich schrieb die ersten Szenen, und abends wurden sie Cornelien vorgelesen. Sie schenkte ihnen vielen Beifall, jedoch nur bedingt, indem sie zweifelte, daß ich so fortfahren würde, ja sie äußerte sogar einen entschiedenen Unglauben an meine Beharrlichkeit. Dieses reizte mich nur um so mehr, ich fuhr den nächsten Tag fort, und so den dritten; die Hoffnung wuchs bei den täglichen Mitteilungen, auch mir ward alles von Schritt zu Schritt lebendiger, indem mir ohnehin der Stoff durchaus eigen geworden; und so hielt ich mich ununterbrochen ans Werk, das ich geradeswegs verfolgte, ohne weder rückwärts, noch rechts, noch links zu sehn, und in etwa sechs Wochen hatte ich das Vergnügen, das Manuskript geheftet zu erblicken. Ich teilte es Mercken mit, der verständig und wohlwollend darüber sprach; ich sendete es Herdern zu, der sich unfreundlich und hart dagegen äußerte, und nicht ermangelte, in einigen gelegentlichen Schmähgedichten mich deshalb mit spöttischen Namen zu bezeichnen. Ich ließ mich dadurch nicht irre machen, sondern faßte meinen Gegenstand scharf ins Auge; der Wurf war einmal getan, und es fragte sich nur, wie man die Steine im Brett vorteilhaft setzte. Ich sah wohl, daß mir auch hier niemand raten würde, und als ich nach einiger Zeit mein Werk wie ein fremdes betrachten konnte, so erkannte ich freilich, daß ich, bei dem Versuch, auf die Einheit der Zeit und des Orts Verzicht zu tun, auch der höheren Einheit, die um desto mehr gefordert wird, Eintrag getan hatte. Da ich mich, ohne Plan und Entwurf, bloß der Einbildungskraft und einem innern Trieb überließ, so war ich von vornherein ziemlich bei der Klinge geblieben, und die ersten Akte konnten für das, was sie sein sollten, gar füglich gelten; in den folgenden aber, und besonders gegen das Ende, riß mich eine wundersame Leidenschaft unbewußt hin. Ich hatte mich, indem ich Adelheid liebenswürdig zu schildern trachtete, selbst in sie verliebt, unwillkürlich war meine Feder nur ihr gewidmet, das Interesse an ihrem Schicksal nahm überhand, und wie ohnehin gegen das Ende Götz außer Tätigkeit gesetzt ist, und dann nur zu einer unglücklichen Teilnahme am Bauernkriege zurückkehrt, so war nichts natürlicher, als daß eine reizende Frau ihn bei dem Autor ausstach, der, die Kunstfesseln abschüttelnd, in einem neuen Felde sich zu versuchen dachte. Diesen Mangel, oder vielmehr diesen tadelhaften Überfluß, erkannte ich gar bald, da die Natur meiner Poesie mich immer zur Einheit hindrängte. Ich hegte nun, anstatt der Lebensbeschreibung Götzens und der deutschen Altertümer, mein eignes Werk im Sinne, und suchte ihm immer mehr historischen und nationalen Gehalt zu geben, und das, was daran fabelhaft oder bloß leidenschaftlich war, auszulöschen; wobei ich freilich manches aufopferte, indem die menschliche Neigung der künstlerischen Überzeugung weichen mußte. So hatte ich mir z. B. etwas Rechts zugute getan, indem ich in einer grauserlich nächtlichen Zigeunerszene Adelheid auftreten und ihre schöne Gegenwart Wunder tun ließ. Eine nähere Prüfung verbannte sie, so wie auch der im vierten und fünften Akte umständlich ausgeführte Liebeshandel zwischen Franzen und seiner gnädigen Frau sich ins Enge zog, und nur in seinen Hauptmomenten hervorleuchten durfte.

Ohne also an dem ersten Manuskript irgend etwas zu verändern, welches ich wirklich noch in seiner Urgestalt besitze, nahm ich mir vor, das Ganze umzuschreiben, und leistete dies auch mit solcher Tätigkeit, daß in wenigen Wochen ein ganz erneutes Stück vor mir lag. Ich ging damit um so rascher zu Werke, je weniger ich die Absicht hatte, diese zweite Bearbeitung jemals drucken zu lassen, sondern sie gleichfalls nur als Vorübung ansah, die ich künftig, bei einer mit mehrerem Fleiß und Überlegung anzustellenden neuen Behandlung, abermals zum Grunde legen wollte.

Als ich nun mancherlei Vorschläge, wie ich dies anzufangen gedächte, Mercken vorzutragen anfing, spottete er mein und fragte, was denn das ewige Arbeiten und Umarbeiten heißen solle? Die Sache werde dadurch nur anders und selten besser; man müsse sehn, was das e i n e für Wirkung tue, und dann immer wieder was Neues unternehmen. – „Bei Zeit auf die Zäun', so trocknen die Windeln!" rief er sprüchwörtlich aus; das Säumen und Zaudern mache nur unsichere Menschen. Ich erwiderte ihm dagegen, daß es unangenehm sein würde, eine Arbeit, an die ich so viele Neigung verwendet, einem Buchhändler anzubieten, und mir vielleicht gar eine abschlägige Antwort zu holen: denn wie sollten sie einen jungen, namenlosen und noch dazu verwegenen Schriftsteller beurteilen? Schon meine „Mitschuldigen", auf die ich etwas hielt, hätte ich, als meine Scheu vor der Presse nach und nach verschwand, gern gedruckt gesehn; allein ich fand keinen geneigten Verleger.

Hier ward nun meines Freundes technisch-merkantilische Lust auf einmal rege. Durch die Frankfurter Zeitung hatte er sich schon mit Gelehrten und Buchhändlern in Verbindung gesetzt, wir sollten daher, wie er meinte, dieses seltsame und gewiß auffallende Werk auf eigne Kosten herausgeben, und es werde davon ein guter Vorteil zu ziehen sein; wie er denn, mit so vielen andern, öfters den Buchhändlern ihren Gewinn nachzurechnen pflegte, der bei manchen Werken freilich groß war, besonders wenn man außer acht ließ, wie viel wieder an anderen Schriften und durch sonstige Handelsverhältnisse verloren geht. Genug, es ward ausgemacht, daß ich das Papier anschaffen, er aber für den Druck sorgen solle; und somit ging es frisch ans Werk, und mir gefiel es gar nicht übel, meine wilde dramatische Skizze nach und nach in saubern Aushängebogen zu sehen: sie nahm sich wirklich reinlicher aus, als ich selbst gedacht. Wir vollendeten das Werk, und es ward in vielen Paketen versendet. Nun dauerte es nicht lange, so entstand überall eine große Bewegung; das Aufsehen, das es machte, ward allgemein. Weil wir aber, bei unsern beschränkten Verhältnissen, die Exemplare nicht schnell genug nach allen Orten zu verteilen vermochten, so erschien plötzlich ein Nachdruck; und da überdies gegen unsere Aussendungen freilich so bald keine Erstattung, am allerwenigsten eine bare, zurückerfolgen konnte: so war ich, als Haussohn, dessen Kasse nicht in reichlichen Umständen sein konnte, zu einer Zeit, wo man mir von allen Seiten her viel Aufmerksamkeit, ja sogar vielen Beifall erwies, höchst verlegen, wie ich nur das Papier bezahlen sollte, auf welchem ich die Welt mit meinem Talent bekannt gemacht hatte. Merck, der sich schon eher zu helfen wußte, hegte dagegen die besten Hoffnungen, daß sich nächstens alles wieder ins gleiche stellen würde; ich bin aber nichts davon gewahr worden.

Schon bei den kleinen Flugschriften, die ich ungenannt herausgab, hatte ich das Publikum und die Rezensenten auf meine eignen Kosten kennen lernen, und ich war auf Lob und Tadel so ziemlich vorbereitet, besonders da ich seit mehreren Jahren immer nachging und beobachtete, wie man die Schriftsteller behandle, denen ich eine vorzügliche Aufmerksamkeit gewidmet hatte.

Hier konnte ich selbst in meiner Unsicherheit deutlich

bemerken, wie doch so vieles grundlos, einseitig und willkürlich in den Tag hinein gesagt wurde. Mir begegnete nun dasselbe, und wenn ich nicht schon einigen Grund gehabt hätte, wie irre hätten mich die Widersprüche gebildeter Menschen machen müssen! So stand z. B. im „Deutschen Merkur“ eine weitläuftige wohlgemeinte Rezension, verfaßt von irgend einem beschränkten Geiste. Wo er tadelte, konnte ich nicht mit ihm einstimmen, noch weniger, wenn er angab, wie die Sache hätte können anders gemacht werden. Erfreulich war es mir daher, wenn ich unmittelbar hinterdrein eine heitere Erklärung Wielands antraf, der im allgemeinen dem Rezensenten widersprach und sich meiner gegen ihn annahm. Indessen war doch jenes auch gedruckt, ich sah ein Beispiel von der dumpfen Sinnesart unterrichteter und gebildeter Männer; wie mochte es erst im großen Publikum aussehn!

Das Vergnügen, mich mit Mercken über solche Dinge zu besprechen und aufzuklären, war von kurzer Dauer: denn die einsichtsvolle Landgräfin von Hessen-Darmstadt nahm ihn, auf ihrer Reise nach Petersburg, in ihr Gefolge. Die ausführlichen Briefe, die er mir schrieb, gaben mir eine weitere Aussicht in die Welt, die ich mir um so mehr zu eigen machen konnte, als die Schilderungen von einer bekannten und befreundeten Hand gezeichnet waren. Allein ich blieb demungeachtet dadurch auf längere Zeit sehr einsam, und entbehrte gerade in dieser wichtigen Epoche seiner aufklärenden Teilnahme, deren ich denn doch so sehr bedurfte.

Denn wie man wohl den Entschluß faßt, Soldat zu werden und in den Krieg zu gehen, sich auch mutig vorsetzt, Gefahr und Beschwerlichkeiten zu ertragen, sowie auch Wunden und Schmerzen, ja den Tod zu erdulden, aber sich dabei keineswegs die besonderen Fälle vorstellt, unter welchen diese im allgemeinen erwarteten Übel uns äußerst unangenehm überraschen können: so ergeht es einem jeden, der sich in die Welt wagt, und besonders dem Autor, und so ging es auch mir. Da der größte Teil des Publikums mehr durch den Stoff als durch die Behandlung angeregt wird, so war die Teilnahme junger Männer an meinen Stücken meistens stoffartig. Sie glaubten daran ein Panier zu sehn, unter dessen Vorschritt alles, was in der Jugend Wildes und Ungeschlachtes lebt, sich wohl Raum machen dürfte, und gerade die besten Köpfe, in denen schon vorläufig etwas Ähnliches spukte, wurden davon hingerissen. Ich besitze noch von dem trefflichen und in manchem Betracht einzigen Bürger einen Brief, ich weiß nicht an wen, der als wichtiger Beleg dessen gelten kann, was jene Erscheinung damals gewirkt und aufgeregt hat. Von der Gegenseite tadelten mich gesetzte Männer, daß ich das Faustrecht mit zu günstigen Farben geschildert habe, ja sie legten mir die Absicht unter, daß ich jene unregelmäßigen Zeiten wieder einzuführen gedächte. Noch andere hielten mich für einen grundgelehrten Mann, und verlangten, ich sollte die Originalerzählung des guten Götz neu mit Noten herausgeben; wozu ich mich keineswegs geschickt fühlte, ob ich es mir gleich gefallen ließ, daß man meinen Namen auf den Titel des frischen Abdrucks zu setzen beliebte. Man hatte, weil ich die Blumen eines großen Daseins abzupflücken verstand, mich für einen sorgfältigen Kunstgärtner gehalten. Diese meine Gelahrtheit und gründliche Sachkenntnis wurde jedoch wieder von andern in Zweifel gezogen. Ein angesehener Geschäftsmann macht mir ganz unvermutet die Visite. Ich sehe mich dadurch höchst geehrt, und um so mehr, als er sein Gespräch mit dem Lobe meines „Götz von Berlichingen" und meiner guten Einsichten in die deutsche Geschichte anfängt; allein ich finde mich doch betroffen, als ich bemerke, er sei eigentlich nur gekommen, um mich zu belehren, daß Götz von Berlichingen kein Schwager von Franz von Sickingen gewesen sei, und daß ich also durch dieses poetische Ehebündnis gar sehr gegen die Geschichte verstoßen habe. Ich suchte mich dadurch zu entschuldigen, daß Götz ihn selber so nenne; allein mir ward erwidert, daß dieses eine Redensart sei, welche nur ein näheres freundschaftliches Verhältnis ausdrücke, wie man ja in der neueren Zeit die Postillone auch Schwager nenne, ohne daß ein Familienband sie an uns knüpfe. Ich dankte, so gut ich konnte, für diese Belehrung und bedauerte nur, daß dem Übel nicht mehr abzuhelfen sei. Dieses ward von seiner Seite gleichfalls bedauert, wobei er mich freundlichst zu fernerem Studium der deutschen

Geschichte und Verfassung ermahnte, und mir dazu seine Bibliothek anbot, von der ich auch in der Folge guten Gebrauch machte.

Das Lustigste jedoch, was mir in dieser Art begegnete, war der Besuch eines Buchhändlers, der, mit einer heiteren Freimütigkeit, sich ein Dutzend solcher Stücke ausbat, und sie gut zu honorieren versprach. Daß wir uns darüber sehr lustig machten, läßt sich denken, und doch hatte er im Grunde so unrecht nicht: denn ich war schon im stillen beschäftigt, von diesem Wendepunkt der deutschen Geschichte mich vor- und rückwärts zu bewegen und die Hauptereignisse in gleichem Sinn zu bearbeiten. Ein löblicher Vorsatz, der, wie so manche andere, durch die flüchtig vorbeirauschende Zeit vereitelt worden.

Jenes Schauspiel jedoch beschäftigte bisher den Verfasser nicht allein, sondern während es ersonnen, geschrieben, umgeschrieben, gedruckt und verarbeitet wurde, bewegten sich noch viele andere Bilder und Vorschläge in seinem Geiste. Diejenigen, welche dramatisch zu behandeln waren, erhielten den Vorzug, am öftersten durchgedacht und der Vollendung angenähert zu werden; allein zu gleicher Zeit entwickelte sich ein Übergang zu einer andern Darstellungsart, welche nicht zu den dramatischen gerechnet zu werden pflegt und doch mit ihnen große Verwandtschaft hat. Dieser Übergang geschah hauptsächlich durch eine Eigenheit des Verfassers, die sogar das Selbstgespräch zum Zwiegespräch umbildete.

Gewöhnt, am liebsten seine Zeit in Gesellschaft zuzubringen, verwandelte er auch das einsame Denken zur geselligen Unterhaltung, und zwar auf folgende Weise. Er pflegte nämlich, wenn er sich allein sah, irgend eine Person seiner Bekanntschaft im Geiste zu sich zu rufen. Er bat sie, nieder zu sitzen, ging an ihr auf und ab, blieb vor ihr stehen, und verhandelte mit ihr den Gegenstand, der ihm eben im Sinne lag. Hierauf antwortete sie gelegentlich, oder gab durch die gewöhnliche Mimik ihr Zu- oder Abstimmen zu erkennen; wie denn jeder Mensch hierin etwas Eignes hat. Sodann fuhr der Sprechende fort, dasjenige, was dem Gaste zu gefallen schien, weiter auszuführen oder, was derselbe mißbilligte, zu bedingen, näher zu bestimmen, und gab auch wohl zuletzt seine These gefällig auf. Das Wunderlichste war dabei, daß er niemals Personen seiner näheren Bekanntschaft wählte, sondern solche, die er nur selten sah, ja mehrere, die weit in der Welt entfernt lebten, und mit denen er nur in einem vorübergehenden Verhältnis gestanden; aber es waren meist Personen, die, mehr empfänglicher als ausgebender Natur, mit reinem Sinne einen ruhigen Anteil an Dingen zu nehmen bereit sind, die in ihrem Gesichtskreise liegen, ob er sich gleich manchmal zu diesen dialektischen Übungen widersprechende Geister herbeirief. Hiezu bequemten sich nun Personen beiderlei Geschlechts, jedes Alters und Standes, und erwiesen sich gefällig und anmutig, da man sich nur von Gegenständen unterhielt, die ihnen deutlich und lieb waren. Höchst wunderbar würde es jedoch manchen vorgekommen sein, wenn sie hätten erfahren können, wie oft sie zu dieser ideellen Unterhaltung berufen wurden, da sich manche zu einer wirklichen wohl schwerlich eingefunden hätten.

Wie nahe ein solches Gespräch im Geiste mit dem Briefwechsel verwandt sei, ist klar genug, nur daß man hier ein hergebrachtes Vertrauen erwidert sieht, und dort ein neues, immer wechselndes, unerwidertes sich selbst zu schaffen weiß. Als daher jener Überdruß zu schildern war, mit welchem die Menschen, ohne durch Not gedrungen zu sein, das Leben empfinden, mußte der Verfasser sogleich darauf fallen, seine Gesinnung in Briefen darzustellen: denn jeder Unmut ist eine Geburt, ein Zögling der Einsamkeit; wer sich ihm ergibt, flieht allen Widerspruch, und was widerspricht ihm mehr als jede heitere Gesellschaft? Der Lebensgenuß anderer ist ihm ein peinlicher Vorwurf, und so wird er durch das, was ihn aus sich selbst herauslocken sollte, in sein Innerstes zurückgewiesen. Mag er sich allenfalls darüber äußern, so wird es durch Briefe geschehn: denn einem schriftlichen Erguß, er sei fröhlich oder verdrießlich, setzt sich doch niemand unmittelbar entgegen; eine mit Gegengründen verfaßte Antwort aber gibt dem Einsamen Gelegenheit, sich in seinen Grillen zu befestigen, einen Anlaß, sich noch mehr zu verstocken. Jene in diesem Sinne geschriebenen Wertherischen Briefe haben nun wohl deshalb einen so mannigfaltigen Reiz, weil ihr verschiedener Inhalt erst in solchen ideellen Dialogen mit mehreren Individuen durchgesprochen worden, sie sodann aber, in der Komposition selbst, nur an einen Freund und Teilnehmer gerichtet erscheinen. Mehr über die Behandlung des so viel besprochenen Werkleins zu sagen, möchte kaum rätlich sein; über den Inhalt jedoch läßt sich noch einiges hinzufügen.

Jener Ekel vor dem Leben hat seine physischen und seine sittlichen Ursachen, jene wollen wir dem Arzt, diese dem Moralisten zu erforschen überlassen, und, bei einer so oft durchgearbeiteten Materie, nur den Hauptpunkt beachten, wo sich jene Erscheinung am deutlichsten ausspricht. Alles Behagen am Leben ist auf eine regelmäßige Wiederkehr der äußeren Dinge gegründet. Der Wechsel von Tag und Nacht, der Jahreszeiten, der Blüten und Früchte, und was uns sonst von Epoche zu Epoche entgegentritt, damit wir es genießen können und sollen, diese sind die eigentlichen Triebfedern des irdischen Lebens. Je offener wir für diese Genüsse sind, desto glücklicher fühlen wir uns; wälzt sich aber die Verschiedenheit dieser Erscheinungen vor uns auf und nieder, ohne daß wir daran teilnehmen, sind wir gegen so holde Anerbietungen unempfänglich: dann tritt das größte Übel, die schwerste Krankheit ein, man betrachtet das Leben als eine ekelhafte Last. Von einem Engländer wird erzählt, er habe sich aufgehangen, um nicht mehr täglich sich aus- und anzuziehn. Ich kannte einen wackeren Gärtner, den Aufseher einer großen Parkanlage, der einmal mit Verdruß ausrief: „Soll ich denn immer diese Regenwolken von Abend gegen Morgen ziehen sehn!“ Man erzählt von einem unserer trefflichsten Männer, er habe mit Verdruß das Frühjahr wieder aufgrünen gesehn, und gewünscht, es möchte zur Abwechselung einmal rot erscheinen. Dieses sind eigentlich die Symptome des Lebensüberdrusses, der nicht selten in den Selbstmord ausläuft, und bei denkenden in sich gekehrten Menschen häufiger war, als man glauben kann.

Nichts aber veranlaßt mehr diesen Überdruß, als die Wiederkehr der Liebe. Die erste Liebe, sagt man mit Recht, sei die einzige: denn in der zweiten und durch die zweite geht schon der höchste Sinn der Liebe verloren. Der Begriff des Ewigen und Unendlichen, der sie eigentlich hebt und trägt, ist zerstört, sie erscheint vergänglich wie alles Wiederkehrende. Die Absonderung des Sinnlichen vom Sittlichen, die in der verflochtenen kultivierten Welt die liebenden und begehrenden Empfindungen spaltet, bringt auch hier eine Übertriebenheit hervor, die nichts Gutes stiften kann.

Ferner wird ein junger Mann, wo nicht gerade an sich selbst, doch an andern bald gewahr, daß moralische Epochen ebensogut wie die Jahreszeiten wechseln. Die Gnade der Großen, die Gunst der Gewaltigen, die Förderung der Tätigen, die Neigung der Menge, die Liebe der Einzelnen, alles wandelt auf und nieder, ohne daß wir es festhalten können, so wenig als Sonne, Mond und Sterne; und doch sind diese Dinge nicht bloße Naturereignisse: sie entgehen uns durch eigne oder fremde Schuld, durch Zufall oder Geschick, aber sie wechseln, und wir sind ihrer niemals sicher.

Was aber den fühlenden Jüngling am meisten ängstigt, ist die unaufhaltsame Wiederkehr unserer Fehler: denn wie spät lernen wir einsehen, daß wir, indem wir unsere Tugenden ausbilden, unsere Fehler zugleich mit anbauen. Jene ruhen auf diesen wie auf ihrer Wurzel, und diese verzweigen sich insgeheim ebenso stark und so mannigfaltig als jene im offenbaren Lichte. Weil wir nun unsere Tugenden meist mit Willen und Bewußtsein ausüben, von unseren Fehlern aber unbewußt überrascht werden, so machen uns jene selten einige Freude, diese hingegen beständig Not und Qual. Hier liegt der schwerste Punkt der Selbsterkenntnis, der sie beinah unmöglich macht. Denke man sich nun hiezu ein siedend jugendliches Blut, eine durch einzelne Gegenstände leicht zu paralysierende Einbildungskraft, hiezu die schwankenden Bewegungen des Tags, und man wird ein ungeduldiges Streben, sich aus einer solchen Klemme zu befreien, nicht unnatürlich finden.

Solche düstere Betrachtungen jedoch, welche denjenigen, der sich ihnen überläßt, ins Unendliche führen, hätten sich in den Gemütern deutscher Jünglinge nicht so entschieden entwickeln können, hätte sie nicht eine äußere Veranlassung zu diesem traurigen Geschäft angeregt und gefördert. Es geschah dieses durch die englische Literatur, besonders durch die poetische, deren große Vorzüge ein ernster Trübsinn begleitet, welchen sie einem jeden mitteilt, der sich mit ihr beschäftigt. Der geistreiche Brite sieht sich von Jugend auf von einer bedeutenden Welt umgeben, die alle seine Kräfte anregt; er wird früher oder später gewahr, daß er allen seinen Verstand zusammennehmen muß, um sich mit ihr abzufinden. Wie viele ihrer Dichter haben nicht in der Jugend ein loses und rauschendes Leben geführt, und sich früh berechtigt gefunden, die irdischen Dinge der Eitelkeit anzuklagen! Wie viele derselben haben sich in den Weltgeschäften versucht, und im Parlament, bei Hofe, im Ministerium, auf Gesandtschaftsposten teils die ersten, teils untere Rollen gespielt, und sich bei inneren Unruhen, Staats- und Regierungsveränderungen mitwirkend erwiesen und, wo nicht an sich selbst, doch an ihren Freunden und Gönnern öfter traurige als erfreuliche Erfahrungen gemacht! Wie viele sind verbannt, vertrieben, im Gefängnis gehalten, an ihren Gütern beschädigt worden!

Aber auch nur Zuschauer von so großen Ereignissen zu sein, fordert den Menschen zum Ernst auf, und wohin kann der Ernst weiter führen, als zur Betrachtung der Vergänglichkeit und des Unwerts aller irdischen Dinge. Ernsthaft ist auch der Deutsche, und so war ihm die englische Poesie höchst gemäß, und, weil sie sich aus einem höheren Zustande herschrieb, imposant. Man findet in ihr durchaus einen großen, tüchtigen, weltgeübten Verstand, ein tiefes, zartes Gemüt, ein vortreffliches Wollen, ein leidenschaftliches Wirken: die herrlichsten Eigenschaften, die man von geistreichen gebildeten Menschen rühmen kann; aber das alles zusammengenommen macht noch keinen Poeten. Die wahre Poesie kündet sich dadurch an, daß sie, als ein weltliches Evangelium, durch innere Heiterkeit, durch äußeres Behagen, uns von den irdischen Lasten zu befreien weiß, die auf uns drücken. Wie ein Luftballon hebt sie uns mit dem Ballast, der uns anhängt, in höhere Regionen, und läßt die verwirrten Irrgänge der Erde in Vogelperspektive vor uns entwickelt daliegen. Die muntersten wie die ernstesten Werke haben den gleichen Zweck, durch eine glückliche geistreiche Darstellung so Lust als Schmerz zu mäßigen. Man betrachte nun in diesem Sinne die Mehrzahl der englischen meist moralisch-didaktischen Gedichte, und sie werden im Durchschnitt nur einen düstern Überdruß des Lebens zeigen. Nicht Youngs „Nachtgedanken" allein, wo dieses Thema vorzüglich durchgeführt ist, sondern auch die übrigen betrachtenden Gedichte schweifen, eh man sich's versieht, in dieses traurige Gebiet, wo dem Verstande eine Aufgabe zugewiesen ist, die er zu lösen nicht hinreicht, da ihn ja selbst die Religion, wie er sich solche allenfalls erbauen kann, im Stiche läßt. Ganze Bände könnte man zusammendrucken, welche als ein Kommentar zu jenem schrecklichen Texte gelten können:

Then old Age and Experience, hand in hand,
Lead him to death, and make him understand,
After a search so painful and so long,
That all his life he has been in the wrong.

Was ferner die englischen Dichter noch zu Menschenhassern vollendet und das unangenehme Gefühl von Widerwillen gegen alles über ihre Schriften verbreitet, ist, daß sie sämtlich, bei den vielfachen Spaltungen ihres Gemeinwesens, wo nicht ihr ganzes Leben, doch den besten Teil desselben einer oder der andern Partei widmen müssen. Da nun ein solcher Schriftsteller die Seinigen, denen er ergeben ist, die Sache, der er anhängt, nicht loben und herausstreichen darf, weil er sonst nur Neid und Widerwillen erregen würde; so übt er sein Talent, indem er von den Gegnern so übel und schlecht als möglich spricht, und die satirischen Waffen, so sehr er nur vermag, schärft, ja vergiftet. Geschieht dieses nun von beiden Teilen, so wird die dazwischen liegende Welt zerstört und rein aufgehoben, so daß man in einem großen, verständig tätigen Volksverein zum allergelindesten nichts als Torheit und Wahnsinn entdecken kann. Selbst ihre zärtlichen Gedichte beschäftigen sich mit traurigen Gegenständen. Hier stirbt ein verlassenes Mädchen, dort ertrinkt ein getreuer Liebhaber, oder wird, ehe er voreilig schwimmend seine Geliebte erreicht, von einem Haifische gefressen; und wenn ein Dichter wie Gray sich auf einem Dorfkirchhofe lagert, und jene bekannten Melodien wieder anstimmt, so kann er versichert sein, eine Anzahl Freunde der Melancholie um sich zu versammeln. Miltons „Allegro“ muß erst in heftigen Versen den Unmut verscheuchen, ehe er zu einer sehr mäßigen Lust gelangen kann, und selbst der heitere Goldsmith verliert sich in elegische Empfindungen, wenn uns sein „Deserted village“ ein verlorenes Paradies, das sein „Traveller“ auf der ganzen Erde wiedersucht, so lieblich als traurig darstellt.

Ich zweifle nicht, daß man mir auch muntre Werke, heitere Gedichte werde vorzeigen und entgegensetzen können; allein die meisten und besten derselben gehören gewiß in die ältere Epoche, und die neueren, die man dahin rechnen könnte, neigen sich gleichfalls gegen die Satire, sind bitter und besonders die Frauen verachtend.

Genug, jene oben im allgemeinen erwähnten ernsten und die menschliche Natur untergrabenden Gedichte waren die Lieblinge, die wir uns vor allen andern aussuchten, der eine, nach seiner Gemütsart, die leichtere elegische Trauer, der andere die schwer lastende, alles aufgebende Verzweiflung suchend. Sonderbar genug bestärkte unser Vater und Lehrer Shakespeare, der so reine Heiterkeit zu verbreiten weiß, selbst diesen Unwillen. Hamlet und seine Monologen blieben Gespenster, die durch alle jungen Gemüter ihren Spuk trieben. Die Hauptstellen wußte ein jeder auswendig und rezitierte sie gern, und jedermann glaubte, er dürfe ebenso melancholisch sein als der Prinz von Dänemark, ob er gleich keinen Geist gesehn und keinen königlichen Vater zu rächen hatte.

Damit aber ja allem diesem Trübsinn nicht ein vollkommen passendes Lokal abgehe, so hatte uns Ossian bis ans letzte Thule gelockt, wo wir denn auf grauer, unendlicher Heide, unter vorstarrenden bemoosten Grabsteinen wandelnd, das durch einen schauerlichen Wind bewegte Gras um uns, und einen schwer bewölkten Himmel über uns erblickten. Bei Mondenschein ward dann erst diese kaledonische Nacht zum Tage; untergegangene Helden, verblühte Mädchen umschwebten uns, bis wir zuletzt den Geist von Loda wirklich in seiner furchtbaren Gestalt zu erblicken glaubten.

In einem solchen Element, bei solcher Umgebung, bei Liebhabereien und Studien dieser Art, von unbefriedigten Leidenschaften gepeinigt, von außen zu bedeutenden Handlungen keineswegs angeregt, in der einzigen Aussicht, uns in einem schleppenden, geistlosen, bürgerlichen Leben hinhalten zu müssen, befreundete man sich, in unmutigem Übermut, mit dem Gedanken, das Leben, wenn es einem nicht mehr anstehe, nach eignem Belieben allenfalls verlassen zu können, und half sich damit über die Unbilden und Langeweile der Tage notdürftig genug hin. Diese Gesinnung war so allgemein, daß eben „Werther" deswegen die große Wirkung tat, weil er überall anschlug und das Innere eines kranken jugendlichen Wahns öffentlich und faßlich darstellte. Wie genau die Engländer mit diesem Jammer bekannt waren, beweisen die wenigen bedeutenden, vor dem Erscheinen „Werthers" geschriebenen Zeilen:

To griefs congenial prone,
More wounds than nature gave he knew,
While misery's form his fancy drew
In dark ideal hues and horrors not its own.

Der Selbstmord ist ein Ereignis der menschlichen Natur, welches, mag auch darüber schon so viel gesprochen und gehandelt sein als da will, doch einen jeden Menschen zur Teilnahme fordert, in jeder Zeitepoche wieder einmal verhandelt werden muß. Montesquieu erteilt seinen Helden und großen Männern das Recht, sich nach Befinden den Tod zu geben, indem er sagt, es müsse doch einem jeden freistehen, den fünften Akt seiner Tragödie da zu schließen, wo es ihm beliebe. Hier aber ist von solchen Personen nicht die Rede, die ein bedeutendes Leben tätig geführt, für irgend ein großes Reich oder für die Sache der Freiheit ihre Tage verwendet, und denen man wohl nicht verargen wird, wenn sie die Idee, die sie beseelt, sobald dieselbe von der Erde verschwindet, auch noch jenseits zu verfolgen denken. Wir haben es hier mit solchen zu tun, denen eigentlich aus Mangel von Taten, in dem friedlichsten Zustande von der Welt, durch übertriebene Forderungen an sich selbst das Leben verleidet. Da ich selbst in dem Fall war, und am besten weiß, was für Pein ich darin erlitten, was für Anstrengung es mir gekostet, ihr zu entgehn; so will ich die Betrachtungen nicht verbergen, die ich über die verschiedenen Todesarten, die man wählen könnte, wohlbedächtig angestellt.

Es ist etwas so Unnatürliches, daß der Mensch sich von sich selbst losreiße, sich nicht allein beschädige, sondern vernichte, daß er meistenteils zu mechanischen Mitteln greift, um seinen Vorsatz ins Werk zu richten. Wenn Ajax in sein Schwert fällt, so ist es die Last seines Körpers, die ihm den letzten Dienst erweiset. Wenn der Krieger seinen Schildträger verpflichtet, ihn nicht in die Hände der Feinde geraten zu lassen, so ist es auch eine äußere Kraft, deren er sich versichert, nur eine moralische statt einer physischen. Frauen suchen im Wasser die Kühlung ihres Verzweifelns, und das höchst mechanische Mittel des Schießgewehrs sichert eine schnelle Tat mit der geringsten Anstrengung. Des Erhängens erwähnt man nicht gern, weil es ein unedler Tod ist. In England kann es am ersten begegnen, weil man dort von Jugend auf so manchen hängen sieht, ohne daß die Strafe gerade entehrend ist. Durch Gift, durch Öffnung der Adern gedenkt man nur langsam vom Leben zu scheiden, und der raffinierteste, schnellste, schmerzenloseste Tod durch eine Natter war einer Königin würdig, die ihr Leben in Glanz und Lust zugebracht hatte. Alles dieses aber sind äußere Behelfe, sind Feinde, mit denen der Mensch gegen sich selbst einen Bund schließt.

Wenn ich nun alle diese Mittel überlegte, und mich sonst in der Geschichte weiter umsah, so fand ich unter allen denen, die sich selbst entleibt, keinen, der diese Tat mit solcher Großheit und Freiheit des Geistes verrichtet, als Kaiser Otho. Dieser, zwar als Feldherr im Nachteil, aber doch keineswegs aufs Äußerste gebracht, entschließt sich, zum Besten des Reichs, das ihm gewissermaßen schon angehörte, und zur Schonung so vieler Tausende, die Welt zu verlassen. Er begeht mit seinen Freunden ein heiteres Nachtmahl, und man findet am anderen Morgen, daß er sich einen scharfen Dolch mit eigner Hand in das Herz gestoßen. Diese einzige Tat schien mir nachahmungswürdig, und ich überzeugte mich, daß, wer nicht hierin handeln könne wie Otho, sich nicht erlauben dürfe, freiwillig aus der Welt zu gehn. Durch diese Überzeugung rettete ich mich nicht sowohl von dem Vorsatz als von der Grille des Selbstmords, welche sich in jenen herrlichen Friedenszeiten bei einer müßigen Jugend eingeschlichen hatte. Unter einer ansehnlichen Waffensammlung besaß ich auch einen kostbaren wohlgeschliffenen Dolch. Diesen legte ich mir jederzeit neben das Bette, und ehe ich das Licht auslöschte, versuchte ich, ob es mir wohl gelingen möchte, die scharfe Spitze ein paar Zoll tief in die Brust zu senken. Da dieses aber niemals gelingen wollte, so lachte ich mich zuletzt selbst aus, warf alle hypochondrische Fratzen hinweg, und beschloß zu leben. Um dies aber mit Heiterkeit tun zu können, mußte ich eine dichterische Aufgabe zur Ausführung bringen, wo alles, was ich über diesen wichtigen Punkt empfunden, gedacht und gewähnt, zur Sprache kommen sollte. Ich versammelte hierzu die Elemente, die sich schon ein paar Jahre in mir herumtrieben, ich vergegenwärtigte mir die Fälle, die mich am meisten gedrängt und geängstigt; aber es wollte sich nichts gestalten: es fehlte mir eine Begebenheit, eine Fabel, in welcher sie sich verkörpern könnten.

Auf einmal erfahre ich die Nachricht von Jerusalems Tode, und, unmittelbar nach dem allgemeinen Gerüchte, sogleich die genauste und umständlichste Beschreibung des Vorgangs, und in diesem Augenblick war der Plan zu „Werthern" gefunden, das Ganze schoß von allen Seiten zusammen und ward eine solide Masse, wie das Wasser im Gefäß, das eben auf dem Punkte des Gefrierens steht, durch die geringste Erschütterung sogleich in ein festes Eis verwandelt wird. Diesen seltsamen Gewinn festzuhalten, ein Werk von so bedeutendem und mannigfaltigem Inhalt mir zu vergegenwärtigen, und in allen seinen Teilen auszuführen, war mir um so angelegener, als ich schon wieder in eine peinliche Lage geraten war, die noch weniger Hoffnung ließ als die vorigen, und nichts als Unmut, wo nicht Verdruß, weissagte.

Es ist immer ein Unglück, in neue Verhältnisse zu treten, in denen man nicht hergekommen ist; wir werden oft wider unsern Willen zu einer falschen Teilnahme gelockt, uns peinigt die Halbheit solcher Zustände, und doch sehen wir weder ein Mittel, sie zu ergänzen noch ihnen zu entsagen.

Frau von La Roche hatte ihre älteste Tochter nach Frankfurt verheiratet, kam oft sie zu besuchen, und konnte sich nicht recht in den Zustand finden, den sie doch selbst ausgewählt hatte. Anstatt sich darin behaglich zu fühlen, oder zu irgend einer Veränderung Anlaß zu geben, erging sie sich in Klagen, so daß man wirklich denken mußte, ihre Tochter sei unglücklich, ob man gleich, da ihr nichts abging und ihr Gemahl ihr nichts verwehrte, nicht wohl einsah, worin das Unglück eigentlich bestünde. Ich war indessen in dem Hause gut aufgenommen und kam mit dem ganzen Zirkel in Berührung, der aus Personen bestand, die teils zur Heirat beigetragen hatten, teils derselben einen glücklichen Erfolg wünschten. Der Dechant von St. Leonhard, Dumeiz, faßte Vertrauen ja Freundschaft zu mir. Er war der erste katholische Geistliche, mit dem ich in nähere Berührung trat, und der, weil er ein sehr hellsehender Mann war, mir über den Glauben, die Gebräuche, die äußern und innern Verhältnisse der ältesten Kirche schöne und hinreichende Aufschlüsse gab. Der Gestalt einer wohlgebildeten, obgleich nicht jungen Frau, mit Namen Servière, erinnere ich mich noch genau. Ich kam mit der Allesina-Schweitzerischen und andern Familien gleichfalls in Berührung, und mit den Söhnen in Verhältnisse, die sich lange freundschaftlich fortsetzten, und sah mich auf einmal in einem fremden Zirkel einheimisch, an dessen Beschäftigungen, Vergnügungen, selbst Religionsübungen ich Anteil zu nehmen veranlaßt, ja genötigt wurde. Mein früheres Verhältnis zur jungen Frau, eigentlich ein geschwisterliches, ward nach der Heirat fortgesetzt; meine Jahre sagten den ihrigen zu, ich war der einzige in dem ganzen Kreise, an dem sie noch einen Widerklang jener geistigen Töne vernahm, an die sie von Jugend auf gewöhnt war. Wir lebten in einem kindlichen Vertrauen zusammen fort, und ob sich gleich nichts Leidenschaftliches in unsern Umgang mischte, so war er doch peinigend genug, weil sie sich auch in ihre neue Umgebung nicht zu finden wußte und, obwohl mit Glücksgütern gesegnet, aus dem heiteren Thal-Ehrenbreitstein und einer fröhlichen Jugend in ein düster gelegenes Handelshaus versetzt, sich schon als Mutter von einigen Stiefkindern benehmen sollte. In so viel neue Familienverhältnisse war ich ohne wirklichen Anteil, ohne Mitwirkung eingeklemmt. War man mit einander zufrieden, so schien sich das von selbst zu verstehn; aber die meisten Teilnehmer wendeten sich in verdrießlichen Fällen an mich, die ich durch eine lebhafte Teilnahme mehr zu verschlimmern als zu verbessern pflegte. Es dauerte nicht lange, so wurde mir dieser Zustand ganz unerträglich, aller Lebensverdruß, der aus solchen Halbverhältnissen hervorzugehn pflegt, schien doppelt und dreifach auf mir zu lasten, und es bedurfte eines neuen gewaltsamen Entschlusses, mich auch hiervon zu befreien.

Jerusalems Tod, der durch die unglückliche Neigung zu der Gattin eines Freundes verursacht ward, schüttelte mich aus dem Traum, und weil ich nicht bloß mit Beschaulichkeit das, was ihm und mir begegnet, betrachtete, sondern das Ähnliche, was mir im Augenblicke selbst widerfuhr, mich in leidenschaftliche Bewegung setzte; so konnte es nicht fehlen, daß ich jener Produktion, die ich eben unternahm, alle die Glut einhauchte, welche keine Unterscheidung zwischen dem Dichterischen und dem Wirklichen zuläßt. Ich hatte mich äußerlich völlig isoliert, ja die Besuche meiner Freunde verbeten, und so legte ich auch innerlich alles beiseite, was nicht unmittelbar hierher gehörte. Dagegen faßte ich alles zusammen, was einigen Bezug auf meinen Vorsatz hatte, und wiederholte mir mein nächstes Leben, von dessen Inhalt ich noch keinen dichterischen Gebrauch gemacht hatte. Unter solchen Umständen, nach so langen und vielen geheimen Vorbereitungen, schrieb ich den „Werther“ in vier Wochen, ohne daß ein Schema des Ganzen, oder die Behandlung eines Teils irgend vorher wäre zu Papier gebracht gewesen.

Das nunmehr fertige Manuskript lag im Konzept, mit wenigen Korrekturen und Abänderungen, vor mir. Es ward sogleich geheftet: denn der Band dient der Schrift ungefähr wie der Rahmen einem Bilde: man sieht viel eher, ob sie denn auch in sich wirklich bestehe. Da ich dieses Werklein ziemlich unbewußt, einem Nachtwandler ähnlich, geschrieben hatte, so verwunderte ich mich selbst darüber, als ich es nun durchging, um daran etwas zu ändern und zu bessern. Doch in Erwartung, daß nach einiger Zeit, wenn ich es in gewisser Entfernung besähe, mir manches beigehen würde, das noch zu seinem Vorteil gereichen könnte, gab ich es meinen jüngeren Freunden zu lesen, auf die es eine desto größere Wirkung tat, als ich, gegen meine Gewohnheit, vorher niemanden davon erzählt, noch meine Absicht entdeckt hatte. Freilich war es hier abermals der Stoff, der eigentlich die Wirkung hervorbrachte, und so waren sie gerade in einer der meinigen entgegengesetzten Stimmung: denn ich hatte mich durch diese Komposition, mehr als durch jede andere, aus einem stürmischen Elemente gerettet, auf dem ich durch eigne und fremde Schuld, durch zufällige und gewählte Lebensweise, durch Vorsatz und Übereilung, durch Hartnäckigkeit und Nachgeben auf die gewaltsamste Art hin und wider getrieben worden. Ich fühlte mich, wie nach einer Generalbeichte, wieder froh und frei, und zu einem neuen Leben berechtigt. Das alte Hausmittel war mir diesmal vortrefflich zustatten gekommen. Wie ich mich nun aber dadurch erleichtert und aufgeklärt fühlte, die Wirklichkeit in Poesie verwandelt zu haben, so verwirrten sich meine Freunde daran, indem sie glaubten, man müsse die Poesie in Wirklichkeit verwandeln, einen solchen Roman nachspielen und sich allenfalls selbst erschießen; und was hier im Anfang unter wenigen vorging, ereignete sich nachher im großen Publikum und dieses Büchlein, was mir so viel genützt hatte, ward als höchst schädlich verrufen.

Allen den Übeln jedoch und dem Unglück, das es hervorgebracht haben soll, wäre zufälligerweise beinahe vorgebeugt worden, als es, bald nach seiner Entstehung, Gefahr lief vernichtet zu werden; und damit verhielt sich's also. Merck war seit kurzem von Petersburg zurückgekommen. Ich hatte ihn, weil er immer beschäftigt war, nur wenig gesprochen, und ihm von diesem „Werther“, der mir am Herzen lag, nur das Allgemeinste eröffnen können. Einst besuchte er mich, und als er nicht sehr gesprächig schien, bat ich ihn, mir zuzuhören. Er setzte sich aufs Kanapee, und ich begann, Brief vor Brief, das Abenteuer vorzutragen. Nachdem ich eine Weile so fortgefahren hatte, ohne ihm ein Beifallszeichen abzulokken, griff ich mich noch pathetischer an, und wie ward mir zu Mute, als er mich, da ich eine Pause machte, mit einem „Nun ja! es ist ganz hübsch“ auf das schrecklichste niederschlug, und sich, ohne etwas weiter hinzuzufügen, entfernte. Ich war ganz außer mir: denn wie ich wohl Freude an meinen Sachen, aber in der ersten Zeit kein Urteil über sie hatte, so glaubte ich ganz sicher, ich habe mich im Sujet, im Ton, im Stil, die denn freilich alle bedenklich waren, vergriffen, und etwas ganz Unzulässiges verfertigt. Wäre ein Kaminfeuer zur Hand gewesen, ich hätte das Werk sogleich hineingeworfen; aber ich ermannte mich wieder und verbrachte schmerzliche Tage, bis er mir endlich vertraute, daß er in jenem Moment sich in der schrecklichsten Lage befunden, in die ein Mensch geraten kann. Er habe deswegen nichts gesehn noch gehört, und wisse gar nicht, wovon in meinem Manuskripte die Rede sei. Die Sache hatte sich indessen, insofern sie sich herstellen ließ, wieder hergestellt, und Merck war in den Zeiten seiner Energie der Mann, sich ins Ungeheure zu schicken; sein Humor fand sich wieder ein, nur war er noch bitterer geworden als vorher. Er schalt meinen Vorsatz, den „Werther“ umzuarbeiten, mit derben Ausdrücken, und verlangte ihn gedruckt zu sehn, wie er lag. Es ward ein sauberes Manuskript davon besorgt, das nicht lange in meinen Händen blieb: denn zufälligerweise an demselben Tage, an dem meine Schwester sich mit Georg Schlosser verheiratete, und das Haus, von einer freudigen Festlichkeit bewegt, glänzte, traf ein Brief von Weygand aus Leipzig ein, mich um ein Manuskript zu ersuchen. Ein solches Zusammentreffen hielt ich für ein günstiges Omen, ich sendete den „Werther“ ab, und war sehr zufrieden, als das Honorar, das ich dafür erhielt, nicht ganz durch die Schulden verschlungen wurde, die ich um des „Götz von Berlichingen“ willen zu machen genötigt gewesen.

Die Wirkung dieses Büchleins war groß, ja ungeheuer, und vorzüglich deshalb, weil es genau in die rechte Zeit traf. Denn wie es nur eines geringen Zündkrauts bedarf, um eine gewaltige Mine zu entschleudern, so war auch die Explosion, welche sich hierauf im Publikum ereignete, deshalb so mächtig, weil die junge Welt sich schon selbst untergraben hatte, und die Erschütterung deswegen so groß, weil ein jeder mit seinen übertriebenen Forderungen, unbefriedigten Leidenschaften und eingebildeten Leiden zum Ausbruch kam. Man kann von dem Publikum nicht verlangen, daß es ein geistiges Werk geistig aufnehmen solle. Eigentlich ward nur der Inhalt, der Stoff beachtet, wie ich schon an meinen Freunden erfahren hatte, und daneben trat das alte Vorurteil wieder ein, entspringend aus der Würde eines gedruckten Buchs, daß es nämlich einen didaktischen Zweck haben müsse. Die wahre Darstellung aber hat keinen. Sie billigt nicht, sie tadelt nicht, sondern sie entwickelt die Gesinnungen und Handlungen in ihrer Folge und dadurch erleuchtet und belehrt sie.

Von Rezensionen nahm ich wenig Notiz. Die Sache war für mich völlig abgetan, jene guten Leute mochten nun auch sehn, wie sie damit fertig wurden. Doch verfehlten meine Freunde nicht, diese Dinge zu sammeln, und, weil sie in meine Ansichten schon mehr eingeweiht waren, sich darüber lustig zu machen. Die „Freuden des jungen Werther", mit welchen Nicolai sich hervortat, gaben uns zu mancherlei Scherzen Gelegenheit. Dieser übrigens brave, verdienst- und kenntnisreiche Mann hatte schon angefangen, alles niederzuhalten und zu beseitigen, was nicht zu seiner Sinnesart paßte, die er, geistig sehr beschränkt, für die echte und einzige hielt. Auch gegen mich mußte er sich sogleich versuchen, und jene Broschüre kam uns bald in die Hände. Die höchst zarte Vignette von Chodowiecki machte mir viel Vergnügen; wie ich denn diesen Künstler über die Maßen verehrte. Das Machwerk selbst war aus der rohen Hausleinwand zugeschnitten, welche recht derb zu bereiten der Menschenverstand in seinem Familienkreise sich viel zu schaffen macht. Ohne Gefühl, daß hier nichts zu vermitteln sei, daß Werthers Jugendblüte schon von vornherein als vom tödlichen Wurm gestochen erscheine, läßt der Verfasser meine Behandlung bis Seite 214 gelten, und als der wüste Mensch sich zum tödlichen Schritte vorbereitet, weiß der einsichtige psychische Arzt seinem Patienten eine mit Hühnerblut geladene Pistole unterzuschieben, woraus denn ein schmutziger Spektakel, aber glücklicherweise kein Unheil hervorgeht. Lotte wird Werthers Gattin, und die ganze Sache endigt sich zu jedermanns Zufriedenheit.

So viel wüßte ich mich davon zu erinnern: denn es ist mir nie wieder unter die Augen gekommen. Die Vignette hatte ich ausgeschnitten und unter meine liebsten Kupfer gelegt. Dann verfaßte ich, zur stillen und unverfänglichen Rache, ein kleines Spottgedicht, „Nicolai auf Werthers Grabe", welches sich jedoch nicht mitteilen läßt. Auch die Lust, alles zu dramatisieren, ward bei dieser Gelegenheit abermals rege. Ich schrieb einen prosaischen Dialog zwischen Lotte und Werther, der ziemlich neckisch ausfiel. Werther beschwert sich bitterlich, daß die Erlösung durch Hühnerblut so schlecht abgelaufen. Er ist zwar am Leben geblieben, hat sich aber die Augen ausgeschossen. Nun ist er in Verzweiflung, ihr Gatte zu sein und sie nicht sehen zu können, da ihm der Anblick ihres Gesamtwesens fast lieber wäre, als die süßen Einzelnheiten, deren er sich durchs Gefühl versichern darf. Lotten, wie man sie kennt, ist mit einem blinden Manne auch nicht sonderlich geholfen, und so findet sich Gelegenheit, Nicolais Beginnen höchlich zu schelten, daß er sich ganz unberufen in fremde Angelegenheiten mische. Das Ganze war mit gutem Humor geschrieben, und schilderte mit freier Vorahndung jenes unglückliche dünkelhafte Bestreben Nicolais, sich mit Dingen zu befassen, denen er nicht gewachsen war, wodurch er sich und andern in der Folge viel Verdruß machte, und darüber zuletzt, bei so entschiedenen Verdiensten, seine literarische Achtung völlig verlor. Das Originalblatt dieses Scherzes ist niemals abgeschrieben worden und seit vielen Jahren verstoben. Ich hatte für die kleine Produktion eine besondere Vorliebe. Die reine heiße Neigung der beiden jungen Personen war durch die komisch-tragische Lage, in die sie sich versetzt fanden, mehr erhöht als geschwächt. Die größte Zärtlichkeit waltete durchaus, und auch der Gegner war nicht bitter, nur humoristisch behandelt. Nicht ganz so höflich ließ ich das Büchlein selber sprechen, welches, einen alten Reim nachahmend, sich also ausdrückte:

Mag jener dünkelhafte Mann
Mich als gefährlich preisen;
Der Plumpe, der nicht schwimmen kann,
Er will's dem Wasser verweisen!
Was schiert mich der Berliner Bann,
Geschmäcklerpfaffenwesen!
Und wer mich nicht verstehen kann,
Der lerne besser lesen.

Vorbereitet auf alles, was man gegen den „Werther" vorbringen würde, fand ich so viele Widerreden keineswegs verdrießlich; aber daran hatte ich nicht gedacht, daß mir durch teilnehmende, wohlwollende Seelen eine unleidliche Qual bereitet sei: denn anstatt daß mir jemand über mein Büchlein, wie es lag, etwas Verbindliches gesagt hätte, so wollten sie sämtlich ein für allemal wissen, was denn eigentlich an der Sache wahr sei? worüber ich denn sehr ärgerlich wurde, und mich meistens höchst unartig dagegen äußerte. Denn diese Frage zu beantworten, hätte ich mein Werkchen, an dem ich so lange gesonnen, um so manchen Elementen eine poetische Einheit zu geben, wieder zerrupfen und die Form zerstören müssen, wodurch ja die wahrhaften Bestandteile selbst wo nicht vernichtet, wenigstens zerstreut und verzettelt worden wären. Näher betrachtet, konnte ich jedoch dem Publikum die Forderung nicht verübeln. Jerusalems Schicksal hatte großes Aufsehen gemacht. Ein gebildeter, liebenswerter, unbescholtener junger Mann, der Sohn eines der ersten Gottesgelahrten und Schriftstellers, gesund und wohlhabend, ging auf einmal, ohne bekannte Veranlassung, aus der Welt. Jedermann fragte nun, wie das möglich gewesen, und als man von einer unglücklichen Liebe vernahm, war die ganze Jugend, als man von kleinen Verdrießlichkeiten, die ihm in vornehmerer Gesellschaft begegnet, sprach, der ganze Mittelstand aufgeregt, und jedermann wünschte das Genauere zu erfahren. Nun erschien im „Werther" eine ausführliche Schilderung, in der man das Leben und die Sinnesart des genannten Jünglings wieder zu finden meinte. Lokalität und Persönlichkeit trafen zu, und bei der großen Natürlichkeit der Darstellung glaubte man sich nun vollkommen unterrichtet und befriedigt. Dagegen aber, bei näherer Betrachtung, paßte wieder so vieles nicht, und es entstand für die, welche das Wahre suchten, ein unerträgliches Geschäft, indem eine sondernde Kritik hundert Zweifel erregen muß. Auf den Grund der Sache war aber gar nicht zu kommen: denn was ich von meinem Leben und Leiden der Komposition zugewendet hatte, ließ sich nicht entziffern, indem ich, als ein unbemerkter junger Mensch, mein Wesen zwar nicht heimlich, aber doch im stillen getrieben hatte.

Bei meiner Arbeit war mir nicht unbekannt, wie sehr begünstigt jener Künstler gewesen, dem man Gelegenheit gab, eine Venus aus mehreren Schönheiten herauszustudieren, und so nahm ich mir auch die Erlaubnis, an der Gestalt und den Eigenschaften mehrerer hübschen Kinder meine Lotte zu bilden, obgleich die Hauptzüge von der geliebtesten genommen waren. Das forschende Publikum konnte daher Ähnlichkeiten von verschiedenen Frauenzimmern entdecken, und den Damen war es auch nicht ganz gleichgültig, für die rechte zu gelten. Diese mehreren Lotten aber brachten mir unendliche Qual, weil jedermann, der mich nur ansah, entschieden zu wissen verlangte, wo denn die eigentliche wohnhaft sei? Ich suchte mir wie Nathan mit den drei Ringen durchzuhelfen, auf einem Auswege, der freilich höheren Wesen zukommen mag, wodurch sich aber weder das gläubige, noch das lesende Publikum will befriedigen lassen. Dergleichen peinliche Forschungen hoffte ich in einiger Zeit loszuwerden; allein sie begleiteten mich durchs ganze Leben. Ich suchte mich davor auf Reisen durchs Inkognito zu retten, aber auch dieses Hülfsmittel wurde mir unversehens vereitelt, und so war der Verfasser jenes Werkleins, wenn er ja etwas Unrechtes und Schädliches getan, dafür genugsam, ja übermäßig durch solche unausweichliche Zudringlichkeiten bestraft.

Auf diese Weise bedrängt, ward er nur allzu sehr gewahr, daß Autoren und Publikum durch eine ungeheuere Kluft getrennt sind, wovon sie, zu ihrem Glück, beiderseits keinen Begriff haben. Wie vergeblich daher alle Vorreden seien, hatte er schon längst eingesehen: denn je mehr man seine

Absicht klar zu machen gedenkt, zu desto mehr Verwirrung gibt man Anlaß. Ferner mag ein Autor bevorworten so viel er will, das Publikum wird immer fortfahren, die Forderungen an ihn zu machen, die er schon abzulehnen suchte. Mit einer verwandten Eigenheit der Leser, die uns besonders bei denen, welche ihr Urteil drucken lassen, ganz komisch auffällt, ward ich gleichfalls früh bekannt. Sie leben nämlich in dem Wahn, man werde, indem man etwas leistet, ihr Schuldner, und bleibe jederzeit noch weit zurück hinter dem, was sie eigentlich wollten und wünschten, ob sie gleich kurz vorher, ehe sie unsere Arbeit gesehn, noch gar keinen Begriff hatten, daß so etwas vorhanden oder nur möglich sein könnte. Alles dieses beiseitegesetzt, so war nun das größte Glück oder Unglück, daß jedermann von diesem seltsamen jungen Autor, der so unvermutet und so kühn hervorgetreten, Kenntnis gewinnen wollte. Man verlangte ihn zu sehen, zu sprechen, auch in der Ferne etwas von ihm zu vernehmen, und so hatte er einen höchst bedeutenden, bald erfreulichen, bald unerquicklichen, immer aber zerstreuenden Zudrang zu erfahren. Denn es lagen angefangene Arbeiten genug vor ihm, ja es wäre für einige Jahre hinreichend zu tun gewesen, wenn er mit hergebrachter Liebe sich daran hätte halten können; aber er war aus der Stille, der Dämmerung, der Dunkelheit, welche ganz allein die reinen Produktionen begünstigen kann, in den Lärmen des Tageslichts hervorgezogen, wo man sich in anderen verliert, wo man irre gemacht wird durch Teilnahme wie durch Kälte, durch Lob und durch Tadel, weil diese äußern Berührungen niemals mit der Epoche unserer innern Kultur zusammentreffen, und uns daher, da sie nicht fördern können, notwendig schaden müssen.

Doch mehr als alle Zerstreuungen des Tags hielt den Verfasser von Bearbeitung und Vollendung größerer Werke die Lust ab, die über jene Gesellschaft gekommen war, alles, was im Leben einigermaßen Bedeutendes vorging, zu dramatisieren. Was dieses Kunstwort (denn ein solches war es, in jener produktiven Gesellschaft) eigentlich bedeutete, ist hier auseinander zu setzen. Durch ein geistreiches Zusammensein an den heitersten Tagen aufgeregt, gewöhnte man sich, in augenblicklichen kurzen Darstellungen alles dasjenige zu zersplittern, was man sonst zusammengehalten hatte, um größere Kompositionen daraus zu erbauen. Ein einzelner einfacher Vorfall, ein glückliches naives, ja ein albernes Wort, ein Mißverstand, eine Paradoxie, eine geistreiche Bemerkung, persönliche Eigenheiten oder Angewohnheiten, ja eine bedeutende Miene, und was nur immer in einem bunten rauschenden Leben vorkommen mag, alles ward in Form des Dialogs, der Katechisation, einer bewegten Handlung, eines Schauspiels dargestellt, manchmal in Prosa, öfters in Versen.

An dieser genialisch-leidenschaftlich durchgesetzten Übung bestätigte sich jene eigentlich poetische Denkweise. Man ließ nämlich Gegenstände, Begebenheiten, Personen an und für sich, sowie in allen Verhältnissen bestehen, man suchte sie nur deutlich zu fassen und lebhaft abzubilden. Alles Urteil, billigend oder mißbilligend, sollte sich vor den Augen des Beschauers in lebendigen Formen bewegen. Man könnte diese Produktionen belebte Sinngedichte nennen, die, ohne Schärfe und Spitzen, mit treffenden und entscheidenden Zügen reichlich ausgestattet waren. Das „Jahrmarktsfest" ist ein solches, oder vielmehr eine Sammlung solcher Epigramme. Unter allen dort auftretenden Masken sind wirkliche, in jener Sozietät lebende Glieder, oder ihr wenigstens verbundene und einigermaßen bekannte Personen gemeint; aber der Sinn des Rätsels blieb den meisten verborgen, alle lachten, und wenige wußten, daß ihnen ihre eigensten Eigenheiten zum Scherze dienten. Der „Prolog zu Bahrdts neuesten Offenbarungen" gilt für einen Beleg anderer Art; die kleinsten finden sich unter den gemischten Gedichten, sehr viele sind zerstoben und verloren gegangen, manche noch übrige lassen sich nicht wohl mitteilen. Was hiervon im Druck erschienen, vermehrte nur die Bewegung im Publikum, und die Neugierde auf den Verfasser; was handschriftlich mitgeteilt wurde, belebte den nächsten Kreis, der sich immer erweiterte. Doktor Bahrdt, damals in Gießen, besuchte mich, scheinbar höflich und zutraulich; er scherzte über den „Prolog", und wünschte ein freundliches Verhältnis. Wir jungen Leute aber fuhren fort, kein geselliges Fest zu begehen, ohne mit stiller Schadenfreude uns der Eigenheiten zu erfreuen, die wir an andern bemerkt und glücklich dargestellt hatten.

Mißfiel es nun dem jungen Autor keineswegs, als ein literarisches Meteor angestaunt zu werden; so suchte er mit freudiger Bescheidenheit den bewährtesten Männern des Vaterlands seine Achtung zu bezeigen, unter denen vor allen andern der herrliche Justus Möser zu nennen ist. Dieses unvergleichlichen Mannes kleine Aufsätze, staatsbürgerlichen Inhalts, waren schon seit einigen Jahren in den „Osnabrücker Intelligenzblättern" abgedruckt, und mir durch Herder bekannt geworden, der nichts ablehnte, was irgend würdig, zu seiner Zeit, besonders aber im Druck sich hervortat. Mösers Tochter, Frau von Voigts, war beschäftigt, diese zerstreuten Blätter zu sammeln. Wir konnten die Herausgabe kaum erwarten, und ich setzte mich mit ihr in Verbindung, um mit aufrichtiger Teilnahme zu versichern, daß die für einen bestimmten Kreis berechneten wirksamen Aufsätze, sowohl der Materie als der Form nach, überall zum Nutzen und Frommen dienen würden. Sie und ihr Vater nahmen diese Äußerung eines nicht ganz unbekannten Fremdlings gar wohl auf, indem eine Besorgnis, die sie gehegt, durch diese Erklärung vorläufig gehoben worden.

An diesen kleinen Aufsätzen, welche, sämtlich in einem Sinne verfaßt, ein wahrhaft Ganzes ausmachen, ist die innigste Kenntnis des bürgerlichen Wesens im höchsten Grade merkwürdig und rühmenswert. Wir sehen eine Verfassung auf der Vergangenheit ruhn, und noch als lebendig bestehn. Von der einen Seite hält man am Herkommen fest, von der andern kann man die Bewegung und Veränderung der Dinge nicht hindern. Hier fürchtet man sich vor einer nützlichen Neuerung, dort hat man Lust und Freude am Neuen, auch wenn es unnütz, ja schädlich wäre. Wie vorurteilsfrei setzt der Verfasser die Verhältnisse der Stände aus einander, sowie den Bezug, in welchem die Städte, Flecken und Dörfer wechselseitig stehn. Man erfährt ihre Gerechtsame zugleich mit den rechtlichen Gründen, es wird uns bekannt, wo das Grundkapital des Staats liegt und was es für Interessen bringt. Wir sehen den Besitz und seine

Vorteile, dagegen aber auch die Abgaben und Nachteile verschiedener Art, sodann den mannigfaltigen Erwerb; hier wird gleichfalls die ältere und neuere Zeit einander entgegengesetzt.

Osnabrück, als Glied der Hanse, finden wir in der ältern Epoche in großer Handelstätigkeit. Nach jenen Zeitverhältnissen hat es eine merkwürdige und schöne Lage; es kann sich die Produkte des Landes zueignen, und ist nicht allzu weit von der See entfernt, um auch dort selbst mitzuwirken. Nun aber, in der späteren Zeit, liegt es schon tief in der Mitte des Landes, es wird nach und nach vom Seehandel entfernt und ausgeschlossen. Wie dies zugegangen, wird von vielen Seiten dargestellt. Zur Sprache kommt der Konflikt Englands und der Küsten, der Häfen und des Mittellandes; hier werden die großen Vorteile derer, welche der See anwohnen, herausgesetzt, und ernstliche Vorschläge getan, wie die Bewohner des Mittellandes sich dieselben gleichfalls zueignen könnten. Sodann erfahren wir gar manches von Gewerben und Handwerken, und wie solche durch Fabriken überflügelt, durch Krämerei untergraben werden; wir sehen den Verfall, als den Erfolg von mancherlei Ursachen, und diesen Erfolg wieder als die Ursache neuen Verfalls, in einem ewigen schwer zu lösenden Zirkel; doch zeichnet ihn der wackere Staatsbürger auf eine so deutliche Weise hin, daß man noch glaubt, sich daraus retten zu können. Durchaus läßt der Verfasser die gründlichste Einsicht in die besondersten Umstände sehen. Seine Vorschläge, sein Rat, nichts ist aus der Luft gegriffen, und doch so oft nicht ausführbar, deswegen er auch die Sammlung „Patriotische Phantasien“ genannt, obgleich alles sich darin an das Wirkliche und Mögliche hält.

Da nun aber alles Öffentliche auf dem Familienwesen ruht, so wendet er auch dahin vorzüglich seinen Blick. Als Gegenstände seiner ernsten und scherzhaften Betrachtungen finden wir die Veränderung der Sitten und Gewohnheiten, der Kleidungen, der Diät, des häuslichen Lebens, der Erziehung. Man müßte eben alles, was in der bürgerlichen und sittlichen Welt vorgeht, rubrizieren, wenn man die Gegenstände erschöpfen wollte, die er behandelt. Und diese

Behandlung ist bewundernswürdig. Ein vollkommener Geschäftsmann spricht zum Volke in Wochenblättern, um dasjenige, was eine einsichtige wohlwollende Regierung sich vornimmt oder ausführt, einem jeden von der rechten Seite faßlich zu machen; keineswegs aber lehrhaft, sondern in den mannigfaltigsten Formen, die man poetisch nennen könnte, und die gewiß in dem besten Sinn für rhetorisch gelten müssen. Immer ist er über seinen Gegenstand erhaben, und weiß uns eine heitere Ansicht des Ernstesten zu geben; bald hinter dieser bald hinter jener Maske halb versteckt, bald in eigner Person sprechend, immer vollständig und erschöpfend, dabei immer froh, mehr oder weniger ironisch, durchaus tüchtig, rechtschaffen, wohlmeinend, ja manchmal derb und heftig, und dieses alles so abgemessen, daß man zugleich den Geist, den Verstand, die Leichtigkeit, Gewandtheit, den Geschmack und Charakter des Schriftstellers bewundern muß. In Absicht auf Wahl gemeinnütziger Gegenstände, auf tiefe Einsicht, freie Übersicht, glückliche Behandlung, so gründlichen als frohen Humor wüßte ich ihm niemand als Franklin zu vergleichen.

Ein solcher Mann imponierte uns unendlich und hatte den größten Einfluß auf eine Jugend, die auch etwas Tüchtiges wollte, und im Begriff stand, es zu erfassen. In die Formen seines Vortrags glaubten wir uns wohl auch finden zu können; aber wer durfte hoffen, sich eines so reichen Gehalts zu bemächtigen, und die widerspenstigsten Gegenstände mit so viel Freiheit zu handhaben?

Doch das ist unser schönster und süßester Wahn, den wir nicht aufgeben dürfen, ob er uns gleich viel Pein im Leben verursacht, daß wir das, was wir schätzen und verehren, uns auch wo möglich zueignen, ja aus uns selbst hervorbringen und darstellen möchten.

KOMMENTARTEIL

NACHWORT

GOETHES PLAN EINER AUTOBIOGRAPHIE

Am 11. Oktober 1809 verzeichnet Goethes Tagebuch: *Schema einer Biographie.* Dies ist der Beginn seiner autobiographischen Arbeiten. Er begann, *sich selbst historisch zu werden,* wie er es fortan mehrfach ausdrückte (vgl. Bd. 8, S. 465, Nr. 35 u. die Anmkg. dazu). Wenn er in dieser Zeit, als Napoleon Europa beherrschte, in Deutschland die Romantik das Kunstleben erfüllte und von England die Vorboten einer neuen Maschinenzeit kamen, zurückblickte auf seine Jugend, als er in der alten Reichsstadt aufwuchs, in Leipzig Gottsched und Gellert kennen lernte und dann in Straßburg mit Herder die Bewegung des Sturm und Drang einleitete – dann lag das alles weit zurück. Es war bereits in die Geschichte eingegangen, denn die Gottsched'sche Kunstauffassung, die er und seine Freunde bekämpft hatten, gab es nicht mehr, und ihre damalige junge Bewegung war längst selbst wieder überwunden. Sein *Götz,* sein *Werther,* die einst so viel Aufsehen gemacht, waren ein Stück Geschichte des 18. Jahrhunderts. Aber war er selbst in die Geschichte eingegangen, würde er es je in rechter Gestalt? Was wußte man von ihm? Allzuwenig, um zum Wesentlichen zu gelangen und die Einheit zu erkennen. Nach langem Zögern hatte er sich entschlossen, seine *Werke* gesammelt zu drucken: In den Jahren 1806 – 1808 waren sie bei Cotta erschienen: *Gedichte; Römische Elegien; Wilhelm Meisters Lehrjahre; Die Laune des Verliebten; Götz; Iphigenie; Tasso; Die natürliche Tochter; Claudine; Faust I; Die Geheimnisse; Reineke Fuchs; Hermann und Dorothea; Das Römische Carneval.* 1810 wurden als 13. Band die *Wahlverwandtschaften* hinzugefügt. Außerdem hatte er 1810 seine *Farbenlehre* beendet und damit sich von einer alten Last befreit. Aber wie sollten die Leser dieses Verschiedenartige als Zusammenhang erkennen? Es fügte sich schlecht zueinander; doch er selbst wußte, daß es innerlich alles aus einer Mitte hervorgegangen war und zutiefst eine Einheit bildete. Zudem war alles Geleistete nur ein Fragment im Vergleich zu dem Gewollten, und insofern konnte man dem Leser nicht einmal verargen, daß ihm der Zusammenhang verborgen blieb. Der Leser sah 13 Bände, er selbst aber dachte an all das, was erst geplant war. *Faust I* war da, aber *Faust II* fehlte, die *Lehrjahre* lagen vor, von den *Wanderjahren* besaß er erst Bruchstücke, die *Farbenlehre* war fertig, aber die Morphologie war ein Fragment. Seine Schränke mit Handschriften wurden immer umfangreicher. Er hatte auf ruhiges Wachstum vertraut; doch dann war der Krieg gekommen, und leicht wäre im Oktober 1806 alles in

Flammen aufgegangen. War es nicht an der Zeit, mit 60 Jahren das Erreichte zusammenzuschließen und es zu überdachen durch ein Werk, das den großen Zusammenhang gab? Dieser Zusammenhang war sein Ich, seine Entelechie, war das Gesetz, nach dem er angetreten. Dieses zu zeigen, war – richtig verstanden – kein Hochmut, sondern die Demut dessen, der die eigene Bedingtheit erkennt. Durfte er denn damit rechnen, daß je ein anderer hier das Rechte tun werde?

Goethe kannte den damaligen Stand der Biographie genau. Wir Heutigen machen uns schwer einen Begriff davon, denn die Biographie, welche uns heute als Form etwas Selbstverständliches ist, ist recht eigentlich eine Schöpfung der nachgoetheschen Zeit, des 19. Jahrhunderts. Es gab zwar Biographien, aber sie waren trockene Zusammenstellungen von Lebensereignissen und Büchertiteln, verbunden mit Zitaten aus Schriften, eigenen Werturteilen und rhetorischen Lobsprüchen. Es war seit langem üblich, daß bald nach dem Tode eines Dichters durch einen Freund oder Verwandten eine ausführliche Lebensgeschichte geschrieben wurde, und aus dieser pflegten dann alle Späteren immer wieder zu schöpfen. Über die Künstler der Renaissance fand man das Beste immer noch bei Vasari. Über Albrecht v. Haller hatte sein Schüler Zimmermann geschrieben; über Klopstock sein Anhänger Cramer: eine unerträgliche Mischung von Tatsachen und schwülstiger Verherrlichung. Lessings Leben war durch seinen Bruder berichtet worden. Lavater hatte durch seinen Schwiegersohn Georg Geßner eine weitschweifig-ruhmredige und rührselige Darstellung erhalten. Das Leben Herders wollte seine Witwe beschreiben. Die Biographie war nur Sache der Kenntnis, nicht der Kunst. – Goethe kannte diese Werke. Wer sollte ihn selbst einst darstellen? Er war einsam. Schiller war tot, Meyer kein Biograph. Es war noch lange vor der Zeit, in der Eckermann kam. Und es bestand keine Ursache, hier der Zukunft zu vertrauen.

In den Biographien der Zeit wurde dadurch, daß ein trockener Wust von Lebensdaten und Büchertiteln zusammengetragen wurde, das Eigentliche einer großen Persönlichkeit gar nicht erfaßt. Man verzeichnete, welche Reisen jemand gemacht, welche Bücher er geschrieben, welche Leichenreden er erhalten hatte. Alles das wurde bei mittelmäßigen Geistern genau so aufgezählt wie bei großen. – Die Kunst, die einstmals Plutarch als Biograph entwickelt hatte, hatte im neueren Abendland niemand erreicht, zumal nicht in Deutschland, wo man nicht einmal etwas hatte, was man Vasari zur Seite setzen konnte. Darum sagt Goethe: *Wie übel nehmen sich ... jene Nekrologen aus, die, indem sie das, was Gutes und Böses, durch das Leben eines bedeutenden Menschen, von der Menge gewähnt und geklatscht worden, gleich nach seinem Verscheiden emsig gegen einander stellen, seine sogenannten Tugenden und Fehler mit heuchlerischer Gerechtigkeit aufstutzen und dadurch, weit schlimmer als der Tod, eine Personalität zerstören, die nur in der lebendigen Vereinigung solcher entgegengesetzten Eigenschaften gedacht werden kann.* (An Zelter 29. 5. 1801.) Dies bezeichnen auch die Worte am Ende der autobiographischen Notiz: *Niederträchtige Nekrologen* (in dem Abschnitt „Schemata und Entwürfe"). Sie meinen: nivellierend, „gemein"-machend. Denn: nach Leipzig, Straßburg und Italien reisen, Gedichte und Dramen schreiben – das konnten auch andere. Was nützten die bloßen Tatsachen? *Wenn man aber weiter nichts vom Leben hätte, als was unsere Biographen und Lexikonschreiber von uns sagen, so wäre es ein schlechtes Metier und überall nicht der Mühe wert.* (Zu Eckermann 21. 12. 1831.) – Goethes scharfes Urteil über die Biographen war alt. Schon in den „Frankfurter gelehrten Anzeigen" hatte er 1773 Hansens Klotz-Biographie und eine anonyme Schrift über K. v. Creuz als unfähig, ein Leben zu erfassen, getadelt, und in den *Xenien* war Schlichtegroll aus gleichem Grunde verspottet worden.

Aus den Biographien, die nach dem Tode eines Mannes erschienen, schöpften dann die Schriftsteller-Lexika, deren Notizen von einem zum anderen übergingen. Die Werke dieser Art – von Nicéron, Jöcher, Küttner, Meusel, Hirsching – hat Goethe, obgleich sie nüchterne und geistlose Zusammenstellungen sind, häufig benutzt, weil sie als Materialsammlung unentbehrlich waren. Und weil er selbst schon früh bekannt geworden war und dann lange lebte, sah er seinen eigenen Namen in diese Lexika eingehen. Er konnte über sich nachlesen in dem Werk von K. E. A. Schmid, „Biographien berühmter und gelehrter Männer", 1797, in Meusels „Gelehrtem Deutschland", 1796 (ergänzt 1801 und 1808), und vor allem in Karl Heinrich Jördens' „Lexicon deutscher Dichter", 1807, wo man zwar ausführlich, aber fehlerhaft über ihn geschrieben hatte, und ohne die Einheit seines Wesens auch nur zu ahnen. Der Gedanke, nur in dieser Form fortzuleben, mußte ihm Entsetzen erregen.

Niemand ahnte damals, daß wenige Jahrzehnte später ein Jahrhundert der Biographie einsetzen werde mit Hayms „Humboldt" (1856) und „Herder" (1877–85), Justis „Winckelmann" (1866–72) und Erich Schmidts „Lessing" (1884–92). Auch Goethe ahnte es nicht, obgleich er selbst diese Entwicklung eingeleitet hat. Denn er hat als einziger in seiner Zeit gewußt, daß die Biographie nicht nur eine Sache des Wissens sei, sondern ebensosehr der Darstellungskunst. Ihm schwebte etwas ganz anderes als das Landläufige vor, eine innere Biographie, wie er sie 1805 mit seinem Aufsatz *Winckelmann* gab. (Bd. 12, S. 96–129). Man hat oft bei Goethes Gedichten und Romanen darauf hingewiesen, wie neuartig und eigenwüchsig sie waren; immerhin gab es auf diesen Gebieten schon Bedeutendes und Verwandtes – aber in der Kunst der Biographie gab es im Grunde genommen nichts, denn auch Herder hatte nur Ansätze gebracht; der *Winckelmann*-Aufsatz war wie eine Blume in der Wüste. – Wie Goethe über die Zukunft dachte, zeigen Notizen zu einem Aufsatz über seine gedruckten und ungedruckten Werke vom Mai 1822. Da heißt es: *Masse von Papieren, die um mich aufgehäuft ist, und zwar geordnet, aber jedem außer mir selbst kaum zu brauchen.* (Bd. 10, Anm. zu *Archiv des Dichters und Schriftstellers.*). Daß einmal Philologen kommen würden, denen jedes Wort wichtig ist und die aus jedem Zettel noch Schlüsse zu ziehen versuchen, das dachte er also nicht. Darum warf er auch so vieles weg. Er glaubte 1822, daß bestenfalls Eckermann und Riemer eine Ausgabe nachgelassener Schriften veranstalten würden (W. A. 41,2, S. 402f.) – wie es später auch geschah –, aber daß darüber hinaus viel vollständigere und genauere Angaben entstehen würden, das sah er nicht kommen.

Im Jahre 1801 war Goethe todkrank gewesen an Wundrose und Gehirnhautentzündung, tagelang dem Tode nahe. Im Jahre 1805 begannen schwere Nierenkoliken. Wieder fürchtete man in Weimar das Schlimmste. In dieser Zeit starb Schiller, der 10 Jahre Jüngere. Durfte Goethe damit rechnen, ihn lange zu überleben? Und wenn er ihm nachfolgte – würde dann einer der kleinen Geister wie der Bibliotheksgehilfe Schmid oder der Gymnasialdirektor Böttiger seine Biographie schreiben und ein solches Machwerk fortan sein Lebensbild bleiben? War es nicht besser, rechtzeitig selbst etwas zu tun?

Goethe hatte viele Gestalten aus früheren Jahrhunderten lebendig vor Augen, aber nicht durch Biographien, sondern durch Autobiographien. Hier fand er den Ausdruck des individuellen unmittelbaren Lebens, und immer wieder hat er Werke dieser Art gelesen, schon 1771 in Straßburg die Lebensgeschichte des Götz und noch 1830 in Weimar die Memoiren des Grafen Saint-Simon (1675–1755). Sein Bild der Geschichte war großenteils ein Sich-Hineinversetzen in das Leben einzelner großer Gestalten. Dabei zeigte sich nun der Wert der Selbstbiographie. Von den Persönlichkeiten Cellinis, Cardanos und Montaignes besaß er ein genaueres Bild als von denen Lionardos, Michelangelos und Keplers, obgleich ihm diese höchst bedeutsam waren; denn jene hatten ihr Leben beschrieben, diese nicht.

Wir können die Fülle der Autobiographien, die er kannte, ziemlich genau übersehen; denn soweit Goethe sie selbst besaß, stehen sie noch heute im Weimarer Goethehaus; und was er aus der Bibliothek entlieh, ist verzeichnet in den alten Ausleihbüchern (und 1931 gedruckt). – In seiner Jugend hatte er den Typ der pietistischen Autobiographie kennen gelernt; 1774 hatte er Jung-Stillings Manuskript seiner Jugendgeschichte an sich genommen und es 1777 zum Druck gebracht. In dieser Zeit beschäftigte er sich auch schon mit Cardano (Tagebuch 27.–30. 6. 1777). 1782 lernte er Rousseaus „Confessions“ kennen. 1785 erschien von Karl Philipp Moritz der autobiographische Roman „Anton Reiser“ und kam

Goethe alsbald zur Hand. In den 90er Jahren befaßte er sich mit der Autobiographie des Benvenuto Cellini und druckte seine Übersetzung zunächst in Schillers „Horen", 1796/97, und dann überarbeitet und kommentiert 1803 als Buch.

Im Winter 1805/06 rezensierte Goethe für die „Jenaische Allgemeine Literaturzeitung" ein Buch „Bildnisse jetzt lebender Berliner Gelehrten, mit ihren Selbstbiographien" hrsg. von S. M. Lowe – ein an sich wenig bedeutendes Werk, aber in diese Besprechung flossen grundsätzliche Erörterungen über Notwendigkeit und Aufgabe der Selbstbiographie ein – ein Zeichen, wie sehr ihn innerlich diese Frage beschäftigte. Er schreibt: *Die Anforderung an lebende Gelehrte, kurze Selbstbiographien zu schreiben, in der Absicht, das Publikum sogleich damit zu beschenken, ist ein sehr glücklicher Gedanke ... Es gibt zweierlei Arten, die Geschichte zu schreiben, eine für die Wissenden, die andere für die Nichtwissenden. Bei der ersten setzt man voraus, daß dem Leser das Einzelne bis zum Überdruß bekannt sei. Man denkt nur darauf, ihn auf eine geistreiche Weise, durch Zusammenstellungen und Andeutungen, an das zu erinnern, was er weiß, und ihm für das zerstreut Bekannte eine große Einheit der Ansicht zu überliefern oder einzuprägen. Die andere Art ist die, wo wir, selbst bei der Absicht eine große Einheit darzustellen, auch das Einzelne unnachläßlich zu überliefern verpflichtet sind. – Sollten zu unserer Zeit Männer, die über vierzig oder funfzig Jahre im Leben stehen und wirken, ihre Biographie schreiben, so würden wir ihnen raten, die letzte Art ins Auge zu fassen. Denn außerdem, daß man sich gerade um das Nächstvorhergehende am wenigsten bekümmert, so ist unsere Zeit so reich an Taten, so entschieden an besonderem Streben, daß die Jugend und das mittlere Alter, für die man denn doch eigentlich schreibt, kaum einen Begriff hat von dem, was vor dreißig oder vierzig Jahren eigentlich dagewesen ist. Alles, was sich also in eines Menschen Leben dorther schreibt oder dorthin bezieht, muß aufs neue gegeben werden ... In alle freien schriftlichen Darstellungen gehört Wahrheit, entweder in bezug auf den Gegenstand oder in bezug auf das Gefühl des Darstellenden, und so Gott will auf beides ... Aber wir ersuchen sämtliche Teilnehmer, eine doppelte Pflicht stets vor Augen zu haben: nicht zu verschweigen, was von außen, sei es nun als Person oder Begebenheit, auf sie gewirkt, aber auch nicht in Schatten zu stellen, was sie selbst geleistet, von ihren Arbeiten, von deren Gelingen und Einfluß mit Behaglichkeit zu sprechen, die dadurch gewonnenen schönsten Stunden ihres Lebens zu bezeichnen und ihre Leser gleichfalls in eine fröhliche Stimmung zu versetzen ...* Was Goethe hier sagt – über Ausführlichkeit und Wahrheit, über Persönlichkeit und Umwelt –, klingt fast wie ein Programm. Doch noch hören wir nichts von eigenen autobiographischen Plänen. Zunächst beschäftigten ihn noch die Biographien anderer Männer: 1805 wurde sein *Winckelmann* fertig, 1807 begann er die Aufzeichnungen des Malers Hackert zu einer Biographie zusammenzustellen. In den *Annalen*, Abschnitt *1811*, bemerkt er hierzu: ... *ich hatte Ursache, mich zu fragen, warum ich dasjenige, was ich für einen andern tue, nicht für mich selbst zu leisten unternehme? Ich wandte mich daher noch vor Vollendung jenes Bandes an meine eigene frühste Lebensgeschichte* ... (Bd. 10, S. 509, 34–37.)

Ein geistiger Mensch fühlt sich verpflichtet, sich ein Bild zu machen, was er geleistet und versäumt habe, welche Aufgaben er erfüllen wolle und müsse. Bei Goethe, dem Darstellenden, wird daraus das schriftliche Selbstbildnis. Schon früh mischt es sich in seine Briefe, etwa wenn er an Auguste zu Stolberg berichtet über den *Faßnachts-Goethe*, der *von ein paar schönen Augen am Spieltisch gehalten wird*, und den anderen, der *in der Februarluft schon den Frühling ahndet* und *immer in sich lebend, strebend und arbeitend* Dichtungen schreibt. (13. 2. 1775.) – In der Weimarer Zeit gibt er einmal Knebel ein Selbstbildnis; auch hier die Verschiedenheit und Einheit der Elemente seines Daseins: *im Innersten meiner Plane und Vorsätze und Unternehmungen bleib ich mir geheimnisvoll selbst getreu und knüpfe so wieder mein gesellschaftliches, politisches, moralisches und poetisches Leben in einen verborgenen Knoten zusammen.* (21. 11. 1782.) – Auch das Tagebuch faßt gelegentlich zusammen: *Stiller Rückblick aufs Leben, auf die Verworrenheit, Betriebsamkeit, Wißbegierde der Jugend, wie sie überall herumschweift, um etwas Befriedigendes zu finden ... Wie ich alles Wissenschaftliche nur halb angegriffen und bald wieder habe fahren lassen, wie eine Art von demütiger Selbstgefälligkeit durch alles geht, was ich damals schrieb. Wie kurzsinnig in menschlichen und göttlichen Dingen ich mich umgedreht habe* ... (7. 8. 1779.) Ein Blick auf Vergangenheit, Gegenwart und Zukunft. – Die italienische Reise als ein Sich-selbst-Finden in einer neuen Umwelt brachte ebenfalls manche Betrachtung, die zum kleinen Selbstbildnis wurde. In den folgenden Jahren war es dann vor allem Schiller, der ihn zur Selbstbetrachtung anregte, denn er hielt ihm gleichsam den Spiegel vor. Der große Brief zum 45. Geburtstag am 28. August 1794 entwarf sein geistiges Bildnis: „Ihr beobachtender Blick, der so still und rein auf den Dingen ruht, setzt Sie nie in Gefahr, auf den Abweg zu geraten, in den sowohl die Spekulation als die willkürliche und bloß sich selbst gehorchende Einbildungskraft sich so leicht verirrt. In Ihrer richtigen Intuition liegt alles und weit vollständiger, was die Analysis mühsam sucht, und nur weil es als ein Ganzes in Ihnen liegt, ist Ihnen Ihr eigener Reichtum verborgen ... Sie suchen das Notwendige der Natur ..." War er so? Er hat sich die Frage damals selbst vorgelegt. Etwa aus dem Jahre 1797 stammt ein Fragment, das ein Selbstbildnis ist, beginnend: *Immer tätiger, nach innen und außen fort-*

wirkender poetischer Bildungstrieb macht den Mittelpunkt und die Base seiner Existenz ... (Bd. 10, S. 529f.) Er rechnet ab mit dem, was er als *falsche Tendenzen* (Schema zu *DuW.*) erkennt, und sucht aus seinem Tun das eigene Wesen zu erkennen; aber da, wo er auf das Dichten kommt, läßt er einen Schleier fallen: *Den besonderen Charakter seines poetischen Bildungstriebes mögen andere bezeichnen ...* – Noch ein anderer Entwurf zu einem Selbstbildnis ist handschriftlich erhalten, ohne Überschrift. *Ich habe niemals einen präsumptuoseren Menschen gekannt als mich selbst ...* (Bd. 10, S. 530f.), eine Reflexion über Charakter, Erstrebtes und Erreichtes. Anregend mag dabei Schillers Art, geistige Gestalten philosophisch-typisierend zu erfassen, und wohl auch die Zeitmode psychographischer Charakteristiken gewirkt haben. Auch dies ist ein Fragment, wie diese Versuche alle; denn sie waren nicht Goethes eigentliche Form. Er als Morphologe und Romanschriftsteller kam zu dieser erst, als er begann, das Ich im Werden zu sehn und episch zu schildern. Lebensgeschichte also, aus dem Abstand des Alters: *Bei einiger Reflexion ... fiel mir auf, was man für ein interessantes Werk zusammenschreiben könnte, wenn man das, was man erlebt hat, mit der Übersicht, die einem die Jahre geben, mit gutem Humor aufzeichnete.* (An Schiller 19. 1. 1802.)

DIE ENTSTEHUNG VON *DICHTUNG UND WAHRHEIT*

Zu der künstlerischen Phantasie, wissenschaftlichen Klarheit und praktischen Genauigkeit kam bei Goethe ein gutes Gedächtnis – von höchstem Wert für autobiographische Arbeit. Das Gedächtnis bewahrt das intensiv und häufig Erlebte und das später Wiedergesehene. Ihn hatten als Kind natürlich andere Dinge interessiert als die, welche er jetzt wissen wollte. Der Künstler und Augenmensch behielt Gestalten, Bewegungen, Situationen; aber die zeitliche Anordnung war unklar und bedurfte eines Gerüsts. Deswegen legte er *Schemata* an. Eins überblickt die Hauptabschnitte und Haupterlebnisse von 1749 bis 1803. Ein anderes, ausführlicheres wurde in ein Heft eingetragen, in welchem jedes Blatt eine Jahreszahl erhielt, von dem Jahre 1742, in welchem der Vater zum Kaiserlichen Rat ernannt wurde, bis zu dem Jahre 1809, in welchem das Schema selbst angelegt wurde. Auf diese Weise entstand ein Überblick über das eigene Leben und den Hintergrund der Zeitgeschichte. Für die Darstellung galt es nun, diese Anordnung wieder zu verlassen und nach inneren Zusammenhängen zu ordnen.

Die eigenen Erinnerungen wurden ergänzt durch reiches Material aus anderen Quellen. Für die Zeitgeschichte gab es zahlreiche Bücher; manche in seiner Handbibliothek – sie stehen dort noch heute. Andre entlieh er aus der Herzoglichen Bibliothek (der heutigen Weimarer Bibliothek): da in dieser sowohl die Bücher-Bestände wie die Ausleih-Verzeichnisse erhalten sind, wissen wir nicht nur, was Goethe entliehen hat, sondern können auch die gleichen Exemplare zur Hand nehmen.

Seit dem Beginn der autobiographischen Arbeit spannte Goethe mancherlei Freunde und alte Bekannte dafür ein: Bettine Brentano mußte ihm Erzählungen der Frau Rat wiedergeben, Klinger ihm Erinnerungen an die Zeit des Sturm und Drang senden, Schlosser für ihn Francofurtensien feststellen. – Soweit er noch Tagebücher und Briefe aus seiner Jugend besaß, zog er diese heran. Aber er hatte im Jahre 1797 viele alte Papiere, zumal Briefschaften verbrannt. Er mußte sich nun auch wieder mit den eigenen Jugendwerken befassen, denn die Autobiographie sollte deren Entstehung schildern; außerdem sollte sie das behandeln, was nicht fertig geworden war. Als Goethe 1816 an *Dichtung und Wahrheit* arbeitete, hatte er in bezug auf *Faust* resigniert; er glaubte nicht, die vorhandenen Bruchstücke je fortzusetzen, und wollte nun, um den Zusammenhang anzudeuten, in der Autobiographie einen knappen Bericht geben, wie alles gedacht war. (Bd. 3, im Abschnitt „Goethe über seinen *Faust*".) Überhaupt sollte dieses Werk Ersatz sein für Unvollendetes; das Material dafür waren außer der Erinnerung die zahlreichen Entwürfe und Notizen, welche in den Manuskriptenschränken lagen. – Er hatte nicht nur die Stätten seiner Jugend – Frankfurt, Leipzig, Straßburg usw. – in späteren Jahren wiedergesehen, sondern auch viele Menschen, mit denen er damals zusammen gewesen war; das belebte die Erinnerung; es konnte aber für die Darstellung auch zum Hemmnis werden: denn er wollte niemanden verletzen und bemühte sich, auf alle noch Lebenden Rücksicht zu nehmen.

Seit der Tagebuch-Notiz vom 1. Oktober 1809 *Schema einer Biographie* wiederholen sich in den folgenden Wochen und Monaten von Zeit zu Zeit Notizen wie *Alte Tagebücher vorgesucht. Biographische Übersichten.* Gleichzeitig diktierte Goethe den Abschluß des *Historischen Teils* seiner *Farbenlehre,* d. h. den Teil, der das 18. Jahrhundert betrifft und schließlich über seine eigenen Studien berichtet. Er bestellte sich Bücher über das 18. Jahrhundert aus der Bibliothek. Doch im Vordergrund blieben der Abschluß der *Farbenlehre* und botanische Studien. Erst auf der Sommerreise des folgenden Jahres besprach er am 18. Mai 1810 mit Riemer Grundfragen autobiographischer Darstellung und diktierte dann in Karlsbad am Schema der Lebensgeschichte. Doch dann arbeitete er wieder an den *Wanderjahren* und an *Hackert.* Am 25. Oktober 1810 bittet er Bettine um Material, und nachdem mancherlei Stoff gesammelt ist und andere Arbeiten abgeschlossen sind, wird Ende Januar 1811 die Autobiographie zur Hauptarbeit gemacht.

Von nun an diktiert Goethe täglich daran, und die Arbeit schreitet rasch vorwärts. Seit Mitte Februar liest er das Geschriebene Christiane und ihren Freundinnen vor, seit Mitte April auch der Herzogin. Das Tagebuch verzeichnet die Hauptpunkte der Arbeit; im März: *Chemie und Alchymie, Mystisches Dogma, Jung, Lerse, Tanzmeister, Münsterturm;* im April: *Herder.* Parallel gehen die Entleihungen aus der Bibliothek. Jördens' Dichter–Lexikon; Goldsmith, The Vicar of Wakefield; viele Bücher über Frankfurt; Prévost, Manon Lescaut; eine Beschreibung des Erdbebens von Lissabon; Werke von und über Klopstock. Im Herbst 1811 entleiht Goethe viele Bücher zur Literatur des 18. Jahrhunderts. Das bisher Geschriebene war memoirenartig. Jetzt bringt er den kultur- und geistesgeschichtlichen Hintergrund und gibt dem Werk dadurch seinen besonderen Charakter. Zugleich erfolgt eine Umgruppierung unter künstlerischen Gesichtspunkten. Am 17. Juli 1811 schickt er das *1. Buch* an die Druckerei Frommann, am 7. September bereits das *5. Buch.* Am 26. Oktober 1811 ist der *1. Teil* fertig gedruckt.

Goethe setzte die Arbeit, die so gut im Fluß war, sogleich fort. War im *1.–5. Buch* die Geschichte der Kindheit dargestellt, so folgte jetzt die Zeit in Leipzig, Frankfurt und Straßburg und damit eine Erweiterung des Blicks auf die allgemeinen literarischen Zustände. Die neue Lektüre vieler Werke aus jener Zeit verknüpfte sich aufs glücklichste mit alter Erinnerung. Das Winterhalbjahr 1811/12 in Weimar und das Sommerhalbjahr 1812, das er diesmal ganz in den böhmischen Bädern verbrachte, ging mit der Ausarbeitung hin. Wieder verzeichnet das Tagebuch die Abschnitte der Arbeit. Zurückgekehrt sah er mit Riemer das Manuskript durch, und im November 1812 war der *2. Teil* fertig.

Ihm war jetzt deutlich geworden, daß die Jugendgeschichte bis zur Ankunft in Weimar am besten in 4 Bänden zu gruppieren sei. Aber er gab den Plan, sein Leben als Ganzes darzustellen, keineswegs auf. Der *3. Teil* mußte nun seine Anfänge als Schriftsteller bringen. Das erforderte einen Wandel im Ton; die behagliche Erzählweise, in welcher er seine Jugend berichtet hatte, mußte sich ändern. Es blieb Prosa zum Vorlesen; aber er stellte nun höhere Anforderungen an seine Leser. – Als Goethe am *11. Buch* arbeitete und die weiteren Bücher schematisierte, mußte Napoleon das brennende Moskau verlassen, und die Reste seines Heeres zogen über die Schneefelder Rußlands; in Preußen begann die Volksbewegung gegen die Fremdherrschaft. Goethe schrieb (laut Tagebuch) im März 1813 die Abschnitte über Wetzlar, Fräulein v. Klettenberg, Prometheus. Die Russen rückten in Berlin und Breslau ein, der König von Preußen rief zum Kriege auf, und die Männer meldeten sich in unerwarteter Menge. Am 4. April notiert Goethes Tagebuch: *Conception des Dämonischen und Egmonts.* Die Arbeit ging stetig fort, Ende April reiste Goethe nach Teplitz und vollendete dort das *12.* und

13. Buch, indes Napoleon bei Bautzen siegte und den Waffenstillstand nutzte, um seine Truppen zu ordnen. Goethe diktierte weiter, da erkrankte sein Schreiber John; als dieser wieder gesund war, rückten die Fronten näher. Goethe reiste nach Weimar und begann im September das *15. Buch.* Blücher siegte an der Katzbach, Bülow bei Dennewitz, Napoleon zog seine Truppen bei Leipzig zusammen und Goethe packte am 13. Oktober die Koffer zur Flucht. Jetzt war die Fortsetzung der Arbeit unmöglich. Französische, russische, österreichische Truppen zogen durch, Goethe erhielt Einquartierung, die Verbündeten siegten bei Leipzig. Am 18. November wurden die Koffer wieder ausgepackt, und am 21. November meldet das Tagebuch wieder *Biographisches.* Der *3. Teil* wurde fertig und erschien im Mai 1814.

Es kamen nun zwar friedliche Zeiten, aber die Arbeit an *Dichtung und Wahrheit* geriet ins Stocken. Sie war für den Dichter Rückschau; plötzlich aber war alles in ihm Gegenwart; ungeahnt, überraschend entstand das Wunderwerk der *Divan*-Lyrik. Und wenn er jetzt den Blick in die Vergangenheit wandte, dann auf andere Perioden seines Lebens, aus innerer Nähe zu jenen Seiten des Ich, die dort zur Entfaltung gekommen. Er schreibt 1813–1817 die *Italienische Reise.* Die Jahre sind angefüllt mit Arbeiten zur Kunstgeschichte und zur Morphologie. Die 1. Fassung der *Wanderjahre* wird vollendet. 1821/22 entsteht die *Campagne in Frankreich. Faust* wird wiederaufgenommen. Doch in dieser ganzen Zeit, bei der Fülle der Arbeiten, verlor er *Dichtung und Wahrheit* nie aus dem Auge. Was noch zu schildern blieb, war das Lili-Erlebnis. Er ging so zögernd heran wie an die Makarien-Kapitel der *Wanderjahre,* wie an die Mütter-Szene des *Faust II.* Ganz selten gab es Stunden, in denen er diese Partien schreiben konnte. Nach einem geheimen Gesetz kamen sie dann, wenn er ein Erlebnis hatte, das einem Jugenderlebnis entsprach; *wechselseitige Spiegelung* nannte er das. Sein Leben war wie eine Spirale; er durchlief den gleichen Kreis, nur auf anderer Ebene. 1824, als das Ulriken-Erlebnis nachklingt, schreibt er plötzlich an den durchseeltesten Partien der Lili-Geschichte. Dann aber hören wir von der Fortführung erst wieder am 9. November 1830. Noch einmal schiebt sich die Arbeit an *Faust* dazwischen. Doch als dieser im Juli 1831 vollendet ist, wird *Dichtung und Wahrheit* wieder vorgenommen, Fehlendes wird ergänzt, und im Oktober schließt Goethe das Werk ab. Im Druck erschien dieser *4. Teil* erst nach seinem Tode.

Als Goethe *Dichtung und Wahrheit* plante, lasen zahlreiche Leser seine Romane und Gedichte, einige seine Kunstschriften, wenige seine naturwissenschaftlichen Arbeiten. Die Autobiographie sollte ihn als Persönlichkeit zeigen und dadurch den inneren Zusammenhang seiner Werke andeuten. Und sie hat diese Wirkung gehabt, das bestätigen

Mitteilungen der Freunde (Boisserée 20. 12. 1812; Zelter 12. 2. 1813) und andere Zeugnisse: Als im Jahre 1817 Brockhaus' Konversations-Lexikon einen ausführlichen Artikel „Goethe" brachte, war die Jugendgeschichte eine geschickte Zusammenfassung von *Dichtung und Wahrheit,* und dadurch war nun auch für die Darstellung des weiteren Lebens und Dichtens ein glücklicher Weg gefunden. Manche Rezensenten freilich blieben verständnislos, und ins Ausland wirkte das Werk zunächst fast gar nicht. In Deutschland aber war die Wirkung in der Folgezeit groß, zumal sie zum Teil unbewußt war: Biographie, Autobiographie und Roman übernahmen das historische Bild des Menschen (der einzelne in seiner Zeit) und das biologische (Entwicklung der Entelechie). Der Entwicklungsroman des 19. Jahrhunderts ist von *Dichtung und Wahrheit* nicht minder gefördert als von *Wilhelm Meister.* Und die werdende Literaturwissenschaft war von der Zusammenschau von Leben und Dichtung so sehr beeindruckt, daß sie fast vergaß, daß das Werk eines rückschauenden Historikers vielfach andere Fragestellungen haben müsse als eine Autobiographie.

DICHTUNG UND WAHRHEIT ALS ALTERSWERK

Als Goethe die Autobiographie plante, dachte er daran, sein Leben als Ganzes bis zum Jahre 1809 zu schildern. Das Problem jeder Autobiographie: der Betrachtende ist selbst der Betrachtete; er schreibt wie ein Epiker und ist selber die Hauptgestalt im Bilde. Doch je größer der Zeitunterschied, desto leichter der Abstand (dies ist der Unterschied zum Tagebuch). Nur im Alter ist eine Zusammenschau der Entwicklungslinien der Jugend möglich. *Dichtung und Wahrheit* ist ein Alterswerk. Im Alter sind zwar auch die *Italienische Reise* und die *Campagne* entstanden, aber sie benutzen früheres Tagebuch- und Briefmaterial, so daß zwar die Redaktion, der Wortlaut aber meist nicht aus der Spätzeit stammt. *Dichtung und Wahrheit* dagegen ist Alterswerk in jedem Satz; Rückschau, Geschichtsdeutung dessen, der Geschichte erlebt hat.

Im Gegensatz zu der Memoirenliteratur des 18. Jahrhunderts stellt Goethe das Leben als Zusammenhang dar. Vom Gesamt erhält das einzelne Bedeutung. Alles, was an seiner Autobiographie Deutung ist und als solche nur im Alter möglich war, nannte er *Dichtung.* Die Einzelheiten – wie die chronologischen Schemata sie sammelten – nannte er *Wahrheit. Wahrheit und Dichtung* (wie der Titel anfangs lautete) heißt also: die Tatsachen und ihr Zusammenhang. Altes und Neues schiebt sich übereinander – die Jugend als Stoff und Erlebniskraft, das Alter als Zusammenschau und Deutungskraft – und ergibt die Reife.

Goethes glücklich gefügte Art brachte es mit sich, daß er im Alter seine Jugend noch verstand, obgleich er sich weit darüber hinausentwickelt hatte. Wie viele andere stehen im Alter ihren Anfängen allzu fern!

Goethe sieht seine Jugend einerseits aus Abstand als das Anders-Sein, als vergangene Epoche; anderseits als Nahes: denn erstens wiederholt sich in der Welt überhaupt immer dasselbe, und zweitens bleibt das Individuum das gleiche. Der einmalige Mensch erlebt kraft seiner Erlebnisfähigkeiten immer wieder Ähnliches. Goethe durchschritt in seiner Jugend einmal den ganzen Kreis innerer Möglichkeiten in der Begegnung mit der Welt; jetzt im Alter tut er es wieder, auf anderer Ebene. In dieser Jugend war alles Spätere bereits als Bild oder Symbol vorhanden, im Bereiche des Religiösen, der Liebe, der Kunst usw. Es hat sich später entfaltet und gewandelt, aber das organische Gefüge blieb das gleiche. Darum spiegeln in *Dichtung und Wahrheit* Vergangenes und Gegenwärtiges einander. Goethe weiß das selbst: *die Empfindung der Vergangenheit und Gegenwart in Eins: ... Sie ist in vielen meiner größern und kleinern Arbeiten ausgedrückt und wirkt im Gedicht immer wohltätig* ... (Bd. 10, S. 32, 27ff.) Man kann an das *Divan*-Gedicht *Im Gegenwärtigen Vergangnes* (Bd. 2, S. 15) denken, vor allem aber an das späte Gedicht *Der Bräutigam* (Bd. 1, S. 386), in welchem Erlebnisse aus der Zeit der Verlobung mit Lili jetzt in der Phantasie des Alters weitergesponnen werden und ihre dichterische Form finden. Im Alter überkam Goethe das Gefühl der Zeitlosigkeit des ewig Gesetzlichen, ewig Wiederkehrenden. Nahen Freunden teilte er es mit: ... *so gesteh' ich gern, daß in meinen hohen Jahren mir alles mehr und mehr historisch wird: ob etwas in der vergangenen Zeit, in fernen Reichen oder mir ganz nah räumlich im Augenblicke vorgeht, ist ganz eins, ja ich erscheine mir selbst immer mehr und mehr geschichtlich.* (An Wilhelm v. Humboldt 1. 12. 1831.) *Je älter ich werde, je mehr vertrau' ich auf das Gesetz, wonach die Ros' und Lilie blüht.* (An Zelter 9. 11. 1829.)

So entsteht *Dichtung und Wahrheit* aus der Beziehung von gegenwärtigem Interesse und geschichtlichem Stoff. Diese innere Spannung gibt dem Bilde der Jugend durch die Weisheit des Alters seine Großartigkeit. – Im Mai 1811 hatte Goethe mit Sulpiz Boisserée über gotische Dome gesprochen, hatte sich gründlicher als in der Jugend in Grundrisse und Bauzeichnungen vertieft, hatte erkannt, daß er damals einen Hymnus auf den Künstler gegeben hatte, jetzt aber eine Auslegung des Kunstwerks wolle. Aus diesem Interesse heraus schreibt er 1812 den Abschnitt über das Straßburger Münster (382,27–389,15). Als Napoleon seine Macht überspannt hat und das Volk gegen ihn aufsteht, notiert Goethe am 4. April 1813: *Conception des Dämonischen und Egmonts* und verfaßt die Schlußabschnitte des *20. Buchs.* Er sieht in diesen Jahren in der Romantik die Gefahr des genialen Subjektivismus, der die Intensität des Erlebens mit der Gültigkeit der Aussage verwechselt, und bezeichnet deswegen *Wandrers Sturmlied* als *Halbunsinn* (521,19). Über eine andere Gefahr der jungen Generation schreibt er am 3. Dezember 1812 an Zelter, als dessen Sohn Selbstmord begangen hat: das *taedium vitae*; er fühlt sich erinnert an die Zeit, da er selbst *Werther* schrieb, und nun schematisiert er das *13. Buch* und schreibt in der Folgezeit den Abschnitt über den *Ekel vor dem Leben* (578,9ff.). Den Abschnitt über Lili schreibt er 1824 nach der Begegnung mit Ulrike v. Levetzow und 1830 nach dem Besuch von Lilis Enkelin. Bei den religiösen Motiven ist die Beziehung des Einst und Jetzt besonders deutlich. Nach einer Epoche griechennaher Weltfrömmigkeit näherte er sich im Alter wieder dem Christentum, dem er in der Jugend sehr nahe gewesen war. Er knüpft an vieles an, was er damals gedacht, und bringt es jetzt zur Darstellung, so das große Bild der Kosmogonie am Ende des *8. Buchs*. Die vielen religiösen Motive in *Dichtung und Wahrheit* verdanken ihr Dasein weniger dem Umstand, daß sie alle in seiner Jugend da waren, als vielmehr dem, daß sie ihm alle im Alter wichtig waren. 1811 hatte er in Gesprächen mit Boisserée die geistige Welt der katholischen Kirche besser zu verstehen gesucht, hatte Chateaubriand gelesen, und nun schrieb er den großen Abschnitt über die sieben Sakramente (289,1–292,18). Er schiebt ihn in die Schilderung der Leipziger Zeit ein; nicht weil ihn in Leipzig diese Dinge beschäftigt hätten (sie lagen ihm damals ganz fern), sondern weil er sie jetzt als Gegenbild an dieser Stelle braucht. Was sein Dichten betraf, so hatte er in langer Entwicklung gelernt, es einerseits als Befreiung des Ich anzusehn, anderseits aber als verantwortungsvolles Sprechen zu einem Publikum. Beides hatte er in ein harmonisches Verhältnis gebracht (uns ist es ein Zeichen seiner Gesundheit), und dadurch war nun der Standpunkt gegeben, von dem aus er jetzt das Schaffen seiner Jugend beurteilte. Damals war vieles, was als dichterischer Plan in ihm auftauchte, nicht fertig geworden, jetzt soll die Autobiographie das, was ihm noch immer vor Augen steht, retten und zugleich ihn endlich davon befreien. Deswegen bespricht er die unvollendeten Werke – wie den *Ewigen Juden* – ausführlicher als die vollendeten, und die Inhaltsnacherzählungen jener Jugendpläne werden eine Art Altersdichtung. – Der glückliche Zeitpunkt für *Dichtung und Wahrheit* war also der, als Goethe alt werdend wieder an seine Jugend anknüpft. Er sehnt sich nicht nach ihr zurück. Er zeigt keinen Schmerz über die Vergänglichkeit. Aber er macht durch das Werk das Vergängliche unvergänglich, soweit ein Mensch das kann.

In den Schriften über seine späteren Lebensjahre (*Campagne*, *Annalen*) sagt Goethe wenig über seine religiösen Gedanken, nichts über die Liebe. In *Dichtung und Wahrheit* schreitet er alle seine Möglichkeiten aus; dadurch wird die Zahl der Motive und das Geflecht ihrer Verbindung unvergleichlich reich und farbig. Er schildert zwar nur die Jugend, aber er weiß ihre Bedeutung für das Ganze, und diese Jugend war so, daß an ihr sein Wesen überhaupt deutlich wurde. Der Leser sieht: der Verfasser geht schon früh mit bedeutenden Menschen um und urteilt im Alter souverän über Leben und Kunst; sein Rang ist gar kein Problem. Alles ist erfüllt von starkem Lebenswillen; aber kontrapunktisch ist in Krisenzeiten auch der Wille zum Tode da. (284,29ff.; 583,38ff.; 585,8ff.) Das Leben vollzieht sich zwischen Bedingtheit und Freiheit, zwischen Einsamkeit und Gemeinschaft. Es ist Wechselwirkung von Welt und Ich. So wie Goethe als Morphologe beobachtet, wie eine Pflanze in ihrer Gestalt durch Erde, Wasser und Licht bedingt wird, so blickt er hier auf die Einwirkung geistiger Mächte und menschlicher Begegnungen. Die ganze Erzählung – und sie hat die Spannung eines Romans – entwickelt sich aus dem Kräftespiel des Ich (mit seinem innewohnenden Streben) und der Welt (mit ihren fördernden und hemmenden Bedingungen). Die Artung des Ich ist so, daß früh eine Wechselwirkung mit der Umwelt entsteht, durch Leser, Verleger, den Weimarer Herzog, durch Freunde usw. Es ist das Buch eines zwar gefährdeten, aber siegreichen, erfolgreichen Lebens.

Der Standpunkt des Alters ermöglicht die Selbstkritik. Sie gilt manchen Zügen des Wesens (306,10f.; 331,8ff.; 471,16ff.) und manchen Wegen des Tuns, etwa dem Zeichnen und Malen. Der Autor weiß, daß es für den *Jüngling, von dem wir uns unterhalten* (Bd. 10, S. 83,24), keine Gefahren der Trägheit, des Ehrgeizes oder bösen Willens gibt, aber solche des Eros; er spricht manches aus, läßt manches zwischen den Zeilen und deutet an, daß er da, als er schuldig wurde, auch zum Dichter reifte. Selbstkritik und Selbstbewußtsein nehmen oft die Gestalt allgemeiner Aussage an: *Es ist der Fehler derjenigen, die manches, ja viel vermögen, daß sie sich alles zutrauen* ... (471,23f.) – das klingt sehr viel milder als ein Satz in der Ich-Form. Das Eigene wird zum Allgemein-Menschlichen, und die Reflexion und Maxime kann der Leser unmittelbar auf sich selbst anwenden. Stets sind lebensgeschichtliche Mitteilung und lehrend-deutende Betrachtung im Gleichgewicht. Zwar erhält der Leser eine *Konfession* (283,18), aber gerade die Rücksicht auf den Leser bewirkt Zurückhaltung; nicht nackte Wahrheit, sondern gedichtete Wahrheit. Und über dem Tiefsten bleibt der Schleier des Geheimnisses, denn *das Rätsel des Menschenlebens* (287,27) kann nicht erschöpft werden. Wie sehr der Erzähler Abstand hält, zeigt der Vergleich mit Äußerungen in Briefen und Gesprächen. An Zelter schreibt er am 5. Oktober 1830: *Als ich ein unseliges Studentchen war* ... Das ist ein anderer Ton als der von *Dichtung und Wahrheit*.

Der ruhige epische Ton kommt nicht vom Stoff her – denn diese Jugend war gefährdet und ruhelos –, sondern vom Standpunkt des Alters. Wie anerkennend, ja liebevoll behandelt er Klopstock, obgleich dieser ihn seit 1776 mißachtet hatte! Aus dem Jüngling, den er schildert, war letztlich sehr viel geworden; darum kann er so heiter sprechen; und zwar war aus allem etwas geworden: aus dem Dichten, Naturforschen, religiösen Denken, gesellschaftlicher Erziehung, Rechtsstudium, Kunstliebhaberei oder was es sei, und selbst die *falschen Tendenzen* wie das Malen waren noch fruchtbar. Er brauchte auf keins dieser Gebiete mit Bitterkeit zurückzusehn. Die Rückschau zeigte ihm jeden einstigen Augenblick einerseits als einmalig erlebte Fülle des Lebens und sodann als Schritt zu dem, was er jetzt in der Gegenwart war. Und weil er viel war, konnte er viel anerkennen.

Kein anderes Werk Goethes enthält in solcher Fülle religiöse Motive: das Problem der göttlichen Güte beim Erdbeben von Lissabon (30,35 ff.) – das jugendliche Opfer (43,36 ff.) – erste Bibelkritik (127,33 ff.) – die biblischen Patriarchen (129,21 ff.) – natürliche und geoffenbarte Religion (138,23 ff.) – eigene Dichtung mit biblischem Stoff (141,23 ff.; 143,9 ff.) – Predigtnachschriften (143,31 ff.) – Naturreligiosität (223,10 ff.) – aufklärerisches Religionsdenken (274,9 ff.) – die Sakramente (288,23 ff.) – Langers religiöser Einfluß (334,17 ff.) – Fräulein v. Klettenberg (338,38 ff.) – pansophische Studien (341,38 ff.) – Einfluß Arnolds (350,22 ff.) – kosmogonischer Weltmythos (351,1 ff.) – Klopstocks „Messias" (398,15 ff.) – Holbachs Atheismus (490,8 ff.) – *Zwo biblische Fragen* (510,13 ff.) – *Brief des Pastors* (511,37 ff.) – Berührung mit Katholiken (586,15 ff.) – Lavater (Bd. 10, S. 15,1 ff.) – Wissen und Glauben (Bd. 10, S. 23,3 ff.) – Basedow (Bd. 10, S. 24,15 ff.) – Spinozismus (Bd. 10, S. 35,2 ff.) – das Unbedingte und das Irdische (Bd. 10, S. 38,24 ff.) – Beziehung zur Brüdergemeine (Bd. 10, S. 42,23 ff.) – Gegensatz zur Sündenlehre (Bd. 10, S. 43,34 ff.) – *Der ewige Jude* (Bd. 10, S. 45,7 ff.) – Jung-Stillings pietistische Frömmigkeit (Bd. 10, S. 89,3 ff.) – Lavaters „Aussichten in die Ewigkeit" (Bd. 10, S. 156,18 ff.) – das Dämonische (Bd. 10, S. 175,11 ff.).

Die religiösen Motive sind über das ganze Werk verteilt, und da im Bilde des Ich zugleich auf Allgemeines hingewiesen wird, ist damit angedeutet: Jeder Mensch hat seine begrenzten Kräfte und ist bedingt durch Geistesgaben, Gefühlskraft, Überlieferung und Umwelt. Gott hat den Menschen so begrenzt gewollt, aber er hat ihn nicht im Dunkel gelassen. Der Mensch in seiner Bedingtheit sieht die Wahrheit immer nur in der Gestalt, die seinem Auge erkennbar ist. – Die religiöse Problematik des Werkes liegt weniger in der Spannung zwischen Ich und Gott als vielmehr (und hier zeigt es sich, wie sehr *Dichtung und Wahrheit* einen Menschen in seiner Zeit darstellt) in der Spannung zwischen überkommener kirchlicher Religion und persönlich erlebter freier Religiosität, die Goethe austragen mußte ähnlich wie andere in seiner Epoche. In welcher Richtung seine eigenen religiösen Erlebnisse sich bewegten, ist dadurch gezeigt, was er ans Ende des *1. Buches* stellt; aber zugleich sagt er hier anderen warnend, *wie gefährlich es überhaupt sei, sich Gott auf dergleichen Wegen nähern zu wollen.* (45,19 f.) Vieles wird ausgespart und mit Ehrfurcht umschwiegen. Kaum ein Wort davon, daß der Jüngling sich unter Gottes Auge weiß, von einem letzten Urgrund ausgehend und dorthin zurückkehrend. Das Gedicht *Urworte, orphisch* (Bd. 1, S. 359f., 407) sagt hier mehr: es nennt zum Schluß die *Hoffnung* – womit innerhalb der Goetheschen Religiosität der Bereich des Zukünftigen angedeutet ist. Goethe im Alter, auf den Jugendglauben zurückblickend, weiß, was ihn vom Christlichen trennt (Bd. 10, S. 43,34ff.), fühlt aber auch das Verbindende, unterstützt durch die Sehweise des Symbols und überzeugt, daß es nicht auf das Wissen, sondern auf das Sein ankomme. (Bd. 10, S. 23,9ff.) Er teilt in *Dichtung und Wahrheit* keine Ergebnisse mit, sondern berichtet nur von Bemühungen; und er schildert diese als Stück der Lebensgeschichte zwischen Haus und Stadt, Lehre und Krankheit, Liebe und Dichten. Das ist nicht ein Einebnen des Religiösen ins Alltägliche, sondern die Zurückhaltung dessen, der nur Autobiographie, nicht religiöse Belehrung geben kann und geben will. Die gesamte Komposition des großen Werkes fordert uns auf, es als Lebensgeschichte zu lesen, nicht als Buch von Gott und der Seele; so wie umgekehrt die Komposition der „Confessiones" des Augustinus dazu auffordert, das Werk als Buch von Gott und der Seele zu lesen, nicht als Lebensgeschichte.

DIE KOMPOSITION VON *DICHTUNG UND WAHRHEIT*

Dichtung und Wahrheit schildert den Menschen in seiner Zeit, wechselseitig machen sich das Gesetz der inneren Natur und das der äußeren Umstände geltend, und darum müssen diese Umstände ins einzelne gehend dargestellt werden. *Jeder neue Gegenstand, wohl beschaut, schließt ein neues Organ in uns auf.* (Bd. 13, S. 38.) In dem Jüngling schließen sich sehr viele *Organe* auf, darum müssen die vielen *Gegenstände* geschildert werden, und zwar als einmalige, besondere; darum die Ausmalung von Vaterstadt, Studium, Genietreiben usw. – eine Aufgabe, für die er Mittel benutzte, die ihm von seinen Romanen her geläufig waren; zwar war in diesem Fall das Verhältnis zum Stoff von anderer Art – denn es ließ keine Freiheit –, aber dieser Lebensgang war ein höchst glückliches Sujet (in manchem ergiebiger als der des Wilhelm Meister); freilich nur die ersten 25 Jahre, aber doch sehr viel Welt, nicht nur als Hintergrund (Friedrich d. Gr., Voltaire, Hamann), sondern als unmittelbare Begegnung: Gottsched, Gellert, Klopstock, Herder, Lenz, Klinger, Stolberg und viele andre. Der Jüngling sieht die religiösen Konfessionen, die bildende Kunst, die zeitgenössische Wissenschaft – und da er dies alles sieht, wird alles geschildert, weil *der Einzelne nur froh und glücklich sein kann, wenn er den Mut hat, sich im Ganzen zu fühlen.* (387,35–37.) Er sieht aufnahmefähig und mit klarem Blick: Patrizier, Zünfte und Adel; Gelehrte, Künstler und Staatsmänner; Protestanten, Katholiken und Juden.

Weil er – neuzeitlich-abendländisch – sich selbst nur auf dem Weg über die Welt erkennt, muß so viel Welt in die Darstellung hinein, und daraus entsteht eine Anzahl großer Themen, die nun verschlungen sind zu einem kunstvollen Geflecht, das als Verknüpfung des Verschiedenartigen das Leben in seiner Ganzheit symbolisiert. – Zu diesen großen Themenkreisen gehören die Orte und Zustände (Frankfurt, Leipzig, Schweiz usw.) und die Ausblicke auf Staat, Gesellschaft und Geschichte (Kaiserkrönung, Siebenjähriger Krieg, Möser, Reichskammergericht, deutsche soziale Zustände); sodann die menschlichen Beziehungen: zu der Familie, zu Kameraden, zu älteren führenden Freunden (Behrisch, Salzmann, Herder, Merck, Susanne v. Klettenberg) und zu geliebten Frauen. Diese Themenkreise mischen sich mit denen der Bildungswelten: Schulunterricht und Universität mit Theologie, Rechtswissenschaft, Naturwissenschaft, Literaturkritik, Physiognomik usw. Die Religion macht einen eigenen großen Bereich aus. Dann die Literatur: die eigene Lektüre umspannt weite Gebiete von den alten Volksbüchern über Gottsched bis zu Herder, dazu die Werke der französischen und der englischen Literatur. Einen breiten Bezirk hat auch die bildende Kunst (Frankfurter Maler; Dresdner Galerie; Straßburger Münster; Mannheimer Antikensaal usw.). Ein zentrales Thema ist die eigene Produktion: sie beginnt mit den ersten Kindergedichten; die Straßburger Lyrik wird nur nebenher betrachtet, ausführlich dagegen die Leipziger Dramen, *Götz* und *Werther*; wichtig jeweils die Bedeutung des Dichtens für das eigene Lebensgefühl. Parallel die eigene Produktion im Zeichnen und Malen, auch dies ein Leitmotiv, aber mit kritischem Unterton. Ein weiterer Themenkreis: Gesundheit und Krankheit; die Krankheiten werden psychophysisch gesehn und als Krisen der Entwicklung, ihre Überwindung gibt jedesmal die Kraft für eine neue Stufe frei. – Man kann die großen Themen vergleichen mit Fäden, die an einigen Stellen in ihrer Farbe bestimmend hervortreten, dann wieder unsichtbar weiterlaufen und stellenweise nur begleitend eingemengt sind. Dadurch, daß andere Themen, andere Stränge der Erzählung sich mit ihnen kreuzen, entsteht das Geflecht, der Teppich der Darstellung, und die Komposition ist zugleich Blickführung, ist Herausarbeitung des Gehalts.

Der Jüngling achtet mehr auf die einzelnen Menschen als auf die allgemeinen Zustände; darum die literarischen Porträts. Die meisten Gestalten kommen mehrmals vor, aber an einer Stelle werden sie genau beschrieben. Bei Homer benutzen die Philologen dafür das Wort ,,Aristeia", und Goethe hat es sich zu eigen gemacht für die literarischen Bildnisse, die er einschaltete. (Cornelia 229,5–230,39; Behrisch 297,4–299,35; Jung-Stilling 370,8–372,9; Herder 402,7–410,30; Lenz 495,2–34; Basedow Bd. 10, S. 24,15–26,18.) Jede Gestalt erscheint in ihren charakteristischen Zügen, allen Vorzügen entsprechen auch Mängel. So hat jedes der Porträts Licht und Schatten, und die Schatten geben dem Ganzen ernste, fast traurige Töne, die man aber bei dem milden Fluß der Darstellung kaum bemerkt. Auch bei Frans Hals und bei Rembrandt vergißt man oft die Schonungslosigkeit der Charakteristik hinter dem Glanz des malerischen Könnens. Nur Friedrike und Lili sind ohne Schatten, oder sofern es solche gibt, kommen sie von außen. Zu jedem Mädchenporträt gehört als Hintergrund die Umwelt. – Das Schwerste in jeder Autobiographie ist die Darstellung der Eltern. Goethe hat eine *Aristeia der Mutter* entworfen, freilich nur indirekt als Zusammenstellung von Briefstellen Bettinens, doch in die drei Teile von *Dichtung und Wahrheit,* die er zum Druck brachte, nahm er sie nicht auf, und in den *4. Teil,* den Eckermann veröffentlichte, schien sie diesem nicht mehr hineinzupassen. Die Mutter und ebenfalls der Vater kommen an vielen Stellen des Werkes vor; ihre Art, sich zu geben (z. B. gegenüber Thoranc), charakterisiert sie genug; weil sie als Eltern immer da waren, ist es vielleicht gerade treffend, daß der Dichter ihnen keine Aristeia gibt, sondern sie immer anwesend sein läßt. Immer wieder dankt er denen, die ihn gefördert haben, nicht nur den Eltern oder den großen Dichtern wie Klopstock; auch von den Kameraden in Leipzig spricht er, als sei er selbst nur der Nehmende gewesen.

In 20 Büchern ist die Masse des Stoffes gruppiert. Nicht nach Jahren (dann würde in jedem Jahr eine verwirrende Fülle von Themen auftreten und sich in jedem Kapitel wiederholen), auch nicht nach Themenkreisen (dann würde die Ganzheit des Lebens auseinandergerissen), sondern so, daß im Bilde Vielfalt und Ganzheit bleibt und doch die Linienführung einer großen Komposition entsteht. Jedes Buch hat ein, zwei oder drei Hauptthemen oder Hauptgestalten (*3. Buch:* Thoranc; *4. Buch:* Unterricht; *5. Buch:* Gretchen und die Kaiserkrönung; *10. Buch:* Herder und Friedrike usw.); was in einem Buch Hauptmotiv ist, kehrt meist in anderen Büchern als Nebenmotiv wieder. Die Buch-Anfänge sind öffnend; neue Bereiche tun sich auf. Die Buchschlüsse sind zusammenfassend, nachdenklich, mitunter lehrhaft; sie schließen Erlebnisse und Geschehnisse ab (Buch *3, 5, 12, 14, 19*) oder erheben sich ins Weltanschauliche und Religiöse (Buch *1, 8, 20*). Innerhalb der Bücher wechseln unmittelbare Handlung (dem Roman verwandt) und allgemeine Betrachtung (der Abhandlung nahestehend), so im *11. Buch* die Friedriken-Geschichte und die Abschnitte über die französische Literatur und den Einfluß Shakespeares. Durch die in Straßburg spielenden Bücher *9*, *10* und *11* ziehen sich zwei Leitmotive: Friedrike und der Münsterturm. Am Schluß kommen beide noch einmal vor (499,11 bis 500,10), dann folgt ein überleitender Ausklang. – Sorgfältige Komposition zeigt auch die Geschichte von den Töchtern des Tanzlehrers, die wie eine Novelle anmutet. (390,17–397,9.) Sie ist selbst aber nur Vorspiel zu der Friedriken-Geschichte. – Auf das *16.–20. Buch* verteilen sich Vorbereitung, Steigerung und Höhepunkt der Lili-Geschichte. Aufs Ganze gesehen ist diese aber wieder nur ein Teil, und ihre Linien beginnen sich zu senken, da wo die des Weimar-Motivs aufwärts führen. Dieses, mit dem das *20. Buch* und damit das Gesamtwerk endet, ist besonders sorgfältig vorbereitet. Schon im *15. Buch* wird uns Weimar geschildert (beim Gespräch mit Knebel Bd. 10, S. 50,21–51,29), dann folgt die erste Begegnung mit Carl August (Bd. 10, S. 51,29–53,31). Das *18. Buch* bringt die zweite Begegnung mit ihm (Bd. 10, S. 130,32 bis 131,7). Zu Beginn des *20. Buches* lernen wir die Welt, welche auf Goethe wartet, bereits ausführlich kennen durch den Kunstgriff, daß Kraus mit Zeichnungen und Berichten von Weimar eingeführt wird (Bd. 10, S. 171,16–175,10). Hier schließt der Abschnitt über das Dämonische an (Bd. 10, S. 175,11–177,35): man ahnt eine höhere Führung. Und nun folgt das dritte Zusammentreffen mit dem Herzog, das die Entscheidung bringt (Bd. 10, S. 178,33–179,20). – Erst wenn man das Werk als Ganzes überblickt, erschließt sich seine volle Bedeutung; es ist dem Wesen nach ein großes Epos; es hat seine Einheit in der Welt, die es darstellt, und in dem Helden, der dieser so unentwegt bildbar begegnet. Es hat einen ungeheuren Reichtum der Motive, wirkt dabei aber nie gedrängt. Die Komposition im großen verbindet sich mit Prägnanz bis in kleinste Einzelheiten. Darum entdeckt man auch bei wiederholtem Lesen immer wieder Neues.

Der Grundton des Erzählers ist episch, mitteilsam, daseinsfreudig, auch wo er über Krankheit und Schuld spricht. Zwischen die anschauliche Erzählung werden gelegentlich kurze Reflexionen eingeschoben, die vom Standpunkt des Alters aus das Besondere und Erlebte ins Allgemeine und Lehrbare kristallisieren. (68,27–29; 129,10–13; 148,15–18; 256,25–29 usw.) Auch die sprachliche Formulierung im einzelnen ist kunstvoll gefügt, das zeigt z. B. die in den novellesken Abschnitten so häufige direkte Rede. (101,31–106,4; 164,23–175,17; 209,34–212,36; 391,30–397,7 u. ö.) Eine Autobiographie im streng historischen Sinne muß auf diese verzichten, denn sie darf nur schreiben, was tatsächlich war. Wie selten erinnert man sich aber an einen wörtlichen Satz! Von den langen Gesprächen, die Goethe einschiebt, ist vielleicht mit Ausnahme der Anredeformen kein einziges Wort genau so gewesen. Aber den Charakter der Sprecher und den der Situation geben diese – erdichteten – Gespräche wahr wieder. Ebenso ist *Der neue Paris* natürlich einstmals nicht in dieser Form erzählt, sondern ist eine Altersdichtung, welche Motive aus früher Zeit benutzt und – dies ist das Wesentliche – in symbolischen Bildern den Geist dieser frühen Entwicklungsstufe ausspricht. – Goethe wußte, wie viel an dem ganzen Werk Form, schriftstellerische Kunst sei. Das alles nannte er *Dichtung*. Er setzte freilich voraus, daß Dichtung nicht Gegensatz, sondern eine besondere Form der *Wahrheit* sei. Ein Polizeiprotokoll oder ein Arztbericht kann mehr an tatsächlicher Wahrheit enthalten; aber das, was Goethe das *Grundwahre* nannte (an Zelter 15. 2. 1830), das lebt in der Dichtung, denn sie ist nicht nur Mitteilung, sondern zugleich auch Symbol.

Je mehr Goethe diese künstlerische Wahrheit verwirklicht hat, desto wesenloser ist es, daß er in Einzelheiten korrigierbar ist. (Wenn man *Dichtung und Wahrheit* als Alterswerk liest, wird diese Fragestellung ohnehin unwichtig.) Wer Goethes Jugend historisch erfassen will, greift heute zu dem Quellenwerk ,,Der junge Goethe". Einzelne Irrtümer lassen sich von da aus leicht berichtigen: Die Entstehungsgeschichte des *Werther* verlief anders, und Klopstock war im Mai 1775 nicht mehr in Karlsruhe; Salzmann war nicht *in den Sechzigen* (359,17), sondern 48 Jahre alt (aber daß er für den 21jährigen Goethe ein gereifter Mann war, zu dem er aufblickte – das stimmt!); bei der Rheinreise sind Erlebnisse der Rückfahrt irrtümlich bei der Hinreise erzählt (aber der Stimmungsgehalt dieser Tage mit Jacobi ist wiederum genau getroffen!). – Als Goethe im Alter von einem Leser gefragt wurde, ob man nicht alte Briefe in den Text von *Dichtung und Wahrheit* einschieben könne, antwortete er, die *gute Wirkung muß aber durch eingestreute unzusammenhängende Wirklichkeiten notwendig gestört werden.* (An Chr. M. Engelhardt 3. 2. 1826.) Er wollte die epische Stileinheit wahren. Das von Philologen möglichst vollständig zusammengestellte Werk ,,Der junge Goethe" bietet uns heute die Quellen, und darin vieles, was Goethe selbst im Alter nicht mehr besaß. Da merkt man, wie sehr *Dichtung und Wahrheit* aus Abstand darstellt, zusammenschauend und deutend, und was für ein Kunstwerk es ist.

DIE ANDEREN AUTOBIOGRAPHISCHEN SCHRIFTEN

Goethe gab 1811 dem autobiographischen Werk den Titel *Aus meinem Leben* und setzte als Untertitel hinzu *Dichtung und Wahrheit.* Als er 1816 und 1817 die *Italienische Reise* veröffentlichte, behielt er den Obertitel *Aus meinem Leben* bei. Erst später, in der *Ausgabe letzter Hand,* ließ er ihn bei diesem Werke fort, hauptsächlich wohl, weil die einzelnen autobiographischen Schriften so verschiedenartig geworden waren, daß sie formal keine Einheit bildeten. 1820–22 entstand die Beschreibung der *Campagne in Frankreich 1792*. – Was war es, was er nun geschildert hatte? Jugend, Reisen und Kriegszug – alles Epochen, in denen er mehr die Dinge als das Ich darstellen konnte. Ihm blieb noch die Aufgabe, sein Leben in Weimar zu erzählen; er verzichtete darauf, es im Stil von *Dichtung und Wahrheit* zu tun; um die drei autobiographischen Werke zu ergänzen und zu verbinden, schuf er – gleichsam ein Not-Dach – die *Tag- und Jahreshefte* oder *Annalen*. Es ergibt sich also folgendes Bild:

Dargestellte Zeit		Abfassungszeit
1749–1775	*Dichtung u. Wahrheit*	1809–1813 (*I–III*); 1816–1831 (*IV*)
1786–1788	*Italien. Reise*	1813–1816 (*Ital. Reise*); 1819–1829 (*Zweiter Röm. Aufenthalt*)
1792, 1793	*Campagne in Frankreich* *Belagerung von Mainz*	1820–1822
1775–1793 im Überblick, 1794–1822	*Annalen*	1817–1825.

Die *Italienische Reise* ist im Stil anders als *Dichtung und Wahrheit*, denn hier werden Briefe und Tagebuchblätter aneinandergereiht; zwar sind sie überarbeitet und zum Teil umgestellt, aber es ist in diesem Werke alles Gegenwart. Nur die *Berichte* des *Zweiten Römischen Aufenthalts* (Bd. 11, S. 374ff.; 389ff. u. ö.) – als Vergangenheit erzählt – sind Rückschau des Redaktors, Alterswerk. So verschieden die Darstellungen der Jugend und die der Italienreise im Stil sind – das Grundanliegen beider Werke ist das gleiche: Wechselwirkung von Welt und Ich. In der *Italienischen Reise* bringt eine neue Umwelt neue Seiten des Ich zur Reife, die sich anderswo nicht in solcher Weise hätten entwickeln können. Weil das Ich sich grenzenlos öffnet, um in der Begegnung zu wachsen, ist diese Umwelt so breit geschildert: Volkstum, Menschen, Natur, Kunst; breiter noch als in *Dichtung und Wahrheit* das alte Frankfurt und die Hochschulen von Leipzig und Straßburg. Doch das Werk ist nicht eine Beschreibung Italiens, sondern Darstellung der Begegnung. Das Leitmotiv, sich *an den Gegenständen kennen zu lernen* (Bd. 11, S. 45,20), erklingt bedeutsam schon zu Beginn und steigert sich gegen das Ende. (Bd. 11, S. 25,11–17; 45,18–20; 86,31–33; 135,1–16; 171,26–35; 352,2–353,4; 394,21–29; 397,37f.; 421,1–6.) Damit verbindet sich das Motiv der *Wiedergeburt* (Bd. 11, S. 98,33f.; 125,16–21; 150,6–24; 217,33–35; 383,30–33; 446,8–10; 447,11–36), das ausklingt in das Motiv des *Glücks*, das dem Werk in grandioser Steigerung einen Klang gibt, den kein anderes Goethesches Werk in dieser Weise hat. (Bd. 11, S. 354,18f.; 394,32f.; 396,1–6; 528,16–20; 530,3–7; 531,22–27.) Das Ganze ist durchzogen von wacher Selbstkritik. (Bd. 11,

S. 21,31–35; 158,11–13; 371,8f.; 434,21f.; 518,11–13.) Nicht durch Nachgrübeln, sondern durch immer neues Erproben erkennt der Verfasser, daß das Zeichnen, Malen und Modellieren nicht seine Aufgabe sei. (Bd. 11, S. 136,12–137,6; 172,27–173,33; 386,15–35; 414,3–9; 517,3–10.) Kontrapunktisch steigert sich das Thema: *Täglich wird mir's deutlicher, daß ich eigentlich zur Dichtkunst geboren bin.* (Bd. 11, S. 518,35f.) Schon der erste Abschnitt schließt bedeutsam mit dem Hinweis auf die geplante Ausgabe der *Schriften* (Bd. 11, S. 21,22–22,39), und noch der letzte berichtet über ihren Fortschritt (Bd. 11, S. 543,3f.). So ist das, was das autobiographische Schema *wahre* und *falsche Tendenzen* nennt, als Motiv und Gegenmotiv episch durchgeführt. In großer Kunst und lebendiger Natur sieht der Verfasser das *Wahre* (Bd. 11, S. 93,8; 395,32), und ihm begegnend will er auch für sich selbst die wahre Form finden; auch der Irrtum kann noch fruchtbar werden, wenn man sich nicht in ihn verrennt. – Der Satz, daß es schwer gewesen sei, durch *Denken und Tun* den rechten Weg zu finden (Bd. 11, S. 430,30–33, ähnlich 447,23), steht in einem der *Berichte,* die im Alter geschrieben sind; er schafft enge Beziehungen zu der Weltschau der *Wanderjahre* (wörtlich anklingend an den zentralen Satz Bd. 8, S. 263,12–22) und ebenfalls zu dem Bild des Lebens in *Dichtung und Wahrheit.* Auch die religiösen Motive aus *Dichtung und Wahrheit* werden fortgesetzt, aber sparsamer und in engster Zusammenschau mit Natur und Kunst. (Bd. 11, S. 395,30–34; 400,37f.; 417,13–20; 462ff.)

Nicht leicht kann ein anderer in Italien das erleben, was Goethe erlebte. Nicht Italien, sondern er selbst mit seiner Weite, Erlebniskraft und Produktivität ist also das bewegende Motiv des Buchs, auch wenn von dem Ich viel weniger die Rede ist als von den Dingen. Wichtiger als einzelne Urteile über Kunstwerke ist die Tatsache, daß ein Mensch durch Kunst- und Natureindrücke sich wandeln und sich finden könne, der Vorgang der Bildsamkeit und Bildung. Schon *Dichtung und Wahrheit* hatte in einigen Abschnitten innere Not und seelische Gesundung dargestellt. Hier wiederholt sich dieses Thema im großen; waren es dort Krisen des Jünglings, so ist es hier eine Krise des Mannes. Jedesmal hilft die Wechselwirkung mit der Welt. – Was Goethe umgewandelt hatte, war Rom, und darum sollte das Bild Roms den Abschluß bilden: noch einmal ein Weg zu den Antiken und zu Michelangelo, die Schöne Mailänderin, lateinische Verse – *Vergangenheit und Gegenwart in eins.* Die großen Motive sind hier kunstvoll gesteigert und verbunden. Die Novelle von der symbolhaften Gestalt der Schönen Mailänderin, langsam vorbereitet (Bd. 11, S. 416,1–4; 422,25–429,9; 457,6–36; 520,27–521,24), findet hier ihren Höhepunkt (Bd. 11, S. 553,15–554,34). Im Unterschied zu den Novellen um Friedrike und Lili als Neigung des Wissenden, nicht mehr Jungen erinnert sie an die Novellen der *Wanderjahre* durch die Haltung der Entsagung, Umgehung der Tragik. – Wie sehr die *Italienische Reise* kunstvolle Komposition ist, zeigt sich vor allem daran, was weggelassen ist: die Rückreise, Florenz, Studium der Frührenaissance. Die Herausarbeitung der eigenen *Wiedergeburt* wäre hierdurch nur abgeschwächt. So dienen auch in diesem Werke die Mittel der Kunst dazu, das auszusprechen, was Goethe als das *Grundwahre* seines Daseins empfand.

In der *Campagne in Frankreich 1792*, geschrieben 1820–22, ist die Beziehung des Ich zu der Umwelt von anderer Art. War die Kunst-Umwelt in der *Italienischen Reise* mit Sehnsucht gesucht, so wird hier die Kriegs-Umwelt als eine Grenzsituation des Lebens hingenommen, die Erfahrungen bringt, welche nirgendwo sonst zu machen sind. Kühl beobachtet der Verfasser, wie andere und er selbst reagieren, darum fängt die Schilderung ganz mit den Umständen an, aber am Ende führt auch sie in das Ich hinein. Zwar ist der Krieg Gleichheit vor dem Schicksal, aber weil er *für das Gemüt eigentlich verderblich* ist (Bd. 10, S. 214,1 f.), ist er ein Prüfstein des Charakters; und so verzeichnet dieser Teil der Autobiographie, wie der Verfasser in Strapazen des Marsches, im Beschuß der Artillerie, im Lager zwischen Ruhrkranken und im Zelt zwischen Mißwilligen sich verhielt und dabei letztlich erkannte, daß nichts *Äußeres* ihn sich *selbst entfremden konnte*, ihn *vielmehr nur strenger ins Innere zurückwies.* (Bd. 10, S. 359,8–10.)

Was nun noch darzustellen blieb, war Goethes Leben in Weimar. Hier lag die Aufgabe anders. Er wollte weder Frau v. Stein nennen noch Christiane noch irgendeine andere Frau, die ihm etwas bedeutete. Ferner wollte er amtliche und persönliche Mißhelligkeiten nach Möglichkeit weglassen. Er wollte auch kein zusammenfassendes Bild des Ortes und seiner Einwohner geben, denn alles war die Umwelt, in der er noch lebte. Auch verzichtete er darauf, den Stoff zu gliedern, wie er es in *Dichtung und Wahrheit* getan hatte, sondern brachte ihn in Form von *Annalen*, nach Jahren geordnet. Er hat das Werk selbst als *Ergänzung* der übrigen autobiographischen Schriften bezeichnet. Es füllt die Lükken zwischen 1775 und 1794 notdürftig, dann setzt es ausführlich ein. Aber es fehlt fast jedes Wort über das Innenleben außer etwa beim Tode Schillers. Da nun das Werk keine Darstellung der Umwelt und des Seelenlebens bringt, ist es desto erstaunlicher, wie viel es zu sagen hat. Goethe schildert hier vor allem seine Altersjahre, er nennt die vielen bedeutenden Menschen, mit denen er in Verbindung ist, aber zwischen den Zeilen spürt man seine Einsamkeit. Vor allem schildert er seine Arbeiten: Morphologie, Geologie, Weimarer Theater, dichterisches Schaffen, Kunstgeschichte, Orientalistik, Oberaufsicht über die Jenaer und Weimarer Kulturinstitute, Lektüre aus dem Gebiet der ganzen Weltliteratur, Rezensionen, die eigenen Zeitschriften usw. So ist sein

Dasein hier völlig in Tätigkeit umgesetzt, wir sehen ihn stets in Funktion, als Organ des europäischen Kunst- und Wissenschafts-Lebens. Dieses Aufgehen in höchster Tätigkeit ist der in seiner Weise grandiose Schluß der gesamten Autobiographie. Freilich muß der Leser Kraft und Weite genug haben, um in alle diese Gebiete zu folgen und hinter den vielen Tätigkeiten den Menschen zu denken, der für dies alles der Mittelpunkt ist.

Alle autobiographischen Schriften bilden eine große Einheit, weil sie ein Abbild von Goethes Leben in seiner Einheitlichkeit sind. In ihnen allen vermischt sich das Alte – Erinnerungen (*Dichtung und Wahrheit*), Briefe (*Italienische Reise*), Notizen (*Campagne*), Tagebücher (*Annalen*) – mit Neuem, d. h. der Lebensüberschau des Alters, und ergibt – wie bei *Faust II* – die Fülle und Weite. Und auch der Schaffensvorgang war ähnlich wie bei den Dichtungen: das Schwerste (Lili; Abschied von Rom) wurde hinausgezögert, oder es kam ganz plötzlich und unerwartet, weit vorausgreifend (1813 Schluß des *20. Buchs*). So sehr die Darstellungsweise dichterisch ist, die Vorarbeiten waren fast wissenschaftlich: Stoffsammeln, Lesen, Schematisieren. Werke wie diese großen Schriften muß man planen, vorbereiten und dann in jahrelanger Arbeit nach und nach vollenden. Deswegen hebt sich jene andere Schaffensweise so sehr davon ab, die im *Divan* und der späten Lyrik Goethe selbst erstaunte und entzückte: Geburt des Augenblicks, ohne Plan, wie in der Jugend (er empfand sie darum als Verjüngung). So war sein Alter zugleich Rückschau und Gegenwart. In den autobiographischen Schriften wandelt sich, je nachdem was er darstellte, aber auch je nachdem wie er im Augenblick empfand, sein Ton: in den *Annalen* nüchtern, aufreihend; in *Dichtung und Wahrheit* episch überschauend; in der *Italienischen Reise* erfüllte Gegenwart (hatte er doch soeben, 1814/15, selbst solche erlebt); daraus erklärt sich die formale Verschiedenheit. *Dichtung und Wahrheit* berichtet von Entwicklung des Ich, die *Annalen* nur von Entwicklung der europäischen Kunst und Wissenschaft; das eine lag weit zurück, das andre war nah. Das autobiographische Werk als Ganzes ist daher vielformig und zugleich einheitlich – Abbild des immer wandelbaren, immer gleichen Verfassers.

Wo immer in den autobiographischen Schriften der gealterte Erzähler spricht – und wenn er nicht frühere Briefe bringt, spricht er fast immer –, behält er seinen ruhigen epischen Ton und arbeitet Einheit und Folge des Lebens heraus als ein Bild, das Wahrheit hat; nie aber die „nackte“ Wahrheit; das hätte er als Barbarei empfunden. Eine Autobiographie ist kein Krankheitsbericht für einen Arzt. Seine Lebensbeschreibung ist insofern anders als die von Cardano, Rousseau und Moritz. Man spürt immer den Menschen von feinster gesellschaftlicher Erziehung; hierin ist er Chateaubriand vergleichbar. Manches bleibt fort oder taktvollvornehm zwischen den Zeilen – wodurch das Ganze nicht gemindert, sondern gesteigert wird.

Die *Annalen* reichen bis 1822. Für die Jahre danach hinterließ Goethe Materialien in seinen Tagebüchern. Seine Tagebuch-Aufzeichnungen sind bis 1794 bruchstückhaft, 1794–1805 regelmäßiger, vom 1. Januar 1806 bis zum 16. März 1832 lückenlos und ausführlich. Eckermann hat 1833 die Tagebücher der Schweizer Reise von 1797 bearbeitet und als selbständiges Werk erscheinen lassen. Ferner gab er aus dem Nachlaß „Biographische Einzelnheiten" heraus: kleinere Abschnitte, die für die autobiographischen Schriften gedacht waren, dann aber nicht fertig geworden oder nicht aufgenommen worden waren. Neuere Ausgaben fügen sie meist den anderen autobiographischen Schriften an. (Vgl. Bd. 10.)

DAS VERHÄLTNIS VON ICH UND WELT IN DER AUTOBIOGRAPHIE

Die autobiographischen Schriften als Ganzes haben den Umfang eines großen Epos. Obgleich der Verfasser in dieser Ausführlichkeit sein Leben schildert, wird man beim Lesen niemals seiner Individualität überdrüssig, und wenn man genau hinsieht, merkt man: meist ist gar nicht dieses Ich geschildert, sondern die Umwelt. Die Schwierigkeit jeder Autobiographie, das Verhältnis von Welt und Ich ins Gleichgewicht zu bringen, ist hier spielend gelöst. Immer findet der Verfasser sein Ich nur in der Begegnung mit der Welt. Er hat in Italien nicht nachgegrübelt, wofür er geboren sei, sondern hat gezeichnet, gedichtet und Pflanzen beobachtet und dann gesehen, was er leistete. Im Alter war ihm dieses Prinzip klar bewußt, und er hat es mit der gedanklichen Präzision, die ihm neben aller Intuition und bildhaften Phantasie eigen war, wiederholt ausgesprochen: *Hiebei bekenn' ich, daß mir von jeher die große und so bedeutend klingende Aufgabe „Erkenne dich selbst" immer verdächtig vorkam, als eine List geheim verbündeter Priester, die den Menschen durch unerreichbare Forderungen verwirren und von der Tätigkeit gegen die Außenwelt zu einer innern falschen Beschaulichkeit verleiten wollten. Der Mensch kennt nur sich selbst, insofern er die Welt kennt, die er nur in sich und sich nur in ihr gewahr wird. Jeder neue Gegenstand, wohl beschaut, schließt ein neues Organ in uns auf.* (Bd. 13, S. 38.) Auch die Gestalten des Altersromans, der *Wanderjahre*, erproben sich im Leben und lernen dadurch sich selbst kennen; und einer ihrer Sätze faßt knapp und lehrhaft zusammen: *Wie kann man sich selbst kennen lernen? Durch Betrachten niemals, wohl aber durch Handeln. Versuche deine Pflicht zu tun, und du weißt gleich, was an dir is*

Was aber ist deine Pflicht? Die Forderung des Tages. (Bd. 8, S. 283, Nr. 2–3. Der gleiche Gedanke in den Sprüchen in Versen Bd. 1, S. 308, Nr. 28–29, u. d. Anmkg. dazu.) Immer wieder rät Goethe, *das bedeutende Wort „Erkenne dich selbst"* solle man *nicht im aszetischen Sinne* nehmen, nicht *psychologische Quälereien* daraus machen, sondern *tüchtig* sein, d. h. tätig sich erproben. (Bd. 8, S. 466, Nr. 41.) Daraus ergab sich ihm die Aufgabe, zu schildern, wie die Situationen um ihn waren, was er in ihnen tat und was dann daraus wurde, d. h. er gibt Lebensgeschichte, nicht aber Analyse des Innenlebens. Er ist sparsam im Ausmalen von Seelenlagen – anders als Rousseau und Jung-Stilling – und läßt das Geheimnisvolle verschleiert. *Muß ich mich denn nicht selbst zugeben und voraussetzen, ohne jemals zu wissen, wie es eigentlich mit mir beschaffen sei, studiere ich mich nicht immerfort, ohne mich jemals zu begreifen, mich und andere? und doch kommt man fröhlich immer weiter und weiter.* (Bd. 13, S. 34.) Auch in den Tagebüchern versucht er nie eine Analyse, sondern höchstens einmal – in der frühen Zeit – einen *stillen Rückblick aufs Leben.* (7. 8. 1779.) Ansätze zu Selbstcharakteristiken blieben als Fragmente liegen. *Das Leben eines Menschen ist sein Charakter.* (Bd. 11, S. 411, 11f.) Wenn es also gelang, das *Leben* darzustellen, dann mußte zwischen den Zeilen auch der *Charakter* spürbar werden.

Das Wechselspiel zwischen Lebewesen und Umwelt hat Goethe nicht nur in Dichtungen und der erzählenden Autobiographie gestaltet, sondern er hat es auch naturwissenschaftlich und philosophisch durchdacht und theoretisch formuliert. Er kannte die Entwicklung der Pflanzen vom Samen bis zur vollen Gestalt. Der Same eines Baums hat in sich das Streben, zu einem großen Baum zu werden, möglichst nach allen Seiten hin seine Zweige entfaltend. Goethe benutzte gern das altgriechische Wort *Entelechie* (abgeleitet von „telos" = Ziel, Vollendung, Erfüllung) für das Lebewesen, das sein Ziel in sich trägt und seine Möglichkeit zu verwirklichen bestrebt ist. (Bd. 14, Sachregister, „Entelechie".) In den Notizen aus dem Nachlaß steht: *Die Griechen nannten Entelecheia ein Wesen, das immer in Funktion ist ... Die Funktion ist das Dasein, in Tätigkeit gedacht.* (Bd. 12, S. 371.) Mitunter verwendet er auch das griechische Wort *Monas* oder *Monade* (z. B. Bd. 12, S. 396f. Nr. 227 und 228), das sein Mitarbeiter Riemer in seinem griechisch-deutschen Wörterbuch übersetzt „die Einheit, bei Philosophen das Einfache und Unteilbare"; und er setzt in Gegensatz dazu die *Außenwelt.* In dem Gedicht *Urworte, orphisch* (Bd. 1, S. 359f.) benutzt er ebenfalls altgriechische Begriffe, diesmal die Wörter *Dämon* für *geprägte Form, die lebend sich entwickelt,* und *Tyche* für alles von außen Kommende, die Umwelt. So kommt auch in seinen theoretischen Äußerungen immer wieder dieses Thema vor. (Bd. 14, Sachregister unter: Individualität, Monade, Bedingtheit usw. Ebenso im Register zu den Briefen, Bd. 4.) Er benutzt das Bild von Lebewesen und Umwelt für alles Lebendige. Die Pflanze hat im Samen ihre Entelechie: ein Bild, wie sie voll ausgebildet werden könnte. Sie versucht dieses zu erreichen; aber nun wirkt die *Tyche* ein, vor allem als Boden und Wetter: der Same fällt auf Sand oder Gestein oder schwarze Erde; es kommt Regen oder Dürre. Und entsprechend gedeiht das Lebewesen oder bleibt zurück hinter dem, was als ideale Möglichkeit in ihm steckt. Goethe liebte einzeln stehende, groß nach allen Seiten entwickelte Bäume in günstigem Klima: sie waren ihm Symbol einer möglichst voll ausgebildeten Entelechie. Doch solche Entwicklung ist eine Seltenheit; es gehört zum Wesen des Lebendigen, daß es Einschränkungen, Verkümmerungen, Krankheiten erleben und Entsagung üben muß. Von der Pflanze steigt Goethe auf zum Tier und zum Menschen; auch da das *Gesetz der innern Natur,* die sich entfalten will, und das *der äußern Umstände,* die bedingend einwirken. Bezeichnend für Goethe ist der Gedanke, die Entwicklung des Menschen nach Art der Entfaltung einer Pflanze zu sehen. (Entwurf zu einem Vorwort zum *3. Teil, 11. Buch*) Niemand vor ihm wäre auf diesen Gedanken gekommen. Hier geht Natur in Geschichte über. Was für Pflanze und Tier die natürliche Umwelt, ist für den Menschen die geschichtliche.

Die autobiographischen Schriften schildern demgemäß das Wechselspiel von Persönlichkeit und Außenwelt, und man muß darum einerseits fragen: Was aus der Außenwelt wirkt auf den Helden? und anderseits: Für was alles besitzt er ein Organ? was zieht er an sich heran? wie ist er, daß er das vermag? Goethes geistige Umwelt war die Epoche einer großen Veränderung: von festgefügter Kirchlichkeit zu Kantischem idealistischem Glauben, vom ancien régime zur Gesellschaft nach Revolution und Säkularisation, von rhetorischer Dichtung im Gottsched-Stil zu individueller Ausdrucksdichtung um 1800 usw. Goethe, beispiellos in seiner Weite des Erfassens, nahm dies alles auf und war selbst eine starke Kraft innerhalb dieser Vorgänge. Dadurch ergibt sich das Bild der Wechselwirkung des großen Kulturwandels und des großen Individuums – so sehr, daß es uns scheint, als sei die deutsche Literatur 1768 in Leipzig konzentriert, 1771 in Straßburg, 1774 in Frankfurt und seit 1775 in Weimar. Das Bild des Ich wird zum Bild der Zeit, und der Autobiograph strebt (damals ganz neuartig) eine Ganzheit des Bildes seiner Welt an, denn nur so kann er die Ganzheit des individuellen Lebens zeigen. Es kommt in der neuzeitlichen Autobiographie darauf an, wieviel „Welt" das Ich sich anzueignen vermag; denn soviel Welt muß in die Darstellung hinein. Je offener jemand ist, desto mehr Welt gibt es für ihn. Bei Goethe ist die Erlebnisweite einzigartig. (Es gibt Dichter, die ebenso tief erleben, aber nicht seine Weite haben:

Klopstock, Hölderlin.) Was auch immer in dieser Lebensgeschichte vorkommt – Orte, Menschen, Ereignisse –, der Held setzt sich in Beziehung dazu; und dank seiner ungewöhnlichen Klugheit versteht er auch von den verschiedensten Dingen etwas; alles ergibt ihm etwas, seien es Kunstschätze (*Italienische Reise*) oder Krieg (*Campagne*). Es sieht aus, als müßte er sich bei dieser Intensität an die Dinge verlieren, aber er verliert sich nie. Es gibt nichts, was einfach außen bleibt, alles wird aufgenommen, geprüft, verarbeitet. Das ist der Unterschied zu Alfieri und Chateaubriand, denen dieser Gesichtspunkt – aber auch diese Schmiegsamkeit – fehlt.

Der Held der Autobiographie ist aber nicht nur grenzenlos weltoffen, sondern auch eine sehr feste, sich selbst wollende Individualität. Für eine echte Autobiographie ist der kräftige Kern einer Persönlichkeit unentbehrlich (anders ist es in Memoiren). Goethe hatte eine starke und gesunde Freude an der Behauptung seines Ich. *Das Höchste, was wir von Gott und der Natur erhalten haben, ist das Leben, die rotierende Bewegung der Monas um sich selbst, welche weder Rat noch Ruhe kennt; der Trieb, das Leben zu hegen und zu pflegen, ist einem jeden unverwüstlich eingeboren, die Eigentümlichkeit desselben jedoch bleibt uns und andern ein Geheimnis.* (Bd. 12, S. 396, Nr. 227.) Goethe war sich bewußt, daß er eine bedeutende Individualität sei. Als solche wollte er sein Leben im Kunstwerk überhöhen: daher die Autobiographie. Er wußte, daß nichts Menschliches unvergänglich sei; aber er wollte das Einmalige so unvergänglich machen wie möglich. Das ist ihm gelungen. Es gibt keinen Menschen, von dessen Leben wir so viel wissen wie von dem seinen und den wir so deutlich als Gestalt vor uns sehen können. Sein Selbstbewußtsein ist stark, aber (im Gegensatz zu Rousseau) ausgeglichen. Er ist dankbar gegen andere und kritisch (-ironisch) gegen sich selbst. Die Sicherheit des Urteils in der Autobiographie ist mehr eine Sache der Persönlichkeit als der Schriftstellerkunst, denn um das viele Bedeutsame richtig zu ordnen, muß man selbst etwas sein. Der Verfasser betont bei seiner Laufbahn das Allgemein-Menschliche (anders als Rousseau, Alfieri und Chateaubriand) und wenig die große Ausnahme. Und indem er Autobiographie schreibt, überwindet er sie am Ende selbst, denn die *Annalen* lösen das Ich auf zur Funktion im europäischen Kunst- und Wissenschaftsleben.

Durch dies alles, zumal die Verbindung von Selbstbehauptung, Erlebnisweite und Erzählergabe war Goethe zur Autobiographie geeignet wie nicht leicht ein anderer. Und dazu kommt ein letztes: der weltanschauliche Hintergrund. Goethe läßt so verschiedene Bereiche wie Kunst, Verwaltung, Religion, Eros, Alltag, Reisen nicht nur deswegen zu ihrem Recht kommen, weil er sie alle kennen gelernt hat, sondern weil er in allen Bereichen des Lebens eine Sinnerfülltheit, Gottgewolltheit sieht oder für möglich hält. So ist seine Weltanschauung, die das Vergängliche als Gleichnis sieht, der tragende Grund für diese Form der Lebensbeschreibung. – Der Mensch steht zwischen Freiheit und Notwendigkeit: *Unser Leben ist, wie das Ganze, in dem wir enthalten sind, auf eine unbegreifliche Weise aus Freiheit und Notwendigkeit zusammengesetzt.* (478,29–32.) Goethe achtete als Morphologe *1. auf das Gesetz der innern Natur, wodurch die Pflanzen konstituiert werden, 2. auf das Gesetz der äußern Umstände, wodurch die Pflanzen modifiziert werden.* (Bd. 13, im Kommentar zu „Betrachtung über Morphologie".) Und die Einleitung von *Dichtung und Wahrheit* spricht vom *Individuum* (9,32) und den *Zeitverhältnissen* (9,27). Der *Daimon,* die *entelechische Monade,* will sich erfüllen. Das ist für den Menschen mehr als das Sich-Entfalten einer Pflanze, denn zum Bereich der Natur kommt hier der des Sittlichen. Goethe betont aber nicht das Trennende, sondern den Übergang. Wie er naturhafte Anlage, Willen und Gewissen in Beziehung setzt, zeigt folgender Satz: *Anlagen entwickeln sich ... naturgemäß, müssen aber erst durch den Willen geübt und ... gesteigert werden.* Der Wille *muß, um vollkommen zu werden ... sich im Sittlichen dem Gewissen, das nicht irrt ... fügen ... Das Gewissen bedarf keines Ahnherrn, mit ihm ist alles gegeben.* (Bd. 12, S. 528, Nr. 1203.) Hier tritt zum Bilde der naturhaften Begabung der Gedanke der Steigerung. Er verbindet Natur und Pflicht. Das Thema der Pflicht klingt in den autobiographischen Schriften anfangs nur leise an (weil vieles sich von selbst versteht), wird dann aber stärker: In *Dichtung und Wahrheit* lernt der Jüngling seine Begabung als Verpflichtung sehen; in der *Italienischen Reise* fühlt er sich angesichts großer Leistungen verpflichtet, selbst etwas zu leisten, und verbringt *operose, beschäftigte Tage* (Bd. 11, S. 376,18f.); in der *Campagne in Frankreich* werden die Kameraden von ihm *durch Ernst gestärkt* und *durch Scherz erheitert* (Bd. 10, S. 255,35f.); und in den *Annalen* lebt er für große Aufgaben der allgemeinen Kultur.

Das Bild der Entwicklung bedeutet also nicht, daß alles sich gleichsam von selber mache, sondern es enthält die Forderung an das Ich, zur rechten Zeit das Rechte zu tun und sich *durch Denken und Tun* auf dem rechten Wege zu erhalten. (Bd. 11, S. 430,31f.) Entwicklung ist einerseits Bewegung vom Wurzelboden aus (dankbar allen Kräften, die dem Ich etwas mitgaben), anderseits Bewegung auf ein Ziel hin (Steigerung). Das Bild der *Schraube ohne Ende* (Bd. 11, S. 417,19) meint letztlich eine gleichsam in Spiralen sich vollziehende sittlich-religiöse Bewegung auf das Absolute hin. So ergeben sich aus Tätigkeit und Steigerung religiöse Ahnungen einer Fortbewegung und Wandlung in höheren Sphären, wie in den *Wanderjahren* (Bd. 8, S. 449,9ff.) und in *Faust II* (Bd. 3, S. 356ff.). Hier freilich kommt die Autobiographie an ihre Grenze. Was

Goethe von seinen dichterischen Gestalten aussprach, das hielt er als Autobiograph zurück. (Doch teilt er es wieder in Briefen mit, so an Zelter 19. 3. 1827.) Mit Ehrfurcht spart er das aus, was die *Urworte, orphisch* (Bd. 1, S. 360) als letzten religiösen Zukunftsausblick andeuten mit dem Worte *Hoffnung.*

So steht Goethes Weltanschauung hinter den autobiographischen Schriften: das Vergängliche als Gleichnis; Glaube an die Sinnhaltigkeit der Welt; und der Weg zum Sinn als Weg durch die Welt, nicht aus der Welt. Hiermit verbindet sich Goethes Organismus-Idee, welche das Bild der Entwicklung in sich schließt. Und schließlich mußte noch ein Drittes hinzukommen, um die autobiographischen Schriften zu ermöglichen: das historische Denken.

DIE AUTOBIOGRAPHIE UND DAS HISTORISCHE DENKEN

Goethe beschrieb sein Leben nicht, weil er sich zum psychologischen Problem wurde, sondern weil er sich historisch wurde. *Wir werden, mit vielleicht noch wenigen, die Letzten sein einer Epoche, die so bald nicht wiederkehrt.* (An Zelter 6. 6. 1825, *werden sein* = sind wohl.) *Über Geschichte kann niemand urteilen, als wer an sich selbst Geschichte erlebt hat.* (Bd. 12, S. 395, Nr. 217.) Er schreibt, als er an *Dichtung und Wahrheit* arbeitet, an Christian Schlosser am 25. November 1814: *Diese Zeit benutzte ich, um mich in mir selbst historisch zu bespiegeln;* an J. F. C. Hecker am 7. Oktober 1829, er sei *in einem Alter, wo man sich selbst historisch wird und die geschichtliche Einsicht überhaupt immer größeren Wert erhält;* und an Wilhelm v. Humboldt am 1. Dezember 1831: *So gesteh ich gern, daß in meinen hohen Jahren mir alles mehr und mehr historisch wird; ob etwas in der vergangenen Zeit, in fernen Reichen, oder mir ganz nah räumlich im Augenblicke vorgeht, ist ganz eins, ja ich erscheine mir selbst immer mehr und mehr geschichtlich.* Ähnliche Äußerungen gibt es noch mehr (z.B. Bd. 12, S. 395, Nr. 219; Briefe Bd. 4, Register „Selbstschau, historische"). Das Vorwort der Autobiographie betont: *Ein jeder, nur zehn Jahre früher oder später geboren, dürfte, was seine eigene Bildung und die Wirkung nach außen betrifft, ein ganz anderer geworden sein.* (9,37–39). Die Zeit ist schicksalhaft. Das ist die Sehweise des Historismus.

Die Art, wie Goethe das Bild des Ich zum Bild der Zeit macht, war in seiner Epoche ganz neu. Voraussetzung war die Anschauung, daß das Ich durch Zeit und Ort bestimmt sei. So begann man den Menschen seit Möser und Herder zu sehen; auf die Autobiographie hat erst Goethe diese Sehweise übertragen. Die Bücher von Gott und der Seele von Augustinus bis Hamann hatten niemals das Ziel, die Umwelt als Ganzheit zu schildern, denn sie sahen den Menschen in Bezug zu den göttlichen Geboten und dem, was ihm metaphysisch bevorsteht. Die neuzeitliche Autobiographie sieht ihn als psychophysisches Individuum in einer historisch einmaligen Umwelt. Auch die Memoirenliteratur hatte diese Sehweise noch nicht; ihr fehlt der Individualitätsgedanke und der Entwicklungsgedanke, die Beziehung von Charakter und Schicksal. Sie schildert Ereignisse und Taten; Goethe dagegen zeigt sein Werden, und die Leistungen wachsen aus diesem heraus. Seine Autobiographie ist die erste, die den Gedanken der individuellen Entwicklung zum alles durchformenden Prinzip der Darstellung macht.

Das Individuum tritt an einem bestimmten Ort zu einer bestimmten Zeit ins Leben, und damit steht es in einem einmaligen Zusammenhang. Es kann eine Zeit des Krieges sein oder eine des Friedens; eine Stadt mit lebhaftem geistigem Leben oder ein abgelegenes Dorf. Darum spricht schon die Einleitung zu *Dichtung und Wahrheit* einerseits von dem *Individuum ... inwiefern es unter allen Umständen dasselbe geblieben* (9,32–34), anderseits von den *Zeitverhältnissen ... inwiefern ihm das Ganze widerstrebt, inwiefern es ihn begünstigt* (9,27f.). Goethe beschreibt sein individuelles Leben immer im Zusammenhang der geistig-literarischen Bewegung seiner Zeit. Landschaft, Gesellschaft, Lektüre – alles betrachtet er als Nährboden, aus dem er Kraft saugen kann, später aber auch als Wirkungsfeld, das er beeinflussen kann, um im Wirken sich selbst zu erfüllen. Dieses Feld der Umwelt ist zeitbedingt, ist geschichtlich. Er hatte selbst große geschichtliche Wandlungen miterlebt, und er hatte vor allem erfahren, daß auch sein eigenstes Gebiet, die Dichtung, zeitbedingt sei. So sehr ein Kunstwerk überzeitlich ist, es hat zugleich seinen geschichtlichen Ort. Sein *Götz* war ein Werk des Sturm und Drang, in späteren Jahren hätte er ein Drama dieser Art nicht verfaßt. Davor lagen die Leipziger Anfänge, danach die Wendung zur Klassik. Darin war eine innere Notwendigkeit; das ließ sich nicht in umgekehrter Folge denken. Die Entwicklung des Einzelnen hat solche innere Wahrheit, und die des Ganzen ebenfalls. *Wer eine Anlage hat, klug zu werden, mag's nächst dem Leben in der Geschichte suchen.* (An Joh. v. Müller 26. 7. 1782.)

Kunst wirkt zwar unmittelbar in der Anschauung auf das empfängliche Gemüt, aber *jeder, dem es Ernst ist, sieht wohl ein, daß auch in diesem Felde kein Urteil möglich ist, als wenn man es historisch entwikkeln kann.* (Bd. 11, S. 167,32ff.) In Italien sah Goethe sich veranlaßt, *bei jedem Kunstgegenstande nach der Zeit zu fragen.* (Bd. 11, S. 167,17f.) Das war damals keineswegs selbstverständlich, denn da man seit Jahrhunderten von allgemeinen Kunstgesetzen ausging, galt das Historische als unwichtig. So wurden etwa als Epiker Homer, Vergil, Ariosto und Klopstock nebeneinandergesetzt, ohne an Unterschiede der Zeiten und Kulturen zu denken. Herders neue Lehre, daß jedes Werk nur zu seiner Zeit an seinem Ort entstehen konnte und nur in diesem Zusammenhang richtig zu verstehen sei, hatte von Anbeginn Goethes Denken so sehr entsprochen, daß darüber gar kein Gespräch mehr nötig war. Goethe war als Künstler und Kunstbegeisterter seinem Wesen nach davor geschützt, daß der Historismus je zur Gefahr für das Erleben werden konnte; ihm war historisches Sehen immer unentbehrlich als Hilfe des Erkennens. Der Aufsatz *Literarischer Sansculottismus*, 1795, spricht von der Aufgabe, Wertung und geschichtliche Schau zu verbinden. (Bd. 12, S. 241,19ff.; 243,8ff.) Seit dieser Zeit lebte Goethe weitgehend in einer kunstgeschichtlichen Atmosphäre. Er hatte Heinrich Meyer in sein Haus gezogen und drängte ihn sanft von der Malerei (die ursprünglich Meyers Beruf war) zur Kunstgeschichte; jahrelang wurden in gemeinsamen Besprechungen Meyers kunstgeschichtliche Arbeiten vorbereitet, und Goethe schrieb darüber an Zelter: *Seine Kunstgeschichte, von den ältesten bis auf die neuesten Zeiten, ist auch schon vom Anfang bis zu Ende entworfen, und in einzelnen Teilen meisterhaft ausgeführt. Das Verdienst solcher Männer wie Rubens, Rembrandt usw. hat noch niemand mit soviel Wahrheit und Energie ausgesprochen ... Entschließe Dich doch zu einer Geschichte der Musik im gleichen Sinne! ... Das Wahre kann bloß durch seine Geschichte erhoben und erhalten, das Falsche bloß durch seine Geschichte erniedrigt und zerstreut werden.* (17. 5. 1815.) Ähnlich an L. F. Schultz: *Wenn Meyers Kunstgeschichte uns in ihrem ganzen Umfange frommt, so haben wir ein Großes gewonnen.* (3. 7. 1824.) Auch die *Annalen* sprechen es aus: *Die Weimarischen Freunde* hatten gesehen, daß *das Geschichtliche ... der Grund eines jeden Urteils* sein müsse, und *hatten daher sowohl alte als neuere Kunst ... immer geschichtlich zu betrachten sich gewöhnt.* (Abschnitt *1805*.) – Von Schütz in Berka ließ Goethe sich 1818 die großen Werke der Musik in historischer Folge vorspielen (an Zelter 4. 1. 1819) wie auch von Felix Mendelssohn 1830: *Ich höre sie mit Vergnügen, Anteil und Nachdenken, liebe mir das Geschichtliche, denn wer versteht irgend eine Erscheinung, wenn er sich nicht von dem Gang des Herankommens penetriert.* (An Zelter 3. 6. 1830.)

Unter allem Historischen fesselt Goethe vor allem die Kultur als Lebensgefüge mit sittlichen Werten und die Kunst als große Leistung; in beiden verwirklicht sich ihm, jeweils verschieden und doch immer als gleiches Ziel, die Humanität, das höchste Menschentum; darum nennt er die Geschichte einmal *Lobgesang der Menschheit ... fugenweise*. (Bd. 12, S. 394, Nr. 210.) Auch Herder hatte auf diese Humanität in allen Orten und Zeiten geblickt, nicht auf Staaten, Kriege und Herrscher, und ebenso fühlte Goethe sich von der politischen Geschichte mit ihrem Hin und Her des Machtkampfs weniger gefesselt, zumal wenn ihre Aufzeichnung trockene Form hatte. In der Kunstgeschichte bleibt das Große: Raffael, Shakespeare, Mozart. In der politischen Geschichte bleiben auch die Ermordung Cäsars und die Bartholomäusnacht: das Wirksame; aber das Wirksame ist nicht immer auch das Große.

Aus der geschichtlichen Sehweise ergaben sich Goethes eigene geschichtliche Darstellungen. 1803 gab er seiner *Cellini*-Übersetzung ausführliche kultur- und kunstgeschichtliche Erläuterungen bei. Der *historische Teil* seiner *Farbenlehre,* 1810 (Bd. 14), ein geschichtliches Werk großen Formats, arbeitet die Besonderheit der Epochen und der Individuen und ihre wechselseitige Beeinflussung in feiner Abtönung heraus und schiebt mehrfach allgemeine Betrachtungen über diese Frage ein. (*5. Abt.,* Abschnitt *17. Jahrh.*) 1809 regten ihn mittelhochdeutsche Dichtung, Grimmelshausens „Simplizissimus" und andere ältere Werke zu historischen Betrachtungen an. Seit etwa dieser Zeit entstanden wohl die zahlreichen Äußerungen über Geschichte, die sich in den *Maximen und Reflexionen* finden. (Bd. 12, S. 390–396.) Als *Dichtung und Wahrheit* entstand, schrieb Goethe an Zelter, daß er *in allen Dingen die genetische Betrachtung liebe* (18. 3. 1811), und an Jacobi, daß seine *Denkart im Alter eine historische Wendung nimmt* (10. 5. 1812). 1816–18 folgt noch einmal ein großes Werk aus historischer Sicht: die *Noten und Abhandlungen* zum *West-östlichen Divan,* eine Kultur- und Literaturgeschichte von Persien.

Goethe wußte, daß Geschichte-Schreiben ein Auswählen ist; aus der unendlichen Fülle des Lebens werden eine kleine Anzahl von Tatsachen den Späteren zum Symbol. Durch den geschichtlichen Abstand kann der Blick klarer werden. Geschichte ist *Spiegelung,* und Goethe beobachtet, daß *wiederholte ... Spiegelungen das Vergangene nicht allein lebendig erhalten, sondern sogar zu einem höheren Leben emporsteigern.* (Aus „Wiederholte Spiegelungen", Bd. 12, S. 323,27ff.) Um dem Geschichtlichen dieses *höhere Leben* zu geben, muß über die Feststellung der Tatsache hinaus der Sinn gefunden werden, es bedarf der Deutung, und diese ist in höchster Form nicht nur Aussage, sondern zugleich Gestaltung, Kunst.

Dichtung und Wahrheit als Werk geschichtlichen Denkens betont von Anbeginn die Begegnung mit der Geschichte (20,11ff.; 20,29ff.; 26,16ff. u. ö.) und ist durchzogen von Hinweisen, was in der Zeit der Jugend *noch nicht* war im Gegensatz zur Gegenwart (34,2ff.; 35,1ff.; 36,24ff. usw.). Die ganze Darstellung betont die Besonderheit, Einmaligkeit, Andersartigkeit der einstigen Zustände. Aber die geschichtlichen Ausblicke werden nie selbständig. Alles bleibt Hintergrund für die Geschichte des eigenen Lebens. Goethe wußte, daß er als Dichter anders geworden wäre, wenn es in seiner Jugend noch nicht Klopstock und Herder gegeben hätte; er war überzeugt, daß sein religiöses Denken anders gewesen wäre, wenn er nicht schon früh auf das Nebeneinander von Orthodoxie, Pietismus, aufklärerischer Bibelkritik usw. gestoßen wäre. Daß er auch im Religiösen sich durch die Zeit bedingt sieht, zeigt am stärksten die Macht der historischen Sehweise. Hieraus erwuchs nun die Aufgabe, diesen ganzen Zeithintergrund zu schildern.

Dichtung und Wahrheit enthält außerordentlich viele Abschnitte, welche soziale und politische Zustände, Wissenschaft und Bildung der Zeit darstellen. Das *7. Buch* bringt fast eine Literaturgeschichte des Jahrhunderts. Dadurch wird die Einmaligkeit und Besonderheit der jeweiligen Situation deutlich und zugleich die innere Folgerichtigkeit der Entwicklung. In dieses geschichtliche Bild der Welt ist die Geschichte des Ich hineingeflochten, die ebenfalls eine Gesetzlichkeit des Werdens zeigt. Die Umwelt als Zeit und Ort ist individuell, ist besonders, und der Mensch in seiner Persönlichkeit ist es auch; das einmalige Ich und die einmalige Zeit ergeben das geschichtliche Wechselspiel des Lebens. Es gibt keine andere Autobiographie, die dieses Denkbild so folgerecht durchgeführt hat.

GOETHE UND DIE GESCHICHTE DER AUTOBIOGRAPHIE

Die Einzigartigkeit der Goetheschen Autobiographie in Wesen und Rang wird erst dann deutlich, wenn man sie im Zusammenhang der Geschichte der Autobiographie sieht. Die Autobiographie ist eine abendländische und vorwiegend neuzeitliche Gattung. Die antike Kultur hatte die Biographie hervorgebracht als Lebensgeschichte von großen Individuen. (Plutarch, Sueton.) In der Spätantike beginnt die philosophische Betrachtung an eigenes Erleben anzuknüpfen: so spricht Kaiser Marcus Aurelius mit sich selbst über die Tugendlehre der Stoa und ihre Verwirklichung; auf diese Weise kommt Autobiographisches in das philosophische Werk hinein.

Noch bedeutsamer wurde das autobiographische Element im religiösen Schrifttum. Die „Confessiones" des Augustinus wurden ein Werk von unermeßlicher Wirkung. Sie sind ein Buch von Gott und der Seele. Es beginnt mit Gebeten, und es bleibt weithin bei der Anrede-Form des „Du". Ein Gespräch mit Gott über den Durchbruch seiner Gnade, über das Leben, über die Seele, über das Weltall. Weil das große Erlebnis der Wende vom Heiden zum Christen dahinter steht, kommt Autobiographisches hinein; und bei den christlich-lehrhaften Betrachtungen steigen Erinnerungen an eigene Erlebnisse auf. Ein religiöses Buch also mit autobiographischen Elementen. Was dieser Seele geschieht, läßt sich nur religiös fassen, nicht historisch. Darum sieht Augustinus sein Leben nicht geschichtlich (wie Goethe), sondern moralisch in bezug auf das bevorstehende Gericht Gottes. Die Weltzeit der Heilsgeschichte ist endlich, und in ihr gilt jederzeit die theologisch-moralische Ordnung.

Eine ähnliche Struktur haben die Bücher von Gott und der Seele in der deutschen Mystik des Mittelalters; in ihnen spricht zwar die Seele des individuellen Ich, aber sie sind nicht Autobiographie, sondern Vision, Gottesschau, Betrachtung, Belehrung, mit gelegentlichen biographischen Zügen. Es kommt darauf an, sich vom Leben zu lösen, nicht es in seiner Breite und Gegenständlichkeit zu erfassen. – Die deutsche Mystik wirkte im 16. Jahrhundert nach Spanien, wo Teresa von Avila in den Jahren 1562–65 auf Anregung ihres Beichtvaters das große Buch schrieb, das von dem Durchbruch Gottes in ihrer Seele und von seinen Offenbarungen handelt. Kurz wird über ihr Weltleben bis zu dem Durchbruch berichtet, ausführlich von der Unio. – Bücher von Gott und der Seele schrieben auch französische Mystiker im 17. Jahrhundert (Madame Guyon) und dann die deutschen Pietisten. Weil das entscheidende Erlebnis eine innere Wende ist, ähneln sie im Grundzug immer wieder dem Werk des Augustinus: weltliches Leben – Durchbruch – dann ein Leben in Christo. Da es angesichts der Frage, wie das Ich vor dem Gericht Gottes bestehen könne, auf Sünde und Gnade ankommt, ist nie eine Vergegenständlichung der Umweltbeziehungen im Ganzen gewollt. Gegenständlichkeit herrscht am ehesten im ersten Teil (Weltleben, Sünde), der aber am unwichtigsten ist. Oft hält man weltliches und geistliches Leben ganz auseinander. Das Niederschreiben des Erlebten wurde im Pietismus sehr gefördert, um Beispiele für andere zu geben; die Selbstbeobachtung verfeinerte sich. Es erschien eine Fülle von Lebensberichten der „Wiedergeborenen", meist in Sammlungen. Diese Entwicklung reicht von Francke und Spener bis zu Zinzendorf, Haller, Hamann und Jung-Stilling.

Ein ganz anderer Typ der Selbstschau ist die Renaissance-Autobiographie, die mit Petrarcas „Epistola ad posteros" beginnt, einem kurzen, nüchternen Bericht über Geburt, Erziehung, Leben und Schriften. Der Mensch sieht hier sein weltliches Leben und versucht dessen individuelle Züge festzuhalten. So tut es Benvenuto Cellini, der mit kraftvoller Lebendigkeit als Künstler, Abenteurer, Frauenheld und Politiker lebt und mit scharfem Blick für die Wirklichkeit, nicht frei von Ruhmsucht, seine Erlebnisse aufzeichnet. Noch nüchterner hat der Arzt Cardano das eigene Leben geschildert, fast so wie das eines seiner Patienten. Montaigne hat in seine „Essais" persönliche Erinnerungen eingestreut ähnlich wie Marcus Aurelius. Auch er bleibt im Gefüge einer modernen weltlichen Kultur und versucht aus dem Leben selbst Erkenntnis zu ziehen. In allen diesen Werken ist das Leben eine Begegnung des Ich und der Welt; die Fortuna schiebt dem Ich Ereignisse hin, die der Mensch als Handelnder möglichst virtuos, als Denkender möglichst stoisch-gelassen bewältigen muß. Es fehlt Goethes Gedanke der naturhaften Veranlagung und der Steigerung.

Seit dem 16. Jahrhundert gab es sodann eine reiche Literatur von Memoiren: Zeitgeschichte von Hand eines Mitlebenden, Erinnerungen an politische Ereignisse; meist ohne religiösen Hintergrund; nicht das Ich steht im Mittelpunkt, sondern allgemeines Geschehen; das Problem der Individualität taucht hier gar nicht auf, auch die Form der Darstellung ist meist kunstlos. Zu diesen Werken gehören manche deutschen Schriften aus dem 16. Jahrhundert (Gottfried v. Berlichingen; Hans v. Schweinichen); und in Frankreich entstand im 17. und 18. Jahrhundert eine Fülle bedeutender Memoirenwerke (Kardinal de Retz u. a.), die dann in Deutschland Nachfolge fanden.

Eine umstürzende Wendung erfuhren die Memoiren, als Rousseau und Karl Philipp Moritz sie zur psychologischen Autobiographie machten. Jetzt tritt das Ich als psychische Struktur in den Mittelpunkt, ja es drängt sich zuweilen so sehr hervor, daß die Umwelt nur noch im Reflex des Ich erscheint. Nicht die Kette der Ereignisse (der Fortuna), sondern die Kette der Empfindungen („la chaîne des sentiments") ist das Verbindende. Die eigene Seele soll durchschaubar werden, der Schreibende glaubt dies durch schonungsloses Bekennen zu erreichen, und so kommt jene nackte „vérité" Rousseaus zustande, die von Goethes künstlerisch geschauter *Wahrheit* sehr verschieden ist. Hier ist die moderne Wendung zum Ich vollzogen.

Goethe hat alle diese Typen der Autobiographie gekannt. Er selbst hat von allen etwas, und er gibt zugleich etwas ganz Eigenes. Er kannte christliche Bücher der Selbstbetrachtung seit seiner Jugendbegegnung mit den Pietisten. Er hat den ersten Teil von Jung-Stillings Lebensgeschichte selbst herausgegeben. Seine *Bekenntnisse einer Schönen Seele* (Bd. 7, S. 358–420) zeigen, wie genau er mit Geist und Sprache dieses Schrifttums vertraut war. Was er daraus übernahm, war die genaue Beobachtung aller religiösen Seelenregungen; was ihn davon trennte, war sein Weg der *Schraube ohne Ende* (Bd. 11, S. 417,19), der nie den festen endgültigen Halt findet. Es fehlt bei ihm auch alles, was an den Durchbruch, der im Mittelpunkt jener Werke steht, erinnern könnte; denn sein Gedanke der Entwicklung ist anderer Art; zwischen Weltlichem und Geistlichem besteht hier keine Kluft. In dem Buch von Gott und der Seele gibt es ein Handeln Gottes; Goethe spart diesen Bereich aus; er leugnet ihn nicht, läßt aber alles offen. Die christliche Selbstbetrachtung endet ganz ungegenständlich (Gott, Kirche, Jenseits), Goethes Autobiographie ganz gegenständlich (Tätigkeit in den *Annalen*).

Das Buch von Gott und der Seele enthält autobiographische Elemente; die Autobiographie religiöse; das Verhältnis ist umgekehrt, die Struktur grundsätzlich verschieden: bei Augustinus der Stil der Anrede des „Du" in Gebeten und Betrachtungen; bei Goethe alles im Stil des Epos, sachlich, abstandhaltend, Gegebenheiten erzählend. Seine Fülle von Einzelheiten des Hier und Jetzt ist nicht Überschätzung der Umwelt, sondern Freude und Staunen und ein Wissen um die eigene Bedingtheit, die man wenigstens theoretisch aufzuheben vermag, indem man sie sich klarmacht. Der Grundsatz *Der Mensch kennt nur sich selbst, insofern er die Welt kennt* (Bd. 13, S. 38,9f.) unterscheidet Goethes Autobiographie von den religiösen Büchern, die das Ich an der Heilswahrheit messen. Das ehrliche Streben, das in jedem Augenblick neues Bewähren fordert, verbindet beide. Daß auch Goethes Werk einen religiösen Hintergrund hat, ist unverkennbar.

Dieser trennt es von den Renaissance-Autobiographien, mit denen es anderseits durch die Gegenständlichkeit und Diesseitigkeit verbunden ist. Goethe kannte Petrarca (er besaß die Übersetzung von Joh. Georg Müller, 1791), Cellini (den er selbst übersetzt hatte), Cardano (den er wiederholt gelesen hatte) und Montaigne. Er liebte die Selbstbehauptung dieser Renaissance-Naturen, aber er sah die Welt nicht so wie sie als eine Fülle von Zufällen aus der Hand der Fortuna. Dort fehlt die Einheit von Charakter und Schicksal.

Memoiren kannte Goethe in Menge, hauptsächlich französische (Bassompierre, Kardinal Retz, Saint-Simon, Prinzessin Bourbon-Conti) und deutsche (Götz, Schweinichen, Trenck, Zelter). Sie waren ihm aufschlußreich als Kulturbilder einer Zeit; er sah, wie die Menschen gelebt hatten; doch in allen diesen Werken war nichts zu finden von seinem Denkbild der Entelechie, der Entwicklung. – Drängte sich dort die Welt in den Vordergrund, so bei Rousseau und Moritz das Ich. Goethe sah in ihnen meisterhafte Darstellungen psychischer Zusammenhänge; doch er selbst blieb ihren Wegen fern, infolge von gesellschaftlicher Erziehung, persönlichem Takt und Scheu vor Subjektivismus; Verschweigen ist mitunter nicht Gehemmtheit, sondern Kultur. Bei Rousseau wie bei Moritz sind Ich und Welt nicht im Gleichgewicht. Goethe glaubte nur schreiben zu dürfen, wenn dieses Gleichgewicht vorhanden sei.

So hat er in seinem Werk die zwei großen Linien zusammengeführt: aus der Renaissance-Autobiographie, die sich in den Memoiren fortsetzte, übernahm er Gegenständlichkeit und Diesseitigkeit; was diesen aber fehlte, das Religiöse, übernahm er aus der Tradition der religiösen Selbstschilderungen. Hierzu war nun seit Herder ein Drittes gekommen: das historische Denken. Dieses führt den Autobiographen zu der Frage, was er übernommen habe und in welchem Gefüge er etwas geleistet habe; er bemüht sich nun, alle Seiten des Ich darzustellen und damit alle Bereiche der Welt, die ihm sichtbar geworden sind. Was das Verhältnis von Ich und Welt betrifft – immer beweglich, aber immer im Gleichgewicht –, so überragt Goethes Autobiographie die – an sich sehr bedeutsamen – Werke seiner Zeitgenossen Alfieri und Chateaubriand. Alfieri bleibt bei dem unmittelbar Erlebten (nach Art der Memoiren); er kommt weit durch die Welt, hat aber nicht Goethes Offenheit für sie: nur wenige Menschen und Orte wirken als bildende Kräfte, das Ich ist viel auf sich selbst angewiesen. Chateaubriands Autobiographie erzählt in breiter Form das gesamte Leben von der Jugend bis ins Alter; sie führt bis Amerika und Palästina; durch das Ancien Régime, Revolution, Empire, Restauration; zeigt die Welt des Adligen, Soldaten, Diplomaten, Schriftstellers; beginnt mit konventionellem Christentum, führt zum Materialismus und endet mit neuem, vertieftem Christentum und Ausblick auf christlichen Tod. So weit führt Goethe nicht, aber die erlebende Persönlichkeit und die Kraft der künstlerischen Darstellung – jedenfalls in *Dichtung und Wahrheit* – ist größer. Hier zeigt es sich, daß die Autobiographie unter dem gleichen Gesetz steht wie die Dichtung: in ihr kommt es nicht darauf an, daß ein Stoff ins Weite und Ferne führe, sondern daß in dem begrenzten Dargestellten das Leben als Ganzes da sei und zur Gestalt werde.

Autobiographien schrieben keineswegs nur Schriftsteller, sondern auch Politiker, Gelehrte, bildende Künstler. Zu Goethe paßt diese Form so gut, weil darin auch das, was er als Naturforscher, Weimarischer Beamter, Kunstdenker, Theaterleiter, gesellschaftlicher Mensch war, zu Worte kommen konnte. Viele Künstler treten ganz hinter ihrem Werk zurück: Grünewald, Shakespeare, Bach. Andre treibt es, mit Hilfe ihrer Kunst ihr Ich festzuhalten: Petrarca, Dürer, Rembrandt. Diese kennen wir dadurch genau. Das gemalte Selbstbildnis hat sich parallel zu der Autobiographie entwickelt, seit der Renaissance. Vorher genügte der Typ, das Symbol. So wie das gemalte Selbstbildnis in Rembrandt, der als erster die Einheit von Charakter und Schicksal gestaltet, seinen Gipfelpunkt hat, so das geschriebene in Goethe. Seine Veranlagung machte ihn dafür geeignet: der Drang zum Leben, die Breite des Welterfassens, die Freude an den Gegenständen, das historische Sehen, die Harmonie von Ich und Welt und die Fähigkeit epischen Gestaltens.

Der Wille, dem erfüllten Dasein Dauer zu geben, ist Goethesch und ist abendländisch. Die Autobiographie ist eine abendländische Gattung. Die Literaturen Indiens, Chinas und Japans haben – soweit ich sehe – sie nicht hervorgebracht. Das Drama, die Lyrik, das Epos, der Roman sind im Osten und Westen vergleichbar. Buddhistische Weise, auf das Nirvana zuschreitend, haben tiefsinnige Werke geschaffen, welche die Seele üben wollen im Erreichen des Wesentlichen. Sie brauchen nicht den Weg durch die Welt, sondern den der Meditation. Aus dieser Haltung konnte keine gegenständliche Autobiographie hervorgehen. Von hier aus wird deutlich, wie sehr Goethe, der durch die Gegenstände zum Ich kommt, ein Mensch seines Kulturkreises ist. Seine Autobiographie gibt ein Bild des Abendlandes mit seiner Tätigkeit (doch nie mit der Gefahr geistloser Betriebsamkeit); sie gibt aber auch ein Bild davon, wie Goethe zu sehen, zu schauen verstand. Und von da aus erklärt es sich, warum gerade er wiederum zu den östlichen Literaturen besonders nahe Beziehungen hat. *Über allen Gipfeln* ... und die *Chinesisch-deutschen Jahres- und Tageszeiten* (Bd. 1, S. 387–390) – wohl nichts in deutscher Dichtung steht dem Osten näher als dies. Daß er, der hier und im *Divan* zum Osten hinüberreicht, zugleich der so typisch Abendländische ist – als Autobiograph –, ist wiederum ein Zeugnis seiner Weite – einer Weite, die ihn nie zerriß, sondern immer nur Entferntes verband.

Die autobiographischen Schriften stehen in Goethes Schaffen an wichtiger Stelle, neben der Dichtung und neben der Naturwissenschaft; eine eigene Gattung. Es gibt in der Weltliteratur neben Goethes Lyrik andere große Lyrik: Petrarca, Hölderlin; neben Goethes Dramen gibt es andere – und zum Teil größere – Dramatiker: Sophokles, Shakespeare; und es gibt neben Goethes Romanen andere große Romane von Cervantes bis Tolstoi. Aber es gibt in der Weltliteratur keine größere Autobiographie.

Eine Zusammenstellung „Goethe über seine autobiographischen Schriften" befindet sich in Band 10.

ANMERKUNGEN

Titel und Vorwort

7,1f. *Aus meinem Leben. Dichtung und Wahrheit.* Den Obertitel *Aus meinem Leben* benutzte Goethe auch 1816 für die *Italienische Reise* und 1822 für die *Campagne in Frankreich.* Goethe schildert in der Autobiographie das Leben als Zusammenhang; vom Ganzen her erhält das einzelne seine Bedeutung; Schau des Ganzen aber ist Deutung. Diese Deutung – aus der Sicht des Alters – nannte er *Dichtung.* Die Tatsächlichkeit der Einzelheiten nannte er *Wahrheit.* Der Titel *Wahrheit und Dichtung* bedeutet also: die Tatsachen und ihr Zusammenhang; oder: die Richtigkeit der Einzelheiten und die verbindende Schau und künstlerische Form. Eben durch diese Gestaltung erreichte Goethe eine tiefere Wahrheit. Da der Titel zu Mißverständnissen führte, sah Goethe sich veranlaßt, ihn zu erläutern. Er tat es in einem Brief an König Ludwig I. von Bayern vom 12. 1. 1830. Eine Abschrift davon sandte er an Zelter am 15. 2. 1830. (Er rechnete damals schon mit dem späteren Druck des Zelter-Briefwechsels.) Hier schreibt er: *Was den freilich einigermaßen paradoxen Titel der Vertraulichkeiten aus meinem Leben Wahrheit und Dichtung betrifft, so ward derselbige durch die Erfahrung veranlaßt, daß das Publikum immer an der Wahrhaftigkeit solcher biographischen Versuche einigen Zweifel hege. Diesem zu begegnen, bekannte ich mich zu einer Art von Fiktion, gewissermaßen ohne Not, durch einen gewissen Widerspruchs-Geist getrieben, denn es war mein ernstestes Bestreben das eigentliche Grundwahre, das, insofern ich es einsah, in meinem Leben obgewaltet hatte, möglichst darzustellen und auszudrücken. Wenn aber ein solches in späteren Jahren nicht möglich ist, ohne die Rückerinnerung und also die Einbildungskraft wirken zu lassen, und man also immer in den Fall kommt gewissermaßen das dichterische Vermögen auszuüben, so ist es klar, daß man mehr die Resultate und, wie wir uns das Vergangene jetzt denken, als die Einzelheiten, wie sie sich damals ereigneten, aufstellen und hervorheben werde ... Dieses alles, was dem Erzählenden und der Erzählung angehört, habe ich hier unter dem Worte: Dichtung, begriffen, um mich des Wahren, dessen ich mir bewußt war, zu meinem Zweck bedienen zu können. Ob ich ihn erreicht habe überlass' ich dem günstigen Leser zu entscheiden, da denn die Frage sich hervortut: ob das Vorgetragene congruent sei? ob man daraus den Begriff stufenweiser Ausbildung einer, durch ihre Arbeiten schon bekannten Persönlichkeit sich zu bilden vermöge.* Ähnlich äußert er sich in den *Annalen* (Bd. 10, S. 509f.). Hinzu kommen Gesprächs-Äußerungen. Riemer schreibt: „Auf ähnliche Weise" (wie das Motto des *3. Teils*)

„hatte er, nach meinem Vorschlag, für diese Biographie den Titel *Aus meinem Leben* und *Wahrheit und Dichtung* beifällig aufgenommen, mit der kleinen Umstellung von *Dichtung und Wahrheit*, aus euphonischen Gründen, weil in jener Verbindung zwei gleiche Buchstaben sich stoßen und zusammenkleben. Diese Stellung aber hat manche veranlaßt zu glauben: die Hauptsache sei Dichtung und die Wahrheit nur adspergiert, wie die Philologen reden, da doch gerade umgekehrt Wahrheit der Stoff und die Form nur Dichtung ist." (Mitteilungen über Goethe. Hrsg. v. A. Pollmer. Lpz. 1921. S. 188f.) Eckermann notiert unter dem Datum 30. 3. 1831: *Es sind lauter Resultate meines Lebens, und die erzählten einzelnen Fakta dienen bloß, um eine allgemeine Beobachtung, eine höhere Wahrheit zu bestätigen ... Ich dächte, es steckten darin einige Symbole des Menschenlebens. Ich nannte das Buch „Wahrheit und Dichtung", weil es sich durch höhere Tendenzen aus der Region einer niederen Realität erhebt ... Aber die Deutschen wissen nicht leicht, wie sie etwas Ungewohntes zu nehmen haben, und das Höhere geht oft an ihnen vorüber, ohne daß sie es gewahr werden. Ein Faktum unseres Lebens gilt nicht insofern es wahr ist, sondern insofern es etwas zu bedeuten hatte.* Über das Unverständnis des Publikums äußert Goethe sich in ähnlicher Weise schon am 5. 2. 1831 in einem Brief an Woltmann. Wie er *Dichtung* und *Erdichtung* unterschied, zeigt eine Aufzeichnung des Kanzlers v. Müller vom 13. 6. 1825: „Ich reizte ihn sehr lebhaft an, doch noch etwas über die Zustände Tiefurter Lebens zur Zeit der Herzogin-Mutter zu entwerfen. *Es wäre nicht allzuschwer,* erwiderte er, *man dürfte nur die Zustände ganz treu so schildern, wie sie sich dem poetischen Auge damals darstellten; Dichtung und Wahrheit, ohne daß Erdichtung dabei wäre.*" – In der Quartausgabe von Goethes Werken, die Riemer (mit Eckermann) 1837 herausgab, führte dieser für den Titel die Formulierung *Wahrheit und Dichtung* ein, welche Goethe in Gesprächen und Briefen, nicht aber in Drucken verwendet hatte. Auf Riemers Autorität fußend, haben zahlreiche Ausgaben des 19. Jahrhunderts diese Form benutzt. Seit der Weimarer Ausgabe schreibt man allgemein wieder die von Goethe bevorzugte Form *Dichtung und Wahrheit.*

7,4. Ὁ μὴ δαρεὶς ...: wörtlich übersetzt: „Der nicht geschundene Mensch wird nicht erzogen". Vers aus einer Komödie von Menandros. Goethe notierte ihn sich am 30. 4. 1809 im Tagebuch.

7,5. *Vorwort.* Goethes Tagebuch verzeichnet am 8. 9. 1811: *Vorwort zum 1. Teile.* Am Tage davor hatte er notiert: *Der Schluß des Manuskripts zum 5. Buch abgesandt.*

7,7. *der Brief eines Freundes* ist in seiner Formulierung wohl ein Werk Goethes, doch faßt er inhaltlich vieles zusammen, was man dem

Dichter wiederholt gesagt und geschrieben hatte, und ist insofern (gleich dem übrigen) „gedichtete" Wahrheit.

7,9. *die zwölf Teile*: Goethes Werke. Bd. 1–12. Tübingen, Cotta, 1806–1808. Darüber schrieb Goethe an Zelter 22. 6. 1808: *Die Fragmente eines ganzen Lebens nehmen sich freilich wunderlich und incohärent genug neben einander aus; deswegen die Rezensenten in einer gar eigenen Verlegenheit sind, wenn sie mit gutem oder bösem Willen das Zusammengedruckte als ein Zusammengehöriges betrachten wollen.* Die Werke eines Shakespeare, Racine oder Klopstock erschienen viel einheitlicher. Anderseits regten gerade Goethes Werke dazu an, nach dem Verfasser zu fragen.

7,34. *verjährt* = alt geworden, langjährig, vieljährig.

8,32. *aufregen* = anregen. Vgl. 530,10; 548,34; 594,39 u. ö.

9,16f. *die innern Regungen, die äußern Einflüsse* ... Beginn eines Abschnitts von entscheidender Bedeutung; klar bezeichnet die Bereiche und ihr Wechselspiel: *Privatleben* und *weite Welt, Individuum* und *Jahrhundert* (Bd. 1, S. 359 *Daimon* und *Tyche*), *Widerstreben* und *Begünstigen.* Die Zeit als Schicksal. Für das hier allgemein Gesagte dann wenige Zeilen später das große Bildsymbol (10, 11–20).

Erstes Buch

Das Tagebuch notiert: 29. 1. 1811: *Eigene Biographie.* Am 31. 1. und 1. 2.: *Biographische Anfänge.* 5.–13. 2.: *Biographisches.* 1. 5.: *Erdbeben von Lissabon.* 24. 5.: *Biographisches. Revision des 1. Buchs. Aufmerksamkeit auf Motive, welche vergessen worden, so wie Translocation derselben.* 25.–26. 5. sowie 2.–8. 6.: *Revision des 1. Buches.* 2. 7.: *Revision des 1. Buches.* 6. 7.: *Revision des 1. Buchs geschlossen.* 17. 7.: *Das 1. Buch der Biographie an Frommann* (den Drucker).

Goethe schöpfte nicht nur aus Jugenderinnerungen und aus Mitteilungen, die ihm Bettine Brentano gesandt hatte (die sich von der Frau Rat Geschichten über Goethes Jugend hatte erzählen lassen), sondern er nutzte auch Erinnerungen an den Aufenthalt in Frankfurt im Jahre 1797, bei welchem er die Stadt gründlich angesehen hatte. Außerdem entlieh er im April 1811 aus der Weimarer Bibliothek eine Anzahl einschlägiger Bücher.

Er entlieh: Anton Kirchner, Geschichte der Stadt Frankfurt a. M. 2 Bde. Frankfurt 1807–10. – (Joh. Isaak Frh. v. Gerning,) Skizze von Frankfurt a. M. (o. O.) 1800. – Joh. Heinr. Herm. Fries, Abhandlung vom sogen. Pfeiffergericht. Frankf. 1752. – Achilles Augustus Lersner, Der Welt berühmten ... Stadt Frankfurt ... Chronica. Anfänglich durch Gebhard Florian an Tag geben, anjetzo aber vermert durch ... A. A. Lersner. (Frankf.) 1706.

Unter Goethes eigenen Büchern, die noch heute im Goethehaus in Weimar stehn, befindet sich: Hüsgen, Getreuer Wegweiser von Frankfurt a. M. Frankf. 1802. (VI, 204 S.) – (Helferich Bernhard Hundeshagen,) Artistisch-topographische Beschreibung des Panoramas der Stadt Frankfurt. Gemalt von dem Maler Morgenstern jun. Frankf. 1811. – Wahrscheinlich besaß er beide, zumindest aber das erste dieser Werke bereits, als er das *1. Buch* fertigstellte. – Außerdem besaß er: Hüsgen, H. S.: Artistisches Magazin ... Frankfurt 1790. Er erhielt dieses ihm gewidmete Werk 1790 von dem Verfasser als Geschenk. Es behandelt Frankfurter Künstler und Kunstwerke. (Ruppert Nr. 2318.)

Oft mit Bewunderung hervorgehoben die Kunst des Aufbaus: Das Eingangs-Symbol; eine humorvoll-realistische Anekdote; kindlicher Blick in die Welt, wobei sachliche Wahrnehmung und Gefühl sich vermischen; Ausweitung des Blicks vom Haus zur Stadt; optische Eindrücke vermitteln (im Symbol) ein Bild der Ordnung des Gemeinwesens. Am Schluß ein religiöses Motiv, das einerseits in der Kinderwelt bleibt, anderseits auf die gesamte spätere Entwicklung hindeutet.

J. H. Faber, Topographische, politische und historische Beschreibung der Reichs-, Wahl- u. Handelsstadt Frankfurt am Main. 2 Bde. Frankf. 1788 u. 1789. – Die Stadt Goethes. Frankfurt am Main im 18. Jahrhundert. Hrsg. von der Stadt Frankfurt durch H. Voelcker. Frankf. 1932. (494 S., 76 Abb.) – Bilder zur Frankfurter Geschichte. Hrsg. v. Waldemar Kramer. Bearb. von Franz Lerner, Frankf. 1950. (XVI, 384 S. mit 456 Abb.) – Die Briefe der Frau Rat Goethe. Hrsg. v. Albert Köster. 2 Bde. Lpz. 1923. (290 u. 279 S.) – Helmut Prang, Goethes Mutter.

München 1949. (288 S.) – (O. Heuer,) Ausstellung von Autographen, Bildern, Schattenrissen ... zur Veranschaulichung von Goethes Beziehungen zu seiner Vaterstadt, veranstaltet vom Freien Dt. Hochstift. 1895. Frankf. a. M. (XVI, 144 S. mit 21 Taf.) – Friedrich Gundolf, Goethes Kindheit. Insel-Almanach auf das Goethejahr 1932. Lpz. 1932. S. 12–27. – Goethe, Gedenkausgabe. Ergänzungsband 1: Briefe aus dem Elternhaus. Zürich 1960. (Mit 290 S. biogr. Einführung von E. Beutler.) – Johann Caspar Goethe, Liber domesticus (Haushaltsbuch) 1753–1779. Hrsg. von Helmut Holtzhauer unter Mitarbeit von Irmgard Möller. 2 Bde. Leipzig 1973. – Besonders ausführlich kommentiert sind die ersten Bücher von *Dichtung und Wahrheit* in der Ausgabe von G. v. Loeper, Bln. 1879. Zu dieser Zeit war in Frankfurt noch vieles von dem, was Goethe beschreibt, vorhanden. Loeper kannte also Dinge, die es heute (nach vielerlei Zerstörungen) nicht mehr gibt, er kannte anderseits aber Quellen nicht, welche erst seither veröffentlicht sind. – Vgl. in der Bibliographie in Bd. 14 die Abschnitte über Frankfurt und über Goethes Familie.

10,12ff. *Die Konstellation* ... Sachlicher als das *Erste Buch* kann keine Autobiographie beginnen. Doch auf den sachlichen Einleitungssatz folgt ein symbolisches Bild. Was kurz davor (9,31–39) allgemein und theoretisch gesagt ist, wird hier ichbezogen und bildhaft; es ist eine besondere Stelle: der Anfang des ganzen Werks. Mit einem symbolischen Bild beginnt es und mit einem solchen endet es (Bd. 10, S. 187, 18–24), jedesmal die Beziehung zu höheren Mächten andeutend. – Auch das Gedicht *Urworte, orphisch* beginnt mit dem Sternen-Symbol, das die Einmaligkeit des Individuums und Bedingtheit durch Ort und Zeit ausspricht. (Bd. 1, S. 359 und S. 403,29–404,2.) Schon Goethes frühes Schema zu *DuW* notiert: *Horoskop*. Vgl. den Abschnitt „Schemata und Entwürfe". Das Motiv war ihm geläufig aus biographischen Werken früherer Jahrhunderte, vor allem wohl aus Hieronymus Cardanus, De vita propria, Parisiis 1643, einem Werk, das er seit 1777 kannte und am 1. 11. 1808 wieder entlieh, als er die *Geschichte der Farbenlehre* fertig machte. Cardano setzt die astrologische Konstellation aber nicht an den Anfang, sondern beginnt mit „Caput I: Patria et majores" und läßt dann „Caput II: Nativitas nostra" folgen; und er glaubt an die Macht der Sterne, während Goethe das Motiv nur als Symbol benutzt. Er war zwar der Meinung, daß alles mit allem in Beziehung stünde, war aber kein Astrologe und hat sich darüber mehrfach deutlich ausgesprochen (z. B. Bd. 13, S. 307,25ff.; ferner in den Briefen an Schiller vom 5. und 8. 12. 1798). In der *Geschichte der Farbenlehre*, Abschnitt *17. Jahrhundert*, sagt er (Bd. 14, S. 96,12–29): *Wenn die Frage, welcher Zeit der Mensch eigentlich angehöre, gewissermaßen wunderlich und müßig scheint, so regt sie doch ganz eigene Betrachtungen auf, die uns interessieren und unterhalten könnten. Das Leben jedes bedeutenden Menschen, das nicht durch einen frühen Tod abgebrochen wird, läßt sich in drei Epochen teilen: in die der ersten Bildung, in die des eigentümlichen Strebens und in die des Gelangens zum Ziele, zur Vollendung. Meistens kann man nur von der ersten sagen, daß die Zeit Ehre von ihr habe: denn erstlich deutet der Wert eines Menschen auf die Natur und Kraft der in seiner Geburtsepoche Zeugenden; das Geschlecht, aus dem er stammt, manifestiert sich in ihm öfters mehr als durch sich selbst, und das Jahr der Geburt eines jeden enthält in diesem Sinne eigentlich das wahre Nativitätsprognostikon, mehr in dem Zusammentreffen irdischer Dinge als im Aufeinanderwirken himmlischer Gestirne.* – Übrigens ist die Konstellation, die Goethe (10,13–20) angibt, astrologisch im allgemeinen richtig. Es ist bezeichnend für ihn, daß er auch bei dem, was nur Symbol ist, eine gewisse sachliche Richtigkeit anstrebt. – Carl Heinrich Müller, Goethes Horoskop. Jahrb. d. Fr. dt. Hochstifts 1905, S. 117–143. – Franz Boll u. Carl Bezold, Sternglaube und Sterndeutung. 3. Aufl. Lpz. u. Bln. 1926. S. 67–72 und 160–164. – Art. „Astrologie" in Goethe-Handbuch, 2. Aufl., 1955 ff. S. 413–419.

10,15. *widerwärtig* = widerstrebend, entgegenwirkend.

11,7f. *Schwester*: Cornelia, geb. 7. Dezember 1750.

11,13. *Geräms*. „Gitterwerk aus Holz oder Eisen, im und am Hause". Dt. Wb. IV, 1, 2. (1897) Sp. 3561. – Goethe, Briefe. Hbg. Ausg., Bd. 3, S. 175,30ff.

11,20. *Ochsenstein*. Diese Familie wohnte gegenüber am Hirschgraben (spätere Hausnummer 18) und hatte drei Söhne. – G. L. Kriegk, Die Brüder Senckenberg. 1869. S. 350–356.

11,25. *einen von diesen Streichen* ... Die folgende Geschichte von dem hinausgeworfenen Geschirr berichtete Bettine Brentano an Goethe auf Grund von Erzählungen der Frau Rat (Briefe an Goethe, HA., Bd. 2, S. 63, 16ff.). Goethe sagt ausdrücklich *Die Meinigen erzählten gern* ... (11,23). Er braucht als erfahrener Erzähler nach dem Einleitungs-Symbol (10,11ff.) und vor der Beschreibung des Hauses (12,23ff.) eine Geschichte mit Handlung, welche die Erzählung belebte. Da kam dieses Motiv gelegen. Da es von der Mutter und Bettine übernommen und als schriftstellerisches Kompositionselement hier eingeschaltet ist, ist es nicht spontane Erinnerung an frühe Kindheit.

12,15f. *Meines Vaters Mutter*: Cornelia Goethe geb. Walther, 1668–1754.

13,35. *das Schauderhafte* = das Schauder Erweckende, Angst Verursachende.

14,8. *Pfirschen* = Pfirsiche.

14,12f. *eine Reihe römischer Prospekte*. Sie hängen noch heute im Goethehaus in Frankfurt, andere Exemplare befinden sich im Goethemuseum in Weimar. Vgl. Bd. 11, S. 126,8ff.

14,28. *italienisch verfaßte Reisebeschreibung*. Goethe hat die Handschrift seines Vaters aufbewahrt. Sie liegt in Weimar und ist im 20. Jahrhundert im Druck erschienen: Johann Caspar Goethe, Viaggio in Italia (1740). Prima edizione, a cura di Arturo Farinelli. 2 Bde. Roma 1932. Vol. I (CXVIII, 442 S.). Vol. II (526 S.). – Reise durch Italien. Übers. u. kommentiert von Albert Meier. München 1988.

14.34. *Solitario bosco ombroso* ... Beliebte Arie, Text: Paolo Rolli; Melodie vermutlich Willem de Fesch. – S. Levarie in (Jb.) Goethe 19, 1957, S. 196–202.

14,38. *Entfernung von Geschäften.* Das Wort *Geschäfte* hier in der Bedeutung: Staatsämter. Johann Caspar Goethe war Schwiegersohn des Stadtschultheißen und Stiefbruder eines Ratsherrn, deswegen durfte er zufolge einer in Frankfurt geltenden Bestimmung nicht zum Ratsherrn gewählt werden.

15,12. *ein Puppenspiel.* Reste davon sind erhalten und stehen im Frankfurter Goethehaus. (Beutler, Das Goethehaus. 1953. S. 29f.) Die lebhafte und nachhaltige Wirkung des Puppenspiels führte zur ausführlichen Aufnahme dieses Motivs in die *Theatralische Sendung* (Bd. 8, S. 488ff.) und in die *Lehrjahre* (Bd. 7, S. 12–24). Gemäß dem Satz *Kinder müssen Komödien haben und Puppen* (Bd. 8, S. 488,34f.) schenkte Goethe seinem Sohn August zu Weihnachten 1800 ein Puppenspiel, das – gut erhalten – heute in Weimar aufbewahrt wird. (Walter Röhler, Das Puppentheater im Weimarer Goethehaus. Jahrbuch Goethe 3, 1938, S. 282–286 mit 8 Abb.) – Das Motiv des Puppenspiels, das hier im *1. Buch* nur kurz auftaucht (15,6–21), wird im *2. Buch* noch einmal aufgenommen (48,36–49,32).

15,27–16,39. Der Haus-Umbau. (Seine Vollendung wird später berichtet 27,14–26.) Goethes Großmutter hatte 1733 für sich und ihren Sohn zwei alte Häuser am Hirschgraben, die etwa 1590 errichtet waren, gekauft. Als Goethe 5 Jahre alt war, baute sein Vater sie um zu einem geräumigen modernen Haus. 1795 verkaufte Goethes Mutter dieses Haus. 1863 wurde es vom Freien Deutschen Hochstift erworben und mit den alten Möbeln, die sich erhalten hatten, ausgestattet; der alte Zustand ließ sich wiederherstellen. Seither wurde es von Tausenden von Besuchern besichtigt. Während des Krieges 1939–1945 wurden zunächst alle Teile des Hauses in zahllosen Zeichnungen und Photographien festgehalten und dann der gesamte Bestand an Möbeln, Büchern usw. ausgelagert. Am 22. März 1944 wurde das ganze alte Frankfurt durch Bomben zerstört. Von dem Goethehaus blieb das Erdgeschoß erhalten, von den Obergeschossen lagen Trümmer umher. Der Direktor des Goethe-Museums, Ernst Beutler, stand vor der Frage, was zu tun sei. Da kein einziges Alt-Frankfurter Haus erhalten war, sollte wenigstens eins als Beispiel wieder aufgebaut werden, und dies mußte das Goethe-Haus sein. Die Innen-Ausstattung war erhalten. Man wollte sie nicht in irgendwelche Museumsräume stellen. Man konnte auch die Trümmer nicht liegen lassen. Das Erdgeschoß wurde freigemacht und aus den Trümmern jedes brauchbare Stück herausgesucht. Man wußte von jedem kleinsten Teil, wie er wiederhergestellt werden müßte. Ernst Beutler gelang es, eine Glashütte im Bayerischen Wald zu finden, die noch Bleiverglasung in der Technik des 18. Jahrhunderts herstellen konnte, und einen Künstler zu entdecken, der die Stukkatur sachgerecht formte; und ein alter Dachdeckermeister deckte eigenhändig das Dach genau in der Art, wie die Häuser im 18. Jahrhundert gedeckt waren. Räumlich ist alles genau wie einst, nur die Tapeten sind (genau nach den alten Mustern) erneuert; aber diese neuen zeigen unserem Auge den Zustand des 18. Jahrhunderts besser als die alten, welche allmählich nichts mehr von ihrer ursprünglichen hellen Farbe behalten hatten. Ernst Beutler hat aber nicht nur aus genauester Kenntnis (er war 1925–1960 Direktor des Hochstifts) das Goethe-Haus erneuert, sondern hat seit 1932 in dem Nachbarhause ein Goethe-Museum geschaffen, das Gemälde, Handschriften und Bücher der Goethezeit enthält. Das „Freie Deutsche Hochstift" ist eine Stiftung des Frankfurter Bürgertums aus dem Jahre 1859; seit 1863 betreut es das Goethehaus, und es ist seither durch das Hinzukommen des Museums, der Bibliothek und umfangreicher Sammlungen von Dichterhandschriften (Novalis-Nachlaß u. a.) eine Stätte literaturwissenschaftlicher Forschung geworden.

(Otto Volger,) Goethe's Vaterhaus. Ein Laub zu Frankfurts Ehrenkranze ... dargebracht vom Freien Dt. Hochstift. Frankf. a. M., Verlag des Fr. Dt. Hochstifts. 1863. (IV, 52 S.) – Das Goethe-Haus in Frankfurt am Main. Von Rudolf Jung und Julius Hülsen. (Sonderabdruck aus: Die Baudenkmäler in Frankfurt am Main. Bd. 3. S. 171 bis 206.) Frankf. a. M. 1902. (36 S. mit 6 Abb.) – Robert Hering, Das Elternhaus Goethes und das Leben in der Familie. In: Die Stadt Goethes. Frankf. a. M. 1932. S. 363–446. – (Ernst Beutler,) Führer durch Goethes Geburtshaus und das Frankfurter Goethe-Museum. Freies Dt. Hochstift, Frankf. a. M. 1938. (82 S. mit 12 Tafeln in Kupfertiefdruck.) – Beutler, Ernst, Das Haus. In: Beutler, Essays um Goethe. Bd. 1. 3. Aufl. 1946. S. 28–79. Bd. 2. 1947. Vorbericht S. VII–XIX. – Rud. Alex. Schröder, Das Goethehaus in Frankfurt. In: R. A. Schröder, Gesammelte Werke. Bd. 2. Bln. u. Frankf. 1952. S. 604–609. – E. Beutler, Das Goethe-Haus in Frankfurt am Main. Freies Dt. Hochstift. (1952.) (40 S.) 2. Aufl. (1953.) (44 S.) – Berichte des Freien Dt. Hochstifts. 1861–1901 (in unregelmäßiger Folge). – Jahrbuch des Fr. Dt. Hochstifts. 1902–1940. – Bilder aus dem Frankfurter Goethe-Museum. Hrsg. v. E. Beutler u. J. Rumpf. Frankf. 1949. – E. Beutler, Neunzig Jahre Freies dt. Hochstift. Wiesbaden 1949. = Fr. dt. Hochstift, Vorträge u. Schriften, 13. (24 S.). – Das Goethehaus in Frankfurt a. M. Fotos von Anneliese Jaenicke. Einführung von Detlev Lüders. Frankf. a. M. 1968. (40 S. Text, dreisprachig; 56 S. Tafeln.)

16,34f. *Wachstuch von ... Tapeten.* Diese abgenommenen Wandbespannungen aus Wachstuch wurden, nachdem man sie zeitweilig als Regenschutz benutzt hatte, zusammengerollt und unter dem Dach auf den Boden gelegt. Eine davon blieb dort liegen bis 1930. Da fand Ernst Beutler sie und ließ sie reinigen. Heute hängt sie im Erdgeschoß des Goethehauses im Speisezimmer, neben dem Ofen; sie zeigt Jagdbilder und ist ein Beispiel dafür, wie die Wandbespannung vor dem Umbau von 1754 aussah.

17,8. *meine Vaterstadt.* An die Schilderung des Hauses schließt sich die der Stadt. Es war das Frankfurt der reichen Bürgerhäuser, der schönen Brunnen, der alten Stadtmauern und Wachtürme, das auch nach Goethes Zeit noch in vielen Denkmälern erhalten blieb, 1944 aber versunken ist. Goethes Schilderung betont das *Altertümliche* (18,34), das Anheimelnde und Lebensvolle, nicht aber den Zauber der Altstadt in ihren Bauformen: *Nichts architektonisch Erhebendes war damals in Frankfurt zu sehen.* (18,22f.) Den begannen die Romantiker damals eben erst zu entdecken, Goethe urteilte anders: Als er dies 1811 schrieb, stand er noch unter dem Eindruck der Besichtigung Frankfurts, die er 1797 vorgenommen hatte. Damals hatte er sich genaue Notizen gemacht. (Die wichtigsten davon gab Eckermann 1833 heraus; Neudr.: W. A., Bd. 34; Jubil.-Ausg., Bd. 29.) – Unter Goethes Büchern (Goethehaus in Weimar) befinden sich: Henrich Sebastian Hüsgen, Artistisches Magazin. Frankf. 1790. Und: Hüsgen, Getreuer Wegweiser von Frankfurt am Main und dessen Gebiete. Frankf. 1802. (204 S.) Ferner: (H. B. Hundeshagen,) Artistisch-topographische Beschreibung des Panoramas der Stadt Frankfurt. Frankf. 1811. – Dazu entlieh sich Goethe im April 1811 aus der Weimarer Bibliothek: A. A. Lersner, Der weltberühmten ... Stadt Frankfurt ... ordentliche Beschreibung. (Frankf.) 1706. Ferner: (Joh. Isaak v. Gerning,) Skizze von Frankfurt. 1800. – Neuere Literatur über das alte Frankfurt: Johann Georg Battonn, Örtliche Beschreibung der Stadt Frankfurt. Hrsg. durch L. H. Euler. 7 Bde. Frankf. 1861–1875. – Frankfurt a. M. und seine Bauten. Hrsg. vom Architekten- und Ingenieur-Verein 1886. (VIII, 650 S. mit Abb.) – Die Baudenkmäler in Frankfurt a. M. Bearbeitet von Carl Wolff und Rudolf Jung. Bd. 1. Frankf. 1896. (XVI, 368 S., 41 Taf., 302 Abb.) Bd. 2. Frankf. 1898. (XVIII, 466 S., 20 Taf., 386 Abb.) Bd. 3 (= 5. Lieferung). Bearb. von Rudolf Jung und Julius Hülsen. Frankf. 1902. (XIV, 464 S., 10 Taf., 163 Abb.) – Das schöne Gesicht von Frankfurt am Main. Lob Frankfurts von Rudolf G. Binding. 168 Naturaufnahmen von Carl Abt und anderen. Frankf. 1924. – Alt-Frankfurt. 135 Bilder nach Aufnahmen von Paul Wolff. Texte von Fried Lübbecke. Frankf. 1931. (XII, 136 S.) – Alt-Frankfurt. Ein Vermächtnis. Hrsg. von Georg Hartmann und Fried Lübbecke. Frankf. (1951.) (IV, 272 S. mit 272 Taf.) – Bilder zur Frankfurter Geschichte. Hrsg. von Waldemar Kramer. Bearbeitet von Franz Lerner. Frankf. 1950. (XVI, 384 S. mit 453 Abbs., darunter viele Abbildungen der von Goethe in *Dichtung und Wahrheit* erwähnten Gebäude.) – Vgl. Nachtrag S. 864.

17,31. *Der Saalhof* wird ausführlich S. 208,21ff. beschrieben. – Hüsgen, Getreuer Wegweiser von Frankfurt. 1802. S. 158f. – Lersner, Chronica. 1706. S. 17f.

18,2. *Pfarreisen*: ein durch ein eisernes Gitter von dem kirchlichen Bezirk getrennter Fußweg über den Domfriedhof; dort standen die Buden kleiner Buchhändler. – Hüsgen 1802, S. 116f.: „Pfarreisen machte vormals einen Teil des Kirchhofs der St. Bartholomäikirche aus, jetzo aber sind hier Kramläden errichtet und ein Durchgang eröffnet."

18,10. *Neue Kräme*: Name einer Straße zwischen Römerberg und Liebfrauenberg.

18,19ff. *Der Nürnberger Hof* war ursprünglich Herberge der Nürnberger Handelsleute; *das Kompostell,* ein großes Gebäude an der Fahrgasse (Hüsgen 1802, S. 65), diente als kurmainzisches Reichsquartier (vgl. 186,11); *das Braunfels* war ein großes Haus am Liebfrauenberg (Hüsgen 1802, S. 48); *das Stammhaus derer von Stallburg* lag an dem alten Kornmarkt.

18,36. *Grave,* Hans, machte 1553 den Holzschnitt des großen, von Conrad Faber gezeichneten „Belagerungsplans" von Frankfurt; ein Exemplar davon befindet sich im Goethehaus in Frankfurt. – Thieme-Becker 14, S. 547f. (Grave) und 11, S. 148f. (Faber).

19,5. *Zwinger*: Raum zwischen der Stadtmauer und den innerhalb von ihr liegenden Gärten und Häusern; ursprünglich der Raum zwischen der äußeren und der inneren Ringmauer. – *Faust* vor 3587. – Dt. Wb. 16, Sp. 1267–1276.

19,15f. *der ... hinkende Teufel* in dem Roman „Le diable boiteux" von Le Sage deckt die Dächer ab, um Einblick in die Wohnungen zu geben.

20,11f. *alles, was sich auf Wahl und Krönung der Kaiser bezog* ... Erster Hinweis auf die Motive des *5. Buchs.* (178,22ff.)

20,34. *Goldene Bulle* Grundgesetz über die Kaiserwahl, 1356. Goethe hörte schon früh davon, weil Olenschlager die Goldene Bulle edierte und kommentierte. Vgl. S. 157,31 u. Anm. Die *Peinliche Halsgerichtsordnung* wurde 1532 von Karl V. erlassen. Sie ist ein Strafgesetzbuch; *peinlich*: in der Sprache des 16. Jahrhunderts „Strafe betreffend" (von „Pein" = Strafe).

21,13. *Günther*: vgl. 20,36.

21,36. *Krönung Karls des Siebenten*: 1742; Vgl. S. 46,20f.

22,4. *Krönung Franz' des Ersten*: 1745.

22,17. *Schlacht bei Dettingen* in Unterfranken, 1743. Hier siegten im Österreichischen Erbfolgekrieg Engländer, Hannoveraner und Österreicher über die Franzosen.

23,29. *Rezesse* = Vergleiche, Verträge.

24,20ff. *das Pfeifergericht.* Erinnerungen aus seiner Jugend verband Goethe mit dem Wissen, das er durch neues Quellenstudium erwarb. Aus der Weimarer Bibliothek entlieh er am 23. 4. 1811: Joh. Heinr. Fries, Abhandlung vom sogenannten Pfeiffergericht ... Frankf. a.M. 1752. Dieses Buch hatte bereits sein Vater besessen (es wird in Lieboldts Bücherverzeichnis genannt), er wird es wohl schon in seiner Jugend gesehen haben. Außerdem ist das Pfeifergericht beschrieben in dem von Goethe 1811 viel benutzten Werk von Lersner, Chronica, 1706, S. 426f. – Am 11. 7. 1811 fragt er Schlosser, ob er *einen hölzernen Becher und Stäbchen, wie sie dem Schultheiß beim Pfeifergericht ...*

überreicht werden, erhalten könne. *Vielleicht finden sich auch noch ein Paar Handschuhe von dieser Ceremonie ...* Dieser Wunsch konnte erfüllt werden, und er dankt in einem Brief vom 28. 10. 1811.

25,11. *Pommer* (Bomhart), ein Blasinstrument. Zedler, Universal-Lexicon Bd. 28, 1741, S. 1373: „Der große Baßpommer, so zehen Schuhe und einen Zoll lang ... Der Altpommer hat die Größe wie eine Schalmei." – Hugo Riemann, Musik-Lex. 11. Aufl. 1929. Art. „Bomhart" S. 201f. – Dt. Wb. 7, Sp. 1996.

26,15. *Räderalbus* = Weißpfennig, Kaisergroschen. Das Mainzische Stadtwappen hat zwei Räder; das der Münze aufgeprägte Rad gab ihr den Namen. – Dt. Wb. 8, Sp. 48.

27,22. *lustig* steht in Goethes Drucken; Boucke setzt als Konjektur *luftig*. Ebenso Beutler S. 33.

27,27ff. *die Büchersammlung des Vaters.* Goethe befaßte sich schon als Knabe gern mit Büchern und erhielt aus ihnen ein erstes Bild von Wissenschaft und Dichtung. Manche Motive, welche ihm diese Bücher durch Wort oder Bild nahebrachten, blieben ihm immer lebendig und wirkten sich noch im Alter aus, indem sie in seine Dichtungen eingingen. (Vgl. die Anmkg. zu 35,1ff.) Johann Caspar Goethe war einer der umsichtigsten und vielseitigsten Sammler des damaligen Frankfurt. Er trug viele Bücherkäufe in sein Ausgabenbuch ein, sodaß wir dadurch das Datum der Anschaffung wissen. Dieses Ausgabenbuch befindet sich im Goethe-Museum in Weimar. (Joh. Caspar Goethe, Liber domesticus. Lat.-dt. Ausgabe von H. Holtzhauer u. I. Möller. 2 Bde. Lpz. 1973.) Als er 1782 gestorben war, wurden der Frau Rat das große Haus und die vielen Bücher eine Last. Bei Goethes Besuch im Jahre 1793 wurde beschlossen, das Haus zu verkaufen und die Bücher versteigern zu lassen. Der Schreiber Joh. Wilh. Liebholdt (vgl. S. 565,18ff. und Bd. 10, S. 100,15ff.; 112,22f.; 170,6) fertigte ein Verzeichnis der Bibliothek an, das 1691 Nummern umfaßt. Da viele Nummern aber ganze Sammlungen von Noten, Landkarten, Dissertationen usw. umfassen, werden es im ganzen wohl mehr als 2000 Bände gewesen sein. Von diesem Verzeichnis ist eine Abschrift im Goethehaus in Weimar erhalten. Aus ihr kann man also die Bibliothek des Vaters ziemlich genau rekonstruieren. Goethe suchte sich auf Grund von Liebholdts Verzeichnis Bücher aus und erhielt diese zugeschickt; auch sein Schwager Schlosser suchte sich einiges aus. So wurden über 400 Nummern entnommen. Der Rest von etwa 1300 Nummern wurde in Frankfurt versteigert. Zu diesem Zweck wurde ein Versteigerungskatalog gedruckt; Exemplare von ihm besitzt das Frankfurter Archiv und das Weimarer Goethe-Haus. Dieses Material ist verarbeitet von Franz Götting, Die Bibliothek von Goethes Vater. Nassauische Annalen 64, 1953, S. 23–69. In diesem Aufsatz gibt der Verfasser eine Bibliographie der gesamten Büchersammlung, wie sie in der Zeit vom November 1793 bis Februar

1794 von Liebholdt aufgezeichnet wurde. Die meisten Bücher darin stammen aus der Sammlung von Goethes Vater, einiges von Goethes Mutter und schließlich manches aus des Dichters eigenem Besitz: Bände, die er gekauft hatte oder geschenkt bekommen hatte und 1775 nicht nach Weimar mitnahm. Die Bibliothek des Herrn Rat enthielt Werke zur Bibliothekskunde und Wissenschaftsgeschichte, Zeitschriften und Wörterbücher; umfangreich ist die theologische Abteilung mit Bibelwerken, Dogmatik, Kirchengeschichte, Erbauungsbüchern und Kirchenliederbüchern, und zwar stehen hier Werke aller Konfessionen. Philosophie, Psychologie, Pädagogik schließen sich an, Editionen antiker Schriftsteller in reicher Zahl und guten Drucken; geschichtliche Werke über Deutschland, europäische Länder, ja Arabien, Indien usw., dazu Biographien und Memoiren; Francofurtensien; eine kleine Gruppe Judaica; dichterische Werke aus der deutschen, englischen, französischen, italienischen Literatur in reicher Zahl; Werke zur Theorie der bildenden Kunst und der Musik; viel Rechtswissenschaftliches aller Art; dann Geographie, Reisewerke, naturwissenschaftliche und medizinische Bücher; Gartenkunst usw. Daß dem jungen Goethe diese Sammlung zur Verfügung stand, war für seine Ausbildung von so hohem Wert, daß er sie bereits hier im *Ersten Buch* an früher Stelle erwähnt und dann noch mehrmals darauf zurückkommt (35,1 ff. u. ö.). – Das Frankfurter Hochstift versucht, durch antiquarische Käufe die Bibliothek des Herrn Rat nach und nach (in anderen Exemplaren) wieder zusammenzustellen. – Franz Götting, Die Bibliothek von Goethes Vater. Nassauische Annalen 64, 1953, S. 23–69.

27,39. *Keyßler und Nemeiz.* Laut Liebholdts Verzeichnis besaß der Herr Rat: Joh. Georg Keyssler, Neueste Reisen durch Teutschland, Böhmen, Ungarn, die Schweiz, Italien und Lothringen. 2 Bde. Hannover 1751. – Joachim Christoph Nemeitz, Nachlese besonderer Nachrichten von Italien. Lpz. 1726. Dieses Werk ließ Goethe sich dann nach Weimar senden, wo es noch heute steht.

28,15 ff. *die Gemälde.* An den Abschnitt über die Büchersammlung schließt sich einer über die Bilder. Es war für Goethe bedeutsam, daß er nicht nur mit Büchern, sondern ebensosehr mit Bildern aufwuchs, und zwar nicht nur, indem er fertige Bilder um sich sah, sondern indem er sie entstehen sah und zwischen Malern lebte. Der kurze Abschnitt an dieser Stelle ist nur ein Präludium zu den späteren umfangreicheren Abschnitten. – Man kann sich heute von der Bilderwelt, mit der Goethe aufwuchs, eine ungefähre Vorstellung machen. Von jenen alt-frankfurter Malern hängen heute – wieder – viele Bilder im Frankfurter Goethehaus; zum Teil die gleichen wie damals, zum Teil andere, aber der Art nach ähnliche. Sie sind kunsthistorisch mehrfach untersucht und an verschiedenen Stellen reproduziert. Zusammenfassend ist das Werk:

Bilder aus dem Frankfurter Goethe-Museum. Hrsg. v. E. Beutler u. J. Rumpf. Frankf. 1949. Über die einzelnen Künstler unterrichtet: Allg. Lexikon der bildenden Künstler. Begründet von U. Thieme u. F. Bekker. Lpz. 1907ff. – Der Herr Rat ahmte darin, daß er sammelte, andere Frankfurter nach; aber darin, was er sammelte, war er originell: Während die anderen Sammler sich den älteren Holländern und Italienern zuwandten, galt sein Interesse den Zeitgenossen. Diese Frankfurter Maler – Trautmann, Juncker, Schütz, Morgenstern usw. – standen ihrerseits unter dem Einfluß der Niederländer und malten aus einem bürgerlichen und realistischen Geist, anders als die meisten ihrer Zeitgenossen, die auf Watteau, Fragonard und andere Künstler des höfisch gesinnten französischen Rokoko als Vorbilder blickten. Goethe betont selbst diese Beziehungen: *Rembrandt* (29,4), *Sachtleben* (29,9f.), *nach dem Vorgang der Niederländer* (29,12f.). In den Frankfurter Sammlungen hat er sehen gelernt, und in diesem Zusammenhang ist verständlich, warum ihn dann in Dresden gerade die Niederländer begeisterten. (320,15ff.) Die Kunstprinzipien, die er im Sturm und Drang aussprach, konnten sich von hier aus gut entwickeln. (Bd. 12, S. 26,3ff.) Nachdem er 1775 nach Weimar gegangen war, hat er die väterliche Sammlung nur 1792 und 1793 wiedergesehen. Dann aber hat die Mutter sie – wohl ohne ihn zu fragen – verkauft; die *Annalen* sagen etwas bitter: *zerstückt und verschleudert* (Abschnitt *1795*). Sein gutes Bildgedächtnis ermöglichte es ihm, noch 1811 die Künstler seiner Jugend prägnant zu charakterisieren. Dieser Abschnitt ist der erste aus dem Motivkreis der Malerei, der von hier an durch das ganze Werk (und bis in die *Italienische Reise* hinein) weitergeführt wird.

Freies deutsches Hochstift. Katalog der Gemälde. Bearb. von Sabine Michaelis. Verlag Niemeyer, Tübingen 1982. – Anneliese Domnick, Studien zum Kreis einfacher Seinsformen in Goethes jugendlicher Bildungswelt. Diss. Kiel 1964. S. 207–246. – Über die Frankfurter Künstler der Goethezeit allgemein: Friedrich Gwinner, Kunst und Künstler in Frankfurt a.M. Frankf. 1862. (XVI, 578 S.) Dazu: Zusätze und Berichtigungen. Frankf. 1867. (VIII, 142 S.) – Adolf Feulner, Der junge Goethe und die Frankfurter Kunst. In: Freies dt. Hochstift. Festgabe zum Goethejahr 1932. S. 1–88. Auch als selbständige Veröffentlichung. Frankf. 1932. – Paul Ortwin Rave, Die holländernde Mode in der Vaterstadt des jungen Goethe. (Mit 8 Abb.) Jahrbuch Goethe 12, 1950, S. 18–31. – Außerdem Beutlers Nachwort zu Bd. 10 der Artemis-Ausgabe, S. 913–916, und der bereits genannte Band von E. Beutler und J. Rumpf, Bilder aus dem Frankfurter Goethemuseum, Frankfurt 1949. – Als zeitgenössische Zeugnisse besitzen bleibenden Wert 3 Werke von Heinrich Sebastian Hüsgen, der ein Jugendbekannter Goethes war. Sie sind genannt in der Anmerkung zu 161,36. – Frankfurter Malerei zur Zeit des jungen Goethe. Katalog von K. Gallwitz u. H.-J. Ziemke. Städel, Frankf. 1982. – Vgl. ferner die zum *3. Buch* genannte Literatur.

29,2. *Hirt,* Friedrich Wilhelm, 1721–1772. Zwei Waldlandschaften von ihm heute im Frankfurter Goethe-Museum. – Beutler-Rumpf, Abb. 37 u. 38. – Thieme-Becker 17, 1924, S. 143f.

29,4. *Trautmann,* Johann Georg, 1713–1769. Von ihm mehrere Bilder im Frankfurter Goethemuseum, darunter ein „Brand von Troja" und Bilder aus der Geschichte Josephs. – Rudolf Bangel, J. G. Trautmann u. seine Zeitgenossen. Straßburg 1914. – Thieme-Becker 33, 1939, S. 355f. – Beutler-Rumpf, Abb. 4, 8, 9, 10, 13, 15, 16. – Detlev Lüders, Die Josephs-Geschichte, Goethes Anregungen und J. G. Trautmanns Gemälde-Zyklus. Frankfurt (Fr. dt. Hochstift) 1977. (16 S. mit 7 Abb.) – Fr. dt. Hochstift, Katalog d. Gemälde, Von S. Michaelis. 1982.

29,9. *Schütz* Christian Georg, 1718–1791. Von ihm mehrere Bilder im Frankfurter Goethe-Museum, darunter 2 Rheinlandschaften, die eine Zwischenstufe zwischen der heroischen Landschaft des 17. Jahrhunderts und der späteren romantischen Landschaft sind. – Beutler-Rumpf, Abb. 22, 25, 26, 27. – Thieme-Becker 30, 1936, S. 314f. – Chr. G. Schütz der Ältere. Ausstellungskatalog. Frankfurter Goethe-Museum 1991. (104 S.)

29,9f. *Sachtleben,* heute meist geschrieben Sachtleven, Herman, 1609–1685, holländischer Maler und Radierer, malte Landschaften von Rhein und Mosel, oft durch zarten Dunst und Luftperspektive ausgezeichnet. – Goethe hat sich auch in späteren Jahren mit ihm beschäftigt; er hat Zeichnungen von Sachtleven und Reproduktionsradierungen nach seinen Bildern gesammelt. – Thieme-Becker 29, 1935, S. 310f.

29,11. *Juncker,* Justus, 1703–1767. Von ihm mehrere Gemälde im Frankfurter Goethe-Museum, darunter die 2 Stilleben, von denen S. 154,13–155,31 ausführlich die Rede ist. – Das Haushaltsbuch von Goethes Vater notiert am 9. November 1764 die Bezahlung von zwei Gemälden. – Beutler-Rumpf, Abb. 7, 29, 30, 33, 34. – Thieme-Becker 19, 1926, S. 316f.

29,17. *Seekatz,* Johann Conrad, 1719–1768. Von ihm mehrere Bilder im Frankfurter Goethe-Haus. – Beutler-Rumpf, Abb. 18, 19, 20, 21. – Ludwig Bamberger, J. C. Seekatz. Heidelberg 1916. = Heidelbg. kunstgesch. Abhandlungen, 2. – Thieme-Becker 30, S. 427f. – 29,19 *entwickeln wird* ist Vorausdeutung auf die weiteren Partien über Seekatz: 88,17ff.; 90,10ff.; 111,20ff.; 225,27f.; 318,12f. Seekatz hat unter den Frankfurter Malern verhältnismäßig viel Rokoko-Elemente, eine leichte, gesellschaftliche, ein wenig spielerische Art, doch auch bei ihm sind einige niederländische Einflüsse zu bemerken. Goethes Vater hat ihn sehr geschätzt. In dem Haushaltsbuch ist Seekatz häufig erwähnt.

29,17. *Brinckmann,* Philipp Hieronymus, 1701–1760. Eine „Bukolische Landschaft" von ihm heute im Frankfurter Goethemuseum. – Beutler-Rumpf, Abb. 17. – Gustav Jacob, Ph. H. Brinckmann. Diss. Würzburg 1923. – Thieme-Becker 5, 1911, S. 18f.

29,35 ff. *Erdbeben von Lissabon.* Goethe entlieh am 1. 5. 1811 aus der Weimarer Bibliothek: Beschreibung des Erdbebens, welches die Hauptstadt Lissabon und viele andere Städte ... umgeworfen ... Danzig 1756. – Der Aufklärungsoptimismus wurde allgemein durch dieses Erdbeben in Frage gestellt, Goethe weist darauf hin (30,23 ff.); es gibt in diesem Zusammenhange bedeutsame Äußerungen von Kant, Hamann und anderen. Das Kind steht hier im Zusammenhang mit allgemeinen Gedankengängen der Zeit (30,35 ff.). Liebholdts Bücherverzeichnis nennt: Die traurige Verwandlung von Lissabon. 1.–3. Stück. 1755. Vermutlich hat Goethes Vater dieses Werk gleich nach dem Erscheinen angeschafft, Goethe kann es als Kind gesehen haben. – G. v. Loeper in Bd. 23 der Hempelschen Ausg. – Wilh. Lütgert, Die Erschütterung des Optimismus durch das Erdbeben von Lissabon 1755. Gütersloh 1901. – Die Erschütterung der vollkommenen Welt. Die Wirkung des Erdbebens von Lissabon. Hrsg. von Wolfgang Breidert. Darmstadt 1994.

31,35. *Dissertation.* Der vollständige Titel lautet: Io. Casparus Goethe, Electa de aditione hereditatis ex jure Romano et Patrio. Giessae 1738. (176 S.) („Einiges über den Erbschaftsantritt nach römischem und vaterländischem Recht".) Gerade als er an *DuW* arbeitete, wurde Goethe an diese Dissertation erinnert. Am 7. Juli 1811 schreibt er an Eichstädt: *Auf der 145. Seite des 2. Bandes von Thibauts Pandekten in der Note a) steht eine Dissertation angeführt: J. C. Goethii Electa de aditione hereditatis. Giessen 1803. Ist dieses letzte nicht ein Druckfehler? Es scheint mir die Dissertation meines Vaters zu sein, welche in das zweite Viertel des vorigen Jahrhunderts fällt.* – Götting, Bibliothek, S. 61. – Gustav Nick, Goethes Vater als Gießener Doktorand. Quartalblätter des Histor. Vereins für das Großherzogtum Hessen. N. F. 2, 1898. – National Union Catalog 203, S. 540.

32,29 f. *der gereimte angehende Lateiner.* Goethes Schulbuch blieb im Hause erhalten und kam 1793 in Liebholdts Bücherverzeichnis: (Gross, Joh. Gottfr.,) Der angehende Lateiner, d. i. erste Übungen der lateinischen Sprache nach der Langeschen Grammatik. Halle 1747. – Götting, Bibliothek, S. 35. – Morris 1, 1909, S. 25. – Fischer-Lamberg Bd. 1, S. 14.

32,39. *Chrie* = Schema zur Abhandlung eines Themas; die aus der antiken Rhetorik stammenden Regeln dieser Art (z. B. „Quis, quid, cur, contra, simile et paradigmata, testes") lebten im Unterricht bis ins 19. Jahrhundert fort. – Joh. Chr. Gottsched, Ausführliche Redekunst. 5. Aufl. Lpz. 1759. S. 247–257.

33,7. *Cellarius.* Auch dieses Werk kommt in Liebholdts Verzeichnis (vgl. die Anmkg. zu 27,27 ff. und 32,29 f.) vor: Christoph Cellarius, Latinitatis probatae et exercitatae liber memorialis. 1755. – Götting, Bibliothek, S. 35. – ADB 4, 1876, S. 80 f.

34,2. *Chrestomathien*: Textzusammenstellungen für den Unterricht.

34,7. *Cellarius und Pasor.* An dieser Stelle, wo von Lektüre die Rede ist, ist wahrscheinlich ein anderes Werk des Cellarius gemeint als 33,7, wo von der Grammatik die Rede ist. Liebholdts Bücherverzeichnis nennt: Christoph Cellarius, Historia universalis. Jenae 1716. Cellarius war der beliebteste Schulbuch-Autor auf dem Gebiet der Geschichte. Er hatte eingeführt, daß man die Geschichte nicht mehr nach den „Monarchien" einteilte (anknüpfend an den Propheten Daniel), sondern in „Historia antiqua", „Historia medii aevi" und „Historia nova"; jedes dieser Gebiete hatte er in einem Werk dargestellt, später wurden alle drei als „Historia universalis" zusammengefaßt. – Franz X. v. Wegele, Gesch. d. dt. Historiographie. München u. Lpz. 1885. = Gesch. d. Wiss. in Dtschld., 20. S. 484–488. – *Pasor* kommt in Liebholdts Bücherverzeichnis ebenfalls vor: Georg Pasor, Manuale Novi Testamenti. Amstelodami 1600. Und von demselben Werk eine Auflage: Lipsiae 1748. – Götting, Bibliothek, S. 36 und 44. – ADB 25, 1887, S. 194.

35,5. *Amos Comenius.* Liebholdts Bücherverzeichnis nennt 2 Ausgaben und zwar: Orbis pictus. Norimbergae 1755. Und: Orbis sensualium picti oder der sichtbaren Welt 1. (bzw. 2.) Teil, darinnen eine Abbildung und Benennung aller vornehmsten Weltdinge ... zu finden. Lateinisch und Deutsch. Nürnberg 1746. (Götting, Bibliothek, S. 41; Morris 1, S. 25.) Das alte, beliebte Werk, das erstmalig 1658 erschienen war, wurde im 18. Jahrhundert neu bearbeitet und der Zeit angepaßt. Es zeigt die ganze Welt im Bilde. Da sieht man Gott, „die Welt", den Himmel, die Philosophie, das Wasser, die Gewächse, die Tiere, die Metalle, die Beschäftigungen der Menschen; besonders gründlich sind sämtliche menschlichen Berufe mit ihrer Arbeit dargestellt. Den Holzschnitten sind lateinische und deutsche Texte beigefügt. Auch hier wird den jungen Goethe das Gegenständliche, schlicht Anschauliche, Klare und Geordnete angezogen haben. – Anneliese Domnick, Der „Orbis pictus" des Amos Comenius als Grundlektüre des jungen Goethe. Jahrbuch des Wiener Goethe-Vereins 69, 1965, S. 159–179.

35,6f. *Foliobibel, mit Kupfern von Merian ... Gottfrieds „Chronik".* Liebholdts Bücherverzeichnis nennt eine ganze Reihe von Bibelausgaben, aber nicht eine Foliobibel mit Merians Stichen. Drucke davon gibt es zahlreich, der erste erschien 1630. In Frankfurt wurden im 18. Jahrhundert mehrfach Neudrucke hergestellt. Ein Exemplar von 1703 besaß Goethes Großonkel Hermann Jacob Goethe; es befindet sich heute im Frankfurter Goethe-Museum. Merians Bilder zeigen meist einige Figuren in einfachen Bewegungsmotiven, welche ein Geschehen, eine Handlung deutlich machen; der Vordergrund ist klar gegliedert, der Hintergrund gibt Ausblicke auf Landschaft und See. Die Bilder sind in der Auffassung naiv, in der Komposition ausgewogen, in der Strichführung meisterhaft. Sie prägen sich dem Gedächtnis ein. Wie gut behalten wir Bilderbücher, die wir in der Kindheit liebten! Goethe war ein Mensch, dem sich optische Eindrücke besonders gut einprägten. (Vgl. 224,15f.) In der *Italienischen Reise* – wohl einen Brief von 1787 benutzend – schreibt er: *Immer stärker schwankte das Schiff ... Ich legte mich halb betäubt auf meine Matratze, doch aber mit einer gewissen angenehmen Empfindung, die sich vom See Tiberias herzuschreiben schien; denn ganz deutlich schwebte mir das Bild aus Merians Kupferbibel vor Augen.* (Bd. 11, S. 319,31ff.) Wahrscheinlich hat er auch noch andere dieser Stiche sein Leben lang im Gedächtnis behalten und von ihnen seine dichterische Phantasie anregen lassen. Matthäus Merian (1593–1650) gab zunächst nur die Abbildungen heraus, ohne den Bibeltext, in 4 Heften (1625–1627). Eins davon, mit den Bildern zum Neuen Testament, befindet sich noch heute in Weimar unter Goethes Büchern: Matthäus Merian, Novi Testamenti D. N. Iesu Christi praecipuae historiae et visiones picturis ... repraesentatae. Des Neuen Testaments ... fürnehmbste Historien und Offenbarungen aufs Kupffer gebracht. Frankf. 1627. (159 S. quer-8°.) Dieses Werk wird bereits in Liebholdts Verzeichnis erwähnt. Es war also wohl in Goethes Vaterhaus vorhanden, und er hat es später nach Weimar übernommen. Als er *DuW* schrieb, hatte er es vielleicht zur Hand und konnte die Erinnerung auffrischen. – Gut in Erinnerung geblieben ist ihm auch Merians zweites großes Werk, die „Historische Chronik". Ludwig Gottfried (geb. etwa 1581, gest. 1633) – der 7. Teil ist verfaßt von Johann Philipp Abele (gest. 1634) – bringt Weltgeschichte in trockenen Tatsachen oder in Anekdoten, eine Stoffmasse ohne höhere Gesichtspunkte, Geschichten von Kriegen, Fürstenhochzeiten, Greueltaten usw. – Goethes Worte von den *mitunter rohen und gefährlichen Altertümlichkeiten* (35,19f.) sprechen das Charakteristische prägnant aus. Nicht der Text, sondern die Bilder haben den Knaben angeregt. Wie weit solche Anregungen reichen, läßt sich nie genau ausmachen. A. Strack und E. Beutler haben folgende Entsprechungen sehr wahrscheinlich gemacht: Aus der Bilderbibel: Gottes Besuch bei Abraham wirkt auf die Philemon-und-Baucis-Szene in *Faust II*; Daniel in der Löwengrube wirkt auf die *Novelle*; aus der „Historischen Chronik" wirkt das Bild der Mummenschanz in Paris auf die Mummenschanz-Szene in *Faust II*; das Bild des Teufels in Hundsgestalt vor Kardinal Crescentius wirkt auf *Faust I*; andere Bilder daraus wirken auf *Götz*. Beutler hat diese Beziehungen in einem illustrierten Aufsatz dargelegt „Die Philemon- und Baucis-Szene, die Merianbibel und die Frankfurter Maler", der 1942 für ein Werk „Beiträge aus Frankfurter Bibliotheken zum Gutenbergjahr" in Druck ging. Die Druckerei wurde ausgebombt, bevor das Werk fertig wurde; es ist nie erschienen. Man hatte aber – ausnahmsweise – die Sonderdrucke früher als das Gesamtwerk hergestellt, und diese verteilte Beutler an wissenschaftliche Freunde. Dieser bedeutsame Aufsatz, der zur Zeit schwer zu erhalten ist, ist leider bisher nicht wieder neu gedruckt. – Übrigens nennt auch Friedrich in den *Lehrjahren* als erste Bücher der Bibliothek, an der er sich mit Philine ergötzt: *eine Bibel in Folio, Gottfrieds Chronik.* (Bd. 7, S. 558,9f.) Und Goethes Tagebuch verzeichnet am 31. Mai 1824: *Abends mit Walther, der Gottfrieds Chronik durchsah.* Der Enkel war damals 6 Jahre alt. Goethe hatte sich das Werk am 25. Mai aus der Weimarer Bibliothek entliehen, wie schon einmal am 6. 12. 1797. So kehrte er immer wieder zu alten Freunden zurück. Auf den Leihschein schrieb er: *Gottfrieds Chronik mit Merianischen Kupfern.* (Keudell Nr. 86 und 1543.) – Vgl. auch 150,5 und 319,32 sowie Bd. 10, S. 126,21 f. – Ein Neudruck aller Stiche Merians zur Bibel ist: Matthaeus Merian, Die Bilder zur Bibel. Hrsg. von Peter Meinhold. Hamburg 1965. – Ein Neudruck von Merians Stichen zum Neuen Testament, die Goethe in Weimar besaß, ist: Novi Testamenti ...praecipuae historiae ...Des Newen Testaments ...Fürnembste Historien ...Durch Mattheum Merian. Frankfurt 1627. Fotomechan. Neudruck unter dem Titel: Merian, Bilderbibel, Neues Testament. Mit Nachwort von L.-H. Wüthrich, Kassel 1965. – A. Strack, Goethe und Gottfrieds Chronik. GJb. 6, 1885, S. 334f. – Thieme-Becker 24, S. 413. – Goethe-Kalender 34, 1941. Darin S. 193–218 Fried Lübbecke, Matthäus Merian. Und S. 275–292 Ernst Beutler, Ludwig Gottfrieds „Historische Chronik". – G. F. Hartlaub, Merian als Illustrator, Ztschr. d. dt. Ver. f. Kunstwiss. 6, 1939, S. 29–49. – Fr. Bachmann, J. L. Gottfried u. J. Ph. Abele. Zentralblatt f. Bibliothekswesen 56, 1939, S. 418–424. – Vgl. Nachtrag S. 864.

35,9f. *Acerra philologica* (wörtlich: ,,Philologisches Weihrauchkästchen"). Der Philologe Peter Lauremberg veröffentlichte 1637 unter dem Titel ,,Acerra philologica, 100 Historien" für Schüler als Einführung in das klassische Altertum eine Sammlung von lehrreichen, merkwürdigen und lustigen Geschichten und Anekdoten, jede etwa ein bis zwei Druckseiten lang. Dieses Werk wurde sehr beliebt, oft aufgelegt und im Auftrag der Verleger neu bearbeitet. Eine Ausgabe Cleve 1661 bringt bereits 600 ,,Historien", eine Ausgabe Stettin 1688 700 Historien. Auch im 18. Jahrhundert behielt es seine Beliebtheit. Es erschien in Frankf. u. Lpz. 1708; in Zürich 1735; in Frankf. u. Lpz. 1743 usw. Trotz aller Erweiterungen blieb der Charakter sich gleich, Goethe bezeichnet ihn knapp: *Fabeln, Mythologien und Seltsamkeiten.* Welche Ausgabe er benutzte, ist nicht mehr feststellbar, da das Werk in Liebholdts Bücherverzeichnis fehlt; vermutlich hatte er – wie bei Comenius – eine der Neubearbeitungen aus dem 18. Jahrhundert, die aber noch spätbarokken Charakter hatten; daß er es einfach als *die „Acerra philologica"* erwähnt, zeigt, wie bekannt es zu seiner Zeit war. Am 29. Oktober 1830 entlieh Goethe aus der Weimarer Bibliothek einen Druck der „Acerra philologica", und am selben Tage notiert er im Tagebuch: *Abends mit Walter. Las derselbe in Acerra philologica.* (Die Weimarer Bibliothek besitzt den Druck: Frankf. u. Lpz. 1743.)

35,20f. *Fénelons „Telemach".* Liebholdts Bücherverzeichnis nennt: Benjamin Neukirch, Die Begebenheiten des Prinzen von Ithaca, oder der seinen Vater Ulysses suchende Telemach. Teil 1–3. 2. Aufl. Nürnberg 1743. (In Alexandrinern, mit Kupferstichen im spätbarocken theatralisch-höfischen Stil.) Außerdem 3 französische Ausgaben und 2 Erläuterungswerke. (Götting, Bibliothek, S. 54f.) – In Goethes Bibliothek in Weimar (Goethehaus) befinden sich: Fénelon, Die Begebenheiten des Prinzen von Ithaca ... in dt. Verse gebracht ... von Benj. Neukirch. Teil 1–3. Anspach 1739. Und: Fénelon, Die seltsamen Begebenheiten des Telemach ... übers. von Ludw. Ernst v. Faramund (d. i. Philipp Balthasar v. Schütz). Frankf. u. Lpz. 1756. (16 Bl., 872 S.)

35,25f. *Insel Felsenburg.* Defoes „Robinson Crusoe", 1719 erschienen, seit 1720 in Deutschland in Übersetzungen verbreitet, gab die Anregung zu einer ganzen Fülle von Robinsonaden. Eine der gelungensten ist das Werk von Johann Gottfried Schnabel, Wunderliche Fata einiger Seefahrer, absonderlich Alberti Julii ... 1731. Es schildert die Gründung einer Familie auf einer Insel und erhielt 3 Fortsetzungen; die zweite heißt: Fortgesetzte Geschichtsbeschreibung Alberti Julii und seiner auf der Insel Felsenburg eingerichteten Colonie. Man nannte einfachheitshalber alle 4 Teile des oft aufgelegten Werkes „Insel Felsenburg". Unter diesem Titel gab es dann Ludwig Tieck 1828 neu heraus. – Neudr.: Deutsche Literatur. Reihe „Aufklärung". Bd. 4. Hrsg. v. Fritz Brüggemann. Lpz. 1931.

35,26. *Lord Anson.* Liebholdts Bücherverzeichnis nennt: Lord Ansons Reise um die Welt, welche in den Jahren 1740–44 verrichtet. Lpz. u. Gött. 1749. – Dictionary of National Biography 1, S. 503–508.

35,39. *Volksbücher.* Erst die Romantik maß diesen Werken wieder Wert bei und nahm sie in die Geschichte der Literatur auf. Tieck erneuerte – als Nacherzählung – 1797 die „Haimonskinder", „Magelone" und „Schildbürger"; 1800 die „Melusine". August Wilhelm Schlegel besprach die Volksbücher in seinen Berliner Vorlesungen 1803/04, und 1807 veröffentlichte Görres sein Buch „Die teutschen Volksbücher" (Heidelberg 1807. 6 Bl., 312 S.). Goethe erhielt dieses Werk durch Achim v. Arnim mit einem Brief vom 29. 9. 1808. (Vgl. Schr. G. Ges. 14, 132.) Das Exemplar befindet sich noch heute unter seinen Büchern in Weimar. Als Goethe 1811 *DuW* schrieb, mußte er den Lesern deutlich machen, daß ihm diese Werke nicht erst durch die Romantik, sondern schon seit seiner Kindheit bekannt waren. Auch das Straßburger Münster, auf das er im 9. *Buch* zu sprechen kommt, war soeben durch die Romantiker neu bewertet, während er es bereits in seiner Jugend gekannt und geschätzt hatte. (387,38ff.) Durch die Romantiker erhielt das Wort *Volksbuch* eine neue Bedeutung; bisher hatte man Werke wie Pestalozzis „Lienhard und Gertrud" so bezeichnet; Goethe nimmt das Wort in der neuen Bedeutung auf. – Dt. Wb. 12, 2. Abt., S. 475f.

36,23. *die Pocken.* Diese Krankheit machte im 18. Jahrhundert fast jeder Mensch durch, sie ließ oft häßliche Narben zurück, und viele starben an ihr. Seit 1721 gab es in England die Impfung mit einer aus Menschenpocken gewonnenen Lymphe; sie war gefährlich und wurde deswegen von deutschen Ärzten meist nicht aufgenommen. Erst die 1796 durch den englischen Arzt Edward Jenner entdeckte Impfung mit Kuhpocken-Lymphe war ungefährlich. 1799 entstand in London die erste Impf-Anstalt, bereits 1805 machte Spanien die Impfung zur Pflicht, und rasch verbreitete sie sich nun durch ganz Europa. – Goethe überstand die Pocken im Jahre 1758. – P. Kübler, Geschichte der Pokken und der Impfung. Bln. 1901 = Bibliothek v. Coler, 1. (397 S.) – Handbuch d. Inneren Medizin. 4. Aufl. Hrsg. von v. Bergmann, Frey u. Schwiegk. 1. Bd., 1. Teil. Bln., Gött., Heidelberg 1952. S. 293–329: F. O. Höring, Pocken. – Wolfgang H. Veil, Goethe als Patient. 2. Aufl. Jena 1946. – Bd. 8, S. 278,28f. u. Anmkg.

37,9. *die Bildung:* das Aussehen, die Gesichtszüge. Vgl. Bd. 7, S. 98, 38. – Dt. Wb. 2, Sp. 23. – GWb. 2, Sp. 698–711.

37,22. *Windblattern:* Windpocken.

37,29. *mich ... im Ausdauern geübt ...* Vgl. 66,5ff. und 374,12ff.

38,17. *Großeltern.* Johann Wolfgang Textor, 1693–1771, von 1747 bis 1770 Schultheiß der Freien Reichsstadt, d. h. oberster Justizbeamter. (Vgl. die Anmkg. zu 39,25.) Goethe gedenkt seiner mehrfach mit Liebe und Ehrfurcht. Vgl. 46,15ff.; 82,17ff.; 177,8ff.; ferner Bd. 1, S. 7f.; er kommt auch vor in der *Aristeia der Mutter* (Jub.-Ausg. 25, S. 210 bis 218) und in *Campagne in Frankreich* (Bd. 10, S. 290,17ff.). Sein Bildnis, von J. A. Scheppelin gemalt, ist im Frankfurter Goethe-Museum. – Beutler-Rumpf, Abb. 1, S. 3f. und 136. – Anna Margaretha Justina Textor geb. Lindheimer, 1711–1783. Ein Brief Goethes an sie aus Straßburg vom Februar 1771 ist erhalten. Ihr Bild von einem unbekannten Maler ist im Frankfurter Goethe-Museum. – Beutler-Rumpf, Abb. 3, S. 4–6 und 136. – G. L. Kriegk, Die Brüder Senckenberg. 1869. S. 335–348.

39,22f. *eine mittlere Person zwischen Alkinous und Laertes.* In den Jahren um 1800 hatte Goethe sich wieder ausführlich mit Homer beschäftigt, und die Homerischen Helden standen ihm infolge seiner optischen Phantasie lebhaft vor Augen, zum Vergleich sich anbietend, die Wirklichkeit erhöhend. *Laertes*, der greise würdige König, Vater des Odysseus, arbeitet (Odyssee XXIV, 230ff.) im Garten und trägt (wie Großvater Textor) Handschuhe gegen die Disteln. Doch Laertes arbeitet kummerbeladen, schlecht gekleidet, fern dem Königshaus, mit den Knechten. Insofern paßt besser der Vergleich mit *Alkinous*, dem Phäakenkönig, der einen herrlichen Garten am Hause hat und dort königlich lebt. Die Beschreibung dieses Gartens hat Goethe selbst übersetzt (Odyssee VII, 112–131; W. A. 4,327f.); auch sonst kommt Alkinous mehrfach in Goethes Schriften vor, meist in Verbindung mit dem Garten. (Vgl. Bd. 11, S. 267,6 und 299,30; weitere Stellen nennen die Register der W. A.) Der Vergleich mit Laertes auch in der *Campagne in Frankreich* (Bd. 10, S. 290,27).

39,25. *Amtsgeschäfte*. Der Großvater war Stadtschultheiß. Um das Ansehen und den Aufgabenbereich dieses Amts würdigen zu können, muß man die politische Stellung Frankfurts im damaligen Reich berücksichtigen. Hierüber schreibt Otto Ruppersberg, Der Aufbau der reichsstädtischen Behörden. In: Die Stadt Goethes. 1932. S. 51ff.: „Der Rat hat die Ausübung der Hoheitsrechte, die Gesetzgebung, die Rechtsprechung und im Wesentlichen auch die Verwaltung in der Hand behalten. Er verwaltet die Landeshoheit als Repräsentant der Bürger ... In der Hand des Rats liegt auch die Führung der auswärtigen Politik – soweit die Kaiserliche Autorität ihm zu dieser landesherrlichen Tätigkeit freie Hand läßt ... Der Kaiser beansprucht ein weitgehendes Aufsichtsrecht über die Reichsstädte, die er wohl nicht ohne Absicht als ‚kaiserliche Reichsstädte' bezeichnet, und er hat gerade in Frankfurt von diesem Recht sehr energischen Gebrauch gemacht ... Die Einwohner sind nicht die Untertanen des Rats..., sondern die Stadt ist dem Kaiser unmittelbar unterworfen... Erst der Reichs-Deputations-Hauptschluß 1803 hat den Reichsstädten die volle Landeshoheit zugesprochen... Die Stadtverwaltung liegt in der Hand zweier Bürgermeister, die beide jedes Jahr neu gewählt werden... Der Stadtschultheiß gilt auch nach dem Erwerb des Amtes durch die Stadt als der Vertreter des Kaisers und damit als der vornehmste Beamte der Stadt. Das Amt wird grundsätzlich mit einem Juristen und zwar stets aus dem Schöffenkolleg besetzt; der Schultheiß hat den Vorsitz im Schöffenkolleg und damit den ersten Platz im Rate. Als Besoldung ist ihm das höchste in der Stadt gezahlte Gehalt, 1800 fl zugewiesen..."

39,26. *Registrande* = Verzeichnis der amtlichen Eingänge, Merkbuch, Eintragebuch; *Proponenden* = Antragsteller.

39,38f. *Gefühl eines unverbrüchlichen Friedens und einer ewigen Dauer*. Die Gestalt des Großvaters wird hier zum Urbild des Bleibender, der Dauer, ähnlich wie in einem anderen Alterswerk, in den *Wanderjahren,* die Gestalt des alten Sammlers zum Symbol dafür wird, *daß Vergangenheit auch in die Gegenwart übergehen könne... zum Gegengewicht dessen, was in der Welt so schnell wechselt.* (Bd. 8, S. 144,26f. und 145,1f.)

40,3. *die Gabe der Weissagung.* Goethe setzt diesen Abschnitt in einen gewissen Abstand dadurch, daß er nicht unmittelbar von dieser Gabe berichtet, sondern von dem, was *die Überzeugung* der Familie war; ebenso setzt er in den *Wanderjahren* die Beziehung Makariens zum Sonnensystem in Abstand als *ein Blatt aus unsern Archiven... leider erst lange Zeit, nachdem der Inhalt mitgeteilt worden, aus dem Gedächtnis geschrieben...* (Bd. 8, S. 448,36ff.) Das bedeutet nicht, daß die Sache weniger ernst genommen wird, sondern nur, daß das Geheimnisvolle in einer Gestalt erscheinen soll, die ihm möglichst angemessen ist. Goethe berichtet im *11. Buch* später ein eigenes hellseherisches Erlebnis (500,9–21). Er trennt dergleichen durchaus vom Aberglauben (556,22 bis 557,8).

40,38. *Kugelung.* Unter den drei Kandidaten, welche die meisten Stimmen hatten, entschied die goldene Kugel. – Vgl. 73,30f. und Anmkg.

41,7. *gestört* = gestöbert. *Stören* = in etwas herumsuchen. – Fischer, Goethe-Wortschatz, S. 604. – Dt. Wb. 10, 3. Abt., Sp. 386.

41,32ff. *Süßholz* = Lakritzenwurzel; *Zeltlein* = Plätzchen, Pastillen. Die Lakritzenwurzel (Glycyrrhiza) wurde im 18. Jahrhundert im Mittelmeergebiet und auch in Süddeutschland angebaut; durch Auskochen und Eindicken gewann man einen Extrakt, der mit Zucker und Anisöl zu Süßigkeiten verarbeitet wurde. – Zedler, Universal-Lexicon 10, 1735, Sp. 1709–1713 (Glycyrrhisa).

42,26ff. *Homer ... mit Kupfern im französischen Theatersinne.* Während Goethe durch die Merianschen Stiche zur Bibel und zu Gottfrieds Chronik Anregungen empfing, die er immer gern behielt und weiterbildete, mußte er die Bildeindrücke, die er hier beschreibt, mühsam überwinden; übrigens sind auch die Stiche zu Neukirchs „Telemach" (35,20f.) *im französischen Theatersinne* gehalten. Erst wenn man weiß, in welcher Gestalt Goethe in seiner Kindheit die altgriechischen Helden zu sehen bekam, versteht man den Kampf des Sturm und Drang gegen diesen spätbarocken, gezierten Stil. – Das Gefühl, daß die Ilias *stumpf ... endige* (42,37f.), wirkte sich später produktiv aus, indem es zum Entstehen der *Achilleis* mitwirkte. – Bd. 2, S. 515–536 u. die Anmerkungen. – Grumach, Goethe u. d. Antike. S. 117–214. – Humphry Trevelyan, Goethe and the Greeks. Cambridge 1941. (Dasselbe, dt.:) Goethe und die Griechen. Hambg. 1949. S. 18–21. – Neue Sammlung der merkwürdigsten Reisegeschichten... von einer Gesellschaft gelehrter Leute... Frankfurt 1748ff. (Mit Vorrede von J. M. v. Loen.) – Siegfried

Sieber, Joh. Mich. v. Loen, Goethes Großoheim (1694–1776), sein Leben und eine Auswahl aus seinen Schriften. Lpz. 1922. (237 S.) – Franz Götting, Goethes Großoheim J. M. v. Loen. Goethe-Kalender 1938, S. 175–217. – Vgl. auch 75,6ff.

43,4f. *Protestantismus ... Moral.* Vgl. 288,23ff. – Hermann Dechent, Die Seelsorger der Goetheschen Familie. GJb. 11, 1890, S. 159–164.

43,9. *Separatisten, Pietisten, Herrnhuter* ... Gut zusammenfassend orientiert: RGG, Art. „Brüderunität" und „Pietismus".

43,24f. *Beichtvater.* Die Privatbeichte war bei den Protestanten in der Mitte des 18. Jahrhunderts noch gebräuchlich. Vgl. 288,18 u. Anmkg. und Bd. 7, S. 398,23.

44,4f. *Einige Stellen des Evangeliums*: wohl Matth. 6,25–30 und Luk. 12,24–28.

44,8ff. ... *einen Altar errichten.* Der biblische Grundbestand, das ihn abwandelnde Spiel des Kindes und die Deutung, die der Autobiograph rückschauend der Szene gibt, prägen diese Stelle. Im Alten Testament wird häufig von der Errichtung eines Opferaltars gesprochen, vor allem im 1. Buch Mose (12,7f.; 13,18; 26,25; 33,20; 35,7). Neben den Tieropfern gibt es unblutige Opfer: Brot, Öl und Wein oder auch Feldfrüchte (Kains Opfer 1. Mos. 4,3; auch 2. Mos. 23,19; 4. Mos. 18,12f.) oder Weihrauch (2. Mos. 30,1ff.; 4. Mos. 16,17f. bzw 16,46f.); immer geht es darum, daß der Mensch auf eine Gabe aus seinem Besitz verzichtet und sie Gott als dem Herrn und Schöpfer darbringt, sei es als Sühne, sei es als Ausdruck des Dankes und der Huldigung. – Verschiedene Elemente der biblischen Geschichte gehen in das Opferspiel des Knaben ein; die eindrucksvollen Opfer des Kain und des Abel, vielleicht auch die des Noah und des Abraham mögen vor seinen Augen gestanden haben, als er die besten Stücke aus der Naturaliensammlung auf jenem *rotlackierten, goldgeblümten Musikpult* aufschichtete, das vermutlich zu einer Serie von Musikzimmer-Chinoiserien gehörte, von denen ein Klavichord und ein kleiner Tisch – rotlackiert, goldgeblümt – noch heute im Musikzimmer des Goethehauses stehn. Die *Räucherkerzchen* mit dem *angenehmsten Geruch* entsprechen dem geopferten Weihrauch (3. Mos. 16,12 u. ö.), die Wahl der frühen Stunde vielleicht dem Morgenopfer der Israeliten (2. Mos. 29,39). Anregungen können von der Merianbibel (vgl. 35,6) ausgegangen sein. Sie bringt zu 1. Mos. 4 einen Stich, auf dem Kain und Abel jeder vor einem Altar knien. Die Altäre sind etwa kniehoch, kubisch gemauert, und auf ihnen steigt ein wenig Flamme und viel Rauch empor. Zu 2. Mos. 25 ist ein Stich von 2 größeren Altären gegeben, welcher der genauen Altar-Beschreibung in diesem Kapitel gerecht zu werden versucht; auf einem der Altäre stehen zwei Gefäße, aus denen Rauch aufsteigt. Dem nachahmenden Kinde entgeht zwar der eigentliche Sinn des alttestamentarischen Opfers (Entäußerung, Vernichtung der Gaben), aber das religiöse Erwachen ist echt. Der alternde Autobiograph scheint in der jugendlich-unbewußten Umgestaltung der überlieferten Motive eine Äußerung eigenen Wesens zu sehn; in seiner rückschauenden Betrachtung behält die Szene zwar ihre volle Kindlichkeit, erhält aber zugleich symbolische Bedeutung und wird in der abstandhaltenden – leise ironischen und zugleich ernsten – Sprache seiner Spätzeit vorgetragen. Daß er sie an das Ende des *1. Buches* stellt, deutet an, daß von allen Motiven des Buches dieses – das religiöse – besondere Bedeutung habe und daß von hier Bezüge ausstrahlen zu allen Büchern, die nun folgen. – Hezels „Biblisches Real-Lexikon", das in Goethes Besitz war, handelt über „Opfer" in Bd. 3, 1787, S. 504–530. Moderne Zusammenstellungen alttestamentlicher Stellen über Opfer bringt jedes theologische Sachwörterbuch. – K. J. Obenauer, Goethe in seinem Verhältnis zur Religion. Jena 1921. S. 17–19. – Werner Danckert, Goethe. Bln. 1951. S. 438f.

44,13. *Stufen*: von „Stufe" = herausgeschlagenes Stück von Gestein oder Erz. – Dt. Wb. 10,4 Sp. 307f. – Fischer, Goethe-Wortschatz S. 610.

45,16. *Prachtstufen*: von *Stufe* in der Bedeutung wie S. 44,13.

Zweites Buch

Goethe arbeitete einige Teile des *2. Buchs* im Februar 1811 aus, doch notiert das Tagebuch da nur *Biographisches.* Dann vermerkt es am 15. Mai: *Biographisches. Vorwurf wegen des Großvaters.* 27.–29. Mai und 12. Juni: *Revision des 2. Buchs.* 3. Juli: *Der neue Paris, Knabenmärchen, diktiert.* 4. Juli: *Revision des Märchens.* 15. Juli: *Stellen des 2. Buchs.* Am 20. Juli entlieh Goethe aus der Weimarer Bibliothek Klopstocks „Messias" und Johann Wilhelm Archenholz, Geschichte des siebenjährigen Krieges in Deutschland. 2 Bde. Bln. 1793. – Tagebuch, 23. Juli: *Noch einiges zum 2. Buche diktiert.* 24. Juli: *Am 2. und 3. Buche revidiert.* 25. Juli: *Das 2. und 3. Buch in die Druckerei.* Am 29. Juli wurden die Bände von Klopstock und Archenholz an die Bibliothek zurückgegeben.

Der Blick in die äußere und in die innere Welt weitet sich aus; die düsteren Seiten der Welt treten hervor: Parteiung und Hader der Erwachsenen, Roheiten der Kinder, erst im Physischen, dann im Psychischen. Dadurch wird dem Knaben sein Anderssein, sein Ich bewußt. Er entdeckt, daß in ihm eine eigene innere Welt ist; aber der Autobiograph verzichtet darauf, vom jugendlichen Gewahrwerden eigener Ahnungen und Sehnsüchte zu sprechen; er bringt statt dessen ein Märchen. In diesem begegnet der Held zum ersten Male den Mädchen und einer Welt reiner Phantasie. Im Symbol wird angedeutet, was unmittelbar nie so zart, so tief und so der Jugend gemäß sich sagen ließe. Durch das Märchen erhält das *2. Buch* seine Tiefe und seine künstlerische Kraft. Am Ende eine heitere Anekdote; aber sie zeigt zugleich, welcher Sinn für Dichtung in diesem Knaben – noch unbewußt und unerkannt – schlummert, und es taucht der Name des größten zeitgenössischen Dichters auf, wie ein Planet, der das Sternbild der (vorher genannten) Männer der Heimatstadt überstrahlt. – Zur Kommentierung der biographischen Einzelheiten liefert das 1973 veröffentlichte Haushaltsbuch von Goethes Vater vielerlei Tatsachen.

46,15. *Schöff von Frankfurt.* Vgl. die Anmkg. zu 39,25.
46,16. *Krönungshimmel* = Baldachin; vgl. 200,4; 200,28; 202,11.

46,20f. *Schicksal dieses unglücklichen Monarchen.* Karl VII., Kurfürst von Bayern, wurde 1742 zum deutschen Kaiser gewählt, blieb aber bis zu seinem Tode 1745 ein Kaiser ohne Land, da die Österreicher in dem Österreichischen Erbfolgekrieg Bayern besetzten, so daß er als Kaiser nach Frankfurt fliehen mußte. – NDB 11, 1977, S. 218f.

46,21. *gemütlich* = mit dem Gemüt, mit dem Herzen. Vgl. 510,32.
46,30. *tüschen* = tuschen, dämpfen, unterdrücken.
47,8. *die Persönlichkeit des großen Königs.* Vgl. 73,11ff.; 279,28ff.; 296,10ff.

48,10. *Geldliebhaberei.* W. Hertz im „Euphorion" 23, S. 512 schlägt die Konjektur *Goldliebhaber* vor, da Franz I. goldene Münzen, Medaillen und Edelsteine sammelte. Vgl. 153,10f.

48,11. *Graf Daun,* Leopold Joseph, 1705–1766, österreichischer Feldmarschall, Heerführer im Siebenjährigen Kriege.

48,26. *die Franzosen Frankfurt besetzten:* Januar 1759. Vgl. S. 83.

48,37. *Puppenspiel.* Vgl. S. 15,12 u. die Anmkg.

49,9f. *das ... Hauptdrama.* Die *Theatralische Sendung* (Bd. 8, S. 489,4ff.) und die *Lehrjahre* (Bd. 7, S. 15,32ff.) nennen als solches ein Spiel von Saul, Jonathan, David und Goliath.

50,10. *Pylades.* Vgl. 164,15ff.

51,7. *Der neue Paris.* Tagebuch, 3. Juli 1811: *Der neue Paris, Knabenmärchen, diktiert.* Ein Kunstmärchen, geschrieben im Alter; aber es besteht kein Grund, zu bezweifeln, daß Motive jugendlicher Phantasie darin nachwirken. Was im *2. Buch* nicht als Bericht gesagt wird, ist hier im Symbol gesagt. Es hat Verwandtschaft mit dem *Märchen* in den *Unterhaltungen deutscher Ausgewanderten* (Bd. 6, S. 209–241): die klare Bildhaftigkeit; das Handeln nach Bedingungen; Gegenstände, die in das Geschehen gehören und zugleich Symbole sind wie die Brücke. Auch zu dem dritten Märchen, der *Neuen Melusine* (Bd. 8, S. 354–376), hat es Beziehungen: beide sind Kontrafaktur, dort wird das Melusinen- bzw. Raimond-Motiv, hier das Paris-Motiv *neu* gestaltet; beide sind in breite Prosawerke eingeflochten, ohne daß der tiefere Zusammenhang unmittelbar ausgesprochen wird. Die Überleitung hat leichten Klang (50,16–51,6) und läßt das Bedeutende nur kurz einfließen. Der fast 62jährige hatte die Welt als Künstler und als Liebender erlebt und deutete aus solcher Erfahrung die Jugend. Das Märchen zeigt des Knaben Phantasiewelt und Formkraft, seine Überlegenheit dadurch gegenüber anderen Kindern, seine unbewußte Richtung im Künstlerischen und Erotischen. Beide Bereiche tauchen zugleich auf, eng verknüpft. Kein Wort über symbolische Bedeutung oder Folge. Der märchenhaften Phantasieerzählung halten andere Elemente im *2. Buch* das Gegengewicht: sachliche Berichte, anschauliche Situationsschilderung (81,26ff.), Deutung vom Standpunkt des Alters (50,28–38), die in lehrhafte Betrachtung übergeht (68,1–29) oder als verallgemeinernde Reflexion die berichtenden Abschnitte beendet (71,25–72,22; 82,13–15). – Einige Wendungen (51,28f.; 53,31) deuten darauf, daß Bilder (Kupferstiche, Gemälde, Kunsthandwerk) Anregungen gegeben haben, ähnlich wie auch in anderen Fällen Bildeindrücke zu Erzählungen ausgesponnen wurden. (Vgl. die Anmkg. zu 35,6ff.) – Vgl. auch 446,32ff. und 447,21ff. – Curt Habicht, Findlinge zum Thema Goethe und die bildende Kunst. I. Der neue Paris. Monatshefte f. Kunstwiss. 11, 1918, S. 233–238. – Beutler in der Artemis-Gedenk-Ausgabe, Bd. 10, S. 905f.

– Beutler-Rumpf, Text zu Abb. 21. – W. Schadewaldt, Goethestudien. 1963. S. 262–282. – Vgl. Nachtrag S. 864.

51,15. *Sarsche* = französ. „serge", ein leichter feiner Wollstoff. Vgl. 250,1.

51,16. *Berkan,* ein Wollstoff; *Ballette:* Streifen aus Gold- oder Silberlitze zur Verzierung der Knopflöcher. – GWb. 2, Sp. 56 und 32.

52,37. *Zwinger* vgl. 19,5 u. die Anmkg.

52,39. *„schlimme Mauer"* aus „Slymme" (alter Personenname und Grundstücksname), Gegend der jetzigen Stiftsstraße.

53,22. *Bart.* Die Mode des 18. Jahrhunderts verlangte glatte Rasur. Nur Juden pflegten Bärte zu tragen. Vgl. Bd. 7, S. 239,17 u. Anm.

54,21 f. *Metallstufen*: Metallstücke. Vgl. 44,13 u. Anm.

55,22. *Partisanen*: Hellebarden, Spieße mit Seitenzacken. Dt. Wb. 7, Sp. 1479.

56,17. *Meßtheater*: Komödienspiel bei Gelegenheit der Frankfurter Messe. Es gab in Frankfurt kein festes Theater. Die reisenden Truppen kamen fast nur zur Zeit der Messen, weil sie dann leichter Spielerlaubnis erhielten und auch besser verdienten. – Elisabeth Mentzel, Gesch. d. Schauspielkunst in Frankfurt a. M. 1882.

59,9. *Sylphiden*: Luftgeister; hier in Bezug auf das S. 52,8–14 Erzählte.

64,7. *Kragstein*: aus der Mauer hervorragender Stein, meist als Träger gedacht. – Dt. Wb. 5, Sp. 1963 f.

71,5. *Rat Schneider*: Johann Caspar Schneider, 1712–1786, Kaufmann, Bayerischer Rat, Junggeselle, Hausfreund der Familie Goethe. Oft erwähnt: 80,19 f.; 144,24; 210,11 ff.; 214,25; 403,16.

72,8. *bequem, heiter*: Lieblingswörter Goethes in seiner Spätzeit. *Bequem* (vgl. 475,29) = gefügig, gefällig, im Umgang angenehm, gut brauchbar, passend. Dt. Wb. 1, 1854. S. 1481 f. Fischer, Goethe-Wortschatz, S. 100 f. – *Heiter* = voll Geist und Fröhlichkeit, Goethe verwendet oft Lichtsymbolik zur Charakteristik des Menschen. – GWb. 2, Sp. 384 f.

72,12. *Entwicklung.* Über den Begriff der *Entwicklung* bei Goethe, der einerseits die Anlage in sich schließt, anderseits die Wechselwirkung von Ich und Welt, spricht Friedrich Meinecke, Die Entstehung des Historismus. Bd. 2. München u. Bln. 1936. Insbes. S. 605 f. – GWb. 3, Sp. 199–202.

73,18. *drei Religionen.* Frankfurt war im 18. Jahrhundert zum größten Teil lutherisch, zu einem geringeren Teil calvinistisch; die Zahl der Katholiken war klein. – Vgl. Bd. 10, S. 120,21–30.

73,27. *Reisen.* Rat Goethe hatte 1730–1733 in Leipzig studiert, dann in Wetzlar beim Reichskammergericht gearbeitet und 1738 in Gießen den Doktor-Titel erworben. 1738 und 1739 war er in Regensburg und Wien. 1739–1741 machte er seine große Reise durch Italien. Vgl. 14,12–31.

73,30 f. *Emolumente* = Einkünfte, Vergütung. *Ballotage* = geheimes Abstimmungsverfahren durch Abgabe weißer Kugeln (Zustimmung) und schwarzer Kugeln (Ablehnung). Auch der Doge von Venedig wurde nach diesem Verfahren gewählt. Vgl. 149,25. – GWb. 3, Sp. 55 und 2, Sp. 34.

73,38f. *Charakter eines Kaiserlichen Rates*: im Mai 1742.

74,16. *Uffenbach*, Johann Friedrich v., 1687–1769, Naturforscher, bedeutender Kunstsammler, Schriftsteller, zeitweilig Bürgermeister; mitwirkend in dem von Telemann gegründeten Collegium musicum. – ADB 39, 1895, S. 132. – Beutler in der Artemis-Ausg., Bd. 10, S. 1009f.

74,26. *Baron von Häckel*, Heinrich Jacob, 1682–1760.

75,6. *Johann Michael von Loen*, 1694–1776, Schriftsteller der Aufklärung. „Der redliche Mann am Hofe oder die Begebenheiten des Grafen von Rivera", 1740, ist ein Staatsroman, welcher schildert, wie ein durch Leichtsinn des Fürsten und der Minister verkommenes Land durch einen tüchtigen jungen Staatsmann, den Grafen von Rivera, zu einer Art Musterstaat wird. Das Werk ist weniger romanhaft als lehrhaft. „Die einzig wahre Religion", 2 Bde., Frankf. 1750, war im Besitz von Goethes Vater. (Liebholdts Verzeichnis; Götting, Bibliothek, S. 38.) – Unter Goethes Büchern in Weimar befindet sich ein Sonderdruck: Jac. Brucker u. Joh. Jac. Haid, Joh. Mich. v. Loen. Aus: Brucker u. Haid, Bilder-Saal heutigen Tages lebender Schriftsteller. (3 Bl. u. 1 Bildnis.) – Vgl. auch 42,26ff. u. Anmkg. und 274,10 u. Anmkg. – Herm. Hettner, Gesch. d. dt. Lit. im 18. Jahrh., 2. Teil, 3. Kap. – ADB 19, 1884, S. 86–88. – Siegfried Sieber, Joh. Mich. v. Loen, Goethes Großoheim, sein Leben und eine Auswahl aus seinen Schriften. Lpz. 1922. (237 S.) – Franz Götting, Goethes Großoheim J. M. v. Loen. Goethe-Kalender 1938, S. 175–217. – Der Roman „Der redliche Mann am Hofe" ist auf Grund der Ausgabe von 1742 fotomechanisch neugedruckt, mit Nachwort von K. Reichart: Dt. Neudrucke, Reihe: 18. Jahrhundert., Stuttg. 1966. (Mit Bibliographie.) – NDB 15, 1987, S. 47–49.

75,25. *Dr. Brenner*, Joh. Hermann, 1699–1782, Professor der Theologie in Gießen. – G. Chr. Hamberger, Das gelehrte Teutschland. Lemgo 1767. S. 25. – 3. Aufl., fortges. von J. G. Meusel. Lemgo 1776. S. 59f.

75,28. *Stelle eines Präsidenten zu Lingen.* Lingen (Westf.), seit langem mit der Grafschaft Tecklenburg vereinigt, kam 1702 an Preußen und wurde Sitz eines Regierungspräsidenten.

76,3. *Resident Freitag*: Franz v. Freytag, Geschäftsträger des Staates Preußen in Frankfurt in den Jahren 1737–1763. – Vgl. Bd. 10, S. 56,22 u. Anm.

76,7f. *Betrachtungen ... um vor Höfen und Herrendienst zu warnen.* Ein Vorklang der späteren Auseinandersetzung mit dem Vater wegen des Weimarer Plans. Vgl. Bd. 10, S. 53,32–56,4.

76,10. *Doktor Orth*, Joh. Philipp, 1698–1783, Jurist. Die *sogenannte „Frankfurter Reformation"* (76,20f.) ist das 1611 erneuerte statutenmäßig festgesetzte Recht Frankfurts. Orths „Anmerkungen über die sogenannte erneuerte Reformation der Stadt Frankfurt" erschienen 1731. Dann kamen Fortsetzungen in 4 Bänden 1742–54 und Zusätze 1774. –

G. Meusel, Lexikon der 1750–1800 verstorbenen Schriftsteller. 10, 1810, S. 232f. – ADB 24, 1887, S. 442.

76,25. *Von Ochsenstein,* Joh. Seb., Rechtsanwalt, 1700–1756. Vgl. 11,34.

76,37f. *nahmen ... überhand*: wurden vorherrschend (nicht in tadelndem Sinne).

77,4f. *von obenherein* = von den höheren, gebildeten Ständen aus. – Fischer, Goethe-Wortschatz, S. 466.

77,6. *unerwartete Wirkungen*: die Französische Revolution und die deutschen Sympathien für sie.

77,9. *vaterländisch* hier: den Heimatort (Frankfurt) betreffend.

77,23f. *Schenkischen ... Blätter*: Landkarten der holländischen Stecher-Familie Schenk. – Thieme-Becker. – F. G. Waller, Biogr. Woordenboek von Noord Nederlandsche Graveurs. 's-Gravenhage 1938.

77,25. *Verordnungen und Mandate.* Die Sammlung ist erhalten geblieben und befindet sich im Frankfurter Goethehaus.

77,32ff. *die Senckenbergische ... Familie.* Heinrich Christian, 1704 bis 1768, Reichshofrat in Wien; Johann Christian, 1707–1772, Arzt in Frankfurt; Johann Erasmus, 1717–1795, Anwalt in Frankfurt. – G. L. Kriegk, Die Brüder Senckenberg. Frankf. a. M. 1869. (XIV, 380 S.) – August de Bary, Joh. Chr. Senckenberg. Frankf. a. M. 1947. (328 S.) – ADB 34, 1892, S. 1–5.

78,36. *anatomisches Theater.* Weil die Hörsäle der Anatomien amphitheatralisch gebaut waren (damit alle Teilnehmer gut sehen konnten), bezeichnete man sie als Theater.

79,4. *Karl Friedrich von Moser,* 1723–1798, lebte 1751–1767 in Frankfurt. – Vgl. die Anmkg. zu 79,28f. – ADB 22, 1885, S. 764–783. – J. Herzog, Moser, Vater und Sohn. Calw 1904. – Karl Witzel, F. C. v. Moser, Darmstadt 1929.

79,8f. *zu den sogenannten Frommen hinzog.* Moser hatte Beziehungen zu den Frankfurter Pietisten (vgl. 512,36–513,3); vermutlich hat er Züge hergegeben für die Gestalt des Philo in den *Bekenntnissen einer schönen Seele,* Bd. 7, S. 390,32ff.

79,10. *Geschäftsleben* = Staatsverwaltung; ein *Geschäftsmann* (79,24) ist in der Sprache des 18. Jahrhunderts ein Verwaltungsbeamter, der die „Geschäfte" des Staates ausführt. – Vgl. 397,36.

79,19f. *Debitkommissionen.* Vom französ. „debit" = Verkauf, Verkaufsrecht, und „Kommission" = Auftrag, Vollmacht, Abordnung. – Fischer, Goethe-Wortschatz, S. 809 u. 840. – GWb. 2, Sp. 1108.

79,28f. „*Herr und Diener*" erschien 1759; „*Daniel in der Löwengrube*" 1763; „*Reliquien*" 1766. – Liebholdts Bücherverzeichnis gibt an, daß folgende Werke Mosers im Frankfurter Goethehaus waren: Versuch einer Staats-Grammatik. Frankfurt 1749. – Von kaiserlichen Machtsprüchen. 1750. – Daniel in der Löwengrube. Frankf. 1763. – Reliquien. Frankf. 1766. (Götting, Bibl., S. 52 und 59.) – Hettner schreibt über Moser in seiner Gesch. d. dt. Lit. im 18. Jahrh., 2. Teil, 3.

Kap.: „Zum ersten Mal erhebt sich der kühne Ruf, daß der Beamte nicht königlicher Diener, sondern Staatsdiener ist.“ Mosers Staatsauffassung verband sich mit streng christlicher Gesinnung (deswegen auch sein Interesse an Hamann); als christlicher Kritiker wurde er von den Berliner Aufklärern und manchen anderen angegriffen; auch im Freundeskreise Goethes gab es über ihn abfällige Urteile, Goethe dagegen nennt ihn ausdrücklich *einen gründlich-sittlichen Charakter* (79,6). – ADB 22, 1885, S. 764–783. – Goedeke, Grundriß 4,1. Dresden 1891. S. 120. – Vgl. Bd. 10, S. 130,36.

79,38. *Klopstock.* Von dem „Messias“ waren 1748 die ersten 3 Gesänge erschienen in den Bremer „Beiträgen“, schon 1749 erschienen sie als Buch. Der Erfolg war groß. 1751 erschienen Gesang 1–5. Von Kopenhagen aus veröffentlichte Klopstock dann 1755 Gesang 1–10. Diese Ausgabe wurde mehrfach nachgedruckt. Einen dieser Drucke also hat Rat Schneider in das Goethehaus gebracht. Darin, daß dieser Hausfreund der Familie das aus christlichem Geiste entstandene Werk als *Erbauungsbuch* (80,29f.) benutzte, steht er keineswegs allein; viele Leser des 18. Jahrhunderts lasen es in diesem Sinne, und Klopstock hatte es so gemeint. Auch Friedrich Leopold Stolberg pflegte *alle Jahre einmal* (80,30) den „Messias“ zu lesen. – Am 20. Juli 1811 entlieh Goethe Klopstocks „Messias“ aus der Weimarer Bibliothek. Im April und Mai hatte er sich eingehend mit Jördens' „Lexikon deutscher Dichter und Prosaisten“ befaßt. Der hier enthaltene Artikel über Klopstock – Bd. 3, 1808, S. 3–55 – zeigt gut, welches Bild von Klopstock man im Anfang des 19. Jahrhunderts hatte. – Franz Muncker, Fr. G. Klopstock. Bln. 1893. – 2. (unveränderte) Aufl. 1900. – Karl Ludwig Schneider, Klopstock und die Erneuerung der dt. Dichtersprache im 18. Jahrhundert. Heidelberg 1960. – Gerhard Kaiser, Klopstock. Religion und Dichtung. Gütersloh 1963. – NDB 12, 1980. S. 116–121.

80,8f. *Canitz,* Friedr. Ludw. Frhr. v., 1654–1699, *Hagedorn,* Friedrich v., 1708–1754, *Drollinger,* Karl Friedrich, 1688–1742, *Gellert,* Christian Fürchtegott, 1715–1769, *Creuz,* Friedr. Karl Kasimir Frhr. v., 1724–1770, *Haller,* Albr. v., 1708–1777, waren in der Zeit von Goethes Kindheit bekannte Dichter. – Liebholdts Bücherverzeichnis nennt aus dem Besitz des Herrn Rat: Canitz, Fr. Rud. Ludw. v., Gedichte. 2. Aufl. Bln. u. Lpz. 1734. – Drollinger, Karl Fr., Gedichte. Frankf. 1745. – Von Gellert 3 Ausgaben der Fabeln, außerdem Lustspiele, 1748, Briefe, 1751, Leben der Schwedischen Gräfin, 1758, und Sammlung Vermischter Schriften, 1765. – Ferner eine Ausgabe von Hallers Versuch Schweizerischer Gedichte. – Das Verzeichnis enthält auch Schriftsteller, welche *DuW* an dieser Stelle nicht nennt: Brockes, Lichtwer, Lessing (Ausgabe von 1753), Liscow, Zachariae u. a. Die Bibliothek des Vaters gab also dem Knaben ein gutes Bild der deutschen Dichtung der

Zeit. Da literarische Jugendeindrücke stark haften, konnte Goethe hier aus der Erinnerung berichten.

80,10f. *Neukirchs „Telemach“*. Liebholdts Bücherverzeichnis nennt: Benjamin Neukirch (nach F. de Fénelon). Die Begebenheiten des Prinzen von Ithaca. 3 Teile. 2. Aufl. Nürnberg 1743. (Vgl. 35,20f. und die Anmkg.) Goethe erwähnt das Werk in einem Brief an Riese vom 30. 10. 1765. – *Koppens „Befreites Jerusalem“*: Joh. Friedr. Kopp, Versuch einer poetischen Übersetzung des Tassoischen Heldengedichts genannt: Gottfried oder das Befreite Jerusalem. Lpz. 1744.

80,20. *schwärzte es ein* = brachte es „schwarz“ (d.h. heimlich) herein. Vgl. *Faust* 7493. – Fischer, Goethe-Wortschatz, S. 181.

81,17ff. *Portias Traum*: Messias VII, 399–448. – *Gespräch zwischen Satan und Adramelech*: Messias X, 96–145. Die zitierte Stelle: X, 136ff.

82,4. *Chirurgus.* Um die Mitte des 18. Jahrhunderts waren die Bader sowohl Barbiere als auch Chirurgen (Wundärzte).

Drittes Buch

Goethe arbeitete am *3. Buch* im Februar und März 1811; das Tagebuch vermerkt keine Einzelheiten, sondern nur: *Biographisches.* Am 27. Mai notiert das Tagebuch: *Erneuertes Schema der 3 ersten Bücher.* Dann 17.–20. Juni: *Revision des 3. Buches.* Schließlich am 24. Juli: *Am 2. und 3. Buche revidiert.* Und am 25. Juli: *Das 2. und 3. Buch in die Druckerei.*

Hauptgestalt des Buches ist Graf Thoranc. Damit tritt für den Knaben die französische Kultur neben die deutsche, und neben die Gestalt des Vaters eine andere Männergestalt – und es gibt eine Szene, in welcher beide in Konflikt kommen und alles Licht auf den Fremden fällt. – François de Théas, comte de Thoranc, kam 1759 mit den französischen Truppen in die Stadt als „lieutenant du Roi", d. h. Vertreter, Statthalter des Königs. Er ist 1719 in Grasse in der Provence geboren, wurde mit 15 Jahren Leutnant, machte den Feldzug in Italien mit und stieg dann in der Offizierslaufbahn auf. Seinen Interessenkreis zeigt eine zufällig erhaltene Bücherrechnung aus Frankfurt vom Jahre 1761: Boethius, Seneca, Grotius, Pufendorf, Locke, Rousseau usw. Er führte in dieser Zeit ein militärisch-politisches Tagebuch. Als militärischer Verwalter war er ein klarer, weitblickender Kopf, der in der alten Reichsstadt brauchbare Neuerungen einführte: Hausnummern, Bürgersteig, Müllabfuhr, Sittenpolizei, anatomisches Institut usw. Die Frankfurter waren zunächst mißtrauisch, erkannten dann aber seine Leistungen an. Der französische Aristokrat bestellte sich Bilder der deutschen bürgerlichen Maler (und bezahlte sie so gut, daß es für diese Künstler eine glückliche Epoche war), indes der Sohn des deutschen Bürgerhauses sich die große Dichtung aus Frankreichs höfischer Kultur zu eigen machte, indem er Corneille und Racine auf der Bühne sah und gedruckt las. So sind die Motive des Buches verflochten. Durch die lebhaften Ereignisse werden der Vater und die Mutter gezwungen, Stellung zu nehmen, ihre Charaktere treten dabei deutlich hervor; an keiner Stelle von *DuW* erhalten sie ein literarisches Porträt; es war nicht nötig: die vielen einzelnen Züge ergeben das Gesamtbild. (Eine begonnene *Aristeia der Mutter* wurde nicht fertiggestellt und blieb im Druck fort.) Die Darstellung greift im *3. Buch* zum ersten Mal zur direkten Rede, und zwar in ausführlichem Dialog.

Als Goethe *DuW* begann, wußte er den Namen des Königsleutnants nicht mehr. Er erkundigte sich in Frankfurt bei Fritz Schlosser. Dieser sah in alten Akten nach und las das c als e; so kommt es, daß Goethe die Namensform *Thorane* benutzt. Man pflegt heute die richtige Form dafür einzusetzen. – Quellenmaterial über Thoranc lag Goethe 1811 nicht vor. Erst um 1900 haben Schubart, Grotefend u. a. die Akten durchgearbeitet, und nun zeigte sich, wie erstaunlich gut Goethes Gedächtnis war und wie richtig er als Knabe den Charakter des

Mannes, von dem er seit 1762 nichts mehr sah oder hörte, erfaßt hatte. – Thorancs schriftl. Nachlaß befindet sich heute im Frankfurter Goethemuseum. – Martin Schubart, François de Théas comte de Thoranc. Goethes Königslieutenant. München 1896. (VIII, 184 S. mit Abb.) – Der Königsleutnant Graf Thoranc in Frankfurt a. M. Aktenstücke 1759–1762. Hrsg. v. H. Grotefend. Frankf. a. M. 1904. (XIV, 328 S.) – Otto Donner von Richter, Die Thorancbilder in der Provence und im Goethehaus zu Frankfurt a. M. In: Jahrb. d. Fr. dt. Hochstifts 1904. S. 183–261. – Otto Heuer, Goethe und die Königsleutnantbilder. Jahrb. d. Fr. Dt. Hochstifts 1907. S. 233–250. – Otto Heuer, Der Königsleutnant und sein Gemäldesalon. Velhagen und Klasings Monatshefte 30, 1915/16, S. 209–226 (m. Abb.). – Otto Heuer, Die Königsleutnantbilder im Frankfurter Goethemuseum. Ansbach 1922. (24 S. mit Tafeln.) – Bettina Strauß, La culture Française à Francfort au 18e siècle. Paris 1914. (292 S.) – Elisabeth Mentzel, Gesch. der Schauspielkunst in Frankf. a. M. von ihren ersten Anfängen bis zur Eröffnung des städtischen Komödienhauses. Frankf. 1882. (VII, 554 S.) = Archiv f. Frankfurts Gesch. u. Kunst, N. F., 9. Darin S. 247–270: Die französ. u. dt. Komödie von 1759–1763 u. ihr Einfluß auf den jungen Goethe. – Elisabeth Mentzel, Der junge Goethe u. das Frankfurter Theater. In: Festschr. zu Goethes 150. Geburtstagsfeier. Frankf. 1899. – E. Beutler u. J. Rumpf, Bilder aus dem Frankfurter Goethe-Museum. 1949. – E. Beutler in der Artemis-Gedenk-Ausgabe, Bd. 10, 1948, S. 907–916.

82,17. *Der Neujahrstag.* Jugendgedichte Goethes, zum Neujahrstag den Großeltern überreicht, sind erhalten geblieben. Vgl. Bd. 1, S. 7f.

82,26. *Zinken*: Blasinstrumente. Wie in *Faust II* nach Vers 9441. – MGG.

84,15. *zusammengenommen* = beherrscht, gesammelt, diszipliniert.

84,20 u. 38. *Nacht* oft in der Bedeutung: Abend nach dem Dunkelwerden.

85,11. *ein behaglicher Dolmetscher*: Johann Heinrich Diene. Graf Thoranc, der in Frankfurt die Straßenbeleuchtung einführte, machte ihn zum „inspecteur des lanternes". Dieses Amt hatte er noch 1783. Er hat nach des Grafen Abreise von Frankfurt Briefe an ihn geschrieben, von denen 6 erhalten sind; sie enthalten Grüße von „monsieur et madame Goethe" und von „le jeune Goethe".

87,14f. *Herzog von Osuna,* Pedro Tellez Girón y Guzmán, 1579–1624, Vizekönig von Sizilien und Neapel, bekannt durch witzige Bemerkungen. – Enciclopedia universal ilustrada. 60, Bilbao, Madrid, Barcelona 1928. S. 648f.

87,35ff. *in frühern Jahren ... großes Unglück angerichtet ...* Ein Motiv wie aus den *Wanderjahren*: Jemand hat sich beherrschen gelernt, und man sieht jetzt nur seinen festen Charakter. Durch eine Erzählung erfährt man dann auch etwas von seiner Geschichte, aber nur andeutungsweise und abstandhaltend.

88,1f. *die sämtlichen Frankfurter Maler.* Vgl. 28,15ff. u. die Anmkg. *Hirt* 29,2; *Schütz* 29,9; *Trautmann* 29,4; *Nothnagel* 155,36; *Juncker* 29,11.

88,7. *Seekatz.* Vgl. 29,17 u. die Anmkg.

89,27. *Bilder, welche die Geschichte Josephs darstellen.* Der Satz: *einige davon wurden ausgeführt* besagt: einer der Maler, die im Goethehaus arbeiteten, malte einige Josephs-Bilder. Der Knabe Goethe kann höchstens einen Hinweis auf diesen *Gegenstand* gegeben haben, wie er vorher (89,23) sagt. Vermutlich denkt Goethe hier an die sieben

Josephs-Bilder von Trautmann (vgl. 29,4 u. Anm.). Sie befinden sich heute im Frankfurter Goethe-Haus. Thoranc hatte sie aus Frankfurt an seinen Bruder in Grasse geschickt; als er 1774 endgültig nach Frankreich zurückkehrte, nahm er die Bilder an sich und brachte sie in seinem eigenen neuen Hause an. Von da kamen sie in das Haus seines Großneffen, Grafen Sartoux in Mouans. 1895 wurden sie durch M. Schubart erworben und 1897 dem Hochstift geschenkt. – Ausführlich über Goethes Beziehung zu dem Joseph-Stoff und zu diesen Bildern: Anneliese Domnick, Studien zum Kreis einfacher Seinsformen in Goethes jugendlicher Bildungswelt. Diss. Kiel 1964. S. 159–178. – Abbildungen von Trautmanns Bildern: Beutler-Rumpf Abb. 9 und 13. Und in: Detlev Lüders, Die Josephs-Geschichte, Goethes Anregungen und J. G. Trautmanns Gemälde-Zyklus. Freies dt. Hochstift, 1977. (7 Abb.)

91,6. *Racine.* In der Bibliothek des Herrn Rat stand: J. Racine, Œuvres. 2 Bde. Paris 1736. (Liebholdts Verzeichnis; Götting, Bibl., S. 55.) – Es ist für Goethes spätere Entwicklung als dramatischer Dichter von Bedeutung, daß seine ersten Eindrücke davon, was Drama und Theater sei, durch die französische Tragödie des 17. Jahrhunderts und das französische bürgerliche Lustspiel des 18. Jahrhunderts geformt wurden.

91,18f. *Destouches,* Philippe Néricault, 1680–1754, *Marivaux,* Pierre Carlet de Chamblain de, 1688–1763, *La Chausée,* Pierre Claude Nivelle de, 1692–1754, Lustspieldichter, zur Zeit von Goethes Jugend auch in Deutschland viel aufgeführt; von Lessing besprochen. La Chaussée schuf den Typ des „rührenden Lustspiels" (comédie larmoyante). – Über Marivaux äußerte Goethe sich einige Jahre bevor er *DuW* schrieb, in den Anmerkungen zu *Rameaus Neffe.* (Bd. 12, S. 267f.)

91,22f. *Lemierre,* Antoine-Marin, 1723–1793. Das Drama „Hypermnestre" erschien 1758. – Goethe wollte sich über Lemierre in den Anmerkungen zu *Rameaus Neffe* äußern, doch wurde dieser Abschnitt wieder gestrichen. *Er war eine zarte, liebevolle Natur, in sich gekehrt, und was wir von ihm kennen, ist nicht ohne Gehalt.* (W. A. 45, S. 338.) – Nouv. Biogr. universelle 30, 1859, S. 605–608.

91,25f. *„Devin du Village", „Rose et Colas", „Annette et Lubin".* Elisabeth Mentzel, Gesch. d. Schauspielkunst in Frankfurt, weist nach, daß Rousseaus Operette „Le devin du village" auf dem Spielplan der französischen Schauspieltruppe in Frankfurt stand, legt dann aber (S. 252) dar, daß Goethe wohl im Folgenden seine Erinnerungen täuschen, denn die beiden anderen Stücke entstanden erst später: „Annette et Lubin", von Marie Favart, 1762, „Rose et Calas", Text von Sedaine, Musik von Mosigny, 1764. Die französische Schauspieltruppe verließ Frankfurt zu Ostern 1762. Vielleicht hat Goethe die genannten Stücke später gesehen und sie mit ähnlichen Aufführungen aus den Jahren 1759–1762 verwechselt.

92,15f. *Foyers, wo die Schauspieler und Schauspielerinnen ... sich aufhielten.* Diese Jugendeindrücke leben fort in Szenen der *Theatralischen Sendung,* der *Lehrjahre,* ja sogar noch der *Wanderjahre* (Bd. 8, S. 323,8ff.). *Foyer* = Versammlungsraum, nicht der Zuschauer, sondern der Schauspieler während der Pause.

92,30. *Derones.* Goethe wählt in *DuW* gelegentlich freie Phantasienamen; manchmal, weil er sich des eigentlichen Namens nicht entsann.

93,1ff. *Junge Mädchen ... jüngere Knaben ...* Das Motiv kehrt in den *Wanderjahren* wieder: Felix und Hersilie.

93,26. *übertragen* = ertragen (ähnlich Bd. 11, S. 301,17). Fischer, Goethe-Wortschatz, S. 649.

93,32. *Ligieren* = beim Fechten dem Gegner den Degen aus der Hand schlagen. – Vgl. 147,11.

94,18. *Hypermnestra.* Vgl. 91,22f. u. die Anmkg.

95,7f. *Diderots „Hausvater".* Denis Diderot, 1713–1784, veröffentlichte 1758 „Le père de famille", ein bedeutendes bürgerliches Lustspiel, das Lessing 1760 übersetzte. – Vgl. S. 487,34 u. Anm. – Erich Schmidt, Lessing. Bd. 1. 4. Aufl. Bln. 1923. S. 290–301. – Roland Mortier, Diderot en Allemagne. Paris 1954. Dasselbe dt.: Diderot in Deutschland 1750–1850. Stuttg. 1972. (VIII, 490 S.)

95,8. *Palissot,* Charles, 1730–1784, schrieb „Les philosophes", 1760, eine Satire gegen Rousseaus „Zurück zur Natur". Das Stück wurde bereits im Juli 1760 in Frankfurt aufgeführt; ein Theaterzettel von dieser Aufführung ist erhalten. (Mentzel S. 255.) Goethe hat sich später mehrfach zu Palissot geäußert, besonders in den Anmerkungen zu seiner Übersetzung von Diderot, *Rameaus Neffe.* WA 45, S. 186–193.

95,36. *Kaffeehaus.* Im 18. Jahrhundert hatten sich die Kaffeehäuser in allen größeren Städten rasch eingebürgert. – Zedler, Universal-Lexicon, Art. „Caffé-Hauß", Bd. 5, 1733, S. 111f.

95,37. *Mandelmilch*: „eine Lactade, wird also gemacht: Man nimmt süße Mandeln, putzet oder ziehet solche ab, stößt sie mit frischem Wasser zu einem dünnen Brei, seiget es durch und tut an die davonlaufende Milch nach Belieben Rosenwasser, Zimmet oder Pfersich-Laub-Wasser, auch ein wenig Zucker. Diese Mandel-Milch gibt eine gute Nahrung, kühlet und erfrischet ..." Zedler, Universal-Lexicon 19, Lpz. 1739, S. 895. – Vgl. auch Bd. 7, S. 601,20 u. Anm.

97,21. *Prinz Soubise*: Charles de Rohan, Prince de Soubise, 1715 bis 1787, Marschall, Kommandant der Armee. – Nouv. biogr. univ. 44, 1865, S. 219–222.

97,22f. *Marschall von Broglio*: Victor-François, Duc de Broglie, 1718–1804, Feldherr, in Frankfurt 1759–1762 der höchste französische Offizier. Vgl. 182,21f. – Nouv. biogr. univ. 7, 1853, S. 476f.

98,16. *Bergen*: Dorf zwischen Frankfurt und Hanau; die Schlacht fand am 13. 4. 1759 statt.

99,31. *Schatzkästlein.* In pietistischen Kreisen beliebt war: Güldenes Schatzkästlein der Kinder Gottes, deren Schatz im Himmel ist. (Von

K. H. v. Bogatzky.) Halle 1718 u. ö. Frau Rat besaß die Ausgabe von 1745. Das Exemplar ist jetzt im Besitz des Goethe-National-Museums in Weimar. Jedes Blatt enthält auf einer Seite einen Bibelspruch und Kirchenliedverse, die andere Seite ist frei für Eintragungen von Freunden und Verwandten. Goethe trug sich am 30. 9. 1765 – vor der Abreise nach Leipzig – ein. – C. Ruland, Das Stammbuch der Frau Rat. GJb. 12, 1891, S. 175–178. – Morris 1, S. 91 u. 6, S. 10f. – Vgl. auch *Buchorakel* in den Noten zum *Divan*. Bd. 2, S. 189f.

100,10. *Kollation* = Imbiß, Zwischenmahlzeit.

101,29. *aus dem Gedächtnis.* Die Ausgestaltung des Gesprächs im einzelnen ist natürlich künstlerische Schöpfung aus dem Jahre 1811. Anderseits zeigt sich, wie gut die eindrucksvollen Szenen von 1759 im Gedächtnis hafteten. Goethe besaß über Thoranc keine schriftlichen Unterlagen, erst 1896 hat Schubart aus Frankfurter Archiven und aus Thorancs Nachlaß die Einzelheiten ans Licht gebracht. Thoranc war der Meinung, daß im Falle eines Sieges der Preußen diejenigen Frankfurter, die zu Wien hielten, es schlechter haben würden, als die Preußenfreunde es unter den Franzosen hatten. (Das steht hinter den Worten 100,5f.) Der Frankfurter Rat hatte ihm Gelder geboten, die einer Bestechung gleichkamen – er hatte alles abgelehnt. Goethe betont seine strenge Rechtlichkeit, und seine Erinnerung stimmt überein mit dem, was die Akten sagen.

103,23. *Pekingtapeten.* Wandbespannung mit chinesischen Mustern. Vgl. 156,5 und 356,14.

103,31. *Gift*: zu Goethes Zeit öfters als Masculinum. So auch *Faust* 1053.

104,34. *An den Nachruhm pfleg' ich nicht zu denken ...* Ironie Goethes, daß er in dem Abschnitt, in welchem er für Thorancs Ruhm sorgt, ihn selbst diesen Satz sprechen läßt (ebenso wie vorher den Dolmetscher 104,29–32).

106,25. *wurden.* Düntzer schlägt die Konjektur *würden* vor; indirekte Rede.

106,27f. *„Miß Sara Sampson" und der „Kaufmann von London".* George Lillo, 1693–1739, war der Begründer des „bürgerlichen Trauerspiels". Sein „George Barnwell or the Merchant of London", 1731, wurde ein großer Bühnenerfolg in England, Frankreich und Deutschland. Seit 1754 spielten deutsche Truppen es in der Übersetzung des Schauspielers Mayberg; die erste gedruckte deutsche Übertragung, von H. A. Bassewitz, Hamburg 1757, erlebte mehrere Auflagen. – Die erste bedeutende deutsche Leistung auf dem Gebiet des bürgerlichen Trauerspiels war Lessings „Miß Sara Sampson", 1755; das Werk hatte starken Bühnenerfolg. Es erschien im 6. Band von Lessings „Schriften", die 1753–1755 herauskamen. Diese Ausgabe war im Besitz von Goethes Vater, wie Liebholdts Verzeichnis ausweist. – Erich Schmidt, Lessing. 1. Bd. 4. Aufl. Bln. 1923. S. 261–281. – Die Anfänge des bürgerlichen

Trauerspiels in den fünfziger Jahren. Hrsg. v. F. Brüggemann. Lpz. 1934. = Dt. Lit., Reihe „Aufklärung", Bd. 8.

106,30. *Schelmstreiche Scapins*: Molière, Les fourberies de Scapin. 1671. Komödie.

107,12. *Piron,* Alexis, 1689–1773, französischer Theaterdichter. – Nouvelle biogr. générale 40, 1862, S. 310–317.

107,19. *Pomeys „Pantheon mythicum"*. Der französische Jesuit François-Antoine Pomey, 1619–1673, verfaßte ein kleines Handbuch, in welchem alle antiken Göttergestalten der Reihe nach dargestellt sind, die Dii coelestes (Apollo, Aurora, Bacchus usw.), Dii terrestres (Aeolus, Aristaeus, Astraea usw.), Dii marini u. a. m. – Die „Editio octava", Amstaelodami 1730, enthält auch Abbildungen der Götter in Kupferstichen. – Jöchers Gel.-Lex. 3, Lpz. 1751, S. 1676f. – Nouv. biogr. gén. 40, 1862, S. 691.

108,16f. *drei Einheiten* ... Julius Cäsar Scaliger hatte 1561 in seiner Poetik von den Einheiten des Ortes, der Zeit und der Handlung gesprochen und sie als eine Forderung dargestellt, welche schon im Altertum bestanden habe. Die französische Dichtung des 17. Jahrhunderts machte sich diese Regeln zu eigen. Corneille wurde angegriffen, weil er im „Cid", 1636, nicht genug Rücksicht darauf genommen habe. Er bekannte sich aber in theoretischen Schriften seiner Spätzeit, 1660, selbst zu den drei Einheiten (vgl. die Anmkg. zu 109,1ff.); ebenso tat es das einflußreiche Werk von Boileau, Art poétique, 1674. Als der junge Goethe um 1760 davon hörte, war daraus eine veraltete Äußerlichkeit geworden, die schlagwortartig wiederholt wurde. Die deutschen Dichter pflegten sich an die Einheiten nicht mehr genau zu halten, obgleich Gottscheds „Kritische Dichtkunst", 1730 u. ö., sie forderte, und etwas später bewies dann Lessings scharfsinnige Kritik, daß ein Festhalten an den drei Einheiten nicht nötig sei, wenn man nicht tiefere Gründe dafür habe. (Hamburgische Dramaturgie, 44.–46. Stück.) – Erich Schmidt, Lessing. Bd. 1. – Reallexikon der dt. Literaturgesch., Bd. 1, Bln. 1925/26, Art. „Einheiten" von H. Schauer. – Vgl. auch Bd. 12, S. 225,10ff. – Insbesondere: Art. „Einheiten" von A. Fuchs in: Goethe-Handbuch Bd. 1, 1961, Sp. 2105–2107.

108,25. *wie der Knabe in der Fabel*: ähnlich *Es hatt' ein Knab' eine Taube zart* ... Bd. 1, S. 59.

109,1ff. *Corneilles „Abhandlung über die drei Einheiten"*. Corneille verfaßte 1660 die theoretische Schrift „Discours sur le poème dramatique". Darin als „Troisième discours": „Sur les trois unités d'action, de jour et de lieu". Da diese Abhandlung in den meisten späteren Corneille-Ausgaben abgedruckt war, war sie leicht zugänglich. – Goethe-Handbuch, Bd. 1, 1961, Art. „Corneille" von A. Fuchs.

109,5 f. *Händel über den „Cid"*. Corneille wurde wegen seines „Cid" angegriffen, hauptsächlich warf George de Scudéry ihm Verstöße gegen die Regeln der Kunst vor, und es kam zu einer Anzahl Streitschriften beider Parteien, die später als „querelle du Cid" bezeichnet und mehrfach als Sammlung gedruckt wurden.

109,11. *eines allmächtigen Kardinals.* Richelieu regte (aus politischen Ursachen) die Verurteilung von Corneilles „Cid" durch die Akademie an: „Sentiment de l'Académie sur la tragicomédie du Cid", 1636.

109,15 f. *Schöff von Olenschlager* und die Aufführung des *„Britannicus"* von Racine: vgl. 157,31 ff. (und Anmkg.) und insbesondere 158,31 ff.

109,31 f. *Racine ... Molière ... Corneille.* Die Werke dieser Dichter fand Goethe in der vielseitig ausgebauten Bücherei seines Vaters. Liebholdts Bücherverzeichnis nennt: P. Corneille, Le Théatre. 5 Bde. (ohne Angabe von Ort und Jahr). – J. Racine, Œuvres. 2 Bde. Paris 1736. – Molière, Œuvres. 8 Bde. Paris 1739.

111,20. *Seekatz.* Vgl. 29,17 ff. (und Anmkg.); 88,17 ff.; 90,10 ff.; 225,27; 318,12.

112,3. *die vier Elemente.* Drei dieser Gemälde befinden sich noch heute in Frankreich; sie waren 1895 leihweise zu einer Ausstellung in Frankfurt.

113,30 f. *Gemälde in dem Schlosse seines Bruders.* Diesem Hinweis Goethes folgend, suchte Martin Schubart 1876 in Südfrankreich und fand die Bilder größtenteils wohlerhalten wieder auf. Viele hängen noch heute in dem Hause, das sich der Bruder des Grafen Thoranc 1760 in der Rue des Dominicains in Grasse erbaut hatte. Andere kamen in ein Haus, das Thoranc später für sich selbst errichtete. Einige konnten für das Frankfurter Goethe-Museum erworben werden: der Josefszyklus 1897, die Monatsbilder 1907. Letztere befinden sich heute im Gartensaal (im Erdgeschoß) des Frankfurter Goethehauses, erstere in dem daneben gelegenen Museum. – Vgl. die zum *3. Buch* im Allgemeinen genannte Literatur.

113,35 ff. *in Westindien ... gestorben.* Goethe setzt vorsichtigerweise hinzu *daß man uns ... versichern wollte.* Hier, wo er nicht aus eigener Erinnerung spricht, sondern berichtet, was er gehört hatte, trifft seine Angabe nicht zu. Thoranc kehrte aus den Kolonien zurück, war 1768 Lieutenant du Roi in Perpignan und 1770 Kommandant der Provinz Roussillon. Im Alter wohnte er in seiner Heimatstadt Grasse – zwischen den Gemälden, die er einst aus Frankfurt mitgebracht hatte. Während der Revolution verarmte er. Er starb 1794.

Viertes Buch

Goethe schrieb wohl einiges vom *4. Buch* schon im Februar 1811, doch vermerkt das Tagebuch da nur *Biographisches.* Nähere Angaben erfolgen erst später: 15. Mai: *Biographisches ... Bleichen der Kupferstiche.* 6. Juli: *Jüdische Antiquitäten.* 14. Juli: *Betrachtungen über das 4. Buch.* 25. Juli: *1. Buch Mosis und Geographie von Palästina.* 29. Juli: *Schema der hebräischen Urgeschichte.* 30. Juli: *Den Anfang des 4. Buchs revidiert ... jüdische Antiquitäten.* 31. Juli. *Biblische Urgeschichte.* 1. August: *2. Hälfte der Urgeschichte.* 2. August: *Palästina. Hebräische Sprache.* 3. August: *Palästina.* 4. August: *Israelitische Urgeschichte.* 5.–7. August: *Einiges am 4. Buche.* 8.–9. August. *Revision des 4. Buches.* 10. August. *Absendung des Manuskripts vom 4. Buch.*

Zwar sind alle Bücher von *DuW* Darstellung der Bildungseinflüsse, aber das *4. Buch* ist es in engerem Sinne, denn es schildert den Unterricht, sodann einen geistigen Bildungsbereich (das Alte Testament), schließlich die Gestalten einiger Männer, die in der Welt, welche der Knabe sieht, vorbildhaft waren. Alles dieses hatte Folgen in Goethes späterem Leben. Das Gelernte wurde angewandt und erweitert; die biblische Patriarchenwelt wirkte als Urbild einfacher Lebensformen und eines Daseins, das sich unter dem Auge Gottes weiß; und die Frankfurter Männer, die den Knaben zu Hofdienst, Diplomatie oder Rechtswissenschaft führen wollten, gaben ihm ein Bild, was ein Mann werden könne, und er beginnt in Wunschträumen das Bild eines Dichterdaseins dagegenzusetzen. Durch die Komposition ist die Verbindung (oder auch Gegensätzlichkeit) dieser Themen herausgehoben. Daß es nicht Reihung von Motiven ist, sondern innerer Zusammenhang, wird überleitend oder abschließend – doch immer zurückhaltend – angedeutet (140,13–26; 157,29f.; 163,2f.). Wieder sind die Eltern durch die Art ihres Handelns charakterisiert. Die Darstellungsform bleibt erzählend und knüpft nur gelegentlich an das Erzählte verallgemeinernde Reflexion. (129,10–13; 148,15–18.)

Ergänzendes urkundliches Material enthalten vor allem das Haushaltungsbuch des Herrn Rat (1973 gedruckt) und Liebholdts Bücherverzeichnis. Die Angaben des *4. Buchs* über die einst benutzten Bücher kann man durch dieses Verzeichnis präzisieren. Ebenso wie die im *1. Buch* genannten Werke sind es meist Drucke aus der Zeit des Vaters; entstanden sind manche dieser Bücher aber schon viel früher. Man sieht, wie weit Goethes Jugend noch im Barock wurzelt. Zu den Büchern, die Goethe in seiner Jugend viel benutzte, gehören: Die Merianbibel (ursprünglich 1630, benutzt wohl eine spätere Ausgabe); Comenius, Orbis pictus (erster Druck 1658; benutzt: Druck von 1746); Fénelon-Neukirch (erster Druck 1724; benutzt: Druck von 1743); Acerra philologica (zuerst 1637; benutzt eine spätere Ausgabe); Pomey, Pantheum mythicum (zuerst um 1670; benutzt wohl eine Ausgabe des 18. Jahrhunderts); Cellarius, Historia universalis (erster Druck 1685–1696; benutzt: Druck von 1716); Lersner, Frankfurter Chronica (1716); Morhof, Polyhistor (1. Aufl. 1688–92, benutzt wohl eine spätere); Hoppe, Examen (Erstdruck 1684; benutzt wohl eine Ausg. des 18. Jahrhunderts); Struve, Iurisprudentia (Erstdruck 1670; benutzt: Druck von 1726). Es ist also die Entwicklung eines Jahrhunderts, die Goethe umspannt.

Weiteres Material bei Morris, Bd. 1 und bei Fischer-Lamberg Bd. 1. – Elisabeth Mentzel, Wolfgang und Cornelia Goethes Lehrer, Lpz. (1909.) (X, 402 S.) – Paul Baginsky, Des jungen Goethe Lektüre während der Frankfurter Jugendzeit. Phil. Diss. Breslau 1919. (48 S.)

114,10. *Kanzleidirektor Moritz,* Heinrich Philipp, 1711–1769, tätig für die Grafen Solms-Rödelheim u. a.

114,24. *Legationsrat Moritz,* Johann Friedrich, 1716–1771, dänischer Legationsrat in Frankfurt.

115,3. *Zeichenmeister*: Joh. Michael Eben, 1716–1761, oft erwähnt in dem Haushaltsbuch von Goethes Vater, vom Oktober 1758 bis Oktober 1761. – Fr. Gwinner, Kunst und Künstler in Frankfurt a. M., 1862, S. 279. – Mentzel, Goethes Lehrer, S. 151. – Thieme-Becker 10, 1914, S. 293.

115,11. *Qui pro quo* („einer für einen"): Ersatz für etwas.

115,13f. *die sogenannten Affekten von Lebrun.* Der im 17. und 18. Jahrhundert allgemein hochgeschätzte Pariser Hofmaler Charles Lebrun, 1619–1690, hat außer seinen Gemälden auch einige illustrierte Bücher geschaffen, die praktische Vorbilder und Anweisungen für den Zeichenunterricht geben: Conférences sur L'expression des différents caractères des passions. Ferner: Traité de la Physiognomie. Schließlich: Livre de portraiture pour ceux qui commencent. Sie erschienen seit den sechziger Jahren des 17. Jahrhunderts immer wieder, z. T. unter veränderten Titeln, übersetzt, in Nachstichen. Goethe wird – ähnlich wie bei anderen Werken, deren Erstauflagen im 17. Jahrhundert erschienen – wohl einen Neudruck zur Hand gehabt haben. Vielleicht war es: Expression des passions de l'âme. Unterschiedliche Affekten des Gemütes, vorgestellt durch vielerlei Köpfe nach den Zeichnungen Monsieur le Brun, Königlichen Malern zu Paris. Martin Engelbrecht excudit, Aug. Vind. 1732. (4 S. Text, 20 Kupferstiche, folio.) Die Stiche zeigen Köpfe in schulmäßiger Strichführung, die Schatten sind durch kunstgerecht gekreuzte Strichlagen abgetönt. Vielleicht benutzte Goethe auch: Ein Discours oder Rede des Herrn le Brun ... über die allgemeine und sonderbare Ausdruckung der Affekten, auf das Neue übersetzt nach der Amsterdamischen Edition. Nürnberg, bei Joh. Chr. Weigel, 1721. (34 u. 8 S. Text; 21 Stiche in Umrißmanier; quer-oktav.) Es gibt außerdem Pariser und Amsterdamer Ausgaben dieser Werke. – Thieme-Becker 22,

1928, S. 510f. – Henry Jouin, Charles le Brun et les Arts sous Louis XIV. Paris 1889.

115,16. *Baumschlag*: Fachausdruck aus der Künstlersprache. Joh. Heinr. Campe, Wörterbuch der dt. Sprache 1, Braunschweig 1807, S. 397: „Bei den Malern und Kupferstechern die Nachbildung des Laubwerks an den Bäumen mit gehörigem Licht und Schatten; dann auch die Art und Weise dieser Darstellung.“ – Dt. Wb. 1, 1854, S. 1194.

115,27. *Piazzetta*, (Giovanni Battista, 1682–1754, Maler und Akademiedirektor in Venedig. – Vgl. Bd. 11, S. 62,4 u. Anmkg. – Thieme-Becker 26, 1932, S. 568–571.

116,1. *in der Musik unterrichten* ... Der Klavierlehrer war Joh. Andreas Bismann, 1715–1811, Kantor und später Kapell-Direktor. – El. Mentzel, Goethes Lehrer. S. 239–262.

116,14. *Applikatur*: Fingersatz (Joh. Gottfr. Walther, Musicalisches Lexicon. Lpz. 1732).

116,21. *Anstand:* Bedenken, Aufschub. – GWb. 1, Sp. 697.

116,34. *Claves*: Mehrzahl von lat. „clavis“ (Schlüssel). Dieses Wort wurde im 18. Jahrhundert nicht nur für die Notenschlüssel angewandt, sondern auch für die Tasten des Klaviers, man empfand noch den sprachlichen Zusammenhang von *Claves* und „Klaviatur“. Bei Goethe hier also im Sinne von „Tasten“, entsprechend dem vorhergegangenen Wort *Tastatur* (116,31).

118,11. *bewaffneter Magnetstein.* Während man heute meist künstliche Magnete sieht, die durch elektrische Ströme oder Einwirkung anderer Magnete magnetisch gemacht sind, benutzte man im 18. Jahrhundert meist natürliche Magnete aus Magneteisenstein, diese erhielten an den Polen zur Verstärkung weiche Eisenstükke als *Armatur* (118,23).

118,30. *das eminente Phänomen.* Dazu Bd. 1, S. 306: *„Magnetes Geheimnis, erkläre mir das!“ Kein größer Geheimnis als Lieb' und Haß.* – Und Bd. 12, S. 367: *Der Magnet ist ein Urphänomen, das man nur aussprechen darf, um es erklärt zu haben; dadurch wird es denn auch ein Symbol für alles übrige, wofür wir keine Worte noch Namen zu suchen brauchen.*

118,32. *Elektrisiermaschine.* Die im 17. Jahrhundert durch O. v. Guericke erfundene einfache Elektrisiermaschine war um 1740 von Winkler in Leipzig durch Einführung des Reibzeugs verbessert; der Konduktor war schon früher in Gebrauch. Sie ist ein Vorläufer der heutigen „Influenz-Maschine“. Eine *Elektrisiermaschine* der Zeit um 1800 beschreibt Goethe in seinen naturwissenschaftlichen Schriften. (W. A. II, Bd. 11, S. 191ff.) Er besaß eine Maschine dieser Art, die noch heute vorhanden ist; abgebildet in: Holtzhauer, Goethe-Museum, 1969, S. 521.

119,26. *Pfeil*, Leopold Heinrich, 1726–1792. – El. Mentzel, Goethes Lehrer, S. 311–332.

120,31f. *die Seidenzucht.* Am 7. 2. 1826 schreibt Goethe an Großherzog Carl August: *Von Mylius aus Mailand erhalte ich ... Cocons von*

Seidenwürmern. ... Es ist angenehm, diese höchst bedeutend gewordene Naturerscheinung wieder einmal vor Augen zu sehen; mir jedoch ist sie deswegen besonders erfreulich, weil ich mich an meine Jugendjahre und die desfallsigen Bemühungen im väterlichen Hause erinnere.

121,29. *Die römischen Prospekte.* Vgl. 14,12f. u. die Anmkg.

122,35. *englischer Sprachmeister*: Johann Peter Christoph Schade, geb. 1734, seit dem Juni 1762 in Frankfurt; Goethe gehörte zu seinen ersten Schülern. Der Herr Rat notiert im Haushaltungsbuch (Hrsg. von Helmut Holtzhauer. Lpz. 1973) am 30. Juni 1762: „Dr. Schade hon. menstr." und am 30. Juli: „Dr. Schade lingu. Angl." Ferner am 9. Juni 1762: „Gram. Angl." – Liebholdts Bücherverzeichnis nennt: Joh. König, Der getreue Englische Wegweiser. Lpz. 1740. – Infolge der neuen Schätzung englischer Literatur hatte in Deutschland seit den vierziger Jahren ein erhöhtes Interesse für die englische Sprache eingesetzt. Goethe vervollkommnete seine Sprachkenntnisse später durch die Konversation mit Harry Lupton (231,4ff.) Er konnte in späteren Jahren englische Romane und wissenschaftliche Literatur fließend lesen. – El. Mentzel, Goethes Lehrer. S. 263–276.

123,21f. *Roman von sechs ... Geschwistern.* Von diesem Werk ist nichts auf uns gekommen.

123,28. *Siegwart* von Joh. Martin Miller, 1777, Typ eines empfindsamen Romans.

124,15. *barock* = seltsam. Vgl. 277,14; 299,6; 309,34. – GWb. 2, Sp. 64f.

124,15. *Judendeutsch.* Das Haushaltungsbuch des Herrn Rat notiert am 6. Juni 1761: „Christamico p. Inform. Germanico Heb. Ling." – Die Bibliothek enthielt eine Gruppe Judaica, die wir durch Liebholdts Verzeichnis kennen (Götting, Bibl., S. 49), darunter das Werk von Joh. Jac. Schudt, Jüdische Merkwürdigkeiten. Frankf. u. Lpz. 1714 bis 1717, das zahlreiche Beispiele von Frankfurter Judendeutsch bringt.

124,33. *Doktor Albrecht,* Joh. Georg, 1694–1770. – El. Mentzel, Goethes Lehrer, S. 210–238. Daselbst S. 214ff. über seine *Programme* (125,33), d.h. Drucke wissenschaftlicher Art, wie sie im 18. und noch im 19. Jahrhundert von den Gymnasien alljährlich herausgegeben wurden.

125,13. *Translokation*: Versetzung der Schüler.

125,15. *praemia virtutis et diligentiae*: Preise für Tüchtigkeit und Fleiß.

126,32. *Punkte und Strichelchen aller Art.* Goethes Tagebuch vermerkt am 31. Juli 1811: *Büchelchen des Pater Sacchi über die hebräische Sprache und besonders den Ursprung der Punkte.* Am 1. August: *Abends Hebraica.* Am 2. August: *Hebräische Sprache.*

127,36. *Gibeon ... Ajalon*: Buch Josua 10,12f.

127,39. *aufgeregt* = angeregt, wachgerufen. Vgl. 457,7; 530,10; 548,34; 594,39.

128,4. *Version des Sebastian Schmid.* Eine wörtliche Übersetzung ins Lateinische von dem Straßburger Gelehrten S. Schmid, 1617–1696, auch

S. 509,7f. erwähnt. Liebholdts Verzeichnis nennt: Biblia Sacra ex Linguis originalibus in Linguam Latinam translata a Sebast. Schmidt. Argentorati 1708. – Unter Goethes Büchern in Weimar: Biblia hebraica ... cum versione Latina Sebastiani Schmidii. Lps. 1740. – Jöcher, Gelehrten-Lexicon. 4, 1751, S. 301–303.

128,29f. *das große englische Bibelwerk.* Es handelt sich um die *Übersetzung* (128,33), welche Teller, Baumgarten u. a. von dem Werk der englischen Theologen angefertigt und mit eigenen Ergänzungen versehen hatten. Das Werk erschien 1749–70 in 19 Bänden. 1762 waren 9 Bände erschienen. Goethe entlieh am 12. August 1811 aus der Weimarer Bibliothek den 1. Band: Die Heilige Schrift des Alten und Neuen Testaments nebst einer vollständigen Erklärung derselben, welche aus den auserlesensten Anmerkungen verschiedener Engländischen Schriftsteller zusammengetragen ... in dieser deutschen Übersetzung auf das neue durchgesehen von Romanus Teller. Der 1. Teil Lpz. 1749. (XXXII, 876 S. mit Taf.) Das Werk bringt am oberen Rand jeder Seite den Bibeltext, dann – sehr viel mehr Raum einnehmend – den Kommentar der englischen Forscher, darunter die Zusätze des deutschen Bearbeiters. – Keudell Nr. 718. – H. Schöffler, Dt. Geist im 18. Jahrh. Göttingen 1956. S. 97–113, 309.

129,2. *Repositorium*: Bücherbrett.

129,23. *Urgeschichte.* Der Abschnitt über die Patriarchen reicht von 129,21 bis 140,8; ergänzend kommt 140,27–141,10 hinzu. – Das Tagebuch von 1811 notiert am 3. Juli: *Hezels Biblisches Real-Lexikon.* Dasselbe am 5. Juli. Dann am 25. Juli: *1. Buch Mosis und Geographie von Palästina.* 29. Juli: *Schema der hebräischen Urgeschichte.* 30. Juli: *jüdische Antiquitäten.* 31. Juli: *Biblische Urgeschichte.* 1. August: *2. Hälfte der Urgeschichte.* 2. und 3. August: *Palästina.* 4. August: *Israelitische Urgeschichte.* – An Rochlitz 30. Januar 1812: *Daß Sie meine asiatischen Weltanfänge so freundlich aufnehmen, ist mir von großem Wert. Es schlingt sich die daher für mich gewonnene Kultur durch mein ganzes Leben und wird noch manchmal in unerwarteten Erscheinungen hervortreten ...* Hier ist zunächst gesagt, warum dieser Abschnitt in die Autobiographie eingeschoben wurde (wie auch 140,9–26), und dann angedeutet, daß noch weitere Äußerungen zu diesem Gebiet im Werden seien. Goethe dachte dabei an den Aufsatz *Israel in der Wüste,* den er damals seit Jahren fast fertig vorliegen hatte. Er nahm ihn später in die *Noten und Abhandlungen zu besserem Verständnis des West-östlichen Divans* hinein (Bd. 2, S. 207–225); hier kommt er überhaupt noch einmal auf die altjüdische Geschichte zu sprechen, hauptsächlich in den Abschnitten *Hebräer* (128f.) und *Alttestamentliches* (206f.). – Hinweise auf das Alte Testament sind über alle Teile von *DuW* verstreut (31,8; 158,13; 221,28f.; 274,28ff.; 494,8ff.; 510,24ff. u. ö.), dabei interessieren

Goethe die Patriarchen mehr als die Propheten. – Das von Goethe benutzte Nachschlagewerk steht noch heute in Weimar unter seinen Büchern: Biblisches Real-Lexicon über ... alte Geschichte, Erdbeschreibung, Zeitrechnung, Altertümer. Hrsg. v. Hezel. 4 Bde. Prag 1787. (Der Verfasser war protestantischer Theologe und wurde Professor in Gießen.) – Friedrich Meinecke, Die Entstehung des Historismus. 2. Band. München u. Bln. 1936. S. 599f.: „Seine Liebe für die biblische Urzeit blieb lebendig von der Kindheit bis ins Alter ... In dieser Liebe war religiöses Bedürfnis nach einer reinen und ursprünglichen Gottesvorstellung tief verwachsen mit dem Bedürfnis, reine und ursprüngliche Menschheit anzuschauen, mit jenem Bedürfnis, das ihn auch zu Homer zog. Wir wissen, daß dies Bedürfnis mit den präromantischen Strömungen des 18. Jahrhunderts mit dem Drange, die Urzeiten als Prototypen der Menschheit kennenzulernen, zusammenhing ... Das Individuelle ..., das er ... in dem prachtvollen Freskobilde der biblischen Patriarchenzeit darstellte, war hier zugleich das Typische, ungestört und taufrisch Urmenschliche." – Albert Köster, Die Niederschrift der israelitischen Urgeschichte in Goethes „Dichtung und Wahrheit". Berichte über die Verhandlungen der kgl. Sächs. Ges. d. Wissenschaften zu Leipzig. Phil.-hist. Kl., Bd. 57. 1905. S. 19–34. – Julia Gauss, Goethe und die Patriarchenwelt. In: Gauss, Goethe-Studien. Göttingen 1961. S. 67–77. – Anneliese Domnick, Studien zum Kreis einfacher Seinsformen in Goethes jugendlicher Bildungswelt. Diss. Kiel 1964. S. 105–185. – Ewald A. Boucke in der Fest-Ausgabe, Bd. 15, S. 455f. – Ins einzelne gehender Nachweis der Bibelstellen: Düntzers Kommentar in Kürschners Dt. Nat.-Lit., Bd. 98, S. 161–173.

129,35f. *die ... Elohim.* Ebenso 130,19f.; 352,9 (auch Bd. 2, S. 13 und S. 170,4 und Bd. 8, S. 329,16); *die Götter*: 131,18f.; 136,2f.; 136,32ff.; 137,2; *die Gottheiten*: 133,29; *Gott*: 138,16; 138,20f.; *der Herr*: 131,36; 134,5; *jenes hohe Wesen*: 134,36. – Im Alten Testament kommt als Bezeichnung für Gott das pluralische „Elohim" neben dem singularischen „Jehova" vor. – In dem Abschnitt 351,1–353,24 ist *Elohim* identisch mit Gott Vater, Sohn und Heiliger Geist. An anderen Stellen scheint Goethe mit diesem Wort, das er immer pluralisch benutzt, anzudeuten, daß Gott den Menschen in mannigfacher Form erscheine, auch scheint er damit Fülle, Größe, Macht, Majestät zu symbolisieren. – Herder, „Vom Geist der Ebräischen Poesie", 2. Gespräch: „Von der Natur und dem Schöpfer; von den Elohim und den Engeln". – RGG., Art. „Elohim". – H. Schmitz, Goethes Altersdenken. Bonn 1959. S. 34. – E. Grumach in: Goethe 14/15, 1952/53, S. 83–87. – Vgl. auch die Anmkg. zu 352,9.

134,15f. *eine natürliche allgemeine Religion ... und ... eine besondere geoffenbarte.* (Dazu 138,23ff. und 138,30ff.) Ein im 18. Jahrhundert viel besprochenes Problem. Goethe kommt darauf zurück im *7. Buch*. Vgl. 274,10ff. und die Anmkg.

136,9. *widerlich* = widerstrebend, entgegengesetzt. Vgl. *widerwärtig* 410,30.

140,16f. *den Frieden ... der mich umgab*. Ähnlich im *Divan*: *Flüchte du, im reinen Osten Patriarchenluft zu kosten* ... (Bd. 2, S. 7.) Auch sonst zeigt diese ganze Partie *Divan*-Vorklänge.

141,14. *Klopstock*. Hier ist wahrscheinlich nicht nur an den „Messias" gedacht – in welchem sowohl Gestalten des Neuen Testaments als auch solche des Alten Testaments vorkommen –, sondern auch an das Drama „Der Tod Adams", 1757, das einen Stoff aus dem Alten Testament in empfindsamer Weise gestaltet hatte und deswegen im 18. Jahrhundert außerordentlich beliebt war. Klopstock ließ dann noch die Dramen „Salomo", 1764, und „David", 1772, folgen. – Vgl. 398,7 u. Anmkg.

141,16. *Bodmerische Arbeiten*. Epische Dichtungen mit alttestamentarischen Stoffen wie „Jacob und Joseph", 1751, „Noah", 1752, „Joseph und Zulika", 1753, u.a. – Vgl. 272,20.

141.17f. *„Daniel in der Löwengrube", von Moser*. Ein Prosa-Epos des im *2. Buch* dargestellten christlichen Schriftstellers und Staatsmanns Karl Friedrich v. Moser. (Vgl. 79,28 u. die Anmkg.) Das Daniel-Motiv wirkt noch in Goethes später *Novelle* nach. (Bd. 6, S. 508,16ff.)

141,23. *Die Geschichte Josephs*. Von diesem Werk ist nichts erhalten. Der Versuch, eine 1920 in Altona gefundene Josephs-Dichtung des 18. Jahrhunderts Goethe zuzuschreiben, erwies sich als Irrweg. – Fr. Tschirch, Der Altonaer Joseph. Bln. 1929. (XXIV, 163 S.)

141,30. *Inzidenzien* (nach frz. „incident"): Zwischenfälle, Einschübe.

142,1. *Ein junger Mann*. Johann Balthasar Clauer, 1732–1796. – Goethe-Handbuch, 2. Aufl., 1961, Sp. 1658.

142,13. *expedit*: leicht, flüssig, gewandt.

143,1. *anakreontische Gedichte*. Die Mode der Anakreontik herrschte in Deutschland seit Hagedorn, Gleim, Uz, Götz usw., d.h. seit den 40er Jahren; zur Zeit von Goethes Jugend war sie auf ihrem Höhepunkt. Das *Silbenmaß* waren Verse, in denen Hebung und Senkung wechseln, die aber verschieden lang sein dürfen (2 bis 6 Takte), daher ihre *Bequemlichkeit*. Goethe hat in seiner Jugend selbst anakreontisch gedichtet. Vgl. Bd. 1, S. 14–24 u. Anm. – Art. „Anakreontik" im Reallex. d. dt. Literaturgesch. – Alfred Anger, Literar. Rokoko. Stuttg. 1962. – Insbesondere: Herbert Zeman, Die dt. anakreontische Dichtung. Stuttg. 1972. (VIII, 386 S.)

143,8f. *Elias Schlegel*. Hierzu Düntzer: „Elias Schlegel schrieb gar keine geistlichen Gedichte; die von Adolf Schlegel haben durchaus keine Ähnlichkeit mit Goethes *Poetischen Gedanken über die Höllenfahrt Jesu Christi*. Goethe verwechselt hier Elias Schlegel wohl mit J. A. Cramer, dessen Ode an den Erlöser und das Gedicht auf das Jüngste Gericht ihm vorschweben werden." (KDN 98, S. 176.)

143,9f. *Höllenfahrt Christi*: abgedruckt in Bd. 1, S. 9–13.

143,33. *Johann Philipp Fresenius*, 1705–1761, Beichtvater der Familie Textor; hat Goethe getauft; verfaßte zahlreiche theologische und seelsorgerische Schriften, auf welche z.T. 143,37–144,2 angespielt wird. Zu seinen Werken gehören u.a.: Beicht- und Communion-Buch. Frankf. 1746 u.ö. – Bewährte Nachrichten von Herrnhutischen Sachen. 4 Bde. Frankf. 1743–51. – Merkwürdige Nachricht von der wunderbaren Bekehrung eines großen Naturalisten, an dem Exempel des Herrn Georg Carl Baron v. Dyhern, gewesenen Generallieutenants des Kursächs. Corps. Frankf. 1759. – In Liebholdts Katalog der Bibliothek von Goethes Vater sind 6 Bücher von ihm verzeichnet, darunter „Nachricht von den Herrenhutischen Sachen" (Götting S. 37 u. 38). – Joh. Georg Meusel, Lexikon der 1750–1800 verstorbenen teutschen Schriftsteller 3, Lpz. 1804, S. 479–486. – ADB 7, 1878, S. 353f. – GJb. 11, 1890, S. 159–164.

144,3. *Plitt*, Johann Jacob, 1727–1773, Senior des Predigerministeriums in Frankfurt während der Jahre 1762–1773. Veröffentlichte zahlreiche Schriften und Predigten, u.a.: Zwo Predigten, welche nach vollzogener Wahl und Krönung Josephi II, Röm. Königs, gehalten worden. Frankf. 1764. – J. G. Meusel, Lexikon der 1750–1800 verstorbenen teutschen Schriftsteller 10, 1810, S. 463–469. – ADB 26, 1888, S. 307–309.

144,23. *glorios* = des Rühmens voll.

144,23f. *der Hausfreund*: Rat Schneider. Vgl. 71,5 u. Anmkg.

145,20. *Bowers „Geschichte der Päpste"*. Liebholdts Bücherverzeichnis nennt: Archibald Bower, Unparteiische Historie der Römischen Päpste. Bd. 1–3. Magdeburg u. Lpz. 1751ff. (Götting, Bibl., S. 37.) – Schiller bespricht das Werk in einem Brief an Goethe vom 10. 3. 1802.

145,34. *Hoppe*, Joachim, 1656–1712, verfaßte: Examen institutionum imperialium. Seit 1684 in vielen Auflagen. (Vgl. 238,31 und 361,3.) – Joh. Chr. Adelung, Fortsetzung zu Chr. G. Jöchers Gelehrten-Lex. 2, Lpz. 1787, S. 2135f.

145,36f. *den Katecheten* = den Prüfer; *den Katechumenen* = den Prüfling.

146,1f. *Corpus Juris*. In der Bibliothek des Herrn Rat befanden sich: Corpus iuris civilis. Amstelodami 1700. – Ferner: Corpus iuris civilis Romani. Antverpiae 1726. (2 Pergamentbände mit Goldpressung.) Dieses Exemplar nahm Goethe nach Weimar und schenkte es später seinem Sohn. Es steht heute im Weimarer Goethehaus. (Ruppert Nr. 1765.)

146,4. *der „Kleine Struve"*. In Liebholdts Verzeichnis: G. Adam Struvius, Jurisprudentia Romano-Germanica forensis. Jenae 1726. – Georg Adam Struve, 1619–1692, Jurist an der Universität Jena, schuf in diesem Werk ein außergewöhnlich beliebtes Lehrbuch. Die letzte Auflage erschien 1771. – ADB 36, 1893, S. 677–681.

146,16. *dem Schlendriane nach* = der Gewohnheit nach. (Ähnlich Bd. 7, S. 261,16.) – Fischer, Goethe-Wortschatz, S. 536.

146,26. *Zwei Fechtmeister.* Der deutsche Fechtmeister war Joh. Christian Juncker, 1709–1781, der letzte „Meister" der angesehenen Frankfurter Fechterschule. Das Haushaltsbuch des Herrn Rat notiert, daß am 21. Febr. 1765 an den Fechtlehrer 2.- Gulden gezahlt seien, am 18. März 3.- Gulden; jedesmal also ein Betrag für mehrere Unterrichtsstunden, die stattgefunden hatten. Vermutlich eine Art Vorbereitung auf die Universitätszeit. – El. Mentzel, Goethes Lehrer. S. 277–287.

147,11. *Battieren*: „ist in der Fechtkunst, wenn man an des Contreparts Klinge eine starke Bewegung macht, um denselben dadurch zu ermüden oder auch in einen wehrlosen Stand zu setzen". Zedler, Universal-Lex., Supplemente Bd. 3. Lpz. 1752. S. 193. Näheres in den zahlreichen Fechtkunst-Büchern des 18. Jahrhunderts, die man bibliographiert findet in Allg. Encyklopädie, hrsg. v. J. S. Ersch u. J. G. Gruber. 1. Section, Bd. 42. Lpz. 1845. S. 205. – *Ligieren*: vgl. 93,32 und die Anmkg.

147,24. *Reiten.* Das Haushaltsbuch des Herrn Rat, „Liber domesticus", notiert, daß am 1. Febr. 1765 für Wolfgang Reitstiefel und Handschuhe gekauft werden, am 2. Febr. wird Mietgeld für die Reitbahn gezahlt; am 2. 3., 18. 3., 1. 4., 30. 5., 30. 6., 30. 7., 24. 8. Honorar an den Reitlehrer, je 6.- Gulden, also jedesmal für mehrere Reitstunden. Der Reitlehrer war Carl Ambrosius Runckel, 1709–1767. Die Pferde gehörten der Stadt. Man übte in dem 1755 errichteten Marstall. Goethe liebte solche geschlossenen Reitbahnen nicht, sondern das Reiten im Freien, wie er es in den *Wanderjahren* schildert. (Bd. 8, S. 244,27ff.) Er ist in Straßburg viel zu Pferde gewesen, und dann wieder in den ersten Weimarer Jahren. – El. Mentzel. Goethes Lehrer. S. 288–310.

147,29. *Schließen*: Fachausdruck der Reitersprache = die Schenkel fest anlegen, Fühlung mit dem Tier haben, so daß Pferd und Reiter einen gemeinsamen Schwerpunkt haben. – Dt. Wb. 9, 1899, S. 699.

147,38. *Humor* = Stimmung.

148,29–31. *die Lersnersche „Chronik" ... Frankofurtensien.* Am 23. April 1811 entlieh Goethe aus der Weimarer Bibliothek: Achilles Augustus Lersner, Der Welt berühmten Freien Reichs-, Wahl- und Handelsstadt Frankfurt am Main Chronica ... (Frankf.) 1706. (Folio, 2 Teile in 1 Bd.; 568 und 130 S., dazu ein Register-Teil.) Er gab das Werk am 8. Mai zurück, entlieh es aber nochmals vom 12. 8. bis 26. 8., als er den 1. Band fertigmachte. – Die Bibliothek des Vaters enthielt zahlreiche Francofurtensien. Auf Grund von Liebholdts Verzeichnis hat Götting sie zusammengestellt (S. 66f.), 35 Nummern, z. T. aus mehreren Bänden bestehend.

149,22. *Haus Limpurg.* Vgl. Bd. 10, S. 120,2 u. Anm. – Hans Körner, Frankfurter Patrizier. Histor.-genealog. Handbuch der Ganerbschaft des Hauses Alten-Limpurg. München 1971. (XVI, 456 S.)

149,23. *Haus Frauenstein*: Zusammenschluß einiger Familien des Frankfurter Stadtadels. Vgl. Bd. 10, S. 120,3.

149,25. *Ballotage* = Abstimmungsverfahren durch Kugeln. Vgl. 40,38 u. 73,31 u. Anmkg.

149,31. *Judenstadt.* In dem Jahre, als der 1. Band von *DuW* erschien, 1811, wurde in Frankfurt diese Wohnbegrenzung aufgehoben. – In der Bibliothek des Vaters befand sich auch eine kleine Abteilung Judaica, darunter: Joh. Andr. Eisenmenger, Entdecktes Judentum. Königsberg 1700. – M. Fleury, Sitten der Israeliten. Hannover 1709. – Joh. Jac. Schudt, Jüdische Merkwürdigkeiten. Frankf. u. Lpz. 1714. – Vgl. auch 124,15 u. die Anmkg., ferner 566,6f.

150,8. *Schandgemälde.* Im 16. Jahrhundert entstanden, seit 1811 nicht mehr vorhanden (Boucke im Kommentar der Fest-Ausgabe).

150,36f. *Zeugen von verschiedenen Exekutionen.* Beutler hat diese Stelle stark unterstrichen und hat dargelegt, daß Goethes „mildernde Hand" hier absichtlich auf Ausführlichkeit verzichtet. Er weist hin auf die Hinrichtung von Anna Maria Frölich 1758 und von Susanna Margarethe Brandt 1772, in deren Geschick er die Anregung für die Gretchentragödie sieht. – Faust, erläutert von E. Beutler. Lpz. 1940. S. XLf. – E. Beutler, Der Frankfurter Faust. In: Jahrb. d. Fr. dt. Hochstifts 1936–1940. S. 594–686. Die Seiten 594–606 dieses Aufsatzes erschienen auch unter dem Titel „Die Kindsmörderin" in: E. Beutler, Essays um Goethe. Bd. 1, 4. Aufl. Wiesbaden 1948. S. 111–116. – Artemis-Gedenk-Ausgabe, Bd. 10, 1948, S. 942f. und Bd. 5, 1950, S. 704f. (Beutlers Nachworte.)

151,16. *die Handwerker.* Goethe hat in seinem späteren Leben immer die hohe Bedeutung des Handwerks gesehen und sich über die einzelnen Handwerke zu belehren versucht. Er hebt hier hervor, daß für seine spätere Einsicht hier in früher Jugend die Grundlage geschaffen wurde. – K. Muthesius, Goethe und das Handwerk. Lpz. 1926. – Arthur Hoffmann, Goethe und der werktätige Mensch. (Jb.) Goethe 11, 1949, S. 205–248. – Hans Joachim Schrimpf, Kunst und Handwerk. (Jb.) Goethe 17, 1955, S. 142–168 und Bd. 18, 1956, S. 106–120. – H. J. Schrimpf, Das Weltbild des späten Goethe. Stuttg. 1956.

152,35f. *die Hoffnung zum Frieden.* Der Friede von Hubertusburg kam am 15. 2. 1763 zustande. – Joseph II. wurde am 27. 3. 1764 zum Römischen König gewählt und am 3. 4. 1764 gekrönt.

153,10f. *Kaiser Franz ... Neigung zu Juwelen*: vgl. 48,10 u. die Anmkg.

153,26. *Kenntnis dieser Steine.* Diese früh erworbene Kenntnis baute Goethe später in seine naturwissenschaftlichen Studien ein. Ein Beispiel dafür der Aufsatz „Über Bildung von Edelsteinen", Bd. 13, S. 270–272.

154,8f. *Tischer*: die bei Goethe vorwaltende Form; gelegentlich schreibt er auch *Tischler*.

154,13f. *Maler Juncker*. Vgl. 29,11 und die Anmkg. – Die im folgenden beschriebenen 2 Blumenstücke kamen dadurch, daß Cornelia den Juristen Johann Georg Schlosser heiratete, später an Friedrich Schlosser, der seine Wohnung in Stift Neuburg bei Heidelberg nahm. Von dort kehrten sie 1926 ins Frankfurter Goethehaus zurück. (Abbildung: Beutler-Rumpf Nr. 33 und 34.) – Als Goethe an *DuW* schrieb, hatte er die Bilder seit Jahrzehnten nicht mehr gesehen. Sein Bildgedächtnis ist vorzüglich. Das erste Bild zeigt Maus und Kornähre und ein Nebeneinander vieler bunter Blumen, das zweite ist auf einen hellen Mittelpunkt hin komponiert. Doch: die Bilder sind auf Leinwand gemalt. – Goethe hatte in seiner Jugend viele Bilder im Entstehen gesehn, ihm waren daher die Technik der Arbeit und die Überlegungen des Künstlers vertraut.

155,36. *Maler Nothnagel*, Joh. Andreas Benjamin, 1729–1804. Von Goethes Vater im Haushaltsbuch erwähnt (20. Sept. 1756). Goethe hat später, 1774, bei ihm Unterricht in Ölmalerei genommen. Vgl. 88,2; 564,3; 564,11ff. – Thieme-Becker 25, 1931, S. 524.

157,4f. *mit den Gartengeschäften umgehen*. Goethe besaß in Weimar seit 1776 den Garten am Stern und seit 1781 den Garten hinter dem Haus am Frauenplan. Er hat sich mit diesen Gärten immer eingehend beschäftigt; solange Christiane lebte, hatte er an ihr dabei eine sorgfältige Helferin. Beobachtungen in den Gärten gaben Grundlagen für seine botanischen Forschungen. Auch das Motiv der *Gartengeschäfte* weist also auf etwas, das Folge hatte. – Wilhelm Bode, Goethes Leben im Garten am Stern. Bln. 1911 u. ö. – Georg Balzer, Goethe als Gartenfreund. München 1966 u. ö.

157,31. *Olenschlager*, Johann Daniel v., 1711–1778. Er studierte – wie später Goethe – die Rechte in Leipzig und Straßburg, woselbst er Dr. iur. wurde. Er wurde dann Mitglied des Frankfurter Rats und zeitweilig Bürgermeister. Eine Verlobung mit Susanne v. Klettenberg ging wieder auseinander. (Die Gestalt des Narziß in den *Bekenntnissen einer schönen Seele* hat Züge von Olenschlager.) Er verfaßte zahlreiche juristische Schriften. Hauptwerk: Neue Erläuterung der Goldenen Bulle Kaisers Carl IV. Frankf. u. Lpz. 1766. Liebholdts Verzeichnis nennt 2 Exemplare dieses Werks. Olenschlager gab Goethe Ratschläge für sein Studium. Als Goethe 1771 in Frankfurt Rechtsanwalt wurde, leistete er dem Bürgermeister Olenschlager den Advokaten- und Bürgereid. Olenschlager starb 1778. Sein Bildnis von Johann Georg Ziesenis hängt im Frankfurter Goethe-Museum. (Abb.: Beutler-Rumpf, Nr. 11.) – Als Goethe an *DuW* arbeitete, entlieh er sich Olenschlagers „Neue Erläuterung der Goldenen Bulle“ am 12. August 1811. Dasselbe Werk entlieh er sich 20 Jahre später am 14. Juli 1831. Damals arbeitete er am *4. Akt* des *Faust II;* für Motive wie die Belehnung Fausts und das Verhältnis des Kaisers zu den Kurfürsten wollte er sich hier noch einmal Anregung holen. – Joh. Georg Meusel, Lexikon der 1750–1800 verstorbenen Schriftsteller, 10. Lpz. 1810. S. 219–221. – ADB 24, 1887, S. 285f. – Franz Götting, J. D. v. Olenschlager. Goethekalender auf das Jahr 1940. S. 69–102. – Vgl. auch Bd. 3, *Faust*, Anmerkungen zum *4. Akt.*

157,32. *Doktor Orth.* Vgl. 76,10–24 und die Anmkg.

158,17f. „*Omne regnum* ...“ : „Jedes Reich, in sich uneins, geht zugrunde, denn seine Fürsten sind zu Genossen von Dieben geworden.“ Nach Luk. 11,17 und Jesaias 1,23.

158,28. *Schlegel,* Johann Elias, 1718–1749, der bedeutendste deutsche Dramatiker vor Lessing, veröffentlichte 1747 sein Drama „Canut“. Schlegel lebte damals in Dänemark. Das Drama stellt in freier Ausgestaltung die Geschichte des Dänenkönigs Knut dar. Schlegel ist in seiner Zeit der einzige deutsche Dichter, der Anregungen von Shakespeare fruchtbar macht in seiner Darstellung kraftvoller Charaktere. Das Werk wirkt wie ein Vorklang des Sturm und Drang, bleibt äußerlich aber beim Alexandriner-Vers. Neudruck in: Dt. Lit. in Entwicklungsreihen, Reihe „Aufklärung“, Bd. 6. Hrsg. v. F. Brüggemann. Lpz. 1933.

158,31. „*Britannicus*“ von Racine, schon 109,15f. erwähnt. Aus der Angabe, daß er und Cornelia *auch die Sprache zur Übung bringen* sollten, geht hervor, daß sie das Stück in französischer Sprache aufführten. Auch später noch hat Goethe bei Liebhaberaufführungen mitgewirkt, z.B. 1767/68 in Leipzig (283,36) und 1779 in Weimar bei der Erstaufführung der *Iphigenie.* Er erwähnt hier sein Theaterspiel nur kurz. Ausführlich spricht er über die bedeutenden Männer Frankfurts, die auf ihn wirkten.

159,1. *Reineck,* Friedrich Ludwig v., 1707–1775, Weinhändler in Frankfurt, polnischer und kursächsischer Geheimer Kriegsrat. – Liebholdts Bücherverzeichnis nennt: „Reinekischer Prozeß.“ (Götting, Bibl., S. 62.) – ADB 28, 1889, S. 19f.

159,24f. *Timon,* aus Lukian und Shakespeare bekannter Athener, sprichwörtlich für „Menschenfeind“, so auch in den *Wanderjahren* (Bd. 8, S. 444,26). *Heautontimorumenos* = Selbstquäler, nach einem Dramentitel des Terenz. Goethe benutzt das Wort öfters (z.B. Bd. 8, S. 466, Nr. 41).

160,6. *von Malapart* (eigentlich v. Malapert), Friedr. Wilhelm, 1700–1773, hessischer Major und Besitzer der Salinen in Soden am Taunus. – Düntzer KDN 98, S. 197. – Beutler in Artemis-Gedenk-Ausg. 10, S. 990. – NDB 15, S. 724.

161,18. *Hofrat Hüsgen,* Wilhelm Friedrich, 1692–1766, anhaltischer und ansbachischer Hofrat und Geschäftsträger in Frankfurt.

161,28. *Apprehension* = Abneigung, Scheu.

161,31. *Kalmank* : gemusterter Wollstoff. – Dt. Wb. 5, 1873, Sp. 70. – Fischer, Goethe-Wortschatz S. 836.

161,36. *Heinrich Sebastian Hüsgen,* 1745–1807, hessischer Hofrat, Kunstsammler und Kunstforscher. Er verfaßte u. a.: Verräterische Briefe von Historie und Kunst. Frankf. 1776. (112 S., 1 Taf.) – Nachrichten von Frankfurter Künstlern und Kunstsachen ... Frankf. 1780. (378 S.) – Artistisches Magazin. Frankf. 1790. (XX, 634 S.) Das letztgenannte Werk ist Goethe gewidmet, er besaß ein Exemplar in seiner privaten Bibliothek (wo es noch heute steht) und benutzte es für *DuW*. Alle Werke Hüsgens sind Fundgruben für die Frankfurter Kunstgeschichte des 18. Jahrhunderts. Sein Bildnis, gemalt von S. G. v. Edlinger, hängt im Goethemuseum in Frankfurt. (Beutler-Rumpf Nr. 36.) – Ludwig Geiger, Goethe in Frankfurt 1797. Frankf. 1899. S. 107. – Beutler-Rumpf S. 44f. – Otto Heuer, Heinrich Sebastian Hüsgen. Jahrbuch des Fr. dt. Hochstifts 1902. S. 347ff.

162,10. *Agrippa*: Heinrich Cornelius Agrippa von Nettesheim, 1487–1535, Jurist und Mediziner in Köln, veröffentlichte 1531 „De incertitudine et vanitate omnium scientiarum et artium". – ADB 1, 1875, S. 156. – August Jegel, Die Lebenstragödie des Agrippa von Nettesheim. Jahrbuch des Kölnischen Geschichts-Vereins 20, 1938, S. 15–76. – NDB 1, 1953, S. 105f.

162,29. *timonischer Mentor*. vgl. 159,24.

162,32. *wundersame Uhr.* Sie wurde nach Angaben Hüsgens 1746 in Neuwied bei Kinzinger angefertigt und steht jetzt im Frankfurter Goethehaus auf dem Vorplatz des 2. Stockwerks. Genaue Beschreibung in: Hüsgen, Nachrichten von Frankfurter Künstlern und Kunst-Sachen. 1780. – Ferner: Fritz Buhl, Die wundersame Uhr. In: Goethekalender auf das Jahr 1935. S. 203–213.

163,21. *Gebrüder Schlosser.* Vgl. 504,30–505,23 u. die Anmkg. – *Griesbach,* Joh. Jacob, 1745–1812, Theologe, später Professor in Jena und mit Goethe in persönlichem Verkehr bis zu seinem Tode. Vgl. 241,39f. – ADB 9, 1879, S. 660–663.

Fünftes Buch

Über die Entstehung des *5. Buches* berichtet das Tagebuch. 16. und 17. April 1811: *Geschichte von Frankfurt.* 19. April: *Krönungsdiarium Josephs II.* 20. April: *Geschichte von Frankfurt.* 23. April: *Schema der Wahl- und Krönungsgeschichte. Weitere Überlegung dieser Gegenstände. Lersnerische Chronik.* 26. April: *Vorbereitungen zur Wahl und Krönung.* Dann reiste Goethe nach Karlsbad. Dort vermerkt das Tagebuch am 16. Mai: *Geschichte des Ritters Degrieux und Manon Lescot epitomisiert.* (d. h. kurz zusammengefaßt.) Diese Partie (vgl. S. 845 ff.) blieb später aber fort. 19. Mai. *Biographisches, Wahl und Krönung.* 20. Mai: *Krönungstag.* 21. Mai: *Schluß der Krönungsgeschichte.* Am 28. Juni reiste Goethe von Karlsbad ab, hielt sich vom 1. bis zum 27. Juli in Jena auf und traf am 27. Juli wieder in Weimar ein. Das Tagebuch vermerkt: 20. Juli: *Am 5. Buche einiges.* 18. August: *5. Buch der Biographie.* 20. August: *Das 5. Buch beendigt.* 25. August: *Einzug des Kaisers.* 31. August: *Manon Lescaut.* 4. September: *Einiges am letzten Buche.* 5. September: *Etwas am letzten Buche. Krönungsgeschichte.* 6. September: *Schluß des 5. Buches.* 7. September: *Den Schluß des Manuskripts zum 5. Buch abgesandt.*

Die Hauptthemen, Gretchen und die Kaiserkrönung, sind ineinander verwoben, indem der Knabe dem Mädchen die Krönung erklärt und vieles davon mit ihr gemeinsam sieht. In diesem Buch endet die Kindheit – und darum der *1. Teil* –, in der bekannten Welt taucht eine unbekannte, unwägbare auf; es ist das erste Mal, daß in *DuW* das Thema der Liebe aufklingt. Das Innerlichste verknüpft sich mit dem Äußerlichsten; das alte Reich erscheint dem Knaben im Symbol; Goethe hatte Sinn für das Schaubare, Sinnbildhafte. Die breite Schilderung der Krönung wird unterbrochen durch die novellesk erzählten Einschübe von der Krönung Franz' I. und Maria Theresias (194,7–195,2; 201,22–39). Am Ende eine plötzliche Wendung (209,34 ff.): statt der Ausweitung in die Welt jetzt die Zusammenziehung ins Ich. Verzweiflung und Krankheit ist das Ende des *1. Teils,* so wie das Motto vom „geschundenen Menschen" (7,4) sein Beginn war. Durch das Motiv des Haus-Arrests kann die Nachgeschichte der Krönung fortfallen – sie hätte nichts Wesentliches mehr bringen können. In den epischen Bericht wird direkte Rede eingeschoben (169,24 ff.; 209,37 ff.) und gelegentlich Selbstkritik vom Standpunkt des Alters aus (198,36 ff.). – Ursprünglich hatte Goethe den Plan, ähnlich wie er die Friedriken-Geschichte im „Landprediger von Wakefield" spiegelt, die Gretchen-Geschichte durch „Manon Lescaut" zu spiegeln. Aber während die Wakefield-Motive in die Friedriken-Novelle eingearbeitet sind, sollte die Manon-Lescaut-Geschichte der Gretchen-Novelle angehängt werden. Es waren wohl künstlerische Gründe, welche dann die Weglassung entschieden. Die Gretchen-Geschichte erinnert an Novellen der *Wander-*

jahre (Felix und Hersilie); die Geschichte von Beschuldigung und Verhör hat Verwandtschaft mit der Ferdinand-Novelle in den *Unterhaltungen deutscher Ausgewanderten* (Bd. 6, S. 188–208).

E. Beutler in der Artemis-Gedenk-Ausgabe, Bd. 10, S. 919f.: „Dieses *5. Buch* ist – wie das *erste* und die Thoranc-Episode im *dritten* – eine Meisterleistung Goethes, ja es ist nicht nur eine der vollendetsten Partien in *DuW*, sondern ein Kronjuwel der Goetheschen Altersprosa schlechthin, nicht an Gehalt, aber in der Kunst des Erzählens, in der Mischung von Intimität und Glanz. – Goethe war festfreudig. Er liebte den Reichtum des Lebens, um so mehr, wenn er ihm symbolhaltig gegenübertrat ... Und immer erleben wir alles als Augenzeuge durch seine Augen. Bald liegt er in einem Fenster, steht er auf einer Treppe, schleicht er in einen Saal, durchstreicht er die Gassen ... Und kunstvoll verflochten – welch Kontrast – mit dem Schicksal der Höchsten des Reiches das der Unbekannten und Geringen. Wie zart diese Liebe und wie bildmäßig, wie sorgfältig anschaulich, als hätte ein Maler sie gezeichnet, diese nächtlichen Interieurs bei Wein und Kaffee, bei Gespräch und Müdigkeit und Schlummer."

Goethe hat für das *5. Buch* besonders viel Literatur benutzt, aber aus ihren Elementen etwas völlig anderes gemacht; kennt man seine Quellen in ihrer nüchternen Tatsachenreihung, so tritt seine künstlerische Verlebendigung desto eindrucksvoller hervor. Er benutzte die Krönungsdiarien, Lersners und Kirchners Chronik, Hirschings Biographisches Lexikon, Archenholz' Geschichte des 7jährigen Krieges u. a. m. Vom 12. August bis 24. September 1811 entlieh er: Joh. Daniel v. Olenschlager, Neue Erläuterung der Goldenen Bulle Kaisers Carl des IV. Frankf. u. Lpz. 1766. Das Werk bringt erst den lateinischen Text der Goldenen Bulle, dann 466 Seiten historische und staatsrechtliche Auslegung, ferner einen Anhang lateinischer und deutscher Urkunden von 260 Seiten, schließlich ein Sach- und Namenregister. – Im Januar 1810 und wieder am 25. August 1811 entlieh er: Delineation exacte des ornemens impériaux du Saint Empire Romain et Allemand. Gardés dans la ville de Nuremberg. Dessinés et gravés ... par Jean Adam Delsenbach. Nuremberg 1790. Dieses ist ein prächtiges Tafelwerk in Querfolio mit 12 Kupferstichen, die sorgfältig mit der Hand koloriert sind. Sie stellen den Kaiser in vollem Krönungsornat dar und außerdem alle Krönungsgewänder einzeln, ferner die Krone, Schwert, Szepter, Reichsapfel usw. Das Exemplar befindet sich noch heute wohlerhalten in der Landesbibliothek in Weimar.

Siegfried Sieber, Goethes Quellen und seine Darstellung der Krönung Joseph II. Chronik des Wiener Goethe-Vereins 28, 1914, S. 11–14. – H. H. Remak, Goethes Gretchenabenteuer und Manon Lescaut. In: Formen der Selbstdarstellung. Festgabe für Fritz Neubert. Bln. 1956. S. 379–395. – H. H. Remak, Die novellistische Struktur des Gretchenabenteuers. In: Stil- und Formprobleme in der Literatur. Heidelberg 1959. S. 303–308.

164,16. *Pylades.* vgl. 50,10ff.

165,22f. *Knittelvers*: eine Versart, die im 16. Jahrhundert üblich war, damals 8silbig oder 9silbig ohne festes Betonungsschema. Im 18. Jahrhundert faßte man den Knittelvers als Vierheber mit freier Taktfüllung auf. *Madrigal* (= Madrigalvers): Verse, in denen regelmäßig Hebungen und Senkungen wechseln, die aber verschieden lang sind (von 2 bis zu 6 Takten) und auch in der Reimstellung frei sind. Wechsel von Knittelvers und Madrigalvers ist bezeichnend für große Teile des *Faust.* (Vgl. den Abschnitt über die Versgestalt im Nachwort zu Bd. 3.)

166,4. *Trivialschulen*: Volksschulen. Dt. Wb. 11, Abt. 1,2 Sp. 726f.

166,6. *Mäkler*: Zwischenhändler, Vermittler. Dt. Wb. 6, Sp. 1490f.

166,30. *Attrappe*: Täuschung. GWb 1, Sp. 898.

167,23. *Gretchen.* Man weiß über Gretchen nichts als das, was in *DuW* steht. Andere Quellen sind nicht bekannt.

171,24. *Niederrad*: im 18. Jahrhundert Dorf, heute Vorort von Frankfurt, mainabwärts südlich des Mains.

172,14. *Hochzeitgedicht ... Leichenkarmen.* Im 17. Jahrhundert hatte sich in bürgerlichen Kreisen, vorwiegend in Mittel- und Norddeutschland, der (im 16. Jahrhundert nur bei den lateinisch schreibenden Gelehrten übliche) Brauch entwickelt, Hochzeiten und Todesfälle mit Gedichten zu begleiten. Zur Hochzeitsfeier wurden diese der Festgesellschaft vorgelesen, dann ihnen als Druck überreicht und an Abwesende versandt. Bei Todesfällen wurden die Gedichte möglichst rasch gedruckt und an den Kreis der Familie und der Freunde verteilt. Da in den wenigsten Fällen die Familie selbst imstande war, die Gedichte zu machen, wurden solche in Auftrag gegeben und honoriert. Dichter wie Simon Dach und Johann Christian Günther haben sich dadurch einen nicht unbeträchtlichen Teil ihres Lebensunterhalts verdient. Zur Zeit von Goethes Jugend kam der Brauch allmählich ab.

173,19f. *das Beiläufer- und Mäklerhandwerk*: der Beruf der Laufburschen, Verkäufer und Zwischenhändler. Vgl. 166,6 u. Anm.

175,8. *Konfession*: die 173,27–174,2 gemachten Mitteilungen über bisheriges Leben und Zukunftspläne. – Vgl. 283,18.

176,5f. *das Höchster Marktschiff.* Es „fuhr morgens um 10 Uhr vom Fahrtore aus ab, um 4 Uhr von Höchst nach Frankfurt zurück". (Düntzer, KDN 98, S. 216.)

178,24f. *der Erzherzog Joseph zum Römischen König gewählt und gekrönt ...* Joseph II. wurde am 27. März 1764 zum Römischen König gewählt und am 3. April gekrönt. Goethe benutzte als Quelle: „Ausführliches Diarium, wie sowohl der Churfürstliche Collegial-Tag als auch die Wahl und Krönung Ihro Römisch Königlichen Majestät Josephi des Andern in der Reichs-Stadt Frankfurt am Main in dem Jahr 1764 vollzogen worden". – Goethes Tagebuch, 9. Nov. 1809 und 19. April 1811: *Krönungsdiarium Josephs II.* – Carl Alt, Studien zur Entstehungsgeschichte von *DuW.* München 1898. S. 31–35. – Liebholdts Verzeichnis nennt aus der Bibliothek des Herrn Rat: „Wahl Protocolle de anno 1764. Manuscript. 4°." (Götting, Bibl., S. 45.)

178,28. *Wahl- und Krönungsdiarien.* Eigentliche Beschreibung deren zu Franckfurth am Mayn Anno 1711 vollzogenen Wahl- und Crönungs-Actuum Ihrer K. Mayest. Caroli VI. Mit d. Wahl-Capitulation. Mayntz 1712. (Mit Portr. u. 4 gef. Kupfertafeln. 5 Bll., 130 S.) – Die letzten Krönungen waren die von Karl VII. im Jahre 1742 und Franz I. im Jahre 1745. Die „Diarien" dieser Krönungen hatte Olenschlager (vgl. 157,31 und Anmkg.) mit Vorreden versehen. – Vollständiges Diarium von den merckwürdigsten Begebenheiten bei der Wahl und Crönung des Carls VII. Erwehlten Römischen Kaysers ... 4 Teile Frankf. 1742–43. Folio. (Zusammen 107 Bl., 723 S. mit 18 gefalteten Kupferstichen und 19 gestochenen Porträts. Unter den Kupfern interessante Stadtansichten.)

178,30. *Wahlkapitulation.* Wahlverschreibung (in Kapitel eingeteilt, daher die Bezeichnung), in welcher sich der künftige Kaiser entsprechend den Bedingungen seiner Wähler zu einer vertragsmäßigen Begrenzung der kaiserlichen Rechte verpflichtete. Die Wahlkapitulation wurde von den Kurfürsten abgefaßt und von dem gewählten Kaiser (bzw. Römischen König) vor der Krönung beschworen (vgl. 193,37f.). Die Verhandlungen über die Wahlkapitulation bildeten den bedeutsamsten Teil der Wahlvorbereitungen. Seit 1711 diente den Kurfürsten der Entwurf einer „beständigen Kapitulation" als Vorlage; doch wurde dieser Entwurf den Wünschen der Reichsstände gemäß bei jeder Wahl in Einzelheiten abgeändert oder erweitert (vgl. 184,23f. und 184,31ff.). – Fritz Hartung, Die Wahlkapitulationen der deutschen Kaiser und Könige. Histor. Zeitschr. 107, 1911, S. 306–344. Wiederholt in: Hartung, Volk u. Staat in der dt. Geschichte. Lpz. 1940.

179,36. *fremden.* So in allen Ausgaben. (Fehler für „fremde"?)

180,32f. *Der kurfürstliche Kollegialtag.* Seit dem Ende des 15. Jahrhunderts war der Reichstag in drei Kollegien (die der Kurfürsten, Fürsten und Reichsstädte) gegliedert. Die einzelnen Kollegien konnten zu besonderen „Kollegialtagen" zusammentreten. Der im Januar 1764 zu Frankfurt versammelte kurfürstliche Kollegialtag leitete die Vorbereitungen für die Wahl Josephs II. ein, indem er den formellen Beschluß faßte, daß ein Römischer König gewählt werden solle.

181,13. *ein kurpfälzischer Kavalier.* „Außer den beiden Botschaftern trafen von Kurpfalz Regierungsrat v. Brentano und Hofgerichtsrat Belli schon im Januar ein." (Düntzer, KDN 98, S. 221.)

181,14. *Baron von Königsthal*: Gustav Georg Freiherr v. Königsthal, 1717–1771. Vgl. 182,4 und 198,18.

181,26. *kaiserliche Kommissarien*: Fürst Joseph Wenzel Lorenz *von Liechtenstein* (181,28f.) und Reichshofrat v. Bartenstein.

181,33. *Karl dem Siebenten*: 1742 in Frankfurt gekrönt.

181,36. *Wahlkonvent*: Zusammenkunft der Kurfürsten (bzw. ihrer Wahlbotschafter) zur Wahl des Kaisers oder des Römischen Königs. Der Wahlkonvent trat nach feierlicher Ladung der Wähler durch den Kurfürsten von Mainz in Frankfurt zusammen. Nach Abschluß der Verhandlungen über den Wahlentscheid und die Wahlkapitulation (vgl. Anmkg. zu 178,30) wurde das eigentliche Wahlzeremoniell an einem hierfür festgesetzten „Wahltage" durchgeführt. (Vgl. 184,25; 189,29ff.)

182,11f. *Baron von Erthal*, Friedrich Karl Joseph, 1719–1802. Er wurde später – 1774 – Erzbischof und Kurfürst von Mainz, war zu Reformen geneigt, schloß sich 1785 dem Fürstenbund an. Er galt als der reichste geistliche Fürst, versammelte einen großen Hofstaat um sich, stiftete 1784 die Universität in Mainz, berief Georg Forster, Johannes v. Müller und (als seinen Vorleser) den Schriftsteller Heinse; er errichtete zahlreiche neue Bauten und war bekannt wegen seines Prachtaufwands. 1792 mußte er vor den Franzosen fliehen. – ADB 7, 1878, S. 552–557.

182,15. *von Groschlag*, Karl Friedrich Willibald Freiherr, Kurmainzischer Minister. – ADB 9, 1879, S. 741f. – NDB 7, 1966, S. 137.

182,18. *Fürst Esterhazy*, Nikolaus Joseph, 1714–1790, österreichischer Feldmarschall. Vgl. 208,12ff. – C. v. Wurzbach, Biogr. Lex. des Kaisertums Österreich 4, Wien 1858, S. 103f. – ADB 6, 1877, S. 387.

182,25. *von Plotho*, Erich Christoph Edler, 1707–1788, preußischer Staatsminister. Vgl. 189,17ff.; 208,16–209,3. – ADB 26, 1888, S. 312–317.

182,31. *insinuieren*: durch Liebenswürdigkeit jemandem etwas beibringen; etwas schmeichlerisch überreichen, so daß der andere es aufnimmt (ähnlich wie frz. „insinuer" = einschmeicheln).

183,24. *Ratsverwandten*: die dem Rat Zugehörigen. Wortbildungen wie *Kanzleiverwandte*, *Stallverwandter* usw. kommen bei Goethe öfters vor. Vgl. Bd. 8, S. 104,18 (u. Anmkg.); 106,10 und 316,19; auch Bd. 3, *Faust* 11677.

183,34. *Lersnersche „Chronik"*. Vgl. 148,29f. und die Anmkg.

184,23. *Kollegialhandlungen*: die Verhandlungen des Kurfürstenkollegs im Wahlkonvent. (Vgl. die Anmkg. zu 181,36.)

184,32. *Monita* = Bemängelungen, Mahnungen, Einwände.

185,8. *Rekurse* = Beschwerden, Berufungen, Einwände.

185,9. *Kurfürst von Mainz*: Emmerich Joseph Freiherr v. Breidbach zu Bürresheim, 1707–1774, seit 1763 Kurfürst von Mainz, Anhänger der aufklärerischen („febronianischen") Richtung in der katholischen Kirche. Vgl. 189,1f. – ADB 6, 1877, S. 83–86.

185,19. *später wieder darauf zurückzukommen gedächte* ...: in dem Abschnitt über Lavater. Diesen brachte Goethe aber erst im *19. Buch* (Bd. 10, S. 154ff.), an welchem er im Jahre 1830 arbeitete, und zu diesem Zeitpunkt hatte sich ihm der Plan von 1811 verschoben. Der einst geplante Abschnitt fiel fort.

185,28f. *eine poetische Paraphrase*: Joh. Caspar Lavater, Jesus Messias oder die Zukunft des Herrn. (Zürich 1780.) Goethe entlieh das Werk am 1. Mai 1811. „Lavater hielt sich damals auf seiner Rückreise von Norddeutschland in Frankfurt auf, um Fr. K. v. Moser kennenzulernen ... Die Goethe vorschwebenden Verse befinden sich im 19. Gesange." (Boucke, Festausgabe, Bd. 15, S. 461.)

185.33f. *Isabellpferde* = Pferde, die isabellenfarben sind, Falben.

186,11. *Kompostell*: vgl. 18,19f. und die Anmkg.

187,28. *Konklave*: der Ort, wo die Wahlkommission sich versammelt und eingeschlossen bleibt, bis die Wahl vollzogen ist.

188,3. Der *alte Abälard* ist der Scholastiker Petrus Abaelardus, 1079–1142, welcher Héloïse liebte; der *neue* ist der Held in Rousseaus Roman „La nouvelle Héloïse", 1761.

188,39. *Waldrappe* aus ital. „gualdrappa" = Schabracke, Decke. Vgl. 191,37f.

189,1. *Emmerich Joseph*: vgl. 185,9 und die Anmkg. – Auch andere Zeitgenossen berichten, daß er ein vorzüglicher Reiter gewesen sei. (E. Vehse, Gesch. d. dt. geistl. Höfe, Bd. 1, Hbg. 1859, S. 171.)

189,39. *Heusenstamm,* Dorf mit Schloß, im Besitz der Grafen v. Schönborn, auf Darmstädtischem Gebiet, südöstlich Frankfurt.

190,18f. *eines vorzüglichen Mannes*: Lavater. Vgl. 185,21–186,9.

191,23. *Reichserbmarschall*: Friedrich Ferdinand Graf zu Pappenheim. Vgl. 193,12f.; 200,6; 204,13.

192,12. *Heiducken:* Bediente des Kaisers aus Ungarn in ihrer heimischen Tracht. – Adelung. – Fischer, Goethe-Wortschatz S. 559f.

193,7 *sahen* = sahen aus.

193,16. *Hatschiergarde*: Leibgarde des Kaisers, im Mittelalter aus Bogenschützen (Arcieren, Hartschieren) bestehend.

194,9. *der Friede*: Friede von Aachen 1748, der den Österreichischen Erbfolgekrieg beendete. Franz I. wurde 1745 gekrönt.

195,21. *Landgraf von Darmstadt*: seit 1733 Ludwig VIII. von Hessen-Darmstadt, 1691–1768.

196,35. *Schiefertafel*: vgl. 169,18ff.; 186,39.

197,38. *Bruder des Todes*: Die Ergebnisse von Lessings Abhandlung „Wie die Alten den Tod gebildet", 1769, wurden in breiten Kreisen bekannt, und bildliche Darstellungen von Schlaf und Tod als Brüdern waren in der Kunst der Goethezeit nichts Seltenes; ein Beispiel dafür ist die Zeichnung von Carstens, welche Karl Philipp Moritz in seine „Götterlehre der Alten", 1791, aufnahm. – Vgl. 316,38ff.

200,3. *fuhren.* So in allen Ausgaben; auffallender Tempus-Wechsel. Da im Folgenden Praesens steht, vermutet Düntzer einen Druckfehler der 1. Ausgabe, der dann beibehalten wurde, statt „fahren".

200,6. *Graf von Pappenheim*: vgl. Anmkg. zu 191,23.

200,28. *in romantischer Kleidung.* Schon 188,28–189,16 ist die Antithese von *modern* und *nach uralter Weise* gebracht und in diesem Zusammenhang für das Hineinragen des Alten in die Gegenwart das Wort *romantisch* (189,6) benutzt; etwas anders 241,37. Zwischen 1800 und 1815 wurde das Wort oft einfach im Sinne von „mittelalterlich" benutzt, z.B. von A. W. Schlegel. – Goethe hatte durch das Werk von Delsenbach große farbige Abbildungen vom Ornat des Kaisers vor Augen. – Eduard Eichmann, Die Kaiserkrönung im Abendland. Bd. 2. Würzburg 1942. Darin über Ursprung und Entwicklung der Kaisergewandung: S. 128–159.

203,19. *Menächmen*: nach des Plautus Lustspiel „Menaechmi" = „Die Zwillingsbrüder". Vgl. Bd. 8, S. 79,21.

203,32. *Dalmatika*: feierliches Amtskleid des Papstes und hoher Geistlicher; auch zu dem Krönungsgewand des römisch-deutschen Kaisers gehörte die Dalmatica; Goethe sah eine genaue farbige Abbildung von ihr in dem Werk von Delsenbach. Vgl. auch die Anmkg. zu 200,28.

204,11f. *ein seltsames Schauspiel* ... Die symbolischen Dienstverrichtungen, wie sie hier bei der Kaiserkrönung von den Inhabern der „Reichserbämter" vollzogen werden, waren bereits in der Goldenen Bulle von 1356 als althergebrachte Dienstleistungen der Kurfürsten in Ausübung der Reichserzämter bei feierlichen kaiserlichen Hoftagen beschrieben (Erzmarschall-, Erzkämmerer-, Erztruchseß- und Erzmundschenkenamt; das Erzschatzmeisteramt trat erst im 17. Jahrhundert hinzu). Nach den Bestimmungen der Goldenen Bulle sollte jedem Kurfürsten dabei ein von ihm belehnter „Reichserbbeamter" zur Hand gehen; dieser hatte auch in Abwesenheit des Kurfürsten das Erzamt selbst zu verrichten. – Goethe hatte schon früh die Goldene Bulle kennengelernt – in Olenschlagers Ausgabe (158,1ff.) –, und während der Arbeit am *5. Buch* entlieh er das Werk aus der Weimarer Bibliothek. Das Motiv der „Erzämter" war Goethe so bedeutsam, daß er es später in *Faust II* hineinnahm, Vers 10873–10976.

204,13. *Erbmarschall.* Vgl. 193,12ff. und 200,6ff.

204,21. *Handquehle* = Handtuch. – Dt. Wb. 4, 2. Abt., 1877, Sp. 411.

207,13. *Mißverhältnis*: die sechs weltlichen Kurfürsten waren bei dieser Krönung nicht anwesend.

208,12. *Fürst Esterhazy*. Vgl. 182,18 u. d. Anmkg.

208,36. *Pagliasso*. Possenreißer, Spaßmacher in der italienischen Komödie. Vgl. Bd. 7, S. 92,21 und 96,31.

210,4. *Rat Schneider*, auch *der alte messianische Freund* genannt (210,11), weil er Klopstocks ,,Messias" ins Haus gebracht hatte, war als gütiger Hausfreund der geeignetste Vermittler. Vgl. 71,5 u. Anmkg.

211,18ff. *nachgemachten Handschriften* usw. Die Frankfurter Archive enthalten nichts über die hier angedeuteten Dinge.

Sechstes Buch

Über die Entstehung berichtet das Tagebuch. 22. August 1811: *Schema des 6. Buchs.* 25. August: *Anfang des 6. Buches.* 8. Sept.: *Das Manuskript des 2. Teils durchgegangen und überlegt.* 1. Oktober: *Schema 6. Buch.* Goethe entlieh vom 22. Okt. 1811 bis 8. Febr. 1812: Joh. Daniel Schulze, Abriß einer Gesch. der Leipziger Universität. Lpz. 1810. (LXII, 462 S.) Diesem nüchtern aufzählenden Werk konnte er die Namen der Professoren, ihre Amtszeit und andere Tatsachen entnehmen. Tagebuch 27. Nov.: *Schema des 6. Buchs.* 20. April 1812: *Nach Jena.* 24. April: *Biographisches. 6. Buch.* 25. April: *Biographica, erstes Buch.* (1. Buch des 2. Teils = 6. Buch.) 3. Mai: *in Karlsbad angelangt.* 16. Mai: *Biographisches zu dem 6. und 7. Buch gehörig.* 20. Mai: *Das 6. Buch der Biographie gelesen.* 21. Mai. *6. und 7. Buch durchgegangen, die Lücken schematisiert.* 11. Juni: *Lücke des 6. Buchs ausgefüllt.* 26. Juni: *Betrachtung der zwei Bücher, welche abgeschickt werden sollen.* 1. Juli: ... *expediert: das Paket an Frommann mit dem 6. und 7. Buch der Biographie.*

Albert Köster charakterisiert das *6. Buch* im Anzeiger f. dt. Altertum u. dt. Lit. 25, 1899, S. 72–74: „Das *6. Buch* behandelt die letzten anderthalb Jahre in Frankfurt und das erste Leipziger Semester. Wir wissen aus dieser Zeit über den jungen Goethe manche Einzelheiten, wissen von seiner Anknüpfung mit Ysenburg von Buri und dem Bemühen, in dessen moralisch-literarische Gesellschaft einzutreten, wissen von allerlei Getändel mit Corneliens Freundinnen und einer jugendlichen Neigung zu Charitas Meixner, wissen, daß Goethe in Frankfurt Muße und freie Stimmung zu einer Reihe von Dichtungen fand (*Joseph*, Anacreontica, *Höllenfahrt Christi*), wissen endlich aus den Briefen von manchen Leipziger Anregungen und Zerstreuungen. Aber das alles sind zufällige Wirklichkeiten, die der Autobiograph samt und sonders beiseite gelassen hat, mit Ausnahme der dichterischen Versuche, die er im *4. Buche* vorauserwähnt hatte. Die Wahrheit, das von diesen Zufälligkeiten abgelöste Bild, enthüllte sich dem rückschauenden Auge ganz anders; und die Befreiung der tieferliegenden Wahrheit von dem verdunkelnden störenden Nebenwerk, die weise Wahl und Anordnung ist eben das Werk des Dichters. – Das Resultat des *5. Buches* war eine leidenschaftliche Verkettung Goethes mit seiner Heimat durch die Person Gretchens; um keinen Preis hätte er damals (Frühling 1764) die Stadt verlassen mögen. Nun löst er im *6. Buch* durch feine Mittel die Liebesleidenschaft in nichts auf und führt zugleich eine müde Heilung durch Tätigkeit vor (Philosophie, Genuß der Natur, Zeichnen im Freien). Die Ruhe tritt ein; und das ist eine Gelegenheit, während sonst alles in *DuW* stetig vorschreitet, eine stillstehende rührende Charakterschilderung der Schwester zu geben, der Vertrauten seiner Jugendirrtümer. Vor- und rückschauend, fünf Jahre auf einmal umfassend, gedenkt Goethe auch derer, die sich damals um Cornelie scharten; er selbst aber spielt in dem Kreise keine hervorragende Rolle. Er widmet sich vielmehr der Vorbereitung für sein Studium; aber es will keine Neigung aufkommen. Die kommunalen Zustände Frankfurts, für die ihm durch die Lektüre das Verständnis aufgeht, ekeln ihn ebenso an, wie das Mittel, das ihm diese Erleuchtung verschafft hat, das Studium der Iurisprudenz. So ist das Resultat der ersten Häfte des *6. Buches* das: Goethe scheidet ohne Bedauern und Heimweh aus trüben und unleidlichen Verhältnissen. Einzig die Schwester könnte ihn zurückhalten; aber für sie ist ja gesorgt in jenem lustigen geselligen Kreise. – Gegen die quälende Vergangenheit kontrastiert Goethe nun die Zukunft, die wie ein glänzendes Luftschloß vor ihm liegt. Und das Ziel der zweiten Hälfte des *6. Buches* ist, zu zeigen, wie dieses Luftschloß Stück für Stück vor der Wirklichkeit zerbröckelt. Wenn er auch die Vaterstadt in dieser Zeit wahrlich nicht liebt, so ist doch der junge Student einmal Frankfurter von Geburt. Aber jeden Rest der alten reichsstädtischen Eigenart will man ihm in Leipzig aberziehen. Zwar die ersten Eindrücke sind fesselnd, weil sie bunt sind. Aber man stumpft bald ab. Und nun beginnt die Erziehung des äußern und innern Menschen: schon in den Vorlesungen ist manches ganz anders als er es gehofft; dann tadelt man seine Kleidung, bessert dann an seiner Sprache, dann an seiner Lebensart. Endlich macht man ihm begreiflich, daß er auch in Hinsicht auf den literarischen Geschmack von Grund aus umlernen müsse; und so langt der gänzlich verzweifelte Jüngling dabei an, auch den letzten Rest Frankfurter Tradition dranzugeben: er verbrennt seine Manuskripte. – So schreitet das *6. Buch* von *DuW* in gerader Linie vom Gipfel zum Abgrund; eine Konsequenz herrscht, wie in keinem andern Buch. Und nun verstehen wir auch erst das Schema zum *7. Buch* (abgedruckt: W.A. 27,386f.), das Goethe erst entwerfen konnte, als das *6. Buch* in allen integrierenden Teilen vollendet war; denn das *7. Buch*, wie es Goethe am 28. Nov. 1811 plante, sollte das Kehrbild des *sechsten* werden. Auch hier eine gerade Linie, aber bergauf. Auf der schiefen Ebene abwärts durfte der Jüngling nicht bleiben; es mußte anders werden, drum ist das Thema der beiden ersten Teile des Entwurfs *Veränderung*. Isoliert und auf sich angewiesen ist der junge Goethe am Ende des *6. Buches*; im Schema zum 7. arbeitet er sich langsam aus der Absonderung in immer geselligere Kreise hinauf."

Woldemar Frhr. v. Biedermann, Goethe und Leipzig, 2 Bde. Lpz. 1865. (XIV, 306 und IV, 354 S.) – Julius Vogel, Goethes Leipziger Studentenjahre. Lpz. 1899. 4. Aufl. Lpz. 1923. (141 S.) – Georg Witkowski, Cornelia, die Schwester Goethes. Frankf. a. M. 1903. (IV, 290 S.) 2. Aufl. Frankf. 1924. (209 S.) – Otto Jahn, Goethe und Leipzig. Lpz. 1909. – Georg Witkowski, Geschichte des literarischen Lebens in Leipzig. Lpz. 1909. = Gesch. d. geistigen Lebens in Leipzig, 2. (XXVI, 484 S.).

217,2f. *Was man in der Jugend* ... Vgl. 386,25–389,15. Das Motto deutet auf die Beziehung von *Jugend* und *Alter*, die das ganze Werk durchzieht, indem die Jugend als Weg zu dem betrachtet wird, was der Verf. jetzt im Alter ist.

217,20. *Aufseher*. Ein Privatzieher, ,,Hofmeister" – wie es damals üblich war. Wer es war, weiß man nicht.

217,23. *allein auf die Akademie*: im allgemeinen pflegten Hofmeister ihre Zöglinge zur Universität zu begleiten und dort in den ersten Semestern ihre Studien zu leiten und zu fördern.

218,22. *Mein Klient*: vgl. 176,26–177,18.

219,13f. *Hofmeisterin* = Erzieherin, Gouvernante.

219,24f. *ein Mädchen, höchstens ein paar Jahre älter als ich* ... Anklang an die Felix-Hersilien-Geschichte in den *Wanderjahren* (Bd. 8, S. 267,19ff.); auch dort das *Pfeil*-Motiv (Bd. 8, S. 321,18) wie hier (220,4f.).

219,28. *widerlich* = widerstrebend, befremdlich, von mir wegführend.

220,21. *kränkenden* = krank machenden; wie Bd. 6, S. 77,12.

220,34. *Daries*, Joachim Georg, 1714–1791, Professor der Moralphilosophie. – Liebholdts Verzeichnis nennt: J. G. Daries, Via ad veritatem commoda auditoribus methodo demonstrata. Jenae 1755. (Götting, Bibl. S. 40.) – J. G. Buhle, Geschichte der neuern Philosophie. Bd. 5. Göttingen 1803. S. 37–42. (Goethe las dieses Werk im Jahre 1809). – ADB 4, 1876, S. 758f. – Max Wundt, Die dt. Schulphilosophie im Zeitalter der Aufklärung. Tüb. 1945. S. 304–306.

221,29f. *die Orphischen und Hesiodischen Gesänge*. Vermutlich hat Goethe in seiner Jugend diese Werke nicht gelesen (zumal er damals noch nicht Griechisch konnte), sondern sich darüber aus dem Werk von Brucker (S. 221,31 u. Anm.) orientiert. *Hesiod* war gut überliefert, sein Werk den Gelehrten bekannt (Brucker 1756 S. 112f.). Viel weniger klar war, was von den *Orphischen Gesängen* zu halten sei. Brucker berichtet verhältnismäßig ausführlich (S. 104–110) über Schriften, Götterlehre, Kosmologie, Bild der Natur usw. Er legt dar, daß die Überlieferung sehr problematisch sei. Die ,,Homerischen Hymnen" werden heute als Werke aus verschiedenen Epochen datiert (homerisch bis hellenistisch). – Goethe hat sich auch in seinen Mannesjahren und im Alter für Hesiod und für die Orphik interessiert. – Bd. 1, S. 359 u. Anm. – Ernst Grumach, Goethe und die Antike. 1949. – Einige der Hymnen hat Herder in seinen späteren Jahren übersetzt. Werke, hrsg. von Suphan, Bd. 26, 1882, S. 179–183.

221,31. *den Kleinen Brucker*. Liebholdts Verzeichnis nennt: Joh. Jacob Brucker, Institutiones historiae philosophiae, usui academicae iuventutis adornatae. Lipsiae 1756. (884 S., dazu Einleitg. u. Register.) Die 1. Auflage war 1747 erschienen. Dieses Werk ist ein verkürzter Auszug aus Bruckers sehr umfangreichem Werk: Historia critica philosophiae a mundi incunabulis. Lpz. 1742–44. 2. Aufl. 1766/67. Vorangegangen war eine deutsche Fassung in 7 Teilen: Kurtze Fragen aus der philosophischen Historie. Ulm 1731–37. Zum Unterschied von diesen mehrbändigen Werken nannte man die einbändige Fassung *den kleinen Brucker*. Es war ein bis zum Ausgang des 18. Jahrhunderts maßgebliches Werk durch die Weite des Blicks, Nüchternheit der Berichterstattung und Fülle des Stoffes. Goethe scheint es öfters herangezogen zu haben. Unter seinen Büchern in Weimar befindet sich noch heute ein Exemplar der Ausgabe von 1756. Goethe hat es 1793 aus der Bibliothek seines Vaters übernommen. – Goethe-Handbuch 1961, Art. ,,Brucker". – ADB 3, 1876, S. 397. – NDB 2, 1955, S. 647.

221,35 ff. *Sokrates ... sich mit Christo vergleichen lasse*. Ein im 18. Jahrhundert vielfach ausgesprochener Gedanke. – Benno Böhm, Sokrates im 18. Jahrhundert. Lpz. 1929. 2. Aufl. Neumünster 1966.

222,5. *Epiktet*. Liebholdts Verzeichnis teilt mit, daß sich in der Bibliothek des Herrn Rat befand: Anianus Flavius Epictetus, Manuale et sententiae. Trajecti-Batavorum 1711. Goethe besaß in Weimar später die Ausgabe von Heyne, 1783. (Ruppert 1255).

222,10. *dürfen*. Das Wort ist benutzt gemäß dem Sprachgebrauch des 18. Jahrhunderts; heute würde man schreiben ,,sagen müssen" oder ,,wenn er mir nur gesagt hätte ...". Den folgenden Satz würde man heute etwa formulieren: ,,Wenn man die Jugend nur gewähren läßt ..." oder ,,Man braucht die Jugend nur gewähren zu lassen ..." Vgl. 343,6; 465,39. – GWb. 2, Sp. 1344 f.

222,18 f. *Gespenster*: die im Geist erblickten Gestalten. – John Henning, Zu Goethes Gebrauch des Worts ,,Gespenst". Dt. Vjs. 28, 1954, S. 487–496.

222,25. *Dünkel* hier in der Bedeutung ,,Einbildung"; ohne die Bedeutung von ,,Selbstüberhebung", in der das Wort bei Goethe ebenfalls vorkommt.

222,31. *belaubten Haine*. Elisabeth Mentzel, eine gute Kennerin des alten Frankfurt schreibt in ihrem Buch ,,Goethes Lehrer", 1909, S. 177: ,,wahrscheinlich der Forst auf dem linken Mainufer im Süden von Sachsenhausen und jenseits des Riedhofes" mit den ,,damals noch vorhandenen uralten Eichen- und Buchenbeständen". – 223,3 f. wird gesagt, daß der Hofmeister sich lieber am Main-Ufer aufhielt – also etwas weiter nördlich –, wo man die Mainschiffe und die Menschen auf den Uferstraßen sah.

222,34 ff. *einen ernsten Platz* ... Ein Landschaftsbild von der Art, wie Goethe es – zumal im Alter – liebt. Typisch für den Altersstil sind Wendungen wie *abhängiger* (d. h. einen Abhang bildender) *Boden* und *das Verdienst* (d. h. Vorzug, Schönheit, Herrlichkeit) *der alten Stämme*.

223,12. *einen Zaun umher führen, ihn und uns zu heiligen* ... Goethes ursprüngliches Empfinden führt oft innerhalb der Darstellung seines Lebens und seiner Zeit auf Urformen zurück, so hier auf Urformen des Kultischen. Zu den einfachsten und ursprünglichsten religiösen Gedanken gehört der, einen heiligen Bezirk zu weihen und abzugrenzen. In den ältesten Sprachen ist das Heilige zugleich das Gehegte, Umgrenzte; der *Zaun* ist das schlichteste, gegenständlichste Zeichen dafür. (Hierzu: Jacob Grimm, Gesch. d. dt. Sprache. 1848. S. 114–116. – 3. Aufl. 1888. Bd. I, S. 81–83. – Art. „Haine, heilige" in: RGG, 3. Aufl., Bd. 3, 1959, S. 30f. – Jost Trier, First. Über die Stellung des Zauns im Denken der Vorzeit. Nachr. d. Ges. d. Wiss. zu Göttingen. Phil.-Hist. Kl., Neuere Philol., Bd. 3. 1940. S. 55–137.) Es besteht kein Grund, zu bezweifeln, daß Goethe in seiner Jugend dieses Gefühl kennen lernte (Bd. 12, S. 24, 26f.); er hat damals aber wohl noch kein rechtes Wort dafür gehabt. Als er im Alter darauf zu sprechen kommt, spiegelt er es – es ist eine der vielen Spiegelungen in *DuW* – in dem Bild der heiligen Haine bei Tacitus, Germania, Kap. 9. Darum wird *Tacitus* an dieser Stelle genannt (223,7). Daß Goethe hier auf Tacitus kommt, mag seinen besonderen Anlaß haben. Am 2. 10. 1809 notiert Riemer: „Über altdeutsche Götter ... Mit Goethe über Tacitus und Cäsar bezüglich auf deutsche Altertümer." Am 14. 7. 1811 schreibt Goethe in sein Tagebuch: *Woltmanns Übersetzung des Tacitus.* Der Historiker Karl Ludwig v. Woltmann, 1770–1817, hatte damals soeben den 1. Band seiner Tacitus-Übersetzung an Goethe gesandt: Werke von Cajus Cornelius Tacitus. Dt. von K. L. v. Woltmann, 1. Bd. Bln. 1811. (Das Expl. befindet sich noch heute im Goethehaus in Weimar.) Darin auf S. 1–47: „Germanien". Goethe hat in dem Band gelesen und am 18. 8. 1811 einen ausführlichen Dankbrief an Woltmann geschrieben, in welchem er sagt, er habe sich *bei dieser Gelegenheit gern wieder zu den wichtigen Denkmälern der älteren Geschichte gewendet,* aber Woltmanns *Sprache und Stil* als *fremd* bezeichnet. Bei Woltmann, der die Schreibweise des Tacitus etwas gewaltsam nachzuahmen versucht, lautet die Stelle aus Germania 9: „Übrigens, weder zu zwängen durch Wände die Götter, noch irgend einer Gestalt menschlichen Antlitzes zu ähnlichen, glauben sie der Größe der Himmlischen gemäß. Haine und Waldungen weihen sie, und nennen mit Namen der Götter jenes Geheimnisvolle, was sie mit der Verehrung allein schauen." (S. 11.) Im Herbst des Jahres 1811 – also kurz nach der Tacitus-Lektüre – entstand das *6. Buch.* Zu dem Abschnitt 223,6–23 gibt es ein Schema, aus dem hervorgeht, daß ursprünglich an eine breitere Ausführung gedacht war: *Abgeschlossenheit der alten Deutschen in diesem Naturgefühl. Die Deutschen hatten keine gestalteten Götter. Es fehlte ihnen an Einbildungskraft, wie allen Bewohnern der Mittelländer. Daß Dichter sich hervortun, gehört die See, Küste und Inseln. Ohne diese läßt sich die Odyssee nicht denken und auch die Ilias nicht. Es ist keine falsche Anmaßung der Deutschen, wenn sie sich die skandinavischen Fabeln zueignen wollen. Diese konnten nur auf der Ostsee und an ihren Küsten entstehen. Sie beziehen sich durchaus auf Meerschiffahrt und was dem anhängig ist. Der alte Deutsche begnügte sich in seinem beschränkten Zustande, im Gefühl des formlo-*

sen Erhabenen. (W. A. Bd. 27, S. 380.) Das *Zaun*-Motiv fehlt hier (wie bei Tacitus). Bezeichnend für *DuW* die dreifache Spiegelung: das religiöse Erlebnis der Jugend – das religiöse Empfinden im Alter – das Religiöse der alten Germanen; gerade durch die Spiegelung wird das Typische und Urtümliche deutlich. – Vgl. 224,14. – Goethes Vater besaß: Tacitus, Opere. Venetia 1644. Und: Tacitus, Opera. Amstelodami 1650. – Brief an Zelter 3. Dez. 1812.

223,28f. *vom Tage verscheucht* ... Vgl. Bd. 1, S. 308, Nr. 31–32: *Nachts, wann gute* ...

225,26f. *Gevatter Seekatz.* Vgl. 29,17 u. Anmkg.

227,18 *meine Schwester*: Cornelia, 1750–1777. – Georg Witkowski, Cornelia, die Schwester Goethes. 1903. – 2. Aufl. Frankf. 1924. (209 S.) – Briefe aus dem Elternhaus. Ergänzungs-Bd. der Gedenk-Ausg., hrsg. von Beutler. 1960.

227,20. *herangelebt* = bis zu diesem Zeitpunkt gelebt.

228,24–229,4. *was ich vor Jahren darzustellen unternahm* ... Von einem Entwurf, Cornelia in Form der *Richardsonschen Romane* darzustellen, ist nichts erhalten.

231,4f. *jungen Engländer.* Die *Pfleilische Pension* ist schon 119,20 bis 120,10 genannt. Der Engländer, der dort wohnte, hieß Lupton; das geht aus Goethes Brief an Cornelia vom 11. 5. 1766 hervor. Während die frühere Forschung wenig über ihn zu sagen wußte, ist seine Gestalt neuerdings deutlich geworden durch Arbeiten der britischen Germanisten Willoughby und Wilkie. Arthur Lupton, 1748–1807, stammte aus Leeds, dem Mittelpunkt der englischen Tuchindustrie. In Frankfurt bezog man gern „Englisches Tuch". Der Webereibesitzer und Tuchhändler William Lupton sandte also seinen Sohn Arthur nach Frankfurt, um Deutsch zu lernen und Geschäftsbeziehungen anzuknüpfen. Durch Pfeil ergab sich die Beziehung zum Goethehaus, und Lupton wurde Mittelpunkt des „congressus anglicus", wie der Herr Rat in seinem Haushaltsbuch (9. Febr., 13. Mai, 12. Juli 1764) das Englische Kränzchen nennt. – L. A. Willoughby, Goethe looks at the English. The Modern Language Review 50, 1955, S. 464–484. – John R. Wilkie, Goethe's English friend Lupton. German Life and Letters 1955, S. 29–39. – Briefe aus dem Elternhaus. Hrsg. von W. Pfeiffer-Belli. Mit Einführung von E. Beutler. Zürich 1960. = 1. Ergänzungsband der Goethe-Gedenk-Ausgabe. S. 202ff.

232,10. *Ein Freund.* Goethe läßt die novellenhaft dargestellte Gestalt ohne Namen, ebenso wie später im *15. Buch* (Bd. 10, S. 69,26ff.). Die Schilderung paßt in manchen Zügen auf Bernhard Crespel, 1747–1813, in anderen auf den Frankfurter Juristen Johann Balthasar Kölbele. Die Forschung hat in Erwägung gezogen, ob vielleicht Verschmelzung oder Umformung vorliegt. – G. Witkowski, Cornelia, die Schwester Goethes. Frankf. 1903. S. 47, 161, 271. – Wilhelm Hertz, B. Crespel. München u. Bln. 1914. (XII, 292 S.) – Wilh. Nicolay, Goethe und das katholische Frankfurt, Frankf. 1933. (84 S.) S. 49–51. – Hessische Biographien, Hrsg. v. Herm. Haupt. Bd. 3. Darmstadt 1934. S. 328 bis 331. – E. Beutler, Gedenk-Ausgabe, Bd. 10, 1948, S. 922: „Goethe hat hier in das Jahr 1765 verlegt, was während seiner Leipziger Zeit der Advokat Kölbele, ein Bekannter Cornelias, eingeführt hatte und woran Wolfgang erst nach der Heimkehr 1769 und 1770 teilnahm. Für das Jahr 1769 stimmt denn auch das Alter des, wie Goethe sagt, zweiundzwanzigjährigen Jugendfreundes, den er zum Erfinder des Mariagespieles macht, Bernhard Crespel, der 1747 geboren war. Im Crespelschen Hause auf der Großen Eschenheimer Gasse gingen Wolfgang und Cornelia aus und ein, auch die Schwestern Crespels waren gute Freundinnen; Bernhard selbst erfreute sich der besonderen Gunst der Frau Rat Goethe, deren Briefe an ihn sich erhalten haben."

232,26. *perorieren* = eine Rede halten, eine Rede zu Ende führen.

235,2f. *Antistes* (griech.) = Vorsteher. In einigen reformierten Gemeinden im 18. Jahrhundert (und noch bis heute) Titel des Pfarrers; entsprechend wohl 235,12 *Vorsteher.*

235,21. *Ite, missa est*: formelhafte Wendung am Schluß des katholischen Gottesdienstes („Geht, es ist Verabschiedung, Entlassung"); „missa" als spätlateinisches Wort ist hier inhaltsgleich mit „missio, dimissio". (J. J. Jungmann, Missarum Sollemnia. Bd. 1, 1962, S. 230f.)

236,38. *Horn,* Joh. Adam, 1749–1806, studierte später mit Goethe zusammen in Leipzig, blieb weiterhin mit ihm in Verbindung, wurde Jurist in Frankfurt, 1805 dort von August v. Goethe besucht. Vgl. 304,1ff.; 332,36ff.; 365,21ff.; 504,21f. – H. Pallmann, J. A. Horn, Goethes Jugendfreund. Lpz. 1908. (148 S.)

237,34. *Pope.* Der englische Schriftsteller Alexander Pope, 1688 bis 1744, war gemäß seiner europäischen Wirkung in der Bibliothek von Goethes Vater mit zwei Ausgaben vertreten: Works complete. Bln. 1762–64. Und: Œuvres diverses. Amsterdam 1749. Außerdem: Essai sur l'Homme. Amsterdam 1762. – Sein komisches Epos „The Rape of the Lock", 1712, erweitert 1714, machte ihn allgemein bekannt; 1744 veröffentlichte Luise Adelgunde Gottsched eine Übersetzung davon.

237,35. *Zachariae,* Justus Friedrich Wilhelm, 1726–1777, schrieb das komische Epos „Der Renommist", 1744, und ließ andere Werke in dieser Gattung folgen. – Vgl. 252,37 und die Anmkg. – KDN 44,2. S. 243–322.

238,14. *das Schlittenrecht.* „Recht des bei einer Eisfahrt den Schlitten Leitenden, zum Schluß der Fahrt die im Schlitten sitzende Partnerin zu küssen" (Fischer, Goethe-Wortschatz, S. 578). – Dt. Wb. 9, 1899, Sp. 757.

238,15. *Pritsche:* Brett, insbesondere Sitzbrett eines Schlittens. – Adelung unter „Britsche". – H. Paul, Dt. Wb.

238,25. *Löwen,* Joh. Friedrich, 1726–1771, wurde später bekannt durch seine Mitwirkung am Hamburger „Nationaltheater", an dem auch Lessing tätig war. Liebholdts Bücherverzeichnis nennt aus dem Besitz von Goethes Vater: (Joh. Fr. Löwen,) Die Walpurgis Nacht. Hamburg u. Lpz. 1756.

238,26. *Zachariae.* Vgl. 252,37 u. Anmkg.

238,30f. *den Kleinen Hoppe.* Vgl. 145,34 und die Anmkg.

238,33. *Institutionen.* Teil des Corpus iuris civilis, 4 Bücher, lehrbuchartige Übersicht des römischen Rechts, daher zur Einführung in das römische Recht benutzt. Der Herr Rat besaß nicht nur mehrere Ausgaben des Corpus iuris und der Institutionen, sondern auch eine ganze Anzahl von Kommentaren dazu. Die Abteilung „Römisches Recht" in seiner Bibliothek umfaßt 38 z. T. mehrbändige Werke. (Götting, Bibl. S. 60f.) Die Ausgabe des Corpus iuris von Dionysius Gothofredus, Antverpiae 1726, in 2 Pergamentbänden, nahm Goethe zu sich nach Weimar und schenkte sie seinem Sohn August. Das Exemplar steht noch heute im Goethehaus in Weimar.

238,36. *Gesners „Isagoge".* Liebholdts Verzeichnis nennt: Joh. Mathias Gesner, Primae lineae isagoges in eruditionem universalem nominatim philologiam, historiam et philosophiam in usum praelectionum ductae et retractatius iterum editae. Gottingae et Lipsiae 1760. (XXXII, 200 S.) Diesen Band nahm Goethe nach Weimar; er steht noch jetzt in seiner Bibliothek. Das Werk, 1756 in 1. Auflage erschienen, ist ein kurzer Überblick über Gegenstand und Methode aller Wissenschaften, klar formuliert; auch über Ethik, Lebensgrundsätze usw. (Isagoge, griech. = Einführung.) – J. M. Gesner, 1691–1761, war Professor der Poesie und Rhetorik in Göttingen. – ADB 9, 1879, S. 97–103. – Ein Paralipomenon zu dieser Stelle: W. A. 27, S. 382f. – NDB 6, 1964, S. 348f.

238,36f. *Morhofs „Polyhistor".* In Liebholdts Verzeichnis nicht erwähnt. Daniel Georg Morhof, 1639–1691, neben Leibniz vielleicht der universalste deutsche Gelehrte seiner Zeit, gab in seinem „Polyhistor" einen Überblick über sämtliche Wissenschaften. Er ordnet systematisch (diese systematisch geordnete Polyhistorie ist noch typisch barock), aber dazu kommt (über das Barock hinausführend) eine stark historische Sehweise. Morhof gibt eigentlich eine Geschichte aller Wissenschaften und eine historisch geordnete Bibliographie mit charakterisierenden Bemerkungen dazu. Das Werk war, um einen Überblick über die Leistungen aller wissenschaftlichen Fächer zu erhalten, sehr nützlich. Morhof hat reichste Bücherkenntnisse und sieht die geistige Welt nicht nur als ein zeitloses System, sondern auch als etwas historisch Gewordenes. Das Buch wurde infolge seines Weitblicks, seiner Übersichtlichkeit und seines Stoffreichtums bis ans Ende des 18. Jahrhunderts sehr geschätzt. Es erschien in 1. Auflage: Lübeck 1688–1692. – Mit Joh. Mollers Fortsetzung: Lübeck 1707 und 1714. – Mit J. A. Fabricius'

Zusätzen: Lübeck 1732. – Neu hrsg. von J. J. Schwabe: Lübeck 1747. – Diese letzte Ausgabe entlieh Goethe, der Bücher dieser Art schätzte, 13. 10. 1804–2. 2. 1806 und wieder 24. 1. 1809–6. 2. 1810, als er die *Geschichte der Farbenlehre* fertig machte. Im Tagebuch wird die Lektüre des Werks verhältnismäßig oft erwähnt (24. 1. 1809; 27. 1. 1809; 26. 3. 1809; 3. 4. 1809). – Marie Kern, Daniel Georg Morhof. Phil. Diss. Freiburg i. Br. 1928.

239,3. *Bayle,* Pierre, 1647–1706. Sein Hauptwerk: Dictionnaire historique et critique. 2 Bde. 1695–97. Im 18. Jahrhundert oft aufgelegt. Eine deutsche Übersetzung veröffentlichte Gottsched 1741–44. Während die Werke von Morhof und Gesner die Wissenschaft systematisch ordnen und diese Ordnung im Aufbau des Universums selbst begründet sehn, gibt Bayle ein Philosophen-Lexikon und geht von den Menschen aus. Indem er Philosophen und Theologen und ihre Gedankengänge in möglichst unparteiischer Art darstellt, versucht er durch rationales Denken alles – auch die kirchlichen Überlieferungen – zu prüfen und Aberglauben zu entlarven. Er erkennt aber die Offenbarung als Gegenpol dessen, was rational begreiflich ist, an und trennt Glauben und Wissen. Sein Streben, das kritische Denken bis an seine Grenzen vorzutreiben, macht ihn zum Vorläufer der Aufklärung; seine reichen geschichtlichen Kenntnisse, seine Quellenkritik und seine Fähigkeit, Persönlichkeiten in ihrer Zeit zu sehn, machen ihn zum Vorläufer des Historismus.

239,7. *Wichtigkeit der alten Sprachen.* Vgl. Bd. 1, S. 329, Nr. 154; Bd. 12, S. 413, Nr. 358 und S. 507, Nr. 1009 ff. – Grumach, Goethe und die Antike, 1949, S. 73–98.

239,18. *Übersetzungen.* In Goethes Jugend gab es noch keine guten Übersetzungen griechischer Werke ins Deutsche. Da nur ein kleiner Kreis von Fachgelehrten Griechisch konnte, aber die große Zahl derer, welche von den Gymnasien kamen, gute Lateinkenntnisse besaß, las man Sophokles und Euripides in lateinischen Übersetzungen. Als Goethe begann, sich mit Homer zu befassen, benutzte er eine zweisprachige griechisch-lateinische Ausgabe. (Dieses Motiv ging in die *Werther*-Dichtung ein, Bd. 6, S. 54,19 ff. u. Anmkg.) Auch Übersetzungen aus orientalischen Sprachen gab es in lateinischer Sprache. Goethe hat sein Leben lang zweisprachige Ausgaben (griech.-lat.) bevorzugt; das zeigen die Bestände seiner Bibliothek (Katalog von Ruppert, 1958).

239,22 f. *Grotius habe … geäußert …*: Vgl. Bd. 1, S. 329, Nr. 153 u. Anmkg.

239,33 f. *Redekunst* = Rhetorik, die damals wie die Grammatik schulmäßig gelernt wurde.

241,16 f. *Göttingen … Heyne, Michaelis.* Christian Gottlob Heyne, 1729–1812, war der bedeutendste deutsche Altphilologe seiner Zeit.

1763 war er Professor an der Universität Göttingen geworden, und sein Ruhm hatte sich rasch verbreitet. Er betrachtete die antiken Texte nicht nur sprachlich und literarisch, sondern auch kulturgeschichtlich. In der Bibliothek von Goethes Vater befand sich eine Nachschrift von Heynes Vorlesungen über das Studium der Antike. Goethe setzte dieses Werk auf die Liste der Bücher, die er 1793 aus Frankfurt haben wollte, und das Manuskript befindet sich heute unter seinen Sammlungen in Weimar. Er besaß außerdem auch andere Bücher und Editionen von Heyne (Ruppert Nr. 1255, 1318, 2055–2057); Heyne ist in den Werken und Briefen mehrfach genannt. – Johann David Michaelis, 1717–1791, war Theologe und Orientalist, seit 1746 an der Universität Göttingen, berühmt als Begründer der kritischen Philologie des Alten Testaments (und der wissenschaftlichen Orientalistik) in Deutschland. Goethe befaßte sich mit seinen Werken hauptsächlich in der Zeit, als er an dem *West-östlichen Divan* arbeitete. – Die Universität Göttingen war 1734 gegründet, hatte von Anbeginn Albrecht v. Haller und Joh. Mathias Gesner als Professoren, dann kamen der Theologe Mosheim, der Historiker Gatterer und andere hinzu; durch Michaelis und Heyne wurde Göttingens Ruf, die modernste und beste deutsche Hochschule zu sein, noch mehr gefestigt. – Götz v. Selle, Die Georg-August-Universität zu Göttingen. Göttingen 1937. – Wilh. Ebel, Catalogus professorum Gottingensium. 1962.

241,34. *Ernesti,* Professor der Theologie. Vgl. 256,36 u. Anmkg. – *Morus,* klassischer Philologe. Vgl. 255,35 f. u. Anmkg.

241,39. *Griesbach,* Joh. Jacob, 1745–1812. Vgl. 163,21 u. Anmkg.

242,9. *Einstand geben* = einen neuen Zustand beginnen; auch in der Bedeutung: Lehrgeld zahlen. Vgl. 126,17 und 249,14. – Fischer, Goethe-Wortschatz, S. 182. – Dt. Wb. – GWb. 2, Sp. 1524.

242,23. *Fleischer,* Joh. Georg, gest. 1796, Buchhändler und Verleger in Frankfurt a. M. Er fuhr zur Leipziger Messe. Vgl. 245,24 f. – Das Werk von Goethes Großoheim J. M. v. Leon „Die einzig wahre Religion“ erschien 1750 in Frankfurt bei Joh. Fr. Fleischer. Das von Goethe in seiner Jugend benutzte Werk Wellings ist „in der Fleischerischen Buchhandlung“ 1760 erschienen (Anmkg. zu 341, 34). Von einigen Jugendschriften Goethes, die dieser auf eigene Kosten hatte drucken lassen, übernahm Fleischer gewisse Posten zum Verkauf. – Rudolf Amadeus Fleischer. Die Buchhändlerfamilie Fleischer in der Zeit Goethes. Lpz. 1937. (144 S.)

243,24. *Pandämonium von Irrlichtern.* Das Wort *Pandämonium* bedeutet: Vereinigung (Gesamtheit) aller Geister (Dämonen), hier aller *Irrlichter.* – Der Naturwissenschaftler Günther Schmid stellt in dem Jahrbuch Goethe 13, 1951, S. 268–277 dar, daß Irrlichter in früheren Jahrhunderten über Mooren, Sümpfen usw. gelegentlich beobachtet wurden, heute aber infolge der Trockenlegung und Kultivierung der Landschaft nicht mehr vorkommen. Eine hinreichende naturwissenschaftliche Erklärung der Irrlichter gibt es nicht. Als dichterisches Motiv kommen sie bei Goethe mehrfach vor, z.B. im *Märchen* (Bd. 6, S. 209,34ff.) und in *Faust* (Bd. 3, Vers 3855ff.).

244,33. *vaterländisch* = heimatlich (von Frankfurt her bekannt).

245,21f. „*Feuerkugel*". W. Bode, Goethes Leben. Bd. 1. 1749–71. Bln. 1922. S. 183 „Feuerkugel, weil über dem Torbogen als Wahrzeichen eine brennende Handgranate abgebildet war." – Abbildung bei J. Vogel, Goethes Leipziger Studentenjahre. 1909. S. 15.

245,26f. *einen Theologen*: Joh. Christian Limprecht, 1741–1812. Vgl. 318,22ff. und 330,28f. – W. v. Biedermann, Goethe und Leipzig. 1865. Bd. 1, S. 34–36; Bd. 2, S. 13–17. – O. Jahn, Goethe und Leipzig, Lpz. 1909. S. 40.

245,35f. *Hofrat Böhme*: Johann Gottlob Böhme, 1717–1780, seit 1751 Professor an der Universität Leipzig. – W. v. Biedermann, Goethe und Leipzig. Bd. 1. S. 16–19, 23–24 u.ö. – ADB 3, 1876, S. 72f. – Böhme las über Geschichte und Staatsrecht. Er war Schüler von Johann Jacob *Mascov*, 1684–1761, der als Historiker großes Ansehen genoß. – Hirsching, Historisch-literarisches Handbuch 1. Lpz. 1794. S. 319–321. – ADB 20, 1884, S. 554–558.

246,9. *ohne Anstand* = ohne Verzögerung, ohne Aufschub.

246,12. *Parrhesie* = Freimut, Offenheit.

246,32. *Everhard Otto*, 1685–1756, Professor in Duisburg und Utrecht, Herausgeber des „Thesaurus iuris Romani", Leiden 1725–1729. – ADB 24, 1887, S. 747. – *Heineccius*, Johann Gottlieb, 1681–1741, Professor in Halle und Frankfurt a.O., berühmter Rechtshistoriker. – ADB 11, 1880, S. 361–363.

247,16. *Reservationen* = Vorbehalte, Bedingungen.

247,19. *Institutionen*. Vgl. 238,33 u. Anmkg.

247,21f. *Gellerts Literaturgeschichte über Stockhausen*. Im 18. Jahrhundert war noch die alte Sitte gebräuchlich, daß man den Universitätsvorlesungen gewisse Lehrbücher zugrunde legte. Gellert benutzte für diesen Zweck häufig: Johann Christoph Stockhausen, Kritischer Entwurf einer auserlesenen Bibliothek für die Liebhaber der Philosophie und der schönen Wissenschaften ... Bln. 1752. (Neue Auflagen: 1758, 1764, 1771.) – Eine genaue Nachschrift von Gellerts Ästhetik-Kolleg nach Stockhausen, die sich in Görlitz befand, wurde durch Fritz Behrend benutzt für die Einleitungen und Anmerkungen seiner Ausgabe: Gellerts Werke, Hrsg. v. F. Behrend. 2 Bde. Verlag Bong, o.J. (1910.) Insbes. Bd. 1, S. XXVII und Bd. 2, S. 150. – Kayser, Bücher-Lexikon 5, 1835, S. 339. – ADB 36, 1893, S. 293. – Leitzmann im Jahrbuch Goethe 8, 1943, S. 118f.

247,22. *Praktikum:* vgl. 256,7–21.

247,23ff. *Gellert*, Christian Fürchtegott, 1715–1769, war seit 1752 Professor für Poesie an der Universität Leipzig und hielt auch Vorlesungen über das Gebiet der Moral. Als Goethe ihn im Spätherbst 1765 kennen lernte, war er ein Mann von 50 Jahren. Seine „Fabeln und Erzählungen", 1746–48, der gleichzeitig erschienene Roman „Leben der Schwedischen Gräfin", seine „Briefe", 1751, und andere Werke hatten ihn in ganz Deutschland rasch beliebt und berühmt gemacht. In der Bibliothek von Goethes Vater befanden sich fast alle seine Werke (Götting S. 50). Er war der erste deutsche Dichter des 18. Jahrhunderts, der Volkstümlichkeit erhielt. Im Hochschulunterricht traten natürlich andere Seiten seines Geistes hervor als in den überall gelesenen „Fabeln". Im Stil-Unterricht strebte er Natürlichkeit an, aber eine bewußte, gemäßigte Natürlichkeit des Plauderstils (nicht eine Echtheit der Leidenschaft, wie sie später der Sturm und Drang wollte), mit welcher sich der Formalismus der alten Stillehre gut verbinden ließ. – W. v. Biedermann, Goethe und Leipzig. 1865. – Albert Leitzmann, Goethe und Gellert. (Jb.) Goethe 8, 1943, S. 115–125.

247,39. *Logik.* Goethe hörte Logik bei Professor Winckler, dessen Namen er 248,8 nennt. Das Lehrbuch, das dabei zu Grunde gelegt wurde, war entweder die „Logik" von Christian Wolff, die in immer neuen Auflagen erschien, oder das in Liebholdts Verzeichnis aufgeführte Werk von J. P. Roeder, Elementa logicarum institutionum ... Norib. 1763.

248,8. *Professor Winckler*: Johann Heinrich Winckler, 1703–1770, Philosoph Wolffischer Richtung, las auch über alte Sprachen und über Naturwissenschaften. – Zedler, Universal-Lexicon 57, 1748, S. 558 bis 575. – W. v. Biedermann, Goethe und Leipzig, 1865. – ADB 43, 1898, S. 376.

248,39. *stationär* = auf einer Stelle bleibend, ohne Entwicklung; *fix* = festgelegt, unveränderlich.

249,14. *Einstand.* Vgl. 242,9 u. Anmkg.

249,36. *von Loewenich* (Loewenigh), Isaak, Tuchfabrikant in Aachen.

250,1. *Sarschen* (ital. sargia, französ. serge), eine Art Wollstoff. Vgl. 51,15.

250,23. *Herr von Masuren:* Hauptgestalt in dem Lustspiel: „Der poetische Dorfjunker", das Luise Adelgunde Gottsched 1741 – nach dem Stück „Le poète campagnard" von Destouches – herausbrachte.

251,35. *Geiler von Kaiserberg*, 1445–1510, volkstümlicher Prediger in Straßburg, der humorvoll-anschauliche Darstellung nicht scheut. Seine Predigten wurden meist von anderen nachgeschrieben und in dieser Fassung zum Druck gebracht.

251,36. *Sprüchwörter.* Goethe wurzelte von Hause aus in althergebrachtem Frankfurtisch-volkstümlichem Sprachgebrauch. Die Briefe seiner Mutter zeigen, wie gut sie alte Sprichwörter und Redensarten kannte. Die Barockpoetik, seit Opitz, zumal aber die Sprachregeln Gottscheds (beide Ostdeutsche, die nicht an volkstümliche, sondern an gelehrt-humanistische Tradition anknüpften) standen dem Volkstümlichen fern. Erst der Sturm und Drang seit Herder holte alles das zurück, was man fast 200 Jahre lang ausgeschlossen hatte. Goethe liebte zeitlebens am Sprichwort Mutterwitz und Schlagkraft, Bildhaftigkeit und Urwüchsigkeit. Am 9. 5. 1807 entlieh er Zinkgref, Apophthegmata; am 11. 12. 1809: Joh. Agricola, Sybenhundert und fünffzig teutscher Sprichwörter ... Hagenau 1537. Am 5. 6. 1809 und 9. 5. 1812 verzeichnet das Tagebuch Beschäftigung mit anderen Sprichwörter-Sammlungen. In seinen Spruchgedichten des Alters (Bd. 1, S. 304–337) und in den *Maximen und Reflexionen* (Bd. 12, S. 365–547) knüpft er vielfach an alte Sprichwörter an. – W. Preisendanz, Die Spruchform in der Lyrik des alten Goethe. Heidelberg 1952. S. 106ff. – Anita Lunke, Goethes Urteile über das dt. Schrifttum des 16. Jahrhunderts. Diss. Münster 1955. S. 102–123.

252,1. *paralysiert* = gelähmt. Ähnlich 293,1 und 579,31.

252,3f. *man solle ... schreiben wie man spricht*: dies war die Lehre Gellerts, die er in Universitäts-Übungen zur Anwendung brachte und in seiner „Praktischen Abhandlung vom guten Geschmack in Briefen", die er seinen „Briefen" 1751 beigab, dargestellt hatte. Er wandte sich damit gegen die deutschen Briefsteller und Rhetoriken des Barock, die noch nachwirkten. Diese forderten eine formelhafte, nach Regeln sich bewegende unpersönliche Sprache. Gellerts – dem neuen Zeitgeschmack entgegenkommende – Forderung waren Plauderbriefe; was er anstrebt, ist ein natürlich scheinender, aber sehr bewußt geformter Stil, der aus dem Schatz des gesprochenen Worts nur einen engen Bereich auswählt, so daß nur eine neue, andere Art von Schreibstil entsteht. Gellerts Zeitgenossin Meta Moller (vgl. 399,17 u. Anmkg.) in ihren Briefen an Klopstock und an ihre Schwestern und der junge Goethe in seinen Leipziger Briefen an Behrisch sind der gesprochenen Sprache sehr viel näher als Gellert. – Die „Briefe, nebst einer praktischen Abhandlung ..." befanden sind in der Bibliothek von Goethes Vater. (Götting S. 50.)

252,37. *Zachariäs „Renommist"*. Justus Friedrich Wilhelm Zachariae, 1726–1777, wurde in weiten Kreisen beliebt durch sein komisches Alexandriner-Epos „Der Renommist", das darstellt, wie ein studentischer Raufbold aus Jena nach Leipzig kommt und dort in Konflikt gerät mit den „galanten" Sitten der Studenten und ihrer Damen. Das Werk erschien erstmalig 1744 in Schwabes „Belustigungen", dann in: Zachariae, Scherzhafte epische Poesien. Braunschweig u. Hildesheim 1754. Neue Aufl. 1761. – Neudruck: KDN 44,2 S. 243–322. – Liebholdts Verzeichnis nennt von Zachariae „Die vier Stufen weiblichen Alters" und „Die Tageszeiten", nicht aber die „Scherzhaften epischen Poesien". – Vgl. auch 237,35ff. und 238,25f. – G. Witkowski, Gesch. des literarischen Lebens in Leipzig. Lpz. 1909.

253,21. *das Glacis*: Spazierweg um die Stadt, früher Festungsgelände.

253,30. *die Kolonie*: Franzosen, die sich in Leipzig niedergelassen hatten.

254,12. *Attentionen* = Aufmerksamkeiten.

254,30. *Piquet* (= Pikett) und L'*hombre*, Kartenspiele, die im 18. Jahrhundert allgemein verbreitet waren. Vgl. 346,18–347,15.

255,22. *Weiße*, Christian Felix, 1726–1804, lebte als Steuereinnehmer in Leipzig und entfaltete eine rege Tätigkeit als Schriftsteller; er verfaßte vor allem Lustspiele und Singspieltexte. ,,Die Poeten nach der Mode" wurden ein Bühnenerfolg. Ein Brief Goethes an Cornelia vom Dezember 1765 (Briefe HA., Bd. 1, S. 22, 24) teilt mit, daß er das Stück gesehen habe. – Vgl. 327,16 u. Anmkg.

255,36. *Morus*, Samuel Friedrich Nathanael, 1736–1792, wurde 1761 Dozent an der philosophischen Fakultät der Universität Leipzig, 1768 außerordentlicher Professor. Es las über griechische und lateinische Schriftsteller, stellte dann aber immer mehr das Neue Testament in den Mittelpunkt seiner Vorlesungen und ging 1782 zur theologischen Fakultät über. Er genoß in Leipzig hohes Ansehn. – ADB 22, 1885, S. 342–344.

255,37. *Hofrat Ludwig*, Christian Gottlieb, 1709–1773, Professor der Medizin. Vgl. 257,8ff. – ADB 19, 1884, S. 600.

256,36. *Ernesti*, Johann August, 1707–1781, hatte 1756–1759 eine Professur für Rhetorik und seit 1759 einen Lehrstuhl für Theologie; bekannt durch kritische Ausgaben griechischer und lateinischer Schriftsteller, insbesondere des Cicero. Wichtig für die Entwicklung der neutestamentlichen Philologie. – Vgl. 241,34 und 276,18 und Anmkg. – ADB 6, 1877, S. 235–241. – NDB 4, 1959, S. 604f.

256,36. *Ciceros „Orator"*. Cicero schrieb ein kurzes Werk „Orator" und ein längeres „De oratore libri tres", das in Form eines Gesprächs die Bildung zum Redner, die rednerische Behandlung des Stoffes und die Fragen der Form und des Vortrags behandelt. Goethe schreibt an Riese am 20. Okt. 1765: *Im Ernste ich habe heute zwei Kollegien gehört, die Staatengeschichte bei Professor Böhmen und bei Ernesti über Ciceros Gespräche vom Redner.* (Briefe HA, Bd. 1, S. 14) Da Goethe hier *Gespräche* sagt, deutet das auf „De oratore libri tres". Liebholdts Verzeichnis nennt: Cicero, De oratore. Halae 1760. (Vielleicht das von Goethe in Leipzig benutzte Exemplar.)

257,15. *Haller* (1708–1777), *Linné* (1707–1778), *Buffon* (1707 bis 1788) waren die größten Naturforscher der Zeit. Goethe vermerkt, daß sie hier zum ersten Mal in seinen Gesichtskreis traten. Später hat er sich viel mit ihnen befaßt, und in seinen Schriften zur Naturwissenschaft sind ihre Namen oft genannt. – Vgl. Bd. 13, S. 153,3ff. und 229,10ff. und Bd. 14, Namen-Register.

Siebentes Buch

Über die Entstehung dieses Buches berichtet das Tagebuch 1811. Am 23. September: *Biographie, 2. Band* (des 2. Teils); *supplementare Schemata.* 25. Sept.: *Rabener und Zachariae.* 30. Sept.: *Schema der deutschen Literatur.* 3., 8. und 9. Okt.: *Breitingers Kritische Dichtkunst.* 11. Okt.: *Liskows Satyren.* 12. Okt.: *Gottscheds Kritische Dichtkunst.* 19. Okt.: *Günthers Gedichte.* 24. Nov.: *Deutsche Literatur.* 28. Nov.: *Schema des 7. Buches und andres darauf Bezügliche.* Dann im Jahre 1812 am 15. Mai: *Anfang des 7. Buchs.* 18. Mai: *Biographisches im 2. Buche* (des 2. Teils). 22. Mai: *Schluß des 7. Buchs.* 30. Mai: *Das 7. Buch durchgesehen.* 11. Juni: *Das 7. Buch durchgegangen.* Am 1. Juli wurde das *7. Buch* zur Druckerei abgesandt.

Auch Goethes Entleihungen aus der Weimarer Bibliothek zeigen den Gang der Arbeit. Er entlieh am 24. Sept. 1811: Rabener, Zachariae und Laukhard; am 4. Okt. 1811: Breitinger und Bodmer; am 14. Okt.: Liscow; am 19. Okt.: Günther; am 12. Nov.: Ewald v. Kleist. – Dazu kommen dann die Entleihungen literaturgeschichtlicher Werke.

Das *7. Buch* bringt den Jüngling in Verbindung mit den großen kulturellen Schöpfungen, die auf ihn als Künstler und als religiösen Menschen wirken, zumal mit der Literatur und mit der Kirche. Im Zusammenhang damit kommt das Denken der Aufklärung (Popularphilosophie, Bibelkritik) zur Sprache. Die Komposition des Buches zeigt, daß der Verfasser nicht beabsichtigt, eine kurze Literaturgeschichte zu geben und dann in der Autobiographie fortzufahren. Er betont eingangs, daß er alles in Bezug auf sein Leben sähe (258,13), gibt dann einen Abschnitt über die Entwicklung der Literatur, springt ins Autobiographische bei der Schilderung des Zusammentreffens mit Schlosser (265,38 ff.) und kommt von da zu der Erzählung des Besuchs bei Gottsched (267,35 ff.), die anekdotenhaft-persönlich gehalten ist; Gottsched wird nicht literarhistorisch gewürdigt. Die Tischgespräche (269,18) mit der Tafelrunde bei Schönkopf geben Gelegenheit, erneut auf das Literarische überzulenken. Dabei wird das genannt, was den jungen Dichter umgab und was auf ihn wirkte (271,6 f.). Leipzig als Verlagsort bringt ihm deutsche Dichtung nahe – er sieht Wielands „Musarion" schon in Korrekturbogen (271,8) –, Leipzig als Universität vermittelt ihm allgemeine Gedanken der Zeit durch die Professoren, die er hört (Crusius 276,12 ff.; Gellert 288,9 ff.). Das bedeutendste dichterische Werk, das zur Zeit von Goethes Leipziger Aufenthalt erschien, ist Lessings „Minna von Barnhelm"; in seiner Erwähnung gipfelt die Darstellung der Literatur. Und hier schließt nun die Besprechung des eigenen Schaffens an; Goethe stellt sie zwischen den Bericht über persönliches Erleben (Liebe zu Annette) und den über die deutsche Dichtung, denn aus dieser Polarität lebt sein Schaffen: es wird gespeist durch eigenes Erlebnis, aber Erleben ist nicht Dichten; Sprache und Form hat keiner aus sich selbst, sie sind Tradition, jeder übernimmt erst, und dann bildet er weiter. Deswegen muß die Erwähnung des eigenen Schaffens eingeleitet werden durch die Darstellung dessen, was der junge Dichter vorfand.

Goethe hatte die Literatur des 18. Jahrhunderts seit seiner Jugend in allen ihren Ausprägungen verfolgt. Der Rückblick der Jahre 1811/12 kann aus reicher Erinnerung schöpfen. Diese ergänzt er nun durch neue Lektüre der Quellen, die er teils in der eigenen Bücherei hatte, teils sich auslieh. Außerdem zog er die neuen literaturgeschichtlichen Hilfsmittel heran, die gerade jetzt – es ist die Frühzeit der deutschen Literaturwissenschaft – bereitgestellt waren. Wie immer in *DuW* vereinigte er Erinnerung mit der Überschau, die sich ihm im Alter ergab. Er nutzte dabei die neuen Hilfsmittel, um im Fluge zu überblicken, was er einst nach und nach kennen gelernt hatte. Goethe entlieh aus der Weimarer Bibliothek folgende Werke:

2. 5. 1806 und 13. 10. 1809: (Karl August Küttner,) Charaktere teutscher Dichter und Prosaisten. Von Kaiser Karl d. Gr. bis aufs Jahr 1780. Bln. 1781.

22. 1. 1810: Erdwin Julius Koch, Grundriß einer Geschichte der Sprache und Literatur der Deutschen. 2 Bde. Bln. 1795–1798.

8. 10. 1810: (Georg Schatz und Johann Georg Dyk,) Charaktere der vornehmsten Dichter aller Nationen. 7 Bde. Lpz. 1792–1803.

26. 1. 1811: Johann Georg Meusel, Lexikon der vom Jahre 1750 bis 1800 verstorbenen Teutschen Schriftsteller. Bd. 5. H–Hi. Lpz. 1805.

1. 4. 1811 und 20. 3. 1812: Karl Heinrich Jördens, Lexikon deutscher Dichter und Prosaisten. 6 Bde. Lpz. 1806–1811.

5. 9. 1811 und 8. 10. 1812 sowie 28. 1. 1813: Friedrich Karl Gottlob Hirsching, Historisch-literarisches Handbuch berühmter ... Personen, welche in dem 18. Jahrhundert gestorben sind. 14 Bde. Lpz. 1794–1811.

5. 2. 1813: Friedrich Bouterwek, Geschichte der Poesie und Beredsamkeit. Bd. 5 und 6. Göttingen 1806 und 1807. = Gesch. d. Künste u. Wiss., Abt. 3.

Kochs Werk stellt nur Büchertitel zusammen, tut das aber gründlich und systematisch, insofern bot es zu seiner Zeit für alle Studien deutscher Literaturgeschichte eine sichere Grundlage. Küttner behandelt deutsche Dichter vom Mittelalter bis zu Voß, Miller und Goethe, ohne Charakterisierungskunst, raisonnierend in Art der früheren Literaturbesprechung. Auch Schatz vermag weder Dichter noch Werke zu kennzeichnen, sondern bleibt beim Lob oder Tadel einzelner Stellen; bei Haller z. B. lobt er die Verse „Doch eurer Sitten Wert hat alles das verbessert, / Der Elementen Neid hat euer Glück vergrößert“. Schatz hat aber einen gewissen Blick für historische Entwicklung. Bouterwek gibt in chronologischer Reihenfolge trockene Aufzählungen vieler Namen und Titel, ohne aber die Epochen, die geistigen Strömungen oder die Charaktere der Dichter kennzeichnen zu können. Jördens und Meusel verfaßten alphabetische Schriftstellerlexika. Jördens vereinigt gründliche Bibliographie und Tatsachenkenntnis mit geschickter Darstellung und gut gewählten reichlichen Zitaten aus den Werken des dargestellten Dichters. Bei ihm kommt am ehesten ein einheitliches Bild jedes einzelnen Schriftstellers zustande. Meusel beschränkt sich auf nüchterne Aneinanderreihung von Büchertiteln und einigen Lebensdaten. Hirschings Werk gibt kurze stoffreiche Biographien von berühmten Männern und Frauen, Fürsten, Gelehrten, Malern, Schriftstellern, Theologen usw., zählt die wichtigsten Schriften auf, versucht eine Art Charakteristik und schließt gelegentlich eigene Kritik an. – Später, in seiner Rede auf Wieland, die er am 18. 2. 1813 hielt, erwähnt Goethe als Literaturhistoriker auch Eichhorn. Ob er dessen Werk bereits 1811/12 für *DuW* benutzte, vermag ich nicht zu sagen. Es handelt sich um: Joh. Gottfried Eichhorn, Gesch. der Literatur. 4. Band, 2. Abt. Göttingen 1808. (= Eichhorn, Gesch. d. schönen Redekünste, 2. Abt.) Darin S. 762–1116: „Schöne Redekünste der Deutschen". Eichhorn gliedert systematisch in Poesie und Prosa und in Unterabteilungen wie Fabel, poetische Erzählung, allegorische Dichtungen, Schäferpoesie, Epigramm, Lehrgedicht, Satire usw., reiht in jedem Abschnitt chronologisch aneinander und hängt Notizen über die einzelnen Dichter an.

Vergleicht man mit diesen Werken Goethes Ausführungen im *7. Buch*, so fällt ins Auge, daß er allgemeine Züge der Epoche darstellt (Gegensatz zum 17. Jahrhundert; rationalistische Nüchternheit; als leise Gegenströmung Bengels Mystik; Wechselwirkung von Literatur und politischem Leben) und daß er von einzelnen Dichtern knappe, scharf umrissene Bildnisse gibt (Günther 264,26ff.; Gellert schon vorher 247,23–36, jetzt 288,9–22, schließlich 294,37–295,20). Goethe hat zwar besser dargestellt als Küttner, Schatz, Bouterwek und Jördens, aber er wollte gar nicht eigentlich Literaturgeschichte geben, sondern nur den literarischen Zeithintergrund aufzeigen und im Autobiographischen bleiben. Es entspricht nur seinem allgemeinen Verfahren in *DuW*, daß er nicht auf Grund von Jugendbriefen genau registriert, was er einstmals gelesen hat, sondern ganz allgemein diesen Hintergrund ausmalt, so wie er ihn zur Zeit der Abfassung des Werkes sieht.

Das Suchen des Geistes richtet sich außerdem auf das Religiöse. In diesem Zusammenhang wird das etwas erstarrte und aufklärerisch getönte Luthertum des 18. Jahrhunderts charakterisiert. Als Gegenbild schiebt Goethe eine stilisierte Darstellung der alten Kirche als Sakramentskirche ein (289,3–292,18); doch von vornherein läßt er keinen Zweifel, daß dies nicht sein eigener Weg war. Das Buch endet damit, daß er an aller Autorität verzweifelt (296,7ff.) und nach Lebenserfahrung sucht (307,11ff.); er muß alles selbst erwerben wie Wilhelm Meister. Der milde Fluß der Darstellung und die eingeschobenen humorvollen Partien können vielleicht darüber hinwegtäuschen, daß auch dieses Buch – in das manche scharfe Selbstkritik eingeschoben ist (267,12f.; 284,11f.; 306,10ff.) – mit großem Ernst endet.

Carl Hammer, Goethes Dichtung und Wahrheit, 7. Buch. Literaturgeschichte oder Bildungserlebnis? The University of Illinois Press, Urbana 1945. = Illinois Studies in Language and Literature, Vol. XXX, No. 1. – Über die deutsche Literatur des 18. Jahrhunderts vgl. die in der Bibliographie angegebenen Werke.

259,9f. *faßte man die Gleichnisreden der südlichen Sprachen unmäßig auf* ... Anspielung auf die übertriebene Metaphorik in der Dichtung des Hochbarock.

259,36. *Liscow,* Christian Ludwig, 1701–1760. Seine „Sammlung satirischer und ernsthafter Schriften“, Frankf. 1739, ist genannt in Liebholdts Verzeichnis, war also wohl schon zu Goethes Jugendzeit im Vaterhause vorhanden. Goethe entlieh das Werk vom 14. 10. 1811 bis zum 8. 2. 1812. – Jördens 3, 1808. – NDB 14, 1985. – B. Litzmann, C. L. Liscow. Hbg. u. Lpz. 1883.

260,17. *Rabener,* Gottlieb Wilhelm, 1714–1771. Der Herr Rat kaufte laut Haushaltsbuch am 14. 7. 1758: Rabener Satiren. Teil 1–4. Lpz. 1757. (3. Aufl.) Goethe entlieh 24. 9. 1811–8. 2. 1812: Rabener, Sammlung satyrischer Schriften. Bd. 1–4. Lpz. 1751–1755. (1. Aufl.) – Jördens 4, 1809, S. 232–253.

260,29. *Geschäftsmann* = Staatsbeamter. Vgl. 397,36; 505,38; 598,1f., ferner Bd. 7, S. 259,29f. – Rabener war kurfürstlich sächsischer Steuerrat. – Dt. Wb. 4,1, S. 3828.

261,19. *Briefe.* Rabener ist neben Gellert der bedeutendste Briefschreiber seiner Zeit, in welcher der Brief eine wichtige literarische Gattung war. – Rabener, Briefe von ihm selbst gesammelt und nach seinem Tode herausgegeben von Chr. F. Weiße. Lpz. 1772. – 261,20 spielt an auf einen Brief vom 12. 8. 1760, der in der Ausgabe von 1772 auf S. 291–299 gedruckt ist; 261,26ff. ist wahrscheinlich der Brief vom 30. 10. 1767 gemeint, der auf S. LXIf. steht. Diese beiden Briefe sind auch abgedruckt bei Jördens, Bd. 4, 1809, S. 237ff. und 242f. Da Goethe das Werk von Jördens viel benutzte, wird er wahrscheinlich die Briefe dort gefunden haben.

261,20f. *Dresdner Belagerung*: 1760 durch Friedrich II.

262,4f. *Gottscheds „Kritische Dichtkunst“* erschien zuerst 1730 und 1751 bereits in 4. Auflage. (Lpz., bei Breitkopf. XXXII, 808 S. und 24 S. Register.) Der 1. Teil handelt vom Ursprung der Poesie, vom Charakter eines Poeten, von dem Wunderbaren in der Poesie, von den poetischen Worten, von den verblümten Redensarten, von den Figuren der Poesie, von dem Wohlklang der poetischen Schreibart, verschiedenen Silbenmaßen und den Reimen usw. Der 2. Teil behandelt Fabel, Epopee, Satire, Idylle, Tragödie, Komödie usw. Hierzu wird jedesmal einleitend ein historischer Überblick seit dem Altertum gegeben, und dann werden die Gesetze der Gattung erörtert und aus Beispielen erläutert. – Vgl. 267,35 u. Anmkg.

262,12. *Horazens „Dichtkunst"*. Unter den „Epistulae" des Horaz befindet sich das Werk, das schon im Altertum „De arte poetica" genannt wurde (II,3), 476 Hexameter, die in lockerer Folge Fragen der Dichtkunst besprechen. Das Werk war – in deutscher Übersetzung – Gottscheds „Kritischer Dichtkunst" in der Auflage von 1751 beigefügt. Goethe befaßte sich mit dem Horazischen Werk – laut Tagebuch – am 3. und 5. Juni 1812. – Grumach, Goethe u. die Antike. 1949. S. 360–370.

262,16. *Die Schweizer*: Joh. Jacob Bodmer, 1698–1783, und Joh. Jacob Breitinger, 1701–1776. – Liebholdts Verzeichnis nennt aus der Bibliothek von Goethes Vater: Bodmer, Critische Abhandlung von dem Wunderbaren in der Poesie. Zürich 1740. – Breitinger, Critische Abhandlung von der Natur, den Absichten und dem Gebrauche der Gleichnisse. Zürich 1740. – Bodmer, Critische Betrachtungen über die Poetischen Gemälde der Dichter. Zürich u. Lpz. 1741. Das letztgenannte Werk entlieh Goethe aus der Weimarer Bibliothek 4. 10. 1811–8. 2. 1812.

262,19. *Breitingers „Kritische Dichtkunst"*. Goethe entlieh 4. 10. 1811 bis 8. 2. 1812: Joh. Jac. Breitinger, Critische Dichtkunst, worinnen die Poetische Malerei erläutert wird. Mit einer Vorrede von Joh. Jac. Bodmer. Zürich 1740. – Neuausgabe: J. J. Breitinger, Critische Dichtkunst. Faksimiledruck der Ausgabe von 1740. Mit einem Nachwort von Wolfgang Bender. Stuttg. 1966.

263,28. *Lichtwer*, Magnus Gottfried, 1719–1783, schrieb Fabeldichtungen, ähnlich wie Gellert, Lessing u. a. Dichter der Zeit; die Fabel entsprach der bürgerlichen Moral und dem pointiert plaudernden Stil der Zeit. – KDN Bd. 73. Fabeldichter, hrsg. v. J. Minor.

264,6. *König*, Johann Ulrich, 1688–1744, Hofdichter Augusts des Starken, der Kurfürst von Sachsen und zugleich König von Polen war. Er begann ein Epos „August im Lager", von dem aber nur ein Gesang, „Die Einholung", 1731 erschien. Gegenstand dieser Dichtung ist das sogenannte *Lustlager bei Mühlberg* (265,15 f.), ein prunkvolles militärisches und höfisches Festlager, das August der Starke während des Monats Juni 1730 zu Ehren des Königs in Preußen Friedrich Wilhelm I. veranstaltete; auch Kronprinz Friedrich nahm daran teil. Zwischen dem preußischen und dem sächsisch-polnischen Hof bestand damals ein enges Einvernehmen, das durch gegenseitige Besuche der Herrscher gepflegt wurde. Zu dem „Lustlager" an den Elbufern bot König August seine gesamte Armee von 30000 Mann auf; 49 fürstliche Gäste waren zugegen. Militärische Vorführungen wechselten mit glanzvollen Festlichkeiten, Schaustellungen, Illuminationen, Jagden usw. – Jördens 3, 1808, S. 55–60. – Vgl. auch 265,11–22.

264,28. *Günther,* Johann Christian, 1695–1723. Goethe entlieh 19. 10. 1811–8. 2. 1812: Günther, Sammlung von ... deutschen und lateinischen Gedichten. 2. Aufl. Breslau u. Lpz. 1739. – Goethes knappes Günther-Porträt ist oft bewundert worden. Zitiert hat man meist den Satz 265,3–5; das Wesentliche enthält aber der Satz 264,34–36, er nimmt das Hauptergebnis der Günther-Forschung des 20. Jahrhunderts vorweg. In Günthers Gedichten sind einige Personen – der Vater, der Neider Crispin, Leonore, Prinz Eugen u. a. – aus der Wirklichkeit ins Dichterische überhöht und zum symbolischen Gestaltenkreis geworden. – Man liest heute Günthers Werke am besten in der Ausgabe: Joh. Chr. Günthers Sämtl. Werke. Hrsg. v. Wilh. Krämer. 6 Bde. Lpz. 1930–1937. = Bibl. d. Lit. Ver. Stuttg., Bd. 275, 277, 279, 283, 284, 286. – B. Seuffert, Goethe und J. Chr. Günther. G.Jb. 6, 1885, S. 335f. (nimmt Abhängigkeit von Gottscheds Günther-Charakteristik an; problematisch). – Wenn man wissen will, wie Goethes Günther-Bild sich zu anderen Äußerungen über Günther im Schrifttum seiner Zeit verhält, vergleicht man am besten mit Jördens, Bd. 2, 1807, S. 278–285. Dort auch Anführung aller anderen Beurteiler bis zum Jahre 1807; sie sind sämtlich moralisierend und ohne Erkenntnis dessen, was Goethe 264,34–36 aussagt.

265,15f. *Lustlager bei Mühlberg.* Vgl. 264,6 u. Anmkg.

265,28. *Hof- und Staatskalender.* Im 18. Jahrhundert erschien in jedem größeren Territorium alljährlich ein Kalender, der vom Staatsoberhaupt bis herab zu den unteren Beamten und Hoflieferanten den ganzen Hofstaat, das Beamtentum, die Geistlichkeit und alles, was zum Hof Beziehung hat, aufführte, wobei eine genaue Rangordnung eingehalten wurde. – In Weimar erschien: Hochfürstl. Sachsen-Weimar- und Eisenachischer Hof- und Adreß-Kalender, bei Carl Ludolf Hoffmanns sel. Witwe u. Erbe. – Unter Goethes Büchern befinden sich noch heute mehrere Jahrgänge dieses Werks.

266,2. *Johann Georg Schlosser.* Schon 163,21 erwähnt; Goethe aus Frankfurt bekannt; sein späterer Schwager. Vgl. 505,10–23 u. Anmkg. zu 504,30.

266,8f. *Herzog ... von Württemberg.* Der Prinz (und spätere Herzog) Friedrich Eugen (nicht, wie Goethe schreibt, *Ludwig*) von Württemberg, 1732–1797, war damals General in preußischen Diensten, sein Dienstort war Treptow in Pommern, auf diese Weise kam Schlosser dorthin. – ADB 8, 1878, S. 53–55.

266,16f. *Si j'avois ...* Dieser Satz Rousseaus aus seinem Brief vom 10. November 1763 an Ludwig Eugen von Württemberg erlangte im 18. Jahrhundert eine gewisse Berühmtheit.

266,31. *Schönkopf,* Christian Gottlob, 1716–1791, zuerst Zinngießer, später Weinwirt am Brühl in Leipzig.

267,14. *Pope,* der damals in Deutschland hohes Ansehen genoß, zumal bei Männern, die zur aufklärerischen Popularphilosophie neigten wie Schlosser, war Goethe wohl schon aus seinen Frankfurter Jahren bekannt, da sein Vater Popes Werke besaß. (Vgl. 237,34 u. Anmkg.) Popes berühmtes Lehrgedicht ,,The Essay on Man", 1733, ist eine Art Theodizee (es behandelt die Frage, wie das Böse in der Welt mit dem Begriff eines gütigen Schöpfers vereinigt werden könne), an Shaftesbury und die Lehren der englischen Deisten anknüpfend. Es beschäftigte noch Lessing (,,Pope ein Metaphysiker"), Herder und Wieland.

267,19. *Deismus.* Vgl. 334,18 u. Anmkg.

267,35. *Gottsched* war 1700 geboren, war also, als Goethe ihn besuchte, 66 Jahre alt. Er starb im folgenden Jahre, 1766, also noch während Goethes Leipziger Studienzeit. Goethes Vater besaß von ihm: Grundlegung einer deutschen Sprachkunst. Lpz. 1748. – Goethe hat 1793 für seine Bearbeitung des *Reineke Fuchs* (Bd. 2, S. 285–436) Gottscheds Neudruck des Textes von 1498 und seine Übersetzung desselben mit Anerkennung benutzt. – Eugen Reichel, Gottsched. 2 Bde. Bln. 1908–1912. – Vgl. 262,4f. u. Anmkg. – NDB 6, 1964, S. 686f.

268,30. *Hermann,* Chr. G., 1743–1813. Vgl. 331,18–332,22 u. Anmkg.

268,31. *Pfeil,* Joh. Gottlob Benjamin, 1732–1800, Verfasser des Romans ,,Geschichte des Grafen von P.", Lpz. 1755. (Mehrere spätere Auflagen.) Hofmeister in Leipzig, später Justizamtmann in Rammelburg bei Eisleben. – Goedeke, Grundriß 4,1. S. 94 und 142. – Vgl. 282,29f.

268,33. *Zachariae:* ,,vermutlich Georg Ludwig Friedrich, geb. 1735." (Schüddekopf in der ADB 24, 1898, S. 636f.) – W. v. Biedermann, Goethe u. Leipzig. 1865. S. 113.

268,33. *Krebel,* Gottlob Friedrich, 1729–1793, verfaßte Reisehandbücher, wurde später Oberkonsistorialsekretär in Leipzig. Vgl. 318,19. – In Goethes Bibliothek in Weimar befindet sich: Krebel, Die vornehmsten Europäischen Reisen, wie, solche ... anzustellen sind. Hamburg 1775. – Chr. Gottlob Kayser, Bücher-Lexikon 3, Lpz. 1835, S. 416. – W. v. Biedermann, Goethe u. Leipzig. Bd. 2, S. 221 und 225.

269,34. *prolix* = weitläufig, weitschweifig, ausführlich. Das Gegenteil davon ist 270,7 *konzis* = knapp, zusammengedrängt.

270,1. *Wettstreit mit den Alten, besonders dem Tacitus,* versuchte Klopstock in kurzen Prosadarstellungen, welche er in seine ,,Deutsche Gelehrtenrepublik", 1774, einflocht.

270,3. *Gerstenberg,* Heinrich Wilhelm v., 1737–1823, wurde bekannt durch sein ,,Gedicht eines Skalden", 1766, das die Wiederbelebung nordischer und altgermanischer Motive in der Dichtung einleitete, und das Drama „Ugolino", 1768, das ein Vorklang des Sturm und Drang ist, voll Pathos, Leidenschaft und Stimmung, fern dem Optimismus der Aufklärung, Bild einer düsteren Welt voll Grauen und Gefahr; stilistisch von krasser Gegenständlichkeit. – Unter Goethes Büchern in Weimar befindet sich die Erstausgabe des „Ugolino", Hamburg u. Bremen 1768. – Jördens 6, 1811, S. 163–177. – KDN 48, S. 191–302.

270,6. *Gleim.* Vgl. 400,1–27 u. Anmkg. – Seine *Kriegslieder*: „Preußische Kriegslieder in den Feldzügen 1756 und 1757 von einem Grenadier", 1758. – KDN 45, S. 177–318. – Vgl. auch 279,28–280,3.

270,7. *Ramler,* Karl Wilhelm, 1725–1798, ein stark formales Talent, hat mehrfach Dichtungen von Zeitgenossen – ohne deren Wunsch – formal umgearbeitet und dann in dieser Gestalt zum Druck gebracht. Jedoch die Anschauung des Barock, daß Dichten ein Bearbeiten sei oder sein dürfe, war bereits erschüttert, die neuzeitliche Individualdichtung hatte begonnen, und so fanden Ramlers Umarbeitungen wenig Zustimmung. – Goethe entlieh am 17. 9. 1808: Ramler, Lyrische Blumenlese. Bd. 1. Lpz. 1774. (XVI,456 S.) Bd. 2. Lpz. 1778. (XXXII, 416 S.) Dieses Werk enthält zeitgenössische deutsche Lyrik, von Ramler überarbeitet, ohne den Namen der Verfasser zu nennen. – Vgl. 280,10 u. Anmkg. (Auch: Bd. 1, S. 211, Nr. 22 u. Anmkg.)

270,19. *Die poetische Prosa.* Geßner schrieb fast alle seine Werke in rhythmischer Prosa, so „Daphnis" 1754, die „Idyllen" 1756, „Der Tod Abels" 1758. Klopstock benutzte rhythmische Prosa in seinem Drama „Der Tod Adams" 1757. Seit 1758 erschienen Klopstocks Oden in freien Rhythmen, die der rhythmischen Prosa nahestanden. Die Folge war eine breite Nachahmung dieser Formen. – *nahm überhand* = wurde vorherrschend. (Wie 76,37f.)

270,21f. *übersetzten diese Prose in faßliche Rhythmen:* so setzte Gleim Klopstocks „Tod Adams" in Iamben um, Berlin 1766 – sehr zu Klopstocks Leidwesen –, und Ramler versifizierte Geßners Idyllen.

270,36. *Wieland.* An dieser Stelle wird Wieland nur so weit behandelt, wie Goethe sein Werk in Leipzig kennen lernte. Später, zumal aus dem Zusammensein in Weimar, ergab sich eine genaue Bekanntschaft. Goethe hat sich oft über Wieland geäußert (Register Bd. 14 und Briefe Bd. 4), insbesondere in der Trauerrede nach Wielands Tode *Zum brüderlichen Andenken Wielands,* 1813.

271,6. *Musarion.* Dieses Versepos Wielands erschien in Leipzig 1768.

271,8. *Aushängebogen* = frisch gedruckte Bogen aus der Druckerei.

271,13. *Phanias-Timon.* Phanias ist der Held in dem Epos „Musarion". Er ist zum Menschenfeind („Timon", vgl. Bd. 8, S. 444,26 u. Anmkg.) geworden. Da wird er durch das Mädchen Musarion in die Weltschau der Grazien eingeführt und *der Welt versöhnt.*

271,24f. *„Allgemeine Deutsche Bibliothek“*. 1765 gegründet, von Nicolai herausgegeben, aufklärerisch, für eine Zeitlang die wichtigste kritische Zeitschrift in Deutschland, dann durch Herder und den Sturm und Drang nach und nach zurückgedrängt. – Goethe entlieh am 31. 10. 1810: Allg. Dt. Bibliothek, Bd. 1–13. Bln. u. Stettin 1765 – 1771, und entlieh die Bände 1–6 nochmals am 13. 2. 1811. – Vgl. 354,16f. u. Anmkg.

272,2. *Übersetzung Shakespeares:* von Wieland, 1762–1766. – Goethe äußert sich in *DuW* später S. 492,17ff. ausführlich über Shakespeare und die Übersetzung von Wieland und Eschenburg. – Vgl. auch Bd. 7, S. 179,35 u. Anm. und das Namenregister in Bd. 14.

272,12. *Schlegel,* Johann Elias, 1719–1749, veröffentlichte 1743 sein Trauerspiel „Hermann“. Es behandelt den Arminius-Stoff (Kampf gegen Varus), den später auch Klopstock und Kleist dramatisch darstellten. In der Form (Alexandriner) ist es noch an das klassische französische Schauspiel des 17. Jahrhunderts angelehnt. – Neudruck: KDN 44, S. 101–197. – Goethe sah das Stück in einer Leipziger Aufführung 1766. (Brief an Cornelia vom 18. 10. 1766. Briefe 1, S. 39,2) – Willy Krogmann, Das Arminius-Motiv in der dt. Dichtung. Wismar 1933. – R. Kuehnemund, Arminius. Chapel Hill, USA, 1953.

272,18. *Jüdische Schäfergedichte,* Lpz. 1765, verfaßt von Georg August v. Breitenbauch, 1731–1817, Weimarischer Kammerrat in Buchau. – Goedeke 4, 1, Dresden 1916, S. 100f.

272,20. *Bodmers „Noachide“*. Unter Goethes Büchern in Weimar befindet sich: Joh. Jac. Bodmer, Die Noachide ... ganz umgearbeitet. Basel 1781. (4 Bl., 352 S.) Die 1. Aufl. erschien 1752.

272,27. *Popes „Lockenraub“*. Vgl. 237,34 u. Anmkg.

273,2. *Lokat* (von lat. „locatum“) = vermieteter Wohnraum; ironisch für die *Rubriken,* in welche Gottsched die deutschen Dichter einweist und aus denen er sie wieder heraussetzt.

273,3f. *Wir besaßen nunmehr ... Virgile und Miltone ...* Klopstock wurde der deutsche Milton genannt, Ramler der deutsche Horaz, Gleim der deutsche Anakreon, die Karschin gar die preußische Sappho. Diese Art oberflächlicher Gleichsetzung wurde 1767 durch Herder mit seinen „Fragmenten über die neuere deutsche Literatur“, 2. Sammlung, gründlich und bleibend zerstört, indem er auf die Verschiedenheit der kulturellen Strukturen hinwies, aus denen diese Dichtungen ihre Eigenart erhielten.

273,14. *Schulphilosophie.* Jede Universität in Deutschland besaß einen Lehrstuhl für Philosophie. Was man um die Jahrhundertmitte dort lehrte, ging meist von der alle Gebiete der Philosophie berührenden

Lehre Christian Wolffs aus. – Max Wundt, Die dt. Schulphilosophie im Zeitalter der Aufklärung. Tübingen 1945.

274,10. *natürliche Religion.* Schon 134,21 erwähnt und dort der *geoffenbarten* (134,27) Religion entgegengesetzt, für welche hier *positive* (274,16) gesagt wird. Wort und Begriff *natürliche Religion* erlangten im 18. Jahrhundert hohe Bedeutung, nachdem bereits im 17. Jahrhundert einzelne Denker davon gesprochen hatten. Ähnlich wie man ein „Naturrecht" annahm als vernünftigen Kern der einzelnen geltenden Rechtsordnungen, so glaubte man als zunächst verborgene Wahrheit der verschiedenen Religionen mit ihren Dogmen und Kulten eine gemeinsame „natürliche" Religion annehmen zu können; „natürlich" in diesem Begriff der Religion ist das im Sinne der Aufklärung durch Vernunft Erkennbare. Von den englischen Deisten, den niederländischen Sozinianern und den französischen Aufklärern griff diese Auffassung nach Deutschland über. – Goethes Großoheim J. M. von Loen (vgl. 75,6) veröffentlichte: Die einzig wahre Religion. 2 Bde. Frankf. u. Lpz. 1750. Das Werk ist Friedrich d. Gr. gewidmet. Goethes Vater besaß ein Exemplar davon. Die „Dritte Betrachtung", Bd. 1, S. 119–182, handelt „Von der Übereinstimmung der natürlichen Religion mit der offenbarten" und hebt besonders Sokrates und Platon hervor, von denen nicht zu bezweifeln sei, daß Gott sie selig mache genau wie gute Christen. – Hermann Samuel Reimarus, Abhandlungen von den vornehmsten Wahrheiten der natürlichen Religion. Tüb. 1754. 5. Aufl. 1782, beginnt folgendermaßen: „Wer ein lebendiges Erkenntnis von Gott hat, dem eignet man billig eine Religion zu: und soferne dieses Erkenntnis durch die natürliche Kraft der Vernunft zu erhalten ist, nennte man es natürliche Religion. Man gedenket sich aber Gott, nach dieser natürlichen Religion, als das erste, selbständige, notwendige und ewige Wesen, welches die Welt nebst allem, was darin ist, durch seine Weisheit, Güte und Macht geschaffen hat und beständig erhält und regiert; uns Menschen aber besonders in gewisser Ordnung nicht nur in diesem Leben sondern auch vornehmlich in einem darauf folgenden zu einer höheren und unaufhörlich wachsenden Vollkommenheit und Glückseligkeit bestimmt hat. Ein solches Erkenntnis von Gott wird an sich lebendig, das ist: wirksam sein und eine vergnügende Einsicht in den Zusammenhang der Dinge, einen willigen Trieb zur Tugend und Pflicht und eine ungestörte Zufriedenheit des Gemüts zu Wege bringen." Und in seinem „Vorbericht" sagt er: „Das Christentum setzet die Wahrheiten der natürlichen Religion von Gottes Dasein, Eigenschaften, Schöpfung, Vorsehung, Absicht und Gesetze, von der Seele geistigem Wesen, Natur und Unsterblichkeit usw. nicht allein voraus, sondern es legt dieselben auch zum Grunde und flicht sie mit in das Lehrgebäude seiner Geheimnisse ein. Was wäre also an sich menschlicher, was wäre dem Christentume selbst vorteilhafter als daß alle Menschen zuvörderst die edle Gabe der gesunden Vernunft auch zum Erkenntnisse ihres Schöpfers anwenden; und diese Einsicht, so weit sie reichet, mit den Glaubenslehren verknüpften. Denn: wie kann einer mit Grunde glauben, daß die Offenbarung von Gott komme, wenn er nicht vorher überführet ist, daß ein Gott sei?" – Andere Schriftsteller, die sich für die „natürliche Religion" einsetzten, waren: Joh. Christian Edelmann, Die Göttlichkeit der Vernunft. (Berleburg 1741.) – Joh. Wilh. Hecker, Die Religion der Vernunft. Bln. 1752. – Christian Friedrich Polz, Natürliche Gottesgelehrsamkeit. Jena 1772. – Moses Mendelssohn, Jerusalem. 1783. – Karl Heinrich Heydenreich, Betrachtungen über die Philosophie der natürlichen Religion. 2 Bde. Lpz. 1790–91. – Dazu kamen Übersetzungen englischer deistischer Schriften. – Gegen diese Richtung wandten sich dann orthodoxe Geistliche. Ein Werk gegen das Freidenkertum ist: Joh. Anton Trinius, Freidenkerlexikon. Bernburg 1759–65. Gegen die Theorie der natürlichen Religion richten sich auch J. G. Hamanns Schriften „Hierophantische Briefe", 1775, und „Golgatha und Scheblimini", 1784. (Werke, hrsg. v. Nadler, Bd. 3, 1951, S. 135–167; 291–320.) – Der Gedanke der natürlichen Religion wurde weiterentwikkelt durch Lessing in seiner „Erziehung des Menschengeschlechts", 1780, dichterisch ausgesprochen im „Nathan", 1779 (weitere Schriften Lessings über dieses Thema erschienen aus dem Nachlaß), und fand einen Höhepunkt in Kants Schrift „Die Religion innerhalb der Grenzen der bloßen Vernunft", 1793, an welchen dann Ludwig Heinrich Jakob, Die allgemeine Religion, Halle 1797, anknüpfte. – Schleiermacher und die protestantische Theologie seiner Zeit war der Meinung, die „natürliche Religion" sei eine Konstruktion der Aufklärer, die dabei oft Religion und Moral verwechselt hätten. – Vgl. 334,18 u. Anmkg. – Hermann Hettner, Gesch. d. dt. Lit. im 18. Jahrh. 1862–70. (Neudruck 1929.) – Karl Mönckeberg, H. S. Reimarus und J. Chr. Edelmann. Hamburg 1867. – Leopold Zscharnack, Lessing und Semler. Gießen 1905. – W. Dilthey, Gesammelte Schriften, Bd. 2, 3. Aufl. 1923, S. 106f.; 246ff. u. ö.; und Bd. 3, Lpz. u. Bln. 1927. – Karl Aner, Die Theologie der Lessingzeit. Halle 1929. (VIII, 376 S.) – RGG 4, 1930, S. 423–425, Art. „Natürliche Religion". – Ernst Cassirer, Die Philosophie der Aufklärung. Tüb. 1932. – Walter Nigg, Gesch. des religiösen Liberalismus. Zürich u. Lpz. 1937.

274,24f. *Profanskribenten*: weltliche Schriftsteller (im Gegensatz zu den geistlichen).

274,33f. *die Bibel ... angegriffen.* Bei den *Engländern*, welche Goethe (der zeitlichen Folge gemäß) zuerst nennt, ist zu denken an Deisten und Freidenker wie Tindal, Bolingbroke und William Whiston, bei den *Franzosen* an die Enzyklopädisten, Voltaire, la Mettrie usw., bei den *Deutschen* an die Schriften von Joh. Chr. Edelmann und die von Reimarus, welche Lessing 1774 als „Wolfenbütteler Fragmente eines Ungenannten" herausgab. – Dazu: Chr. Wilh. Franz Walch, Neueste Religionsgeschichte. Bd. 2. Lemgo 1772. S. 1–54: Neueste Geschichte des Unglaubens unter den Christen.

275,17. *Michaelis*: vgl. 241,17 u. Anmkg.

275,27. *historisch-kritische Ansicht.* Arbeiten in dieser Richtung verfaßten Michaelis, Semler u. a. Liebholdts Verzeichnis nennt den 1. Teil von: Joh. Salomo Semler, Abhandlung von freier Untersuchung des Kanons. 4 Bde. 1771–1774. Eine Anspielung darauf findet sich in *Werther* (Bd. 6, S. 81,14ff. und die Anmkg.). Später hat Goethe selbst in diesem Sinne gearbeitet in seinem Aufsatz *Israel in der Wüste,* der 1797 entstand und erst 1819 im *West-östlichen Divan* zum Druck kam. (Bd. 2, S. 207–225.) Goethe besaß: Biblisches Real-Lexikon über ... alte Geschichte, Erdbeschreibung, Zeitrechnung, Altertümer. Hrsg. v. Hezel. 4 Bde. Prag 1787. Erwähnt im Tagebuch 3. und 5. 7. 1811. (Noch unter seinen Büchern in Weimar, Goethehaus.) – Leopold Zscharnack, Lessing und Semler. Gießen 1905. (VIII,388 S.) Insbes. S. 90ff.

275,38. *Bengel,* Joh. Albrecht, 1687–1752, schwäbischer Pietist; in seiner Exegese vornehmlich Eschatologe; er schuf als Bibelphilologe die erste kritische Handausgabe des Neuen Testaments. – Hirsching 1, 1794, S. 218.226. – RGG. – NDB 2, 1955. – Hartmut Lehmann, Pietismus und weltliche Ordnung in Württemberg. Stuttg. 1969. S. 69–75 u. ö.

276,12. *Crusius,* Christian August, 1712–1775, seit 1757 ordentlicher Professor der Theologie an der Universität Leipzig. – H. Hoffmann in RGG 1, 1927, S. 1749f.: „Als Philosoph Gegner Christian Wolffs, demgegenüber er Erfahrung und Willen würdigte und dessen Satz vom zureichenden Grunde und ontologischen Gottesbeweis er bestritt. Als Theologe isolierter Vertreter einer an Coccejus und Bengel anknüpfenden ‚prophetischen Theologie', die besonders auf Grund der Apokalypse die Geheimnisse der göttlichen Reichsgeschichte bis zur Endvollendung zu enthüllen suchte, an den realistisch-leiblichen Vorstellungen der Bibel entschieden festhielt und eine 2000jährige Verwirklichung des Reiches Gottes auf Erden erwartete. Sein Gegensatz zur aufgeklärten Bibelauffassung seines Kollegen Ernesti führte zur Parteiung der ‚Crusianer' und ‚Ernestianer', die Goethe als Leipziger Student miterlebte." – ADB 4, 1876, S. 630f.; 5, 1877, S. 795. – Heinz Heimsoeth, Metaphysik und Kritik bei Chr. A. Crusius. Berlin 1926. (= Schr. d. Königsberger gel. Ges., Geisteswiss. Kl., 3. Jahrg., H. 3.) – Max Wundt, Die dt.

Schulphilosophie im Zeitalter der Aufklärung. Tüb. 1945. (= Heidelbg. Abhandlg. z. Philos., 32.) S. 254–264. – NDB 3, S. 432f.

276,18. *Ernesti,* Joh. August, 1707–1781, Professor für Theologie an der Universität Leipzig. Vgl. 241,34 und 256,36 u. Anmkg. – H. Hoffmann in RGG 2, 1928, S. 287f.: „Sein Hauptverdienst als Theologe: Die Aufstellung und Durchführung des Prinzips, daß die Bibel wie jedes andere Buch nach philologischer Methode zu erklären sei. Trotzdem nahm Ernesti dem Dogma gegenüber eine noch ziemlich konservative Stellung ein." – Realenzyklopädie f. protest. Theol., 3. Aufl., Bd. 5, 1898, S. 469–474.

276,30. *Jerusalem,* Joh. Friedr. Wilhelm, 1709–1789, bekannter protestantischer Theolog. „Ein Geistesverwandter Mosheims, bemüht er sich in der Predigt um anziehende Form des Ausdrucks, um psychologische Einstellung auf den Hörer, um Klarheit und Durchsichtigkeit der Gedanken." (Uckeley in RGG 3, 1929, S. 93.) – NDB 10, 1974, S. 415f.

276,30. *Zollikofer,* Georg Joachim, 1730–1788, aus St. Gallen, seit 1758 Prediger bei der reformierten Gemeinde in Leipzig. – RGG 5, 1931, S. 2132.

276,30. *Spalding,* Joh. Joachim, 1714–1804, Theolog und Moralphilosoph, seit 1764 Propst und Oberkonsistorialrat in Berlin, vertrat eine maßvolle Verbindung des Protestantismus mit dem aufklärerischen Gedanken der „natürlichen Religion". – RGG 5, 1931, S. 666.

277,1. *Tissot,* Simon-André, 1728–1797, Schweizer Arzt, Verfasser populärwissenschaftlich-medizinischer Schriften in französischer Sprache, die meist auch alsbald in deutschen Übersetzungen erschienen; setzte sich für die Pockenimpfung ein. – Biogr. Lexikon der hervorragenden Ärzte, 2. Aufl., Bd. 5, Bln. u. Wien 1934, S. 594f.

277,3. *Haller,* Albrecht v., 1708–1777. Vgl. 257,15 u. Anmkg. und 397,33 sowie Bd. 10, S. 67,10f.; ferner Bd. 13, S. 32,32. – Biogr. Lex. d. hervorragenden Ärzte, 2. Aufl., Bd. 3, Bln. u. Wien 1931, S. 33–35. – Stephen d'Irsay, A. v. Haller, Lpz. 1930. = Arbeiten d. Instituts f. Gesch. d. Med. an d. Univ. Leipzig, Bd. 1. – NDB 7, 1966, S. 541–548.

277,4. *Unzer,* Joh. August, 1727–1799, Arzt in Hamburg, Herausgeber der Zeitschrift „Der Arzt". – Biogr. Lex. d. hervorr. Ärzte, 2. Aufl., Bd. 5, Bln. u. Wien 1934, S. 680.

277,4. *Zimmermann,* Johann Georg, 1728–1795, lebte 1754–1768 in Brugg im Kanton Bern, seit 1768 in Hannover als sehr angesehener Arzt und Schriftsteller. – Vgl. Bd. 10, S. 63, 24–68, 10. – KDN 73, S. 331–501. – Lex. d. hervorrag. Ärzte 5, 1934, S. 1042f. – Jördens Bd. 5, S. 632–658.

277, 12. *Expeditionen*: schriftliche Ausfertigungen, Schriftsätze, Briefe.

277, 13. *unmittelbaren Ritters.* Neben den zahlreichen kleinen Fürsten gab es im Deutschen Reich Ritter, die „reichsunmittelbar" waren; sie unterstanden dem

„Reichs-Hofrat" in Wien, nicht unmittelbar dem Kaiser. – Vgl. Bd. 7, S. 66,7 u. Anm.

277,14. *barock*: vgl. 124,15; 299,6; 309,34.

277,19. *Moser*: vgl. 79,1–37 und die Anmerkungen, insbes. zu 79,28f.

277,20. *Pütter*, Joh. Stephan, 1725–1807, bedeutendster Staatsrechtler der Zeit, Professor in Göttingen. – Unter den Büchern von Goethes Vater befand sich: Pütter, Anleitung zur iuristischen Praxis. 2 Bde. Gött. 1765. (Götting, Bibl. S. 59.) Goethe besuchte Pütter, als er 1801 in Göttingen war (Tagebuch 7. 6. 1801 und 14. 8. 1801); er las in dieser Zeit Pütters „Versuch einer akademischen Gelehrten-Geschichte von der Universität zu Göttingen". Unter Goethes Büchern, die noch heute im Weimarer Goethehaus stehn, befindet sich: Pütter, Elementa iuris publici Germanici. Goettingae 1754. (XXIV,388 S.) – ADB 26, 1888, S. 749–777.

277,25f. *Mendelssohn*, Moses, 1729–1798, Popularphilosoph, arbeitete mit an Nicolais „Bibliothek der Schönen Wissenschaften" und Lessings „Literaturbriefen" (vgl. 277,35ff. u. Anmkg.) und trat seit 1755 mit eigenen Schriften hervor; „Phaidon oder die Unsterblichkeit der Seele", 1767, machte ihn rasch weit über Deutschland hinaus bekannt. – Vgl. Bd. 10, S. 49,10. – Jördens 3, 1808, S. 517–556. – ADB 21, 1885, S. 316–324. – KDN 73, S. 209–329. – Jüdisches Lexikon, Bd. 4, Bln. (1930), S. 95–103.

277,26. *Garve*, Christian, 1742–1798, philosophischer Schriftsteller, der Probleme des Lebens behandelte und durch seine klare verständliche Sprache breiten Kreisen zugänglich war. Er wurde zuerst bekannt durch seine Übersetzung von Fergusons „Moralphilosophie" und die Ergänzungen, welche er dieser beifügte, 1772. – Vgl. Bd. 1, S. 214, Nr. 42; Bd. 11, S. 345,23. – ADB 8, 1878, S. 385–392.– NDB 6, 1964, S. 77f. – Garve, Popularphilosophische Schriften. 2 Bde. Hrsg. von Kurt Wölfel. Stuttg. 1974.

277,35ff. *„Literaturbriefe"* ... Die „Briefe, die neueste Literatur betreffend" wurden 1759–65 herausgegeben von Lessing, Mendelssohn und Nicolai. Die *„Allgemeine deutsche Bibliothek"*, herausgegeben von Fr. Nicolai, erschien von 1765 bis 1805 und brachte Rezensionen über deutsche Bücher aus allen Gebieten. Die *„Bibliothek der schönen Wissenschaften"* wurde 1757 durch Fr. Nicolai begründet, eine Zeitschrift mit Aufsätzen über Literatur, Kunst und Wissenschaft. 1765 übergab Nicolai, der sich jetzt seiner neugegründeten „Allg. dt. Bibliothek" widmen wollte, die Schriftleitung an Chr. F. Weiße, der Titel wurde verändert in „Neue Bibliothek der schönen Wissenschaften"; der letzte Jahrgang erschien 1806. – Erich Schmidt, Lessing. 4. Aufl. Bd. 1. Bln. 1923. S. 389–418. – H. Hettner, Gesch. d. dt. Lit. im 18. Jh. Hrsg. v. G. Witkowski. Bln. 1929. Bd. 2, S. 113–127. (Kap. „Fr. Nicolai u. seine

Zeitschriften".) – Goethes Tagebuch verzeichnet am 27. 10. 1810: *Auf die Bibliothek wegen der deutschen Literatur von 1770 an.* Vom folgenden Tage an notiert er dann eine Woche lang täglich: *Allgemeine deutsche Bibliothek.* (28. 10.–3. 11. 1810.) Er hat also dieses Werk ausführlich durchgesehn, um sich den Gang der Literatur zu vergegenwärtigen. Vgl. 271,24f. u. Anm. und 354,16f. u. Anmkg.

278,7. *Kleist,* Ewald Christian v., 1715–1759, bekannt durch sein Gedicht „Der Frühling", 1749. – Goethe entlieh 12. 11. 1811–8. 2. 1812 drei Kleist-Ausgaben: Sämtliche Werke. 2 Bde. Bln. 1760. – Dass., 3. Aufl. Bln. 1771. – Sämtliche Werke. Nebst des Dichters Leben und seinen Briefen an Gleim. Hrsg. von W. Körte. 2 Bde. Bln. 1803. – Neudruck der wichtigsten Werke: KDN 45,2, S. 103–198.

278,21f. *Apels Garten* ...: von einem Privatmann, dem Handelsherrn Apel, angelegter Park, öffentlich zugänglich, in der Gegend der heutigen Dorotheen- und Promenaden-Straße. Auch andere reiche Kaufleute hatten ähnliche Parkanlagen geschaffen. – Julius Vogel, Goethes Leipziger Studentenjahre. 1909. S. 34. – Morris 1, S. 115f.

279,29f. *die Taten des Siebenjährigen Kriegs* ...: Der Siebenjährige Krieg im Spiegel der zeitgenöss. Lit. Hrsg. v. F. Brüggemann. Lpz. 1935. = Dt. Lit., Reihe „Aufklärung", Bd. 9. (303 S.)

280,3. *Die „Kriegslieder"* ... Gleim veröffentlichte 1758 „Preußische Kriegslieder in den Feldzügen 1756 und 1757 von einem Grenadier". – Neudr.: KDN 45,1, S. 241–287. – Vgl. 400,1–27 u. Anmkg.

280,10. *Ramler,* Karl Wilhelm, 1725–1798, aus Kolberg stammend, lebte in Berlin und besang mehrfach Friedrich d. Gr. Seine Oden erschienen in Zeitschriften und Einzeldrucken seit 1759, gesammelt erstmalig 1767. Sie verbinden Horazische Odenform mit preußisch-patriotischem Geist, sind also eine Art preußischer Klassizismus, hierin vergleichbar den Bauten von Knobelsdorff und Langhans. – Liebholdts Verzeichnis nennt: Ramler, Oden. Bln. 1767. – Jördens 4, 1809, S. 262–307. – ADB 27, 1888, S. 213–215. – KDN 45,2, S. 199–284.

281,21. *Lessing.* „Minna von Barnhelm" erschien zu Ostern 1767 im Druck, als Goethe in Leipzig war, und wurde am 18. November in Leipzig auf dem Theater erfolgreich gespielt. Das Stück war für die damalige junge Generation ein großer Eindruck. Im Winter 1767/68 übte man in privatem Kreise eine Liebhaberaufführung ein, bei der Goethe mitwirkte. Morris Bd. 1; Fischer-Lamberg Bd. 1. – Erich Schmidt, Lessing. Bd. 1. 4. Aufl. Bln. 1923. Insbes. S. 467. – Julius Petersen, Goethe und Lessing. Euphorion 30, 1928, S. 175–188. Wiederholt in: J. Petersen, Aus der Goethezeit, Lpz. 1932. S. 1–18.

282,8. *desultorisch* = flüchtig, sprunghaft (von „desultare").

283,5f. *gewisse kleine Gedichte* ... Vgl. Bd. 1, S. 14–20.

283,16f. *aus einem Extrem in das andere.* Goethe denkt im Blick auf seine Jugend vermutlich an Dichtung und Jurastudium, Geselligkeit und Einsamkeit, Anpassung und Eigenwillen; im Blick auf spätere Jahre an Glaube und Skepsis, Plage und Behaglichkeit, lyrische Stimmung und pedantischen Sammlergeist, Vernunft und Gefühl, Dichtung und Naturwissenschaft, Charlotte v. Stein und Christiane Vulpius, Stil der *Iphigenie* und Stil des *Wilhelm Meister.* Seine Leistung bestand darin, die Neigung zu den *Extremen* sich bewußt zu machen und den Ausgleich zu finden. Es ist beachtenswert, daß dieser (selten zitierte) Satz unmittelbar vor dem viel zitierten von der *großen Konfession* steht.

283,18. *Konfession.* Zum Wortgebrauch eine Vergleichsstelle 175,8; zum Inhaltlichen 541,27f.

283,21. *Ännchen* (Annette): Kätchen Schönkopf. Vgl. 269,8ff.; 279,4f. – Julius Vogel, Käthchen Schönkopf, Lpz. 1920. (XII, 120 S.) – Briefe HA, Bd. 4, Register.

283,35. *Zachariae,* Justus Friedr. Wilhelm, 1726–1777. Vgl. 237,35 und 252,37 u. die Anmerkungen.

283,36. „*Herzog Michel*", ein Lustspiel von Joh. Christian *Krüger,* der, 1722 in Berlin geboren, 1742 in Schönemanns Schauspieltruppe eintrat und mit 28 Jahren 1750 starb. In diesem Jahre wurde „Herzog Michel" zum ersten Mal gespielt. Der leicht aufführbare, naiv-lustige Einakter blieb längere Zeit sehr beliebt. Der Bauernbursch Michel hat eine Nachtigall gefangen und malt sich und seinem Hannchen aus, er werde sie teuer verkaufen und den Erlös so gut anwenden, daß er nach und nach immer höher komme und zum Schluß Herzog werde. Hannchen findet das allzu phantastisch, und als er ihr für ihren lustigen Spott eine Ohrfeige geben will, fliegt ihm die Nachtigall fort; Hannchens Realismus behält den Sieg, und Michel will nun mit ihr zusammen Bauer bleiben. – W. Wittekindt, J. Chr. Krüger. Bln. 1898. – Karl Holl, Gesch. des dt. Lustspiels. Lpz. 1923. – Das dt. Drama. Hrsg. v. R. F. Arnold. München 1925.

285,13f. *seltsame Irrgänge ... die bürgerliche Sozietät unterminiert.* 15 Jahre nachdem diese Partie geschrieben war, sagt Goethe in einem Brief an Zelter vom 6. 11. 1827: *In meiner Biographie muß eine Stelle vorkommen, wo ich ausspreche, welche bange Wirkung mir, dem Jüngling, die Entdeckung solcher unterschwornen und übertünchten Familienverhältnisse gemacht; Du hast ganz recht, daß solcher Art manches im Finstern dahinschleicht, bis einmal der Zufall ... das Ungebührliche ans Licht schleppt.*

286,39. *Beaumarchais,* Pierre Augustin Caron de, 1723–1799, schrieb die Lustspiele „Le Barbier de Séville" 1772 und „Le mariage de Figaro" 1781, die beide später als Operntexte Berühmtheit erlangten. Vgl. Bd. 10, S. 71,9f.

287,7. *„Der Wasserträger“*, Oper von Cherubini, Text („Les deux journées“) von Bouilly, 1800 entstanden, wurde seit dem 17. 12. 1803 in Weimar wiederholt aufgeführt. Eine Lieblingsoper Goethes, die er in vielen Aufführungen besucht hat; im Tagebuch erwähnt am 26. 12. 1803; 22. 1. 1806; 14. 2. 1807; 21. 9. 1807; 17. 6. 1809; 3. 3. 1810; 15. 4. 1811; 8. 2. 1812; 11. 4. 1812 u. ö. – C. A. H. Burkhardt, Das Repertoire des Weimarischen Theaters unter Goethes Leitung 1791–1817. Hbg. u. Lpz. 1891. = Theatergesch. Forschungen, 1. S. 119.

288,18. *Beichtvater.* Die Privatbeichte war in der Reformation nicht abgeschafft, sie kam bei den Lutheranern und Calvinisten erst am Ende des 18. Jahrhunderts ab. Wie die Beichte in Frankfurt zur Zeit von Goethes Jugend gehandhabt wurde, berichtet er 292,24–293,33. – Johann Philipp Fresenius (vgl. 143,33 u. Anmkg.), Beicht- und Communion-Buch. Frankf. 1746. Neue Auflagen 1748, 1753, 1758, 1762. (718 S. und 14 S. Register.) – Das Problem der Abschaffung der Beichte bei den Protestanten wurde im ausgehenden 18. Jahrhundert viel diskutiert, z.B. in den Schriften von G. A. Will, C. F. Rotscher, J. O. Thieß, G. Merkel u. a. Eine Aufzählung von Schriften darüber gibt: K. G. Bretschneider, Versuch einer systematischen Entwicklung aller in der Dogmatik vorkommenden Begriffe. Lpz. 1805. S. 474f. – Die Stadt Goethes. Hrsg. v. H. Voelcker. Frankf. 1932. S. 134 und 139. – Erich Roth, Die Privatbeichte und Schlüsselgewalt in der Theologie der Reformatoren. Gütersloh 1952. – A. Tholuck, Das kirchl. Leben des 17. Jahrhunderts. Bln. 1862. Bd. 1, S. 160–168; Bd. 2, S. 120–125. – GJb. 11, 1890, S. 164. – Goethe-Handbuch 1, 1961, Art. „Beichte“, Sp. 974–977.

289,20. *Akkommodation* = Anpassung, Anbequemung. – In der Neologie, d.h. der rationalistischen protestantischen Theologie des 18. Jahrhunderts, ein terminus technicus für die Anpassung der göttlichen Wahrheit an die individuell und geschichtlich beschränkte menschliche Verstehenskraft. – L. Zscharnack, Lessing und Semler. Gießen 1905. S. 128f., 181f., 328f., 385. – K. G. Bretschneider, Versuch einer Entwicklung aller in der Dogmatik vorkommenden Begriffe. Lpz. 1805. – RGG.

289,30. *Sakrament.* An die Äußerung über den Protestantismus (289,7–12) schließt dann im folgenden Abschnitt die Ausführung über die katholischen Sakramente an (289,33–292,18), und zwar über Ehe (289,33ff.), Taufe (289,36ff.), Firmung (290,3ff.), Beichte und Buße (290,9ff.), Eucharistie (290,23ff.), letzte Ölung (291,6ff.) und Priesterweihe (291,30ff.). Das Wesen der katholischen Kirche hat Goethe in seiner Leipziger Zeit wohl kaum beschäftigt. Daß er dieses Thema hier behandelt, ist begründet in seinem Interesse zu der Zeit, als er *Dichtung und Wahrheit* schrieb. Als er in seiner Jugend in Frankfurt war – nach dem Aufenthalt in Leipzig und nach der Zeit in Straßburg –, kam er mit

Frankfurter Katholiken in Berührung – Stiftsdechant Damian du Meiz, Maximiliane Brentano geb. La Roche u. a. – und ließ sich von ihnen manches von ihrer Kirche und kirchlichen Gebräuchen erklären. Sein *Brief des Pastors zu**** zeigt Achtung vor der katholischen Sakramentenlehre (Bd. 12, S. 233,39ff.). In Weimar war er der alten Kirche fern (außer gelegentlichen Beziehungen nach Erfurt), mitunter äußert er sich aber interessiert (so am 26. 7. 1782 an Johannes v. Müller auf Grund von dessen Buch „Reisen der Päpste"). In Italien wird er im allgemeinen nur das Äußerliche der Kirche gewahr (Bd. 11, S. 11, 65, 115f., 123, 127, 156, 162, 462ff., 530f.). In der Folgezeit steht er ihr so fern wie nie vorher und nachher. Der Besuch in Münster 1792 bringt ihn einem gebildeten katholischen Kreise nahe, der nicht so stark aufklärerisch bestimmt ist wie der Karl Theodor v. Dalbergs in Erfurt. Er spürt hier, daß die Kirche nicht etwas Mittelalterliches sei, das äußerlich noch da ist, sondern etwas Gegenwärtiges und Zukünftiges; er sieht, daß nicht nur die unteren Stände fest in ihr stehen, sondern auch Gebildete. Als nach dem Beginn der Französischen Revolution Geistliche und Aristokraten um ihres Glaubens willen Frankreich verließen, lernte man in Deutschland ernste und fromme französische Katholiken kennen; vorher waren aus Frankreich vorwiegend kirchlich abständige Aufklärer gekommen wie der Abbé Raynal, der wegen seiner Kirchenfeindlichkeit Frankreich verlassen mußte und sich 1782 in Weimar aufhielt. Als dann im Jahre 1800 Goethes alter Jugendfreund Friedrich Leopold Graf Stolberg zur katholischen Kirche übertrat, sprach man in ganz Deutschland über diesen Schritt. Damals war eine Konversion etwas durchaus Ungewöhnliches. Doch nun begann die Bewegung der Romantik, und es folgten zahlreiche Konversionen: Adam Müller 1805, Gottlob Albrecht Karl v. Hardenberg (pseud. Rostorf) 1807, Friedrich Schlegel 1808, Philipp Veit 1810, Zacharias Werner 1811 usw. Mit vielen Konvertiten war Goethe persönlich bekannt. Im Sommer 1812, als er das *7. Buch* fertig machte, war er in Karlsbad mit dem Grafen Stolberg zusammen. Was diesen zur alten Kirche geführt hatte, waren großenteils gerade die Sakramente. Die vielfache Wendung zur katholischen Kirche, die mit der romantischen Wendung zum Mittelalter in Beziehung stand, regte Goethe an, neu über die Kirche nachzudenken. Der junge Voß berichtet in einem Brief an Solger am 24. 2. 1805: „Bei der Gelegenheit hielt er ein schönes Gespräch über die Vorzüge und Nachteile der katholischen und protestantischen Religion ... Die Ohrenbeichte hätte dem Menschen nie sollen genommen werden." (Heinrich Voß, Goethe und Schiller in persönlichem Verkehr. Hrsg. v. Georg Berlitt. Stuttg. 1895. S. 146. Bericht über ein Gespräch vom 8. 2. 1805 in einem Brief an Solger vom 24. 2. 1805.) Vom 3. bis zum 11. Mai 1811 war Sulpiz Boisserée bei Goethe, und am 8. 6. schrieb Goethe an Reinhard: *Mit*

Herrn Sulpice selbst habe ich mich sehr wohl vertragen ... aber das will ich noch hinzufügen, daß er als Katholik mir sehr wohlgefallen hat; ja ich hätte gewünscht, noch genauer einzusehen, wie gewisse Dinge bei ihm zusammenhangen. – Goethe entlieh vom 23. März bis 14. April 1811: Chateaubriand, Génie du christianisme. Bd. 1–5. Lyon 1809. (Keudell Nr. 770) Der Brief an Knebel vom 25. März teilt mit: *Nun habe ich mich an Chateaubriand, „Génie du Christianisme" gemacht.* Das Tagebuch vermerkt die Lektüre am 26., 27., 28., 30. März und 1., 4., 6., 8. April. Dieses Werk handelt ausführlich über die Sakramente, die Kapitel darüber stehen in Band 1, den Goethe sicherlich gelesen hat. Das Tagebuch berichtet gerade zu dieser Zeit über Arbeit an *DuW*, insbesondere an dem *7. Buch.* – In diese Zeit und die vorhergehende Epoche fällt auch die ausführliche Beschäftigung mit Calderon. Katholische Kirchenmusik hatte Goethe schon in Rom mit Aufmerksamkeit gehört, und in Weimar notiert er mehrmals im Tagebuch, er habe sich Messen von Righini und Jomelli vorsingen lassen. (27. 12. 1810; 3. 1. 1811; 6. 1. 1811.) Am 9. Juli 1812 in Karlsbad verzeichnet das Tagebuch: *Mit Fürst Lichtenstein* (einem der vielen katholischen Aristokraten, mit denen Goethe dort verkehrte) *auf der Wiese. Über die neuere Lust der Protestanten zum Katholizismus überzugehn.* Und am 5. September – immer noch in Karlsbad –: *Über die Messe der Katholiken.* Dann am 14. September, auf der Rückreise aus Karlsbad: *Über die katholische Religion.* Anscheinend handelt es sich um Lektüre und Gespräche. – Obgleich in einer lutherischen Umgebung aufgewachsen, hatte Goethe von Jugend an eine gewisse Möglichkeit, etwas über die katholische Kirche zu erfahren durch die Vielseitigkeit der väterlichen Bibliothek. Liebholdts Verzeichnis nennt: Biblia Sacra Vulgatae Editionis. Lugduni 1613. – Georg Witzel, Chorus sanctorum omnium. Zwelff Bücher Historien aller Heiligen Gottes. Cölln 1554. (8 Bl., 734 S., 4°.) Dieses Werk behandelt 643 Heilige, nach dem Kirchenjahr geordnet. Es erzählt kurz, in der Art alter Legendenbücher. Am Schluß ein Namenregister. – Catholischer Catechismus. 1748. – Ferner sind verzeichnet: 3 Ausgaben des Thomas a Kempis, darunter eine deutsche; 2 Schriften über die Santa casa zu Loreto; der Herr Rat war 1740 dort gewesen und hatte sich die Schriften dort gekauft. Schließlich: Méditations Chrétiennes au retraite annuelle. Vienne 1764. (Götting, Bibl. S. 38.) – Von diesen Büchern hat Goethe 1794 die Vulgata-Ausgabe von 1613 übernommen; sie stand fortan bis zu seinem Tode auf seinem Schreibtisch. Ferner übernahm er das prächtig gedruckte alte Werk von Witzel. Beide befinden sich noch heute unter seinen Büchern in Weimar. Hierzu kommen nun in Goethes Bibliothek weitere (nicht aus Frankfurt übernommene) Werke, die sich noch heute im Weimarer Goethehaus befinden: Katechismus zum Gebrauch für alle Kirchen des Französischen Reiches.

Aus dem Französ. übers. von A. F. Marx. Lpz. 1807. (XVI, 199 S.) Es ist der katholische Katechismus, der 1806 durch Napoleon eingeführt wurde. Die Übersetzung stammt von A. Friedrich Marx, der protestantischer Pfarrer in Liebertwolkwitz bei Leipzig war. (S. 113–163 handeln von den Sakramenten.) – Officium beatae Virginis. o. O. u. J. (XXXI,480 S.) – Officium hebdomae sanctae secundum Missale et Breviarium Romanum. Venetiis 1784. (416 S.) – Lucerna mystica pro directoribus animarum ... auctore Josepho Lopez Ezquerra presbytero Cantabro Aesopolensi. Venetiis 1745. (XX,282 S.) – Sodann hat Goethe Werke dieses Gebiets aus der Weimarer Bibliothek entliehen. Am 9. 7. 1799: Acta Sanctorum Martii. A Joanne Bollando ... Bd. 3. Venetiis 1736. – Am 17. 5. 1800: Missale Romanum ... Antverpiae 1725. – Breviarium Romanum ... Venetiis 1646. – Rituum ecclesiasticorum sive sacrarum ceremoniarum S. S. Romanae ecclesiae libri III. Venetiis 1516. – Thesaurus sacrorum rituum seu commentaria in rubricos missalis et breviarii Romani. Auct. Barthol. Gavanto. 2 Bde. Lugd. Bat. 1669. – 23. 3. 1812: Chateaubriand, François Auguste, Génie du Christianisme. 5 Bde. Lyon 1809. – Es wäre einer besonderen Betrachtung wert, wie weit Goethe aus seiner Art heraus, das Göttliche im Irdischen zu suchen und nicht vom Wort her, sondern vom Symbol her religiös zu erleben, Sinn für das Sakramentale hat und in seiner Darstellung (289,33–292,18) das Gegebene versteht, es aber auch umwandelt und eigener Anschauung annähert. Historisch sehend muß man Goethes Bild nicht in erster Linie mit dem der Theologen nach dem Tridentinum oder dem heutiger Theologen vergleichen, sondern mit dem seiner Zeitgenossen, seien es aufklärerische Katholiken wie Dalberg, Beroldingen und Wessenberg, seien es Romantiker wie Boisserée und Stolberg. Aus den Gedankenkreisen des Jahres 1812 kam dieser Abschnitt zustande; es bleibt zu überlegen, warum er eben hier eingeordnet ist und wie er zu den übrigen religiösen Partien von *DuW* steht. Als der Band erschien, erregte die Stelle bei den Protestanten Verwunderung oder gar Entsetzen. Ein Beispiel ist der Briefwechsel zwischen Rochlitz und Böttiger. Böttiger schreibt am 1. Nov. 1812: „Natürlich liest auch hier jeder mit Heißhunger den 2. Teil von Goethe über sich. Man findet ihn gehaltreicher ... Aber man wünscht doch noch dies und jenes weg. Besonders sind einige Stellen über den Katholizismus anstößig, die gewiß sehr gemißbraucht werden." (GJb. 18, 1897, S. 153.) Rochlitz antwortet am 12. Nov. 1812: „Was Sie über Goethes Leben II sagen, stimmt fast gänzlich mit meinem Urteil zusammen – auch in Ansehung jener Stelle über den Katholizismus. Sie ist meiner Einsicht nach nicht einmal durchgehends wahr, und daß sie eben jetzt, eben von diesem Manne, eben so dreist und überraschend ausgesprochen worden, muß von vielen und auf Schwache von sehr üblen Folgen sein. Goethen war, wie ich gewiß weiß, schon vor dem Druck manche Vorstellung über diese Stelle gemacht worden, er hat sie alle zurückgewiesen, weil, wer einmal mit einem solchen Buche auftrete, auch alle seine Ansichten und Überzeugungen ohne Rücksicht auf irgend etwas außer der Sache selbst heraussagen müsse – jenes sei aber wirklich seine Überzeugung." (M. Mommsen, Die Entstehung von Goethes Werken 2,427.) Wie man auf katholischer Seite urteilte, zeigt ein Brief Sulpiz Boisserées an Goethe vom 20. 12. 1812: ,,Die wunderschöne Darstellung der Sakramente erregt allgemeine Bewunderung; obschon die Vorsteher beider Lehren, besonders die Protestanten in Rücksicht der Taufe natürlich manches einzuwenden haben, so ist jeder hingerissen von der tiefen Einsicht und dem schönen Gefühl, welches dem Wesentlichen und Ganzen zu Grunde liegt." (E. Firmenich-Richartz, Die Brüder Boisserée. I. S. 185.) – Als 1812 das *7. Buch* erschien, waren wesentliche Teile des *Faust*-Schlusses wohl schon geschrieben. Geschrieben war auch bereits – 1807 – die Novelle *Sankt Joseph der Zweite* (Bd. 8, S. 13–28). Ähnliche Bereiche berührte Goethe dann später mit seiner Übersetzung des ,,Veni creator spiritus", mit seinem *Sankt-Rochus-Fest zu Bingen* (Bd. 10) und mit dem Schluß des *Faust II*, den er im höchsten Alter fertig machte. – Aus *DuW* sind ferner folgende Stellen heranzuziehn: 53,24ff.; 145,20ff.; 234,21ff.; 497,19ff.; 558,35ff.; 586,15ff. – K. J. Obenauer, Goethe in seinem Verhältnis zur Religion. Jena 1921. Insbes. S. 155–164. – Friedrich Muckermann, Goethe. Bonn 1931. Neuausgabe: Luzern (1949). – Josef Bernhart, Goethe und die Katholische Welt. Frankfurter Hefte 4, 1949, S. 1060–1070. – Loeper in Hempels Ausg., Bd. 23, S. XIV und XXXV. – M. Mommsen, Die Entstehung von Goethes Werken. Bd. 2, 1958, S. 387, 415, 424, 425 u.ö. – Urteile von Zeitgenossen über Goethes Darstellung der Sakramente: Goethe in vertraulichen Briefen seiner Zeitgenossen. Bd. 2. 1803–1816. Hrsg. von Wilhelm Bode. Bln. 1921. S. 378–390. – Goethe-Handbuch 1, 1961, Art. ,,Chateaubriand" von A. Fuchs. – Goethe u. der Kreis von Münster. Hrsg. von W. Loos und E. Trunz. Münster 1971. 2. Aufl. 1974.

291,5. *erledigen* = ledig machen, befreien. – GWb. 2, Sp. 350.
293,1. *paralysiert* = gelähmt. Vgl. 252,1 und 579,31.

293,28. *die erste beste kurze Formel.* Beispiele enthält das zu Goethes Jugendzeit in Frankfurt verbreitete ,,Beicht- und Communion-Buch" von Joh. Phil. Fresenius. In der 5. Auflage, Frankf. u. Lpz. 1762, stehen sie S. 423–438. Ähnliches schon in Luthers Kleinem Katechismus. Neudruck: Die Bekenntnisschriften der ev.-luth. Kirche. Göttingen 1959. S. 518.

294,3. *Sünde in den heiligen Geist.* Das Dt. Wb. 4,2 bringt in Sp. 2101 eine Anzahl Beispiele für die Wendung „sündigen in den heiligen Geist" und läßt offen, ob das lateinische „in“ dabei nachwirkt. Bibelstellen: Matth. 12,31 f.; Markus 3,29 und Lukas 12,10.

294,6f. *Spruch, daß einer, der das Sakrament unwürdig genieße* ...: 1. Kor. 11,26–29. – Luther, Ein Sermon von dem hochwürdigen Sakrament des heiligen wahren Leichnams Christi. 1519. Abschnitt „Zum neunzehnten“. – Joh. Phil. Fresenius, Beicht- und Communion-Buch. Frankf. u. Lpz. 1762, Kap. III, § 10. (S. 147f.)

294,9. *Mittelzeit* = Mittelalter. Wie 36,4.

294,12. *was uns die Bibel von der Quelle erzählt* ... Düntzer, Meyer, Boucke u.a. verweisen auf 4. Mos. 5,17–28. – RGG „Segen und Fluch“.

294,37f. *Gellert ... eine Moral.* Nach Gellerts Tode erschienen seine „Moralischen Vorlesungen“ 1770 als Buch und auch innerhalb der „Sämtlichen Schriften“, 1769–1774.

296,15. *die Hand des Krieges schwer gefühlt.* Goethe kam im Herbst 1765 nach Leipzig. Von 1756 bis zum Februar 1763 hatte der Siebenjährige Krieg die Stadt schwer geschädigt. Friedrich II. hatte ihr sehr hohe Summen von „Kontributions“-Geld abgepreßt.

297,10. *Behrisch,* Ernst Wolfgang, 1738–1809, seit 1760 als Hofmeister in Leipzig. Vgl. Bd. 1, S. 21–24 u. Anmkg. – Wilhelm Hosäus, E. W. Behrisch. Dessau 1883. (58 S.) Auch in: Mitteil. d. Ver. f. Anhaltische Gesch. 1883. – NDB 2, 1955, S. 15f.

298,27. *ein allerliebstes Manuskript.* Goethe hatte, als er *DuW* schrieb, Behrischs Manuskript seit Jahrzehnten nicht gesehn und hielt es wohl für verloren. 1894 kam es aus dem Nachlaß Luise v. Göchhausens ans Licht, es befindet sich heute im Goethe-Archiv in Weimar. Und es zeigt: Goethes optisches Gedächtnis hat hier (wie so oft) die frühen Eindrücke genau aufbewahrt, und seine Erzählung im Alter bringt keine poetische Ausschmückung oder Übertreibung. – Morris 1, S. 212–237; 6, S. 32–38. – W.A. 37, 1896, S. 11–48 und 38, 1897, S. 216–218. – Fischer-Lamberg 1, S. 167–188 u. 470–474. – Die Handschrift *Annette. Leipzig 1767* erschien facsimiliert in Leipzig 1923 und 1965 (o.J. Lpz. u. Frankf.).

299,6. *barock*: vgl. 124,15; 277,14; 309,34.
299,8. *fratzenhaft*: vgl. 532,34; 585,13.

300,35. *Clodius,* Christian August, 1738–1784, wurde sehr jung 1760 außerordentlicher und 1764 ordentlicher Professor der Philosophie an der Universität Leipzig. Er war auch dichterisch tätig. 1767 erschien sein Schauspiel „Medon oder die Rache des Weisen“. – Jörgens 1, 1806, S. 318–328. – W. v..Biedermann, Goethe und Leipzig, 1865. – ADB 4, 1876, S. 334. – NDB 3, 1957, S. 292f. (Elschenbroich).

301,8f. *auf die Hochzeit meines Oheims ... ein Gedicht.* Vgl. 397,20f. u. Anmkg.

301,18. *Themis*: die Göttin des Rechts.

302,18. *Ramler*. Vgl. 270,7 u. Anmkg. und 280,10.

302,35. *in den Kohlgärten*: in Reudnitz bei Leipzig; dort hatte der Bäcker- und Konditormeister Hendel ein Gartenrestaurant.

303,1–18. *Päan* = Loblied, feierlicher Gesang. *Hymettus* = Berg bei Athen, berühmt durch seinen Honig. *Diadem* = Stirnreif der Könige, in der spätbarokken Metaphorik Emblem für Königtum, Herrschaft. *Kothurn* = antiker Bühnenschuh, Metapher für Tragödie, Schauspiel. *Katakombe* = Gruft, Grab. *Torus* = Ehebett. *Ballisten* = Schußwaffen, Wurfgeschütze.

304,18. *Cronegks und Rosts Angriffe*. Johann Friedrich v. Cronegk, 1731–1758, und Johann Christoph Rost, 1717–1765, hatten in den Jahren 1753 und 1754 in scherzhaften Spottgedichten Gottsched angegriffen. Gottsched hatte durch seine „Kritische Dichtkunst" 1730, „Erste Gründe der gesamten Weltweisheit" 1733–34, „Deutsche Sprachkunst" 1749 und andere Werke unbestreitbare Verdienste, aber er überschätzte seine Bedeutung und wollte das ganze literarische Leben regeln; er wetterte gegen Weißes Singspiel „Die verwandelten Weiber oder Der Teufel ist los" und gegen die Gattung des Singspiels überhaupt. Dadurch erschien er der jungen Generation als verknöcherter Pedant, und sie machte ihrem Ärger in Satiren Luft. – Über Cronegk: Jördens 1, 1806, S. 353–365. – Henriette Feuerbach, Uz und Cronegk. Lpz. 1866. – ADB 4, 1876, S. 608f. – Über Rost: ADB 29, 1889, S. 276–278. – Ferner: E. Reichel, Gottsched. 2 Bde. Bln. 1908–1912. – J. Minor, Chr. F. Weiße. Innsbruck 1880.

304,21. *Schuhu* (so auch Faust 3273) gleichbedeutend mit *Uhu* (*Götz* Bd. 4, S. 153,24). In *Faust* 3889 sogar beide Formen nebeneinander, klangmalend.

307,6f. *einen Offizier*. Das Motiv, daß der junge Mann, der in literarischen Dingen lebt, sich an einen Offizier wendet, der praktische Lebenserfahrungen besitzt, kehrt in anderer Form in der *Theatralischen Sendung* wieder im Zusammentreffen Wilhelm Meisters mit Herrn v. C.

307,38f. *Kunst- und Sammlungslust*. Das hier kurz aufklingende Motiv wird im folgenden Buche ausführlich durchgeführt: Besuch der Dresdener Sammlungen (320,15–324,15).

307,39. *Graf Brühl*, Heinrich, 1700–1763, sächsischer Minister. Unter seinem Einfluß entwickelten sich die Dresdener Kunstsammlungen und die Oper zu einer Höhe, daß sie Weltruf erhielten. – Otto Eduard Schmidt, Minister Graf Brühl und K. H. v. Heinecken. Lpz. 1921. (XVII, 387 S.) – NDB 2, 1955, S. 660–662.

Achtes Buch

Über die Entstehung berichtet das Tagebuch. 26. Febr. 1811: *Biographisches. Oeser.* 27. Febr.: *Biographisches. Breitkopf und Stock.* 1. März: *Biographisches. Krankheitszustand.* 7. März: *Biographisches. Rückkehr nach Frankfurt.* 8. März: *Biographisches. Frankfurter Aufenthalt. Chemie und Alchymie.* 9. März: *Biographisches. Mystisches Dogma.* 10. März: *Biographisches.* Am 20. April 1812 reiste Goethe nach Karlsbad, am 10. September kam er von dort zurück. 23. Mai 1812: *Schema zum Anfang des 8. Buchs.* 24. Mai: *Oeser und Umgebungen.* 26. Mai: *Im 8. Buch gelesen und darüber gedacht.* 13. Juni: *am 8. Buche gearbeitet.* 8. Juli: *Fortsetzung der Abschrift des 8. Buchs.* 9. Juli: *Zusammenhang des 8. Buchs.* 9. August: *8. Buch.* 10. August: *Das Paket mit dem 8. Buch an Frommann.*

Während im 7. *Buch* der Ausblick in die Welt vorwiegend auf das Literarische gerichtet ist, richtet er sich hier auf die bildende Kunst, später auf die pansophisch aufgefaßte Chemie. Aber der Jüngling, der dies alles in sich aufnimmt, ist gefährdet; die Mitte des Buches berichtet von einem *Blutsturz* als Höhepunkt einer Erkrankung, die mit dem psychophysischen Gesamtzustand zusammenhängt. Der 63jährige Verfasser spart keine Worte der Kritik; dergleichen geht zwar durch alle Bücher (etwa 198,38ff.; 267,12f.; 360,7), ist hier aber besonders stark. (312,34f. *Fleiß ... meine Sache nicht war*; 321,19 *vorlaut*; 327,39 *augenblickliche Albernheit*; 331,8f. *widerliche Launen*; 331,10 *krankhafter Widersinn*; 340,17 und 345,8 *Dünkel.*) Doch daß dieser Jüngling auch andere Eigenschaften gehabt haben muß, erahnt man aus der Treue, mit welcher ein Kreis von Kameraden an ihm hängt. Mit welcher Dankbarkeit spricht er 44 Jahre später von ihnen! So, als sei er nur der Nehmende gewesen. Doch der Leser meint, daß der Lebhafte, Vielbegabte wohl auch der Gebende gewesen sein muß. Nach der Ausweitung in die Welt bedeutet die Krankheit eine Zusammenziehung ins Ich. Jetzt tritt das religiöse Motiv wieder hervor; was Gellert nicht vermag, wird durch Langer lebendig gemacht und durch Susanne v. Klettenberg fortgeführt. Und dann gipfelt das Motiv in einem religiösen Abschnitt, der einerseits die Beziehung zu einer jahrhundertealten Überlieferung, andererseits die persönliche geistige Eigenart sehen läßt. Er steht im Zusammenhang der anderen großen – über das ganze Werk verteilten – religiösen Partien und ist als Buchschluß an eine betonte Stelle gerückt.

Julius Vogel, Goethes Leipziger Studentenjahre, 1899. 4. Aufl. 1923. (141 S.) – Hans v. Schubert, Goethes religiöse Jugendentwicklung. Lpz. 1925. (75 S.) – Johannes Jahn, Das künsterlische Leipzig und Goethe. (Jb.) Goethe 12, 1950, S. 32–52. – Wolfgang H. Veil, Goethe als Patient, 2. Aufl. Jena 1946 (303 S.) – Richard Kühn, Goethe, Eine medizinische Biographie. Stuttg. 1949. (60 S.) – Magdalena Oberhoffer, Goethes Krankengeschichte. Hannover 1949. (144 S.)

308,37 *Oeser*, Adam Friedrich, 1717–1799, seit 1759 in Leipzig und dort seit 1764 Direktor der Kunstakademie. Goethe war auch nach der Leipziger Zeit mit Oeser in Verbindung. 1780 kam Oeser zum Besuch nach Weimar und der Hofbildhauer Klauer stellte von ihm eine Porträtbüste her. – C. Justi, Winckelmann. 4. Aufl. Lpz. 1943. S. 384–394. – Karl Benyovszky, A. F. Oeser. Lpz. 1930. (80 S.) – Thieme-Becker 25, 1931, S. 571–573. – Arthur Rümann, A. F. Oeser. Bibliographie. Bln. 1931. = Berliner Bibliographien, 2. – Friedrich Schulze, A. F. Oeser. Lpz. 1944. (96 S., 15 Abb.)

309,11 f. *Schloß Pleißenburg*, im 16. Jahrhundert erbaut, 1898 abgebrochen. Abbildung des Schlosses im Zustand des 18. Jahrhunderts: Goethe und seine Welt. Hrsg. v. H. Wahl u. A. Kippenberg. Lpz. 1932. S. 19.

309,18. *Kornboden* = Bodenraum, wo das Korn lagert. Vgl. Bd. 4, S. 132,7. – Dt. Wb. 5, 1873, S. 1821.

309,31. *die Einfalt in allem*. Vgl. 325,22f.

309,34. *barock*. Vgl. 124,15; 277,14; 299,6.

310,3. *Regimentspersonen* = Personen, die an der staatlichen Regierung Anteil haben.

310,14. *Geyser*, Christian Gottlieb, 1742–1803, Oesers Schüler und später sein Schwiegersohn, Lehrer an der Leipziger Kunstakademie. Gegen Ende des Jahrhunderts ein gesuchter und sehr bekannter Reproduktions- und Illustrations-Stecher, der u. a. Stiche zu Werken Gellerts, Wielands und Goethes angefertigt hat. – W. v. Biedermann, Goethe und Leipzig. 1865. – Thieme-Becker 13, 1920, S. 514f.

310,20. *abbrevierende Manier*: ähnlich in Bd. 12, S. 94f. der Abschnitt über die Skizzisten.

311,8. Der *Vorhang* zu dem *neuen Theater* ist zwar selbst nicht erhalten; aber eine kleine Kopie davon, durch Oesers Schüler Weigend angefertigt, kam in die Leipziger Stadtbibliothek und ist abgebildet bei J. Vogel, Goethes Leipziger Studentenjahre, Lpz. 1909, S. 110. – Vgl. auch Anmkg. zu 315,3.

311,28. *Aushängebogen* = Korrekturbogen aus der Druckerei. „*Musarion*" von Wieland: vgl. 271,6ff.

313,1 f. *d'Argenville*, Antoine Joseph Dézallier, 1680–1765, „Abrégé de la vie des plus fameux peintres", Paris 1745, übersetzt von Joh. Jac. Volkmann: „Nachrichten aus dem Leben der berühmtesten Maler", Lpz. 1767–68. – Goethe entlieh die französische Ausgabe am 14. Sept. 1799 und 12. Nov. 1814 aus der Weimarer Bibliothek. – Thieme-Becker 9, 1913, S. 200. – Goethe-Handbuch 1, 1961, Sp. 362f.

313,5. *Portefeuille*: Mappe mit Kunstblättern. In den Sammlungen des 18. Jahrhunderts bewahrt man Radierungen, Holzschnitte, Zeichnungen und Aquarelle in großen Mappen auf.

313,12. *Gedicht zu den Kupfern und Zeichnungen.* Von Goethes Leipziger Gedichten, soweit sie uns überliefert sind, weiß ich keins auf ein bestimmtes Bild festzulegen. Doch ist es möglich, daß nähere Untersuchung des Bildmaterials solche Zuschreibung ergibt. – In späteren Jahren hat Goethe öfters Gedichte zu Bildern gemacht. Vgl. Bd. 1, S. 89, 339, 353, 368, 374–376.

313,22f. *Sammlung, welche Behrisch veranstaltet hatte.* Vgl. 298,16–39 u. die Anmkg.

313,33. *Caylus,* Anne Claude Philippe de Tubières, Comte de, 1692–1765, Kunstsammler, Archäologe und Kunstschriftsteller. Goethe entlieh sein Werk „Recueil d'antiquités égyptiennes, etrusques, grecques et romaines", 7 Bde., Paris 1752–1767, aus der Weimarer Bibliothek im September 1803. – Hirsching, Histor.-literar. Handbuch 1, 1794, S. 167–173. – Thieme-Becker 6, 1912, S. 241. – C. Justi, Winckelmann. 4. Aufl. Lpz. 1943. Bd. 1, S. 288–298. – Goethe-Handbuch 1, 1961, Sp. 1587ff.

313,36. *Christ,* Joh. Friedr., 1700–1756, seit 1734 Professor in Leipzig. Für seine Zeit ein bedeutender Archäologe, als solcher von Wirkung auf Heyne und Lessing. – C. Justi, Winckelmann, 4. Aufl. Lpz. 1943. Bd. 1, S. 418–425. – Thieme-Becker 6, S. 534. – (Jb.) Goethe 12, 1950, S. 33f. – NDB 3, S. 216f. – W. Waetzoldt, Dt. Kunsthistoriker. Bln. 1965.

313,39. *Heinecken,* Karl Heinrich v., 1706–1791, Direktor der Dresdener Galerie, Kunstschriftsteller. – C. Justi, Winckelmann. 4. Aufl. Lpz. 1943. Bd. 1, S. 325–330. – O. E. Schmidt, Minister Graf Brühl und K. H. v. Heinecken, Lpz. 1921. – Thieme-Becker 16, 1923, S. 291f.

314,5. *Lippert,* Philipp Daniel, 1702–1785, Aufseher der Antiken-Sammlung zu Dresden. Er förderte die Kunde von den antiken *Gemmen* (314,11), denen Goethe seit seiner italienischen Reise in wachsendem Maße Beachtung schenkte. – C. Justi, Winckelmann, 4. Aufl. Lpz. 1943. Bd. 1, S. 403–417. – Thieme-Becker 23, 1929, S. 268. – Vgl. auch Bd. 12, S. 107,16 u. Anmkg.

314,18f. *Winckelmanns ... erste Schriften.* Diese waren in der Zeit enger Beziehung zu Oeser entstanden und diesem darum besonders gegenwärtig. Goethe gab 1805 mit Meyer und Wolf den Band *Winckelmann und sein Jahrhundert* heraus (Bd. 12, S. 96–129 u. Anmkg.) und nahm tätigen Anteil an der großen Winckelmann-Ausgabe, welche Fernow, Heinrich Meyer und Joh. Schulze in 8 Bänden, Dresden 1808–1820, herausgaben. Ein Exemplar davon steht heute noch in seiner Bibliothek. Ihm war infolge seiner ausführlichen Winckelmann-Studien die Chronologie der Schriften geläufig. Zu den *ersten Schriften* gehören ,,Gedanken über die Nachahmung der griechischen Werke in der Malerei und Bildhauerkunst", 1755, ,,Von der Grazie in Werken der Kunst", 1759, ,,Erinnerung über die Betrachtung der Werke der Kunst", 1759, ,,Beschreibung des Torso im Belvedere zu Rom", 1759, ,,Sendschreiben von der Fähigkeit der Empfindung des Schönen in der Kunst", 1763, u. a. m. – Vgl. Bd. 12, S. 96–129 u. Anmkg.; ferner Bd. 11, S. 147,20ff. u. Anmkg.

314,38ff. *Huber*, Michael, 1727–1804, seit 1766 Lektor der französischen Sprache an der Universität Leipzig, mit dem Titel Professor; übersetzte Werke von Klopstock, Geßner, Gellert, Lessing u. a. ins Französische: ,,Choix de poésies Allemandes", 1766; schrieb auch kunstwissenschaftliche Werke. – ADB 13, 1881, S. 246–248 und 26, 1888, S. 828f.

315,3. *Kreuchauff*, Franz Wilhelm, 1727–1803, Kaufmann und Kupferstichsammler. Er verfaßte einen gedruckten Katalog der 628 Ölgemälde der Wincklerschen Sammlung: (anonym,) Historische Erklärung der Gemälde, welche Herr Gottfried Winckler in Leipzig gesammelt. Lpz. 1768. (XLVIII, 259 S.) In Goethes Bibliothek in Weimar befindet sich: (F. W. Kreuchauff,) Oesers neueste Allegoriegemälde. Lpz. 1782. (60 S.) – F. W. Kreuchauffs Schriften zur Leipziger Kunst 1768–1782. Lpz. 1899. = Leipziger Neudrucke, hrsg. v. G. Wustmann, Bd. 2. – W. v. Biedermann, Goethe und Leipzig. 1865. – J. Vogel, Goethes Leipziger Studentenjahre. 1909. S. 29. – J. Jahn in: (Jb.) Goethe 12, 1950, S. 43f.

315,4. *Kunstsozietät.* Das Wort kann einfach „Gemeinschaft derer, die sich hier mit Kunst befaßten" bedeuten, hat hier aber wohl einen speziellen Sinn: Es gab in Leipzig seit 1763 eine „Sozietät von Gelehrten, schönen Geistern, Künstlern und Kunstbeflissenen", die allwöchentlich in der Richterschen Sammlung zusammenkam; sie umfaßte ungefähr alle, die in Leipzig an bildender Kunst interessiert waren. Goethe scheint in diesen Kreis Aufnahme gefunden zu haben. Das geht aus seinen Briefen an Oeser hervor. – J. Jahn in: (Jb.) Goethe 12, 1950, S. 43f.

315,5. *Winkler*, Gottfried, 1731–1795, Bankier und Ratsbaumeister in Leipzig, Besitzer einer für einen Privatmann riesigen Sammlung von Stichen, Zeichnungen und Gemälden. Goethe hat sich für die Sammlung auch in späteren Jahren interessiert. Unter seinen Büchern befindet sich der Versteigerungskatalog von Winklers Sammlung von Kupferstichen, 1810 (Ruppert Nr. 2268), der Sammlung von Zeichnungen, 1815 (Ruppert Nr. 2295), und der Versteigerungskatalog von Winklers Gemäldesammlung, 1819 (Ruppert Nr. 2296). – W. v. Biedermann, Goethe und Leipzig. 1865. Bd. 1, S. 184. – J. Vogel, Goethes Leipziger Studentenjahre. 1909. S. 27f. – J. Jahn in: (Jb.) Goethe 12, 1950, S. 43. – Anmkg. zu 315,3.

315,33. *Richtersche Sammlung.* Von dem Kaufmann und Ratsherrn Joh. Zacharias Richter begründete und nach dessen Tode (1764) von seinem Sohn Johann Thomas Richter fortgeführte Sammlung mit bedeutenden niederländischen Gemälden und Tausenden von Kupferstichen. Die Sammlung war als eine Art Privatmuseum für interessierte Besucher zugänglich. – W. v. Biedermann, Goethe u. Leipzig. 1865. Bd. 1, S. 164f. – J. Vogel, Goethes Leipziger Studentenjahre. 1909. S. 28f. – J. Jahn in: (Jb.) Goethe 12, 1950, S. 44f.

316,13. *Lessings „Laokoon“* erschien 1766. Seit dem 17. Jahrhundert war die Lehre *ut pictura poesis* (316,16f.) oft ausgesprochen. Ursprünglich stammt das Wort aus Horaz, De arte poetica, Vers 361. Es ist dort anders gemeint, als man es im 17. Jahrhundert auffaßte, denn man machte daraus die Lehre, das Gemälde sei eine schweigende Dichtung und die Dichtung ein redendes Gemälde; diese Theorie wurde in Deutschland von Opitz an über Buchner, Harsdörffer und andere Poetiken bis zu Gottsched und weiterhin ins 18. Jahrhundert hinein überliefert, wurde zwar durch Batteux, Du Bos und andere modifiziert, aber erst Lessing machte ihr ein Ende und brachte methodische Klarheit, indem er die Malerei als Nebeneinander im Raum, die Dichtung als Nacheinander in der Zeit bezeichnete und darauf hinwies, daß die fruchtbaren Motive deswegen verschiedener Art seien und die mitschaffende Phantasie des Kunstbetrachters jeder Gattung gegenüber verschiedene Funktion habe. – K. Borinski, Die Poetik der Renaissance in Deutschland. Bln. 1886. S. 105f. – Bruno Marquardt, Gesch. d. dt. Poetik. Bln. u. Lpz. 1937. S. 61, 66f., 75ff. u. ö. – Erich Schmidt, Lessing. 4. Aufl. Bln. 1923. Bd. 1, S. 469–528. – Ferner die kommentierten Ausgaben von Lessings „Laokoon“ von Blümner (KDN), Witkowski (Bibl. Inst.), Riezler (Bong) u. a.

316,38. *Tod als Bruder des Schlafs.* Lessing veröffentlichte 1769 seine Abhandlung „Wie die Alten den Tod gebildet“: der Tod sei in der Antike nicht als Gerippe, sondern als Genius mit gesenkter Fackel dargestellt, ähnlich dem Genius des Schlafs, so daß beide als Zwillingsbrüder (*Menächmen* wie Bd. 8, S. 79, 21 u. Anmkg.) erscheinen. Diese (von der heutigen Archäologie, die über weit mehr Quellenmaterial verfügt, nicht voll aufrechterhaltene) Deutung hatte in der Goethezeit starke Wirkung; ein Beispiel dafür sind in Schillers Gedicht „Die Götter Griechenlands“ die Verse „Damals trat kein gräßliches Gerippe ...“ usw.

318,12. *Gevatter Seekatz.* Vgl. 29,17 u. Anmkg.

318,13. *Abel,* Karl Friedrich, 1725–1787, Musiker in Dresden und London.

318,19. *Krebel,* Gottlob Friedrich, 1729–1793. Vgl. 268,33 u. Anmkg.

318,20. *Hermann.* Die meisten Kommentare nehmen an, daß der 331,18–332,22 Beschriebene gemeint sei. Nur Düntzer schreibt: „Ein Dresdener, war nach seiner Promotion 1767 Supernumerar-Assessor beim Obergericht geworden.“

318,23. *der fleißige Theolog:* Joh. Chr. Limprecht. Vgl. 245,27ff.

318,24. *ablegen* = versagen, an Kraft verlieren, schwächer werden. – Dt. Wb. 1, 1854, S. 71. – GWb. 1, Sp. 99.

319,9. *Ich suchte nach meinem Schuster* ... Die ältere Forschung hielt den *Schuster* für eine novellenhaft erfundene Gestalt (so Düntzer KDN 99, S. 139); doch er hat wirklich gelebt und war so, wie Goethe ihn beschreibt: Moritz Stübel, Schuster Haucke und der ewige Jude. Dresden 1920. – Gustav Sommerfeldt, Goethes Studienausflug nach Dresden 1768. Euphorion 23, 1921, S. 581–584.

319,32. *Gottfrieds „Chronik“.* Vgl. 35,6f. u. Anmkg.

320,15. *die Galerie* befand sich im sog. Johanneum, einem Palast am Neumarkt, der 1722 für sie hergerichtet und 1744–46 für sie umgebaut war. Es war eine „Galerie“ auch in dem Sinne, den das Wort ursprünglich hatte: das viereckige Gebäude hatte nach der Außenseite zu eine Kette von ineinandergehenden Sälen – daher Goethes Ausdruck *dieser in sich selbst wiederkehrende Saal* –, in der Mitte war ein Innenhof, und an diesem lag ein zweiter Kranz von Sälen. Die *äußere Galerie* (320, 29f.) enthielt die Niederländer, Deutschen und Franzosen, die innere Galerie die Italiener und Spanier. Goethe, von den Frankfurter Malern her an den Stil der Niederländer gewöhnt, hatte vor allem an diesen Interesse, und unter den Italienern fesselte ihn derjenige, der am ehesten Ähnlichkeit mit den Niederländern hat, Domenico Feti, das wird später 408,4f. erwähnt. – Als Goethe das *8. Buch* schrieb, konnte er die Erinnerungen von 1768 ergänzen durch Eindrücke seiner Besuche in der Dresdener Galerie in den Jahren 1790, 1794 und 1810. Bei diesen Besuchen hatte er sich gründlich mit den Gemälden beschäftigt und zusammen mit Heinrich Meyer Notizen darüber gemacht. Über seinen Galeriebesuch von 1810 berichtet Luise Seidler in ihren „Erinnerungen“. – W. A. 47, 1896, S. 368–387. – Carl Ruland, Goethe und die Dresdener Galerie. GJb. 18, 1897, S. 104–107. – Karl Woermann, Goethe in der Dresdener Galerie. Die Kunst für alle. 14, 1898/99. S. 209–212, 228–232, 241–246. (Mit 32 Abb.) – C. Justi, Winckelmann. 4. Aufl. 1943. Bd. 1, S. 317–320. – Valentin Scherer, Dt. Museen. Jena 1913. S. 86–97. – Katalog der kgl. Gemäldegalerie zu Dresden. Von Karl Woermann. Große Ausgabe. 7. Aufl. 1908. – Dresdner Galerie. 120 Meisterwerke. Hrsg. von Wolfgang Balzer. Lpz. 1966.

321,10f. *die Natur mit den Augen dieses oder jenes Künstlers zu sehen* ... Vgl. Bd. 11, S. 86,29–33: *Meine alte Gabe, die Welt mit Augen desjenigen Malers zu sehen, dessen Bilder ich mir eben eingedrückt, brachte mich auf einen eignen Gedanken. Es ist offenbar, daß sich das Auge nach den Gegenständen bildet, die es von Jugend auf erblickt ...*

321,22. *Riedel,* Joh. Anton, 1736–1816, Maler und Radierer, in den Jahren 1757–1816 Inspektor der Dresdener Galerie; gab 1765 „Catalogue des tableaux de la Galerie Electorale à Dresde" heraus. – W. v. Biedermann, Goethe und Dresden. 1875. S. 2, 131f., 161. – Thieme-Becker 28, 1934, S. 318.

322,33f. *Bild von Schalcken*: Gotfried Schalcken, 1643–1706, ein Vertreter der Spätstufe der holländischen Malerei des 17. Jahrhunderts, war im 18. Jahrhundert sehr geschätzt, zumal durch Gemälde, in welchen Kerzen oder Lampen die einzigen Lichtquellen sind. Die Galerie besaß 4 Gemälde dieser Art von ihm. – Thieme-Becker 29, 1935, S. 569–571.

322,37. *Die Antiken.* Die wertvollen antiken Werke, welche damals in Dresden waren, hatte man sehr unglücklich in den 4 Pavillons, die das Palais im Großen Garten umgeben, eng zusammengestellt. Sie wurden erst 1785 im „Japanischen Palais" gut aufgestellt. Goethe besichtigte sie 1790. Die wichtigsten dieser Werke verzeichnet: Wilh. Gottl. Becker, Augusteum, Dresdens antike Denkmäler enthaltend. 3 Bde. Lpz. 1804–1811. Goethe besaß den 1. Band des Werkes (Ruppert 2175) und entlieh 1812, als er an *DuW* arbeitete, den 3. Band (Keudell Nr. 774). – C. Justi, Winckelmann. 4. Aufl. Bd. 1. Lpz. 1943. S. 36–315.

323,24f. *Direktor von Hagedorn,* Christian Ludwig, 1713–1780, Bruder des Dichters, war 1764–1780 Direktor der Kunstakademien in Dresden und Leipzig; selbst Kunstsammler und Verfasser kunstwissenschaftlicher Werke. – Goethe entlieh am 14. 12. 1798 seine „Betrachtungen über die Malerei", 2 Bde., Lpz. 1762. „Ein Werk, das noch immer lesbar ist und noch höher im Wert steigt, wenn man erwägt, daß es der erste deutsche Versuch auf diesem Felde war, daß sein Verfasser die Sprache des Faches sich erst schaffen mußte." (Justi.) – C. Justi, Winckelmann. 4. Aufl. Bd. 1. Lpz. 1943. S. 395–403. – Thieme-Becker 15, 1922, S. 452f. – Vgl. auch Bd. 12, S. 107,16 u. Anmkg.

323,31. *Swanevelt,* Herman van, holländischer Landschaftsmaler, geb. um 1600, gest. 1655. Goethe hat auch in späteren Jahren Swanevelt geschätzt und Radierungen von ihm gesammelt. Schuchardt, Goethes Kunstsammlungen S. 187f. – Thieme-Becker 32, 1938, S. 339–341. – Schr.G.Ges., 61.

324,4. *zerstörten und verödeten Zustand*: infolge des Beschusses durch die Preußen bei der Belagerung im Jahre 1760. – Vgl. 308,3–6.

324,19. *Konjekturen* = Vermutungen.

325,1. *Bernhard Christoph Breitkopf,* 1695–1777, begründete den – bald berühmten – Buch-Verlag; sein Sohn Johann Gottlob Immanuel, 1719–1794, führte ihn weiter und fügte den Musikalien-Verlag hinzu. Seit 1795 hieß die Firma „Breitkopf und Härtel". – ADB 3, 1876, S. 296–300. – Goethe-Handbuch Bd. 1, 1961, Sp. 1401.

325,12f. *Der älteste Sohn*: Bernhard Theodor Breitkopf, 1749–1820, Musiker, seit 1781 Buchdrucker und Buchhändler in Petersburg. – ADB 3, 1876, S. 300. – Goethe-Handbuch Bd. 1, 1961, Sp. 1403f.

325,25f. *komponierte einige meiner Lieder*: sie erschienen unter dem Titel: Neue Lieder, in Melodien gesetzt von Bernhard Theodor Breitkopf. Lpz. 1770. – In Bd. 1 sind daraus abgedruckt *Die Nacht* (S. 18), *Das Schreien* (S. 18), *Wunsch eines kleinen Mädchen* (S. 18), *Die Freuden* (S. 19), *Unbeständigkeit* (S. 19), *An den Mond* (S. 20). – Vollständiger Abdruck: Morris Bd. 1, 1909, S. 348–363 und: Fischer-Lamberg 1, S. 292–305. – Facsimile-Druck mit Nachwort von Albert Köster, Lpz. 1906.

325,37. *Schwefelsammlung*: Sammlung von Gemmen-Abgüssen aus schwefelsaurem Kalk. „Schwefel" war damals das dafür übliche Wort. Da man nördlich der Alpen wenig Werke der antiken Plastik besaß, befaßte man sich desto lebhafter mit der antiken Kleinkunst der Gemmen. Goethe besorgte sich in Rom Gemmen-Abgüsse (Bd. 11, S. 398,27–32) und beschäftigte sich dann in Weimar viel mit Gemmen (Bd. 10, S. 338ff.); er erwarb nach und nach eine Anzahl antiker Originale. – G. Femmel und G. Heres, Die Gemmen aus Goethes Sammlung. Lpz. 1977.

326,1. *Lippert*. Vgl. 314,5.

326,2. *Reichel,* Georg Christian, 1717–1771, seit 1767 außerordentlicher Professor der Medizin an der Universität Leipzig. – Biogr. Lex. d. hervorragenden Ärzte. 2. Aufl. Bd. 4, 1932, S. 752.

326,3. *unmustern* = unpäßlich, unbehaglich. Dt. Wb. 11,3. Lpz. 1936. S. 1195.

326,8. *Stock,* Johann Michael, 1737–1773, Kupferstecher, seit 1764 in Leipzig ansässig. – Thieme-Becker 32, 1938, S. 72.

326,21. *zwei Töchter*: Johanna Dorothea Stock, 1760–1832, wurde Malerin und hat unter anderem Bildnisse von Mozart, Schiller und Theodor Körner geschaffen. Anna Maria Jacobine Stock, 1762–1843, später verheiratet mit Christian Gottfried Körner, dem Freunde Schillers, Mutter von Theodor Körner, Goethe ist beiden im späteren Leben mehrfach begegnet; 1796 sah er sie oft bei Schiller in Jena. – ADB 36, 1893, S. 279f. – Thieme-Becker 32, 1938, S. 70f. – F. Götting, Dorothea Stock. In: Goethe-Kalender auf das Jahr 1938. S. 197–261.

326,36. *Landschaften nach Thiele.* Joh. Alexander Thiele, 1685–1752, seit 1738 Hofmaler in Dresden, malte vorwiegend Landschaften. Indem Goethe einige davon in Radierungen übertrug, blieb er im Rahmen der üblichen Reproduktions-Radierung der Zeit. Zwei dieser Radierungen Goethes sind erhalten, die eine dem Vater, die andere Hermann gewidmet; oft reproduziert, u. a. bei Morris, Bd. 1. Der Verbleib von Thieles Originalen ist nicht bekannt. – Thieme-Becker 33, 1939, S. 23f. – Georg Witkowski, Goethe und die Radierung. In: Goethe und die graphischen

Künste = Buch und Schrift. Jahrbuch d. dt. Ver. f. Buchwesen 6. 1932. S. 18–22. – J. Jahn in: (Jb.) Goethe 12, 1950, S. 46–48.

327,16. *Weiße,* Christian Felix, 1726–1804, Kreissteuereinnehmer und daneben ein erstaunlich fruchtbarer Schriftsteller von breiter Wirkung. Beliebt waren seine Lustspiele, noch beliebter seine Singspieltexte. – Vgl. 255,22. – J. Minor, Chr. F. Weiße. Innsbruck 1880. (VIII, 406 S.) – Max Herrmann, Leipziger Theater während Goethes Studentenzeit. GJb. 11, 1890, S. 185–193. – G. Witkowski, Gesch. des literar. Lebens in Leipzig. Lpz. 1909. – Das dt. Drama. Hrsg. v. Robert F. Arnold. München 1925. Insbes. S. 321 f. und 371 ff. – KDN 72, S. 1–122. – Dt. Lit. Reihe „Aufklärung", Bd. 10. Singspiele. Bd. 12. Trauerspiele. Hrsg. von F. Brüggemann. Lpz. 1937–38.

327,21. *Hiller,* Joh. Adam, 1728–1804, Komponist, Kapellmeister und Musiklehrer in Leipzig, im 18. Jahrhundert sehr bekannt durch seine beliebten Singspiele. – ADB 12, 1880, S. 420–423. – MGG 6, 1957, Sp. 409–421.

327,22. *Schiebeler,* Daniel, 1741–1771, Jurist und Schriftsteller aus Hamburg. Sein Singspieltext „Lisuart und Dariolette" wurde von Joh. Adam Hiller komponiert und im November 1766 in Leipzig aufgeführt. – ADB 31, 1890, S. 176–178 (Erich Schmidt). – G. Schmidtmann, D. Schiebeler. Diss. Göttingen 1909.

327,24. *Eschenburg,* Joh. Joachim, 1743–1820, schuf zusammen mit Wieland die erste deutsche Shakespeare-Übersetzung, 1775–1782, die Goethe genau bekannt war. Seine späteren Werke förderten sehr die damals entstehende Wissenschaft der Literaturgeschichte. Unter anderem gab er eine außerordentlich reiche und gut ausgewählte „Beispielsammlung zur Theorie und Literatur der schönen Wissenschaften" heraus (8 Bde., Bln. u. Stettin 1788–1794). – Vgl. 493,17f. und Anmkg. – ADB 6, 1877, S. 346f. – Manfred Pirscher, Joh. Joachim Eschenburg. Ein Beitrag zur Literatur- und Wissenschaftsgesch. des 18. Jahrhunderts. Phil. Diss. Münster 1960. – NDB 4, 1959, S. 642 f.

327,26. *Zachariae,* Justus Friedr. Wilhelm, 1726–1777. Vgl. 252,37 u. Anmkg.

327,33. *Lessing* hielt sich, von Hamburg kommend, im April und Mai 1768 für kurze Zeit in Leipzig auf, um Verlagsangelegenheiten zu besprechen. – Erich Schmidt, Lessing. 4. Aufl. Bd. 1, 1923, S. 650.

328,18f. *sibyllinischen Blättern*: Zusammenfassung der vorigen Charakteristik: *merkwürdig, rätselhaft,* und trotz manches Unverständlichen anregend. Die Formulierung *nicht zum letztenmal* bezieht sich wohl besonders auf Hamann. Vgl. 409,17–26; 451,19; 508,24; 512,20–516,4.

328,22. *die Klotzischen Händel*: Christian Adolf Klotz, 1738–1771, seit 1765 Professor an der Universität Halle, hatte in seinen philologischen und archäologischen Schriften Lessing scharf kritisiert. Lessing war außerdem durch Klotzens Oberflächlichkeit und Cliquenwesen gereizt. Er richtete gegen ihn seine „Briefe, antiquarischen Inhalts", 2 Bde., 1768 und 1769. – Auch Herder war ein Gegner von Klotz und schrieb gegen ihn. – Lessing hatte aber bereits früher *Kontroversen*. Sein „Vademecum für Samuel Gotthold Lange", 1754, hatte ihn als Polemiker bekannt gemacht. – Erich Schmidt, Lessing. 4. Aufl. Bd. 1. Bln. 1923. S. 605–638.

328,31. *Der Fürst von Dessau:* Leopold Friedrich Franz, 1740–1817, einer der im Sinne der Aufklärung und des Humanitätsdenkens um Bildung bemühten Fürsten des 18. Jahrhunderts. Er war 1765 mit Winckelmann in Rom zusammen. Goethe hat ihn mehrfach gesehen. Der Weimarer und der Dessauer Hof waren befreundet; im Weimarer Park wurde dem Herzog von Dessau ein Denkstein errichtet. – ADB 18, 1883, S. 356–367. – Goethe-Handbuch 1, 1962, Art. „Anhalt-Dessau" und „Dessau". – NDB 14, S. 268–270.

328,37. *eines damals einzigen Parks*: Wörlitz bei Dessau, berühmter Park im englischen Landschaftsstil. Goethe besuchte Wörlitz 1776, 1778 und 1794, und von dort gingen Anregungen aus für die Gestaltung der Parkanlagen bei Weimar. – Wilhelm van Kempen, Dessau und Wörlitz. Lpz. 1926. = Stätten d. Kultur, 35. (VIII, 137 S.) – Die Kunstdenkmale des Landes Anhalt. 2. Band, 2. Teil. Landkreis Dessau-Köthen. 2. Teil: Stadt, Schloß und Park Wörlitz. Bearb. v. Marie-Luise Harksen. Burg b. M. 1939. – Paul Ortwin Rave, Gärten der Goethezeit. Lpz. 1941. (144 S.) – Helmut Holtzhauer, Wie ein leises Traumbild. Goethe und Wörlitz. Weimar 1965. (16 S., 10 Taf.) – Holtzhauer, Goethe-Museum. 1969. S. 246, 247, 278. – Goethe hat das Schloß Wörlitz mit Bäumen im Vordergrund gezeichnet. Abbildung: Goethe u. seine Welt. 1932. S. 85. Und in: Corpus der Goethezeichnungen, Bd. 1, Nr. 197.

328,38. *von Erdmannsdorff,* Friedrich Wilhelm, 1736–1800, arbeitete als Architekt und Gartenarchitekt, im Dienste des Fürsten von Anhalt; sein Hauptwerk ist das Wörlitzer Schloß 1769–1773, dessen Architektur und Inneneinrichtung er bis in die Einzelheiten entwarf. Zahlreiche Bauten in Dessau, auch in Berlin. Lehrer von Friedrich Gilly. Verfaßte auch kunsttheoretische Schriften. Thieme-Becker 10, 1914, S. 593. – Mitteldt. Lebensbilder 4, 1929, S. 151–170. – NDB 4, S. 575 f.

329,17. *Winckelmanns Tod.* Winckelmann wurde am 8. Juni 1768 in Triest ermordet.

330,1. *Auerstädter Unfall.* Vgl. 243,27–35.

330,27. *Blutsturz*: das Wort bezeichnet Auswurf von Blut; später wird dafür das Wort *Eruption* benutzt (330,33). Gleichzeitig zeigt sich eine *Geschwulst an der linken Seite des Halses.* Heutige Mediziner haben sämtliche überlieferte Äußerungen über Goethes Habitus, Lebensweise, Krankheiten usw. (und diese sind zahlreich) im Zusammenhang betrachtet und daraus ein Bild zu gewinnen versucht. Wolfgang H. Veil, Goethe als Patient. 2. Aufl. Jena 1946, und: Richard Kühn, Goethe.

Eine medizinische Biographie. Stuttg. 1949, kommen beide zu dem gleichen Ergebnis. Lungenbluten infolge Tuberkulose und eine tuberkulöse Drüsenerkrankung (daher die Geschwulst am Halse), wahrscheinlich vorher schon Rippenfellreizungen.

331,20. *Hermann,* Christian Gottfried, 1743–1813, Sohn des Oberhofpredigers Joh. Gottfried Hermann in Dresden, wurde 1794 Bürgermeister von Leipzig. Goethe blieb auch in späteren Jahren mit ihm in Verbindung. – Vgl. 268,30. – W. v. Biedermann, Goethe und Leipzig. Lpz. 1865. Insbes. Bd. 1, S. 189–191 und 224–227; Bd. 2, S. 17–25. – Werner Kilian, Goethes ,,werter Freund", Bürgermeister Hermann in Leipzig. Jahrb. ,,Goethe" 27, 1965, S. 13–44.

332,23. *Gröning,* Georg, 1745–1825, aus alter bremischer Familie, wurde 1781 Senator für die auswärtigen Angelegenheiten und als solcher ein alsbald in ganz Deutschland angesehener Diplomat. Goethe konnte also 1812 damit rechnen, daß seine Leser bei der Nennung des Namens Bescheid wußten. 1814–1821 war Gröning dann regierender Bürgermeister. – Bippen, G. Gröning. In: Bremische Biographie des 19. Jahrhunderts. Bremen 1912. S. 196f. – Hermann Tardel, Goethes Beziehungen zu bremischen Zeitgenossen. Bremen 1935. = Bremische Weihnachtsblätter, Heft 5. – NDB 7, S. 115f.

332,36. *Horn,* Joh. Adam, 1749–1806. Vgl. 236,38 u. Anmkg., auch 304,1ff.

333,8. *Langer,* Ernst Theodor, 1743–1820; in Leipzig als Hofmeister wurde er der Nachfolger Behrischs, in Wolfenbüttel als Bibliothekar später der Nachfolger Lessings. Erst im Jahre 1922 wurden Goethes Briefe an Langer entdeckt und herausgegeben; sie zeigen, welchen starken religiösen Einfluß Langer auf ihn hatte. Wieder bestätigen also Jugendbriefe, die Goethe, als er *DuW* verfaßte, nicht vorlagen, wie gut er sich in wesentlichen Dingen erinnerte. Auf den religiösen Einfluß zielt wohl schon die Anspielung 333,15f.; die Ausführungen 334,34ff. führen dann weiter. – Goethes Briefe an E. Th. Langer. Hrsg. v. P. Zimmermann. Wolfenbüttel 1922. (34 S.) Sonderdruck aus: Braunschweigisches Jahrbuch 1922. – Diese Briefe sind auch abgedruckt in HA. Briefe, Bd. 1, S. 66ff.; Erläuterungen dazu dort in den Anmerkungen.

333,39f. *Glaukus* tauschte seine goldene Rüstung gegen die eherne Rüstung des *Diomedes.* (Ilias VI,234ff.)

334,18. *Deismus*: eine in England von Herbert von Cherbury, 1583–1648, und John Locke, 1632–1704, ins Leben gerufene Bewegung, die durch John Toland, 1670–1722, Anthony Collins, 1676–1729, und Matthews Tindal, 1656–1733, ihre volle Ausprägung fand. Sie griff seit den vierziger Jahren des 18. Jahrhunderts auf Deutschland über, teils durch Übersetzungen deistischer Werke, teils durch selbständige deistische Denker wie Hermann Samuel Reimarus, 1694–1768, blieb hier aber auf kleine Kreise beschränkt. Häufig war dagegen eine Mittelstellung zwischen dem *Deismus* und dem *Historisch-Positiven* des Christentums; hierher gehören v. Loen, Sack, Spalding, Semler, Jerusalem, Christoph Christian Sturm u. a. Als Goethe *DuW* schrieb, war der *Deismus* schon historisch geworden (das zeigt z. B. Kants Stellungnahme in seinen „Prolegomena", 1783, § 57–58, und Herders Behandlung der deistischen „Freidenker" in seiner „Adrastea" 1803); der Idealismus war an seine Stelle getreten. – Die Deisten hatten die Überzeugung, daß es eine „natürliche Religion" (vgl. 274,10 u. Anmkg.) gäbe, deren wesentlicher Inhalt darin bestehe, daß ein göttliches Wesen, das nicht anthropomorph gedacht werden dürfe, die Welt geschaffen habe und lenke; von ihm sei den Menschen das Wissen um ein sittliches Gesetz gegeben; dieses gilt absolut und trägt daher den Beweis, daß es göttlich sei, in sich. Die Deisten betrachteten sich als Christen; sie waren der Meinung, daß die von Gott den Menschen gegebene Vernunft die christliche Überlieferung prüfen dürfe und müsse und daß es ihre Aufgabe sei, die unmittelbare Offenbarung (Sittengesetz und Natur) mit der geschichtlichen Offenbarung (Bibel) in eins zu sehn, da beides von Gott sei; Mängel in der Übereinstimmung könnten nur an den Menschen, nicht an der Sache liegen. Das Christentum gilt für sie nicht einfach, weil es historisch geoffenbart und biblisch überliefert ist, sondern weil es durch „Vernunft" und Moral seine innere Wahrheit erweist. Es stand – nach ihrer Meinung – ursprünglich der „natürlichen Religion" nahe und wurde im Lauf der Zeit durch Dogmen und Zeremonien diesem Urquell entfremdet, dem sie es durch ihr Denken wieder anzunähern glaubten. Die spätere Kritik seit Schleiermacher wies darauf hin, daß es diesen Urzustand nie gegeben habe und daß dem deistischen Rationalismus wesentliche Bereiche des Religiösen unzugänglich geblieben waren. – Vgl. 274,10 u. Anmkg. – G. V. Lechler, Geschichte des englischen Deismus. Tübingen 1841. – H. Hettner, Gesch. d. dt. Lit. im 18. Jh., 2. Teil, Kap. „Der Deismus u. die Kritik der Offenbarung". (In der Ausg. von 1929 Bd. 2, S. 22 bis 42.) – Ernst Troeltsch, Deismus. In: Realenzyklop. f. protest. Theol. 3. Aufl. Bd. 4. Lpz. 1898. S. 533–559. Wiederholt in: Troeltsch, Ges. Schriften. Bd. 4, 1925, S. 429 ff. – RGG 1, 1927, S. 1805–1816, Art. „Deismus" von Zscharnack (mit Literaturangaben). – Karl Aner, Die Theologie der Lessingzeit. Halle 1929. (XII, 576 S.) – Ernst Cassirer, Die Philosophie der Aufklärung. Tübingen 1932. – Walter Nigg, Gesch. des religiösen Liberalismus. Zürich u. Lpz. 1937. (Mit Bibliogr.) – Historisches Wörterbuch der Philosophie, Bd. 2, 1972, Sp. 44 ff.

334,27. *Raupenstandes.* Hinzuzudenken ist wohl „früheren". Ein bei Goethe öfters vorkommendes Bild, das von seinen naturwissenschaftlichen Metamorphose-Studien beeinflußt sein dürfte. – Vgl. Bd. 1, S. 111, *Ilmenau* 130–135; Bd. 3, S. 360, *Faust* 11981–11986.

335,31. *Seelenkonzent* = Einklang (concentus) der Seelen, Harmonie.

335,36. *peripatetisch.* Die Schüler des Aristoteles wurden Peripatetiker genannt; wahrscheinlich weil ihre Schule an einem Weg (περιπατός) des Lykeion lag; in späteren Zeiten wurde die Version üblich, sie hätten ihren Namen vom „Herumwandeln" (περιπατεῖν) beim Philosophieren. Hierauf spielt Goethe scherzhaft an, denn Langers Belehrungen erfolgten auf Spaziergängen (333,25 ff.).

336,28. *Hauderer*: Mietskutscher; also nicht mit der Post (wie 356,17), sondern mit einem von mehreren Privatpersonen gemeinsam gemieteten Wagen eines Fuhrhalters. – Dt. Wb. 4,2. Lpz. 1877. S. 572.

336,30. *Auerstädt.* Der *frühere Unfall:* Steckenbleiben des Wagens und die nachfolgenden körperlichen Beschwerden, 243,27–35; die *größere Gefahr:* Schlacht bei Jena und Auerstädt 1806, anschließend Besetzung und Plünderung in Weimar, Bedrohung für Goethes Haus und seine Sammlungen usw.

336,33. *Gotha.* Goethe war später häufig Gast am Gothaer Hofe und war gut bekannt mit Herzog Ernst II., 1745–1804, dessen Gattin Maria Charlotte Amalia, 1751–1827, und dessen Bruder August, 1747–1806. – J. Nadler, Literaturgesch. d. dt. Stämme u. Landschaften. 3. Aufl. Bd. 3. Regensburg 1931. S. 115 f. – Wolfgang Vulpius, Goethe in Thüringen. Rudolstadt 1955. S. 108–112. – Hans Tümmler in: Histor. Zeitschr., Bd. 228, 1979, S. 31 ff. – Gesch. Thüringens. Hrsg. von H. Patze und Walther Schlesinger. Bd. 5.

338,14. *Koteriesprache*: Geheimsprache; frz. „coterie" = geschlossener Kreis, der viel zusammen ist, sich von anderen absondert und vielleicht auch über sie klatscht.

338,18. *mein Vater.* Goethe schreibt am 3. 12. 1812 – ein halbes Jahr nach Vollendung des *8. Buchs* – an Zelter, der sich über *Buch 1–5* geäußert hatte: *Ich freue mich, daß die Schilderung meines Vaters eine gute Wirkung auf Dich hervorgebracht ... In den folgenden zwei Bänden bildet sich die Gestalt des Vaters noch völlig aus; und wäre sowohl von seiner Seite als von der Seite des Sohns ein Gran von Bewußtsein in dies schätzbare Familienverhältnis getreten, so wäre beiden vieles erspart worden. Das sollte nun aber nicht sein und scheint überhaupt nicht für diese Welt zu gehören.*

338,27. *expedieren* = beeilen. – GWb. 3, Sp. 498.

338,38. *Fräulein von Klettenberg,* Susanne Katharina, 1723–1774, eine Base und zugleich Freundin der Frau Rat. – Das Motiv des innerlichen Überwindens der Krankheit (339,7 f.) findet sich auch in der Schilderung Makariens in den *Wanderjahren.* (Bd. 8, S. 65,28 ff.; S. 127,6 ff.; S. 450,21 ff.) – Vgl. Bd. 1, S. 89 *Mit einer Zeichnung* und Bd. 7, S. 358–420 u. Anmkg. – H. Dechent, Goethes Schöne Seele, Gotha 1896. (VIII, 231 S.) – Die Schöne Seele, Bekenntnisse, Schriften. Briefe der Susanna Katharina v. Klettenberg, Hrsg. v. Heinrich Funck, 2. Aufl. Lpz. 1912 (372 S. m. 10 Taf.) – RGG. – NDB 12, S. 54.

339,23. *Frau Griesbach,* Johanna Dorothea, geb. Rambach, 1726–1775, verheiratet mit Konrad Kaspar Griesbach, Pfarrer zu St. Petri. Ihr Sohn Johann Jacob war mit Goethe bekannt. Vgl. 163,21 und 241,39. – ADB 9, 1879, S. 660f.

339,30. *Terminologie.* Der Pietismus entwickelte einen eigenen Bereich des Denkens und Sprechens. Goethe vergleicht damit die *späteren Empfindsamen,* die ebenfalls eine eigene Sprache hatten und in ihr leicht *etwas eintönig* wurden. – August Langen, Der Wortschatz des dt. Pietismus. Tübingen 1954. (VII, 526 S.)

340,26. *Exkreszens* = Auswuchs. – Vgl. Anm. zu 330,27. – GWb. 3, Sp. 496.

340,33. *Arzt und Chirurgus.* Zu dieser Zeit waren die Berufe des Arztes und des Wundarztes (Chirurgus) noch streng getrennt. Der Wundarzt machte die chirurgischen Eingriffe.

340,35. *Der Chirurgus.* Das Haushaltsbuch des Herrn Rat notiert Zahlungen an den Chirurgus Grasemann (4. Okt. 1768, 15. April 1769) und an den Chirurgus Crisp (29. Juli 1769).

340,39ff. *der Arzt.* Es besteht wohl motivische Verwandtschaft mit der Gestalt des Arztes in den *Bekenntnissen einer Schönen Seele* (Bd. 7, S. 409, 20–38). Das Haushaltsbuch des Herrn Rat notiert am 13. April 1769 eine Zahlung von 48,- Gulden an den Arzt Dr. Johann Friedrich Metz. Über diesen: Rolf Christian Zimmermann, Das Weltbild des jungen Goethe. München 1969. S. 172–184.

340,36. *wohlgebildet* = wohlgestaltet.

341,8. *Dispensation:* Bereitung und Lieferung von Arznei; diese hatte durch die Apotheken zu erfolgen, die eigene Herstellung war verboten. – GWb. 2, 1220.

341,9. *Digestiv* = Mittel zur Anregung der Darmtätigkeit. – GWb. 2, 1203.

341,34. *Wellings „Opus mago-cabbalisticum".* Der genaue Titel lautet: Herrn Georgii von Wellings Opus Mago-Cabbalisticum et Theosophicum, darinnen der Ursprung, Natur, Eigenschafften und Gebrauch des Saltzes, Schwefels und Mercurii ... beschrieben ... wird. Homburg vor der Höhe 1735. – Eine neue Auflage erschien Frankfurt 1760. (582 S.) Sie ist seitengleich (auch die Stiche) der 1. Aufl. nachgebildet. Für die Benutzung ist es daher unwesentlich, ob man die erste oder zweite Auflage zur Hand hat. Von der zweiten Auflage wird in Liebholdts handschriftlichem Verzeichnis ein Exemplar genannt, vermutlich das von Goethe 1769 gekaufte (342,1). Es kam auch in den gedruckten Katalog der aus dem Besitz der Frau Rat versteigerten Bücher. In Weimar (Goethe- und Schiller-Archiv) befindet sich ein handschriftliches Verzeichnis derjenigen Bücher, welche Goethe 1794 aus Frankfurt übernehmen wollte. Das Buch Wellings ist nicht darin genannt. Nun befindet sich aber in Weimar in Goethes Bibliothek ein Exemplar des Drucks von 1760, das genau der Beschreibung in *DuW* entspricht; es enthält auf 15 Seiten insgesamt 27 Verweise auf andere Stellen des Buches, vielleicht von Goethes Hand. Es besteht die Möglichkeit, daß

Goethe diesen Band noch nachträglich angefordert oder sonstwie später aus Frankfurt erhalten hat. Es kann aber auch ein anderes Exemplar als das aus Frankfurt sein. Als Goethe um 1800 an *Faust* und 1811 an *DuW* arbeitete, hat er das Werk Wellings (laut Keudell) nicht aus der Herzoglichen Bibliothek entliehen (wo es vorhanden war). Er besaß es vermutlich damals selbst; denn daß er den Abschnitt in *DuW* geschrieben habe, ohne es anzusehen, ist unwahrscheinlich im Hinblick auf die genaue Kenntnis des Werks und auf die Gründlichkeit seiner damaligen Quellenstudien. – Das Werk Wellings ist ein Nachkömmling der barocken Pansophie, deren Hauptanliegen es war, Heilsgeschichte und Naturordnung in ein Beziehungssystem zu bringen, diese Beziehungen bis in Einzelheiten hinein aufzuweisen und sie als „ordo" gelegentlich auch graphisch zu verdeutlichen. (Vgl. Bd. 3, Anm. zu Vers. 430ff.) Wellings Naturbild ruht auf alchemistischen Vorstellungen, doch will er nicht „Gold machen" lehren, sondern „wie die Natur aus Gott, und wie Gott in derselben möge gesehen und erkannt werden, und wie ferner aus dieser Erkenntnis der wahre reine Dienst der Creatur als ein schuldiges Dankopfer gegen den Schöpfer fließe" (Vorrede). Sal, Sulfur und Mercurius, die Welling in den Hauptteilen seines Werkes behandelt, galten in der Alchemie als die drei chemischen Grundelemente, aus denen alle Mineralien und organischen Körper bestehen. Man verstand unter Salz, Schwefel und Mercur aber nicht nur die gewöhnlichen Stoffe dieses Namens, sondern zugleich allgemeine Prinzipien der Natur. „Salz" war das Prinzip des Festen, im Feuer Beständigen, „Schwefel" das Prinzip des Öligen, Brennbaren, im Feuer Veränderlichen, „Mercur" das Prinzip des Flüchtigen, beim Erhitzen Unveränderlichen. Nach Wellings Lehre waren die drei Elemente vor Erschaffung der Welt in dem himmlischen Licht-Wasser, dem „Aesch-majim", vereint. Die Ausführungen über Natur, Nutzen und Gebrauch der Elemente und die Beschreibung alchemischer Experimente verbindet Welling mit der Darstellung eines kosmischen Geschichtsmythos, dessen Grundgedanken in allen Teilen des Werkes wiederkehren: Im Anfang bestand die Lichtwelt Gottes und der Geister, in deren Zentrum Luzifer als das erste und herrlichste Geschöpf Gottes das göttliche Wesen widerspiegelte. Doch Luzifer hemmte durch seinen Willen die Einwirkung des göttlichen Lichtes. So entstand in seiner Sphäre ein Raum des Finstern und Schweren, aus welchem Gott das Sonnensystem schuf. Adam sollte an Luzifers Statt Bild und Gleichnis Gottes sein und die Erde beherrschen; doch auch er wandte sich von Gott ab. In der Endzeit aber wird das Rachefeuer Gottes die Welt verwandeln, die Lichtwelt Gottes wird wiederhergestellt und alle Wesen, zuletzt auch Luzifer, werden wieder in ihren ursprünglichen Schöpfungszustand zurückversetzt werden. – Jedes der drei alchemischen Elemente steht in besonderer Beziehung zu einer Epoche der Heilsgeschichte: In dem Abschnitt über das Salz, das als „himmlisches Salz" der erste Ausfluß der Gottheit war, schildert Welling die Lichtwelt Gottes und der Engel, den Fall Luzifers und die Erschaffung der irdischen Welt im 6-Tage-Werk der Bibel. Dem Schwefel, der als himmlischer Schwefel der Lebensbalsam aller Geschöpfe, als irdischer hingegen eine ölige, zerstörende Substanz oder ein tötendes Feuer ist, werden der Zustand des Menschen nach dem Tode, die apokalyptische Endzeit, das Letzte Gericht und die Qualen der Verdammten zugeordnet. In Verbindung mit dem Mercur, der als Geist und Erhalter aller Geschöpfe gilt, stehen die Aufhebung von Tod und Hölle, der neue Himmel und die neue Erde. – Der „Hauptschlüssel" am Schluß des Werkes enthält mathematisch-symbolische Figuren, welche die Schöpfungs- und Heilslehre in ihrem Zusammenhang mit der Naturordnung darstellen. – Welling ist (zufolge H. Kopp) 1652 geboren, wurde Bergwerksdirektor in Baden-Durlach und lebte seit 1723 in Bokkenheim bei Frankfurt, wo er 1727 starb. – Hermann Kopp, Die Alchemie. Bd. 2. Heidelberg 1886. S. 239–246. – Ernst Grumach in: Goethe 14/15, 1952/53, S. 82ff. – H. M. Rotermund, Zur Kosmogonie des jungen Goethe. Dt. Vjs. 28, 1954, S. 472–486. – John Ferguson, Bibliotheca chemica. Vol. 2. Glasgow 1906. S. 543. – Will-Erich Peuckert, Gabalia. (= Pansophie, II.) Bln. (West) 1967. (578 S.) Über Welling S. 512–526.

342,2f. *bis zur neuplatonischen Schule.* Zum Neuplatonismus gehören vor allem Plotin und seine Schüler. Die Welt wird hier dargestellt als ein Stufenreich, das aus Gott ausfließt („Emanation"). Die Ideen werden, je weiter sie sich von der Weltseele entfernen, desto schwächer. Sie treffen auf die Materie, die das Böse und Negative ist. Aufgabe des Menschen ist es, sich vom Materiellen frei zu machen und mehr und mehr in das Reich des Geistes einzugehn. Die Neuplatoniker glaubten in griechischen und ägyptischen Mythen bildhafte Hinweise auf geheimnisvolle Zusammenhänge im All erkennen zu können. Daher trat neuplatonisches Gedankengut in Verbindung mit Vorstellungen aus der Gnostik und aus antiken Geheimlehren; es ergaben sich Beziehungen zu Werken wie der „Tabula Smaragdina" und der „Hieroglyphica" des Horapollon. (Vgl. 350,36f. u. Anmkg.) Neuplatonische Gedanken drangen in das frühe Christentum ein und lebten in der Mystik des hohen Mittelalters fort. Seit der Renaissance begann ein neuer Einfluß des Neuplatonismus, zumal durch Pico della Mirandola und Marsiglio Ficino. Die deutsche Pansophie hat sich einige seiner Vorstellungen anverwandelt, so Paracelsus, Joh. Val. Andreae, die Rosenkreuzer-Schriften, Jacob Boehme, Athanasius Kircher u. a. Goethe lernte durch die Basilius-Valentinus-Schriften, Welling, die „Aurea catena Homeri" usw. die letzten barocken Ausläufer der neuplatonischen Tradition kennen. In den philosophiegeschichtlichen Kompendien des 18. Jahrhunderts wurde dieser Entwicklungslinie weit mehr Bedeutung beigemessen als in denen des 19. und 20. Jahrhunderts. Goethe lernte schon früh den „*kleinen Brucker*" kennen (221,31 u. Anmkg.) und benutzte ein Exemplar davon sein Leben lang. Er konnte darin das Wichtigste über den Neuplatonismus finden. Noch mehr bot der „große Brucker", d.h. die „Historia critica philosophiae". Als er 1809 an der *Geschichte der Farbenlehre* arbeitete, entlieh er für mehrere Monate: Johann Gottlieb Buhle, Geschichte der neuern Philosophie. Göttingen 1800. Bd. 1 (XII, 896 S.), Bd. 2 (VIII,968 S.). Das Tagebuch verzeichnet wiederholt die Lektüre dieses Werks, mitunter mit Angabe der Kapitel. Buhle teilt in der soliden Art guter Kompendien jener Zeit den Inhalt der Hauptwerke großer Philosophen mit. Bd. 1 behandelt die spätantiken Philosophen, darunter Plotin (S. 670–752) und dessen Nachfolger, zumal Proclus (S. 753–769); Bd. 2 behandelt die Philosophen des 14.–17. Jahrhunderts, darunter besonders Gemisthos Plethon und seine Beziehungen zu antiken Geheimlehren (S. 157ff.); Marsiglio Ficino (S. 170–341) und sein Weltbild mit dem Dualismus von Licht und Materie (S. 175ff., 186); dann folgt ein Kapitel über die „kabbalistische Philosophie" im 15. und 16. Jahrhundert (S. 360–447), in welchem der Verfasser auch Paracelsus, die Rosenkreuzer-Schriften, Fludd usw. behandelt; er bespricht hier die Theorie von „zusammenziehender" und „ausdehnender" Kraft in der Welt und die Antithese von Materie und Licht (S. 439f.). Goethes Tagebuch erwähnt am 25. März 1809 die Lektüre dieses Kapitels. – Will-Erich Peuckert, Pansophie. Stuttg. 1935. 2. Aufl. 1956. – E. v. Lippmann, Entstehung und Ausbreitung der Alchemie. Bd. 2. Bln. 1931. – Leonhard v. Renthe-Fink, Magisches und naturwiss. Denken in der Renaissance. Darmstadt 1933. (VII,41 S.) – Lynn Thorndike, A History of magic and experimental Science. Bd. 5 und 6. New York 1941. – Karl Paul Hasse, Von Plotin bis Goethe. Lpz. 1909. – Franz Koch, Goethe und Plotin. Lpz. 1925. (VII, 263 S.) – Ronald D. Gray, Goethe the alchemist. Cambridge 1952. (X, 312 S.) – Vgl. auch 350,36f. u. Anmkg.

342,16f. *Theophrastus Paracelsus.* Exzerpte aus Schriften des Paracelsus stehen schon in Goethes Straßburger Tagebuch „Ephemerides". Später hat Goethe sich wieder mit Paracelsus beschäftigt, als er seine *Geschichte der Farbenlehre* schrieb. In Arnolds „Kirchen- und Ketzer-Historie" und in Wellings „Opus mago-cabbalisticum" wird Paracelsus mehrfach erwähnt. In späteren Jahren hat Goethe häufig Joh. Friedr. Gmelin, Geschichte der Chemie, Göttingen 1797, benutzt; er hat also wohl auch das gekannt, was hier – vielfach anerkennend – über Paracelsus geschrieben ist. – Mit Paracelsus, 1493–1541, beginnt die deutsche Pansophie, die bis zu Welling und der „Aurea catena Homeri" reicht. Paracelsus sucht Parallelen zwischen dem „Licht der Natur" und dem

„Licht der Gnade"; der Mensch als Mikrokosmos steht in Beziehung zu allen Kräften des Makrokosmos, die auf ihn wirken. – Bezeichnend für den Gesichtspunkt, unter welchem Goethe Paracelsus kennen lernte, ist: G. Arnold, Kirchen- und Ketzer-Historie. 2. Teil. Frankf. 1729. S. 778–782 und 3. Teil. Frankf. 1729. S. 436–464. Hier schreibt Arnold über das Weltbild des Paracelsus S. 446ff.: „Von Ewigkeit her war Gott, und die andere Person der Gottheit ist von Ewigkeit geboren aus dem Vater, und aus ihnen beiden gehet aus von Ewigkeit die dritte Person, der Geist Gottes ... Als nun die höchste Dreifaltigkeit Gottes ... beschlossen, die Welt, die Engel, Menschen und in Summa die ganze Natur zu erschaffen, so hat Gott der Vater durch das Wort als die zweite Person die Dinge erschaffen, nicht in sein letztes Wesen, sondern allein primam materiam confusam, das ist die matricem, darinnen alle Natur der ganzen Welt beisammen vermischet war. In dieser matrice ... seind beisammen vermischet gewesen anima quatuor elementorum, purum et impurum, aureum et argentum, Licht und Finsternuß ... Aus dieser Matrice seind Himmel und Erden, Luft und Wasser allein durch das Wörtlein fiat erschaffen ... Da nun alle Dinge wohl separieret und in Ewigkeit also zu stehen erschaffen, hat Gott leichtlichen den Menschen in seiner Mutter oder matrice, das ist in der großen Welt ... aus dem limbo terrae, welcher das subtileste Wesen und limbus der ganzen machinae mundi war, darum er auch microcosmus, h. e. parvus mundus genannt wird, seinem Ebenbilde nach, die Zahl der gefallenen Engel zu erfüllen, erschaffen ..." – Vgl. Bd. 14, S. 77f. – Agnes Bartscherer, Paracelsus, Paracelsisten und Goethes Faust. Dortmund 1911. – Karl Sudhoff, Paracelsus und Goethe. In: Die medizinische Welt 6, 1932, Nr. 39. – W. Totok, Handbuch der Gesch. der Philosophie, Bd. 3, 1980, S. 363–372.

342,17. *Basilius Valentinus.* Um 1600 erschienen mehrere Schriften alchemistisch-pansophischen Inhalts, von denen der Herausgeber – meist ist es Johann Thoelde – sagt, sie seien verfaßt von Basilius Valentinus, einem Mönch in Erfurt aus dem 15. Jahrhundert, der große geheime Kenntnisse der Alchemie besessen habe. Der Name ist fiktiv und spielt an auf die beiden Güter, welche der Stein der Weisen gibt: Gold (Basilius = der Königliche) und Gesundheit (Valentinus = der Starke). Es lag um 1600 im Denken der Zeit, auf die „Sapientia veterum" hinzuweisen und Neuentstandenes als alte Weisheit auszugeben; so wurden z. B. auch die damals entstehenden Rosenkreuzer-Schriften um 150 Jahre zurückdatiert und einem erfundenen Verfasser zugeschrieben (dessen Name Christianus Rosenkreutz ebenfalls allegorisch ist). Das Hauptwerk unter den Basilius-Valentinus-Schriften ist: „Thriumph-Wagen des Antimonii", 1604. Andere Schriften kamen hinzu; bereits 1625 erschienen die „Chymischen Schriften" von Basilius Valentinus gesammelt, Neudrucke folgten 1677, 1694, 1700, 1717 und 1740 (in drei Bänden). Wahrscheinlich hat Goethe eine dieser späteren Ausgaben in der Hand gehabt. In dem Werke Wellings (vgl. 341,34) wird Basilius Valentinus mehrfach genannt (S. 540f., 543, 548). Die Basilius-Valentinus-Schriften lassen erkennen, daß der Verfasser von Paracelsus und dessen Schülern ausgeht. Sie sind nicht nur chemisch-alchimistisch, sondern pansophisch: die chymischen Vorgänge werden immer mit der christlichen Heilslehre in Zusammenhang gebracht. – Basilius Valentinus, Chymische Schriften alle soviel derer vorhanden sind ... Hamburg 1677. Fotomechan. Neudruck: 2 Bde., Hildesheim 1976. – Allg. Encyklopädie, hrsg. v. J. S. Ersch u. J. G. Gruber. Bd. 8. Lpz. 1822. S. 40f. – Hermann Kopp, Die Alchemie. Bd. 1. Heidelberg 1886. S. 29–33. – Paul Walden, Zur Gesch. der Antimonpräparate und des Basilius Valentinus. In: Scientia Pharmaceutica (Beilage der Wiener Pharmazeutischen Wochenschrift) 13, 1942, Heft 2. – Bibliographie der älteren Werke über Basilius Valentinus bei H. Kopp, Beitr. zur Gesch. d. Chemie. Bd. 3. Braunschweig 1875. S. 110–127; der neueren bei P. Walden; der Originaldrucke bei Walden und in: British Museum, Gen. Catalogue XI, London 1935, pag. 305–310. – Insbesondere: John Ferguson, Bibliotheca chemica. Vol. I. Glasgow 1906. S. 72–82.

342,17f. *Helmont.* Johann Baptist van Helmont, 1577–1644, war ein zu seiner Zeit berühmter Pansoph, der Naturforschung mit religiöser Spekulation verband, an Paracelsus und den Neuplatonismus anknüpfte, als Arzt wirkte und eine Reihe von Schriften verfaßte. Vier Jahre nach seinem Tode gab sein Sohn die gesammelten Schriften – lateinisch – heraus: Ortus Medicinae. Amsterdam 1648. Eine deutsche Übersetzung davon ist: F. M. von Helmont, Aufgang der Artzney-Kunst, Sulzbach 1683. Dieses Werk erschien 1971 in einem fotomechanischen Neudruck, seltsamerweise nicht unter dem Namen Helmont, sondern dem des Übersetzers Christian Knorr v. Rosenroth. – Helmonts Gedanken wurden fortgesetzt durch seinen Sohn Franciscus Mercurius van Helmont, 1614–1699, der in Deutschland hauptsächlich durch seine „Paradoxal Discurse", Hamburg 1691, bekannt wurde, wo er über Mikrokosmos und Makrokosmos, einzelne Bereiche der Natur und chemische sowie medizinische Verfahren berichtet. Welling nennt ihn in seinem „Opus mago-cabbalisticum", 1760, S. 495f. – Goethe lernte van Helmont wohl kennen durch die eindringliche Schilderung in: Arnold, Kirchen- u. Ketzer-Historie. 3. Teil. Frankf. 1729. S. 73–81 und durch J. J. Brucker, Institutiones historiae philosophiae, Lpz. 1756. – Chr. G. Jöcher, Allg. Gelehrten-Lexicon 2, Lpz. 1750, S. 1471–1474. – ADB 11, 1880, S. 703–707. – John Ferguson, Bibliotheca chemica. Vol. I. Glasgow 1906. S. 379–382. – Nieuw Nederlandsch biographisch Woordenboek 8, 1930, S. 742. – Winkler Prins, Encyclopedie 10, 1951, S. 528. – Wilhelm Totok, Handbuch d. Gesch. d. Philosophie 3, 1980, S. 372f. (mit Literaturangaben).

342,18. *Starkey,* George, gest. 1665, ein im 17. und 18. Jahrhundert bekannter englischer Pansoph, Naturforscher und Arzt, der an Paracelsus und van Helmont anknüpft. – The Dictionary of National Biography 18, S. 994f. – Die Schriften Starkeys stehen in engem Zusammenhang mit den (vielleicht von ihm selbst verfaßten?) Schriften, die unter dem Pseudonym Eirenaeus Philalethes erschienen. – The British Museum, Catalogue of printed Books. 1887–1900, unter „Starkey" und „Philalethes". – John Ferguson, Bibliotheca chemica. Vol. II. Glasgow 1906. S. 403–405 und 190–194.

342,21. *Aurea catena Homeri.* Wörtlich übersetzt „Goldene Kette Homers". Das Werk hat mit Homer nichts zu tun, nur kommt bei diesem das Bild der „goldenen Kette" vor (Ilias VIII,18ff.); hier im Buchtitel soll es die „Kette", den Zusammenhang der Weltbereiche andeuten, denn das Werk versucht darzustellen, wie die verschiedenen Bereiche des Seins zusammenhängen (Spiritus mundi volatilis incorporeus – Spiritus mundi acidus corporeus – Spiritus mundi fixus alcalicus corporeus – Materia prima omnium concretorum sublunarium – Animalia – Vegetabilia – Mineralia usw.). – Die 1. Auflage ist: Aurea catena Homeri. Oder: eine Beschreibung von dem Ursprung der Natur und natürlichen Dingen ... Frankf. u. Lpz. 1723. – 2. Aufl.: Frankf. u. Lpz. 1728. – 3. Aufl.: Frankf. u. Lpz. 1738. – 4. Aufl.: Jena 1757. – Lat. Übers.: Frankf. u. Lpz. 1762. – Letzte Aufl., unter verändertem Titel: Annulus Platonis oder physikalisch-chemische Erklärung der Natur ... Bln. u. Lpz. 1781. (Im Inhalt unverändert, sprachlich etwas modernisiert.) – Das Werk entstand im Anfang des 18. Jahrhunderts (wahrscheinlich in Österreich) als Nachzügler der barocken pansophischen Bücher. Die Naturerklärung steht noch auf alchemistischer Grundlage; die Wirkkräfte der Natur erscheinen als geistige Wesenheiten. Doch stehen Beobachtung und Experiment im Vordergrund, während das Mystisch-Spekulative zurücktritt. Als Quellen der Naturlehre werden Vernunft, Erfahrung und Heilige Schrift bezeichnet; auch knüpft die „Aurea catena" an spätantike Überlieferungen an, besonders an die „Tabula Smaragdina" des Hermes Trismegisthos (vgl. 350,36f. u. Anmkg.). Grundgedanke der Naturlehre ist, daß zwischen allen Dingen eine wesenhafte Einheit besteht. Alle Dinge haben ihren Ursprung in dem allgemeinen Welt- und Lebensgeist, der auch als das göttliche „Fiat", die „Anima mundi" oder der „Spiritus mundi" bezeichnet wird. Er ist die Ursache aller Zusammensetzung und Vermehrung. Aus dem Urstoff, dem chaotischen Urwasser, sind die vier Elemente geschaffen worden, die sich durch die verschiedenen Grade ihrer Dichte voneinander unterscheiden; sie können ineinander verwandelt werden. In allen Stoffen lassen sich das „Volatile" (Flüchtige), das „Acidum" (Saure, Halbfeste) und das „Alcali" (Salzartige, Feste) als Grundbestandteile nachweisen; durch den Aufbau aus den gleichen Bestandteilen sind Mineralien, Animalien und Vegetabilien miteinander verwandt. – Der erste Teil des Buches behandelt die Erzeugung der Dinge, der zweite ihre Zerstörung oder Zergliederung. – Verfasser ist höchstwahrscheinlich Anton Joseph Kirchweger, der als Physicus in Krumau (Mähren) und dann in Gmunden lebte, wo er 1746 starb.

Hermann Kopp, Aurea catena Homeri. Braunschweig 1880. (XII, 52 S.) – Hermann Kopp, Die Alchemie. Bd. 2. Heidelberg 1886. S. 208ff. – Brit. Mus., Cat. 25, 1946, S. 106f. unter „Homer". – John Ferguson, Bibliotheca chemica. Vol. I. Glasgow 1906. S. 469–471.

343,6. *darf* = kann.

343,11. *Windofen*: ein Schmelzofen, dessen Feuer ohne künstliches Gebläse durch den natürlichen Zug erhalten wird; er wurde zu chemischen Zwecken so gebaut, daß er eine Retorte umschloß. – Joh. Heinr. Campe, Wörterbuch. Bd. 5. Braunschweig 1811. S. 729. – Dt. Wb. 14,2. Lpz. 1916. S. 315. – Zedler, Universal-Lex.

343,17. *Luftsalz*. Da nach alter Lehre die Grundelemente Sal, Mercurius und Sulfur in allen Dingen sind, enthält auch die Luft das „sal". Welling, Opus mago-cabbalisticum, 1760, S. 5ff., schreibt: „Ja, wann die Luft mit diesem himmlischen Salz nicht zur Genüge angefüllet, so ist die Luft gänzlich verderbt. Dagegen weiß man auch, daß bei continuierlichem Sonnenschein ... die Luft überflüssig mit diesem Lebens-Balsam oder himmlischen Salz angefüllet ..." Vom „Luftsalz" handelt auch ein anderes Werk, das Goethe ebenfalls in seiner Bibliothek besaß und aus Frankfurt nach Weimar übernommen hatte: Joh. Otto Freiherr v. Hellwig, Curiosa Physica. Zum 2. mal hrsg. von Christoph Hellwig. Frankf. u. Lpz. 1714. Ferner handelt davon die 342,21 genannte „Aurea catena Homeri" im XI. Kapitel: „Daß ein Niter und Salz in der Luft sei, beweisen augenblicklich Blitz, Donner und Hagel ..." – Über die Versuche, der Atmosphäre Luftsalz abzugewinnen und dieses als Universalheilmittel zu benutzen: H. Kopp, Gesch. d. Alchemie. Bd. 2, 1886, S. 149–152.

343,21. *Mittelsalz*. Bei Welling, Opus mago-cabbalisticum, ist das *Mittelsalz* ein Stoff, der in der Mitte steht zwischen dem vegetabilischen und dem mineralischen Reich. *Geheimnisvoll* ist es, weil die Alchemie daran arbeitete, den Übergang vom Anorganischen zum Organischen zu erfassen. Welling nennt z. B. den Weinstein ein Mittelsalz: „Wir wollen das mineralische Reich noch nicht gänzlich verlassen, sondern ... das vegetabilische Wunder-Salz, den Weinstein, nehmen, welches mit allem Rechte ein Mittelsalz des vegetabilischen und mineralischen Reiches zu nennen." (S. 229.) Im Laufe des 18. Jahrhunderts mit dem Wandel von Alchemie zu Chemie änderte sich der Wortinhalt. Um 1800 bezeichnet man mit *Mittelsalz* ein Neutralsalz, das in Lösung weder sauer noch alkalisch reagiert. In diesem Sinne: Campe, Wörterbuch 3, 1809, S. 321.

343,27. *Sandbad*. Ein erhitztes Gefäß mit Sand, auf dem Lösungen in Schalen eingedampft, d. h. verdunstet werden, sodaß die festen Rückstände trocken zurückbleiben; durch die indirekte Wärmezufuhr Vermeidung von Überkochen, langsame Bildung großer gleichmäßiger Kristalle. – Dt. Wb. 8, 1893, S. 1761. – Campe, Wb. 4, 1810, S. 28.

343,31. *Makrokosmus und Mikrokosmus*: Welt und Mensch; nach pansophischer Lehre ist der Mensch ein „Auszug" des Alls. Basilius

Valentinus, Chymische Schriften, Hambg. 1700, Bd. 1, S. 220: „Und sollt nun auch weiter verstehen, daß die große und kleine Welt aus einer prima materia gemacht ... Die große Welt als Himmel und Erden aber war am ersten. Demnach ward die kleine Welt als der Mensch von der großen genommen ... Aus der edelsten Erden als ihr quinta essentia ward die kleine Welt formiert." – Vgl. auch die Anmkg. zu 342,16f. – Ernst Cassirer, Individuum und Kosmos in der Philos. d. Renaiss. Lpz. u. Bln. 1927. = Stud. d. Bibl. Warburg, 10.

343,35. *Liquor silicum (Kieselsaft).* Dorothea Kuhn, die Herausgeberin von Goethes naturwissenschaflichen Schriften (Bd. 13 und 14), teilt mir zu diesem Punkt freundlicherweise mit: „Goethes Experiment wäre in moderner Weise etwa so zu beschreiben: Goethe glühte das vorher unlösliche SiO_2 (Siliziumdioxyd, Kieselerde) mit Soda oder Pottasche und erhielt Wasserglas, ein gemischtes Silikat, das je nach Zusammensetzung leichtlöslich, eventuell zerfließlich ist. Die sich abscheidende Gallerte ist Kieselsäure, die sich beim Lösen durch Hydrolyse aus dem Wasserglas abscheiden kann, oder kristallisiertes Hydrat. Bei der Unbestimmtheit der Ausgangssubstanzen und ihrer Mengenverhältnisse können natürlich auch sonstige Verunreinigungen auftreten und die Konsistenz kann sich ändern. – In der von Goethe damals gelesenen ‚Aurea catena Homeri' wird (S. 177f.) ein ähnliches Experiment beschrieben, die Schmelze der Kieselerde, nicht aber die Auflösung oder der zerfließliche Zustand. Was die Alchimisten an diesen Versuchen erregte, war wohl immer wieder der Gedanke der Urzeugung oder des Übergangs vom Mineralischen zum Vegetabilen oder Animalischen. Dafür wurden die chemischen Umsetzungen teilweise als Gleichnis angesehen, teilweise aber auch als solche Umwandlungen betrachtet. Das Gallertartige des Kieselsäureniederschlags z. B., den Goethe bei seinem Versuch erhielt, verleitet zu einem Vergleich mit Algen oder pflanzlichen und tierischen Schleimen. Schleimartige Substanzen (‚Urschleim') wurden als lebensträchtig angesehen. Später hat Goethe selbst eine Grenze zwischen dem organischen und dem anorganischen Sein gezogen und die Kluft für unüberbrückbar gehalten. (Leop.-Ausg. I, 11 S. 27–32.)"

344,2. *jungfräuliche Erde*: alte Bezeichnung in der Alchemie für die „prima materia", d. h. die Tinktur, durch welche sich nach Meinung der Alchimisten Metalle umwandeln lassen. Sprachlich eine allegorische, emblematische Bildung wie „roter Löwe", „Drache" usw. Vgl. *Faust* 1042ff. Goethe hat 1809 in seiner *Geschichte der Farbenlehre* das Suchen nach *jungfräulicher Erde* dargestellt (Bd. 14, S. 79,13ff.). Unter Goethes Büchern (aus Frankfurt 1794 übernommen): Joh. Otto v. Hellwig, Curiosa Physica. 1714. Daselbst S. 84f. über *jungfräuliche Erde*, die Erde unmittelbar nach der Schöpfung, bevor sie von sündigen Menschen „mit Füßen getreten" wird. – „Annulus Platonis" (1781. Neuausgabe der „Aurea catena". S. 105 f.) bezeichnet meteorische Substanz als „jungfräuliche Erde".

344,27. *Halbadept.* Einen *Adepten* nannte man den in die Geheimnisse der Alchemie Eingeweihten; in diesem Sinne *Faust* 1038; von lat. „adipiscor, adeptus sum": erreichen. – Vgl. auch 422,33. – GWb 1, S. 263.

344,30. *Boerhaave,* Herman, 1668–1738, berühmter Mediziner. Indem Goethe auf Boerhaave kommt, verläßt er die Alchemie und Pansophie und gelangt zu neuzeitlicher Chemie. Das Werk, welches Goethe 344,29f. meint, ist wohl „Institutiones et experimenta chemiae", Paris 1724. Es wurde in verschiedene Sprachen übersetzt und wirkte grundlegend für die Entwicklung der neuzeitlichen Chemie. Boerhaave verfaßte ferner: Aphorismi de cognoscendis et curandis morbis in usum doctrinae domesticae digesti. Lugd. Bat. 1709. – Liebholdts Verzeichnis nennt diese Bücher nicht, führt aber Boerhaaves „Institutiones medicae" in der Ausgabe Norimbergae 1756 an. Goethe erwähnte die „Aphorismi" in seinen „Ephemerides" 1770 (Morris 2, S. 31; Fischer-Lamberg 1, S. 430), später besaß er sie in Weimar in seiner Bibliothek (Ruppert 4401f.). – Nieuw Nederlandisch biogr. Woordenboek 6, 1924, S. 127–141. – Winkler-Prins, Encyclopedie.

346,7. *Georg Schlosser.* vgl. 163,21 und 266,2ff. und die Anmkg.

347,33. *Morgenstern,* Joh. Ludwig Ernst, 1738–1819, kam im Oktober 1769 nach Frankfurt. Goethe und seine Schwester hatten bei ihm Unterricht. Von Morgenstern stammt ein Bildnis Cornelias (reproduziert im Goethekalender 1933). Im Frankfurter Goethe-Museum hängt ein von ihm gemaltes Bild „Das Innere der Leonhardskirche". – Thieme-Becker 25, 1931, S. 149f. – Rosa Schapire, J. L. E. Morgenstern, Straßburg 1904. = Stud. z. dt. Kunstgesch., 57. (73 S., 2 Taf.)

348,37. *Idiosynkraise* = eigenartige Mischung der Wesensbestandteile; insbesondere seltsame, aber unwiderstehliche Neigung oder Abneigung in bezug auf etwas. – Fischer, Goethe-Wortschatz, S. 831. – Goethe, Briefe HA, Bd. 3, S. 209,19.

349,8. *endemische Krankheiten*: in einem Volke oder Lande heimische Krankheiten (im Gegensatz zu epidemischen, die sich überallhin verbreiten, dann aber auch wieder verschwinden).

349,22. *jener Briefe.* Die Briefe Goethes an seine Schwester von Oktober 1765 bis Oktober 1767 sind erhalten geblieben. HA Briefe, Bd. 1.

349,26f. *sich substituieren* = sich an jemandes Stelle setzen.

350,2. *Autodafé* = Aburteilung und Verbrennung (ein ursprünglich portugiesisches Wort).

350,23f. *Arnolds „Kirchen- und Ketzergeschichte"* erschien in 1. Auflage 1699–1700. Goethes Vater besaß eine spätere Auflage von 1729. (Götting, Bibl. S. 37.) Es ist ein sehr umfangreiches Werk in 2 großen

Folio-Bänden und behandelt die Geschichte der Kirche und der Frömmigkeit von der Zeit der Apostel bis zum Pietismus des ausgehenden 17. Jahrhunderts. Gottfried Arnold, 1666–1714, verbindet erstaunlich breite Kenntnisse mit einer für seine Zeit außergewöhnlichen historischen Objektivität. Er fühlt sich als „Wiedergeborener", d. h. außerhalb der konfessionellen Grenzen, und sucht bei allen Bekenntnissen, auch bei den sogenannten „Ketzern", das echt Religiöse. Auf diese Weise findet er als Protestant tiefes Verständnis für katholische Mystiker und für sektiererische Schwarmgeister wie Böhme usw. Er sieht überall in der Geschichte eine Polarität zwischen Innerlichkeit und Äußerlichkeit, Mystik und Ratio, Seele und praktischer Lebensbewältigung. Er will nicht Geschichte der Dogmen und Kirchen, sondern Geschichte der Frömmigkeit, der Seele. Er versteht es, große Einzelgestalten zu schildern, aber auch religiöse Bewegungen. Meist wird über die Glaubenslehren der verschiedenen Sekten oder Gruppen zunächst möglichst sachgerecht berichtet und dann erst wird eigene Kritik angeknüpft. – Goethe forderte das Werk 1794 aus Frankfurt an. Es befindet sich heute aber nicht unter seinen Büchern. – E. Seeberg, G. Arnold. 1923. – G. Arnold hrsg. von E. Seeberg. 1934. – F. Meinecke, Die Entstehung des Historismus. 1936 u. ö. – NDB. – RGG.

350,36. *Der neue Platonismus lag zum Grunde.* Vgl. 342,2f. u. Anmkg.

350,36f. *das Hermetische, Mystische, Kabbalistische* ... Hermes Trismegisthos ist der sagenhafte Verfasser der Schrift „Tabula Smaragdina", welche zu den Werken spätantiker Geheimlehren gehört, die seit dem 15. Jahrhundert wieder Einfluß erhielten. Am 11. Mai 1771 schreibt Goethe aus Straßburg an Langer, er suche sich *eine kleine literarische Kenntnis der großen Bücher zu verschaffen,* und fügt hinzu: *es ist eine gar lange Reihe von Hermes' Tafel bis auf Wielands Musarion.* In dem Straßburger Tagebuch *Ephemerides* wird Agrippa von Nettesheim genannt (Morris 2, S. 37). – Später, 1809, kam Goethe zu diesen Gegenständen wieder durch die *Geschichte der Farbenlehre*; und in diesem Zusammenhang befaßte er sich auch mit dem *Kabbalistischen,* indem er den betreffenden Abschnitt in J. G. Buhles Geschichte der neuern Philosophie (Gött. 1800) las. Sein Tagebuch vermerkt am 25. März 1809: *Buhle Geschichte der Philosophie ... Nach Tische Picus von Mirandola, Agrippa von Nettesheim und Cabbalistische Lehren.* – Handwörterbuch des dt. Aberglaubens. Bln. u. Lpz. 1927–1941. Art. „Kabbala" und „Hermes Trismegisthos". – Julius Ruska, Tabula Smaragdina. Heidelberg 1926. = Heidelbg. Akten der v. Portheim-Stiftung, 16. – Anton Reichl, Goethes Faust u. Agrippa von Nettesheim. Euphorion 4, 1897, S. 287–301.

351,1. *Ich mochte mir wohl* ... Das Wort *mochte* in der Bedeutung von „konnte" mit dem Anklang von „ich tat es gern" (wie 417,38); *wohl* im Sinne von „gut"; also: „ich konnte mir gut eine Gottheit vorstellen, die ..." Der Satz deutet an, daß das Vorgefundene und die eigene Denkweise gut zueinander paßten; er knüpft an Vorhergehendes an. Der Jüngling konnte sich gut eine Gottheit vorstellen, wie er sie in den neuplatonisch beeinflußten Büchern, von denen der vorige Satz spricht, dargestellt fand. Ein Paralipomenon (S. 752) führt das noch näher aus: *Die Elemente dieses wunderlichen Glaubensbekenntnisses sind nicht schwer aufzufinden.* Goethe hat die Quellen selbst vorher genannt (341,13–342,29; 350,22–39). Daß er sich in Frankfurt und Straßburg mit pansophischen Dingen beschäftigte, geht aus mancherlei Dokumenten jener Zeit hervor; besonders mögen ihn die Kupferstiche in Wellings Werk, welche konstruktiv den Aufbau der Welt darstellen, zur Nachahmung gereizt haben, denn er schreibt damals, er treibe *Philosophie* und sein *Rüstzeug* seien *Zirkel, Papier, Feder und Dinte.* (13. 2. 1769 an Friederike Oeser.) Er lernte damals Paracelsus kennen, Welling, die „Aurea catena Homeri", ferner Hellwig, dessen „Curiosa physica" in der Bibliothek des Vaters stand, und andere Werke des Spätbarock, welche die ganze Tradition seit Marsiglio Ficino in sich trugen; über Plotin erfuhr er durch Brucker und andere Kompendien. Er gab fortan das Interesse an diesem Gebiet niemals auf. 1794 ließ er sich aus Frankfurt Hellwigs „Curiosa Physica" senden. Um 1800 führten ihn Studien zu *Faust* wieder auf dieses Gebiet, und als er dann die *Geschichte der Farbenlehre* schrieb, kehrte er noch einmal dahin zurück, teils indem er Quellenschriften las, teils indem er durch Werke wie Buhles „Geschichte der neuern Philosophie" sich einen Überblick verschaffte. Das Tagebuch notiert während der Arbeit an *DuW* am 9. März 1811: *Mystisches Dogma.* Zu diesem Zeitpunkt hatte er sich keine pansophischen Bücher aus der Weimarer Bibliothek ausgeliehen. Er schöpfte wohl aus der Erinnerung. Ich nehme an, daß er außerdem zur Anregung Werke zur Hand nahm, die in seiner eigenen Bibliothek standen. Vermutlich sind es diejenigen Bücher, die jetzt noch im Goethehaus stehen:

Henrici Cornelii Agrippae ab Nettesheim De occulta philosophia libri tres. (o. O.) 1533. (Über Mikrokosmos-Makrokosmos-Beziehungen; Verbindung der Naturwissenschaft mit neuplatonischen und christlichen Elementen.)

Joh. Ottonis Baron. de Hellwig Curiosa Physica oder gründliche Lehre von unterschiedlichen Natur-Geheimnissen ... herausgegeben von L. Christoph Hellwig. Frankf. u. Lpz. 1714. (X, 154 S. u. 10 S. Register.) (Versuch, biblische Lehren in Übereinstimmung zu bringen mit der alchimistischen Natur-Auffassung, zumal der 3 Grundelemente.)

Herrn Georgii von Welling Opus mago-cabbalisticum et theosophicum, darinnen der Ursprung, Natur, Eigenschaften und Gebrauch des Salzes, Schwefels und

Mercurii ... beschrieben ... Andere Auflage. Frankf. a. M. u. Lpz., in der Fleischerischen Buchhandlung, 1760. (Vgl. die Anmkg. zu 341,34.)

D. Mensenriet, Vrim et Thurim Moysis ... Philosophisches Hermetisches Kleinod ... Nürnberg 1737. (Weniger umfassend als die drei vorigen Werke; alchimistische Spekulation über Elemente; alchimistische Rezepte; alchimistische Emblematik.)

Unter Goethes Büchern in Weimar gibt es noch andere Werke dieser Art (Ruppert Nr. 3184–3192).

Der Vergleich mit diesen Werken zeigt, daß Goethe zwar übernahm, zugleich aber neu bildete; drei Schichten sind zu unterscheiden: die alten pansophischen Bücher; die daran anknüpfende Weltschau des Jünglings um 1769; die deutende Darstellung des Dichters von 1811. – Übereinstimmend ist der pansophische Ansatz, Naturordnung und Heilsordnung in Verbindung zu sehn und den Fall Luzifers mit der Entstehung der Materie zu verbinden; übereinstimmend sind Vorstellungen wie Zusammenziehung und Ausdehnung. Abweichend ist Goethes Klarheit und künstlerische Abrundung des Bildes und sein Bild des Menschen, das fest umrissen in diesen Zusammenhang hineingestellt wird, *zugleich unbedingt und beschränkt.* Sündenfall und Erlösung werden aus etwas Einmaligem, zeitlich Fixiertem zu etwas Dauerndem, immer Wiederkehrendem, und das Bild des Kosmos wird mit der persönlichen Existenz in ihrem *Verselbsten* und *Entselbstigen* verknüpft. – Die religiösen Partien in *DuW* sind in verschiedenem Maße gebunden bzw. frei: über die Patriarchen (129,21–140,8) und die Sakramente (289,33–292,18) mußte der Dichter sachgerecht sprechen; dagegen konnte er mehr aus sich selbst schöpfen, wo er über das Opfer des Knaben (43,36ff.) und sein jugendliches naturreligiöses Empfinden (223,10ff.) schrieb. Der Schluß des *8. Buches* hält etwa die Mitte. Außerdem sind die religiösen Partien teils berichtend, teils beurteilend. Die einen geben Urteile vom Standpunkt des Alters, z. B.: *Der protestantische Gottesdienst hat zu wenig Fülle und Konsequenz* ... (288,28ff.); andere sind Berichte in Vergangenheitsform, z. B.: *Ich glaubte gefunden zu haben, daß nicht unsere Zehn Gebote auf den Tafeln gestanden* ... (511,22ff.). Das Ende des *8. Buches* gehört zu den berichtenden Teilen. – Um zu zeigen, wie stark Goethe von der alten Pansophie abweicht trotz einzelner verwandter Motive, seien Zitate aus zwei Werken gebracht, die er beide unter seinen Büchern stehen hatte (1794 aus Frankfurt übernommen). Beziehungen bestehen aber nicht nur zu dem Wortlaut, sondern auch – bei Welling – zu den Abbildungen; eine davon (bei Welling neben S. 494), welche die Dreieinigkeit, Luzifer und die diesen umgebende Welt darstellt, steht Goethes Kosmogonie verhältnismäßig nahe.

Welling, Opus mago-cabbalisticum. (S. 101f.:) Der Ausfluß und Glanz des göttlichen Lichts ... ging ... bis zu dem Sohn der Morgenröte, allwo es sich als in einem Spiegel konzentrierte und in sich selbst belustigte ... daß also dieser der Punkt war, in welchem der Allmächtige die ganze Lichtwelt konzentriert hatte ... (S. 103f.:) Nun stund Luzifer in der allervollkommensten und seligsten Herrlichkeit ... in ganz vollkommener Freiheit, da er sich nun also in seiner Majestät ... betrachtete ..., darzu unzählbare Millionen Geister seinem freien Willen ganz unterworfen befand, gelüstete er in sich selbst ... und hemmte also aus eigenem freien Willen das einwürkende göttliche süße Liebeslicht ... Und weilen nun das Licht ... nicht mehr gespüret ward, war in dem großen Raum nichts als erschröckliche Finsternuß, nämlich das Wesen, so dieser Lucifer inne hatte, ... ein feuriges Licht-Wasser oder wässeriges Licht-Feuer ward gleichsam zu einer greiflichen und materialischen Finsternus ... Diese Finsternus nennet der Heilige Text Gen. I v. 2 „Erden" ... ein dick finster greiflich Wesen ... Nun haben wir im ersten Kapitel erwiesen, daß das Wasser gewesen sei die erste qualitas secundaria ... und sagen nur mit wenigem allhier, daß der allermächtigste Gott ein Licht ist und ein verzehrendes Feuer ... sehen also, daß des Luzifers sein Ort sei gewesen ein feuriges Wasser oder wässeriges Feuer ... da aber in diesem Ort ... der göttliche Glanz hineinwärts gekehret ward, da war es kein Licht-Wasser, ein sand- und stein-machendes Wasser und dahero Gen. I v. 2 genannt Erde oder Erdisches, das ist ein schleimichtes schweflichtes Salz-Wasser; und das war das Wasser oder Chaos, so der Text Finsternus nennet ... (S. 105:) In diesem Chaos war nun der widerspenstige Geist mit allem seinem Anhange versperret und verschlossen ... Dieses Chaos nun ... war gleichwohl noch eben dasjenige, das da anfänglich aus dem ewigen göttlichen Fiat ausgeflossen war, aber verkehrt ... eine lautere Finsternus und Abscheu, doch aber in unbeschränkter Macht, wiederum aus diesem Ort zu machen, was derselben nach ihrem ewigen göttlichen Rat gefällig.

Joh. Otto v. Hellwig, Curiosa Physica. 1714. (S. 9f.:) Das Licht ist von Gott ausgegangen, und im Anfang der Schöpfung, ehe noch etwas anderes als der herrliche Welt-Schleim war, aus dem göttlichen Atem geschaffen, daß es sein sollte ein Vehiculum des ewigen Worts oder göttlichen Hauchs, mit welchem und worinnen der Herr in den Welt-Schleim einstrahlte und das Werk der Schöpfung anfing. Die Materie dieser Welt hatte mit dem Fall des Teufels ihres vormaligen Königes das Licht verloren, durch welches der Herr in dem Luzifer vor seinem Fall die Materie oder das herrliche Reich Luzifers durchstrahlte, bewirkte und in der Verdäuung erhielt, und war also lauter Finsternus bis in Abgrunde. Der göttliche Hauch aber legte sich rund um den Klumpen des Welt-Schleims herum, sendete aus sich nach seinem gnädigen Willen ein neues Licht, ... worauf gleichsam als durch eine Brütung nach empfangenem neuem Licht der Weltschleim ... sich auszudehnen anfing und Luft, Wasser und Erden wurden ... (S. 12:) Geist wird aus dem Licht geboren und ist der Leib des geschaffenen Lichts ... Wann das Licht gröber wird, so wird es Geist; wann der Geist sich verdicket, so wird er Salz ... (S. 35f.:) Als der Teufel mit seinen Engeln fiel und durch Verderbung seines höchst ausgedehnten Lichts finster wurde, erschrak ihr aller Geist ... und zog sich fallend ... gleichsam vor Furcht der göttlichen Strafe zusammen und verdickte sich sehr. Hierauf wurden seine gröbsten Teile zu Nebel und folgends zu Schleim; die feinsten und kräftigsten aber drungen sich meistens im Centro des Schleims zusammen ... und wurden ein flüssiges zusammenziehendes Salz. Da schuf Gott

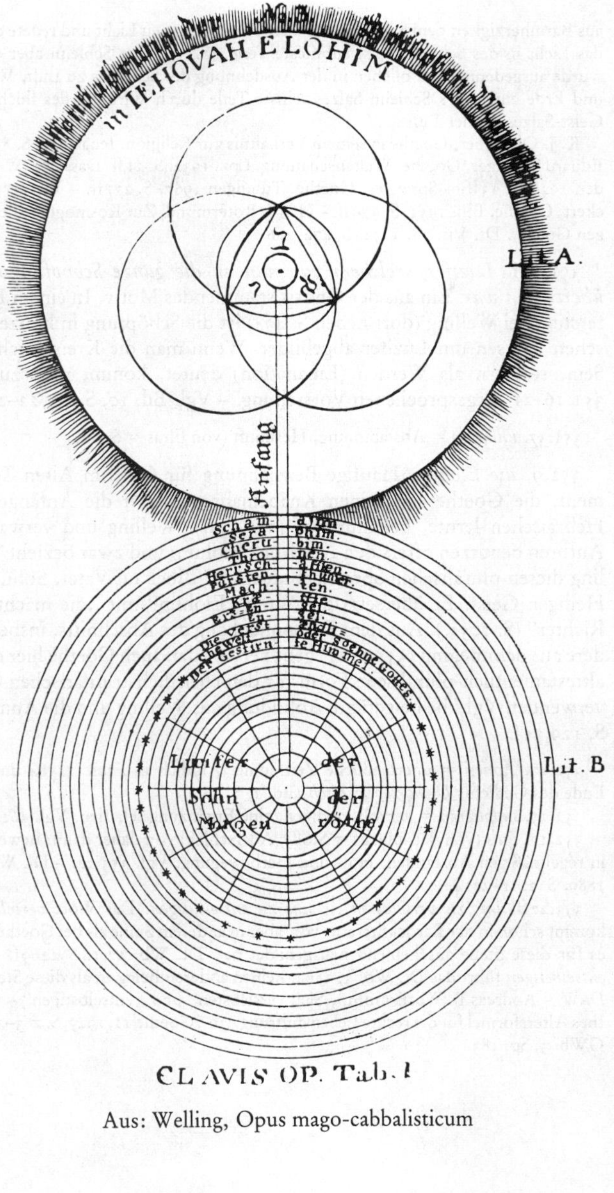

Aus: Welling, Opus mago-cabbalisticum

aus Barmherzigkeit dem Schleime zur Verdünnung ein neu Licht und redete durch das Licht in des Schleimes ... subtileste Teile. (S. 39:) Der Schleim aber selbst wurde ausgedehnt, und blieben in der Ausdehnung des Schleims zu Luft, Wasser und Erde einige des Schleim-Salzes feinste Teile durch Wirkung des flüchtigen Geist-Salzes bei der Luft ...

K. J. Obenauer, Goethe in seinem Verhältnis zur Religion. Jena 1921. S. 88ff. – Eduard Spranger, Goethes Weltanschauung. Lpz. 1932. S. 21ff. Dasselbe, Wiesbaden 1946, S. 13ff. – Spranger, Goethe. Tübingen 1967. S. 277ff. – Werner Danckert, Goethe. Bln. 1951. S. 379ff. – H.-M. Rotermund, Zur Kosmogonie des jungen Goethe. Dt. Vjs. 28, 1954, S. 472–486.

351,16f. *Luzifer, welchem von nun an die ganze Schöpfungskraft übertragen war.* Ein aus der Gnosis stammendes Motiv. In einem Kupferstich bei Welling (dort neben S. 494) ist die Schöpfung in konzentrischen Kreisen um Luzifer abgebildet. Wenn man die Kreise nicht als Sein, sondern als Werden (Emanation) deutet, kommt man zu der 351,16–21 ausgesprochenen Vorstellung. – Vgl. Bd. 10, S. 49, 22–26.

351,37. *Filiation* = Abstammung, Herkunft (von filius = Sohn).

352,9. *die Elohim.* Häufige Bezeichnung für Gott im Alten Testament, die Goethe seit seinen Knabenjahren, als er die Anfänge des Hebräischen lernte, bekannt war (129,35f.). Welling und verwandte Autoren benutzen öfters den Ausdruck Elohim; und zwar bezieht Welling diesen pluralischen Sprachgebrauch der Bibel auf Vater, Sohn und Heiligen Geist. Er übersetzt das Wort „Elohim" mit „die mächtigen Richter" (S. 105f.). Aus dem Zusammenhang des Abschnitts, insbesondere aus dem Beginn (351,1–11) geht hervor, daß auch Goethe hier diese alttestamentlich-pluralische Form für den christlich-trinitarischen Gott verwendet. Vgl. die beigefügte Abbildung aus Welling und die Anm. zu S. 129,35f.

352,10. *Äonen* = unermeßliche Zeiträume. Ähnlich in *Faust* 11584 und am Ende des Gedichts *Urworte, orphisch* (Bd. 1, S. 360).

352,15. *supplieren* = vervollständigen, eine Ergänzung schaffen. Vgl. 361,5.

352,19. *Puls* (vom lat. pulsus = Stoß): Aderschlag; von daher dann: Bewegung in regelmäßigen Abständen, Hin- und Herbewegung. Vgl. 353,24. – Dt. Wb. 7, 1889, S. 2212–2214.

353,22ff. *uns zu verselbsten ... uns zu entselbstigen.* Das Wort *verselbsten* kommt schon in der Barockliteratur vor, aber in anderem Sinne als bei Goethe, der es für diese Stelle anscheinend neu gebildet hat. Dt. Wb. 12,1. S. 1269f. – für *entselbstigen* führt das Dt. Wb. 3, 1862, keinen anderen Beleg an als diese Stelle in *DuW.* – Andreas B. Wachsmuth, „Sich verselbsten" und „entselbstigen" – Goethes Altersformel für die rechte Lebensführung. (Jb.) Goethe 11, 1949, S. 263–292. – GWb. 3, Sp. 183.

Neuntes Buch

Über die Entstehung berichtet das Tagebuch. 11. März 1811: *Biographisches bis zur Abreise nach Straßburg.* 12. März. *Biographisches. Straßburgische Anfänge.* 13. März: *Biographisches. Straßburg. Jungs Wanderschaft.* 14. März: *Jung. Lerse. Tanzmeister.* 15. März: *Übung gegen Schwindel und andre Gebrechen.* 16. März: *Münsterturm.* 6. Mai: *Herr Boisserée aus Köln ... seine architektonischen Risse.* 10. Mai: *Herr Boisserée, nochmals die Zeichnungen durchgesehen. Auch die Durchzeichnungen der Risse vom alten Straßburger Münster.* Erst im Jahre 1812 wird dann wieder das 9. *Buch* erwähnt. 16. März 1812: *Biographica. Stillings Lehrjahre.* 11. Juli: Das 9. *Buch durchgesehen.* 16. August: *Am 9. und 10. Buche diktiert. Revision des Schema für beide Bücher.* 26. August: *Überlegung des 9. Buches.* 1. Sept.: *Die Angelegenheit des Straßburger Münsters und jener Baukunst überlegt.* 4. Sept.: *Die Stelle über deutsche Baukunst nochmals durchgedacht. Fernere Abschrift einiger Stellen des 9. Buchs.* 5. Sept.: *Über deutsche Baukunst diktiert.* 6. Sept.: *Am 9. Buche.* 7. Sept.: *Neuntes und zehntes Buch.* 10. Sept.: *Durchsicht der neuen Abschrift des 9. und 10. Buchs.* 17. Sept.: *Abends Riemer ... Gespräch über das 9. und 10. Buch, die er gelesen hatte.* 20. Sept.: *Riemer. Die Hälfte des 9. Buchs mit ihm durchgegangen.* 21. Sept.: *Abends mit Prof. Riemer einen Teil des 9. Buchs durchgegangen.* 24. Sept.: *Schluß des 9. Buches durchgegangen.* 26. Sept.: *An Herrn Frommann, Schluß des neunten Buchs.*

Sprunghaft schreitet die Darstellung vor, von der gedrückten Lage im Elternhaus zu der freien Entfaltung in Straßburg. Der Blick vom Münsterturm ist reale und zugleich symbolische Situation. Die neue Gesundheit wird spürbar im Klang der Sprache. Ahnungen weisen voraus und wecken Spannung (357,27f.; 397,3f.). Die Stimmung dieses Buchs ist anders als die des vorigen; dort die Zusammenziehung, hier die Ausdehnung; darum wird an dieser Stelle eine kurze Reflexion eingeschoben, die die innere Begründung gibt, warum die Wechselbeziehung von Welt und Ich so breit ausgeführt ist. (387,34–37.) Überhaupt ist die Erzählung wieder durch Altersreflexion unterbrochen. (360,13–19; 375,24–28; 377,27–30; 386,33ff.) Die Lebensgeschichte wird beim Thema des Straßburger Münsters zur Abhandlung, davor und danach aber zur Novelle im Stil der *Wanderjahre*-Novellen (378,3–382,26 und 390,17–397,9), und der Schluß der zweiten Novelle ist zugleich der Schluß des Buches – kein rückblickender, abrundender Schluß, sondern ein öffnender, vorausweisender, der das 9. *Buch* mit den nun folgenden Büchern zusammenschließt.

Ernst Traumann, Goethe der Straßburger Student. Lpz. 1911. (226 S.) 2. Aufl. Lpz. 1923. (384 S. mit 106 Abb.) – Jean de Pange, Goethe en Alsace. Paris 1925. = Les Cahiers Rhénans, 4. (214 S.) – Goethe et l'Alsace. Actes du Colloque de Strasbourg 1970, publ. par la Faculté des Lettres. Paris 1971. (304 S.) – Goethe-Handbuch Bd. 1, 1961, Art. „Elsaß" von A. Fuchs. – Josef Nadler, Literaturgesch. d. dt. Stämme u. Landschaften. 3. Aufl. Bd. 3. Regensburg 1931. S. 62–70. – H. Pyritz, Goethe-Bibliographie, Nr. 2650–2683. – Vgl. Bd. 14, Bibliographie.

354,16f. *Allgemeine deutsche Bibliothek.* Goethe entlieh Ende Oktober 1810 (mit Datum vom 31. 10. 1810) Band 1–13 (1765–71), um sich über die literarischen Zustände in der Zeit seiner Jugend zu orientieren. Vom 13. Febr. 1811 bis 2. Mai 1811, als die Niederschrift lebhaft in Fluß war, entlieh er nochmals Band 1–6 (1765–68). Das Tagebuch erwähnt Lektüre des Werks täglich vom 28. 10. bis zum 3. 11. 1810 und wieder am 14. und 15. Febr. und 11. März 1811. Die 353,26–354,15 zitierte Stelle findet sich in Bd. 1, 1765, S. 128 in einer Rezension des Göttinger klassischen Philologen Heyne über Joh. Gottlieb Lindner, Lehrreicher Zeitvertreib Ovidianischer Verwandlungen. Lpz. 1764, in welcher die Auffassung Ovids als „fürtrefflicher Sittenlehrer" abgelehnt und einem künstlerischen Verständnis das Wort geredet wird. – Die „Allg. dt. Bibl." war eine kritische Zeitschrift, von Friedrich Nicolai begründet, die in großer Vielseitigkeit Rezensionen über deutsche Bücher aus allen Kulturgebieten brachte und nichts Wesentliches überging. – Vgl. 271,24f.; 277,36. – H. Hettner, Gesch. d. dt. Lit. im 18. Jh. Hrsg. v. G. Witkowski. Lpz. 1929. Teil 2, S. 121–125. – Goethe-Handbuch, Bd. 1, 1961, S. 138.

354,21–23. *Wielands ... Werke seiner zweiten, glänzenden Epoche.* Wielands sogenannte „erste Epoche" ist die Zeit seiner „seraphischen" Dichtungen wie „Sympathien" 1754 und „Empfindungen eines Christen" 1756. Zu seiner *zweiten Epoche* rechnet man Werke wie „Don Sylvio de Rosalva" 1764, „Komische Erzählungen" 1765, „Agathon" 1766/67, „Musarion" 1768. Als Goethe in Leipzig studierte, waren diese gerade erschienen und machten viel von sich reden, zumal da sie in ihrer sinnenfrohen Weltlichkeit einen Gegensatz bildeten zu den Werken der „ersten Epoche". Goethe gab bald, nachdem er sich in *DuW* über Wieland geäußert hatte, ein zusammenfassendes Bild Wielands in der Gedächtnisrede, die er am 18. 2. 1813 in der Weimarer Loge hielt. Dort sagt er über diese Epoche: *Wer kann dem Konflikt mit der Außenwelt entgehen? Auch unser Freund ... entschließt sich, das Wirkliche für das Notwendige gelten zu lassen, und erklärt das ihm bisher Wahrgeschienene für Phantasterei ... Er kündigt allem, was sich in der Wirklichkeit nicht immer nachweisen läßt, den Krieg an, zuvörderst also der platonischen Liebe, sodann aller dogmatisierenden Philosophie, besonders den beiden Extremen, der stoischen und pythagoreischen. Unversöhnlich arbeitet er ferner dem religiösen Fanatismus und allem, was dem Verstande exzentrisch erscheint, entgegen. Aber sogleich überfällt ihn die Sorge, er möge zu weit gehn, er möge selbst phantastisch handeln; und nun beginnt er zugleich einen Kampf gegen die gemeine Wirklichkeit. Er lehnt sich auf gegen alles, was wir unter dem Wort Philisterei zu begreifen gewohnt sind, gegen stockende Pedanterei, kleinstädtisches Wesen, kümmerliche äußere Sitte, beschränkte Kritik, falsche Sprödig-*

keit, platte Behaglichkeit, anmaßliche Würde, und wie diese Ungeister, deren Name Legion ist, nur alle zu bezeichnen sein mögen ... (Jubil.-Ausg., Bd. 37, S. 16f.)

354,28. Hamlet. „Es gibt mehr Ding' im Himmel und auf Erden, als eure Schulweisheit sich träumt." (1. Akt, 5. Auftritt.)

355,7. *promovieren* (intransitiv): ein Examen machen, als Magister, Linzentiat, Doktor; ursprünglich (transitiv): jemanden zum Doktor machen, von Seiten der Universität und Fakultät. – Dt. Wb. 7,1889, Sp. 2165.

355,15. *Rezidiv* = Rückfall, neuer Anfall.

356,17. *Diligence* = Eilpost, Schnellpost für Personenbeförderung. – Vgl. 458,1 u. Anmkg.

356,37. *Inseln und Werder.* Eine Karte von Straßburg und Umgebung aus dem Jahre 1751, die den Rhein mit dem Wirrsal kleiner Nebenrinnen, mit seinen vielen kleinen und zahlreichen großen Inseln zeigt, findet sich bei Schöpflin, Alsatia illustrata, Bd. 2, zwischen S. 288 und 289. Die Rheinwiesen waren damals häufig überschwemmt. Goethe denkt bei dem Wort *Werder* wohl an die nur wenig erhöhten kleineren Stellen mit geringerer Bewachsung; die *Inseln* sind höher, haben Baumbestand und *Fischerhütten* (465,11); daß sie *waldig* (442,3) sind, zeigt auch die Karte bei Schöpflin. (Vgl. 465,7–13; 442,3; zum Sprachlichen: Bd. 6, S. 440,5.)

358,20. *Meyer,* Johannes, 1749–1825, wurde später Arzt in Wien und dann in London. – Thomas Stettner, Meyer von Lindau. GJb. 24, 1903; S. 266–276.

358,33. *Rätzel* (in den Drucken von 1812 bis 1830 geschrieben *Räzel,* in späteren Drucken meist „Rätsel"): ein Mensch mit zusammengewachsenen Augenbrauen. Trübners Dt. Wörterbuch, hrsg. v. W. Mitzka. Bd. 5. Bln. 1954. S. 311: etymologischer Zusammenhang mit „Ratte", „Ratz". – Vgl. 439,22.

359,12. *Ludwigsritter* = Ritter des von Louis XIV. für militärische Verdienste gestifteten Ludwigsordens. Später hören wir, daß der hier genannte Ludwigsritter Hauptmann gewesen ist. Vgl. 378,3–382,26.

359,17. *Salzmann,* Joh. Daniel, 1722–1812, Aktuarius am Vormundschaftsgericht. – Unter Goethes Büchern in Weimar befindet sich: Rede an dem Sarge des Herrn Actuarius Salzmann. Den 22. Aug. 1812. Straßburg. (8 S.) – Auch J. M. R. Lenz schloß sich eng an Salzmann an. – ADB 30, 1890, S. 300. – Briefe von und an Lenz. Hrsg. v. Freye und Stammler, 2 Bde. Lpz. 1918. – J. D. Salzmann, Kurze Abhandlungen. 1776. Facsimile-Neudruck, hrsg. von A. Fuchs. Stuttg. 1966.

361,3. *Hoppe.* Vgl. 145,34 u. Anmkg.

361,5. *supplierte* = ergänzte. Vgl. 352,15.

361,30f. *Hofrat Ludwig,* Mediziner in Leipzig. Vgl. 255,37 u. Anmkg.; 257,8ff.

362,3. *Spielmann,* Jacob Reinbold, 1722–1783, seit 1759 Professor der Chemie und Botanik in der medizinischen Fakultät der Universität Straßburg. – ADB 35, 1893, S. 171–173.

362,4. *Lobstein,* Joh. Friedrich, 1736–1784. Professor der Anatomie in Straßburg, einer der bedeutendsten Mediziner seiner Zeit. Vgl. 404,10 und 409,27. – Traumann (S. 86) und Boucke (S. 478) nehmen an, daß Eindrücke aus Lobsteins Hörsaal noch in den *Wanderjahren* (Buch 3, Kap. 3) nachwirken. – Biogr. Lex. d. hervorragenden Ärzte, 2. Aufl. Bd. 3, 1931, S. 812f. – NDB 14, S. 737f.

362,12. *Marie Antoinette,* 1755–1793, zog am 7. Mai 1770 in Straßburg ein.

362,31. *nach Raffaels Kartonen gewirkte Teppiche.* Leo X. faßte den Plan, für die unteren Wände der Sixtinischen Kapelle Wandteppiche weben zu lassen. Er beauftragte Raffael damit, zehn Kartons dafür zu zeichnen, mit Szenen aus dem Leben der Apostel Petrus und Paulus. Dieser stellte sie 1515/16 her. Die Kartons wurden nach Brüssel geschafft, wo sich damals die besten europäischen Webereien befanden. 1519 trafen die fertigen Teppiche in Rom ein. Sie wurden hinfort bei großen Festlichkeiten aufgehängt, haben aber im Laufe der Zeit durch Kriege, Verschleppung, Beschädigung sehr gelitten. Goethe sah diese römischen Teppiche im Juni 1787; hierüber berichtet die *Italienische Reise.* (Vgl. Bd. 11, S. 350,22–28 u. Anmkg. und S. 361,14–364,36.) Außer der Serie für Rom wurden noch andere Exemplare dieser Teppiche hergestellt (Bd. 11, Anmkg. zu 350,23); eins davon war 1770 in Straßburg ausgestellt. In London befinden sich 7 Kartons zu den Teppichen, an denen aber infolge Übermalung der Anteil Raffaels kaum feststellbar ist. – Abbildung der Teppiche bzw. Kartons in jedem größeren Raffael-Werk. – Während Goethe bei der Schilderung des Dresdener Aufenthalts darauf hinweist, daß ihn nur die Niederländer interessierten (S. 320–323), zeigt er hier das erwachende Verständnis für italienische Renaissance-Kunst; innerhalb des gesamten autobiographischen Werks erreicht dieses Motiv dann in der *Italienischen Reise* seinen Gipfelpunkt. – Brief an E. Th. Langer vom 29. April 1770. (Briefe HA., Bd. 1, S. 107,24ff.)

363,2. *Hautelisse* = Gobelin, Wandteppich. In der *Italienischen Reise* heißt es: *In den Niederlanden hatte das Teppichwirken mit stehendem Zettel, Hautelisse genannt, sich schon auf den höchsten Grad erhoben ... Wahrscheinlich durch orientalische Muster veranlaßt, hatte man ... zu Anfang des sechzehnten Jahrhunderts diese kunstreiche Technik schon aufs Höchste getrieben ...* (Bd. 11, S. 361,22–362,4.)

363,7f. *die Geschichte von Iason, Medea und Kreusa.* Iason unternahm den Zug der Argonauten und mußte, um das Goldene Vlies zu erwerben, zwei flammenatmende, dem Vulkan geweihte Stiere an einen Pflug spannen und mit ihnen pflügen. Medea half ihm durch Zauber, und deswegen gelang es ihm, die wutschnaubenden Stiere zu bändigen.

(363,17f.) Medea folgte ihm auf seine abenteuerliche Fahrt und dann nach Korinth. Hier wollte Iason Medea verstoßen und Kreusa heiraten. Medea schickte Kreusa ein Hochzeitskleid; als diese es anlegte, ging es in Flammen auf, und sie starb einen qualvollen Tod. (363,9–11.) Medea ging in ihrer Rachewut noch weiter; sie ermordete die beiden Kinder, die sie Iason geboren hatte, und als Iason entsetzt die Leichen erblickte, fuhr sie in ihrem mit Drachen bespannten Zauberwagen durch die Luft nach Athen zu König Ägeus. (363,11–13.)

364,28. *französisches Gedicht.* Es ist nicht erhalten geblieben.

365,21. *Freund in Frankfurt:* Joh. Adam Horn. Vgl. 236,38ff.

367,6. *Aktuarius beim Pupillenkollegium*: Sekretär beim Vormundschaftsgericht (von lat. Pupillus = verwaist, unmündig, Mündel). Vgl. Anm. zu 359,17.

368,23. *Wanzenau.* Dazu Loeper in seinem Kommentar S. 372: Gebiet zwischen Ill und Rhein, nördlich von Straßburg (Ruprechtsau).

368,27f. *die guten Lehren der Madame Böhme*: 254,30ff.

370,10. *Jung,* Johann Heinrich, 1740–1817, war damals als Student der Medizin in Straßburg. Später wurde er Augenarzt in Elberfeld; Goethe besuchte ihn dort (Bd. 10, S. 37,27–39), und Jung besuchte dann wiederum Goethe in Frankfurt (Bd. 10, S. 87,14ff.). Er hatte inzwischen die Geschichte seiner Jugend niedergeschrieben: „Heinrich Stillings Jugend"; das Manuskript vertraute er Goethe an, und dieser gab es 1777 heraus. Durch den Erfolg dieses Werks ermutigt, ließ Jung weitere Teile der Autobiographie folgen: Heinrich Stillings Jünglingsjahre, 1778; Heinrich Stillings Wanderschaft, 1778 (in diesem Teil schildert er seinen Aufenthalt in Straßburg und das Zusammensein mit Goethe, Salzmann, Herder usw.); es folgte: Heinrich Stillings häusliches Leben, 1789, u. a. m. Jung gab den Beruf des Augenarztes später auf und wurde Professor für Nationalökonomie in Kaiserslautern und in Marburg. Im Alter beschäftigte er sich mit spiritistischen Fragen und verfaßte eine „Theorie der Geisterkunde", 1808. Von dieser späteren Wendung läßt Goethe in die Schilderung der Jugendkameradschaft nichts einfließen. – Franz Götting, Goethes Straßburger Freund Jung-Stilling. Goethe-Kalender 1937. S. 218–248. – NDB 10, 1974, S. 665–667.

372,22. *Lerse,* Franz Christian, 1749–1800, Student der Theologie; später Lehrer an der Militärakademie in Kolmar. Vgl. 482,5f. – J. H. Jung, Heinrich Stillings Wanderschaft: „Nun kam auch ein Theologe, der hieß Lerse, einer von den vortrefflichen Menschen, Goethens Liebling, und das verdiente er auch mit Recht, denn er war nicht nur ein edles Genie und ein guter Theologe, sondern er hatte auch die seltene Gabe, mit trockener Miene die treffendste Satire in Gegenwart des Lasters hinzuwerfen. Seine Laune war überaus edel." – ADB 18, 1883, S. 431f. – NDB 14, S. 320f.

373,26. *im Romanen- und Fechtersinne*. Beim Duell hat jeder *Fechter* einen Sekundanten; in *Romanen* und anderen Dichtungen hat der Held oft eine helfende Nebenfigur wie Telemachos den Mentor, Orest den Pylades. Als *DuW* erschien, waren seit 16 Jahren die *Lehrjahre* vorhanden, in denen Laertes helfende Nebenfigur und außerdem Fechter ist.

374,26f. *Montgolfiere* = Luftballon.

374,38ff. *ältern Doktor Ehrmann*; Joh. Christian Ehrmann, 1710–1797, Stadtphysicus. – 375,1 *seines Sohnes*; Johann Friedrich Ehrmann, 1739–1794, Professor der Medizin. – Die Angaben über die mitgemachten medizinischen Übungen ergänzen die 362,2ff. gemachten Mitteilungen über chemische und anatomische Vorlesungen. – J. H. Jung, Heinrich Stillings Wanderschaft. 1778 u. ö. – Nouvelle Biographie générale 15, 1856, S. 754. – Biogr. Lexikon hervorragender Ärzte. 2. Aufl. Bd. 2, Bln. u. Wien 1930, S. 387f. und Ergänzungsband 1935, S. 260. – Joh. Stein, Aus der Gesch. der Straßburger Medizin. In: Zur Gesch. d. dt. Univ. Straßburg. (1941.) S. 188f. – Insbesondere: Goethe-Handbuch 1, 1961, Art. „Ehrmann" von A. Fuchs Sp. 2095–2099.

376,20. *Gayot*, Prätor von Straßburg, d. h. der höchste Zivilbeamte der Stadt, Vertrauensperson der französischen Regierung. Er starb 1776.

376,23. *Blondel*, Jacques François, 1705–1774, bekannter französischer Architekt, der in Paris, Metz, Straßburg usw. bedeutende Bauten errichtete. – Thieme-Becker 4, 1910, S. 136. – Goethe-Handbuch 1, 1961, Art. „Blondel". 377,23. *ihr Fall*: die „Societas Jesu" wurde 1764 in Frankreich verboten.

377,24. *Gegenteil* = Gegenpartei. (Vgl. Bd. 2, S. 380, Vers 79.)

377,33. *Klinglin*, Franz Joseph, 1685 (?)–1755. Vgl. 476,9.

379,28. *Büsel*. Vgl. 362,26.

380,13f. *philippische Rede* = Strafrede; Demosthenes hielt 4 heftige Reden gegen Philipp von Mazedonien; danach wurden dann die 14 Reden Ciceros gegen Antonius „Philippicae" genannt.

380,27. *Invektiven* = polemische Äußerungen. Ein von Goethe auch für seine eigenen polemischen Gedichte und Sprüche benutztes Wort. Vgl. 408,29 und 429,31.

381,10. *ein feiner Zeisig* = jemand, der für weibliche Reize empfänglich ist und vielleicht ein wenig locker lebt. – Dt. Wb. 15,1. Lpz. 1913. S. 520.

382,11. *Mentor* und *Telemach*. Die Stelle bezieht sich auf Fénelon, Les aventures de Télémaque, Ende des 7. Buchs; und zwar vermutlich auf den Kupferstich, der dieser Stelle beigegeben ist: man sieht Telemach ins Wasser fallen, während Mentor hinterherspringt. Wahrscheinlich ist es eins der Bilder, die Goethes optisches Gedächtnis in der Jugend intensiv aufnahm und bis ins Alter festhielt. Da er die Lieblingsbücher der Jugend auch im Alter gern bei sich hatte, befinden sich in seiner Weimarer Bibliothek 2 Ausgaben des Werks: Die Begebenheiten des Telemach. In dt. Verse gebracht von B. Neukirch. Anspach 1739. (Alexandriner.) Und: Die seltsamen Begebenheiten des Telemach ... übers. von Ludw. Ernst v. Faramond. Frankf. u. Lpz. 1756. (Prosa.) Beide Werke zeigen den Sturz ins Wasser, aber das eine Kupfer ist gegenüber dem anderen seitenverkehrt und hat auch noch andere

Abweichungen, wie dergleichen in der Illustrationsgraphik des 18. Jahrhunderts häufig vorkommt.

382,29. *das ehrwürdige Münstergebäude.* Goethes Begeisterung für das Straßburger Münster führte zur Abfassung der Schrift *Von deutscher Baukunst,* die erstmalig 1772 (mit der Jahreszahl 1773) gedruckt wurde. (Bd. 12, S. 7–15.) Sie ist ein Hymnus auf den Künstler und sein Werk. In bewußtem Gegensatz dazu ist die folgende Darstellung eine sachliche Beschreibung, wie sie Goethe im Alter für notwendig hielt. Die erneute Beschäftigung mit dem Straßburger Münster dankte er vor allem Sulpiz Boisserée. Im April 1810 sah er Bauzeichnungen des Kölner Doms, die dieser angefertigt hatte; darauf ergab sich ein Briefwechsel, und am 3. Mai 1811 kam der junge Romantiker dann persönlich und war mit Goethe bis zu dessen Abreise nach Karlsbad am 12. Mai täglich zusammen. Er hatte eine große Anzahl Zeichnungen der Dome von Köln, Straßburg, Amiens, Reims, Wien usw. mitgebracht, und Goethe beschäftigte sich täglich damit. Er sah ein, daß er hier große Kunst vor sich habe, ein Gebiet, von dem er zwar ein Einzelwerk schon in der Jugend bewundert, das er als Ganzes aber bisher verkannt und vernachlässigt hatte; Boisserées Bemühungen zweckten ab auf eine Kunstgeschichte der Gotik, Rekonstruktion der fehlenden Teile des Kölner Doms und Fortsetzung der Bautätigkeit an diesem. Dieser große Aufgabenbereich drohte – als Goethe 1812 am *9. Buch* von *DuW* schrieb – die Kraft eines einzelnen Privatmanns zu übersteigen. Goethe hat dann später erlebt, daß Boisserée Schritt für Schritt seinen Zielen näher kam. Unter Goethes Büchern in Weimar befindet sich noch heute eine umfangreiche Handschrift „Geschichte und Beschreibung des Doms zu Köln" und ein Exemplar von Boisserées Werk: Ansichten, Risse und einzelne Teile des Doms zu Köln. Stuttg. 1821–1831. – Vgl. Bd. 12, S. 177–182 und die Anmkg. – Eduard Firmenich-Richartz, Die Brüder Boisserée. Bd. 1. S. und M. Boisserée als Kunstsammler. Jena 1916. S. 115–247.

383,38. *perpendikular* = senkrecht, lotrecht. – Dt. Wb. 7, 1889, S. 1560.
386,15. *vindizieren* = etwas in Anspruch nehmen für jemanden.

386,16. *Aufsatz*: Bd. 12, S. 7–15 *Von deutscher Baukunst.* Zuerst in einem Einzeldruck 1773 (gedruckt 1772); dann in dem von Herder herausgegebenen Sammelband „Von deutscher Art und Kunst", Hamburg 1773. – Vgl. 507,36–508,30.

388,3f. *den Dom zu Köln* hatte Goethe, als er diesen Abschnitt schrieb, 1774 auf der Rheinreise gesehn und 1792 auf der Rückkehr aus dem französischen Feldzug, *den zu Freiburg* 1775 bei der ersten Schweizer Reise und 1779 bei der zweiten Schweizer Reise.

388,6f. *eine entwickeltere Kunst*: Goethe denkt hier wohl an die Kunst der Antike, weniger an die der italienischen Renaissance.

388,23. *Sulpiz Boisserée*, 1783–1854, brachte das *Kupferwerk*, von dem hier die Rede ist, erst später zur Veröffentlichung: Ansichten, Risse und einzelne Teile des Doms zu Köln. Stuttg. 1821–1831. – Es ist außergewöhnlich innerhalb von *DuW*, daß ein jüngerer Zeitgenosse mit einem Vorhaben genannt wird. Dies zeigt, wie wichtig Goethe Boisserée und sein Anliegen war. In einem Brief vom 26. 6. 1811 schreibt er ihm, er wolle sich für ihn einsetzen, aber eine Zeitung sei nicht der rechte Ort dafür; er möge noch Geduld haben. *Doch soll, was ich Ihnen schuldig zu sein glaube, nicht ausbleiben.* Die Aufnahme in *DuW* war eine der königlichen Gegengaben, die Goethe denen, die er liebte und deren Anliegen er schätzte, mitunter zuteil werden ließ. – E. Firmenich-Richartz, Die Brüder Boisserée. Bd. 1. Jena 1916. – Richard Benz, Goethe und die romantische Kunst. München 1940. – NDB 2, 1955.

388,28f. *in der Ausführung stocken.* Der Kölner Dombau, 1243 begonnen, kam im 15. Jahrhundert ins Stocken. Goethe und die Romantiker sahen den Dom als Fragment; fertig waren der Chor, die unteren Stockwerke der Türme und kleine Teile des Langschiffs und Querschiffs. Die Verbindung zwischen Chor und Türme war nur ganz provisorisch hergestellt. Erst in den Jahren 1842–1880 wurde auf Grund von Boisserées Rekonstruktionsentwurf der Dom fertiggestellt. In Goethes Sammlungen befand sich ein kolorierter Stich des unvollendeten Kölner Doms von L. Ziegler nach L. Janscha; jetzt ausgestellt im Goethe-Nationalmuseum; abgebildet in: Holtzhauer, Goethe-Museum, S. 593. – In Goethes Sammlungen befindet sich außerdem ein plastisch ausgearbeitetes Modell des Kölner Doms, wie er vollendet aussehen sollte. – Vgl. Bd. 12, S. 179,6–182,17 und die Anmerkungen dazu. – Richard Benz, Goethes Anteil am Wiederaufbau des Kölner Doms. (Jb.) Goethe 7, 1942, S. 226–256. (Mit Reproduktion des Stichs von Ziegler nach Janscha.)

389,30. *Flûte-douce* = kleine Flöte. – J. G. Walther, Musicalisches Lexicon. Lpz. 1732. S. 250.

389,34. *Pas-de-deux*: Tanz zu zweit.

389,38. *Gigue* = Tanzmusik im Tripeltakt oder auch geradtaktig, meist aus zwei achttaktigen Wiederholungsteilen. – MGG 5, Sp. 110–115.

389,38. *Murki* = Musikstück mit Oktavenbrechungen im Baß. – Werner Danckert, Geschichte der Gigue. Lpz. 1924. (172 S.) – MGG 9, Sp. 937ff.

390,25. *Redoute* = Maskenball.

391,5. *Moitié* = Partnerin (wörtl.: „Hälfte").

396,10. *Lucinde überhäufte ihre Schwester mit ... Vorwürfen.* Das Motiv kehrt im ersten Brief des *Werther*-Romans wieder (Bd. 6, S. 7, 19–28). Das Ende dieser Szene (397,3f.) ist eine Vorausdeutung der Friedriken-Geschichte.

Zehntes Buch

Über die Entstehung berichtet das Tagebuch. 2. April 1811: *Schema zur Biographie. Herder. Friedrike Brion und anderes.* 5. April: *Herder in Straßburg.* 6. April: *Schluß von der Herderschen Gegenwart. In Gedanken das weitere Schema verfolgt.* 9. April: *The Vicar of Wakefield.* 10. April: *The Vicar of Wakefield.* Erst ein Jahr später wird die Arbeit weitergeführt. Vom 20. April bis 16. September 1812 reist Goethe nach Karlsbad. 5. Mai 1812: *An der Biographie. Landprediger von Wakefield.* 7. Mai: *Biographisches. Friedrike Brion.* 9. Mai: *Fortsetzung von Sesenheim.* 11. Mai: *Sesenheim.* 17. Mai: *Klopstock, Gleim. Würde der Dichter und Schriftsteller an sich selbst.* 13. August: *10. Buch.* 15. August: *Am 10. Buche diktiert.* 16. August: *Am 9. und 10. Buche diktiert. Revision des Schema für beide Bücher.* 17. August: *Nach Tisch Biographisches durchgesehn. Sesenheim.* 19. August: *Schema der Lothringer Reise.* 23. August: *Elsässer und Lothringer Reise.* 24. August: *Abschrift der Reise. Den Anfang des 10. Buchs durchdacht.* 25. August: *Klopstocks und Gleims Persönlichkeit.* 7. September: *9. und 10. Buch.* 8. Sept.: *Am 10. Buche.* 9. Sept.: *Am 10. Buche das Herdersche Verhältnis durchgegangen.* 10. Sept.: *Durchsicht der neuen Abschrift des 9. und 10. Buchs.* 11. Sept.: *Die neuen Abschriften ferner durchgesehn.* 17. Sept.: *Abends Riemer. Gespräch über das 9. und 10. Buch, die er gelesen hatte.* 26. Sept.: *Anfang des 10. Buchs durchgegangen.* 29. Sept.: *Die Mitte des 10. Buchs.* 3. Okt.: *Riemer ... den Schluß des 10. Buchs durchgegangen.* 4. Okt.: *An Herrn Frommann. Schluß des 10. Buchs.* Ende Oktober waren die ersten Exemplare des *2. Teils* fertig und Goethe verschenkte sie an Freunde und Bekannte.

Das *10. Buch* bringt eine große Ausweitung; neue Einsicht in das geistige Leben ergibt sich durch Herder; Verständnis für Naturwissenschaft und für Verwaltung erwacht durch die Reise nach Lothringen; ein ungekanntes Erlebnis reiner glücklicher Liebe entsteht durch Friedrike. – Um Herder recht beurteilen zu können, fängt das Buch mit einem Rückblick auf Wesen und Wirkung der Schriftsteller im Beginn des Jahrhunderts an; eine höhere Stufe bedeuten Klopstock und Gleim; weniger sie selbst werden geschildert, als ihre Wirkung auf die junge Generation und auf Goethe. Der Übergang zum Herder-Abschnitt ist nicht literarhistorisch, sondern autobiographisch. Auch der Herder-Abschnitt selbst zielt auf das, was der Verfasser ihm zu verdanken hat, und so schließt paßrecht eine Reflexion über Dank und Undank an. Hier tritt nun ganz der Standpunkt des Alters hervor; der Stoff der Jugend tritt zeitweilig zurück. Dann folgt das zweite Thema: die Lothringer Reise, die ihre – nur leise ausgesprochene – Bedeutung dadurch hat, daß sie etwas einleitet, was im späteren Leben Folge hatte: geologische und volkswirtschaftliche Studien. Als Unterton ist hier also immer gegenwärtig, was der Verfasser später aus diesen Studien gemacht hat, in die er hier *eingeweiht* wurde (420,1). In diese Partie sind als Vorbereitung auf das dritte Thema drei Hinweise auf Sesenheim eingeflochten

(415,18–22; 423,33–38; 425,39–426,10), die in sich eine Steigerung enthalten. An den Schluß der Reiseschilderung (426,10) könnte der Beginn der Sesenheim-Geschichte (430,8) anknüpfen; aber Goethe schaltet den „Landpriester von Wakefield" ein und gewinnt dadurch für die Friedriken-Geschichte eine Spiegelung; nun tritt wieder der Stil der Novelle in seine Funktion; bildhafte Szenen schließen sich aneinander bis zu der Szene der Märchenerzählung in der Laube. Eine halb scherzhafte Alters-Reflexion – Goethe liebt nach Höhepunkten solche Arabesken – bildet den Ausklang des Buches, der zugleich das Ende des *2. Teils* ist.

397,11. *Gildeglieder* waren die Dichter des 16. Jahrhunderts, insofern sie Meistersinger waren; der zunftartige Zusammenschluß gab dem einzelnen *Halt* (397,13), und in anderer, ähnlicher Weise waren es auch die neulateinischen Dichter, die sich als *Stand* (397,13), als „nobilitas literaria" empfanden und anderen gegenüber darstellten. Ihre Nachfolger, die Barockdichter, traten zunächst ebenfalls als *Stand* auf, und die Bezeichnung „poeta laureatus", die jeder anstrebte, tat das nach außen kund und verlangte *Ansehn* (397,14). Diese Geltung als *Stand* hörte mit dem Ende des Barockjahrhunderts weitgehend auf.

397,20f. *Das Gelegenheitsgedicht* war um 1600 eine Form der Dichtung, die bei Fürsten und Gelehrten besondere Feste verschönerte, sank aber im Laufe des 17. Jahrhunderts ab, sodaß jeder fürstliche Einzug, jede Fürstenhochzeit, ja jede bürgerliche Hochzeits- und Begräbnisfeier um des Ansehens willen von Gedichten begleitet wurden, die man bestellte und honorierte, so daß das Verfassen solcher Werke ein handwerkliches Gewerbe wurde. Das 18. Jahrhundert führte diese Tradition fort. Das *5. Buch* schildert, wie junge Leute in Frankfurt Bestellungen auf Hochzeits- und Begräbnisgedichte erhielten (172,13ff.; 179,27ff.); das *7. Buch* zeigt, wie Goethe von Hause einen Auftrag dieser Art bekam (301,7ff.). Er hat es auch in seinen späteren Jahren nicht verschmäht, Gelegenheitsgedichte an Freunde und an Fürsten zu machen (Bd. 1, S. 256–264, 338–356, 408–410), wandelte dabei aber die alte Gattung durch persönliche Prägung und gehaltliche Tiefe in etwas Neues. Dadurch rückte das Gelegenheitsgedicht in die Nähe der augenblicksgeborenen, aus einmaliger Situation entspringenden Lyrik. Im Alter hat er seine *Harzreise im Winter* (Bd. 1, S. 50–52), die im Symbol das Reale, Besondere behält, als Dichtung aus einer *Gelegenheit* (Bd. 1, S. 393,2f.) bezeichnet. – Vgl. auch 7,20ff.; 264,37; 302,16f.; Bd. 10, S. 102,38f.

397,24. *Günther,* Joh. Christian: vgl. 264,28ff. u. Anmkg.

397,31ff. *Hagedorn,* Friedrich v., 1708–1754, stammte aus niederdeutschem Adel, arbeitete in Hamburg, in der dortigen Englischen Handelsgesellschaft und erwarb sich seit den dreißiger Jahren Ansehn durch seine anakreontischen Dichtungen und Fabeln. *Brockes*, Barthold Hinrich, 1680–1747, aus Hamburgischem Patriziergeschlecht, Senator, erfolgreich in politischen Missionen, veröffentlichte seit 1721 seine Naturgedichte „Irdisches Vergnügen in Gott". *Haller*, Albrecht v., 1708–1777, aus einer Berner Patrizierfamilie, Universitätsprofessor in Göttingen, dann Mitglied des großen Rats in Bern, erhielt viele Ehrungen von Fürsten und Akademien europäischer Länder. Sein „Versuch schweizerischer Gedichte" erschien erstmalig 1732.

397,36f. *Geschäftsmänner* = Beamte, welche die Geschäfte des Staats führen. *Uz* war Assessor und später Direktor eines Landgerichts; *Rabener* war Steuerrat; *Weiße* war Kreissteuereinnehmer. – Vgl. 79,10.

398,7. *Klopstock*, bereits in der Kindheitsgeschichte genannt (79,38–82,15) als der erste zeitgenössische Dichter, dessen Name in *DuW* auftritt, und dann noch mehrfach erwähnt (141,13–16; 144,26 bis 29; 269,36–270,3; 270,20; 281,21), wird hier erst ausführlich gewürdigt. – Goethe entlieh am 1. Mai 1811: Klopstock und seine Freunde. Briefwechsel, aus Gleims Nachlasse hrsg. von Klamer Schmidt. 2 Bde. Halberstadt 1810. Und am 20. Juli 1811 entlieh er eine Gesamt-Ausgabe des „Messias". – Unter Goethes Büchern in Weimar befinden sich Klopstocks „Oden" in der schönen Erstausgabe, die 1771 in Hamburg erschien; er hat dieses Exemplar 1794 aus Frankfurt übernommen. Vom „Messias" dagegen steht in Goethes Bibliothek nur Band 4, 1773; wahrscheinlich hat er die anderen Bände nicht besessen und deswegen 1811 das ganze Werk sich aus der Bibliothek kommen lassen. – Goethes Verhältnis zu Klopstock war in seiner Frankfurter Zeit eine freundliche persönliche Beziehung gewesen, die aber, als er nach Weimar gekommen war, in einem Zerwürfnis endete, so daß der Briefwechsel abgebrochen wurde. Als Goethe 1812 das *10. Buch* vollendete, war Klopstock seit 9 Jahren tot. Goethe läßt nichts von der persönlichen Verstimmtheit, die lange zwischen Klopstock und ihm geherrscht hatte, in seine Schilderung einfließen. – Vgl. Bd. 6, S. 27, 30f. u. Anmkg. und Bd. 14, Namen-Register. – Jördens 3, 1808, S. 3–55.

398,28. *wird der ewige Richter sein Antlitz entwölken* ... Klopstocks „Messias" schildert in den Gesängen I–X Jesu Wirken bis zu seinem Tode, dazu die Welt der Engel und der Teufel. In die Gesänge XI–XX, welche als Stoff die Auferstehung und die Himmelfahrt haben, sind viele Ausblicke in die Vorzeit und die Folgezeit hineingenommen. Im XVIII. und XIX. Gesang erfährt Adam durch Vision etwas von dem zukünftigen Jüngsten Gericht. Darauf spielt Goethe hier an. Der Satz 399,2ff., daß der Dichter *selbst dereinst zu diesen Chören eintreten* werde, bezieht sich auf Messias XX,595ff., wo in die Lobhymnen der himmlischen Heerscharen auch „zweener Sterblicher Lied" – das von

Klopstock und seiner verstorbenen Frau – einfließt. Es ist ein Zeichen dafür, wie gut Goethe das Wesentliche Klopstocks erfaßt hat, daß er nicht nur die in seiner Jugend so berühmten Gesänge I–X erwähnt, sondern auch die Klopstock selbst besonders wichtigen Gesänge XI–XX mit ihrer Darstellung der großen Wende in der Heilsgeschichte am Ausgang der irdischen Zeit und der Zeitlosigkeit des Religiösen. – Gerhard Kaiser, Klopstock. Religion und Dichtung. Gütersloh 1963. S. 227.

398,31. *einen abgefallenen Geist*: den Teufel Abbadona, welchen Klopstock als einen Geist darstellt, der Reue empfindet und sich nach dem Heil zurücksehnt. Er kommt schon in den ersten Gesängen vor, die 1748 erschienen (II,627ff.), und machte auf die Leser tiefen Eindruck. Lange rätselte man, was mit Abbadona am Schluß geschehen werde. Erst im XIX. Gesang (96ff.), der 1773 erschien, läßt Klopstock ihn vor dem Weltenrichter Gnade finden.

399,1f. *das Gefühl eigner Persönlichkeit.* Die Würde des Dichters war etwas für Klopstock so Wesentliches, daß schon Goethes erstes biographische Schema vom Jahre 1809 diesen Punkt ausdrücklich vermerkt: *1752 Brief von Klopstock vom 9. April. Gefühl persönlicher Würde des Dichters.* (W. A. 26, S. 349.) Goethe fand den Brief im „Morgenblatt" 29. 12. 1809 abgedruckt. (Ein Exemplar davon noch heute unter seinen Büchern in Weimar.) Klopstock hatte im Januar 1752 eine „Ode an den König" verfaßt. Sie richtet sich an König Friedrich V. von Dänemark, nach dem Tode von dessen Gattin (spätere Überschrift „Die Königin Luise"). Die Ode hatte bei dem Berliner Hofprediger Sack und anderen Lesern die Meinung aufkommen lassen, Klopstock arbeite wie ein Hofdichter alten Stils, der bestellte Gedichte zu Begräbnissen und Hochzeiten mache. Klopstock, dem dies völlig fern lag, wehrt in dem Brief an Gleim vom 9. 4. 1752 diese Meinung ab. Sein Gefühl der Würde beruhte auf seiner Leistung als Sänger des „Messias" und als lyrischer Gestalter großer menschlicher Erlebnisbereiche. Dieser Wesenszug, der für die Dichter der Folgezeit von Bedeutung wurde, sollte in dem knappen literarischen Porträt nicht fehlen.

399,13. *seine erste Liebe*: zu Marie Sophie Schmidt, die er in seinen Oden „Fanny" nennt. Fanny heiratete 1754 den Eisenacher Kaufmann und späteren Bürgermeister Johann Lorenz Streiber. Zu diesem hatte Goethe Beziehungen, ebenso zu beider Tochter Victoria, die später den Frankfurter Kaufmann Bansa heiratete. – Briefe von und an Klopstock. Hrsg. v. J. M. Lappenberg. Braunschweig 1867. Hier sind S. 320–324 Klopstocks Brief an Fanny vom Dezember 1785 und ihre Antwort vom 3. 1. 1786 abgedruckt. Über die Geschichte der Fanny-Liebe: Franz Muncker, Klopstock. Bln. 1893. 2. (unveränderte) Aufl. 1900. Daselbst auch über sein Nachdenken *in spätem Alter* über Fanny (S. 256).

399,17. *Meta* = Meta (Margareta) Moller, welche Klopstock 1752 heiratete; sie starb 1758, 30 Jahre alt, bei der Geburt eines Kindes. Goethe wußte über Klopstocks und Metas Ehe nur das wenige, was durch mündliche Erzählungen der Zeitgenossen allgemein bekannt war und was aus den von Klamer Schmidt veröffentlichten Briefen und den Mitteilungen bei Jördens, Bd. 3, 1808, S. 3–55, hervorging. Dies wenige aber genügte für ihn, um die tiefe Erfülltheit dieser Ehe zu ahnen und beider Sinn für die Heiligkeit der Ehe zu erkennen. Wie richtig er sah, haben in viel späterer Zeit die Briefe aus dem Klopstock-Nachlaß gezeigt, die erst 1950 in öffentlichen Besitz kamen und seit 1956 mehrfach gedruckt sind.

399,24f. *in dem Hause eines großen ... Staatsmanns*: Johann Hartwig Ernst Freiherr v. Bernstorff, 1712–1772, seit 1751 dänischer Außenminister. Nach dem Tode Metas wohnte Klopstock jahrelang in Bernstorffs Hause. Als Bernstorff 1770 entlassen wurde und nach Hamburg zog, übersiedelte auch Klopstock dorthin. – ADB 2, 1875, S. 499–504. – Muncker, Klopstock, S. 260ff. – NDB 2, 1955, S. 140f.

399,35–37. *seine ersten Werke ... unglaublichen Einfluß*: „Der Messias", 1748–1773, und die „Oden", welche seit 1748 in Zeitschriften erschienen und 1771 von Klopstock in einer großen Ausgabe zusammengestellt wurden, galten allgemein als Klopstocks Hauptwerke. Seine übrigen Schriften – die biblischen Dramen, die „Gelehrtenrepublik" usw. – hatten weniger Wirkung.

400,8. *Gleim*, Johann Wilhelm Ludwig, 1719–1803, war seit 1747 Sekretär des Domkapitels zu Halberstadt und Kanonikus des Stifts Walbeck und hatte hier ein gutes Einkommen ohne viel Amtspflichten. Halberstadt war ein im Westfälischen Frieden säkularisiertes Stift, hatte einen Dompropst und 16 Domherren, darunter 4 katholische. Goethe und Gleim hatten sich zweimal kurz gesehen: 1777 bei Gleims Besuch in Weimar und 1783 in Halberstadt auf der zweiten Harzreise; das lag also 1812 schon weit zurück. 1805 hatte Goethe dann auf der Reise nach Halle und Helmstedt das Gleim-Haus in Halberstadt besichtigt; das schildern später die *Annalen*. 1812 war er zu neuer Beschäftigung mit Gleim durch seine Autographensammlung angeregt. (Vgl. die folgende Anmkg.) Gleim wechselte mit fast allen literarisch bedeutenden Männern in Deutschland Briefe; da er in diesen nur über Freundschaft, Dichtung, Reisen usw., nie aber über Arbeit schrieb, konnte man sich keine rechte Vorstellung machen, für welche Leistungen er seine Einkünfte erhielt. (Vermutlich in diesem Sinne 400,9 *dunkel* = „verborgen", „wenig sichtbar", „schwer erkennbar", „nicht durchschaubar", ähnlich wie 405,30.)

Jördens 2, 1807, S. 139–157. – ADB 9, 1879, S. 228–233. – KDN 45,1: Anakreontiker und preuß.-patriot. Lyriker, hrsg. v. F. Muncker. S. 177–316. – Über das

Domkapitel in Halberstadt: Ed. Vehse, Gesch. der geistl. Höfe, 4, Hbg. 1860, S. 93ff., 101ff. – Felix v. Kozlowski, Goethe u. Gleim. GJb. 28, 1907, S. 238–242. – Vgl. auch 270,6f.; und Bd. 10, S. 30,32–38.

401,13. *Briefwechsel.* Hier ist nur allgemein von empfindsamen Briefwechseln die Rede. Bekannte Beispiele für diesen Typ waren: Briefe von Gleim und Jacobi. Bln. 1768. – Briefwechsel zwischen Gleim, Heinse und Johannes v. Müller. 3 Bde. Zürich 1804–1806. – Briefe deutscher Gelehrten aus Gleims Nachlaß. Hrsg. v. W. Körte. Zürich 1805. – Klopstock und seine Freunde. Aus Gleims Nachlaß hrsg. v. Klamer Schmidt. 2 Bde. Halberstadt 1810. – Goethe hat den empfindsamen Briefwechsel des Gleim-Kreises aber nicht nur aus Drucken gekannt. In der Zeit, als er das *10. Buch* schrieb, 1812, beschäftigte er sich viel mit seiner Autographensammlung, die er eigenhändig ordnete, beschriftete und öfters seinen Besuchern zeigte. In dieser stammt nun auffallend viel aus Gleims Besitz; es sind Briefe, die den Geist dieses Kreises deutlich verkörpern. Die Originale liegen noch heute in Goethes Autographensammlung im Goethe-Archiv in Weimar. Er besaß unter anderem je einen Brief an Gleim von Ebert (1773), Göckingk (1779), Graun (1756), Joh. Georg Jacobi, Kleist (1758), Klotz, Kretschmann (1771), Lessing (1770), Leuchsenring (1773), Mendelssohn (1770), Ramler (1779), Resewitz (1765), Spalding (1746), Sulzer (1745), Tiedge (1788), Uz (1768), Withof (1779), ferner einen Brief Gleims an einen unbekannten Adressaten (1793) und einen Brief Gleims an Lessing (1757). – Goethe kommt später – Bd. 10, S. 30,32–38 – noch einmal auf das Thema der empfindsamen Briefwechsel zurück. – Goedeke 4,1. Dresden 1916. S. 83–89. – Goethes Autographensammlung. Katalog von H.-J. Schreckenbach. Weimar 1961. Insbes. S. 267.

402,9. *Herder.* Goethe entwarf diesen Abschnitt 1811 und vollendete ihn 1812. Herder war 1803 gestorben. Als Goethe ihn im Herbst 1770 in Straßburg kennen lernte, war er selbst 21 Jahre alt, Herder 26 Jahre. Seither war die Verbindung nie abgerissen, hatte aber mancherlei Schwankungen durchgemacht. – Herder reiste 1769 von Riga nach Nantes und nach Paris, wo ihn ein Brief von Friedrich Gabriel Resewitz erreichte mit der Aufforderung, Reisebegleiter des 16jährigen Sohnes des (protestantischen) Fürstbischofs von Lübeck, Friedrich August v. Holstein-Gottorp, zu werden. Er nahm an und reiste über Amsterdam und Hamburg (wo er mit Lessing und Claudius zusammen war) nach Eutin. Im Juli 1770 trat er mit dem Prinzen und dessen Hofmeister die Reise an. Bei einem Aufenthalt in Darmstadt lernte er seine spätere Frau, Caroline Flachsland, kennen. Am 5. September 1770 trafen die Reisenden in Straßburg ein. Inzwischen hatte Herder die Anfrage erhalten, ob er Hofprediger in Bückeburg werden wolle, und hatte gemerkt, daß er auf den Prinzen wenig wirken könne und in ein gespanntes

Verhältnis zu dessen Hofmeister käme. Da er jederzeit zurücktreten durfte, trennte er sich von dem Eutiner Prinzen und dessen Hofmeister. Er entschloß sich, noch in Straßburg zu bleiben, denn er mußte eine Operation durchmachen, und hier in Straßburg gab es einen weithin berühmten Spezialisten dafür, den Anatomen Lobstein von der Universität. (Vgl. 362,4 u. Anmkg.) – Herders Briefwechsel mit Caroline Flachsland. Hrsg. v. Hans Schauer. Weimar 1926 und 1928. = Schr. G.Ges., 39 u. 41. – Rudolf Haym, Herder. Bd. 1, Bln. 1880. Neudr.: 1954. – Benno v. Wiese, Herder in Straßburg. Ztschr. f. dt. Bildung 5, 1929, S. 299–306. – Albert Leitzmann, Der junge Goethe u. Herders Schriften. Goethe 7, 1942, S. 145–159. – A. Gillies, Herder and Goethe. German Studies, presented to L. A. Willoughby. Oxford 1952. S. 82–97. – Bd. 14, Namen-Register. – Briefe HA, Bd. 1.

403,11. *Puls.* Die spezifische Bedeutung des Worts an dieser Stelle wird deutlich durch Vergleich mit 352,19; 353,24; 404,30. – Dt. Wb. 7, 1889, S. 2212f.

403,16. *Hausfreundes*: Rat Schneider. Vgl. 71,5 u. Anmkg.

404,10. *Lobstein.* Vgl. 362,4 u. Anmkg. Lobstein galt als bedeutender Chirurg und Anatom, überall wollte man Schüler von ihm als Chirurgen haben. Er war für seine Zeit ein sehr tüchtiger Operateur.

404,22. *Pegelow,* Daniel. Herder äußert sich über ihn in einigen Briefen, am ausführlichsten am 21. Nov. 1770 an Begrow in Riga. – Haym, Herder (Kap. „Straßburg"). – Fischer-Lamberg, Bd. 2, S. 19 u. 286.

405,36. *seine „Fragmente", die „Kritischen Wälder"*: Der genaue Titel ist: „Über die neuere deutsche Literatur. Fragmente." Riga 1767. Und: „Kritische Wälder." Riga 1769. Neudruck: Herder, Werke. Hrsg. v. Suphan. Bd. 1, 1877; Bd. 2, 1877; Bd. 3, 1878; Bd. 4, 1878.

406,8. *Schrift über den Ursprung der Sprachen.* Die Berliner Akademie der Wissenschaften stellte 1769 folgendes Thema als Aufgabe: „En supposant les hommes abandonnés à leurs facultés naturelles, sont-ils en état, d'inventer le langage? et par quels moyens parviedront-ils d'eux-mêmes à cette invention?" Herder griff das Thema auf, da es genau dem Kreis seiner Gedanken entsprach, und verfaßte seine Schrift, die dann den Preis erhielt und 1772 im Druck erschien: Abhandlung über den Ursprung der Sprache. (Bln. 1772.) Eine zweite, veränderte Auflage erschien Bln. 1789. – Neudruck: Herder, Sämtl. Werke. Zur Philos. u. Gesch., 2. Teil. Stuttg. u. Tüb. 1827. – Herder, Sämtl. Werke. Hrsg. v. B. Suphan. Bd. 5. 1891. S. 1–156. – Dazu: R. Haym, Herder. Bd. 1. Bln. 1880. – Gustav Konrad, Herders Sprachproblem im Zusammenhang der Geistesgesch. Bln. 1937. = Germ. Stud., 194. (102 S.) – Alexander Gillies, Herder. Oxford 1945. Dt. Ausg.: Hambg. 1949.

406,27. *Süßmilch,* Joh. Peter, 1707–1767, Prediger und Konsistorialrat in Berlin, veröffentlichte: Versuch eines Beweises, daß die erste Sprache ihren Ursprung nicht von Menschen, sondern vom Schöpfer erhalten hat. Bln. 1766. – Herder polemisiert gegen Süßmilch, ohne aber den Standpunkt der nüchternen Rationalisten einzunehmen (die meinten, die Sprache sei durch bewußtes Nachdenken und eine Art Übereinkunft geschaffen).

407,2. *der dicke Chirurgus.* Daniel Pegelow, der 404,22 erwähnt ist.

407,14. *des Brutus Briefe ... in Ciceros Briefen.* In den Ausgaben der Briefe Ciceros gibt es auch den Briefwechsel zwischen M. Brutus und Cicero, der sehr unvollständig überliefert ist.

407,27. *die von Langern eingetauschten Autoren*: S. 334,2f.

408,4f. *Dominico Feti,* heute meist geschrieben Fetti, geb. um 1589, gest. 1624. – In der Dresdener Galerie befanden sich 8 seiner sogenannten „Parabelbilder". – Thieme-Becker 11, 1915, S. 508f. – Dresdner Galerie. Hrsg. von Wolfgang Balzer. Lpz. 1966. Taf. 48. – Vgl. S. 710,15 u. Anm.

408,10. *gemein.* Vgl. 420,15; 449,8; 544,16; 567,6.

408,29. *Invektiven*: Angriffe, Sticheleien, Polemik. Vgl. 380,27; 429,31.

408,34. *Die hebräische Dichtkunst* behandelte Herder u.a. in seinen Schriften „Älteste Urkunde des Menschengeschlechts", 1774–76; „Lieder der Liebe", 1778; „Über die Wirkung der Dichtkunst auf die Sitten der Völker", 1778; zur vollen Entfaltung kam dieses Thema dann in der Schrift „Vom Geist der Ebräischen Poesie", Bd. 1, 1782; Bd. 2, 1783.

408,35. *Lowth,* Robert, 1710–1787, ein in ganz Europa berühmter Hebraist, der die Schriften des Alten Testaments nicht nur theologisch interpretierte, sondern auch auf ihre poetischen Schönheiten hinwies. – Dictionary of National Biography 34, 1893, S. 214–216.

408,36. *Volkspoesie ... im Elsaß.* Goethe sammelte damals im Elsaß Volkslieder, vor allem Balladen. Während Herder aus alten und seltenen Büchern Volksdichtung zusammentrug, zeichnete Goethe auf, was er hörte und wie er es hörte. Seine Freunde und später seine Schwester halfen ihm, auch die Singweisen aufzuschreiben. Er hat in dieser Art des Sammelns moderne volkskundliche Methoden vorweggenommen. Eine Handschrift mit seinen Aufzeichnungen sandte er an Herder. (Heute im Goethe-Archiv, Weimar). – W. A. 38, 1897, S. 235–254. – Fischer-Lamberg 2, 1963, S. 34–53. – Volkslieder gesammelt von Goethe. Hrsg. von Hermann Strobach. Schr.G.Ges., 62. Weimar 1982. – (Vgl. auch Bd. 1, Anmkg. zu den Balladen des Sturm und Drang.)

409,17. *Hamanns Schriften* waren damals nur in Einzeldrucken vorhanden; die meisten waren als kleine Hefte in niedriger Auflage erschienen. Goethe hat von seiner Straßburger Zeit an lebenslänglich Interesse für Hamann behalten und Hamanniana gesammelt. Einen ausführlichen Abschnitt über Hamann bringt das *12. Buch.* Vgl. 512,20–516,4 u. die Anmerkungen dazu.

409,22f. *sibyllinischer Blätter*: geheimnisvoller Schriften. Vgl. 328,19 u. Anm. Goethe ist zu dieser Formulierung vielleicht durch Herder angeregt, der sie wiederum von Hamann (den er persönlich gut kannte), hatte. Hamann hat selbst den Ausdruck „Sibyllenblätter" benutzt (Ausg. von Nadler, Bd. 2, S. 104) und hat eine seiner Schriften „Versuch einer Sibylle über die Ehe" genannt. Goethe besaß diese Schrift, als er *DuW* schrieb. – Vgl. Anm. zu 514,5.

410,11f. *ein vorzügliches Frauenzimmer in Darmstadt*: Caroline Flachsland, die er dann 1773 heiratete. – Herders Briefwechsel mit Caroline Flachsland. Hrsg. v. Hans Schauer. 2 Bde. Weimar 1926 und 1928. = Schr. G.Ges., 39 und 41. – Wilhelm Dobbek, Karoline Herder. Weimar 1963. (246 S.)

410,19. *kostbar* = kostspielig, teuer.

410,30. *widerwärtig* = gegenteilig, widerstrebend, in anderer Richtung wirkend. Vgl. *widerlich* 136,9.

411,30–33. *Lessing ... sich hierüber ... ausgesprochen.* G. v. Loeper und Düntzer nehmen an, daß Lessings Prosa-Fabel „Der Knabe und die Schlange" (Fabeln II,3. KDN 58, S. 232) gemeint sei.

412,18. *beim Vorzeigen meiner Sammlungen.* Goethe war, als er dies 1812 schrieb, einer der bedeutendsten und bekanntesten europäischen Sammler. Er machte von seinen Sammlungen gern Gebrauch gegenüber Besuchern, indem er etwas daraus zeigte und das Gespräch daran knüpfte; doch vermied er es, viel zu sagen, und wählte immer nur weniges aus. Im Jahre 1812 stand bei ihm die Autographensammlung im Vordergrund des Interesses; in anderen Jahren waren es die Kupferstich- und Handzeichnungen-Sammlung oder die geologische Sammlung. Besondere große Abteilungen machten ferner die Gemmen, italienische Majoliken, Medaillen und Münzen. – Chr. Schuchardt, Goethe's Kunstsammlungen. 3 Bde. Jena 1848–1849. Neudruck: Hildesheim 1976. – GJb 89, 1972, S. 13–61.

412,24. *genetisch* = die Entstehung betreffend; auf das Werden, die Geschichte bezüglich.

413,5. *Ovids „Metamorphosen"*. In der Bibliothek des Herrn Rat befand sich: Publius Ovidius Naso, Operum tom. 1–3. Petrus Burmannus ... castigavit. Amstaelodami 1713. Diese Bände übernahm Goethe 1794 nach Weimar, sie stehen noch heute unter seinen Büchern. – Seine Urteile über Ovid: Grumach, Goethe und die Antike. Potsdam 1949. S. 377–385. – Vgl. 35,11ff.; 107,18f.; 158,14; 353,33ff.

413,11. *jenes oben erwähnte Gutachten*: S. 353,26–354,15.

413,19. *überkultiviert.* Goethe scheint einer der ersten gewesen zu sein, die dieses Wort benutzten. Brief an Knebel vom 3. Jan. 1807. – Dt. Wb. 11,2. Lpz. 1936. S. 356.

413,34f. *Götz von Berlichingen ... Lebensbeschreibung.* Goethe las das Werk in folgendem Druck: Lebensbeschreibung des Herrn Gözens von Berlichingen, zugenannt mit der Eisernen Hand. Erläutert ... von

Veronus Franck von Steigerwald. Nürnberg 1731. – Neudruck: Lebensbeschreibung Herrn Götzens von Berlichingen. Nach der Ausgabe von 1731 hrsg. v. Albert Leitzmann. Halle 1916. = Quellenschr. z. neueren dt. Lit., 2. (LII,330 S.) – Vgl. Bd. 4, S. 73–175 u. Anmerkungen.

413,38. *Die bedeutende Puppenspielfabel.* Goethe sagt nicht genau, wann und auf welche Weise er den Faust-Stoff kennen lernte. Diese Stelle läßt vermuten, daß er ihn zunächst als Puppenspiel sah. Puppenspiel-Texte – untereinander vielfach verschieden – wurden im 18. und 19. Jahrhundert mehrfach aufgezeichnet. Eine geschickte Kompilation aus den besten der zerspielten Texte hat K. Simrock hergestellt. – Die andere Form, in welcher der Stoff weiterlebte, war die der Volksbücher. Goethe erwähnt 36,7–10 das Faust-Volksbuch nicht. Die Fassung des „christlich Meinenden", die seit etwa 1725 gedruckt wurde, ist etwas matt und entbehrt der Buntheit und erzählerischen Rundung, welche diejenigen Bücher auszeichnet, welche Goethe dort (36,7–10) nennt. Goethe hat aber vielleicht auch von den Faust-Volksbüchern schon in seiner Jugend etwas kennen gelernt. – Am 18. 2. 1801 entlieh er aus der Weimarer Bibliothek das Pfitzersche Faust-Buch, Nürnberg 1684. – Karl Simrock, Doctor Johannes Faust. Puppenspiel in 4 Aufzügen. Frankf. 1846 u. ö. Neudruck, hrsg. v. R. Petsch. Reclams Univ.-Bibl. 1923 u. ö. – Bibliographie der gedruckten Puppenspieltexte: Goedeke, Grundriß, 4. Bd., 3. Abt. Dresden 1912. S. 782–785. – Vgl. auch Bd. 3 und die dort genannte Literatur.

414,12. *Die Mitschuldigen.* Vgl. 285,10–286,12 und Bd. 4, S. 28–72 u. Anmkg.

414,24ff. *Herders Anziehungskraft ... auf Jung.* Jung schreibt in „Heinrich Stillings Wanderschaft" 1778: „Diesen Winter kam Herr Herder nach Straßburg. Stilling wurde durch Goethe und Troost mit ihm bekannt. Niemals hat er in seinem Leben mehr einen Menschen bewundert als diesen Mann. ‚Herder hat nur einen Gedanken, und dieser ist die ganze Welt!' Dieser machte Stilling einen Umriß von allem in einem, ich kann's nicht anders nennen; und wenn jemals ein Geist einen Stoß bekommen hat zu einer ewigen Bewegung, so bekam ihn Stilling von Herdern, und das darum, weil er mit diesem herrlichen Genie in Ansehung des Naturells mehr harmonierte als mit Goethe." – Vgl. 370,8–372,21 und Bd. 10, S. 87,14–93,24.

414,39. *exaltiert* = erhöht, angeregt, emporgehoben. – GWb. 3, Sp. 487.

415,26. *in machem Sinne für mich folgereich.* Beginnendes Interesse für Geologie (417,28f.), Verwaltung (419,32–39), Bergbau (420,1), Reste altrömischer Kultur (425,16–21).

415,27f. *Engelbach,* Joh. Konrad, 1744–1802 (?), stand bereits im Dienste der Fürsten von Nassau-Saarbrücken und war nach Straßburg gekommen, um sein juristisches Lizentiaten-Examen zu machen. Er bestand es am 19. Juni 1770 und kehrte dann nach Saarbrücken zurück. – A. Fuchs in: Goethe-Handbuch 1, 1961, Sp. 2178f.

415,28. *Weyland,* Friedr. Leopold, 1750–1785, Mediziner. Vgl. 430,8ff.; 452,32; 462,36ff. – Weyland wurde später Arzt in Frankfurt. – Düntzer in KDN 99, S. 271. – Heinemann in seiner Ausg. Bd. 12, S. 455. – Beutler, Artemis-Ausg. 10, S. 1012. – Fischer-Lamberg Bd. 2. – Briefe HA Bd. 1, S. 118.

415,36. *die Person des Kardinals*: Louis Constantin de Rohan, Bischof von Straßburg, 1697–1779. – Nouvelle Biographie générale 42, 1863, S. 527f.

416,11f. *Zaberner Steige*: 1728–1737 erbaut, 4 km lang.

418,4. *abduftend* = abdunstend: von *Duft* = Dunst, *duften* = eine Dunstwolke bilden. Es ist das gleiche Bild wie Bd. 8, S. 13,3f., wo es heißt: *die Nebel dampfen aus allen Gründen; aber der obere Himmel ist heiter.* Dieses Motiv ist hier in ein einziges Wort zusammengezogen. Auch auf Goethes Zeichnungen kommt das Motiv vor, daß der Dunst aus den Tälern aufsteigt; eine Zeichnung hat man deswegen genannt „Dampfende Täler bei Ilmenau" (Corpus der Goethezeichnungen Bd. 1, Nr. 145; auch sonst mehrfach abgebildet). Dazu der Brief an Frau v. Stein vom 22. Juli 1776: *Die Täler dampfen alle an den Fichtenwänden herauf.* (HA Briefe Bd. 1, S. 223.)

418,24. *Graf Reinhard von Hanau*: Johann Reinhard II., Graf von Hanau-Lichtenberg, 1665–1736. – ADB 10, 1879, S. 498.

419,7. *Meierei* = Gutshof, Bauernhof, Pachthof.

419,8. *Saarbrück.* W. Feldmann, Goethe in Saarbrücken. Mitteil. d. histor. Vereins f. d. Saargegend. Hrsg. v. A. Krohn. Heft 8. 1901. S. 41–57. – E. Traumann, Goethe der Straßburger Student. 2. Aufl. Lpz. 1923. S. 149–156.

419,22. *Abschroten* = abschneiden, mit scharfen Werkzeugen weghauen. – Dt. Wb. 1, 1854, S. 110. – Fischer, Goethe-Wortschatz, S. 9.

419,30ff. *der verstorbene Fürst*: Friedrich Wilhelm Heinrich II., 1718–1768; *der gegenwärtige*: Ludwig von Nassau-Saarbrücken, 1745–1794; Fürst seit 1768. *Präsident von Günderode*: Hieronymus Max Freiherr v. Günderode, 1730–1777, Regierungspräsident. Er stammte aus einer Frankfurter Familie, auch seine Frau war Frankfurterin.

420,20. *dieses so nötigen Materials.* „Dieses Material ist von großer Wichtigkeit, besonders bei der Färberei, da es eine Beize abgibt, ohne welche die Farben sich nicht auftragen lassen. So wendet man es auch in der Gerberei an ..." (Conversations-Lexicon. Bd. 1. Altenburg u. Lpz., F. A. Brockhaus, 1817.) Ausführlich berichtet über Benutzung des Alauns bei Arzneiherstellung, Kerzenmacherei, Weißgerberei, Färberei das von Goethe benutzte „Chemische Wörterbuch" von Martin Heinr. Klaproth u. Friedr. Wolf. Bd. 1. Bln. 1807. S. 44.

420.24. *Herr Stauf.* G. v. Loeper hat im GJb. 11, 1890, S. 174–176 mitgeteilt, daß der von Goethe Genannte aus zeitgenössischen Quellen nachweisbar sei (im Sulzbacher Kirchenbuch „Staudt") und anscheinend ein begabter Erfinder war.

421,3. *Klamme* = Schlucht, enges Tal. – Dt. Wb. 5, Lpz. 1873, S. 937.

421,7. *Klunsen* = Spalten. – Dt. Wb. 5, 1873, S. 1299f.

421,13. *dürfen.* Vgl. 220,10; 343,6; 465,39.

421,38. *Philosophus per ignem* = Philosoph durch Feuer, alte Bezeichnung für einen alchimistischen Forscher. J. B. van Helmont hat von sich selbst als einem „pyrotechnice philosophando" (mit Hilfe von Feuertechnik philosophierenden)

Gelehrten gesprochen. – Chr. Knorr v. Rosenroth, Aufgang der Artzney-Kunst. Bd. 2. Neudruck 1971. Anhang S. IX und XIII. – Vgl. auch 342,17f. u. Anm.

424,1. *Zweibrücken.* – Albert Becker, Goethe in Zweibrücken 1770. In: Zweibrücken 1352–1952. Festschrift zur 600-Jahrfeier. Zweibrücken 1952. S. 173–176.

424,5. *Parforcepferde* = Pferde für die Parforcejagd, d.h. die damals noch gebräuchliche Hetzjagd zu Pferde, wobei Hunde und Reiter das Wild bis zu dessen Ermattung verfolgen und dann stellen.

424,7. *ausspielen* = verlosen; viele Lose werden verkauft, und einige davon gewinnen.

424,36. *von Dietrich,* Johann. Traumann sagt S. 157, Dietrich habe 1500 Arbeiterfamilien für seine Hütten- und Hammerwerke beschäftigt.

426,2. *Sesenheim.* Sonst meist geschrieben „Sessenheim"; so auch in Schöpflin, Alsatia illustrata. – Emil Staiger, Sesenheim. Atlantis 22, 1950, S. 325–329.

426,22. *„Landpriester von Wakefield".* Der Roman „The Vicar of Wakefield" von Oliver Goldsmith, 1728–1774, erschien 1766. Bereits im folgenden Jahr kam die erste deutsche Ausgabe: Der Landpriester von Wakefield. Aus dem Englischen. (Von Joh. Gottfried Gellius.) 1767. Das Werk wurde in Deutschland sehr beliebt, weil es der Empfindsamkeit, der Freude am Idyll und dem Streben nach gegenständlicher Prosa-Schilderung der bürgerlichen Welt entgegenkam; es erlebte mehrere Übertragungen; die beste ist die von Joh. Joachim Bode, 1776 u. ö. – Goethe entlieh 8. 4. 1811–11. 5. 1811 eine englische Ausgabe des Werks und am 30. 3. 1812 eine deutsche Übersetzung. – Karl Viëtor, Goethe, Goldsmith und Merck. Jahrb. d. Fr. Dt. Hochstifts 1916–1925. S. 78–94. – L. M. Price, Goldsmith, Sesenheim and Goethe. Germanic Review 4, 1929, S. 238ff. – C. Hammer, Goethe's Estimate of Goldsmith. The Journal of English and Germanic Philology 44, 1945, S. 131–138. – F. Strich, Goethe und die Weltlit. Bern 1946. S. 117f. – Vgl. auch Bd. 6, S. 23,20f. u. Anmkg.

427,9. *Melchisedek*: altjüdischer Priesterkönig, bekannt aus 1. Mose 14,18–20; Psalm 110,4; Ebräer-Brief 7,1–28. Goethe erwähnt ihn auch S. 133,2 und Bd. 11, S. 103,20.

430,21. *abmüßigen*: freie Zeit erübrigen. Wie 85,35. – GWb 1, Sp. 114f.

430,39. *Philemon und Baucis,* aus der antiken Sage bekannt, gehören zu den Motiven, welche Goethe seit seiner Jugend aus der Dichtung (Ovid, Metamorphosen VIII,626–724) und Malerei (Elsheimer u.a.) kannte und liebte. – Bd. 14, Namen-Register.

432,4. *den Vater*: Johann Jacob Brion, 1717–1787, seit 1760 Pfarrer in Sesenheim. Verheiratet mit Magdalena Salomea geb. Schöll, 1724–1786. Die Tochter Maria Salomea wurde 1749 geboren, der Sohn Christian 1763.

432,36. *Friedrike*: Friederika Elisabetha Brion, 1752–1813. Sie lebte in späteren Jahren bei ihrer Schwester und ihrem Schwager in Meißenheim bei Lahr, wo sie auch starb. – Goethe-Hb. 1, S. 1440ff.

433,16. *trugen sich noch deutsch*: d.h. die landesübliche Tracht, nicht Kleider nach der Pariser Mode.

433,19. *Falbel* (von „falbala") = Faltensaum, Falten. – Dt. Wb. 3, 1862, S. 1268.

439,6. *insinuieren*: gut einführen, einschmeicheln. Vgl. 181,31 u. Anm.

439,22. *Rätzel*: vgl. 358,33 u. Anmkg.

439,34. *Kreditiv* = Beglaubigungsschreiben, schriftliche Vollmacht.

445,8. *enttäuscht:* von der Täuschung befreit. – GWb. 3.

445,17. *Vogelhecke*: Vogelbauer.

445,32. *verhören*: überhören, nicht hören.

446,13. *dusselig*. Dt. Wb. 2, 1860, S. 1758: „schwindelig, taumelich, betäubt, gedankenlos"; ebenso Campe Bd. 1, 1807.

446,22. *Pekesche* = mit Schnüren besetzter Überrock. – Vgl. Bd. 2, *Hermann und Dorothea* I,36.

446,33. „*Die neue Melusine*". Goethe erwähnt dieses Märchen in einem Brief an Schiller (4. 2. 1797) als dichterischen Plan, diktierte es aber erst 1807 (Tagebuch 21., 22., 29., 30. und 31. Mai). Im Jahre 1812 erwähnt das Tagebuch, das Werk werde *ins Reine diktiert* (24., 25., 26. und 29. Sept.), und zwar geschieht das zwischen der Arbeit am *10. Buch* von *DuW*. Es wurde erst 1816 im „Taschenbuch für Damen auf das Jahr 1817" veröffentlicht und dann 1821 in die *Wanderjahre* eingeschaltet, wo es eine der Geschichten ist, die um das Thema Bedingung und Entsagung kreisen. (Bd. 8, S. 354–376). Goethe sagt 463,5 f., daß seine Zuhörer *zu Raymond und Melusine komische Gegenbilder gefunden* hätten; sie kannten also die im Elsaß verbreitete Sage von dem Elementargeist Melusine und dem der Menschenwelt angehörigen Ritter Raymont, der sie heiratet und dabei gewisse Bedingungen auf sich nimmt; und sie sahen den Witz, der darin liegt, die Fabel in eine andere Ebene zu übertragen. Goethe trug dichterische Motive oft lange mit sich herum. Als er 37 Jahre später das Märchen aufschrieb, mögen einige Handlungselemente und Bilder die gleichen geblieben sein wie einst; die Formulierung ist natürlich Sache des Alters, und der Sinn, den es im Zusammenhang der *Wanderjahre* erhält, ist es auch. – Die Parallele zu *Der neue Paris* besteht darin, daß jedesmal eine alte und bekannte Geschichte durch einen *neuen* Helden in eine andere Ebene gerückt wird. – Ein handschriftliches Paralipomenon hat folgenden Text: *Man hat das Märchen verlangt, von welchem ich zu Ende des zweiten Bandes meiner Bekenntnisse gesprochen. Leider werde ich es jetzo in seiner ersten unschuldigen Freiheit nicht überliefern. Es ist lange nachher aufgeschrieben worden und deutet in seiner jetzigen Ausbildung auf eine reifere Zeit als die ist, mit der wir uns dort beschäftigten. So viel reiche hin, um den einseitigen Hörer vorzubereiten. Sollte ich also gegenwärtig jenes Märchen erzählen, so würde ich folgendergestalt anfangen* ... (W. A. 25,2, S. 154.) – Vgl. Bd. 8, Anm. zu *3. Buch, 6. Kap.*

448,5. *Doktor Gall*: Franz Joseph Gall, 1758–1828, Arzt und Anatom, der versuchte, die geistigen und seelischen Anlagen des Menschen im Gehirn zu lokalisieren und sie aus der Form des Schädels und Kopfes zu erkennen. Er hielt 1796 in Wien Vorlesungen darüber und machte 1805 eine Reise durch verschiedene deutsche Städte – vorwiegend Universitätsstädte –, um seine Lehre durch Vorträge bekannt zu machen. Goethe hörte ihn bei dieser Gelegenheit 1805 in Halle; er beschrieb dieses Zusammentreffen später in den *Annalen*. Galls Lehre war seit ihrem ersten Hervortreten umstritten. Goethe, von vergleichenden morphologischen Studien herkommend, suchte von ihm im Anatomischen zu lernen und verhielt sich im Physiognomischen skeptisch. – Art. „Gall" in Allg. Enzyklop., hrsg. v. Ersch u. Gruber. Bd. 52, 1851, S. 400–413 (mit Abb.). – ADB 8, 1878, S. 315f. – A. v. Froriep, Die Lehren F. J. Galls. Lpz. 1911. – NDB 6, 1964, S. 42f. – Erna Lesky, F. J. Gall. Bern 1979. = Klassiker der Medizin u. Naturwiss., 15. (217 S.)

Elftes Buch

Das Tagebuch berichtet über das Entstehen. 14. Mai 1812: *Die sämtlichen Bücher des gegenwärtigen biographischen Teils durchgegangen, überdacht, was noch ermangele.* 17. August: *Nach Tisch Biographisches durchgesehn, Sesenheim.* 19. August: *Schema der Lothringer Reise.* 23. August: *Elsässer und Lothringer Reise.* 22. Sept.: *Das 11. Buch zu ajustieren* (d.h. berichtigen) *angefangen.* 5. Okt.: *Anfang des 11. Buchs.* 6. Okt.: *Durchsicht des 11. und 12. Buchs.* 9. Okt.: *Schema zum 11. und 12. Buch.* 25. Okt.: *Système de la nature. Meine Bemerkungen über Französische Literatur in Gefolge von Rameaus Neffen.* 26. Okt.: *Französische Literatur.* 27. Okt.: *Zusätze zu Rameaus Neffen.* 2. Nov.: *Schöpflin.* 3. Nov.: *Französische Literatur ... Rameaus Neffe von Diderot.* 4. Nov.: *Über das Système de la nature.* 5. Nov.: *Einige Blätter zur Ergänzung des 11. Buchs ... Überlegung und Schema zur Vollständigkeit des 11. Buchs.* 6. Nov.: *Schluß des 11. Buchs.* 9. Nov.: *Système de la nature.* 10. Nov.: *11. Buch durchgegangen.* 6. Dez.: *Mit Riemer den Anfang des 11. Buchs.* 13. Dez.: *Französische Literatur im 12. Buche. Mit Prof. Riemer das 2. Drittel des 11ten.* 9. Januar 1813: *Überdachte die Einwirkung Shakespeares auf die deutsche Literatur und anderes.* 10. Jan.: *Betrachtung über Shakespeare.* 13. Jan.: *Den Schluß des 11. Buchs durchgesehen.* 24. Jan.: *Prof. Riemer. 11. Buch mit ihm durchgegangen.* 20. Febr.: *An dem 11. und 12. Buche gearbeitet.* 21. Febr.: *Revision des 11. und 12. Buche gearbeitet.* 21. Febr.: *Revision des 11. und 12. Buchs.* Vom 23. Februar bis 7. März berichtet das Tagebuch über ausführliche Beschäftigung mit Shakespeare, die der Autobiographie dienen sollte; doch wurde das meiste in diesen Tagen Geschriebene nicht in *DuW* hineingenommen, sondern später zu dem Aufsatz *Shakespeare und kein Ende* gemacht. 13. März: *Einiges Biographische.* 29. April: *Am 11. Buche diktiert.* 1. Mai: *Schema des 11. und 12. Buchs rekapituliert.* 25. Mai: *am 11. mundiert.* 20. Juni: *Revision der ersten Bücher.* 30. Juni: *Manuskript des 11. und 12. Buchs ... nach Weimar.*

Bei der Arbeit an dem Abschnitt über französische Literatur knüpfte Goethe an seine Studien über die französische Dichtung des 18. Jahrhunderts an, die er 1805 bei Gelegenheit seiner Diderot-Übersetzung *Rameaus Neffe* gemacht hatte. Auch diesmal wurden wieder viele Bücher herangezogen. Er bestellte sich Grimms „Correspondance", Holbach, Schöpflin u.a.m. (Keudell Nr. 760, 761, 762, 763, 782, 789, 792, 796). Unter seinen Büchern in Weimar befindet sich: (Barante, P. A. G. de,) De la littérature française pendant le dix-huitième siècle. Paris 1809. (2 Bl., 267 S.) Mit Bleistiftunterstreichungen und Notizen Goethes. Ferner: Barante, A. G. P. de, und Jay, A., Über die Litteratur Frankreichs im 18. Jahrhundert. Übers. von F. A. Ukert. Jena 1810. (3 Bl., VIII u. 344 S.) Und: Nouveau Dictionnaire historique ... Caen 1789. 9 Bde. – Für den Shakespeare-Abschnitt entlieh er im Februar 1813 mehrere englische Ausgaben und deutsche Übersetzungen (Keudell Nr. 833, 834, 837, 838, 839, 841).

Zu Anfang eine hellseherische Ahnung Friedrikens (453,11 und 19), am Schluß eine hellseherische Vision Goethes (500,11–21): Zeichen, daß tiefste Bereiche der Seele lebendig sind. Dadurch erhält das ganze Buch seinen Unterton, der nun – wie im Leben selbst – überlagert wird durch viele andere Motive. Zunächst das Thema: Disputation und Studienabschluß. Durch Friedrikens Aufenthalt in Straßburg werden beide Themenkreise in Zusammenhang gebracht. Dann das Porträt Schöpflins; es ist so ausführlich nicht deswegen, weil Goethe ihn einstmals sah, sondern weil in der Darstellung nun die Frage auftaucht: Könnte der Jüngling ein Mann wie dieser werden? Dann müßte er in Straßburg bleiben und französischer Untertan werden. Paßrecht schließt der Abschnitt über französische Sprache und Literatur als Bildungswelt an, ein Gegenstück zu dem Abschnitt über deutsche Literatur im *7. Buch.* Dann wird dazu übergegangen, daß eben damals die Deutschen das Kunstvorbild nicht mehr allein in Frankreich suchten und daß der Sturm und Drang sich vorbereitete; die Erzählung springt in die *Wir*-Form, denn auf einmal ist eine Einheit in der jungen Generation vorhanden: *wir trieben uns auf mancherlei Abwegen und Umwegen herum* ... (490,3f.). Gegen Ende tritt wieder das Friedriken-Motiv hervor; mit jeder Partie wird es ernsthafter: *Sorge* und *Reue* (460,25f.), Widerstreit von Neigung und nüchterner Überlegung (462,24f.), ein sich *Ängstigen* vor *Verderben* (498,5–13), Trennung (500,9ff.). Diese Geschichte spiegelt sich einerseits in Lucindens Fluch, anderseits in dem Roman vom „Landprediger": auch da das Pfarrhaus, die Tochter, der verkleidete Besucher – aber dort endet alles glücklich. Das Münster-Motiv (499,14–500,5) und das Friedriken-Motiv (500,6–24) werden am Schluß des Buchs beide noch einmal voll angeschlagen. Der Bericht über die Rückreise ist einer der allmählichen Ausklänge, wie Goethe sie liebt. In der Mitte des Buchs aber, an der Stelle, wo die Frage der Liebe, die Frage der Berufswahl, die Frage des Lebensraums und die Frage des Dichtens – alle miteinander verknüpft – nach Entscheidung drängen, steht der große Satz von *Freiheit und Notwendigkeit* und der *unbegreiflichen Weise,* wie sie unser Leben formen.

449,2. *Es ist dafür gesorgt* ... Sprichwort, in verschiedener Form überliefert (Dt.Wb. 4, Sp. 1336), bekannt unter anderem durch Luthers Verwendung in einer seiner Tischreden („Von Gottes Strafe wider die Gottlosen"), die in dem Druck von Aurifaber viele Auflagen erlebten. Goethe hat sich in der Zeit, als er diesen Teil von *DuW* schrieb, öfters mit Sprichwort-Sammlungen beschäftigt (Keudell Nr. 784–788, 890; dazu Tagebuch 17. Okt., 11. Dez. 1912 u.ö.).

449,6. *das Gemeine* = das Alltägliche. Vgl. 408,10; 420,15; 461,13.

449,25. *Widerhaken.* Ähnliche Symbolik in den *Wanderjahren,* Bd. 8, S. 321,17f.: *Erinnert es nicht an Pfeile mit Widerhaken? Gott sei uns gnädig!*

450,6. *Fratzen* = karikaturenhaft verzerrte Bilder oder Geschichten; zum Goetheschen Alterswortschatz gehört auch *fratzenhaft.* Vgl. 162,22; 299,8; 532,34; 585,13. Ferner *Faust* 4739. – Fischer, Goethe-Wortschatz, S. 243.

451,19. *Swift,* Jonathan, 1667–1745, verfaßte zahlreiche Satiren, unter denen „Travels into Several Remote Nations of the World, by Lemuel Gulliver", 1726, (deutsch „Gullivers Reisen") am bekanntesten wurde. Seine „Works" erschienen 1755 in 14 Bänden. Liebholdts Verzeichnis nennt aus der Bibliothek des Herrn Rat: Capitain Samuel Brunts Reise nach Cacklogalinien und weiter in den Mond. Lpz. 1735. Und: A Tale of a tub. London 1734. – Herder vergleicht sich mit Swift in einem Brief an Merck vom Oktober 1772: „... und wenn ich denn einmal komme, so ist's der irländische Dechant mit der Peitsche." – Vgl. 506,31; 516,11.

451,19. *Hamann.* Vgl. 409,17 und 512,20–516,4 u. die Anmerkungen.

451,37f. *Klinikum.* Vgl. 374,38. Wohl bei dem jüngeren Ehrmann (Johann Friedrich), nicht bei dessen Vater. Goethes Erinnerung scheint hier eine Verwechslung unterlaufen zu sein. Vgl. Brief an J. C. Ehrmann vom 20. März 1816 und im Goethe-Handbuch, Bd. 1, 1961, Sp. 2095 ff. den Artikel „Ehrmann" von Albert Fuchs.

452,2. *hippokratisch* = nach Art des Hippokrates; Goethe befaßte sich mit diesem besonders im Jahre 1796 und nahm Sätze des Hippokrates in die *Wanderjahre* auf. Vgl. Bd. 8, S. 460ff., Nr. 5–16 und die Anmkg.

453,12. *Kollation.* Riemer schlug vor, statt dessen „Erfrischung" zu setzen. WA 28, S. 362.

453,37. *Hebel.* Goethe spielt hier an auf das Gedicht „Sonntagsfrühe", das er besonders liebte. Hebels „Alemannische Gedichte", 1803, wurden von Goethe 1805 in der Jenaischen Allg. Literaturzeitung besprochen. Bd. 12, S. 261–266. – W. Rehm, Goethe und Joh. Peter Hebel. Freiburg 1949. = Freiburger Univ.-Reden, N. F. 7.

457,7. *aufregen* = anregen, zu etwas in Stimmung setzen. Vgl. 127,39.

457,24. *sittlicher Lebensgenuß* als Gegensatz zu literarischer Bildung bedeutet die Art, das Leben zu nehmen und es zu vollziehen; tätiges Leben, wie Goethe es oft als vorbildhaft hinstellt, z. B. Bd. 7, S. 417,36ff. – Zu *sittlich* vgl. 558,16 und 567,15.

458,1. *Diligence* = Schnellpost. Vgl. 356,17. Riemer schlug vor „Landkutsche", aber Goethe nahm den Vorschlag nicht an. WA 28, S. 361.

458,4. *Spediteur* = Vermittler, Überbringer. Riemers Vorschlag „Versender" wurde von Goethe nicht angenommen.

458,17f. *Zuruf von seiten des braven Lehrers:* 452,21ff.

459,2. *Brouillon* = Entwurf, Kladde.

460,7. *Allemande*: beliebter Tanz im 18. Jahrhundert, im ¾-Takt, an den „Ländler" anknüpfend (MGG 1, Sp. 350–354). *Deutscher Tanz* genannt in dem Gedicht *Auf Christianen R.* (Bd. 1, S. 91).

460,8. *Nationaltanz:* der Walzer. Vgl. Bd. 6, S. 24,27f. u. die Anmkg.

460,21. *Gesundheiten* = das Trinken auf jemandes „Gesundheit"; Trinksprüche, Toaste. Vgl. Bd. 4, S. 381,33.

463,5. *Raymond und Melusine.* Vgl. 446,31 ff.

464,9. *Urselblandine:* Komödienfigur, z.B. in Christian Reuter, Harlekins Hochzeitsschmaus.

466,19. *für Friedriken manche Lieder.* Goethe äußert sich über diese sehr kurz und fordert selbst dazu auf, sie *aus seinen übrigen herauszufinden.* Vgl. Bd. 1, S. 25–32.

466,34. *mit einem kleinen Gedicht:* Bd. 1, S. 26f.

467,13. *Chaise* = Kutsche, geschlossener Wagen.

470,3. „*Hamlet*". Shakespeares Theatralische Werke. Aus dem Englischen von Herrn Wieland. 8 Bde. Zürich 1762–66. Darin 22 Dramen, darunter „Hamlet". Es gab damals noch keine andere deutsche Übersetzung dieses Dramas. – Vgl. 492,17ff.; 493,12ff. und Anmkg.

470,22. *sich deutsch trugen.* Vgl. 433,15 ff.

471,18f. *Die Sorge wegen des Examens ... beiseitegeschafft:* vgl. 360,2–361,14.

471,20. *Disputation:* öffentliches wissenschaftliches Gespräch, in welchem der Kandidat „Thesen" verteidigt; als Abschluß des Studiums.

471,29. *Leyser,* Augustin Freiherr v., 1683–1752, Professor der Rechtswissenschaft in Helmstedt und Wittenberg. Sein bekanntestes Werk, Meditationes ad Pandectas, Lpz. 1717–1748, hatte Goethe in Frankfurt vor der Abreise nach Straßburg gelesen. – WA 27, S. 399 – ADB 18, 1883. – Fischer-Lamberg 1, 1963, S. 440 u. 515.

471,33. *alle.* Boucke in der Fest-Ausgabe setzt die Konjektur *alte.*

471,36. *Rechtstopik* (von gr. τόπος = Ort): Lehre, wie der Stoff (des Rechts) anzuordnen und das einzelne zu bezeichnen und zu finden ist.

473,9f. *daß ... der Gesetzgeber nicht allein berechtigt, sondern verpflichtet sei, einen gewissen Kultus festzusetzen ...* Goethes Dissertation über dieses Thema ist nicht erhalten.

474,30. *Theses wurden ausgewählt und gedruckt.* Sie erschienen im Druck unter dem Titel: Positiones juris quas ... in alma Argentinensi die VI. augusti MDCCLXXI ... publice defendet Joannes Wolfgang Goethe Moeno-Francofurtensis. Argentorati. (o. J., 12 S.) Die Schrift enthält 56 Thesen in lateinischer Sprache. Sie berücksichtigen alle Gebiete der Rechtswissenschaft: bürgerliches Recht (Personenrecht, Erbrecht, Schuldverhältnisse, Sachenrecht), Verfahrensrecht, Strafrecht, ferner allgemeine Rechtslehren (Naturrecht, Rechtsbildung, Rechtsstudium usw.). Die Thesen sind so gewählt, daß sie mit Fragen zusammenhängen, die damals aktuell waren (Naturrecht und Sklaverei; Frage nach der Kodifizierung in einem allgemeinen Gesetzbuch; richterliche Tätigkeit von Laien; Strafrechtsreform; Bestrafung von Kindsmörderinnen usw.), und daß sie auf die Praxis hinführen (Advokaten-Tätigkeit; Vormundschaft; Erbrecht; Pfandrecht; Vergleich usw.). – Gertrud Schubart-Fikentscher, Goethes 56 Straßburger Thesen. Weimar 1949. (138 S.) – Gustav Radbruch, Goethes Straßburger Promotionsthesen. In: Radbruch, Gestalten und Gedanken. Neue Aufl. Stuttg. 1954. S. 70–83. – Goethes Straßburger Promotion. Urkunden, hrsg. von Elisabeth Genton. Basel 1971. – Fischer-Lamberg 2. S. 54–58 u. Anm.

475,7. *Promotion*: zum Licentiaten der Rechte; dieser Titel der französischen Universität Straßburg wurde in Deutschland vielfach dem Doktor-Titel gleichgeachtet. Goethe selbst hat sich nur als Licentiaten der Rechte bezeichnet. Mit dem Doktor-Titel sprachen ihn nur andere gelegentlich an. In Weimar führte er seit 1776 den Titel Geheimer Rat. 1825 wurde er Dr. h. c. der Universität Jena. – Goethe-Handbuch 1, 1961, Art. „Doktortitel" von L. Frede.

475,8. *Schöpflin,* Joh. Daniel, 1694–1771, Professor historiarum et eloquentiae an der Universität Straßburg; zugleich als Staatsrechtler tätig. Goethe entlieh am 8. Okt. 1812: Joh. Daniel Schoepflinus, Alsatia illustrata. Colmariae 1751–61. Dies sind 2 große Folio-Bände, jeder von annähernd 1000 Seiten. Schöpflin schildert darin Geschichte, Geographie, staatliche Einrichtungen, Altertümer usw. in vielseitiger Weise; sein besonderes Interesse gehört den Resten der Römerzeit und den Denkmälern des Mittelalters. Es gab im Elsaß eine (stärker als in anderen Landschaften entwickelte) Tradition der Mittelalter-Forschung, zu der auf literarischem Gebiet Joh. Schilter und J. G. Scherz gehörten. Schöpflins Werk enthält zahlreiche Kupferstiche: Landkarten, Ansichten von Orten, von antiken Statuen und Resten antiker Bauwerke, Abbildungen mittelalterlicher Plastiken, Grabplatten, Bauten usw., dazu Stammtafeln von Fürsten u. dgl. – Am gleichen Tage wie die „Alsatia illustrata" entlieh Goethe den 11. Band von Hirschings historisch-literarischem Handbuch. Dort ist in der 2. Abt., S. 33–68 eine Biographie Schöpflins gegeben; welch Unterschied zwischen dieser langen, stoffreichen Aufzählung von Tatsachen und Goethes knappem, gerundetem Porträt! – ADB 32, 1891, S. 359–368. – Jos. Nadler, Literaturgeschichte der deutschen Stämme u. Landschaften. Bd. 1. 3. Aufl. Regensburg 1929. S. 515 f. – Chr. Pfister, J.-D. Schoepflin. Paris, Nancy 1888. (135 S.) – J. D. Schöpflin, Brieflicher Verkehr mit Gönnern, Freunden und Schülern. Hrsg. v. R. Fester. 1906. = Bibl. d. Lit. Ver. Stuttg., 240. (452 S.) – Jürgen Voß, Universität, Geschichtswissenschaft und Diplomatie im Zeitalter der Aufklärung: J. D. Schöpflin. München 1979. (401 S.)

475,29. *bequem* = brauchbar, geeignet. Vgl. 72,8 u. Anmkg.

475,32. *emergieren* = auftauchen, emporkommen, hervortreten; *eminieren* = sich auszeichnen, hervorragen.

475,35. *Leutseligkeit* = „Freundlichkeit gegen die Menschen", Dt. Wb. 6, 1885, S. 851.

477,9. *Studienverwandte.* Personen mit dem gleichen Studienfach. Eine der vielen Goetheschen Zusammensetzungen mit *verwandt;* so gibt es *Ratsverwandte* (183,24), *Stallverwandte* (Bd.8, S. 104,18), *Kanzleiverwandte* (Bd. 8, S. 106,10) und sogar *Himmelsverwandte* (*Faust* Vers 11677).

476,9. *Klinglin.* Vgl. 377,33 ff.

477,9. *Koch,* Christoph Wilhelm v., 1737–1813, Schüler Schöpflins, seit 1766 Bibliothekar in Straßburg, 1779 Professor des öffentlichen Rechts. – Nouv. biogr. gén. 27, 1861, S. 937f. – ADB 16, 1882, S. 371–373.

477,9f. *Oberlin,* Jeremias Jacob, 1735–1806, Schüler Schöpflins, seit 1763 lehrbeauftragt an der Universität Straßburg und Custos der Universitätsbibliothek, später Professor. Er setzte Schöpflins Studien über Geschichte der Kultur und Kunst im Elsaß fort. Sein Bruder war der Pfarrer Johann Friedrich Oberlin in Waldersbach im Steinthal, der 1778 Lenz aufnahm, als dieser geisteskrank bei ihm auftauchte, und der durch religiöse Schriften bekannt wurde. – Nouv. biogr. gén. 38, 1863, S. 394–396. – ADB 24, 1887, S. 97–99. – Goethe-Handbuch, 2. Aufl., 1955ff., Bd. 1, Art. „Altdeutsche Poesie".

477,35. *Zivilist* = Zivilrechtler.

478,31. *Freiheit und Notwendigkeit.* Vgl. Bd. 1, S. 245 und 359f.; Bd. 2, S. 276, Vers 191f.; Bd. 7, S. 71,19ff. und 594,38ff.; Bd. 8, S. 426,5–13 und 518 (Notiz 1788); Bd. 12, S. 520, Nr. 1115–1120.

478,37. *Quia* = weil. Vgl. Bd. 1, S. 304: *Wie? Wann? und Wo? – Die Götter bleiben stumm! / Du halte dich ans Weil und frage nicht Warum?* (und die Anmkg.). – Bd. 13, S. 28,11ff. und 176,30ff. – Ferdinand Weinhandl, Die Metaphysik Goethes. Bln. 1932. S. 116–118.

480,8. *Montaigne,* Michel Eyquem de, 1533–1592; Goethe schätzte seine „Essais" und sein „Journal du voyage en Italie". *Amyot,* Jacques, 1513–1598, übersetzte Longos und Plutarch ins Französische. *Rabelais,* François, 1495–1553, verfaßte die Romane „Gargantua" und „Pantagruel". *Marot,* Clément, 1495–1544, Lyriker. – Goethe entlieh aus der Weimarer Bibliothek Marot am 6. 3. 1805; Montaigne am 20. 2. 1812 und öfter. – Bd. 14. Bibliographie, Abschnitt 46 über Französische Literatur.

480,18: *idiotisch.* Goethe benutzt das Wort in der ursprünglichen altgriechischen Bedeutung. Riemer schlug vor, das Fremdwort zu vermeiden, und schrieb: „an dieser Stelle geht ‚eigentümlich' sehr gut, weil ‚Provinz' schon vorhergeht." WA 28, S. 361.

480,30. *von Grimm,* Friedrich Melchior Freiherr, 1723–1807, lebte meist in Paris und versandte von dort seit 1753 seine regelmäßige „correspondance" an deutsche Höfe; dadurch ein wichtiger Vermittler auf kulturellem Gebiet. 1790 floh er infolge der Französischen Revolution nach Gotha, wo er auch schon früher gelegentlich gewesen war. Goethe sah ihn im Oktober 1777 in Eisenach, im Oktober 1781 in Gotha, 1792 nach dem Feldzug in Frankreich in den Düsseldorfer Emigriertenkreisen, im August 1801 in Gotha. Goethe entlieh am 11. 10. 1812: Grimm et Diderot, Correspondance littéraire. Bd. 5. Paris 1812. (Keudell Nr. 789.) Das Tagebuch verzeichnet Lektüre des Werks am 11.–14. und 16.–21. Okt. 1812, während der Arbeit am *11. Buch.* – Vgl. Bd. 10, S. 171,31. – Nouv. biogr. gén. 21, 1858, S. 86–90. – Georg Rubensohn, Die „Correspondance littéraire". Berlin 1917. – NDB 7, 1966, S. 86–88.

483,1. *Ménage,* Gilles, 1613–1692, französischer Schriftsteller. – Nouv. biogr. gén. 34, 1860, S. 887–898.

483,10f. *Freundschaft, Liebe, Brüderschaft . . .*: „Urfaust" Vers 197f. Da Goethe ein Manuskript des „Urfaust" im Zeitpunkt, als er *DuW* schrieb, wahrscheinlich nicht mehr besaß, zitiert er wohl aus dem Kopf. Die Verse sind in *Faust I* nicht aufgenommen.

483,16. *Vetter Michel:* Gestalt zur Bezeichnung für deutsche Bürgerlichkeit, Spießbürgerlichkeit und geistige Enge.

483,20. *französische Literatur.* Goethe hat sich sein Leben lang immer wieder und ausführlich mit französischer Literatur beschäftigt. Der Rückblick an dieser Stelle behandelt absichtlich nicht die *französische Literatur* selbst, sondern ihre Aufnahme bei der deutschen literarischen Jugend um 1771, und zwar recht kritisch, wie die Einleitungssätze über *Vetter Michel* zeigen. Goethe hat sich in seinen Weimarer Jahren eingehend mit Voltaire, Diderot und anderen französischen Schriftstellern beschäftigt und aus ihnen übersetzt. Vgl. in Bd. 14 Bibliographie, Abschnitt „Französische Literatur". Insbesondere: Goethe et l'esprit français. Paris 1958. – Albert Fuchs, Goethe und der französische Geist. Stuttg. 1964. – A. Fuchs, Goethe-Studien. Bln. 1968.

484,4. *Corneilles Werke* wurden 1764 von Voltaire mit seinen „commentaires" herausgegeben. Lessing wies auf die Schwächen dieser Bemerkungen hin. Hambg. Dramaturgie 23. u. 31. Stück. – Vgl. 109,1 ff. und 109,31 f. und die Anmkg.

484,8. *Voltaire,* François Marie Arouet, 1694–1778, war schon früh in Goethes Gesichtskreis getreten. Vgl. 76,2; 94,10. Liebholdts Verzeichnis führt an: Histoire de Charles XII. 1739; Olympie (o. J.); Œuvres (o. J.); und deutsche Übersetzungen: Henriade. 1766; Der Tod Cäsars (o. J.). In Goethes Bibliothek in Weimar steht: Voltaire, Théatre. 5 Bde. Paris 1803. = Bibliothèque portative du voyageur. – Aus der Herzoglichen Bibliothek entlieh Goethe zwischen 1780 und 1825 achtmal Voltairesche Werke (Keudell Nr. 376). – Er übersetzte 1799 Voltaires „Mahomet" und 1800 „Tancred", die beide erfolgreich in Weimar aufgeführt wurden. (Jub.-Ausg. Bd. 15, 1906.) In den Anmerkungen, die er 1805 seiner Übersetzung von Diderots Dialog *Rameaus Neffe* beigab, hat er u. a. auch Voltaire charakterisiert. Vgl. Bd. 12, S. 268 f. – Fritz Strich, Goethe u. die Weltliteratur. Bern 1946. S. 145–158. – Henri Glaesner, Goethe imitateur et traducteur de Voltaire au théâtre. Revue de littérature comparée 13, 1933, S. 217–231. – Voltaire in Deutschland. Hrsg. von P. Brockmeier, R. Desné und J. Voß. Stuttg. 1979. – Vgl. auch 510,36 f. u. Anm. und 534,39 u. Anm., ferner Bd. 14, Bibliographie, „Französische Literatur".

484,13. *Sozietät* = Gesellschaft.

484,34. *abgelebtes Alter* = hohes („zu Ende gelebtes") Alter.

486,35 f. *„Die Belagerung von Calais"*: Pierre Laurent Buyrette de Belloy, 1727–1775, Le siège de Calais. 1765. Von Lessing ausführlich besprochen: Hambg. Dramat., 18. Stück. Das Stück behandelt die Geschichte der Bürger von Calais im Kampfe der Franzosen und Engländer 1346, die heute besonders durch Rodins Skulptur bekannt ist.

486,39. *Destouches,* Philippe Néricault, 1680–1754, ist schon im *3. Buch* erwähnt (91,18 f.). In seinen Anmerkungen zu *Rameaus Neffe* sagt Goethe von ihm:

Literator und Geschäftsmann. Mehrere seiner Stücke erwarben sich Beifall. Zuletzt verliert er die Gunst des Publikums und zieht sich vom Theater zurück. In deutschen Übersetzungen oft auf deutschen Bühnen gespielt, daher auch von Lessing mehrfach in seiner „Hambg. Dramaturgie" behandelt, insbes. im 10., 12., 13., 17. und 51. Stück.

487,20 *Rousseau,* Jean Jacques, 1712–1778, war, als Goethe in Straßburg studierte, bereits eine europäische Berühmtheit. 1761 war „Julie ou la Nouvelle Héloïse" erschienen, 1762 „Émile ou de l'éducation". – Schon 91,25 ist seine Operette „Le devin du village" erwähnt und 330,18f. von *mißverstandenen Anregungen Rousseaus* gesprochen; weitere Erwähnungen 188,3 und 266,15; ferner 544,20; 558,27 und insbesondere Bd. 10, S. 13,1f. – Carl Hammer Jr.: Goethe and Rousseau. Lexington USA, University Press of Kentucky 1973. (VI, 222 S.)

487,24. *Enzyklopädisten*: die Mitarbeiter an der „Encyclopédie ou Dictionnaire raisonné des sciences, des arts et des métiers", 28 Bde., Paris 1751–1772. Schriftleiter waren Diderot und d'Alembert; Mitarbeiter Mallet, Rousseau, Marmontel, Buffon, Voltaire u. a. Ein Hauptwerk der französischen Aufklärung, gekennzeichnet durch Skeptizismus und Materialismus. – Richard Falckenberg, Gesch. d. neueren Philosophie. 8. Aufl. Bln. u. Lpz. 1921. S. 224–242. – Emile Bréhier, Histoire de la philosophie. Tome II,2. Paris 1950. S. 432ff.

487,34. *Diderot,* Denis, 1713–1784, von Goethe seit seiner Jugend geschätzt. 1805 übersetzte Goethe seinen Dialog *Rameaus Neffe* und schrieb Anmerkungen dazu (Bd. 12, S. 267–269). Diderots beliebteste Dramen waren „Le fils naturel", 1757, und „Le père de famille", 1758. (Vgl. 95,7f.; 568,6.) Dazu Lessing, Hambg. Dramaturgie, Stück 84–88. – Goethe entlieh am 14. Okt. 1812: Diderot, Œuvres. Bd. 12. La religieuse. Paris 1798. – Goethe-Handbuch 1, 1961, S. 1842ff. – Roland Mortier, Diderot en Allemagne. Paris 1954. Dasselbe deutsch: Mortier, Diderot in Deutschland. Stuttgart 1967, 2. Aufl. 1972. – Herbert Dieckmann, Goethe und Diderot. Dt. Vjs. 10, 1932, S. 478–503.

487,38f. *Naturkinder*: Gestalten aus den Dramen „Le fils naturel" und „Le père de famille".

488,2. *Wilddiebe und Schleichhändler* kommen in Diderots Erzählung „Les deux amis de Bourbonne" vor.

488,3f. *auf dem deutschen Parnaß.* Beispiele sind Gottlieb Stephanie, Die Wildschützen, 1777; Zschokke, Abällino, 1794; Vulpius, Rinaldo Rinaldini, 1798. Goedeke, Grundriß, Bd. 5, 1893, S. 500–539 verzeichnet Werke dieser Art in Menge.

488,27. *das Kunstwahre.* In dem Aufsatz *Über Wahrheit und Wahrscheinlichkeit der Kunstwerke,* 1798, stellt Goethe diesem *das Naturwahre* gegenüber. Bd. 12, S. 67–73, insbes. 70,10f.

489,6. *Lecain,* Henri Louis, 1728–1778, meist geschrieben Lekain, berühmter französischer Schauspieler, Schützling Voltaires, dessen Dramen er durch seine Darstellungskunst vielfach zu ihrem Bühnenerfolg verhalf. – Nouv. biogr. gén. 30, 1859, S. 523–527.

489,10. *Aufresne,* Jean Rival, Schauspieler, vor allem Corneille-Darsteller. – Nouv. biogr. univ. 30, 1852, S. 626 gibt als Lebensdaten 1720–1806; Goethe-Handbuch 1, 1956, S. 449 aber 1728–1804.

489,17. „*Cinna*" von Corneille; *Mithridate* in dem gleichnamigen Drama von Racine.

489,29f. *Rousseaus „Pygmalion"*, ein Melodrama („scène lyrique"), 1762, behandelt die antike Fabel, daß der Künstler sich in die von ihm selbst geschaffene Mädchenstatue verliebt und Aphrodite sie auf seine Bitte belebt. – Vgl. in Bd. 4 die Anmerkungen zu *Proserpina.*

490,5. *jene deutsche literarische Revolution.* Im 19. Jahrhundert kam dafür der Name „Sturm und Drang" auf, der von einem Dramentitel Klingers hergenommen ist.

490,15. „*Système de la nature*": ein Werk von Paul Thiry d'Holbach. Die 1. Auflage erschien anonym 1770. Der Verfasser, 1723 in der Rheinpfalz geboren, ging jung nach Frankreich, wurde zum französischen Schriftsteller und trieb in seinen materialistischen und atheistischen Theorien die französische Aufklärung auf die Spitze. Er starb in Paris 1789. – Goethe entlieh 13. Okt. 1812–26. Aug. 1813 „Système de la nature" in einem Londoner Druck von 1781. Das Tagebuch notiert am 25. Okt., 4. Nov. und 9. Nov. 1812 Beschäftigung mit diesem Werk. – Holbach, System der Natur. Übers. von Fritz-Georg Voigt. Berlin, Aufbau-Verlag 1960 (LVIII, 213 S.) – Nouv. biogr. gén. 24, 1861, S. 925–928. – ADB 12, 1880, S. 710–713. – R. Falckenberg, Gesch. d. neueren Philos. 8. Aufl. 1921. S. 237–240. – Émile Bréhier, Histoire de la philosophie. 11, 2. Paris 1950, S. 438ff. – NDB 9, 1972, S. 510–512.

490,17. *cimmerisch* = düster, finster; der griechischen (homerischen) Sage nach wohnen die Cimmerier im äußersten Westen am Okeanos in ewiger Finsternis. – Vgl. *Faust* 9000: *aus cimmerischer Nacht.*

491,6. *hinausgelesen* = ausgelesen, bis zu Ende durchgelesen.

491,33. *hingepfahlt* (nach dem holländischen „bepaalt"): mit Pfählen abgesteckt, das (gedankliche und sprachliche) Feld geordnet. Vgl. Bd. 12, S. 426, Nr. 443.

492,17. *Shakespeare.* Am 12. Dez. 1812 schreibt Goethe an Zelter: *Indessen ich nunmehr am 3. Teil meiner Biographie schreibe, gelange ich zu den ersten Wirkungen Shakespeares in Deutschland. Ob sich wohl hierüber noch etwas Neues sagen läßt? – Ich hoffe es. Ob ich jedermann nach dem Sinne sprechen werde? Daran zweifle ich sehr.* Hiernach scheint Goethe einen größeren Abschnitt über die Shakespeare-Rezeption erwogen zu haben; er beschränkte sich dann aber auf die knappe Schilderung 492,17–494,14, wohl um nicht allzu breit zu werden und nicht den Aufbau des Buches zu sprengen. Er erinnert jetzt an das, was er bereits über Shakespeare gesagt, und weist hin auf etwas, was folgen soll. *Die Einwirkung ... auf mich ist früher dargestellt* (492,27f.) bezieht sich wohl auf *Wilhelm Meisters Lehrjahre.* Die versprochene *Nachlese von Betrachtungen* (492,31) erschien – wohl erweitert und verändert – 1815 und 1826 unter dem Titel *Shakespeare und kein Ende* (Bd. 12, S. 287–298), wobei Goethe an das anknüpfte, was Tieck nach und nach veröffentlicht hatte. Dieser Aufsatz ist also wohl eine Art Paralipomenon zu *DuW,* das sich zu einer selbständigen Arbeit entwikkelte. – Vgl. die in Bd. 7 zu S. 179,35 genannten Werke, ferner die in Bd. 12 genannte Literatur zu *Zum Shakespeares-Tag* und zu *Shakespeare und kein Ende.* – Rudolph Genée, Geschichte der Shakespeareschen Dramen in Deutschland. Lpz. 1870. – Fr. Gundolf, Shakespeare und der dt. Geist. Bln. 1911 u. ö. – Die Aufnahme Shakespeares auf der Bühne der Aufklärung. Hrsg. v. Fr. Brüggemann. Lpz. 1937. = Dt. Lit., Reihe „Aufklärung", Bd. 11. – Herbert Schöffler, Shakespeare u. d. junge Goethe. Shakespeare-Jahrb. 76, 1940, S. 11–33. Wieder abgedruckt in: Schöffler, Dt. Geist im 18. Jahrhundert. Göttingen 1956. S. 113–135, 309–310. – Fritz Strich, Goethe u. die Weltliteratur. Bern 1946. – Rud. Alex. Schröder, G. u. Shakespeare. In: Schröder, Gesammelte Werke. Bd. 2. Bln. und Frankf. 1952. S. 420–451.

492,37. *Dodd,* William, 1729–1777, Theologe und Shakespeare-Forscher, stellte eine Anthologie zusammen, die bis ins 19. Jahrhundert hinein benutzt wurde: The beauties of Shakespeare ... selected from each play ... Illustrated ... with ... notes. London 1752. Second edition 1757. Danach noch viele neue Auflagen. – Dictionary of National Biography 5, S. 1060–1062. – The British Museum Catalogue 14, 1946.

493,12. *Wielands Übersetzung.* Goethe übernahm 1794 aus Frankfurt: Shakespeare, Theatralische Werke. Übers. v. Wieland. Bd. 1–8. Zürich 1762–1766. Dem 1. Band sind 4 Oktavblätter vorgebunden, die einen handschriftlichen Auszug „Fete de Shakespeare" enthalten. Darunter steht von Goethes Hand: *tire du Mercure de France du mois Decembre 1769.* Goethe hatte also, als er *DuW* schrieb, das alte Exemplar aus dem Vaterhaus zur Hand. Er hat sich auch in der Rede *Zu brüderlichem Andenken Wielands,* die er 1813 nach Wielands Tode in der Weimarer Loge hielt, über die Shakespeare-Übersetzung geäußert; die Arbeit an dieser Rede ging mit der am *11. Buch* von *DuW* Hand in Hand. (Jub.-Ausg. Bd. 37, S. 19f.) – Ernst Stadler, Wielands Shakespeare. Straßburg 1910. = Quellen u. Forschungen z. Sprach- und Culturgesch., 107. – Fr. Sengle, Wieland. Stuttg. 1949. S. 159–165.

493,17f. *Eschenburg*, Johann Joachim, 1743–1820, Dichter, Kritiker und Literarhistoriker, seit 1767 Lehrer am Collegium Carolinum in Braunschweig. „Shakespeares Theatralische Werke übersetzt". 13 Bde. Zürich 1775–1782. Erste Verdeutschung sämtlicher Dramen Shakespeares. Die von Wieland bereits übersetzten 22 Dramen wurden von Eschenburg nur überarbeitet und in dieser Fassung geboten, die anderen neu übersetzt. Völlig umgearbeitet ist dann die 2. Auflage 1798–1806. 12 Bde. – Goethe entlieh am 23. Febr. 1813 von Eschenburgs Ausgabe den 10. Band, 1777, und las bis zum 1. März die darin enthaltenen Dramen „Coriolan", „Julius Cäsar" und „Antonius und Cleopatra" (Tagebuch). – Vgl. 327,24 u. Anmkg. – Jördens 6, 1811, S. 768–798. – ADB 6, 1877, S. 346f. – NDB 4, 1959. – Manfred Pirscher, J. J. Eschenburg. Diss. Münster 1960.

493,24. *in Prose übersetzt.* Die Shakespeare-Übersetzungen von Wieland und von Eschenburg benutzten Prosa. In dieser Form lernten Goethe und die jungen Dichter des „Sturm und Drang" Shakespeare kennen. Die folgenden allgemeinen Ausführungen über Prosa-Übersetzung sind psychologisch und pädagogisch gedacht. Vielleicht klingt aber in dem Vorschlag, Homer in Prosa zu übersetzen, eine leise Kritik an Voß mit, der allzu stolz verkündet hatte, er allein habe für Homer die einzig richtige deutsche Übersetzungs-Form geschaffen.

494,21. *Quibbles*: witzige Wortspiele.

494,37. „*Von deutscher Art und Kunst*" heißt ein Sammelband mit Aufsätzen, der 1773 in Hamburg bei Bode erschien; der anonyme Herausgeber war Herder. Der Band enthält: (Herder,) Briefwechsel über Ossian und die Lieder alter Völker; (Herder,) Shakespeare; (Goethe,) *Von deutscher Baukunst*; Paolo Frisi, Versuch über die gothische Baukunst; Justus Möser, Deutsche Geschichte. – Goethe entlieh den Band am 16. März 1813. – Neudrucke von H. Kindermann, Wien 1923, und von Edna Purdie, Oxford 1924.

494,38. *Lenz*, Jacob Michael Reinhold, 1751–1792, stammte aus Livland; in Seßwegen, östlich von Riga, wuchs er auf, studierte dann in Königsberg und ging im Frühjahr 1771 als Reisebegleiter zweier kurländischer Adliger nach Straßburg, wo er in den Kreis Salzmanns kam. Goethe verließ Straßburg im August dieses Jahres. So wie bei Herder und Goethe das, was sie in den nächsten Jahren veröffentlichten, großenteils auf Anregungen der Straßburger Zeit zurückgeht (Herder, Vom Ursprung der Sprache; Shakespeare; Über Ossian und die Lieder alter Völker; Goethe, *Von deutscher Baukunst; Geschichte Gottfriedens von Berlichingen*), so auch bei Lenz: 1774 erschienen seine „Anmerkungen übers Theater, nebst angehängtem übersetzten Stück Shakespeares"; der Geniegedanke steht im Mittelpunkt, die Hauptsache im

Drama seien Charaktere, dann mache sich das andre von selbst; die drei Einheiten seien überholt, es dürfe beliebig viele Orte und Zeiten geben; Shakespeare sei der größte Dichter. – Goethe las Lenz' Übersetzung von „Love's Labour's Lost" am 9. Dez. 1812 (Tagebuch). Außerdem frischte er seine Erinnerung an Lenz wohl auf, indem er bei Jördens Bd. 6, 1811, S. 482–486 über ihn nachlas. – J. M. R. Lenz, Gesammelte Schriften. 5 Bde. Hrsg. v. F. Blei. München u. Lpz. 1909–1913. Darin Neudruck der „Anmerkungen übers Theater" Bd. 1, 1909, S. 221–326. – Briefe von und an J. M. R. Lenz. Hrsg. v. Karl Freye und Wolfg. Stammler. 2 Bde. Lpz. 1918.

495,16. *nordisch* = aus dem Norden stammend. Lenz kam aus Seßwegen, das etwa 150 km östlich von Riga liegt.

495,37. *Epitaphium* („Grabschrift") des Hirschs im 4. Akt, 2. Auftritt von „Love's Labour's Lost"; Holofernes liest es vor: „The preyful Princess pierc'd and prick'd..."

496,34f. *Lessing ... in seiner „Dramaturgie"* hatte im „18. Stück" sich für den Harlekin und die typischen komischen Gestalten auf der Bühne eingesetzt im Gegensatz zu Gottsched, der diese beseitigen wollte.

497,13. *Aerolithen.* Er soll 1492 gefallen sein und war 250 Pfund schwer. Goethe hatte seither Interesse für Meteore. 1801 bekam er von Blumenbach Meteorsteine für seine Sammlung, 1808 von Grafen Borkowski aus Mähren. Er hielt sie wie viele Forscher seiner Zeit für Zusammenziehung von Dünsten und Gasen, zumal bei Gewittern; daher: *luftgeborene Wesen.* Mit der 1794 von Chladni ausgesprochenen Theorie, es seien außerirdische kosmische Körper, konnte Goethe sich nicht vereinen. Vgl. Bd. 1, S. 305, Nr. 9–11 und die Anmkg. – Günther Schmid, Irrlicht und Sternschnuppe. (Jb.) Goethe 13, 1951, S. 268–289.

497,19f. *Ottilienberg*: Kloster Odilienberg, etwa 30 km südwestlich von Straßburg, genannt nach der heiligen Odilia.

497,28f. *eine meiner ... Töchter*: Ottilie in den *Wahlverwandtschaften.*

499,30. *dieses offenbare Geheimnis.* Eine Lieblingswendung Goethes in seinem Alter, angewendet auf Sichtbares, dessen eigentliches Wesen zu enträtseln bleibt. Vgl. Bd. 1, S. 52, Vers 83; S. 358 *Epirrhema* 6; Bd. 6, S. 216,24–27; Bd. 8, S. 150,39f.; 229,24f.; 256,3f.; Bd. 12, S. 408, Nr. 311; S. 462, Nr. 686; S. 467, Nr. 720.

499,33. *Schaffner*: Verwalter, Betreuer; wie Bd. 8, S. 17,23f.

500,12. *eine der sonderbarsten Ahndungen.* Dem Großvater ist 40,3ff. *die Gabe der Weissagung* zugeschrieben; hier handelt es sich um ein eigenes Erlebnis, das jenseits der gewöhnlichen Sinneswahrnehmungen liegt. Goethe hat *nach acht Jahren,* als er bereits vier Jahre in Weimar war, Friedrike noch einmal besucht, bei Gelegenheit der Schweizerreise mit dem Herzog, am 25. Sept. 1779. Er hat darüber in einem Brief an Frau v. Stein aus Emmendingen vom 28. September ausführlich berichtet. Ein zweiter Bericht über diesen Besuch wurde im Alter skizziert, wohl für den unausgeführt gebliebenen Teil der Autobiographie, der die ersten 11 Weimarer Jahre schildern sollte. Vgl. in Bd. 10 S. 537 und die Anmkg. dazu. – Fr. Gundolf, Goethe. Bln. 1916 u. ö., S. 616: „... das zweite Gesicht Goethes beim Abschied aus Sesenheim, schwerlich eine dichterische Erfindung, aber dichterisch gesteigert, ausgedeutet und benutzt, um dieses Idyll ahnungsvoll und versöhnlich auszuleiten ..." – E. Menninger-Lerchenthal, Eine Halluzination Goethes. Ztschr. f. d. ges. Neurologie u. Psychiatrie 140, 1932, S. 486–495. – W. Danckert, Goethe. Bln. 1951. S. 87 und 577.

500,30. *Antikensaal.* Karl Theodor von der Pfalz berief 1752 den aus Gent stammenden Bildhauer Verschaffelt nach Mannheim. Seit 1753 holten beide alle im Besitz des Kurfürsten befindlichen Gipsabgüsse nach Mannheim und besorgten neue aus Italien. Es wurde ein eigener Saal für sie gebaut, und Verschaffelt setzte sie auf Drehgestelle, wie er solche aus den Werkstätten der Bildhauer kannte. Da es in Deutschland fast keine Originale antiker Plastik gab und eine Reise nach Florenz und Rom nur wenigen möglich war, wurde der Mannheimer Antikensaal für einige Zeit die beste Gelegenheit, antike Kunst kennen zu lernen. Lessing hat ihn gerühmt, und Schiller hat ihn 1784 in seinem Aufsatz „Der Antikensaal zu Mannheim" gepriesen. Die Gipsabgüsse des Antikensaals kamen später nach München und bildeten den Grundstock der Sammlung des Archäologischen Seminars; im Kriege 1939–1945 zerstört. – Bd. 11, S. 547,13–16. – Jos. Aug. Beringer, Goethe und der Mannheimer Antikensaal. G. Jb. 28, 1907, S. 150–159. – Friedrich Walter, Goethe und Mannheim. Mannheimer Gesch.-Blätter 33, 1932, S. 109–149. (Mit Abb.) – Heinr. Sitte, Im Mannheimer Antikensaal. Jb. G. Ges. 20, 1934, S. 150–158. – Walter Geese, G. M. Klauer. Lpz. (1934). S. 26–32. – Friedr. Walter, Erste Begegnung mit antiker Plastik. In: Goethe und Heidelberg. Heidelbg. 1949. S. 59–67. – Goethe-Handbuch, Bd. 1, 1961, S. 306ff. Art. „Antiken-Sammlungen". – Max Wegner, Goethes Anschauung antiker Kunst. Bln. 1944. Insbes. S. 130f. – Fr. W. Wentzlaff-Eggebert, Schillers Weg zu Goethe. Tüb. 1949. S. 102–110 u. 290–292.

500,34. *dem Vater*: ein Abguß von der Gestalt des Laokoon allein, ohne die ihn umgebenden Söhne. Vgl. 501,25f.

500,35. *Faun mit den Krotalen.* Heute genannt „Tanzender Faun"; Original in Florenz, Uffizien, Tribuna. Nach heutiger Auffassung hellenistisch, wohl gegen Ende des 3. Jahrhunderts v. Chr. – Krotalen von griech. κρόταλον = Klapper, Kastagnette. – Max Wegner, Goethes Anschauung antiker Kunst. Bln. 1944. S. 62f. und Abb. 27. – Handbuch d. Archäologie. 1. Lieferung des 3. Bandes (= 5. Lieferung): Georg Lippold, Die griechische Plastik. München 1950. S. 320 und Taf. 113,3. – Vgl. auch Bd. 11, S. 547,9ff. und Anmkg.

501,1. *Verschaffelt*, Peter Anton v., 1710–1793, kurpfälzischer Hofbildhauer, war 1769 Direktor des Antikensaals geworden. Seit 1758 Direktor der neugegründeten Mannheimer Akademie. Im Jahre 1779 sandten Herzog Carl August und Goethe den jungen Weimarer Hofbildhauer Klauer nach Mannheim – ein Zeichen, wie sehr man Verschaffelt und seinen Antikensaal schätzte. – Thieme-Becker 34, 1940, S. 299f. – Walter Geese, G. M. Klauer. Lpz. (1934). S. 30ff.

501,21. *Apoll von Belvedere.* Ende des 15. Jahrhunderts aufgefunden. Für die Goethezeit eins der wichtigsten Werke der Antike. Von Winckelmann ausführlich besprochen in seiner „Geschichte der Kunst des Altertums". Oft genannt in der *Ital. Reise*: Bd. 11, S. 134,17 (und Anmkg.); 147,8; 151,10ff.; 209,22; 358,3; 370,14ff.; 409,11f.; 440,2. – Nach heutiger Auffassung römische Kopie eines Originals des griechischen Bildhauers Leochares, Mitte des 4. Jahrhunderts v. Chr. – Goethe erhielt 1782 einen Abguß des Kopfes als Geschenk des Herzogs von Gotha. Er stellte ihn in das Treppenhaus seines Hauses am Frauenplan, wo er heute noch steht. – Walther Amelung, Die Sculpturen des Vaticanischen Museums. Bd. II. Text. Bln. 1908. S. 256–269 und Taf. 12. – Max Wegner, Goethes Anschauung antiker Kunst. Bln. 1944. S. 57–59 und Abb. 18. – Grumach, Goethe u. die Antike. 1949. S. 529–532. – Goethe-Handbuch, 2. Aufl., Bd. 1, 1955ff., S. 324f. – Heinz Ladendorf, Antikenstudium und Antikenkopie. Bln. 1953. = Abhandl. d. Sächs. Akad. d. Wiss., Phil.-Hist. Kl., Bd. 46, Heft 2. Insbes. S. 47ff.

501,25. *Laokoon.* 1506 in Rom gefunden; in den folgenden Jahrhunderten von stärkstem Einfluß auf die Bildhauerei (Michelangelo, Manierismus, Barock usw.) und auf die Kunsttheorie. Winckelmann erläuterte an diesem Werk die „edle Einfalt und stille Größe" (in „Gedanken über die Nachahmung der griechischen Werke in der Malerei und Bildhauerkunst") und besprach es ausführlich in seiner „Geschichte der Kunst des Altertums". Lessing exemplifizierte an ihm die Gattungsgesetze der bildenden Kunst im Gegensatz zur Dichtung. Herder knüpfte in seinen „Kritischen Wäldern" daran an. Goethe sah Abgüsse der Laokoon-Gruppe in Mannheim und später in Weimar. In Rom sah er das Original. 1797 schrieb er den Aufsatz *Über Laokoon* (Bd. 12, S. 56–66 und die Anmkg. sowie S. 76,26ff.), der 1798 in den *Propyläen* erschien. Als er 1812/13 das *11. Buch* von *DuW* schrieb, lagen die Jahre seiner Klassik hinter ihm, in denen er sich zusammen mit Heinrich Meyer ausführlich mit dem Werk befaßt hatte. – Vgl. Bd. 11, S. 439,36ff.; 547,21. – Max Wegner, Goethes Anschauung antiker Kunst. Bln. 1944. S. 69–75 und Abb. 28. – Grumach, Goethe u. d. Antike. 1949. S. 547–556. – Georg Lippold, Die griechische Plastik. München 1950. = Handbuch d. Archäologie, 5. Lieferung (Bd. 3, Lieferung 1). S. 384f. und Taf. 135,2. – Ladendorf (vgl. Anmkg. zu 501,21) S. 37ff. und 41ff.

501,29. *Der sterbende Fechter.* Rom, Capitolinisches Museum. Die heutige Archäologie hält das Werk für die Kopie nach einem hellenistischen Original, das zu einem großen Siegesdenkmal der Attaliden von Pergamon aus dem ausgehenden 3. Jahrhundert v. Chr. gehörte. Zu Goethes Zeit sah man das Werk nur als Einzelfigur. – G. Lippold, Die griech. Plastik. 1950. S. 342 und Taf. 122,3.

501,30f. *Kastor und Pollux.* Heute nennt man das Werk ,,Jünglingsgruppe von Ildefonso". Zu Beginn des 18. Jahrhunderts stand es in Rom, Villa Ludovisi, heute ist es in Madrid, Prado. Lessing besprach das Werk in ,,Wie die Alten den Tod gebildet" (Werke, hrsg. v. Witkowski. Bd. 6, S. 100; auch KDN 66,2, S. 336) und deutete es als ,,Schlaf und Tod". Goethe besaß, als er das *11. Buch* von *DuW* schrieb, einen Abguß der Gruppe. Dieser steht noch heute im Treppenhaus des Weimarer Goethehauses. Goethe schrieb am 10. 11. 1812 an Heinrich Meyer: ... *Bei diesem Studium ist mir ein Gedanke gekommen, ob wir nicht ein Werk wo nicht von Polyklet selbst, doch in seinem Sinne besitzen sollten, und zwar in der Gruppe, die jetzt in meiner Vorhalle steht, dem sonst sogenannten Castor und Pollux. Hier wären die beiden meister- und musterhaften einzelnen Gegenbilder, der Diadumenos molliter juvenis und der Doryphorus, den Plinius viriliter puerum nennt, neben einander gestellt und auf die glücklichste Weise kontrastiert und vereinigt. Diese beiden Epheben waren mir immer höchst angenehm, und ich mag mir nun gern über sie dieses kritische Märchen machen.* Meyer antwortet am 11. 11. 1812: ,,Die Gruppe, die in Ihrer Halle steht, scheint mir nach allem, was wir, ohne das Orginal gesehen zu haben, darüber wissen und vermuten können, ein zusammengesetztes Werk, der geradestehende Jüngling allerdings von hohem Stil, der Zeit und Kunst des Polyklet verwandt." Hier wird deutlich, warum Goethe das Werk 501,31 *problematisch* nennt: es erscheint einerseits als einheitliche Gruppe, andererseits als zusammengesetzt aus 2 Einzelstatuen, die ursprünglich nicht zusammengehörten. Die heutige Archäologie knüpft an Heinrich Meyer an und hält das Werk für eine römisch-klassizistische Gruppe unter Verwendung griechischer Vorbilder (das eine polykletisch, das andere praxitelisch). Eine Schrift über dieses Werk entlieh Goethe am 26. 1. 1813 aus der Weimarer Bibliothek: Karl Friedrich Rumohr, Über die antike Gruppe Castor und Pollux oder von dem Begriff der Idealität in Kunstwerken. Hbg. 1802. – Paul Arndt und Walther Amelung, Photographische Einzelaufnahmen antiker Skulpturen. München. Serie 6. 1912. Nr. 1588–1592. – Max Wegner S. 78f. und Abb. 24. – Grumach S. 489f. – Ladendorf, Antikenstudium S. 48 und 68. – Geese, Klauer. Lpz. (1934) S. 183f. – Ein Bronzeabguß der Gruppe stand in Weimar bis 1824 vor dem Steinschen Hause und wurde dann an die Hofmauer des „Roten Schlosses“ versetzt, wo er jetzt noch steht („Spiegelbrunnen“): Park um Weimar. Von W. Huschke u. W. Vulpius. Weimar 1955. Abb. 22 u. S. 44. – Alfred Jericke, Das Goethehaus am Frauenplan. Weimar 1958. S. 51f. (mit Abb.).

502,25. *Rotonde* = das Pantheon in Rom (Rotonda). – Vgl. Bd. 11, S. 88, 14f. und 134,13ff. und die Anmkg. dazu. – Max Wegner S. 27f. und Abb. 51 u. 52. – Grumach S. 436f.

Zwölftes Buch

Das Tagebuch berichtet über die Entstehung. 10. Nov. 1812: *Eilftes Buch durchgegangen, Schemata zum zwölften.* 11. Nov.: *Schema zum 12. Buch erweitert.* 1. Dez.: *Der Biographie 12. Buch und was dem anhängig.* 4. Dez.: *Das Schema der sämtlichen Bücher durchgesehn und numeriert.* 7. Dez.: *Schema des 3. Bandes. Betrachtung über die Reichsgerichte.* 8. Dez.: *Fortsetzung der Abschrift des 12. Buchs.* 9. Dez.: *Ein Teil des 12. Buchs der Biographie abgeschrieben.* 22. Dez.: *Biographica, rückwärts und vorwärts.* 19. Febr. 1813: *Das nächste Biographische geordnet, schematisiert und korrigiert.* 20. Febr.: *An dem 11. und 12. Buche gearbeitet.* 21. Febr.: *Abschrift vom 12. Buch. Revision des 11. und 12. Buchs.* 23. Febr.: *Englische Poesie ... Coriolan.* 25. Febr.: *Coriolan von Shakespeare.* 26. Febr.: *Julius Cäsar von Shakespeare.* (Ebenso 27. Febr.) 28. Febr.: *Titus Andronicus von Shakespeare.* 1. März: *Antonius und Cleopatra von Shakespeare.* 2. März: *Timon von Athen Vorarbeit über Shakespeare. Hauptunterschied des Antiken und Modernen.* 3. März: *Shakespeare, Timon.* 5. März: *Schema zu Shakespeare und Überlegung dieser Materie.* 6. März: *Über Shakespeare.* 7. März: *Über Shakespeare das Schema geordnet und in Rubriken geteilt ... Auf die Biographie Bezügliches.* 15. März: *Lektüre zum biographischen Zweck. Deutscher Merkur.* 16. März: *Frankfurter Gelehrte Anzeigen von 1772 und 73 ... Bezeichnung der auszuziehenden Rezensionen.* 17. März: *Frankfurter Gelehrte Anzeigen. Biographische Überlegung.* 19. März: *Frankfurter Zeitung. Jördens und sonstiges Literarische.* 21. März: *Abenteuer in Gießen ... Frankfurter Anzeigen.* 22. März: *Frankfurter Zeitung, in Absicht die Rezensionen zu epitomisieren* (d. h. auszuziehen oder zusammenzufassen). 23. März: *Biographisches, Abschied von Wetzlar.* 28. März: *Biographie. Shakespeare, erster Punkt.* 29. März: *Biographisches. Shakespeare, Verhältnis zu den Alten und Neuern. Durchsicht des bisher Geschriebenen und Schematisierten.* 31. März: *Biographisches. Friedrikens Situation, Folgen daraus und sonst Verschiedenes.* 5. April: *Merck und Darmstädter Verhältnisse.* 7. April: *Kammergerichts-Visitation, Wetzlarischer Aufenthalt durchgedacht.* 8. April: *Kammergerichts-Visitation. Wetzlarischer Aufenthalt.* 9. April: *Kammergericht und Verwandtes.* 10. April: *Datt, De pace publica. Anderes zu dieser Materie Gehöriges.* 11. April: *Die Wetzlarische Epoche durchschematisiert.* 12. April: *Wetzlar, Orden. Göttingen, die Barden pp.* 1. Mai: *Geschichte und Verhältnis des Kammergerichts.* 14. Mai: *Komplettierung des 12. Buchs.* 25. Mai: *Das 12. Buch revidiert.* Gleiche Eintragungen vom 26. Mai bis 3. Juni ohne Angabe des Arbeitspensums. 18. Juni: *11. und 12. Buch.* 20. Juni: *Revision der ersten Bücher* (des 3. Bandes). 23. Juni: *Die zwei ersten Bücher des dritten Bandes an meinen Sohn durch den rückkehrenden Kutscher.* 30. Juni: *ging das Manuskript des 11. und 12. Buchs durch Desport* (Weimarischer Kaufmann) *nach Weimar.*

Das *12. Buch* ist zeitlich klar begrenzt. Es beginnt mit der Ankunft aus Straßburg in Frankfurt und endet mit der Abreise von Wetzlar. Das Friedriken-Motiv klingt weiter, nachholend, was am Ende des *11. Buches* nicht ausgesprochen ist (520,25–37; 555,27). Das Gegenmotiv *Der Mensch will leben* (520,37f.) taucht schon im ersten Satze auf, der von Gesundheit spricht (503,5). Der Held schließt sich mit der Begeisterung der Jugend an neue Menschenkreise an, erst an den der Empfindsamen in Darmstadt, dann an den Lottes in Wetzlar. Während im *10. Buch* der Leser dazu geführt wird, die Geschichte zu spiegeln in dem Roman des „Landpredigers", muß er hier dazu angehalten werden, die Lebensgeschichte nicht allzusehr in dem *Werther*-Roman zu spiegeln, sondern diese als Wirklichkeit für sich und jenen als Dichtung für sich zu nehmen. Weil die Landschafts- und Gesprächs-Szenen dieses Romans weder zu wiederholen noch zu überbieten sind, wird über das Leben mit Lotte und Kestner nur ein kurzer und schlichter Bericht gegeben; dadurch ist dieses Erlebnis in ganz anderer Form dargestellt als die Friedriken-Geschichte, welche Einzelheiten bringt, direkte Rede einschiebt und novellesk über drei Bücher verteilt ist. Die eigene schriftstellerische Produktion wird erst später, im *13. Buch*, zum Hauptmotiv; gegenüber dem, was dort zu behandeln bleibt (*Götz, Werther*), ist alles, was hier zu nennen ist, noch Vorbereitung, es wird nur kurz berührt, und dabei – wie überhaupt – wird an Selbstkritik nicht gespart. (503,7; 507,36; 508,18–28; 511,34f.; 521,19.)

Wilh. Herbst, Goethe in Wetzlar 1772, Gotha 1881. (XVI. 216 S.) – Heinrich Gloël, Goethes Wetzlarer Zeit. Bln. 1911. (XX, 260 S.) Eine ergänzte Neuauflage einiger Kapitel dieses Buches ist: H. Gloël, Goethe und Lotte. Bln. 1922. (XII, 190 S.) – Goethe, Briefe HA Bd. 1.

504,21. *Horn*, Joh. Adam, 1749–1806. Vgl. 236,38 u. Anmkg.

504,22. *Riese*, Johann Jacob, 1746–1827, Jurist, seit 1773 „Kastenschreiber" und als solcher Verwalter der Armenkasse in Frankfurt. Goethe blieb auch weiterhin mit ihm in Verbindung und schrieb ihm am 14. 2. 1814: *In meinem 3. Bande finden Sie Ihren geschätzten Namen und die Erinnerung unsrer näheren Verhältnisse, nicht ohne Bemerkung des vielfältigen Widerspruchs, mit welchem der Freund meinen Enthusiasmus zu zügeln und meine Dialektik zu üben verstand.*

504,30. *die Gebrüder Schlosser*: Hieronymus Peter, 1735–1797, war Advokat in Frankfurt; er wurde später Ratsherr und Bürgermeister. – ADB 31, 1890, S. 543f. – Johann Georg, 1739–1799, Jurist und Schriftsteller, wurde 1769 Advokat in Frankfurt, heiratete am 1. 11. 1773 Goethes Schwester Cornelia und wurde 1774 Amtmann in Emmendingen in Baden. 1777 starb Cornelia. 1778 heiratete er Johanna Fahlmer. 1771 erschien sein „Katechismus der Sittenlehre für das Landvolk", der mehrere Auflagen erlebte. Mit Merck und Höpfner redigierte er 1772 die „Frankfurter Gelehrten Anzeigen" und blieb von da an lebhaft publizistisch tätig. 1776 veröffentlichte er „Anti-Pope oder Versuch über den Natürlichen Menschen". 1779–1793 erschienen seine „Kleinen Schriften" in 6 Bänden. – Im August 1793 (nach der Übergabe von Mainz) sah Goethe ihn in Heidelberg wieder. (Geschildert in *Belagerung von Mainz*, Bd. 10, S. 398,20–399,32.) 1796 zog er nach Eutin, 1798 nach

Frankfurt, wo er 1799 starb. – Vgl. 163,21; 266,2ff.; 331,21; 346,7; 552,15ff.; 565,13; 566,19; 589,26; Bd. 10, S. 131,16ff. – Jördens 4, 1809, S. 537–548. – R. Jung in ADB 31, 1890, S. 544–547. – Eberhard Gothein, J. G. Schlosser als Badischer Beamter. Neujahrsblätter der Bad. histor. Commission NF. 2, 1899. – Carl Walbrach, J. G. Schlosser u. sein Anteil an den Vorarbeiten für den Fürstenbund. Gießen 1923. = Monogr. z. Gesch. d. Goethe-Zeit, 2. (64 S.) – Goedeke, Grundriß 4,1. Dresden 1916. S. 513–518. (Bibliographie von Schlossers Schriften.) – Erich Loewenthal, J. G. Schlosser, seine religiösen Überzeugungen und der Sturm u. Drang. Dortmund 1935. = Phil. Diss. Berlin. (75 S.) – Ernst Beutler, J. G. Schlosser. In: Beutler, Essays um Goethe. Bd. 1. Wiesbaden 1948. S. 117–127. – Johan van der Zande, Bürger und Beamter. Joh. Georg Schlosser. Stuttg. 1986. – J. G. Schlosser. Ausstellung der Badischen Landesbibliothek Karlsruhe. 1989.

505,25. *Merck*, Johann Heinrich, 1741–1791; in Darmstadt geboren und dort im Pädagogium unter der Leitung von Wenck ausgebildet; Studium in Gießen und Erlangen. Seit 1767 in hessischen Diensten, Kriegszahlmeister, 1774 Kriegsrat. Seit 1766 verheiratet mit Francisca Louise Charbonnier aus Morges bei Genf. Erste Bekanntschaft mit Goethe im Spätherbst 1771, vermittelt durch die Brüder Schlosser. Seit 1771 auch Beziehungen zu Wieland und dem Weimarer Hof. Kenntnisreicher Kunstsammler, Zoologe und Paläontologe. (Vgl. Bd. 13, S. 234,28–235,11.) Seit 1762 als Übersetzer und Schriftsteller tätig; Mitarbeiter der „Frankfurter Gelehrten Anzeigen" und vor allem des „Teutschen Merkur": Aufsätze zur bildenden Kunst, Gartenkunst, über Dichtungen usw.; Gedichte und Prosa, darunter die „Geschichte des Herrn Oheims", eine der frühesten deutschen novellenartigen Erzählungen. Mancherlei geschäftliche Unternehmungen, dabei Mißerfolge. In späteren Jahren am Rande des Bankerotts, dazu von schwerer, schmerzhafter Krankheit gequält und zermürbt; starb 1791 durch Selbstmord. – Joh. Heinr. Merck, Schriften und Briefwechsel. Hrsg. v. Kurt Wolff. 2 Bde. Lpz. 1909. – J. H. Merck, Briefe an die Herzogin-Mutter Anna-Amalia und an Herzog Carl August. Hrsg. v. H. G. Gräf. Lpz. 1911. (XXV, 343 S.) – Wilhelm Michel, Der Kriegsrat J. H. Merck. Darmstadt 1941. (44 S. mit Abb. u. 5 Taf.) – Helmut Prang, J. H. Merck. Wiesbaden 1949. (331 S.) – H. Prang, J. H. Merck im Urteil seiner Zeitgenossen. (Jb.) Goethe 5, 1940, S. 62–71. – Hermann Bräuning-Octavio, Goethe und J. H. Merck. (Jb.) Goethe 12, 1950, S. 177–217; 14/15, 1952/53, S. 209–244. – Peter Berglar, Joh. Heinr. Merck. Jahrbuch des Wiener Goethe-Vereins 69, 1965, S. 120–145. – Vgl. auch Bd. 1, S. 92 und Bd. 13, S. 234f. – Briefe HA, Bd. 1.

505,38. *Geschäftsmann* = Beamter, Beauftragter im Dienste eines Fürsten. Vgl. 397,36; 598,1f.

507,14. *In Darmstadt ... eine Gesellschaft.* Im Kreise der Landgräfin Henriette Christiane Caroline von Hessen-Darmstadt, 1721–1774, fanden sich Schriftsteller und empfindsame Geister zusammen. Im Mittelpunkt standen die Häuser des Geheimrats v. Hesse und des Kriegsrats Merck. Gemeinsam war allen die Begeisterung für Klopstocks Werke. Während die Männer mehr die gelehrte und literarische Seite des Kreises bildeten, verkörperten die Damen das empfindsame Element. Zu ihnen gehörte die Schwägerin Hesses, Caroline Flachsland, die sich 1770 mit Herder verlobte („Psyche"), und ihre Freundinnen Henriette v. Roussillon („Urania") und Luise v. Ziegler („Lila"). Zu den Empfindsamen gehörte auch der Prinzenerzieher Franz Michael Leuchsenring. – Valerian Tornius, Die Empfindsamen in Darmstadt. Lpz. 1911. (XII, 194 S.) Dasselbe in 2., veränderter Auflage unter dem Titel: Schöne Seelen. Lpz. 1920. (XVI, 224 S.) – W. Liepe, Darmstädter Kreis. In: Reallexikon der dt. Literaturgesch. 2. Aufl. Bd. 1. 1956. S. 222f. – Walter Gunzert, Darmstadt und Goethe. Darmstadt 1949. (94 S.) – Lilli Rahn-Bechmann, Der Darmstädter Freundeskreis. Diss. Erlangen 1934. (IV, 69 S.) – Herders Briefwechsel mit Caroline Flachsland. Hrsg. v. H. Schauer. 2 Bde. Weimar 1926 u. 1928. = Schr. G. Ges., 39 u. 41. – H. Prang, J. H. Merck. 1949.

507,15. *von Hesse,* Andreas Peter, 1728–1803, seit 1770 Geheimrat, Herders Schwager, wurde 1780 Minister. – Adolf Müller, Unbekannte Briefe Herders und seiner Gattin an ihre Darmstädter Verwandten. Jb. G. Ges. 21, 1935, S. 108–151.

507,16. *Professor Petersen,* Georg Wilhelm, 1744–1816, Prinzenerzieher, seit 1787 Hofprediger. – Hessische Biographien 1, Darmstadt 1918, S. 337–339 (mit Lit.-Angaben).

507,16. *Wenck,* Helfrich Bernhard, 1739–1803, Theolog und Historiker, Rektor des Pädagogiums in Darmstadt. Wurde Mitarbeiter der „Frankfurter Gelehrten Anzeigen". Vgl. 550,11ff. – H. Prang, J. H. Merck, 1949, S. 38f., 311ff.

507,19. *Geheimerätin von Hesse,* Friederike, geb. Flachsland, geb. etwa 1745 (Schr. G. Ges. 39, S. 425), gest. 1801 (Jb. G. Ges. 21, S. 113).

507,20. *Demoiselle Flachsland,* Caroline, 1750–1809, im Jahre 1770 mit Herder verlobt, 1773 mit ihm verheiratet. Goethe kannte sie seit 1772; 1776 zogen Herder und sie nach Weimar, das Verhältnis zu Goethe war wechselnd. Nachdem Herder 1803 gestorben war, gab sie zusammen mit Joh. Georg Müller seine „Sämtlichen Werke" heraus, seit 1805, und schrieb für diesen Zweck „Erinnerungen aus dem Leben Herders", eine Biographie auf Grund seiner früheren Erzählungen, mit vielen eingestreuten Brieftexten, die im Manuskript 1807 fertig wurde, aber erst 1820 erschien. – Herders Briefwechsel mit Caroline Flachsland. Hrsg. v. H. Schauer. 2 Bde. Weimar 1926 u. 1928. = Schr. G. Ges., 39 und 41.

508,20f. *Von deutscher Baukunst.* Vgl. 386,16ff. und Bd. 12, S. 7–15 und Anmerkung.

508,29f. *Von deutscher Art und Kunst.* Vgl. 494,37 u. Anmkg.

509,7f. *Schmidische wörtliche Übersetzung.* Vgl. 128,4 u. Anmkg.

510,32. *gemütlich.* Vgl. 46,21 und 516,5.

510,36f. *Voltairen ... wegen seines „Sauls“.* Drama Voltaires, 1763, das die aufklärerische Religionspolemik, die sich bis dahin in theoretischen Schriften geäußert hatte, in künstlerische Darstellung überträgt und dadurch verschärft. Mit Raffinement werden an dem biblischen Stoff Unmenschlichkeiten und Gemeinheiten gezeigt. Samuel erscheint als blutrünstig-fanatischer Interessenvertreter der Priesterkaste; Saul als abergläubisch-furchtsamer Wollüstling; David, der Erbe eines finanziell ruinierten Landes, als Zerrbild skrupelloser Grausamkeit, Ausschweifung und Menschenverachtung und in diesen Eigenschaften als „le modèle des princes, l'homme selon le cœur du Seigneur“, wie die Hetären sagen, die am Ende des Stücks seine Bahre umstehn. – Goethe liebte die Geschichte Sauls seit seiner Kindheit, als er sie im Puppenspiel aufführte (Bd. 7, S. 13; Bd. 8, S. 490f.); wie er im Alter die Geschichten des Alten Testaments auffaßte, zeigt der Abschnitt 129,21–140,8; ihm kam es an *auf den Grund, auf das Innere, den Sinn ... des Werks.* (509,22f.)

511,14. *Da kam ein neuer König ...* 2. Mose 1,8.

511,22. *nicht unsere Zehn Gebote.* Dieses Thema stellt Goethe im ersten Teil der Schrift *Zwo wichtige bisher unerörterte biblische Fragen* dar, die 1773 erschien. (Fischer-Lamberg 3, S. 117–124.) Er hat hier eine Frage aufgeworfen, die in der Bibelphilologie des 19. und 20. Jahrhunderts weitergeführt wurde, ohne aber an Goethe anzuknüpfen. – Georg Beer, Exodus. Tüb. 1939. = Handbuch zum A.T., 1. Reihe, Bd. 3. – Eduard König, Das Deuteronomium. Lpz. 1917. = Kommentar zum A.T. Bd. 3. – Martin Noth, Das 2. Buch Mose. Göttingen 1959. = Das A.T. deutsch, Neues Göttinger Bibelwerk, Bd. 5. S. 123–135. – Gerhard von Rad, Das 5. Buch Mose. Gött. 1964. = Göttinger Bibelwerk, Bd. 8. S. 40–44.

511,30ff. *Die Evangelisten mögen sich widersprechen, wenn sich nur das Evangelium nicht widerspricht.* Ein in Lessings theologischen Schriften oft ausgesprochener Gedanke. Als wörtliches Zitat weiß ich den Satz nicht anderswo nachzuweisen. Vielleicht von Goethe selbst formuliert. Die Anführungsstriche in Goethes Text bezeichnen nicht immer – wie heute – direkte Rede oder Zitat, sondern oft eine Hervorhebung eines prägnanten Satzes. So hat Goethe z.B. die Verse 1936/7 des *Faust* in Anführungszeichen gesetzt (in unserer Ausgabe sind diese entsprechend moderner Schreibweise gesperrt). – Vgl. Bd. 2, S. 102 *Vom Himmel steigend ...*

512,3. *in einem Briefe: Brief des Pastors zu *** an den neuen Pastor zu ***, 1773.* (Bd. 12, S. 228–239). – Fischer-Lamberg Bd. 3, S. 108–116 u. 445–447.

512,13. *verhöken* = im kleinen verkaufen. Dt. Wb. 12,1. Lpz. 1956. S. 578.

512,21 f. *Hamann,* Johann Georg, 1730–1788 (vgl. auch 328,18f.; 409,17–26; 451,19; Bd. 11, S. 192,17), wurde 1759 durch sein Buch „Sokratische Denkwürdigkeiten" bekannt. 1761 in seiner Schrift „Vermischte Anmerkungen über die Wortfügung" polemisierte er gegen Friedrich Karl v. Moser (vgl. 79,4–37 und die Anmerkungen dazu); darauf ergab sich mit diesem ein freundschaftlicher Briefwechsel. Hamann reiste 1764 nach Frankfurt, traf Moser aber nicht an. Susanna v. Klettenberg, die mit Moser befreundet war, bezeichnet ihn 1763 in einem Brief an Trescho als ein „großes Genie" und erwähnt seine „hieroglypischen Schriften". (G. Jb. 27, 1906, S. 106.) Herder war seit 1764 mit Hamann befreundet und mit ihm in dauernder brieflicher Verbindung. Goethe hat seit seiner Straßburger Zeit Interesse für Hamann behalten; Buchhändlerbriefe vom 2. Nov. und 8. Nov. 1775 enthalten Bestellungen auf Hamannsche Schriften. In späteren Jahren haben ihm Herder, Fr. H. Jacobi, die Fürstin Gallitzin und dann sein Großneffe Nicolovius über Hamann berichtet. Das Tagebuch notiert am 21. März 1812: *Über Hamann und seine Schriften.* Am Tage davor hatte Goethe aus der Weimarer Bibliothek ausgeliehen: K. H. Jördens, Lexikon dt. Schriftsteller u. Prosaisten. Bd. 1–6. Dieses Werk hatte er bereits im Jahre 1811 monatelang benutzt; damals hatte es erst 5 Bände; jetzt war ein ergänzender 6. Band hinzugekommen (1811); in diesem ist S. 270–279 Hamann behandelt. Es ist wohl die erste Hamann-Biographie und -Bibliographie. Goethe ergänzte und überprüfte mit diesem Hilfsmittel sein Wissen, bevor er den Abschnitt in *DuW* schrieb. – Über Hamann allgemein: Josef Nadler, J. G. Hamann. Salzburg 1949. (518 S.) – J. G. Hamanns Hauptschriften, erklärt. Bd. 1. Die Hamann-Forschung. Von F. Blanke, K. Gründer und L. Schreiner. Gütersloh 1956. (184 S.) – Erwin Metzke, J. G. Hamanns Stellung in der Philosophie des 18. Jahrhunderts. Halle 1934. – Über Goethes Verhältnis zu Hamann: Nadler, Hamann. 1949. S. 468–472, 476–481. Und: Karlfried Gründer in: Hamann ... erklärt, Bd. 1, S. 19–21; ferner: J. Nadler, Die Hamann-Ausgabe. Königsberg 1930. S. 91–108. – Th. C. van Stockum, Goethe u. Hamann. Neophilologus 42, 1958, S. 300–308. – Arthur Henkel, Goethe und Hamann. Euphorion 77, 1983, S. 453–469. – NDB 7, 1966, S. 573–577.

513,2. *„Magus aus Norden".* Unter diesem Namen – oder meist „Magus im Norden" – war Hamann bekannt. Das Wort stammt aus einem Aufsatz F. K. v. Mosers, in welchem dieser auf Hamanns „Vermischte Anmerkungen über die Wortfügung" antwortete; Moser nannte diesen Aufsatz „Treuherziges Schreiben eines Laien-Bruders im Reich an den Magum in Norden oder doch in Europa" (1763 im 16. Band der „Literaturbriefe"). Hamann nahm diesen Namen selbst auf. Moser und Hamann gebrauchen das Wort „magus" im Sinne des Neuen Testaments, Matth. 2,1 f.: die „Weisen" – magi – sehen den Stern. Das Wort bezieht sich also auf Hamanns Christentum, das von dem zu Deismus und Natürlicher Religion neigenden Christentum seiner Zeit (vgl. 274,10 und 334,18 u. Anmkg.) so sehr abwich. In der Schrift „Die Magi aus Morgenlande, zu Bethlehem", 1760, schreibt Hamann: „Meine gegenwärtigen Gedanken werden dort zu stehen kommen, wo das Kindlein war, dessen geheimnisvolle Geburt die Neugierde der Engel und Hirten beschäftigte und zu dessen Huldigung die Magi aus Morgenland unter Anführung eines seltenen Wegweisers nach Bethlehem eilen." (Werke, hrsg. v. Nadler, Bd. 2, S. 139.)

513,16. *zwei Schreiben des Königsbergers an seinen Gönner.* In Goethes Autographensammlung befinden sich diese Briefe noch heute (Weimar, Goethe-Archiv). Es ist ein Brief Hamanns an Moser vom 1. Dezember 1773 (Doppelblatt, alle 4 Seiten eng beschrieben mit Hamanns zierlicher Schrift) und ein Brief vom 27. Febr. 1774 (Doppelblatt, 3½ Seiten beschrieben). Goethe hat beide in ein größeres weißes Doppelblatt als Umschlag gelegt und auf dieses sorgfältig mit roter Tinte geschrieben *Hamann.* Ausgabe von Roth, Bd. 5,1824, S. 46–60. – Hamann, Briefwechsel, hrsg. von Ziesemer u. Henkel. Bd. 3, 1957, S. 66–73. – H.-J. Schreckenbach, Goethes Autographensammlung. Weimar 1961. – Vgl. die Anmkg. zu 515,33.

513,24f. *„Wolken, ein Nachspiel Sokratischer Denkwürdigkeiten"* erschien 1761. Neudruck: Hamanns Werke, hrsg. v. Nadler, Bd. 2, 1950, S. 83–109.

513,26. *„Kreuzzüge des Philologen".* 1762. Neudruck: Hamanns Werke. Hrsg. v. J. Nadler. Bd. 2. 1950. S. 113–246.

514,5. *Sammlung seiner Schriften.* Da Hamanns Schriften größtenteils als kleine Heftchen erschienen, in niedriger Auflage gedruckt, waren sie von Anbeginn selten, und eine reichhaltige Sammlung dieser kleinen Schriften war etwas Besonderes. Goethes Hamann-Sammlung ist erhalten geblieben und steht heute im Bibliotheksraum des Goethehauses in Weimar. Die Bemerkung, daß er eine *meist vollständige* (514,4f.) Sammlung dieser Schriften habe, ist 1812 geschrieben. In den folgenden Jahren ist in seinen Briefen oft von dieser Sammlung die Rede, und 1819 stellte er sie Nicolovius zur Verfügung für die Ausgabe, an der dieser und Friedrich Roth arbeiteten (Brief vom 20. 7. 1819). Goethes Sammlung hat besonderen Wert dadurch, daß mehrere Exemplare handschriftliche Eintragungen Hamanns enthalten. Hamann pflegte nach dem Druck in einige Exemplare Korrekturen und Ergänzungen einzutragen. Diese Exemplare sollten einer künftigen Sammlung seiner Schriften zugrunde gelegt werden. Unter Goethes Büchern stehen zunächst zwei Werke Hamanns, die umfangreicher als die anderen sind und in Buchform erschienen sind: Sokratische Denkwürdigkeiten. 1759. (Geheftetes Expl., ohne Randnotizen) und: Kreuzzüge des Philologen. 1762. (Schönes gebundenes Expl. mit Lederrücken; ohne Notizen.) Die übrigen Werke – durchweg schmale Heftchen – hat Goethe nach der Größe geordnet und in 2 Bände binden lassen. Der Rückentitel jedes der Bände lautet: *Hamann's Schriften.* Der Oktavband enthält folgende 12 Drucke (in Klammern: Band und Seite in Nadlers Ausgabe):

Essais à la Mosaique. 1762. (II,277–297.) – Schriftsteller und Kunstrichter. 1762. (II,329–338.) – Hamburgische Nachricht. 1763. (II,241–273.) – Fünf Hirtenbriefe. 1763. (II, 351–374.) – Ritter von Rosenkreuz. 1770. (Mit handschr. Korrekturen.) (III,25–33.) – Zwo Rezensionen nebst einer Beilage, betreffend den Ursprung der Sprache. 1772. (Mit Korrekturen.) (III,13–24.) – Beilage zun Denkwürdigkeiten des seligen Sokrates. 1773. (Mit handschr. Zusätzen.) (III,111–121.) – Neue Apologie des Buchstabens h. 1773. (III,89–108.) – Versuch einer Sibylle über die Ehe. 1775. (III,197–203.) – Hierophantische Briefe. 1775. (III,135–167.) – Konxompax. 1779. (III,215–228.) – Zwei Scherflein zur neusten Deutschen Literatur. 1780. (III,229–242.)

Der Quartband enthält 4 Drucke:

Selbstgespräch eines Autors. 1773. (Mit Randnotizen.) (III,67–79.)
Prolegomena über die neueste Auslegung der ältesten Urkunde. 1774. (III,123–133.)
Freund Hain. 1775. (Abschrift von Schreiberhand.) (IV,386–388.)
Zweifel und Einfälle. 1776. (Mit Randnotiz.) (III,171–196.)

Außerdem besaß Goethe in Handschrift (von Schreiberhand, Quart, 24 Seiten) Hamanns Schrift „An die Hexe von Kadmonbor“ (Nadler III,81–87), in welcher die Namen Mephistopheles und Faust vorkommen (Goethe-Schiller-Archiv, Goethe-Nachlaß, Abt. Varia, Lit. VI,11), und ein Hamann-Bildnis (Reproduziert in: Goethe und der Kreis von Münster. 1971. 2. Aufl. 1974. Abb. 13).

514,6f. *Aufsatz über Herders Preisschrift.* Ein handschriftlicher Aufsatz dieser Art ist in Weimar heute nicht vorhanden, weder unter den Handschriften (Goethe-Archiv) noch unter den Büchern (Goethe-Haus). Hamann kritisierte Herders „Abhandlung über den Ursprung der Sprache“ (406,8 u. Anmkg.) zunächst in den Schriften „Ritter von Rosenkreuz“ und „Zwo Rezensionen nebst einer Beilage“, die Goethe beide besaß; dann aber vor allem in der Schrift „Philologische Einfälle und Zweifel über eine akademische Preisschrift“ (Nadlers Ausg. 3, S. 35–53). Diese Arbeit ging zunächst nur handschriftlich um und wurde erst in Roths Ausgabe, Bd. 4, 1823, gedruckt. Moser und Herder besaßen Abschriften. Goethes Angabe 514,6–9 kann wohl nur besagen, daß auch er eine Abschrift von diesem Werk besaß.

514,7ff. *worin er dieses Herdersche Probestück, auf die eigenste Art ... beleuchtet.* Hamann sagt in dieser Schrift, Herder habe sich selbst widersprochen, indem er meine, der Mensch sei von Gott geschaffen, habe aber die Sprache auf natürliche Weise erhalten. („Schon als Tier hat der Mensch Sprache" sagt Herder.) Hamann vermischt dabei in seiner skurrilen Weise philosophische Erörterung, geistvoll-groteske Persiflage und (zum Schluß) persönliches Bekenntnis. – Karlfried Gründer, Hamann in Münster. In: Westfalen 33, 1955, S. 75: „In seiner Preisschrift über den Ursprung der Sprache ließ Herder die Sprache aus der Natur des Menschen entspringen und ihr gemäß sich entwickeln. Hamann begegnete dem mit freundschaftlicher Kritik; für ihn war die Sprache geschichtlich als Gabe aus Gottes Hand und als Vollzug menschlicher Ebenbildlichkeit, geschichtlich wie die Heilsereignisse und das Bibelwort, geschichtlich also in einem ganz anderen Sinne als dem naturhaften Ursprungs und naturgemäßer Entwicklung."

514,10f. *Herausgabe der Hamannschen Werke.* Hamann wurde von seinen Freunden, zumal Herder, gedrängt, seine Schriften gesammelt herauszugeben, hat aber nicht einmal die Vorarbeiten dafür zustande gebracht. Nach seinem Tode, 1788, dachte Herder an eine Edition; doch mit anderen Arbeiten ausgefüllt, kam er nicht dazu. Nach Herders Tode, 1803, ging die Aufgabe über auf Herders jungen Freund Johann Georg Müller; doch dieser übernahm alsbald die Ausgabe von Herders Werken, und da blieb für Hamann keine Zeit. Die Aufgabe kam an Hamanns einstigen Freund Jacobi – der aber war seiner Veranlagung nach kein Editor und war in München mit Aufgaben der Akademie beschäftigt. So war die Situation, als Goethe den Abschnitt für *DuW* schrieb. Er selbst hat die Ausgabe dann auch nicht zustande gebracht, hat aber das Entstehen einer Ausgabe noch erlebt und selbst gefördert: 1821–1824 gab Friedrich Roth, ein Freund Jacobis, unter Mitwirkung von Goethes Großneffen Nicolovius in Berlin bei Georg Reimer Hamanns Werke in 7 Bänden heraus. Eine Auswahl der Briefe ist beigefügt. Diese Ausgabe blieb lange grundlegend. – Heute liest man Hamann am besten in der Ausgabe von Josef Nadler, die in 6 Bänden in Wien 1949–1957 erschien. – Da die Editionsprobleme bei Hamann besonders groß sind und ihre Geschichte haben, gibt es darüber ein eigenes Buch: Josef Nadler, Die Hamannausgabe. Vermächtnis, Bemühungen, Vollzug. Königsberg 1930. = Schr. der Königsberger Gel. Ges., Geisteswiss. Kl., 7. Jahr, Heft 6. (232 S.)

515,33. *Briefe.* Als Goethe dies 1812 schrieb, waren noch keine Briefe von Hamann gedruckt. 1819 erschien innerhalb von Fr. H. Jacobis Werken ein Band Briefwechsel mit Hamann. 1821–1824 teilte Roths Ausgabe weitere Briefe mit. Hier sind in Bd. 5, 1824, S. 46–60, auch die Briefe aus Goethes Besitz gedruckt. Er hatte sie abschreiben lassen und für die Ausgabe zur Verfügung gestellt. – Goethe, Briefe HA, Bd. 4, Register. – J. G. Hamann, Briefwechsel, Hrsg. von Walther Ziesemer und Arthur Henkel. 7 Bde. 1955–1979.

516,5. *gemütlich.* Vgl. 46,21 und 510,32.

516,11. *Swift,* Jonathan, 1667–1745. Vgl. 451,19 u. Anmkg.

516,12. *Dechant* war Swift in Dublin (Saint Patrick). Nach ihm wurde Herder so genannt. Vgl. die Anmkg. zu 451,19.

516,17. *neuer Patron.* Graf Wilhelm zu Schaumburg-Lippe, der Herder 1770 zu seinem Hofprediger in Bückeburg ernannte.

516,19. *Thomas Abbt,* 1738–1766, Theolog und Popularphilosoph, war Schaumburg-Lippescher Hof- und Konsistorialrat gewesen. – ADB 1, 1875, S. 2–4. – Goethe-Handbuch, 2. Aufl., 1955ff.; Bd. 1, S. 4f. – NDB 1, S. 4f.

516,31. *Klopstock* hatte, weil sein Gönner Graf Bernstorff gestürzt war, 1770 Kopenhagen verlassen, nachdem er dort 20 Jahre gelebt hatte, und war nach Hamburg zu den Verwandten seiner verstorbenen Frau gezogen. (Vgl. 398,7 u. Anmkg. und 399,24f. u. Anmkg.) Man nahm an, er werde sich nun an einen anderen Hof binden. Markgraf Karl Friedrich von Baden, 1728–1811, versuchte ihn an seinen Hof zu ziehn. Klopstock reiste im Sommer 1774 nach Karlsruhe, konnte sich aber nicht entschließen, dort zu bleiben, und wohnte weiterhin in Hamburg. – F. Muncker, Klopstock. Stuttg. 1888 u. ö. S. 467–473.

517,1. *die Oden.* Klopstocks Oden entstanden seit 1747, sie wurden z. T. nur wenigen Freunden vorgelesen oder ihnen handschriftlich anvertraut; z. T. erschienen sie gedruckt in Zeitschriften wie den Bremer „Beiträgen" oder dem „Nordischen Aufseher", die nicht jedem zur Hand waren. Daher begannen Freunde seiner Dichtung, sich handschriftliche Sammlungen anzulegen. Der Kreis der Darmstädter Klopstock-Verehrer sammelte solche Abschriften und brachte sie unter Leitung der Landgräfin Caroline und Mercks im Frühjahr 1771 zum Druck; es ist ein Privatdruck, von dem nur 34 Exemplare hergestellt wurden, jedes mit eingedrucktem Namen des Besitzers. Herder las während seiner Aufenthalte in Darmstadt oft aus Klopstocks Oden vor. Jeder aus dem Kreise hatte diese Fassungen im Ohr. In die Darmstädter Ausgabe kamen aber manche Gedichte in Fassungen, die (durch das mehrmalige Abschreiben) fehlerhaft sind, ja es kamen Gedichte hinein, die gar nicht von Klopstock stammen, z. B. eine Ode von Füßli. Damals entschloß sich Klopstock endlich, selbst eine Ausgabe zusammenzustellen. Sie erschien im Herbst 1771 in Hamburg bei Bode. Klopstock hat für diesen Druck die früheren Fassungen sorgfältig durchgearbeitet. Diese Ausgabe von 1771 war es, in der man seine Oden dann jahrelang bewundernd las. Im Alter arbeitete Klopstock nochmals einiges um, so daß die Oden-Bände der Göschenschen Ausgabe letzter Hand, die 1798 erschienen, wiederum Änderungen aufweisen. – Facsimile der Darmstädter Ausgabe: Heidelberg 1924. – Klopstocks Oden und Elegien. Facsimile-Druck der in Darmstadt 1771 erschienenen Ausgabe. Hrsg. von Jörg-Ulrich Fechner. Stuttg. 1974. = Sammlung Metzler, 126. – Klopstock, Oden. Hrsg. v. F. Muncker u. J. Pawel. 2 Bde. Stuttg. 1889. – Fr. Muncker, Klopstock. Stuttg. 1888 u. ö.

517,22. *Simonie*: „das gesetzwidrige Kaufen und Verkaufen geistlicher Ämter". Campe, Wörterbuch z. Erkl. u. Verdeutschung der ... fremden Ausdrücke. 1813. S. 556.

517,23. *Autoren und Verleger.* Goethes Lebens- und Schaffenszeit fällt in die Epoche eines großen Wandels im deutschen Buchhandel. Der gesteigerte Absatz ermöglichte große Verlagsunternehmungen, ermöglichte Honorare und damit die Existenz freier Schriftsteller. Eine starke Gefährdung waren indes die *Nachdrucker* (517,36), unter denen Goethe in seiner Jugend stark zu leiden hatte (vgl. 573,20f. und Bd. 10, S. 81, 14ff.). Die großen Gesamtausgaben neuerer deutscher Dichter waren nur möglich durch große Verlagshäuser wie das Göschens (Wielands Werke, 36 Bde., 1794–1802; Klopstocks Werke, 12 Bde., 1798–1817) und das Cottas (Goethes Werke, 12 Bde., 1806–1808; Schillers Werke, 12 Bde., 1812–1815). – Gesch. des dt. Buchhandels. Bd. 3. = Joh. Goldfriedrich, Gesch. d. dt. Buchhandels vom Beginn d. klass. Literaturperiode bis zum Beginn d. Fremdherrschaft, 1740–1804. Lpz. 1909. (X,674 S.)

517,25. *Patron* = Herr, Gönner, Beschützer; *Klient* = Schützling, Schutzbefohlener.

518,9f. „*Gelehrtenrepublik*". Das Werk „Die deutsche Gelehrtenrepublik, ihre Einrichtung, ihre Gesetze, Geschichte des letzten Landtags" erschien 1774. Der Titel knüpft an die alte Bezeichnung „respublica litteraria" an; das Wort „Gelehrter" hat im 18. Jahrhundert noch ungefähr die Bedeutung von „Teilnehmer am literarischen Leben, Schriftsteller". – F. Muncker, Klopstock. Bln. 1893. S. 443–460. – Max Kirschstein, Klopstocks Deutsche Gelehrtenrepublik. Bln. u. Lpz. 1928. = Germanisch u. Deutsch, 3. (192 S.) Daselbst über Goethes Beziehung zu diesem Werk S. 160, 168, 171, 190.

518,33. *Druidenrepublik.* Die *Druiden* waren keltische Priester. In Klopstocks Darstellung werden keltische, germanische und altenglische Motive vermischt. Seine „Gelehrtenrepublik" gibt Ratschläge für seine Gegenwart, aber z. T. als Beschreibung von Einrichtungen und Beratungen altgermanischer Phantasiegestalten.

519,16. *Subskription* = Vorausbestellung; *Pränumeration* = Vorausbezahlung.

519,20. *Dessauische Verlagshandlung.* Von einer Vereinigung von Schriftstellern 1781 in Dessau gegründete „Gelehrtenbuchhandlung" auf genossenschaftlicher Grundlage, die 1788 einging. – Gesch. d. dt. Buchhandels von Kapp u. Goldfriedrich. Bd. 3, S. 151–173.

519,28. *Musenalmanache.* Es war für das deutsche literarische Leben eine bedeutsame Neuerung, daß seit 1769 *Musenalmanache* erschienen, d. h. jährliche Sammlungen, die nur Lyrik, nicht Prosa brachten, und zwar neue, ungedruckte Lyrik. Anregend wirkte der in Paris seit 1765 erscheinende „Almanac des Muses". Boie gab in Göttingen unter Gotters Mitwirkung den „Musenalmanach für 1770" heraus, dem dann weitere Jahrgänge folgten. Das deutsche Publikum zeigte für die Musenalmanache Interesse, infolgedessen wagte man die Gründungen neuer Unternehmungen neben dem Göttinger; unter diesen ist am bedeutendsten der Hamburger Musenalmanach, der seit 1776 unter Leitung von J. H. Voß erschien. Goethe hat seine Gedichte erst 1789 – nach der italienischen Reise – gesammelt herausgegeben. Bis dahin erschienen sie nur in Musenalmanachen und Zeitschriften. – Vgl. 534,8 u. Anmkg. – Reallexikon der dt. Literaturgesch., Art. „Musenalmanach". – H. Granzow, Gesch. des Göttinger u. Vossischen Musenalmanachs. 1909. = Berliner Beitr. z. german. u. roman. Philol., 35. – Maria Gräfin Lanckorońska und Arthur Rümann, Gesch. der dt. Taschenbücher u. Almanache aus der klass.-romant. Zeit. München 1954. (223 S., 160 S. Abb.)

519,29. *Journale.* Zeitschriften waren eine Neuerung des 18. Jahrhunderts. Zu Beginn des Jahrhunderts verbreiteten sich überall in Deutschland die „Moralischen Wochenschriften", welche belehrend über alle Gebiete der Kultur und des täglichen Lebens schrieben. Zeitschriften wie Gottscheds „Belustigungen des Verstandes und Witzes", seit 1741, und die Bremer „Neuen Beiträge zum Vergnügen des Verstandes und Witzes", seit 1745, brachten bereits mancherlei Dichtungen in Versen. Klopstock veröffentlichte Oden im „Nordischen Aufseher", der seit 1758 in Kopenhagen erschien. Eine literarische Zeitschrift von allgemeiner Geltung und breitestem Interessenkreis gelang erst Wieland mit seinem „Teutschen Merkur", seit 1773; zu den Mitarbeitern gehörten Merck, Bürger, Voß, Herder, Stolberg, Goethe und viele andere. 1775 trat als Gegengründung der jungen Generation das „Deutsche Museum" hervor, von Boie geschickt redigiert; hier steht die Dichtung im Vordergrund, daneben bleiben historische, geographische, politische, nationalökonomische Beiträge bestehn. Auf solche Weise *verbanden ... die Journale den Dichter mit den übrigen Schriftstellern.* Auch Claudius' „Wandsbeker Bote", seit 1771, und Jacobis „Iris", seit 1774, veröffentlichten Dichtungen; auch an diesen hat Goethe gelegentlich mitgearbeitet. (Vgl. die Anmerkungen zu Bd. 1, S. 25–105.) – Hans Wahl, Gesch. des Teutschen Merkur. Bln. 1914. – W. Hofstaetter, Das Dt. Museum. Lpz. 1908. = Probefahrten, 12.

521,8. *Homburg.* Hier lebte Luise v. Ziegler (genannt „Lila“), die befreundet war mit Caroline Flachsland („Psyche“) und Henriette v. Roussillon („Urania“) in Darmstadt. An sie ist das Gedicht *Pilgers Morgenlied* (Bd. 1, S. 86f.) gerichtet, dessen zweite Zeile den Turm des Homburger Schlosses nennt. Goethe lernte durch Merck den Landgrafen von Homburg kennen. – J. Jacobi, Goethe und Homburg. 17. Heft der Mitteil. des Gesch.-Vereins zu Bad Homburg. 1932. – H. Jacobi, Goethes Lila u. der Homburger Hof. Mitteil. d. Ver. f. Gesch. zu Bad Homburg. 1957. Heft 25.

521,18f. „*Wanderers Sturmlied*“. Vgl. Bd. 1, S. 33–36 u. die Anmkg. dazu. – Die scharfe Kritik dieser stark subjektiven Dichtung wohl im Hinblick auf die junge Generation der Romantik.

522,9f. *körperliche Übungen.* Goethes Ganzheit bringt mit sich, daß auch Körpergefühl und Freude an Körperübung in seiner Lebensgeschichte zu Wort kommen und mit dem jeweiligen Lebensgefühl verbunden dargestellt sind. – Adolf Beck u. Robert Zilchert, Goethe und der Olympische Gedanke. Lpz. 1936. (178 S.) – Carl Diem, Körpererziehung bei Goethe. Frankf. a. M. 1948.

522,13. *Das Reiten.* Vgl. 147,24ff.

522,17. *das Fechten.* Vgl. 146,26ff.; 373,3ff.; auch Bd. 7, S. 91,32ff. u. ö.

522,19. *Schlittschuhfahren.* Vgl. Bd. 10, S. 59,29f. und 85,2ff. Ferner Bd. 1, S. 131 *Eis-Lebens-Lied.* – Carl Diem, Körpererziehung bei Goethe. Frankf. a. M. 1948. S. 270–322.

522,27. *Oden.* Klopstock, ein vorzüglicher Schlittschuhläufer, Reiter und Schwimmer, hat als erster – und dies war eine schöpferische Tat – das Körpergefühl des Sports in deutschen Dichtungen zum Ausdruck gebracht. Weil er es vermochte, Erlebnisse im Gedicht auszusprechen, gelang es ihm, auch diesen für ihn so wesentlichen Erlebnisbereich in seinen Oden zu gestalten. Das Thema des Eislaufs behandeln die Oden „Der Eislauf“ (daraus Goethes Zitate 522,33–35 und 523,22–25), „Braga“ (daraus Goethes Zitat 522,30–32), „Die Kunst Tialfs“, „Der Kamin“ und „Winterfreuden“; davon stehen die ersten drei in der Oden-Ausgabe von 1771 (Hamburg bei Bode).

523,11ff. *Der über den nächtlichen ... Eisfeldern ... hervortretende Vollmond ...* Die Szene hat deutliche Verwandtschaft mit der nächtlichen Eislaufszene in den *Wanderjahren,* Bd. 8, S. 213,3ff., die nicht nur in ihrer Ausmalung der Landschaft und des Körpergefühls bedeutend ist, sondern auch in ihrer Symbolik für die Kraft der Jugend, aus dem Willen zum Leben heraus Wirrnis und Schuld zu überwinden; ähnlich wie dort die Eislaufszene ans Ende der Geschichte von Flavios Leidenschaft und Verwirrung gestellt ist, so hier hinter die Partie 520,25–38.

523,17. *Ossiansche Szenen.* Ossian wurde eben damals von der Jugend sehr geliebt, Herder hatte über ihn geschrieben, Goethe aus ihm übersetzt. Er malt gern nächtliche Szenen in nordischer Landschaft. Vgl. 537,13 und 582,31; insbesondere auch Bd. 6, S. 82,9 und die Anmkg. dazu sowie Bd. 6, S. 108,5 ff. u. Anmkg.

524,5. *Datt*, Joh. Philipp, 1654–1722, Jurist in Eßlingen und Stuttgart. – Er verfaßte: Volumen rerum Germanicarum novum sive De pace Imperii publica libri V. Vlmae 1698. (Folio, XIV,922 S. und 76 S. Register.) Goethe entlieh das Werk am 10. April 1813 (Keudell Nr. 854) und las darin (Tagebuch). Es ist ein noch heute wichtiges Quellenwerk für den Reichstag zu Worms 1495 und die auf diesem durchgeführte Reichsreform, deren Kernstücke die Verkündigung des Ewigen Landfriedens und die Bestellung des Reichskammergerichts waren. Es behandelt auch die Vorgeschichte der Reichsreform, insbesondere die Entwicklung der Landfriedensgesetzgebung seit dem Hochmittelalter, ferner Einrichtungen und Vereinigungen, die in Beziehung zu den Landfriedensbestrebungen standen, z. B. die Feme, die ständischen Einungen, Ritter- und Städtebünde usw. – Allgemeine deutsche Biographie 4, 1876, S. 767f. – NDB 3, S. 521f.

524,24. *Kammergericht.* Über das Wetzlarer Kammergericht besaß (und besitzt) die Weimarer Bibliothek reichlich Literatur; Goethe entlieh im April 1813 eine ganze Anzahl einschlägiger Werke. (Aufgezählt bei Carl Alt, Studien zur Entstehungsgesch. von *DuW*. 1898. S. 38–41; Keudell Nr. 847–851; Demeter S. 42–44.) – Der Abschnitt 524,27–531,8 wird in bezug auf geschichtliche und rechtswissenschaftliche Einzelheiten am ausführlichsten erläutert (außer in den Anmerkungen der Ausgaben von Düntzer – KDN – und von Heinemann) durch: Rudolf Smend, Das Reichskammergericht. 1. Teil. Geschichte und Verfassung. Weimar 1911. = Quellen u. Stud. z. Verfassungsgesch. des dt. Reiches, Bd. 4, Heft 3. (XVI,404 S.) – Karl Demeter, Das Reichskammergericht in Wetzlar zu Goethes Zeit. Goethe-Kalender 33, 1940, S. 41–68.

524,33f. *Schwabenrecht ... Sachsenrecht.* Das Sachsenrecht in Nord- und Ostdeutschland war geprägt durch den „Sachsenspiegel" des Eike von Repgow (entstanden zwischen 1215 und 1235). Dieses Rechtsbuch, ursprünglich eine Aufzeichnung ostfälischen Gewohnheitsrechts (Land- und Lehnrecht), gewann im Spätmittelalter rechtsbildende Wirkung und die Geltung eines Gesetzbuches. Vom „Sachsenspiegel" abhängig ist der „Schwabenspiegel" oder „Kaiserliches Land- und Lehnrechtsbuch" (verfaßt um 1275 von einem Augsburger Minoriten), der in Süddeutschland eine ähnliche Verbreitung und Bedeutung erlangte.

524,35f. *Austräge der Ebenbürtigen.* Seit dem 14. Jahrhundert gab es für die Streitigkeiten der Stände untereinander (Fürsten, Prälaten, Ritter, Städte) besondere Schiedsgerichte, die sog. „Austrägalgerichte".

525,32. *Hofrat.* Der Reichshofrat bestand seit dem 16. Jahrhundert (Reichshofratsordnung 1559) als kaiserliches Reichsgericht mit dem Sitz in Wien; in der Gerichtsbarkeit mit dem Kammergericht konkurrierend.

526,3. *Sporteln* = Gebühren bei Behörden. Dt. Wb. 10, 1. Lpz. 1905. S. 2688f.

527,1. *Verlegung des Gerichts.* Nach mehrfachem Ortswechsel tagte das Gericht von 1527 bis 1688 in Speyer, seit 1693 in Wetzlar.

527,3. *Kriegsnot:* beim Einfall der Franzosen in die Pfalz 1688.

528,26f. *Amphiktyonen:* bei den alten Griechen die Mitglieder eines Rates, der Angelegenheiten regelte, die über die einzelnen Stadtstaaten hinausgingen, zumal solche der gemeinsamen Heiligtümer, Feste, Spiele und der völkerrechtlichen Ordnung. – In dem von Goethe am 6. 4. 1813 entliehenen Werk: Vermehrte Beiträge zur Verbesserung des Justizwesens am Cammergericht (von Christian Jakob Zwierlein), Frankf. u. Lpz. 1768, ist der Ausdruck *Amphiktyonen* benutzt; vermutlich hat Goethe ihn von dort übernommen.

529,8. *Fürstenberg:* wohl Frobenius Ferdinand Fürst v. Fürstenberg, 1664–1741, seit 1714 Kammerrichter. – Ersch u. Gruber, Allg. Encyclop., I. Sect., Bd. 51, S. 510. – Biogr. Lex. d. Kaiserthums Österreich 5, 1858, S. 17.

530,10. *aufgeregt.* Vgl. 127,39; 457,7; 548,34; 594,39.

530,13. *Eröffnung*: am 2. Mai 1767.

530,27. *suspendiert* = des Amtes enthoben.

531,37. *romantisch* im Sinne von „mittelalterlich" und „das Mittelalter nachahmend". Vgl. 200,28.

532,13. *von Kielmannsegg,* Christian Albrecht Freiherr, 1748–1811, Rechtspraktikant am Kammergericht, wurde später Gerichtspräsident in Güstrow. – H. Gloël, Goethes Rittertafel zu Wetzlar. In: Mitteil. des Wetzlarer Geschichtsvereins, Heft 3, 1909, S. 3–56. Auch als Sonderdruck: Wetzlar 1910. Auszug daraus im GJb. 32, 1911, S. 101–119.

532,15. *Goué* (eigentlich: Goue oder Gue), August Siegfried v., 1742–1789, braunschweigischer Legationssekretär in Wetzlar, Schriftsteller. – Goedecke, Grundriß. Bd. 4, 1. Dresden 1916, S. 760–764. – A. S. v. Goue. Auswahl von Karl Schüddekopf, Einführung von Heinr. Gloël. Weimar, Gesellschaft der Bibliophilen, 1917. (VI, 282 S.) Darin S. 1–158 das Trauerspiel „Masuren"; S. 211–281 Biographie Goues von H. Gloël. – NDB 6, S. 690–692.

532,34. *Fratzenspiel.* Vgl. 299,8 und 585,13. (Fischer, Goethe-Wortschatz, S. 243.)

532,37f. *„Die vier Haimonskinder"*, Volksbuch französischen Ursprungs, in Deutschland seit 1530 in verschiedenen Fassungen gedruckt. Bereits 36,7 erwähnt. – Das dt. Volksbuch von den Heymonskindern von Paul van der Aelst. Hrsg. v. Friedr. Pfaff. Freiburg i. Br. 1887. (LXXII, 208 S.) – Dt. Lit. in Entwicklungsreihen. Volks- u. Schwankbücher, 1. Volksbücher vom Sterbenden Rittertum. Hrsg. von H. Kindermann. Lpz. 1942. S. 303–325.

533,24. *amplifizieren* = erweitern, ausführlicher darstellen.

533,30. *Perikopen*: Abschnitte für Lesungen; aus dem Sprachbereich der Kirche.

533,36f. *Gotter,* Friedrich Wilhelm, 1746–1797, Sekretär der sachsengothaischen Gesandtschaft in Wetzlar, Dichter und Übersetzer, stilistisch an das französische Rokoko anknüpfend. 1769 unterstützte er in Göttingen Boie bei der Herausgabe des ersten Göttinger „Musenalmanachs". 1770 ging er nach Wetzlar, 1772 als Geheimer Sekretär nach Gotha, seiner Heimatstadt, wo er fortan literarisch tätig war. Goethe sah ihn gelegentlich in Gotha oder Weimar. – KDN Bd. 135,1: Lyriker

u. Epiker d. Klass. Periode, hrsg. v. M. Mendheim, S. 70–77. – Rudolf Schlösser, Fr. W. Gotter. Hambg. u. Lpz. 1894. = Theatergesch. Forsch., 10. (XII, 308 S.) – NDB 6, S. 658 f.

534,8. *Boies Almanach.* Heinrich Christian Boie, 1744–1806, gab seit 1769 (mit Jahreszahl 1770) jährlich einen „Musenalmanach" heraus, der in Göttingen erschien. Anfangs waren zumal Klopstock, Gleim, Ramler, Gerstenberg und Denis darin vertreten; sehr bald wurde er dann aber das Organ des Kreises junger Dichter, der sich in Göttingen sammelte; zugleich ergaben sich Beziehungen zu Dichtern der jungen Generation an anderen Orten. Der Almanach für 1774 (erschienen im Herbst 1773) enthält Gedichte von Klopstock, Bürger, Stolberg, Miller, Voß, Hölty und anderen Dichtern und auch vier Gedichte von Goethe: *Der Wandrer* (Bd. 1, S. 36 ff.), *Mahomets-Gesang* (ebd. S. 42 ff.), *Der Adler und die Taube* (ebd. S. 57 f.) und *Sprache* (ebd. S. 63). – Der Göttinger Dichterbund, Hrsg. v. A. Sauer. 3 Bde. = KDN 49 und 50. – Göttinger Musenalmanach auf das Jahr 1774. Mit einem Nachwort von A. Schöne. Göttingen 1962. (Facsimile-Druck.) – Vgl. auch 519,28 u. Anmkg.

534,12 f. *Die beiden Grafen Stolberg, Bürger, Voß, Hölty und andere* gehörten zu den Autoren des Göttinger Musenalmanachs. Im September 1772 gründeten Voß, Hölty, die Brüder Miller, Hahn und Wehrs einen Dichterbund, genannt „der Bund" oder „der Hain", dem bald darauf die Brüder Stolberg beitraten, durch welche sich unmittelbare Beziehungen zu Klopstock (den diese seit ihrer Kindheit kannten) ergaben. Bürger und Boie haben dem Bund nie eigentlich angehört, standen ihm aber nah, und Boie nahm in seinen „Musenalmanach" zahlreiche Gedichte aus dem Kreise des „Hains" auf. – Der Göttinger Dichterbund. 3 Bde. Hrsg. v. A. Sauer. Bln. u. Stuttg. (o. J.) = KDN 49 und 50.

534,39. *Calas,* Jean, geb. 1698, protestantischer Kaufmann in Toulouse, hatte einen Sohn, der Selbstmord beging. Daraufhin wurde behauptet, der Sohn habe zur katholischen Kirche übertreten wollen und der Vater habe ihn deswegen erhängt. Calas wurde 1762 verurteilt und hingerichtet (durch das Rad). Seine Witwe floh in die Schweiz, wo sie Voltaire sah und ihm den Justizmord berichtete. Daraufhin begann Voltaire einen publizistischen Feldzug, zumal mit der Schrift „Sur la tolérance", 1763. Die Folge war, daß der Prozeß neu aufgenommen wurde, diesmal in Paris. Der Hingerichtete wurde als unschuldig erklärt, seine Witwe rehabilitiert, seine Kinder wurden freigelassen. – Bekannt war das sentimental gehaltene Gemälde „Les Adieux de Calas" von Chodowiecki, das als Reproduktionsradierung verbreitet war und auch in Lavaters „Physiognomische Fragmente" aufgenommen wurde. – Über Calas: Nouveau Dictionnaire historique 2, 1789, S. 338. (Dieses Werk gehörte zu Goethes Handbibliothek; noch jetzt im Weimarer Goethehaus, Arbeitszimmer.) – Nouv. biogr. univ. 8, 1854, S. 156 f.

535,3. *das Unternehmen Lavaters gegen den Landvogt.* Lavater zeigte in Verbindung mit Füßli den Landvogt Felix Grebel 1762 wegen unrechtmäßiger Verwaltung an und bewirkte seine Amtsenthebung. 1769 erschien eine Schrift darüber, auch in Zeitschriftenaufsätzen wurde Lavaters Tat gepriesen. Goethe bat Lavater 1774 in einem Brief, ihm das Ereignis genau zu schildern. – Goethe und Lavater. Hrsg. v. Heinrich Funck. Weimar 1901. = Schr. G. Ges., 16. S. 36, 39, 390f. – Mary Lavater-Sloman, Genie des Herzens. Zürich 1939 u. ö.

535,8f. *Bösewichter ... unter Ministern und Amtleuten.* Vgl. 536,7–14 und insbesondere 569,38–570,7.

535,13. *Zeitschriften.* Auch in anderen Alterswerken äußert Goethe sich skeptisch über die Pressefreiheit. Zwischen der dargestellten Epoche und dem Zeitpunkt des Schreibens lag die Französische Revolution und ihre Wirkung auf Deutschland. Im Zusammenhang damit hatten sich im Laufe der Jahre Gesichtspunkte ergeben, welche der Zeit um 1772 fernlagen. – Bd. 1, S. 332, Nr. 170–172. Bd. 12, S. 384, Nr. 143–145.

535,26. *„Hermannsschlacht“.* 1769 erschien Klopstocks Drama „Hermanns Schlacht, ein Bardiet für die Schaubühne“. Unter „Bardiet“ versteht Klopstock eine vaterländische Dichtung, in welcher sich der Dichter den Barden anreiht.

535,32ff. *daß jeder vor seiner Türe kehre ...* Vgl. Bd. 1, S. 333, Nr. 174.

536,5. *Bardenlieder.* 1766 gab Heinr. Wilh. v. Gerstenberg sein „Gedicht eines Skalden“ heraus, in welchem ein altgermanischer Skalde in der Gegenwart sein Heimatland wiedersieht und von seinem einstigen Leben singt. 1768 (mit Jahreszahl 1769) veröffentlichte Karl Friedrich Kretschmann „Der Gesang Rhingulphs des Barden, als Varus geschlagen war“. Im Jahre darauf erschien Klopstocks Drama „Hermanns Schlacht“. Die ganze Richtung war stark angeregt durch Ossian, dessen Motive man mit altgermanischer Überlieferung vermischte. Denis in Wien übersetzte Ossian in Versen und ließ 1772 eigene Dichtungen als „Die Lieder Sined des Barden“ folgen, in welchen er Ereignisse der Gegenwart (Taten Maria Theresias) als „Barde“ besang. – Klopstocks „Hermanns Schlacht“ und das Bardenwesen des 18. Jahrhunderts. Hrsg. v. R. Hamel. Bln. u. Stuttg. (o. J.) = KDN 48.

536,13f. *alles Obere ... aufgehoben.* Gedichte dieser Art sind z. B. Bürger, „Der Bauer an seinen Fürsten“ (Ausg. Sauer KDN, S. 65; Ausg. Berger S. 82) und Voß, „Junker Kord“ (Ausg. Sauer KDN S. 336ff.). Die Musenalmanache im letzten Drittel des 18. Jahrhunderts enthalten eine beträchtliche Zahl solcher Gedichte.

536,17. *„Der Wanderer“*: Bd. 1, S. 36–42.

536,20f. *„Götz von Berlichingen“.* Vgl. 413,34–38 und Bd. 4, wo die Entstehung des Dramas auf Grund des Quellenmaterials dargestellt ist. Ferner Bd. 10, S. 116,16–36.

536,27. *die nordische Mythologie.* Seit 1767 führte Klopstock in seinen Oden nordische Götternamen ein. Seine Ode „An meine Freunde“

wurde jetzt umgetauft in „Wingolf"; einst begann sie „Wie Hebe kühn ...", jetzt „*Wie Gna im Fluge ...*"; früher sprach er von „Dithyramben", jetzt von „Bardenlied" usw. Goethe sagt also mit leiser Kritik, daß eigentlich nur die *Nomenklatur* sich geändert habe, d.h. der Sprachgebrauch, die Benennung (von lat. nomenclatura = Nennung von Personen oder Sachen). – F. Muncker, Klopstock. S. 375 ff.

536,33. *Mallet,* Paul-Henri, 1730–1807, aus Genf stammend, seit 1752 Professor der „Belles-Lettres" in Kopenhagen, veröffentlichte 1755 „Introduction à l'histoire du Danmark" und darin eine Übersetzung der Edda. Eine deutsche Übertragung von Mallets Werk erschien in Rostock und Greifswald 1765–66. Diese entlieh Goethe am 5. 12. 1806. (Keudell Nr. 472.) – Nouv. biogr. gén. 33, 1860, S. 72–74. – Dansk biografisk Leksikon 9, 1981. S. 374–376.

536,37. *Resenius,* Johannes Petrus, 1625–1688, dänischer Gelehrter, der in der Art des 17. Jahrhunderts auf vielen Gebieten arbeitete (Theologie, Rechtswissenschaft, Geschichte usw.), gab 1665 „Edda Islandorum" heraus, den altnordischen Text mit lateinischer Übersetzung. Herder brachte in seinem Aufsatz „Über Ossian und die Lieder alter Völker" seine Übersetzungen „Odins Höllenfahrt" und „Der Webegesang der Vakyriur". Seit 1791 gaben Chr. G. Böckh und Fr. David Gräter eine Zeitschrift „Bragur" heraus, die sich altnordischem und altdeutschem Schrifttum widmete; Goethe entlieh am 3. 12. 1808 den 1. Band. Die Romantik, zumal durch ihre Nibelungenstudien, wies neu auf das Nordische hin, und auch Goethe wurde durch das Nibelungenlied, das er in v. d. Hagens Fassung von 1807 kennen lernte, erneut auf das Nordische gelenkt. (Tagebuch 14. 1. 1809; 28. und 29. 3. 1809. Ferner die Notizen über Edda-Studien W. A. 42,2, S. 434–436.) Unter Goethes Büchern in Weimar (Goethehaus) befindet sich: Edda Saemundar hinns Fróda. Edda rhythmica seu antiquior ... Hafniae 1787. (Ruppert Nr. 770.) Goethe betonte aber gleichzeitig immer seine Stellung als „Klassiker", wofür der Satz 537,1–6 typisch ist. – Dansk biogr. Leksikon 12, 1982, S. 146–148.

537,13. *die Ossianschen ... Helden.* Bd. 6, S. 82,9 ff. und 108,5 ff. und die Anmerkungen dazu.

537,22. *irren* = beirren, aus der Fassung bringen, verwirren.

537,25. *Dappers Reisen*: Oliver Dapper, Asia oder Ausführliche Beschreibung des Reichs des Groß Mogol ... und eines großen Theils von Indien ... anfangs in niederländ. Sprache zusammengetragen ... Anitzt ... ins Hochteutsche ... übers. von J. Chr. Beer. Nürnberg 1681. Dappers Buch ist eine reichhaltige Zusammenstellung aus allen Quellen, die zu seiner Zeit vorhanden waren. Das holländische Original erschien 1672. Aus Goethes Bibliotheks-Verzeichnis von 1788 (Jahrbuch „Goethe" 24, 1962, S. 278) geht hervor, daß er dieses Werk damals besaß.

Seltsamerweise hat er es aber am 29. 12. 1794 aus der Weimarer Bibliothek entliehen. Später bezeugt das Tagebuch wieder am 15. 12. 1818 Lektüre des Werks, diesmal ohne Entleihung. Der Band befindet sich heute noch unter Goethes Büchern (3 Werke Dappers in einem Schweinslederband zusammengebunden; Ruppert 4882–4884). Wie manches, was ihm in seiner Jugend lieb geworden, hat Goethe also auch dieses Werk später gern wieder zur Hand genommen; am 19. 10. 1822 zeigte er den Band dem Enkel Walther. – Nieuw Nederlandsch biografisch Woordenboek 7, 1927, S. 354–356.

537,27. *Der Altar des Ram* ist die Bezeichnung, welche Dapper (auch als Kapitelüberschrift) benutzt. Das Wort ist mißverständlich. Gemeint ist das indische „avatâra", d. h. „Inkarnation, Herabkunft des Gottes". Der Gott Vishnu (Dapper: Mahadeu) steigt zur Erde in der Gestalt des Râma (Ram). – H. v. Glasenapp, Die fünf großen Religionen. Bd. 1. Düsseldorf u. Köln 1951. S. 34–36.

537,30. *der Affe Hannemann*: Hanumân (Dapper: „Hannemann"), ein Affe, als Sohn des Windgottes Vâyu geltend, unterstützte den edlen Râma (Dapper: „Ram") in dessen Kämpfen gegen Râwana (Dapper: „Rawan"), machte für ihn Erkundungswege, holte ein hilfreiches Heer von Affen, besiegte mit diesem die Riesen usw. Der Stoff fand seine klassische Darstellung in dem großen altindischen Epos Râmâyana. – Vgl. 553,6. – Walther Däbritz, Anregungen aus indischer Mythologie in Goethes Dichtung. (Jb.) Goethe 20, 1958, S. 99–117.

537,35. *Gespenster* = Phantasiegestalten.

538,8. *Guys,* Pierre Augustin, 1720–1799. Das Ausleihbuch der Weimarer Bibliothek verzeichnet am 5. 2. 1810 Goethes Entleihung: P. A. Guys, Voyage littéraire de la Grèce ou lettres sur les Grecs anciens et modernes . . . 3. éd. Paris 1783. – In seiner Jugend las Goethe vermutlich die 1. Auflage von 1771 oder die deutsche Übersetzung von 1772. – Nouv. biogr. univ. 42, 1859, S. 964 f.

538,8. *Wood,* Robert, 1717–1771, verfaßte „Essay on the Original genius and writings of Homer", 1769. Eine Übersetzung, „Robert Wood's Versuch über das Originalgenie des Homer", Frankf. 1773, wurde in den „Frankfurter Gelehrten Anzeigen" besprochen. (Neudruck: WA 37, S. 204–206.) Da Goethe diese Zeitschrift, an der er in seiner Jugend mitgearbeitet hatte, 1812 durch Schlosser aus Frankfurt erhalten hatte (laut Brief an diesen vom 31. 3. 1812) und dann ausführlich durchgearbeitet hatte (Tagebuch 16. 3.–22. 3. 1813), war ihm die Rezension wieder in Erinnerung. (Vgl. 551,23 f.) Aufmerksam geworden war man auf Woods Arbeit durch eine ausführliche Rezension Heynes in den „Göttinger Anzeigen von gelehrten Sachen" vom 15. 3. 1770. Goethe entlieh diesen Band im Frühling 1813 und gab ihn im August zurück. (Keudell Nr. 853.) 538,9–26 schließt eng an Heynes Rezension an. – Grumach, Goethe u. die Antike. 1949. S. 121, 152.

538,13. *aufgedunsenes Heldenwesen.* Vgl. 42,31–34.

538,36f. *Speisesaal am Krönungstage*: 207,1–25.

539,32. *Sulzer,* Johann Georg, 1720–1779, veröffentlichte 1771 bis 1774 „Allgemeine Theorie der Schönen Künste", ein Sachwörterbuch der Allgemeinen Kunstwissenschaft, das rasch hohes Ansehen erreichte, von der jungen Generation des Sturm und Drang aber kritisch und ironisch betrachtet wurde, das zeigt die Rezension des Werks in den „Frankfurter Gelehrten Anzeigen", 1772, die Goethe 1813 wieder zur Hand hatte. – Vgl. Bd. 12, S. 15–20 u. die Anmkg. dazu.

540,3f. *Aristoteles, Cicero, Quintilian, Longin.* Liebholdts Verzeichnis nennt (aus dem Besitz des Herrn Rat oder des jungen Goethe): Aristoteles, Dichtkunst. Übers. von Mich. Konr. Curtius. Hannover 1753. – Cicero, De oratore. Halae 1760. (Vgl. 256,36.) – Quintilianus, De institutione oratoria. Argentorati 1698. – Am 8. 1. 1814 entlieh Goethe: Longinus, Vom Erhabenen. Griechisch. Teutsch. Dresden 1741. Vielleicht hat er auch in der Jugend diese Ausgabe benutzt. – Grumach, Goethe u. die Antike. 1949. – Ruppert Nr. 1370, 1430.

542,7. *Bräutigam*: Johann Georg Christian Kestner, 1741–1800, dessen Name hier absichtlich ungenannt bleibt. Er war seit 1767 Gesandtschaftssekretär in Wetzlar, später wurde er Hofrat in Hannover. – Goethe, Kestner und Lotte. Hrsg. von Ed. Behrend. München 1914. (182 S.) – Heinr. Gloël, Goethes Wetzlarer Zeit. Bln. 1911. S. 140–149.

542,13. *mit einem Frauenzimmer zu verloben:* mit Charlotte Buff, 1753–1828. Als Goethe 1813 diese Partie schrieb, lebte Charlotte in Hannover als Witwe. Ihre Schwester Amalie, 1765–1848, verheiratet mit Kammerrat Ridel, lebte in Weimar. – Oskar Ulrich, Charlotte Kestner. Ein Lebensbild. Bielefeld 1921. – H. Gloël, Goethe und Lotte. Bln. 1922. – NDB 3, 1957. – Bd. 6, Bibliographie zu *Werther.*

542,17. *Vater:* Heinrich Adam Buff, 1710–1795, Deutschordens-Amtmann in Wetzlar.

544,20. *Neue Heloise.* Rousseaus Roman „La Nouvelle Héloïse" war 1761 erschienen. Das Motiv des Hanf-Brechens kommt im 7. Brief des 5. Teils vor und im Zusammenhang damit die Wendung „le lendemain, le surlendemain et toute sa vie". Briefe HA Bd. 1, S. 135,3 u. Anm.

544,27. *Jerusalem,* Karl Wilhelm, 1747–1772, Sekretär des braunschweigischen Gesandten. Über seinen Vater vgl. 276,30 u. Anmkg. – Rosa Kaulitz-Niedeck, Goethe u. Jerusalem. Gießen 1908. – Heinr. Gloël, Goethe u. Lotte. Bln. 1922, S. 144–189. – NDB 10, 1974, S. 416–418. – Goethe, Briefe HA. Bd. 1, S. 136,2 u. Anm.

545,19. *Goldsmith,* Oliver, 1728–1774, veröffentlichte 1770 in London „The deserted village". Da der Verfasser in Deutschland durch seinen „Landprediger von Wakefield" bereits bekannt und beliebt war, wurde auch dieses Werk sogleich übersetzt. Merck besorgte 1772 einen

Neudruck des englischen Textes. Mehrfach erwähnt im Briefwechsel Herder-Caroline. Goethes Tagebuch berichtet am 23. 4. 1811 Lektüre des Werks. – Karl Viëtor, Goethe, Goldsmith und Merck. Jahrb. d. fr. dt. Hochstifts 1916–1925. S. 78–94. – James Boyd, Goethe's knowledge of English literature. Oxford 1932.

546,5. *unternommene Übersetzung*: nicht erhalten geblieben.

546,24. *Höpfner,* Ludwig Julius Friedrich, 1743–1797, seit 1771 Professor der Rechte an der Universität Gießen; sehr vielseitig, zumal auch literarisch interessiert. Seit den achtziger Jahren durch bedeutende juristische Werke bekannt über die engeren Fachkreise hinaus. – ADB 13, 1881, S. 109f. – Alfred Bock, Aus einer kleinen Universitäts-Stadt. 2. Aufl. Gießen 1907. (IV, 116 S.) Darin S. 1–20: Goethe und Höpfner.

547,29f. *Christian Heinrich Schmid,* 1746–1800, veröffentlichte vielerlei Schriften und wurde 1777 Professor der Eloquenz in Gießen. – Goethe las wohl über ihn nach bei Jördens Bd. 4, Lpz. 1809, S. 551–573. – ADB 31, 1890, S. 650–655.

548,13. *Nößel* = Schoppen. Dt. Wb. 7, Lpz. 1889, S. 900f.

550,8. *„Frankfurter Gelehrte Anzeigen“.* Die in Zusammenarbeit von Merck, Schlosser, Höpfner, Goethe und ihrem Kreise entstandenen Jahrgänge sind die von 1772 und 1773. Von diesen beiden Jahrgängen steht heute noch ein Exemplar unter Goethes Büchern in Weimar, es ist vermutlich das, welches er durch Joh. Friedr. Heinr. Schlosser (1780–1851) erhielt. Am 1. 2. 1812 schrieb er an diesen: *Wäre es möglich, mir ein Exemplar der ersten Jahrgänge der Frankfurter gelehrten Anzeigen, woran ich und Ihr Oheim vielen Anteil gehabt, zu verschaffen? Sie sind 1772 herausgekommen und ich habe sie seit jenen Jahren nicht wiedergesehen.* Und am 31. 3. 1812: *An den zwei mir übersendeten Bänden Frankfurter gelehrter Zeitungen erkenne ich wieder, wie nötig mir sei, bei dem Unternehmen von meinen früheren Jahren zu sprechen, eine Sammlung von Dokumenten aus jener Epoche; denn außerdem möchte es bei dem aufrichtigsten Nachdenken schwer sein zu imaginieren und sich wieder zu vergegenwärtigen, wie man gehaltlos, roh und ungebildet mehr wert könne gewesen sein, als da man sich gehaltvoll, ausgearbeitet und ausgebildet antrifft. Es war überhaupt jenes eine wundersame Epoche, selbst nur wie uns diese zwei Bände einen Begriff davon geben.* Goethe beschäftigte sich vom 16. März bis zum 22. März 1813 ausführlich mit diesen beiden Bänden, wie die oben abgedruckten Tagebuchnotizen zeigen. – Neudruck: Frankf. Gel. Anzeigen vom Jahre 1772. Hrsg. v. B. Seuffert u. W. Scherer. Heilbronn 1883. = Dt. Literaturdenkmale des 18. Jahrhunderts, 7–8. – Max Morris, Goethes und Herders Anteil an dem Jahrgang 1772 der „Frankf. Gel. Anzeigen“. 3., veränd. Aufl. Stuttg. 1915. (IV, 352 S.)

550,11. *Wenck*: Vgl. 507,16 u. Anm.

550,24. *die Berliner „Bibliothek"*: die „Allgemeine deutsche Bibliothek". Vgl. 271,24; 277,35; 354,16.

550,25. *Deutscher Merkur*: Wielands Zeitschrift, seit 1773 erscheinend, die er von Weimar aus, wohin er 1772 gezogen war, redigierte.

551,24ff. *Auszüge ... mögen ... künftig am schicklichen Ort erscheinen.* Das geschah in der *Ausg. l. Hd.*, Bd. 33, 1830, S. 1–121. – Neudruck (ergänzt): WA 37, 1896, S. 191–292 und 38, 1897, S. 296–398.

552,36f. *Die Clarkesche wörtliche Übersetzung*: Samuel Clarke, 1675–1729, hatte Homer ins Lateinische übersetzt und eine zweisprachige Edition veröffentlicht: Ilias gr. et lat. ed. S. Clarke. London 1729–32; Odyssee gr. et lat. London 1740. Der deutsche Gräzist Ernesti gab seiner Edition des griechischen Textes Clarkes lateinische Übersetzung bei: Homeri opera. Lpz. 1756–1764. – Grumach, Goethe und die Antike. 1949. S. 117 und 122. – Auch Werther liest Homer in zweisprachiger griechisch-lateinischer Ausgabe. Bd. 6, S. 54,19 u. Anmkg.

553,6. *der Wolf Fenris* kommt in der Edda vor, ebenso die im folgenden genannte Geschichte von *Thor* und den *Riesen*. Die Quellen dieser Kenntnis hat Goethe schon 536,32ff. genannt: Edda, Mallet, Resenius und Herder.

553,6. *Hannemann*: vgl. 537,30 u. Anm.

Dreizehntes Buch

Tagebuch 9. März 1813: *Die sämtlichen Schemas der nächsten 10 Bücher revidiert.* 23. März: *Biographisches, Abschied von Wetzlar, Reise nach Coblenz.* 24. März: *Coblenz und Rückreise. Nähere Betrachtung der konzentrierten Behandlung ...* 14. April: *Taedium vitae pp.* 2. Mai: *Das ganze Schema des 3. Bandes durchgedacht.* 17. Mai: *Deutsches Theater schematisiert.* 17.–26. April: *Reise über Dresden nach Teplitz.* 26. April bis 10. August: *in Teplitz.* 18. Mai: *13. Buch.* 19. Mai: *Götz von Berlichingen.* 20. Mai: *Werther.* 21. Mai: *Fortsetzung an Werther.* 22. Mai: *Englische Literatur.* 23. Mai: *Biographisches, Werther betreffend.* 24. Mai: *Das 13. Buch meist suppliert.* 15. Juni: *Mösers Patriotische Phantasien.* 16. Juni: *13. Buch revidiert.* 17. Juni: *13. Buch. Möser. Dessen Phantasien.* 18. Juni: *Mösers Patriotische Phantasien.* 28. Juni: *Am 13. und 14. Buch weitere Überlegung.* 29. Juni: *Fernere Revision des 13. und 14. Buchs.* 2. Juli: *Abschrift des 13. Buchs geendigt.* 4. Juli: *Möser, 2. Band.* 5. Juli: *Revision der Abschrift des 13. Buchs.* – 10.–19. August: *Rückreise von Teplitz über Dresden nach Weimar.* 22. August: *Riemer 13. Buch.* 23. August: *Mit Riemer. 13. Buch.*

Das *13. Buch* hat als Hauptmotiv die Entstehung der beiden ersten großen Dichtungen, *Götz* und *Werther.* Alle Nebenmotive sind darauf bezogen: Das Drama der Zeit gibt den Boden für *Götz*; die Begegnung mit Maxe La Roche steht in Beziehung zur Entstehung des *Werther*-Romans, der empfindsame Briefwechsel zu seinem Stil. Das Zeichnen und Malen erweisen sich dem gegenüber als Irrweg. (557,6ff.; 563,30 bis 564,30). An den Abschnitt über Entstehung und Druck der dichterischen Werke schließt sich, wie es die Geschichte erfordert, ein Abschnitt über den Erfolg, und sofort tritt nun ein neuer Gesichtspunkt hervor: die neue, freundlich-entgegenkommende Einstellung der Umwelt wird genutzt, um Verbindungen zu knüpfen, die bisher aus Bescheidenheit nicht geschaffen waren. So schließt sich der Abschnitt über Möser an. Da also, wo das Autorleben einen ersten Gipfel erreicht und der Jüngling erkennt, daß er zum Dichter gemacht sei, wird sogleich das Motiv der Wirksamkeit im Staate angeknüpft, gleichsam die Ganzheit seines Wesens und seiner Interessen andeutend. Es findet seine Fortsetzung in den Motiven des *15.–20. Buchs*: Gespräch über Möser mit Carl August (Bd. 10. S. 52f); Für und wider den Fürstendienst (Bd. 10, S. 53ff.); Politische und soziale Zustände in Deutschland (Bd. 10, S. 112ff.); Aufbruch nach Weimar (Bd. 10, S. 180f.). Dieser Bereich sollte in der Schilderung der Weimarer Jahre eine Fortsetzung finden.

556,5. *Frau von La Roche*, Sophie geb. Gutermann, 1731–1807, war 1751/52 mit Wieland verlobt und heiratete 1754 Georg von La Roche (557,24 u. Anmkg. zu 558,35f.). Mit Wieland blieb sie literarisch befreundet. Ihr Roman „Geschichte des Fräuleins von Sternheim“, 1771, in Briefform, schildert ein junges und edles Mädchen vor dem Hintergrund einer Welt höfischer Intrigen. Psychologisch feinfühlig, traf er den Geschmack der Jugend. Die Darstellung des Lebens in Haus und Familie aus der Sicht der Frau wies in die Richtung des bürgerlichen Familienromans. Sophie La Roche blieb lebenslang literarisch tätig. 1799 war sie zum Besuch in Weimar und sah Wieland, Goethe und Herder wieder. – Sophie von La Roche, Geschichte des Fräuleins von Sternheim. Hrsg. von F. Brüggemann. Lpz. 1938. = Dt. Lit., Reihe „Aufklärung", 14. – Werner Milch, Sophie La Roche. Frankf. 1935. (272 S.)

558,1. *Leuchsenring*, Franz Michael, 1746–1827, wurde 1769 Hofmeister des Erbprinzen Ludwig von Hessen in Darmstadt und begleitete diesen auf Reisen. In empfindsamen Kreisen der Zeit bekannt durch seinen Briefwechsel. – In Goethes Autographensammlung in Weimar befindet sich ein Brief von Leuchsenring an Gleim vom 5. 5. 1773 (bereits 1812 in dem Autographenverzeichnis genannt). – Briefe von und an F. M. Leuchsenring. Hrsg. von Urs Viktor Kamber. Stuttg. 1976. (XVI, 332 S.) – ADB 18, 1883, S. 473–475 (Muncker). – Goedeke 4,1. Dresden 1916, S. 764–766. – Loeper in der Hempelschen Ausg. Bd. 22, S. 356f. – NDB 14, 1985, S. 367f.

558,15. *Taxissche Posten.* Im Jahre 1500 richtete Franz v. Taxis den ersten regelmäßigen Postverkehr zwischen Wien und Brüssel ein, der dann als Kaiserlich privilegiertes Postsystem weiter ausgebaut wurde. Es blieb in den Händen der Familie, die unter dem Namen Thurn und Taxis 1624 in den Reichsgrafen-, 1685 in den Reichsfürsten-Stand erhoben und 1806 mediatisiert wurde. Die Taxissche Post wurde zur kaiserlichen Reichspost, die seit 1729 ihre Hauptverwaltung in Frankfurt a. M. hatte. Während die norddeutschen Landesfürsten eigene Postsysteme ausbauten, blieb die Taxissche Post in Süddeutschland, Westdeutschland und Thüringen herrschend. Als Goethe 1813 an *DuW* arbeitete, hatten die Thüringischen Fürstentümer Taxissche Post. Erst im weiteren 19. Jahrhundert ging diese zurück und hörte 1866 auf zu bestehen. – Joh. Ludw. Klüber, Das Postwesen in Deutschland. Erlangen 1811. – Heinr. v. Stephan, Gesch. d. preuß. Post. Neu bearb. von Karl Sautter. Bln. 1928. = Sautter, Gesch. d. dt. Post, 1. (XVI,747 S.)

558,25. *Bondeli,* Julie v., 1731–1778, aus einer Berner Patrizierfamilie, eine der geistigen, scharfsinnigen Frauen des 18. Jahrhunderts (wie Elise Reimarus, Amalia v. Gallitzin, Caroline Schlegel), befreundet mit Rousseau, Lavater, Zimmermann, Wieland, Sophie La Roche u. a. – Eduard Bodemann, J. v. Bondeli u. ihr Kreis. Hannover 1874. (VIII, 375 S.) Dazu W. Scherer, Anz. f. dt. Altert. 1, 1876, S. 24–59. – Lilli Haller, Julie Bondeli. Frauenfeld u. Lpz. 1924. = Die Schweiz im dt. Geistesleben, 34. – J. Bondeli, Briefe an J. G. Zimmermann u. L. Usteri. Aus d. Frz. übertr. von L. Haller. Frauenfeld 1930. (XXVII, 305 S.) – Fr. Sengle, Wieland. Stuttg. 1949. S. 111–113.

558,35f. *Herr von La Roche,* Georg Michael Frank, wahrscheinlich ein unehelicher Sohn des Grafen Stadion (559,14 u. Anmkg.), wurde in dessen Hause erzogen, heiratete 1754 Sophie Gutermann und lebte mit ihr seit 1762 auf Stadions Schlössern, bis er 1771 Geheimer Rat des Fürstbischofs von Trier wurde und als solcher nach Ehrenbreitstein zog. 1775 wurde er Staatsrat und Kanzler und damit einer der mächtigsten Männer im Kurfürstentum, verlor diese Stellung aber 1780. Er zog nach Speyer und dann nach Offenbach und starb 1788. Er veröffentlichte anonym „Briefe über das Mönchswesen" (Zürich) 1771, in welchen er das Mönchstum seiner Zeit scharf angriff. – Meusel 11, 1811, S. 365. – ADB 17, 1883, S. 716f. – Rudolf Asmus, G. M. de La Roche. Karlsruhe 1899. (XVI, 162 S.)

558,37f. *Schriften über das Mönch- und Pfafftum.* Vgl. 560,9–18 u. Anmkg. zu 558,35f.

559,5. *schalkhaft.* Ähnlich 506,11 und 562,18f.

559,14. *Graf Stadion,* Anton Heinrich Friedrich, 1691–1768, Großhofmeister und erster Minister des Kurfürsten von Mainz, einer der Bahnbrecher der katholischen Aufklärung, Bewunderer Voltaires, Aristokrat alten Stils; zog sich 1762 auf seine schwäbische Herrschaft Warthausen zurück. Hier wurde er eine Zeitlang bedeutungsvoll für Wieland. – ADB 54, 1908, S. 427–429. – Fr. Sengle, Wieland. Stuttg. 1949. S. 141ff.

559,23. *mundiert* = ins Reine geschrieben.

560,23. *ältesten Tochter:* Maximiliane, 1756–1793; sie wurde 1774 verheiratet mit dem Frankfurter Kaufmann Brentano. – 586,3f. u. Anmkg.

561,31f. *Wahlverwandtschaften.* Wie Bd. 10, S. 35,34 und Bd. 11, S. 421,30. Zur Geschichte des Worts: Bd. 6, S. 270,7ff. u. Anmkg. – Das Wort klang in der Goethezeit anders als heute; wir denken sogleich an den Romantitel; damals sah man es im Kreis ähnlicher Wörter wie *Geistesverwandtschaft* (Bd. 10, S. 36,11), *Stallverwandte* (Bd. 8, S. 104,18), *Kanzleiverwandte* (Bd. 8, S. 106,10), *Himmelsverwandte* (*Faust* 11677 u. Anmkg.), *Kunstverwandte* (Bd. 11, S. 551,36).

562,6. *die Kartause.* Berg und Hochplateau unmittelbar südwestlich von Koblenz (in der Nähe des heutigen Hauptbahnhofs) mit Blick auf den Rhein. 1774 gab es dort ein seit 1331 bestehendes Kartäuserkloster, das 1794 Truppenquartier wurde und 1802 aufgehoben wurde. – Wilh. Arn. Günther, Topograph. Gesch. d. Stadt Coblenz. Coblenz 1815. – Rheinischer Antiquarius, Abt. 2, Bd. 2. Coblenz 1851.

563,2. „*Pater Brey*", ein kleines humorvoll-satirisches Spiel, 1774 entstanden, in Stil und Handlung ähnlich wie die Fastnachtspiele des Hans Sachs, von Goethe damals selbst als *Fastnachtspiel* bezeichnet. Gegen die Vermischung von Religion und weltlicher Empfindsamkeit, in die sich leicht allzumenschliche Züge einschleichen. Goethe gab es zusammen mit dem *Jahrmarktsfest von Plundersweilern* und *Künstlers Erdewallen* an Klinger, der den Druck besorgte, welcher unter dem Gesamttitel *Neueröffnetes moralisch-politisches Puppenspiel* 1774 bei Weygand in Leipzig erschien. Mit dem *zarten und weichen dieser Zunftgenossen* meint Goethe vielleicht Leuchsenring. – Jubil.-Ausg., Bd. 7.

563,4. *Satyros.* Bd. 4, S. 188–202 u. Anmkg. – Der erste Druck erfolgte 1817, daher schreibt Goethe 1813 *künftig mitzuteilend.*

564,2. *Ettling,* Johann Friedrich, 1712–1786, Schöffe in Frankfurt, Kunstsammler. – Ph. Fr. Gwinner, Kunst u. Künstler in Frankfurt a. M., 1862, S. 534: „Die Ettlingsche Sammlung, eine der bedeutendsten, welche Frankfurt jemals besessen, zählte 528 Ölgemälde der deutschen und niederländischen Schule ... außerdem viele Kupferstiche und Radierungen ..." – *Ehrenreich,* Joh. Benjamin, 1733–1806, besaß eine von seinem 1770 verstorbenen Vater Johann Ehrenreich ererbte und durch eigene Erwerbungen vermehrte Gemälde-Sammlung. – Thieme-Becker 10, 1914, S. 395. – Gwinner, 1862, S. 284.

564,3. *Nothnagel,* Joh. Andreas Benjamin, besaß ebenfalls eine Kunstsammlung. Vgl. 88,2; 155,36; 564,11ff. – Thieme-Becker 25, 1931, S. 524.

564,23. *Fehler aller Dilettanten.* Vgl. Bd. 12, S. 481f., Nr. 821–826.

564,38. *Laokoon.* Vgl. 501,25 u. Anmkg. – *der Niobe Töchter.* Nur in römischen Nachbildern erhaltenes Werk griechischer Plastik, in der Mitte Niobe, an welche ihre jüngste Tochter sich schutzsuchend anschmiegt (Florenz, Uffizien), als Nebenfiguren Töchter und Söhne, von Apollon und Artemis mit Pfeilen getroffen. – Bd. 11, S. 87, 34–36 u. Anmkg. zu S. 87,32ff.; Bd. 12, S. 59,9f. u. Anmkg.; 76,26ff.; 171,27 u. Anmkg. – Max Wegner, Goethes Anschauung antiker Kunst. Bln. 1944. S. 56 u. Abb. 21.

565,9. *die Advokatur.* Goethes Rechtsanwalts-Eingaben stehen als Leihgabe aus dem Stadt-Archiv Frankfurt im Frankfurter Goethe-Haus. Auszüge sind abgedruckt bei Morris und bei Fischer-Lamberg, jedesmal auf die Bände 2–5 verteilt, beide Ausgaben haben Kommentare dazu. – W. A., Bd. 38, S. 259–285. – Georg Ludwig Kriegk, Dt. Kulturbilder aus dem 18. Jahrh.; nebst einem Anhang: Goethe als Rechtsanwalt. Lpz. 1874. (VI, 517 S.) – J. Meisner, Goethe als Jurist. Bln. 1885. (54 S.) – A. Wieruszowski, Goethe als Rechtsanwalt. Köln 1909. (32 S.) – Johannes Fuchs, Advokat Goethe. Weimar 1932. (118 S.) – Juristische Wochenschrift 61, 1932, S. 825–856. (Goethe-Heft mit mehreren Aufsätzen.) – Goedeke, Grundriß. 4. Bd., 5. Abt. Lieferung 1. Bln. u. Düsseldorf 1957. S. 62–64.

565,11. *Oheim Textor,* Johann Jost, 1739–1792, Rechtsanwalt und Schöffe. – 48,3; 301,8. Bd. 10, S. 69,7.

565,13. *die Gebrüder Schlosser.* Vgl. 504,30ff. u. Anmkg.

565,18f. *einen trefflichen Kopisten*: Joh. Wilh. Liebholdt. Er arbeitete auch in späteren Jahren für den Herrn Rat und nach dessen Tode für Goethes Mutter. 1794 schrieb er den Versteigerungskatalog, der uns als Verzeichnis der Bibliothek des Herrn Rat und des jungen Goethe wichtig ist. (Vgl. die Anmkg. zu 27,27ff.) Er starb 1806. – Bd. 10, S. 100,15–101,15; 112,22f.; 170,6.

565,31. *Sachwalter*: Rechtsanwalt.

565,32. *Humanismus.* Das bei Goethe seltene Wort kommt hier in juristischem Zusammenhang vor und wird durch das nachfolgende *menschlich* aufgenommen; die Blickrichtung ist nicht mehr nur normativ, sondern auch psychologisch. – E. A. Boucke in der Fest-Ausg. S. 560: „Es ist hier an die Reformen und Toleranzedikte Friedrichs d. Gr. und Josephs II. zu denken, denen sich viele kleinere Fürsten anschlossen; sie wurden theoretisch unterstützt von Männern wie K. F. v. Moser, Iselin, Sonnenfels u. a." – Vgl. auch Hettner, Bd. 2; in der Ausg. von 1929 S. 214ff.

565,35. *Legitimationen.* „Legitimieren heißet uneheliche Kinder ehrlich und ehelich machen." schreibt Johann Hübner, Reales Staats- und Zeitungs-Lexicon, ein im 18. Jahrhundert in vielen Auflagen erschienenes Nachschlagewerk.

565,38. *Scharfrichterssohn.* Die Scharfrichter und ihre Kinder galten als „Unehrliche" und durften daher nach altem Recht kein „ehrliches" Amt einnehmen. – O. Benecke, Von unehrlichen Leuten. Bln. 1899.

566,10. *gemütlich.* Vgl. 568,15; Bd. 10, S. 12,26; 34,13; 70,38f. – Boucke, Wort u. Bedeutg. in Goethes Sprache. 1901. S. 103–106.

566,11f. *einen natürlicheren und lebhafteren Stil.* Vgl. 565,9 u. Anmkg. und Bd. 6, S. 61,24–36. – W. Scherer, Goethe als Rechtsanwalt. In: Scherer, Aufsätze über Goethe. Bln. 1886. S. 37–46.

566,32. *das deutsche Theater.* Vgl. das Schema zu Buch 13. – Das dt. Drama. Hrsg. von R. F. Arnold. München 1925. (X, 868 S.) – W. H. Bruford, Theatre, Drama and Audience in Goethe's Germany. London 1950. (XII, 388 S.)

566,37. *Hülfsmittel,* um den Zustand des deutschen Theaters in der 2. Hälfte des 18. Jahrhunderts zu überblicken, gab es zahlreich; dahin gehören die von H. A. O. Reichard in Gotha 1775–94 und 1796–1800 herausgegebenen ,,Theaterkalender" und sein 1777–84 bestehendes ,,Theaterjournal für Deutschland"; ferner die ,,Ephemeriden der Literatur und des Theaters", 1785–87. – Goethe entlieh 12. 12. 1812–25. 2. 1813: (Schmid, Christian Heinr., und Dyk, Joh. Gottfr.,) Chronologie des dt. Theaters. (Lpz.) 1775. (400 S.) – Wilhelm Hill, Die dt. Theaterzeitschriften des 18. Jahrhunderts. Weimar 1915. = Forschungen z. neueren Literaturgesch., 49. (VIII, 154 S.)

567,3. *extemporierte Stücke.* Art. „Stegreifspiel" im Reallexikon d. dt. Literaturgesch. – Walter Hinck, Das dt. Lustspiel des 17. und 18. Jahrhunderts und die italienische Komödie. Stuttg. 1965.

567,6. *aus dem gemeinsten Leben* = aus dem Alltag. – Boucke, Wort u. Bedeutung in Goethes Sprache. Bln. 1901. S. 176.

567,18f. *ob das Theater zu den sündlichen ... Dingen gehöre.* Eine im 18. Jahrhundert, besonders um 1770, viel besprochene Frage. Goethe berührt sie auch in den *Lehrjahren* Bd. 7, S. 66,30. – Bezeichnend die Schrift von Joh. Melchior Goeze, Theologische Untersuchung der Sittlichkeit der heutigen Teutschen Schaubühne überhaupt, wie auch der Frage, ob ein Geistlicher ... die Schaubühne besuchen ... und ... verteidigen könne. Hamburg 1769. Die theologische Fakultät Göttingen verfaßte ein Gutachten über diese Schrift. Verzeichnis der sich anschließenden Streitschriften: Chronologie des dt. Theaters. 1775, S. 293f. – Ferner: Chr. W. F. Walch, Nachricht von den neuesten Streitschriften über die Sittlichkeit der Schauspiele. In: Walch, Neueste Religionsgeschichte 1, Lemgo 1771, S. 438–470. – Carl Friedrich Stäudlin, Geschichte der Vorstellungen von der Sittlichkeit des Schauspiels. Göttingen 1823. S. 178–197. – J. Geffken, Der Streit um die Sittlichkeit des Schauspiels im Jahre 1769. Ztschr. d. Vereins f. Hamburgische Gesch. 3, 1851, S. 56–77. – W. H. Bruford, Theatre, drama and audience in Goethe's Germany. London 1950. S. 37, 120 u. ö.

567,33. *Scapin und Crispin,* im französischen Lustspiel übliche komische Typen, ähnlich dem italienischen Harlekin und dem deutschen Hanswurst. – 106,30 u. Anmkg.

567,34. *Koch,* Heinr. Gottfried, 1703–1775, spielte in Leipzig in der Zeit, als Goethe dort studierte. – Wilh. Kosch, Dt. Theater-Lexikon. Bd. 2, 1954, S. 1039f.

567,39. *„Clarisse".* Richardsons Roman ,,Clarissa Harlowe", 1748, erschien 1748 bis 1753 in deutscher Übersetzung und hatte starke Wirkung, zumal in empfindsamen Kreisen. – L. M. Price, On the reception of Richardson in Germany. The Journal of English and Germanic Philology, 25, 1926, S. 7–33.

568,2. *„Der Kaufmann von London"* von Lillo. Vgl. 106,27f. und Anmkg.

568,6. *Diderots „Hausvater".* Vgl. 95,7f. u. Anmkg.; 487,34 u. Anmkg.

568,6–8. *„Der ehrliche Verbrecher"* (L'Honnête Criminel) von F. de Falbaire, 1768; *„Der Essighändler"* (La Brouette du Vinaigrier) von Louis Sebastian Mercier, 1775, übersetzt von H. L. Wagner, 1775; *„Der Philosoph ohne es zu wissen"* (Le Philosophe sans le savoir) von M.-J. Sedaine, 1765; *„Eugenie"* (Eugénie) von P.-A. Beaumarchais, 1767. – Bruford S. 176f.

568,10–13. „*Der dankbare Sohn*" von J. J. Engel, 1770; „*Der Deserteur aus Kindesliebe*" von Gottlieb Stephanie d. J., 1773; „*Der Minister*", 1772, und „*Clementine*", 1771, von Tobias Philipp Frhr. v. Gebler. (Goethe entlieh am 16. 3. 1813: Gebler, Theatralische Werke. Bd. 1–3. Prag u. Dresden 1772–73.) „*Der deutsche Hausvater*" von Otto Heinr. Frhr. v. Gemmingen, 1780. – W. H. Bruford, Theatre, drama and audience. 1950. – KDN 138 und 139,1.

568,16. *Ekhof*, Konrad, 1720–1778, von entscheidender und nachhaltiger Wirkung auf die Entwicklung der deutschen Schauspielkunst, spielte 1767 am Hamburger „Nationaltheater", 1771 in Weimar, seit 1774 in Gotha. Goethe spielte 1778 mit ihm zusammen in einer Aufführung für den Weimarer Hof. – Wilh. Kosch, Dt. Theater-Lexikon 1, 1953, S. 386.

568,22. *Schröder*, Friedrich Ludwig, 1744–1816, seit 1771 Leiter des Hamburger Schauspiels, setzte Shakespeare auf der deutschen Bühne durch. Goethe verfolgte mit Aufmerksamkeit, was über ihn als Schauspieler und Regisseur berichtet wurde; Wirkung auf die Gestalt des Serlo in den *Lehrjahren*. – Bd. 7, Anmkg. zu 35,14f. und zu 180/181. – B. Litzmann, Fr. L. Schröder. 2 Bde. Hambg. u. Lpz. 1890 u. 1894.

569,19. *Rabener*. Vgl. 260,17ff. u. Anmkg.; 397,37; 518,2.

569,21. *Zachariae*. Vgl. 237,35; 252,37; 283,35 u. Anmerkungen.

569,23. *Thümmel*, Moritz August v., 1738–1817, seit 1768 Minister von Sachsen-Coburg, Schriftsteller, veröffentlichte 1764 „Wilhelmine, ein prosaisches komisches Gedicht", das die – nach einigen Hindernissen erreichte – Hochzeit eines Dorfpfarrers schildert. Die Erstausgabe befand sich in der Bibliothek des Herrn Rat. (Götting S. 53.). In Goethes Bibliothek: Thümmels Sämtl. Werke, 6 Bde., Lpz. 1811–12. – KDN 136,1, S. 1–46.

569,28. „*Emilia Galotti*" erschien 1772, also in einer Zeit, als bei der jungen Generation die Bewegung des Sturm und Drang begann.

569,33. *Großmann*, Gustav Friedrich Wilhelm, 1746–1796, Schauspieler, Theaterdirektor und Dramatiker. Goethes Mutter stand mit ihm in Briefwechsel. Sein Drama „Nicht mehr als sechs Schüsseln", 1780, wurde ein Theatererfolg; der Held, ein bürgerlicher Hofrat, bewahrt, obgleich seine Ehefrau eine Adlige ist, seine schlichten Bürgersitten und läßt bei Tisch nicht 18 Schüsseln auftragen – wie die adelige Verwandtschaft –, sondern „nicht mehr als sechs". – Als Goethe die Leitung der Weimarer Bühne übernahm, war Großmanns Stück im Repertoire der Bellomoschen Truppe; Goethe ließ es nur noch einmal in Rudolstadt spielen, in Weimar nicht mehr. – Wilh. Kosch, Dt. Theater-Lexikon 1, 1953, S. 626f. – Das dt. Drama. Hrsg. v. R. F. Arnold. München 1925. S. 416ff., 826. – Bruford, Theatre ..., S. 225. – NDB 7, S. 156f.

569,38f. *die theatralischen Bösewichter immer aus den höheren Ständen*. Vgl. 535,6ff.; 536,7ff. – Nicht nur Bericht, sondern zugleich Kritik, bezeichnend für Goethes Anschauungen im Alter. – Clara Stockmeyer, Soziale Probleme im Drama des Sturm und Drang. Frankf. a. M. 1922.

570,5. *Adreßkalender*. Goethe meint die schon 265,28 genannten *Hof- und Staatskalender*. Vgl. die Anmkg. zu 265,28.

570,6. *Justitiarien.* „Gerichtsverwalter oder Gerichtshalter" (Campe 1813, S. 390). Vgl. 535,9 und das Schema zu Buch 13.

570,17f. *Das Leben des biedern Götz von Berlichingen, von ihm selbst geschrieben:* 413,34f. u. Anmkg.

570,32. *Ich schrieb die ersten Szenen* ... Nachdem *Götz* bereits 413,34ff.; 507,30ff.; 522,2; 524,2ff. erwähnt ist, wird hier nun ausführlich die Entstehung dargestellt. – Vgl. Bd. 4, S. 73–175 und 483–520.

572,11f. *Manuskript ... in seiner Urgestalt.* Teilabdruck: Bd. 4, im Kommentar-Teil. – Das Manuskript befindet sich heute im Goethe-Schiller-Archiv. Erster Druck 1833 in Bd. 42 der *Ausg. l. Hd.* (Bd. 2 der von Eckermann und Riemer herausgegebenen 20 Ergänzungsbände zu der 40 bändigen Ausgabe). – W. A., Bd. 39. – Morris Bd. 2. – Fischer-Lamberg Bd. 2.

572,39. *Frankfurter Zeitung*: die „Frankfurter Gelehrten Anzeigen". Vgl. die Anmkg. zu 505,25 und 550,8.

574,5f. *im „Deutschen Merkur" eine ... Rezension.* Im 3. Band, 3. Stück, Sept. 1773, erschien S. 267–287 eine mit „M." gezeichnete Rezension von Christian Heinrich Schmid: „... alle drei Einheiten auf das grausamste gemißhandelt ... weder Lust- noch Trauerspiel ... und doch das schönste, interessanteste Monstrum ..." Wieland ließ seine Besprechung im 6. Band, 3. Stück, Juni 1774, S. 321–333 folgen: „Möchten wir viele solche Ungeheuer haben! Der Fortschritt zu wahren Meisterstücken würde dann sehr leicht sein. Wer hat es gelesen, ohne zu fühlen ..., daß ihn nicht leicht eine andre Lektüre (immer nehme ich ‚Emilia Galotti' aus) mit solcher Gewalt ergriffen, so stark interessiert, so mächtig erschüttert, so durchaus vom ersten Zug bis zum letzten in die Begeisterung des Dichters hineingezogen und ans ununterbrochene Anschauen der lebendigen Gemälde, die er ut Magus vor unsern Augen vorbeiführt, angeheftet habe? ... er wollte nun einmal allen dreien Einheiten auf den Kopf treten, und er glaubte, so viel dadurch zu gewinnen, oder gewann vielmehr wirklich so viel dadurch, daß er sich das, was er dabei verlor, nichts anfechten ließ." Goethe schrieb den Abschnitt über *Götz* laut Tagebuch am 19. Mai 1813. Er hatte 13. 3.–26. 8. 1813 den „Teutschen Merkur" 1773–1775 entliehen. – Neudruck beider Rezensionen: Zeitgenöss. Rezensionen über Goethes „Götz" u. „Werther". Hrsg. von Hermann Blumenthal. Bln. 1935. = Lit. hist. Bibl., 14. S. 11–29. – K. R. Mandelkow, Goethe im Urteil seiner Kritiker. Bd. 1. 1975. S. 2–20.

575,5f. *von ... Bürger einen Brief.* Im Goethe-Archiv in Weimar befindet sich ein Brief Bürgers vom 8. Juli 1773 über *Götz.* Eine beigefügte Notiz von Hans Wahl (Direktor des Goethearchivs 1928–1949) besagt, daß er aus Goethes Autographen-Sammlung stammt, obgleich er das Kennzeichen der meisten Handschriften aus Goethes Sammlung (die Verfasser-Angabe von Goethes Hand mit roter Tinte) nicht trägt. Der Brief paßt inhaltlich genau zu den Angaben 575,6ff. und Bd. 10, S. 125,37ff.; nur in einem nicht: Goethe schreibt *ich weiß nicht an wen,* der Brief aber beginnt mit dem Namen des Adressaten: „Boie, Boie! Der Ritter mit der eisernen Hand, welch ein Stück! Ich weiß mich vor Enthusiasmus kaum zu lassen. Womit soll ich dem Verfasser mein Entzücken verdanken? ..." Goethe diktierte den Abschnitt im Mai 1813; seit dem April war er in Teplitz; er hatte seine Autographen nicht zur Hand; daher wohl der Einschub *ich weiß nicht an wen.* – Eine Abschrift dieses Briefs fand sich später im Nachlaß von H. Chr. Boie (1744–1806). Ein Teilabdruck erfolgte im „Morgenblatt" 1809, Nr. 242, S. 967. – Briefe von u. an Bürger. Hrsg. von A. Strodtmann. Bd. 1. Bln. 1874. S. 129f. – Zeitgen. Rez. u. Urteile üb. Goethes „Götz" u. „Werther". Hrsg. v. H. Blumenthal. Bln. 1935. S. 36f.

575,16f. *des frischen Abdrucks.* Lebensbeschreibung Herrn Goetzens von Berlichingen zugenannt mit der eisernen Hand ... Zweyte verbesserte Auflage. Nürnberg, In der Felßeckerischen Buchhandlung. 1775. (IV, 306 S. u. 10 S. Reg.) Neudruck der Ausg. von 1731. Der „Vorbericht" beginnt mit den Worten „Da zeither so viele Nachfrage um gegenwärtige Lebensbeschreibung gewesen ...". Diese Nachfrage geht auf Goethes *Götz* zurück. Insofern enthält die Neuauflage eine Anspielung auf Goethe; doch steht sein Name nicht auf dem Titelblatt. Hier täuscht ihn wohl seine Erinnerung. (Er scheint das Buch 1813 weder besessen noch entliehen zu haben und schrieb diesen Abschnitt in Teplitz.)

578,9. *Ekel vor dem Leben.* Ein Schema (W. A. 28, S. 370) lautet: ... *Götz umgeschrieben und gedruckt. Max Laroche verheiratet. Taedium vitae. Wertherianism. Düstre Lebenslast. Periodisch wiederkehrend. Entschluß zu leben. Werther geschrieben und gedruckt. Wirkung desselben* ... Das Tagebuch vermerkt am 14. April 1813: *Biographisches. Taedium vitae pp.* An diesem Tage wurde der Abschnitt also wohl geschrieben. Für den geistigen Hintergrund ist bezeichnend, daß das gleiche Wort im Brief an Zelter vom 3. 12. 1812, nach dem Selbstmord von dessen Sohn, vorkommt: *Wenn das taedium vitae den Menschen ergreift, so ist er nur zu bedauern, nicht zu schelten. Daß alle Symptome dieser wunderlichen, so natürlichen als unnatürlichen Krankheit auch einmal mein Innerstes durchrast haben, daran läßt Werther wohl niemand zweifeln. Ich weiß recht gut, was es mich für Entschlüsse und Anstrengungen kostete, damals den Wellen des Todes zu entkommen, so wie ich mich aus manchem späteren Schiffbruch auch mühsam rettete und mühselig erholte.* Goethe teilt Zelter mit: *Dein Brief ... traf mich in sehr ernsten Betrachtungen über das Leben.* Nun notiert das Tagebuch an diesem und dem vorigen Tage: *Schema der zwei folgenden biographischen Bände.* Als die Werther-Zeit im Schema entworfen wird, kommt also die Nachricht vom Selbstmord des jungen Zelter. In dem Brief an Zelter verschmelzen nun eigene innere Erlebnisse mit Betrachtungen über die junge Generation. *Ich getraute mir, einen neuen Werther zu schreiben, über den dem Volke die Haare noch mehr zu Berge stehn sollten als über den ersten. Laß mich noch eine Bemerkung hinzufügen. Die meisten jungen Leute, die ein Verdienst in sich fühlen, fordern mehr von sich als billig* ... – Im *14. Buch* wird noch einmal das Motiv der *Selbstquälerei, welche ... gerade die vorzüglichsten Geister beunruhigte,* aufgenommen. (Bd. 10, S. 7,22ff.) – Briefe HA., Bd. 3, S. 212,21–213,26.

578,11. *Moralist* = Moralphilosoph.

579,31. *paralysieren* = lähmen. – Bd. 12, S. 76,33; *Faust* 6568.

580,1. *die englische Literatur.* Von ihr war in den 70er Jahren viel in Deutschland bekannt, hauptsächlich durch Übersetzungen. Merck hatte viel Interesse an moderner englischer Dichtung. Goethe, obgleich er vielerlei anderes trieb, kannte von ihr verhältnismäßig viel. – James Boyd, Goethe's Knowledge of English Literature. Oxford 1932. – Fr. Strich, Goethe u. die Weltliteratur. Bern 1946. S. 118ff. – L. M. Price, English Literature in Germany. Berkeley 1953. – L. A. Willoughby, Goethe looks at the English. The Modern Language Review 50, 1955, S. 464–484. – Lawrence Marsden Price, Die Aufnahme englischer Literatur in Deutschland 1500–1960. Bern und München 1961. (496 S.) – Eckermann läßt Goethe (2. 1. 1824) sagen: *Auch hätte ich kaum nötig gehabt, meinen eigenen jugendlichen Trübsinn aus allgemeinen Einflüssen meiner Zeit und aus der Lektüre einzelner englischer Autoren herzuleiten. Es waren vielmehr individuelle, naheliegende Verhältnisse, die mir auf die Nägel brannten ...* (Bd. 6, S. 534f.)

581,5. *Young,* Edward, 1681–1765. Seine „Night-Thoughts", 1741–44 – ins Deutsche übersetzt durch Klopstocks Freund Ebert, 1751–52 u.ö. –, hatten in Deutschland starke Wirkung in empfindsamen Kreisen. – John Louis Kind, E. Young in Germany. New York 1906. – L. M. Price, English literature in Germany. Berkeley 1953. = Univ. of California Publ. in Mod. Phil., 37.

581,14ff. *Then old Age ...* G. v. Loeper, Hempelsche Ausg. 22,374f.: „Zitat des zur Zeit Karls II. als Pamphlet in Folio o. O. u. J. anonym erschienenen, anfangs Buckingham, dann (John Wilmont Earl of) Rochester zugeschriebenen, auch von S. Johnson 1779 unter dessen Werke (English Poets X, p. 318–326) gestellten, ganz mephistophelischen Gedichts ‚A satyr against mankind'." – Dictionary of Anon. and Pseudon. English Lit. by Kennedy, Smith and Johnson. 5, London 1929, S. 172. – James Boyd, Goethe's Knowledge of English Literature. Oxford 1932. S. 141.

581,31. *rein* = geradezu, gänzlich. (Adelung Bd. 3, Wien 1808, Sp. 1057.)

581,38. *Gray,* Thomas, 1716–1771, besonders bekannt durch seine „Elegy written in a country-churchyard", 1751, die oft ins Deutsche übersetzt wurde. – J. Boyd, Goethe's knowledge of English Literature. 1932. S. 132.

582,3. *Miltons „Allegro"* („Der Heitere"), 1635, ist das Gegenstück zu seiner Elegie „Il Penseroso" („Der Grübler").

582,6. *Goldsmith.* Vgl. 545,19 u. Anmkg. Sein Gedicht „The Traveller", 1764, wirkte in empfindsamen Kreisen auf die Tränenseligkeit beim Anblick von Ruinen.

582,31. *Ossian.* Liebholdts Verzeichnis nennt: (James Macpherson,) Works of Ossian. 2 Bde. London 1765. Von dieser ersten Gesamtausgabe befand sich also ein Exemplar im Frankfurter Goethehaus, angeschafft durch den jungen Goethe oder durch seinen Vater. Vermutlich aus diesem hat Goethe die *Gesänge von Selma* (Morris 2; Fischer-

Lamberg 2) übersetzt – wohl 1771 –, die er später für *Werther* umarbeitete. Goethe hält den *Ossian*-Abschnitt knapp und verbindet darin die Ossian-Aufnahme bei der jungen Generation mit der kurzen Charakteristik der Ossianischen Welt. Daher *uns* (582,31), *wir* (583,32), *uns* (583,75), *uns* – *wir* (583,38), *uns* (583,4), *man* (583,7). Damit ist gesagt, daß die Ossian-Dichtungen weniger um ihrer selbst willen beachtenswert sind als um ihrer Wirkung willen, die zu dieser Zeit außerordentlich war, vor allem in Deutschland. – Ausführlicher über Ossian: Bd. 6, S. 82,9 und 108,5ff. und die Anmerkungen dazu. – Rudolf Tombo, Ossian in Germany. New York 1901. – Paul van Tieghem, Ossian et l'Ossianisme dans la Littérature Européenne au 18e siècle. Groningen 1920.

582,32. *Thule*: Insel im äußersten Norden (bei Vergil und Tacitus). 582,36 *kaledonisch* von Caledonia, wie das Schottische Hochland schon bei Tacitus genannt wird; der *Geist von Loda* (582,38) tritt am Schluß des 1. Gesangs der Ossianischen Dichtung „Kath-Loda" auf.

583,17ff. *To griefs congenial prone* ... Zitat aus Thomas Wartons Gedicht „The suicide", 1771.

583,25. *Montesquieu*: an verschiedenen Stellen seiner Schriften, insbesondere im 12. Kapitel der „Considérations sur les causes de la grandeur des Romains". Goethe besaß dieses Werk in einer Ausgabe Paris 1802, in der „Bibliothèque portative du voyageur", die er 1807 von Graf Reinhard geschenkt bekam, doch wird er in dieser Ausgabe schwerlich viel gelesen haben, da sie in ganz kleiner Schrift gedruckt ist. Er entlieh 8.–17. 11. 1813 die größer gedruckte Amsterdamer Ausgabe von 1760. – Tagebuch 9. Nov. 1813 vermerkt Lektüre. – Er las damals noch anderes über den Selbstmord. Von Knebel erbat er am 5. 9.: Anne Germaine de Staël, Réflexions sur le suicide. London 1813. Das Tagebuch notiert am 14. 9. Lektüre dieses Werks.

584,11f. *Wenn der Krieger seinen Schildträger verpflichtet* ..., z.B. Cassius nach der Schlacht bei Philippi.

584,24. *einer Königin würdig:* Kleopatra.

584,31. *Kaiser Otho.* Über seinen Tod im Jahre 69 berichten Sueton und Plutarch. (In dem von Goethe viel benutzten „Nouveau Dictionnaire historique" Bd. 6, 1789, S. 615f.)

585,23. *die Nachricht von Jerusalems Tode* erhielt Goethe Anfang November 1772. Jerusalem (S. 544,27 u. Anmkg.) erschoß sich am 30. Oktober 1772.

585,25. *die genauste und umständlichste Beschreibung des Vorgangs* erhielt Goethe von Kestner. Teilabdruck daraus in Bd. 6 in „Quellen und Daten zur Geschichte des *Werther*-Romans". Abdruck des gesamten Briefs in: Goethe, Kestner und Lotte. Hrsg. von Eduard Behrend. München 1914. – Auch in: Goethe und Werther. Hrsg. von August Kestner. Stuttg. 1854. 3. Aufl. 1910.

585,27. *das Ganze schoß von allen Seiten zusammen.* Dieses Bild spricht aus, wie das Wetzlarer Lotte-Erlebnis, Jerusalems Selbstmord und das Mitansehen der jungen Ehe Maxe Brentanos sich in der künstlerischen Phantasie und im Werk vermischen und vereinheitlichen. Doch über dieser psychologischen Wahrheit (die Goethe anscheinend noch lebhaft in Erinnerung war) kommt die chronologische zu kurz. Goethe lagen keine Urkunden zur Entstehungsgeschichte des *Werther* vor. Er diktierte diesen Abschnitt in Teplitz, doch auch in Weimar hätte er wohl nicht viel Material gehabt, zumal fehlten ihm seine Jugendbriefe. Jene schreibselige Epoche hat nun aber viel hinterlassen, und sorgfältige Philologen haben es später gesammelt. Wir können Vorgeschichte und Entstehung des *Werther* genauer datieren, als Goethe es 1813 konnte. (Hierzu in Bd. 6 „Quellen und Daten zur Geschichte des *Werther*-Romans".) Jerusalem starb Ende Oktober 1772, Goethe schrieb den Roman aber erst im Februar und März 1774. – Vgl. die in Bd. 6 zu *Werther* angegebene Literatur.

586,3f. *nach Frankfurt verheiratet.* Maximiliane La Roche (560,23 u. Anmkg.) heiratete am 9. Januar 1774 auf Wunsch ihrer Eltern, achtzehnjährig, den Frankfurter Kaufmann Peter Anton Brentano, der 39jährig Witwer mit 5 Kindern war. Sie schenkte im Laufe der folgenden Jahre 12 Kindern das Leben und starb mit 37 Jahren. Zu ihren Kindern gehören Clemens Brentano, der Dichter; Bettine Brentano, die Achim v. Arnim heiratete; Gunda Brentano, die Savigny heiratete; ferner Christian Brentano, der ebenfalls schriftstellerte und dessen Söhne (Franz, der Philosoph, und Lujo, der Nationalökonom) gleichfalls berühmt wurden. – Werner Milch, Sophie La Roche, die Großmutter der Brentanos. Frankf. 1935. (272 S.) – Wolfg. Pfeiffer-Belli, Clemens Brentano. Freiburg i. Br. 1947. (VIII, 214 S.)

586,15. *Dumeiz* (du Meiz), Friedrich Damian, 1729 in Malmedy geboren, wurde 1760 Stiftsherr am Dom zu Frankfurt; 1765 Dechant des Stifts von St. Leonhard. Er war Aufklärer und half, das Werk, das unter dem Pseudonym Febronius erschien, zum Druck zu bringen. Er besaß eine große Bibliothek, darunter viel über Alchemie und Pansophie. Er war bekannt mit der Familie La Roche in Ehrenbreitstein, mit der Familie Brentano und anderen katholischen Familien Frankfurts. – Wilh. Nicolay, Goethe und das katholische Frankfurt. Frankf. a. M. 1933. – Morris Bd. 4–6. – Fischer-Lamberg Bd. 4, 5 und Registerband. – Adolf Bach, Goethes Dechant Dumeiz. Heidelberg 1964. – Lex. f. Theol. u. Kirche, Art. „Febronius".

586,19f. *Verhältnisse der ältesten Kirche* ... Vgl. 289,30 u. Anmkg.

586,22. *Servière*, Maria Johanna Josepha, geb. Togni, 1731–1805. Ihr Gatte besaß und leitete eine Parfümeriefabrik in Frankreich (deren Frankfurter Verkaufsstelle sie vorstand) und besuchte sie und die 5 Kinder nur zur Zeit der Frankfurter Messen. – Loeper, Hempelsche Ausg. 22,381.

586,23. *Allesina-Schweitzer.* Wie die Brentanos eine aus Italien stammende, katholische Familie in Frankfurt. Der Kaufmann Franz Maria Schweitzer (Suaicara) hatte Paulina Maria Allesina geheiratet. – Art. „Allesina" von Elisabeth Mentzel im Goethe-Handb., 1. Aufl., Bd. 1, 1916, S. 27. – Loeper, Hempel 22, 382.

588,19. *Das alte Hausmittel.* Von der Dichtung als *Konfession* ist schon S. 283,9–19 und 521,36–522,5 die Rede. Die Frage, was die Dichtung für den Verfasser war, gehört in die Autobiographie. Dagegen vermeidet Goethe literarhistorische Einordnung und auch künstlerische Auslegung. (An das Geheimnis des Kunstwerks wird nicht gerührt.) Für Goethe war es sein eigenes Werk; für den modernen Betrachter ist es ein fremdes, lange zurückliegendes Werk; es wäre für uns ebenso falsch, bei Goethes (psychologischer) Fragestellung zu bleiben, wie von Goethe das zu erwarten, was wir selbst leisten müssen (die Interpretation), was er aber nicht zu leisten hatte. Hier, wo Goethe über sich selbst spricht, stellt er dar, wie die Elemente sich psychisch vereinigten; im Folgenden, wo er auf den Leser kommt, mahnt er aber dringend, das Werk als Werk zu nehmen, *wie es lag* (592,14), d. h. wie es vorlag, den Text als etwas für sich Bestehendes.

589,14. *in der schrecklichsten Lage.* „Wie es scheint, hatte Merck gerade damals von einer unseligen Verirrung seiner Gattin Kenntnis gewonnen." (Boucke, S. 563.) Düntzer (KDN 100, S. 200) meint, daß Merck nicht auf Goethes Vorlesung des *Werther,* sondern auf die des *Clavigo* im Juni 1774 in der geschilderten Weise reagiert habe. – Helmut Prang, J. H. Merck. (Wiesbaden) 1949. S. 106f.

589,26. *meine Schwester sich ... verheiratete.* Schlosser und Cornelia heirateten am 1. November 1773, *Werther* wurde im Manuskript im März 1774 fertig; es liegt also hier irgendein Irrtum vor.

589,28. *Weygand,* Christian Friedrich, Verlagsbuchhändler in Leipzig, wurde für eine Zeitlang der führende Verleger der Dichter des Sturm und Drang. Außer *Werther* verlegte er *Clavigo; Götter, Helden und Wieland; Neu-eröffnetes moralisch-politisches Puppenspiel* und anderes. 1776 begann bei ihm das „Deutsche Museum" zu erscheinen, das für einige Jahre die Zeitschrift der jungen Generation wurde.

590,21. *Nicolai,* Christoph Friedrich, 1733–1811, der Berliner Aufklärer, veröffentlichte anonym „Freuden des jungen Werthers", Bln. 1775. (60 S.) Ein Exemplar davon befindet sich unter Goethes Büchern in Weimar. Goethe entlieh das Werk aber 4. 9. 1813–25. 1. 1814 aus der Weimarer Bibliothek. – Neudruck: Zeitgenöss. Rez. u. Urteile üb. Goethes „Götz" u. „Werther". Hrsg. v. H. Blumenthal. Bln. 1935. S. 58–72. – Goethe im Urteil seiner Kritiker. Hrsg. von K. R. Mandelkow. Bd. 1, 1975, S. 27–39.

590,28. *Chodowiecki,* Daniel, 1726–1801, seit den 60er Jahren der beste Illustrator der deutschen zeitgenössischen Dichtung. Er hat 1774 Kupferstiche zu *Werther* geschaffen; später hat er noch andere Goethesche Schriften, darunter *Hermann und Dorothea,* illustriert. – Bd. 12, S. 486, Nr. 856. – Thieme-Becker 6, 1912, S. 519–521.

590,36. *bis Seite 214.* Nicolai macht selbst eine Anmerkung, in der er darauf verweist, daß er bei S. 214 neu fortfahre. Er bezieht sich auf die Erstausgabe. S. 214 in dieser entspricht S. 119/120 in Bd. 6 unserer Ausgabe, doch hat die 1. Fassung einen etwas anderen Text. Etwa 119,39 setzt Nicolai ein: „Als Albert aus seinem Zimmer zurückkam ..."

591,8f. *Nicolai auf Werthers Grabe.* Hat in der Weimarer Gedichthandschrift von 1777 die Überschrift *Freuden des jungen Werthers.* –Text: HA Bd. 1 in den Anmerkungen zu „Die Künstlergedichte". – Facsimile der Handschrift: Schr. G. Ges., Bd. 23.

591,11f. *Dialog zwischen Lotte und Werther.* Hat den Titel *Anekdote zu den Freuden des jungen Werthers.* – Morris Bd. 5, S. 36–38. – Fischer-Lamberg Bd. 5, S. 33–35 und 425f. – WA 38, S. 37–43.

591,26f. *in der Folge viel Verdruß* bereiteten Nicolais Angriffe gegen Kant, Schelling, Fichte, Schiller u.a., weswegen er dann in den *Xenien* scharf verspottet wurde. Bd. 1, S. 210, Nr. 19; S. 213, Nr. 38; S. 215f., Nr. 51–55; S. 234, Nr. 184 u. die Anmerkungen.

591,30. *verstoben*: verschwunden. Dt. Wb. 12,1 Sp. 1749f. – Goethe hatte also, als er 1813 diesen Abschnitt diktierte, die *Anekdote zu den Freuden des jungen Werthers* nicht zur Hand. Im Goethe- und-Schiller-Archiv ist eine Abschrift vorhanden, von der Hand Philipp Seidels, der 1775–1788 für Goethe arbeitete. Ich nehme an, daß diese Abschrift auch 1813 unter Goethes Papieren war. Goethe diktierte diesen Abschnitt im Mai 1813 in Teplitz. Vermutlich hatte er vergessen, daß die Abschrift Seidels vorhanden war, und hat nach der Rückkehr nicht in seinen zahlreichen Papieren danach gesucht.

591,37. *einen alten Reim nachahmend.* Gemeint ist die Reimvorrede zu Eicke von Repgows „Sachsenspiegel", in der es heißt: „Wenne sver so svümmen nicht ne kan, Wil he deme wazzere wizen daz, So ist her unversonnen", d.h.: „Wenn jemand nicht schwimmen kann und dem Wasser daraus einen Vorwurf macht, so ist er verrückt".

592,1ff. *Mag jener ...* Morris Bd. 6, S. 447 hat darauf hingewiesen, daß die Wendung *jener dünkelhafte Mann* nach Goethes Altersstil klingt und in die Zeit des Diktats von *DuW* paßt. Dennoch – sagt er – sei das Gedicht vermutlich ein Jugendwerk, aber für *DuW* überarbeitet. Goethe sagt: *Nicht ganz so höflich ließ ich das Büchlein selber sprechen ...* (591,36f.) Morris meint, daß das Wort *mich* in Vers 2 und 5 ursprünglich den Dichter, nicht den Roman gemeint habe. Die einzige erhaltene Handschrift des Gedichts stammt aus der Zeit der Abfassung von *DuW*. Da sie in Vers 6 eine Änderung enthält, ist deutlich, daß das Gedicht erst zu dieser Zeit seine abgedruckte Form erhalten hat. Vielleicht verhält es sich ähnlich wie bei den Versen in Bd. 10, S. 81,29–40, nur ist dort das Original aus Goethes Jugend erhalten geblieben und der Wandel also erkennbar. Beide Male abwehrender Gegenstoß, dem Goethe im Zusammenhang des Alterswerks die Derbheit des Sturm und Drang nimmt.

592,4. *verweisen* in der vom 16.–18. Jahrhundert häufigen Bedeutung: jemandem die Schuld an etwas geben, jemandem einen Vorwurf machen. Dt. Wb. 12,1 Sp. 2194f. Goethe knüpft hier an die Formulierung im „Sachsenspiegel" an.

592,13f. *mein Büchlein, wie es lag,* d.h. wie es vorlag; so, wie es war. Eine eindringliche Mahnung, das Werk als Werk zu nehmen. – Klage über die steten Fragen nach dem Biographisch-Faktischen: Bd. 10, S. 28,17–19; Bd. 1, die 1. Fassung der *II. Römischen Elegie* (in den Anmerkungen).

592,32. *Verdrießlichkeiten ... in vornehmerer Gesellschaft.* Kestners ausführlicher Bericht an Goethe vom 2. November 1772 beginnt: „Jerusalem ist die ganze Zeit seines hiesigen Aufenthalts mißvergnügt gewesen, es sei nun überhaupt wegen der Stelle, die er hier bekleidete, und daß ihm gleich anfangs (bei Graf Bassenheim) der Zutritt in den großen Gesellschaften auf eine unangenehme Art versagt worden, oder insbesondere wegen des Braunschweigischen Gesandten, mit dem er bald nach seiner Ankunft kundbar heftige Streitigkeiten hatte." Nachdem der Bericht dann auf eine Liebesangelegenheit gekommen ist, heißt es weiterhin: „Der Gesandte, deucht mich, sucht auch die Aufmerksamkeit ganz von sich auf diese Liebesbegebenheit zu lenken, da der Verdruß von ihm wohl zugleich Jerusalem determiniert hat." Wieweit Goethe für diesen Punkt des Kestnerschen Berichts noch ergänzende mündliche Mitteilungen erhalten hat, ist nicht bekannt. Er vermerkt jedenfalls aus seiner Erinnerung, daß *der ganze Mittelstand aufgeregt* war. – Vgl. 542,7; 542,13; 544,27 u. die Anmerkungen dazu. Ferner in Bd. 6 die Zusammenstellung „Quellen und Daten zur Geschichte des *Werther*-Romans".

594,39. *aufgeregt*: angeregt, in Bewegung versetzt. – GWb 1, Sp. 990–993.

595,21f. *Das Jahrmarktsfest zu Plundersweilern.* Eins der humoristisch-satirischen Spiele in Knittelversen aus den Frankfurter Jahren, vermutlich zu Anfang des Jahres 1773 entstanden. 1774 erschien es in dem Band *Neueröffnetes moralisch-politisches Puppenspiel.* (Vgl. die Anmkg. zu 563,2.) 1778 wurde es für eine Liebhaberaufführung im Kreise Anna Amalias völlig umgearbeitet und dabei stark erweitert. – Neudruck der Urfassung: Morris Bd. 3; Fischer-Lamberg Bd. 3.

595,28f. *„Prolog zu Bahrdts neuesten Offenbarungen".* Der Gießener Theologe Karl Friedrich Bahrdt, 1741–1792 (Neue Dt. Biogr. 1, 1953, S. 542f.), veröffentlichte 1773 eine Übersetzung des Neuen Testaments unter dem Titel „Neueste Offenbarungen Gottes in Briefen und Erzählungen", die eine flache und ehrfurchtslose rationalistische Umarbeitung war. Daraufhin schrieb Goethe eine scherzhafte Szene, in welcher die vier Evangelisten bei Bahrdt erscheinen, wobei ihre urwüchsige Kraft gegen sein literarisches Getue seltsam absticht. Die Szene erschien 1774 als Einzeldruck unter dem Titel *Prolog zu den neuesten Offenbarungen Gottes.* Neudruck: Morris 4, S. 45–47 und 6, S. 352–357. – Fischer-Lamberg Bd. 4. – W. A. 16, S. 105–110.

596,8. *Justus Möser*, 1720–1794, wird in Bd. 10, S. 52,10–53,26 noch einmal ausführlich behandelt, und zwar im Zusammenhang mit Carl August und dem Weg nach Weimar. Der Abschnitt am Ende des *13. Buchs* bereitet jenen vor. Jedesmal bringt der Möser-Abschnitt einen Blick ins tätige Leben. Auf das ganze Werk sind als Gegengewicht der

Partien, welche das dichterische Schaffen behandeln, solche über Staat, Verwaltung und Recht verteilt; es ist ein Bereich, dem eine Seite in Goethe entsprach und dem er sich in Weimar als Minister dann jahrelang fast ausschließlich widmete. Goethe dachte 1813 noch daran, die Weimarer Jahre 1775–1786 darzustellen. Leitmotivisch wollte er nun zeigen, wie das Interesse am Staatlichen schon vorher in ihm wuchs. Möser wird eine Art symbolische Gestalt für diesen Bereich. Er bildet ferner einen Gegensatz zu dem Staatsmann vom Typ des Geheimrats La Roche, des kühlen Routiniers der Kabinettspolitik, der im Anfang des Buchs (558,35–560,18) geschildert ist. Absichtlich wird der Möser-Abschnitt nicht in das Kapitel über *Götz* gesetzt – da hätte er nur begrenzte Bedeutung –, sondern an das Ende des Buches, und die Schlußworte über das *zueignen* betonen die Bedeutung für die eigene Persönlichkeit. – Möser war in Osnabrück Sekretär der Landstände, Syndikus der Ritterschaft und – unter dem bescheidenen Titel eines Geheimen Referendars – Fürstbischöflicher Statthalter. Seit 1766 erschienen seine Aufsätze in den ,,Osnabrückischen Intelligenzblättern", 1774–1778 gab seine Tochter Jenny sie unter dem Titel ,,Patriotische Phantasien" in Buchform heraus (4 Bde.); 1768 begann seine ,,Osnabrückische Geschichte" zu erscheinen, die in glücklichster Art Besonderes und Allgemeines verbindet. Herder wurde sofort auf das Werk aufmerksam und nahm die Einleitung daraus auf in seinen Sammelband ,,Von deutscher Art und Kunst", 1773, unter dem Titel ,,Deutsche Geschichte". (494,37 u. Anmkg.) – In Goethes Autographensammlung befindet sich ein 14 Seiten umfassendes Schreiben Mösers vom 22. April 1773 mit nationalökonomischen Erörterungen. In seiner Bibliothek hatte er ein Exemplar der ,,Patriotischen Phantasien", es wird bereits in dem Bibliotheksverzeichnis von 1788 angeführt (mit dem Zusatz ,,2 Thle."), heute ist davon nur noch der 2. Band, Bln. 1776, vorhanden. (Ruppert Nr. 2952.) – Der Aufsatz *Justus Möser* in Bd. 12, S. 320–322 u. Anmkg. – J. Möser, Gesellschaft und Staat. Eine Auswahl aus seinen Schriften. Hrsg. von K. Brandi. München 1921. = Der dt. Staatsgedanke, 3. – Ulrike Brünauer, J. Möser. Bln. 1933. (110 S.) – E. Hempel, Mösers Wirkung auf seine Zeitgenossen. Mitteil. d. Vereins f. Gesch. u. Landeskunde von Osnabrück. 54, 1933, S. 1–76. – Friedr. Meinecke, Die Entstehung des Historismus. München u. Bln. 1936. Bd. 2, S. 326–382. – Karl Brandi, J. Möser. In: Westfäl. Lebensbilder 5, Münster 1937, S. 48–65. – J. Möser, Sämtl. Werke. 2. Abt.: Patriotische Phantasien. Hrsg. von L. Schirmeyer u. W. Kohlschmidt. 4 Bde. Bln. 1943ff.

596,14. *Frau von Voigts,* Jenny, 1752–1814. Fünf Briefe Goethes an Jenny v. Voigts (28. 12. 1774; 21. 6. 1781; 31. 7. 1781; 4. 3. 1782; 5. 5. 1782) und ein Brief von Frau von Voigts an Goethe (1781, Mai?) sind gedruckt in: J. Möser, Briefe. Hrsg. von E. Beins u. W. Pleister. Hannover 1939. = Veröff. d. Hist. Komm. f. Hannover, 21. – William Sheldon, Jenny v. Voigts. In: Niedersächsische Lebensbilder 8, 1973, S. 243–266.

596,39. *Interessen* = Zinsen.

598,1f. *Geschäftsmann* = Staatsbeamter. Ähnlich 397,36f. (u. Anmkg.).

598,20. *Franklin*, Benjamin, 1706–1790. Auch Bd. 10, S. 114,7 erwähnt. – Goethes Tagebuch notiert am 5. Mai 1810 Lektüre von Franklins Autobiographie.

SCHEMATA UND ENTWÜRFE

Was sich in Goethes Nachlaß an Vorarbeitung zu Dichtung und Wahrheit *vorgefunden hat, stammt aus ganz verschiedenen Stufen der Entstehungszeit und spiegelt sie wider. Da gibt es von ersten knappen, von Goethe flüchtig mit Bleistift skizzierten Plänen für den Aufbau eines Buches bis zu umfangreichen, von einem Schreiber sorgfältig auf große Bogen geschriebenen Schemata für die Anlage des ganzen Werkes viele Zwischenstadien der Fixierung. Es finden sich Zettel, auf die Goethe nur wenige Worte schrieb, aber auch seitenlange Abschriften eines Schreibers, die Vorlage für das Druckmanuskript sein sollten. Kaum zu entziffernde Bleistiftnotizen, korrigierte Abschriften und tadellose Reinschriften zeigen die Phasen des Werdens; Schemata, Fragen, Entwürfe und Ausarbeitungen suchen des Inhalts Herr zu werden; und Niederschriften, die für* Dichtung und Wahrheit *bestimmt waren, aber dann wieder ausgeschieden wurden, zeigen, wie dieses Werk von einem künstlerischen Willen geformt wurde. Aus diesem Vielerlei ist für jedes Buch – mit Ausnahme des 14., für das die Zeugnisse fehlen – ein Beispiel ausgesucht worden. Da die Fülle des Materials eine sehr starke Beschränkung erforderte, wurde angestrebt, durch die Auswahl einen Eindruck von der Mannigfaltigkeit des Vorhandenen zu vermitteln und ahnen zu lassen, welch überwältigender Reichtum einmal bestanden haben muß, von dem dann doch nur verhältnismäßig wenig auf uns gekommen ist. Aber aus jedem Blatt, sei es groß oder klein, von Goethes oder fremder Hand geschrieben, ein erster Entwurf oder die endgültige Fassung, spricht Goethes Bemühen, beides Gestalt werden zu lassen: Wahrheit und Dichtung. Über seinem Werk könnte aber vielleicht als Motto stehen, was er auf ein Oktavblatt schnell hingeschrieben hat:*

Mein Leben ein einzig Abentheuer
Keine Abentheuer durch Streben nach Ausbildung dessen was die
Natur in mich gelegt hatte
Streben nach Erwerb dessen was sie nicht in mich gelegt hatte
Eben soviel wahre als falsche Tendenzen
Deshalb ewige Mar[ter]
Ohne eigentl. Genuß

Niederträchtige Necrologen.

Zu dem Thema Niederträchtige Necrologen *äußert sich Goethe näher in seinem Brief an Zelter 29. Mai 1801. (Briefe HA Bd. 2, S. 417, 11ff.)*

Biographisches Schema, von Riemer geschrieben:

Schema zur Biographie.

I.

1749–1754. Horoscop.
1. Kindheit. Erstes Gewahrwerden. Erste Umgebungen.
2. Hausbau. Gewahrwerden der Stadt. Krönungsgeschichten. Reichsbürgerlichkeit.
1755. 3. Behagen im neuen Hause. Erster Unterricht durch den Vater. Erdbeben von Lissabon. Hagelwetter.
1756–1759. 4. Siebenjähriger Krieg. Einfluß auf die Familienverhältnisse. Fernerer Unterricht durch den Vater. Plan desselben mit dem Sohne. Übung mit Nachbarskindern.
1759–1764. 5. Französische Einquartierung.
1764. 6. Krönung Josephs des zweyten.

II.

1765–1768. 7. Aufenthalt in Leipzig.
1768–1770. 8. Zwischenzustand zu Hause.
1770–1771. 9. Aufenthalt in Strasburg.
1772. 10. Aufenthalt in Wetzlar.
1772–1775. 11. Aufenthalt in Frankfurt, Autorschaft.
1775. 12. Erste Reise in die Schweiz

III.

1775–1778. 13. Weimar bis zu 1778.
1779. 14. Zweyte Reise in die Schweiz.
1779–1786. 15. Geschäftsleben. Endliche Ablösung.

IV.

1786–1788. 16. Italiänische Reise.
1788–1790. 17. Aufenthalt in Weimar. Französische Revolution. Reise nach Venedig und nach Schlesien.
1791–1792. 18. Chromatische Beschäftigungen und Ausgabe der Beyträge.
1792. 19. Feldzug in die Champagne. Reise nach Düsseldorf, Münster, über Cassel nach Hause.
1793. 20. Belagerung von Mainz. Mannheim und Heidelberg besucht.

1794–1795. 21. Bekanntschaft mit Schiller. Weimarisches Theater. Aufforderung zu poetischen Arbeiten.
1796–1797. 22. Poetische Arbeiten.
1797. 23. Dritte Reise in die Schweiz.
1800. 24. Rückkehr mit Meyern. Wiederanfassen der Kunst, des Theaters, der Poesie, der Naturforschung.
1801–1803. 25. Große Krankheit. Pyrmonter Reise. Lauchstädter Haus. Beendung des Schloßbaus. Gründung des Schießhauses.

Von den Vorarbeiten, die für Dichtung und Wahrheit *bestimmt waren, aber nicht benutzt wurden, sei hier ein von Riemer geschriebener Entwurf wiedergegeben, der vielleicht einmal für ein Vorwort gedacht war:*

Die Biographie sollte sich einen großen Vorrang vor der Geschichte erwerben, indem sie das Individuum lebendig darstellt und zugleich das Jahrhundert wie auch dieses lebendig auf jenes einwirkt. Die Lebensbeschreibung soll das Leben darstellen, wie es an und für sich und um sein selbst willen da ist. Dem Geschichtsschreiber ist nicht zu verargen, daß er sich nach Resultaten umsieht; aber darüber geht die einzelne That so wie der einzelne Mensch verloren. Wollte man die Herrlichkeit des Frühlings und seiner Blüten nach dem wenigen Obst berechnen, das zuletzt noch von den Bäumen genommen wird; so würde man eine sehr unvollkommene Vorstellung jener lieblichen Jahrszeit haben. Und doch hat der Gärtner das Recht, sein Jahr blos nach dem zu beurtheilen, was ihm Keller und Kammern füllt. Alles wahrhaft Biographische, wohin die zurückgebliebenen Briefe, die Tagebücher, die Memoiren und so manches andre zu rechnen sind, bringen das vergangene Leben wieder hervor, mehr oder weniger wirklich oder im ausführlichen Bilde. Man wird nicht müde, Biographien zu lesen so wenig als Reisebeschreibungen: denn man lebt mit Lebendigen. Die Geschichte, selbst die beste, hat immer etwas Leichenhaftes, den Geruch der Todtengruft. Ja man kann sagen, sie wird immer verdrießlicher zu lesen, je länger die Welt steht: denn jeder Nachfolgende ist genöthigt ein schärferes, ein feineres Resultat aus den Weltbegebenheiten herauszusublimiren, da denn zuletzt, was nicht als caput mortuum liegen bleibt, im Rauch aufgeht.

Soll aber und muß Geschichte seyn, so kann der Biograph sich um sie ein großes Verdienst erwerben, daß er ihr das Lebendige, das sich ihren Augen entzieht, aufbewahren und mittheilen mag.

1. Buch

Eigenhändige Notiz Goethes:

Ac plerique suam ipsi vitam narrare fiduciam potius morum, quam arrogantiam arbitrati sunt.

2. Buch

Teilweise später verworfener Entwurf Goethes, von Riemer geschrieben:

In dem Verhältniß der Kinder zu den Ältern entwickelt sich der sittliche Charakter der ersten eigentlich gar nicht. Der Abstand ist zu groß; Dankbarkeit, Neigung, Liebe, Ehrfurcht halten die jüngern und bedürftigen Wesen zurück, sich nach ihrer Weise zu äußern. Jeder thätige Widerstand ist ein Verbrechen. Entbehrungen und Strafen lehren das Kind schnell auf sich zurückgehen, und da seine Wünsche sehr nahe liegen, wird es sehr bald klug und verstellt. Damals wenigstens war es so; und mich dünkt, in den neuern Zeiten, da man den Kindern mehr Spielraum ließ, da man sie mit den Ältern auf gleichen Fuß setzte, da ein gemeinschaftliches Du das Obere und Untere verband, ist es nicht anders geworden: es gibt wohl grobe Kinder, aber keine aufrichtigen.

Der innere Ernst, mit dem ich schon früh mich und die Welt betrachtete, zeigte sich auch in meinem Äußeren, und ich ward oft freundlich oft auch spöttisch über eine gewisse Würde berufen, die ich mir in meinem Äußern herausnahm, und wenn es mir zwar an einigen guten ausgesuchten Freunden nicht fehlte, die sich an mich anschlossen, so waren wir doch immer die Minderzahl gegen jene, die mit rohem Muthwillen uns anfochten.

Unter die Übungen des Stoicismus, den ich so ernstlich als es einem Knaben möglich ist, bey mir ausbildete, gehörten auch die Duldungen körperlicher Leiden. Sehr viele Scherze der Jugend beruhen auf einem Wettstreit solcher Duldungen. Wenn man mit zwey Fingern oder der ganzen Hand sich wechselweise bis zur Betäubung der Glieder schlägt, oder die bey gewissen Spielen verschuldeten Schläge mit mehr oder weniger Gesetztheit erträgt; wenn man sich beym Ringen und Balgen durch die Kniffe des Halbüberwundenen nicht irre machen läßt; wenn man einen aus Neckerey zugefügten Schmerz dissimuliert, ja selbst das Zwicken

3. Buch

Von Goethe auf die Rückseite eines Oktavblattes geschrieben:

Haben die Franzosen im Jahre 1757 od. 58 Francfurt am Mayn besetzt. In welchem Jahre ist Kayser Joseph d. II. zum Römischen König gekrönt.

4. Buch

Schema, von Riemer geschrieben:
Römische Prospecte des Vaters erst aufgehängt, beräuchert, von Fliegen beschmutzt. Dann sorgfältig gebleicht und gebunden.
Ich that desselbige.

Wenn man aus Italien kommt, hat man das Verlangen, von jenen Gegenständen umgeben zu seyn, mit ihnen fortzuleben. Man liebt die Abbildungen, aber man achtet sie nicht. Zuletzt sieht man sie als Schätze an, blos zum Aufbewahren.

Entbehren und Sehnsucht Entbehren und Begierde. Lüsternheit aller Art, besonders witzige und skandalose. Genuß und Sehnsucht Genuß und Begierde.

5. Buch

Den Schluß des Buches sollte ursprünglich der folgende Auszug aus der Geschichte des Ritters de Grieux und der Manon Lescaut bilden. Er ist zum größern Teil von Riemer geschrieben und von Goethe mit Bleistift durchkorrigiert; das gesperrt Gedruckte sind Goethes Korrekturen und Zusätze.

Ritter Degrieux u. Manon Lescot.

Ein junger nachgeborner Cavalier wird zum Maltheser Ritter bestimmt, macht seine Studien regelmäßig und fleißig auf einer hohen Schule in Gesellschaft eines ernsten Freundes. Er ist im Begriff zu seinen Ältern zurückzukehren, als von dem Postwagen ein Mädchen aussteigt, das den entschiedensten Eindruck auf ihn macht. Alle knabenhafte Schüchternheit ist auf einmal verschwunden; er spricht sie unter dem Thorwege des Gasthofes, indeß ihr ältlicher Begleiter Geschäfte besorgt, und erfährt von ihr, daß man sie ins Kloster bringen wolle, wozu sie keine Lust habe. Der junge Mann bietet ihr an, sie zu entführen und sie werden des Handels einig. Er weiß sich mit ihrem Begleiter bekannt zu machen und findet Gelegenheit sie zu besuchen. Sie reden alles ab und er glaubt seinen Freund ins Geheimniß ziehen zu müssen, ohne den er sein Unternehmen schwerlich auszuführen glaubt.

Dieser stimmt nicht ein, sondern sucht ihm mit allen Vernunftgründen diese Thorheit auszureden. Nun sieht er sich durch seine Leidenschaft genöthigt, seinen Freund zu hintergehen; er stellt sich als wenn er bekehrt wäre, und weiß in der Nacht sein Vorhaben auszuführen. Das junge Paar flieht nach Paris um dort in der ungeheuren Stadt sich zu verbergen und des Lebens zu genießen. Die Baarschaft schmilzt; ein reicher Nachbar wird Manon gewahr, weiß sich einzuführen, und eines Abends nach Tische wird der arme zutrauliche Ritter durch seinen älteren Bruder überrascht und in Verwahrsam genommen. Man merkt wohl, daß dieses nicht ohne Manons Mitwirkung geschehen.

Degrieux findet sich nun wieder in den Händen seiner Ältern und Verwandten; erfährt den Verrath seiner Geliebten, verzweifelt und ergibt sich drein auf eine geistliche Stelle zu studiren. Er bildet seine schönen Talente glücklich aus und erwirbt sich bey seiner Disputation in der Sorbonne allgemeinen Beyfall. Unglücklicherweise hat Manon hinter dem Gitter dieser Disputation beygewohnt, sie erkennt ihren Geliebten, gibt sich ihm nach der Feyerlichkeit gleichfalls zu erkennen, und wird einig mit ihm zum zweytenmal zu entfliehen, indem sie die Geschenke ihres bisherigen Liebhabers zusammenpacken und demjenigen zuwenden will, der, wie sie versichert, sie allein glücklich machen könne.

Sie begeben sich aufs Land, um verborgener zu leben. Ein etwas platter und roher Bruder Manons erscheint. Durch ein gewöhnliches und unvermeidliches Wohlleben erschöpft sich die Casse der Liebenden, und um seiner Angebeteten alles zu verschaffen was sie wünscht, entschließt sich Degrieux, auf Veranlassung jenes Bruders, in eine Spielgesellschaft zu treten, und unerfahrne Vögel rupfen zu helfen, wie er schon früher selbst berupft worden war. Hier wird eine ansehnliche Summe gewonnen, Manon kann nach Herzenslust alle jene Vergnügungen genießen, ohne die ihr das Leben als ein völliges Nichts erscheint; allein durch die Untreue ihrer Bedientin werden sie auf einmal von allem entblößt. Degrieux sucht es zu verbergen, und auf alle Weise Geld zu schaffen. Manon entdeckt den Unfall und instigirt von dem Bruder säumt sie nicht einem reichen bejahrten Finanzmann sich zu ergeben, der sie unmäßig mit Geschenken überhäuft und ihr ein glänzendes genußreiches Leben gewährt.

Degrieux spürt sie aus, wird als jüngerer Bruder eingeführt, aber als wahren Liebenden ist ihm die Lage unerträglich; er verlangt Flucht. Manon widersteht ihm nicht, ihr neuer Gönner wird aufgeopfert, sie entfliehen mit aller geschenkten Habe, nachdem sie sich aufs beste überzeugt, daß hierbey weder Raub noch Diebstahl begangen worden.

Der Finanzmann, behend und mächtig, spürt sie aus; die Polizey bemächtigt sich ihrer; er wird in ein Kloster, sie in ein Correktions Haus gebracht, und so verfließt ihnen eine traurige Zeit. Er hat nichts im Sinne als sich und sie zu befreyen, weiß durch gutes Betragen das Vertrauen des edlen wohldenkenden Priors zu gewinnen, häuchelt Besserung, erhält die Erlaubniß, Freunde zu sehen, weiß sich Gewehr zu verschaffen, macht den Prior immer sicherer und entkommt zuletzt, indem er an jenem edlen Mann den ungeheuersten Undank ausübt. Kaum ist er frey, so ist sein einziges Ziel Manons Befreyung. Hiezu wählt er ein kühnes Mittel. Nachdem er sich von der Unmöglichkeit überzeugt, durch List oder Gewalt in das Gewahrsam zu dringen, so entschließt er sich den Sohn des Oberaufsehers anzugehen, diesem seinen Fall vorzutragen und ihn für sich zu interessiren. Es gelingt. Dieser vor kurzem völlig unbekannte wird entzündet, verspricht zu helfen und leistets. Erst führt er den Liebenden durch Schlösser und Riegel zu seiner Geliebten und verschafft bald darauf beyden alle Mittel zur Flucht. Es finden sich bedeutende Hindernisse; Manons Bruder kommt bey dieser Gelegenheit um; allein die Befreyten finden wieder ein ländliches Asyl. Dort besucht sie der neue Freund und Beschützer; zufällig schließt ein Bekannter sich an, dieser ist der Sohn jenes betrogenen Finanzmannes. Eben so reich wie der Vater, jünger und liebenswürdiger, weiß er gar bald Manon, welche zwar die Freyheit errungen, aber nun ein mäßiges Leben welches für sie kein Leben ist, führen soll, für sich zu gewinnen. Sie verläßt den Geliebten abermals, aber dieser spürt sie zeitig genug aus, indem ihr neuer Gönner allzu große und ernstliche Anstalten macht, ihr erst alles Versprochne zu leisten, ehe er sich ihren Besitz anmaßen will.

Am Abend, wo sie ihren neuen Freund erwartet, steht auf einmal Degrieux vor ihr, sie wendet ihre Neigung gleich wieder zu ihm und ist bereit, um seinetwillen den Sohn wie den Vater zu betrügen. Er entschließt sich an jenen Freund, der seine und ihre Flucht begünstigt, ein Billet zu schreiben und ihn zu bitten, daß er, auf eine oder die andere Weise, den jungen Finanzmann ihnen diese Nacht vom Halse halten soll. Jener verräth seinen Freund, wie er vorher seinen Vater, den Oberaufseher, verrathen, und beyde Liebenden gewinnen Zeit.

Nicht genug aber, daß sie sich mit den übel erworbenen Schätzen retten könnten, treiben sie ihre Verwegenheit aufs höchste. Sie wollen noch die für den jungen Gönner bestimmte Abendmahlzeit genießen, sie wollen die Nacht noch in der schön eingerichteten Wohnung zubringen und Morgens bequem abfahren.

Der Vater, durch einen treuen Bedienten, der mit dem Sohne auf jenes verrätherischen Freundes Billet über die Straße gegangen, unterrichtet, daß der Sohn angefallen und weggebracht worden, begibt sich schnell in das Haus, wo er die Geliebte des Sohns, von der ihm nun erst Kunde wird, anzutreffen und nähere Nachricht von seinem Sohne zu erhalten hofft. Aber wie sehr verwundert sind alle drey bey diesem

Zusammentreffen. Der Finanzmann erkennt Manon und den Ritter, die sich eben entkleidet haben, um sich zur Ruhe zu begeben; diese erkennen jenen, und das Entsetzen ist nicht gering. Degrieux wird überwältigt und beyde in Gewahrsam gebracht.

Man gibt den jungen Mann seiner Familie zurück; Manon hingegen wird verurtheilt mit andern liederlichen Mädchen in die Colonien abgeführt zu werden. Degrieux vernimmt es, er weiß seine Aufseher zu hintergehen, und entschließt sich, da er kein ander Mittel vor sich sieht, mit einigen Braven, die ihm sonst schon beygestanden, die Eskorte anzugreifen, welche jene Unglücklichen nach dem Hafen begleitet. Er legt sich in Hinterhalt, er rückt vor, da jene nahen; allein seine Braven verläßt der Muth beym Anblick des Widerstands, zu dem sich jene bereiten. Sie entfliehen, und es bleibt ihm nichts übrig, als sich vor den Schergen zu demüthigen, daß sie ihm wenigstens erlauben, dem Trupp zu folgen, und von Zeit zu Zeit eine Unterredung mit seiner Geliebten und die Möglichkeit ihr etwas gutes und liebes zu erzeigen, mit schwerem Gelde zu erkaufen.

Auf gleiche Weise verschafft er sich im Hafen die Vergünstigung mit nach Amerika hinüber zu gehen. Drüben angelangt macht er, so wie andre unterwegs, den Gouverneur glauben, daß sie verheiratet seyen. Die übrigen Mädchen werden unter die Colonisten ausgetheilt, Manon bleibt ihm.

Durch gewisse nützliche Talente weiß er sich gelten zu machen; der Gouverneur erleichtert sein Schicksal, und er sucht alles hervor, um die am Körper geschwächte, durch Mangel von Vergnügen und Zerstreuung an der Seele leidende Manon zu unterhalten, aufzuheitern und mit ihrer Lage zu versöhnen.

Indessen hat der Neffe des Gouverneurs sie bemerkt und ist dem Schicksal aller Männer nicht entgangen; auch er begehrt sie zu besitzen, und erbittet sichs zur Gunst von seinem Oheim. Dieser aber, ein rechtlicher Mann, weist ihn zurück.

Degrieux von seiner Seite, wünscht nichts mehr, als Manon von seiner unwandelbaren Liebe zu überzeugen und weiß daher nichts angelegeneres als wirlich mit ihr verheiratet zu seyn. Er bekennt das bisherige Verhältniß dem Gouverneur und bittet um gesetzliche Einsegnung. Dieser schilt ihn, wegen des bisherigen falschen Angebens, bedeutet ihn, daß Manon der öffentlichen Gewalt heimfalle, und daß der Oberbefehlshaber sie zugestehen könne, wem er wolle. Degrieux erkennt nun seine Unvorsichtigkeit und sein Unglück. Er sieht Manon schon in den Armen des Neffen, er ahndet, er bemerkt die obrigkeitlichen Anstalten und fürchtet vielleicht selbst, daß Manon nach ihren herkömmlichen Gesinnungen das bequemere Leben dem liebevollen vorziehen werde. Er stellt ihr sein Unglück, ihr beyderseitiges vor und bittet sie mit ihm zu fliehen. Er hofft zu einem freundlichen wilden Stamme zu gelangen, den er auf einer Kriegsexpedition kennen gelernt. Die kränkliche, zarte, weichliche Manon läßt sich mit fortziehen; sie entkommen glücklich: aber der Mangel, die Unbilden der Wildniß, die Erschöpfung der Fußreise, alles zusammengenommen, wird ihr tödlich; er sucht, vergebens, das unschätzbare Leben zu fristen; sie entschläft in seinen Armen für ewig. Nachdem er selbst von einem Todtenschlaf in den ihn der Schmerz gestürzt, erwacht, fühlt er sich genöthigt, um den schönen Körper nicht wilden Thieren zur Speise zu überlassen, ihm mit eigenen Händen ein Grab aufzuwühlen. Hier will auch er verscheiden und wird durch seinen ersten Jugendfreund, der während des ganzen Laufs dieser Geschichte, ihm oft und redlich beygestanden, aufgefunden und nach Europa gebracht, damit er uns seine Begebenheiten erzählen könne.

Der große Verstand, womit diese Dichtung concipirt, die unschätzbare Kunst, womit sie ausgeführt worden, blieben mir freylich verborgen. Das Werk that auf mich nur eine stoffartige Wirkung; ich bildete mir ein so liebend und so treu seyn zu können, wie der Ritter, und da ich Gretchen für unendlich besser hielt, als Manon sich erwiesen so glaubte ich, alles was man für sie thun könne, sey sehr wohl angelegt.

Und wie es die Natur des Romans ist; daß die Fülle der Jugend dadurch übersättigt und die Nüchternheit des Alters wieder aufgefrischt wird; so trug diese Lectüre nicht wenig dazu bey, mein Verhältniß zu Gretchen, so lange es dauerte, reicher, behaglicher, ja wonnevoller, und als es zerstört wurde, meinen Zustand elender, ja das Übel unheilbar zu machen. Damit an mir erfüllt würde was geschrieben steht.

6. Buch

Schemata von Goethes Hand in einem Notizbuch, von denen das erste mit Tinte geschrieben und das zweite ein flüchtiger Bleistiftentwurf ist:

Ankunft in Leipzig Zur Meßzeit Polnische Juden Griechen. Das Getümmel Vaterländische Anmuthung Stille darauf. Habitus der Stadt. Feyrliches.

Jung Geschichte des bekehrten Ehmanns.

Gott wirds vergel[ten] Das Vergelten kenn ich sch[on] Das Incongruum des 1. Buch Mos[is] gefühl[t] Das In[congruum] des Zw[eyten] auffassend Hagedorn Dresden

Kleidung
Bediente als Schneider Unmodische Röck[e] Leiden deshalb
Sprache Deutsch Dialeck[t]
Griechisch Aussprache Hinter denken

7. Buch

Schema zur Literaturübersicht, von Riemer geschrieben:

Conflicte überhaupt. Conflict des bösen und guten kann nicht ästhetisch dargestellt werden: denn man muß dem Bösen etwas verleihen und dem Guten etwas nehmen, um sie gegeneinander ins Gleiche zu bringen. Miltons verlohrnes Paradieß, wo eigentlich das Interesse auf Seiten der Teufel ist. Die Messiade in diesem Sinne betrachtet.

Deutschland hatte eigentlich keine Verfassung: denn eine Staatseinrichtung verdient nur diesen Namen, wenn die Glieder des Ganzen thätig auf einander wirken. Es war vielmehr ein bloßer Zustand, in welchem zur Friedenszeit sich Jedermann wohl befinden konnte. Doch entwickelten sich, weil nichts in der Welt ganz ruhig verharren kann, theils aus der eigenen Natur, theils durch fremde Anregung, gewisse Strebungen. 1. Bey der Jugend, Strebung und Naturgenuß, freyer Genuß der Kräfte. 2. Bey den Ältern, Streben nach Befestigung des Rechtes, und Sicherung des bürgerlichen Genusses. Eine Art idyllischer Wendung kam durch die Dichter in Gang, besonders durch die Schweizer: Haller, Geßner, Bodmer. Die Tendenz zu einem einfachen Naturgenuß und einem frohen Genuß seiner selbst ward bey der Jugend zurückgedrängt, durch pedantischen Schulunterricht, Klösterlichkeit, höhere Stände, Philisterey, Broderwerb. Kampf entspringt dagegen. Wann solche Motive in Romanen auftreten? Werther. Siegwart. Ob früher? Was kurz vorher? Rousseau's Preisschrift gegen die Cultur.

8. Buch

Entwurf, von einem Schreiber geschrieben und von Goethe durchkorrigiert:

Die Elemente dieses wunderlichen Glaubensbekenntnißes sind nicht schwer aufzufinden und ich wüßte am Zusammenstellen und Verknüpfen derselben kaum etwas Eigenthümliches zu bemerken. Indeßen beschäftigte mich die Bearbeitung solcher gestaltlosen Vorstellungen einige Zeit lang indem ich sie, durch eine Art mathematischer Symbolick, nach Weise meiner Vorgänger zu versinnlichen strebte, und die unorganischen Wesen, mit denen ich mich mehr alchymisch als chymisch beschäftigte, dadurch zu begeisten trachtete, wie denn dergleichen Beschäftigungen gar wohl der Winterjahreszeit und einem kranken Zustande gemäß waren.

Ich enthalte mich hier aller Bemerkungen darüber um so mehr da ich späterhin werde bekennen müssen, wie ich durch mancherley andere ähnliche Vorstellungsarten hindurchgegangen, nur so viel sage ich, daß man dieser Lehre, besonders von vorne herein, die peinliche Bemühung ansieht, aus dem Vollkommenen das Unvollkommene, aus dem Licht die Finsterniß, aus der Thätigkeit den Widerstand, aus dem Guten das Böse entwickeln zu wollen.

9. Buch

Entwurf über das Straßburger Münster, von Riemer geschrieben; es ist interessant, ihn mit der endgültigen Fassung zu vergleichen:

Unter denen Dingen, die mich während meines Aufenthalts in Straßburg am meisten beschäftigten und mich zum Nachdenken aufforderten, stand das Münstergebäude beynahe oben an. Es war das erste würdige imposante Werk der Kunst, das ich je mit Augen gesehen; es machte auf mich gleich Anfangs einen starken Eindruck, der sich nicht allein immer vermehrte, jemehr ich damit bekannt wurde, sondern sich auch wirklich verschönerte. Die große Masse und die Vermannigfaltigung derselben im Allgemeinen ist dasjenige was man zuerst gewahr wird. Die schöne Proportion der Abtheilungen und die gleichfalls proportionirliche Verzierung derselben bis ins Kleinste kommt alsdann nach und nach zum Bewußtseyn. Das Innre der Kirche jedoch interessirte mich weniger als die Façade, welche später und in einem sehr großen Sinne angelegt war. Nicht allein bey jedem Spaziergange lenkte ich meinen Weg dahin; sondern es kam mir auch auf ein paar hundert Schritte Umweg nicht an, um auch nur einige Blicke daraufzuthun. Sehr oft sah ich nur hin, ohne zu denken, und ließ dieses sonderbare Bildwerk auf mich wirken, was es konnte. Ich strebte indessen in meinem Innern die Maxime zu finden, wornach dieses Wunderwerk errichtet sey und glaubte mich zuletzt bey folgendem beruhigen zu können.

Die christliche Kirche war ein geschlossenes Gebäude, ihre Vorderwand war von einer Hauptthüre durchbrochen, über derselben ein Fenster, um das Schiff zu erleuchten und oben drüber gleichsam noch ein Stockwerk, wo man einige Glocken hinhängen konnte, indem man die größern in die beyden Thürmchen verwies, die man über den beyden Enden der Wand aufgebaut hatte. Das Ganze theilte sich daher horizontal in drey Theile und vertikal eben so, sodaß diese Wand in neun Compartimente gedacht werden konnte. Die drey unteren enthielten bey Vergrößerung der Kirche die Haupt- und Mittelthüre, die in das Schiff, und die zwey kleinern, die in die Seitengänge führten. Die drey mittleren Felder enthielten in der Mitte das runde Fenster und zu beyden Seiten geschlossene Räume. Die drey obern, in der Mitte einen geschlossenen Raum und zu beyden Seiten ein paar Öffnungen, um den Glockenschall durchzulassen. Hierüber standen nun die eigentlichen Glockenthürme von nicht größerer Höhe als zu diesem Zweck nöthig war. Nach und nach verbreiterte und erhöhte sich alles, und die beyden Thürne besonders fingen an zu wachsen, indem sie ihre erste Bestimmung fast ganz verloren und blos dazu bestimmt schienen eine große Stadt- und Hauptkirche dem entfernten Auge zu verkünden.

Hier war also eine Wand mehr oder weniger durchbrochen. Diese Öffnungen zuerst mehr oder weniger zu verzieren, war zuerst die Aufgabe; nach und nach verbreiteten sich diese Zieraten über die ganze Wand, und die Aufgabe, besonders wie die vom Straßburger Münster ist, war zuletzt, eine solche plumpe Masse leicht, das Feste durchsichtig zu machen und das Schmucklose zu verzieren. Gar mehrere solcher Kirchen und Capellen haben mehrere solcher Zieraten an denen weder Proportion noch Geschmack zu entdecken ist. Die Vorderwand des Straßburger Münsters hat dieses Wundersame und vielleicht Einzige, daß die Proportionen im Ganzen bis zu allen Theilen herunter vollkommen durchgeführt und die Zieraten nach Maßgabe eines jeden besondern Theiles aufs glücklichste vermannigfaltigt sind. Diese Wand mit ihrer Neun-Eintheilung steht für sich als ein ungeheures Werk da und zugleich als Base zweyer Thürne, wovon nur der eine errichtet ist. Dasjenige was hier nur kurz angezeigt wird, war ich sehr beredt und geübt meinen Freunden auf der Stelle auszulegen, und ich wußte das Rationelle einer jeden Verzierung sogut anzugeben, daß es manche wirklich zu sehen glaubten, wenn andere versicherten, daß ich diesen Dingen zu viel Ehre anthäte. Es liegt in der Natur eines solchen Interesses, daß man unvollendete Dinge im Geiste zu vollenden, zerstörte wieder herzustellen trachtet. Unbefriedigend ja unangenehm war es daher bey aller dieser Herrlichkeit, daß nur ein Thurn zu sehen war, und an der Stelle des andern das stumpfe Dach einer Thürnerwohnung. Ich erbaute mir daher im Geist, ja sogar auf dem Papier einen zweiten Thurn; allein auch damit war es nicht gethan, und ich ward endlich zu der Überzeugung genöthigt, daß der gegenwärtige selbst nicht vollendet worden; sondern daß auf die sogenannten vier Schnecken noch vier Thurnspitzen, wenigstens 50 Fuß hoch, und in die Mitte auf das Hauptgewölbe des Thurns abermals eine solche Spitze vielleicht von 100 Fuß wäre erforderlich gewesen, um das Ganze würdig zu schließen. Ich trug diese Überzeugung Mehreren sehr lebhaft vor, die mir dann, je nachdem es sie interessirte, meine Grillen gelten ließen, ihnen widersprachen oder Beyfall gaben. Doch sollte ich vor meiner Abreise noch einen großen Triumph erleben: denn indem ich bey einer Landparthie zufällig unter ganz fremde Menschen kam, und bey einem heiteren Wetter der Münsterthurn gar prächtig in einiger Ferne sich darstellte, auch Jedermann sich über den Anblick erfreute; so trat ich mit meiner Behauptung sehr lebhaft hervor, die denn wie gewöhnlich aufgenommen wurde. Einige ließen mich gewähren, die meisten widersprachen, wenige fanden es plausibel, und Niemand begriff, wie bedeutend die Sache war, und wie schmerzlich es seyn müsse, ein so ungeheures so wohl gedachtes und in seiner Art vortreffliches Unternehmen unvollendet, und ein so köstliches Kunstwerk gleichsam blind und lahm zu sehen.

Ein kleiner Mann, der bisher still geschwiegen hatte, trat mir näher und sagte freundlich: Sie haben Recht; wer hat Ihnen denn das gesagt? Ich versetzte lächelnd: der Thurn selbst, nachdem ich ihn sehr ernstlich und zu wiederholten Malen befragt hatte. Doch, um eigentlicher zu reden, die Proportion und der Charakter des Ganzen erfordern es; der Künstler darf sich den Thurn weder so niedrig, noch so stumpf gedacht haben. – Das macht mir viel Vergnügen, versetzte jener: ich bin der Schaffner des Münsters, und indem die Aufsicht über die Baulichkeiten mir anvertraut ist, so finden sich auch alle Risse, ältere und neuere bey mir. Unter diesen ist einer, den wir für das ächte Original halten, wo die Thürne gerade so endigen, wie Sie angeben. – Ich war sehr glücklich dieß zu vernehmen und noch glücklicher als er mich auf Morgen einlud und die Sorgfalt hatte, mich zu erinnern, daß ich durchscheinendes Papier mitzubringen nicht vergessen solle, weil er mir Raum und Gelegenheit verschaffen wolle, die nicht ausgeführten Theile durchzuzeichnen. Ich fehlte nicht zur bestimmten Stunde und fand den köstlichen Riß schon ausgebreitet. Er war von ansehnlicher Größe und alle Zieraten mit einer sehr leichten Feder umrissen. Ich bewunderte erst das Ganze, recapitulirte die fertig gewordenen Theile und zeichnete endlich das Fehlende mit Sorgfalt durch. Meine Absicht war damals dieses Gebäude mit einer solchen Restauration in Kupfer stechen zu lassen; welches um so leichter gewesen wäre, da man von den vorhandenen guten Kupferstichen nur einen hätte copiren, den zweyten nach Maßgabe des ersten hätte suppliren, und beyde sodann nach der von mir gefertigten Durchzeichnung hätte vollenden dürfen. Es unterblieb, wie so manches andere und vielleicht widerfährt in jetziger Zeit, dem Straßburger Münster die Ehre, die er neben dem Cöllner Dome, vielleicht vor ihm, verdient.

10. Buch

Notiz Goethes:
Mit jemand leben oder in Jemand leben ist ein großer Unterschied. Es gibt Menschen in denen man leben kann, ohne mit ihnen zu leben und umgekehrt. Beydes zu verbinden ist nur der reinsten Liebe und Freundschaft möglich   Diese Betrachtung auf Herdern anzuwenden.

11. Buch

Ursprünglich sollte der dritte Teil mit der folgenden Vorrede eingeleitet werden. Sie ist von einem Schreiber geschrieben und von Goethe durchkorrigiert:

Ehe ich diese nunmehr vorliegenden drey Bände zu schreiben anfing, dachte ich sie nach jenen Gesetzen zu bilden, wovon uns die Metamorphose der Pflanzen belehrt. In dem ersten sollte das Kind nach allen Seiten zarte Wurzeln treiben und nur wenig Keimblätter entwickeln. Im zweyten der Knabe mit lebhafterem Grün stufenweis mannigfaltiger gebildete Zweige treiben, und dieser belebte Stengel sollte nun im dritten Beete ähren- und rispenweis zur Blüte hineilen und den hoffnungsvollen Jüngling darstellen.

Freylich ist es Gartenfreunden wohl bekannt, daß eine Pflanze nicht in jedem Boden, ja in demselben Boden nicht jeden Sommer gleich gedeiht, und die angewendete Mühe nicht immer reichlich belohnt; und so hätte denn auch diese Darstellung, mehrere Jahre früher, oder zu einer günstigern Zeit unternommen, eine frischere und frohere Gestalt gewinnen mögen. Sie ist aber nun, wie es jedem Gewordenen begegnet, in ihre Begrenzung eingeschlossen, sie ist von ihrem individuellen Zustand umschrieben, von dem sich nichts hinzu noch hinweg thun läßt und ich wünsche, daß dieses Werk, eine Ausgeburt mehr der Nothwendigkeit als der Wahl, meine Leser einigermaßen erfreuen und ihnen nüzlich sein möge. Diesen Wunsch thue ich um so angelegentlicher, als ich mich für eine Zeitlang von ihnen beurlaube: denn in der nächsten Epoche zu der ich schreiten müßte fallen die Blüten ab, nicht alle Kronen sezen Frucht an und diese selbst, wo sie sich findet, ist unscheinbar, schwillt langsam und die Reife zaudert. Ja wie viele Früchte fallen schon vor der Reife durch mancherley Zufälligkeiten, und der Genuß, den man schon in der Hand zu haben glaubt, wird vereitelt.

So geht es den Werken der Natur und der Menschen und so ging es auch mir mit meinen Arbeiten, wie schon die erste Epoche Beyspiele genug darlegt.

Möge nun die gegenwärtige Bemühung ihre Hauptabsicht erreichen und als Einleitung zu meinen poetischen und andern Productionen dienen, wovon ich eine neue Ausgabe vorbereite.

In dem Laufe derselben, und ist es mir durch das Schicksal gegönnt, nach deren Vollendung gedenke ich mehr Aufklärung zu geben, die man von mir verlangt hat und verlangen wird. Denn obgleich jedes dichterische Werk zur Zeit seiner Erscheinung auf sich selbst ruhen und aus sich selbst wirken soll, und ich deswegen bey keinem weder Vornoch Nachwort, auch gegen die Kritik keine Entschuldigung geliebt, so werden doch solche Arbeiten, in sofern sie in die Vergangenheit zurücktreten, unwirksamer, eben jemehr sie im Augenblick gewirkt, ja man schäzt sie weniger jemehr sie zur Verbreitung der vaterländischen Kultur beygetragen haben; wie die Mutter so leicht durch eine Anzahl schöner Töchter verfinstert wird. Deshalb ist es billig, ihnen einen historischen Werth zu verschaffen, indem man sich über ihre Entstehung mit wohlwollenden Kennern unterhält.

Vom Vergangenen und Geleisteten mag man gern im Alter sprechen, um so mehr als einer frischen Jugend nicht zu verargen ist, wenn sie ihre eigenen Verdienste gelten macht und mit mehr oder weniger Bewußtseyn und Vorsatz, besonders das Nächstvergangene in die Ferne zu drängen und zu übernebeln trachtet.

12. Buch

Schema Goethes:

Mercks böses Maul Hetzt gegen Herdern. Herder kommt seine Braut zu heirathen Misverhältniß Schmerzt Herdern Ohne daß er sein Wesen ändern kann Er spricht auf der Canzel davon. Wir lachen ihn aus.

13. Buch

Schema, von Riemer geschrieben:

Noch eine Ursache das Theater sittlicher und gleichgültiger zu machen: Die Schauspieler wollen sich aus ihrem verächtlichen Zustande erheben und sich mit einer gewissen Würde produciren. Eckhoffs Persönlichkeit. Übersetzung der französischen Dramen des Essighändlers u. s. w. Frühere Tendenz gegen das englische Gräßliche. Kaufmann von London. Miß Sara Sampson. Schröders Persönlichkeit. Englische Lustspiele nachgebildet. Shakspear nachgebildet. Ifflands Persönlichkeit. Naturalistische Epoche. Die Bürger, Bauern und dergl. als redliche Leute; und weil man doch Schelmen braucht, so müssen die Minister Hofleute, Justizbeamten diese Rollen übernehmen. Dieß geht durch die Ifflandischen, sogar durch die ersten Schillerischen Stücke. Kotzebue. Die Jäger. Der deutsche Hausvater von Gemmingen. Mehreres von diesem Autor. Brandes. Nicht mehr als sechs Schüsseln und die übrigen Stücke dieses Verfassers. *(Von* Die Jäger *bis zum Schluß am Rand.)*

ZUR TEXTGESTALTUNG

Bei einer neuen Edition eines klassischen Werkes hat sich seit langem eingebürgert, daß der Herausgeber in Vor-oder Nachwort vermerkt, daß der Text in moderner Rechtschreibung und Zeichensetzung gebracht werde. Dem Leser ist dies selbstverständlich, denn was interessiert ihn, dem es auf den Inhalt ankommt, die Schreibung einer vergangenen Zeit! Wird doch das Auge vielleicht durch ein ungewohntes Wortbild von seinem Hauptanliegen abgelenkt und bleibt am Nebensächlichen haften. Aber der Herausgeber hat sich bei dem Versuch einer konsequenten Durchführung seines Verfahrens mit Schwierigkeiten auseinandersetzen müssen. Wohl kann er überall th in t, y in i verwandeln, er kann auch wohl für uns altertümliche Wortformen durch die heute gebräuchlichen ersetzen. Aber darf er auch den Artikel bei *der Münster* und das ungewohnte *der Lärmen* ändern, darf er in Goethes komplizierte Satzkonstruktion eingreifen und sie durch eine moderne Interpunktion anders gliedern, und wo sind überhaupt die Grenzen für seine Tätigkeit? Die Antwort darauf fällt immer verschieden aus, und es läßt sich bei allen Ausgaben ein Schwanken feststellen, das schon bei Goethes Mitarbeitern an der *Ausgabe letzter Hand* einsetzte, sich bis in die neueste Zeit immer mehr verstärkte und zu Kompromißlösungen geführt hat. Es ist üblich geworden, für die Ausgabe von Klassikern moderne Rechtschreibung, moderne grammatische Zeichensetzung und eine weitgehende Angleichung der Wortformen an den modernen Gebrauch anzuwenden, aber der Sprachstil des ganzen Werkes kann und darf nicht angerührt werden, und ihm merkt man sofort an, daß er einer vergangenen Zeit angehört. So entsteht in dem feiner organisierten Leser ein zwiespältiger Eindruck: Die Sprache im ganzen wirkt altertümlich, aber das einzelne Wort ist modern.

Demgegenüber haben wir versucht, einen Text herzustellen, der einen möglichst unverfälschten Eindruck von Goethes Sprache gibt. Das bedeutet nicht, daß wir uns für einen Faksimiledruck der Erstausgabe entschieden hätten. Wohl wurde diese unserem Text zugrunde gelegt, aber es wurde auf alles verzichtet, was der Schreibung an Zufälligem anhaftet und was aufgegeben werden kann, ohne daß etwas von der Eigentümlichkeit der Sprache einer bestimmten Zeit und eines bestimmten Menschen verlorengeht. So ist grundsätzlich die moderne Orthographie durchgeführt worden, aber sie durfte den Klang und den Rhythmus des Wortes nicht ändern. Darum sind heute nicht mehr gebräuchliche Wortformen beibehalten worden, und Zusammensetzungen, die wir in einem Wort schreiben, wurden weitgehend getrennt gelassen, denn wenn wir uns erst daran gewöhnt haben, klingt dies alles auch für uns mit den kompliziert gebauten Sätzen zu einer Einheit zusammen. Aber die Sprache ist immer im Fluß, und zu Goethes Zeit war sie in einer besonders starken Umwandlung begriffen. Das ist nicht nur ein Unterschied der Landschaften, ein Einfluß des Dialekts, sondern in der Sprache desselben Menschen zeigt sich, daß er an der allgemeinen Entwicklung teilhat. Jeder weiß, daß die Sprache des jungen Goethe von der des alten ganz verschieden ist; aber wem ist bewußt, daß die Sprache in den einzelnen Bänden von *Dichtung und Wahrheit* leichte Veränderungen zeigt? Da finden sich *hiezu* und *hierzu*, *ohngeachtet* und *ungeachtet*, *fodern* und *fordern*, *religios* und *religiös*, *keinesweges* und *keineswegs* nebeneinander, und es ist reizvoll, zu beobachten, welche Worte ihre Form bewahren und bei welchen der Gebrauch schwankt oder sich ein neuer durchsetzt. Auch hier haben wir nicht normalisiert, sondern die Mannigfaltigkeit zu erhalten gesucht, die in dem gleichberechtigten Nebeneinander von Altem und Neuem von der fruchtbaren Lebendigkeit der Sprache zeugt.

Noch weniger als die Orthographie läßt sich die Interpunktion radikal modernisieren. Die Zeichensetzung des 18. Jahrhunderts erscheint uns heute willkürlich, und wir vermissen in der Anwendung die erlernten Regeln. Aber damals war die Aufgabe der Zeichen eine völlig andere als heute: Bei der Umsetzung der gesprochenen Sprache in die geschriebene dienten sie zur leichteren Erfassung des Sinnes, und beim Vorlesen waren sie die sichtbaren Zeichen für Rhythmus und Ton des Sprechenden. Sie waren noch so eng mit der gesprochenen Sprache verbunden, daß es keine Regeln für sie gab; und wenn Adelung in einem Anhang zu seiner „Orthographie" versuchte, auch einige Regeln für den Gebrauch der „orthographischen Zeichen" aufzustellen, so wurden damit die ersten Grenzpfähle gesteckt, die der Willkür steuern sollten, aber das meiste doch noch der privaten Entscheidung überließen. Goethe behielt bis zuletzt für seinen persönlichen Gebrauch eine eigene, sehr differenzierte und verborgenen Sinn andeutende Zeichensetzung; aber seit der ersten Ausgabe seiner Werke bei Göschen (1787–90) wollte er, daß seine gedruckten Werke in einer allgemein gültigen Form erscheinen sollten, und darum ließ er die Druckvorlagen von einem Mitarbeiter in der kanonischen Orthographie und Interpunktion durchkorrigieren. So ist die Zeichensetzung, der wir in *Dichtung und Wahrheit* begegnen, nicht immer Goethes eigene, sondern oft die Riemers oder Eckermanns; aber auch bei ihnen ist der Vorrang der gesprochenen Sprache noch durchaus lebendig. Wie sehr das der Fall ist, spürt jeder, sobald er einen Abschnitt aus *Dichtung und Wahrheit* laut liest. Das Werk sollte ja auch nach Goethes Willen vorgelesen werden, da, wie er S. 447,14f. sagt, *stille für sich lesen ein trauriges Surrogat der Rede* sei. Dem laut Lesenden aber geht der Sinn der Zeichengebung unmittelbar auf: daß z. B. zwischen zwei Verben mit demselben Subjekt ein Komma stehen kann, um durch die entstehende Pause jedem Teil ein eigenes Gewicht zu geben und nicht sofort von dem ersten zum zweiten zu eilen, als ob es nur auf dieses ankäme. Wie unübersichtlich und beim ersten Lesen kaum ganz zu begreifen sind Goethes lange Sätze, wenn sie in der modernen Interpunktion gegeben werden, die alle Glieder aneinanderreiht und sie nur durch Kommata trennt! Was für ein stufenartig gegliedertes Gebilde ist dagegen ein Satz in der ursprünglichen Zeichensetzung! Oft beginnt er mit einem Nebensatz, in den andere mit Kommata eingefügt werden können; ein zweiter Satz kann sich noch anreihen, und sein Eigengewicht wird durch ein Semikolon betont. Auch er kann noch weitere Sätze in sich aufnehmen, aber alles strebt doch schließlich dem großen Schlußsatz zu, und der Doppelpunkt, der ihn einleitet, öffnet das Tor.

Ein Beispiel mag das erläutern: *Überhaupt, da man in jungen Jahren einen gewissen selbstgefälligen Dünkel nicht leicht ablegt; so äußert sich dieser besonders darin, daß man sich im kurz Vorhergegangenen verachtet: denn indem man freilich von Stufe zu Stufe gewahr wird, daß dasjenige, was man an sich sowie an andern für gut und vortrefflich achtet, nicht Stich hält; so glaubt man über diese Verlegenheit am besten hinauszukommen, wenn man das selbst wegwirft, was man nicht retten kann.* (S. 345,7–14.) Entscheidend für die Gestaltung dieses Satzes ist nicht die Tatsache, daß alle Ausgaben seit der Weimarer die Zahl der Kommata beträchtlich vermehrt haben. Aber ihre Häufung und z. T. sogar Ausschließlichkeit ergibt einen Ablauf des Satzes, in dem sich kettenmäßig ein Glied gleichwertig an das andere reiht. Durch die Differenzierung von Komma, Semikolon und Doppelpunkt wird der Satz konzentrisch gegliedert und zugleich gesteigert. Die Kommata sondern das Zusammengehörige und halten es auch wieder zusammen; das Semikolon verlangt eine größere Atempause, läßt die Stimme neu einsetzen, und man erwartet nun das Ergebnis aus dem Vorhergesagten. Aber bisweilen kann es geschehen, daß sich hinter diesem Raum ein zweiter auftut, und ein Doppelpunkt bezeichnet die Stelle, die nun das Wichtigste aussagen soll. Aber auch dies braucht nicht durch einen einfachen Satz zu geschehen, sondern kann wieder ein kompliziertes Gefüge einleiten, das über die Stufen von Semikolon und Komma allmählich ausklingt. Dieser Aufbau wird durch die Zeichengebung sichtbar gemacht, und sie ist damit nicht nur ein Hilfsmittel für den Vorlesenden, sondern offenbart die innere Struktur und wird damit zum Richtungsweiser für die Interpretation.

So ist die äußere Form, in der Goethes Werk erscheint, nicht etwas Zufälliges und leicht Auszutauschendes und zu Normierendes, sondern seinem Gehalt und seiner Sprache genau angepaßt und mit beidem eine Einheit. Die Aufgabe des modernen Herausgebers besteht auch hier nicht in einer genauen Übernahme des Erstdrucks mit seinen Zufälligkeiten und Fehlern, aber ebensowenig in der konsequenten Durchführung grammatischer Regeln. Wir haben versucht, einen Text zu geben, der dem Leser keine philologischen Spezialitäten zumutet, aber doch Goethes Werk in möglichst reiner Gestalt erhält.

Lesarten

Dem Text liegt für den *1.–3. Teil* von *Dichtung und Wahrheit* (*Buch 1–15*) jeweils die Erstausgabe (1811, 1812 und 1814) zugrunde. Die Varianten der zu Goethes Lebzeiten erschienenen Drucke verzeichnet die Weimarer Ausgabe in den Lesarten ihrer Bände; darum wurden hier nur die Abweichungen unseres Textes von der Weimarer Ausgabe (W), hinter der die *Ausgabe letzter Hand* steht, der Jubiläumsausgabe (J) und der Festausgabe (F) mitgeteilt. Da bestimmte Eigentümlichkeiten in den Editionsgrundsätzen der modernen Ausgaben begründet sind, z. B. die Modernisierung altertümlicher Wortformen wie *ergetzen, ahnden, weitläuftig,* würde es das Lesartenverzeichnis unnütz aufschwellen, wollte man diese Fälle jedesmal aufzählen. Sie wurden darum nur bei dem ersten Auftreten vermerkt, und diese Variante gilt dann für das ganze Werk. Ebenso erschien es überflüssig, immer wieder zu verzeichnen, wo die Korrektoren der *Ausgabe letzter Hand*, deren Text in die neuen Ausgaben übergegangen ist, aus *Türe* Tür und aus *andre* andere gemacht haben. Diese Streichung oder Hinzufügung des e ist die häufigste Änderung, die sich in allen Büchern von *Dichtung und Wahrheit* findet, ohne daß für uns mit Sicherheit zu erkennen wäre, ob dafür philologische Korrektheit oder ein differenzierter Sprachgebrauch ausschlaggebend war, zumal dabei durchaus nicht konsequent verfahren wurde und die Mannigfaltigkeit der Erstausgabe nur durch eine neue Mannigfaltigkeit ersetzt wurde. Um dem Leser einen Eindruck von der Häufigkeit dieser kleinen Abweichungen zu vermitteln, die, wie gesagt, nie auf Goethe, sondern entweder auf seine Korrektoren Riemer, Eckermann und Göttling oder auf die Modernisierungsgrundsätze neuer Ausgaben zurückgehen, wurden für das *1. Buch* die Lesarten vollständig verzeichnet; für *Buch 2–15* dagegen nur wichtige Lautvarianten mitgeteilt.

Über die textkritische Behandlung des *4. Teils* (*Buch 16–20*) vgl. die Anmerkungen zu Bd. 10.

Vorwort. 8,2 *Nachhülfe*]*Nachhilfe* J 9,31 *Hiezu*]*Hierzu* WJF

1. Buch. 11,8 *weitläuftige*]*weitläufige* WJF 11,35 *ergetzte*]*ergötzte* J 12,14 *ergetzten*]*ergötzten* J 13,9 *unsres Hofes*]*unseres Hofes* W 13,24 *sich ergetzen*] *sich ergötzen* J 13,28 *Ahndung*]*Ahnung* WJF 14,4f. *ein doppeltes Furchtbare*] *ein doppelt Furchtbares* J 14,15 *Piranesi*]*Piranese* WJ 14,31 *behülflich*]*behilflich* J 14,39 *auf andre*]*auf andere* WJ 15,31 *in mehrern alten Städten*]*in mehreren alten Städten* J 16,34 *ohngeachtet*]*ungeachtet* WJF 17,37 *frühsten*] *frühesten* WJ 18,1 f. *des sogenannten Pfarreisen*]*des sogenannten Pfarreisens* W 18,10 *Kräme*]*Kräm* W 18,11 *ergetzlich*]*ergötzlich* WJF 18,12 *Zeile*]*Zeil* J 18,24 *vergangne*]*vergangene* WJ 18,36 *Graveschen*]*Gravschen* J 18,38 *andre*]*andere* W 18,39 *Mannigfaltigkeit*]*Mannichfaltigkeit* W 19,4 *herzuspazieren*]*herumzuspazieren* WJ 19,12 *mannigfaltigsten*]*mannichfaltigsten* W 19,15 *ergetzen*]*ergötzen* WJF 19,33 f. *Manns ... Manns*]*Mannes ... Mannes* WF 19,39 *unsres*]*unseres* W 21,14 *ehmals*]*ehemals* W 21,19 *unsre*]*unsere* J 22,14 *Aachner*]*Aachener* J 23,15 *andre*]*andere* W 25,19 f. *auf das genauste*] *auf das genaueste* W 26,15 *Handschuh*]*Handschuhe* F 27,23 *aus mehrern Fenstern*]*aus mehreren Fenstern* W 29,8 *Rembrandtischen*]*Rembrandtschen* W 29,24 f. *aus mehrern Ursachen*]*aus mehreren Ursachen* W 31,39 *ohngefähr*] *ungefähr* WJF 33,3 *besondre*]*besondere* J 33,5 *Geldgeschenk*]*Geldgeschenke* W 33,28 *ergetze*]*ergötze* *WJF* 33,32 f. *Sein sonstiger Ernst und Trokkenheit schien sich jederzeit aufzulösen*]*Sein sonstiger Ernst und seine Trockenheit schienen sich jederzeit aufzulösen* WJ 34,3 *mannigfaltig*]*mannichfaltig* W 34,16 *lange*]*lang* W 36,26 *populare*]*populäre* J 36,35 *Hülfe*]*Hilfe* J 36,36 *mannigfaltig*]*mannichfaltig* W 37,18 *ergetzt*]*ergötzt* WJF 37,29 *öfter*]*öfters* W 38,1 *mehrern*]*mehreren* W 39,13 *verwandter Gewächse*]*verwandten Gewächsen* WF 39,21 f. *Samtmütze*]*Sammetmütze* W 40,14 *zum Empfang*]*zum Empfange* W 40,24 *Türe*]*Tür* W 41,15 *Ahndungsvermögen*]*Ahnungsvermögen* WJF 41,25 *mannigfaltige*]*mannichfaltige* W 41,26 f. *Materialhändler*] *Materialienhändler* W 41,27 *Melber*]*Melbert* W 43,33 *mannigfaltige*]*mannichfaltige* W 44,12 *vorhandnen*]*vorhandenen* W 44,38 *besondre*]*besondere* W 45,10 *Kerzen*]*Kerzchen* W

2. Buch. 49,15 *weitläuftig*]*weitläufig* WJF, ebenso überall im folgenden 49,16 *Anmaßung*]*Anmaßungen* W 49,19 *mannigfaltige*]*mannichfaltige* W, ebenso überall im folgenden 49,33 *Hülfe*]*Hilfe* J, ebenso im folgenden 50,27 *betrügen*]*betriegen* W 54,14 *ganz gesichert*]*gesichert* F 59,4 f. *Bald schien sie mich rühren, bald mich necken zu wollen*]*Bald schien sie mich zu rühren, bald mich necken zu wollen* F 60,11 *Kasten*]*Kästen* J 61,3 f. *zu unser beider Zufriedenheit*]*zu unser beiden Zufriedenheit* F 63,18 *trutzig*]*trotzig* W 63,32 *sonntägig*]*sonntäglich* J 64,12 *gesehn habe*]*gesehn hatte* F 68,24 *die Charakter*]*die Charaktere* J, ebenso im folgenden 69,26 *foderte*]*forderte* WJF, ebenso im folgenden 70,18 *Aufgaben*]*Angaben* WJ, vielleicht liegt hier in den früheren Drucken, die übereinstimmend *Aufgaben* haben, ein Druckfehler vor 72,4 *anspruchslos*]*anspruchlos* W 72,12 *Entwicklung*]*Entwickelung* W 73,6 *dem ungeachtet*]*dessen ungeachtet* WJ 73,31 f. *übergäbe*]*übergebe* WF 74,9 f. *das Eigentümliche der Charakter*]*das Eigentümliche der Charaktere* J 75,1 *bis zu Ende*]*bis zum Ende* WF 75,10 *Lindheimer*]*Lindheim* W 76,13 *nur*]*hier nur* J 78,21 *in Schuh und Strümpfen*]*in Schuhen und Strümpfen* W 81,19 *Rote Meer*]*tote Meer* W

3. Buch. 83,27 *Zeile*]*Zeil* J 84,11 f. *Graf Thoranc*]*Graf Thorane* WJ, auch im folgenden 84,12 *ohnweit*]*unweit* WJF 84,18 *abgegeben werden*]*abgegeben* F 85,35 *gerade*]*g'rade* W 87,14 f. *Herzog von Osuna*]*Herzog von Ossuna* W *Herzog von Ossuña* J 91,20 *mancher charakteristischen Figuren*]*mancher charakteristischer Figuren* WJF 91,21 *Molièrischen*]*Molière'schen* W 91,33 *Jahrszeit*]*Jahreszeit* WJ, ebenso im folgenden *Türe*]*Tür* WJ, ebenso im folgenden 92,5 *schwätzte*]*schwatzte* W 93,32 *Ligieren*]*Legieren* J, ebenso 147,11 95,16 *unsrem*]*unserm* WJ 98,29 *verhindert*]*gehindert* W 100,4 *bezeigten*] *bezeugten* W 100,30 *Keineswegs*]*Keinesweges* WF, ebenso im folgenden 102,37 *es soll*]*er soll* F 103,7 *dunklen*]*dunkeln* W 108,16 *öfter*]*öfters* W 110,36 *Wandrer*]*Wanderer* W 111,32 *es brauchte großer Bemühungen*]*es brauchte große Bemühungen* W 112,29f. *wie sehr es ihn schmeicheln konnte*] *wie sehr es ihm schmeicheln konnte* WJ 113,6 *zusammentreffend*]*zusammentretend* W

4. *Buch.* 114,14 *mehrerer kleinen Fürsten*]*mehrerer kleiner Fürsten* WF 117,27 *solle befohlen haben*]*sollte befohlen haben* W 119,4 *demungeachtet*] *dessen ungeachtet* WJ 121,29 *beschwerlich*]*schwerlich* W 122,31 *in einen Band zusammengefaßt*]*in einem Band zusammengefaßt* W 125,3 *über-siebzigjähriges*]*über-siebenzigjähriges* WJ 126,20f. *von besserem Verständnis*]*vom besseren Verständnis* W 130,34 *steinig*]*steinicht* W 131,25 *gegen den Hain*] *gegen dem Hain* J, ebenso 137,9 132,10 *frühe*]*früh* WJ 132,17 *rüsten*]*rüsteten* W 132,20 *des Jordan*]*des Jordans* W 132,20f. *werden bezwungen*]*wurden bezwungen* W 137,21 *Ägypterin*]*Ägyptierin* W 145,26 *in späteren Zeiten*]*in spätern Zeiten* F 151,33 *jene beide*]*jene beiden* WF 156,14 *auch wohl*]*wohl auch* F 162,34 *um zehn*]*um zehn Uhr* W

5. *Buch.* 165,22 *Knittelvers*]*Knüttelvers* J 165,31 *öfter*]*öfters* W 173,30 *litten nicht*]*litten es nicht* W 173,31 *schönen*]*sehr schönen* W 176,1 *habe ich sie*]*habe ich* F 176,32 *Vorwort*]*Fürwort* WF 177,38f. *Gehülfin*]*Gehilfin* J 180,20 *nicht recht mehr*]*nicht mehr recht* F 188,24f. *in ihrer Gasse eingesperrt*] *in ihre Gasse eingesperrt* W 190,8 *hieher*]*hierher* WF 191,2 *wir waren*]*waren* W 191,18 *Geleits*]*Geleites* W 191,39 *Galawägen*]*Galawagen* WJF 192,15 *mit rotem gestickten Samt*]*mit rotem gesticktem Samt* WF 192,22 *Zeile*]*Zeil* J 193,24 *funfzehn*]*fünfzehn* J 197,2 *mittels*]*mittelst* W 197,2f. *Vorsprache*]*Fürsprache* WF 197,17 *beisammen*]*zusammen* W 199,16 *Haber*] *Hafer* JF 202,15 *religiose*]*religiöse* WF 207,36f. *zur nächtigen Stunde*]*zur nächtlichen Stunde* WJ 210,38 *öftre*]*öftere* W 212,10 *wenig Heiters*]*wenig Heiteres* W *wenig Heitres* JF

6. *Buch.* 218,26 *Nach allem diesem*]*Nach allem diesen* J 219,26 *gescheuten*] *gescheiten* WJF 223,4 *hierher*]*hieher* WF 224,9 *unter den Schatten*]*unter dem Schatten* W 225,22 *benachrichtiget*]*benachrichtigt* W 226,18 *Kronberg*] *Kroneburg* W 226,26 *Biebrich*]*Biberich* W 226,29 *wäre*]*wär'* W 227,17 *Magneten*]*Magnet* W 227,26 *möge*]*möchte* W 228,33 *Einzelnheiten*]*Einzelheiten* J 230,34 *Verzweifelung*]*Verzweiflung* W 234,5 *das mir Gott verzeihe.*] *daß mir Gott verzeihe!* J 234,14 *Jahreszeit*]*Jahrszeit* J 236,2 *demohngeachtet*]*dessenungeachtet* WJ *demungeachtet* F 236,22 *Jahr*]*Jahre* W 237,28f. *Freund Horn*]*mein Freund Horn* WJF 238,31 *Hoppe*]*Hopp* W 242,29 *los*]*ab* F 245,9f. *erleuchtet*]*beleuchtet* W 245,26 *Stubennachbarn*]*Stubennachbar* W 246,2 *Aufenthaltes*]*Aufenthalts* W 247,21 *Literargeschichte*]*Literaturgeschichte* F 248,2f. *vereinzelnen*]*vereinzelen* W 248,8 *des Professor Winckler*] *des Professors Winckler* WJ 249,7 *zum Wissen*]*zu Wissen* W 249,30 *Livreien*] *Livreen* J 249,35 *Herrn*]*Herren* W 253,39 *religiösen*]*religiosen* J 255,4 *Wäßrigen*]*Wässerigen* WJ 256,23 *im Lauf*]*im Laufe* W

7. *Buch.* 266,8f. *Herzog Ludwig*]*Herzog Friedrich Eugen* W, entsprechend 266,14 268,30f. *zu Leipzig*]*in Leipzig* WJF 269,3 *offenen*]*offnen* J 269,24

wird]*ward* WJF 270,25 *bei allem diesem*]*bei allem* J 272,32 *worinne*]*worin* WJ 273,15 *wornach*]*wonach* J 273,30 *zusammenhangen*]*zusammenhängen* WF 275,10 *solle gewesen sein*]*soll gewesen sein* J 277,24 *popular*]*populär* J 277,30f. *religiose*]*religiöse* WF 280,28 *Begriff*]*Begriffe* W 283,21 *übergetragen*]*übertragen* F 285,24 *Banqueroute*]*Bankerotte* J 285,39 *Verwicklungen*]*Verwickelungen* W 286,14f. *Gesichtspunkt*]*Gesichtspunkte* W 287,18 *hierher*]*hieher* W 288,24 *früheren*]*frühern* W 288,31 *kleine Gemeinen*]*kleine Gemeinden* F 289,27 *sakramentliche*]*sakramentalische* W 290,17f. *seine Gebrechen und seine Zweifel*]*seine Gebrechen und Zweifel* WJF 290,26 *knieet er*]*kniet er* WJ 293,12 *religiösen*]*religiosen* J 294,8 *ungeheueren*]*ungeheuren* W, ebenso 295,17f.; 307,37 295,2 *lange Zeit*]*lange* W 296,30 *begeht*]*begehet* W 298,20 *eh*]*ehe* WJ 299,33f. *zu Veränderung*]*zur Veränderung* WJF 300,14 *Manœuvre*]*Manöver* J 304,14 *Clodiusischen*]*Clodius'schen* W 304,21 *der Schuhus*]*der Schuhu* W 306,35 *alsdenn*]*alsdann* WJF 307,26 *Glaube*]*Glauben* F

8. Buch. 309,28 *Die Möbeln*]*Die Möbel* J 309,37 *der Möbel*]*der Möbeln* WF 311,14 *alle neuere*]*alle neueren* WJ 313,39 *Heinecken*]*Heinecke* WJ 319,37 *als es aussehen möchte*]*als er aussehen möchte* WJ 323,22 *Vermittlung*] *Vermittelung* JF 323,31 *Swanevelt*]*Schwanefeld* W 325,28 *zwischen meine*] *zwischen meinen* W 327,22 *Schiebeler*]*Schiebler* W 329,34 *Falle*]*Fall* W 329,35 *unter allem diesen*]*unter allem diesem* WJF 330,33 *ein Geschwulst*] *eine Geschwulst* J 334,35 *vorzüglicher Bücherkenner*]*vorzüglich Bücherkenner* W 337,9 *zu Rat*]*zu Rate* W 337,29 *indefinibels Wesen*]*indefinibles Wesen* WJF 337,38 *befahl oder anordnete*]*befahl und anordnete* W 341,17 *alchemische*]*alchimische* WF 342,8 *einander aufklären sollenden Stellen*]*einander aufklären sollender Stellen* WF 346,12 *ernsten*]*ernstern* W 349,13 *üblen*]*übeln* W 350,18 *demohngeachtet*]*dessen ungeachtet* WJ demungeachtet F 351,27f. *Ursprung*]*Ursprunge* W 353,23 *genötiget*]*genötigt* W

9. Buch. 353,27 *gerührt*]*gerühret* W *zarteren*]*zärteren* W 354,4 *Griechisch*] *Griechischem* W 355,29 *unser eigen Haus*]*unser eigenes Haus* W 356,28 *eilig*]*eiligst* W 359,17f. *unverheuratet*]*unverheiratet* WJF 362,12f. *Österreich*]*Östreich* W 364,26 *ekelhafte Kranke*]*ekelhaften Kranken* WJF 372,19 *alle ehrliche tüchtige Leute*]*alle ehrlichen tüchtigen Leute* WJF 372,35 *Bei allem diesen*]*Bei allem diesem* WF 375,31 *mehrern*]*mehreren* W 376,21 *winkligen*] *winkeligen* W 377,33 *Klinglin*]*Klingling* W 384,27f. *zweier himmelhohen Türme*]*zweier himmelhoher Türme* F 389,6 *an den Tag*]*an Tag* WJF

10. Buch. 399,35 *Von allem diesen*]*Von allem diesem* WF 400,9 *dunkeln*] *dunklen* J 403,29f. *eines Augenübels*]*seines Augenübels* J 404,22 *Pegelow*] *Peglow* W 405,29 *religiösen*]*religiosen* J 414,15 *bei diesem allen*]*bei diesem allem* WF 414,39 *in allem seinen Tun*]*in allem seinem Tun* WF, ebenso 418,25 415,36f. *ein kleiner zusammengefallener Mann*]*eines kleinen zusammengefallenen Mannes* WJ 417,26 *Bastberg*]*Baschberg* W 419,2 *Hohnau*]*Huhnau* W 419,3 *Saaralben*]*Saaralbe* WJ 421,5f. *mit rötlichem, weißgebrannten Stein*] *mit rötlichem weißgebranntem Stein* WJF 421,24 *zehen*]*zehn* W 423,1 *ohnweit*]*unweit* WJF 423,31f. *von ein paar Waldhörnern*]*von einem Paar Waldhörnern* W 424,36 *Dietrich*]*Dieterich* W, ebenso 425,8; 425,34 425,12 *Niederbronn*]*Niederbrunn* W 426,24 *wolle*]*wollte* W 428,25 *ungeheueren*]*ungeheuern* W 431,32 *Bauerhause*]*Bauernhause* WF 435,11 *dreust*]*dreist* WJF

436,12 *unter den Namen*]*unter dem Namen* WF 437,15 *wäre*]*wär'* W, ebenso 437,27 437,19 *Verzweiflung*]*Verzweifelung* JF 439,17 *ohngefähr*]*ungefähr* WJF

11. Buch. 457,6 *an Hand*]*an die Hand* WJF 460,29 *heftigen*]*heftigsten* WF 463,24 *Romanenfiguren*]*Romanfiguren* WJF 464,26 *Kreis*]*Kreise* W 471,33 *alle*]*alte* F 472,30f. *in ewigem Streit*]*im ewigen Streit* J 472,38 *Oberen*]*Obern* W 476,9 *Klinglin*]*Klingling* W 476,38 *mit leichtem freien Wesen*]*mit leichtem freiem Wesen* WF 477,25 *wackeren*]*wackern* WJ 483,9 *den raschen derben*]*der rasche derbe* W 483,14 *Grunde*]*Grund* W 485,4 *Schein*]*Scheine* W 485,23 *so vieler würdigen Gegenstände*]*so vieler würdiger Gegenstände* WF 485,30f. *alle versteinte Muscheln*]*alle versteinten Muscheln* W 485,33 *Bastberge*]*Baschberge* W 485,34 *auf altem abgetrockneten Meeresgrund*]*auf altem abgetrocknetem Meeresgrund* WF 488,19f. *auf hinter einander gestellten Kulissen*]*auf hintereinander gestellte Kulissen* W 489,7 *mit besondrem theatralischen Anstand*]*mit besondrem theatralischem Anstand* WF 490,9 *religiose*]*religiöse* WJF 501,1 *Verschaffelt*]*Verschaffel* W 502,22f. *so vieler erhabenen plastischen Werke*]*so vieler erhabener plastischer Werke* WJF

12. Buch. 507,2 *Darstellungslust*]*Darstellungskunst* F 507,15 *Geheimerat*] *Geheimrat* J 507,19 *Geheimerätin*]*Geheimrätin* J 507,29f. *vorgeruckt*] *vorgerückt* WJ 508,28 *Demungeachtet*]*Dessen ungeachtet* WJ, ebenso 516,15; 517,37 509,6f. *im einzelnen*]*in einzelnem* W 510,27 *Charakter*]*Charaktere* J 513,21f. *Magus aus Norden*]*Magus von Norden* W 516,6 *literarischer Verkehr*]*literarisches Verkehr* J 521,20 *unterweges*]*unterwegs* WJ 523,17 *Ossiansche*]*Ossianische* WJ 526,18 *alles, was*]*was* W 527,18 *ohngefähr*]*ungefähr* WJF 532,13 *Kielmannsegg*]*Kielmannsegge* J 537,13 *Ossianschen*]*Ossianischen* J 537,39 *auftauen*]*auftauchen* F 540,4 *Quintilian*]*Quinctilian* J 540,23 *von allem meinen Sinnen*]*von allem meinem Sinnen* WF 543,1 *geschehen*]*geschehe* J 543,16 *anspruchslos*]*anspruchlos* W 545,5 *An allem jenen*]*An allem jenem* WF 545,15 *Geßnerschen*]*Geßnersche* F 545,39f. *ein unschuldiges Vergangene*]*ein unschuldiges Vergangenes* W 549,29 *alle parasitische Kreaturen*]*alle parasitischen Kreaturen* WJF 555,19 *eingedruckt*]*eingedrückt* J

13. Buch. 557,24 *Geheimenrats*]*Geheimerats* W *Geheimrats* J 562,12 *heiterern*]*heitern* W 563,27 *Biebrich*]*Biberich* W 563,31f. *jenes herrlichen Ufers*]*jener herrlichen Ufer* W 563,32 *eingedruckt*]*eingedrückt* J 565,36 *Scheidungen von Mißheiraten*]*Scheidungen und Mißheiraten* WJ 566,24 *Fall*] *Falle* F 566,27 *könne*]*kann* WJ 566,30 *demungeachtet*]*dessenungeachtet* WJ, ebenso 574,25 567,35 *sehn*]*sehen* F 568,34 *Charaktern*]*Charakteren* JF 571,20 *von vornherein*]*von vorneherein* F 572,32 *abschlägige*]*abschlägliche* WF 585,12f. *alle hypochondrische Fratzen*]*alle hypochondrischen Fratzen* WJF 592,27 *Schriftstellers*]*Schriftsteller* J 592,30 *gewesen*]*gewesen sei* WJ

NACHTRAG

17,8. *Meine Vaterstadt.* Frankfurt mit den Augen Goethes. Zusammengestellt von Herbert Heckmann und Walter Michel. Frankfurt 1982.

35,6. *Foliobibel ... von Merian.* Merians „Novi Testamenti historiae“, 1627, kommen in Goethes Bücher-Wunschliste, die er 1793 an seine Mutter schickte, als Nr. 833 vor. (Weimar, Goethe-Archiv.)

51,7. *Der neue Paris.* Gonthier-Louis Fink, Le nouveau Paris. Etudes germaniques 38, 1983, S. 32–55. – Klaus-Detlev Müller in seiner Ausgabe von *Dichtung und Wahrheit,* 1986, S. 1089–1094.

841. *Niederträchtige Necrologen.* Das Wort *niederträchtig* in der alten Bedeutung „niederziehend, einebnend“. – Fischer, Goethe-Wortschatz. – Dt. Wb.

In *Dichtung und Wahrheit* kommen sehr viele Namen vor. Viele davon finden sich auch in anderen Werken Goethes, vor allem in den Briefen. Es hätte die Anmerkungen des Herausgebers zu sehr belastet, jedesmal Verweise zu bringen. Deswegen sei hier ein für allemal verwiesen auf das Namenregister in Bd. 14 und auf die entsprechenden Register in „Briefe“ Bd. 4 und „Briefe an Goethe“ Bd. 2.

ABKÜRZUNGEN

ADB = Allgemeine deutsche Biographie. 55 Bde. und 1 Register-Bd. 1875–1912.

Artemis-Ausg. / Beutler = Goethe, Gedenkausgabe der Werke, Briefe u. Gespräche. Zürich, Artemis-Verlag, 1948–1954. Insbesondere Bd. 10. Dichtung u. Wahrheit. Hrsg. v. E. Beutler. 1948.

Beutler-Rumpf = Bilder aus dem Frankfurter Goethe-Museum. Hrsg. v. E. Beutler und J. Rumpf. Frankf. a. M. 1949.

Boucke = Goethe, Werke. Festausgabe. Bd. 15 und 16. Dichtung u. Wahrheit. Hrsg. von E. A. Boucke. (1927.)

Brit. Mus. Cat. = Catalogue of the Printed Books in the Library of the British Museum. London 1881 ff.

Campe = Joh. Heinrich Campe, Wörterbuch der dt. Sprache. 5 Bde. Braunschweig 1807–1811.

Dt. Lit., Reihe Aufklärung = Deutsche Literatur ... in Entwicklungsreihen. Hrsg. von H. Kindermann. Reihe „Aufklärung". Hrsg. v. F. Brüggemann. 15 Bde. Weimar u. Lpz. (später: Lpz.) 1928–1938.

DtVjs = Deutsche Vierteljahresschrift für Literaturwiss. u. Geistesgeschichte. 1923 ff.

Dt. Wb. = Deutsches Wörterbuch. Von Jacob Grimm und Wilhelm Grimm. Lpz. 1854 ff.

Düntzer = Düntzers Edition und Kommentar von „Dichtung und Wahrheit" in KDN, Bd. 98–101.

Fischer, Goethe-Wortschatz = Paul Fischer, Goethe-Wortschatz. Lpz. 1929.

Fischer-Lamberg = Der junge Goethe. Hrsg. von Hanna Fischer-Lamberg. 5 Bde. und 1 Register-Bd. Berlin (West) 1963–1973.

Goedeke = Karl Goedeke, Grundriß zur Geschichte der dt. Dichtung. 3. Aufl. 4. Band, 1. Abt. (Das 18. Jahrhundert.) Dresden 1916. 2.–4. Abt. (Goethe. Dresden 1910–1913.)

(Jb.) Goethe = Goethe. Vierteljahresschrift der Goethe-Gesellschaft 1936 ff. Dann 1944–1971 als Jahrbuch.

GJb = Goethe-Jahrbuch.

Götting, Bibl. = Franz Götting, Die Bibliothek von Goethes Vater. Nassauische Annalen 64, 1953, S. 23–69.

GWb = Goethe-Wörterbuch. Stuttg. 1978 ff.

Heinemann = Goethes Werke, hrsg. v. Heinemann. Insbes. Bd. 12 und 13. Dichtung und Wahrheit. Hrsg. v. K. Heinemann. (1901 u. 1902.)

JbGGes = Jahrbuch der Goethe-Gesellschaft. Bd. 1–21. 1914–1935.

(Jb.) Goethe = Goethe. Vierteljahresschrift der Goethe-Gesellschaft, 1936 ff. Von 1944 an Jahrbuch. Da die Zitierung „Goethe" mißverständlich ist, weil sie so klingt, als sei eine Goethe-Ausgabe gemeint, ist im Kommentar der HA das (Jb.) hinzugesetzt. Von der Goethe-Gesellschaft wurde von 1972 an wieder die Bezeichnung „Goethe-Jahrbuch" eingeführt.

Jöcher, Gel.-Lex. = Allgemeines Gelehrten-Lexicon ... hrsg. von Christian Gottlieb Jöcher. 4. Bde. Lpz. 1750–51.

Jördens = Karl Heinrich Jördens, Lexicon deutscher Dichter u. Prosaisten. 6 Bde. Lpz. 1806–1811.

KDN = Deutsche Nationalliteratur, hrsg. von J. Kürschner. 164 Bde. 1882–1899.

Keudell = Goethe als Benutzer der Weimarer Bibliothek. Ein Verzeichnis der von ihm entliehenen Werke. Bearbeitet von Elise v. Keudell. Weimar 1931.

Liebholdts Verzeichnis = Das von Liebholdt 1793/94 angefertigte Bücherverzeichnis, das verarbeitet ist von Götting (s. o.). Vgl. Anmkg. zu 27,27ff.

Meyer = Dichtung und Wahrheit, hrsg. von R. M. Meyer. Goethe, Jubiläums-Ausgabe, Bd. 22–25. (1903–04.)

Morris = Der junge Goethe. Hrsg. v. Max Morris. 6 Bde. Lpz. 1909–1912.

NDB = Neue deutsche Biographie. Hrsg. von der Histor. Kommission d. Bayerischen Akademie d. Wiss. Bln. 1953ff.

Nouv. biogr. univ.
Nouv. biogr. gén. } = Nouvelle Biographie universelle ... publiée par Firmin Didot frères sous la direction de Dr. Hoefer. 46 Bde. Paris 1852–1866. Von Band 10, 1854, an heißt das Werk: Nouvelle Biographie générale.

RGG = Die Religion in Geschichte und Gegenwart. 2. Aufl. 5 Bde. u. 1 Register-Bd. Tübingen 1927–32. – 3. Aufl. Ebd. 1957–1962.

Ruppert = Goethes Bibliothek. Katalog. Bearb. von Hans Ruppert. Weimar 1958. (XVI, 825 S.)

Schr. G. Ges. = Schriften der Goethe-Gesellschaft. 1885ff.

Thieme-Becker = Allgemeines Lexikon der bildenden Künstler. Begründet von U. Thieme und F. Becker. Lpz. 1907ff.

Traumann = Ernst Traumann, Goethe der Straßburger Student. 2. Aufl. 1923.

W. A . = Goethes Werke, Weimarer Ausgabe. 143 Bde. Weimar 1887–1919.

Zedler = Großes vollständiges Universal-Lexicon aller Wissenschaften und Künste ... Halle u. Lpz. Verlegts Joh. Heinr. Zedler. 64 Bde. 1732–1750. Dazu 4 Supplement-Bde. 1751–1754.

BIBLIOGRAPHIE

Ausgaben und Bibliographien

(Erstausgabe, 1.–3. Teil:) Aus meinem Leben. Dichtung und Wahrheit. Bd. 1. Tübingen, Cotta, 1811. Bd. 2. 1812. Bd. 3. 1814.

Goethes Werke. Stuttg. u. Tübingen, Cotta. Bd. 17. 1818. Bd. 18. 1818. Bd. 19. 1819. (Sogenannte Ausg. B.)

Goethes Werke. Ausgabe letzter Hand. Bd. 24, 25, 26. Stuttg. u. Tübingen, Cotta. 1830. (Sog. Ausg. C.)

(Erstdruck des 4. Teils:) Goethe's Nachgelassene Werke. Stuttg. u. Tüb., Cotta. Bd. 8. 1833.

Goethes Werke. Bln., Hempel. (1868–79.) Bd. 20–23. Dichtung u. Wahrheit. Hrsg. von G. v. Loeper.

Goethes Werke, hrsg. von H. Düntzer u. a. Bd. 17–20. Stuttg. Dichtung u. Wahrheit, hrsg. von H. Düntzer. (o. J.) = Kürschners Dt. National-Literatur, Bd. 98–101. (1882–97.)

Goethes Werke. Weimarer Ausgabe. Bd. 26–29. Dichtung u. Wahrheit. Hrsg. von J. Baechtold und G. v. Loeper. Weimar 1889–1891. Ergänzend: Bd. 53. 1914. S. 378–391. – Dazu GJb 11, 1890, S. 211 f. und 13, 1892, S. 267–269.

Goethes Werke. Jubiläums-Ausgabe. Bd. 22–25. Hrsg. v. R. M. Meyer. Stuttg. (1903–04.)

Goethes Werke, in 40 Bänden, hrsg. v. K. Alt u. a. Bd. 23, 24. Dichtung u. Wahrheit. Hrsg. v. K. Alt. (1911.) Und: Anmerkungs-Band I. (1913.) Bln., Lpz., Wien, Stuttg. Verlag Bong.

Goethe, Aus meinem Leben. Dichtung u. Wahrheit. Mit Wiedergaben aus den Sammlungen des Frankfurter Goethe-Museums. Bild-Erläuterungen u. Nachwort von Otto Heuer. 4 Bde. Frankf. a. M. 1921–1922. (Mit 204 Abb.)

Goethes Werke. Fest-Ausgabe. Bd. 15 u. 16. Hrsg. v. Ewald A. Boucke. Lpz. (1927.) Darin in Bd. 15, S. 5*–153*: E. A. Boucke, Einführung in Goethes selbstbiographisches Schaffen.

Goethe, Gedenkausgabe. Bd. 10. Dichtung u. Wahrheit. Hrsg. v. Ernst Beutler. Zürich, Artemis-Verlag, 1948. (1022 S.)

Goethe, Dichtung u. Wahrheit. Mit 250 zeitgenössischen Bildern. Hrsg. v. W. Stammler. München (1949).

Goethe, Aus meinem Leben. Dichtung und Wahrheit. Historisch-kritische Ausgabe. Bearbeitet von Siegfried Scheibe. Bd. 1. Text. (650 S., 4 Tafeln). Bd. 2. Varianten, Paralipomena. (729 S.) Dt. Akad. d. Wiss. zu Berlin. Bln. (Ost) 1970–1974.

Goethe, Berliner Ausgabe. Bd. 13. Dichtung und Wahrheit. Hrsg. von Hans-Heinrich Reuter, Annemarie Noelle u. Gerhard Seidel. Bln. (Ost) und Weimar. 4. Aufl. 1976.

Goethe, Sämtliche Werke. Münchner Ausgabe. Bd. 16. Dichtung und Wahrheit. Hrsg. von Peter Sprengel. München 1985.

Goethe, Sämtliche Werke. Dt. Klassiker-Verlag. Bd. 14. Dichtung und Wahrheit. Hrsg. von Klaus-Detlev Müller. Frankfurt 1986.

Goethes biographisches Schema in getreuer Nachbildung seiner Handschrift. Hrsg. von G. Witkowski. Lpz. 1922. (32 S., 77 Bl.)
Goedeke, K. Grundriß zur Geschichte der dt. Dichtung. Bd. 4, 3. Abt. Dresden 1912. S. 440–454. Bd. 4, 4. Abt. Dresden 1913. S. 104f. Bd. 4, 5. Abt. Berlin 1960. Insbes. S. 79ff.; 727ff.
Gesamtkatalog der Preußischen Bibliotheken. (Sonderband:) Goethe. Bln. 1932.
Goethe-Bibliographie. Begründet von H. Pyritz, fortgeführt von H. Nicolai und G. Burkhardt, Heidelberg 1965. (XXII, 829 S.). Bd. 2. Ebd. 1968. (XVI, 332 S.)

Entstehung und Deutung

Mommsen, Momme: Die Entstehung von Goethes Werken in Dokumenten. Bd. 2. Bln. 1958. S. 348–529. (Grundlegend.)
Götting, Franz: Die Bibliothek von Goethes Vater. Nassauische Annalen, Bd. 64. Wiesbaden 1953. S. 23–69.
Goethes Bibliothek. Katalog. Bearbeitet von Hans Ruppert. Weimar 1958. (Dazu ergänzend: Goethe 24, 1962, S. 253–287.)
Keudell, Elise v.: Goethe als Benutzer der Weimarer Bibliothek. Weimar 1931. (392 S.)
Alt, Karl: Studien zur Entstehungsgeschichte von Goethes „Dichtung und Wahrheit". München 1898. = Forsch. z. neueren Literaturgesch., 5. (90 S.) – Dazu die Rez. von Albert Köster, Anzeiger für dt. Altertum 25, 1899, S. 68–74.
Roethe, Gustav: Dichtung und Wahrheit. In: Berichte des Freien Dt. Hochstifts. 17. 1901. S. 1*–26*. – Wiederholt in: G. Roethe, Goethe. Bln. 1932. S. 1–24.
Jahn, Kurt: Goethes „Dichtung und Wahrheit". Halle 1908. (382 S.) – Dazu die Rez. von Otto Pniower, Anzeiger f. dt. Altertum 34, 1910, S. 265–278.
Gilow, Hermann: Die Kunst und Technik der Charakterschilderung in Goethes „Dichtung und Wahrheit". GJb 12, 1891, S. 228–244.
Gundolf, Friedrich: Goethe. Bln. 1916 u. ö.
Fairley, Barker: A Study of Goethe. Oxford 1947. (Dasselbe dt.:) Goethe. München 1953. (302 S.)
Flitner, Wilhelm: Goethe im Spätwerk. Hamburg 1947. (324 S.)
Du Bos, Charles: Goethe. Paris, Editions Corrêa, 1949. (404 S.) (Aus: Du Bos, Approximations, Série V, VI, VII.) Dasselbe deutsch: Der Weg zu Goethe. Olten (Schweiz) 1949. (356 S.)
Spranger, Eduard: Goethe über sich selbst. Dt. Vjs. 23, 1949, S. 358–379. Wiederabgedruckt in: Spranger, Goethe. Tübingen 1967. S. 11–35.
Viëtor, Karl: Goethe. Bern 1949. (600 S.)
Meyer, Heinrich: Goethe. Das Leben im Werk. Hamburg 1950. (708 S.)
Fuchs, Albert: Art. „Autobiographie" und „Dichtung und Wahrheit" in Goethe-Handbuch, Bd. 1, 1961, Sp. 497–507 und 1814–1840.
Schüz, Monika: Die Autobiographie als Kunstwerk. Phil. Diss. Kiel 1963.
Bethge, Wolfgang: Goethes Auseinandersetzung mit dem Absurden in Dichtung und Wahrheit. Diss. Berlin (West) 1965.
Scheibe, Siegfried: Ein Notizheft Goethes aus dem Jahre 1812. In: Studien zur Goethezeit. Festschr. f. L. Blumenthal. Weimar 1968. S. 376–402.
Scheibe, Siegfried: Der 4. Teil von „Dichtung und Wahrheit". Zu Entstehungsgeschichte und Textgestalt. Jahrbuch „Goethe" 30, 1968, S. 87–115.

Becker, Karl Wolfg.: Denn man lebt mit den Lebendigen. Über ,,Dichtung und Wahrheit". Studien zur Goethezeit. Festschr. f. L. Blumenthal. Weimar 1968. S. 9–29.

Hagen, Waltraud: Goethes autobiographische Schriften in der Inhaltsplanung der Ausgabe letzter Hand. GJb. 90, 1973, S. 168–185.

Müller, Klaus-Detlef: Autobiographie und Roman. Studien zur literarischen Autobiographie der Goethezeit. Tübingen 1976. (VIII, 392 S.) – Mit reicher Bibliographie.

Satonski, Dmitri: Die Entwicklungsidee in ,,Dichtung und Wahrheit". GJb. 99, 1982, S. 105–116.

Schnur, Harald: Identität und autobiographische Darstellung in „Dichtung und Wahrheit". Jahrb. d. Fr. dt. Hochstifts 1990. S. 28–93.

Geistesgeschichtliche Zusammenhänge

Dilthey, Wilhelm: Gesammelte Schriften. Bd. 7. Der Aufbau der geschichtlichen Welt. Lpz. u. Bln. 1927. Insbesondere S. 74 und 198ff.

Klaiber, Theodor: Die deutsche Selbstbiographie. Stuttg. 1921. (358 S.)

Westphal, M.: Die besten deutschen Memoiren. Eine Bibliographie. Lpz. 1923. = Kleine Literaturführer, 5. (423 S.)

Harnack, Axel v.: Die Selbstbiographie, ihr Wesen u. ihre Wirkung. Universitas 10, 1955, S. 689–698.

Dt. Literatur in Entwicklungsreihen. Reihe: Deutsche Selbstzeugnisse. Hrsg. von M. Beyer-Fröhlich und E. Volkmann. 12 Bde. Lpz. 1930–1943.

Meinecke, Friedrich: Die Entstehung des Historismus. 2 Bde. München u. Bln. 1936 u. ö.

Franz, Arthur: Die literarische Porträtzeichnung in Goethes ,,Dichtung und Wahrheit" und in Rousseaus ,,Confessions". DtVjs 6, 1928, S. 492–512.

Sommerfeld, Martin: J. J. Rousseaus ,,Bekenntnisse" und Goethes ,,Dichtung und Wahrheit". In: Sommerfeld, Goethe in Umwelt und Folgezeit. Leiden 1935. S. 9–35.

Pascal, Roy: Goethe's autobiography and Rousseau's ,,Confessions". In: Studien in French language, literature and history, presented to R. L. Graeme Ritchie. Cambridge 1949. S. 147–162.

Pascal, Roy: Design and Truth in Autobiography. London 1960. (XII, 202 S.) Dasselbe dt.: Die Autobiographie. Gehalt und Gestalt. Stuttg. 1965. (244 S.)

Bowman, D. E.: Goethe's attitude to religion in ,,Dichtung und Wahrheit". German Life and Letters 20, 1966/67, S. 316–324.

Misch, Georg: Geschichte der Autobiographie. 4. Band, 2. Hälfte. Frankfurt a. M. 1969.

Wuthenow, Ralph-Rainer: Das erinnerte Ich. Europäische Autobiographie und Selbstdarstellung im 18. Jahrhundert. München 1974. (248 S.)

Aichinger, Ingrid: Künstlerische Selbstdarstellung. Goethes ,,Dichtung und Wahrheit" und die Autobiographie der Folgezeit. Bern 1977. (289 S.)

Niggl, Günter: Geschichte der dt. Autobiographie im 18. Jahrhundert. Stuttg. 1977. (237 S.)

Schieder, Theodor: Der junge Goethe im alten Reich. In: Staat und Gesellschaft im Zeitalter Goethes. Festschr. f. H. Tümmler. Köln 1977. S. 131–145.

Biographisches

Der junge Goethe. Hrsg. von Max Morris. 6 Bde. Lpz. 1909–1912.
Der junge Goethe. Neu bearbeitete Ausgabe, hrsg. von Hanna Fischer-Lamberg. 6 Bde. Berlin (West) 1963–1973.
Goethe-Handbuch. 2., neugestaltete Auflage. Hrsg. v. Alfred Zastrau. Bd. 1. Stuttg. 1961.
Müller, Günther: Kleine Goethebiographie. Bonn 1947 u. ö. (304 S.)
Bode, Wilhelm: Goethes Leben. Bd. 1. 1749–1771. (460 S.) Bd. 2. 1771–1774. (376 S.) Bd. 3. 1774–1776. (356 S.) Bln. 1922–23.
Die Stadt Goethes. Frankfurt am Main im 18. Jahrhundert. Hrsg. von der Stadt Frankfurt am Main durch H. Voelcker. Frankf. 1932. (494 S., 76 Abb.)
Bilder aus dem Frankfurter Goethe-Museum. Hrsg. von E. Beutler und J. Rumpf. Frankf. a. M. 1949. (101 Tafeln, 150 S.)
Freies dt. Hochstift. Katalog der Gemälde. Von Sabine Michaelis. Tübingen 1982. (Mit 391 Abb.)
Goethe und seine Welt. Hrsg. von Hans Wahl u. Anton Kippenberg. Lpz. 1932. (306 S. mit 580 Abb.)
Domnick, Anneliese: Studien zum Kreis einfacher Seinsformen in Goethes jugendlicher Bildungswelt. Phil. Diss. Kiel 1964. (277 S.)
Goethe, Johann Caspar: Liber domesticus, 1753–1779. Übertragen und kommentiert von Helmut Holtzhauer unter Mitarbeit von Irmgard Möller. 2 Bde. Lpz. 1973.
Goethe et l'Alsace. Actes du Colloque de Strasbourg 1970, publ. par la Faculté des Lettres. Paris. 1971. (304 S.)
Vgl. Bd. 14, „Zeittafel" und „Bibliographie".

Zur Literaturgeschichte des 18. Jahrhunderts

Jördens, Karl Heinrich: Lexikon deutscher Dichter und Prosaisten. Lpz. Bd. 1. A–F. 1806. Bd. 2. G–K. 1807. Bd. 3. K–M. 1808. Bd. 4. N–S. 1809. Bd. 5. T–Z. 1810. Bd. 6. Supplemente. 1811.
Goedeke, Karl: Grundriß zur Gesch. der dt. Dichtung. 3. Aufl., 4. Band, 1. Abt. (Das 18. Jahrhundert.) Dresden 1916.
Hettner, Hermann: Geschichte der dt. Literatur im 18. Jahrhundert. Hrsg. v. Georg Witkowski. Lpz. 1929.
Köster, Albert: Die deutsche Literatur der Aufklärungszeit. Heidelberg 1925.
Schneider, Ferdinand Josef: Die dt. Dichtung der Aufklärungszeit. 2. Aufl. Stuttg. 1948.
Annalen der dt. Literatur. Hrsg. von H. O. Burger. Stuttg. 1952. (XII, 882 S.)
Körner, Josef: Bibliographisches Handbuch des dt. Schrifttums. Bern 1949.
Blackall, Eric A.: Die Entwicklung des Deutschen zur Literatursprache 1700–1775. Stuttg. 1970. – Dasselbe Englisch: The Emergence of German as a literary Language 1700–1775. London 1959.

INHALTSÜBERSICHT

KOMMENTARTEIL